中國社會科學院創新工程學術出版資助項目

傅斯年遺札

王汎森 潘光哲 吳政上◎主編

【第一卷】

社會科學文獻出版社
SOCIAL SCIENCES ACADEMIC PRESS (CHINA)

序

一九九六年在傅斯年百齡紀念會的前後，我們作了一個決定，開始整理傅斯年來往書信。胡適先生在《傅孟真先生遺著序》中說：“這裡最缺乏的是孟真一生同親屬朋友往來的通信。這一部遺著，加上將來必須搜集保存的通信，——他給親屬朋友的、親屬朋友給他的，——就是這個天才最高、最可敬愛的人的全部傳記材料了。”我們當初著手此事時，也是抱著類似的想法。

這件工作進行到一半，我們偶然發現台灣的著作權法修改了，而且是採取非常高的標準。因此，使得“來往書信集”裡“來函”部份的整理、出版變得困難重重。還好傅斯年寫給他人的信，我們還可以繼續做下去。

傅斯年一生非常忙碌，寫的信非常之多，也非常潦草。我們一開始便決定只處理俞大綵女士當年（1987年）捐贈給史語所的私人檔案這個部份。後來我們改變了想法，將中研院史語所公文檔，及近史所朱家驊檔案中的傅函的一大部份收羅在內。至於其他信函，則收入羅久芳女士所收藏的書信，因為這是傅斯年留歐時期的書信，對了解早年的傅先生具有非常高的價值，在此我們要特別感謝羅女士。

我們知道傅先生一生廉潔自持，公器絕不私用，屬於個人情誼及論學的信件既未託秘書錄副，也絕少自留底本，因此僅見於其他公家機構，或是個人收藏中的信件，仍有不少。這些年許多友朋知道我們在做這件工作，也提供了若干資料，坊間書刊也發表了許多傅函的原件，但是因為我們一開始就決定先限定範圍，以免工作無涯無盡，或取得授權困難，因此除另收幾件有助於了解傅斯年的事功與學行的書信外，我們只做上述範圍中的材料，這是要先特別聲明的。

整理傅斯年書信有幾難。第一，傅先生的信稿字跡非常潦草，所以辨識起來相當困難。第二，傅先生寫信好用通假字，還有一些慣用字，究竟是要出註說明，還是保留原樣，都非常費思量。最後我們決定一切保留原樣，包括字樣、行款等，以存史料之真。第三，胡適經常抱怨，中國人寫信一向不寫時間（公文檔中的傅函情形較好，因為公家文件來往及歸檔每繫年月日，但是即使公家檔案中所繫年月日也不完全準確），所以要考清每一封信的時間，宛如在玩拼圖遊戲，其中的甘苦，非親歷其事者不能了解。

正因為上述困難，所以整理的時間拖得很長。又因為害怕出錯，使得我們對付印一事逡巡不前。但是我們也知道不能因為怕錯，而將稿子永遠藏在書櫃中。有了這次經歷，我們深深了解寫書難，整理史料也非常難。

這件整理計畫由我主持，潘光哲教授負責繫年考訂，最後總其事的是本所的吳政上主任。在這裡我們要謝謝前後參與過工作或貢獻過意見的朋友們：葉國良教授、羅志田教授、劉季倫教授、孫慧敏教授、楊俊峰教授、郭佳蕙小姐、李慧敏小姐、林秋芳小姐、李雅玲小姐、施文婷（Ute Schreiber）小姐等。

王汎森　謹識
中央研究院歷史語言研究所
二〇一一年五月二十七日

編輯凡例

一、本書收錄傅斯年書信，主要取自中央研究院歷史語言研究所藏"傅斯年檔案"、"史語所檔案"、"史語所考古組檔案"，個別書信之原始檔號於內文標題中註明，略述如下：

（一）傅斯年檔案：依捐贈入藏時之五大箱，分別以羅馬數字（I–V）表示。

例：V：115，表示書信的原始檔號為"第 V 箱第 115 號"。

（二）史語所檔案：依歷史階段略分為"元"（籌備至抗戰前時期）、"昆"（雲南昆明時期）、"李"（四川李莊時期）、"京"（復員南京時期）、"台"（遷台初期）等，另有不分期的"雜"字檔以及新送存的"補"字檔。

例：元 380–1，表示書信的原始檔號為"元字第 380–1 號"。

（三）史語所考古組檔案：原存考古組資料室，屬於以李濟為主的公私文書，以"考"字表示。

例：考 2–87，表示書信的原始檔號為"考字第 2–87 號"。

又，取自"朱家驊檔案"（中央研究院近代史研究所藏），以及南京第二歷史檔案館、《胡適遺稿及秘藏書信》（耿雲志主編）等其他來源者，於該函正文出以腳註。

例：朱–07–029–pp. 3–4，表示"朱家驊檔案"原始檔號為"301–01–07–029 第 3–4 頁"。

二、本書所收錄的書信大多寫於近代中國的轉型時期，故這些書信的格式、行款、字樣、標點、敬語等各種細節，都可能反映某些歷史事實，故本書所收書信儘可能原樣照錄；書信中作者手繪圖畫，悉依原稿複製，以存其真。

三、原件殘缺者，分別註明〔上缺〕、〔中缺〕、〔下缺〕字樣。唯手稿、抄存或抄送件，有紙盡而止，或逕自省略信首敬稱、結尾敬語、署名或日期者，非屬殘缺故不註。

四、所收書信按發函之年、月、日順序編排。同一時序，除先後可考者外，依收信人姓名筆劃序排。凡年、月可考而日無可考者，編在各該月之末；年份可考，月、日無可考者，編在該年之末；年及月份約可考定者，註明"暫繫年於"，以待確證。

五、書信標題，收（發）信人一人以上者，依原序著錄。收（發）信人為別名、字號、或所題姓名不全者，以通稱或真實姓名著錄。

六、書信內之敬稱，原不空字者維持其原格式，其空一字或抬頭者，一律空一字；偏書的謙稱，以上標、小一號字表示；行文無論直式右書或左書，一律改為橫式左書。

七、書信行款或一氣寫下，或另起一行（或縮格、或頂格、或凸行），以照錄為原則。

八、書信中頁首、頁末、天頭及地腳等處原有的註文，於相應的頁、段、行以腳註註之；至於內文中的單（雙）行夾註及旁註，於內文採小一號字，並加圓括符。

九、書信的附件，凡註有"附"字者，為原檔已有的附件；註有"〔附〕"字者，為原檔所無，但為使書信內容的首尾更加完備，由編者附入的附件。

十、書信中有一些當時的通行用語，例如：

"準"與"准"	"脾氣"與"皮氣"
"很"與"狠"	"振濟"與"賑濟"
"董"與"僅"	"磋商"與"措商"
"分布"與"分佈"	"耽擱"與"耽擱"與"扰擱"
"賬簿"與"帳簿"	"甚麼"與"甚末"與"什末"
"氧氣"與"養氣"	

以及許多傅斯年自稱"近來精神頹衰，連篇白字，（所謂同音假借，一笑!）"的音假字，或傅斯年個人的慣用字，我們一例照舊，並不出校，茲舉例如下：

"模糊" 作 "摸糊"　　　　　"稽徐" 作 "秸徐"

"模稜" 作 "摸稜"　　　　　"辦理" 作 "半理"

"門第" 作 "門地"　　　　　"不便" 作 "不變"

"材料" 作 "才料"　　　　　"不沾" 作 "不佔"

"隔膜" 作 "隔漠"　　　　　"弩機" 作 "努機"

"尅日" 作 "剋日"　　　　　"賣力" 作 "買力"

"尅期" 作 "剋期"　　　　　"維護" 作 "惟護"

"克服" 作 "剋服"　　　　　"塗藥" 作 "途藥"

"想起" 作 "想其"　　　　　"栽培" 作 "裁培"

"積起" 作 "積其"　　　　　"認為" 作 "任為"

"比起" 作 "比其"　　　　　"想到" 作 "詳到"

"墊" 作 "奠"　　　　　　　"最初" 作 "最出"

"程度" 作 "成度"　　　　　"愕然" 作 "諤然"

"錢鈔" 作 "錢抄"　　　　　"興趣" 作 "性趣"

"莫名其妙" 作 "莫明其妙"　"休養" 作 "修養"

"塌台" 作 "搨台"　　　　　"功能" 作 "工能"

"綁去" 作 "幫去"　　　　　"資質" 作 "資致"

"走一趟" 作 "走一躺"　　　"強聒" 作 "強括"

"長期" 作 "常期"　　　　　"不必提" 作 "不必題"

"長久" 作 "常久"　　　　　"喚醒" 作 "換醒"

"厲害" 作 "利害" 或 "力害"　"力量" 作 "利量"

"熱烈" 作 "熱列"　　　　　"切勿" 作 "切忽"

"綫索" 作 "綫鎖"　　　　　"明碼" 作 "名碼"

"心緒" 作 "心續"　　　　　"培植" 作 "培置"

"掃數" 作 "搜數"　　　　　"凜凜" 作 "懍懍"

"通過" 作 "同過"　　　　　"偏偏" 作 "徧徧"

"任何" 作 "認何"　　　　　"頓頓" 作 "噸噸"

又有兩字交相互用者，並不出校，例如：

"拿" 與 "那"　　　　　　　"稀" 與 "希"

"底" 與 "低"　　　　　　　"辯" 與 "辨"

"象" 與 "像"　　　　　　　"效" 與 "効"

"到" 與 "倒"　　　　　　　"反" 與 "返"

至於明顯為錯字、衍文等（尤其是抄件），在正文出以腳註；佚文逕補於正文內，並加【　】括符。

十一、書信中不易識別或明顯誤寫的關係人，外文縮略語等，必要時出以腳註。

例1："如所謂國會議員張某¹等彈劾恐嚇傅沅叔"（傅斯年、羅家倫致段錫朋、許德珩、陳劍脩、黃日葵函）

〔註1〕編按：張元奇（1858–1922），字貞午，時任安福系國會議員。

例2："誠以所授詣者，不為古典之學（Classicism），便是怪祕之論（Mytholozy）¹，何有干哲學。"（傅斯年致蔡元培函）

〔註1〕編按："Mytholozy" 當作 "Mythology"。

例3："我于此道，至今只得到廷黻的協助，農學院如開辦，他可幫一大忙（UNRRA）¹，此外想不出任何頭緒。"（傅斯年致胡適函）

〔註1〕編按：聯合國善後救濟總署（United Nations Relief and Rehabilitation Administration，簡稱 UNRRA），1943 年成立。

十二、書信中污損及無法辨認的字，以☒符號表示，每一個☒符號代表一個字。原稿於字旁加著重號（如 "○" "、" "●" 等）者，改於字下以 "·" 標註。①

十三、書信中部份已採用新式標點，但標點法並不甚一致，而同一函之手稿本與抄繕本（歷任文書，包括陳鈍（約 1928 年 10 月至 1937 年 8 月）、余又蓀（約 1936 年 12 月至 1941 年 3 月）、那廉君（約 1940 年至 1950 年）等人）之標點法或有不同，概依所據底

---

① 中研院史語所 2011 年 10 月初版為 "改於字上以 '○' 標註"。——社科文獻版編者注

本以照錄為原則；又部份未標點者，為便於閱讀，由編者施以
新式標點。

十四、為便識別書信中稱呼之字號、暱稱、謔稱等，書末附有書信關
係人名稱對照表。

十五、為便檢讀，書末附有收（發）信方及書信編號索引。

十六、由於傅斯年身份多樣，交遊廣闊，與各方書函往還繁多，整理
編年，必有謬誤，敬祈讀者多予指正。

目　錄

〔第一卷〕

一九二九年

一九三二年

〔第二卷〕

一九三四年

一九三七年

一九三九年

〔第三卷〕

一九四二年

一九四三年

一九四五年

一九四六年

一九四七年

一九四九年

一九四? 年

一九五〇年

一九一八年

1. 傅斯年致蔡元培 （1918 年 8 月 9 日）*

校長先生鈞鑒：月來學生對於吾校哲學門隸屬文科之制度，頗存懷疑之念，謹貢愚見於次。

以哲學、文學、史學統為一科，而號曰文科，在於西洋，恐無此學制。日本大學制度，本屬集合殊國性質至不齊一之學制，而強合之，其不倫不類，一望而知。即以文科一端而論，卒業于哲學門者，乃號"文學士"，文科之內，有哲學門，稍思其義，便生"觚不觚"之感也。

中國人之研治哲學者，恒以歷史為材料，西洋人則恒以自然科學為材料。考之哲學歷史，凡自然科學作一大進步時，即哲學發一異彩之日，以歷史為哲學之根據，其用甚局；以自然科學為哲學之根據，其用至溥。美國研治科學，得博士位者，號"哲學博士"，英國牛津諸大學，研治哲學，得博士位者，號"科學博士"，於是可知哲學與科學之關繫長，而與文學之關係薄也。

今文科統括三門，曰哲學，曰文學，曰史學，文史兩途，性質固不齊一。史為科學，而文為藝術，今世有以科學方法，研治文學原理者，或字此曰（Science of Literature）（見《赫胥黎雜論集》），或字此曰（Philosophy of Literature）（赫文引他說），然是不過文學研究之一面，其主體固是藝術，不為科學也。雖然，文史二事，相用至股，自通常觀之，史書之文，為文學之一部，而中國"文史"一稱，相習沿用久矣。循名責實，文史二門，宜不必分也。返觀哲學，於文學，絕少聯絡，不可以文史合科之例衡之。

以為哲學文學，聯絡最為密切，哲學科學，若少關係者，中國人之謬見然也。蓋習文學者，恒發為立想，作玄談者，每嫻於文學，不知文學本質，原屬普徧，西洋為哲學者，固恒有文學之興會，其為科學

＊原載《北京大學日刊》，1918 年 10 月 8 日，第 3、4 版，題《傅君斯年致校長函：論哲學門隸屬文科之流弊》。

者，亦莫不然，文學家固多兼詣哲學者，其兼詣科學者，尤不少也。<u>中國</u>文學，歷來缺普及之性，獨以高典幽艱為當然，又以無科學家，而文士又慣以玄語蓋其淺陋，遂致文學與科學之關係，不可得見，反以哲學、文學、史學為三位一體焉。今為學制，宜祛此惑，不宜仍此弊也。

文學與哲學合為一門，於文學無害也，而於哲學則未當。何以言之，習文學者，能謀哲學學科之聯絡，其運用文學之思想，必不淺陋，然哲學取資於文學處，殊可概見。哲學主知，文學主情，哲學於各種問題恒求其能決，文學則恒以不解解之，哲學於事理分析毫釐，文學則獨以感象為重，其本異，其途殊。今固不可謂哲學與文學澳不相干，然哲學所取資于文學者，較之所取資于科學者，固不及什一也。

一年以前，吾校之哲學門僅可謂為"大清國大學經科理學門"（清季學制經科有理學門，文科無哲學門），不足當哲學門之名。誠以所授詣者，不為古典之學（Classicism），便是怪祕之論（Mytholozy），① 何有干哲學。今以教員之選，課程之革，大愈于前矣。然若不出哲學門于文科，入之理科，一般人之觀念，猶如昔也。自學生觀察所及者言之，同學諸君，以及外人，對於文科之觀念，恒以為空虛之府，其志願入此門者，絕不肯於自然科學，多所用心。持是心理以觀哲學，本此見識以學哲學，去哲學之真，不亦遠乎。今學生所以主張哲學門應歸入理科者，不僅按名求實，以為哲學不應被以文科之名也，實緣哲學入之文科，眾多誤會，因之以生，若改入理科，則大眾對之，觀念頓異，然後謀哲學與理科諸門課程上之聯絡，一轉移間，精神上之變革，為不少矣。

若就教授上之聯絡而論，哲學門尤宜入之理科，物理門之理論物理，化學門之理論化學，數學門之天文學、聚數論、微積分，動植物門之生物學、人類學，皆與哲學有親切之關係。在于西洋，凡欲研治哲學者，其算學知識，必須甚高，其自然科學知識，必具大概。今吾校之哲學門，乃輕其所重，絕不與理科諸門謀教授上之聯絡，竊所未

---

① 編按："Mytholozy" 當作 "Mythology"。

喻也。

今之文預科，為預備入文學、哲學、史學三門而設，無所區別，試問此三門之預科，固應課程齊一耶？哲學門之預科，應注重數學、物理，文學史學之預科，則不必然。又同學科，對于預備習文學之人，與對于預備習哲學之人，應異其教授範圍，與其方法。哲學門之預科，其性質當與理科為近，而于文學門預科為遠也。

總而言之，為使大眾對于哲學有一正確之觀念，不得不入之理科，為謀與理科諸門教授上之聯絡，不得不入之理科，為預科課程計，不得不入之理科。

然如此改革，事實上容有困難，即此兼統哲理兩方之學長，人選已至不易。必不得已，惟有使哲學門獨立為一科，今之文、理兩科，變作哲、理、文三科也。若疑哲學一門，不能成科，則性質同者，雖萬門不妨歸之一科，性質介立，雖一門不嫌單獨也。

若猶以如此改革，牽動學制，非可率然為之者，則學生為最少量之請求，乞分文預科為兩類，一為哲學門設者，一為文學史學門設者。其哲學門預科之課程，與教授之範圍及方法，應與文學史學門預科，異其旨趣。

以上所言，不過一時率然想到，恐不盡當。可否之處，乞斟酌。學生傅斯年謹啟

八月九日

案：傅君以哲學門隸屬文科為不當，誠然。然組入理科，則所謂文科者，不益將使人視為空虛之府乎。治哲學者不能不根據科學，即文學史學，亦何莫不然。不特文學史學近皆用科學的研究法也。文學必根據于心理學及美學等，今之實驗心理學，及實驗美學，皆可屬于理科者也。史學必根據于地質學、地文學、人類學等，是數者，皆屬于理科者也。如哲學可并入理科，則文史亦然。如以理科之名，僅足為自然科學之代表，不足以包文學，則哲學之玄學，亦決非理科所能包也。至于分設文哲理三科，則彼此錯綜之處更多。以上兩法似皆不如破除文理兩科之界限，而合組為大學本科之為適當也。蔡元培附識。

一九一九年

2. 羅家倫、傅斯年致胡適 （暫繫年於 1919 年 3 月 10 日）*

適之先生：今天下午守常先生來說："無論誰辦，只要是《新青年》的人，事實都是一樣，所以最好是簡直不辦。"這道理據我們看來，正確極了。第一層，此事既覺得不妙了，加給別人也是不便；第二層，在外人看起來，《新青年》的分子是一體，幾個人的行動，還是大家共負責任；第三層，《新青年》的一部分人，而非全體去辦雜誌，必無充足的力量，其結果還是大家辦。有這幾層，敬請先生"斬釘截鐵"，一定不辦，葉君既以詐來，我們儘不必以信往了（此刻收場，並非難事）。

學生羅家倫、傅斯年謹啟　三月十日夜

3. 傅斯年、羅家倫致段錫朋、許德珩、陳劍脩、黃日葵
（1919 年 6 月 27 日）**

錫朋、楚蓀、寶鍔、日葵學兄左右：別來渴念，追憶吾輩別時狂風暴雨不可終日，竟有今日之小成功，可喜可喜！頃適之先生以尊函交弟閱過，備悉吾兄對弟等愛護之情，代為不平之盛意。其所以為弟等慮者，較弟等自慮尤為周詳，感極感極！此次謠言之生，即有勸弟等投函更正者。當時弟等僅請錫朋兄追究，未投函各報。誠緣當日情形與今迥異，飄搖旋轉，不知所屆。弟等既有所更正，自不能不舉內幕而揭出之；一經揭出，不保不別生枝節，殊非團體之福。又以謠言一

*原載羅久芳、羅久蓉編校《羅家倫先生文存補遺》（台北：中研院近史所，2009），第 265 頁，署"民國九年三月十日，北京。"（編按：傅斯年於 1920 年 1 月 2 日乘船赴英國留學。）

**原載《時事新報》1919 年 7 月 3 日，第 3 張第 4 版及 1919 年 7 月 4 日，第 3 張第 4 版，題《傅斯年羅家倫致同學書》。

物，恒自生自滅，見怪不怪，其怪自敗，故一切不理。初不虞傾陷者
之永不罷休也。

先是謠言之起，弟等曾將謠言前三日每日所作事件開列一單，送於左
右。茲檢篋中，其稿猶存。前單想尊處已遺失，特再錄之：

> 星期六（即《五七》編輯四人被捕之次日）上午，斯年、家倫在幹事
> 會與錫朋兄談蔡先生事。下午，在法科大禮堂，適當軍警示威，即
> 在會場中與錫朋、楚蓀兩兄接談當日之辦法。待軍警將會場中人解
> 散，即返新聞股作新聞。是夜，幹事會推斯年、家倫為代表往見袁
> 次長，① 請其保釋四位同學。

> 星期日，斯年上午同劉、狄②、張諸君往見袁次長，十二時幹事會
> 派赴工業，調查軍警包圍消息。下午約校中教職員並校外人赴警廳
> 保四同學，得可以釋放之的息（此時幹事會中人許多目見）。夜，與
> 兄等談數小時，即某某所誣為"樞密會議"者也。家倫上午出席幹
> 事會，與楚蓀兄同座；下午同張庭濟君同被王亮疇先生招去談數小
> 時。夜，吾等聚談數小時。（此節詳後。）

> 星期一，斯年上午約溫代校長③赴廳保四同學，以至在校長室決裂。
> 下午偕狄、劉兩君先到文科會同胡適之、陳百年、沈士遠、劉半農四
> 先生同赴警廳，交涉《五七》被捕同學事。直至八時，然後歸在會
> 計股小坐，即婦寓就寢。④ 家倫上午在新聞股，下午至中美通信社送
> 新聞，在該處與舍我君籌商《益世報》事件。晚，同孟君⑤在新聞股。

以上三日中行事，皆有跡可尋，有人可證。而謠言中竟指此三日為弟
等與安福接洽之期，誠不知弟等有何分身妙術也。尋此數日中，弟等
所為不外新聞股例行事件與《五七》同學保釋兩端，皆兄等所共見。
尋謠言之所自，始由於"樞密會議"之一匿名帖。查星期日晚弟等與

---

①編按：袁希濤（1866—1930），又名鶴齡，字觀瀾，時任教育部次長。

②編按：狄福鼎（1895—1964），後改名膺，字君武，時就讀北京大學文科哲
　　學門。

③編按：溫宗禹，原任北京大學工科學長，時代理北京大學校長。

④編按："婦寓就寢"當作"歸寓就寢"。

⑤編按：孟壽椿（1896—？），時就讀北京大學文科，國民雜誌社成員。

兄等聚談，原是一時相值，隨便相謔相戲，絕少正經話。既非會議，更非祕密。幹事會中每晚十數人聚談以作休息，原係常事。此番聚談，弟實不知如何而聚。家倫但見高師代表熊君①、清華代表黃君②覓錫朋兄，而家倫即隨其後至新聞股。斯年當日以託人要求教育部撤退軍警事至胡適之先生宅。九時半歸新聞股，諸兄先在。當日吾等所談，強半屬於戲謔解悶，或蹲地上，或坐棹上，雜以游戲。所有不涉游戲之詞不外：（一）明日聯合會宜否，祕密地點宜何在；（二）聞政府取干涉校內強迫簽名之手段，宜如何對待之；（三）聞部中有維持三日以後嚴屬之說，當設法使部中覺悟；（四）火速赴外求援；（五）王亮疇諸先生之善意不便拒絕；（六）群認北京大學當維持不散，然後外援可得而為力。其所以維持之法，即設法使教部拒絕軍警方面之動作；更由王亮疇諸先生與當局虛與委它，能延一星期則外援即至，而吾輩可再戰一場矣。此種情形，兄既與知，當知其事實也。至於當日斯年所發言者，惟有一事，即調人向吾等索第二條之切實解釋，而云吾輩當以"政府有擔保允許曹陸章③假滿後不再復職"為非做到不可之最低限度，向調人說明，以便與當局虛與委它。此意錫朋兄以為仍是最大限度，不必討論。此後斯年即隨眾談戲，未曾有所主張。斯年、家倫當時所主張者，一面設法使教育部仍繼續維持阻止軍警方面之行動，一面應陳告各校教員，速將所謂教職員維持會者取消，（當時黃人望君曾以關於教職員維持會事相告，年當晚語熊夢飛君云："維持會一名稱該打，勸導會一名稱該殺。"熊君為之粲然，諸兄亦在坐也。）將教職員聯合會即日恢復（當時已聲明解散），一面趕派多人赴上海樹援，一面由王、范④諸公與當局委它，遷延時日。而吾等同學則不散不上

---

① 編按：熊夢飛（？—1962），時就讀北京高等師範學校，國民雜誌社成員。

② 編按：疑指王造時（1903—1971），本名雄生，時任清華學校學生代表。

③ 編按：曹汝霖（1877—1966），字潤田，原任外交部次長，時任交通總長；陸宗輿（1876—1941），字潤生，原任駐日公使，時任幣制局總裁；章宗祥（1879—1962），字仲和，原任司法總長，時任駐日公使。

④ 編按：范源濂（1876—1927），字靜生，原任段祺瑞內閣教育總長，時任國民外交協會理事。

課，在校內靜以待援，蓋暫取守勢，待外援來作第二場戰也。此意兄等亦復相同，自信非特行事無不可對人者，即主張亦並不錯也。

"樞密會議"之一揭帖，後經調查，即某君所為。伊於布此揭帖之後，即召其同黨四出造謠言，蓋伊初次欲南下赴武漢之計畫為弟等所打破，故積怨之深入於骨髓，而利用當時恐慌忿怒之心理，下此毒計。後又強欲赴上海，斯年、家倫當即譏誚數語。於是次日揭帖出矣，謠言起矣。此真所謂"因公受累"也。至於彼所利用之機會，一則當時謠言百出，瞬息萬變；一則報上有安福部招宴安福部學生一段新聞，彼強舉斯年、家倫二人以實之。當時弟等曾具函請錫朋兄澈底根究，有云："果此說而信，應嚴行處治，非謠言所得而了事；果此說而不信，應澈底根究造謠之人。"其時適值錫朋兄將欲南下，留一函以相慰藉，并囑壽椿兄面達一切。又越一日，而楚蓀、日葵兩兄南下，而此類傳說亦漸息矣。尋報上安福部招宴學生一事，有謂中美通信社傳出者，家倫當即往中美通信社詢其實相，據該社陳君云，係安福部之中央通信社所傳出，而當日登此新聞者，皆安福派報也。如此看去，顯係安福一種挑撥手段。當日陳獨秀先生曾堅稱係安福之詭謀。次日陳獨秀先生接到一匿名函，謂弟等二人與徐君彥之如何如何。陳獨秀先生氣極，謂必係受安福指揮之學生所造，即電某報調查，請其將此詭計揭穿。後對此函筆跡，又某君所為也。某君又使其同鄉陳某，廣設方術，與弟等為難。此事壽椿諸兄可證。又以斯年之弟與同學對毆事，親具函警廳控告，密報偵探稽查我之所在，又託人向我要三百元之醫費，又廣布恐嚇之詞，而舍弟以十六歲之人，不知真相，竟致逃去，不知下落。一方則檢廳之案未了，一方則家中向我要人。八十祖父，竟成狂疾，而斯年真苦矣。

今以此君之機械百出，百般傾陷，同學多悟謠言之無當。即當日傳言者，今亦多自悔者矣。

然而此次謠言之所由來，一方面固由某君製造，而一方面仍是《新潮》之關係。自《新潮》出版，波瀾層生，即同學中非之恨之者亦復大有人在。錫朋兄留函云："二兄持新文學，反對之者引為眾的"，乃實錄也。故利用時機，以圖陷害，實為不可揜之事實。當謠言盛傳之日，錫朋、寶鍔兩兄猶在北京，當知傳此謠者為何如人。斯年平日任氣使性，不知人情為何物，故獲怨於人者尤多；然利用時機，無端傾陷，揆之道義，豈可謂宜？凡平日與《新潮》有不協者，當時乃大活動，既為諸兄所目覩，斯年、家倫亦可不必盡說。弟等收到恐嚇之匿名信兩三通，皆以狂妄奇謬為辭。彼時謠言複雜之至，忽謂新潮社全體為安福所收買，忽謂某某等四人，忽謂某某等二人，忽謂某某等三人，忽謂四人之外又有社外某人，總而言之，非將主持新思想者盡力拖之下水不能快意也。至於上海方面之傳播此謠，一則張敬堯所辦之某通信社稿，此種無價值之通信社原無一顧之價值；一則《半谷通信》，諸兄當知半谷①為如何人，《半谷通信》與上次新舊波浪之關係也；一則《時報》之專電，據調查所得，此電為北京某小報②之記者所發。此小報曾於《新潮》出版一個月中，日日登載攻擊《新潮》之社內通信，一則曰"人首畜鳴"，二則曰"洪水猛獸"，三則曰"世有祖龍，一坑之內，當不免此輩"。此人打此電報，其作用可知。平情而論，主張不同，辯論可也，攻擊可也，乃竟至於利用時機而誣陷之，更至於假藉勢力而劃除之，造謠播謠，必欲使其不能存立而後已。此種借公圖私之手段，真獨中國有之。誠如來示所云："不能使人警惕，徒然使人灰心。"

半年以來，為《新潮》感受之痛苦，除外表為諸兄所及知者外，更有不可思議未經宣揭者。如某人運動某某老宿，③ 以《新潮》兩冊送徐，④ 請其嚴禁；如某某運動某武力派中堅，以武力干涉；如所謂國會議員張某⑤等彈劾恐嚇傅沅叔；如外間喧傳《新潮》被封；如校內多人向校長囉唆，以至社中津貼幾乎取消，以致《新潮》幾乎不能出版。今反對者出策更奇，除以武力恐嚇外，更以謠言陷之。半年以來

---

① 編按：張厚載（1895—），又名張豂子，北京大學法科政治門退學生，時在上海《神州日報》發表《半谷通信》。

② 編按：指《公言報》，1916 年 9 月林白水受林紓、徐樹錚資助，在北京創刊。

③ 編按：江瀚（1857—1935），字叔海，時任總統府顧問。

④ 編按：徐世昌（1855—1939），字卜五，時任北洋政府大總統。

⑤ 編按：張元奇（1858—1922），字貞午，時任安福系國會議員。

之精神，皆用於此類上去，言之令人傷心。此番"五四運動"，實中國歷史上惟一之光榮。此光榮竟如 X 光線一樣，一切人類，洞徹骨髓。弟等自五月三日晚始，至《五七》同學保釋日止，每日未有睡過五小時以上者；恆不能得暇飲食，每日一餐者若干日；至於所作事項，諒亦不無小補。自五月五日起，吾輩定"北京學界打頭陣，將來發展不限北京，更不限學界"之大政方針，又分半副精神維持吾校，使其不為無代價之犧牲。此種經過，苦極倦極。自此而後，當閉戶讀書，努力為文化運動之一前驅小卒。惟學問可以益人益己，學本無成，出而涉世，本無當也。

《新潮》與蔡先生之關係，諸兄自知之。蔡先生去而《新潮》不能留，乃不成問題之當然事實。中傷者謂見蔡先生將去，折而投入軍閥派。姑不論人格一層，但就利害而論，斷無棄其友朋，舍其素業而能得利之理。此類無常識之謠言，竟有信之者，殊令人慨歎！至於弟等兩人平日素志，又斷無與政客接近之理。斯年以性情偏激之故，絕無入政界之力；又以年來學問上之感化，認政治為萬惡之源，認世界之進於光明，全在政治之根本推翻。故早已宣言此後終身不入政治界，終身不脫教育界。家倫除於言論思想社會事業外，決不稍有所涉跡。此志將終身奉行之。故此類謠言，原可不辯而自明。當時斯年曾向人戲語云："此謠可以今後生活證明之也。"

斯年於五月二十九日赴濟南應留歐學生考試，六月二十日返京，今年秋間或可赴英國留學。如能道出上海，當與諸兄快談一切。家倫雖被此無妄之災，仍於此事有所盡力。六月三日以後之奮鬥情形，且有《時事新報》、《申報》各駐京記者作證也。

以上諸事，或由吾兄全數發表，或由吾兄擇要發表，請酌之。

弟等對於此次行動亦稍有意見，俟暇時陳之。

^弟斯年、家倫敬啟 六月二十七日

4. 傅斯年致胡適 (1920 年 8 月 1 日) *

適之先生：

從去年十二月別後到現在，已經過了七個月了，這個時期中常想和先生們寫信，但不知為什麼緣故，懶的了不得，所以一再遷延到現在。

這幾個月裏不知道北京大學裏的先生和同學們有什麼好消息。 先生有工夫時還希望時常給我封信。

我先說說我近中的經過。

我是一月二號上的船，沿路很好，同船有八個中國人，——連我，——我獨不暈船，其中也很有幾次遇見大浪，我却照常睡覺，照常吃東西，可見暈船與身體不是定有關係的事。沿路風景的可愛，真說不出，恐怕取道美國，沒有這個樣子。熱帶的叢林，沙漠的田土，近東的人物，西班牙的海岸，是我平生不應忘了的。

我們是在利物浦下的船，住了一夜，就到了倫敦。

平伯忽然於抵英兩星期後回國。這真是再也預想不到的事。他走的很巧妙，我竟不知道。我很怕他是精神病，所以趕到馬賽去截他。在馬賽見了他，原來是想家，說他下船回英，不聽，又沒力量強制他下船，只好聽他走罷。這真是我近中所最不快的一種經歷。

一句話說，平伯是他的家庭把他害了。他有生以來這次上船是第一次離開家。他又中國文先生的毒不淺，無病呻吟的思想極多。他的性情又太孤僻，從來不和朋友商量，一味獨斷的。所以我竟不曾覺察出他的意思來，而不及預防。他到歐洲來，我實鼓吹之，竟成如此之結果，說不出如何難受呢！平伯人極誠重，性情最真摯，人又最聰明，偏偏一誤於家庭，一成"大少爺"，便不得了了；又誤於國文，一成

---

*原載耿雲志主編《胡適遺稿及秘藏書信》（合肥：黃山書社，1994），第 37 冊，頁 348—354。

"文人"，便脫離了這個真的世界而入一夢的世界。我自問我受國文的累已經不淺，把性情都變了些。如平伯者更可長歎。但望此後的青年學生，不再有這類現像就好了。

但平伯此次回國，未必就是一敗塗地。"輸入新知"的機會雖斷，"整理國故"的機會未絕。舊文學的根柢如他，在現在學生中頗不多。況且整理國故也是現在很重要的事。受國文先生毒的人雖然弄得"一身搖落"，但不曾中國文先生毒的人對於國故的整理上定然有些隔膜的見解，不深入的考察。在教育盡變新式以後，整理國故的憑藉更少。趁這倒運的時期，用這一般倒運的人，或者還可化成一種不磨滅的大事業。所以我寫信勸平伯不要灰心，有暇還要多讀西書，卻專以整理中國文學為業。天地間的人和事業，本不是一概相量的，他果能於此有成，正何必羈絆在歐洲，每日想家去呢！

但有一件事要注意的。平伯回國敢保其不墜落，但不敢保其不衰枯下去。當時有《新潮》一般人，尚可朝夕相供，現在大都畢業，零散了不少。如果先生們對他常常有所勸勉，有所導引，他受益當不少的。否則不免可慮。

還有一層，別人對他回國不免有些懷疑，以為回國後思想必生大變。這是不然的。他生意挫折，自是必然的結果，但沒有這事。他之忽然回去，乃是一向潛伏在下心識界的"浮雲人生觀"之突然出現，恐怕還有些遺傳的精神病証。這雖是很不好的現象，但於作成學問無妨。況且平伯是文學才，文學正賴這怪樣成就。

我到倫後，於 University College 聽講一學期，現已放暑假。此後當專致力於心理學，以此終身，到也有趣。University College 中關於此科之教員有好幾位，Prof. Spearman 是這一科的主任。此君學問頗博，但學究氣太重，並非第一流的長才。此外如 Hicks，Hobhouse 等卻很著名。

我抵英在二月末，馬賽歸來在三月二十間，那一學年已經不能算了，只好從今年十月起。我的本意，想入理科第一學年，Spearman 不勸我這樣，所以現在一面做 Postgraduate work，一面再於 Undergraduate 之科目中選些聽講。

近中溫習化學、物理學、數學等，興味很濃，回想在大學時六年，一誤於預科一部，再誤於文科國文門，言之可歎。

此後學心理學大約偏重於 Biological 一派與講 Freudian Psycho-analysis 之一派。

下學年所習科目半在理科，半在醫科。斯年近中對於求學之計劃比前所定又稍有變更。總之，年限增長，範圍縮小。哲學諸科概不曾選習。我想若不於自然或社會科學有一二種知道個大略，有些小根基，先去學哲學定無著落。

近來很不想做文章：一來讀書之興濃，作文之興便暴減；二來於科學上有些興味，望空而談的文章便很覺得自慚了；三來近中心境思想覺得比以前複雜，研究的態度稍多些，便不大敢說冒失話；四來近中更覺得心裏邊 Extroversion 的趨向銳減而 introversion 之趨向大增，以此不免有些懶的地方。

詩久不做了，但中國詩與英國詩還常讀。於此也稍有些意思，但不願寫出。

在倫敦也稍有些新朋友，有幾位學問為人都極好，所以並不寂寞。

留學界的情景，據我在這幾個月中所見的而論，不使人滿意的地方很多。求速效，急名利，忽忘學業，幾乎是一種最普及的現像。不濟的不消說，即所謂人才者，也每每成 politician 與 journalist 之“一而二，二而一”的人格。我很希望北京大學裏造成一種真研究學問的風氣。

先生此後有什麼著述，如經刊印，請隨時寄我一本。

先生現在在中國智識界的地位已高，因此事件必多，分神的地方不免。這又何嘗不是一種不可免而又可憑以施行所期的現象，但從將來的大成上看，不免反為魔障。人的幸福我以為全在學問與事業之進行中，而不在成就之後。但凡覺到了成就，頓時意趣索然。以先生之識與力，自必精勤繼續未竟之業。總之，為個人言，古來成學業的，都是期於白首，而不隱於才華；為社會上計，此時北大正應有講學之風氣，而不宜止於批評之風氣。社會上的名望，我常倒轉說，“不可懷也，亦可畏也”。先生自提倡白話文以來，事業之成就，自別人看之實在可驚，然若自己覺得可驚，則人之天性本是以成就而自憙，以自喜而忽於未來之大業。所以興致高與思想深每每為敵。人性最宜於因迫而進，而慣怠於實至名歸之時。

　這些話都不是說先生如此，乃謂名成之下更極危險，不可不預防。易多牽連，便多危險。　先生不要誤會，此非言已有此象，乃謂有不可不預防者——預防社會止住自己的進化。

　我在北大期中，以受先生之影響最多，因此極感，所念甚多。願先生終成老師，造一種學術上之大風氣，不盼望先生現在就於中國偶像界中備一席。

　"書不盡言"，我這些話很支支節節，不能達意。但我想先生一定能體解的。

　要寫的正多，以後再說罷。

　一涵、慰慈諸位先生處請代致意。

學生傅斯年　1-8-20

46 Sisters Avenue

　Lavender Hill

　　London S. W. 11

　　　England

5. 傅斯年致蔡元培（1920 年 9 月）*

子民先生左右：（中略）我所學之科目，——心理學一以圜橋設備為最周，所以想去住住。牛津、圜橋以守舊著名，其可恨處實在多。但此兩校最富於吸收最新學術之結果之能力。就學問論學問，正不必惡朝歌之名而回車。校風固不好，是誠然，要是一離中等教育就往那里去，必糟無疑。但若心已定形，便不易染其惡，而能受其善。而且那里是專講學問的，倫敦是專求致用的。劍橋學生思想澈底者很多，倫敦何嘗有此？極舊之下每有極新，獨一切彌漫的商務氣乃真無辦法。

---

*原載《北京大學日刊》1920 年 10 月 13 日，第 3、4 版，題《傅斯年君致校長函》。

倫敦訾兩校以游惰，是固然，然倫敦之不游惰者，乃真機械，固社會上之好人，然學術決不能以此而發展。北京之與上海，北大之與清華，有些仿佛是劍橋與倫敦之比。圜橋之收藏，其地又無商務氣，真絕好之讀書所在。但仍以研究生為宜，初來英國即望圜橋恐仍 "凶多吉少" 耳。

斯年臨去國時，已決定學心理學。北大師友，多勸我學歷史，這或者是就我一向所學者立論，和我也未常不宜。但近中蓄積之問題極多，而毫無解決之法。即如近中胡、周二先生①所爭之個人生活或社會生活，又如組織所供獻之 Efficiency 與自由所供獻的 Intelligence，其比較之量如何，又如個人或社會間的關係，等等，很難決的問題。對待的兩方面，同時者我心識界裏各佔地盤。一人心識，分成兩片，非特本人大苦，而且容易成一種心理上的疾病。因此還只好請學問救濟罷。

心理學到現在還不是一個成立的科學，因此各派難合。斯年所好乃 Hobbouse②、Mc Douyall③ 一派以生物科學講心理者，亦甚喜 Frend④ 一派之心理分析學。此兩派皆以心理學為生物學之一部。至於專以自然科學之方法講心理者，頗與我的性情為遠。

羅素已搭船去（一報館記者言）中國，在北大任教席二年。北大現象每有所聞，無不使人喜悅。

斯年有一言想和先生說。北大此刻之講學風氣，從嚴格上說去，仍是議論的風氣，而非講學的風氣。就是說，大學供給輿論者頗多，而供給學術者頗少。這並不是我不滿之詞，是望大學更進一步去。大學之精神雖振作，而科學之成就頗不厚。這樣的精大發作之後，若沒有

---

①編按：指 1919 年 10 月至 1920 年 7 月間胡適與周作人關於 "新村運動" 的討論。

②編按："Hobbouse" 當作 "Hobhouse"，即霍布豪斯（Leonard Trelawny Hobhouse，1864—1929）。中文譯名據傅氏《心理分析導引》及《集體心理學》譯稿。下同。

③編按："Mc Douyall" 當作 "McDougall"，即馬克孤（William McDougall，1871—1938）。

④編按："Frend" 當作 "Freud"，即伏奧伊特（Sigmund Freud，1856—1939）。

一種學術上的供獻接著，則其去文化增進上猶遠。近代歐美之第一流的大學，皆植根基於科學上，其專植根基於文藝哲學者乃是中世紀之學院。今北大之科學成績何若？頗是可以注意的。跛形的發達，固不如一致的發達。願先生此後於北大中科學之教授法與學者對於科學之興趣上，加以注意。

吳稚暉先生過倫敦來談了半天，很覺感動。後來吳先生忽忽去了，有些要說的，不及說。有兩事想由先生轉致，也請先生注意。

第一是移家留學，我對此懷疑之點很多。生存（Existence）、生活（Life）與就學三件事決不一樣。吳先生所謂就學者，乃生存，生活且說不上，何論就學。以中國人的家屬的性情而論，年事稍長，來國外非特不能就學，並無與其所謂"文明空氣"也者接觸之機會，只等獄囚而已。即在國外終身，也與不在國外等。中國此刻很重要的一件事，是在些大城堡設點太太們的學校。如此收效頗多。假如把移家就學之精誠，轉移到這上，其收效之大，何止數倍。先生何妨在北京大學左近組織一個"教職員學生家屬學校"呢？

我很相信改良社會的原則，是以比較的最自然的方法，而謀最大量的效果。

平情而論，西洋人一家之所住，以一人之所在為轉移之辦法，何嘗不是最人道的。但中國家庭之組織，本與歐洲不同，其改良之方法，絕不必照抄。我們當這過渡時候，苦痛是該受的。

第二是留學的發達，似應與國內教育平行。若專為跛形的發達，收效頗不大。吳先生在當年國民會謂"若移北大之經費於海外辦大學其成效更大。"此言實所未喻。第一，國內若無學術之高潔空氣，雖國外有，但一經轉回國內，易就沈淪。第二，教育不是教育各個人，乃是教育各個人而及眾。在國【外】的地勢便不如在國內了。此刻在北大讀書，和在巴黎流蕩，比其來還是上一項好罷。吳先生諸位太偏重國外的方面，太輕視國內的方面了。恐怕國內若能與國外共進，或者與國外方面也有絕大之助力，否則國外方面想終成無根的泡影。學問與人格之成就，多半在風氣之感化。歐洲風氣固好，但他的好風氣，好些中國人加不進。國內近中的風氣却是普及的。

即如吳先生最近欲舉所有北大國文門之教員移之里昂，斯年覺得頗不是辦法。

斯年決非反對泛留學論者，一向與吳先生共其意見，所以方到英國，就寫了一篇《留學問題談》，① 然而越看越聽，越悔前言之孟浪。至今斯年固未棄以前的意思，但覺得其可斟酌之處頗多。我願吳先生於比較的益處上多注些意。吳先生未免太注重片面之益，不想到各面比較之益。

吳先生之精誠，我們焉得不敬服，但有些心理，實在像中國的老先生。先生到歐洲來看看，或者以斯年之言為然。

半農先生在倫敦，常相見。均好。

先生下半年來歐洲時，順便來英一看否？

昨接李四光先生自德來信，云北京電招其往北大任地質學教授，問我北京大學的情形。我不消說是竭力勸他去的。李君與丁君，② 乃英學界之"兩科學家"。不特學問大家佩服，即學問以外的事，也是留英的精粹，他們所學的科學，真能脫離了機械的心境，而入於藝術的心境。丁君上月初才往國內去，或就西南之聘亦不甚定。他在物理上頗多些理論的發明，畢業論文乃一絕難能之電子理論。李君生平，不僅學者，更是義俠之人。此間的留學界很多稱道。李君不甚願應北大之招，欲就西南。我看先生還是竭力聘去好，定於北大有多少益處。

斯年近中很感得學科學者之可敬，與李君只見兩次，不知為何其感我如此之深。今姑徹悟致思之疏密與人格淺厚，有絕大之關係。自念無力專致自然科，且恨且慚。

學年③傅斯年

46 Sisters Avenue Battersea

London S. W. 11, England

---

① 傅文連載於《晨報》1920 年 6 月 9—12 日，第 3 版 "倫敦特約通信"。
② 編按：丁燮林（1893—1974），字巽甫，筆名西林，1919 年獲英國伯明罕大學理科碩士學位。
③ 編按："學年" 當作 "學生"。

一九二三年

6. 傅斯年致羅家倫 （暫繫年於 1923 年冬）*

昨晤姬公，① 聞 真人道心時有不周，衣冠而往，裸體而歸，天其欲使真人返乎真元耶？不然何奪之乾淨也？聞 真人刧後不改笑貌，興致一如恒日，故慕仰無極，進此兒若戲謔，實出心肺之言。

此事如在小生，當死矣。失包猶可，蓋失包則不提包，失書則從此不念書，若失去衣冠，將何以為中國之人而度此嚴冬耶？是非投河不可矣。想當年精衛投海，亦但為失竊耳。

今寫此信，是告你我有一外套，你此時如無解決之術，則請拿去，雖大，容或可對付一時。帽子我也有一個，但恐太小耳。

近聞學費限下星期交，為之大急。

羅真人法覽

山外魔生白

＊羅久芳女士提供，又載《傅斯年留學時期的九封信》第（一）信，《當代》127（1998）：112—113；羅久芳、羅久蓉編校《羅家倫先生文存補遺》，台北：中研院近史所，2009，第 344 頁，署"民國十二年（？）冬，柏林。"
①編按：似指周炳琳（1892—1963），字枚蓀，1922 年獲美國哥倫比亞大學文學碩士學位，後入英國倫敦大學經濟學院、法國巴黎大學、德國柏林大學研究。

一九二四年

7. 傅斯年致羅家倫 （暫繫年於 1924 年）*

To Sir Roosevelt K. L. Lo, LLD. (Hon. Cantab)

  O. M. Fellow of King's College, Cambridge.

  Membré d'Institut, Officier de la Légion d'Honneur, etc. etc.

  Author of *"Principles of Universal History"*

  "Critical Realism in the Science of History" .

  "History of the Chinese People as a Melodrama" .

  "Neo-Hegelianism in Metaphysics"

  "Science as a Form of Art"

  "A Golden Treasury of Classical Chinese Epigrams" , etc. etc.

My most gallant & noble Sir;

久矣不見。半農一信請看。

星期日我在林中，未曾睡著。但失迎總抱歉的。

星期一方知交費在即，一文無著，十分著急，或者死去。

Your Damned Libraryman

---

*羅久芳女士提供，又載《傅斯年留學時期的九封信》第（二）信，《當代》
127（1998）：113；羅久芳、羅久蓉編校，《羅家倫先生文存補遺》（台北：中
研院近史所，2009），第 344—345 頁，署"民國十二年冬，柏林。"

一九二五年

8. 傅斯年致羅家倫 （明信片）（暫繫年於 1925 年）*

Herr K. L. Lo

bei Hegler

25 Manteuffel Str.

<u>Gross-Lichterfelde-West</u>

學費到，朱①先寄一支票廿鎊者，注云"算清找補"，已託人取去矣，大約星期六左右可到也。

弟斯年

志希兄

9. 傅斯年致羅家倫 （明信片）（暫繫年於 1925 年）**

Monsieur K. L. Lo

Chez Prof. Pioro

64 Rue de Rennes

Paris 6e

戰跡一事，奉寄

志希兄

斯年

---

*羅久芳女士提供，又載羅久芳、羅久蓉編校《羅家倫先生文存補遺》，台北：中研院近史所，2009，第 343 頁。

①編按：朱兆莘 (1879—1932)，字少卿、鼎青，時任駐英代辦使事 (1921 年 11 月—1925 年 3 月)，1926 年 1 月調駐意大利全權公使 (1925 年 10 月—1927 年 7 月)。

**羅久芳女士提供，又載羅久芳、羅久蓉編校《羅家倫先生文存補遺》，台北：中研院近史所，2009，第 343 頁。（編按：德國 Marne 寄巴黎。）

10. 傅斯年致羅家倫（明信片）（1925 年 9 月）*

Monsieur Lo①

11 Rue Descartes

Paris 5me

明天在此地寫信，後天（星期五）上
午一早進城，先到你們處，看是怎樣
了此一天。

志希兄

弟斯年

11. 傅斯年致何思源、羅家倫（明信片）（1925 年 10 月 29 日）**

Mesr. Ho & Lo

11 Rue Descartes

Paris 5^{e}

France

已到柏林車站，沿路大睡大吃，飽不可言，明天詳白。

仙槎、志希二兄

斯年

先為我一候 Mlle Jemmes。

---

* 羅久芳女士提供，又載羅久芳、羅久蓉編校《羅家倫先生文存補遺》，台北：
中研院近史所，2009，第 343 頁。（編按：傅斯年於 1925 年 9 月由柏林赴巴黎
訪羅家倫。）

① 正面寫："此在 Köln 遊 Kunstgewerbe Museum 所買，送志希。"

** 羅久芳女士提供，又載羅久芳、羅久蓉編校《羅家倫先生文存補遺》，台北：
中研院近史所，2009，第 343 頁。繫年據 Charlottenburg 郵戳所載。

12. 傅斯年致羅家倫 （明信片）（1925 年 12 月中旬）*

The Honourable K. L. Lo①

Chinese Ambassador to the People's Court of St. James's

O. M. "Laureates Nobelus" for international Peace and innervations <u>Warfare for 1926</u>

Author of "*Sense and Non-Sense in the Science of Universal Myth*" etc. etc. etc.

敬賀新年

斯年

13. 傅斯年致羅家倫 （1925 年 12 月）**

志希足下：② 昨信想達。方才接到你的快信。此一件事我想了好幾點鐘，現在敘述如下：

　　（一）過去的經歷。　先是^弟在巴黎最後接到朱寄之二十，換了後，還債等已精光，末日只剩了三十佛朗，其手中之二十馬克，尚是從吾寄我者也。到了此地，幸員外尚有幾文，故用到十一月，過了初十，朱寄來二十鎊，交了二月房錢，去其過半。所餘的未到月

---

*羅久芳女士提供，又載羅久芳、羅久蓉編校《羅家倫先生文存補遺》，台北：中研院近史所，2009，第 343 頁。

①正面寫："禮服穿得有何效驗？敢問！　志希大禪師！"

**羅久芳女士提供，又載《傅斯年留學時期的九封信》第（三）信，《當代》127（1998）：113—115；羅久芳、羅久蓉編校，《羅家倫先生文存補遺》（台北：中研院近史所，2009），第 345—346 頁，署"民國十四年底，柏林寄巴黎。"

②首頁自註："信中一切情由乞勿告人。"

底完。還了員外怎麼辦呢？幸與老陳①定了一約，他先把二十鎊之馬克給我，我交了學費，及他種零費，借給一位更窮的朋友三十馬克，交了這月房錢，今天只剩了四個半馬克，愁得這兩天無從為計也。

這一個半月中，看來像是用了四十，但有百馬克餘之房錢，像前者，又有火爐子費，又交學費，故實是十分減省。每日吃飯在二馬克與三馬克之間，未曾看戲一次。書是買了一部藏文法，一部梵文法，一部 Karlgren 的語學（非其字典），上二件是上課，下一是為寫書用。又做了一件應當做，不能做，而竟做了之事，即是把書箱子買了三個。先是^弟有書箱子四個，為老童②拿去一個，說是老周③為我買一個，亦竟未送來，滿地書亂七八糟。且明年二月^弟離德國，不早預備，到時遷延一月，便吃一月之虧。今夏以書故，未能辭房子，歸後計算，深感其累。故發憤從早預備。一日之計，定了三個，後來送來，不能不付錢，去了五十馬克光景，此時悔之矣。故此一個半月，實是十分因窮而省之局面也。

（二）此時的打算。　上星期初已即向朱要二十鎊，大約此星期可寄來。但此是老陳的了，有約在。他即日走，先赴英國，故更無從通融起。那麼怎麼辦呢？上星期一向朱寫信時，說有二十方可過年節，當時尚未計算得清楚，信發，覺"斯言之玷，不可為也"。始意覺得這月總可勉強到底，但陳走甚急，姚錢不來。前昨兩日，整日思法子，昨天開了一個書單子，擇其或有人要者于 Hirschwald，未知下文如何。此時滿想向朱再要，但如何措辭，且甚無效耳。

寄還兄一事，假如朱處可要，亦非一星期所能成功，照例我要錢是十日至二星期之間。上次巴黎要到之快，是例外者也。上星期要

---

①編按：陳寅恪（1890—1969），1921 年由美國轉往德國柏林大學研究院研究，時受清華學校國學研究院之聘返國。

②編按：童冠賢（1894—1981），本名啟顏，曾於德國柏林大學及英國倫敦政治經濟學院研究。

③編按：周炳琳（1892—1963）。

者，他尚未寄來，此時加要，又有前言，必不甚置意，故至早應待至年底，再出一題目去要。蓋此時要，必然無效也。（以一往經歷言）^弟後天即設法子辦，今天正思不得術路。昨遇員外，他云：他一接到錢，即打電話。但這個誰曉得是如何者？北大此時能電匯學費出耶？^弟如日內得從吾處佳音，或思得他法子時，便即以奉聞。朱處在此二星期之內，無可希望。所以先告你這一聲。我此時的感覺，是這個 Xmas 實無法過，專看賣書有效否？

^弟于三個星期間，總寄上一數目，這個星期之內，想到現在，尚未嘗有法子也。兄能暫時在巴黎多為一個短期二、三星期之通融否？^弟年關左右一星期總能寄兄一筆。

要是老陳不走，尚有法，而他即走。他的錢為郭才子①、陳泮藻二位借了上路，故他也著急無對。

此時柏林的環境中，比先更窄，故通融之力，更窮。幾乎等于不能借分文之局面。這兩月，子水、從吾、大維都是懶②老陳維持，老陳大苦，老陳走後，更不了矣。^弟想明年先請朱把我這川資墊一半，以送物及去德，故明年正月末，或須親自一至英國。③

現在趕這 Post，又上課去，餘待日內叙。

斯年

連著三星期不是甚利害。

^弟向朱要錢，有一不便之處，因^弟一要，即是三份，每次都有王、張二位在內，故朱亦甚不便。此次川資之計已向王、張二君函商，如不得他同意，^弟不進行也。

---

①編按：郭有守（1900—1978），字子杰，獲法國巴黎大學博士學位。
②編按："懶"當作"賴"。
③行首自註："此事切勿對任何人言之！！！"

一九二六年

14. 傅斯年致羅家倫 (1926 年 1 月)*

志希兄:

那個 Voltaire 真妙，此種姿勢再找一更好者不可得，多謝多謝。惟後面的話十分不能當耳。送你們的拜年片，去年十二月中旬已寫好，今始寄去，可笑也。

朱處碰了一個釘子回來，不特失望，並且 upset 一切的計畫及事件。先是接兄信之前向朱要二十鎊，盡還老陳，錢未到而兄信至，次日即去二信，偏偏上一次信說明不明為故，"斯言之玷"亦甚有影響。此信以 Xmas 節遲至廿九日^弟始收到，次日又去一信，至今尚無下文也。日內著急之至。^弟此時不知如何。本來朱為我等三人墊逾半年，此時山東又無希望，全不能怪他，但如何是好?^弟一得朱款或朱信便以奉聞。

蔡先生在船上來一信，並附寄。^弟當于本星期內回陳①信，再遲不可矣。翦寄朱信關于此節者。餘待後白，先此匆匆。

^弟斯年

15. 傅斯年致羅家倫、何思源 (1926 年 1 月、2 月間)**

志希兄、仙槎兄鑒: 好多天不曾寫信，想你們日內甚好。我自去年在

---

* 羅久芳女士提供，又載《傅斯年留學時期的九封信》第 (五) 信，《當代》127 (1998): 115—116; 羅久芳、羅久蓉編校，《羅家倫先生文存補遺》(台北: 中研院近史所，2009)，第 356 頁，署 "民國十五年初，柏林寄巴黎。"

① 編按: 陳大齊 (1886—1983)，字百年，一作伯年，時任北京大學哲學系教授兼系主任。

** 羅久芳女士提供，又載《傅斯年留學時期的九封信》第 (四) 信，《當代》127 (1998): 115; 羅久芳、羅久蓉編校，《羅家倫先生文存補遺》(台北: 中研院近史所，2009)，第 347 頁。署 "民國十四/五年，柏林寄巴黎。"

朱處碰了一個甚公道的釘子後，曾又連著去信，後來回之一信，云
須待與銀行人商酌之。直到本星期寄來十鎊，云是由他賬上奠，山
東款中銀行已不許透支，須待其另設法下月挪借云云。本是想就此
寄你四鎊，寄先槎二鎊的。但換現鎊待了三天，此三天中又為人借
去了幾文，自己也實沒辦法了。現只寄你二鎊，仙槎一鎊。朱既許
我下月設法，到時^弟必再寄。月中窮不可言。特別糟者是今後全無
辦法，山東學費已全無望矣。一言難盡，且待下回分解。

^弟斯年

仙槎兄：信到，多謝多謝！茲先寄兄一鎊，二星期內當可續寄。前兄
囑交馮①事，不特那幾天我是斷糧之局面，且馮君之窮與我等頗不
同，我們是青黃不接，八錯七亂，馮是入款有一定數，他想延長，
故萬分從減，非目前之斷炊也，故未即找他。馮此間有一愛人，故
去而復返，想久留，故百分從減。此人告我云。一切後白。

^弟斯年

山東官費從此必無希望。

16. 傅斯年致羅家倫（1926 年 2 月）*

志希足下：信到，已不用再給蔡先生信，抄陳信，因上次已抄了不
少。在有雙份印文之前。故你未見也。

先是我按陳信後即寄蔡先生一信，內有一篇大議論，此即所謂"星
期一之信"。蔡先生始云未收到，後亦未回答提及。其後又有一次
信，即上次有稿子者，後又追一封，乃蔡先生回信，于此事一字未
曾提及，反于小事說了幾句。^弟意有下列之猜想：

---

①編按：馮文潛（1896—1963），字柳漪，一作柳猗，時就讀德國柏林大學。
*原載《傅斯年留學時期的九封信》第（七）信，《當代》127（1998）：117—
118；又載羅久芳、羅久蓉編校《羅家倫先生文存補遺》（台北：中研院近史
所，2009），第 358—360 頁，署"民國十五年，柏林寄巴黎。"

（一）我說得實在已太貧氣，反正只是那個意思，寫了一遍又一遍，且他上次信已提，故不再說。

（二）他行踪倉卒，此事未及寫，因他的意思上信已回，其餘不待回信也。我想這一方面多。

但所謂迭奉三函者（如"星期一之信"不在內），至少有兩函專論此事，不提及一字，^弟甚不滿意，遂即于收到此信後（九日）馬上去一 Eilbote，甚短，云志希事上所陳者，自然無一一承先生開示之必要，因亦不過上所面談及信敘者，但先生于船上如能有暇示先生自己的意思于一二，亦甚快感也。所以我想他如于船上有信，必于此事提及者無可疑也。

此均在接兄信前為之，接兄信後自亦無事可作。

我回陳信須待與給半農信等一齊動筆，意思總是不得罪他們。但我上次所說為我自己人格計無抽回之理，故只于隱文中暗示之而已。寫信時之印文必寄上一看。

我近中乃真大窮，而作的文又急切寄不出去，苦極。當年下筆萬言，此時數日中不成一段，"余老矣，不能用也"（趙王謂廉將軍語）。

聽說你和 Mlle Jemmes 很好，不知仙槎吃醋否？一笑！

大維見我必云"羅志希奪我之書而不送我禮，是何理也！"

老童過此，談了半天。我覺他的"大志"太大而不切，從政治的節目甚忽略，早年東洋留學生的味兒很大。這自然也不免有點求全責備，但老童的見解與步驟都大木強，不如老段①之 Sensible，希望他回國後能以在一個好環境中的緣故，很成就一番的良好事業。

聽到你做了日禮服、晚禮服、夜禮服等，日服為利見大人，夜服為霓裳歌舞之用（話是聽到的，典故是我加），恭喜恭喜。

說點笑話罷！（一）老陳回去，坐三等艙，帶著俞大維那個生龍

①編按：段錫朋（1896—1948），字書詒，一作書貽，1921 年由美國轉往英國倫敦政治經濟學院、德國柏林大學研究。

活虎一般的兒子，① just think of it。

（二）萬燦的 Braut 聽說甚有德行。萬燦與她日日見，自然想幹一回，而她拒絕（其理由不可得知），故萬燦更佩服她的德行。

此間朋友如常，毛子水連罵我三天，都是 insinuations，最後大吵一回。

員外此時也無錢買書。

你應來信勸大維去法國。他在此甚無意思。有次我向他房東云：Herr Dr. 明年去法國。她云：Ach, Nein, Herr Doktor wird nie von uns weggehen！… etc. …。或者這房東為他保全令德不少，但他却是應該到法國享福去了。

弟斯年

Mlle Jemmes 的中文名字俗極，不知是誰大作。你應請仙槎為他擇一雅而大方者。

請告新聞（Daily Telegraph 上的）。

17. 傅斯年致羅家倫、何思源（1926 年 3 月、4 月間）*

志希兄鑒：上次寄一信後，本想即更寫一信，但老傅所想，去老傅所作甚遠，雖老傅能頻想，亦去老傅所作甚遠，故先收到兄信而後寫成此信也。

說到老朱走一事，真是前途暗淡。先是去年要錢，碰朱一小釘子，心弗善也，故今年要錢並不如去年之勤，前所云川資（先領）一事，始終未寫及一字。老傅窮而不安，但亦尚有脾氣，今年要錢數信，均短而簡括。上月十二三左右，忽然接到他一個月學費，甚怪數年來從無此事，惟彼時窮得昏瞶，始接到時意想寄兄及一還老陳及老張一

---

①編按：俞揚和（1923—2010），譜名啟德。

*原載《傅斯年留學時期的九封信》第（六）信，《當代》127（1998）：116—117；又載羅久芳、羅久蓉編校，《羅家倫先生文存補遺》（台北：中研院近史所，2009），第 356—358 頁，署"民國十五年（?），柏林寄巴黎。"

數，已不復餘，此時正以又忙又難過，糊糊塗塗的，不及細思其故。忽然見 D. A. Z.① 載朱去倫辭別之語，方始大驚，始意以為顏②既不能一時出來，英館又無人，義館且已有代辦，朱焉能即走，殊不知有國際聯盟之一事也。一時即寫信去，同時（本月一日）又寫一信問傅，傅回一信，云上月廿八走，至於學費事應照力繼續辦理云云。③ 此真不幸之極。如事先有打算者，或可要到一筆，今乃不知不覺的散了隊，如在夢中，固由我之大意，亦半由我之善心（對其他二同鄉）及脾氣所致。我每次要，總是捎上王、于二人。上星期已寫一信給 Dr. Chen,④ 請他照舊半理，又一信給朱，請他特別關照 Dr. Chen，均尚無回信，兄覺此事可笑否？抑可危也？

此時日日思去此，因太貴而行不得，日在愁城中。

北京沒有回信，弟亦于月中未更寄信。日內頻思自盡，此係莊言，非上次之漫語也。

從吾窮得要命，接兄信後，由弟費數日力為從吾借到四十馬克，明天見他，看他借到些否，明日總可直接楚蓀矣。

大維近成一個 Demagogue，熱心國事，忼慨不歇，organize meetings、演說、奔走，（確真辦了不少的好事）此間友人公上號為"假節登三含五懼七成九虎賁校尉軍師中郎將山陰亭侯"，因為他好談 holy numbers，一天選舉，他所提議，非三即五，非七即九；有勇故虎賁，好謀故為軍師也；假節者，因他一天在牀上仰天稱孤。

頗聞兄在巴黎樂而忘返，但究以早歸為是，有何計校，何時可行，乞一示及。

大維近專治洪楊歷史，日八時起牀赴國家圖書館，抄舊稿勤不可言，迥非我們所能想其可以者。

"看得她頭昏目迷舌伸心跳——跳得隔兩座尚可聽見"，此言不通

---

①編按：《德國匯報》（Deutsche Allgemeine Zeitung，簡稱 DAZ），1861 年創刊。
②編按：顏惠慶（1877—1950），字駿人，時受命為駐英全權大使。
③行首自註："聞山東寄出一季，惟一希望在此。"
④編按：陳維城，時任駐英代辦使事（1926 年 1 月—1929 年 10 月）。

而且可疑；戲場中心跳而能使隔坐者聞之，決無此理，豈可欺我治生理學者？想是使君之心與她之心，心心相印，近在咫尺，故可得而聞焉，遂以為隔坐者聞之，此露馬腳之言也。她自巴黎歸，聽說甚不喜巴黎，大維謂是你領他看博物院之過。我當時想起《聊齋》上一段故事，一位教官行時，送其七品補服于其所識之妓，此一思想，甚若對不起朋友者，然當時此想由然而來，非由我召也。先生之志則大矣，先生擇路則不可。

才子現為湖南大學籌備處委員（！！！）

南單于、大可汗或者不見得一時必倒，因廣東既得湖南，吳佩孚無北上之力，張軍近已不整也。但此次戰爭必是英日合謀，務除南單于而後已，但湖南之變甚有影響也。

蔡先生之言亦自有分寸，果真逆胡入京，蔡先生豈容尚在北京者，北大之散必也。吳入或可苟延，然亦甚不妙。總之，北大應存，蔡先生應回北大，然為蔡先生人格計，亦自有分寸。

現在《現代評論》甚不如從前，陳翰笙大作其文，通伯近有一文，竟是贊章行嚴，甚不可取，思有以規之。

通伯與兩個周，[①] 實有其同處，蓋尖酸刻薄四字，通伯得其尖薄（尖利輕薄），大周二周得其酸刻。二人之酸可無待言，啟明亦刻，二人皆山中千家村之學究（吳學究之義），非你們 damned 紹興人莫辦也。僕雖不才，尚是中原人物，于此輩吳儂，實甚不敬之。他們有些才是不消說的。

《現代評論》日中到甚不常（只一份，兄之一份久已不寄此矣），零碎不齊，一到即為人拿去，[弟]手中無一份存也。後到時再寄上也。

[弟]日內心緒之不佳，尤非如已往，一切後來再白。

[弟]斯年

仙槎兄：上一信請兄並一讀，[弟]不再另寫一遍了。

上次寄兄一鎊，想兄已收到，久不聞你消息，想尚可勉強。你們的津

---

①編按：周樹人（1881—1936），筆名魯迅；周作人（1885—1967），字啟明。

貼已於"感日"寄出。我們的學費聽說亦同時寄，但不知是多少。^弟
等欠英館太多，朱既去，甚懼後任扣算；如真扣算，是拼命之機會
也。兄日內作何事，回國上有何打算？請為我問問 Mlle Jemmes，我尚
未曾寫信，甚為歉然。心緒不佳不能多寫。

弟 斯年

18. 傅斯年致何思源、羅家倫 (1926 年 5 月、6 月間)[*]

仙槎、志希二兄：昨晤同鄉李欽甫，始知志希走之一說為
ernstgemeint，為之大吃一驚。先是知志希遲早必走，不過未信其能
在我先，又未信其能于五六月為此 plan 也。上三次信以"心緒如
焚"及忽踈而忙，竟至此時上復，罪甚歉甚。

先把我的近事略說一二，一以為奉聞，二以成未回信之緣由也。

（一）窮。　英陳①竟是有心與我為難，先是朱之去也，我事先未
料其快也如此，且當年底碰他一釘子後，亦並未深去要錢，及其走
也，曾寄一月學費來，未知是閉門砲也。見報方知其去，追去問之
已趕不及矣。次月向陳要錢二信未復，寄二電，回一極其公式、極
短、極不可②客氣之電。及山東款到百二十鎊，始于四月十一寄來
二十鎊，仿佛像這次到款全是還他，然朱在此時最後一次發到二
月，山東款却是去年七月至十二月的，故如他打其官話來說不發，
也未嘗無官話可打。然而事有人情，雖電報亦置之不理，果何說
哉。我三月中，直想吃其肉也。想其來信實是辱人，欲一去倫與之
理會，亦走不得。故志希"泰山其頹之論"實非過舉。總之，去年

---

*羅久芳女士提供，又載《傅斯年留學時期的九封信》第（八）信，《當代》
127（1998）：118—119；羅久芳、羅久蓉編校，《羅家倫先生文存補遺》（台
北：中研院近史所，2009），第 360—361 頁，署"民國十五年春，柏林寄巴
黎。"
①編按：即 Dr. Chen（陳維城）。
②編按：衍一"可"字。

我以領了下一月我方能自巴黎歸，今則倒欠下兩月，此外無絲毫進款。德國生活成度貴得無比，此間熟人一致呼窮，故^弟不欠此間任何一人任何一文，而此間欠我小數者，積其來已經不少了。五月中旬連吃四日乾面包，實在不免于夜間流涕。大維尚好，而毛、姚窮得出世涅槃。北大事大約是散板了。

（二）心緒如焚　連接家信及雪舫先生信，大加責言。至於回國後做事，至今未定，"俛仰異命，哀樂由人"，故月中飲食不常，一切狀態如病似狂。

（三）忙　偏偏倒運，別人發起開五卅紀念會，我和大維等進去，上了人當。開會時，來了些德國共產黨，喧賓奪主，又以一奇怪之忽略把非共產黨之德人大加侮辱，為 D. A. Z. 大罵（D. A. Z. 也不是），至今還剩了些作文辯白、道歉等事去作。大維和我到德來辦公事，一次即得如此結果。但此事如全由我負責，由我經手，必百分的 perfect。同事者太無常識以至于此。大維甚有才幹，欠練習耳，不可小看之也。

百年回我信寄上，我只回一信去安慰他們處境之不佳，未曾提及任何事故。因此時提也無益。我就北大的事是吹了。不知向何一方面走也。此信請看完後寄還。

^弟准于星期三以前寄志希至少三鎊。此外兄如找到巴黎或此地友人一兌，則^弟准為兄還上，因我的川資本月可到。

先趕寄此一信，餘待續白。

弟斯年

19. 傅斯年致胡適（1926 年 8 月 17 日、18 日）*

適之先生：接到你先生的信，真高興的無對。現在先回來信上的事。

---

* 原載耿雲志主編《胡適遺稿及秘藏書信》，合肥：黃山書社，1994，第 37 冊，頁 356—360。

（一）最盼望是能在巴黎和　先生一見，因為這正是一個最不可多得的機會。你先生的工夫不自由，我的錢抄不自由，所以雖然九月裏我差不多都是在巴黎，却也甚為難可以去英國一回。至於明年回到中國，見面上更不自由。可恨是我恰恰這幾天不能運身。我最早可以於這個月廿九或三十動身，卅一日到巴黎。如果先生能住到九月初一二，則我們還有一二天可見。先生雖然是忙的，但這夏天大家入海渚林泉，也正少事，何不在巴黎多住下幾天，不勝盼望之至。

（二）我實在記不大清楚我是忠告先生什麼來，或者我曾經勸先生多作專業的學問，少做零碎社會上的事嗎？果有此事，我現在正當慚愧，當時沒有甚麼先見。因為這幾年中，照我這索居離群不看報的人所能知道的，先生曾樹了一個好榜樣，造了一件好成績。上件是謂先生在《努力》上所取為政治評論的條則；下件是謂先生於幾種小說的考定。輿論若是沒有不成文的憲法，便沒有組織，也就沒有力量。中國的所謂“輿論”，大大多數是昏頭昏腦，偶然也有些很聰明的，然而却沒有過有憲法的。先生獨能就事論事，不就人論事，而失之誅心；不就事論人，而失之盲斷。事事分辨責任，是一個最健康、最能使輿論入軌道的榜樣。書獃子的中國人從來好誅心，其上流就是那些沒有辦法的急躁清流，其下流便是些探私造黑幕的。這樣子弄下去，阻君子不為一事，助小人肆無忌憚。而每一事之解決，必出於一戰，陰謀的、或兵戈的。先生獨能取一種政論的態度，一則論事本身，再則定別責任，三則有步伐，所以我說是個好榜樣。至於零碎的見解，各有不同，都是小節上之分別。至於先生之評《水滸》等，實一洗前此“談資派”的小說評。如俞曲園評小說，也偶然有好話，但決不是把他當做一問題，科學的處置之，有之自先生始，其中若干結論和論議，我尚不能與先生同意。我個人的妄想，固然無關，然有些地方，恐怕先生所說，不能為該問題之最後定論。但先生究竟開闢了一條新世界，引人入一些最妙的勝境也。即令但有這兩端，亦安用著慚愧。

（三）談到先生的《哲學史》，我因為不翻檢這書至少有三年了（因行旅失落），所以現在不能有甚麼想頭。但我此時心中尚有一個模模

糊糊的印象，覺得先生這一部書，在一時刺動的效力上論，自是大
不能比的，而在這書本身的長久價值論，反而要讓你先生的小說評
居先。何以呢？在中國古代哲學上，已經有不少漢學家的工作者在
先，不為空前。先生所用的方法，不少可以損益之處，難得絕後。
現在聽說先生要重寫一部，真高興無比。我將來如果有和顧剛同事
的機會，未必不也寫一篇一篇的中國古代思想集敘。假如有此事，
我要遵守下列的"教條"。（一）因為中國嚴格說起，沒有哲學，（多
謝上帝，使得我們天漢的民族走這麼健康的一路！）至多不過有從蘇格
拉底（inclusive）以前的，連柏拉圖的都不盡有。至於近代的哲學
（學院的），自 Descartes, Leibnitz, Kant 以來的，更絕對沒有。① 中國
的些方術論者（用這個名詞，因為這個名詞是當時有的，不是洋貨），大
大多數是些世間物事的議論者，其問題多是當年的問題，也偶有問
題是從中國話的特質上來的（恰如希臘玄學是從希臘話的特質出來的一
樣。）故如把後一時期，或別個民族的名詞及方式來解它，不是割
離，便是添加。故不用任何後一時期，印度的，西洋的，名詞和方
式。② （二）中國古代的方術論者，與六朝之玄宗、唐之佛學、宋
明之理學等等，在為人研究上，斷然不是需要同一方法和材料。例
如弄古代的方術論者，用具及設施尤多是言語學及章句批評學。弄
佛學則大綱是一個可以應用的梵文知識，漢學中之章句批評學無所
用之。至於治宋明理學，則非一個讀書浩如大海的人不能尋其實在
踪跡，全不是言語學的事了。有這樣的不同術，故事實上甚難期之
於一人。而且這二千年的物事，果真有一綫不斷的關係嗎？我終
覺——例如——古代方術家與他們同時的事物關係，未必不比他們
和宋儒的關係更密。轉來說，宋儒和他們同時的事物之關係，未必
不比他們和古代儒家之關係更密——所以才有了誤解的注。所以以
二千年之思想為一綫，而集論之，亦正未必有此必要。③ 有這些道

①行首自註："一時突然想起，亦有些費話。見時或可更說點比這較☐的話。"
②行首自註："'道'？"
③行首自註："欲我博極群書，萬不可能，故于宋明物事，偶然有所弄。"

理,我以為如果寫這史,一面不使之於當時的別的史分,一面亦不越俎去使與別一時期之同一史合。如此可以於方法上深造些。(三) 既然有 (二) 項許可我斷代,則我以性之所近 (或云習之所近),將隨頡剛而但論古代的,不下於南朝。這些東西,百分之九十是言語學及文句批評,故但嚴追亭林 (言語學)百詩 (章句批評)之遺訓,加上些近代科學所付我們的工具而已。如有成就,看來決不使他像一部哲學史,而像一部文書考訂的會集。(四) 專就古代之一段言,則有一基本之設定,就是以漢朝歷史之研究為古代方術家學之前部。① 我覺先生當年寫《古代哲學史》,仍是自上一時寫下來,不自上層 (下一時) 揭到下層 (上一時)。研究問題第一步,即最要緊之一步,是選擇材料。恰恰我們經子的定本,都是漢朝人給我們的,加上了一個很很的外形,勢非把自秦至漢中季一段故事弄清楚,我們不能去自由用經子的材料,用則入陷阱。這一線思想本是由閻百詩開了一個好端,可惜《古文尚書》問題解決之後,大家專鬧黨見,不能解決緊接著的那個《春秋》經傳問題。(自然這題更難,且亦斷不能如梅《傳》之乾脆的解決了,因為現存材料不足。) 今文一派及太炎單條已有好些勝義,而大體上一是幻想,一是固論,至今猶是一團泥。我們此時大可把這個問題一層一層的攷校下去:(a)《春秋》的材料是魯史的記載嗎?這個最容易回答,而且回答是斷決的。我們把《春秋》日食一算對,如果不合,則《春秋》是根本上嚮壁虛造 (自然甚不且然),如果合 (恐必然如此),則《春秋》之為史者記載是無疑了。② (b)《春秋》與孔子。今存外證以孟子一句,內證只孔父嘉之稱字。(陳寅恪指出) 究竟孟子所謂《春秋》是何書?誠未可知。(《春秋》事則齊桓而非晉文) 而孔父一個孤而待解之證,亦正未可深用。故我覺這問題恐怕只是不能解決罷了。(歷史上有若干不能解決之問題,指出其不能解決,便是解決。) 然而我們如果把《論語》一書解剖下,剩了最後之一部可靠的,顯然覺

---

① 行首自註:"!!!"
② 行首自註:"我已略核,實合。"

得孔子那些政治思想，頗與去泰去甚公羊家之胎論合契。① （c）
《穀梁傳》是否仿《公羊》而作的，或者是一種別的口傳？（d）由
公羊著文到何邵公時，公羊家 dogmas 與一切細條之演進。此多可
於漢儒斷獄議禮中得之，前後并不一致。（e）杜前《左氏解》。由
此可看出左氏一派如何學公羊。 （f）《左傳》《國語》核對。
（g）《史記》問題。我想《史記》一部書給我們很多解決這些問題
的材料。即如《史記》於《春秋》取今文（《公羊》），宗獲麟，而
同時著左丘明。這在今文家一定說是增加。但我們也不妨姑為下列
之暫時假設，作研究之起點。甲《春秋》在漢初容或是一部名著，
而《公羊》則董一家言。當時《春秋》的解說不見得是一家。乙
獨立有一部《國語》相傳是丘明作的。有人說這是魯君子左丘明為
春秋之事跡作的。這樣硬牽兩事，史上常有此，可解《史記》上一
難關。丙但這個牽涉終不能敵過公羊家，因事無"大義"，於是而
有仿《公羊》之《左傳》，由集合多書而成（大部分自是《國語》），
手段雖出于作偽，而精神上實比《公羊》清醒白醒，是思想之進
步。丁《左傳》非盡出《國語》，頗有證據。例如"呂相絕秦"
語，文字和事實不與《國語》、《左傳》符。由這個暫時設定，一
面認《左傳》之假，一面亦認《左傳》前之淵源，向歆父子非突
然而起。幸有一端可以決此說者，即獲麟後尚有一日食是也。如果
這日食不錯，則：（a）《春秋》必有《公羊》外異本。（b）《左
傳》之前身必有甚複雜之淵源。（c）孔子決未作《春秋》。何以這
個決定關係如此之大？一因《史記》已不記此，則此之史料，在子
長時已不見，故如左氏經而不錯，其故必待解也。我想我們如這麼
弄下去，有很多問題可以解決；然而解決這些問題，那一處不是時
時刻刻要以漢朝的背景為念呢。又如《漢書·藝文志》上的話語，
先生以為完全不通，自然對的，但我偶然想起他們何以不通到這步
田地，（如論墨子）細把經部一看，恍然大悟，他是把當時的狀況和
漢朝的狀況混了宗。墨籍上有《尚賢》《兼愛》，而漢朝自號為墨

①行首自註："此處姑舉數論，不備。"

家者，持選士大射、三老五更之說。那麼一部不通之議論，反成一部絕好之史料了。……有如此一切情形，故論古代方術家，當先清理漢朝這筆賬，（又我用此法想定《大學》當是武帝時書，《中庸》是兩篇，《禮運》亦然，今不能都寫下。）

因先生談寫中代哲學史，惹我寫了這麼多，實則不能當我要寫的意思十分之半分。

（四）老朋友的成績。陳通伯的閒話，真聰明伶俐，自成一種品質格調，不勝佩服。志摩的詩，我雖少見，不過見了也正不覺得像詩。我種有一種偏見，以為志摩感覺之浮，不能使他成詩人；思想之蔓，不能使他成文人。至於其人，自是最可愛的，然却不能以可愛便為詩人。

（五）先生佩服我"五六年不作一文，不與聞一事"。這真不知底細了。這全是由我懶得世上無比，並非意志如此，所以慚愧。懶得書信生活一切廢棄，文固不寫，書亦未讀。現在想起，六年半在外，有一年半大用功，便可得我已得者。與聞之事亦不少，即如去年為與此地罵中國人之電影打吵，找人、作文、催使館，一切等等，都是一個幹，整整費了我兩個月工夫。又如現在無端被人舉為此地無聊的學會職員，辭不掉，一星期去看門半天。我所與聞的，都是些這個，都沒有登報的價值，故北京師友總以為我是閉戶讀書，言之可歎。爽信我回國後，作一糟文，大大的 demonstrate 我之不才于朋友，免得長期的擔負這個不能如期之雅望、"如芒在背"的苦惱，不亦樂乎。成績呢？我有下列三件：

（一）史家①說 Bourbons 回法國後，"一事未曾忘却，一事未曾學得。"我却董得其半，"一事未曾學得，事事都已忘却。"在國中念得幾句中國書，忘得光光淨淨。但如此善忘，真正舒服，所以我却覺得大快樂。

（二）我當方到英國時，覺得我好像能讀哲學書，甚至德國哲

①編按：指塔列蘭-佩里戈爾（Charles Maurice de Talleyrand-Périgord, 1754—1838）。（本註係根據張谷銘教授所做的解讀，特此致謝。）

學的書。後來覺得不能懂德國哲學了，覺得德國哲學只是些德國語言的惡習慣，現在偶然那起一部 *Hume* 來，也不知所謂了。總而言之，我的腦筋對于一切哲學都成石頭了。我于這個成績，也很歡喜。

（三）我方到歐洲時，是欣慕他的文明，現在却覺得學歐洲人的文化，甚易學而不足貴；學歐洲人的野蠻，甚難學而又大可貴。一旦學得其野蠻，其文明自來；不得，文明不來。近年很讀了些野人文學，希望回國後以鼓吹神聖的野蠻主義為獻拙于朋友，因而使他們失望的第一著。

這都不是說笑話。

（六）頡剛的《古史辯》，我真佩服得"五體投地"。先是大前年始於朋友處找到零碎不全的《努力》上見到他的文章，一時大驚大喜。同類的思想，我也零零碎碎的以前想到幾條，只是決不會有他這樣一體的解決一系文題。這一個中央思想，實是亭林、百詩以來章句批評學之大結論，三百年中文史學之最上乘，由此可得無數具體的問題，一條一條解決後，可收漢學之局，可為後來求材料的考古學立下一個入門的御路，可以成中國 Altertumwissenschaft 之結晶軸。數年不見頡剛，成績如此，不勝羨慕。近來見到他的《古史辯》一，匆匆一翻，沒有細看下去。覺得他不應該就此辯下去，應該一條一條的把他辯出來的問題料理去。[①] 在這一體上我或者也有三部書可作，希望見時細談。

我回國前是把時光白費的了，回國後却很想寫點物事。此時想到的題目，至少有三打。現在却不能寫出，因為一寫題目便牽引寫許多東西。

先生勸我寫文，並以頡剛為例，最感最感。但賢愚各不同，頡剛固以寫文而成學，於令高徒（他自謂如此）甘蟄仙先生，又何解呢？我的懶惰，實在救了我兩條命：一是因懶而身體遠不如從前之多病

---

①行首自註："近來想把三二年以來要給頡剛的零碎集成寫一萬言的信，有稿子時便寄先生一看。"

了。二是因懶未曾寫文，免得現在羞得無地自容。

子水在此，北大不發錢，他甚困。此地朋友有俞大維君是最聰明的人，先生後來不可不一見。志希早已回國，他這幾年很有些長進。

現在還是談到我們見面的事。我至早於廿九始可離此，因船票未定，護照未辦，行李未收拾，而又有些抄的書目未完。好在在巴黎多住幾天，於先生不為不快活。希望先生務必設法能在巴黎住到初一二。此時實不能盡寫所要說的，所寫不當千分之一。希望先生到巴黎時，把去巴黎日期一示。時迫，乞用一電。

今晚十一時歸，見 先生信，一時高興寫到現在已三時，不能再寫矣

學生斯年 十七、十八日

20. 傅斯年致顧頡剛（1926 年 9 月）*

頡剛我兄足下：匆匆寄了兩封最短的信，許你趕早寄上長信。現在到了巴黎，和適之先生痛談的快樂無對。如果再不抄，更沒有工夫于回國前抄了。就此潦草寫下，大約分三次信寄去。下文是正傳——
＊＊＊＊＊＊＊＊＊＊＊＊＊＊＊＊＊＊＊＊＊＊＊＊＊＊＊＊＊
頡剛足下：我這幾年到歐洲，除最初一時間外，竟不曾給你信，雖然承你累次的寄信與著作。所以雖在交情之義激如我們，恐怕你也輕則失望，重則為最正當之怒了。然而我却沒有一天不曾想寫信給你過，只是因為我寫信的情形受牛頓律的支配，"與距離之自成方之反轉成比例"，所以在柏林的朋友尚每每通信以代懶者之行步，德國以外已少，而家信及國內朋友信竟是稀得極利害，至於使老母髮白。而且我一向懶惰，偶然以刺激而躁動一下子，不久又回復原狀態。我的身體之壞如此，這麼一個習慣實有保護的作用，救了我一條命。但因此已

---

*本函有手稿本（檔號：V：115）、《國立第一中山大學語言歷史研究所週刊》第 1 集第 10 期，第 2 集第 13、14 期（1928 年 1 月）、及《古史辨》第 2 冊下編等三種，其中《週刊》文字多有錯漏，《古史辨》為節略本，今以手稿為底本整理。

使我三年做的事不及一年。我當年讀嵇叔夜①的信說他自己那樣懶法，頗不能了解，現在不特覺得他那樣是自然，並且覺得他懶得全不盡致。我日日想寫信給你而覺得挪起筆來須用舉金骨棒之力，故總想"明天罷"，而此明天是永久不來的明天，明天，明天，……至于今天；或者今天不完，以後又是明天，明天，……。這真是下半世的光景！對於愛我的朋友如你，何以為情！

私事待信末談，先談兩件《努力週報》上的物事。在當時本發憤想寫一大篇寄去參加你們的戰論，然而以懶的結果不曾下筆而《努力》下世。我尚且仍然想著，必然寫出寄適之先生交別的報登，竊自比于季子挂劍之義，然而總是心慕者季子，力困若叔夜，至今已把當時如泉湧的意思忘到什七八，文章是做不成的了，且把尚能記得者寄我頡剛。潦草，不像給我頡剛的信，但終差好于無字真經。只是請你認此斷紅上相思之字，幸勿舉此遐想以告人耳。

第一件是我對于丁文江先生的《歷史人物與地理的關繫》一篇文章的意見。② 這篇文章我非常的愛讀，當時即連著看了好幾遍。我信這篇文章實在很有刺激性，就是說，很刺激我們從些在歐洲雖已是經常，而在中國却尚未嘗有人去切實的弄過的些新觀點、新方術，去研究中國歷史。又很提醒我們些地方。但這篇文章的功績，在此時却只是限于這個胎形，看來像是有後上，我們却不能承認其中證求的事實為成立。而且這種方法也不是可以全不待討論的。丁先生的文章我只看見過《中國與哲嗣學》的下半篇，③ 和這篇，和"科玄之戰"的文章。從"科玄之戰"的文章看來（特別是後一篇），④ 可以知道作者思

①編按：嵇叔夜，一作嵆叔夜，《晉書》："嵇康字叔夜，譙國銍人也。其先姓奚，會稽上虞人，以避怨，徙焉。銍有嵇山，家于其側，因而命氏。"

②行首自註："第一件（丁文）是於一九二四正月二月間所寫。"（編按：丁文發表於《東方雜誌》20.5（1923）；又載《科學》8.1（1923）。）

③編按：丁著《哲嗣學與譜牒》，載《改造：La Rekonstruo》第3卷第4、5、6號（1920年12月—1921年2月）。

④編按："科玄之戰"，丁文江在《努力週報》先後發表《玄學與科學－評張君勱的《人生觀》》、《玄學與科學－答張君勱》、《玄學與科學的討論的餘興》等三篇文章。

想的堅實分解力，在中國現在實在希有，決非對手方面的人物所能當。而他這一些文章，都給我一個很顯然的印觀，就是，丁君在就學問的綫路上，很受了 Sir Francis Galton, Prof. Karl Pearson 一派的影響，而去試著用統計方法於各種事作①上，包括著人文科學。這實在是件好事。我們且於丁先生的施用上，仔仔細細看一下子。

點一　那現在的省為單位去分割一部"二十四朝之史"（從曾毅先生的名詞）中的人物，不能說沒有毛病。把現在的省拿來作單位，去分割元、明、清三朝的人物是大略可以的；拿來作單位去分割前此而上的人物，反而把當時人物在單時地理上的分配之真正 Perspective 零亂啦。略舉一兩個例。漢時三輔、三河、七郡合來成一個司隸校尉的部區：三輔是京畿，而三河每可說是京畿文物之別府，文物最高的地方。這實在是一個單位。而若拿現在的省劃分，使得三輔與當年的邊塞為一單位，三河大部分與汝漢為一單位，小部分與雁門、代郡為一單位，便把當時人物照當時地理（就是說郡國）分配的樣子失拉。丁先生的表，是個英語文法在漢語中分配的表，而從此推論到"即如前漢的都城在陝西，而陝西所出的人物，還抵不上江蘇，更不必說山東、河南了。"仿羇像是幾百或千年後北京劃得與東蒙車臣汗沙漠同區，統名曰薊北部，有歷史家曰："薊北是千年建都之地，而所出的人物，反不及今一中部，更不必說大部了。"這話可以行嗎？假如我們不那現在的省為單位，而那當年的郡國為單位，恐怕這話就不這樣了。東漢于郡上有了州，說起來容易些。東漢的陝西所以人物少者，因為當時的陝西（司隸校尉）的大部分精華在省外，而省內有些與當時的陝西毫不相干的地方。（朔方迤南，當時邊塞，不屬畿輔。）江蘇的人物所以多者，也正以當時的江北老把江南的分數帶著提高。不然，吳郡自身在西漢恐怕也不過和東漢樣的。況且今之省域，不即合於當時的國界。所以這表中直隸甘肅之在北宋（燕雲十六州已屬契丹，甘肅已屬夏），河南、安徽、江蘇之在南宋（交界區）……等，都是些困難

---

① 編按："事作"他本作"事物"。

的物事。又如把南宋的中國和現在列省的中國為一般的排列對比，自然事實上出入很多。

但既不用一貫的百分單位，比起來，又怎麼辦？我回答說，我根本上不贊成這個表。如果製一個表，必須比這個詳析的多。不在當年"中國"的境內的即不應一般待遇去百分，而當年國界、省界也要注明。或者把省分為數部（如今道區），比起來可以不大妨礙；當時的區畫也不妨礙一統一體的比較。餘詳下文。

點二　丁君從他所造的表中推比了許多事實和現象。但這些事實和現象和這個表中的數目字，嚴格說起，多毫沒有直接的關繫。這些推比也但是些預期（anticipations）而已。換句話說，這些推比的事件多是我們時常所想及，如建都的關繫，都城外更有文化中心一種事實，地方與"龍興"的關繫，物質與文物，殖民同避亂的影響……等等，都是我們讀起歷史來便引想到的些題目。但我們對于這些題目，有意思，而有的意思無界略，總而言之，都是些多多少少摸糊著待攷的意思。現在丁先生這表中的數目字，也並不能給我們這些待攷的意思一個判然的決定。這些意思與這些數目間的關繫，只是聯想，不是相決定的"因數"。這類，看起來像很科學的，而實在是"預期"之件，頗有危險。

點三　第一表所以不見得能得好成就者，因為包羅太寬大，立意上太普遍，而強從一個無從分析的表中去分析事實。至于第二表，却是一件絕好的作品。這一表之所以成功，正因為題目是有限而一定，不如上一表一樣。這個表中的意思，也或者可以有斟酌的地方。鼎甲數雖然不受省分的制限，但恐怕也不能說是完全自由競爭的結果，尤其不見得鼎甲是能代表文化。我很疑心有下列二種分數在其中有貢獻。（一）考試官與投考者鄉族的關繫。如考官中多是昔年的鼎甲，恐即有偏于其同鄉的趨勢。（殿試不密封。）（二）考殿試竟成了一種專門的技術，如某一地方最便宜于殿試所需要的各種質素，則這一地方所出之科甲為多，然我們却不能竟拿他出科甲的數目為文化最高的數目。此兩點均可于你們貴縣在清朝多出狀元一件事實中證明。但如果明朝不如清朝在考試上之腐敗，則此層即不成問題了。不過我們看來，明朝晚年士林中，那種講師生、門地、交遊等等一切的淨惡習慣，恐怕好不到那裏去。言歸正傳，這一個表却是能把他所要證明的東西之一件證明了，就是下一個消極證，"官定的各省科舉額，不足代表各省的程度"，不過分數上尚有斟酌呵！

點四　丁先生謂在兩漢的時代，中國文化的分佈不平均，後漸平均，到了明朝，甚平均。這恐怕也是因為那著現在的省為單位，去比量，才有這個現象。浙江之在西漢，猶之乎今之吉林，恐尚不及；福建等省，則等于黑龍江、阿山道之間。所以在後漢，廣東、貴州、雲南、奉天"都是零"。與其說是文化分配不平均，毋甯謂為這些地方之為中國，意義上尚不盡完全。如果我們做一個中華民國時代的表，勢必至於外蒙、西藏（康省除外）、青海下面加零，吉黑三特別區、新疆、阿山、貴州下面加一個很小的分數，其相貌或與漢朝差不多。至於在各種意義上，完全為中國之地方，如關洛、汝漢、淮泗及沿著黃河的郡國，細比起來，其平均或不平均，恐與今之各省之平均相等。是則丁君所謂古不平均今平均，又一幻境也。總而言之，這事實與其謂是當年文化至不平均，毋甯謂是現在的行省中國大得多了。

把上列幾點約其來，我對于這篇文章的一個一般的印象，是覺著把統計方法應用在歷史一類的研究上尤其要仔細。普通說起，凡是分布上凌遲出入的事實，都可應用統計方法；而這樣分布上凌遲出入的事實，幾乎是可研究的事實之大部分。但統計方法的收效，也以他所去施用的材料之性質為斷。統計方法最收效的地方，是天文。豈特如此，我們竟可說天文是統計學的產生地。因為統計方法之理論，幾乎都是從天文學中造端，而近代統計學方法之立基柱者 Quetelete[1] 自身是比利時的欽天監。這正因為天文學上的數目，我們用來做統計的比較的，總是單元（Homogeneous），而所用數目，多半是由我們所限定的標準造出的。就是說，我們對于這些數目有管轄之可能。及乎到了

---

[1]編按：凱特勒（Lambert Adolphe Jacques Quetelet, 1796—1874）。

生物學的事實上，就不這樣便宜。雖說這些數目還是由我們定的標準產出，然而事實的性質已遠不如天文事實之單元，實在是些複元的（Heterogeneous）。至于歷史現象，我們不能使他再回來，去量一下子，又是極複元的物事，故如不從小地方細細推求比論，而以一個樣子定好，如當代歐美都市統計表一般的形狀，加上，恐怕有點疏誤。歷史本是一個破罐子，缺邊掉底，折把殘嘴，果真由我們一整齊了，便有我們主觀的分數加進了。我不贊成這個以現在省為二千年歷史之總地方單位，去百分國土大小很不相等的各時代的人，正是因為這表太整齊，這表裏面的事實，卻是太不整齊。

研究歷史要時時存著統計的觀念，因為歷史事實都是聚象事實（Mass-facts）。然而直截用起統計方法來，可要小心著，因為歷史上所存的數目，多是不大適用的。

假如丁君把這一個大表變散為小點去研究，恐怕收效比現在多得多。現在略舉幾個提議：——

（一）以當年的州郡為單位，去求方里數目，戶口數目，財賦數目三件之相互比例。假如能畫成地圖，以比例率之輕重為顏色上之淺深，或者其分配上更可提醒些事。（二）把世族（姑假定有二人同出一家同有傳者即為世族，更于其中以年代分類）按州郡列一個表，再把非世族之人物照州郡之分配者和他一比，恐怕使我們顯然見得文化底的地方多非世族，文化高的地方多世族。（母係有可考者即列入，如楊惲為司馬子長外孫之類。）（三）把歷代的世族比較一下，比較他們在人物中的百分數目，在各類職業文官、武將、文學等的分配比較，或者更有些事實可得到。此時沒有根據，但人們免不了泛著去想由東漢至唐，世家之漸重，實在是當時社會組織上很大的一個象徵。宋後世族衰，是一個社會組織上很大的變化。這三件正是偶然想起，其實中國歷史上可用數目表圖研究的題目很多。Richter 那字數統計去定 Plato 語之先後，何況歷史上的事實呢。但總以從有界畫的題目做去，似乎才妥當。

我可以把上文總結其來，說：丁君這一種方法，將來仔細設施其來，定收很好的效果，不過他這篇文章（特別是第一表）卻但是一個大輅的椎輪。我們不取這文章所得的結果，因為他們不是結果；但取這篇文章的提議，因為他有將來。

　　至於他論唐朝與外族的一段，完全和我的意思一樣。漢唐決不能合作一個直線去論，我曾于《中國歷史分期之研究》①詳細說過。這篇文章大約是民國七年春天登在《北京大學日刊》上的，錯字連篇。原稿我仿佛像交給你了，是麼？我在這篇文章用所謂"元經"的話，謂陳亡是"晉、宋、齊、梁、陳亡，中國亡。"永嘉南渡前為"第一中國"。南渡後失其故地，而尚有第一中國之半，猶一綫也。隋唐兩代實是以五胡拓跋為原始，合著由踐踐的剩餘再造的。所以唐朝文物的習慣從南朝，而生活的精神反截然和南朝兩樣。這個第二中國，固然在文化上仍是因襲第一中國，然一要部分亦以符秦拓跋為根據。（符秦跖跋都有中國以外的領土，又恰恰這個時候是西域文化最高的時候，故即無人種變化，亦甚能使文化歷史入一新期。）大野三百年一統後（這個一統之為一統，也和我們五族共和之為共和一樣），大亂上一回，生出了一個文化最細密的宋朝。在許多地方上，宋朝是中國文化之最高點。這第二中國與第一中國之為一綫，不是甚深的現象。其內容上所謂南北朝之分亂，決不等于三國、唐季，而實是一個民族再造的局面，恐怕這個時期是中國歷史上最大的關節了。漢朝盛時只是中國的，唐朝盛時頗有點世界的意味。這固然也由於漢朝接觸的外國除西域很小的一部分外都是蠻夷，而唐朝所接觸恰在西域和亞剌伯文化最盛期，但要不是自身民族上起了變化，就是說等于社會組織和生活的趨向上起了變化，這外來的影響究竟不容易濟事。梁、陳的"塚中枯骨"局面是不能使民族的生命繼續下的。或者殷周之際，中國的大啟文化，也有點種族的關係正未可知。要之，中國歷史與中國人種之關係是很可研究的。

　　《左傳》之二章，論顧頡剛的古史論②

　　三百年中，史學、文籍考訂學得了你這篇文字，而"有大小總匯"。

---

① 編按：傅文發表於《北京大學日刊》，1918 年 4 月 17—23 日。
② 行首自註："已下《左傳》是于一九二四末至一九二五初所寫。"

三百年中所謂漢學之一路，實在含括兩種學問：一是語文學，二是史學文籍考訂學。這倆以外，也更沒有什麼更大的東西；偶然冒充有之，也每是些荒謬物事，如今文家經世之論等。拿這兩樣比著看量，是語文學的成績較多。這恐怕是從事這類的第一流才力多些，或者也因為從事這科，不如從事史學文籍考訂者所受正宗觀念限制之多。談語言學者儘可謂"亦既觀止"之觀為交媾，"握椒"之為房中藥。漢宋大儒，康成、玄晦，如此為之，並不因此而失掉他的為"大儒"。若把"聖帝明王"之"真跡"布出，便馬上是一叛道的人。但這一派比較發達上差少的史學考訂學，一遇到頡剛的手裏，便登時現出超過語文學已有的成績之形勢，那麼你這個古史論價值的大，還等我說嗎。這話何以見得呢？我們可以說到，頡剛以前，史學考訂學中真正有全是科學家精神的，只是閻若璩、崔述幾個人。今文學時或有善言，然大抵是些浮華之士；又專以門戶為見，他所以為假的古文，固大體是假，他所以為真的今文，亦一般的不得真。所有靠得住的成績，只是一部《古文尚書》和一系的《左氏》、《周官》之惑疑（這也只是提議，未能成就）；而語文學那面竟有無數的獲得。但是，這語文學的中央題目是古音，漢學家多半"考古之功多，審音之功淺"，所以最大的成績是統計的分類通轉，指出符號來，而指不出實音來。現在尚有很多的事可作，果然有其人，未嘗不可凌孔檡軒而壓倒王氏父子。史學的中央題目，就是你這"累層地造成的中國古史"，可是從你這發揮之後，大體之結構已就，沒有什麼再多的新方面（根據物）可找。前見《晨報》上有李玄伯兄一文，[①] 謂古史之定奪要待後來之掘地。誠然掘地是最要事，但這不是和你這古史論一個問題。掘地自然可以掘些史前的物事，商周的物事，但這只是中國初期文化史。若關於文籍的發覺，恐怕不能很多。（殷墟是商社，故有如許文書的發現，這等事例豈是可以常希望的。）而你這一個題目，乃是一切經傳子家的總鎖鑰，一部中國古代方術思想史的真綫索，一個周漢思想的攝

---

① 編按：李著《古史問題的唯一解決方法》，又載《現代評論》，1.3（北京，1924 年 12 月 27 日）；《古史辨》，1/268—270。

鏡，一個古史學的新大成。這是不能為後來的掘地所掩的，正因為不在一個題目之下。豈特這樣，你這古史論無待于後來的掘地，而後來的掘地却有待于你這古史論。現存的文書如不清白，後來的工作如何把他取用。偶然的發現不可期，系統的發掘須待文籍整理後方可使人知其地望。所以你還是在寶座上安穩的坐下去罷，不要怕掘地的人把你掘陷下去。自然有無量題目要仔細處置的，但這都是你這一個中央思想下的布列。猶之乎我們可以造些動力學的 Theorems，但這根本是 Newton 的。我們可以研究某種動物或植物至精細，得些貫通的條理，但生物學的根本基石是達爾文。學科的範圍有大小，中國古史學自然比力學或生物學小得多，但他自是一種獨立的，而也有價值的學問。你在這個學問中的地位，便恰如牛頓之在力學，達爾文之在生物學。去年春天，和志希、從吾諸位談，他們都是研究史學的。"頡剛是在史學上稱王了，恰被他把這個寶貝弄得手；你們無論再弄到甚麼寶貝，然而以他所據的地位在中央的原故，終不能不臣於他。我以不弄史學而幸免此厄，究不失為'光武之故人也'。"幾年不見頡剛，不料成就到這麼大！這事要是在別人而不在我的頡剛的話，我或者不免生點嫉妬的意思，吹毛求疵，硬去找爭執的地方。但早晚也是非拜倒不可的。

頡剛，我稱贊你夠了麼！請你不要以我這話是朋友的感情；此間熟人讀你文的，幾乎都是這意見。此時你應做的事，就是趕快把你這番事業弄成。我看見你的文，并不全，只是《努力》上《讀書襍志》9，10，11，12，14（十三號未見過，十四後也未見過）所登的。我見別處登有你的題目，十四號末又注明未完；且事隔已如此之久，其間你必更有些好見解，希望你把你印出的文一律寄我一看。看來禹的一個次叙，你已找就了，此外的幾個觀念，如堯、舜、神農、黃帝、許由、倉頡等等，都仔細照處理禹的辦法處置他一下子。又如商湯、周文、周公，雖然是真的人，但其傳說也是歷時變的。龜甲文上成湯並不稱成湯。《商頌》裏的武王是個光大商業，而使上帝之"命式于九圍"的，克夏不算重事。《周誥》裏周公說到成湯，便特別注重他的"革夏"，遂至于結論到周之克殷，"於湯有光"的滑稽調上去（此恰如滿酋玄曄諛孝陵的話）。到了孟子的時代想去使齊梁君主聽他話，尤其是想使小小滕侯不要短氣，便造了"湯以七十里興，文王以百里興"的話頭，直接與《詩頌》矛盾。到了稽康之薄湯武，自然心中另是一回事。至于文王、周公的轉變更多。周公在孔子正名的時代，是建國立制的一個大人物。在孟子息邪說距詖行的時代，是位息邪說距詖行的冢相。在今文時代，可以稱王。在王莽時代，變要居攝。到了六朝時，真個的列爵為五，列卿為六了。他便是孔子的大哥哥，謝夫人所不滿意事之負責任者。（可惜滿清初年不文，不知"文以《詩》、《書》"，只知太后下嫁。不然，周公又成滿酋多爾袞；這恐怕反而近似。）這樣變法，豈有一條不是以時代為背景。尤其要緊的，便是一個孔子問題。孔子從《論語》到孔教會翻新了的梁漱溟，變了豈止七十二，而且每每是些劇烈的變化，簡直摸不著頭腦的。其中更有些非常滑稽的，例如蘇洵，是個訟棍，他的《六經論》中的聖人（自然是孔子和其他），心術便如訟棍。長素先生要做孔老大，要改制，便做一部《孔子改制託古考》；其實新學偽經，便是漢朝的康有為做的。梁漱溟總還勉強是一個聰明人，只是所習慣的環境太陋了，便挑了一個頂陋的東西來，呼之為"禮樂"，說是孔家真傳：主義是前進不能，後退不許，半空吊著，簡直使孔丘活受罪。這只略提一二例而已，其實妙文多著哩。如果把"孔子問題"弄清一下，除去為歷史學的興味外，也可以減掉後來許多梁漱溟，至少也可使後來的梁漱溟但為梁漱溟的梁漱溟，不復能為孔家店的梁漱溟。要是把歷來的"孔丘七十二變又變……"寫成一本書，從我這不莊重的心思看去，可以如歐洲教會教條史之可以解興發噱。從你這莊重的心思看去，便是一個中國思想演流的反射分析鏡，也許得到些中國歷來學究的心座（Freudian Complexes）來，正未可料。

你自然先以文書中選擇的材料證成這個"累層地"，但這個累層地的觀念大體成後，可以轉去分析各個經傳子家的成籍。如此，則所得的效果，是一部總括以前文籍分析，而啟後來實地工作的一部古史，又是一部最體要的民間思想流變史，又立一個為後來證訂一切古籍的標準。這話是虛嗎？然則我謂他是個"大小總匯"，只有不及，豈是過稱嗎？

大凡科學上一個理論的價值，決于他所施作的度量深不深，所施作的範圍廣不廣，此外恐更沒有甚麼有形的標準。你這個古史論，是使我們對于周漢的物事一切改觀的，是使漢學的問題件件在他支配之下的，我們可以到處找到他的施作的地域來。前年我讀你文時，心中的意思如湧泉。當時不寫下，後來忘了大大半。現在且把尚未忘完的幾條寫下。其中好些我覺得只是你這論的演繹。

（一）試想幾篇《戴記》的時代

《大小戴記》中，材料之價值不等，時代尤其有參差，但包括一部古儒家史，實應該從早分析研究一回。我從到歐洲來，未讀中國書，舊帶的幾本早已丟去。想《戴記》中最要四篇，《樂記》《禮運》《大學》《中庸》，尚可背誦，思一理之。及一思之，恨《樂記》已不能背。見你文之初，思如湧泉，曾於一晚想到《大學》《中庸》之分析。後來找到《戴記》一讀，思想未曾改變。又把《禮運》一分量，覺得又有一番意思。今寫如下：

《大學》　孟子說："人有恆言，皆曰天下國家。天下之本在國，國之本在家，家之本在身。"可見孟子時尚沒有《大學》一種完備發育的"身家國天下系統哲學"。孟子只是始提這個思想。換言之，這個思想在孟子時是胎兒，而在《大學》時已是成人了。可見孟子在先，《大學》在後。《大學》老說平天下，而與孔子、孟子不同。孔子時候有孔子時候的平天下，"九合諸侯，一匡天下"，如桓文之霸業是也。孟子時候有孟子時候的平天下，所謂"以齊王"也。列國分立時之平天下，總是講究天下定于一，姑無論是"合諸侯，匡天下"，是以公山弗擾為"東周"，是"以齊王"，總都是些國與國間的關係。然而《大學》之談"平天下"，但談理財。理財本是一個治國的要務；到了理財成了平天下之要務，必在天下已一之後。可見《大學》不見于秦皇。《大學》引《秦誓》，《書》是出于伏生的，我總疑心《書》之含《秦誓》是伏生為秦博士的痕跡。這話要真，《大學》要後于秦代了。且《大學》末後大罵一陣聚斂之臣。漢初兵革擾擾，不成政治，無所謂聚斂之臣。文帝最不會用聚斂之臣，而景帝也未用過。只到了武帝，才大用而特用，而《大學》也就大罵而特罵。《大學》總不能先于秦，而漢初也直到武帝才大用聚斂之臣，如果《大學》是對時

【政】而立論，意者其作于孔桑登用之後，輪臺下詔之前乎？且《大學》中沒有一點從武帝後大發達之炎炎奇怪的今文思想，可見以斷于武帝時為近是。不知頡剛以我這鹽鐵論觀的《大學》為何如？

《中庸》　《中庸》顯然是三個不同的分子造成的，今姑名為甲部、乙部、丙部。甲部《中庸》從"子曰君子中庸"起，到"子曰父母其順矣乎"止。開頭曰中庸，很像篇首的話。其所謂中庸，正是兩端之中，庸常之道，寫一個 Petit bourgeois 之人生觀。"妻子好合，如鼓瑟琴；兄弟既翕，和樂且耽。"不述索隱行怪，而有甚多的修養，不談大題，而論社會家庭間事，顯然是一個世家的觀念（其為子思否，不關大旨），顯然是一個文化甚細密中的東西，——魯國的東西，顯然不是一個發大議論的筆墨，——漢儒的筆墨。從"子曰鬼神之為德"起，到"治國其如示諸掌乎"止，已經有些大言了，然而尚不是大架子的哲學。此一節顯然像是甲部、丙部之過渡。至於第三部，從"哀公問政"起，到篇末，還有頭上"天命之為性"到"萬物育焉"一個大帽子，共為丙部，純粹是漢儒的東西。這部中所謂中庸，已經全不是甲部中的"庸德之行，庸言之謹"，而是"中和"了。《中庸》本是一家之小言，而這一部中乃是一個會合一切，而謂其不衝突——太和——之哲學。蓋原始所謂中者，乃取其中之一點而不從其兩端；此處所謂中者，以其中括合其兩端，所以仲尼便祖述堯舜（法先王），憲章文武（法後王），上律天時（羲和），下襲水土（禹）。這比孟子稱孔子之集大成更進一步了。孟子所謂"金聲玉振"尚是一個論德性的話，此處乃是想孔子去包羅一切人物；孟荀之所以不同，儒墨之所以有異，都把他一爐而熔之。"九經"之九事，在本來是矛盾的，如親親尊賢是也，今乃並行而不相悖。這豈是晚周子家所敢去想的。這個"累層地"，你以為對不對？

然而《中庸》丙部也不能太後，因為雖提貞祥，尚未入緯。

西漢人的思想截然和晚周人的思想不同。西漢人的文章也截然和晚周人的文章不同。我想下列幾個標準可以助我們決定誰是誰。

（一）就事說話的是晚周的，做起文章來的是西漢的。

（二）研究問題的是晚周的，談主義的是西漢的。

（三）思想也成一貫，然不為系統的鋪排的，是晚周；以為系統的鋪排的，是西漢。

（四）凡是一篇文章或一部書，讀了不能够想出他時代的背景來的，就是說，發的議論對于時代獨立的，是西漢。而反過來的一面，就是說，不能想出他的時代的背景來的，却不一定是晚周。因為漢朝也有就事論事的著作家，而晚周却沒有憑空成思之為方術者。

《呂覽》是中國第一部一家著述，以前只是些語錄。話說得無論如何頭腦不清，終不能成八股。以事為學，不能抽象。漢儒的八股，必是以學為學；不窺園亭，惶論社會。

礼運　《禮運》一篇，看來顯係三段。"是謂疵國，故政者君之所以臧身也"（應于此斷，不當從鄭）以前（但其中由"言偃復問曰"到"禮之大成"一節須除去）是一段，是淡淡魯生的文章。"夫政必本於天……"以下是一段，是炎炎漢儒的議論，是一個漢儒的系統玄學。這兩段截然不同。至于由"言偃復問曰"到"禮之大成"一段，又和上兩者各不同，文詞略同下部而思想則不如彼之侈。"是謂小康"，應直接"舍魯何適矣"。現在我們把《禮運》前半自為獨立之一篇，并合其中加入之一大節，去看魯國之鄉曲意味，尚且很大。是論兵革之起，臣宰之僭，上規湯武，下薄三家的仍類于孔子正名，其說先王仍是空空洞洞，不到《易傳》實指其名的地步。又談禹、湯、文、武、成王、周公而不談堯舜，偏偏所謂"大道之行也"云云，即是後人所指堯舜的故事。堯、舜、禹都是儒者之理想之 incarnation 自然先有這理想，然後再 incarnated 到誰和誰身上去。此地很說了些這個理想，不曾說是誰來，像是這篇之時之堯舜尚是有其義而亡其詞，或者當時堯舜俱品之傳說未定，尚是流質呢。所談禹的故事，反是爭國之酋，尤其奇怪。既不同《雅》《頌》，又不如後說，或者在那個禹觀念進化表上，這個《禮運》中的禹是個方域的差異。我們不能不承認傳說之方域的差異，猶之乎在言語學上不能不承認方言。又他的政治觀念，如"老有所終"以下一大段，已是孟子的意思，只不如孟子詳。又這篇中所謂禮，實在上有時等于《論語》上所謂名。又"升屋而號"恰是墨子引以攻儒家的。又"玄酒在室"至"禮之大成也"

一段，不亦樂乎的一個魯國的 Petit bourgeois 之 Kulhir。至于"嗚呼哀哉"以下，便是正名論。春秋戰國間大夫紛紛篡諸侯，家臣紛紛篡大夫，這篇文章尚且如此注意及此，或者去這時候尚未甚遠。這篇的文章雖然不像很舊，但看來總應該在《易繫》以前。

《易繫》總是一個很遲的東西，恐怕只是稍須先於太史公。背不出，不及細想。

（二）孔子與《六經》

玄同先生這個精而了然的短布，自己去了許多雲霧。我自己的感覺如下：

易　《論語》："夏禮吾能言之，……；足，則吾能徵之矣。"《中庸》："吾說夏禮，……，吾從周。"《禮運》："吾欲觀夏禮，是故之杞，……，吾以是觀之。"附《易》于宋，由這裏看來，顯係後起之說。而且現在的《易》是所謂《周易》，乾下坤上，是與所謂《歸藏》不同。假如《周易》是孔子所訂，則此傳說之出自孔門，決不會如此之遲，亦不會如此之矛盾紛亂。且商瞿不見于《論語》，《論語》上孔子之思想絕對和《易繫》不同。

詩　以《墨子》證《詩》三百篇，則知《詩》三百至少是當年魯國的公有教育品，或者更普及（墨子，魯人）。看來《左傳》《論語》所引《詩》大同小異，想來始終未曾有定本，孔子於刪詩何有焉。

書　也是如此。但現在的《今文尚書》，可真和孔子和墨子的《書》不同了。現在的今文面目，與其謂是孔子所刪，毋寧謂是伏生所刪。終于《秦誓》，顯出秦博士的馬脚來。其中真是有太多假的，除《虞》《夏》書一望而知其假外，《周書》中恐亦不少。

禮樂　我覺玄同先生所論甚是。

春秋　至於《春秋》和孔子的關係，我却不敢和玄同先生同。也許因為我從甚小時讀孔廣森的書，印下一個不易磨滅的印象，成了一個不自覺的偏見。現在先別說一句。從孔門弟子到孔教會梁漱溟造的那些孔教傳奇，大別可分為三類：一怪異的，二學究的，三為人情和社會歷史觀念所絕對不能容許的。一層一層的剝去，孔丘真成空丘（或云孔，空）了。或者人竟就此去說孔子不是個歷史上的人。但這話究竟是笑話。在哀公時代，魯國必有一個孔丘字仲尼者。那末，困難可來了。孔子之享大名，不特是可以在晚周儒家中看出的，並且是在反對他的人們的話中證到的。孔子以甚末緣由享大名，雖無明文，但他在當時享大名是沒有問題的。也許孔子是個平庸人，但平庸人享大名必須機會好；他所無端拚到的一個機會是個大題目，如劉盆子式的黎元洪跐到武昌起義是也。所以孔丘之成名，即令不由於他是大人物，也必由於他借到大題目，總不會沒有原因的。不特孔丘未曾刪定《六經》，即令刪定，這也並不見得就是他成大名的充足理由。在衰敗的六朝，雖然窮博士，後來也以別的緣故做起了皇帝。然當天漢盛世，博士的運命尚且是偏於乘障落頭一方面；有人一朝失足于六藝，便至於終其身不得致公卿。只是漢朝歷史是司馬、班氏寫的，頗為儒生吹吹，使後人覺得"像煞有介事"罷了。但有時也露了馬腳，所謂"主上所戲弄，流俗所輕，優倡之所蓄也。"何況更在好幾百年以前。所以孔丘即令刪述《六經》，也但等于東方朔的誦四十四萬言，容或可以做哀公的幸臣，尚決不足做季氏的冢宰，更焉有馳名列國的道理。現在我們舍去後來無限的孔子追加篇，但憑《論語》及別的不多的記載，也可以看出一個綫索來。我們說，孔丘并不以下帷攻《詩》《書》而得勢，他於《詩》《書》的研究與了解，實在遠不及二千四百年後的顧頡剛，却是以有話向諸侯說而得名。他是遊談家的前驅。遊談家靠有題目，遊談家在德謨克拉西的國家，則為研說家，好比雅典的 Demosthenes，羅馬的 Cicero，都不是有甚深學問，或甚何 Originality 的人。然而只是才氣過人，把當時時代背景之總匯抓來，做一個大題目去吹擂，於是乎"太山北斗"，公卿折節了。孔丘就是這樣。然則孔丘時代背景之總匯是什麼？我想這一層《論語》上給我們一個很明白的線索。周朝在昭穆的時代尚是盛的時候，後來雖有一亂，而宣王弄得也很不壞。到了幽王，不知以何原因，來了一個忽然的瓦解，如漁陽之變樣的。平王東遷後的兩個局面，是內面上陵下僭，"團長趕師長，師長趕督軍"，外邊是四夷交侵，什麼"紅禍白禍"，一齊都有。這個局面的原始，自然也很久了；但成了一個一般的風氣，而有造成一個普遍的大劫之勢，恐怕是從這時起。大夫專政，如魯之三桓，宋之華氏，都是從春秋初年起。晉以殺公族，幸把這運命延遲上幾世。（其實曲沃并晉已在其時，而六卿增勢也很快。）至於非文化民族之來侵，楚與魯接了界，而有滅周宋的形勢；北狄滅了邢衛，殖民到伊川，尤其有使文化"底上翻"之形勢。應這局面而出來的人物，便是齊桓管仲、晉文舅犯。到孔子時，這局面的迫逼更加十倍的利害，自然出來孔子這樣人物。一面有一個很好的當時一般文化的培養，一面抱著這個扼要的形勢，力氣充分，自然成名。你看《論語》上孔子談政治的大節，都是指這個方向。說正名為成事之本，說三桓之子孫危，說陪臣執國命，論孟公綽，請討田氏，非季氏之兼并等等，尤其清楚的是那樣熱列的稱贊管仲，"管仲相桓公，九合諸侯，……吾其被髮左衽矣。"但雖然這般稱許管仲，而於管仲犯名分的地方還是一點不肯放過。這個綱目，就是內裏正綱紀，外邊攘夷狄，使一個亂糟糟的世界，依然回到成周盛世的文化上，所謂"如有用我者，吾其為東周乎。"借用一位不莊者之書名，正所謂"救救文明"Salvaging the Civilization。[1] 只有這樣題目可以挪來為大本；也只有這個題目可以挪來說諸侯；也只有以這個題目的原故，列國的君覺著動聽，而列國的執政大臣都個個要趕他走路。頡剛！你看我這話是玩笑嗎？我實在是說正經。我明知這話裏有許多設定，但不這樣則既不能解孔子緣何得大名之謎，又不能把一切最早較有道理的孔子傳說聯合貫串起來。假如這個思想不全錯，則《春秋》一部書不容一筆抹殺，而《春秋》與孔子的各類關係不能一言斷其為無。現在我們對于《春秋》這部書，第一要問他是魯史否。這事很好定，把書上日食核對一番，便可馬上斷定他是不是當時的記載。今假定查後覺得是當時的記載，便可去問，是不是孔子所筆削。現在我實在想不到有什麼鑿據去肯定或否定，現在存留的才料實在是太少了。然把孔子"論其

---

① 編按：威爾斯（Herbert George Wells, 1866—1946）著 *The Salvaging of Civilization*（1921）。

世"一下，連串其《論語》等等來，我們可以說孔子訂《春秋》，不見得不是一個自然的事實。即令《春秋》不經孔子手定，恐怕也是一部孔子後不久而出的著作，這著作固名為《春秋》，或即是現在所存的"斷爛朝報"。即不然，在道理上當與現在的"斷爛朝報"同類。[1]所以才有孟子的話。這書之思想之源泉，總是在孔子的。既認定綱領，則如有人說"孔子作《春秋》"，或者說"孔子後傳以孔子之旨作《春秋》"，是沒有原理上的分別。公羊家言亦是屢變。《傳》、《繁露》、《何氏》，各不同。今去公羊家之迂論與"泰甚"，去枝去葉，參著《論語》，旁邊不忘孟子的話，我們不免覺得，這公羊學的宗旨是一個封建制度正名的，確尚有春秋末的背景，確不類戰國中的背景，尤其不類漢。三世三統皆後說，與公羊本義無涉。大凡一種系統的偽造，必須與造者廣義之自身合拍，如古文之與新朝政治是也。公羊家言，自然許多是漢朝物事，然他不泰不甚的些物事，實不與漢朝相干。

大凡大家看不起《春秋》的原因，都是後人以歷史待他的原故，于是乎有"斷爛朝報"之說。這話非常的妙。但知《春秋》不是以記事為本分，則他之為斷爛朝報，不是他的致命傷。這句絕妙好詞，被梁任公改為"流水賬簿"，便極其俗氣，而又錯了。一，《春秋》像朝報，而不像賬簿。二，流水賬簿只是未加整理之賬，並非斷爛之賬。斷爛之賬簿，乃是上海新聞大家張東蓀先生所辦《時事新報》的時評，或有或無，全憑高興，沒有人敢以這樣的方法寫流水賬的。"史"之成一觀念，是很後來的。章實齋說六經皆史，實在是把後來的名詞，後來的觀念，加到古人的物事上而齊之，等于說"六經皆理學"一樣的不通。且中國人于史的觀念，從來未十分客觀過。司馬、班氏都是自比于孔子而作經。即司馬君實也是重在"資治"上。鄭夾漈也是要去貫天人的。嚴格說來，恐怕客觀歷史家要從顧頡剛算起罷。其所以有有[2]魯之記載，容或用為當時貴族社會中一種倫理的設用，本來已有點筆削，而孔子或孔子後世借原文自寄筆削褒貶，也是

---

[1]行首自註："因為半部《論語》逼著向《春秋》的思想走。"
[2]編按：衍一"有"字。

自然。我們終不能說《春秋》是絕對客觀。或者因為當時書寫的才料尚很缺乏，或者因為忌諱，所以成了《春秋》這麼一種怪文體，而不得不成一目錄，但提醒其下之微言大義而已。這類事正很近人情。魯史紀年必不始隱公，亦不必終于哀公，而《春秋》却始于東遷的平王，被弑的隱公，終于獲麟或孔丘卒，其式自成個終始。故如以朝報言，則誠哉其斷爛了，如以一個倫理原則之施作言，乃有頭有尾的。

孟子的叙《詩》和《春秋》，雖然"不科學的"，但這話雖錯，而甚有注意的價值。從來有許多錯話值得注意的。把《詩》和倫理混為一談，孔子時已成習慣了。孔子到孟子百多年，照這方向"進化"，不免到了"《詩》亡《春秋》作"之說。孟子說《春秋》"其事則齊桓、晉文，其文則史，其義則丘竊取之矣"，頭一句頗可注意。以狹義論，《春秋》中齊桓、晉文事甚少。以廣義論，齊桓、晉文之事為霸者之爭伐會盟，未嘗不可說《春秋》之"事則齊桓、晉文"孔子或孔子後傳做了一部書，以齊桓、晉文之事為題目，其道理可想。又"其文則史，其義則丘竊取之矣"，翻作現在的話，就是說，雖然以歷史為材料，而我用來但為倫理法則之施用場。

《春秋》大不類孟子的工具。如孟子那些"於傳有之"的祕書，湯之圍，文王之圍，舜之老弟，禹之小兒，都隨時為他使喚。只有這《春秋》，大有些不得不談，談却于他無益的樣子。如謂《春秋》絕弑君，孟子却油油然發他那"誅一夫"、"如寇仇"、"則易位"的議論。如謂"《春秋》道名分"，則孟子日日談王齊。《春秋》之事則齊桓、晉文，而孟則謂"仲尼之徒無道桓、文之事者。"這些不合拍，都顯這些話裏自己的作用甚少，所以更有資參攷的價值。

當年少數人的貴族社會，自然有他們的標準和輿論，大約這就是史記事又筆削的所由起。史決不會起于客觀的記載事跡；可以由宗教的意思，後來變成倫理道德的意思，可以由文學的意思起。《國語》自然屬下一類，但《春秋》顯然不是這局面，孔子和儒宗顯然不是戲劇家。

總括以上的涉想，我覺得《春秋》之是否孔子所寫是小題，《春秋》傳說的思想是否為孔子的思想是大題。由前一題，無可取證。由後一題，大近情理。我覺孔子以抓到當年時代的總題目而成列國的聲名，並不是靠甚麼六藝。

孔子、六藝、儒家三者的關係，我覺得是由地理造成的。鄒魯在東周，是文化最深密的地方。六藝本是當地的風化，所以孔子與墨子同誦《詩》《書》，同觀列國春秋。與其謂孔子定六藝，毋甯謂六藝定孔子。所以六藝實在是魯學。或者當時孔子有個國際間的大名，又有好多門徒，魯國的中產上流階級每牽引孔子以為榮，于是各門各藝都"自孔氏"。孔子一生未曾提過《易》，而商瞿未一見于《論語》，也成了孔門弟子了。孔門弟子列傳一篇，其中真有無量不可能的事。大約是司馬子長跑到魯國的時候，把一群虛榮心造成的各"書香人家"的假家譜抄來，成一篇《孔子弟子列傳》。我的意思可以最單簡如此說：六藝是魯國的風氣，儒家是魯國的人們；孔子所以與六藝、儒家生關係，因為孔子是魯人。與其謂六藝是儒家，是孔學，毋甯謂六藝是魯學。

世上每每有些名實不符的事，例如後來所謂漢學，實在是王伯厚、晁公武之宋學；後來所謂宋學，是①在是明朝官學。我想去搜材料，證明儒是魯學，經是漢定（今文亦然）。康有為但見新學有偽經，不見漢學有偽經。即子家亦是漢朝給他一個"定訂"。大約現行子書，都是劉向一班人為他定了次叙的。《墨子》一部書的次叙，竟顯然是一個儒家而頗蕪雜的人定的;故最不是墨子的居最先。前七篇皆儒家言；或竟有道家言，與墨絕端相反者（如太盛難守），知大半經傳子書是漢朝官訂本，（此意多年前告適之先生，他未注意。）則知想把古書古史整理，非清理漢朝幾百年一筆大賬在先不可也。

（三）在周漢方術家的世界中幾個趨向（一時涉想）②

我不贊成適之先生把記載老子、孔子、墨子等等之書呼作哲學史。中國本沒有所謂哲學。多謝上帝，給我們民族這麼一個健康的習慣。我們中國所有的哲學，儘多到蘇格拉底那樣子而止，就是柏拉圖的，也尚不全有，更不必論到近代學院中的專技哲學，自戴嘉、來卜尼茲以來的。我們若呼子家為哲學家，大有誤會之可能。大凡用新名詞稱

---

①編按："是"當作"實"。

②行首自註："以上是 1925 春夏間所寫（原稿）。"

舊物事，物質上的東西是可以的，因為相同；人文上的物事是每每不可以的，因為多是似同而異。現在我們姑稱這些人們（子家）為方術家。思想一個名詞也以少用為是。蓋漢朝人的東西，多半可說思想了，而晚周的東西，總應該說是方術。

禹、舜、堯、伏犧、黃帝等等名詞的真正來源，我想還是出于民間。除黃帝是秦俗之神外，如堯，我疑是唐國（晉）民間的一個傳說。舜，我疑是中國之虞或陳或荊蠻之吳民間的一個傳說。堯、舜或即此等地方之君（在一時）。顓頊為秦傳說。嚳為楚之傳說。或即其圖騰。帝是仿例以加之詞（始只有上帝但言帝）。堯、舜都是綽號。其始以民族不同方域隔漠而各稱其神與傳說；其後以互相流通而傳說出于本境，遷土則變，變則各種之裝飾出焉。各類改變所由之目的各不同，今姑想起下列幾件：

（一）理智化　一神祕之神成一道德之王。

（二）人間化　一抽象之德成一有生有死之傳。

又有下列一種趨勢可尋：

滿意于周之文化尤其是魯所代表者（孔子）

↓

不滿意于周之文化而謂孔子損益三代者

↓

舉三代盡不措意，薄征誅而想禪讓，遂有堯、舜的化身。此說又激成三派：

并堯、舜亦覺得太有人間烟火氣，于是有許由、務光。	寬容一下，並堯、舜、湯武為一係的明王。（孟子）	爽性在堯、舜前再安上一個大帽子，於是有神農、黃帝、伏犧等等。

與這極端反背的便是"誅華士"，《戰國策》上請誅於陵仲子之論。

這種和他種趨勢不是以無目的而為的。

上條中看出一個古道宗思想與古儒宗思想的相互影響，相互為因果。自然儒宗、道宗這名詞不能安在孔子時代或更前，因為儒家一名，不過是魯國的名詞，而道家一名，必然更後，總是漢朝的名詞，或更在漢名詞"黃老"後。《史記》雖有申不亥學"黃老刑名以干昭侯"的話，但漢初所謂黃老，實即刑名之廣義，申不亥學刑名而漢人以當時名詞名之，遂學了黃老刑名。然而我們總可為這兩個詞造個新界說，但為這一段的應用。我們第一要設定的，是孔子時代已經有一種有遺訓的而又甚細密的文化，對這文化的處置可以千殊萬別，然而大體上或者可分為兩項：

一、根本是承受這遺傳文化的，但願多多少少損益于其中。我們姑名此為古儒宗的趨勢。

二、根本上不大承認，革命于其外。我們姑名此為古道宗的趨勢。名詞不過界說之縮短，切勿執名詞而看此節。我們自不妨虛位的定這二事為 AB，但這種代數法使人不快耳。造這些名詞如堯、舜、許由、務光、黃（這字先帶如許後來道士氣）帝、華士、神農，和《莊子》書中的這氏那氏，想多是出于古道宗，因為這些人物最初都含些道宗的意味。《論語》上的舜，南面無為。許行的神農，是並耕而食。這說自然流行也很有力，儒宗不得不取適應之法。除為少數不很要緊者造個謠言，說"這正是我們的祖師所誅"外（如周公誅華士），大多數已于民間有勢力者，是非引進不可了。便把這名詞引進，加上些儒家的意味。於是乎絕世的許由成了士師的臯陶（這兩種人也有共同，即是俱為忍人）；南面無為的舜，以大功二十而為天子；並耕的神農本不多事，又不做買賣，而《易繫》的神農"耒耨之利，以教天下"之外，加上做買賣，雖許子亦應覺其何其不憚煩也。照儒宗的人生觀，文獻徵者徵之，本用不著造這些名詞以自苦；無如這些名詞先已在民間成了有勢力的傳說，後又在道宗手中成了寄理想的人物，故非取來改用不可。若道宗則非先造這些非歷史的人物，不能資號召。既造，或既取用，則儒宗先生也沒有別法對付，只有翻著面過來說，"你所謂者，正是我們的'於傳有之'，不過我們這真傳所載，與你這邪說所稱，名一而實全不同，詞一而謂全不同。"反正彼此都沒有龜甲鐘鼎做証據，誰也莫奈得誰何。這種方法，恰似天主教對付外道。外道出來，第一步是不采。不采不能，第二步便是加以誅絕，把這書們加入"禁書錄"上。再不能，第三步便是揚起臉來說，"這些物事，恰是我們教中的。"當年如此對付希臘哲學，近世如此對付科學。天主教刑了蓋理律，而近中天文學、算學在教師中甚發達。

我這一篇半笑話基于一個假設，就是把當年這般物事分為二流，可否？我想大略可以得，因為在一個有細密文化久年遺訓的社會之下，只有兩個大端：一是于這遺訓加以承認而損益之，一是于這遺訓加以否認。一般的可把歐洲千來年的物事（直至十九世紀末為止）分為教會的趨向與反教會的趨向。

何以必須造這一篇半笑話？我想，由這一層半笑話可以解去古書上若干的難點。例如《論語》一部書，自然是一個"多元的宇宙"，或者竟是好幾百年"累層的"造成的。如"鳳鳥不至"一節，顯然是與緯書并起的話。但所說堯、舜、禹諸端，尚多是抽象以寄其理想之詞，不如孟子為舜、象做一篇越人讓兄、陳平盜嫂合劇。大約總應該在孟子以前，也應該是後來一切不同的有事跡的人王堯、舜、禹論之初步。且看《論語》裏的堯、舜、禹，都帶些初步道宗的思想。堯是"無能名"，舜是"無為"，禹較兩樣些，"禹無間然"一段，也頗類墨家思想之初步。然卑居處，薄食服，也未嘗達于道宗思想。至于有天下而不與，卻是與舜同樣的了。凡這些點兒，都有些暗示我們：堯、舜一類的觀念，起源應該在鄰于道宗一類的思想，而不該在鄰于儒宗一類的思想。

堯、舜等傳說之起，在道理上必不能和禹傳說之起同源，此點頡剛言之詳且盡。我想禹與墨家的關係，或者可以如下：禹本是一個南方民族的神道，一如頡剛說，大約宗教的傳布，從文化較高的傳入文化較底的民族中，雖然也多，然有時從文化較底的傳到文化較高的，反而較易。例如耶穌教之入希臘、羅馬；佛教之由北印民族入希臘文化殖民地，由西域入中國；回教之由亞剌伯入波斯。（此點恐不盡由武力征服之力）大約一個文化的社會總有些不自然的根基，發達之後，每每成一種矯揉的狀態，若干人性上初基的要求，不能滿足或表現。故文化越繁豐，其下越有一種潛流，頗容易感受外來的風氣，或自產的一種與上層文化不合的趨向。佛教之能在中國流行，也半由于中國的禮教、道士、黃巾等，不能滿足人性的各面，故不如禮教、道士、黃巾等局促之佛教，帶著迷信與神祕性，一至中國，雖其文化最上層之皇帝，亦有覺得中國之無質，應求之于印度之真文。又明末天主教入中國，不多時間，竟流行于上級士大夫間，甚至皇帝受了洗（永曆皇帝）。滿洲時代，耶穌會士竟快成玄曄的國師。要不是與政治問題混了，後來的發展必大。道光後基督教之流行，也很被了外國經濟侵略武力侵略之害。假如天主、耶穌無保護之強國，其銷路必廣于現在。我們誠然不能拿後來的局面想到春秋初年，但也難保其當年不有類似之情形。這一種禹的傳說，在頭一步傳到中國來，自然還是一個神道。但演進之後，必然向別的方向走。大約墨家這一派信仰，在一般的社會文化之培養上，恐不及儒家。墨子雖然也道《詩》《書》，但這究竟不是專務雅言。這些墨家，抓到一個禹來作人格之標榜，難道有點類似佛教入中國，本國內自生宗派的意思嗎？儒家不以孔名，直到梁漱溟才有所謂孔家教；而墨家却以墨名。這其中或者是暗示墨子造作，孔丘沒有造作。又《墨經》中傳有些物理學、幾何學、工程學、文法學、名學的物事。這或者由于當年儒家所吸收的人多半是些中上社會，只能談人文的故事，雅言詩書執禮。而墨家所吸收的，或者偏于中下社會，其中有些工匠技家，故不由得包含著這些不是閑吃飯的物事下來，並非墨家思想和這些物事有何等相干。大約晚周的子家最名顯的，都是些遊談之士，大則登卿相，小則為清客，不論其為儒家或道家，孟軻或莊周。儒家是吸收不到最下層人的，頂下也是到士為止。道家也是 leisured 階級之清談。但如許行等等却很可以到了下層社會。墨家却非行到下層社會不為功。又墨家獨盛于宋，而戰國子家說到儌子總是宋人，這也可注意。或者宋人當時富于宗教性，非如周鄭人之有 Sophistry，鄒魯人之 Conventional？

　　至於漢朝思想趨勢中，我有兩個意思要說。一，由今文到緯書是自然之結果。今文把孔子抬到那樣，舍成神道以外更無別法。由《易經》到緯書不容一髮。今文家把他們的物事更民間化些，更可以共喻而普及，自然流為緯學。信今文必信孔子之超人入神；信孔子如此加以合俗，必有禎祥之思想。二，由今文反動出古文，是思想的進步。造偽經在現在看來是大惡，然當時人借此寄其思【想】誠恐不覺其惡，因為古時著作人觀念之明白決不如後人重也。但能其思想較近，不能以其造偽故而泯其為進步。古文材料雖偽，而意思每比今文合理性。

不及詳敘，姑寫為下列兩表：

【表一】

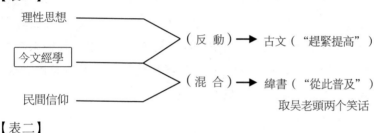

【表二】

專為者之例	孔子	鄒衍 （終始五德）	董仲舒 （今文）	哀平後 人物
	人文＿＿＿	命運＿＿＿	禎祥＿＿＿	讖緯＿＿＿
專反者之例	一切棄世所謂 道家（《論語》 多記此等人物）	墨子 荀卿（非相）	古文學	桓譚、 王充等

（四）殷周間的故事

十年前，我以子貢為紂申寃一句話，想起桀紂傳說之不可信，因疑心桀紂是照著幽王的模型造的，有褒姒故有妲己等等。這固是小時一種怪想。後來到英國，見英國爵雖五等而非一源，因而疑心中國之五等爵也有參差，有下列涉想（德國爵亦非一源）：

△ 公不是爵名，恐即與“君”字同義。三公周召宋公及王畿世卿都稱公，而列國諸侯除其爵外亦稱公。公想是泛稱人主之名，特稍尊耳。猶英語之 Lord 一稱，自稱上帝以至于世族無爵者之妻或僕稱其夫

或主。如德語之 Herr 亦自上帝稱到一切庶人。宋是殷後，王號滅猶自與周封之諸侯不同，故但有泛稱而無諸侯之號。其所以列位于會盟間次于伯者而先于其他一切諸侯者，正因其為殷後，不因其稱公。如若傳說，一切諸侯自稱公為僭，則《魯頌》"乃命魯公。俾侯于東"，豈非大大不通。

㊀⟨侯子⟩ 遍檢《春秋》之子爵，全無姬姓（除吳）。姬姓不封子，而負子爵者，凡有可考，立國皆在周前，或介戎狄，不與中國同列。莒子、剡子、邾子、杞子，古國也。潞子、驪子，不與中國之列者也。楚子一向獨立之大國也。吳子雖姬姓，而建國亦在周前。見殷有箕子、微子，我遂疑子是殷爵，所謂子自是王子同姓之號，及後來漸成諸侯之號，乃至一切異姓亦如此稱。我疑凡號子者大多是殷封之國，亦有蠻夷私效之，要均與周室無關係。（吳子、楚子解見後。）

且看子一字之降級：

箕子 —— 趙簡子 —— 孟子 —— 婊子
微子 —— 季文子 —— 孔子 —— 小子
　｜　　　　　｜　　　　　｜　　　　　｜
諸侯　　　諸侯之大夫　　　士人　　　嗚呼哀哉

恰如老爺等名詞之降級。明朝稱閣學部院曰老爺，到清朝末年雖縣知事亦不安于此而稱大老爺。

至于侯，我們應該先去弄侯字古來究如何寫法，如何講法。殷亦有鬼侯、鄂侯，崇侯，鬼、鄂、崇，皆遠方之邑，或者所謂侯者如古德意志帝國（神聖羅馬帝國）之邊侯（Markgraf）。在殷不特不見得侯大于子，而且微子、箕子容或大于鬼侯、鄂侯。周定後，不用子封人而一律用侯。以"新鬼大，故鬼小"之義及"周之宗盟，異姓為後"之理，侯遂跑到子上。

同姓侯甚多，凡姬姓的非侯即伯。其異姓之侯，如齊本是大國，另論；如陳是姻戚，如薛也是周"先封"，都是些與周有關係的。

㊀⟨伯⟩ 這一件最奇。伯本與霸同字，應該很大。且受伯封者，如燕

伯，召公之國也。如曹伯，"文之昭也"。如鄭伯，平王依以東遷者
也。如秦伯，周室留守，助平王東遷者也。然而爵均小于侯，豈不可
怪。我疑心伯之後于侯，不是由于伯之名後于侯，而是由于封伯爵者
多在後；或者伯竟是一個大名，愈後封而號愈濫，遂得大名，特以後
封不能在前耳。

㊚ 苦想只想到一個許男，或者由來是諸侯之諸侯？

以上的話只是憑空想，自然不能都對；但五等爵決非一源，且甚參
差耳。

太伯入荊蠻，我疑心是倫常之變。倫常之變，本是周室"拿手好
戲"，太王一下，周公一下，平王又一下。因太伯不得已而走，或者
先跑到太王之大仇殷室，殷室封他為子爵，由他到邊疆啟土，所以武
王伐紂時特別提出這件事，"惟四方之多罪逋逃，是崇是用"。言如此
之痛，正因有他之伯祖父在也。（《牧誓》亦正不可信，此地姑為此戲想
耳。）吳既不在周列，周亦莫奈他何，遂于中國封虞。吳乃其子爵，
至于壽夢。吳民必非中國種，只是君室為太伯虞仲後耳。虞仲應即是
吳仲。

齊太公的故事，《史記》先舉三說而不能斷。我疑齊本是東方大國，
本與殷為敵，而於周有半本家之雅（厥初生民，實為姜嫄），[1] 又有親戚
（爰及姜女，聿來胥宇），故連周而共敵殷。《商頌》"相土烈烈，海外
有截"，當是在湯前已有了北韓遼東，久與齊逼。不然，則箕子以敗
喪之餘，更焉能越三千里而王朝鮮；明朝鮮本殷地，周兵力所不及，
遂不臣也，齊於周諸侯中受履最大，名號最隆，——尚父文王師一切
傳說，——必別有故。且《孟子》《史記》均認齊太公本齊人，後來
即其地而君之。且《史記》記太公世家，太公後好幾世，直到西周中
晚，還是用殷法為名，不同周俗，可見齊自另一回事，與周之關係疏
稀。《檀弓》所謂太王五世返葬于周，為無稽之談也。（如果真有這回
事，更是以死骨為質之把戲。）齊周夾攻殷，殷乃不支；及殷被戡定，周

---

①編按："實為"《週刊》本作"實惟"，當作"時惟"，語出《詩·大雅·生
民》。

莫奈齊何，但能忙於加大名，而周公自命其子卜鄰焉。

* *

世傳紂惡，每每是紂之善。紂能以能愛亡其國，以多力亡其國，以多好亡其國，誠哉一位戲劇上之英雄，雖 Siegfried 何足道哉。我想殷周之際事可作一齣戲，紂是一大英雄，而民疲不能盡為所用。紂想一削"列聖恥"，討自亶父以下的叛虜，然自己多好而縱情，其民老矣，其臣迂者如比干，鮮廉寡恥如微子，箕子則為清談，齊侯望包臧陰謀，將欲借周自取天下，遂與周合而夾攻，紂乃以大英雄之本領與運命爭；終于不支，自焚而成一壯烈之死。周之方面，毫無良德，父子不相容，然狠而有計算，一群的北虜自有北虜的品德。齊本料不到周能聯一切西戎、南蠻，牧誓一舉而定王號。方想周商爭久時自入商都而得王號，及齊失望，尚想武王老後必有機會，遂更交周。不料後來周公定難神速，齊未及變。周公知破他心，遂以伯禽營少昊之墟。至于箕子，于亡國之後，尚以清談歸新朝，一如王夷甫。而微子既譙周之勸降，又覺紂死他有益耳。

這篇笑話，自然不是辯古史，自然事實不會如此。然遺傳的殷周故事，隆周貶紂到那樣官樣文章地步，也不見得比這笑話較近于事實。

越想越覺世人貶紂之話正是頌紂之言。人們的觀念真不同。偽孔《五子之歌》上說"內作色荒，外作禽荒。甘酒嗜音，峻宇雕牆"，此正是歐洲所謂 Prince 之界說，而東晉人以為"有一必亡"。內作色荒是聖文，外作禽荒是神武，甘酒嗜音是享受文化，峻宇雕牆是提倡藝術，有何不可，但患力不足耳。

* *

周之號稱出于后稷，一如匈奴之號出于夏氏。與其信周之先世曾原竄于戎狄之間，毋甯謂周之先世本出于戎狄之間。姬姜容或是一支之兩系，特一在西，一在東耳。

魯是一個古文化的中心點，其四圍有若干的小而古的國。曲阜自身是少昊之墟。昊容或為民族名，有少昊必有太昊，猶大宛、小宛，大月氏、小月氏也。我疑及中國文化本來自東而西：九河濟淮之中，山東、遼東兩個半島之間，西及河南東部，是古文化之淵源。以商興而西了一步，以周興而更西了一步。不然，此地域中何古國之多也。齊容或也是一個外來的強民族，遂先于其間成大國。

齊有齊俗，有齊宗教，雖與魯近，而甚不同。大約當年鄒魯的文化人士，很看不起齊之人士，所以孟子聽到不經之談，便說是"齊東野人之語也"，而笑他的學生時便說"子誠齊人也，知管仲、晏子而已矣"，正是形容他們的坐井觀天的樣子。看來當年齊人必有點類似現在的四川人，自覺心是很大的，開口蘇東坡，閉口諸葛亮，誠不愧為夜郎後世矣。魯之魯家，① 迂而執禮。齊之儒家，放而不經。如淳于、鄒衍一切荒唐之詞家，世人亦謂為儒家。

荊楚一帶，本另是些民族，荊或者自商以來即是大國，亦或者始受殷號，後遂自立。楚國話與齊國話必不止方言之不同，不然，何至三年莊嶽然後可知。孟子罵他們鴃舌，必然聲音很和北方漢語不類。按楚國話語存在者，只有"謂乳，穀；謂虎，於菟"一語。乳是動詞，必時有變動；而虎是靜詞，尚可資用。按吐蕃語虎為 Stag，吐蕃語字前之 S 每在同族語中為韵，是此字容有綫鎖，但一字決不能為證耳。又漢西南夷君長稱精夫，疑即吐蕃語所謂 rgyal-po，《唐書》譯為贊普者。《後漢書·西南夷傳》有幾首四字詩對記，假如人能精于吐蕃語、太語、緬甸語，必有所發現。這個材料最可寶貴。楚之西有百濮，今西藏自稱曰濮。又蠻閩等字音在藏文為人，或即漢語民字之對當？總之，文獻不足，無從徵之。

秦之先世必是外國，後來染上些晉文化，但俗與宗教想必同于西戎。特不解西周的風氣何以一下子精光？

狄必是一個大民族。《左傳》《國語》記他們的名字不類單音語。且談到狄，每加物質的標記，如赤狄、白狄、長狄等等。赤白又長，竟似印度日耳曼族的樣子。不知當時吐火羅等人東來，究竟達到什麼地方。

殷應該是中國了，而偏和狄認親（有娥、簡狄）。這團亂糟糟的樣子，究竟誰是諸夏，誰是戎狄？

---

①編按："魯家"當作"儒家"。

中國之有民族的、文化的、疆域的一統，至漢武帝始全功，現在人
曰漢人，學曰漢學，土曰漢土，俱是最合理的名詞，不是偶然的。秦
以前本不一元，自然有若干差別。人疑生莊周之土不應生孔丘。然如
第一認清中國非一族一化，第二認清即一族一化之中亦非一俗，則其
不同亦甚自然。秦本以西戎之化，略收點三晉文俗而統一中國。漢但
接秦，後來魯國、齊國又漸于文化上發影響。可如下列看：

　　　統一中國之國家者　　秦

　　　統一中國之文教者　　魯

　　　統一中國之宗教者　　齊

　　　統一中國之官術者　　三晉

此外未得發展而壓下的東西多得很啦。所以我們覺得漢朝的物事少方
面，晚周的物事多方面。文化之一統與否，與政治之一統與否相為因
果；一統則興者一宗，廢者萬家。①

（五）補說（《春秋》與《詩》）

承顧剛寄我《古史辯》第一冊，那時我已要從柏林起身，不及細
看。匆匆一看，自然不消說如何高興讚歎的話，前文已說盡我所能
說，我的沒有文思使我更想不出別的話語來說。現在只說一個大略的
印象。

最可愛是那篇長叙，將來必須更仔細讀他幾回。後面附著第二冊擬
目，所看了尤其高興，盼望的巴不得馬上看見。我尤其希望的是顧剛
把所辨出的題目一條一條去仔細分理，不必更為一般之辨，如作“原
經”一類的文章。從第二冊擬目上看來，顧剛這時注意的題目在
《詩》，稍及《書》。希望顧剛不久把這一堆題目弄清楚，俾百詩的考
偽孔後更有一部更大的大觀。

我覺得《春秋》三傳問題現在已成熟，可以下手了。我們可以下列
的綫路去想：

（一）《春秋》是不是魯史的記載？這個問題很好作答，把二百多
年中所記日食一核便妥了。（二）《左氏》經文多者是否劉歆偽造？

------

① 行末自註：“下半封于明日仍在香港寄。”

幸而哀十四年有一日食，且去一核，看是對否。如不對，則此一段自是後人意加。如對，則今文傳統說即玄同先生所不疑之"劉歆偽造"墮地而盡。此點關係非常之大。（三）孔子是否作《春秋》？此一點我覺得竟不能決，因沒有材料。但這傳說必已很久，而所謂《公羊春秋》之根本思想實與《論語》相合。（四）孟子所謂《春秋》是否即今存之斷爛朝報？此一段并非不成問題。（五）春秋一名在戰國時為公名，為私名？（六）《公羊傳》思想之時代背景。（七）《公羊》大義由《傳》、《繁露》，到《何氏》之變遷，中間可于斷獄取之。（八）《穀梁》是仿《公羊》而製的，或者是一別傳？（九）《史記》與《國語》的關係。（十）《史記》果真為古文家改到那個田地嗎？崔君的黨見是太深的，不能以他的話為定論。（十一）《左氏傳》在劉歆製成定本前之歷史。此一端非常重要。《左傳》決不是一時而生，諒亦不是由劉歆一手而造。我此時有下一個設想：假定漢初有一部《國語》，又名《左氏春秋》，其傳那個斷爛朝報者，實不能得其解，其間遂有一種聯想，以為《春秋》與《國語》有關係，此為第一步。不必兩書有真正之銀丁扣，然後可使當時人以為有關係，有此傳說，已可動當時人。太史公恐怕就是受這個觀念支配而去於《史記》中用其材料的，這個假設小，康、崔諸君那個假設太大。公羊學後來越來越盛，武帝時幾乎成了國學。反動之下，這傳說亦越進化，於是漸漸的多人為《國語》造新解，而到劉向、劉歆手中，遂成此《左氏傳》之巨觀。古文學必不是劉歆一手之力，其前必有一個很長的淵源。且此古文學之思想亦甚自然。今文在當時成了斷獄法，成了教條，成了讖緯陰陽，則古文之較客觀者起來作反動，自是近情，也是思想之進化。（十二）《左傳》並不於材料上是單元。《國語》存本可看出《國語》實在是記些語。《左傳》中許多并不是語，而且有些矛盾的地方。如呂相絕秦語，文章既不同，而事實又和《左傳》所記矛盾。必是當時作者把《國語》大部分采來做材料，又加上好些別的材料，或自造的材料。我們要把他分析下去的。（十三）《左傳》、《國語》文字之比較。《左傳》、《國語》的文字很有些分別，且去仔細一核，其中必有提醒人處。（十四）東漢《左氏傳》說之演進。《左氏》能勝了

《公羊》，恐怕也有點適者生存的意思。今文之陋而誇，實不能滿足甚多人。（十五）《古竹書》之面目。

現在我只寫下這些點。其實如是自己作其功來，所有之假設必然時時改變。今文古文之爭，給我們很多的道路和提醒。但自莊、孔、劉、宋到崔適，都不是些極客觀的人物，我們必須把他所提醒的道路加上我們自己提醒的道路。

現在看《詩》，恐怕要但看白文，訓詁可參攷而本事切不可問。大約本事靠得住的如《碩人》之說莊姜是百分難得的；而極不通者一望皆是。如君子偕老為刺衛宣姜，真正豈有此理。此明明是稱贊人而惜其運命不濟，故曰"子之不淑"，猶云"子之不幸"。但論白文，反很容易明白。

《詩》的作年，恐怕要分開一篇一篇的考定，因為現在的"定本"樣子不知道經過多少次的改變，而字句之中經流傳而成改變，及以今字改古字，更不知有多少了。頌的作年，古文家的家論固已不必再討論。玄同先生的議論，恐怕也還有點奉今文家法罷?[1] 果如魏默深的說法，則宋以泓之敗績為武成，說"深入其阻，裒荊之旅"，即令自己不覬厚臉皮，又如何傳得到後人。且殷武之武，如為抽象詞，則哀公亦可當之，正不能定。如為具體詞，自號武王是湯號。且以文章而論，《商頌》的地位顯然介于《周》《魯》之間，《周頌》自是這文體的初步，《魯頌》卻已大豐盈了。假如作《商頌》之人反在作《魯頌》者之後，必然這個人先有摹古的心結如宇文時代制誥仿《大誥》，石鼓仿《小疋》，然後通也。但即令宋人好古，也未必有這樣心結。那麼，《商頌》果真是哀公的東西，則《魯頌》便非僖公時物了。玄同先生信中所引王靜厂先生的話，"時代較近易于摹擬"，這話頗有意思，並不必如玄同先生以為臆測。或者摹擬兩個字用得不妙。然由《周頌》到《商頌》，由《商頌》到《魯頌》，文體上、詞言上是很順叙，反轉則甚費解。

---

[1]行首自註："此一段稿是 1925 春所寫，今加入于此。前論《春秋》一段，已是一年前意思。"

《七月》一篇必是一遺傳的農歌；以傳來傳去之故，而成文句上極大之 Corruption，故今已不順理成章。這類詩最不易定年代，且究是《豳風》否也未可知。因為此類農歌，總是由此地傳彼地。《鴟鴞》想也是一個農歌；為鳥說話，在中國詩歌中有獨無偶。《東山》想係徂東征戍者之詞，其為隨周公東征否則未可知。但《豳風》的東西大約都是周的物事，因為就是《七月》裏也有好些句與《二南》《小雅》同。《大雅》《小雅》十年前疑為是大京調小京調。風雅本是相對之詞，今人意云雅而曰風雅，實不詞（杜："別裁偽體親風雅"），今不及詳論矣。

《破斧》恐是東征罷敝國人自解之言如是。後人追叙，恐無如此之實地風光。《破斧》如出後人，甚無所謂。下列諸疑擬釋之如下：

如云是周公時物，何以《周誥》如彼難解，此則如此易解？答，誥是官話，這官話是限用於小範圍的，在後來的語言上影響可以很小。詩是民間通俗的話，很可以為後來通用語言之所自出。如蒙古白話上諭那末不能懂而元曲卻不然，亦復一例。且官書寫成之後，便是定本，不由口傳。詩是由口中相傳的，有陳古的文句隨時可以改換，故顯得流暢。但雖使字句有改換，其來源卻不以這字句的改換而改換。

（二）周公東征時稱王何以……

　　　　抄到此地，人極倦，而船不久停，故只有付郵。尾十多張，
　　　　待于上海發。

　　　　鈔的既潦草，且我以多年不讀中國書後，所發議論必不妥者
　　　　多，妥者少。希望不必太以善意相看。①

----

① 編按：《週刊》本有顧頡剛案語："頡剛案，傅孟真先生此書，從一九二四年一月寫起，直寫到一九二六年十月卅日船到香港為止，還沒有完。他歸國後，我屢次催他把未完之稿寫給我；無奈他不忙便懶，不懶便忙，到今一年餘還不曾給我一個字。現在《週刊》需稿，即以此書付印。未完之稿，只得過後再催了。書中看不清的草書字甚多，恐有誤鈔，亦俟他日校正。　一九二八，二，二。"

21. 傅斯年致羅家倫（1926 年 11 月 9 日）*

志希：接到你這書信，并一切一往彌深的善意，為之感激不盡，但能"痛哭流涕"而已！我所要向你說的話，真正成千百萬言，信中斷然無從說起，只好見面時由底到顛，由顛到底的談。好在見面是不遠了，心中想到安慰。我現在先略叙我這幾個月的"綱目"，這樣叙法，真正但等於綱目。

我之所以突然這時候一回來，全是由于對於母親的一個 Moral weakness 所致。從景象看來，如再不歸，母親大有去世之可能，故且把 Wagner 的 Siegfried 主義藏起，定了船位。到此地來七日，感著極多苦惱，"茫茫如喪家之狗，<u>丞丞</u>如路旁之魚。"這都是"執德不弘，信道不篤"所致，夫復何言！

本來走不大成，實賴仲栗幫忙，故日內最感苦痛者此也。

其所以到了巴黎，花了不少錢，全是仙槎誤我。仙槎如此辦事法，全是不可靠的。幸有一賠償，即是和老胡①同在巴黎住了三星期，談了無數有趣味的事。他罵我，我也不曾讓了他。真正有趣。但巴黎之行，總是使我經濟上大不得了的。船由意大利開，所以我竟逛了羅馬、拿波里與邦涁故城。船走了三十多天，方到上海。在香港時有下去看廣東之意，以兄在上海，丞欲一見，故未下。誰知到此竟不可見。聽說你在南昌的遭際，為之慘然。我到此後，大承伯嘉照應，能向商務借到百元，敷衍此刻，感荷真不盡也。

我的就事一件事，到真有些難辦。先是我在柏林未走前，接到蔡先生一信，約去杭州後，接頡剛信，約去廈門，我以為蔡先生事必是蓬萊樓閣，而頡剛人既不是好開玩笑的，而言之又復如彼之切，故數思之後決於可去，而有下列條件：（一）蔡先生不到北大，故我也不去北

---

*羅久芳女士提供，又載羅久芳、羅久蓉編校《羅家倫先生文存補遺》，台北：中研院近史所，2009，第 361—364 頁，署"民國十五年十一月九日，上海寄南京。"

①編按：胡適（1891—1962），字適之，時奉派赴英國參加中英庚子賠款全體委員會會議。

大時，（二）蔡先生杭州事可以諒解我不就。我所以有此決定者，因
為我蓄志數年，欲害頡剛。換言之，我和頡剛一起，可以狼狽為善，
S. P. D. Q.①之論，兄聞之熟矣。莊重言之，頡剛古史研究我有許多
地方可以幫他忙，而我近中所作二部書，也有很多地方他很可以幫我
忙。他不來，我尚願挑之，而況自投羅網。②後到巴黎，適之先生更
贊成之，心遂無疑，以為到上海後，先見蔡先生，他如許我到廈門，
則到廈門矣。誰知到此地後，一點別的消息也無，只有一個傳言，云
自北大出來，說我嫌北大沒錢，想運動到廈門去，不由我不大怒。說
這話的人簡直是混賬。我事之糟，至今如"茫茫之狗"者在上海，豈
不都是為了對於北大之忠誠？今乃如此。如能查出造此語者，非打他
嘴巴不可。先是我只復頡剛兩個短小之信，請他把情由先留寄上海，
待我一來，便知，以定行止。後到香港，寄長信時，亦曾言明，請其
電復，今到此七日，既未見留函，且無電，即我自上海所發之信，如
頡剛電復，亦應到矣。誠不知是何緣故，大不類頡剛行事，意者廈門
事並不如頡剛始意所說，其中必更有甚大之困難也。看來此事十九不
成，再待五天，如尚無消息者，即發一電，三日不復，便不管此
事矣。

就商務事，誠如兄之所言，坐六點鐘絕對辦不到。而且就此事比就一
切事都不上算。姑無論作不願之事，如何苦惱，且坐下動筆時抄書
嗎？則既不慣。且若一慣，養成習慣，後此亦並不能更作好書，為患
無底。如不抄書，而用自己的見解嗎？則不啻出千分利借錢，真不了
也。故"萬不能就"一如兄言。至於主任與否，^弟却不在心上。

就東大事，本無絕對的不可，但^弟有三顧慮：（一）張賊來，大家走
路。（二）^弟無預備，教國文，甚有所慮。我覺此時我於舊學問之見
解，實如湧泉，然當研究之導者，則可，上堂，則一時有困難。

---

① 編按：指塞萬提斯（Miguel de Cervantes，1547—1616）筆下的 Sancho Panza 與
Don Quixote。（本註係根據張谷銘教授所做的解讀，特此致謝。）
② 行首自註："前云寄頡剛信，終于在船上寫成，約六十頁。其中有許多意思，
我甚喜。後必要來請兄一看，而批評之。"

（三）太費你們用力。今接兄信，不特不更動，反使我決然將此事置於計畫之外。當時叔存先生言及此事，只云姚君去，有一缺，^弟因未知超出預算也。既超出預算，且可致別科閒話，則^弟斷不能以此累晉侯，至於學生演講內含作用，尤其萬萬不可以的，尤其萬萬不可以的，這實在是你們愛我過甚，願我去之意太熾，故忘事之輕重。雖感甚，然斷不能從命。

我到南京一走，本在我計畫之中，一見叔存，便講到此，因為我之到上海，而于于①廣州不下者，② 本多半為一見你。今既不見，而南京不遠，豈不可一前往。此外亦極願和那邊故友新友一痛談。且我自光緒末年十來歲時，即以明朝為國朝，十五年的 Republicanism 不曾使這老 Sentiment 掉。滿想一謁孝陵，且看看"新鬼大"的中山先生的墓。但既聞你們這段計策，我可萬萬不能早去了。③ 本來若待可去，今乃非放在事定後不可。如廈門事日內可定，（自然分數極其少）便往，否則在此待到事定後，再往。學生之演說，如他們真有意，不是你們的把戲，我未嘗不可一獻拙。但必待我在別處就事定後。總之，我一定看你們去。但非遲不可避此耳。

到北大事，先是我在今年五六月尚有一信去，云："原來我有與志希同進之說，但北大事至今日理應另說，我既前者決志就北大，在此危時，不可負之，故志希事雖一面尚望進行，我事亦不妨即為我公事的一定。我接到聘書後，便把方向定北京，然後即託朋友於燕京或清華弄幾點鐘對付著為生。"這樣存想，不為不仁至義盡，而遲遲又遲，接到伯年先生回信，仍是葫蘆題。我真再不能忍了，故此事早在意外。今既有此謠言，當于日內一函百年，略發點正義的牢騷。

到清華本無不可，但也有下列數難，使這事不成問題。（一）我也不願即去，因為我果去，恐也如元任的局面，半在大學，半在國學院，但我很想先自己整理一年再去，因彼處我畏王靜菴君，梁非我所畏，陳我

---

①編按：衍一"于"字。
②行首自註："周君本約我到廣東，他借我一切費。"
③行首自註："兄書箱大約日內可到，此費已在柏林付。"

所敬，亦非所畏。（二）此時已不成，因開學久，功課定。（三）不便去說。趙處我最不能說，因為本是他約我，我以北大故辭之。今我最無顏去說，陳處因他老本是不管閑事的，最不宜奉擾。金處本無妨說，但我也不能在此時心續下說。有此三項，亦須放在計畫之外。

歆海先生昨天匆匆一見，不知日內尚有可以見他一快談之可能否？他對我的善意萬分感謝，但寫信吳君，是斷做不得的。①

那麼四方八面，都有不可去不能去之勢，可幹甚麼？我想沒法時只有在上海做野雞教員，此雖痛心，且對付一時！

至於我回來，一切涉想，非面談或後來細寫不可。現在且略說幾句。我在柏林高臥，真懶得不得了啦，所以真人纔有抽背上懶筋之說。② 但我究竟是有 Energy 的人，患無驅而用之之力耳。現在有了，就是感受之苦惱。決定回國時，本已決定回國後先試試 Siegfried，回來後四方八面一看，非發出至大至剛之怨氣出來不為功，且不由得不發。就從今天始！

一切續談。

弟 斯年 十一月九日

22. 傅斯年致盧錫榮（1926 年 11 月 9 日）*

晉侯兄惠鑒：我回到中國來啦！果真不久我們又可以見面。如我們在柏林所預言。我的事承你們如彼關心，萬分感荷！不待說。但既違校中經程，且尤不便用計，故請作罷。弟事定後，必一奉訪。敬候興居

弟 斯年 十一月九日

詳見志希信。

---

①行首自註："今日始見經農，他前日方歸，談快甚。"
②行首自註："說句笑話，仿佛龐統做縣官，扯了多半年爛污，一旦不扯，一日可完。"
*羅久芳女士提供。

23. **傅斯年致羅家倫** （1926 年 11 月）*

志希：方才接到頡剛的信，原來他前所云云，是他自己的欲望。以他好意，吃個大虧。因以此未曾早與人接洽，今乃空著。（窮不了也。我近中忽發當年之浪漫想頭，不教書了。）思一函書貽，　兄謂如何？日內極思見你而你們那種計謀之下，我勢不能去南京，如何如何！看來此事只有兩路，一仍去北京、清華、或法大（他們找我），一則棄書佩劍耳。"孰吉孰凶，何去何從"？日內方知此地野雞教書匠之苦惱，實不如自盡之為愈也。

弟斯年

24. **傅斯年致羅家倫** （1926 年 11 月 14 日）**

志希兄：信到。日內一切亂七八糟的事，直到現在才復你。歉甚。

弟到上海後，一直感冒不斷。直到上海①星期，才有出去旅行之可能。但能否不再感冒，非常可慮。回家去京，在此身體狀態之下，都成問題。

請先告我東大幾時放假，是否一放假則不可演講。如到廿六七，是否太遲？演講三四星期之事，弟思之又思，實無此力量。蓋偶然一二回之演講，尚不大費預備，而長期之教書，亦可一面教，一面預備，獨此三四星期之演講，既須比長期之教書為精，又須比偶然之講演，多材料之輔助。蓋弟如跑去講上兩回，儘可以平日遐想為材料，不必

---

* 羅久芳女士提供，又載羅久芳、羅久蓉編校《羅家倫先生文存補遺》，台北：中研院近史所，2009，第 366 頁，署"民國十六/十七年（?），廣州寄南京。"（編按：1926 年底傅斯年已應廣州中山大學之聘。）

** 羅久芳女士提供，又載羅久芳、羅久蓉編校《羅家倫先生文存補遺》，台北：中研院近史所，2009，第 364—365 頁，署"民國十五年十一月十四日，上海寄南京。"

① 編按："上海"當作"上個"。

專為預備，而二三星期之演講，必須有材料，不特^弟心中無材料，即現去弄，一則中國書一時看不來，二則外國書此地不可得，^弟現帶回之四箱子鐵條封好，無法半路拆也。此情形兄必甚清楚，故此長期之講演，如必為之，只是為你們丟臉而已。還是最多三個 lectures 作為程咬金之三把板斧而已。其餘兵器，一時不在手也。且^弟亦只答應晉侯這偶然的演講，長期演講，乃是教書多時之後積累下的新意，久已把材料之供給預備好者。^弟此時實無此力量也。

兹已想定兩個可以說的題目：

㈠漢學之進步與其所用材料之關係①

（一）漢學之進步是少數專業者手中的事，其豐長的進步，必在大家不復以"讀些舊書為助成其某種生活狀態"之後。

（二）豐長的發展，每靠從新方面得材料或用材料。舉多例。

（三）以新成就破遺傳的題目。

（四）以新材料創有開拓力量的新題目。

㈡論歷史不是由事實抽結論的學問。此中論歷史無 Law，而有 Shape。

我想，還很 Original。

或者可更想到一題。

如這樣可以的話，也須給我一星期略翻翻書，乞即一示復。

大約每個兩點鐘或三點鐘，一氣或兩氣講。

長期演講我必不辭贐，但此偶然的講演於我不是 extra-work，於學校無出費之名，斷不可送錢，增我一回著急之苦惱。

盼即復。今日是十四，事忙心緒不佳，或者二十一日如不病即可去南京。

但時間及題目切勿宣布。

侯　叔存兄

^弟斯年

---

①行首自註："此 lecture 必 provoke 些人。"

25. 傅斯年致羅家倫（1926 年 11 月 24 日）*

真人我兄大鑒：

道喜！磕頭道喜！一萬萬次磕頭道喜！人人可得而知之，獨老傅不
可得而知之，是何理也？將為你廣宣傳矣！磕頭道喜！磕頭道喜！
專程道喜信，待另發。

致百年信，乞一看，即發快信寄之。

此事^弟覺甚明白，即令但是忽略，這種不體人的忽略亦是可恨的。

^弟想把那篇"尸文"交卷後即去看他們去。

仙槎在船上喚告我，為你在廣學書局買一本小字典，是何小字典？
請示，即買即寄。即請
世安①

^弟斯年　十一月廿四日

----

* 羅久芳女士提供，又載《傅斯年留學時期的九封信》第（九）信，《當代》
 127（1998）：119；羅久芳、羅久蓉編校，《羅家倫先生文存補遺》（台北：中
 研院近史所，2009），第365—366頁，署"民國十五年十一月二十四日，上海
 寄南京。"
① 此處自註："世務之世，真人而可定婚，故有此安。"

一九二七年

26. 傅斯年致中山大學文史科同學（1927 年 4 月 21 日）檔號：
IV：116

文史科同學共鑒：

　這幾天為校中各種亂糟糟的事，正得弄頭昏氣悶。今晨一位同學告我，宿舍裏頭發現一張條子，頗有幾句牽涉我的。下午來看，只見了個角。別人告我內容，不可見其詳，僅能知其略。就所聞中要點一一回答：

　（一）說我聘顧頡剛的事。　顧先生的聘請，是本校去年顧孟餘先生提出通過，並列入"應特別力聘"一欄內去請的。顧先生回信云："不能去廈，過年可來。"校中並未嘗以此回信解約。此事遠在我到校之前。上月顧頡剛先生來信，云想到校，遂問之於周先生。[①] 周先生云："他來我就去"。我思之至十數次，終于以友誼的關係，電他不來。過一星期，又去兩信。不圖廈郵罷工，兩信未達。顧先生于星期日到此，星期一見後，我真萬分焦急。我想不到學校有何種理由拒顧，而不拒顧則文科無以維持安寧。想了好幾種法子，請顧先生他去，因為是朋友，所以敢如此做。結果，顧先生亦不諒我（因為自覺無不是處），同時亦不能留周先生之辭，心緒如焚矣。

　（二）顧先生與周先生在廈如何，我非親見，不敢言。但貼條子者謂顧先生是研究系，乃真謬妄之談。八九年前，我們同學時，我們每晚閒談，題目總是罵梁啟超。雖說幾年之間，人事變遷可以甚多，但顧先生在京，始終在北大研究所工作，其已出成績大家共見，彼全無政治之行動與交遊，何自成研究系，甚可發噱。我前輾轉聞類此之言，大前日見顧詢之，顧大笑云："從來至今未曾與梁啟超與任何此一輩人見過"。至于條子中云我"以友誼關係，援引研究系之顧頡

---

① 編按：周樹人（1881—1936），前任廈門大學文科教授，時任中山大學文學系
　教授兼系主任。

剛"，這種曲文更不值一笑者也。

（三）我之屢屢請顧頡剛先生不到校，只是覺得想從朋友感情強顧以最難能之事，以維持學校無端之大波耳。若就學問上言，我之此舉大違本心。顧是北大文科十餘年中畢業學生最能學問，最有成就之一人，我自己斷不敢望。其古史辨、風俗傳說著作，實十餘年中國文史學最成就之一。今貼條子者並其學業亦作讕言，我實痛心。

我之來此，本想一面教書，一面著作。此時有一"漢語拼音"計劃及一論中國歷史組織之書，新意自覺沾沾可喜，思排一切成之。而到此以後，承委員以事務相託，未經允諾，先已發表。勉為其難，至于今日，其間痛苦不可殫言。今更如此，何以為懷。故惟有決然辭去，不復猶疑。幸同學諒之。

揭帖無一人名，而有甚多噓罵寫條子者，知同學對我固極可感。而文科事務東倒西歪，所有計畫均不使我有絲毫暇晷從事，留亦何益。同學幸勿以為念。

傅斯年　四月廿一。

27. 朱家驊、傅斯年致李煜瀛（1927 年 6 月 4 日）檔號：IV：623

石曾先生惠鑒：前託頡剛走謁，承先生惠然許諾，感何有極。中大忽易校長制，季陶先生為正，而驊為副，此雖可以解決目前之大騷亂，然學生亦甚失望。蓋學生固最望諸位先生與中大有關係也。茲教員、學生擬尚有表示，一切續告。

現在陳希曾先生赴南京，敬備此函，專誠紹介。陳先生是英士先生舊部，介石先生舊雨，現任廣東電政監督，代理總政治部後方留守主任。陳先生見識先人，處事勇猛，為人邁爽，公不及私，既能平處危急，又能安籌久遠，是我等到廣東以來所見第一長才。清黨以前，頻參此間大計，維持之力最大；清黨以來，尤任勞處艱，成績不泯。此次因此間兩派爭得不了，故思赴南京，有以了之。吾等託其奉謁，所有廣東情事，可以直詢，快愉何如。陳先生是後來大有供獻于黨國之人，　先生必不泛泛遇之也。專此，敬頌

道安

家驊、斯年敬上 六月四日

再，請先生即示聖章先生在法寓所，便電託其聘法人教員。

28. 傅斯年致胡適（1927 年夏）*

適之先生：

我現在生病，溫度很高，自己不能寫信，所以先託人寫這一個短信。我到廣州後，又忙又病，尚未曾寫信，很覺著對不起。　請外國教員事不知道請到了沒有？現在預科的教員問題，倒是有法解決，只是英文系的教員太缺少了。我們向英國請兩位教員去了，但是遠水不及近渴，十月一號就要一律上課，不知道　先生所檢定的外國 Instructors 之中有可以教本科者否？此地本科程度不齊，祇要略有點文學知識，教得明白，就可以敷衍一時。至於中國教員，須與一切中國教員同等待遇，其與外國教員不同之處：（1）無川資，但在必要時得前支半月薪，（2）薪水有二百四十至二百八十毫洋，此外的有所謂特約教授，但須有極特別學業或成績，方可適用，此時在全校六十餘中國教授中僅有二三人耳。（3）須以前未曾與顯著與中國黨反對團體有關係，然此條實嚴於一種而寬於其他，如是復辟黨，並不要緊，然如果曾為政治大學教員之列或與江蘇省教育會有關係之人，則須斟酌。希望　先生為我們弄到中國的也好，外國的也好英文 Instructors，請　先生收到此信後，如有疑問，請電商議，所有用費學校照付。陳寅恪來信勸我們買商務的《經論藏》，因為這部已成孤本，參攷上有用處！祈　先生務必為中國留得此書。我們付錢，大家公用。我們決不自私，祇盼望中國更留多一版

---

*原載耿雲志主編《胡適遺稿及秘藏書信》，合肥：黃山書社，1994，第 37 冊，頁 387—390。

本，以供後學者。陳又云，剛和泰①將赴東京，希望我校寄彼千元，留其在京。但此恐非根本解決之策，何如便來廣州，他可以帶助手帶學生。我們讓他任意買書，薪水亦決不低，盼先生勸之。我返後與校中談及先生，都盼望 先生到此教書。 先生此時恐怕不能就動身，但十二月總盼望來此一次，演講二三禮拜，並指導我們的研究所。校中送先生來往川資及一個月的薪（毫洋五百元）。如看的滿意，肯留下，自然更是我們歡喜的了！

學生斯年

末節所談並非率爾之言。在上海時不敢說，因未與人商量也。此時言之，百分誠實的情意。 斯年又白。

金甫亦病重感冒躺了三日矣。不遠萬里，躬與其盛（目前廣州流行傳染病甚多），我所病則是氣管窒炎。

---

① 編按：鋼和泰（Alexander von Staël-Holstein，1877—1937），時任北京大學梵文教授。

29. 傅斯年致胡適（1928 年 4 月 2 日）*

適之先生：① 我們以前只發了一個電報，第二個電報我因幾個"充足理由"，留下未發，只到最近才發了一個請　先生急急忙忙馬上來此地的電報，而信這竟是第一封，或者　先生覺得奇怪。不過這道理非常明顯，就是除非中大情形十分好，我們決不請　先生來躬與其不盛！

中大本是毫無問題的，在校外實有不少政治的力量，在校內學生是對當局滿意，一年來的進步，除非對我們有成見及有求未遂者外，總是可以看到些今昔之不同。不過一群敗類，如邵元沖、謝瀛洲、高元、翟俊千、（三人皆所謂競社中堅）等，大不自量力了，竟于驪先未返時，下了非做校長不可之決心，於是甚麼手段都用了，結果他們自抹了一鼻子灰。不過當時却有一點不安定，即驪先兄却因無端受此一場，大傷其對廣東的感情，大有履故居、遂初服之感。② 外人雖不逞志，却把中大鬧到自動不得，故驪先之不可走，勢成騎虎，我等當時也實在有不少苦惱，故于函請　先生之來此，亦復遷延，此之故也。總之，我等辦事，斷乎不魯莽，尤其不請先生感不快也。現在這些顧慮都全不成問題了，季陶先生回來，政治上撐起來，校內自可一如去夏賊軍未臨粵境前之積極進行。驪先至遲總是五月十日以前非回來不可的（其中有故）。故我們未曾先于此時之請先生，是因我們為萬一之慮，此日之請，乃並此萬一之慮而亦無之也。

先生斷乎不可不來之理由：

一、我于去夏返後，即揚言　先生將來，然尚未公然宣布。此次回

---

* 原載耿雲志主編《胡適遺稿及秘藏書信》，合肥：黃山書社，1994，第 37 冊，頁 363—375。
① 頁首自註："Strictly Confidential！（有些話）。"
② 行首自註："幸勿為任何人道及一字。"

來，竟公然宣于于①校報。此間學生，大喜過望，目前無日無人來問我， 先生究竟何日方能到。上月中我無奈，（當日驅先方走）還貼了一個告白，即用寄來短信，為主料，加上些想當然的話，結論是"諸君于四月十日必能聽到胡先生講了。"如竟不來，使我下不來台，事小，使 先生于此間諸生心中失望，事乃大矣。

二、盼 先生來，如大旱望雨者，不僅中大學生已也，嶺南諸處固同一律，到處來問我者，使我日不暇給。

三、此間政府中人，尤其盼望 先生一來，以榮光之。已預備請 先生公開講演，至少一套，（此一名詞容或用得不好，然我想不出更好之詞，蓋一題而未必一次也。）必有以慰之也。（此間大亂之後，舊宗已失，不知何向而行，此舉關係不淺（季陶先生云如此）， 先生到此，方知我言非妄也。）

四、季陶先生于驅先走後，雖煩惱一日，然此後大高興，辦這辦那，他現在在此開府建節，（代政治分會主席）譬如隴西將軍號南越王，則季子其太傅也（至少）。② 他近中因"想"之故，無日不思建此樹彼，其中固有若干意胎頗美，而未可熔鍊以見諸行事者，然善意誠多，每以未得與 先生一商之為憾。（近兩日尤頻談此）此意不可無以答也！

五、此間友人無人不切盼 先生之來，如頡剛、金甫、元胎、丁山、紹孟、莘田、抗父、緝齋及其他十幾位，來則我們大樂一陣，不來則物化之後尚可為厲。

六、此間中大之建置，（特別是文科及其研究所）不有先生指教，何以使將來之勝于前？我等"託身異國"，建設精誠，此間野蠻人士不解不諒，不有 先生來以觀之，譬如錦衣夜行，誰復知之者？③ 且顧、楊諸兄而下，均不覺廣州之可久居，頡剛望北京以求狐死首丘，金甫居廣州而如烏孫遠嫁。何緣如是，或亦斯年之過。先生來此，必有以診之，以策將來！（此段無字是戲言。）

七、中央研究院之語言歷史研究所，業已籌備，決非先生戲謂狡兔二

---

①編按：衍一"于"字。
②行首自註："一笑，弗謂我戲也。"
③行首自註："此真俗典雅用矣，一笑。"

窟，實^{斯年}等實現理想之奮鬥，為中國而豪外國，必黽勉匍匐以赴之。現在不吹，我等自信兩年之後，必有可觀。然若干事件非　先生不能舉，導領工作非　先生不能為，必有以來以成此事！①

九、還有一件與先生不無小便者，即廣州、香港、澳門等處，甚至如交通較不便之梧州、韶關，均有一看之價值，先生不于此日朋友最多時來，更于何日來乎？

有這九條，（皆非故意張大之詞）　先生是不能不來的了！還有一小事，可以提者，即我去年走後，已辭房，前月返來，不及賃，近甫賃成，捨與金甫、緝齊等六人同居之樓，便於日相過往者，而就此百子路之寓，皆因此寓房間稍多，便先生之來。若論我方便，則此地不如朋友共居之春園甚遠。此意似亦不可置之也。有上十成，非來不可矣。

至於待遇問題，擬送來往川資大洋四百元外，每月照此間教員最高薪數大洋四百元。（或毫洋五百）少固無以便先生之行裝，非我等之所安，多則此日中大，容非先生之樂受，故姑如此，未審何如？（此數但就中大言。）

總之，先生來此，必有一陣大樂，千萬勿使我等傷心！② 望收到此信時，即日由大北或大東來一電，不特云來，並告行期，以便我踐四月十日前之言。我除非萬不得已，必至香港相迎，乞電船名（如小公司，並公司名），至盼至盼。《全唐文》去年裝好，早當奉寄，然相見不遠，即以為質，如何？一笑！

廣州夏天（較長）決不熱過上海，人人如此言，^{斯年}自己經歷亦如此。春季太濕，然　先生來時，什過其八，且習于南方黃梅天氣者，當不畏之。③ 以後熱得舒服，因海洋氣候故也。來時夏衣多帶，春衣亦須備，因雖在六月，兩日雨後即覺秋涼。蚊帳如有餘者，可帶一，否則不必。前存　尊處《語言歷史學週刊》七、八期，每期想尚有七、八十冊，

---

① 編按：原文如此。
② 行首自註："我們希望　先生來此至少兩月。（然此事可以商量，我們不固執。）"
③ 行首自註："稍一大熱半日，即雨，一雨則爽。夏間無不可睡之夜。我去年至
　上海，然後感其熱不了也。"

（《民間文藝》亦然）乞為存之，便夏間在上海裝成冊。敬頌

百般的好！

夫人及闔家百般的好！①

學生斯年　四月二日

30. 傅斯年、顧頡剛、楊振聲呈大學院（稿）（1928 年 4 月 30 日）檔號：補 1-1

為呈報事，斯年、頡剛、振聲前奉　大學院聘任書，聘任斯年等為中央研究院歷史語言研究所籌備員，謹當竭盡菲材，用答　大學院建設學術之雅。因時日迫促，京粵路長，特就近託商承祚教授製籌備處章一具，以備應用。一切工作業已勉日進行，以後當按期分別呈報。所有籌備處成立一節，理合呈報。謹呈

大學院

中央研究院歷史語言研究所籌備員

傅——

顧——

楊——

中華——　十七年四月三十日

附一：中央研究院語言歷史學研究所籌備辦法

擬中央研究院語言歷史學研究所籌備辦法

本年一月中，斯年在南京時，曾上陳借用在廣州之語言歷史學研究所所已成就及將建設者，以成中央研究院之語言歷史學研究所各節，曾寫成工作綱略以見一概，並奉上《廣州語言歷史學研究所之由來及現狀附幾個提議》一說明書，具承詳覽，兼荷贊成。既由　子民先生囑照一切原定計畫如樣進行，勿以費用為慮，妨及工作；又由　杏佛先

①行首自註："如　夫人未返，幸勿待之，眾人事大。"

生詳示費用所出，及許如所擬數目月份辦理。此間同人于^{斯年}返後，聞此　德音，欣慰無量。不特不以此地生活工作之艱難有所停輟，且更為聞風向往，舉凡昔所籌策以為體大未敢開端者，亦一並作始，半年之內可期小成，一年之間基礎可立，必不負　大學院之雅意也。所有辦法，此時同人所想與當時^{斯年}所陳大同小異，茲分述如次：

（一）上次^{斯年}說明書中之辦法各節，重行鈔錄，以便此時參覽。（慮原說明書一時難尋，故重鈔其末節。）

（a）舍維持此機關不論，中央研究院固亦應設一研究語言學及歷史學之機關，按之中國情形，方之歐洲通例，固不待^{斯年}申說者也，果先生有此意，則即以此研究所為中央所設置之一小部，使其目前仍在廣州，此自是計之大者，願先生早晚有以實現之也。

（b）若中央研究院感覺到人材之難得與難致，且目前之財力有限，則暫以此廣州之建置為發軔之試驗，六月之後有可觀者，然後由中央研究院為之擴大，如此，似乎目前開始容易，步次穩當，蓋即以廣州之已有者為憑藉，不特一面維持了一個較有意義之建置，且一面比較平地建設者為方便，此意與中央研究院承認此建置名義上改屬中央並稍加資助之一種辦法亦稍有不同，謹舉所擬如下：

一、中山大學之語言歷史學研究所仍其舊，但以後漸漸使其與中大之關係為整個的，如自有一圖書收藏，自作各種調查，不分散的與學校各部生關繫等等，已出版之兩種週刊仍屬之。

二、另設之一屬于中央研究院之語言歷史學研究所，（或云籌備）就中大之研究所中擇若干人為研究員，凡在中大服務者均不支薪水，其單由此屬于中央之研究所聘請之人不任中大教務者，自然由此研究所任之。（每有此件，必先經中央研究院許可，且目前尚無此等事，日後有之，亦不過專門人類、言語學工作之幾個外國人也。）

三、屬于中央之研究所，每月提出獎勵金千餘元至二千元之

譜，（就目前論）分給在此研究所之刊物上及中大之研究所
兩種刊物上著論文者，此項獎勵金之分配，由中央研究院
定之，在屬于中央之研究所所擬兩種刊物（逐月研究報告及
叢書）未出版以前，因廣州紙幣虧折，致在中大研究所中
工作之人不能維持其生活原狀，擬提出此數之一部或全部
為臨時資助金，每人每月平均百元，給與上述在所實在工
作之十餘人，一經刊物出版，或中大教員紙幣問題解決，
此臨時方法即行停止，仍專作獎勵金。

四、屬于中央之研究所，除上述之開支外，自建設一個圖書收
藏，目前專以外國書為限，因此時中大之研究所所有之中
國書，已足目前之用，買書時先由中央研究院審定，以免
與中央圖書館及社會科學研究所有重複之弊，此外所有特
別決定去辦之集眾工作，如人類學調查、方言調查、發掘
事件等，與因此而聘之專家不為中大教授者，由屬中央之
研究院①出費，若因此集眾工作之費用，由兩個研究所分
任之，至于一切日用之費，均由屬中大之研究所任之。

五、因上列之費用，中央研究院之語言歷史學研究所暫定自一
月份起每月五千元之經費，半年之後有效可覘，再擴充為
萬元，其實目前所用必甚少，中大之困難或未若^{斯年}此時
所想之甚，且^{斯年}此意亦非使中大抒其責任，故無非把多
數的錢存起來，備後來買書及有大工作時之費用耳。②

六、中大之研究所亦由中大校長按期報告其事項于中央研究
院，以免後日辦事及支費有重複之虞。

以上之意，未識　先生以為如何。此外尚有兩事應陳者：

一、如本項初級的試驗成功，希望政府能給與此研究所以材料上
之便利，收復北京之後，古物及史料應供給研究，關于中部

---

①編按：“研究院”當作“研究所”。
②行首自註：“回廣州一看，此時中大困難遠過于當時所能想，一次損失四十萬，
一切無能為矣。斯年附注。”

及西北亦然。

二、如可設此研究所，似以直屬于中央研究院為宜，如屬之社會科學研究所，未必收相助之效，蓋語言學及歷史學自有其長期之歷史也。"（以上前書。）

（二）現在計畫之研究所在籌備期中之綱要與前說明書不同者：

甲、此屬于中央之語言歷史學研究所與中山大學之關係，似不必如^{斯年}前所陳者之密。蓋中國人之事件，每以人的關係為重而機關為輕，如中大有人的變動，則此中央的研究所之將來反感不便。案，此將來屬于中央之研究所所以擬與中大之研究所有若干之關係者，本因下列數種事實：

（一）借用中大之語言歷史學研究所之設備。

（二）借用中大之房舍。

（三）省去若干重複之雜費。

（四）得兩處合作之便。

目下計較，但使我等能居於此，則借用設備自無問題，至如借用房舍，在近數月中固未為不可，但將來編輯材料、徵集圖書非有一固定安置之處不可，若校中一有人的變遷，脫離反而不易，不如在外尋到一公房或賃一民舍為穩當，且雜費各項在本年上半年中斷不至超過每月二百元之數，蓋事情一經如家事辦理，則撙節之數固不勝計也。再四思維，覺得實在犯不上以每月百餘元之房屋雜費之關係，與中大結不方便之緣，且使他科同事感不快也。至于得兩個設置合作之便，此日開始固屬二而一，將來亦全存乎其人，吾等既在中山大學，則合作之便固不成問題者也。

因是，我等擬使此研究所與中大之關係恰如此時進行方便之程度為止，不必于將來或分或合上有不便之影響也。

乙、前次所云一時津貼工作者之辦法，同人不願受此以成例外，目前在此地研究所工作之同人所感生活上之痛苦，實遠過于^{斯年}在南京時所想及，蓋十二月份薪既以紙幣三四折，庫券幾成廢紙之故，至于付之流水，且每人均倒塌百餘至數百元之庫券，一月份薪至今無發期，即發亦不過五成現款而已，兼以中大薪俸一向本極低薄，故目前同人之困難不可言狀。前者^{斯年}提及最初數月對工作者每人津貼若干之法，以濟此時之厄，荷承　允許，感何可言，然同人為善答　雅意之故，決舍此法，但以工作之結果取報酬而已。茲粗擬工作酬獎辦法如下：

所有中央研究院語言歷史學研究所之出版物，屬于研究之報告，並非材料之徵集者，每文給予酬金約每千字三元之譜。（其實原不能以字數論，惟此地姑擬此可以出入之準耳。）其一字之釋文，一簡之考證，自不可以字數定也。（以上辦法與《清華》、《燕京》諸學報一例，此日中國情形如無報酬，一種學報甚難發達。）若所研究有特別功績者，格外加獎若干；其有特殊發見者，另由大學院定之。

此種獎之數目，每次由^{斯年}等擬定，送達大學院審定行之，或由大學院託一、二人行之，（如適之先生）或組織一委員會。又因中大之研究所與此中央之研究所工作上既不可分，則此獎金之法或宜兼及中大之研究所週刊等中，但酬金可不及耳。至于救濟此時中大研究所中工作同事之苦，則選獎已出之週刊第一集中數文，即勉強可維持生活矣。

至于材料收集，應以費力之多寡、整理之粗細，定獎與不獎以及獎金之數目。

（三）設備之集中

無相當設備及不能陸續購置之研究所，不過是一噉飯所，故無論如何情形之中，所費之半必在購置上，然購置實在不易，為曲為偏，亦費不貲，此時姑以下列為範：

一、購目前研究急用之材料，不求備置。

二、因中大之研究所所有中國書已甚有可觀，目前儘是應用，姑不管我等何時去此，惟有在此一日且用一日，故于中國書籍除隨時必用者外，不備置也。

三、因我等建設此研究所之目的，本想開闢幾條研究的新途徑，故不能不廣備西洋研究中國學問有大貢獻之著作及報，（特別注意其方法有指示者）如此，則購備之範圍已甚廣，報之舊者搜集不易，書之缺者需價奇昂，然不如此固不能借西洋作學問之途徑，故須月月求之，期于一年之後有可用之書藏耳。

（四）工作

工作大別為個人的及集眾的兩類，嚴確以論，此種分別本難，蓋據材料為研究之工作，于材料之搜尋及參訂上，俱不能一人閉戶為之，不取于人也。然一人為搜求之業，或數人謀集合的分工，固有不同，今姑名此大別耳。個人工作，存乎其人之所好，如顧剛于古史材料及民間傳說之研究，今自當繼續，此時在中大研究所之工作者，大略為文字、方言、文籍校訂、民俗、人類學、比較藝術，諸科，今編列詳表，不日奉呈。至于合眾的工作，目下動手或將動手者，有下列數種：

甲、人類學調查　此事託史祿國率領些學生辦，已託其帶廈門的學生來，加上幾個此地者，暑假前調查廣州，暑假中或往廣西，或往海南島。（此係去年定之計畫）（史近復信附呈）此君有時刊布其不大成熟之研究，然實是一個能用些工具，努力工作之人也。

乙、沿粵漢路、沿西江古物之調查。（韶關一帶有甚多宋時佛教跡。）

丙、廣州回教及阿拉伯人遺址之調查。以上兩項本擬年假為之，經亂改後。

丁、民俗材料之徵集，此類材料隨徵集，隨整理，擇要刊布。

戊、《廣東通志》之重修，體例擬與往者完全不同，目前各府縣志徵到者已不少，體例書四星期中約可成。

己、《經籍纂詁》之擴充　此為將來編漢語文典一半之準備，編製此典目前時機尚不成熟，因一切漢語中問題固未解決，然先將《經籍纂詁》擴充之，舉凡一切唐末以前書所有之訓解，俱列入成長篇，亦後來研究者之便也。至于五代後材料，宜于方言研究中理之。

庚、方言調查　吾等已擬初步計畫，俟討論後，寄上。動手工作必俟自英自法聘二人到後，訓練出幾個能利用實驗語音學工具之人，然後動手，所有聘人一切函件續呈

又有未動手者一，——

辛、梵漢番經論校讀　（此須俟數事。）

（五）刊物

為屬于中央之語言歷史學研究所擬刊行下列數件：

（一）《中央研究院語言歷史學研究所集刊》　（目前大約每兩月一次）第一期稿二星期中可齊，先以寄呈，然後付印。目錄今附。

（二）《中央研究院語言歷史學研究所報告書》　所有合眾工作之結果，或長篇，擬多由此刊行之。目前可集者：

一、廣州回教及阿拉伯遺跡。

二、孟姜女遺事一切材料及其分析。（顧頡剛，可即付印。）

（三）史料集

（四）語言歷史學目錄學報。

（六）全部進行層次

此時所擬各端，均係初期之試驗，宜名曰籌備期，至于五月，可一校成績如何，及將來可否循此發展，如無效可覩，自是我等負其責任，如試驗未失敗，即作為籌備已完，可云成立，另由中央研究院約集國內此數學之名家（或兼及國外人）組織一委員會，增其費，以策大量之進行。如暑中可以破虜收京，此研究所似乎于下半年宜置本部于北京，廣州各地設分所，並宜向洛陽、西安、燉煌各處發展也。若中央于全國古物有通盤之計畫，亦請參照，供給此研究所工作之方便，古物保存與此研究所實不能分，分則兼傷耳。

以上諸端是否有當，敬候　裁奪。右上

子民、杏佛先生

顧頡剛、傅斯年謹擬　二月廿八日

附二：《中央研究院語言歷史學研究所集刊》第一期目錄

中央研究院語言歷史學研究所集刊

第一期　目錄

發刊詞	擬請　蔡先生撰之
語言歷史學研究所之工作（大意如上次所陳，尚待增改。）	
方言調查計畫書	
周易的起源及其流變	容肇祖
周易與甲骨卜辭之比較	余永梁
周易中的古史	顧頡剛
說文闕字玫	丁　山
楚辭中之神話在後來著作及今日南中民俗中如何流變	鍾敬文
三百年來音標運動史	羅常培
論莊子書中有慎到諸人之篇章兼有漢魏材料	傅斯年

工作開始不久，較新的設施尚未得結果，故此一期宜若不能副我等"語言歷史學研究所之工作"中所祈求，但望其陸續實現耳。

31. 傅斯年、顧頡剛、楊振聲呈大學院（稿）（1928 年 5 月 2 日）檔號：元 380-1

為呈　核事，現在^{斯年}等擬就《歷史語言研究所圖書備置大綱》六條，理合呈報，以便　核定之後按條進行。至所擬是否有當，敬乞批示。除《圖書備置大綱》另繕附呈外，謹呈

大學院

———

—————————————————— ———

———

民國十七年五月二日

附：圖書備置大綱

歷史語言研究所圖書備置大綱①

一、因南京、廣州、北京、上海均有可用之中國文籍之圖書館，故目前本研究所遷就經濟之限制，不為有規模之中國文籍購置，但備若干必備之參考書籍，並隨時供給各研究員在其工作時（與本研究所商定之工作）所必需之文書材料。

二、將來可由大學院分撥在北京之屬于公家之圖書館之一為本研究所圖書館之基礎，以便其中舊藏資此研究所為之作科學的整理及保存，此研究所資其舊藏以利研究。

三、現在先分步備置切要之外國書籍，其範圍以必須常備之參攷書及本所各組在工作作時所需為限，並備置西洋人在歷史學及語言學中之典著，以資參考而作型鑑。又須訂歷史學及語言學報百種左右，年約千五百元，以便識此各種學問歷年進步之情形。其尤要者，分期購備其以往若干年者。

四、由大學院呈請國民政府通令各省政府調取一切省通志、府廳州縣等地方志。其有官書局之省分，並調取其官書局出版物，每種一份，須備價時，即由省政府理之，作為省政府贈送中央研究院。

五、由大學院或國民政府設法向外國各學院、學會接洽，請其贈送出版物。

六、由大學院及本研究所同人設法勸私人及出版商家捐助。

十七、四、三十

————————

①頁首自註："抄入呈中。"

32. 傅斯年、顧頡剛、楊振聲致蔡元培、楊銓（抄件）（1928 年 5 月 5 日）檔號：補 1–3

子民、杏佛兩先生道席：前奉　電函，欣悉歷史語言研究所事，如請核准，又承匯來叁千元，于四月初三收到，更悉正二月份款均已撥存上海銀行。明德隆誼，感曷有極。吾等必竭力建設此研究所，成一於中國學業有裨益之機關，以答雅善，工作求其至密，用度求其至省也。自接到聘函及款，至今恰已一月，雖^{斯年}前於中大請款信中附陳一節，詳信及呈今日始發，皆因近數星期中^{斯年}在校年務①紛集，而研究所於奠基立石之時，不得不為長時之尋想，及討論，以便設基不惧，後效可期。此後當每週計功，至長兩旬中必有一報告。此時所得奉陳者，如下數事：

一、所中工作，擬委託研究員按每件工作之分量定其補助費用及因此而用之書記等，換言之，即是“包工制”，（一笑）以利工作之速進，以省事務之劇繁。

二、因此既係中央研究院之一部，自當一體收羅此兩科之學者，使國內名賢在此範圍者無有遺漏，亦無濫舉，不能以我等之接觸及情好為斷。茲擬聘研究員員②名單如下：

蔡先生（子民先生必加入以隆重此機關，並請無論如何必為此研究所之所長）。

胡適、陳垣、陳寅恪、趙元任、俞大維（大維所讀近代外交史料及太平天國之外人記載，並世無雙）、劉復、馬衡、林語堂

朱希祖、容庚、許地山、李宗侗、徐炳昶、李濟、袁復禮、羅家倫（^{斯年}甚願甚希修近代史之計畫有心成之）、馮友蘭、史祿國，共十九人。

此外，　兩先生若有欲聘者，乞示知，以便我等討論上復。以上聘函似可早發。至於中山大學同人，參與此事之籌備，及在中大之研究所有供獻者，亦當擇聘若干人為研究員。中央研究院之有歷史語言研究

---

① 編按：“年務”當作“事務”。
② 編按：衍一“員”字。

所籌備，起因在此，同人以兩先生之雅，異常高興，從事工作，似宜稍寬其格，以便利此時進行工作之速善，仍以有貢獻及後來修長貢獻可以預期者為限，不滋濫也。列單如下：

籌備員三人，均聘為研究員。

此外，何思敬（中大社會學教授代法科主任）、羅常培（中大中國聲韵學教授）、商承祚（文字學教授）、丁山（文字學教授）。

容肇祖（預科教授）
董作賓（同上）（現在家）
余永梁（同上）
黃仲琴（同上）

此四君於研究所工作獨多事務資之而舉。①

辛樹幟（植物學教授，然中國學問至博且精辯，現在廣西采取，已託其就近搜集人類學材料）。

又擬聘請單不厂、馬太玄兩先生為通信員。以上不妨緩發表，如有斟酌，可以續商。

三、此研究所本不是一個國學院之類，理宜發達我國所能歐洲人所不能者，（如文籍考訂等）以歸光榮於中央研究院，同時亦須竭力設法將歐洲人所能我國人今尚未能者而亦能之，然後國中之歷史學及語言學與時俱進，故外國人之助力斷不可少。擬聘：

伯希和　Paul Pelliot

米勒　F. W. K. Müller

珂羅倔倫　Bernard Karlgren②

三君為外國所員。此格斷不可泛，恐此三君外更少與之同等者，或者勞佛（Laufer）尚差強，宜後來詳校量以定之。至於在中國或即在研究所內工作之外國專家，但以研究員待之而已。

四、我等此日動手事件，舉目如下：

①泉州調查，另呈報。

---

①行首自註："此列中人如須開列其著作等，乞示即辦。"

②編按：高本漢（Klas Bernhard Johannes Karlgren, 1889—1978），時任瑞典哥德堡大學教授。

②已與史祿國訂妥兩廣人類學調查計劃，與中大分擔費用辦法，已口頭商定，日內呈核。

③河南北部及西部發掘前之調查計畫。已由董作賓君就近調查初步，暑假時所中同事自去一兩人。

④造象等系統的調查，已由顧剛陸續約人分地從事。計畫書另呈。

⑤廣西（廣東亦偶附在內，但以地方不靖，不易下手）之瑤苗狼獞等人調查（語言、風俗等）。此事由^{斯年}負責，先調查兩廣傳教師至今日已得之成績，以便稍有憑藉，擇適宜地方，派相當之人居留若干月。

⑥南中方言研究。（此事體大，亦至重要，去年 Daniel Jones 為介紹之英人，因中大停頓而改就。此時斯年一面函商趙元任兄，請其仍于暑假後來廣州，一面再函託伯希和及珂羅倔倫為擇一語音學專家來此，以便訓練出若干能分別方言並記錄之人，斯年於此事最熱心，深覺後來中國語學之成立賴此舉也。）

⑦梵文學。（此事不發達，一切佛故及中國中世史均無從下手，去年鋼和泰生活上無以自存於北京，寅恪寫信來問中大有辦法否？恰當中大停頓，鋼去日本矣。但居日本非其所願，已詢寅恪問其尚願在中國工作否？如不成，或可約柏林國家圖書館印度部主任 Nobel 君來。此舉耗錢較多，又須在北京，已函寅恪詳籌之。）

⑧搜集外國人對於中國近代史之一切材料。此事尚未動手，當於下週中函託大維計之。

⑨一切目錄學工作，後來敘陳。

此外個人之工作不計在內。中大研究所之工作，如廣州古物、回民等調查，韶關等地旅行，已不屬本研究所，不備述之。

大約暑假以前規模可定。若干甚重要之問題，如此研究所置于何處，等，非面陳商酌不能解決，^{斯年}七月初五以前去南京。

四、擬就《組織大綱》，另呈。其條文非抽象，皆就事實以定之，故或有滋疑處否？如大學院另有意見，或有與《中央研究院通則》不合處，乞寄回修改。所長非請　子民先生擔任，無以善其事也。

五、本想草就預算書，但此非可以憑空著想者，必須購置大略商定，工作大體酌就，然後可擬。又取"包工制"，其一切費用只好以事為單位，甚難用法定之預算表式（工作全定後自然可以），故函陳其大略如下。惟有一事今始徹悟者，即暑假後如以五千元一月以進行此研究所，事實上做不出許多事來，因此並非整理國故之機關，其耗費以"動手動腳"而滋大。以下所擬以每年十二萬元為標。

每年	元
1. 發掘費（甚嫌數少）	一四、〇〇〇
2. 調查費	一〇、〇〇〇
3. 購置費（已甚不足）	二五、〇〇〇
4. 刊物費（此種刊物必大賠錢，第一年為尤甚，此數不足。）	五、〇〇〇
5. 專任研究員薪金及其每人工作費（平均每人一切在內四百元左右，共五人。）	二四、〇〇〇
6. 外國專家薪金及其工作之費、助員之費等（大略每人一包在內月八百元，共二人。）	一九、二〇〇
7. 兼任研究員工作補助費	五、〇〇〇
8. 學侶留學費（此為發達語言、歷史學必有之費，但第一年無之，即以其數入購置費及 9 至 11 項中。）（二人，每年三千元，又旅行等費年一千元。）	八、〇〇〇
9. 研究生等褓費	一、〇〇〇
10. 獎學金此三項絕對不足，姑以 8 補。	一、六〇〇
11. 職員及雜費	七、二〇〇
共計	一二〇、〇〇〇元

假定月萬元，尚感覺此困難，則月五千元之難成事，可以想見。其故皆由發掘、調查等為普通所謂"國學院"不甚用得到者，在我等乃是切己之工作，外國專家又以此研究所如此立質之故為不可少，是皆甚耗費者。而外國文書，中國材料，一切用具之設備費，又不在外，遂致此狀。好在暑假前所用無幾，可盡為備置之用，我等必於非關研究之用費省之至極，斯年有時間可用即兼為書記。亦請兩先生於現在改如其他數個研究所一般支費（月萬元）以便立成此工作計畫之基，

好在我等每舉一事必先以呈核，後以呈報，一切備置均是中央研究院
物，無浪費之可虞也。一切續白，敬頌

道安，不備！

傅斯年、顧頡剛、楊振聲敬上　十七年五月五日

33. 傅斯年、顧頡剛、楊振聲呈大學院 (稿)　（1928 年 5 月 5 日）檔號：補 1-2

為呈請　察核事。茲斯年等擬就歷史語言研究所組織大綱二十四條，
理合呈請　鑒定　批示。除組織大綱另繕附呈外，謹呈
大學院

───────
────────────────　───
───────

民國十七年五月五日

附一：組織大綱

中央研究院歷史語言研究所組織大綱

一、中央研究院歷史語言研究所設置之目的如下：

(1) 系統的並以科學的方法取得一切歷史學及語言學範圍內之材
料，以免自然之損失及因鹵莽的搜集或發掘而生之損失。

(2) 研究一切新得及舊有材料，以增加歷史學及語言學中各科目
之科學的智識。

二、本研究所，由大學院院長聘任下列人員組織之

所長，

所員，

研究員，

常任祕書。

三、所長須負國內外歷史學或語言學倫輩中重大物望並能領袖表率此
數種學科之進行者；在必要時，得由中央研究院院長兼任之。

四、研究員須於歷史學或語言學範圍內各科之一有超異之貢獻，為同科學者所承認，並現在仍以繼續作該科之研究為業者。

五、研究員無定額，在創置時大學院院長就國內學者中之合於上項資格者聘任之，並聘任中山大學教員中參與本所籌備工作並在本所正式成立前以研究論文或報告刊於本所出版物，其將來之繼續貢獻可就此識得者。

六、研究員不支薪俸及津貼；但專任本所之研究及事務者得由中央研究院院長依大學院及中央研究院關于此類事之通則規定其薪俸或津貼。其非在本所專任研究及事務而為謀其工作之方便及有效，有酌給津貼之必要者，亦得由中央研究院院長依大學院及中央研究院關于此類事之通則行之。

七、研究員無任期；但一年以上未與本所為學術之通信及未報告其研究工作時，即自動的失其研究員之資格。如須回復其資格時，應經所務會議審查通過。

八、大學院院長就研究員中聘任五人至九人組織所務會議，此項所務會議決定下列事項：
（1）下年工作計劃書之編製，
（2）下年豫算之編製，
（3）研究員或所外學者提議舉行某種工作時決定其可行與否，
（4）綜核全所人員一切研究之工作，
（5）決定其他重要之所務。

九、自所務會議成立後，研究員之聘任須首由所務會議全體通過，呈由大學院院長聘任之；其多數通過而未全體通過者，中央研究院院長保留聘任與否之決定。

十、大學院院長就所務會議之分子中聘任一人為常務祕書；常務祕書承所長之指導執行所務會議之決定案並其他一切所務。

十一、本所設事務部，由常務祕書統理之，其中分文書、庶務、會計等組。

十二、所務會議決定工程、守藏、編刊三委員會之組織，並為每項推定主任一人，商承所長執行事務。

十三、為取得研究之材料及圖研究之方便起見，設置通信員若干人。通信員須由所務會議過半數之決定，呈請中央研究院院長函聘之。其為本所切實工作之通信員，有補助其研究費用及生活費用之必要者，得由中央研究院院長酌定給與津貼。

十四、為取得研究之材料及圖研究之方便起見，所務會議（在所務會議未成立以前為籌備員會議）得對于國外之歷史學者或語言學者以過半數之決定，呈請中央研究院院長聘任為外國通信員。其在歷史學或語言學中，著作貢獻為世界所公認為有極大之價值者，得由所務會議（在所務會議未成立以前為籌備員會議）全體決定，呈請中央研究院院長聘任為外國所員。

十五、外國所員與將來設置之所員同等，如本所所員開會，外國所員在其地時，得為同樣之列席；但表決權之取得與否，由中央研究院院長隨時決定之。

十六、在研究所服務之非中華民國國籍人，得與中國人同樣聘為研究員。

十七、本所得設置學侶，無定額；凡于歷史學或語言學範圍內之學科已開始為研究之工作，有良好之成績，以後可因與本所之關係，得研究之方便，助成其研究之前進者，隨時由所務會議議決，經所長函任之。

十八、本所得設置研究生，無定額；以訓練成歷史學及語言學範圍內共為工作之人，而謀集眾工作之方便以成此等學科之進步；其規則另定之。

十九、為某種研究之進行需用技師或助手時，得隨時添置之；其規則另定之。

二十、所務會議成立以後，每年選舉所員一次，至多四人，無相當者缺之。所員必須于歷史學或語言學範圍以內科目中有極超越之貢獻，開闢研究之新道路，為國內外同科學者所共認者，其最多額為十五人。

二十一、所務會議成立三年以後，所員之舉出逾十人時，取消在創置時聘任之所務會議，改由所員組織所務會議，重選常任祕書。

二十二、本所以研究之結果作為下列刊物發布之：

  （1）報告書 長篇之研究報告或調查報告，每種可獨立成冊者（八開本）。

  （2）集刊 較短篇之研究報告或調查報告，每種不能獨立成冊者（十六開本）。

  （3）史料集 經過相當整理之史料（八開本）。

  （4）歷史語言目錄學報（十六開本）。

  （5）其他隨時由所務會議決定之刊物及副刊物。

二十三、本大綱如有未盡事宜，得隨時由所務會議討論改擬，呈請大學院院長核准修正之。

二十四、本大綱于大學院公布之日施行。

附二：組織關係圖

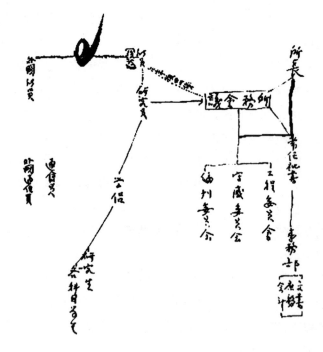

34. 傅斯年致胡適（1928 年 5 月 15 日）*

適之先生：奉　電，不勝失望之至！前季陶先生及^{斯年}長信所言，皆係實情，迄未得復，甚以為怪，後始知赴廬山，然四月十五日上海報已載　先生新聞。今奉電，更盼稍以信示其概，以便對學生宣布也。"Solemnly Promise""皇天后土，實聞此言"！一笑。惟 next year 是否指下學期？冬學期（即下學期，最好十一月初來）廣州天氣再好不過也。存商務之《番藏》，現尚在否？能買下否？乞　示！《全唐文》本周內付寄。此頌

教安！

學生^{斯年}　五月十五日

35. 傅斯年、顧頡剛、楊振聲呈中央研究院（抄件）（1928 年 6 月 6 日）檔號：元 23-41-1

為呈請事，查前中山大學預科國文教授董作賓君年少績學，天資學力俱茂，去冬以中大有參加西北考古調查團之議，即思貲董君前往，其事未成而董君以母病痺疾，還鄉奉養。^{斯年}等亦曾以就近調查各種可供研究之資料相托，董君不斷寄來，均可寶重。自中央研究院有籌備歷史語言研究所之議，^{斯年}即函托其在家擔任通信，就地尋求一切材料，寄來先後收到，頗有可觀。董君著文亦多創見，如其商正王靜安君《唐韻》之作，即可見其從學之方術。謹按河南古物至多且要，歷史語言研究所必于彼工作，以成盛事，擬請　大學院聘之為研究員，以定所業而利進行，並擬請　大學院核准每月給予津貼百元，俾抒衣食之累而專研究之功，自當由^職籌備處隨時報告成績，以符名實。再，現在擬就董君在河南之便，調查安陽、洛陽兩處，初步發掘所需

---

*原載耿雲志主編《胡適遺稿及秘藏書信》，合肥：黃山書社，1994，第 37 冊，頁 376—377。

之各事，前已擬就大綱，囑董君從事，如承　核准，當即囑董君剋日
起程。所請各節是否有當，諸乞　酌奪。謹呈
中央研究院

傅斯年

中央研究院歷史語言研究所籌備員　顧頡剛

楊振聲

附：董作賓調查辦法大綱

1. 地點　擬先向安陽調查小屯村及殷墟所在，次向洛陽城東尋求前
   歲發見三體石經之地，以便暑後作有規模之發掘。隨時參攷故
   籍，測量地形，畫成各時代圖，以便多得可供發掘之點。
2. 時間　擬自六月中旬起，至八月半止，為期兩月。約須途行半
   月，到汴住半月（工作：與省政府接洽請發護照；考究本省地志作書
   本上之調查；訪問安陽、洛陽人士，以前發見甲骨及石經情形。）安
   陽、洛陽各住半月。
3. 辦法　須大學院發給"調查河南古蹟古物委托狀"為憑。川資
   甚難預定，先支二百元匯往，後來由研究所核辦。

中華民國十七年六月六日

36. 傅斯年致袁同禮（抄件）（1928 年 7 月 15 日）檔號：元 389-1

守和學長吾兄：^{敝所}艸剏伊始，諸待進行，圖書設備尤覺缺陷，希將
　貴館藏書目錄　賜寄一部，以便設法抄錄，無任銘感。耑此，敬頌
著安

中華民國十七年七月十五日

37. 傅斯年致胡適（1928 年 8 月 13 日）*

適之先生：昨談最快！文化基金事，　先生可以寫信，斷乎不可辭，

---

*取自中研院胡適紀念館。本函另有打字件，附摘由："傅斯年先生在民國十七
年八月十三日為中華教育文化基金董事會選董事寫信給胡適先生。"

因為一辭便把此事放在一個不方便的所在，而自己的立足點，反可為極無聊的人借用的。為公為私，我都應盡此一言。總之，凡事第一宜就其大綱論去，大綱既定，大體決矣。（一）當年不舉汪①、蔡②而推顏③、顧④等，本是一件恥辱的事，孟祿、郭秉文輩之下作手段也。（二）既有顧、顏等類，則"本不置高原"，時時得而翻之。（三）如去年革命軍不打到長江，斷無舉　先生及蔡先生之事。（四）此時顏、顧諸人不辭，所謂自己不知趣，咎由自取。（五）改朝換代的時候，有些事實只可以改朝換代觀之，不然，廢約之論，亦非"君子相"也。（六）改章程事並未改許多，只改了"大總統任命"為"國民政府任命"，並改開會地為"國民政府所在"，此當是應然者。如原章無大總統任命一語，　先生自動之論，誠可說也。今之事實，實當時種之矣！

此次人選，我對之頗有不滿意處，例如施肇基之留，張伯苓之去，均不足以服人；而孫科、伍朝樞之在內，亦使人失望。但有趙⑤、翁⑥兩位讀書人，已經勝于郭、孟手中之單百倍。至于　蔡先生與　先生之在內，我輩總以為是革命軍的功績，而非郭輩之始願。杏佛不敢並孟祿輩而亦去之，此亦不滿人意者。然此事大體措施，不乏根據，人選別擇，差有理由，我等不求全責備，亦只好聽之而已。南京政府之可憤恨，人同此心。然總愈于一摘再摘之北京政府，且此時我們也不能為此政府想到一到"一般好"的 Alternative。則總宜維其大體，諒其小節。如　先生此時堅辭，未足表其真象，反為失意者助材料，亦　先生所不願出也。故如　先生更有餘論以告蔡先生，自然可以儘量發揮，我且可以代罵，惟萬不可固辭。此節

---

①編按：汪精衛（1883—1944），本名兆銘，時任國民黨中央執行委員兼宣傳部部長。

②編按：蔡元培（1868—1940），字孑民，時任北京大學校長。

③編按：顏惠慶（1877—1950），字駿人，時任國務總理。

④編按：顧維鈞（1888—1985），字少川，時任外交總長。

⑤編按：趙元任（1892—1982），字宣仲，時任清華國學研究院導師。

⑥編按：翁文灝（1889—1971），字詠霓，時任實業部地質調查所所長。

雖小，所繫者大，幸詳擇焉！專此，敬頌

一切安好！

學生斯年　八月十三日

譚女士信已發。

38. 傅斯年致胡適（1928 年 8 月 15 日）*

適之先生：兩書均收到。但元任信並未附來，他住何處乞電示，便一
訪之。我這兩天竟幾乎大病，今天好些了。前天大不得了，皆貴國
寶導其源也，一笑。文化基金委員會事，恐怕我們的見解相差太
遠，但有數點仍不得不舉明者。"當日曹錕政府所任命的名單，乃
是官僚變更的，與孟祿何涉？在當日的情形之下，汪、蔡如何能舉
出？我尚且不在內。"這就是最充分的應該改換的理由！"本不置高
原，今日復何悔。"凡是沒有放下一個好根基的事，都該改改根基，
而況改朝換代的時會！

我從未曾聽到杏佛談及孟祿一個字。先是我在歐洲時看到報上發表
的那些人，覺得好奇怪，真可恨，問起人來，人人告我是孟祿與郭
秉文合辦的，從未聽到第二種說法。故我這一說與楊杏佛一字無
干。顏惠慶曾否下討伐令，待攷，此人本是操鮮卑語、彈琵琶之
輩，不必褒貶。然其末節事曹事張，幾下子，即不下討伐令，亦應
去之矣。（自然比顧維鈞之獻婦與張學良者猶高多多，像書生也。）

先生辭此事，有一點不可不先想及者，即　先生非此次始任此事。
如係始任，如　先生做閑人之說，辭之可也。今並非始任，恰於此
時不幹，所為者何故？所爭者何人？故無意之間，已表示自己感情
之軒輊，然　先生實固非如此也。此事我所以一再言之者，一因從
公事論，此舉大體可通，小節可原。就私情論，此時有辭職之表
示，則人謂感情偏于前矣。無論如何，請長思之。最好置之不問，

---

*取自中研院胡適紀念館。

廣州歸後再說可也。

《全唐文》事，著實不妥。李君也太胡鬧了。我自己的文書包及此
件均不寄來，我之不便，百倍 先生。（其中皆發表之文件）昨已電
之矣，電費不在話下者也。專此，敬頌

早安。餘面談！

學生斯年 八月十五日

39. 傅斯年致蔡元培（1928 年 8 月 29 日）*

下列二十五人擬請 聘為中央研究院歷史語言研究所研究員

一 蔡元培先生（特約）

二 胡適先生（特約）

三 陳垣先生（特約）

四 陳寅恪先生（特約，或改為兼任）

五 趙元任先生（特約）

六 俞大維先生（未定）

七 劉復先生（特約兼任，或改為兼任）

八 林語堂先生（特約）

九 馬衡先生（特約）

十 李濟先生（特約）

十一 容庚先生（特約）

十二 朱希祖先生（特約）

十三 沈兼士先生（特約）

十四 徐炳昶先生（特約）

十五 袁復禮先生（特約）

十六 許地山先生（特約）

十七 馮友蘭先生（特約）

---

*取自南京第二歷史檔案館（檔號：393-0-0421-01-pp. 10-11）。

十八　羅家倫先生（特約）

十九　顧頡剛先生（專任，但中山大學職務未解時不支薪俸）

廿　楊振聲先生（特約）

廿一　傅斯年（專任，但中山大學職務未解時不支薪俸）

廿二　史祿國先生（兼任）

廿三　羅常培先生（特約）

廿四　丁山先生（特約）

廿五　辛樹幟先生（特約）

　　　以上專任者二人，兼任者一人，特約者二十人，未定者二人（大約係兼任）。

　　再，沈兼士先生未經前籌備員會通過，合併聲明。①

　　右上　院長

蔡先生

　　　　　　　歷史語言研究所籌備員　傅斯年　八月廿九日

杏佛先生同此。

40. 傅斯年致蔡元培（1928 年 9 月 2 日）*

孑民先生左右：

　下列五人聘之為研究員則不能，任之為助理員則不能，未知可否設一名目介於兩者之間者

廿九　董作賓　北京大學畢業，中州大學教授，中山大學預科教授，現擔任本研究所在安陽發掘事。

卅　　商承祚　中山大學教授，著作頗多，但無學校出身。

卅一　容肇祖　中山大學預科教授，現在雲南調查民俗，北大畢業。

卅二　余永梁　中山大學預科教授，箸文頗多，清華研究院畢業。

卅三　黃仲琴　中山大學預科教授，現在泉州調查，前留學日本。

---

①此處楊銓批示："照聘。銓代。"

＊取自南京第二歷史檔案館（檔號：393-0-0421-01-p. 13）。

專此，敬頌①

道安

學生斯年上　九月二日

杏佛先生同此。

41. 傅斯年致蔡元培（1928 年 9 月 4 日）*

敬啟者，^職研究所與外國學者合作之處至多，擬請　院長聘下列三君
為外國通信員

　　廿六　米勒　F. W. K. Mueller

　　廿七　伯希和　Paul Pelliot

　　廿八　珂羅倔倫　Bernard Karlgren

　　即希　裁奪至荷。此上②

院長鈞鑒

歷史語言研究所籌備員　傅斯年敬上　九月四日

42. 傅斯年致蔡元培（1928 年 9 月 11 日）檔號：元 308-4

子民先生左右：

　適之先生電云，即送孟祿電，至今尚未送到，明晨往取也。

　午間與　適之先生及陳寅恪兄餐，談及七千袋明清檔案事。此七千
麻袋檔案本是馬鄰翼時代由歷史博物館賣出，北大所得，乃一甚小
部分，其大部分即此七千袋。李盛鐸以萬八千元自羅振玉手中買
回，月出三十元租一房以儲之。其中無盡寶藏，蓋明清歷史，私家
記載，究竟見聞有限，官書則歷朝改換，全靠不住，政治實情，全
在此檔案中也。且明末清初，言多忌諱，官書不信，私人揣測失

---

①此處楊銓批示：“聘為編輯員。銓。”

*取自南京第二歷史檔案館（檔號：393-0-0421-01-p. 12）。

②此處楊銓批示：“照聘。銓。”

實，而神、光諸宗時代，禦虜諸政，《明史》均闕。此後《明史》改修，《清史》編纂，此為第一種有價值之材料。羅振玉稍整理了兩冊，刊於東方學會，即為日本、法國學者所深羨，其價值重大可想也。去年冬，滿鐵公司將此件訂好買約，以馬叔平諸先生之大鬧，而未出境。現仍在京。李盛鐸切欲即賣，且租房漏雨，麻袋受影響，如不再買來保存，恐歸損失。今春叔平先生函^{斯年}設法，斯年遂與季、騮兩公商之，云買，而付不出款，遂又有燕京買去之議。昨日　適之、寅恪兩先生談，堅謂此事如任其失落，實文化學術上之大損失，《明史》《清史》，恐因而擱筆。且亦國家甚不榮譽之事也。擬請　先生設法，以大學院名義買下，送贈中央研究院，為一種之Donation，然後由中央研究院責成歷史語言研究所整理之。如此則（一）此一段文物，不至失散，于國有榮。（二）明清歷史得而整理。（三）歷史語言研究所有此一得，聲光頓起，必可吸引學者來合作，及增加社會上（外國亦然）對之之觀念。此實非一浪費不急之事也。　先生雖辭去大學院，然大學院結束事務，尚由　杏佛先生負責，容可布置出此款項，以成此大善事，望先生與　杏佛先生切實商之。此舉關係至深且鉅也。至費用因李盛鐸索原價一萬八千元，加以房租，共在二萬以內，至多如此。叔平先生前云可減，容可辦到耳。專此，敬頌

道安！

學生斯年謹呈　九月十一日

杏佛先生同此。

43. 傅斯年致陳寅恪 （打字件）（1928年9月20日）*

寅恪先生惠鑒：① 本院院長蔡先生聘　先生為本研究所研究員，業蒙

---

* 取自南京第二歷史檔案館（檔號：393-0-0421-01-pp. 52-53）。
① 頁首自註："照此函意致公函清華大學羅校長。"

許諾，感荷無量。查歷史的、語言的材料聚集北平者至多，整理發明端賴博學如　先生者。不揣冒昧，敬煩　先生常川住在北平，以便從事整理。聞　先生于內閣大庫中頗得重要史料，有意編輯，又得數種文書之蒙古史，思考校之，無任欣佩，頗思早觀厥成，以樹研究史學之表儀。至於為此項及其他　先生在北平工作之用費，如抄寫之費及助員之費等，自當由本所擔任，因出版由本所任之也。又本研究所之研究生須分附研究員名下，以便指導其工作，或須請　先生擔任此項研究生一人或三人，至感高誼。　先生本是清華學校研究院教授，有常川住校之約，當由本院長函致清華學校校長，請其許可。　先生改住北平至少可以在北平住每週數日，以便從事上列工作。至於因此而　先生在清華任務減少，當由本院退還清華　先生在清華所領薪俸之一部，從　先生在北平開始工作日起算。凡此種種如荷同意，請即示復，至感至感。專此，敬頌

著安

歷史語言研究所祕書並代行所長職務　九月二十日

所內通信約字第三號

44. 傅斯年致楊銓 （1928 年 9 月）*

　請

聘　徐中舒先生為國立中央研究院歷史語言研究所編輯員，薪俸每月貳佰肆拾元，自赴北平為本院工作時起算。[1]

通信處：上海暨南大學。

45. 傅斯年致蔡元培 （1928 年 9 月） 檔號：元 31–3

子民先生賜鑒：昨聞單不菴先生不能與浙江圖書館長楊立誠兄相得，憤

---

*取自南京第二歷史檔案館（檔號：393–0–0421–01–p. 24）。

[1]此處楊銓批示："楊銓。九月卅日。"

而辭職赴蕭山原籍。楊君本非有圖書知識者，單先生不能處其下，理甚
顯也。單先生版本目錄知識，此日中國，極為難得。^{斯年}始聞此信，即
思為中山大學聘之，但中大此時兩位校長去就不定，請人去無非請人與
^{斯年}等同受罪耳。目下中央研究院買到鄧家①一批書，整理需人，此後
中央研究院之圖書館，一切整理，必需專家，如單先生者，實難求得，
未知可否 聘為中央研究院之圖書員，兼歷史語言研究所編輯員？必有
成績，以喻人也！如何，乞 先生與杏佛先生商之！專此，敬頌
道安！

^{學生}斯年謹呈

檔案事昨晤杏佛先生，他極高興，他說，此舉比鄧書重大，大學院
結束尚存數萬元，如為此用去些，非對不起夢麟先生也。乞
裁之！

46. 傅斯年致黎光明 （殘）（暫繫年於 1928 年 9 月） 檔號：元 115-2

靜修兄：奉書敬悉。前日忘記給許祕書長②寫信，茲同此信寄一信，
一切不誤矣。戴信亦于今日發，託大學院轉，未知易到否？
兌款重慶,附一信給彼處商務印書館。謂 兄有大學院證明書，故必
無誤。信中囑其查明發給。 兄但將大學院證明書囑其一看，即可
也。如全無憑照，恐彼亦不知交何人耳。

兌款成都，亦附一信。言明有證人即發。至于預支，恐說來無效。^弟
十月末再將第二次五百元兌上，即妥，必不悞也。商務印書館不至虧
折幣制，已言明"上海大洋"矣。至于第三次兌，頃楊端六先生（他
看了計畫）云，只有三百，（照前計畫）恐臨時尚須與之辯論，或請院
長補也。我這兩天大不舒服，更不如前數日，幾乎大病。

〔下缺〕

---

①編按：鄧邦述（1868—1939）群碧樓藏書。
②編按：許壽裳（1883—1948），字季茀，時任大學院秘書長。

47. 傅斯年致馮友蘭、羅家倫、楊振聲（1928 年 10 月 6 日）*

芝生、志希、金甫三兄：金甫竟這樣惱了嗎？一去一字不來。如果是我罵的，不知"其詞若有憾，其實乃心喜之"也！報上看見諸兄弘謨，不知清華何修得此？嶺表孤臣，不盡傾慕！

我們（你們都在內）的研究所，① 以我暑假在此之拚命，經費、設備、接洽工作等，俱有成就了。北平未去，實不敢去也。怕得自己未組織好，辛辛苦苦的為人吞了也。若果人是肯工作的，不把些不相干的大大小小滿安著，奉送之不暇，何用此怕？此實為事業怕耳！幸元任、寅恪、半農，皆亟欲晤者，均于此快晤之矣！

以清華之擁貲千萬，其何以為我們的（你們的）研究所壽乎？一笑！（必有下文）

現在寅恪、元任兩兄，及李濟之，我們的研究所均不免與之發生關係。這不是我們要與清華鬥富，也不是要與清華決賽，雖不量力，亦不至此！亦不是要扯清華的台，有諸公在，義士如我，何至如此！乃是思欲狼狽為善，（狼狽分工合作本至善）各得其所！

①清華到底是個學校，此則是一純粹研究機關。

②清華到底在一處，（北平）此則無所不在。

③清華各種關係太多，此則究竟是個小小自己的園地。

所以在清華不便派人長期在外時，可由我們任之。我們有應請，而請不起，而清華也要請的人時，則由清華請之。有可合作的事時，則合辦之。諸如此類，研究的結果是公物，我們決不與任何機關爭名。故我們感覺擔負（獨力）不起者，願與諸兄商量而合辦；清華有感覺不便者，我們成之，如此而已！

目下有元任到廣州的事，此事我們急急者，其故有三：㊀廣州之良晨

---

*羅久芳女士提供，又載羅久芳、羅久蓉編校《羅家倫先生文存補遺》，台北：中研院近史所，2009，第 366—367 頁，署"民國十八年十月六日，廣州寄北平。"（編按：史語所於 1929 年 6 月移入北平所址靜心齋。）

①行首自註："北平話'喒們的' inclusive。"

美景，不知何時塌台，不可不利用此日；㊁研究所語言一組之動手，諸待元任助力；㊂我自己及羅莘田諸位要向元任學個語音學速成班。此事與清華有益，于學問有益。公事一件，務請辦就，以便元任早成行也。

寅恪事前已與志希談之，望志希開一個 Formula 來，至盼！

李仲揆盛稱李濟之，我見其駁史祿國文，實在甚好。我想，請他擔任我們研究所的考古一組主任，如他興趣在人類學，亦好。此事我們兩面如何合作，乞示知！

研究所的宗旨：㊀到處找新材料，㊁用新方法（科學付給之工具）整理材料。其事業：㊀助有志此項研究之學者，㊁繼續已動手之工作之進行，（有他處已動手，而力不足遂止者）㊂自己創始幾件合眾力方可成功的工作，㊃訓練出若干有新觀點、用新方法之少年工作者，（我們都算在老年列裏）㊄為全國同趣之人創一個刊印研究結果，並獎勵之之機關。此必我兄所贊同也。

報告書印好後，奉上！

^弟後日南行，明日或續寫一信。

^弟斯年　十月六日

48. 傅斯年致 Bernhard Karlgren （打字件）（1928 年 10 月 8 日）檔號：元 113-1

Oct. 8th, 28.

To Professor Bernard Karlgren, Gothenburg

Sir,

I have the honour to inform you that you were elected Foreign Correspondant of the Institute of History and Philology, which is a snostituent[①] part of the "National Reasearch[②] Institute of China". The letter of appointment from

---

①編按："snostituent" 當作 "constituent"。
②編按："Reasearch" 當作 "Research"。

the President of the National Research Institute was posted to you on the 20th of September.

Each foreign correspondant may receive a monthly payment of one hundred dollars national currency (= Mex. ＄) if he so chooses. I venture to send you a cheque for the Sum of ＄400.00 in its equivalent in Pound Sterling which is the payment of the months September to December inclusive, 1928, without waiting your reply.

I am,

Sir

Your Obedient Servant

Secretary of the Institute of
History and Philology

49. 傅斯年致 Paul Pelliot（打字件）（1928 年 10 月 8 日）檔號：元 114-1

Oct. 8th, 28.

To Professor Paul Pettiot[①], Paris

Sir,

I have the honour to inform you that you were elected Foreign Correspondant of the Institute of History and Philology, which is a constituent part of the "National Research Institute of China". The letter of appointment from the President of the National Research Institute was posted to you on the 20th of September.

Each foreign correspondant may receive a monthly payment of one hundred dollars national currency (= Mex. ＄) if he so chooses. I venture to send you a cheque for the Sum of ＄400.00 in its equivalent in Pound

①編按："Pettiot" 當作 "Pelliot"。

Sterling which is the payment of the months September to December inclusive, 1928, without waiting your reply.

I am,

Sir

Your Obedient Servant

Secretary of the Institute
of History and Philology

50. 傅斯年致廣州市公安局 (稿) (1928 年 10 月 26 日) 檔號: 元 519–6

敬啟者: 國立中央研究院于本年七月決議設置歷史語言研究所, 暫置廣州, 以便從事方言學、人類學各項工作。茲已租定廣州市東山恤孤院後街三十五號柏園為所址, 除由^敝院院院 (?)[1] 另行函知廣州市政府外, 相應先行通知 貴局, 即希 查照並請按照公安局保護各政府機關各項規定及習慣, 適用于^敝所, 至感公誼。此致
廣州市公安局

國————啟 十七年十月廿六日

附開^敝院及^敝所所在地及對外負責人
中央研究院院長 蔡元培

　　　　祕書長 楊 銓

　　　　總辦公處在上海亞爾培路二〇五號
歷史語言研究所所長 傅斯年

　　　　所址廣州東山恤孤院街三十五號柏園
其他七研究所不涉廣州, 不具錄。

---

①繕稿者註。(編按: "敝院院院" 當作 "敝院院長"。)

51. 傅斯年致董作賓 （抄件）（1928 年 11 月 3 日） 檔號：元 23-2

彥堂我兄:① 連接兩書一電，快愉無極。我們研究所弄到現在，只有
我　兄此一成績。雖　兄自謙太甚，且所得自不能如始願（夢想
中）之多，但即如　兄第二信所言，得一骨骼，得一骨場（?），② 此
實寶貝，若所得僅一徑尺有字大龜，乃未必是新知識也。此　兄已可
自解矣。"我等此次工作目的，求文字其次，求得地下知識其上也。
蓋文字固極可貴，然文字未必包新知識，因羅氏等所得已為不少，然
若得太乙故都之大略，合以不完之器，固是大業。即得其掩埋之一
隅，亦不為枉。既非尋物，則骨片所得幾何，次層校量而已。"弟覺
入地兩丈，是否校淺？蓋自帝乙之後，黃水淤積此地者，不知幾何次
矣。故上層雖有"死土"，也許即是沖積層，如非岩石化者，不能斷
言其下無人跡也。骨之無字者，似宜一併收之，以便檢定其究是何
骨。此不特當時文化甚有關係者也。至于"裸色土"云云，是否指人
跡所翻過者？抑係因沖刷而零亂？此或許是一可注意之點。十四坑出
石器者，其下或有淵源否？"10 坑之墓離地幾許深？如得知其地層，
（比較知之）當略可斷其年代。"4 坑之甲骨腐朽層，甚可注意，其左
右或宜再一探也。"15 坑實是一個重大發見，其左右必宜大掘之。所
出物無論如何零星，皆宜如原置之形保留，原置狀態詳紀錄之。從此
可知當年地之平線，③ 磚雖無字，至可寶矣。蓋知其實為帝乙時磚也。
至于瓦俑、車輪、馬等，真是瑰寶，其原來如何安置，四圍土質如
何，似均宜詳紀，以後遇此等獲得，或可拍其照矣。"12 坑旁之一人
骨，在中土作何形？　兄便中乞一追記之，此骨必妥收，蓋如知其為
何時者，則因緣或得重大知識也。"9 坑如廓大一下子，或更有所得
乎？以上弟就　兄十九日書，略陳管見，只是記下自己之感想，其實

---

① 頁首附註："覆董作賓書。"
② 抄者註。（編按：據董作賓第二信，指"甲骨之堆棧"，"龜版製造廠"。）
③ 原稿此處空四格。（編按：據董作賓第二信，指"13 坑磚塊甚多，皆殘破。上
　　有平行脈紋"事。）

兄之心慮十倍細密於^弟，亦均不記者也。" 兄此次實太勞苦，此舉舍 兄而外，更無勝任者，蓋 兄慮周思細，動止有條理，若努力之熱誠，及不仰（?）^① 接洽之方便，更不必說。^弟在上海，留發一信，實是"激將"之下策，此策于 兄既不需要，而用之者傷廉^② 義，勞 兄感慨，^弟感慚無地矣！是予之罪也夫！是予之罪也夫！幸諒之！即就 兄函所云，已非無得，何至如許憂慮耶？此等事成敗未能前知，且非可倉卒者， 兄甚勿勞念太過！^弟昨發一電：

"彰德高中學。董作賓兄：信到至慰，盼從容工作，地下知識，重過文字，骼器均收，函詳，年。"

想已收到矣。"電到盼早寄計畫，^弟必大動作之。如 兄聞河南地處有可下手者，亦盼即一調查。" 兄須休息，勿太勞。既已結束，盼 兄在安陽小待。^弟接 兄報告，當即電復。"李濟之先生今日過此，留住一週，即行北上。他聞 兄工作甚喜，當過安陽小留，盼與商之。他是中國此時於近代攷古學上惟一有訓練之人也。當之， 兄之勞苦，^弟感荷無極，此非速效之事，後來此處彼處一有所成，吾等心上舒服極矣！敬頌

行旅百福！

^弟斯年 十一月三日

附錄

（一）李君^③報酬似可加若干，如何？

（二）最近安陽上人發掘可得記錄否？

（三）中國大學好以文學為惟一要求，無限知識從此放棄矣，前與 F. W. K. Mueller 唏噓言之。

---

①抄者註。

②原稿此處空一格。

③編按：李春昱（1904—1988），字廣陽，北京大學地質學系畢業，時負責測繪地圖。

（四）研究所已誠立，① 　　兄薪改為弍百元事，^弟下週呈院行之。

52. 代蔡元培擬國史辦法（稿）（暫繫年於 1928 年 11 月）檔號：元 454-5

此件實是兩種不同之事，宜分別論之。

（一）設一處所，俾國民政府得隨時"宣付國史立傳"。（薛部長提案）②

按以宣付國史立傳為一種褒獎之法，未嘗無其理由。然立傳之決定，宣自政府，則此國史成于政治力之支配，不成於學者之考研，其果能為完善信史與否，不無疑問。故此種宣付之法，應否恢復，當由中央詳細討論。蓋就一面言之，表彰忠烈，政府可存此舊典；就另一面言之，後來流為形式，國史或等于官樣文章之虛設。此宜先為斟酌者也。如決定可恢復此典制，則政府雖可宣付，後來國史總應保留立傳與否之權。史官多有自由，即國史增其重量。

（二）國史編纂新的方法。（中央黨部議決案）

按自司馬氏以來之史籍，私家著作多稱良史，官府修書每號蕪穢。司馬子長之《史記》，班孟堅之《漢書》，陳壽之《三國志》，范蔚宗之《後漢書》，歐陽永叔之《唐書》，以萬季野氏之著作為稿本之《明史》，皆稱善作。紀傳如此，編年亦然，《漢紀》、《通鑑》流傳不沫。純為官書者，如《晉書》于材料之不加別擇，《隋書》于事實之不詳考核，《宋史》、《元史》之蕪穢，皆其顯例。似乎修史本是私人藏山之大業，非復政府可以召示之典憲矣。然上舉良史之材，無不曾為史官，否則亦無憑藉以成其事，可見國家必設保存史料之機關，而國史之成，未必由于守官之人。此應注意者一。

此項保存史料之機關，除自己搜集及保存史料外，並應委託中央及

---

① 編按："誠立"當作"成立"。
② 編按：薛篤弼（1890—1973），字子良，時任內政部部長，1928 年 8 月受國民政府之令"擬訂褒揚條例暨施行細則草案"。

地方一切機關，切實保存一切檔案文件，及其他一切史料。蓋負集合及保存史料之責任，非一機關所能獨當，此項材料，中央之國史機關，可以隨時參用。此其二。

中央之國史材料機關之任務，分下列三層：

一、徵集史料。（此項史料雖整理後，仍不應銷燬。）

二、整理史料，以便修史者取用之方便。（無論已整理、未整理之史料，均公開于眾。）

三、此機關自己編史，但同時供史料于眾。一切學者，均可用此機關之資。編史，其私人編史，成業甚高者，國家獎之。

此其三。

上節所述約其大義，即史料必賴國家之力，以保存、整理。著作却不能以當官為限，以求著史之權，公之眾民，庶乎良史之才不在官亦得施展。國民實錄，因人民自為而得信書。蓋史之所記，即國民生活之全體，非可記其官事即以為足者；非可以一時政治之支配，千載不變者；非當官者一面之見解，即可以為大信者；非有限數人能盡其理者。故國家不設史官則已，若設，守藏其要務，著作其餘事耳。中國古來最有勢力政治哲學之一，出于守藏之史，而著作名家，如司馬遷、班固，但為文士法焉。是知史官大用，在于典守，不在製作。孔子觀書于周室，今傳六經，皆儒家所傳，非周室之原著；而《春秋》一書，歷來相傳，以為據魯史舊文而筆削之，今所傳乃此私史，而非舊文。可見官書運命畢竟有限，六代以來之官書，其成為斷爛朝報者多矣。

國家一面不以史業自專，一面亦自修官史，則國史體裁，宜兼收中國各史體之善，並合以近代西洋史學之要求，然後為得。中國舊史體，有紀傳，有編年，有紀事本末，有通史，有典書，有雜記，有專科之記，有地方志。紀傳之體，本是司馬氏綜合戰國秦漢各史體為之，今之國史，固不能廢以人為單位之傳。而編年則既合時代之自然次叙，又可于史中為一切部分之表目，亦應以為綱。紀事本末以事為經，記載國事之大，社會之節，莫善于此。雜記每因小見大，故良史如司馬君實最廣用之。若專科之記，擴而充之，即文化史也。今懸擬一種兼收眾長之史體如下：

一、紀

　　甲、大事紀　即全書目錄。

　　乙、年紀　以年月為經，以事類為緯，（如政事、外交、學術、軍事、經濟，各目。）即編年史之細目。

　　丙、職官記　即各地職官年月表。

二、記　各種大事記，以事為題，以見其經（如初期革命運動記、辛亥革命記、袁世凱篡政記、文學革命記、……、國民革命軍北伐記，等等）。

三、傳　各人生平記，以人為題，以成其緯。

四、典　國家各種政制之時代的記載。

五、略　各種地理的記載，如地質略、氣象略、生物略、方物略、（各地有用物品之出產）等。

六、志　如國民經濟志、科學志、文學志、習俗志，等等。此即所謂文化史也。

所擬議之旨趣如此，至其具體辦法，開列如下。

　　甲、史館建置

一、目下學術人才不足，或即以內政部、教育部，將來設立之國家圖書館、中央研究院為主要之保存史料機關。

二、目下急須著手者，為中國革命之史。此項材料，現在如不徵集，後來恐歸泯滅。似可由國府組織一中華革命史委員會，先從事材料之徵集。

三、如公意覺此時可設國史之館，似宜組織一國史委員會，以在黨之關係至深者三人、學者六人組織之，內務部長、教育部長均為當然委員，以便總持各項史料之保存辦法，及試為國史之修編。

四、此國史委員會統率之國史館，須備各科專家，不得以徒然記事之文人為業。

　　乙、史書編纂

五、史體究應如何，須公開與社會上學者共討論之。

六、史以記載事之實在為宗旨，不得沿古代之筆削舊習，作俗儒之
　　大義書法。

七、編史必按題先編長篇。國史館須有一種定期刊物，將此項長篇
　　隨成隨布，附以取材之原，參考之目，供國內外學者批評。蓋
　　每一事蹟，每一記載，均須材料畢舉，本末悉張，然後為得。
　　昔之官家修史，等于節錄庫案，甚無謂也。

八、長篇商榷有定論，然後史官據以成書，同時公開一切材料于民
　　眾中學者。

九、國家須獎勵私人編史之有成績者。

十、國史須以流行之國語書之。

53. 傅斯年致楊銓 （抄件）（1928 年 11 月 7 日）檔號：元 25-2

杏佛我兄左右：① 李濟之先生過此，留此住了幾天，談得既非常暢快，
且把和我們研究所的關係及工作商量好一個公式。先是今夏^弟在上海
時與　兄及仲揆兄商研究院攷古一組之辦法及所在，仲揆兄贊成設置在
歷史語言研究所中之議，曾發一電致濟之云：　"（大致如此）Central
Research Institute offers you fellowship. Charge Archaeological department.
Salary $ 400 Mex Monthly Discuss Connection Bishop Return immediately."
此電兩拍，遂有院支費抑所支費一段笑話，此　兄記憶也。濟之現得
Bishop 年費美金萬餘元，合大洋弍萬元光景，計畫在汾河流域工作，
為此條件只需要一份美文②報報告，既不要物又無其他件，此甚值得
者，則中央研究院擔負其名義上之責任，以便等政府之工作可以目前
財力之資助成一甚大事業，自各方看去，均至妥者也。^弟與他商定具
體辦法數端：

一、他擔任中央研究院歷史語言研究所攷古組主任

---

①頁首附註："致楊杏佛書，十七年十一月七日。"
②編按："美文"當作"英文"。

二、因他得美金式千元，年薪等于四千，與我等上次所 offered 差八
　　百作為整數，每年贈津貼千元（如此則所得即中央研究院所得，
　　說來理直氣狀①矣，一笑。）

三、他汾河及他處工作均用中央研究院名義

四、他得用史語研究所助理員一人或多

五、他如需要其他助手時，史語研究所量力及需要助之

六、他負訓練史語所攷古學研究生之任

七、他目前還感不到工作費用之助，然有此需要時，史語所量力助
　　之；如忽然發見大工作之端需用多費從速發掘者，史語所
　　助之。

這樣辦下去，攷古學一組必可大發達，歸光于中央研究院也。Bishop
關係實已無條件之資助，亦佳事也。　兄當以為然，望與仲揆商後呈
子民先生奪復，至感。

54. 傅斯年致陳寅恪 (抄件)（1928 年 11 月 14 日）檔號：元 9-1

寅恪先生我兄：② 奉書敬悉，快慰無比！研究院致清華公函，已早抄
出約字三號信寄杏佛辦矣！或已得已也。都察院在戶部街，或刑部
街，其地不如北海，請　兄便中一看北海尚有地否？如無，乞一看故
北京圖書館址如何？究竟何日可以騰出？中海南海穩當否？（穩當云者
謂後來不又圈入 "宮闈" 也。）次則求景山北之大殿一帶。六部衙門大
而少用，房子數百間，恐修費鉅萬，故或不上算。然若實無地方者，
則取衙門。弟于所房子之標準懸擬如下，想　兄必以為然也。1. 地方
幽雅或有歷史陳跡, 2. 適用而不耗費, 3. 為人搶去之可能性少，然
而事實斷難如此滿意，　兄見此信，必粲然也。此事弟遠在萬里，無

---

①編按："氣狀" 當作 "氣壯"。
②頁首附註："致陳寅恪先生書，十一月十四日。"

從決定， 兄與半農、玄伯兩兄決之，^弟無不同意，感無量也。購檔按^①事，即盼 兄照 兄所擬進行，^弟鈔出 兄函寄 子公及杏佛，此事不必待他們回信，因^弟負責努力去。此研究所本是無中生有，凡辦一事，先騎上虎背，自然成功。故^弟今夏在滬辦法，先提存數千元，備一時急轉，其餘儘力花之，否則杏佛不努力催下次款。今新預算已通過，大約下月可一切就緒矣。故暑中所擬各事，放手辦去，^弟負全責。價值自然愈減愈好，否則按期無不可也。^弟致杏佛信，同此信發，致夢麐先生信，明日發出。反正^弟今冬必又一至滬寧，此日 兄一赴津接洽，^弟到寧時一切可就，不必待其先決也。此事關係史學至大，^弟全同 兄意。燉煌組事 兄接洽否？院公函未發出，皆^弟忙所惧，然此是形式， 兄其接洽一切也。此間所址初開，凡百忙死，^弟真無寸暇，然甚有趣，苦中之樂，樂不可有。將盡此一年之力，將經費、事務、設備、研究工作之頭緒弄好，明年暑假我等開一年會，暨（?）^② 所中一切同人，而行一週之樂，選舉年長學修者為所長。根基既立，不亦樂乎！夢寐係之矣。

北平各事接洽，須有總負素^③之人，而所址既有，尤須有主持者。前談辦法（數人共組）與事務進行頗有不便。^弟思之熟，此間同人亦同此意，推 兄為北平分所主任。此非可讓之事，望 兄為其艱難！明夏開年會時之大樂，即以償此日之勞也。幸同意，^弟即函子民先生發聘書也。 兄移居北平，至慰！藏山之業，從此起矣。目下為 justify 此研究所之存立，似乎不求速效之工作外（此是研究所本務），尚須發布一點較小而可以示人以成績之工作。 兄謂如何？《集刊》第一期將印就，（籌備處時所編），第二期乞 兄有所供獻（或須拉點，盼切！）以光榮此所！自第三起，實行以所務會議為編輯部之法。目下

①編按："檔按"當作"檔案"。
②抄者註。
③編按："負素"當作"負責"。

因租房初定，一切待整，所有所中通信、報告等十日後可開始，則一切入軌道矣。　兄前寄下諸目錄，均已分別函購，到後即聞。匆匆，餘三四日內奉白。敬頌

著安！

弟斯年上

55. 傅斯年致蔡元培（暫繫年於 1928 年 11 月）檔號：元 211-1-3

擬請　先生分函①

一、陳垣、劉復、陳寅恪、沈兼士、顧頡剛擔任燉煌組。

二、陳寅恪、馬衡、陳垣、朱希祖、沈兼士、顧頡剛、羅家倫擔任檔案組。

敬上

子民先生

斯年

56. 傅斯年致蔡元培（1928 年 12 月 1 日）*

呈為請任北平分所主任事。查^{職所}之暫設廣州，實因遷就方言及人類民俗學兩項材料之方便，在粵動手，易立基礎，一年二年之後，^{職所}與本院各所偕同移入南京時，可留此地為工作站。惟史料及其他各種歷史的及語言的科學之材料在北平者最多，^{職所}各組亦多設北平者。^{職所}行政方面在粵而若干工作在平，如不於彼設立分所，輕感渙散，重妨工作，且目下北平各組將次成立，承領官廨正在進行，宜設分所以集中事務，循序責功。^{職所}兼任研究員陳寅恪教授，學業既可表率，同人又皆推重，如即聘任為北平分所主任，事業之成，必有可觀。此

① 頁首附註："聘任、報告書。"

* 取自南京第二歷史檔案館（檔號：393-0-0421-01-pp. 71-74）。

意是否有當，敬乞　裁奪。謹呈
院長蔡

　　　　　　歷史語言研究所祕書兼代行所長職務　傅斯年
　　　　　　　　　　　中華民國十七年十二月一日

57. 傅斯年致蔡元培（1928 年 12 月 1 日）*

歷史語言研究所

呈為改任史祿國教授為專任研究員事。查史祿國君係中山大學聘任之教授，中山大學與之訂合同時，亦得^{職所}籌備處之同意，薪俸及研究之供給由中大及^{職所}分擔，故為^{職所}之兼任研究員。惟此種辦法現在感覺甚多不便。蓋事事與中大商量，無專責者，輕則感覺遲緩，重則感覺糾紛，且研究成績屬之何方，恐亦不免于爭論。因是，此間同人僉擬改史君為^{職所}專任研究員，俾專責成而利進行。案中山大學之語言歷史學研究所目下僅有月千二元毫銀之經費，於人類學工作之發達未能下手，而本院歷史語言研究所暫設廣州之意義，即在努力為方言及人類民俗學之調查，一年兩年之後，基礎既定，^{職所}同院中各所俱移南京時，即留此間根據為工作站。故此次為料此時在粵尤宜加意進行，既因材料之便利，亦緣事業之急需，若改為專任研究員，俾事可速行，功可核量，宜為便利。史君不習漢語，又緣非解知學者出身，故其工作容不免受此種限制。然實地工作有廿年之經驗，有通古斯系語人類學計量數十種之刊布，且工作異常努力，當勝任也。查史君薪三百，生活費補助一百，共四百，此種工作大約月費二百元，田野工作不能預定，在與中大分擔時，各任三百光景，若歸^{職所}獨任，亦不過增加三百元之譜，目前預算確定，當無不便。此意是否可行，敬乞
　　裁奪，俾得與中大商量。謹呈

---

*取自南京第二歷史檔案館（檔號：393–0–0421–01–pp. 79–82）。

院長蔡

歷史語言研究所祕書兼代行所長職務　傅斯年
中華民國十七年十二月一日

58. 傅斯年致劉復、陳寅恪（抄件）（1928 年 12 月 14 日）檔號：元 29-7

半農、寅恪先生教席:[①] 前在上海，我們所談中央研究院歷史語言研究所請　陳援菴先生在所中組織"燉煌材料研究"一組事，未知　寅恪兄接洽如何？茲[弟]想辦法如下：

（一）援菴先生擔任此組主任，敬送津貼每月百元。

（二）援菴先生可于此組中用助理員一人，此人薪額如本所通規。（附上）

（三）抄寫費用由所擔負。

以上（二）、（三）兩項及褻費，約定月二百元以內。

（四）如照像等事，少數在上列數中支大約可與書店約，（目下各組大印刷均擬如此，在接洽中）而所中在經濟能力範圍之內，亦可隨時格外商量。

北平燉煌材料之待動手久矣，援菴先生如為我們的研究指導此事，幸何如之！此研究所之設立，　孑民先生實自動之，以[弟]任其奔走而已。故此研究所之工作，皆由　孑民先生決定，[弟]作諸先生指揮之公共書記而已。　孑民先生嘗云，將以此事函　援菴先生，但他事忙不知寫否？盼兩　兄即向援菴先生接洽，至荷！並盼早復！[弟]一、二日內再專函援菴先生也。專此，敬頌
著安

附錄：余紹孟明年六月赴巴黎，即託其在巴黎倫敦搜集燉煌材料，

---

①頁首附註："致半農、寅恪先生函　十二月十四日。"

合之北平者，此事必大發達也。

59. 傅斯年致楊銓 (電) (1928 年 12 月 17 日) *

楊杏佛兄：安陽件恐不便直許河南省圖書館，請乞向教部暫取回院
函，弟詳述。年。

60. 傅斯年致蔡元培 (1928 年 12 月 24 日) **

歷史語言研究所

為呈報存案事。案本年八月　院長聘顧頡剛先生為本所專任研究員一
節，前經口允就此任務，惟中大事務未解，故改至明年二月就此任。
現在顧先生已向中大辭職，擬就計畫書前來，業已函復。原計畫書及
復函均應送呈備案。謹呈
院長

歷史語言研究所祕書兼代行所長職務　傅斯年 (印)

中華民國十七年十二月二十四日

附一：國立中央研究院歷史語言研究所文籍考訂組工作計劃書

一、本組以考訂中國古代文籍，審定其真偽，校勘其異同，編次其目
　　錄，輯錄其佚篇，使其各得一真實之歷史地位，又聯帶搜集古人
　　之傳說，以輔助文籍之整理，並以考訂之結果刊行古籍之標準本
　　及索引、圖譜等書，以供學者之應用為宗旨。

二、本組工作項目，分為下列七類：（1）校勘古書，（2）輯錄佚書，
　　（3）編製各種索引及統計表，（4）編製各種書目，（5）編製歷
　　史地圖，（6）考訂專書或專篇，（7）分析糾纏不明之史實及

---

*取自南京第二歷史檔案館（檔號：393–0–0148–00–p. 90）。

**取自南京第二歷史檔案館（檔號：393–0–0421–01–pp. 85–100）。

傳說。

三、<u>頡剛</u>現在任職<u>中山大學</u>，課務纂繁，本組尚未能即行組織。茲定於明年春初辭職北返，專任本組工作，故本組辦公應於民國十八年二月開始。

四、協同<u>頡剛</u>工作者，為助理員一人（必要時擬增加一人），書記三人。助理員擬聘<u>中山大學中國文學系</u>四年級生<u>李晉華</u>君擔任，書記俟到<u>北平</u>後再行選雇。<u>李</u>君係明年暑假畢業，在二月至六月五個月中未能到職，屆時擬派人代理。

五、第一年度之集眾工作，擬為：（1）<u>漢</u>以前人名索引，（2）<u>漢</u>以前地名索引，（3）歷代名人生卒年表，（4）《國語》、《左傳》、《史記》記載比較，（5）<u>漢</u>以前文籍考，（6）<u>漢</u>以前年代考，（7）故事流行地域考七種。其中（1）至（3），一年內準可完工，（4）至（7）須延長至第二年。以後工作，隨年決定。

六、<u>頡剛</u>工作，除加入上列數項集眾工作外，其個人特有之工作，第一年度擬為：（1）《尚書》之校勘，（2）《堯典》、《皋陶謨》、《禹貢》著作時代之研究；第二年度擬為：（1）<u>黃帝</u>、<u>堯</u>、<u>舜</u>、<u>禹</u>、<u>湯</u>、<u>周公</u>、<u>孔子</u>、<u>老子</u>等古史人物之故事之研究；（2）<u>孟姜女</u>等民間之故事之研究；第三年度擬為：（1）《春秋》及《論語》之校勘；（2）<u>孔子</u>及<u>孔學</u>、<u>孔教</u>在歷史上之地位之研究；（3）《六經》著作問題之研究。以後工作，續行擬定。

七、本組經費，除<u>頡剛</u>薪金外，第一年度規定為每月三百元（如助理員增至二人時，應加八十元），自<u>民國</u>十八年二月起，按月由<u>上海</u>本院總事務所直滙<u>北平</u>。所有助理員薪金，書記薪金，應用書籍購置費，表格卡片刻印費，紙筆雜費等一應在內。仍每月作報告。如有餘存，得合入下月經費內開銷。如有不足，亦以下月經費填補。

八、本組開辦時，需要大批新印古籍作工作底本（例如《尚書》，校勘<u>漢</u>以前引書異文須有一底本，校勘<u>宋</u>以前石刻及寫本異文須有一底本，校勘<u>宋</u>以後刻版異文須有一底本，作人名索引須有一底本，作地名索引須有一底本，輯注《注疏》中古經說又須有一底本，其他古籍均類是，整理《史記》時需要本書尤多），故開始工作時應請發給開辦費六百元，以資購買。

九、本組工作時需要之參考書，盡量向各圖書館及私家借用。如必須購買者，在本組經常費內購買之。如遇有亟應參考之貴重書籍，非購買後不得閱覽，而本組無購買能力者，當請求本所或本院撥款購買，俟本組校對或鈔寫後送繳。

十、本組為工作之需要而旅行時，其旅行費臨時請求本所發給，由所務會議決定之。

十一、一年以後，本組如因工作之發展，需要一個討論問題及徵集材料之機關報時，得提議刊行季報一種，由所務會議決定之。

顧頡剛草擬　十七年十二月十五日

附二：復顧頡剛公函（1928 年 12 月 24 日）

國立中央研究院歷史語言研究所

　　所內通信約字五號

頡剛先生教席：本院院長　蔡先生聘　先生為本所專任研究員，前經許諾，感荷無量。又承　示下計畫各節，弟奉讀之餘，無任欽佩。先生考訂史料，整理傳說，早已成風，普喻國人，從此擔任本所文籍校訂之工作，必更有光華之貢獻，以隆吾國學術界，豈特所中同人之欣幸而已。除將計畫書抄呈　院長備案，並請發文籍校訂組主任聘書外，相應奉復，即希　查照至荷。專此，敬頌

箸安

中華民國十七年十二月二十四日

61. 傅斯年致蔡元培、楊銓 (抄件) (1929 年 1 月 6 日) 檔號：元 254-3

子民、杏佛兩先生左右：①

現在將研究所中至緊要各節奉陳，每日一書，三五日內可完。此係絕對祕密之件，抄稿一份，但為所務會議中人一看，不示他人也。

今日所寫者，為本所財政支出情形。各處之應刻意，不特此研究所之設置不易， 兩先生為此經費費力至多，且名曰研究所，而有不涉研究之浪費，亦至不像話也。茲為撙節之故，擬定下列入款分配標準，請 核定之。

入款每月萬元

出款分配：

（一）於每月款收到之時，即由會計處提出叁仟元，另存，作為購置費。此項內不得移作購置外任何事之用，但此外之款却可移作購置之用。

（二）每月零褹各費，郵電、茶水、文具、消耗品、車資、木器、及其他費用，總不得過二百元。（圖書館木器有時須除外）

（三）辦事處薪括會計、庶務、圖書員文書、書記等，不得過五百元。

（四）所長薪四百元，目下實在只有三百元，因退還中大講師薪，折月一百廿六元毫洋也。

故二、三、四諸項總不過千元，即以千元為總費之標準。待下學期^{斯年}在中大但教三四時，或令不教書時，再將^{斯年}薪減少若干，以符此額。

（五）又不屬于各組之款，尚有

甲、房租三處，毫洋二百六十四，約合大洋貳佰廿元。（與地

質、物理等所租費等也）

乙、伯希和、珂羅倔倫兩君月各百元，共二百元。伯君須支津，
係　子民先生命，此例不可不及珂君，其他米君則不支。
此節今夏與　杏佛先生商妥過。

（六）一史料學組

此組由陳寅恪先生任之。所謂檔案云云者，即是這一組中事。
目下此組中費只有寅恪薪月二百元，退清華或者寅恪為研究
及公費稍有所費，目下尚無開支報告。但檔案一經買到之後，
則此組費大增，恐非助員兩人，書記十人，工人二人，不能
使檔案一年上架。檔案不上架，則研究云云，徒是惘然，故
有急於上架之勢。此可就北大當年成例斷也。兩助員，（全
組）十書記，一工人，至少四百五十元。合以褥費百五十元，
紙、架〃為六百元。加寅恪薪為八百元。此為此組不可少之
費，自檔案交付之日起者也。斯年意以為俞大維兄之學業，
中央研究院不可不禮致之。此樣希有之天才，若交臂失之，
又孰求焉？然致之于研究院之何部分，今夏與　杏佛兄談過，
算學研究所既未設立，社會科學研究所不知需他否？若在歷
史語言研究所，則正有其相宜之工作，即專整理近代外交史
料，及外國文書中之中國史料是也。購置費中，分出一部分
為此，由大維主持之，則十年之後，當有過于莫理遜圖書館
者。① 請大維來，則專任研究員薪之外，並須有若干工作之
費，假定合為六百元，並寅恪上項，共一千四百，此為此全
組應有之預算，下年如裕加若干也。

（二）漢語組　此組費用，上個月尚等於無，（因趙元任工作各
費，夏間已一次支出矣。）自本月起則稍增，下月則又

---

①行首自註："莫理遜圖書館只以收藏富，不以分析及利用之以成研究富也。"
（編按：指莫理循（George Ernest Morrison，1862—1920）蒐藏有關近代中國與
亞洲文獻的文庫，1917年售予日本三菱合資會社社長岩崎久彌，成為東洋文庫
的基礎藏書。）

增，計此組充分時之費用如下。

一、中國專任研究員二（約五百五十元，現自下月起有羅常培先生一位，月二百四十元。）

二、外國研究員一，約四百元（大約三月份可得）

三、助理員四（現只有一人百二十元，即將另有一位，共約四百元。）

四、各種費用（書記等皆在內）五百元

總約一千八百元。

此為最大之組，因此歷史語言研究所中，歷史各組多，語言只有一組，不可不大，不能不大也。且藏語等目下如有，亦附此中，或者二千元乃是此組之最大需要量，但本年六、七月以前，實支每月九百元，絕長補短，即已對付。（外國研究員來時，川資亦在內。）蓋一研究員，三助員薪，不過六百餘元也。暑假後則須充實耳。

（三）文籍校訂組　另見顧頡剛先生計畫。連顧先生薪，暑假前月七百元也。

（四）民組①文藝組　如劉半農先生計畫。月五百元，一包在內。十月份起已實行之。

以上三、四兩項，過暑假後或須更有相當之增益。

（五）漢字　此組暑假前暫無主任研究員，亦不設主任，以求節省。現只辦經籍字典編輯事，現有助員一人，月百元。此事暑假前月費四百元以內。丁山先生主持。但暑假後必有增益，丁山先生改為專任研究員，或更有他位，恐亦須月六百耳。

（六）考古組　此組費用事，請參看李濟之先生在此時^{斯年}致杏佛先生書。②（另紙抄奉，以省檢查。）照那個算法，每

---

①編按："民組"當作"民間"。

②編按：即傅斯年致楊銓函（1928 年 11 月 7 日，檔號：元 25–2）。

月不過三百元，蓋濟之津貼年千，助理年千二百，假定有三個學生年千二百，平均每月尚不到三百元也。故將董彥堂先生薪放進去，月二百元，則仍月只五百元耳。當時濟之謂工作費用尚不需助，故未打進去，此真有些檢濟之的便宜，當時亦面向濟之說此笑話矣。前日濟之抄來致　兩先生信一封，言及月費千五百事。前以濟之不需助，於款目分配時，未入之，今既有此需要，自當助之，然只能在去年餘款下支若干，另函詳述之。

（七）人類學組　此組費用因史祿國全部由中大改來，故他每月薪津已四百元。（此事因中大有煩言，故以全改為我們為宜。）助員一人，月百，恐尚須加一人，因助員黎光明現在藏邊，如再有 Völkeramde 助員一人，恐全組須七百餘元也。

（八）燉煌材料研究組　現定每月送陳援菴先生津貼百元，徐中舒先生自二月份起歸我們，則為共三百四。余永梁月一百，共四百四。合以工作費，須六百。再為余君暑假時赴法川資之備，恐每月全組須七百耳。

圖書館雜費，須月數十元，合之下項，作為二百元。此外尚有不屬組之助理員一人，即趙邦彥君。他下月來，他辦一切造像材料事，月百廿，暫算在圖書館內。

以上各組本半年內實支表

購置費	3,000	語言組	900
總費	1,000	文籍校訂	700
房租	200	民間文藝	500
圖書館	200	漢字	350
外國通信員	200	考古組	500
史料組	800	人類學	700
		燉煌	700
			9,770

然未打在內者，（一）訂書尾數甚不少，（二）濟之益款，

（三）大維回來川資，（四）寅恪買檔案，（五）目下必要之中國書，此中有可以去年餘數補者，有不可者，另函詳。

說到這裏，　兩先生或者覺得"怎樣倒底範圍這麼大了，不是一天到晚告你節省嗎？"不錯，但範圍也並不真大，辦此研究所本來有兩條路，一、小小的，以幾個人個人為單位的；二、國立的。如照以幾個人為單位的法子去辦，雖一千元，也可以辦出些成績來，但"惟器與名不可以假人"，既號稱國立，偏又顯出一個竊名的樣子，即在外國人看了，亦不像話。況歷史語言之學與實驗科學不同，中國在國際上已有甚好之名譽，不便由^{斯年}辦得墮損也。至於因此而我大費其事，與己無利有損，須費上些自己亦應少許看重的時間，以為所中大人物奔走，則固甘心於如此也。今日結此，餘事明日續。敬頌

道安

斯年敬上　一月六日①

62. 傅斯年致蔡元培（1929 年 1 月 10 日）*

歷史語言研究所

為呈請發給各組主任聘書事。查^{職所}各組主任已經數月接洽，于上月末認定，應請　先生補發聘書，寄至職所轉發，以重手續至荷。謹呈
院長先生

計開

一、陳寅恪先生為史料學組主任

二、趙元任先生為漢語組主任

三、顧頡剛先生為文籍校訂組主任

四、劉　復先生為民間文藝組主任

---

①**此處附註**："十八年"。

*取自南京第二歷史檔案館（檔號：393-0-0421-01-pp. 109-112）。

五、李　濟先生為考古學組主任

六、陳　垣先生為燉煌材料研究組主組①

漢字、人類學兩組主任未定，合併聲明。

祕書兼代行所長職務　傅斯年

中華民國十八年壹月十日

63. 傅斯年致蔡元培 (1929 年 1 月 31 日)*

歷史語言研究所呈

為呈報研究員羅常培先生工作計畫事。現在羅先生決于下月辭去中山大學職務，改就本所專任研究員，前已與漢語組主任趙元任先生商妥一切，應合呈報，並請　決定羅先生薪數　示知，以便辦理。再，羅先生在中大係文科教授職，月薪二百八十圓毫洋，與二百四十元國幣相當，即用此數，未知如何，應請　酌奪。謹呈

院長先生

歷史語言研究所祕書兼代行所長職務　傅斯年

中華民國十八年一月卅一日

附一：羅常培復函 (1929 年 1 月 20 日)

孟真先生惠鑒：

前承見商約常培自本年二月起改任中央研究院歷史語言研究所專任研究員，從事比較漢語之研究及韵書研究組工作。常培聆悉之下，敬表同意。茲將個人研究及韵書研究組工作計畫隨函錄奉，希即轉呈　蔡院長鑒核約定，以便開始工作是荷。專此，敬頌

箸祺

羅常培謹啟　十八年一月二十日

---

①編按："主組"當作"主任"。

*取自南京第二歷史檔案館（檔號：393-0-0421-01-pp. 122-138）。

附二：羅常培個人工作計畫及韻書研究組工作計畫

個人工作計畫

（一）《廣州語研究》　西人關於廣州語之箸作，已不下數十種，而國內學者尚少專精研究。此次趙元任先生調查結果，於廣州語之橫的研究，已具規模。常培即擬應用趙先生所得之成績，更以卡片搜集材料，從事於語源、語法及其與韻書之關係等縱的研究。本年內研究題目，擬定為：（1）廣州語俗字考，（2）廣州語特殊語法研究，（3）廣州語語助詞研究，（4）廣州方音與廣韻音讀，（5）各家廣州語標音之比較研究，（6）廣州語著作目錄提要六項。至於全部語法及詞彙之完成，則或須延至第二年。以後擬續作客家語及福佬語研究，以資比較。

（二）《等韻研究》　此項工作所包含之問題，計有：（1）《通志・七音》與《韻鏡》之審音，（2）《四聲等子》與《切韻指掌圖》之審音，（3）《切韻指南》與《等韻切音指南》之審音，（4）《韻法直圖》、《韻法橫圖》與《字母切韻要法》之審音，（5）等韻釋詞，（6）門法索隱，（7）三十六字母之源流，（8）反切之源流，（9）宋元等韻說與《廣韻》讀音，（10）明清等韻說與近代語音十項。均擬於本年完成之。時間有餘，尚擬續作《五音集韻》之研究。

（三）集眾工作　第一年度除上列兩種研究外，尚擬指導助理員及研究生從事：（1）《廣韻》索隱，（2）反切彙編，（3）兩漢三國六朝詩文韻讀，（4）音韻學書目提要（或名韻學考）等項集眾工作。

韻書研究組工作計畫

一、本組以探討周、秦、漢、魏古音真象，審覈隋、唐以降韻書讀音，編次中外音韻學目錄及索引，以植漢語史研究之基礎為宗旨。

二、我國音韻學研究，本極發達，顧以考古功多，審音功淺，有待於補苴修明者尚眾。今後研究途徑，須以語音學及比較漢語學為工具，鈎稽審覈，實事求是，庶可繼往開來，於此學多所貢獻。

三、本組研究之材料，除《廣韵》、《集韵》、《五音集韵》、《中原音韵》、《洪武正韵》等成部之韵書必須董理外，凡《切韵》、《唐韵殘卷》，《聲類》、《韵集佚文》，《切韵》以前之反切，漢代經師之音讀，歷代研究聲韵之專書，清人考訂古音之成業，外國學者研治此學之新著，下至方俗審音之書，向不為人重視者，皆在搜集研討之列。

四、本組工作所包含之問題，凡有：（1）古方音研究，（2）古字母研究，（3）諧聲字與音符，（4）周秦金石文韵讀，（5）漢代方音考，（6）反切以前的標音法（直音與讀若），（7）音訓之條理，（8）兩漢三國六朝詩文韻讀，（9）《切韵》以前之反切，（10）《切韵》原本考，（11）《切韵》又音考，（12）佛典中梵文譯音與中國古音，（13）唐代韵書系統考，（14）《一切經音義》反切考，（15）《廣韵》校勘，（16）《廣韵》審音，（17）《集韵》審音，（18）《廣韵》諧聲孳乳考，（19）《等韻》研究，（20）《五音集韵》研究，（21）宋詞元曲之韵讀，（22）《中原音韵》研究，（23）耶穌會士在中國音韵學上之貢獻及其影響，（24）近五十年來西人之漢語標音著作研究，（25）近三十年來之音標簡字運動等二十五項。

五、前條所舉問題，近人研究已有相當成績者：如 B. Karlgren 之於《廣韵》審音，Staël-Holstein 之於佛典中梵文譯音與中國古音，王國維之於唐代韵書系統，吳承仕之於《切韵》以前反切，林玉堂之於兩漢方音等，均能獨闢新蹊，為斯學演進所繫。其他本所同人已從事研究，將次報告者：則有羅常培之於《等韵》研究，《切韵》又音考，耶穌會士在中國音韵學上之貢獻，及近三十年來之音標簡字運動；黃淬伯之於《一切經音義》反切考等題。已著手研究者：則有傅斯年之宋詞元曲韵讀；丁山之《切韻》原本考，諧聲字與音符；黃淬伯之《集韵》審音及羅常培之《廣韵》諧聲孳乳考等題。本年內開始之集眾工作，則有《廣韵》索引，反切彙編，兩漢三國六朝詩文韵讀，中國音韵學書目提要（或名韵學考）等項。此外國內外韵學專家，於前舉問題外，有新穎創見，足為此學之光，而不吝與本所商推者，本所同人企而望之！

附三：復羅常培公函（1929 年 1 月 22 日）

國立中央研究院歷史語言研究所

　　約字通信第六號

莘田先生教席：薄次　惠諾改任^{敝所}專任研究員事，無任感荷。又承
　示下個人工作計畫及韵書研究工作計畫兩件，奉讀之下，不勝欽
佩。已交趙元任先生閱過，一切同意。從此韵書整理、粵語研究必借
　先生以光本所也。除呈　院長備案外，相應函達，即希　查照至
荷。敬頌
箸安

　　　　　　　　　　祕書兼代行所長職務　傅斯年
　　　　　　　　　　中華民國十八年一月二十二日

64. 傅斯年致黎光明（抄件）（1929 年 2 月 16 日）檔號：元 115-20-10

一月二十一日信收到，為感。①
兄此事辦得真不妙，弄到于我辭職上增加了不少分量，為之慨然。
兄自八月去南京之後，中間只有兩信來，一在漢口，一在成都，除談
款外無一字之報告。十二月中，吾等急死，以為　兄在路上有不測，
心中日夜焦念，及接電始心安。　兄自在上海與^弟分別之後，進行報
告無一字寄來，② 上月加款、借款等電乃如雪片，^弟個人不足論，中
央研究院之設，史言所猶（?）③ 之一科，幹事長、會計主任皆上司
也，^弟且不能自由處置，況　兄如此隨便乎？有數端不得不提明者：

───────────

①頁首附註："二月十六日致黎光明函"。
②行首自註："自抵成都數月中豈無暇就近搜集些材料耶?"
③抄者註。

（一）兄之原計本非大規模,^① 乃以個人之堅苦旅行換得親切之知識也。故翻譯尚不需，惶（?）^② 論隨員？今來函並非 兄自寫，豈非書記而亦帶之乎？多費不特無濟于事且反害事也，此固^弟歷歷向 兄言而 兄亦以為然者也。

（二）應作切實的工作，應盡舍其政治的興味。

（三）凡事須量入為出，不可量出為入，原定預算千元而已，今兌往者已二千，而仍借之不已！前預算經院核准，今如此不照預算辦，院方焉得不責^弟乎？

請兄注意者數事：

（一）少用人，多自己耐苦；

（二）多買物品（文字者尤要）；

（三）少發生政治的興味；

（四）學習一種夷語，記其文法上之大略；

（五）報告須不斷；

（六）細心觀察，少群居侈談政治大事；

（七）少亂走，所得知識須系統的；

（八）多照像；

（九）千萬不要在成都一帶交際。

事情弄到現在已經甚糟，乞 兄勉為其難，以圖彌補。

有兩事奉告：

（一）院方以 兄無一字報告而加款、催款之電如雪片之來，莫明其妙，上週痛責^弟一公事，其中固不止此一端，然此亦其一事也，^弟只得辭職。次日上呈辭中央研究院歷史語言研究所代理所長，尚未批下，下文不知如何。

（二）兄前定預算千元，加五佰是院准的，又加五佰是^弟借薪，至于又借六百，^弟因須交代，無薪可借，無田宅車馬可賣，無

---

①行首自註："大規模者，所無此準備， 兄無此經驗及工具。"
②抄者註。

術奉償，方命之至為歉。

最後奉請一事，　兄自抵成都後數月之經過，乞寄一詳細報告。成都商務誤款究是如何一事，乞詳實報告（附注月日），俾院方知責任之所在而與上海總務理論（上海總館來索六百元，與院會計處吵，此^弟受申斥之由也）。

吾等相處兩年，^弟對人總竭盡自己之誠，此　兄之所知也。即如兄事，^弟因願成　兄之志，無中生有，實為造就吾　兄，非為事業，蓋　兄未預備充分，　兄之所知也。今^弟之處境鬧到如此困難田地，望　兄一為自己，二為^弟之面子（對院方），（一）努力，（二）堅實，（三）省費，以便以困難換得成績，不以亂來促^弟投河也！不勝叩頭待命之至！^弟於十月辭了中大職，專任中央研究院事。

中央研究院史語所兩月後遷京或平，與中大全無關係，住址如下來，信仍可寄此，因遷後通知郵局轉件也。專此，敬頌

日安，並候

王先生　大安

安陽發掘花去三百四十餘元，成績極佳；雲南之行，在省城者共費千餘元，得到文書多種，測量五千餘人；其往巧家境者，至今費不逾千，成績極佳，得到好些實事，尚未完　　　　　　，^①無一處如　兄之只索錢、不報告、不管預算者，特此奉聞。

65. 傅斯年致陳垣（抄件）（暫繫年於 1929 年 2 月）檔號：元 109-1

援厂先生著席：十年景仰，瞻對無由，　亮節清風，載馳遐想。久欲借寅恪先生之介紹，奉陳衷曲，既不敢於率爾，尤以瑣事紛紜，不能坐定寫一端書。今日始上此箋，深慚稽遲歉仄之至，想　先生必能鑒

_____

①原稿此處空五格。

原。^{斯年}留旅歐洲之時，覯異國之典型，慚中土之搖落，並漢地之歷史言語材料，亦為西方旅行者竊之奪之，而漢學正統有在巴黎之勢，是若可忍，孰不可忍？幸中國遺訓不絕，典型猶在，靜厂先生馳譽海東於前，　先生鷹揚河朔於後，二十年來，承先啟後，負荷世業，俾異國學者莫我敢輕，後生之世得其承受，為幸何極！去年一月，^{斯年}行旅京滬，與蔡子民先生談及國立中央研究院宜設置歷史語言研究所之意。　子民先生久有此願，樂觀其成，即託^{斯年}籌備。自慚年少，學無所底，不堪此任。然一事設置之始，事務居多，積學高賢，不願耗其精力於此。若能先效其筋力之勞，以成此設置，事務有序，學者惠來，然後舍其事務，更作學生，或亦賢者所諒，亦而無傷于　子民先生不棄之明。故冒昧不辭，勉作籌備。惟去年國家興兵，此所經費無着，夏間破虜收京之後，便思北上以謁　先生之杖履，而逡巡不果。十一月中，此所之經費始定，即託寅恪、半農兩先生轉陳衷曲，冀不暇棄。日前奉到寅恪先生轉來先生復寅恪先生函，欣知　惠諾，歡喜之情，不可言喻，　子民先生聞之，尤當感荷也。此所根基，均賴　先生與寅恪、元任、半農、濟之諸先生成之。從此前征，必能超乾嘉之盛，奪歐士之席，國家且與有榮，豈特^{斯年}等之大幸而已。^{斯年}十九日動身北上，廿二日可至上海，月底必更北行。相見不遠，一切面罄。茲先略述綱略，或亦　先生所樂聞也。

66. 傅斯年、趙元任致莊澤宣 (1929 年 2 月)*

澤宣先生：承示　李方桂先生來信，奉讀之下，知與^敝所志同願合，當極歡迎其來所工作，並盼至遲于本年暑假後到粵。茲擬定辦法，另紙開呈。專此，敬頌
箸安

弟傅斯年、趙元任上

---

*取自南京第二歷史檔案館（檔號：393-0-0421-01-pp. 162-164）。

附：聘任辦法①

1. 名稱　國立中央研究院歷史語言研究所專任研究員。

2. 月薪　貳百捌拾圓。

3. 回國川資兩個月薪。（但領川資須任職至少兩年。）

4. 得用助員一人，照所規由李先生自擇之。

5. 工作地　廣州及東南各方言區。

6. 擔任職務：

　　a. 作方言之研究。

　　b. 擔任語言組助員學生訓練之一部分事，在必要時得教一二門課，
　　　 專為所中同人用者。

7. 研究所供給其研究之方便，如書報、器具等，因調查必需之旅費
　　等，每次由所務會議議決照付。

8. 專任研究員不得【兼】其他任何職務。

　　此研究所之設置，其要求與李先生信中所述無殊，故李先生如來，
　　最為歡迎，蓋好同趣合可以預言也。

　　前件係此間議決，仍保留院長之核准與否，已呈請，到後電達李先
　　生，故該電應比此信到差不多時日也。

67. 傅斯年致蔡元培（1929 年 2 月 29 日）*

歷史語言研究所

為呈報退還^{斯年}上學期兼職薪事入款事。^{斯年}前以上學期內有在中大
未完之課須補教者，因是曾領到十月份講師薪毫洋六十四元，十一、
十二、一月份各一百二十八元，共毫洋四百四十八元，已於今日一齊
交付中央研究院歷史語言研究所會計登入入款賬中，以符前呈之意，

---

①頁首許壽裳附註："此兩件存院。"

*取自南京第二歷史檔案館（檔號：393-0-0421-01-pp. 186-188）。

相應呈報。再，自本月起，已不在中大兼任何鐘點，敬以附聞。謹呈
院長先生

歷史語言研究所祕書兼代行所長職務　傅斯年

中華民國十八年二月廿九日

68. 傅斯年致顧頡剛 （抄件）（暫繫年於 1929 年 3 月）檔號：元 107-4

頡剛兄：

頃聞我兄所談辦法又與前約斷然不同，故敢述其質實，幸諒之。

甲、歷史語言研究所不再添兼任研究員，而專任乃須真專任。

乙、兄在中大既僅請假兩個月，又仍掛主任名義，又有功課，乃
是在北平遙領兼函授，並非辭職，院聞之必來與我麻煩。

丙、暑假後又須來中大一個月，則^{弟}實無辦法報告院。

總之，兄此種辦法今日偶然聞得者，與前所約並不合，與院中近來
累次來信（（1）與中大絕對分開，（2）專任）絕不合，^{弟}將如何辦乎？
故下列兩事乞　兄惠復。

一、兄如踐前約，至遲在到了北【平】一個月內辭掉中大（一律辭
盡），有無主任准與不准，在所不計。因此，故下學期實不便
宜宣布功課。（此事如為院聞必來問）

二、如辦不到，請此時將辦法（不更改所辦法）送^{弟}呈院核辦，^{弟}不
能作主，總之　兄謂暫且騙中大出之一跑之法，^{弟}不敢與謀，
而此種遙領函授的複褓辦法，必須使院知之，以免後論。
院對于各所不是包辦了出去的，乃是一條一件，循名責實的，故實
在情形必須報院。兄之辭職或遙領，必須由子民先生及杏佛知之，
不然杏佛兄今已數來信，謂須與中大分的清，須減少兼任，不特不
加兼任而已。若又見一曲折辦法，誰尸其責乎？

請兄均實詳覆，^{弟}一二日內奉造面談。此非^{弟}好事，乃為免將來
無限麻煩，事前不得不分布清楚也。^{弟}想目下只有兩法：

1. 聲明到了北平至遲壹個月內辭了中大。（一律辭，非相對的）如不能，則

2. 由 兄將 兄意寫好，如續假、捐薪、函授功課等（此等事名上實上皆非辭職，故如此辦乃實兼任也。）^弟轉請院長核辦之。

^弟斯年

69. 傅斯年致顧頡剛 （暫繫年於 1929 年 3 月） 檔號：元 107-6

顧頡剛兄：

奉書，敬悉一切。 兄維持中山大學研究所之熱心，^弟只有佩荷。以公論則中央研究院歷史語言研究所熱誠希望同樣機關之日盛，以求可以分工而合作，俾我等共同致力之學術多得善果。以私論則中大之研究所之設置，^弟亦曾效其筋力之勞，豈有自埋自猾者，故 兄維持中大研究所之苦心，^弟只希望 兄堅忍下去，然 兄去就之際，^弟未敢與謀，但云如 兄決來中央研究院，^弟當竭力幫助一切者。^弟亦自有其困難，蓋如勸兄留中大，則^弟豈可關中央史言所之門[1]；如勸兄來中央，又未免有不顧中大之嫌，故 兄去就之際，^弟只可奉陳兩面情形。^弟所及知者，而于 兄去就之際則不敢贊一詞，但云如在中央，^弟當竭力奉贊也。^弟在中大任時，兄來辭職，云赴北平至少每學期一次，而去夏對^弟云八月必北上，後之竟留，亦 兄自定。^弟在上海，兄函云無論如何下學期決辭中大北返，故院發專任研究員聘書時，以辭中大為專任之起期。（兄與^弟同例）^弟自滬返粵， 兄始終表示辭中大，故 兄文籍校訂組計畫、辭職云云，皆 兄自擬，只更添一位助員，乃^弟所加也。去年十二月之末，驪先先生留 兄在粵，兄

---

[1]編按："則^弟豈可關中央史言所之門"原作"或有疑^弟不願兄來中央研究院之事"，後改。

云只有竊逃，不然不得脫。^弟力言不敢與此謀，且勸兄自動決定，自負責任（不必亦不可竊逃），兄云約定必無變更矣。故^弟舉此事文件一切轉呈院長。乃上月下旬之一日，忽于莊先生①處聞 兄所謂辭中大職者乃係請假兩個月，並須宣布功課，且在平代中大請教員、請主任、招學生事，並須回廣州一行，凡此種種，與 兄自寫約定斷然不同，故奉上一書，藉陳困難。承 兄復信，所謂主文者，^弟覺實非主文，蓋 兄如為中大做事，即須支中大之薪，為中央研究院做事，即須支中央研究院之薪，取之不為傷廉，辭之不為更義，且一國家一機關斷無與 兄商量任事不支薪之理，故此全不在討論之中，此事立點乃在 兄更改 兄自己擬好之計畫書第三條與否。此條云：

> 顧剛現在任職中山大學，課務蕃繁，本組尚未能即行組織。茲定于明年春辭職北返，專任本組工作，故本組辦公應于民國十八年二月開始。

而 兄今來函云："我在這半年（也許多一點）中無法與中大斷絕關繫"，願以"特約研究員的名義，管文籍校訂組"。

去夏，中央研究院只規定所長、祕書、專任研究員必辭兼職，後來院中規定組主任必須專任史言所之主任，原定者 杏佛先生歷次來信云設法改過，且囑以後不添兼任，以前定者設法改過。^弟于更改以前定者尚慮不及，如何能更添一例？^弟如不去職，即須設法減其已有之兼任，不能更為背反此要求之設置也。

總之，此事關涉兩點：

（1）兄改原約上向中大辭職為"在這半年（也許多一點）中無法與中大斷絕關係"，而仍進行文籍校訂組事，與院中最近向^弟之要求不合。

（2）文籍校訂組之原計畫中， 兄自己工作佔最重要，（其助員又本係下半年就任者）今兄須于半年、一年之內為中大請主

---

① 編按：莊澤宣（1895—1976），時任廣州中山大學教育研究所所長。

任、聘教員、招學生，負研究所之名，行函授之事，則果

如　兄所請此組之進行循名責實能有幾何意趣，^弟亦未敢

預料。

故^弟思之數日未敢決，順我　兄之意且　兄既囑^弟轉子民、杏佛兩先

生，^弟當照辦。專此，敬頌

著安

弟＿＿＿＿

70. 傅斯年致林語堂（抄件）（1929 年 4 月 2 日）檔號：元 76-1

語堂先生左右：別後未會，奉書至快。此間一切事務，忙得一佛出

世，再佛涅槃，故所中進行各事，至今不遑奉陳，至歉！去年十一月

之一個報告書，現在油印，印好後奉上，以代書寫。

令兄和清先生肯來助理　先生調查閩語，至為歡迎。所擬各種辦

法，^弟均贊同。附兩事，如下：

（一）^弟覺發音訓練，似乎可請　先生費神，留和清先生在上海多

　　　住些時，俾練習得有把握，然後所得材料，可免一大部

　　　checked 之勞。如何？

（二）薪數因目下全所助理員薪最多者百二十元，只此一人，其餘

　　　均百元以下，故只好請和清先生屈受此百二十元之薪。

　　　如何？

助理員係專任性質。先生如可布置一時間，為我們研究所作某地

（尤其是閩區）方音調查，當至感荷。其旅費等費用，先時開一預算，

由^弟呈院長核准之。（每件田間工作均如此手續，元任先生件即如此

者。）能先期兩個月示下，（三個月尤好）即可辦妥。至和清先生，似

乎住廈（？）① 為常。如因需要外出時之旅費，由　先生寄計畫下，當

————————

①抄者註。

照辦也。照章助理員所在工作，或隨研究員工作，茲呈報院長時，即宣明為　先生之助理員，即無須常川在所也。（但有週報告之限制。）日內小病，匆匆上此一書，語言組事進行，下週內詳告。再，和清先生事手續，須由　元任先生簽名，（他為^弟勉為漢語組主任）由^弟呈院長核准。現在元任未在廣州，須待其返，辦此公事，然此只手續上事耳。匆匆，敬頌

著安！

十八年四月二日

71. 傅斯年致顧頡剛（抄件）（1929 年 4 月 13 日）檔號：元 107–8

頡剛兄：書轉到，^弟思之甚久，與適之先生亦商量，他亦覺　兄以專以著作為上。是師友大家之間，均是一種主張也。前者　兄責^弟長函，　兄欲轉　子民先生而^弟照辦者，子師曾從頭細讀之，亦覺　兄不願脫離中大，自有理由，不便相強，可以特約研究員待遇，　兄有著述之後，從優報酬。今　兄來函正如此意，^弟更不必再搜枯腸，以設法矣。　兄以後著作交來，無論以津貼報酬，或獎金之名義，總使所受待遇，不比其他兼任者為薄，有時須預支若干，亦當函院照辦。　兄既有志著述，　子民先生豈有不成　兄此善志者乎？故此事可一切放心。特約聘書另發。專此，餘另白，敬頌

著安！

^弟斯年　四月十三日

72. 傅斯年致楊銓（1929 年 4 月 18 日）*

杏佛吾兄：^弟連日清理各件，便　兄一返上海，^弟即北行也。先有三

---

*取自南京第二歷史檔案館（檔號：393–0–0421–01–pp. 208–211）。

事，乞 兄在南京一辦者。

一、余君件之核復。^弟擬大意如下："所請照准，應即列入十八年度預算。余先生到巴黎後，請勿兼為其他團體機關代辦學術事件，及撰文。"復准函即寄廣州。①

二、頡剛因中大迄不能辭職，請改特約。孖師先已提議如此，似可發特約之聘書也。如何？乞酌之。他住蘇州懸橋巷顧家花園。②

三、史言所第一個好職員楊樾亭，一人辦兩人的事，而資格亦好。前^弟允其向 兄商加二十元，詳附頁。乞 酌奪！③

余君各件，院皆有其公事（前已寄院），^弟處及史言所無另份，乞

兄看後，即寄還^弟。餘面談。敬頌

箸安！

^弟斯年 四月十八日

外部公事想已發。

附：附頁

歷史語言研究所最努力之職員為楊樾亭君。此君上午八時半到，下午七時歸。中國書一萬二千冊，外國書四千冊，於四個月內編就 Accession Card Catalogue。此人質直，努力誠實，擬請加薪二十元，共一百二十元。（原嶺南大學文科學士，中大附小班主任。）如何？

此君確係全所第一好職員，辦事最有秩叙。^弟有時錯亂，頗碰他矴子也。如同意，希 函會計處。

73. 傅斯年致余永梁（抄件）（1929 年 4 月 20 日）檔號：元 56-4

紹孟先生大鑒：頃奉院函，內開："擬派編輯員余永梁赴巴黎研究彼

---

①行首楊銓批示："照復"。
②行首楊銓批示："發聘書"。
③行首楊銓批示："照加"。

處收藏燉煌事，已奉院長批示：'照辦'，應即列入十八年度預算。余
君到巴黎後，請勿兼為其他團體機關代辦學術事件，及撰文之事。等
因相應奉達。"又前上院呈，並抄一份奉上，用備參攷。專此，順頌
著安，竝希　惠復！

歷史——代理所長傅——　十八年四月廿日

74. 傅斯年致丁山 (抄件) (1929 年 4 月 24 日) 檔號：元 229-2

丁山兄：

到此尚未箋候，至歉。　兄改專任，已由　蔡先生核准，杏佛兄同
意。月薪如暑假後預算可略申，即與莘田同時增加，否則二百四
十，自七月份起，中大方面照例支七七①月份薪，故有一個月相重，
以便調劑。遷移如中大不照往例行，弟必在所中設法調劑此也。餘
不白，敬頌

著安

弟斯年　十八年四月廿四日

75. 傅斯年致許壽裳 (1929 年 4 月 26 日)*

季黻先生道席：弟來滬多日，尚未能赴京。茲准于三四日內赴京。聆
　教不遠，企予望之。茲奉上杏佛先生留下公事數件，奉上敬希由京
中一辦，留交斯年，感荷無量。一切面談。敬頌

箸安

弟傅斯年敬上　四月廿六日

---

①編按：衍一"七"字。
*取自南京第二歷史檔案館（檔號：393-0-0421-01-p. 231）。

76. 傅斯年致蔡元培 （暫繫年於 1929 年 4 月） 檔號：III：760

子民先生尊鑒：^{斯年}昨日來京，星期一北行。

前日下午聞杏佛兄云， 先生須先有表示然後中央決定對 先生態度如何云云。心中為之焦急萬分，想當晚去 先生處再冒昧一陳；但 先生前云，國府委員、監察院長必辭，研究院不先辭。但人如云既辭須一律辭云云，則一律辭，不以研究院故更動進退，故頗放心。今晨晤杏佛于京，知他來是有所接洽，心中為之不安，深悔何以不臨行時更一晤 先生也。

此時 先生進退之機，實關 先生一生大節，故如僅僅以辭掉監察院為事，則世人皆知監察院 先生並未就，而某某以行政院許于①許馮，② 以監察院移譚③等等，屢見報紙， 先生之辭，無非應有之一筆而已。此時局面約舉其略：

一、此後 先生在政府全無所謂主張，只有捧場。如願虛心以做大學士，一切舉動應聲于後，迎合于先，自然可以借以保全若干人的飯碗。若談主張，則真去題太遠，且此時如平白拖下去，以後恐怕連做籌安會的發起人也要不免的。此時尚是一個轉機，此機不轉，無家無底。

二、先生此時回京復任國府委員，前此主張既早已不行，子木君④之亡猶在，吳先生身不為政府委員，又躬住湯山，自人看起來處處皆佔得住，而 先生處處皆佔不住。此一入京，必成一個大的"動觀"sensation，無疑也。

三、自己貴之，他人不可得而賤；趙孟所貴，趙孟能賤。今若先以"自己之表示"，喚得主者之"態度"，真棄其所有以就無有者也。從

---

① 編按：于右任（1879—1964），本名伯循，時任國民政府委員、審計院院長。
② 編按：馮玉祥（1882—1947），字煥章，時任國民政府委員、行政院副院長兼軍政部部長。
③ 編按：譚延闓（1880—1930），字組安，時任國民政府委員、行政院院長。
④ 編按："子木君"當指李濟琛（1885—1959），改名濟深，字任潮。1929 年 3月，蔣介石與桂系之爭，被蔣介石以"謀反黨國"罪名扣押，後由吳敬恆陪同下移禁南京湯山。

此　先生不復是"四皓",① 是"元老",而將為戴季陶之列,前後出入有極困難者。

　　總之,此時　先生只能一退以全主張,一退以成人望,一退以保全力量,一退以全自己。監察委【員】無從辭起,國府委員及監察院必一律辭,然後可不立于政治上負責任之地,然後可暗中成全此次以主張為進退之義;然後愛我者勸,惡我者敬。②

　　平實論起,此日政治實無我等立場,而中央研究院值不得　先生為之拔一毛。何以言之?一人立生只有一義,並無二義,自變其義者不祥。　先生二十年中以智識階級之先進,領導全國之革新派。當北大風氣披靡一時之時,　先生實全國第一位革新家,故　先生之立場在改革傳統以就有道,　先生之道德的勢力在全國知識階級。今政府日趨于復古,　先生極難列位分責于其中,遑論主張一無可行乎?至于中央研究院者,如能不出代價以成全之,自是好事;如需　先生為之犧牲,則萬萬不可。蓋中央研究院之難于成功有三因,即成功,尚不可為之犧牲,而況其不成乎?

　　一、此等機關在風雨飄搖的政治中,必無倖免之理。

　　二、如此大規模之研究機關在中國,此日並無充分人力以成之,故不免流為不能充分研究之衙門。學校有教育之作用,此則並無此項作用,如二、三年後,國人責中央研究院之功,恐除二、三部分以外,實無以自解也。且目前辦到上海,多用款項,外邊人對之觀念並不好。

　　三、杏佛做事有極大的長處,有不小的短處。其長處:一、事業心極重,此世真難得。二、凡事要好。三、事務聰明。四、能耐勞苦及精神的苦痛;其短處:一、喜怒無常,有怨必報。二、每不從大體上看。三、無主義,迎勢逢權。故其結果也,中央研究院若甚熱鬧,實則真正的人才沒有幾個,而真的學者如仲揆諸位(仲揆真中國科學界中

①編按:"商山四皓",指國民政府成立之初"彷彿代表一種道德的勢力"(羅家倫語)的四位國民黨元老,包括:吳敬恆、蔡元培、李煜瀛、張靜江。
②行首自註:"其實,如此只能增加政治上之力量,不能減也。"

之希有聖哲也），未嘗不感覺此院之無意義，恐以後真學者將漸去，而科學社的"科學家"要逐漸而來，愈弄愈成衙門。理化工業甚難有動世人觀聽之發明；天文氣象報告，無非國家的一種職務（Dienst）。此由人才本少，而杏佛的辦法不能建設"研究院的心理"，如北大當年有北大之心理也。故如　先生不犧牲以全中央研究院，自當為之；如犧牲以全之，則萬萬不可。

　　斯年甚慮杏佛因維持中央研究院，而願　先生有所屈就。上星期詢之云，如"蔡先生辭職，影響到中央研究院，則如何？"他說："這當然是不能請蔡先生為中央研究院犧牲任何事的，這個時候的研究院終不免飄搖，即不如蔡先生者亦不值得犧牲。"我聞此大樂，深愧數週中之私慮，懼杏佛拖　先生入水者，實係妄疑君子，中心甚慚。大大前日杏佛晤于右任，云："蔣①的成事頗難，有名望的人都怕他"；即如于右任雖與馮不兩立，然蔣此次對馮，于也不敢入京。蓋政治弄到如此地步，人人都怕！……"蔣最善于毀人，胡、戴②皆為所毀；蓋如此以後，胡尚有何名望？吳也吃了苦。當年袁世凱亦善毀人，均善弄得人失其立足場。"③斯年遂云，希望蔡先生不至受此惡運命。大家一笑！以上兩段話，斯年皆與杏佛同意、同情。但前天，他看了宋子文態度大變，云，"老先生須先有表示，然後蔣決其態度"……"蔣對李、張已完了；對吳、蔡甚好，然須蔡先生自己表示態度呀！"……"蔡先生不能辭國府委員，一辭研究院失其喉舌機關"……"蔡先對政府辭國府委員，無異表示惡感"……"去京必須拿蔡先生一信，然後接洽有憑據"，大有　先生一辭，研究院即關門然。斯年聞之大憂，然後來其意竟不于此後更一晤　先生。今日見杏佛之來而思之，真大悔也。此情顯係宋子文示意，欲　先生再多一

────────────

①原稿將"蔣"字塗去，下同。
②編按：指胡漢民（1879—1936），字展堂，時任國民政府委員、立法院院長；　戴季陶（1891—1946），本名傳賢，時任國民政府委員、考試院院長。
③行首自註："此語恐是傳于右任的。"

個捧場，且語中必有恐嚇之意。大節立場本非宋氏所知，亦非杏佛所深計也。不知今日杏佛來接洽些甚麼？但有數事願 先生注意：

一、不拔一毛以利中央研究院，凡請 先生屈己以全院者，皆請乾綱獨斷，嚴以斥之。

二、杏佛實處處向宋子文討好，而宋則以錢為挾制，以 先生大節換得每月十足發款，俾汽車十架有可寄託，圍地以建空中樓閣有所進行，文書、庶務四百元一人的月薪能以發給，每個所長的太太有汽車去兜風……真不值得！真不值得！上次宋欲見先生， 先生不見，故三月份錢未能一下子發給，杏佛深惜之（請勿談及），故 先生于杏佛主張，應注意其宋的背景。[①]

三、先生有一生之大節，杏佛則舍研究院無路可走。杏佛雖有奇才，然決不是為公設想者，請 先生充分用其才而已，去就大節，不必與之商量（以後皆如此），蓋彼未必置自己于事外而作決定也。

故目前的事，^{斯年}以為：

（一）先生必宜將國府、監察一律辭去，不再負政府之責任。研究院不可留則不留，值不得為 先生門戶之累。

（二）先生如此次轉變後不去研究院，則請于一切“答應人”及事務上不問而大的事項，如院之一部應否在滬、各所進行責成其有計畫、辦事費之有效、院之有規則，則均請不辭謝之。如此，則 先生真正能持其大體，避去若干磨擦，而杏佛盡其所長矣。

77. 傅斯年致容庚 （暫繫年於 1929 年 5 月） 檔號：元 74-2

希白先生著席：[②] 自^{斯年}四月中至平，知 先生正擬編一金文書目，如謝啟昆《小學考》之類，並擬以此為應^敝院前聘先生為特約研究員

---

① 行首自註：“尤其是逢迎宋的背景。”
② 頁首自註：“此稿請寄還，別無稿也。”

之著作，感佩無量！特約研究員之待遇，每件著作終結之後，由所中
贈與一次之酬勞，在未成之先，可按月借支若干。　先生此項著作，
事同一律，惟　先生不願自受借費，而為此工作之搜集材料、校定抄
寫等，亦自需人助理，所談為先生每月支付助理工作費五十元，由容
媛女士領受一事，與向例並無不合。此項支出後來即加入　先生工作
酬勞中計算。至此項支費之限期，暫定六月，可以延長，並可自六月
份計算，如荷　同意，即希惠復。此金文目錄成後，^敝所實與有榮幸
之至！耑此奉達，敬請

教安

_____代理所長　傅斯年

78. 傅斯年致故宮博物院 （1929 年 7 月 25 日）*

逕啟者：頃據敝所第一組主任陳寅恪先生函開：

本所為舉行史料編輯等事，于北京各處史料應知其存儲，以備用時
前往參攷。前經本所以此事委託鄙人隨時辦理，茲于七月二十四日
下午四時，協同本所特約編輯員趙萬里先生行經景山故宮博物院分
院，見有佩故宮博物院徽章者自由出入，鄙人與趙先生本係故宮博
物院專門委員，且當時身帶徽章，思即入內，該門第二隊第十七號
守護警察大聲呵止，形色獰惡，吾等示以徽章，彼仍不許；鄙人即
詰以本院專門委員佩有本院徽章，何以不能入內？該警謂係假冒。
鄙人即示以名片及徽章號數，令其查檢是否假冒；該兵撕片不視，
勢欲打人。方爭持間，該分院門口站立之職員出而調處。鄙人即跨
進院門，該警大呼："那個委員回來！徽章給我！"鄙人即回至院門
該警站立之處，該兵用力將鄙人所佩徽章扯斷，即持扯斷之一段於
手中。鄙人詰問以何理由扯去徽章？該兵亦無理由可答。後故宮博

---

*本函有手稿本（殘，檔號：元 4-15a）及抄件（檔號：元 4-15b）兩種，據抄
件整理。

物院分院之職員向該警將徽章索回，轉交鄙人，鄙人即將扯斷之徽
章送至故宮博物院秘書長及總務長處存案備查，以為物證，趙萬里
君及同時目睹諸君為人證。此事本係意在參看景山古蹟，以應本研
究所前者所委託。今出此意外，擬請所中向故宮博物院提出一
辦法。

等因。准此，敝所前者對陳寅恪先生實有此項委託，今竟因而出此意
外，敝所對陳先生不勝抱歉之至。此事一面因陳、趙二君係　貴院委
員，應是　貴院內事，而二面陳、趙二君又係敝所所員，故亦與敝所
不無關係。據敝所同人意見以為，該警如此無理，如不飭革嚴辦，似
無以安專門學者之心。為此函達　貴院，擬請將該警斥革。若該警係
公安局管理，敝所亦深願協同　貴院一齊向公安局交涉，此固敝所對
敝所同人應負之責任也。夙仰　貴院隆重文化、厚禮學者，似此意
外，必有以直之，此必　貴院及敝所雙方同心者也。如何辦理，即希
　見復為荷。此致
故宮博物院

國＿＿＿＿＿＿所所長

79. 傅斯年致楊銓（1929 年 7 月）*

史言所①

前擬發聘書之單，現在有下列各項更正：

一、劉復先生改用特約研究員名義（薪無）。

二、陳垣先生仍用特約研究員名義。

三、陳寅恪先生仍用兼任研究員名義。

四、陳鈍、劉文錦、姚逸之、李家瑞四人用練習助理員名義。

五、發俞大維先生專任研究員聘書，月薪四百元。（此點請轉知會計處
　　須到平到職後再計。）

---

*取自南京第二歷史檔案館（檔號：393-0-0421-02-pp. 31-33）。

①頁首楊銓批示："文書處，以下史語所所提出請即辦理。銓。七月卅。"

六、所有史言所聘書任狀均交史言所代發，因其中有若干件均須先行
　　約定再發聘書者。

七、章先生①來信上黃光忠係董光忠之誤。

附：歷史語言研究所十八年度聘員及薪額表

研究員

傅斯年（專任研究員兼所長）四百元、陳寅恪（專任研究員照兼任支薪）
二百元、趙元任（專任）四百元

李濟（專任照兼任支薪）一百元、史祿國（專任）四百元、羅常培
（專任）

二百四十元、丁山（專任）二百四十元

劉復（兼任研究員）一百五十元、陳垣（兼任）一百元、胡適（特約）

朱希祖（特約）、林語堂（特約）、沈兼士（特約）、馬叔平（特約）、

顧頡剛（特約）、俞大維（特約）、

容庚（特約）五十元

徐炳昶（特約）、辛樹幟（特約）、商承祚（特約）

董作賓（二百四十元，專任編輯員）、余永梁（二百元，專任編輯員）、
徐中舒（二百四十元，專任編輯員）、容肇祖（特約編輯員）、趙萬里
（特約編輯員）

米勒（外國通信員）、珂羅倔倫（外國通信員）一百元、伯希和（外
國通信員）一百元

蕭綸徽（會計員兼出版員）一百廿元、楊樾亭（圖書員）一百廿元、
吳巍一百元（庶務員）

助理員

黎光明（助理員）八十元、董光忠（助理員）、趙邦彥（助理員）
一百廿元、楊時逢八十元

劉學濬一百廿元、王慶昌一百元、于道泉、李家瑞七十元

陳鈍（書記兼文書員）六十元、李裕玶（技術員）四十五元、
姚逸之、劉文錦（事務員）

---

①編按：章味三，時任職中研院總辦事處文書處。

80. 傅斯年致蔡元培 （1929 年 7 月 29 日）*

子民先生尊鑒： 杏佛兄到平，院事略知一二。 杏佛兄無暇，恐不
及細談，可待下次至後，舉研究所一切工作事件請其一看也。

茲有三事①奉陳：

一、兼任研究員之制，最易發生流弊，故今年在史言所中擬盡廢
之。濟之不成問題，寅恪情形須待與清華商之。無論名詞如何結
束，要以專任其實為法。最困難者，為半農先生。② 去年十月份起
之約定，月五百元，由他支配，其中有他的薪水百五十。原來口頭
約定（此節 先生知之），如他受一個大學之專任教授，即不支此薪。
本年三月，半農為中大教授，此條並未實行，而他事忙務多，研究
時間太少，因此院內院外，頗有煩言。且去年他本云薪全數不應超
過一半，而今年則該項中，薪逐月加多，而原定之一種民間文藝
集，亦未出版。半農是很負責任者，本年內為所已成文一篇，其他
正在著者一篇，其燉煌材料亦交本所。又其組中成書一本，待成者
四種。（均約下月可就）但自己究不能專，若不改過，無以對鯁生、
雪艇諸人之改特約也。但如改特約而不得罪之，並請其交出本年內
之成績，殊為費事。擬請 先生遇之于上海時，告以：——

　㈠請其改專任，月薪四百元，辭去一切兼職，如^{斯年}例。

　㈡不能時，則改為特約，本年內民間文藝事停止，仍保留此缺，
　　待他下年度有改過之機會。

　㈢院中之兼任，無在外為專任教授者，故半農先生，如仍北大及
　　其他教授、主任之類，既與院例不合，且無以對鯁生、雪艇諸
　　人也。

先生如遇之，盼以此告之，如不遇，盼寫一信，致半農，交^{斯年}轉

---

*原載林慶彰編輯，《蔡元培張元濟往來書札》（台北，中研院文哲所籌備處，
　1990）·附錄三，第 241—247 頁。
①編按：函中僅陳二事。
②此處楊銓批示："關於半農先生事，^銓完全同意，詳俟面陳。銓附啟。"

交。至感至感！

二、大維現在上海，已託寅恪力請其來，最好　先生約他到　尊寓一談。他住塘山路二十八號。餘續白，敬頌

道安！

^{學生}斯年謹上　七月廿九日

81. 傅斯年致蔡元培 （電稿）（暫繫年於 1929 年 7 月）檔號：III：743

上海。究。急轉蔡院長：北大學生盼先生長校，必於經費、人才辦法皆得解決，方孚眾望。若但掛名，由人盤踞把持，大損盛名，且事恐不可收拾。幸勿即諾。斯年。

82. 傅斯年致蔣夢麟 （電稿）（暫繫年於 1929 年 7 月）檔號：III：742

南京教育部。蔣部長：聞子師有允吳長北大意。此等掛名辦法，大損盛名，事益糾紛。幸考慮。斯年。

83. 傅斯年致蔡元培 （暫繫年於 1929 年 7 月）檔號：III：761

子民先生尊鑒：杏佛兄來，尚未談多事，惟聞　先生于吳先生計策北平學事，關涉　先生一端，頗有允意，^{斯年}不勝著急，茲略陳固陋，幸勿為過。

吳先生於三年之內反共扶蔣，皆所謂扶危定傾、扭轉乾坤者。然老先生此日知術而不知政，扶植一人便一頭撞到底，其他犧牲不計也。因其愛蔣愛李，拉　先生為上一人捧場，為下一人負鍋。二年之內，先生所犧牲不為不多矣。今吳老先生之計，仍是為高陽相國①謀出路，此不可不認識者也。

---

①編按：李煜瀛（1881—1973），字石曾，河北高陽人。

北大學生之歡迎　先生，非高陽相國部下所喜也，亦非現在北大之教職員（無論以前與　先生有無交情）所喜也。然學生之歡迎則自出于真誠，其故有三：一、北大之傳訓固與　先生不可折而為二，願　先生重來以為精神上之光寵。二、願　先生來能以寬博之態度拉回若干好的舊教員，增加若干好的新教員。三、願　先生來北大隆高其社會上之地位。然此三事，除第三稍須與名相干外，其他皆實事，非可以掛名之法滿足人意者。故若于下列各事無充分之成績，則此日北大學生熱烈歡迎　先生來校之忱為之散消。

然以環境與　先生不適之故及少人之故，　先生于政治大體上未作積極之表顯，而于進退之際，或未得盡合時際之要求，故　先生在世俗中之盛名，不復如昔。（即如去年　先生去大學院，各地教育界並無如何表示。）此固不足計校，然一人聲名得如　先生當年之地步，既非偶然且不容易，持此可以建樹事業，失之則吾等源源本本知其內外者，不能不發歷史的悲嘆。而此日北大同學熱烈歡迎　先生者，無非瞻望典型，懷念前修，若無以滿足之，則　先生在他們心中之信仰，必大為底略，如此則鄙夫易培基之黨可以振振有詞，而高陽相國日以爭經費為口說者，真成北大元勳矣。若要倒此田地，實竟不得下台，而　先生盛名最後之留餘地不復存矣。

斯年更再進一罪言。　先生十餘年來之盛名，由于北大之成風氣，在中國史開一新頁，此次半途而廢之革命，固吾等開其源也。至於北大之能成此風氣，固由于　先生寬以容眾而心中有別擇，在一視同仁之中仍寓賢賢賤不肖之意，故能人盡其長，一體向上，實至名歸，非偶然也。清黨以後，　先生頗當政權之心，此可以不必答之（蓋不能答即不必答），而不可以答之，而使之失望也。

一、經費　此時已有七萬五千，不可少，最好以　先生來能益若干。

二、人物　至少　先生須能帶來十五至二十真是人物之教員，以後仍須歷年增益。

三、舊勢力之一掃光　如馬氏兄弟皆絕無進步之可言，決不容人在其範圍中開新局面。

四、除惡習　例如教員兼職，職員眾多。所謂職員工會、學生與黨務之糾紛，學生之不上課、不交學費。

【五】、立新制　例如設講座成研究等。

凡事在人，"人存政舉，人亡政息"，如欲舉行上列之事，至少須有下列人才：

一、一個快刀斬亂麻之人，如前之仲甫先生。（仲甫先生實有披榛斬棘之功，不可以其後事忘其前功也。）

二、一個能應付各方面的人（能要錢者）。

三、一個能應付黨務等花樣之人（以上二事未必能出於一人）。

四、數個真知大學為何物者，負組織進行之責任。

五、一個循名責實，不肯虛花一文，不肯敷衍一人者，負事務上之責任。

故百年先生雖在可換可不換之間（百年先生非能為不善，然亦無促學校進步之眼光與魄力），然文、理、法之院長及祕書長皆須易人，而馬裕藻、夏元瑮等則非去之不可也。（即如上次車上所見，樊君[①]真官場中之能手，豈學界之人乎？）

先生當年至北大，彼時情景不如今日之複雜，舊教員不如今日之根深蒂固，然尚須湯爾和、沈君默為謀臣，仲甫、適之諸先生為骨幹，然後斬草除棘，開新風氣。今事繁于前，人少于舊，豈　先生掛一虛名能有實益者乎？

若有人云何必如此好大喜功，但能維持緩進，亦足以自安。殊不知　先生此時惟一應來北大之理由，為學生之誠心。而此學生之所以有此誠心，正由于不安現狀，亦頗有好大喜功之心理存焉。

84. 傅斯年致楊銓 （1929 年 8 月 18 日）[*]

杏佛吾兄：

---

① 編按：樊際昌（1898—1975），字逵羽，時任北京大學心理學教授兼註冊部主任。

* 取自南京第二歷史檔案館（檔號：393-0-0421-02-pp. 61-63）。

^弟連日大忙，忙到亂七八糟。所忙者大略可分為下列數事：

一、中央研究院歷史博物館籌備處之組織① 此事大致已就緒，下週內有一詳細之公式報告。月費五百中以一百津貼朱，因他代史言所購書及編輯檔案等也。裘子元（名善元）如其原薪（一百五十），用歷史語言研究所專任編輯員名義加入此會中，其餘二百五十，請他節至一百五十，月餘一百作添補之用。

如 兄以此辦法為然，即請發表：②

裘子元歷史語言研究所專任編輯員兼歷史博物館籌備處事務主任。

^弟已將裘君之名列入史言所職員錄中，如 兄有異議，請通知京辦事處更改。③

二、史言所全部房舍問題 此事有一極滿意之解決，可要到居仁堂全部來（一百三十間），其旁並有地數十畝，後來中央研究院如有意建築可用也。

三、半農先生事已圓滿解決。

詳細報告均詳下週中。趕郵匆匆不及多寫，敬頌

日安

務請九月初必來。

^弟斯年　八月十八

七月份報告及職員錄均已寄，遲者^弟甚抱歉，亦因助員有兩位放暑假，^弟未能代簽，故始則待之，今已寄矣。總報告因有照像文件等，請許^弟于本月末寄出，至感。

---

①行首自註："歷史博物館籌備委員會：傅斯年、陳寅恪、李濟（ex officio）、朱遏先（主任）、裘善元、董作賓、徐中舒。其中常務委員三人：朱（主任）、裘（管理）、傅（編輯）。"

②行首楊銓批示："請發表（發聘書）。"

③行首楊銓批示："（無異議）。"

85. 傅斯年致林語堂 （暫繫年於 1929 年 8 月） 檔號：元 76-7

語堂先生：六月中上一電，以此事之糟，完全在^弟，因心虛的很，時時想寫信而迄未寫。昨天見　先生給　元任先生的信，覺得或者元任被我累了，尤其不安。（這也許是心虛者神經過敏，一笑。）現在寫此一封告罪的信。

此事之糟，完全與元任無涉，完全由于我辦事之不濟。蓋一心想為這個研究所盡量請進些大人物，（杏佛所謂竭澤而漁）而缺少辦法及經濟的預算，故滿是好意，反而惹得別人不便，自己不得下台，今日之事其一也。

先是　先生提到和清先生事時，^弟正在廣州，鬧著搬家、改組等等麻煩，彼時全未慮到搬家後之自有搬家後之辦法。　先生來信，歡喜之極，馬上答應。但彼時廣州局面已是撝台，院中與^弟之意見不一致，而廣州同人鬧意見，故原來在粵一所之精神雖折作二分而不止，而原請下之人物固皆在也。到平後，不啻重組織一所，兩所共一費，焉得不生困難。費尚是其次，辦法之變更尤大。在粵時，^弟未有若何經驗，何緩何急，全無充分之認識。到平後，大家以為如此少錢，如此名義，如此時局，如不切實收縮一下，簡直不得下台，故決定：

一、全所完全集中在北平。

二、停止所外一切工作。

三、專辦幾件事，凡在至少一年之內，不可以刊布之工作，皆停止。

（其他尚有組織上之改更）

如此然後可以三年五載以後，自己站得住。若經費一時斷絕，就此壽終，亦有以自解也。

^弟個人完全承認這辦法之為是，^弟以前之辦法是無遠慮的。照道理說，一面固應從人之善，既知"昨非"，應照今是而走；一面自己原來辦的，應負其責任，則自己已覺其誤，理必辭職。無奈送給寅恪，他笑笑；送給元任，他說："那麼我還是回清華罷！"送給濟之，他用豬八

戒的話："散伙罷！"若送給頡剛呢，則必有一部分人登時散伙。故一面努力搬家時之事務，一面願與蔡先生一商之。適蔡先生在北戴河，^弟以易人為請。蔡先生謂："中央研究院對國家及社會負一種責任，如有一部分未得成就便換人，實在不妥"云云，大有令我"戴罪圖功"之意。如此局面，真正難辦。^弟雖明知前舉之決定為對，然在^弟任內更動自己以前之行事，實在太不濟了。然這個研究所是^弟自己多事鼓吹起來的，而蔡先生又一向對此研究所如此好意，如不商妥一辦法便偷走，也太不成話。在此兩難之中，故自己變動了自己的約定，而心中不寧，不必說也。唉！此事之糟，皆由^弟本應待至北平定一全盤計畫，將所組織好後，再與　先生作最後之決定。乃冒失于前，更改于後，熱心發達此所，而無前後之計畫，一至於此！

上述之決定，完全實行，來信云並未停止一切所外工作，想是傳說者誤。雖廣州分所亦取消，莘田、丁山皆北來，史祿國則所中想把他一部分改出去，故暫留他在粵，如改不出（改到中山大學一部），則請其將材料整理完結為止，否則亦即北上。此時在所址外者，只可說安陽發掘（現在暑假停止），然在田間工作之款，全由 Freer Art Gallery 出。廣州分所之取消，非特全非^弟始料所及，且把^弟近來工作計畫全翻，然亦只得取事件以合原理也。

然此項之決定，並非同人有意給^弟以難題，尤其絕不是對人，乃全是感于這個研究所辦的不得下台之苦，以為不如此則前途還是茫茫耳。

和清先生事，^弟曾與　元任兄商之，他極贊成此舉，（他並且覺得假如經費有個固定的辦法，應該歡迎　先生也來。）但後來大家商量，相約以不作一個例外為辦法，故^弟雖以心虛遷延又遷延，終不免發前一電也。

實情如此，明知弄糟，不知何以原諒否？

若和清先生因此感覺不便，幸　示及，^弟在力所能及當竭力想之。

請　給一回信，看是原諒否。十一月到上海再當面請罪。敬問
著安

^弟斯年

86. 傅斯年致黃淬伯 <small>（暫繫年於 1929 年 8 月）</small> 檔號：元 91-9

淬伯先生惠鑒：^① 兩書敬悉。青島大學一說，事誠有之，茲約略述之如左。

先生請改編輯員一事，^弟到北平後，與寅恪、元任諸先生商量，其時適研究所正應藉移至北平之便，一切計畫重新審查。待後組織大綱進行步驟均經決定，當與元任、寅恪諸公商量。^弟等若就個人之立點論，固甚願有機會奉贊一切，但為研究所計，如此改動，生莫大之不便。蓋就現在本所助員論，邦彥先生資格正與 兄同，常惠、黎光明諸君亦不在後，董光忠君在美專學博物館學，在中國亦有甚長期之考古經驗，均以助理員名義屈之。若改其一，必遭議論。此其一也。若云 先生自去年十月以來潛心研究，已成著作一種，^② 此固甚可佩者。大著^弟雖以外行之人，亦深覺是韵書史上一件不可少之貢獻。但同人及^弟之意，以為此文之價值，仍多在材料上，前者 先生由王靜厂先生指定此題，本是韵學上之扼要之關節。 先生精勤整理，條比秩如，此文重要固仍在其材料，深望 先生從此前征，多所整理，不易之結果，後來自生，此時不必先以之計校也。此其二。故改編輯員一事，未能通過。當時因 兄一再函來，故以電奉達。電文云："黃先生改任事，商決辦不到"，生改兩字誤為甯攸，而 先生來函時，本所尚未入靜心齋，故退回廣東，旋又退平。此函兩次至平，兩次在粵，故數日前始收到。茲將封面寄上一閱。

現在研究所大改組織，分第一、第二、第三三組。第一為史學之屬，寅恪先生主之；第二為語言之屬，元任先生主之；第三為考古之屬，濟之先生主之。其餘各以性質或方便分屬，不急之務一律停止，所外工作一律暫歇。循名責實，切遵預算。因此發生

---

① 頁首自註："對黃請決是否即用此，或逕自辭之亦一法也。請決之。"
② 編按：黃著《慧琳一切經音義反切聲類考》，載《中央研究院歷史語言研究所集刊》，第 1 本第 2 分，1930。

十餘件困難，而助理員之辦法其一也。（此乃對一般之困難，非但指先生）此困難大致可分為兩點。第一、中央研究院責成院中助理員章程之逐條實行，第二、同人不主張本所在粵時之散漫辦法，而主張助理員之名實相副。助理員之自作研究，本研究所之最大祈求，研究所固切望所中一切同人後此皆成專門名家。果皆如先生整理材料，自是甚幸事，然此外凡助理員均尚有其責任，即"輔助研究員工作之進行"，不過研究所總在可能範圍之內，促成其自己之工作耳。前在粵時，語言方面事未布置就緒，故　先生專任自己之研究，研究所且曾應　先生之請求撥書記以供抄寫，此^弟個人假借。到平以後，則不便盡是如此，且須指明屬于何部分，以符院章。每部分助員皆有名額限制之，元任先生之助員須整理方言者，先生則業韻書。如　先生為其助員，則元任先生此時需要之助員，為之減少一額，而元任先生之工作，當蒙若干之不便。在　元任先生固甚願有以贊兄，但恐亦減，未便將其工作之便利以遷就。此時所中韻書一部分事屬之莘田先生，故照理先生之工作應與莘田先生為一類。五月中討論助理員任務分別時，只能將　先生一部分歸入韻書一類。雖　元任先生切願有所奉贊，然就事務上論，亦只能如此也。

^弟本在粵，頗知去年所中感情作用，^弟個人認此為完全無謂，然事實如此。今既有上述之分配，而此分配之下涉及一種感情作用，故不得不慮及　先生能否與莘田先生合作。而在一研究所中同類研究之切實合作，為院方及同人之絕對要求。數思之後，以為　先生如不願分配在莘田先生一部分中，正可由所中介紹為大學之教員，其時適青島大學籌備，曾詢^弟有無可以勝任之人，^弟一時想及　先生可任音韻，故舉其名。歸來，正思以此意奉白，又因言之不詳，恐遭誤會，事多，尚未能詳函，稍遷延，遂接來書，今述其原委如此。

青島大學待遇月可百六十元，下學期或但辦高中或預科，明年則辦大學。青島、濟南皆是勝地。若不願此，中山大學方面正需教員補充，^弟可馳荐；中國公學方面或亦需人，如有意，^弟當向胡適之先生

寫信。凡此設想，皆預慮合作之困難，非有他意。元任先生粹然學者，與^弟自惹苦惱，弄此事務者不同。彼一組內，同人之不存意見，乃其工作可能之絕對條件也。若上述為^弟等過慮，自是極幸事，^弟絕對保證莘田先生對　先生決無成心，決能虛己合作。如何，乞　即示復！為盼！專此，敬頌

著安！

傅斯年白

邦彥先生事係聽者誤會。又白。

87. 傅斯年致蔡元培（1929 年 8 月 24 日）*

子民先生尊鑒：北大請　先生做校長事，三日內吵的更盛。此事就^{斯年}分析大略如次：

一、北大學生之力請　先生，其心理大略有三：1. 虛榮心，2. 歷史上的觀念，3. 願先生能為北大聘得好教員。1. 可不論，2. 則不由人不動感情。（^{斯年}等在感情上固亦極願　先生重光北大，然就事論事須有辦法也。）三則　先生必能為之找到十個以上的好教員來，方可濟事，不然，失望於後，必有反響也。①

二、北大教員之迎先生，全無誠心，大多數但是固位而已，間有例外，▢▢▢▢數。國文系對　先生不無批評，而攻擊夢麟先生為尤甚。現在他們有不得不迎　先生之勢，故亦迎之。

三、高陽相國之部下，現對北大已完全死心，他們當不搗亂。但如看見所謂吉祥系者來，未必不與國文系聯。

四、此時北大全無精神之可言，學生不忘往事，自負得很。此意可

---

*原載林慶彰編輯，《蔡元培張元濟往來書札》（台北，中研院文哲所籌備處，1990）·附錄三，第 248—253 頁。

①行首自註：“北大學生請　先生來，存望甚大，並非願　先生掛名而已。此一點^{斯年}以為最須認清者。”

佩。然一看事實，真可令人流涕。文科教員就是那一套，理法科則皆固位之人，決無一點進取心。

有上列四件事實，則先生去就之際，似不免如下：

能回北大，整頓一下，有人、有辦法、有結果，此上策也。（奉白一粲）不做這校長，仍請北大自為之，此中策也。空掛一名，教員得以固位，學生從而失望，此下策也。

先生此時不須此名，北大雖恐不能開學，但此局面^{斯年}曾以兩言括之。"蔡先生不來，北大沒有辦法；蔡先生來，蔡先生沒有辦法。"為感情論，　先生不可不來；就事實言，一來不久即須與固位者爭。若掛一虛名，則學生以為"雖蔡先生來亦不過爾爾"，從此此一團愛戴　先生之心，付之東流，而譏誚者更振振有詞矣。

北平教員有名者無不兼兩個以上之專任教授，兼士、叔平諸公月薪千元以上。其名小者，薪水亦至八九百，故兼鐘點有至五十者。此先生任北大事後第一整頓之目標。然整頓此事，何異與虎謀皮乎？

空掛名一法，危險甚大。恐怕弄到不可收拾之地步。學生失望，教員快意，輿論責備。故^{斯年}下忱以為　先生如來則真來，不來則真不來。有人、有辦法，則真來；無人、無辦法，則掛名為誰哉？

真來的兩個條件，一人、二辦法。須于半年之內，能招致十個以上之教員，（新者）舊教員再有一部分回來，更須有幾個負責任的人，然後可以濟事。教務長、三科院長似皆不便仍舊，[①] 蓋舊者無非意在盤踞而已。馬、王、何三人固皆不成，即百年先生亦不能進取，亦不能不為馬等所影響，仍是無辦法也。此一層實是難題！

辦法則有下列之要點。一、必與學生約，不胡亂管事，【二】、必與教員約，逐漸減少兼職，以至于無。

若不來，似亦不妨直說無辦法故不來，學生如不用功，教員如不辭兼職，來亦無益，等。如此，明達者或亦可諒也。

^{斯年}不敢勸先生究竟就否，但願　先生來亦積極，退亦積極，如走

---

①行首自註："^{斯年}亦實在想不到有何相宜之人。"

中間之一路，後來恐不可收拾耳。越分多言，幸　恕之！敬頌

道安！

學生斯年謹上　八月廿四日

半農先生此日赴京，斯年略與談談。他謂掛名亦是不得已之辦法，此恰是北大教員所希望，而與　先生最不利者。半農先生是最好人，然有人動之心耳。

88. 傅斯年致黃淬伯（1929 年 8 月 29 日）檔號：元 91-11

淬伯先生執事：①　奉書敬悉一切。　大量隆誼，至感不已。不幸此事仍不免屈先生一至青島或廣州中大。　先生不能與莘田先生合作之事，前　先生來函北平明切言之。當時此間同人深感此事之困難，慮進行之不便，故由弟想到前函所述之一法。在同人等無不圖有以贊助，趙先生尤不必說，無如弟等自聞此情，不免多所顧慮，同時院催下半年組織之單，弟等決未將　先生名列入。茲院已批來，不容再有更易，至於此次之不繼續，並非解職，乃任助有績，由所推荐于大學，弟當以所名義奉上一函，證明此事。至于青大聘書，已託其即寄上海矣。匆匆，敬頌

著安

弟傅斯年啟

89. 傅斯年致陳寅恪（1929 年 9 月 9 日）檔號：元 4-17

寅恪兄：來書敬悉。此事　兄有如許興趣，至可喜也。此事進行，有兩路：一、專此為聘一人，二、由　兄領之。弟覺專聘一人，實難其選。此時修史，非留學生不可，（朱遏先、陳援菴亦留學生也。）粹然老儒，乃真無能為役。然留學生之博聞，而又有志史學，而又有批評的

---

①頁首收發註記："十八年八月廿九日發。"又註："南通　小海鎮南。"

意覺者，尟矣。算來算去，不過爾爾！故如吾　兄領之而組織一隊，有四處尋書者，有埋頭看書者，有剪刀忙者……，則五、六年後，已可成一長篇之材料簿錄矣。此時無論研究一個什麼樣的小問題，只要稍散漫，便須遍觀各書，何如舉而一齊看之乎？^弟意，此一工作，當有不少之副產物，如全宋史①（括詩詞）、全宋筆記、全宋藝文志（或即為新宋史之一部）等，實一快事！目下有三、四百元，一月，便可動手。若後來有錢有人，更可速進。如研究所地老天荒，仍可自己回家繼續也。且此時弄此題，實為事半功倍，蓋唐代史題每褯些外國東西，此時研究，非與洋人把泥帶水不可。而明、清史料又浩如煙海。宋代史固是一個比較純粹中國學問，而材料又已淘汰得不甚多矣。此可于十年之內成大功效，五年之內成小功效，三年之內有文章出來者也。此時吾等大可細想：一、如何收集材料，二、如何樣之體例，三、如何組織此一 staff，下月開會討論之，如何？敬請

著安

^弟斯年　九、九。

90. 傅斯年致趙元任（1929 年 9 月 30 日）檔號：元 2-1

啟者，去年十月，趙元任先生赴兩廣調查方言，曾以旅費等項方式與之商量，僉以逐件記賬，必須增加一人至二人隨行不可，如此則所費甚大，且一時覓不到能如此旅行之人。^{斯年}在廣州中山大學任事期間，曾因公出差數次，皆用一批支給總數或按日支給總數辦法，以節手續。當時^{斯年}以為中央研究院與中山大學同為政府機關，在彼可行之方式，在此當無不可行，遂以此法提議，趙先生甚為贊同。及事經過去，會處通知應逐件報銷，然彼時已屬過去，追為記錄，必不完全。當時初未作此預備，故未留下單據，此時思惟，只好仍請　貴處照原訂法報銷，事屬初次，至如調查後覺有出入，再商酌之。

---

①編按："全宋史"當作"全宋詩"。

以上各項如荷同意，即希　寫于葉後，以便交　院備案。此上
元任先生

斯年　十六年①九月卅日

附：擬旅費標準

擬旅費標準

一、自北平起身之日起至返北平之日止，每日支費十二元，以當旅
　　館、船車、飲食及其他一切旅行襍費之用，惟平、粵間船車因太
　　昂，應另支。

二、北平至廣州及由廣州返北平之船車，共加三百五十元。（來回均用
　　頭等）

三、調查中所用襍費，如交際、文具、印刷（在所用者除外）、郵電及
　　其他一切雜項，共支二百五十元。

四、帶工人一名，共支一百元津貼，以為舟車之用。

91. 傅斯年致沈鵬飛（抄件）（1929 年 10 月 3 日）檔號：元 67-4

雲程吾兄大鑒：兩書敬悉。工人承　錄用，至感！姚逸之事，真可
大驚。^弟事前毫無所知，突然有此，不勝惋惜。^弟以素不識姚君，
其在湖南事如何，誠不敢言。然他到廣州以後之工作，半年在中
大，半年在^敝處，確一努力，專心學業，負責前進之青年，絕無任
何動作，此^弟可以自己之身命擔保者也。^弟又接中大他位抄來湖南
致中大電及此事原委，頗覺此次手續有點闕欠。蓋湖南向中大要此
學生，中大並無此學生，其人現係^敝處之職員，並非屬於中大。今
中大未通知^敝處一字，先請公安局在^敝所宿舍中捕去^敝所之職員。

---

①編按：趙元任主持"兩廣方言調查"時間為 1928 年 11 月至 1929 年 2 月，"十
　　六年"當作"十八年"。

此事結果：

（一）中央研究院因此受此無端之辱，^弟只能引咎辭職。現已發出辭呈，正趕辦結束。

（二）姚寓中有損失，現錢數百元，為捕姚者取去。（此乃^敝所公款。）此事無法報銷。^弟又賠墊不起。務請設法向公安局交涉取回。（中大既發此端，自必負此責任。）取出後，請即存　兄處，復^弟一信，以便奉告寄往何處。吾等同事三年，此一幫助，當承　惠愛！即希努力，向公安局交涉，至荷！至荷！否則^弟辭職如何交代也。

至于姚君個人，^弟亦當有請者。吾輩辦學，所圖者何？有為青年，當多寬助！吾　兄如有以解此事，^弟感如身受也。臨書匆匆，敬頌

日安！

^弟斯年

一甫大兄同此，並請一樣幫忙！

92. 傅斯年致沈鵬飛 （電）（1929 年 10 月 3 日）檔號：元 67–9

廣州中山大學。沈鵬飛兄：姚到敝所後，絕無他事，弟保證，乞保釋並設法交涉取回敝所損失，至荷。年。①

93. 傅斯年致辛樹幟 （電）（1929 年 10 月 3 日）檔號：元 67–10

廣州中山大學。辛樹幟：函驚悉，已分途急切設法，請兄託戴、朱力助，並代本所結束姚寓存具賬目損失等，盼極。年。②

---

①頁末收發註記："中華民國十八年拾月叁日"。
②頁末收發註記："中華民國十八年拾月叁日"。

94. 傅斯年致王敬禮 （電）（1929 年 10 月 3 日） 檔號：元 67-11

上海。究。毅侯：姚逸之出岔，勿寄款往。年。①

95. 傅斯年致朱家驊 （抄件）（1929 年 10 月 3 日） 檔號：元 67-12

騮先吾兄大鑒：真是天外飛來橫禍！先是辛樹幟先生之學生姚逸之，曾以辛先生之介紹入中山大學語言歷史學研究所為書記。月入不足瞻之，遂介紹到敝所來工作。弟初未之允，後以細察姚君實有望之青年，讀書奮勉，前途必佳，理應成就之，遂允其到敝所來。到已九個月矣。（名義為助理員）此期中雖弟大半不在廣州，然姚君報告不斷，確實用功。且在粵與之共事者，皆力稱之。其自到敝所以後之事，弟絕對保證其純為粹然之讀書人。其以前事，弟固不可知，然以其近行斷之，其不至于大惡可料也。乃湘省指會電達中大抓他，照例姚非中大人，沈雲程兄應先通知敝所，大約雲程小心謹慎，遂即函請公安局將其捕去。因此發生下列之節：

一、姚君有大危險。

二、敝所在粵存物，即在姚君寓中，公安局派警捕時，取去敝所存款數百元之多。其他損失，尚未據報。務請 兄一設法。

茲坿上沈、辛兩君來函，請 兄對此函細閱，力為設法，不盡感荷！至于設法之途，大約不出電歐陽惜白先生，請其（一）對姚寬待，（二）留姚在粵，交保候訊。必不得已，亦只得押粵，幸勿解湘。（因湘省黑暗至極，一解必無事理，在粵稽徐圖之。）（三）請公安局退回在姚寓取去敝所物及錢。弟此與姚個人無涉，研究所如有此項損失，弟實無法報銷。且弟此日經濟狀況，又不能墊也。

---

① 頁末收發註記："十月三日發。"

此係關涉一條絕好少年之人命，及^弟之一大難題，千祈鼎力。先一電歐陽先生，再去一函詳述一切，^弟感如身受矣。匆匆，敬頌

儷安！

^弟斯年上　十月三日

附一：沈鵬飛致傅斯年（抄件）（1929 年 9 月 25 日）

孟真兄鑒：前復一函，諒經達　覽。　貴工人二名現已催為醫科校長室工役，忽念。惟昨接湖南省黨部來電，稱　貴所職員姚逸之係著名共黨，經函公安局將彼拘獲訊辦。聞　貴所曾囑其携帶標本北上，希從速另覓妥員接辦為荷。此頌

道安

^弟沈鵬飛頓首　九月廿五日

附二：辛樹幟致傅斯年、羅常培、丁山（抄件）（1929 年 9 月 25 日）

孟真、莘田兩兄及丁公鑒：

逸之被人陷害事，今晚證實即在常德之陷害逸之者告之常德黨部，由常德黨部電湖南省指委，湖南省指委轉電中大。原電另錄。

昨日逸之因事赴沈鵬飛處，沈即請公安局將姚於今日晨捕去。

共匪在湘之成績，即引起在土豪劣紳將湘中有為青年殺戮殆盡，逸之之事不過其一也。

逸之之研究興趣與其研究之勤，當為兄等所知，共匪曾如是乎？務望兄等大力保証，勿使此種有為青年為土豪殺害，幸甚幸甚。

^弟樹幟

附三：沈鵬飛致傅斯年（抄件）（1929 年 9 月 27 日）

孟真先生大鑒：昨付寸函，諒邀　荃照。　貴所職員姚逸之昨被湖南

省指委會電告為共黨首領，現逃匿中大，囑即押解法院訊辦。^弟以姚君前曾服務本校，且此次携帶書籍、器具赴平，因中央研究院護照尚未寄到，曾由本人來校懇求予以通融，作為本校職員由校發給執照，押運用品。若姚君果為共黨，則與本校有極大關係，又以姚君首途在即，事機迫切，故即馳赴公安局磋商，由局派人拘傳審訊。現聞堂訊後未有確切證據，而姚君朋侶及本校教授康辛元等經代極力幹旋，具保省釋。　貴所物品或可仍由姚君運送。知關　綺注，特以奉聞。專此，敬頌

台綏

^弟沈鵬飛　九月廿七日

96. 傅斯年致辛樹幟 （電）（1929 年 10 月 7 日）檔號：元 67-13

廣州中山大學。辛樹幟：① 請囑姚即結束一切，須在粵候結案，勿來平，物件即運。年。

97. 傅斯年致馬衡 （1929 年 10 月 21 日）檔號：元 434-1

逕啟者：頃奉大函，內開：

　　"查東方考古學協會提出此案係根據先生以口頭向同人提議，當時即予通過，後先生又以口頭更正，謂並無此項要求，應請將記事錄中此案取消。……"

循來函之意，壹若^{斯年}出爾返爾者，事關^{斯年}甚大，不得不奉詢　先生下列各事：

　（一）^{斯年}在何年何月何日何地向　先生為此項之口頭提議？其詞之詳如何？先生而外，是否有一同聽到之人？

　（二）所謂同人，自先生而外尚有何位？請一並開示。

---

①頁首收發註記："中華民國十八年十月七日"。

查當此會開前若干日之一晚，先生來電話，命^{斯年}函董彥堂先生來北平參加貴會，^{斯年}即云如以^敝所名義參加，須^敝所開會，^{斯年}個人不能主張，如以董先生個人名義參加，可由是自便，^{斯年}不便轉以為請，而先生堅命^{斯年}函之，至再至三，^{斯年}即以李、董兩先生在彰德住處奉告，仍請　先生自行函之，惟　先生既堅欲^{斯年}去一函，亦可報告其有先生此命而已。此日電話雖在風雨中，想不至誤為請求加入東亞考古協會也。待濱田先生在北大講演之日，^{斯年}往聽，先生告^{斯年}云，昨日東亞考古協會議決歡迎吾等加入，^{斯年}即著急起來，謂何曾有此等事，先生不懌，然已允塗銷此事。其後一、二日間晤先生，則　先生謂已取消。不圖上月　蔡先生又見該會記錄仍有^敝所請求加入之文也。^{斯年}對　先生"係根據先生口頭向同人之提議"一語實不能默然，事關^{斯年}行止之節者甚大，務望詳細布露其實在。此致
北大國學門考古學會　馬叔平先生

國立——所長傅斯年

98. 傅斯年致陳大齊 （1929年10月21日）檔號：元434-2

百年先生：

聽說東亞考古協會的議案上有^敝所請求加入一事，萬分駭異！就^敝所立點論，絕不能有此項請求，即該會來約，亦決不加入。務請先生查明原委，並代向該會聲明全無此事，至為感荷，無既！專此，敬叩
教安！

學生^{斯年}謹上　十月廿一日

99. 傅斯年致沈兼士、馬衡（1929 年 10 月 22 日）檔號：元 434-3

兼士、叔平兩先生左右：聞東亞考古協會議事錄上有歷史語言研究所請
　　求加入一事，此實當日與　叔平先生電話中之誤會，當日謹言到會可
　　以考慮，未言加入，至于到會則^{斯年}于上星期六已前往矣。照中央研
　　究院規則，史言所僅為其一部，如北大之有文科，不能加入任何團
　　體，請刪去此節，至荷。至于北大考古學會之發達，^{斯年}等固無不于
　　有機會時，竭力襄贊，若此協會則以上項理由不能加入也。專此，
　　敬頌
教安

斯年敬上　十月廿二日

100. 傅斯年致島村孝三郎（1929 年 10 月 22 日）檔號：元 434-4

島村先生大鑒：聞東亞考古協會會議錄上有^敝所請求加入一節，並無
　　此事，請刪去以符事實為荷。順頌
著祺

傅斯年啟　十月廿二日

101. 傅斯年致李濟、董作賓（1929 年 10 月 23 日）檔號：元 141-8

濟之、彥堂兩兄：寅恪昨來大談，其言頗有可采。
　　一、電在後，恐此信中所云情形，已不同，豈河南公然拒絕我
　　　　們耶？
　　二、如即停工讓他，是否從此失去發掘權。
　　三、如太和平，是否示弱于地方，從此貓兒狗兒一齊來欺服。
　　四、政府的命令為最要，他極贊成^弟赴京之行。①

———————————

①行首自註："^弟覺東西為他們毀壞亦實可惜。"

寅恪雖古怪，然官場情形，中國社會，實比吾等為透澈也。

至于他們未必無錢，因何①販古董，又慣欺詐之故。何前犯案頗多。

何與袁守和、馬叔平都鬧過。今春在洛陽勒詐、幫去年青婦女，因而

洛陽縣撤任，他受查辦，一逃了之。不知如何又出頭了。^弟頃遇馬，

他問我們受戰事影響否？^弟云，未曾，但河南的何日章來搗亂，未云

其他。他遂大說了些何的醜史。

兄如于星期五下午以前接到此信，請于當日發一電告^弟近情大概，俾

心中不悶。^弟星期六晨去京。

昨晚院覆電云："已電豫省府，請繼續保護院發掘。培、銓。養。印。"

^弟斯年

102. 傅斯年致蔡元培、楊銓（電）（1929 年 10 月 23 日）檔號：元 151-7

上海。究。蔡、楊先生：李、董返☒，② 豫省既拒院作，又派何日章，事如不校，不特各地皆不得掘，且殷墟必為草率從事者所毀。請即再電豫省，言明事前不通知之非禮，本院實負中國學術大任，應即照豫省十七年九月廿八日第一一零二號公函照舊保護並先行令何日章停止，便商解決，一面院電北平武王侯劉雪亞總指揮，請令彰德駐軍停止雙方工作，俾免損壞地域。年後日赴滬。③

103. 楊銓、傅斯年致李濟、董作賓（電）（1929 年 11 月 1 日）*

北平。二九八〇【歷】。濟之、彥堂：④ 國府電令豫省府及劉指揮仍

---

①編按：何日章（1893—1979），字國璋，時任河南圖書館館長兼民族博物院院長。
②編按：原件殘破，當是"平"字。
③頁末收發註記："十八年十月廿三日"。
*取自南京第二歷史檔案館（檔號：393-0-0300-00-p.39）。
④頁首楊銓批示："請即譯發。銓。十一月一日。"

照原議，繼續保護中央研究院發掘工作，並停止何日章任意開掘，以免損毀現狀，致墜前功。等因，請即日詳示近週各節及主張，年尚有其他函件須進行，待兄函到，決赴汴期。銓、年。

104. 傅斯年致李濟、董作賓 （電）（1929 年 11 月 2 日）*

北平。二九八〇【歷】。濟之、彥堂：陳已電責李，弟今晚赴滬晤蔡、蔣、楊，① 看來此事易解。前留稿勿發，豫人、保管會兩事盼即辦。年。

105. 傅斯年致李濟、董作賓 （電）（1929 年 11 月 3 日）**

北平。二九八〇【歷】。濟之、彥堂：軍興中，國府令達縣不能速，請待弟函到再決行期。年。②

106. 傅斯年致姚子謙 （1929 年 11 月 16 日） 檔號：元 67-22

逸之先生：③ 來函敬悉。此事中央研究院不得不有相當處置者，蓋就公事論，模糊于後誰也不能料到後來有多少困難。中央研究院處處要站得住，而 先生事前一字不告，自云"奉命"北來，事後來信仍復迷離其詞，不能不負責任也。

中央研究院對此事之處置，即先行停職，案結後由所務會議討論復職，是仍為足下開一條路，依法之外仍然原情。此項處置之信已由北平寄往尊處矣。

---

*取自南京第二歷史檔案館（檔號：393-0-0300-00-p. 40）。

①編按：指蔡元培、蔣夢麟、楊銓。

**取自南京第二歷史檔案館（檔號：393-0-0300-00-p. 42）。

②頁末自註："請照發。斯年。"又許壽裳附註："照發。裳。三日夜。"

③首頁自註： "存。複寫本已寄姚。"又註： "中央研究院核准函請即寄去。斯年。"

　　假如足下有決心對于以前之行為完全改過，對于①事前之不說，②自云"奉命"，③事後仍不說出全部分情由，各節承認其責任（必要之條件），即可寫一信來聲明上述各節，並云案子已在廣州了結，（如王先生信云，在粵由公安局訊全無憑據，遂由陳主席①交王參議保釋。）即可由^弟提出所務會議恢復。此事可以辦到，然以後必須誠實努力，堅實自反，在所中服務，不得以研究所為一闤之市可以一切隨便。

　　好在處置之信雖發，薪水未停，事務未斷。近與楊杏佛先生面商，得此一法，此實遷就足下之最大限度，要在足下有無決心耳。

　　如何即希直函北平所中為荷。

斯年　十一月十六日

107. 傅斯年致錢昌照 （電）（1929 年 11 月）檔號：元 151-23

南京國民政府。錢祕書昌照兄：省府未照國府世電辦，亦未復電，乞兄即陳譚、古②兩先生再申前電，詳與道藩、錫朋、劍翛商，務速。年。

108. 傅斯年致段錫朋、張道藩、陳果夫 （電）（1929 年 11 月）檔號：元 151-25

南京中央黨務學校。段錫朋、張道藩兄轉呈果夫先生：敬齋在黨教潮中表面周旋，實犧牲院工作，不踐前言，如成與何合作。務求果夫先生發兩電，在星二省會議前到。敬齋因對彼黨糾政潮，但以自己地位為重，全不踐前言。年。

---

①編按：陳銘樞（1889—1965），字真如，時任廣東省政府主席。
②編按：指譚延闓（1880—1930），字組安，時任行政院院長；古應芬（1873—1931），字勷勤，時任國民政府文官長。

109. 傅斯年致段錫朋、張道藩（電）（1929 年 11 月）檔號：元 151-26

南京中央黨務學校。段錫朋、張道藩兄：務請果夫先生分電韓、李，[①] 星二省會前到。敬齋因對彼黨（其他）糾教潮，頗犧牲此，盡食前 言。電復。年。

110. 傅斯年致趙元任（抄件）（1929 年 11 月 20 日）檔號：元 3-3

元任吾兄：

兩信看後，均請即交來信帶回。

昨談 $100 事，已與辦法中之其他件一律向杏佛請示去了。照目下 研究所的預算，這當然是沒有問題的。不過，院的經費若照毅侯的 信所說惡化下去，……，甚麼都可出現。我對此事前途是極悲觀 的，蓋實在著不出前途有何光明也。所以此數在 兄之 personal budget 上，只可算做一個臨時費（意外之人），不定有何變化，如以 為經常費，或要上當。^弟先把最不好的可能，說在前頭，或亦 兄 之所樂聞乎？（此是格外小心之意，請勿誤會。）即頌

晨安！

十一月廿日

111. 傅斯年致段錫朋、張道藩、陳劍脩（電）（1929 年 11 月）檔 號：元 151-27

南京中央政治學校。段錫朋並轉道藩、劍脩：省府未遵國府電辦理， 何派人仍在彰亂掘，弟謙和讓步至極，猶未通過，省府將另擬所謂合 作辦法。此事本由敬齋引起，今不敢為我主持，乞即日請果夫先生再

---

① 編按：指韓復榘（1890—1938），字向方，時任河南省政府主席；李敬齋 （1889—1987），原名鶴，時任河南省政府教育廳廳長。

電敬齋，務辦到發掘由院負全責，不受制限掣肘，更同樣電託韓主席尤感。請劍翛陳夢麟先生請組老再申國府世電。弟住汴中山大學。年。

112. 傅斯年致楊銓 （電）（1929 年 11 月）檔號：元 151-30

上海（四四九六）。省府未遵國府電辦，何派人仍在彰亂掘，年謙和讓步至極，尤未通過。李無堅決主張，何反攻力，務請杏兄即日託組公、稚老①分電韓主席，務辦到發掘由院負全責，不受限制掣肘，否則弟須返。現住中山大學。

113. 傅斯年致蔡元培 （電）（1929 年 11 月）檔號：元 151-34

上海。究（四四九六）。乞稚老力託蔣主席急電韓，發掘係院整個計畫，辦理經年，不便無端改組，致難進行，仍照國府世電即辦。年。

114. 傅斯年致李滂 （暫繫年於 1929 年）檔號：元 69-3

少微先生執事：昨日承教，佩荷何極。比想　興居百福，為祝。寅恪先生與弟商延聘先生加入敝所事，得下列之意見，謹述其概，以供採擇。

歷史語言研究所設置之意義，大略如附上一文"中央研究院歷史語言研究所工作之旨趣"所說，此意不敢自以為必是，然此日為此學問，欲對歐洲、日本人而有加，瞻吾國前修而不慚，必于材料有所增益，方法有所改革，然後可以後來居上，故敝所設置之意，無非刊布材料，供之于人，整理材料，以為結論，但為客觀之業，不作一家之言，凡共此好者，皆同志也。故一切計畫、設施，乃至一切支出，無

———

①編按：吳敬恆（1865—1953），字稚暉，時任國民政府委員。

不公開，無非欲聊盡此時之責任，以求不負此日國家締造之會。　先生以家學夙業，不我遐棄，欣幸何極，名義擬即用"特約編輯員"，董彥堂、徐中舒、趙萬里諸先生皆此名義，已向院中請發聘書。專任編輯員，常川駐所，不得①兼職，月薪百五十至二百五十；特約者，例無，然如有一定之工作，可支津貼若干。此時敝所事浮于貲，在舉行中之事業，不下十數，（如方言調查、人類學調查、安陽發掘、整理檔案等。）而院中又限制薪俸，絕不許過預算之半，故目下極感拮掘，其丁山先生一部事，目下竟無款支付。（日內油印現下實支情形，當寄上一份。現亦可到敝處取觀。）然在　先生一事中，寅恪兄與弟當竭力籌之。

伏思此日盛業，為刊布祕笈，及其他材料，此不董敝所之祈求，亦造成風氣之惟一途徑。遠者不必論，即如近日羅叔言先生之功績，無不在其刊布新獲材料之中，此不可以諱眾譏之。十五年中，中國學問能開一新面目者，此種刊行之效也。然羅君收藏不富于尊府，　先生少年積學，見畏于羅君，如于　尊府所藏各類品物，以及祕卷寶笈，為之影照刊印，校訂考正，則今後風氣，不採于　先生，又何屬焉！此非董一人之榮華，抑亦世代之盛業。寅恪兄及弟盼　先生於此一條陳有所採納，果能以類相從，編為單冊，以新式之印術，成精緻之刊本，合嚴整之攷定，于本來之面目，例如"燉煌卷子"、"魏唐石刻"、⋯⋯之類，標目為尊府所藏，署名為　先生所撰，羅君老者，當羨妬之。研究所所負之責任，為墊發印費，版權收入仍屬于作者，若攷證上有時需用襄助，研究所同事當盡其所能，且材料均不必交所，由　先生在家自僱人影印抄編，由所支費，即可。如此可省遺失之慮，在敝所亦可減輕其責任。綜約言之，　先生自編，於一定期間，如一月或二月交稿一次，并將內容大略與所商定，俟交稿及商定後②所中即為先生付印，再與商務印書館等定一契約，為之代銷，其板權所得，壹以歸之著者。如此似嫌研究所何以但任其勞，實係弟等

———————————

①陳寅恪附註："擬加此數字，尊意如何？"
②陳寅恪附註："擬加此數語，　尊意如何？乞酌。"

素志，切願因新材料之刊布，使中外學人得新知識，得廣眼界，而成實事求是，益擴材料之任風氣耳。 先生為此項編定，每月必銷磨若干時日，所中當贈月津五十，為數至少，甚為慚愧。然此日院中迫于需要，鼓動刊印，限制薪水，正無奈何，但杏佛先生謂夏後預算當增若干，宜徐圖之耳。如何，請與寅恪詳商，並願駕返天津前，^弟獲一趨 左右也。匆匆，敬頌

著安不備。

^弟傅斯年啟

木翁①老先生處同此，敬頌 康安。

附：中央研究院歷史語言研究所工作之旨趣 *

歷史語言研究所工作之旨趣

歷史學和語言學在歐洲都是很近才發達的。歷史學不是著史：著史每多多少少帶點古世中世的意味，且每取倫理家的手段，作文章家的本事。近代的歷史學只是史料學，利用自然科學供給我們的一切工具，整理一切可逢著的史料，所以近代史學所達到的範域，自地質學以至目下新聞紙，而史學外的達爾文論正是歷史方法之大成。歐洲近代的語言學在梵文的發見影響了兩種古典語學以後纔降生，正當十八十九世紀之交。經幾個大家的手，印度日耳曼系的語言學已經成了近代學問最光榮的成就之一個，別個如賽米的系、芬匈系，也都有相當的成就，即在印度支那語系也有有意味的揣測。十九世紀下半的人們又注意到些個和歐洲語言全不相同的語言，如黑人的話等等，"審音之功"更大進步，成就了甚細密的實驗語音學，而一語裏面方言研究之發達，更使學者知道語言流變的因緣，所以以前比較言語學尚不過是和動物植物分類學或比較解剖學在一列的，最近一世語言學所達到

---

①編按：李盛鐸（1859—1934），字嶷樵，又字椒微，號木齋。
*載《中央研究院歷史語言研究所集刊》，第 1 本第 1 分，1928。

的地步，已經是生物發生學、環境學、生理學了。無論綜比的系族語學，如印度日耳曼族語學，等等，或各種的專語學，如日耳曼語學、芬蘭語學、伊斯蘭語學，等等，在現在都成大國。本來語言即是思想，一個民族的語言即是這一個民族精神上的富有，所以語言學總是一個大題目，而直到現在的語言學的成就也很能副這一個大題目。在歷史學和語言學發達甚後的歐洲是如此，難道在這些學問發達甚早的中國，必須看著他荒廢，我們不能製造別人的原料，便是自己的原料也讓別人製造嗎？

論到語言學和歷史學在中國的發達是很引人尋思的。西歷紀元前兩世紀的司馬遷，能那樣子傳信存疑以別史料，能作八書，能排比列國的紀年，能有若干觀念比十九世紀的大名家還近代些。北宋的歐陽修一面修《五代史》，純粹不是客觀的史學，一面却作《集古錄》，下手研究直接材料，是近代史學的真功夫。北南宋的人雖然有歐陽修的《五代史》，朱熹的《綱目》，是代表中世古世的思想的，但如司馬光作《通鑑》，"遍閱舊史，旁採小說"，他和劉攽、劉恕、范祖禹諸人都能利用無限的史料，攷定舊記，凡《通鑑》和所謂正史不同的地方每多是詳細考定的結果，可惜《長篇》不存在，我們不得詳細看他們的方法，然尚有《通鑑考異》說明史料的異同。宋朝晚年一切史料的利用，及考定辯疑的精審，有些很使人更驚異的。照這樣進化到明朝，應可以有當代歐洲的局面了，不幸胡元之亂，明朝人之浮誇，不特不進步，或者退步了。明清之交，浙東的史學派又發了一個好端涯，但康熙以後漸漸的熄滅，無論官書和私著，都未見得開新趨向，這乃由於外族政府最忌真史學發達之故。語言學中，中國雖然沒有普日尼，但中國語本不使中國出普日尼，而中國文字也出了《說文解字》，這書雖然現在看來只是一部沒有時代觀念，不自知說何文解何字的系統哲學，但當年總是金聲玉振的書，何況還有認識方言的輶軒使者？古代的故事且少論，論近代：顧炎武搜求直接的史料訂史文，以因時因地的音變觀念為語學，閻若璩以實在地理訂古記載，以一切比核辯證偽孔，不注經而提出經的題目，並解決了他，不著史而成就了可以永遠為法式的辯史料法。亭林、百詩這樣對付歷史學和語言學，是最近代的：這樣立點便是不朽的遺訓。不幸三百年前雖然已經成就了這樣近代的一個遺訓，一百多年前更有了循這遺訓的形跡而出的好成就，而到了現在，除零零星星幾個例外以外，不特不因和西洋人接觸，能夠借用新工具，擴張新材料，反要坐看修元史修清史的做那樣官樣形式文章，又坐看章炳麟君一流人尸學問上的大權威。章氏在文字學以外是個文人，在文字學以內做了一部《文始》，一步倒退過孫詒讓，再步倒退過吳大澂，三步倒退過阮元，不特自己不能用新材料，即是別人已經開頭用了的新材料，他還抹殺著，至於那部《新方言》，東西南北的猜去，何嘗尋楊雄就一字因地變異作觀察？這麼竟倒退過二千多年了。

推繹說去，為甚麼在中國的歷史學和語言學開了一個好的端緒以後，不能隨時發展，到了現在這樣落後呢？這原故本來顯然，我們可以把一句很平實的話作一個很該括的標準。（一）凡能直接研究材料，便進步，凡間接的研究前人所研究或前人所創造之系統，而不繁豐細密的參照所包含的事實，便退步。上項正是所謂科學的研究，下項正是所謂書院學究的研究，在自然科學是這樣，在語言學和歷史學亦何嘗不然？舉例說，以《說文》為本體，為究竟，去作研究的文字學，是書院學究的作為，僅以《說文》為材料之一種，能充量的辯別著去用一切材料，如金文，甲骨文等，因而成就的文字學，乃是科學的研究。照著司馬子長的舊公式，去寫紀表書傳，是化石的史學，能利用各地各時的直接材料，大如地方志書，小如私人的日記，遠如石器時代的發掘，近如某個洋行的貿易冊，去把史事無論鉅者或細者，單者或綜合者，條理出來，是科學的本事。科學研究中的題目是事實之匯集，因事實之研究而更產生別個題目。所以有些從前世傳來的題目經過若干時期，不是被解決了，乃是被解散了，因為新的事實證明了舊來問題不成問題，這樣的問題不管他困了多少年的學者，一經為後來發見的事實所不許之後，自然失了他的成為問題之地位。破壞了遺傳的問題，解決了事實逼出來的問題，這學問自然進步。譬如兩部《皇清經解》，其中的問題是很多的，如果我們這些以外不再成題目，這些以內不肯捐棄任何題目，自然這學問是靜止的，是不進步的。一種學問中的題目能夠新陳代謝，則所得結果可以層層堆積上去，即使年代久遠，堆積眾多，究竟不覺得累贅，還可以到處出來新路，例如很發達的天文、物理、化學、生物等科目；如果永遠盤桓於傳留的問題，舊題不下世，新題不出生，則結果直是旋風舞而已，例如中國的所謂經學中甚多題目，如西洋的哲學。所以中國各地零零碎碎致力於歷史或語言學範圍內事的人也本不少，還有些所謂整理國故的工作，不過每每因為所持住的一些題目不在關鍵中，換言之，無後世的題目，或者是自縛的題目，遂至於這些學問不見奔馳的發展，只表昏黃的殘缺。（二）凡一種學問能擴張他研究的材料便進步，不能的便退步。西洋人研究中國或牽連中國的事物，本來沒有很多的成績，因為他們讀中國書不能親切，認中國事實不能嚴辯，所以關於一切文字審求，文籍考訂，史事辯別，等等，在他們永遠一籌莫展，但他們卻有些地方比我們範圍來得寬些。我們中國人多是不會解決史籍上的四裔問題的，丁謙君的《諸史外國傳考證》遠不如沙萬君之譯外國傳，玉連之解《大唐西域記》，高幾耶之注《馬哥博羅遊記》，米勒之發讀回紇文書，這都不是中國人現在已經辦到的。凡中國人所忽略，如匈奴、鮮卑、突厥、回紇、契丹、女真、蒙古、滿洲等問題，在歐洲人卻施格外的注意。說句笑話，假如中國學是漢學，為此學者是漢學家，則西洋人治這些匈奴以來的問題豈不是虜學，治這學者豈不是虜學家嗎？然而也許漢學之發達有些地方正借重虜學呢！又如最有趣的一些材料，如神祇崇拜、歌謠、民俗，各地各時雕刻文式之差別，中國人把他們忽略了千百年，還是歐洲人開頭為有規模的注意。零星注意中國向來有的。西洋人作學問不是去讀書，是動手動腳到處尋找新材料，隨時擴大舊範圍，所以這學問才有四方的發展，向上的增高。中國文字學之進步，正因為《說文》之研究消滅了《汗簡》，阮、吳諸人金文之研究識破了《說文》，近年孫詒讓、王國維等之殷文研究更能繼續金文之研究。材料愈擴充，學問愈進步，利用了檔案，然後可以訂史，利用了別國的記載，然後可以考四裔史事。在中國史學的盛時，材料用得還是廣的，地方上求材料，刻文上抄材料，檔庫中出材料，傳說中辨材料，到了現在，不特不能去擴張材料，去學曹操設

"發塚校尉"，求出一部古史於地下遺物，就是"自然"送給我們的出土的物事，以及燉煌石藏，內閣檔案，還由他燬壞了好多，剩下的流傳海外，京師圖書館所存摩尼經典等等良籍，還復任其擱置，一面則談整理國故者人多如鯽，這樣焉能進步？（三）凡一種學問能擴充他作研究時應用的工具的，則進步，不能的，退步。實驗學家之相競如鬥寶一般，不得其器，不成其事，語言學和歷史學亦復如此。中國歷來的音韻學者審不了音，所以把一部《切韻》始終弄不甚明白，一切古音研究僅僅以統計的方法分類，因為幾個字的牽連，使得分類上各家不同，即令這些分類有的對了，也不過能舉其數，不能舉其實，知其然不知其所以然，如錢大昕論輕唇舌上古來無之，乃自重唇舌頭出，此言全是，然何以重唇分出一類為輕唇，舌頭分出一類為舌上，竟不是全部的變遷，這層道理非現在審音的人不能明白，錢君固說不出。若把一個熟習語音學的人和這樣一個無工具的研究者比長短，是沒法子競爭的。又如解釋隋唐音，西洋人之知道梵音的，自然按照譯名容易下手，在中國人本沒有這個工具，又沒有法子。又如西藏、緬甸、暹羅等語，實在和漢語出於一語族，將來以比較言語學的方法來建設中國古代言語學，取資於這些語言中的印證處至多，沒有這些工具不能成這些學問。又如現代的歷史學研究已經成了一個各種科學的方法之匯集。地質、地理、考古、生物、氣象、天文等學，無一不供給研究歷史問題者之工具。顧亭林研究歷史事跡時自己觀察地形，這意思雖然至好，但如果他能有我們現在可以向西洋人借來的一切自然科學的工具，成績豈不更卓越呢？若干歷史學的問題非有自然科學之資助無從下手，無從解決。譬如《春秋經》是不是終於獲麟，左氏《經》後一段是不是劉歆所造補，我們正可以算算哀公十四年之日食是不是對的，如不對，自然是偽作，如對了，自然是和獲麟前《春秋》文同出史所記。又譬如我們要掘地去，沒有科學資助的人一鏟子下去，損壞了無數古事物，且正不知掘準了沒有，如果先有幾種必要科學的訓練，可以一層一層的自然發現，不特得寶，並且得知當年入土之踪跡，這每每比所得物更是重大的智識。所以古史學在現在之需用測量本領及地質、氣象常識，並不少於航海家。中國史學者先沒有這些工具，那能使得史學進步，無非靠天幫忙，這裏那裏現些出土物，又靠西洋人的腿，然而卻又不一定是他們的腦袋，找到些新材料而已。整理自己的物事的工具尚不夠，更說不上整理別人的物事，如希拉藝術如何影響中國佛教藝術，中央亞細亞的文化成分如何影響到中國的物事，中國文化成分如何由安西西去，等等，西洋的東方學者之拿手好戲，日本近年也有竟敢去幹的，中國人目前只好拱手謝之而已。

由上列的三項看來，除幾個例外算，近幾世中中國語言學和歷史學實不大進步，其所以如此自是必然的事實。在中國的語言學和歷史學當年之有光榮的歷史，正因為能開拓的用材料，後來之衰歇，正因為題目固定了，材料不大擴充了，工具不添新的了。不過在中國境內語言學和歷史學的材料是最多的，歐洲人求之尚難得，我們卻坐看他毀壞亡失。我們著實不滿這個狀態，著實不服氣就是物質的原料以外，即便學問的原料，也被歐洲人搬了去乃至偷了去。我們很想借幾個不陳的工具，處治些新獲見的材料，所以才有這歷史語言研究所之設置。

我們宗旨第一條是保持亭林、百詩的遺訓。這不是因為我們震懾於大權威，也不是因為我們發什麼"懷古之幽情"，正因為我們覺得亭林、百詩在很早的時代已經使用最近代的手段，他們的歷史學和語言學都是照著材料的分量出貨物的。他們搜尋金石刻文以考證史事，親看地勢以察古地名。亭林於語言按照時和地變遷的這一個觀念看得頗清楚，百詩於文籍考訂上成那末一個偉大的模範著作，都是能利用舊的新的材料，客觀的處理實在問題，因解決之問題更生新問題，因問題之解決更要求多項的材料。這種精神在語言學和歷史學裏是必要的，也是充足的。本這精神，因行動擴充材料，因時代擴充工具，便是唯一的正當路徑。

宗旨第二條是擴張研究的材料。

第三條是擴張研究的工具。這兩層的理由上文中已敍說，不再重復了。這三件實在是一句話，沒有客觀的處理史學或語言學的題目之精神，即所謂亭林、百詩的遺訓者，是不感覺著擴充材料之必要，且正也擴充不了，若不擴張工具，也不能實現這精神，處置這材料。

關於我們宗旨的負面還有幾句話，要說。

（一）我們反對"國故"一個觀念。如果我們所去研究的材料多半是在中國的，這並不是由於我們專要研究"國"的東西，乃是因為在中國的材料到我們的手中方便些，因為我們前前後後對於這些材料或已經有了些研究，以後堆積上研究去方便些，好比在中國的地質或地理研究所所致力的，總多是些中國地質、地理問題，在中國的生物研究所所致力的，總多是些中國生物問題，在中國的氣象研究所所致力的，總是些中國各地氣象觀察。世界中無論那一種歷史學或那一種語言學，要想做科學的研究，只得用同一的方法，所以這學問斷不以國別成邏輯的分別，不過是因地域的方便成分工。國故本來即是國粹，不過說來客氣一點兒，而所謂國學院也恐怕是一個改良的存古學堂。原來"國學"、"中國學"等等名詞，說來都甚不祥，西洋人造了支那學"新諾邏輯"一個名詞，本是和埃及脫邏輯、亞西里亞邏輯同等看的，難道我們自己也要如此看嗎？果然中國還有將來，為什麼算學、天文、物理、化學等等不都成了國學，為什麼國學之下都僅僅是些言語、歷史、民俗等等題目？且這名詞還不通達，取所謂國學的大題目在語言學或歷史學的範圍中的而論，因為求這些題目之解決與推進，如我們上文所敘的，擴充材料，擴充工具，勢必至於弄到不國了，或不故了，或且不國不故了。這層並不是名詞的爭執，實在是精神的差異之表顯。（二）我們反對疏通，我們只是要把材料整理好，則事實自然顯明了。一分材料出一分貨，十分材料出十分貨，沒有材料便不出貨。兩件事實之間，隔著一大段，把他們聯絡起來的一切涉想，自然有些也是多多少少可以容許的，但推論是危險的事，以假設可能為當然是不誠信的事。所以我們存而不補，這是我們對於材料的態度；我們證而不疏，這是我們處置材料的手段。材料之內使他發見無遺，材料之外我們一點也不越過去說。果然我們同人中也有些在別處發揮歷史哲學或語言泛想，這些都僅可以當作私人的事，不是研究所的工作。（三）我們不做或者反對，所謂普及那一行中的工作。近百年中，拉丁文和希臘文在歐洲一般教育中之退步，和他們在學問上之進步，恰恰成正比例，我們希望在中國也是如此。現在中國希望製造一個新將來，取用材料自然最重要的是歐美的物質文明，即物質以外的東西也應該取精神於未衰敗的外國。歷史學和語言學之發達自然於教育上也有相當的關係，但這都不見得即是什麼經國之大業不朽之盛事，只要有十幾個書院的學究肯把他們的一生消耗到這些不生利的事物上，也就足以點綴國家之崇尚學術了——這一行的學術。這個反正沒有一般的用處，自然用不著去引誘別人也好這個。如果一旦引了，不特有時免不了致人於無用，且愛好的主觀過於我們的人進來時，帶進了些烏煙瘴氣，又怎麼辦？

這個歷史語言研究所本是大學院院長蔡先生委託在廣州的三人籌備的，現在正計畫和接洽應舉的事，已有些條隨著人的所在小小動手，卻還沒有把研究所的大體設定。稍過些時，北伐定功，破虜收京之後，這研究所的所在或者一部分在廣州一部分在北京，位置的方便供給我們許多工作進行的方便。我們最要注意的是求新材料，第一步想沿京漢路，安陽至易州，安陽殷墟以前盜出之物並非澈底發掘，易州、邯鄲又是燕趙故都，這一帶又是衛邶故域。這些地方我們既頗知其富有，又容易達到的，現在已著手調查及布置，河南軍事少靜止，便結隊前去。第二步是洛陽一帶，將來一步一步的西去，到中央亞細亞各地，就脫了純中國材料之範圍了。為這一些工作及隨時搜集之方便，我們想在洛陽或西安、燉煌或吐魯蕃、疏勒，設幾個工作站，"有志者事竟成"！因為廣州的地理位置，我們將要設置的研究所要有一半在廣州，在廣州的四方是最富於語言學和人類學的材料的，漢語將來之大成全靠各種方言之研究，廣東省內及鄰省有很多種的方言，可以每種每種的細細研究，並製定表式，用語音學幫助，作比較的調查。至於人類學的材料，則漢族以外還有幾個小民族，漢族以內，有幾個不同的式和部居，這些最可寶貴的材料怕要漸漸以開化和交通的緣故而消滅，我們想趕緊著手採集。我們又希望數年以後能在廣州發達南洋學：南洋之富於地質、生物的材料，是早已著明的了。南洋之富於人類學材料，現在已漸漸為人公認。南洋學應該是中國人的學問，因為南洋在一切意義上是"漢廣"。總而言之，我們不是讀書的人，我們只是上窮碧落下黃泉，動手動腳找東西！

現因我們研究所之要求及同人之祈向，想次第在兩年以內設立下列各組；各組之旨趣及計畫，以後分別刊印。

一、文籍考訂；

二、史料徵集；

三、考古；

四、人類及民物；

五、比較藝術；

　　以上歷史範圍；

六、漢語；

七、西南語；

八、中央亞細亞語；

九、語言學；

　　以上語言範圍。

歷史學和語言學發展到現在，已經不容易由個人作孤立的研究了，他既靠圖書館或學會供給他材料，靠團體為他尋材料，並且須得在一個研究的環境中，才能大家互相補其所不能，互相引會，互相訂正，於是乎孤立的製作漸漸的難，漸漸的無意謂，集眾的工作漸漸的成一切工作的樣式了。這集眾的工作中有的不過是幾個人就一題目之合作，有的可就是有規模的系統研究。無論範圍大小，只要其中步步都是做研究工夫的，便不會流成"官書"的無聊。所有這些集眾工作的題目及附帶的計劃，後來隨時布白。希望社會上欣賞這些問題，並同情這樣工作的人多多加以助力！果然我們動手動腳得有結果，因而更改了"讀書就是學問"的風氣，雖然比不得自然科學上的貢獻較為有益於民生國計，也或者可以免於妄自生事之譏誚罷？我們高呼：

一、把些傳統的或自造的"仁義禮智"和其他主觀，同歷史學和語言學混在一氣的人，絕對不是我們的同志！

二、要把歷史學、語言學建設得和生物學、地質學等同樣，乃是我們的同志！

三、我們要科學的東方學之正統在中國！

中央研究院歷史語言研究所籌備處

中華民國十七年五月　廣州

115. 傅斯年致《大公報》記者（1930 年 1 月 13 日）*

大公報記者足下：敬啟者，貴報一月十三日教育欄中"發掘殷墟甌甲文"一節係根據一方面之兩個傳單而作，與事實完全絕對不符。此事經過，現已由敝處編成說略，附以發掘方法、此後計劃等，不日印就。其去秋付印之報告書第一冊，亦將不日出版，當于印成時分別寄上，俾學術界知其真相。先此聲明，似當更正，即希　刊登貴報為荷。此頌
撰祺

傅斯年啟　一月十三日①

附：傅斯年致 Carl Whiting Bishop（稿）

只說殷墟②

1) Chinese Undertaking

2) 東西　out of question

3) 報告　Chinese-Acknowledges

      English

      Title pages

          Reports of the E. at Anyang

                 by

          N. R. I. H. P.（China

              with

      the financial support of the Freer Gallery

      English published by ------

---

*本函（檔號：元 142-4）背面為傅斯年致 Carl Whiting Bishop 函稿，列為附錄。

①頁末附註："此件《大公報》一月十四日已登出。"

②頁首傅斯年塗鴉，有"快挖"字樣。

116. 傅斯年致張鈁 （抄件）（1930 年 1 月 14 日） 檔號：元 141-11

伯英先生左右：行役大梁，獲交 長者，此生之幸，為樂何極，比維
　興居百福為禱。^{斯年}自辭別後，道行八日，始至北平（一月六日至）。
車行至緩，塗中奇寒，遂感小疾，一臥數日，箋候遲遲，幸乞 諒
宥。此次^{斯年}不虛一行，皆承 先生同情我等工作，主持道義之效，
此間同人聞之無不感荷。昨日函報蔡孑民先生及政府中關心此事者，
如譚組菴先生諸公，必同感佩也。李濟之兄已先^{斯年}返平，道及此季
工作頗有成績，地層已探清楚，此實工作中最要問題，既有把掘，以
後更易著手。房基一事，現仍未得確切斷定，須待下待。① 所出品物
有意想不及者數事，如刻人形之殘礎片，其花紋儼然銅器上者，而肢
體意致頗疑類于南島藝術，此物必成世界文化史上一大問題無疑也。
（此器尚未出完，下季應續求之。照片印就後奉上。）又有大鹿頭，其上刻
字，亦前所未聞，此真使吾等精神飛揚，必發憤工作十年，以為中國
古史學開一生面，亦以報 諸先生同情之疋耳。^{斯年}此次在汴，似已
將吾等觀點解釋明白，中央研究院對河南人士只有誠心合作，絕無爭
執之可言，力所能及，無不贊助，深信以後必能得地方賢士之諒解。
若過去何君行動，事屬無中生有，此等個人事，^敝院正不置之胸懷，
雖小屯史跡已有三分之一因無地層之記載而掘亂，然吾等不為之掃興
也。現在此項工作可多致（?）② 一人，已請南陽郭子衡（寶鈞）君惠
然加入，益以絃先先生諸位之助，下季工作必更有可觀耳。報告書第
一冊因製珂羅版之難，為京華印書局一壓四月，尚未印出，然舊歷新
年當可裝就，便以求正。碑林內紅房整理事，另函絃先先生。關于博
物館建築及陳設之書籍，已函英、德友人求致，下週當晤此間建築北
平圖書館之工師，便以 尊計商之。此類事如有所命，自當竭力奉
贊。先此奉白，餘容續達。敬頌

---

①編按："下待"當作"下季"。
②抄者註。

道安，不一。

弟傅——敬啟　一月十四日①

117. 傅斯年致許彥魯（抄件）（1930年1月15日）檔號：元141-12

彥魯先生：大梁快晤，欣幸無量，比想　一切安吉為祝。^弟等陸行八日，始至北平，塗中苦極，遂感風寒，一臥數日，昨日起始可治事也。濟之先生已先^弟到此，備悉此季工作極佳，如是做去，必為中國古史學開一生面，　兄聞之當同快愉也。現因工作方法及其他情形，盼　駕于二月下旬（中旬尤好），先同郭子衡先生來平一次，以便熟手而利工作，幸乞惠諾，至為感荷。^弟等則三月上旬赴豫，餘詳彥堂先生函。專此，敬頌
著安

弟傅——啟　一月十五日②

118. 傅斯年致王紘先（抄件）（1930年1月15日）檔號：元141-13

紘先先生左右：③ 大梁快晤，欽佩無極，比想　興居百福為祝為祝。^弟待車鄭州，一留四日，車行又緩，遂感風寒。一月六日抵平，一臥數日，日昨始可起治事也。箋候遲遲，幸弗為過。^弟此次在汴，想已將吾等立場解釋明白，即中央研究院對河南地方只有善意合作之可論，決無爭物爭氣之可言，設若事實之誤解，體外之支節，均可不論耳。^弟大約三月中旬仍至開封，停留一週，即赴彰德，濟之兄當同行。　先生擬明春加入吾等工作，必有大造，此間同人無不歡迎，並

---

①此處附註："十九年"。
②此處附註："十九年"。
③頁首附註："照鈔一月十五日致河南建設廳王紘先函。"

盼　先期至平一看吾等所中整理情形，如此必于田間工作有補，且藉曉然于吾等之宗旨與興會，返汴道之同志，又可解將來可能之誤會也，盼極盼極，幸乞　惠諾。何日命駕，並請電示，以便招待。本季濟之兄等工作成績極好，來平可以快談。先此奉白，餘容續陳。敬頌
道安

弟傅——敬啟①

119. 傅斯年致張鴻烈 （抄件）（1930 年 1 月 15 日）檔號：元 141-14

幼山先生左右：②　行役大梁，獲交　先生，為幸無量，欣快何似，比維　興居百福為禱。斯年自辭別後，道行八日，始抵北平。車行至緩，塗中奇寒，遂感小病，一臥數日，箋候遲遲，不勝歉然。弟此行不虛，皆承　諸先生同情我等工作之效，此間同人無不深感。昨日函報蔡子民先生及政府中關心此事，如譚組老諸公，必同佩也。李濟之兄已先弟返平，道及此季工作頗有成績，地層已探清楚，此實工作中最要問題，既有把掘，以後更易著手。所出品物有意想不及者，而房基問題，尚須留待下季工作中決定。如此看來，發憤十年，必為中國古史學開一生面，亦以報　諸先生同情之疋耳。弟此次在汴，似已將吾等觀點解釋明白，中央研究院對河南地方絕無爭執之可言，以前只宜作為節外之枝。濟之亦當于春季開工前一至汴梁，藉晤地方人士。現又約郭子衡君一同加入吾等同作。碑林中紅房之修置，亦當于春季開始，似乎此舉可以成功，支節可以免去。若欲煩難，仍當奉擾　清神，想不以為過也。報告書第一冊一印四個月不就，舊年中當可裝成，便以奉正。匆匆布臆，餘容續白。敬頌
道安

弟傅——敬上③

---

①頁末收發註記：“十九年一月十五日”。
②頁首附註：“照鈔一月十五日致河南張幼山函。”
③頁末收發註記：“十九年一月十五日”。

120. 傅斯年致黃自芳、張嘉謀（抄件）（1930 年 1 月 15 日）檔號：元 141-15

自芳先生、中孚老伯左右：^① 行役大梁，獲交　長者，此生之幸，為樂何極，比想　興居百福為祝為祝。^{斯年}在鄭待車四日，車行又四日，本月六日始抵此間，居然一病，昨始差愈，箋候遲遲，幸勿為過。^{斯年}此番至汴，似將吾等立點解釋明白，即中央研究院對河南地方決無爭執之可言，而力能贊助者，亦無不為力是視，若個人支節，誠然不在話下也。現知攷古組有增一人之可能，即約子衡先生，以後有機會，亦當儘先河南學者，此亦足以見吾等切願與地方合作也。何君近又發傳單，頗為奇事，照理不應于解決之後仍為譏議之言，吾等始終未在報上宣傳，未作任何文字，蓋大體應如是。今有不切之傳單，默則自居于非禮，如何如何？此事以　兩先生觀之，是否尚有餘波，^{斯年}等決不多事，然亦必貫澈其事業，不以困難而廢，幸　兩先生有以教之。濟之自彰返，知此季成績極佳，彥堂正作“獲麟解”（一笑），而^弟等專設疑以惱，此等生活至可樂也。又有殘礎，刻文身之人，此器必成世界文化史上一大問題。嚴冬日一過，春日重來，發憤大舉成此盛業，借報　諸先生同情之迋耳。（此工作看來必生極大影響）第一期報告，以製版故迄未印就，舊年中總可裝成，便以求正。　自芳先生現返葉縣否？^{斯年}去汴時見大繪叢菊，為之神爽，可否賜畫一幅，日內當託汴友奉帋。論通志一文必排脫他事，早日為之。昨日病起，已思執筆，惟信債層尺須還，公事一篋待辦，且學疏書荒，亦須先作涉獵，要本月內必執筆耳。惟寫成必失望于　兩先生，思之倍怯。伯益先生處聞尚有“三元一回家”之語，未免失達。敢煩　兩先生仍代勸駕，同人無不歡迎。文濤兄近有信否？家書中幸道^{斯年}啟候也。先此奉白，餘容續陳。敬頌

---

①頁首附註：“照鈔一月十五日致自芳、中孚函。”

道安，不一。

斯年敬上[1]

121. 傅斯年致黃際遇 （抄件）（1930 年 1 月 15 日）檔號：元 141–16

任初吾兄左右：^弟此次到開封，若非吾兄在彼，不特事辦不成且身體上要吃好些苦，居然在中山大學舒舒服服任著物質上的安逸，精神上的快樂，使^弟忘了是在旅行中，這是何等難得的事。感謝的話既說不完，爽性不說了。

^弟在鄭州等了三天，車行四天，本月六日下午到了北平，果然病了，一睡幾天，遲遲寫信，正是如此。自前日起始可起來做點事，想你不會見怪的。

^弟曾預言回平必病，已而果然。在開封實有幾天氣悶，歸來氣鬆，遂"不起"耳。此間同人均感吾　兄贊助之盛誼，不敢不告。

歷史、國文教員事，已分別託人，結果如何不可知，但^弟總盡力去做，若教育則正無人可託，奈何奈何！

濟之兄已先^弟返平，據云此次雖為人將殷墟（小屯一部）三分一挖得無地層之紀錄，然吾等工作成績極好，有意想不到之發見，如此做下去，必為中國古史學開一生面，此與汴中大史學之發展當極有關係也。

春季中大有學生前來練習否？如有，異常歡迎。其辦法即如^弟所宣布。

^弟到此發昏，尚未函南京諸友，稍暇當以中大成績奉告蔡、廖先生，中大與部中關係，^弟斷言絕無問題。大局稍定，盼　兄一作京遊，^弟當電教育部中友人妥為招待。

^弟行後，何又發宣言，真不知是何道理。對教廳又有公事否？如有，

---

[1]頁末收發註記："十九年一月十五日"。

乞批以已解決，無庸再論矣，如何？再，關君未必就教廳之聘，其補

缺之人選，^弟願于發表前一參加意見，此與合作之成績大有關係也。

兄年假中來北平否？^弟等異常歡迎，來時請電示，便奉迓。

^弟此次在汴"騷擾"大學，心夜思之，無以為報，擬奉書數冊，以結

紀念，正在配集，容日奉呈。中山大學同人待^弟之丞，思之彌深，下

次至汴，必作一系統之演講耳。^弟或可代約他位也。^弟不快之行，以

兄等故，變為至快之舉，可恨不能賦詩以彰盛德耳，一笑。姑寫至此

處，餘再談。敬頌

教安

^弟斯年上　一月十五日①

122. 傅斯年致魏烈丞、馬輯武、徐金溙（抄件）（1930 年 1 月 15 日）檔號：元 141-10

烈承②、輯武、侍峰三先生：行役大梁，獲交　有德，此生之幸，為

樂何極，比想　興居百福為頌為頌。^弟在鄭待車三日，車行又三日，

計一月六日始抵北平，"鄭州過年"成讖語矣，亦佳話也。返來備道

　諸先生同情之丞，此間同人無不感謝，一番紛紜，終得結果，皆

諸先生力也。^弟此次在汴，似已將吾等立點解釋明白，即中央研究院

對河南地方只有誠意合作之可論，決無爭物爭氣之可言，支節出于無

仍當還之于無耳。^弟在汴在其他地方從未作任何報帋宣傳，實因目的

在殷墟工作得以不廢，不事爭執。今解決之後，又有宣言，實給吾等

一難題，辦與不辦，幸　諸先生有以教之。此事看來是否尚有餘波，

吾等立點決不多事，亦決不放棄此文化之盛業，如此態度自邀　諸先

生之同情也。第一期報告為京華印書局一壓四月，月內想可出版，便

---

①此處附註："十九年"。

②編按：魏烈丞（1889—1944），本名士駿，曾任河南省立第一女子師範學校校長。

以奉上求正。茲先寄上《集刊》第一期，此亦一印一年餘者也。安陽工作現有增加一人之可能，已約子衡先生，幸代勸駕。濟之兄先^弟而歸，知此季雖有如許不幸而成績極佳，有意想不到之發見，地層以掘長壕而看得清清楚楚，此題解決，綱領定矣。房基頗有意思，決定仍待下季。彥堂正作"獲麟解"，而^弟等強設難以惱之，如此生活至足樂也。又出一石礎殘片，可略見當時藝術統系，此皆壯吾等氣者，故小屯雖有三分一無地層之記載，吾等正不掃興也。　諸先生明春願一至安陽否？當竭誠歡迎。^弟仍先一至開封，修飾碑林紅房，借圖快晤。伯益先生尚有成見否？吾等竭誠歡迎，幸代勸駕，至感。先此奉白，餘容後陳。敬頌

教安

^弟斯年敬啟　一月十五日①

123. 傅斯年致楊銓（抄件）（1930 年 1 月 28 日）檔號：IV：378-14

杏佛吾兄：河南的 deuce 已如前長函所述，茲將近日討論方針述之如左：

一、無論如何，中央研究院必避免與一般河南人之衝突，更應進一步，處處表示好意。（其所以同人主張如此者，因中央研究院斷不可表示偏狹，而攷古學之將來，又斷不可與河南絕緣。）在此意義之下，費事費錢，勢所難免。然正為完成殷墟工作，顧不得枝葉也。

^弟等所以決如此者，因殷墟工作至今之成績，已至可驚。若順利下去，三、五年後必為中國古學開一新紀元，亦必為世界文化史上增一大刺激，添一新方面。（此尚是客氣言之，或亦開一新

---

① 此處附註："十九年"。

紀元耳。)去年梅原[①]見工作方法，以為 Epoch-making，非虛語也。此並非^弟等吹螺，實有斷然之自信。寅恪且謂本所設置之意義，似乎即全為此者。一地點、二人力、三財力，三件湊好的事不多，而今得之，真萬萬不能也。

二、對何日章以後取懷柔態度。今春濟之先一至開封，或一晤之也。

三、中央政府方面仍再下一根基，即將解決方法，呈請備案，同時請通令河南省政府切實保護。^弟在河南仍靠政府原電，此電雖未即時發生効力，然未遭拒者，此耳。

因上列宗旨，目下應辦者數事：

一、院復河南省政府公文稿已擬就，乞　查看。如無不妥，乞用之。(此文係本所開會解決者，其中甚費斟酌。)

二、呈政府一文，乞酌用。

三、先提前將一部東西(與研究已無關者)趕今春工作之先送去(以安河南人之心)。

四、拉籠上幾個河南有力量之人，特別是張伯英。(鈁)

五、多用一位有才學之河南人，兼能對付者。此人以郭寶鈞君為相宜，此君去年攷古組本有意用之，後來一時忽略。^弟此次在汴，見此人頗妥。如早用他，或可免去季如此大戰矣。其待遇似乎助理員稍底，而編輯員則不及。濟之與^弟等意，作為"調查員，月薪百四十元"。可否？乞　兄酌之！

六、所謂在"碑林"中之陳設問題，當有所費。濟之在彰，作安陽古物館提議時，本謂房子以外，由吾等任之。^弟在開封惡戰時，亦曾說過這個大話。好在本年至多不過三數百元，^弟亦只允在數百範圍內者，非謂以後永遠可擔任也。

七、目前接到張伯英電(另抄)，既以振款為名，自不能拒絕。星

---

①編按：梅原末治(1893—1983)，日本大阪人，時任日本東方文化學院京都研究所所員。

期六開所務會議，同人意以為不妨更進一步，捐第一、二期報告各五百份於賑款，如此真表示吾等對河南人之好意，且又是張伯英事也。好在此報告銷路必不錯，稍定貴點亦不妨。且因振災事急，售書事緩，可先墊支若干。凡此種種，明知亦是一種損失，然事如今，只好以成事為念。且此係院權，而前日之所務會務①用之!② 真抱歉之極，只望吾 兄見諒濟之與弟此日之苦衷耳。

八、現定三月中旬去工作，先期弟偕濟之再一至開封，俾弟將在汴五週所接洽之頭緒，一一與濟之拉上。此時做事，只好謹慎些，與其救之于後，毋甯防之于先耳。

目下有一事須述者，Bishop 君已來。此君係 Foeer Gallery③ 之副長，此翻來華，非為此項工作，但此工作與美國方面究竟如何"公式"決定，至今是懸案。如借此君此遊解決而宣布之，亦快事也。不宣布，人將疑吾等有私矣。弟與其談一次，甚好，極君子相。他云："一切條件無不可辦，如不得已，即不說是他捐款亦可。只求（一）事成，（二）表示中美友誼，而證美國人非皆 Andrews 也。"弟意，辦法如下：

一、由他來函聲明捐款，不索條件，由院面函謝之。此交換即登于每 Volume（《殷墟報告》）之前頁，以為 Acknowledgements。

二、中英合刊，各分一半刊費（亦聲明之），但只作為本院出版。（只用上項法表謝）弟等所以有此主張者，因此工作必為世界學術界之大問題，外國人總祖外國人，此工作中國人之貢獻最大，（一、名器，二、人才，三、事務，四、錢之一部分）不便使外國人覺得不全是中國事業也。

三、如此項辦不到，則分刊。但：

---

①編按："會務"當作"會議"。
②行首自註："下不為例"。
③編按："Foeer Gallery"當作"Freer Gallery of Art"。

（a）吾等方面仍可于每文之下作一英文節略。

（b）他們印濟之著作時，于每文題之下文之上刊 "Contribution from the National Research Institute of History and Philology, Academia Sinica" 字樣。

（3）總報告事待後商量。

如是得步進步，似嫌小氣，然此問題必成世界的問題，中央研究院此日正在建設其國際上之 Credit，故其功績、Credit 屬之于誰，吾等不能不十分捉住。所謂"窮小子擔不起大量"，此之謂乎？明後日當與具體談之，再奉告。請先以此函　呈孑師，至感！敬頌

日安

弟_{斯年}　一月廿八日

（一）第一組事、（二）出版、（三）用費報告，待日內詳陳。

附：代擬院復河南省政府公文稿

函河南省政府為派本院傅所長斯年前往接洽安陽發掘事件由

逕啟者：敝院在貴省安陽縣小屯村為考古之發掘已逾一年，中因　貴省圖書館長何日章矇報事實，以致發生障礙，經由敝院呈請國民政府重行前往，已奉　主席核准，遵即派考古組于本月十二日赴彰德工作。茲因解釋以前真相以清責任而除誤會並籌根本辦法起見，特派敝院歷史語言研究所傅所長斯年前往與　貴省政【府】接洽一切，為此通知，諸希　查照為荷。此致

河南省政府

國————————院長————————①

附說二事②

————————

① 頁末楊銓批示："照繕，交傅先生携往。銓。"

② 頁首自註："此係接　兄函前所寫，此日如何辦，請　兄斟酌可也。"又許壽裳附註："先繕送錢乙藜祕書後補稿。裳。二月十二日。"

一、此文不必即呈，或可於一、二週後。以　兄先一接洽過為便，
（不必專去，待　兄去京之便耳。）或請稚老一函古公或譚公，兼
通知錢乙藜兄，託其行文中加力些。（^弟日函^①函錢）

二、政府給河南文，似乎一令為妙，蓋文官處"奉主席諭照准"一
句話，頗近例行公事也。

^弟覺此事甚重要，^弟在河南，未經遭其拒絕者，誠政府二電之故。
此二電雖未即時發生效力，終為成事張本也。

124. 傅斯年致 Carl Whiting Bishop（打字件）（1930 年 2 月 10 日）*

Academia Sinica,

National Research Institute

of History and Philology,

Pei hai, Peiping.

10 February, 1930.

Carl W. Bishop, Esq.,

Associate Curator,

Freer Gallery of Art,

Smithsonian Institution,

% American Legation,

Peiping, China.

My dear Mr. Bishop: -

I beg to acknowledge the receipt of your letter dated 8 February,
1930, expressing the wish of the Freer Gallery of Art of Smithsonian In-

---

①編按："日函"當作"日內"。

*本函有打字稿（檔號：元52-5）及打字件（檔號：元52-6）兩種，據打字件
整理。

stitution to be cooperative with the National Research Institute of History and Philology of the Academia Sinica, in connection with the conduct of excavations at Anyang, and offering the following terms as a basis for such cooperation:

"1. That the direction of such work as may be undertaken under the terms of this proposal shall be in the hands of the Director of the National Research Institute of History and Philology. "

"2. That all objects of archaeological interest thus discovered shall be at the disposal of the National Government of the Republic of China, at Nanking or elsewhere, at its discretion for purposes of scientific study and such public display as may be deemed proper. "

"3. That the results of such excavations and studies shall be published both in Chinese and in English, the Chinese text by the National Research Institute of History and Philology, and that in English by the Freer Gallery of Art. "

"4. That the expense of the contemplated excavations and the studies shall be borne jointly by the National Research Institute of History and Philology and the Freer Gallery of Art, in such proportions as the successful prosecution of the work shall render desirable. "

" 5. That this agreement shall remain in force, circumstances permitting, until the end of the present calendar year of 1930. "

In reply I wish to say that the terms you offered are highly satisfactory and acceptable to the National Research Institute of History and Philology, which aims particularly at promoting Chinese study on a modern scientific basis, and is therefore most desirous to be in close association with institutions that may share the same aim.

Permit me, therefore, to express my sincere appreciation for the scientific spirit of the Freer Gallery of Art of Smithsonian Institution, that has prompted such a friendly call, to which it is the fortune of the National Research Institute of History and Philology to respond. With my warmest regards, I am,

Yours sincerely,

Fu Ssunien, Director,

National Research Institute

of History and Philology.

附: 打字件刪節之附帶條款

P. S. The abover terms of agreement have been unanimously passed upon at a council meeting of the Institute held on 9 February, 1930. The members of the council wish also to have two of the other understandings recorded:

1. That these letters exchanged shall be published in every issue of the Chinese publication under this agreement together with their Chinese translations.

2. That the same shall be published in every issue of the English publication under this agreement; the title page of the English publication shall each time contain the statement: "Contribution from the National Research Institute of History and Philology, Academia Sinica."

Since these amendments are only parts of what we have already agreed on, I am sure that they will meet with your acceptance. Again, I am,

Yours Sincerely,

Fu Ssunien, Director,

National Research Institute

of History and Philology.

125. 傅斯年致 Carl Whiting Bishop (打字件) (1930 年 2 月 10 日) 檔號: 元 52-7

February 10, 1930.

Dear Mr. Bishop,

With reference to my reply to you of to-day, I have the pleasure to suggest the following three additional points on behalf of the Council of our Institute for your consideration:

1. that the expression "English version published by the Freer Gallery of Art" shall appear on the cover of the publication of the English text.

2. that articles in the English version by members of the National Research Institute of History and Philology shall bear the official titles of the authors in the said Institute.

3. that the National Research Institute of History and Philology shall contribute a preface to the English version, the text of which shall meet the approval of the Curator of the Freer Gallery of Art.

We should be glad if you would be good enough to give your opinion concerning these three points.

Yours sincerely,

Fu Ssunien.

126. 傅斯年致張鈁、張鴻烈 (抄件) (1930 年 2 月 11 日) 檔號：元 141–19

伯英、幼山兩先生左右：久未箋候，比想　興居百福為祝為祝。^{斯年}抵平之後，接連小病，恨何如之。日內連接開封友人函，知殷墟事件又有變化，大意謂何日章先生呈請省府發掘安陽、輝縣、洛陽各處，同時並舉，其殷墟方面並撥駐軍一旅助之，照准之令已於本月四日接到，何君整裝待發，云云。讀之不勝詫異。查殷墟發掘去秋平空生波，成兩方對掘之勢，省府解決此事本以對掘為不然，故于會議中決定不分掘，而議成原則交兩先生及靜齋與^{斯年}接洽，其後來之"解決辦法"第一條，即謂"為謀中央學術機關與地方政府合作起見，由教育廳遴選學者一人至三人參加國立中央研究院安陽殷虛發掘團。"今案已解決，又由^敝院呈請國府備案，別有此舉，勢等推翻，不特前功盡棄，而　兩先生及任初先生贊扶學術事業之苦心亦廢之一旦。發掘事業本無爭執之可言，惟敝所工作此事經由長期之準備，乃一整個的計畫。去年工作，諸處小心，故地層問題得以解決，而房基、墟址等問題，尚待今年。滿意全部成功，報告書出，不特吾等艱辛得其結果，即諸先生雅善亦得實現，而河南文物更得光明，非一人之幸也。今又波折，非諸先生之望而誰望？意者，何君呈請省府必將安陽、洛陽、輝縣籠統言之，省府未經意，總為批准，一時忘却安陽一部分原有解決，非有成見也。此時如兩先生特將此點提出，向省府說明事經解決，不便更改，補給何君一令，指出安陽發掘原已解決，應行除外，勿再前往，則波折頓息，扶持功成，非特弟等個人拜賜也。若事件並非如此，別有曲折，亦乞妥為維護，消于無形。斯年近將赴汴一行，一切面謝。目下何君出馬在即，乞早為了結，為幸何極！匆匆具陳，佇候電命。敬頌　道安。　任初先生處並候。

弟傅斯年敬上　二月十一日①

127. 傅斯年致張鈁、張鴻烈 （電） （1930 年 2 月 12 日）檔號：元 141-20

開封建設廳。張伯英先生並轉幼山先生道鑒：據汴函知此次波折係由某方泛請發掘殷墟、洛陽、輝縣各地。省府泛准令下，已束裝待發。案安陽一部分事解決在前，似可由兩先生請省政府令行某方據成案將安陽殷墟除外，勿庸前往。如是可竟吾等詳密工作之功，亦河南史蹟之幸。幸亟圖之，至感。盼復。斯年。文。

128. 傅斯年致樊象離 （1930 年 2 月 12 日）檔號：元 286-8

虛心先生左右：前在都中獲承　塵教，　亮節清風，為國勤勞，載馳

---

①此處附註："十九年"。

景仰，比想　興居康吉，為祝為禱。^弟于奉晤之次日北行，汴遊兩月，既阻于兵，又阻于雪，上月中旬始返北平。前承　囑備一函，藉便先由　先生函知北平古物陳列所照辦一切，祇因^弟不在所，遷延至今，有負雅懷，感愧何已。茲謹述其綱略，先是去夏　貴部所轄古物陳列所託拓工周希丁君將熱河一部份拓成若干份，花紋銘文具備，除由古物陳列所存若干份外，其主任張先生①、鑒定專家容先生②、拓師周君皆各得一份。^敝所有研究員數人，如李濟、徐中舒、董作賓諸先生均正研究商周銅器花紋，參以公私所藏，濟以西方古代花紋形式，頗有新獲之義。在此工作中故宮博物院等曾為充分之幫忙，^敝所以學術機關理應相助，並夙荷　貴部秉公持義之義，故敢上陳^敝院轉咨　貴部，請求惠給一份，俾成^敝所此項工作。旋接到　貴部禮字第五十二號公函允許，曷勝感荷。事隔數日，又接　貴部禮字第七十六號公函，始知古物陳列所對　貴部此項高誼未經接受，且有"此端一開，援例請求，紛雜淆亂，方礙滋甚"等語，^敝所頗覺驚異，當即託人轉詢何意，始悉^敝院逕函　貴部，未先事與陳列所接洽，頗引誤會，此誠非^敝所同人始料所及也。^敝所所以未先在此接洽者，因^敝所近自粵遷平，與古物所同人初不相識，而　貴部與^敝院皆隸屬中央之機關，公私交誼均屬融厚，初無他意也。此項拓本既分贈私人，則^敝所以中央隸屬之機關似承　覿一份藉便研究，如拓工、紙墨需若干費用，亦可奉上，只望李、徐諸君于藉此與古代花紋上有所供獻，是皆　貴部之賜也。且學術機關向有交換之誼，如承同意，此後^敝所搨品亦可奉贈，此兩便者，盼　先生告以勿因手續妨及公誼，曷勝感幸。再，陳列所

---

① 編按：張允亮（1889—1952），字庚樓，時任北平古物陳列所主任。

② 編按：容庚（1894—1983），本名肇庚，字希白，時任燕京大學教授兼北平古物陳列所鑒定委員。

復　貴部呈于^敝所研究之便及照像兩事，致難頗多，此更屬之誤會。^敝所係屬于中央之學術研究機關，而研究材料不能自備，勢賴公私收藏家之贊助，私人尚可如此，公家更不待言。在^敝所決無妄添麻煩之理，在陳列所則許人照像本若干年之成例，最近尚有瑞典人在內擇照多種，此北平學界所共知，果可施之于外國人，而陳列所未嘗感覺不便者，對政府設置之學術機關似不必反為岐視，且^敝所所求並非無限制之奉援，只為研究某個問題需用某件時願得觀察其實物（陳列所件未在外陳列者遠較陳列者為多）或取得其相片而已，費事有限而照像之費仍當奉償，此均國內外學術機關應有之常，如承　先生為之解釋，或不至再遭深拒，^敝所若干研究工作得以進行，幸何如之。

又有陳者，^弟自汴返平，始知陳列所與^敝院所轄之歷史博物館發生糾葛。先是古物陳列所向無在午門正門售票之例，其初發午門門券本在午門後鐵柵欄售，此亦先與歷史博物館接洽妥當者。蓋自民國五年內務、教育兩部呈准大總統撥出午門、端門一帶歸教育部辦博物館、圖書館後，午門即長加扃閉，于六年二月十六日咨准內政部"其午門正門三座並應一律扃閉，藉清界限"，蓋午門無異歷史博物館之後牆，若長時開啟，歷史博物館失其院落，事將無從維持。然國家大典仍須開門，却不賣票，十餘年來行之如此。前年秋古物陳列所欲在午門設一賣票處，曾由歷史博物館格外幫助，約在鐵柵欄賣票，如此行之又一年餘，今年一月二日陳列所忽自開午門，排攤于此叫賣售票，此情頗不雅觀（如附上照像），而歷史博物館勢將因此失其院落，至為不便，即派人往陳列所詢問，逾數日^弟自汴返，聞之即謂歷史博物館同人云，中央研究院決無與內政部管轄機關發生吵嚷之理，可由^弟一手妥當辦理，無論來原若何無理，萬勿別生枝節。^弟即往晤陳列所張主任談數小時之久，張主任似是一長者，而其他職員言語頗不合情理，後張主任說出陳列所目的不在開午門而在得一售票之方便云云。^弟即謂此當詳籌奉助之法。歸後思出一法，即歷史博物館可代古物陳列所于自賣票期內在午門售票。此法為歷史博物館添事甚多，強之而後可，初意必邀陳列所贊同，乃後來^弟又親往一次，又派人去若干次，陳列所始終延宕。^弟又聲明如陳列所另有善法，在^敝館不失其院落，在貴所得售票之方便者，當無不可以通融。于是該所提議將午門前歷史博物館之售票處分給該所，或在腋門前售票而由該所自派保安隊設崗，此則涉及歷史博物館之隸屬問題，非^弟所能贊助矣。^弟遷就退讓，至再至三，歷歷聲言文化機關不可爭執，往返奔走，疲敝已極，然迄不得要領。廢歷正月初一該所又來歷史博物館院內賣票，且將原設繩索割去，此項繩索設置已久，本為攬東西闕門往來人眾接近午門者。^弟去年奉院命點收，親自見之，竟為割去，至可駭人，用視廢歷尤為異事。^弟迫不得已，只好呈報^敝院，惟思此項不合事體之舉，　貴部必不知之，以　貴部之執事公正，當非秉承命令而行，必是率行己意之過，故仍託^敝院楊幹事長先行與　先生接洽，再動公事，以全事體。茲再奉函瀆述，想　先生必有以善其後也，感荷何如。專此，敬頌

勛祺

楊部長[1]處候祺不另。

二月十二日[2]

129. 傅斯年致張鈁、張鴻烈（1930 年 2 月 18 日）檔號：元 141-22

伯英、幼山先生道鑒：兩電一函，計均達鑒。久未奉覆，今晨復上一電。^弟覺安陽事之再起波折，至為奇異，此事經過本由　先生贊助，方得去年十二月之解決，滿意以後工作可以順利，吾等凡可以贊助河

---

① 編按：楊兆泰（1880—1936），字階三，時任內政部部長。
② 頁末收發註記："十五日寄。"

南人士者，當無不為力是視，例如訓練學生、陳列開封等事，均願效
其黽勉之勞。果再將前之解決辦法推翻，① 學術前途且不論，如省政
府之威信何？如 諸先生成全此事之善意何？ 先生于此事為經手之
人，（教育廳為主管之機關）挽回東流非 先生之望而誰望？敢乞 設
法維持原案，並明示一切，至為感激。敬頌
道安

弟斯年 二月十八日

130. 傅斯年致蔡元培、楊銓（電）（1930 年 3 月 6 日）檔號：元 52-1

上海。究。② 蔡、楊先生：畢士博想已晤。同人宗旨：成績須歸本院，
殷墟以外發掘擬獨力辦。年。③

131. 李濟、傅斯年致蔡元培、楊銓（電）（1930 年 3 月 10 日）檔 號：元 141-25

究。上海。蔡孑民、楊杏佛兩先生：何等趁火打刼，自二月十七起在
彰日用七、八十工人亂掘，將去年吾等未完工之地段一律毀壞。弟等
託汴友接洽，全無效力，乞院電豫省府嚴重質問前約何以自定自翻，
並請國府嚴令豫省須即停止，查辦何氏，以保史蹟，至叩。弟等擬將
工作成績運京滬展覽演講，聊助本院事業宣傳，可否，電復。
濟、年。④

---

①行首自註："merited, merited"。
②頁首自註："Radio"。
③頁末收發註記："十九年三月六日下三時"。
④頁末收發註記："三月十日"。

132. 傅斯年致北京大學（1930 年 4 月 15 日）*

中華民國十九年四月十五日

逕啟者：茲有致東亞考古協會一函，事關^{敝所}甚重，因該協會之組成原由北京大學考古學會為之一部，擬請　貴校將此函登入《日刊》，以便　貴校同人一體了解。如荷同意，不盡感謝。此致
國立北京大學

國立中央研究院歷史語言研究所所長傅斯年

133. 傅斯年致東亞考古協會（1930 年 4 月 15 日）檔號：元 434-6

逕啟者：頃奉^敝院院長蔡先生函引十八年十月十八日貴協會委員會議決案第六"中央研究院歷史語言研究所請求加入本會案，議決由本【會】通知歡迎其加入"等語，敝所同人對此不勝詫異，不特敝所未接到此項通知，尤無此項請求，更與貴協會素無來往。事出無因，理應更正。相應函達，即希更正，以符名實。此致
東亞考古協會

國立中央研究院歷史語言研究所所長傅斯年　十九年四月十五日

134. 傅斯年致《史學雜志》編輯（1930 年 4 月 15 日）**

《史學雜志》編輯先生大鑒：頃閱貴志第一卷（？）第一期（？）① 柳詒

---

* 本函有手稿本（檔號：元 434-6）及繕本（檔號：元 434-5）兩種，據繕本整理。

** 本函有手稿本（檔號：元 377-3）及抽印本（載《史學雜志》第 2 卷第 3、4 期合刊，南京：中國史學會，1930 年 9 月）兩種，字句略異，據手稿本整理。又，抽印本標題："附錄　中央研究院歷史語言研究所傅斯年君來函"。頁末有《史學雜志》編者附語："編者按：傅君函中另附《國立中央研究院歷史語言研究所發掘安陽殷墟之經過》一冊，內分三篇，（一）敬告河南人士及他地人士之關心文化學術事業者，（二）現代考古學與殷墟發掘，（三）甲骨文研究的擴大，茲附錄（二）（三）兩篇于后，以見傅君所謂近代科學的考古方法研究之一斑云。"

① 編按：柳文載《史學雜志》第 2 卷第 1 期（南京：中國史學會，1930 年 3 月）。

徵先生《論文化事業之爭執》一文，高論名言，不勝佩荷。所謂確定政治系統者，誠為不刊之論。果中華民國有古物保管發掘法，如一切文化國家所當有者，則敝所在安陽之工作，自可省去若干支節。又如十個月以來，所謂河南省政府者，在行為上真成其為政府，則殷墟今日之悲劇，亦可無有。故同人深感尊論實為探本之言。然柳君文引何日章破壞敝所殷墟工作，為文化事業爭執之例，則與事實完全不符。此事經過，不特非中央與地方之爭，且非中央研究院與河南學術團體之爭，乃何氏蓄志以河南境內古物為其勢力範圍，中央研究院無論如何遷就，彼必破壞以逞其私也。案，敝所往安陽之工作，本得河南省政府之許可，非逕自前往。旋何日章君請省政府函達敝院，將一部分古物置於開封。敝院當即函復，研究後分存首都及本地。是敝院但求研究，不據古物為己有之意，昭然若揭。其後軍事繁興，安陽土匪四起，李濟之先生在章河橋炸五小時前攜數骨類、陶類來北平本所，以求工作之不斷，更以便北平專門學者之參與研究。此本研究中必有之處置，為一切文化國家之通例。果因而誤會，來函聲詢，自可充分解答。乃何日章突于十月初旬，到安陽布告禁止吾等工作，由彼之妻舅警察學校畢業軒君①率領“發掘”，無方法，無問題，公然聲言是來找寶貝的。斯年入京，向院陳明一切，由國府一再電令河南省政府“保護中央研究院發掘，停止何日章任意發掘，以免損毀現狀，致墜前功。”無如省政府職員中，有其好友，擱壓不理。斯年並即赴汴，向地方人士解釋。一則謂此事決非中央研究院與地方人士之爭執，吾等只求工作之安全順利，絕不據古物為己有。再則謂敝院願借殷墟發掘之機會，為河南學術作一切可能之幫助。地方賢士，表同情于我等者甚多，僅何氏及其二、三黨羽，曲繪其事如中央與地方之學術爭執耳。經長時之接洽，始得與河南省政府作五條之約定。乃斯年一去開封，何君又設術推翻此案，更派其警官妻舅前往大掘。此真殷墟之悲劇矣！吾等所敢自信者，為近代科學的考古方法。故以殷墟為一整個問題，並不專注意甲骨等。滿意工作經若干年，為中國古史解決若干

---

①編按：軒仲湘。

重要問題，為中國史學爭一國際的地位，故李濟、董作賓先生等在場
工作，方法求其至細，工具求其至精，記錄求其詳盡。近代考古學之
殊于傳統的古器物學處，即在問題之零整，記錄之虛實，目證之有
無。李、董諸君行之，為時不多，遭厄尤巨，然已引起國際學術之注
意。若任何氏毀壞史料，國立中央研究院之責任安在？果何君能組成
一個像樣的發掘團，吾等本叮奉讓。無如何氏團中僅有一位號稱古學
家之關君，從未一履安陽工作之場。率其事者，乃其警官妻舅。無照
像專人，僅雇一照像館員，學我等工作時照像，而不知其何謂。遇一
墓葬，見頭取頭，見腿取腿，積而陳之，不知誰為誰之頭。其葬式之
記載，更無論矣！陶片則一往棄置。見吾等收之，偶效吾等保留若
干。若地基問題，更不知何解矣。又專以市場價值為價值。彼等初次
到安陽，經介紹到吾等工作地參觀三日，不言何為。見一白瓦片，大
喜，謂若置開封，可值九十餘元。近督責工人，亦以誰能找到出寶的
地方，則分半價獎之為言。此真太不成事體矣！尋此事之所以至此
者，皆緣政治不上軌道，政府電文毫無效力。而何氏雖無學問，逢迎
之手段則普著于河南。歷次軍閥，皆經其逢迎，而得接近。故非吾等
向遺是非者，所得而對當也。河南學人旅北平者，如徐炳昶、李敬
修[1]、馮友蘭、傅銅等先生，皆同情于我等，一再函責河南省政府。
北平古學先輩，如馬衡先生等，亦皆以為公敵。可知此事既非學術之
爭，又非地方之爭，乃生當亂世，行路遇到打劫者也。貴志引為文化
事業之爭執，乃但據何君傳單而立論。然何君傳單，直是欺語。彼見
吾等工作之術，不得不抄襲若干方法論。然其在安陽、在開封所作為
者，則與此全不相干。其記事尤欺妄也。所有詳細經過，及吾等立
點，詳近刊三篇[2]中。如荷貴報全為登出，既以校正貴報所登何君的
傳單之誤，並以傳學術消息于關懷之人，為公為私，不勝感幸！貴報
領袖東南之學人，負荷史學之大業，于文化事業爭執既標篤論，于學

---

①編按：李時燦（1866—1943），字敏修。

②編按：附錄三篇，據《安陽發掘報告》第 2 期，北平：中研院史語所，1930 年
12 月，第 387—421 頁補。

術屯厄必為義方之言！敢布區區。敬頌

著安

傅斯年敬白　四月十五日

附一：傅斯年《本所發掘安陽殷墟之經過》

敬告河南人士及他地人士之關心文化學術事業者

敝所安陽殷墟之發掘及研究，事經年餘，頗有新義之取獲，承過我者期許。惟學術事業，不尚宣傳，持未完之工作眩之于眾，吾等初不以為當務之急。且本院設置，非襲北庭之舊，實在黨國奠都南京之時，尤願當建國之際會，樹堅實之風氣，藉洗往者叔世之浮華。故就正世間，當於研究完畢出版時也。不意去年十月在安陽工作突遭驅逐，經政府主持，河南人士之同情，始於十二月二十九日取得河南省政府方面解決之約。吾等於河南省政府之解決此事，自當感佩，於河南人士之同情，尤當深謝。雅不欲以過往之事，重騰報章，只望藉數年後發掘事業之成功，表示吾等此日艱苦之行跡而已。不意近見何日章君傳單，於事實敘述頗失實在。同人等絕不以與人爭論為事，惟亦不便謬居不義之名。故敢敘述往事，以申明吾人之立點，刊落一切感情之言，不作任何讒彈之語，即事涉鬥爭，責不在我者，亦一併不說。固所以尊重河南省政府解決之雅意，尤所以報稱河南賢士之同情也。

一、吾等發掘之原起及工作之宗旨

安陽殷故墟出土龜甲獸骨文字，自前清光緒己亥（一八九九）迄於去歲（一九二八）蓋三十年。此三十年間，初經王、劉兩君注意，繼經羅氏購求，出土者先後數萬片。羅君所得即逾兩萬，而清宣統間及民國初元每歲仍多私掘，經古董商人展轉售之歐美日本者，尤不可數計。即英籍牧師明義士所藏已達五萬片。據前年調查，民國九、十三、十六及十七年春，販賣者皆有集眾挖掘之舉，所得龜骨盡已杳無下落。夫殷人卜辭藏地下者，寧有幾許？經一度之非科學的搜羅，即減損一部之儲積，且因搜求字骨，毀棄他器，紊亂地下情形，學術之損失尤大。而吾國官廳及學人竟孰視若無覩，聽此珍貴史蹟日就漸滅，亦可哀矣。

殷墟經此三十年之損毀，雖有孫詒讓、羅振玉、王國維諸君文字上之貢獻，以慰學術，然文字以外之材料，因搜尋字骨而消滅者何止什九？故國人頗以為殷墟又更成墟。蓋自舊來玩古董及釋文字者之意義論之，實固如此。然近代的攷古學更有其他重大之問題，不專注意於文字、彝器之端。就殷墟論，吾等已確知其年代，同時並知其地銅器、石器兼出。年來國內發掘古代地方，每不能確定時代，如安特生、李濟諸君所作，雖生絕大之學術問題，而標年之基本工作，仍不免於猜度。如將此年代確知之墟中所出器物，為之審定，則其他陶片、雜器，可以比較而得其先後，是殷墟知識不啻為其他古墟知識作度量也。又如商周生活狀態，須先知其居室；商周民族之人類學的意義，須先量其骨骼。獸骨何種，葬式何類。陶片與其他古代文化區有何關係，此皆前人所忽略，而為近代歐洲治史學、古學者之重要問題，故吾人雖知河南省內棄置三十年從不過問之殷墟已有更無遺留之號，（羅振玉說）仍頗思一察其實在情形。遂於民國十七年夏敝院派編輯員董作賓先生前往調查，看其尚續出陶片否。蓋所欲知者，為其地下情形，所最欲研究者，為其陶片、戰具、工具之類，所最切搜集者，為其人骨、獸骨。此皆前人所棄，絕無市場價值。至於所謂字骨，有若干人最置意者，乃反是同人所以為眾庶重要問題之一，且挖之猶不如買之之廉也。董君於當時前往調查，覺其地尚有可以工作之處，即由院派董君前往試掘。同時商得河南省政府之保護，並由省派張錫晉先生，教育廳派郭寶鈞先生協同視察，兩旬停工。此前年十一月事也。其後河南圖書館長何日章君，向省政府要求，將所掘龜骨器物陳列於開封。省政府來文國立中央研究院，院即復豫省政府云：“本院特派員在各地發掘古物，將來如何陳列，亦僅限於首都及本地博物館。其有標本多種可以分陳各省者，亦當先徵求當地省政府之同意。貴省政府所請以掘出古物留存開封古物陳列所一節，自可酌量辦量。”是敝院對出土品物之處置全無私見，可以昭然。且發掘安陽，所求者地下之知識，器物最後之處置，應以便於學人之研究為旨，至於何屬，儘不關研究之大體也。去年春，敝院復委託李濟先生為本所考古組主任，再赴安陽發掘，重通告河南省政府，並請撥給洹上村平民公園房屋，為辦事處，一切保護，均邀惠諾。工作兩月，頗有成績。五月間，軍事突興，駐軍忽不知去向，縣長亦逃。土匪並起，洹上村危在旦夕。李主任乃以所掘各物，並董君前存安陽高中之物，取出一部帶來北平本所內，編號整理，仍以大部分存洹上村高級中學，以小部分及儀器圖書存城內十一中學。旋新來駐軍入居本所辦事處，又值盛暑，不克田野工作，乃並十一中學所存之一小部分運平整理，而大部分之存於高級中學者，由辦事處之書記、工人編錄整理之。此經過之事實也。至於器物出土，必先經長期整理，然後可以送至任何一陳列館者，其情本為治此學者常識所應有，初不必敘說。惟此事誤會或即由於此，茲特詳之。吾等每掘一坑，必先看其地層上下之全，並為每一物記其層次，及相互距離。此為攷古學之根本工作，不如是，則器物時代皆已紊亂，殷唐不分，考古何云？故吾等為器物編號，乃一至細至繁之事，不假以日月，則田野之勞工盡棄，不在所中為之，則不得一切之襄助。編號之後，又須照像、影拓、摹繪等等。尤煩難者，為陶片之湊成，人骨之整理。此項工作每每一件須一人數日之力。至於化驗陶銅質料，度量人骨寸釐，尤為科學上煩難之事。若學者之討論，圖書之參考，更須在北平本所內為之，方可有濟，尤不待說。故一切出物須先假本所以充分整理之機會，然後分送首都、本地陳列，乃此學中常識上當然之事。

吾等一面從事發掘及整理，一面於河南人士對此事業之情感及出土物之存置兩事，固無日不在心中。去夏在北平整理，盛暑不輟者，因求著作早出，俾國人共知吾等所致力者何事，亦願河南人士借為同道之應。並設法敦請在北平河南人士參觀，如劉雪亞、李敏修、徐旭生、馮芝生諸先生，均惠然肯來，見我等工作程敘。安陽高中校長趙質宸、河南十一中校長張尚德兩先生，亦均請來看過。李濟先生到安陽初，即定計畫，待挖掘完成，研究告畢，即在安陽設一博物館，陳列出土物品，作永久之紀念。李先生已迭將此意向本地教育界人士申述，甚荷贊同。時洹上村房頗經兵燹，本組同人不惜財力，重加修理。蓋以完成此種工作，必作較久之計畫，又將為彰德預籌一博物館也。斯語即十一中學校長張尚德君亦所熟聞。

二、糾葛之突生

秋間正在工作之際，張尚德君偕軒仲湘、邱耀亭兩君前來參觀兩日。初不云何意，次日始聞小屯村長云，將有挖掘之人來。李、董兩先生聞之，不勝詫異，以私人固不能擅自挖掘，若為公家團體，則國立中央研究院正在工作之際，突又有來者，學術界固無此先例也。久之，乃知係河南圖書館館長兼民族博物院院長何君日章來彰發掘。李先生當即進城晤何君，詢以究竟。據稱，奉本省省政府命令，將與安陽縣會銜布告，禁止中央研究院開掘，保護民族博物院開掘，云云。李君謂：事關學術，絕無權利之可圖。君既奉地方政府命令來辦此事，國立中央研究院所派之攷古組，可以暫停，決不在此與君計校。但有安陽縣來一公文即可，不必布告。同時更以研究院工作之意義，對之申說，乃何君並不理會。次日給公文一紙，研究院之工作於是邊停。近聞何君到汴，謂中央研究院在彼未與之接洽，實則前往商量，反遭驅逐耳。李先生旋得閱十月八日河南教育廳之《河南教育日報》，更覺駭異。茲抄錄如左：

　　安陽龜骨文字將自動發掘

　　中研院不遵協定潛運出境

　　何日章呈請自掘已有眉目

　　本報訊：安陽地蘊龜骨最多，去年中央研究院特派董作賓來省會同省府派員張錫晉前往開掘，時河南圖書館館長何日章以若以河南地方文明之表率，而盡移置於他方，未免不妥，特呈請省府准將掘得器物，仍留在開封保存。省府據文函致中央研究院，旋准函復，許予酌量辦理，雙方俱存。並請令飭何日章會同董君遵照辦理，何館長當與董特派員商決暫在安陽中學存放。不謂近據安陽中學校長張尚德報告，謂彼等竟將掘出器物，潛運出省，並中研院特派員仍擬於本期十月赴安繼續開掘。何館長因中研院不顧信義，違反協定，又且赶期赴安繼行開掘，乃復呈請省府，一面向中研院據理交涉，一面設法自行開掘。省府當經發交教育廳查核具覆，再行察奪，茲悉教育廳已遵令擬具辦法三條，呈復省府鑒核，並轉飭何館長迅擬自動發掘具體辦法，再轉呈省府，鑒核施行。至何館長如何擬具體辦法，現尚未悉，茲先將教育廳所擬辦法三條錄左：

第一條 擬請准予河南圖書館暨河南民族博物院自動發掘，陳列開封，公開研究。

第二條 中央研究院不遵照函商協定，將前掘龜骨等器，潛運他往，擬請省府先行謝絕中央研究院前來發掘，再與嚴重交涉，請其履行協定，以昭信義。

第三條 擬請轉飭安陽縣長對於該館暨民族博物院發掘時，協助辦理，並禁止別人發掘。

此中要點，一則曰"不顧信義，違反協定"。此絕無之事，中央研究院派員之行事，全未出於前覆省府公函之外。再則曰"掘出器物，潛運出境"，此則由不了解工作之情形而誤會，遂以惡名相加耳。先是何君曾向敝所董君索物陳列，董君當詳以工作情形告之，不料其不釋然。且何君迄無一字來文，如其有之，敝所更當詳作解釋也。至於因整理研究乃不免移運之原則，後來亦為省政府及何君所同意，是此誤會之根據，在何君發宣言時，已自失之矣。

三、政府之主持及在開封之接洽

李、董兩君即於十月二十二日返北平本所。斯年亦即於二十四日南來報告本院，先請政府主持，再行赴豫商量。旋經院長呈 國民政府，奉 主席諭照准，即電河南省政府繼續保護本院發掘工作，並停止何日章任意開掘，以免損毀現狀，致墜前功。又斯年在京友人頗有與李敬齋君素契者，以為敬齋為人，必持大體，以前措施，或於事實有所未明。看《河南教育日報》所載，此事全是教育廳主持，不妨告李君以實，詢其如何主張。遂由在京友人段錫朋、張道藩諸兄函之，得覆書，則若全無事矣。此時 國府與敝院雖未接豫省政府直接覆文，然就教育廳長之表示論之，當已不成問題，故當時敝院及政府中人頗有以斯年開封之行為不必要者。斯年當即陳院長蔡先生云，此事雖已解決，然吾等立點必請河南人士盡知之。中央研究院須與地方有至融洽之感情，凡地方人士意見之可容納者，當不避煩難者而行之。斯年此行，一則盡禮，二則盡情。蔡先生深以為是，斯年遂於風寒小愈後，由京北行，十一月二十一日也。車行四日抵汴，然後知初以為在汴只有禮讓者，乃遇到意想不到之支節。彼時何君已自旅順、北平返開封，於宣傳上頗費工夫，居然成紛紜之勢。此事經過既未原始要終為地方人士所知，而吾等立點又無人代言者，其有支節之論，亦在情理中。此段公案本由教育廳李敬齋先生發出，然李敬齋先生於吾等當時正在彰工作，則"不知道"，於禁止吾等發掘則"無其事"，此中重要卷宗，又求之不得，如此則又何說。然既奉命而來，期以成事，一切支節，自當置之不論，但求工作得以進行，尤求吾等好意得地方之同情而已。故（一）絕不作任何文字之宣傳，（二）在各學校講演中，力避此題，只在大學講到安陽工作，然亦專論吾等發掘之方法，及考古學與古器物學之分別，不彈他人，其尤懇切向地方人士聲明者，則有下列數事：

一、中央研究院只求工作之安全、順利，絕不據古物為己有。去年發掘之始，本與河南省無任何條件之約定。後來一經何君呈請省政府來文，敝院即以分陳首都及本地之原則為答，是中央研究院之無私心，昭然若揭。

二、此番誤會，實由吾等工作方法未盡為人了解而起。蓋科學之發掘絕不能於一經"出土"之後，不經研究，不待完工，遽作陳列。果如此陳列，勢成五都之市，使人目眩，科學的問題不出，整個之意義湮滅。近代的攷古學與古器物學全不同，而發掘之方法尤與採鑛大相逕庭。此學及此法在中國實為初步之嘗試，其未能事先取得諒解，亦在人情中。

三、對古物之最後處置，中央研究院只有一層計校，即陳列之地點，宜給後來學者以方便，而陳列之綱領，宜求足以表示科學研究之結果。吾等雖竭盡自己之能，終不能以定論自必。給後來之學人以方便，正以促學術之進步也。

四、中央研究院切願借殷墟發掘之機會，為河南學術作百一之幫助。其辦法似以河南學人之在北平者李敏修、徐旭生、馮芝生、傅佩青諸先生等所提議為最善，即由河南中山大學借此充實其史學系。並由斯年提議具體辦法：（一）汴大史學及其他與考古學有關涉各科之教授，如願來彰工作，極為歡迎。（二）其史學、國文各系學生願來練習者，請由汴大校長函送，當妥為訓練，代檢成績，以替上課。（三）汴大可設攷古學研究所，吾等當時常來汴講演，並備顧問。其研究完後古物存放之地，吾等本主張以首都及本地（即安陽）為歸，然重複品多，正可分置一部於汴大攷古學研究所中。其一切布置及費用如玻璃架及古物之裝護等，亦屬不貲，中央研究院願擔任之。（四）以後如更有可以贊助之事，力所能及，無不竭力。

五、吾等歡迎地方人士到彰參觀發掘之方法，並歡迎到本所參觀研究之路徑。以後如擴充員額，應儘先河南學人之適宜者，此舉不替必為河南造成數個青年學人能使用科學的工具者。

斯年當時屢屢如此宣言，今更著之簡墨。如此存心，似當為一切人士所了解。果然中州賢士，明達為懷，頗多初與斯年無一面之識，且飽聽何君宣傳者，轉表同情於我等。惟亦有甚不情之提議者，例如將本所移往開封。又《教育日報》有一提議，其結果即等於將本所併入號稱"新城隍廟"之民族博物院。敝所係隸屬中央政府之機關，似此提議，斯年何從與之談起，然猶一一解釋，不作深固閉拒之談。凡在開封與斯年接觸長久者，當了然於斯年之略感情，遵大體也。其實供獻此事波折者，始終只有數人，絕不成中央研究院與地方之衝突，直是宣傳者強將此事繪作如是觀耳。例如古物保管會一電，者，何君持以激動河南人者，實指個人，何曾泛涉地方。先是中央研究院之發掘殷墟，原經全國古物保管委員會贊助，今遭波折，理宜報告。其時適何君在北平，向袁同禮先生，述其立點，遂由袁君報告會中，會中轉託袁先生勸以先行停工，（彼時吾方已見逐停工）再商辦法，袁君懇切勸之數次，何君不容納絲毫，乃由會中議決發電，張溥泉先生是此會之委員長，以黨國先進之重，發其當官之言。果何君不平，正可以後來之事實自明，實無從解作"罵河南人"也。

至於官方接洽，則斯年一見李敬齋先生之後，述說吾等之立點與辦法，均承其贊諾，即由斯年照談議結果寫成一函，致河南省政府，茲全錄之如下：

逕啓者，去年夏季，敝院感於中國考古學之不發達，安陽殷墟問題之重大，曾派敝所專任編輯員董作賓君前往調查。據報告，知其地雖經三十年來之未加保護，損失不可勝計，然尚有工作之可能，隨即函達 貴省府請求發掘。荷承贊助，通令所屬一體保護。董君試掘十餘日，知其地甲骨文字之儲藏大體已為私掘者所盡，所餘多屬四下沖積之片，然人骨、獸骨、陶片、雜器出土甚多。如以中國歷來玩骨董者之眼光論之，已不復可以收拾，然以近代考古學之觀點論之，實尚為富於知識之地。董君因此事業之大體已全超於文字、彝器範圍之外，遂於後來主持發掘之事謙讓不遑，敝院乃改聘李濟君為敝所考古組主任，總持工作，仍由董君裏任其事，曾於今春通函 貴省政府。荷承撥給垣上村①平民公園房舍，以作敝所考古組駐彰辦事處，並予保護。李、董兩君遂為充分之准備，於本年三月七日重行開工。先繪詳圖，工作歷記地下情形，及器物之地層。滿意經時之後，於中國玫古學開一新方面，必承 貴省人士引為同調者也。器物之陳列及所屬問題，初不關乎敝所工作之大旨。蓋敝所此次工作目的，純為研究商末文化之至何程度，當時人民生活狀態，此雖依器物為之證明，尤賴於地下情形之知識以為連絡，並非搜集古物，以仿五都之市而眩人。故敝所去年開工逾時，正在短期結束之際， 貴省府曾函敝院，商量古物陳列 貴省，敝院毫不猶疑，即奉復云"將來如何陳列，亦僅限於首都及本地博物館，其有標本多種可以分陳各省者，亦當先徵求當地省政府之同意。"此項聲明全在開工以後，並非開工前之約定。可見敝院注意全在研究，於古物之最後處置，實毫無成見者也。

---

①編按："垣上"當作"洹上"，下同。

自三月七日開工，至十月二十一日何日章君往彰聲稱奉命前往謝絕工作為止，在彰工作大體未斷。中間只以軍興之故，李、董兩君曾返所，整理一部分材料耳。先是今年五月，彰德一帶吃緊，安陽註軍①於五月中旬他去，安陽城中無縣長，城外到處伏莽，火車南北不通。李、董兩君深虞地方更經兵燹，遂將器物一小部分兩次運平。一次於五月十五日，恰在漳河橋炸毀數小時之前，由高中花園運出。一次在兩旬之後，即由第十一中學運出者。此兩次攜至所者，實一小部分，大部分仍在彰德，在彰留有書記、事務員、工人等，編其器物之號。至於田野工作，初以軍興，繼以炎熱，不得不停，其在彰之工作站，固無間斷。九月末，李、董兩君復至，實等於暑假後歸來，並非再舉。就五月間之情勢論之，即為古器物之安全計，亦應暫存他處，遑論在所內之編號整埋，② 及各種技術之工作，為完成研究之絕對需要。自一件品物之出土至於整理完畢，中間不知經過多少手續。照像、摹繪、拓墨等，尚是粗工，若人骨之測量，獸骨之檢定，銅質、陶質之化驗，難識質料之決定等，動需專家，在其他專門研究室中詳治之。若一律以就地工作為限制，不特敝所是一整個的組織，歷史、語言、攷古、人類諸組皆有其連絡之作用，未能分出一部設置於外；各圖書館之文籍，其他研究機關之專家，敝所又豈能舉以移彰？故如但求掘出古物，以資陳列，不以取得新知識為目的，則敝所敢告不敏。如求每件器物所含之真知識，借其連絡以知當時文化情形，則在所內整理實為此項研究之絕對需要，治此學者之普通習慣，初不虞此點上可生誤會也。

此次敝院奉 國民政府主持，得於本月十五日重行開工，斯年奉院命來此接洽，又承 貴省教育廳及教育界人士推誠談論，引為同志，共願學術之發揚，以為古史之榮光，既深景仰，尤切感謝。此項攷古工作，體大思博，地方政府之贊助，殊地學者之分

①編按："註軍"當作"駐軍"。
②編按："整埋"當作"整理"。

研，實為成功之必要條件。敝所深願竭盡所能，以求不負各方之
盛意，敝所因完成工作起見，不得不有在所整理器物之自由。蓋
技術的設備既不能盡數移至工作之野，而所外參考圖籍、分研專
題之士，尤非敝所所能移動。至於器物之最後處置，自當以敝院
前復　貴省公函之主張為原則：即"分陳首都及本地博物館"，
其具體辦法，擬列如下：

一、本地方面，敝所久感於安陽有設置一古物館之必要。李濟
君始到安陽，即向地方人士宣布此意，初修垣上花園之範圍頗過
於敝所需用之必要者，亦即為此准備。中間軍隊入居，未能充分
修理。目下擬先在彰德高中內開闢一室，待軍隊撤出，再將全部
花園作為安陽古物館，及敝所在彰工作站之用。敝所先行出資若
干修理，俾整理就緒之器物逐漸移入，將來敝所在彰工作完結之
後，即以此修理設備全數贈與　貴省，永與彰德高中為鄰，俾當
地學子得繼續收集此一項中續出之古墳、古器，一切河南及外省
人士得以交通之便隨時往觀研究。蓋殷末文化問題，當以安陽為
中心，向四方輻射。敝所發掘之時期有限，而地方續出古墓者無
窮，以安陽為此問題之中心，且圖永久，固至便也。

二、首都方面陳列之所，如將來已設中央博物院之類，自無問
題，在未設期間，應置首都何處，敝院當於第一批整理完畢時，
呈請　國民政府指定之。

三、凡同類之件，半數在本地，半數在首都陳列；其單件之品
物，應陳列何處，待敝所每批整理完畢時，由　貴省政府及中央
研究院派員決定之。至於全部出土物品之編號，實一甚煩雜之工
作，因此即整理工作之記載也。敝所分期登錄之總冊，以後應分
抄一分，隨時送達　貴省政府教育廳妥存，以便後來器物雖分在
首都、本地。而器物之登記，中央、省中仍各有全份也。

以貴省古跡之富，人文之盛，武授堂先生昌明漢學於昔年，徐
旭生先生渡漢致古於當代，將來必於中國古史之發達有弘偉之貢
獻。如願借敝所工作之機會，訓練成充分使用近代致古學方法之
人，敝所自當歡迎。此類人士，似以大學文史科畢業生或高級學

生為相宜。然其他專門學子有志此業者，自亦不妨，要以曾受專門之訓練為宜，具誠意練習者為適，敝所自當以助理員、練習助理員之情形待遇，以資歷練，更當竭知告語，以求成就。人選即請教育廳於決定後函示。至於人數，因敝所此時範圍頗小，請以一人或二人為限，以後敝所工作擴充，再奉告加派。

前者　貴方來文上有"潛運他往"，"違反協定"，"與信義有關"等語，今經陳列事實，誤會已顯。敝院負學術之責任，未能蒙受此項議論，應請　貴方根據事實，聲明取消此語，以彰公誼，而成合作，尤為感幸。

以上各節，如荷同意，即希　查照見復，並電知在彰民族博物館派員返省，為荷！此致
河南省政府
國立中央研究院歷史語言研究所所長傅斯年
中華民國十八年十一月二十九日

此函於十一月二十九日省政府會議中討論，同時討論何君提議，即由會中派定張委員伯英（鈁）、張委員幼山（鴻烈）、李委員敬齋會同斯年妥擬辦法。斯年以為此番來汴，並非爭執，故初無蘊蓄，盡所能為一舉說出。惟省政府既主張更行妥擬，自當虛心討論，即由敬齋起草，斯年與之爭持處，由幼山先生調劑之，以成"解決安陽殷墟辦法五條"。持請伯英先生斟酌，伯英先生完全同意。此即後來一個月接洽之根據，茲全錄之如左：（其來源如此，並非如何君說由斯年提議。）

解決安陽殷墟發掘辦法

一、為謀中央學術機關與地方政府之合作起見，河南省政府教育廳遴選學者一人至二人參加國立中央研究院安陽殷墟發掘團。

二、發掘工作暨所獲古物均由安陽殷墟發掘團繕具清冊，每月函送河南教育廳存查。

三、安陽殷墟發掘團為研究便利起見，得將所掘古物移運適當地點，但須函知河南教育廳備查。

四、殷墟古物除重複者外，均於每批研究完結後，暫在開封陳列，以便地方人士參觀。

五、俟全部發掘完竣研究結束後，再由中央研究院與河南省政府會商分配陳列辦法。

此件於十二月三日送入，同時　國府又電豫省政府飭遵照辦理。適省防吃緊，省政府無暇注意及此，敬齋亦去，乃告停頓。斯年返京，無路可通，只得暫留。計斯年至汴已逾十日，獲遇賢士不少，一經剖解，多即釋然，轉示同情，兼懇切望此工作之大成。一日黃自芳（佩蘭）先生枉駕惠顧，謂與張忠夫先生（嘉謀）及他位，同願了結此事，總使斯年快樂而去，盼多住幾日，旋約徐侍峰先生（金淶）亦來。斯年對此番好意，自當感謝，當即聲言，此番支節，實由吾等立點未喻於人之故，果能喻我等工作之意義於關涉此事之人，則人之好善，誰不如我。故此事似是了解之問題，非妥協之要求。蓋中央研究院並不據古物為己有，何君又說不為自己爭鬥，則此事爭執誠不知在何處也。然天地間事無可奈何者正多，吾等總竭力成全此一史蹟之效用，惟力量有限，不能保其終不成悲劇耳。若數日之留，謹當如命。吾等對於河南賢士之見解及欲願，總當盡力容納，一切皆然，此非例外。於是諸先生向何君說之又說，旋轉周流，何君頗表了解，提出數條之更改，即第一條"至二人"改為"至三人"，第四條去"暫"字，第五條去"分配"二字，斯年認為此均文字上之修改，無改原旨，即表容納。惟何君堅持必使其民族博物院在條文中出現一回，後並決意加入第四條"開封"之下，此則斯年未喻者。斯年提議在大學中，正為研究之便，且既已許之，不便食言。況民族博物院初創立時，塑成三皇五帝與亞當夏娃之神話等，何君由副即真，雖毀去一部分，而以袁世凱之衣冠等易之，然非古物之院，亦未若在大學研究之便也。果何君所爭不在個人，則斯年已聲言願白效勞來汴在大學中佈置。法無善於此者，此外爭執，似不免個人爭執之嫌也。何君終不見諒，於是又停頓矣。

四、河南省政府之解決此事

此時地面差安，一日與伯英、幼山兩先生談及此事，詢以究可由省政府解決否，兩先生謂可。僉以當時本由省政府會議中指定伯英、幼山、李敬齋三先生與斯年接洽,今李委員去,由大學校長黃任初先生(際遇)暫為兼代,果由張、張、黃三位據原案決定呈 省政府批准,自於手續為合。伯英、幼山兩先生本原擬辦法之人,任初先生亦極同意。此時斯年聲明,前答應張中夫、黃自芳諸先生修改之數字,不妨加入。幼幼山先生又謂最好於開封下注明碑林,以免後來爭執。蓋其時適建設廳正在大學後面築碑林,未完工前,亦有紅房五間適用。此與置之大學牆內之效相等,此碑林之建設本亦備大學研究者。果決在碑林陳列,與磁塔、銅佛共在一處,現有壯茂之大學在前,將來有豐偉之碑林在左,實為最便。於是決定,而人選亦同時商妥,逕呈省政府。經若干日省府發來公文如下,於是三個月之糾葛得以解決。

河南省政府公函 (第三八九七號)

　　敬啟者,關於發掘安陽殷墟古物一案,前經傅所長斯年來汴接洽,當即推定本府委員張鴻烈、張鈁、李敬齋會同傅所長妥擬發掘辦法在案。嗣據委員張鈁、張鴻烈,兼代教育廳長黃際遇呈擬解決發掘安陽殷墟辦法五條,並擬派關伯益等三人參加安陽殷墟發掘團等情到府,除指令應准如擬辦理,並令飭何日章遵照外,相應鈔送原擬辦法及參加人名單函達　查照為荷。此致
國立中央研究院
計抄原擬解決發掘安陽殷墟辦法及名單一紙
　　　　　　　　　中華民國十八年十二月二十八日

解決安陽殷墟發掘辦法

　　一、為謀中央學術機關與地方政府之合作起見,河南省政府教育廳遴選學者一人至三人參加國立中央研究院安陽殷墟發掘團。

　　二、發掘工作暨所獲古物均由安陽殷墟發掘團繕具清冊,每月函送河南教育廳存查。

　　三、安陽殷墟發掘團為研究便利起見,得將所掘古物移運適當地點,但須函知河南教育廳備查。

　　四、殷墟古物除重複者外,均於每批研究完結後,在開封碑林陳列,以便地方人士參觀。

五、俟全部發掘完竣研究結束後，再由中央研究院與河南省政府會商陳列辦法。

張鈁、黃際遇、張鴻烈

擬派參加國立中央研究院安陽殷墟發掘團三人。

關伯益、王絃先、許敬參

五、吾等之欲願與致謝

吾等得以恢復工作，並得與地方政府解決懸案，誠賴政府主持，學術團體之贊助，惟其最重要點，仍在吾人立點漸喻於人，知吾人只有成事之念，並無爭鬥之心，然後識與不識，皆表同情。此後吾等必集合全所力量，促此舉之精進，務使中國史學及世界文化史借殷墟發掘開一生面。以下四願，當與河南人士共勉之也。

一、願誤會之事以後不再發生。

二、願與河南地方人士之感情，日益親固。

三、願借發掘殷墟之事業，為河南造成數個精能之考古學家。

四、願殷墟發掘為河南省內後來攷古學光大之前驅。

在此波折中，政府及學界同人同情者甚多，不遑盡舉。其尤應感謝者，在政府方面為譚組菴先生、張溥泉先生、陳果夫先生。在河南省政府方面者，為張伯英先生、張幼山先生、黃任初先生。在開封之河南人士中，尤應感謝者，為張忠夫先生、黃自芳先生、徐侍峰先生、魏烈丞先生、馬輯五先生。其在北平者，為李敏修先生、徐旭生先生、傅佩青先生、馮芝生先生等。

傅斯年敬白。十九年一月二十日

附二：李濟《現代考古學與殷墟發掘》

在現在的中國，要是派一個沒學地質的人去採鑛，人們總以為是一個笑話；但是"攷古"呢，普通人總覺得是誰都可以辦得到的。一年半前，中央研究院約董作賓先生去試掘殷墟的時候，就有好些朋友笑他太不憚煩了；他們說："你何不叫人掘出來，去收買；又省錢，又省事，何必自己找麻煩呢？”這種很富於常識的忠告，自然可以代表一般人對於攷古學的態度。就是四十年前的歐洲學者，對於這種見解，也可表相當的同情。許禮曼掘荷馬故址的唯一的資格，是因為他有錢。那時的希臘學者多當著笑談。但是許禮曼確是一個歐洲考古學的先驅；近四十年西方科學的挖掘一天精密一天，多半是他創造出來的局面。到了現在，古物挖掘差不多同採鑛一樣的專門。就技術方面說，掘古物較採鑛尚複雜得多；非有若干年的預備絕不敢輕於一試。現在的中國學者，有好些對於攷古學尚有一種很普遍的誤會。他們以為考古學不過是金石學的一個別名。這種誤會，可以說有兩個來源：（一）因為缺少自然科學的觀念，（二）以為古物本身自有不變的歷史價值，由第一種誤會就發生一種人人都可考古的觀念；由第二種誤會就發生了那“唯有有文字才有歷史價值”的那種偏見，其實金石學與現代考古學之關係，好像煉丹學之與現代化學；採藥學之與現代植物學。煉丹採藥，自有它們在學術史上的價值；然而決沒人說它們就是化學或植物學。

現代考古學的工作，大致可分兩大段：挖掘與考證，兩者都分不開的。挖掘不考證，出來的古物就無價值可言。考證的依據，大部都靠著挖掘的記載。記載就是出土物件的靈魂。沒有出土的記載，考證的結果，決沒有頭等的科學價值。這是金石學與考古學很重要的分別。什麼是挖掘的記載？我們可以分兩段來討論： （一）記載什麼？（二）如何記載？

談到“記載什麼”必須聯談到挖掘者的資格。一個專以挖寶貝為目的的人，自然談不到這件事。就是叫他記載，他也不知道記載什麼。現代考古家，對於一切挖掘，都是求一個全體的知識。不是找零零碎碎的寶貝。要作到這件事，他至少要相信“知識”是他最後的目的。但是這種態度，是慢慢的訓練出來的，養成的；不是要“有”就可“有”的；或者可以“封”到別人身上的。這種訓練包括著：（一）一切自然科學的基本知識；（二）人類史的大節目；（三）一地方或一時期歷史的專門研究。頭二種為一切考古家的普通訓練；第三種定本人工作的範圍。就現在的趨勢看，這些資格也許不必全具於一人。卻在一個團體內，總要全代表出來。有了這種訓練，考古的人就可自己知道他所求的是什麼。他就有了問題，他就可以設計來解決這問題，他就可以應用一切方法使這計畫實現了。有了問題，設了計畫，定了方法，自然知道記載什麼了；那記載的內容也自然豐富了。但是只知道記載什麼，不知道如何記載，不特勞而無功，終算不了科學的考古。這種"如何"的解決，也是一種特別的訓練，一位不能定高下，不能辨東西南北的人，就是有一大堆極好的問題在心中，他的記載終歸失敗。一個照像，往往勝於一萬個字的敘述。但是照什麼東西？用什麼鏡頭？用什麼版片？亦不是沒有預備作得到的。最要緊的還是文字的記載，這種記載不但指那出土物件的位置而言，要包括它的所有的環境；換句話：這種記載的目的要能使挖出來的物件仍舊可以歸到原來的環境。以上是就普通挖掘說。實際上，各遺址有它的特別情形；處理的方法，也有小異。挖一個城與挖一個墓不一樣。掘一個大墓又與挖一個小墓不一樣。

殷墟的挖掘，本是很難的一個題目。考古組同人誰也不敢說全具現代攷古家的一切資格。但是各人對於所研究的問題，都有若干年的預備。並有相當的經驗，所以小心翼翼的合作起來，對於現代考古研究所須的知識，尚稱齊備。因為這是一件國家的事業，所以我們預備了極長久的計畫，我們並沒有期望得許多甲骨文字。在我們認定題目範圍之內，除甲骨文字，可作的工作甚多。自然，這遺址的重要全是因為有文字存在，時代上沒有許多疑問。所以一切無文字而可斷定與甲骨文同時之實物均有特別研究的價值。就殷商文化全體說，有好些問題都是文字中所不能解決而就土中情形可以察得出的。這裏面顯而易見的幾個問題，如：這個地方究竟是一個什麼地方？忽然埋藏著這些帶文字的甲骨？又何為而被廢棄？關於這類問題，就是只有甲骨文字興趣的人，也有時不免要問問。但是要實際解決它們，却很費一番手續。這種題目雖說可以提開問，却並不能提開解決；只有整個的問題解決後，這兩個問題也隨著解決了。

"整個"這觀念，本來各人有各人的說法，我們在這地方就是說要把小屯村地面下一切物件先作一個類族辨物的工夫，看他們空間性是否混亂，時間性是否複雜。作這件事，我們先要解決所謂地層問題；我們的理論上的出發點是假定著：要是地層沒翻動過的話，我們可以認定凡與甲骨文同層出土的物件，都可定為與之同時。要時①地層經過翻動，我們應該區別那種物件是原在的，那種是後加的。所以我們擬定的工作秩序，有下列的重要題目：

（一）殷商以來小屯村附近地形之變遷及其原因。

（二）小屯村地面下文化層堆積狀況。

（三）殷墟範圍。

（四）殷商遺物。

這四項題目內，甲骨文字可以說只居第四類之一部，而第三題與第四題又完全看第一題與第二題能否滿意的解決。要解決第一題與第二題，又非有專門的訓練不為功。第一題不但為一地質專題，兼涉及歷史地理。我們解決的方法是（一）先從測一地形圖入手，當時擔任此事者為地質調查所所員裴君文中（即最近發現周口店北京人者）與北大地質系畢業生王君慶昌，然後，（二）再西入太行勘察洹河沿岸地質，（三）東測黃河故道找它與洹河的關係。我們深信要解決殷墟的興廢及廢後的變遷，必須先要有這一部地質上的基本知識。殷墟地層之構成與附近河流的變遷，息息相關；地形地質的問題不解決，地層的問題也不能全解釋。在我們對於第一類題目春季只作了一部，繪了一幅五千分之一的地形圖。秋季本擬繼續作第二與第三分題，因為發生糾葛，遂爾中止。同時我們對於地質以外的地層問題，卻大部分解決了。解決這類問題所用的方法，也可略加說明。一個最大的關鍵在掘墓時的觀察。小屯自從殷商廢棄後，歷代多作葬人之用。每經一次墓葬，地下即翻動一次。然歷代習俗不同，有掘及黃土方葬者，有未及黃土即葬者。由這些不同的習慣，我們就得了研究地層很好的幾個標準。由這種觀察所得的結果，我已經作了一篇論文，在《安陽報告》第一期發表。此處我只舉一個例說明這方法的應用。

（插圖一）是十八年春季在村中發掘的一個墓葬，上邊的縱剖面東

———————————

①編按："要時"當作"要是"。

北，陪著一段極清楚而沒翻動的地層。我們就這個接觸可以顯然的看出，當這墓破土時，那旁邊地面層下灰沙土，帶石子的字骨層已經成立。我們又用連鎖法定這墓為隋唐時（參觀原文）的一所墓葬，所以我們因此得了一個重要的結論：就是含沙的字骨層

插圖一
西斜南東支與小
連溝縱剖面的接觸

縮尺，百分之一

在隋以前已經搆成，並且可以推定隋唐以後小屯村至少又經過一次大水。

此種類似的證據很多。我們把各時代這種層次看清楚了，積起來，我們把小屯地面下堆積的歷史就可弄得清楚。堆積的層序研究清楚了，我們才能斷定孰為殷商，孰不是殷商。若就位置深淺論，是殷商的不必全在深處，有時竟在淺處。這種現象有時可以給我們研究地層的反證。我們對於各種出土物品的位置都用三點記載法或層疊法記載得很清楚，所以可以利用這種材料的地方很多。一方因地層而定殷商遺存的性質，一方又假殷商的物品攷較地層的變化；兩者相互為證，現在我們對於小屯的一部分地層已經近於完全解決了。從此再進而研究第三類與第四類，就可迎刃而解。

以上所說的只是我們對於殷墟發掘應用的方法之一部，並不是說凡是挖掘都可應用此種方法。凡是受過科學洗禮的人都知道"運用之妙，存乎一心"。有題目才有問題，有問題才選擇方法，由方法應用可再得新問題，周而復始，若環無端，以至全體問題解決為止。我們要知道時時刻刻我們可以有意料以外的發現，所以時時刻刻要預備著新的應付。譬如說在這次的挖掘，我們因方法的應用，無意之中，發現了銅器時代有俯身葬的習慣。由此而發現小屯銅器時代俯身葬與甘肅俯身葬的關係問題；又無意之中發現了隋唐時已有了束足的習慣，替中國風俗史加了些新的證據。而此種觀察，固非有心人不能得之，

若一經毀棄，即永絕人世，所以現代的攷古家經過十數年的嚴格訓練，方能荷鋤持鏟，去田野工作。自出問題，自解決之。若號稱專家者，運籌於千里之外，而聽雇員指揮工人在田野為之，終不能成事。這是我們所不取的。

附三：董作賓《甲骨文研究的擴大》

（一）

河南安陽殷故墟所蘊藏的甲骨文字，從淹沒地下（假定是商代帝乙的末年，民元前三〇六六）到出土（民元前一三，清光緒二十五年），已是三千零五十多年；從出土而經王懿榮的認識到現在，已是三十一年；從劉鶚拓印《鐵雲藏龜》，開始把甲骨文字傳之於世（民前九，光緒二十九年）到現在，已是二十七年；從孫詒讓著《契文舉例》，開始研究甲骨文字（民前八，光緒三十年）到現在，已是二十六年。這三千年預儲的古史料，經過了三十一年的採掘，二十六年的鑽研，已是朝暾初升，異彩煥發，成為世界學術上一件重要的問題。其初，固然是白雪陽春，曲高和寡，幸有羅振玉、王國維兩先生的苦心孤詣，探賾索引，用力既勤，弋獲亦多，遂引起國內學人研究的興趣。治此學者，日益增加。統計過去的績績，① 已有專書三十餘種，論文十餘篇，（其詳將見拙作《甲骨年表》）這樣的大家努力，這樣的成績之好，真足為我國古學放大光明了。

然而凡是一種學問，都沒有止境，我們尤其不應該畫途自限。況且甲骨文的研究，現在不過是初步，可識的文字，猶不及一半；而讀不通，講不通的語句，又是觸目而有；就是那號稱"契學"先進的羅老先生，他也曾把麒麟牽入馬群，（說見拙作《"獲白麟"解》）籍田當作掃地，（見吾友徐中舒先生《耒耜考》）把肩胛骨的邊緣誤認為脛骨。這是無足怪的，因為契學的研究，正在半途，猶須猛進，並不是已到了

---

① 編按："績績"當作"成績"。

最後成功的境地。即如攷釋文字一事，好比猜謎，儘管你猜個東，他猜個西，到最後揭曉的時候，猜中的固然不少，猜不中，也是難免的事。

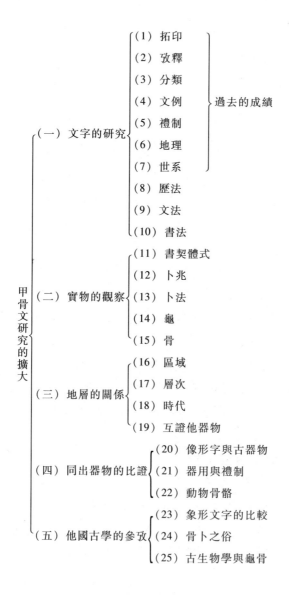

從民國十七年的秋天，國立中央研究院發掘殷墟以來，甲骨文的研究範圍，有自然而然要擴大的趨勢，於是漸漸地由拓片上文字的研

究，進而注意到實物（甲與骨）的觀察；由實物而又注意到地層；注意到參證其他遺物；注意到比較國外的材料。換句話說，就是從文字學、古史學的研究，進而至於攷古學的研究了。現在我草擬了一個甲骨文研【究】的範圍，願與治"契學"的同志一討論之。

（二）

這裏談一談過去的成績和進一步的研究：

（1）拓印一事，《鐵雲藏龜》用拓本，《書契菁華》用照片，《殷虛卜辭》用摹寫。這三種辦法，各有所短長。拓本，自然清晰者為多，但有時却一榻糊塗，讀者異常煩苦；照片，可以見甲或骨的形制，文字却有時不能清晰；惟有摹寫可補二者的缺憾，因為倘有去不下的土銹，和一坑一窟的剝蝕，於摹寫時都可以設法彷彿認出；卜兆的形狀，也可以依樣摹繪；又摹寫時倘能影罩拓本，比勘原版為之，更使他逼肖逼真。關於拓印，我們覺得最好是兼及於照片、拓本、摹寫，採取這"三位一體"的辦法。其次，以拓本為主，原物重要的兼用照片，字跡不清的並及摹寫。

（2）現在從各方面著眼而做攷釋文字工夫的人狠多，成績也卓有可觀，這是"契學"前途最可喜的一件事。但是我們覺到認字之法，還有兩條要路，是大家不曾走過的：第一，是字形增減變化的公例。例如拙作《後記》裏所舉的"吉字"，形變至三十八種之多，十字架可以由實而虛，而消瘦；口字可以由圓而方，而三角，甚至於變吉為告，為由，為古。這樣的每字求之，一個字的省寫到如何的簡單？正寫到如何的繁複？然後從許多字裏，求得他們演變的公例，那末我們以前所疑惑而不敢認的字，就可以迎刃而解了。第二，是一部分形體所代表的意義和他的沿革，例如"點"，在甲骨文中代表了五十四種的事物，（曾作《點之演化》一文，猶未脫稿）而到了隸書，省改的已有三分之一；變作八、八、田、丷、川、一、少、氵、水等形的也佔多數。這樣的把從各種偏旁的字，歸納起來，抽取他相同的部分，求他在當時所表現的意義，和在後來小篆、隸書中的因革變化，打通了一條古今隔膜的道路，以今證古，自然可以多認些字。

（3）分類的多寡，曾在《商代龜卜之推測》一文中，略略論及。這自然須要大整理之後，才可以求得當時卜事的種類，而不致再有闕遺。例如友人丁山先生新近認識了一個夢字，因而考出許多卜夢之例。（見本所《集刊》第二份《說冀》）《周禮·春官》明明載著"三夢之占"，並列舉"六夢"之文，然而因為我們不識夢字，就不能知道商代有否"卜夢"的事。

（4）胡光煒先生作《甲骨文例》，開研究"形式"、"辭例"之端。雖然卜辭契刻的形式，專憑拓本，不免有所乖謬，（見《商代龜卜》文中）而辭例的研究，也是極重要的事。將來《契文釋詞》之作，全靠大家的努力了。

（5）殷商禮制經羅、王兩先生研究結果，如宗廟、宮室、祀典、官制等，已多有所考定。但因材料未能彙總的關係，所得亦不過片羽吉光。例如祀典中關於"歲"祭一事，至今始由郭鼎堂先生考知。足見商代文物制度整個的發現，猶須待後來的研究。

（6）據《殷墟書契考釋》所舉，地名見於卜辭的有二百三十之多，而不可識，不可考者十之八九。王國維先生《三代地理小記》中考定的也不過數處。然洹水襟帶京師，相地密邇畿內，易於考出今地的猶多，是有待於後世學者博徵古籍，參較金文，以補殷商地理之志了。

（7）商代帝王世系，王國維先生於先公先王，已多所考證。但吾人須先決者為商人祭祖的制度究竟如何？雍己、沃丁、河亶甲之倫，何以不見於祀典？我嘗疑商人宗廟制度，或者已有父昭子穆的關係，所以同輩兄弟中，只能一人入祀宗廟。新近發現一塊骨版，直排著"（上缺）太丁、太甲、太庚、太戊、仲丁、祖乙、祖辛、祖丁"的名次，可以為證。所以商代帝系，非將他的祀典研究清楚，是無從考定的。

以上所舉的七項，雖然都已有很好的成績，而未竟之緒，要我們繼續努力的地方，也還甚多。

（三）

至於應當擴充的研究範圍，也在這里約略說明一下：

（8）《燕京學報》第六期載有吳其昌先生《金文曆朔疏證》一文，

他據《三統曆》以求西周的時日，已有極可喜的成績。我想商代曆法，也可由甲骨文中，推求一個概略。例如卜旬之文，和甲子紀日，似乎都是可以著手之處。我曾在大龜殘版上，推算出商人四個月的卜事，是三個大月，一個小月，而大月三十日，小月二十九日。於卜旬之版，也曾推出月有小大。（見拙著《卜辭中所見殷曆》）將來逐漸研究，當更有新的發現。

（9）文法的研究，現在還未曾著手。研究文法，是通句讀必要的過程，例如同義異音的字，弗、不、母、勿、亡等類，同是否定之辭，而在句中的用法不紊；其同音、同義、同用的字，如巛與戈，與卪，又或有時代前後的關係。而文句的結構，篇段的形式，皆當取以與《尚書》、《春秋》、《易卦爻辭》、《竹書紀年》諸古籍相校，以求他們文法上的異同。

（10）書法，也是應當注意的一件事。在同版之中，每一種肥勁或瘦弱的筆踪，[①] 可斷為一人的法書。而字體的圓活、整嚴、修短、肥瘦，皆具有各別的作風，富於美術的意味。又近復發現"習契"的文字，或在正文之旁，或在廢料之間，學書者視同廢紙，畫圖習字，任意塗鴉，倘非親手從地下掘來，必且疑是贗品了。

（11）書契的體式，非根據實物不易考得真象。我曾將試掘時三十六坑所出的龜版七十片，依照各部位排比之，求得龜版上刻辭左行右行的通例。（詳見拙作《商代龜卜之推測》文中）證以後此出土的大龜版，無不吻合。將來骨上書契之例，也可依此法求之。

（12）卜兆的形狀，關係卜事的吉凶，為極應研究的一事。後世如《龜策列傳》所舉，《吳中卜法》所傳，區分細微，名目繁多，比較研究，頗非易事。又兆紋纖弱，拓本、照片，皆難顯現，非有實物，無從研究，是材料亦發生問題。只有於摹寫時並及卜兆而已。卜兆之易於考知者，為旁邊注有"大吉"、"小吉"、"弘吉"、"下吉"、"上吉"之處，倘將此類卜兆，彙集比較一下，便可知商人所認為吉的大、小、上、下等區別。

---

①編按："筆踪"當作"筆跡"。

（13）貞卜的方法，究竟如何？這問題，我們狠難作具體的答覆。因為我們向來不曾有過明確的觀念。最近得較完全的龜版，才知道左右關係之大，及商人一再貞卜之習。他們卜的時候，必取龜甲左右對稱之處而兩次卜之，（亦有僅一次的）右邊問正面（作某事）左邊問反面（不作某事），右邊記日子，左邊記月份，大致是如此的。也有左問正面，右問反面的，也有左右皆問正面而決定數目多寡的。（將於拙作《大龜四版考釋》一文中詳之）因為中縫容易破裂的緣故，（其實凡縫皆易分拆）自來無左右相聯的龜版，以致不知道他左右的關係。所以同坑出土的龜骨之拼湊，是整理時極重要的工作。曾見北京大學研究所國學門所藏龜版，有後右足足叉，與後左足足叉的兩片，而其文皆“求年於丁”而卜用牲多少之辭，由前例左右對稱而知之，且知其卜之日為九月甲子。

（14）龜版的如何攻治，如何鑽鑿，如何灼用？及龜的種類何屬？甲的大小若何？皆須就實物一一考察，然後知其概況。已於《商代龜卜》一文中論及。

（15）卜用的骨，除牛肩胛之外，似無他種。然亦有較小的胛骨，是鹿是羊，猶未可定。又有不鑽不灼未經刮削的天然骨上，亦刻卜辭者，是皆應注意之點。因為不記卜辭於兆旁，而記於不卜之骨，則兆旁反不刻辭，是已啟周以後書卜事於策之法了。至於攻治骨版的方法，及每版鑽鑿的數量，書契的款式，皆待考究。

（16）出土地域與所出甲骨文字的關係，為前此治契學者所不及知，也是所不能知的。因為以前總以為出甲骨者只有一處，即羅振玉先生親履其地，所知道的也是“出甲骨之地約四十餘畝”，這同我第一次調查著沙丘，一樣的上了村人的大當。其實甲骨出土，並非一處，由洹水南岸到小屯村中，一里多地之內，隨地而有。如我們試掘時分的三區，所出甲骨就各有他的特點，最顯著的是村北和村中的用字之異，（如“巛”“和”“戈”）而村中的三處，也各有不同，有純粹的龜甲，有純粹的骨版，（均詳《後記》）皆是極重要的發現。新近出土的甲骨，將來依法分區研究，必更有不少的創獲。

（17）地層研究，須待地質學專家來考察殷墟的淹沒，經過大水幾次？吾友張蔚然先生，已有《殷墟地層研究》一文發表，推定其地經過四次大水。而甲骨的漂流淤積，是否只有一次，抑或每次皆有？是當於每層的甲骨文字求之。即如我們在村中發掘三十六坑所出的純粹龜版，我總猜想他是商代上世之物。這些問題必須靠地層研究的結果來解決他才能正確。

（18）殷墟的時代，也當根據地層來證明他。我們現在從各方面觀察，似乎以王國維先生的盤庚遷殷說，最為近理。我們假定殷墟是盤庚之都，到帝乙之世，已有二百餘年，這二百餘年的中間，龜骨的用法，契刻的文字，都應有相當的變遷。至於他們先後的順序，也只有向地層中尋找了。

（19）以同出土之器物，互相參證，不外兩途：一是已經擾亂的地層，如試掘之九坑、二十五坑，甲骨之間，皆有鐵片及宋磁殘器羼雜，知為村人翻掘之處。二是未經擾亂的地層，同出有殘銅器、繩紋陶片，或陶器、石刀、骨鏃、貝蚌製器等，皆可確認為商代遺物，且土色層次顯然，一望而知。而此處甲骨出土的記載，亦極為重要。因同時可根據甲骨文字，以證明他種遺物之屬於商代。

（20）以同出的器物證象形文字，聞宥先生在《研究甲骨文字的兩條新路》文中所舉土俗學方法一條，提到此事。他曾舉了一個"藏針的骨魚"做例。這種方法是對的。我們狠可以把各種器物來比證象形字，如貝、朋、矢、鬲、豆等類；我們也可以把各種花紋來比證象形字，如"臣"象瞋目之形，而石刻人體上即有此花紋；箅頭的"雞"形，骨飾的"魚"形；雕花白陶上的"蟬"形，刻紋殘爵上的"豕"形等類。皆可以比較商代象形文字和繪畫異同之點。

（21）卜辭中所記的禮制，也可於器物中求之。如陶器形狀之多，在祀典裏都有若何的用途？由貨貝以推求商人經濟的狀況，由箅飾以推求商人冕服的制度；由鏃矢戈矛，以推求商人征伐田獵的所需。將來古器物各經專家研究就緒，那時比較文字的記載，便可一一的互相印證。

（22）殷墟出土的動物骨骼最多，在三十年前，村人早有"賣龍骨"的一種專業。新近掘獲的也還不少，將來由動物學家分類整理之，則商人田獵所獲，（如鹿骨、象骨之類）與祭祀所用，（牛、羊、豕骨之類）皆可得其梗概。

（23）中國文字外來之說，早已甚囂塵上，然欲解決此問題，自非取古象形字，彼此比較，以求他們有否因襲的關係不可。吾友余永梁先生嘗以甘肅辛店期彩色陶甕花紋之鳥、人，與甲骨文較，頗多相似。而蘇謨爾古象形字為西方文字的起源，尤當以甲骨文中象形字與之比較研究。新近我所釋為"白麟"的麟字，形似馬而頭上一角，此文刻於獸頭上，觀其牙知為牛類。以證古代亞西利亞的立苗，巴比倫的神牛，皆白色一角，極相吻合。可以知中國古代的所謂麟，實即一角的牛，決非明以來所謂長頸鹿的。徐中舒先生方作《商代象形文字之特點》一文，擬取西方古雕刻、繪畫、文字比較研究之，將來定有新的貢獻。

（24）骨卜的習俗，日本古亦有之。《後漢書·東夷傳》有"倭灼骨以卜，用決吉凶"的記載。聽說現在的對島，還有骨卜的遺風。西夏亦有"以艾灼羊髀骨"的卜法，（《遼史·西夏傳》）而中央亞西亞也曾有骨卜之俗。皆當參考比較之。

（25）黿甲、牛骨，在動物學上，是否與今日的黿與牛為同種？為待決於動物學者的問題。法人德日進氏謂殷墟出土之黿，為陸他①產而非水黿，且現今日此黿業已絕種。又定吾人所獲的長肋骨為鯨魚的骨。然而鯨之字是否見於甲骨文中？而甲骨文中常見的奇形之獸，又有無遺骸？皆待考究的問題。

（四）

總而言之，我們現在無論治何種學問，都應該一面把眼光放大，要看到全世界的學人，他們走到何處？在如何的工作？一面把眼光縮小，要精密的觀察，自己向秋毫之末來找問題。用近世考古學的方法治甲骨文，同時再向各方面作精密觀察，這是"契學"唯一的新生命。

---

①編按："陸他"當作"陸地"。

我們要等待發掘殷墟的工作完結，地下的情形研究清楚，新出的甲骨文字，都可以指出那一坑是他的故鄉，那一層是他的居處。再把他本身作詳審的觀察，把同出的器物作比較的研究，然後從文字、藝術、制度上，研究殷商文化的程度，及其與西方古代文化究竟有如何的關係？

專就文字方面說，我們也在想：應該作一個大規模的整理。大整理可分三個步驟來講：第一步，是作《甲骨文字彙編》，打算這樣，把彙編分做三欄，上欄，采"三位一體"的辦法，把影片、拓本、摹寫並用，以存其真。中欄，把每一版中的各條分列，錄其釋文，原有的照鈔，沒有的補入。下欄，專錄考證的文字。而每版給他一個總號，每條給他一個分號。這樣，把私人所藏，公家所有，統統搜求出來，彙為一編，可以說是集甲骨文材料的大成。第二步，是作"索引"，索引可分為三大"典"，甲部是"字典"，把每一個字所見的號數，錄在下面。乙部是"辭典"，所收的是複詞，作法同甲部。丙部是"類典"，把每一類（如田獵、征伐、祭祀等）的卜辭號數統編在一起。這些都是研究的工具。第三步，才可以分工合作的從事整理，你考祀典，我考文字，他們考田獵、征伐等等，這樣的才可以把甲骨文字一舉研究成功，才可以把"契學"作了基礎，把殷商一代的文化史，分門別類，從廢墟中一磚一石的建設起來。

十九年二月草於北平。

135. 傅斯年致沈鵬飛 （抄件）（1930 年 4 月 18 日） 檔號：元 46–40

雲程吾兄左右：[①] 久不通訊，想一切安吉。　驪先兄近有一函具述中大情形日盛，慰慰，皆公等力也，佩何如之。茲有陳者，史祿國先生本由中大與之簽約，就[弟]記憶論本夏滿期，雖自去年一月即歸[敝所]支全薪，但簽約仍是中大，下半年如不繼續，應由　貴校即一通知，未

---

① 頁首附註："照鈔致沈雲程函。"

知已辦否?① 特為提醒，並可函知敞所。如不繼續，以後有無合同，繼任與否均是敞所事矣。此手續上之一小節，然似不可少也。如何乞
　示復為幸。專此，敬頌
著安

弟斯年　四月十八日

136. 傅斯年致李方桂 （抄件）（1930 年 5 月 20 日） 檔號：元 64–8

方桂先生：
　給楊成志先生一函，乞轉交。所說各節想　先生以為然。助理員之studies 必須瞭然，此與後來成功大有關係也。如何？敬問
健康

弟斯年　五月廿日

附：傅斯年致楊成志 （抄件）（1930 年 5 月 20 日）

成志先生大鑒：足下在雲南時，我屢欲寫信，而以不知住址，致未能寫，歉歉！近中接到兩封信，一切歡喜得很！這樣刻苦的工作,真是一個新紀錄。

留學一說，想是誤會，一則余先生並非去留學，乃是去抄書。二則他雖病，不能去，却並未"出缺"。如後來他真不能去，（我們此時還希望他快快好了可以去）此事或者作罷，或者另尋一位熟習六朝隋唐學問的人去，與　你的一行不相涉。若留學辦法，則此時研究所，決無此力量。至于來到研究所工作，大家自然是歡迎的，不過此時沒有懸空的助理員，助理員必是某一位研究員的助理員。你的信來，我就想到李方桂先生及辛樹幟先生，已經寫了信去問他們，而李先生來信要約你，這真巧極了！即于上月所務會議中議決，任你為助理員，月薪

---

①行首自註："史在廣州中大，通知可逕直寄之也。"

一百廿元，（自然是大洋，此數是此時最高薪額。）任函由院直接寄給李先生，轉你。照章以你到李先生那裏半個月內起薪，不必以任函到日為限。

希望你以後繼續你的冒險、吃苦、耐勞的精神，切切實實的隨同李先生工作。這個研究所，現在完全是實事求是、不求速效、不假借、不務外、不學一鬩之市的機關。一切有秩叙的工作均努力進行，一切無秩叙的工作均逐一停止。你這兩年工作是極可佩的，但此時斷斷不可自滿。第一要義是免去宣傳及 Journalism 之爛調，第二是隨李先生學方言等細密的方法，第三則隨時擴充自己工作的工具，而一切觀察工作尤要細心。這樣行之三、四年，然後是個入門的民族學者，行之七、八年，然後可以專門名家。雲南兩年的事，只是這精神可佩，不能自謂是有結果，不能聽人恭維的話。

因為我對你的期望極大，（同人皆對你如此）並很佩服你的服苦精神，希望你大器晚成。又怕你在中大研究所"具入予聖"的空氣中，忘其所以，故直率言之，幸勿為過！

每日卅元津貼之補給，[1] 應補至此研究所與中大研究所脫離一切關係為止。（前年十二月）然在你這一件，可以補至此所北移。（去年六月）共該多少，請開單來，以便照付。

匆匆，一切後來細寫罷！問

健康

弟斯年　五月廿日

137. 傅斯年致史祿國 （打字件）（1930 年 5 月 23 日）檔號：元 46-44

May 23, 1930.

Dear Prof. Shirokogoroff:

I have the honour to inform you the following resolution reached by the

---

[1] 行首自註："此款當時本想寄去，因不知確止，頡剛先生又言兄已將反，故上海方面未寄。"

Council meeting of the Institute during its third sitting in the second half of
the academic year 1929—30：

Mr. S. M. Shirokogoroff's appointment as 專任研究員（Standing
Research Fellow）of the Institute shall not be renewed in the following
academic year（1930—31）. The Council wishes to express its
appreciation of Mr. Shirokogoroff's work during his two years office as
Standing Research Fellow in the Institute and shall instruct the Secretary
to undertake the publications of his monographs after duly approved by
the Publication Committee.

Please allow me to remind you that the present academic year ends on the
30th of June 1930.

Assuring you my best considerations

> Yours faithfully，
> Fu Ssunien
> Director

138. 傅斯年致史祿國 （電）（1930 年 6 月 12 日）檔號：元 46-42

廣州中山大學。莊澤宣轉史祿國：清華前允聘，因羅①辭停頓。年。②

139. 傅斯年致楊銓、王敬禮 （電）（1930 年 7 月 21 日）檔號：元 119-6

14496【究】。上海。杏佛、毅侯兩兄：商務印費千元，法、瑞兩通信員③十八年費如未寄，盼即設法寄，關信用，感。年。④

---

①編按：羅家倫（1897—1969），字志希，1930 年 5 月辭國立清華大學校長職。
②頁末收發註記："十九年六月十二日"。
③編按：指（法）伯希和（Paul Pelliot, 1878—1945）與（瑞）高本漢（Bernhard Karlgren, 1889—1978）。
④頁末收發註記："中華民國十九年七月廿一日"。

140. **傅斯年致蕭綸徽** （電）（1930 年 7 月 30 日）檔號：元 24-4

廣州東山恤孤院直街七八號二樓。蕭綸徽：欠史房租等項已由上海寄兄轉。請兄清收各件木器設法賣，餘帶回，弟函到後再行。與史務有禮貌。史何往？即復。年。①

141. **傅斯年致史祿國** （電）（1930 年 7 月 30 日）*

Shirokogoroff
      16 Pak-tsi Road Tungshan
          CANTON

Just returned Requested shanghai office remit money liquidation settle everything with Hsiao negotiations with tsinghua other institutions going on letter tells Fusznien②

142. **傅斯年致蕭綸徽** （電）（1930 年 8 月 4 日）檔號：元 24-7

廣州東山恤孤院直街七十八號二樓。蕭綸徽：③ 前致史一電退回，改由兄轉。史何往？即電復。年。

143. **傅斯年致蕭綸徽** （電）（1930 年 8 月 4 日）檔號：元 24-8

廣州東山恤孤院直街七八號二樓。蕭綸徽兄：付史究若干，函中各項外另付否？年。④

---

①頁末收發註記："中華民國十九年七月卅日發。"
*本函有手稿本（檔號：元 46-21）及打字件（檔號：元 24-5）兩種，據打字件整理。
②頁末收發註記："十九年七月卅日發。"
③頁首收發註記："中華民國十九年八月四日"。
④頁末收發註記："十九、八、四。"

144. 傅斯年致蕭綸徽 （電）（1930 年 8 月 12 日）檔號：元 24-9

廣州東山恤孤院直街七八號二樓。① 蕭綸徽兄：木器可託人代賣。告史滬滙款如不足，到平清算。年。

145. 傅斯年致蕭綸徽 （電）（1930 年 8 月 15 日）檔號：元 24-10

廣州東山恤孤院直街七八號二樓。蕭綸徽兄：付史毫銀七四三，餘百因審院詢雲南售品數待結時算，同時須收清一切存件再付，至要。修具應自取，已電院，即電五百，前後共九百。年。②

146. 傅斯年致蕭綸徽 （電）（1930 年 8 月 18 日）檔號：元 24-13

廣州東山恤孤院直街七八號。蕭綸徽：事了後，盼即返。年。③

147. 傅斯年致蕭綸徽 （電）（1930 年 8 月 19 日）檔號：元 24-12

蕭綸徽兄：來電詫異，史索九一三毫元，歷欠房租七百元等均在內，因雲南件未清緩付百，當付毫八一三，此外本所毫無負責，兌兄九百付此有餘，何故與史清賬後尚欠鉅數？一切應照函電辦理，否則自負責，碍難再滙。年。④

148. 傅斯年致蕭綸徽 （電）（1930 年 8 月 22 日）檔號：元 24-14

廣州東山恤孤院直街七八號。蕭綸徽：如無北返旅費，可再寄少數。年。⑤

---

①頁首收發註記："中華民國十九年八月十二日"。
②頁末收發註記："十九年八月十五日"。
③頁末收發註記："八月十八日"。
④頁末收發註記："十九、八、十九。"
⑤頁末收發註記："八月廿二日"。

149. 傅斯年致蔣夢麟、劉大白（抄件）（1930 年 8 月 23 日）檔號：元 63-10

孟鄰、大白先生：

奉養電，不勝驚怪之至！案徐中舒先生，自去年【春】季來^敝所，除其自己研究若干問題以外，還擔任主持檔案整理的事務。此項事務至少尚須二、三年，而其自己之研究，尤非長久不可。若中途他去，對^敝所之不便，兩先生當然可以想像！

況且中舒在所，與同事相處甚得。陳寅恪、李濟之諸先生尤以感情及工作之故，不願見其他去。則浙江大學來拉時，我們要竭誠留他，當然不是犯法的事。

在上學期尚未放假時，中舒先生告我，浙江大學要聘他，他要去。我們即時留下他，即由^{斯年}寄大白先生一信，這將及四個月了！

後來浙大寄了聘書來，因為我們已將中舒先生留下，即把聘書代為寄還。^{斯年}並坿一信，說明一切。雖云一切罪過在我一人，然彼時實已將中舒先生留下，這又是將及三個月的事！六月一日至四日間之一日，因^敝院年會之故，晤到 夢麐先生，談及此事。夢麐先生謂，當由徐先生自定；他要留研究所，便留，要去浙江，便去。我說，那就不成問題了！

所以^{斯年}以為這事早已完了！請兩先生一想，這個手續那節不對？

頃奉盛怒之電，責以"迅予放行，勿再留難。"百思不得其解。浙江大學排了功課，選了功課，此時固甚為難。然聘書退于兩三月前，而猶排功課，則責之在誰，實無問題。將此命令解釋之，實得下列之必然的 derivatives：—

一、^敝所無權留其現在之同事，如一留之便是"留難"。

二、浙大要請誰，便無挽回之可能，故^{斯年}之兩函，一退聘書，並面得 孟麐先生之言，皆同塵埃，與沒有過一樣。所以長久退了聘書之後，照舊排功課，而因此不理會事實以生之困難，責在別人身上！

但：為甚麼要有這樣原理呢？^{斯年}破腦的想了一晚，不解。

明天再想罷。

還有一件，^{斯年}雖不解公事文章，然頗覺得"迅予放行，勿再留難"的話，仿佛只有稅關上通用。否則，中舒先生是個活人，我們不是軍隊，如何"留難"，如何"放行"呢？那麼，這話雖然意在責^{斯年}，而不幸已把中舒先生作貨物看待了！頂禮的時候，偏擇了這樣一個不敬之詞，似亦　大白先生手筆中千慮之一失也！一笑，勿罪！

如上所述，故碍難遵命。（因實不懂此令）幸　兩先生諒之！專此，敬請

暑安！

斯年敬啟　八月廿三日

150. 傅斯年致劉大白 （抄件）（1930 年 8 月 23 日）檔號：元 63–11a

大白先生次長勛鑒：現在已查出關于中舒先生事，與吾　公往來信件之日期，敬製一日表，以為　大文"留難"、"放行"等等之一證。

一、五月五日奉上一信，（六日快信發）聲明吾等留中舒之意。得廿日回信，謂不可。

二、旋于六月十七日，（十八日發）正式奉還中舒聘書，並更寫一信，敘述一切。此件未蒙復書。

三、七月二日孟鄰先生云，此事由徐先生自決，若要去浙江，即去，若要留，即留。^弟謂"那就無問題了"！

那麼，這事早了了！退的聘書，若非當時已經留下，我能偷了來嗎？此後如有異議，何不更寫信來？此事我所知之經過如此。（此外不知）現奉"迅予放行，勿再留難"之令，不勝感其不通之至！此電雖同列孟鄰先生名，然就稱謂及語氣論，為大作無疑。論公則^敝所並非貴部屬轄，論個人則僕並非吾公之後輩。吾公不是反對文言文的嗎？

這樣官場中的臭調文言，竟出之吾公之口，加之不佞之身，也是罪過！現請吾公收回成語，以維持《白屋文話》作者之文格詞品，不勝榮幸之至！專此，唯頌

籌安

傅斯年拜啟　八月廿三日

151. 傅斯年致胡適 （1930 年 8 月 30 日）*

適之先生：昨天看到在君，知道　先生快來了！歡喜得無比！回來在路上，先想下好些題目來，以備來時大談！

在君約我也給　先生找房子，我自己也正在做這事，只是不在行。

不過我還是盼望　先生遲來一兩月。盛名之下，舉足便遭物議。還是吾儕小民，到處可以市隱，自慰得很！好在看來至遲再有一二月，這情形也可不慮了，心照不宣。

這次回來大用功，完全不出門，下午睡覺，徹夜用功。（讀書，收材料。）這樣下去，《文學史》明年有了，《赤符論》後年也有了。

承　先生送我《通藝錄》，我借了兩個本子校了一下卷數，記上，送給裝書的去了。　先生來平，看到，定然感覺這部書沒有錯送了人！

文伯去北平時，拿了濟之做的一部書去。此書我急于要用，而不知文伯所在。盼　先生晤時，催他給我寄來！感感！

問候夏天都好！

^{學生}斯年謹上　八月卅

亟函中大，詢　先生旅費總數。回信到後，奉聞，請給一收條，轉給騮仙便完了。

---

* 原載耿雲志主編《胡適遺稿及秘藏書信》，合肥：黃山書社，1994，第 37 冊，頁 399–400。

152. 傅斯年等致楊銓 （電）（1930 年 9 月 24 日）檔號：IV：378-53

14496 【究】。上海。楊杏佛兄：英庚款盼兄為院留意並進行。年等。①

153. 傅斯年致 Carl Whiting Bishop （打字件）（1930 年 10 月 1 日）檔號：元 52-9

October 1st, 1930

Mr. C. W. Bishop

Crulty Building

Legation Street

Dear Mr. Bishop：

Your promised letter of Confirmation concerning the additional points raised by us has not reached me yet. I should be much obliged if you could favor me with it as soon as possible. When I handed the other documents to Mr. C. Yang in Shanghai, he told me that I should do so only after I got your letter of confirmation. As soon as I receive it, I shall send the whole to the Headquarter of Academia Sinica, which will forward them to the government for registration. At the completion of this, the whole transaction will be published in the Preliminary Reports of Anyang, as an acknowledgement. It is my original intention to publish them in the second number which will be out in October; as the matter stands now, I hope that we could publish them at least in the third number, if not the second.

With my personal regards,

Yours sincerely,

---

①頁末收發註記："十九年九月廿四日"。

154. 傅斯年致楊銓 (1930 年 10 月 6 日)

杏佛先生大鑒：奉書並轉抄易寅村先生來書，敬悉一切。朱君師轍學業原當借重，無奈歷史語言研究所目下薪水成數已超過院中規定之半。在院則有囑吾等減省之表示，吾等亦有此後不再增人之決定。蓋以目前人數論，已非月萬五千元之經費不便工作，此時經費去此極遠，故目下艱難不可名狀，此皆在　兄洞鑒之中者也。直陳其實，諸希　原宥。敬頌

日祺

弟傅斯年敬啟　十月六日

155. 傅斯年致楊銓 (電) (1930 年 10 月 9 日) 檔號：IV：378-54

14496【究】。上海。杏佛兄：沈宜甲經手古物價目、名稱均與前年所聞不合，乞勿付款。年。①

156. 李濟、傅斯年致蔡元培、楊銓 (抄件) (1930 年 10 月 19 日) 檔號：IV：378-22

子民、杏佛兩先生：奉　會計處二三六號，沈宜甲君經手買到地中海古物標本一宗，折合華幣伍千四百四七元二角六分，由　兩先生囑開入屬所帳中一節，敬悉。查此事經過，有不得不向　兩先生一申明者，特分述之：

一、此件之由來，事在十七年八月，由人介紹沈君晤斯年，並轉晤仲揆先生。遂由仲揆及斯年二人晤　杏佛先生于寶隆醫院，由杏佛兄批條交端六先生，在總辦事處帳上支訂錢。當時說明此舉本為院中擬設之博物院作一部分之張本，正與群碧樓之書作圖書館張

---

①頁末收發註記："十九、十、九"。

本一樣，非史言所定購之件，特介紹由仲揆兄及^{斯年}二人耳。

二、此件原是 Marteille① 父子兩代收藏之全。居地質者約十分之一，（或僅廿之一）而居考古者約大多數，乃包括法國及其他歐洲各地，尤詳于東方，其價十萬法郎，運費約二萬，單子曾親見。今改為地中海古物，數量既不同，究竟是原物之一部，抑另是其他一事，未見單子，皆不可知。是則不啻沈君另接洽一事，而其詳細^{斯年}等未之前聞也。沈君非院中人，又非考古家。如另由其介紹，似宜先交仲揆兄等審查。蓋此事看來並非前事也。

三、史言所目下等于破產，加入此賬，則何日可還，誠是艱難之事。

四、史言所十八年度存款已用完，十九年度起，分組支出，界若鴻溝，各不相越。此五千餘之巨數，出之考古組，則考古組登時塌台，正不能再去發掘。出之一、二兩組，則一、二兩組此時亦無力協之。

以上四節，敬乞　詳核。如作為院中他部分購買，固至感　德便。如其不便，則歸還此款（暫時浮著），似應待至政府發全院補助費時，提前支還，不以史言所經常費為注，則史言所較可喘息也。此時景況，實不得已，敬乞　鑒察！專此，敬請

著安！

　　　　　　　　　　　李濟（行時留話由斯年代簽名）

　　　　　　　　　　　傅斯年　十九年十月十九日

157. 陳寅恪致楊銓 （電）（1930 年 10 月 25 日） 檔號：IV：378-55

上海。究。杏佛兄：孟真赴濟，總報告刻趕編，下週寄濟轉上。寅。②

---

①編按："Marteille" 當作 "Mortillet"，指法國考古人類學家 Gabriel de Mortillet 及其子 Adrien de Mortillet 兩代收藏的法國舊石器時代遺址的石器標本，以及世界其他各地遺址的考古標本。

②頁末收發註記："十九年十月廿五日"。

158. 傅斯年致楊銓 （電）（1930 年 11 月 30 日）檔號：IV：378-56

14496【究】。南京。楊杏佛兄：乞代表孑老招待張伯英，並接洽，盼
感。年。①

159. 傅斯年致張鈁 （抄件）（1930 年 12 月 2 日）檔號：元 144-1

伯英先生總指揮節下：別後經年，久疎箋候，比想　興居健福為祝為
祝。年來中原離亂，塗炭生民，　先生以北方物望之歸，作河洛諸邦
之障，定功桑梓，懷柔千里，道遠聞之，敢不拜服。^{斯年}等役役樸學，
一如向往，只緣戰爭不已，田野之工作中輟。茲值元惡貫盈，大局底
定，遂于十月之末，重在山東開始工作。惟殷墟之功廢于中途，就國
家學術、中州文獻計，皆至可惜，頗思明春續成其事，不特碑林建設
當償夙願，即發掘事項亦望　先生指導行之，不有高山之望，安成弘
隆之業。吾等但願研究之便，更無他求，中央研究院決無與地方爭執
事，前此不幸，皆何日章一人快意之舉也。一切情形敬託^敝院總幹事
楊杏佛先生面達。杏佛先生追隨總理從事革命事業者十餘年，今棄官
建學，豪傑之士。河南籌振諸事，亦請與面談。前談展覽籌振等事，
^敝院可以贊助者，中雖經戰事而停頓，後有機會，當即踐約。專此奉
白，敬頌
勛安

^弟傅斯年謹上　十九年十二月二日

160. 傅斯年致張繼 （電）（1930 年 12 月 4 日）檔號：元 144-2

南京司法院。急轉張副院長溥泉先生賜鑒：殷墟發掘擬明春重作，極

---

①頁末收發註記："十九年十一月卅日"。

願與張伯英先生合作，務乞面託一切。傅斯年叩。①

161. 陳寅恪、趙元任、傅斯年致楊銓（電）（1930 年 12 月 6 日）檔號：IV：378-57

14496【究】。南京。楊杏佛兄：務盼早來。恪、任、年。②

162. 傅斯年致袁同禮（抄件）（1930 年 12 月 16 日）檔號：元 310-3-5

守和我兄：

十月十三日書奉悉，當即查^{敝所}之《大正藏》及當時　貴館轉來之文件，知如日本外務省文化事業部所開之冊數，實少第五十五卷。此卷為本藏之目錄，究竟是日本外務省之錯誤，或　貴館原來借出，^弟不及知，但此冊　貴館當時並未交來，有來往之收據可憑也。為此仍請我　兄一查，設法補得交下，以成完書，至荷！專此，敬頌

日祺！

弟傅斯年敬上　十二月十六日

附：來往收據

卷一至卷八十中

闕　卷五十五　目錄部

┌ 卷六十一、七十七、七十八（三卷未出版）

十二月十五號收到

└ 卷六十一、八十二。

---

①頁末收發註記："十九年十二月四日"。
②頁末收發註記："中華民國十九年十二月六日"。

163. 傅斯年致陳槃（抄件）（1931 年 1 月 6 日）檔號：元 19-3

廿年一月六日

陳盤吾兄大鑒：

執事由本所津貼之三十元毫銀，按月寄奉至去年冬，但此等辦法全院並無第二例，而　兄始終對自己工作無一字之報告，故^弟亦無以自解，已請院會計處停止矣。謹聞，即請

學祺

傅斯年　一月六日

164. 傅斯年致蔣夢麟、胡適（1931 年 1 月 9 日）[*]

孟鄰、適之兩先生：^①驪先兄到此，忙極！昨日與之談甚久，所談多為北大本年向中英庚款董事會請補助事。驪先兄初表示：（一）平津一帶不願多放款，（二）北大範圍本小，（三）有 China Found 云云。我當一一詳為解釋，謂惟其平津局面如此，更當資助，以繫人心，特別是北大。北大乃開明主義之寄象，在此時中國，乃惟一之炎星，後來無論動與不動，終當大有貢獻。論此經費，猶同民國七年，各校皆加，北大獨否。此外又說了些私話，並批評中英庚款補助邊疆之方策。驪先對此批評大不謂然，亦有其說得去之理由。最後驪先答應如北大請款，必可補助。

然有一事可注意者，此機關請款不能作薪水，建築、設備、工作費皆可，新計畫亦可。我的意思建築本亦不當再辦，如請設備，須表示其 portable。至于工作費，大不成問題。薪水一小部亦可臨時呼作工作費。

---

*原載耿雲志主編《胡適遺稿及秘藏書信》，合肥：黃山書社，1994，第 37 冊，頁 536-539。
①頁首自註："看後乞焚之。"

如請款，不可少請，最小十萬，二十似亦無不可。

但在下次開會之前，最好　孟麐先生與之面商一下。

請款截止書應於本月底截止，似乎只有十天工夫了。專頌

日安

斯年上　一月九日

165. 傅斯年致 Gustaf VI Adolf of Sweden（打字件）（1931 年 2 月 12 日）檔號：元 371-1

Feb. 12, 1931

To His Royal Highness Crown Prince of Sweden[①]

I venture to forward to your Royal Highness "The Preliminary Reports of the Excavations of Anyang" nos. 1 and 2 which may be of some interest to your Royal Highness. Enclosed in this letter please find a list of our recent publications, which are with very few exceptions written in the Chinese language.

I am,

Yours most respectfully

Fu Szenien

Director

166. 傅斯年致李濟（電）（1931 年 2 月 23 日）檔號：元 25-11

14496【究】。南京。李濟之兄：《發掘經過》掃數寄京，展覽附送。王絋先允來，盼彥堂兄接洽。關[②]額補人，最好中孚，如何？年。[③]

---

①頁首自註："贈送國外"。

②編按：關百益（1882—1956），本名探謙，時任河南博物館館長、河南古蹟研究會委員兼秘書。

③頁末收發註記："中華民國廿年貳月廿叁日"。

167. 傅斯年致林語堂 （電）（1931 年 2 月 23 日）檔號：元 76-9

14496【究】。上海。林語堂兄：英報告考古部，乞面洽濟之。餘即寄。年。①

168. 傅斯年致陳寅恪、趙元任、李濟 （1931 年 2 月 23 日）檔號：元 587-19

此事②如何辦理，乞　批注意見。

陳③

趙　　先生

李④

斯年　二十、二、廿三。

169. 傅斯年致楊銓 （電）（1931 年 2 月 26 日）檔號：IV：378-59

14496【究】。南京。杏佛兄：務盼北來。此事與本所前途關係至大，幸勿置之心外。與濟之同來尤妙。年。⑤

170. 傅斯年致蔡元培 （抄件）（1931 年 2 月）檔號：III：90

子民先生道鑒：頃奉　惠函，內開："頃接浙江省立圖書館長楊立誠

---

①頁末收發註記："中華民國廿年貳月廿叄日"。

②編按：此事似指民國 20 年 2 月 17 日總辦處第 1926 號函 "擬定總理紀念週時講讀遺教辦法二條" 案。

③陳寅恪簽註："似可探查現在俄國科學院如何辦法再酌辦。又前清翰林院是否輪講聖諭廣訓，或詢之蔡先生，亦可得一參攷也。也可以參考別所的辦法，例如地質研究所。寅恪謹注。"

④李濟簽註："李濟。無意見。"

⑤頁末自註："即發"，又收發註記："中華民國廿年貳月廿六日"。

函稱：'近來為提倡讀書運動，有讀書儲蓄會、婦女讀書會、兒童讀書會等組織，擬延專家為名譽閱覽指導；乞　鈞院各系主任予以襄助，代撰各科閱讀程序及各科應用書目，俾得良善指導'等語。該館請求指導，自宜予以相當助力，特為函達，還希　執事允任該項指導，或推薦一人，先行示復，俾便該館備函　敦請"等情，理應竭力相助，藉以副　先生盛意。惟同人等對此項通俗應用目錄所知甚少，敢請　先生復函該館，關于語言方面，請其向國語統一會接洽；歷史方面，則請其託顧頡剛先生接洽。如此必于事有濟，尚希　酌奪。謹此，敬請

著安

敬啟

171. 傅斯年致 L'Ecole française d'Extrême-Orient（打字件）
（1931 年 3 月 3 日）檔號：元 367-1

M. le Directeur

L'Ecole française d'Extrême-Orient

Houoi①, Annam.

Sir,

The National Research Institute of History and Philology of the Academia Sinica is very desirous of entering into exchange relations with you for your Bulletin and other publications. We have a Bulletin which appears quarterly and series of Monographs, on Anthropology, Archaeology, History and Linguistics, in which, we trust, you are interested. We sincerely hope that you find such a friendly relation with our Institute desirable, and we shall be glad to send you our publications immediately after we hear from you.

Enclosed you shall find a list of our publications.

---

①編按："Houoi" 當作 "Hanoi"。

With best regards

Yours Very Sincerely

Fu Sze Nien

Director, National Research Institute of

History and Philology.

附：出版品清單（打字件）

L'Ecole française d'Extrême-Orient

Hanoi,

Annam.

March 3, 1931.

Messieurs,

Nous vous serions beaucoup obliges si vous aviez la bonte de nous envoyer les ourages suivants, que nous n'avons pas pu obtenirchez les libraires orientalistes.

I.   La Croix (Desire). Numismatique annamite

II.   Cabaton (Antoine). Nouvelles recherches sur les Chams

III.   Cadière (Leopold). Phonétique annamite, dialecte du Haut-Annam

IV.   Lajonquiere (E. Lunet de). Inventaire descriptif des monuments du Cambodge. Tome I

VIII. Le meme. Tome II

IX.   Le meme. Tome III

      Cartes

V.   Foucher (Alfred). L'art gréco-Bouddhique du Gandhâra Tome I

VI.   Le meme. Tome II Ier fasc.

              2e fasc.

VII.   Aymonier (Etienne) et Cabaton (Antoine). Dictionnaire cam-francais

X.   Guerinot（A.）Repertoire d'epigraphie jaina

XI   a XIIbis, Parmentier（Henri）Inventaire descriptif des monuments
        cams de l'Annam, 2 tomes & 2 album.

XIII   a XIV, Chavannes（Édouard）Mission archéologique dans la Chine
        septentrionale. Tome I, Iere partie, La sculpture a l' epoque des
        Han, 2e partie la sculpture bouddhique（tout ce qui a paru）

XIIIbis – XIVbis, Planches, 2 albums

XV.   Cordier（Henri）Bibliotheca indosinica. Tome I Birmanie, Assam,
Siam et Laos

XVI.   –   –   Tome II Peninsule malaise

XVII.   –   –   T. III. Indochine Franc.

XVIII.   –   –   T. IV. Indochine Franc.

XIX – XX   Etudes asiatiques, 2 vols.

XXI – XXII   Parmentier（Henri）. L'Art khmer primitif, 2 vol.

XXIII – XXIV – Robequain（Charles）Le Thanh Hoa, 2 vol.

172. 傅斯年致李方桂 （1931 年 3 月 3 日） 檔號：元 367–2

方桂兄：給 L'Ecole française d'Extrême-Oriente 信一事乞加入向其函
詢直接買其以前之出版品（附單），乞其設法覓一全份（如能辦到），
能廉價些尤佳。

此函只能寫法文，乞　兄受罪一下，或與元任先生一斟酌。

又，給 Pelliot 信中乞附入此句。

弟斯年

附：出版品清單 （打字件）

L'Ecole française d'Extrême-Orient

Hanoi,

Annam.

Messieurs,

Nous vous serions beaucoup obliges si vous aviez.

la bonte de nous envoye les ouorages suivants, que nous n'avons pos pu obtenirchez les libraires orientalistes.

I. La Croix (Desire). Numismatique annamite ·················· . epuise

II. Cabaton (Antoine). Nouvelles recherches sur les Chams ······ Frcs. 240

III. Cadière (Leopold). Phonétique annamite, dialecte du Haut-
Annam ·· 192

IV. Lajonquiere (E. Lunet de). Inventaire descriptif des
monuments du Cambodge. Tome I ···························· epuise

VIII. Le meme. Tome II ······························ Frcs. 240

IX. Le meme. Tome III ······························ "240

Cartes ·· "144

V. Foucher (Alfred). L'art gréco-Bouddhique du Gandhâra
Tome I ··· epuise

VI. Le meme. Tome II Ier fasc ···················· Frcs. 420

2e fasc. ································ Frcs. 420

VII. Aymonier (Etienne) et Cabaton (Antoine). Dictionnaire cam-
francais ··· epuise

X. Guerinot (A.)   Repertoire d'epigraphie jaina ········· Frcs. 108

XI. a XIIbis, Parmentier (Henri)   Inventaire descriptif des monuments
cams de l'Annam, 2 tomes & 2 album. ···················· epuise

XIII a XIV, Chavannes (Édouard)   Mission archéologique dans la Chine sep-
tentrionale.   Tome I, Iere partie, La sculpture a l'epoque des Han, 2e
partie la sculpture bouddhique (tout ce qui a paru) ··········· epuise

XIIIbis – XIVbis, Planches, 2 albums ························· epuise

XV.   Cordier (Henri)   Bibliotheca indosinica. Tome I Birmanie,
Assam, Siam et Laos ····························· Frcs. 600

XVI.   –   –   Tome II Peninsule malaise ············ "   240

XVII.   –   –   T. III. Indochine Franc. ··········· "   660

XVIII.   –   –   T. IV. Indochine Franc. ················· epuise

XIX – XX   Etudes asiatiques, 2 vols. ························· Frcs.   300

XXI – XXII   Parmentier（Henri）. L'Art khmer primitif,

       2 vol. ·································· Frcs.   300

XXIII – XXIV – Robequain（Charles）Le Thanh Hoa,

       2 vol. ·································· Frcs.   200

Comme le cours d'echange nous a nus maintenaut dans une position extrement desavantogeouse, nous nous permittous de vous prier de nous faire un rabais suv les prix courants. Nous vous serions tres recounaissants, si vous pouviez consentir a cette priere empressee.

    Veuilley agreer, Messieurs, l'assurance de nos slutiments tres distingues.

           Fu Sze Nien

    Director, National Research Institute of

        History and Philology.

173. 傅斯年致朱希祖（抄件）（1931 年 4 月 23 日）檔號：元 47-19-3

逷先先生賜鑒：先生向北大表示復職一事，兩承清誨，感何可言。斯年為此思之十餘日，澈夜不寐者兩夕，緬懷師生之誼，重想斯年此時所負之責任，尚有未能己於言者，敢為先生陳其綱略。

  一、歷史語言研究所此時在創置期中，艱難至多。院中規定專任研究員之待遇，一面固優為俸給，一面亦詳為限定。蓋專任者必不抱東牽西掛之意，然後可以濟事，必以其自己之事業與研究所合為一體，然後可以成功。此意在　先生決改專任之前，斯年為先生道之非一次矣。

  二、先生之為專任研究員，固由斯年等甘願贊助，亦由　先生先表示自己決心於前。先生去年十二月廿一日書云：——

> "希祖最近輾轉思維，決定此後專事研究史學，不作教員，不作任何校長、主任及各項辦事員，故擬在年假後辭去清華、輔仁等校教課及北大研究所導師，使身體一無所累，集中精神以從事於一史，惟生計問題不易解決。前日承　兄談及研究院事可以達我此志，年假中未識可以決定否？遲則事機一失，恐仍牽於舊累，不可解脫矣。乘此機會，快刀斬亂蔴，使永無糾葛，亦可謂畢生之幸。希祖前此十八年頗忠於北大，從來不休息，一年所作史學文章皆在北大發表，今年對於史系自己增加兩種新課，又作三篇新文章，亦可見不貪懶墮，肯負責任，而對于尊處允許出版之兩種拙作，亦未暇整理。顧此失彼，頗抱歉仄。此後願移忠於北大精神以忠于中央研究院。"

斯年等讀此，能無感動。所以于最困難之情形中，終成此事者，皆以報答　先生之雅意也。

三、今觀先生致孟麐先生書云：——

> "希祖近來已將各校兼任教課一概辭去，故對於北大教授決擬銷假復職，且希祖在北大研究所國學門所任職務近三、四月來並未間斷，經手編輯《國學季刊》最近已出一期，尚有一期正在付印，所任研究所指導科目為明清史，學生最多，近亦常來舍間請益，並請仍舊指導，切弗請假，以荒其業。希祖查研究所中別無教授擔任明清史指導，明清史料整理會亦無人指導整理，故不忍決然舍去。且先生來長北大，希祖極願襄助，惜不能竭盡全力為歉然耳。至于薪給一層，近來希祖已專任中央研究院研究員業已有給，願援胡適之先生之例，在北大亦不支薪，務懇備案　賜復為荷。"（四月七日）

三、[1] 觀先生致夢麐先生書，不忍舍去北大，則　先生十二月廿一日函所云者，特一時感情語耳。研究所及 斯年 等個人竭力奉贊

---

[1]編按：項次當作"四"。

先生自己做學問之事業，而未獲換得　先生在研究所之安心。斯年初看深疑何緣至此，豈有所克罪于　先生，致　先生在三、四月間，盡變其意向？繼更思維　先生在北大年久，在研究院日短，如此存心，亦是至情，敢不佩欽！此時　先生對清華、輔仁雖不支薪，亦未辭職，北大教授及國學研究所之指導又生此問題。斯年處此實覺為難。想在　高明洞鑒之中，無待多說。至于　先生成一史于北大，或成一史於研究院，在斯年固以為同可欣幸，正不必爭其在彼在此也。聞暑假後北大教授之待遇將有所改善，當亦有可以著述之機會。斯年當敬從　先生向北大復職之意！敢布區區，諸希亮察！敬叩

著安！

學生傅斯年謹呈　四月二十三日

174. 傅斯年致李濟（電）（1931 年 4 月 23 日）檔號：元 183-9、元 183-3、元 183-4

彰德高級中學。轉李濟之先生：詠霓商件及西陲考古計劃，乞決定示復。年。[1]

〔附一〕：**西陲科學考察團章程**（油印件）

西陲科學考察團章程

（一）參加機關及理事會

一、依據大綱之學術科目，由國民政府指定參加機關如下：

　　地理、地質學組　地質調查所、地質研究所、兩廣地質調查所及氣象研究所。

---

[1]頁末收發註記："中華民國廿年四月廿參日"。

生物學組　科學社生物研究所、靜生生物調查所及自然歷史博物館。

人類、考古組　歷史語言研究所、社會科學研究所。

二、五組就各參加機關中推舉專家一人或二人，另由有關係機關中央黨部、國民政府、中央研究院、教育部、北平研究院各指定代表一人，共十一人組織本團理事會，經理本團一切事務。

三、理事會推定理事長、書記及會計各一人。

四、理事會設辦事處于教育部，① 關于籌備照料本團實地工作之事務，得就地點之便利，指定在北平之參加機關就近辦理。

　　（二）團員

五、團長由理事會推定，團員（專家及助手）以本國人為限，由團長推請理事會審定，並得由理事會特聘專家任之。

分團長就工作及旅行之必要由理事會推定，或由團長臨時推定報告于理事會。

六、隨帶學生之人數分配及考選方法由理事會另定之。

七、為旅行上之必要得加入鄉導、醫士、保護或其他辦事人員，由團長提請理事會核定，其在旅行中臨時加入者，由團長或分團長先行決定再向理事會報告之。

八、團員之由參加機關遴派者，其薪俸仍由本機關自行担任，由他機關（或學校）調用者，亦得由理事會商請原機關照舊担任，即以此項機關為合作機關，但有必要時得由本團自行支付之。

九、凡担任本團團員薪水之各機關應將團員薪水儘先按時發給，遇有加薪進級時，應與其他人員同等或從優加給。

十、團員之津貼數目以原薪百分之三十為限，其詳細辦法另定之。

十一、凡隨帶學生概不支薪，但得酌支旅行津貼，其詳細辦法另定之。

十二、其他隨從人員之薪水及夫役工資，由團長或分團長依照理事會所定標準決定之。

---

①編按："教育部"傅斯年改作"中央研究院"。

十三、團員或其他隨從人員均應聽從團長或分團長之節制，其工作成績得由團長或分團長隨時加具意見，報告于理事會及其所屬機關。

十四、任何工作人員理事會認為有必要時均得臨時撤回。

（三）會計

十五、本團一切款項均由理事會收領、保管及分配。

十六、本團旅行中之費用由團長或分團長分別負責經管，隨時按照工作計劃擬具經費概算由理事會核定發給之。

十七、本團旅費開支均實報實銷，開具賬目坿有單據彙送理事會審查，并得由團長或分團長酌定臨時限制報告于理事會。

十八、團員在旅行期間之服裝、醫藥及其他必需用途均得作正開支。

十九、本團全體收支會計由理事會向政府主管機關報告之。

（四）保護及撫卹

二十、本團經過各處由理事會呈請國民政府令行各關係地方政府或駐軍予以特別保護及一切旅行上之便利。

廿一、政府所派護送軍隊之糧餉、費用均應由原派機關自行担任，但如有特別費用，亦可由本團酌量支付之。

廿二、團員中願自携防衛槍械者，得呈請政府發給携帶之。

廿三、團員中如有因公死傷者，由理事會呈請政府從優撫卹。

（五）工作報告及材料處理

廿四、本團之學術工作、考察區域及期限由理事會另定之。

廿五、理事會議決之工作計劃實行中如有臨時變更之必要時，得由團長或分團長酌量變更之。

廿六、考察工作應由團長或分團長于相當期間編具報告送陳理事會或逕寄參加機關，但至少每三個月須有工作報告一次，此項報告得由理事會酌量發表或送政府各機關參攷。

廿七、考察所得之學術材料應行研究者，應由各參加機關分別研究整理，以能集中研究，早有成績為標準；其可以陳列展覽者，應盡先選集一部份送交中央博物館，在中央博物館未成立以前，先由首都自然歷史博物館以本團名義陳列之。

廿八、本團考察學術報告及從本團所得材料之研究論文應分別門類由
　　　參加機關印行，但須註明為本團之工作。

　　　（六）坿則

廿九、本細則由理事會呈請國民政府備案施行。

三十、本細則如須修改時由理事會議決呈請國民政府備案。

〔附二〕：**西陲學術考察團計畫大綱**（油印件）

西陲學術考察團計畫大綱

一、本團考察之學術科目計分五組

　　甲、地理（注意國界考查，但不必宣布。）

　　乙、地質

　　丙、生物

　　丁、人類

　　戊、考古

　　以上科目中可由各學術機關遴薦團員，大致以專家八人至十二
　　人，助手若干人分任調查，並得携帶學生。

二、本團考察之地方範圍

　　第一期由張家口經內蒙阿拉善至新疆迪化並至阿爾泰，約一
　　年半。

　　第二期自迪化向塔城、伊犁及喀什噶爾，約一年。

　　第三期自喀什噶爾沿崑崙山由且末附近入青海經西寧歸，約一
　　年半。

　　以上三期，共計四年，但每期終了均可臨時酌定進止。

　　上項計畫與現在中瑞合辦之西北科學考察團，及地質調查所與中
　　山大學之西康調查團，以及建設委員會計畫中之西北經濟考察團
　　至蘭州為止者均不重複，且互相聯絡，其詳細路途仍由專門家另
　　行商定。

三、經費預算　凡專家及助手由各機關人員中遴派者，其薪水仍由原
　　機關担任，但於必要時得由該團酌送津貼，其數目不得過原薪百

分之三十。旅行所需保護軍隊之器械、餉項均由地方政府及駐軍擔任，不列該團預算之內。如有大宗採集或發掘時，其經費應由各參加機關補助之。除以上各項經費不計外，該考察團之費用酌量規定如左：

甲、　臨時費、購置費　　　　　　　　　　　約五萬元

　　　旅行設備（如車輛、帳棚、牲口等）　　約二萬元

　　　治裝費（以每人三百元至五百元為準）　約一萬元

乙、　經常費、旅費（以二十五人計，每人　每年約九萬元
　　　每日十元為度）

　　　預備費　　　　　　　　　　　　　　　每年約一萬元

　　　特別費（如發掘、採集等）　　　　　　每年約二萬元（不足時由各機關補助）

　　　薪津及僱工　　　　　　　　　　　　　每年約三萬元

以上共計臨時費八萬元，經常費每年十五萬元。

四、團員組織　國民政府就各關係機關及各參加團體中派定理事若干人組織理事會，由理事會推定團長一人共同籌備，籌備期以半年為限，在此期內之辦事費由各參加機關分任之。團員由團長商承理事會推定之。為旅行上之必要，得推定分團長，擔任分段考察事宜。考察結果之研究、編輯及發表方法，由參加各機關商定分任之。該團參加者以本國學術機關為限。

民國二十年　月　日第　次　國民政府會議蔣主席提議議決修正通過，並先交戴委員、蔡委員閱看，旋于同月二十七日第　次國務會議照蔡委員商同戴委員改定各節通過。以上即通過之本文。

油印供在平參與諸人參攷，切勿于政府宣布前流出。

175. 傅斯年致朱希祖 (抄件)（1931 年 4 月 27 日）檔號：元 47-19-5

逖先先生賜鑒：奉四月廿五日書，多承指誨，感謝不盡！惟此事經過尚有不盡如 先生所示者，謹述其梗概。

去年年尾，北大史學系發生不幸事件之次日或又次日， 先生來敝寓談，談末表示願為中央研究院之專任研究員。斯年即以專任研究員之必要條件奉告，（其實此等條件以前在閑談中說過亦不只一次。） 先生謂，一切辭去，絕對不成問題。（北大研究所事，當時亦言明辭去。）斯年又謂此事須待暑假，一年度之中間甚難辦。 先生囑斯年當時辦到。斯年算了算帳，實難有辦法，又與先生談了一次，謂如就專任研究員，必辭一切兼職，又謂此事正在算帳，上半年事易辦，少買或不買書便可，下半年如何，必須先把賬算對，然後可，蓋研究是長久之事業，不能但顧一時，在決定請 先生之前，必為長久之計，此時之所以詳細打算者以此，等語。此皆決定請先生為專任研究員之前之考量，既已決定，自然已有辦法，且其已有之辦法業奉告 先生，不圖先生今反以此為不向清華、輔仁辭職之理由也。後來屢經開會，左算右算，又經寅恪先生之竭力贊助，研究所諸同事之雅意，始決議請蔡先生發聘。聘書寄到固較遲，然蔡、楊兩先生之兩電，其一為決聘，其二為薪數照所長、主任例者，固遠在聘書寄到之前。 先生如相信蔡先生，似不宜于見到電文之後，仍不向他處辭職。後來聘書寄到之後，斯年問 先生何時辭他職。 先生云，已辭了。從此斯年不便再問，而陳援厂、馮芝生兩先生皆來詢何以是請假，不是辭職，能否另聘他人，云云。斯年只好裝做不聞，而心中對研院實不安。至于北大方面，因 先生既屢屢表示北大決不幹了，故初向孟鄰先生請其于函允 先生辭職時，加給先生一年退職之報酬，孟鄰先生允為考慮，而北大史學系學生表示悔過。其次日 先生即函北大，改辭職為請假。然斯年以願贊助 先生之故，面陳夢麟先生云暫時把薪水當作退職金看，何如。學生惡風不可長，准辭之事，或可逡巡幾月再准云云。

此次^{斯年}離平二週半返來，孟鷹先生示以大函！謂此事為私為公均有給^{斯年}一看之必要。蓋　先生這樣辦法，與研究院有無困難，須一詢也。^{斯年}讀竟，不勝惶惑。次日赴　先生處，恭謹而言曰：“　先生這封信的辦法是與研究院的規定不合，且與　先生以前自己所說者不盡一致，^{斯年}不大了解　先生的意思。”　先生反而怫然不說，中間相對無言者久之。及^{斯年}告辭，　先生命之再坐，而說明　先生要保留北大教授名義之理由，要保留北大國學門研究所之理由，給孟鷹先生信如何不先與^{斯年}商量之理由。這些理由，^{斯年}大半不懂，小半不能同意。最後先生令^{斯年}再為　先生設法，^{斯年}云如是自己的事，固願竭力贊助。但此信一出，^{斯年}極其為難。

過數日承　先生枉駕來誨。　先生表示可以辭去各職，但仍患無以措辭，且仍以保留北大研究所為意。^{斯年}請　先生向　蔡先生直接商量，　先生又不肯，然而^{斯年}實在擔負不起矣！又逾數日，子水兄持　先生命來，謂設法保留北大研究所事，並謂他兩次勸先生乾乾淨淨辭去一切，而　先生最後還是要保留一處，言下不勝歎惜。在^{斯年}持　先生函奉質　先生之後，　先生猶未有痛快之決定，而一則以措辭為難，二則保留為意，凡此足使^{斯年}對中央研究院立于罪過之地位者，　先生似未能矜詧也。

事實如此，則　先生手示各節，可以不辯。此事雖長，然綱目甚顯，雅不欲多說以開罪于　先生，故前函但並舉先生兩信而已。既承指正，敢舉其經過之涯略如上。

總而言之，　先生不打^{斯年}知道，函夢鷹先生，一則曰：“各校一概辭去，故對于北大教授決擬復職”，再則曰：“研究所國學門所任職務並未間斷”，三則曰：“惜不能竭全力為歉”，四則曰：“務懇備案”。（辭薪一事最小，可不論。）此之與　先生十二月廿一日函（即吾等所根據聘先生為專任研究員者）矛盾處，更不待說而自明。且^{斯年}尤其

不能明瞭 先生所謂先得孟鏖先生同意再告^{斯年}之理由，世上焉有如此倒轉之理也？此非軍國機要，何以不能待^{斯年}之歸？蔣先生之返乎？

　此事目下之局面如此：一、凡此經過，皆未能使^{斯年}相信 先生必不東牽西掛。二、先生致夢鏖先生函中各節，未經^{斯年}知道，先向北大備案，其理由^{斯年}愧未能喻。三、^{斯年}于持大函奉詢之後， 先生猶未痛快決斷，一則以措辭為慮，二則以保留北大研究所為言。前者^{斯年}與先生所約之件， 先生不實行，則此時與 先生再約，^{斯年}何能必其將來必無枝節？故以後如 先生與中央研究院約，只有請 先生直與 蔡先生約。^{斯年}對研究院殊不能再滋疚戾也。去冬 先生自己堅決表示要專任中央研究院事，^{斯年}竭力奉贊而成之。此時 先生充分表示要復北大之職，^{斯年}又曲意奉贊 先生此志，而自任對研究院之責任。如此遷就，反惹 先生之"寒心"，^{斯年}實所不解。不過"寒心"二字，正是^{斯年}之心緒。若論人之譏評，則^{斯年}自覺對研究院已是罪人，更有過于譏評者矣！ 先生有何意見，或作何約定，請與 蔡先生約之。^{斯年}實更擔負不起。

　奉侍 先生無狀，慚罪之至！敬叩
著安！

^{學生}傅斯年謹呈　四月廿七日

176. 傅斯年致朱希祖（1931 年 5 月 5 日）檔號：元 47-19-8

逷先先生賜鑒：奉四月二十八日書，適前一日本所同人有數位略討論此事，故於奉復之前，至少須與 寅恪先生一詳商之。遂匆匆上覆一短箋，述明待星期四與 寅恪先生談後再詳陳一切，計已達覽。星期四已由 寅恪先生面達一切。 先生謂當調查考慮。此需時日，故未即以上呈，敬乞 恕宥！

先生四月廿八日函，厚意隆情，感荷無既！"隔閡"一說，^{斯年}豈敢

如此？此一事件皆　先生就專任前已決之件，而後來一段，致^{斯年}對
研究院負甚多罪戾。今既完結，幸何如之！謹申感激，敬乞　垂察。

先生四月廿五日函所示各節，^{斯年}曾擬一稿，星期二日正想抄呈，而
廿八日之函至，遂以擱起。然此事經過之綱領，略具于此稿，^{斯年}為
自明起見，仍以此稿抄呈，以備　先生參攷。忝承　雅愛，不敢自
昧，當不為罪！

先生廿五日函，謂陷于進退維谷之境。此則既非^{斯年}存心，恐亦非此
時實況。去年　先生欲專任研究院事，^{斯年}等竭力奉贊而成之，今年
　先生欲在北大復職，^{斯年}等敬從　尊命。在^{斯年}固未提一辦法，以
強　先生，而皆是從　先生之辦法，理無進退維谷之事。且^{斯年}詢之
夢麐先生，則北大固願　先生復職。　先生但能以致力最多之學問詔
學生，則如有問題，校長負責。是則　先生進退甚自如也。

　"開除"一說，實談不到。專任研究員之初任及歷年續任，照院章
是　院長之事，而本所取開會議決建議之辦法，以為自治之張本。為
本所百年之計，即十倍于此之事，亦不能開"開除"之惡例，且亦無
人能開此惡例也。學術機關尤不能以此無禮之事加諸學人也。且此事
經過，主動方面，節皆在　先生，固不在研究所也。

　其他已託　寅恪先生詳談，不贅。敬叩
著安！

學生傅斯年謹呈　五月五日

177. 傅斯年致朱希祖（抄件）（1931 年 5 月 8 日）檔號：元 47–12

逷先先生賜鑒：① 前年冬末，先生曾以　大稿二種②見示，問研究所
可印否。^{斯年}當即欣然贊同。旋　先生取回修改，謂月餘可交印。以

---

①頁首附註："照錄五月八日致朱逷先先生函。"
②編按：朱著《宋代官私書錄考》及《宋代金石書錄》二種。

後又延，中間　先生兩三次改稱一兩月，今已一年又半矣。此事當時宣布，全由　先生同意，且是　先生在所務會議中說的。若無下落，斯年對院（每半年報告出版情形）對外，皆有失信之嫌。研究院刊印特約研究員著作，本是義務，並非權利，如　先生取消此事，儘可辦理，只須　先生一函，斯年送院出版會存查，即可。敬叩

著安！

學生斯年謹呈　五月八日

178. 傅斯年致陳寅恪（抄件）（1931 年 5 月 25 日）檔號：元 47-16

寅恪兄：奉書敬悉。請　兄即以上兩次同人談話之實情（改聘為特約研究員）告　邊先先生，為感！否則可由　兄再約一談話會變更之。如無變更，即以此樣提出星期六之所務會議矣。敬頌

暑安！

弟斯年　五月廿五日

179. 陳寅恪、趙元任、李濟、傅斯年致楊銓（電）（1931 年 6 月 6 日）檔號：IV：378-62

14496【究】。南京。杏佛兄：同人切盼兄北來一遊。恪、任、濟、年。①

180. 傅斯年致王靜如（1931 年 6 月 12 日）檔號：元 59-4

靜如先生：

　　書記事星期六已談過，一切書記待遇均劃一了。原來甚為齊一，例如

---

①頁末收發註記："中華民國廿年六月初六日發。"

王湘君，是考古組最得力的一位工作員，然一年多只有十五元，後來加至二十元、二十五元。二組書記平均比其他待遇高 20% 光景。故貴處書記定為二十八元，此是特別遷就的辦法，再多也不能了。

又，書記規定不屬于個人而屬于組。貴處書記已託李方桂先生 supervise。其工作自應儘 你的抄寫事件在先，然二組他位有事交之時，亦應照辦，有暇並為二組抄寫。即頌

日安！

弟傅斯年啟 六月十二

181. 傅斯年致袁同禮 （抄件）（暫繫年於 1931 年 6 月 12 日） 檔號：元 295-5

守和吾兄惠鑒：頃聞清宮圖書館藏有袁子讓《字學元元》一部，敝所同事羅常培君擬偕同書記唐虞前往閱覽並摘抄，儻荷 惠允介紹，即希通知典守專員，並發給入門憑証，無任感謝。如何之處，敬祈見復是盼。順頌

近祉

弟斯年 六月十二日

182. 傅斯年致蔣夢麟 （抄件）（1931 年 6 月 15 日） 檔號：元 116-4

孟鄰先生教席：奉本日 大書，敬悉一切。關於趙萬里先生在敝所擔任事，查來函所開與敝所規則並無不合。相應函復，敬頌

道祺

傅斯年敬啟 二十年六月十五日

183. 傅斯年致趙萬里 （1931 年 6 月 15 日） 檔號：元 116-5

斐雲先生著席：日前中舒先生以尊悃見示，旋承 先生親告以下半年

不領津貼事。適^弟正在算下半年的賬目中，匆匆未以奉答，為歉。茲算賬三星期，薪水成數之支配始修，未能如院所限定，不得已之餘，恐只能遵　命矣。特約員之津貼事，二年前由院取銷，故去年　先生待遇之辦法，已改為一次計算，而分月付給，故每月有一臨時收據。茲截至本月份止，可以合來寫一總收據，俾將臨時收據奉還，以便報銷。此總收據即注明係校定《廣均》工作費之收據，似為便也。

《宋元詞》與《廣均》兩書之板稅辦法，前年　先生言，《廣均》為在所工作，《宋詞》等于代印，故似乎《宋詞》應計版稅，而《廣均》則否。然如需版稅（《廣均》）亦可照辦，當於定價中照加，所加恐不能多耳。

至《魏墓誌輯》一書，如已編就目錄，當可付印。好在此書巨大，一時印不出，故陸續尚有辦法也。（印式亦以求省錢為宜。）又于右任處之藏石，如需用，即煩　森玉先生一索，或託蔡先生一索，如何？

《唐人墓志輯》，^弟自極樂觀厥成，惟此時正在裁書記，^① 如將此件分期送所抄寫，尚可布置。撥一書記，則此時無此力量矣。經費絀損，凡百艱困，如何如何！敬頌

著祺！

^弟傅斯年敬上　六月十五日

星期六開會至五小時，而賬目算得收支不能相合。故一切只能遵院限辦理。實情如此，幸諒之！

184. 陳寅恪、傅斯年致陳垣（抄件）（1931 年 6 月 29 日）檔號：元 109-2

援菴先生道鑒：兩日晤談，至快！頃^{斯年}來寅恪處坐，就　尊旨商酌多時，以為研究所斷不能與　先生減少其關繫，一切指導，正賴　高明。惟　先生既再三言辭津之意，而希白、斐雲月中亦言之，至于十

---

①行首自註："已裁數人。"

次不已。前日已與元任、濟之兩兄商量，僉以為此時辦法，似可用中央研究院特約研究員待遇之通例，以代替本所之特別辦法，或可使諸先生及本所之意，均能融合。其通例即是：

> 一、特約研究員于其約定每一工作完結時，由本所付給其工作之費用。（如抄寫等等）並可酌贈報酬，以償其時間之損失。

> 二、其須調查等件者，可先支若干。

本所前年未能行此，改用一種月津辦法。但在全院亦是例外。今　先生等以月津為有乾薪之嫌，則此法似無可慮。其實兩種辦法，相差亦不多，只是一分月給，一作總算耳。未知　先生以為如何？專此，敬頌　著安！

^弟陳寅恪、傅斯年敬上　二十年六月廿九日

185. 傅斯年致楊銓 （電）（1931 年 7 月 2 日）檔號：IV：378–64

14496【究】。南京。杏佛兄：聞兄返京，至慰。蔡先生支午前十時到京。年。①

186. 傅斯年致周炳琳 （1931 年 8 月 5 日）檔號：IV：8

枚蓀兄：蔡先生的文債一事，②^弟意，題封面頗 ambitious，做個序反便當。^弟以書不在手中，即煩　兄即為一做，如何？^弟的意思，此序可如此做：——

> 某君的“……”，我看了一遍，覺其很用功。他的宗旨，最好引他給我的信說明。

> 他說，——

> “……”。

---

①頁末收發註記：“中華民國廿年七月初貳日”。
②編按：此指為吳惟平《馬克斯學說批判》一書題字事。

"然後說他頗肯用力去分解這個問題，至于他所得的結論，站住站不住，應待讀者批評了。"于是發揮上幾句，我們現在對這問題，盲從與抹殺皆不是辦法，所要者是根據世界的事實，以評此通論，根據中國的事實，以評此說在中國之 application。于是略稱讚他對付這問題的勇氣。

^弟意如此，匆匆供　兄參攷，即煩　做成後寄他，並寄　蔡先生一副底，為荷！^弟明日即行，歸來再見罷。敬叩

教安！

嫂夫人安！

^弟斯年　八月五日

187. 傅斯年致李濟、董作賓（1931 年 8 月 10 日）檔號：考 2-87

八月十日

濟之、彥堂兩兄：

到沛南後，覺天氣濕熱，實在說不上舒服。初意出題閱卷而已，誰知又添上些會與吃，故^弟此次享受從未享受過之暑假，結果暑則有之，假則未也。

^弟大約十五去青島，以後如有信，寄金甫轉。

古蹟會原有地盤只失去四角亭，此外前後全無恙。此次據云，孟君分解甚出力。但以後總是夜長夢多。

見虞銘工作，甚可喜。

暑假後你們幾位工作的計畫似乎此時即可決定，以免天氣清涼時不失其時。劉峙在北平，如有此需要可去看看他，即說蔡先生所囑可也。

^弟對此計畫完全無意見，因為我反正是坐在北平拾遺補闕著。但^弟意可考慮者有下數事，乞留意之。

1）能否秋、春作為一季，直做下去？

2）山東方面如何？

3）工程之範圍要多大？

4）滍縣做不做？

子衡、思永及同人均問好。

弟斯年

彦堂兄：上次會議錄照例油印分給出席人及專任各員，請其于一星期內聲明記錄之錯誤。如于一星期內無更正，即呈院執行（向例如此辦）。又各案應分別函各方。

濟南熱得要命，已無力氣赴青島，四日後返平矣。　十三日。

188. 傅斯年致楊銓 （電）（1931 年 9 月 11 日）　檔號：Ⅳ：378-66

14496【究】。南京。杏佛兄：濟之準篠晨抵京。年。①

189. 傅斯年、董作賓致陳寅恪、羅常培、李方桂、梁思永、劉復、裘善元（1931 年 9 月 22 日）　檔號：元 567-16

敬啟者：前日會議決同人共函蔡先生，有所陳述，電已抄發，信則昨日下午草就，正待抄錄簽名而晚報載蔡先生已赴粤，此信應否再寫？如寫，應投何處？如不寫，上次意思如何表達？均請　出席諸位先生簽注于下。又趙、丁二先生未到，請同人就近轉告一切。此上

寅恪②

莘田③

---

①頁末收發註記："二十年九月十一日"。

②陳寅恪簽註："時局已與會議時稍不同，而蔡先生又赴粤，故當時所擬稿似不甚適用，姑俟時局之推移如有我輩能盡一分之責處，再酌請蔡先生建議可也。前信似可不發，仍請諸公詳審而行之。寅恪。九月廿二日早寫於臥榻之上。"

③羅常培簽註："可暫緩。羅常培。"

方桂①　　　　　諸先生

思永②

半農③

子元④

^弟傅斯年、董作賓

附一：議決案（1931 年 9 月 20 日）

本日會議第四項，請蔡先生向中央建議：

一、請政府與人民在同一立場上對付日本

二、請政府懲戒東北當局坐失疆域之罪

三、請政府積極備戰，不可永不抗抵

四、使此問題擴大，成為世界問題

五、遇必要時，請　蔡先生勿為同人顧惜而向中央直言。

附二：史語所全體同人致蔡元培、楊銓（電）（1931 年 9 月 20 日）

14496【究】。南京。蔡孑民先生並轉楊杏佛先生賜鑒：此次當局在昏鬥甜夢中，坐失遼東萬里，萬懇先生在中央提議，對日絕交宣戰，自己振作，方可博得世界之同情，向外流血，方可集全國為一致，所謂無抵抗主義者，自失人格，誰來拯救？寧可將事件擴大，引起世界戰爭，不可以持重之藉口，為自己之地位財產作私圖。今日之局，不戰則降，幸先生有以對國人也。史言所全體同人叩。

---

①李方桂簽註："緩發。李方桂。"

②梁思永簽註："可緩發。梁思永。"

③劉復簽註："信可暫緩發出。劉復。"

④裘善元簽註："可緩發。裘善元。"

190. 傅斯年致蔣介石 (稿) (1931 年 10 月) *

蔣主席鈞鑒：值此國難，主席弘濟艱難，和內抗外，國人欽感。近聞
　　上海會議有挫折，此間學界不勝憂慮。強敵在東北權利之奪取，日
　　在長進，統一實現倘延遲，則國家損失將更重。目覩國人憤怒之蘊
　　聚，北方大局之複雜，統一如不即日成功，勢將一決不可收拾，且
　　分崩之局安能信外，國際形勢將無辦法，幸主席速圖之。

191. 傅斯年致胡漢民、汪精衛、孫科 (稿) (1931 年 10 月) **

上海。分投胡展堂先生、汪精衛先生、孫哲生先生並轉和會諸先
　　生：聞和會有挫折，北方學界同人萬分憂慮。下週日內瓦開會
　　時，中國如尚在離析之狀態，國際間必不助我，從此地失國亡，
　　人民憤怒所洩，誠有不能逆料者。　先生等名德碩望，黨國共
　　欽。此次締造和局，國人尤感大德。然和局尤要速成，不可一日
　　延緩，幸先生等排除大難，匡濟艱難，全國人心必歸于持大體，
　　袪小爭者也。

192. 傅斯年致陳寅恪 (抄件) (殘) (暫繫年於 1931 年 10 月) 檔號：
　　　I：1692

寅恪我兄：上月圖書館開會後承　兄于大街上告以近中發見楊隋、李
　　唐帝室之非漢姓，倘徉通衢，為之大快。^弟自國難起後，心緒如焚，
　　月餘之中僅聞此事為之快意耳。^弟當時最高興者為聞　兄找到證據之
　　確切而又巧妙。歸來思之，此事關係極大，此一發明，就其所推類可
　　及之範圍言，恐不僅是中國史上一大貢獻而已。吾等此日治史學誠不

可定談世代之升沈，然時代之 Gestalt 確有不可忽略者。^弟常自覺得中國之國體一造于秦，二造于隋，三造于元。漢承秦緒，唐完隋業，宋又為唐之清白化，而明、清兩代，雖民族不同，其政體則皆是元代之遺耳。唐代為民族文化之大混合，亦為中國社會階級之大轉變，致此事件當非偶然。

聞　兄新獲，聯想及于數事。自爾朱亂魏，梁武諸子兄弟鬩牆、外不禦侮之後，南北之土客合成社會，頓然瓦解，于是新起之統治者，如高齊、如宇文周、如楊隋、如李唐，乃至侯景，皆是武川渤海族類之一流，塞上雜胡，冒為漢姓，以異族之個人，入文化之方域。此一時代皆此等人鬧，當有其時勢的原因，亦當為南北各民族皆失其獨立的政治結合力之表現。至于在此局面支配之下，漸少以閥閱登庸，並不以民族立國之一新形勢，尤為中國史上一大轉機。茲姑舉三事如左。

（一）^弟意，隋唐以來，諸科考試之漸暢行，九品中正之驟廢棄，與隋唐帝室出身雜胡不無關係。南朝政治之最大事，整齊豪強之兼并，調劑中正官之大弊而已。然平正兼并雖以桓大司馬、宋武帝之努力，究不過收效一時，寓封建于門閥之社會終在。而調劑中正官之事業，只聞獻策之言，不見施政之效。蓋南朝立國，本由過江之名士，濟以吳會之舊門，為社會政治支配之主力，故此局面打不破。北朝雖主客與南朝恰相反，然正以沿邊之雜胡，參之中原之遺族而成之社會，其政體本與南朝同。既一之後，南北門閥各不相下，而新舊又異其趨向，隋煬時蕭陳已為國戚，懷金侯服，佩青千里，而王謝反微。在南在北，既皆有衣冠外姓之別，而同為貴姓又有新舊之差。故唐初社會上貴賤之倫，王朝中抑揚之意，皆甚錯亂。即如一面修《晉書》而納雜胡于《載記》，一面李氏書又以北為正統。又如蕭瑀屢進屢退，太宗直斥為亡國之風而終膺顧命。進士之科，創于煬帝而盛于太宗，前于此者，策秀才于品第既定之後，後于此者，攉相貳于已登高第之中。時代至隋唐，本

〔下缺〕

193. 傅斯年致汪彥斌、李蔭光 （電稿）（暫繫年於 1931 年 10 月） 檔號：元 28-7

函悉。十二月一日為到所有效期間，過期因所務會議決定應取消。現大局關係，已影響及本所經費，前途尤難料，兩君應否此時北來，請熟計之。斯年。①

194. 傅斯年致王敬禮 （抄件）（1931 年 11 月 20 日）

毅侯我兄學長：十八日書敬悉。大費清神，感何可喻。本院經濟如此，^敝所經濟又如此，焉得不戒備乎？所有非必需及購書之事項，自上月中旬起，實已停止。茲附上杏佛先生一信，乞　兄同一看看。在我們必竭力整頓，在　兄等必請力為其難。即吾等決停止一切薪水以外及每月數百元（油、水、電等）之雜用，以外之一切支付，如此，每月大約八千元即足，如院局更不佳，當可更減。惟同時請總辦事處維持發薪之一般辦法，即在各所不一律欠薪之前，本所不先單獨緩發薪也。附函乞　一看。本月份應寄之數，仍請如時寄出。下月可減若干。一切千乞鼎力！至荷！敬頌
日祺！

十一月廿日

195. 傅斯年致楊銓 （抄件）（1931 年 11 月 21 日） 檔號：IV：378-25

杏佛我兄：院經費支絀，^弟等早料到。不幸今春拖下之書帳，（實非入夏後事）及甕壇之修理等，致欠院萬七千元。（如經費不欠，亦尚相抵。）此等情形，即總辦事處不言，吾等獨不自感不安乎？自上月中旬起，書籍等事，均實已停止；至于以後辦法，近二旬中，思索

---

①附頁註記："廣州市倉邊路豪賢街一百一十八號汪彥斌。"

計慮，可分下列數層。

（一）目下停止購置，工作之緩者放後，每月有七千五百至八千
　　　元已足。（本所每月一萬一千。三分之二為七千三百四十元。）故
　　　如三個月領到兩個月的經費，可以維持，工作一時不生
　　　影響。

（二）若並每三月領兩月經費亦辦不到，可于兩個月後縮小範圍。
　　　例如^弟可去翻書，移出薪水之半等等。只求維持幾位專任研
　　　究員之薪水，及必要助員、職員之薪水，而犧牲其他。如此，
　　　每月五千五百元，或尚可工作。然此法傷筋動骨，非萬不得
　　　已，不如此辦理。蓋一如此辦理，精神上之不了，有不可
　　　想者。

（三）以前欠總辦事處之賬，及此外之印刷賬及春賬（夏季前者）均
　　　詳細計算，如適用（一）條之辦法，而經費可月月來者，則
　　　半年亦可清了。否則另想他法，但決不此時再請支付。

（四）^弟正趕做幾個表，層層減下之表，自下月起，即可將每月兌
　　　平七千五百元之數，減去若干，或每月只付此七千五百，而
　　　不管其他一切。

（五）所有總辦事處可以想到之法，使^敝所收縮節省者，皆可提出，
　　　當充分容納。

（六）同時務請辦到，院如欠薪，或緩發薪，乞一律辦理，如此同時
　　　萬無使本所先有此事，至盼至盼！

^弟因如此形勢，以後如何辦法，甚待與　蔡先生及　兄一談。擬于
下月初赴京一行。

即令要關門，亦須早為之計也。同時一切減費辦法，當帶去面商。

務求早為之計。專此，敬頌

日祺！

毅侯兄同此。

　　　　　　　　　　　　　　　　　　十一月廿一日

196. 傅斯年致楊銓 （電）（1931 年 12 月 16 日）檔號：IV：378-68

14496【究】。南京。楊杏佛兄：院經費是否根本有問題？以後何以策畫？乞即函示。年。①

197. 傅斯年致楊銓 （稿）（1931 年 12 月）檔號：IV：378-40

杏佛先生道鑒：

　　日前獲讀　來械，並丁惟汾先生介紹姜叔明君兩函，誦悉一切。本所近況久在洞鑒之中，兩年以來舉辦之事，如整理檔案、調查方言、發掘殷虛及龍山等件，均有良好成績。舊有人員既無從更動，而近來經費更形拮据，維持現狀已覺不易，從事擴充，大屬不能。姜君著述宏富，乃以限於經費之故，未克延攬，至為歉然。丁先生處當希　善為轉達為荷。附函奉還，專復，順頌。

198. 傅斯年致胡適 （1931 年 12 月 31 日）檔號：元 265-1

適之先生著席：高本漢君《漢語語音學》一書之翻譯，^敝所鳳有擬議，未能充分進行。後經^{斯年}與　先生商量此事，　先生欣然願觀厥成，並經商定　貴會與本所之合作辦法。茲抄錄送達，如承　同意，希即　示復，用便進行，為荷！專此，敬頌

日祺！

　　　　　　　　傅斯年敬啟（印）　二十年十二月三十一日

附：譯《高本漢君漢語語音學》辦法

　　　譯高本漢君漢語語音學辦法

甲、所譯書原名 B. Karlgren: *Etudes Sur La Phonologic Chinose.*

---

①頁末收發註記："中華民國廿年十二月拾六日"。

乙、譯法（A）將全書作一忠實能讀之翻譯，

（B）改其錯誤，

（C）加入新材料，

（D）改用通用國際音標注音，

（E）一部分重編。

丙、辦法（A）由本所語言組三位研究員（趙元任、羅常培、李方桂三先生）以其工夫之半，於二十一年七月前譯成之，如趙君因故離國時，此事依照舊進行，由趙君在國外看稿，此七月之時限，應延長之，惟不得超過上列時限三分之一。

（B）全書譯費，依每千字十元計算，但字數若過五十萬字，則以五千元為最大限。

（C）從二十一年一月起，每月由中基會編譯會預支三君半薪五百九十元。

（D）如趙君赴美，此事由李、羅二君辦，每月預支之數改為三百四十元。

（E）譯本敘中聲明為此書之成兩方之貢獻並此事合作之經過。

丁、出版（A）由編譯會委託之書店出版。

（B）本所及三位繙譯者不抽版稅。（如原著者欲得若干，須編譯會同意方可加。）

（C）此書印行，不列入雙方之叢書中，如封面上有一方之名稱出現時，其他一方亦同時出現。

（D）本書出版後，本所及譯者及原著者每人各得二冊，編譯會所有購書特價辦法，本所得享受。

一九三二年

199. 傅斯年致楊銓 (電)（1932 年 1 月 1 日）檔號：IV：378-69

南京。14496【究】。杏佛兄：弟擬省蔡先生病，並與兄商以後本所減縮、清理事，日內赴京。如荷同意，乞電示。年。①

200. 傅斯年致楊銓 (電)（1932 年 1 月 3 日）檔號：IV：378-70

南京。14496【究】。杏佛兄：弟支行，魚晨抵京。年。②

201. 傅斯年致 Carl Whiting Bishop（1932 年 1 月 4 日）*

4, Jan. 1932.

Mr. C. W. Bishop,
Associate Curator,
Freer Gallery of Art.

Dear Mr. Bishop:

Your letter of 27 December 1931 has reached me recently. I must say that I do not understand it at all, as it completely contradicts your own written statements. Let me remind you what you say in your letter of 5 March, 1931.

"……I should be glad to undertake for myself, and also to recommend to the Freer Gallery, that such photographs not be used for publication

---

① 頁末收發註記："中華民國廿一年壹月壹日"。
② 頁末收發註記："中華民國廿一年壹月參日"。
* 本函有打字稿（檔號：元 52-22a）及打字件（檔號：元 52-22b）兩種，據打字件整理。

without first taking the matter up with the Academia Sinica. "

This is your own condition. In my answer to you on March 9th, I readily complied with your request, and promised to furnish the Freer Gallery of Art two sets of prints of the photographs taken at Anyang in 1929. But, of course, before I can do this, I have to get an authoritative written assurance that no such photographs should be reproduced without the consent of the Academia Sinica. In acknowledging the receipt of my letter on 10 March, you explicitly said that you will refer this matter to Mr. Lodge.

I have been waiting for your answer for almost 10 months and in different intervals I have both telephoned and called on you to inquire about the reply so that the matter may be speedily settled. Now instead of doing it, you try to charge me ' with-holding ' these photographs and demand me to provide them to you without any condition whatever! Does this mean that you are willing to take back what you have said in your March letter as quoted above? I do not for a moment believe that such is the spirit that Mr. Lodge wants you to represent on behalf of the Freer Gallery of Art.

For the present, I will stick to what I have said in my letter to you on March 9th, that is:

" ······ I will have two sets of prints made for the photographs taken at Anyang from February to December, 1929, the last time we did our field work at Anyang, provided that I have a written assurance from Mr. Lodge that they shall not be used for publication, as you do not seem to bear full authority to give me such an assurance. "

I am willing to give you another three months to answer it, so that you may have time to refer it to Mr. Lodge. If at the end of three months, you were still unable to see your way out, I would take the liberty to publish all the correspondences between you and me as regard this matter and let the public judge which of us is to be responsible for such an unsatisfactory turn of event.

I am of course aware of the fact that Dr. Li has written a report to you. He has spent more than half a year on it, working on nothing else. The Institute has given him all the facilities so that he can do it as completely as possible under the circumstances; I have given all my support to this work so that it may not be unduly delayed. All these show that we have been actuated by a sincere desire to meet you in more than half of the way.

But you don't seem to appreciate such efforts at all. For, I have got a written statement from Dr. Li (of which, I include here a copy), after I have asked him to read your recent letter, that he has included in his report most of the important photographs relating to the work of Anyang in the two seasons in 1929. It is therefore the more astonishing to find in your letter the threat of making public 'the reason why we do not have any photographs of our works at Anyang'.

Such glaring contradiction of plain fact certainly can serve no useful purpose.

With my continued regards,

Yours very sincerely,

Fu Ssu-nien,

Director, National Research

Institute of History and

Philology, Academia Sinica.

202. 傅斯年致趙元任 (1932 年 1 月 28 日) *

中華民國廿一年①一月廿八日

元任吾兄先生：接讀二十一年一月二十日　手書，敬悉一切。　先生此次赴美之行，^{斯年}最初為研究所不失　先生之指導與贊助計，未敢贊同。嗣

---

*本函有手稿本（檔號：元 12-2a）及繕本（檔號：元 12-2b），據繕本整理。
①編按："廿一年"手稿本誤作"二十年"，下同。

經　先生說明，此事正為研究工作一部分之適宜進行，故不復堅持初議。
來函業于本日提交二十年度下屆第一次所務會議，經議決如下：

一、呈請院長准趙元任君假一年半。

二、本所同人對于趙先生過去在本所之供獻，深感敬服，此次趙先
　　生赴美仍繼續其一部分工作，來函謂："並聲明在請假滿過後
　　一準回平，到所銷假。"尤應致感慰之意。

三、趙先生在請假並繼續其一部分工作期中，待遇照陳寅恪先生例
　　辦理。

相應函達，敬乞　察照。^弟等欣盼　先生早日返所，共荷吾等同力致
赴之事業。專頌
著祺！

^弟傅斯年敬啟

203. 傅斯年致王雲五 （電）（1932 年 1 月）檔號：元 312-9

上海。芳（5364）。王雲五先生：貴館及東方圖書館被日寇焚毀，同人
憤慨，敬電奉弔。傅斯年。

204. 傅斯年致蔡元培 （電）（1932 年 2 月 1 日）檔號：元 567-5

14496【究】。上海。蔡先生：國事如此，與前不同，先生似宜即出，
同精衛先生等北上共赴國難。斯年。[1]

205. 傅斯年致蔡元培 （電）（1932 年 2 月 3 日）檔號：元 567-6

14496【究】。上海。蔡先生：[2] 國事至此，先生似必出負艱難，行止

---

[1] 頁末收發註記："中華民國廿一年貳月壹日發。"
[2] 頁首收發註記："中華民國二十一年二月三日"。

乞電示，當往隨。斯年。

206. 傅斯年致楊銓 （電）（1932 年 2 月 3 日）檔號：元 567-7

14496【究】。上海。杏佛兄：① 院局如何籌策，乞隨時電示，南京或洛陽如需人駐，弟願往。斯年。

207. 傅斯年致蔡元培、楊銓 （電）（1932 年 2 月 6 日）檔號：元 567-10

14496【究】。上海。蔡子民、楊杏佛兩先生：前擬隨蔡先生赴京或入洛，若自去，技術等事年無用處，其他接洽恐談不到。前日本所決將擬編之《東北史略》趕於十日內成就，並應此地當局請翻成英文，須於國聯調查團到前印出。此事關係重大，年去後恐難進行，擬請院先派許先生或他位赴洛，年于十日內將書編完後即赴京、滬，此或是年此時報國最有效者。乞決電復。年。魚。②

208. 傅斯年致丁山 （1932 年 2 月 20 日）檔號：元 60-8

丁山我兄：

兩信均收到，已請彥老送還并請他代達一切。研究所無准　兄辭職之理，　兄無此時辭職之理。既不南行，自亦不必請假。一切仍請彥老面達，萬勿再談此事也。^弟本週寫書忙極，下週往談一切。

敬頌

著安

^弟斯年上　二月廿日

---

①頁首收發註記："中華民國二十一年二月三日"。
②頁末收發註記："中華民國廿一年貳月初六日發。"

209. 傅斯年致焦承志 （1932 年 3 月 11 日）檔號：元 424-2

承志先生大鑒：頃得　來函，悉貴校擬派人前來敝所抄寫曲本，此項
工作請在敝所辦公時間前來抄寫為荷。現在敝所辦公時【間】上午八
時半至十二時半，下午二時至五時，合並奉聞。專復，順頌
大安

弟　　三月十一日

210. 傅斯年致胡適 （1932 年 3 月 19 日）*

適之先生：

《週報》立案事，昨天大家說好由　先生出名託王卓然跑腿。寫好
一信，乞　簽名交下，以便送去也。

明天我大約看　先生去。

學生 斯年　三月十九日

附一：胡適致王卓然 （稿）

迴波先生：我們幾個朋友，要辦一個《週報》。須在公安局立案，而
我在病中，不能出去辦。盼你于見到鮑局長①時，同他說一下，問
問要何手續。此報由我出名，同人為丁在君、蔣廷黻、傅孟真、翁
詠霓、任叔永、陳衡哲諸人。如有應填之公文式，能寄我一份，尤
妙。一切感謝之至！

〔附二〕：創辦《獨立評論》立案事

立案事。茲與朋友數人共編《獨立評論》，每週出版，乞　予立案，

---

* 本函（檔號：I：1657）又載耿雲志主編《胡適遺稿及秘藏書信》，合肥：黃山
書社，1994，第 37 冊，頁 407—408。

① 編按：鮑毓麟（1897—1995），字書徵，時任北平市公安局局長。

至為感荷。

胡適

今同胡適君等創辦《獨立評論》，斯年情願具結作保，並聲明負具結之一切責任。

211. 傅斯年致顧維鈞 （電）（1932 年 3 月 19 日）檔號：元 372-4

上海滄州飯店。顧少川先生勛鑒：敝所編輯之《東北史綱》英文節本今日快郵寄上廿冊，乞分送國聯為感。中央研究院歷史語言研究所所長傅斯年。效。[1]

212. 傅斯年致顧維鈞 （1932 年 3 月 20 日）檔號：元 372-4

少川先生勛鑒：[2] 敝所編輯《東北史綱》一巨冊，約于下月出版，其英文節略一小冊，今已趕印成就，特寄上二十冊，供 先生及國聯諸君參閱。此書意義在于證明三千年中滿州幾永為中國領土，日人所謂"滿州在歷史上非支那領土"實妄說也。若專就近代史言之，自洪武中遼東歸附後，永樂十一年曾置都司于奴兒干（轄鞨海峽上黑龍江入海處），並于北滿及今俄國境內置衛所數百。"前見報載 先生為合眾社之談話，謂滿洲三百年來為中國土，蓋少言之矣。"此等史事亦可為吾等立場之助，想 先生必不忽之也。內容有何 見教處，並乞 指示為感。再，此書印費由東北外交委員會出其一部，其大批待裝後由該會直寄。專此，敬頌
公安

傅斯年拜啟

再，張歆海兄電囑寄去之件，即此冊。

----

①頁末收發註記："廿一年三月二十日"。（編按：韻目代日電碼"效"為十九日。）
②頁首自註："元謨先生"及"歆"。

附：《東北史綱》寄送名單

    20   上海滄州飯店   顧少川先生

    20   南京外交部   徐元謨次長

    1   南京外交部   張歆海先生

          方一

          任二

   ⊖   ~~蔣一~~

          李一

          胡一

          徐一

          傅一   傅又十

          丁一

   ⊖   陳寅恪

          ~~三組　李、羅、王、劉、楊~~

          所一

213. 傅斯年致容庚 （1932 年 3 月 24 日）　檔號：元 74-5

希白我兄：昨談為快！《秦漢金文錄・叙》事，兄謂可以改換，弟覺亦有更換之困難。弟昨今日又細思之，並與濟之、彥堂、中舒諸兄商之，我等想得之結果，仍覺以更換為是。蓋研究所是一學術機關，並非財團，如兄叙中之語，研究所若財團然，僅負印刷之義務而已。兄固無此意，不過一時文字不留神，然讀者之印象何如，理應顧慮也。此書之成，弟等亦頗貢促成之力，及商量體例之處。兄旅順之行，弟蓋力勸之，而秦金文錄之加入，亦弟所堅持。　兄初不同意者也。約而言之，研究所以成就學術之工作為心，不以貲助為事，其自身乃正待他人之賫助者也。故擬請　兄改下列二事：

> 一、"吾校"字樣，改之，因此事是^敝所印其特約研究員之工作，非為燕大教授刊行。"吾所"固不必用，"吾校"似難用之也。

> 二、"笑語"、"應諾"一節換去，此事可以不談，如談，即談其實在之經過。

至於抽換一葉，或全換，或如中舒說做提要，^弟無成見。此事吾等只求與事實相符，非請兄有所飾，且此文由來，兄亦未經意，^弟等非謂兄有意為之也。專此，敬頌

著祺！

^弟斯年敬上　二十一年三月廿四日

兄處未發之本，乞一律停發，待換後再發。

214. 傅斯年致徐韋曼（1932年3月24日）檔號：元336-39

寬夫我兄：《集刊》二卷三號樣本，^弟于赴京前收到的，（即一月初）至今書並未寄來，且消息全無矣。為之悶死！又第四號三校稿，也不寄來了。乞　兄即示復！使此事可早結束也。又科學公司尚承印物件否？乞　一並示知。此間京華太忙，吾等或仍可分一部分至上海印也。專此，敬頌

日祺！

^弟斯年　三月廿四日

215. 傅斯年致 Pierre Teilhard de Chardin（打字件）（1932年3月31日）檔號：元54-1、元88-1

March 31, 1932

To Monsieur Pierre Teilhard de Chardin S. J. ,①

———————————

①頁首自註："德日進先生"。

Member of the Geological Survey of China.

Dear Sir,

I have the pleasure to inform you that at the Council meeting of the National Research Institute of History and Philology, held on the 28th of January, 1932, you were unanimously elected 國立中央研究院特約研究員 or Honorary Fellow of the National Research Institute of History and Philology, Academia Sinica. I beg to forward to you the official letter of appointment issued by Mr. Tsai Yuan-pei, President of the Academia Sinica.

I venture to offer you my personal congratulations and express our greatest pleasure in this occasion on behalf of my colleagues and myself. We are sure that your cooperation with the Institute will mark a great advancement in the line of research in which we are commonly interested.

Yours most cordially

Fu Ssu-nien

216. 傅斯年致 Alexander von Staël-Holstein（打字件）（1932 年 3 月 31 日）檔號：元 89-1

March 31, 1932

To Baron Alexander von Stael-Holstein[1]

Professor of Sanskrit at the National University of Peking.

Dear Sir,

I have the pleasure to inform you that at the Council meeting of the National Research Institute of History and Philology, held on the 28th of January, 1932, you were unanimously elected 國立中央研究院特約研究員 or Honorary Fellow of the National Research Institute of History and

---

①頁首自註："鋼和泰先生"。

Philology, Academia Sinica. I beg to forward to you the official letter of appointment issued by Mr. Tsai Yuan-pei, President of the Academia Sinica.

I venture to offer you my personal congratulations and express our greatest pleasure in this occasion on behalf of my colleagues and myself. We are sure that your cooperation with the Institute will mark a great advancement in the line of research in which we are commonly interested.

Yours most cordially

Fu Ssu-nien

217. 傅斯年致楊銓 （電）（1932 年 4 月 4 日）檔號：IV：378-72

上海。14496【究】。楊杏佛兄：叁百元儉已送去。年。①

218. 傅斯年致蔡元培 （1932 年 4 月 8 日）*

步達生先生回信（聘他做特約研究員）敬呈。此上
子民先生

學生斯年　四月八日

附： Davidson Black **致蔡元培** （打字件）（1932 年 4 月 2 日）

April 2, 1932.

Mr. Tsai Yuan-pei,

The President's Office,

The Academia Sinica,

Peiping.

---

① 頁末收發註記："廿一年四月四日"。

* 取自南京第二歷史檔案館（檔號：393-0-0421-05-pp. 78-79）。

Dear Sir: -

Today I have received from Mr. Fu Szu-nien your very kind official letter
notifying me of my election as an Honorary Fellow of the National Research
Institute of History and Philology of the Academia Sinica.

Permit me to express to you Sir, and to the Council of the National
Research Institute of the Academia my most cordial thanks and my very
deep sense of appreciation of the honour which you have done both me and
my colleagues by your most gracious action, indicating as it does your
marked and courteous interest in the work with which it has been my good
furtune to be associated in China.

I am indeed proud to accept the obligations of this Honorary Fellowship
and I shall gladly seek to promote at all times the best interests of the
National Research Institute of History and Philology of the Academia Sinica.

I remain Sir,

Very sincerely yours,

Davidson Black.

H

219. 傅斯年致李濟、董作賓 (1932 年 4 月 14 日) 檔號：考 2-72

數件抄奉，張函談及具體辦法，^弟須先知民眾館不適用之理由，然後
可以切切言其不可。已託獻唐就近想法，待其回信到後再給張幼山一
信也。總之，吾等無人在彼，又無工作，早晚是問題也。此上
濟之、彥堂二兄

^弟斯年 四、十四

附一：張鴻烈致傅斯年（抄件）（1932 年 4 月 11 日）

孟真仁兄勛鑒：久違　芝暉，時深葭溯，敬維　履祉多綏，　泰祺增勝，為頌無量。茲有懇者：^敝廳電氣訓練班原係借用青島大學濟南校址，前因班次較少，尚可勉為敷用，現以改組工程人員訓練班，增設水利、土木、機械等科，原有校舍不敷分配，雖經多方物色，迄未得適當地址，賃借無從進行，備感困難。查山東古蹟研究會現借用青大房舍十一間，擬請暫為騰讓，以資應用，研究會則移入省立圖書館或民眾教育館辦公，所有遷運事宜概由^敝廳擔任，如此一轉移間，雙方均感便利。吾兄提倡教育素具熱誠，當能　鑒原俯允也。專此奉懇，即乞　見復為荷。順頌
公綏

^弟張鴻烈拜啟　四月十一日

附二：傅斯年致何思源、王近信（抄電）（1932 年 4 月 12 日）

濟南教育廳何仙槎、王子愚兩兄：① 古蹟研究會房舍乞力維持，並盼與幼山兄切商之，至感。弟斯年。

附三：傅斯年致張鴻烈（抄電）（1932 年 4 月 12 日）

濟南建設廳張廳長幼山兄道鑒：② 古蹟研究會事向承維照，至感。弟等正籌赴魯積極進行，聞貴廳擬借其所用之房舍，殊感困難，恐致停頓。貴廳在濟借房較便，乞另設法，公私至荷。弟傅斯年。

---

①頁首附註："四月十二日致何仙槎、王子愚兩兄電。"
②頁首附註："四月十二日致張廳長幼山電。"

附四：傅斯年致張鴻烈（抄件）（1932 年 4 月 14 日）

幼山先生仁兄道鑒：久疏箋候，正馳想望，勿奉　來書，欣感無既。

　貴廳借用古蹟研究會房屋事，^弟三、四日前接濟南來信，已知其涯略，故于前日奉上一電，計達　清覽。此次　貴廳擴充練習班而造工程人材，以為吾省建設之用，聞之欣愉，力所能及理當贊助。無如山東古蹟研究會恐正無處可移，省立圖書館自身已感房舍不足，否則古蹟會設立時當已置其中矣。民眾教育館肯否借房，所借之房能否適用，^弟在此均不能懸揣，已託王獻唐先生就近與我　兄接洽。惟無論如何，務盼　貴廳于古蹟會得一完善辦法之先，無遽用此。^弟當待接到民眾教育館房舍情形之報告後，再行奉復。若　貴廳能別籌一法，則尤感荷之至者也。又山東古蹟研究會之進行，去年因時局之關係，今春因河南工作故未作發掘，現正籌畫入夏可在山東動手，秋間可以大作，故此間對于房舍問題不能不慎重，蓋今後工作基本所係，我兄于此事之成立最多贊助，想必樂觀厥成也。專此，敬頌
政祺

^弟傅斯年敬啟　四月十四日

再，河南與^敝所合作辦法因　貴省人士之催促，已于上月成立，大致如山東辦法。中孚先生為會長，濟之作工作主任，關百益君為祕書，昔之爭執，今成一家，思及原始，亦皆吾　兄贊助之力也，並聞。

220. **傅斯年致** Davidson Black（1932 年 4 月 18 日）檔號：元 88-4

April 18，1932

Dear Dr. Black，^①

Many Thanks for your note of to-day and its enclosure.　As I think your

---

①頁首自註："底子。"

draft is an accurate presentation of our conversion of Saturday, I am very glad to agree with you in all articles of the draft.

Yours ever Sincerely

Fu Ssu-nien

221. 傅斯年致李濟 （1932 年 4 月） 檔號：考 2–100

濟之兄：Black 事已辦好，老翁①直 Schlau。老翁回來即做下一個稿本，將 Black 原意變了許多。　兄之各自各理，他更進一步，即以後此所②東西亦皆是三處的。總而言之，他不許 Black 獨立，故我們的事，捎帶著辦了，不勞我們爭也。可怪者 Black 對此改法，竟無異議，^弟初料所不及也。　兄所慮諸端皆不成問題矣。文件請一看，並請寄回歸檔也。

法國獎金事已來信，請一看便寄回，以便報院。

大家都好。

^弟斯年

222. 傅斯年致李濟 （1932 年 4 月 27 日） 檔號：考 2–73

濟之兄：　手示敬悉。人類所之薪水，大約分門別類，無一定辦法。此事^弟提及過，但目下實不能決也。　兄返後晤翁等便知。法國獎金事，此時看來，實非一重事，只是伯希和盼交情之舉而已。此等獎每年分布甚多，且應是給個人者，以給外國國立機關，體統上如何，亦

---

①編按：翁文灝（1889—1971），字詠霓，時任實業部地質調查所所長。

②編按：指北平地質調查所、協和醫校及史語所擬合併組織一個人類學研究所，由步達生負責進行。

有問題。① 且他不指一事，而泛云："為《集刊》及其他附刊物，特別是《安陽工作報告》"，云云，亦殊難定 兄所提議一獎之範圍。② 若以其為獎，每年利息二十元耳。（全數不足三百元）即令隔年一獎，堇四十餘元，未能動人興奮。即做一 medal，亦不够。③ 至于印刷，明知不足，不過可借此提一筆，以為廣告耳。此事輕重之間，乞 斟酌之。

此次會未能待 兄等歸來，為歉。然三組決無虧吃，放心放心！一笑。（其實窮到如此，無事可議也，照例文章耳。）

弟斯年 四月廿七日

各位名稱，此時恐均不能改，以免此困難又起糾紛， 兄謂何如？

223. 傅斯年致李濟 （1932 年 4 月底）檔號：考 2-74

濟之兄：

吾等經費恐又有減之望，真不得了也。丁公仍舊怪著。不到研究所來，薪水蕭專送去，不收，亦不云辭，後又由陳寄塵送去矣。弟不解這究竟是如何一回事，為什麼也。

中舒要進行檔案事，其他各件亦均待辦，故下週擬開一所務會議。擬定續聘事件，關于三組者三事：

一、彥堂薪擬改（中舒亦然）為三百四十元（便與二組相等）（早該如此做的）。

二、思永發專任聘書，定薪三百元。其名義待著作出版（以符彥堂、中舒前例。）及與 Harvard 關係中止後，改為研究員。此時仍舊。

以上二事，盼以 尊意示知。（以上僅弟提議）

三、貴組下半年人員問題，薪水問題，乞 開一單來。加薪勢辦不

---

①行首自註："此事應待 兄返後決定之。"
②行首自註："若為一普獎，尤嫌數目太少矣。"
③行首自註："Medal 稍精者，至少須百元以上，工料（金）皆貴也。"

到，然不得已者，亦可討論。其能減者減也。

張幼山借房子無下文了。（王回信云）

敬頌

日安

弟斯年

224. 傅斯年致丁山（1932 年 5 月 6 日）檔號：元 60-10

丁山我兄：明日會中編下年工作計劃及緊縮辦法。此時情形，非大家一齊努力負責，辦不下去，乞　兄準時到。（因下午弟尚有事）　兄之計畫，亦請明晨送來，以便編入，至感！敬頌

日安！

弟傅斯年　五月六日

弟星期日南行。

225. 傅斯年致丁山（1932 年 5 月 7 日）檔號：元 60-12

丁山我兄：

手書敬悉。此項計畫仍應請　兄自擬，因他人無法代擬也。依院所之成規，每年之計畫，一方面有契約之意義，一方面為預算之所關，故事實上為不可少之舉，幸　兄鑒原。

研究所得　兄贊助，同人深覺寵幸無量。今院局如此，緊急所務會議討論事皆關重要，深望　兄不遐棄，惠然出席，共濟艱難。又近中尊體想已如恒，盼常常到所，如院成規。今日所務會議，同人以睽違日久，切望吾　兄以後照常到會到所，以便同人有所承教而資所務之進行，囑弟奉達。謹布如此，諸希　鑒察。敬頌

著安

弟傅斯年謹啟　五月七日

226. 傅斯年致陳寅恪、羅常培、李方桂、徐中舒、劉復、裴善元、李濟（1932 年 5 月 8 日）檔號：元 114-6

敬啟者：現在院中將通信員置在頗後之地位，故吾所前定之外國通信員之地位，已覺不甚適宜。（因原定之外國通信員乃甚崇者。）^弟擬改聘伯希和、珂羅倔倫二君為

　　　"特約研究員兼外國通信員"

惟昨日忘了提出會議，茲補提此事，如荷　到會諸同仁同意，即作為議案也。何如？此上

寅恪	同意*	半農	同意	
莘田	同意	子元	同意	
方桂	同意	濟之	同意	先生！
中舒	同意			

^弟斯年　五月八日

227. 傅斯年致李濟、董作賓（1932 年 5 月 15 日）檔號：考 2-2

濟之、彥堂諸兄：① ^弟到京滬之故，想中舒已以奉告。^弟應電即來，故未函述一切。院中經費情形，實不佳。幸蔡、楊諸位均對本所甚好，未再減費。

杏佛大發憤整頓院務，結果是：一、攷核成績，二、裁員，三、合併。合併之事恐難辦。合併社會所（大致等於取消）以入本所之議，^弟實在不敢接受，無此才力辦也。

明日開院務會議，一切可決矣。

有一好消息，即仲揆回所，蓋否則將取消地質所。

────────────

*編按：以下個別名下"同意"二字，係由當事人簽署。
①頁首收發註記："中華民國廿一年五月拾九日收到。"

本所加薪事，彥堂、中舒二位之件，經^弟辦了一早的交涉，辦到七月份如政府發費多，（宋^①有此允許）照辦。其他皆談不到。別所正在減裁，皆以薪數二千五百元為限。吾等尚是最優待者也。

^弟意如三組不得已時，在中基會津貼中提若干津補，此事^弟可去接洽，大約可以。（子衡薪或不足用，故最後或得用此法。）

途中遇何仙槎。^② 他大高興。吳虞銘留學事滿口應承，作為由院保，由教育部令行，以免援例。此事在京已三曹對案辦妥。何返濟後公事即可出來。大約今年年底有缺，然手續可以先辦妥當，^③ 虞銘在夏間或須一至山東也。公事稿寄上一看，仍請寄平存案。^弟後日返京，星期四或五北歸。

^弟斯年

228. 傅斯年致俞大維（電稿）（暫繫年於 1932 年 5 月） 檔號：元 46-22

David Yule

 c/o Ingwen Liang

  Sinolegate

   Berlin

Loese Osterhelds Schicke meine Kisten，Bitte ernstlichst antworte。Fusze-nien

229. 傅斯年致胡適（1932 年 6 月 7 日） 檔號：元 48-1

適之先生：

---

① 編按：宋子文（1894—1971），時任行政院副院長兼財政部部長。
② 行首自註："他又許撥古蹟會房，並津貼工作費三千元。他說，教廳很有錢。"
③ 行首自註："此事只能能看做九分，蓋中國時每有想不到的變化，上路才算數也。"

丁聲樹君來談了一次，我覺得他的經學訓詁的根柢很好。若能加上些審音的工夫，和語言學的觀念，則用他的根柢，可以做進于漢學家一步的學問。

所以我想拉他到研究所來，已和莘田、方桂兩位商量過，他們都很贊成。想到待遇如下（現勢只能如此）

　　一、語言組助理員

　　二、月薪八十元（初任皆此數）（現在九折發，七十二元）。

如是他可以在元任、莘田、方桂三位指導及協助之下，做些聲音訓詁學的研究。這待遇是不及中學教書的，然而似比在大學教書（此日中國之大學也）的作學問機會還好。（此雖笑話，亦實情也。）

　　請　先生問問他，可有意思嗎？

學生傅斯年上　六月七日①

230. 傅斯年、李濟致楊銓（電）（1932 年 6 月 13 日）檔號：IV：378-73

14496【究】。上海。楊杏佛兄：子老北來時，乞兄同來，既作視察，亦可清遊。至盼。年、濟。②

231. 傅斯年致容庚（1932 年 6 月 15 日）檔號：元 74-6

希白我兄：③ 星期六開會至五小時，而賬目算得仍差每月百九十元光景，局勢如此，"所長未可羨慕"也。一笑！（此兄前言）何先生事，恐仍須以四十元為薪數，明知此數不多，而吾　兄又在讓祿之辭，然今年經費，對折恐猶不能保，而成數限制又不得了。亦只有請　兄原諒耳。敬頌

---

①頁末收發註記："中華民國廿一年六月初七日"。
②頁末收發註記："中華民國廿一年六月拾參日"。
③頁首收發註記："中華民國二十一年六月十五日"。

日安

弟^{斯年}　六月十五日

元胎事，已與適之、受頤兩先生談，他們均云當竭力設法。

232. 傅斯年致丁山 （1932 年 6 月 24 日）檔號：元 60-14

丁山我兄：月內未晤，比想　起居佳勝！金甫在平時，力言必約　兄赴青大，並云已與　兄晤過。上次所務會議中編下年度薪表，百法不能適合。（因院決議本所薪不得超過三千六百三十元，蓋六千五十元之 60% 也。）適同人聞金甫意，以為此時研究院之局面，不關門已足，若干事不能不忍痛為之。　兄既有赴青之機會，　兄亦未言其不可。（金甫云，去年兄告金甫有意赴青，可以休養。）而本所預算正編不出，故萬分無奈之下，列　兄於特約研究員中。此中困難，　兄必體諒，更望　兄以特約研究員，對本所不斷其學術的指導。以後院局稍佳，而　兄有意回所，自所厚幸也。驥塵前想已以奉聞，茲更述之如此。專此，敬頌
著安！

弟^{斯年謹上}　六月廿四日

233. 傅斯年致劉學濬 （1932 年 6 月 29 日）*

學濬先生：來信敬悉，不意誤會至此。此事分兩層說。

一、先生不在本所事。此事我完全不在一種地位作決斷。所有二組人之進退，皆由　趙先生決之，非因我不管事，乃由我不能知道二組人工作之情形如何也。　先生離所，是趙先生去時留下

---

*本函有手稿本（檔號：元 98-2a）及繕本（檔號：元 98-2b）兩種，據繕本整理。

的話，^弟當時謂宜早告，趙先生云已辦矣。趙先生亦是好意，非謂　先生不能做學業，乃謂　先生能做而擅長之事，不與本所之工作相合。凡人各有其短長，故以人地相宜為宜。二年（或三年）前，趙先生曾託^弟介紹　先生於青島，後以　先生不願離北平而止。去夏又提出此事，^①^弟當時曾在南京英庚款會找到一事，月薪可百二十元光景，後趙先生謂　先生雖於整理材料上工作未細，然正試著作機器一面之事，故此意又作罷。如此看來，趙先生對　執事亦不為不盡心。^弟個人只能從旁有所少助，故此時離所如以為^弟之不是，恐不公道，如以為趙先生不體諒，尤為不可。故執事如不釋然，^弟個人任其責。

二、此次檢書　每年檢書一次，此非創舉，照例檢書後即于當月薪中賠補，去年賠者不一人，^弟亦賠了一部書，楊君亦賠過，二組亦有人賠過。此次檢書定廿六日結束者，本意在本月結清。日前圖書室人云，二組有二十多本書查不清，^弟又問二組借書是誰經手，據云，是　先生經手。又以研究院累次有信來，職員不繼續者，須先清一切手續，否則^弟個人賠補，故有昨日之事，此只是奉行例行辦法耳。（此間有文件，可來一看。）不意誤會至于此也。率復，敬叩

著祺！

^弟傅斯年謹啟　六月廿九日

234. 傅斯年致楊銓 （電）（1932 年 6 月 30 日） 檔號：IV：378–74

14496【究】。上海。杏佛兄：蔡先生安抵平，住北海，乞告蔡夫

---

①行首自註："趙先生歷年來一再為　先生想在所工作何事為適，費盡心思，此中情形，當為執事所諒解。"

人。年。①

235. 傅斯年致周大文 (1932年7月2日) 檔號：IV：365

華章先生市長勛鑒：昨晚在漢卿先生處匆匆一晤，未獲暢敘，為悵。
茲有懇者，^{敝同鄉}朱六春君改任貴市府營——員，為人似尚練達。頃
來訪，談及一切，如　先生於可能範圍之內，鼎力維持，至為感荷。
專此。餘容面罄。敬頌
政祺

敬啟　廿一年七月二日

236. 傅斯年致陳劍脩 (1932年7月3日) 檔號：IV：198

劍脩吾兄大鑒：② 茲有貴省人徐夢蘇君，北大本年度國文系畢業。據
夢麟先生云，在校成績甚優，才識尤美，茲擬返省，如荷　酌予延
攬，不勝厚幸。專此介紹，敬頌
日祺

敬啟　廿一年七月三日

237. 傅斯年致唐有壬 (電) (1932年7月6日) 檔號：元235-22

南京中央政治會議。唐有壬先生：弟公私交迫，不獲南行，所有意見
已託仲揆諸兄轉達，日內更當寫奉，乞轉謝精衛先生。傅斯年。③

238. 傅斯年、李濟致楊銓 (電) (1932年7月21日)

14496【究】。上海。楊杏佛兄：牛案會事務請勿列弟名。年、濟。④

---

① 頁末收發註記："中華民國廿一年六月卅日"。
② 頁首附註："南昌　省政府教育廳陳廳長"。
③ 頁末收發註記："中華民國廿一年七月六日"，又附註："傅先生個人電"。
④ 頁末收發註記："中華民國廿一年七月廿一日"。

239. 傅斯年致俞大維 （電）（1932 年 8 月 1 日）檔號：元 235-24

牯嶺三十一號。俞大維兄：弟患痢不能行，且所知少，兄及翁文灝兄所見外不能更有建白，乞敬謝蔣先生。[1] 年。[2]

240. 傅斯年致錢寶琮 （抄件）（1932 年 8 月 5 日）檔號：元 334-2

琢如先生著席：丁在君先生交來　手書，敬悉一切。　大著粗讀一過，佩服佩服！弟前讀 Mikami[3] 書，覺其疏陋。私心久以為中國算學皆是外來影響，而無所自表，今讀　大著，糾正不少。Cantor[4] 寫其四大本之講義，固是不朽之業，而 Bib math.[5] 譏其多誤。　先生書，弟以外行人固不能批評，然覺其寓精詣于簡練之中，寄考證于疏解之內，非如 Cantor 之少裁制也。上月已付印，版成數十葉，因式須一律，故未預寄。但最後校稿，仍請　先生任之。茲寄上，乞即校寄還。留版待印，能速最感。所詢諸端，敬復如下：

一、版稅抽百分之二十，但本院刊物定價均極廉，此冊定價若干，未能預知。（須排完後方知。）如　先生以為不足，額外淨加若干，亦可。（請示以每冊至少取若干版稅。）

二、書上照例印"板權由本所保留"，但未絕版前，雖絕不能重印，已絕板，則版權仍由作者有之。再板時，亦須雙方同意。如敝處謝絕再版，即由　先生自理（此次印一千部）。

---

①編按：蔣中正（1887—1975），字介石，時任國民政府軍事委員會委員長。

②頁末收發註記："中華民國廿一年八月初壹日"。

③編按：三上義夫（Yoshio Mikami, 1875—1950），著有 *The Development of Mathematics in China and Japan*（Leipzig, 1913）等書。

④編按：康托爾（Moritz Benedikt Cantor, 1829—1920），於 1880—1908 年間陸續發表 *Vorlesungen über Geschichte der Mathematik* 四大本講義。

⑤編按：即瑞典數學家恩斯特約姆（Gustaf Hjalmar Eneström, 1852—1923）編刊之 *Bibliotheca Mathematica*。（以上兩註係根據 Joseph Dauben 及張谷銘兩教授所做的解讀，特此致謝。）

匆匆，敬頌

教安

弟傅斯年謹啟　八月五日

弟對此書尚有若干意見，待暑假歸來後，擬寫呈指教。

241. 傅斯年致楊時逢 (抄件)（1932 年 8 月 6 日）檔號：元 73-1

時逢先生：

二組移後，仍置原處之機器及語音用件，請每週察看一次，以免一切遺失、生銹（須擦油）等損傷，為感。

再，電瓶大者，李先生統計後以賣出明年再買為上算，此事如辦到甚好，否則，請　執事按時照應發電，為盼！即頌

日祺！

弟傅斯年啟　廿一年八月六日

242. 李濟、傅斯年致楊銓 (電)　（1932 年 8 月 18 日）檔號：IV：378-75

14496【究】。上海。楊杏佛兄：訪狄①不晤，晤後再決。濟、年。②

243. 周炳琳、傅斯年致蔡元培 (電)（1932 年 8 月 20 日）檔號：元 567-15

14496【究】。蔡先生：此間朋友皆以先生在如此局面下出任政府為

①編按：狄平子（1872—1941?），本名葆賢，在上海創辦有正書局，以發行珂瓓版複製精品碑帖與古畫而聞名。

②頁末收發註記："中華民國廿一年八月拾八日"。

慮。琳、年。①

244. 傅斯年致楊銓 （電）（1932 年 8 月 25 日）檔號：IV：378-77

14496【究】。上海。楊杏佛兄：狄即赴滬，主張到滬覓專家。考察團票，② 日內抵平即寄廿套。年。③

245. 傅斯年、李濟致楊銓、宋慶齡 （電）（1932 年 8 月 29 日）

14496【究】。楊杏佛兄並轉孫夫人賜鑒：電敬悉。牛蘭事件再發宣言事，吾等不列名。此事一切事項，恕不參加，乞諒察。傅斯年、李濟。豔。④

246. 傅斯年、李濟致宋慶齡 （電） （1932 年 8 月 30 日）檔號：III：1350

Madame Sun Yat-sen,

Shanghai.

Regret we cannot sign manifesto concerning Noulens' case.

Fuszenien, Lichi. ⑤

247. 傅斯年致王敬禮 （1932 年 8 月 31 日）檔號：元 119-34

毅侯我兄學長：數事請教：——

----

①頁末收發註記："中華民國廿一年八月廿日"。
②編按：指西北科學考查團理事會贈送之 "西北科學考查團紀念郵票"，計一套（一分、四分、五分、一角）四種。
③頁末收發註記："中華民國廿一年八月廿五日"。
④頁末收發註記："中華民國廿一年八月廿九日"。
⑤頁末收發註記："中華民國廿一年八月卅日"。

一、敝所情形有若干事與他所不同，蓋他所工作之工具皆在所，而敝所有時工具在他處。所謂他處者，一、北平圖書館，二、故宮博物院，三、其他材料所在處，四、在家著論文（此事弟最多。）每次均應寫因公請假單乎？

二、敝所每日工作為七時，上午八至十二，下午二至五。但有的研究員須九時以後方可到，而此等研究員皆去所在辦公時間以後。如限以與一般相同之鐘點，事實上不可能，故只有絕後補前而已。

三、在家作文及整理一部材料事，為本所同人每有之事，尤以弟為甚。弟之工具皆在家，且好夜工，一也。弟在所時時有事來，不能安心，二也。但弟並未半日在家忽早早到人前，平均每週在家者二日光景而已。所有半公時間之在家，決務正業，如此事加以限制，則弟不能作論文矣。

四、有些半個人半公事的集會，（如圖書館等處開會）算請假乎，算請公假乎？或于簽名簿上注明便了也？

五、弟自上海回來，忙得要命，連著若干時忘了簽名，遂一直忘了一個多月。（有想起時也以習慣忽略了。）此一個多月中除有半個月因搬家未曾就緒來所，前以向我　公請是外，其他日子不特在所，且工作更多。至于何以今年夏天忘了簽名，總由上海歸來，心緒不佳，事情麻煩耳。昨晤巽甫，他也受了這麼一罪。茲先聲明如欲扣薪也可以，不過，事實俱是如此。以後自九月一日起可以不忘，但以前忘了的，當然不補簽，以免作弊。（總而言之，（一）事實上我是天天到（除上次聲明者外），（二）有忘了簽，（三）補簽決不做，（四）扣薪可以。）

敝所奉行院中公事，向來不敢後人。去年一年之中，各種簽簿及假表等可查。只以後來全無影響，人覺或者是我多事，故形式上隨便了。事實上固全然緊張也。今改弦更張，自然是一法。惟開頭時有

此形式之忽略而已。乞　示復，為盼！敬叩

日安！

弟斯年　八月卅一日

248. 傅斯年致楊銓 （電）（1932 年 9 月 10 日）檔號：IV：378-78

14496【究】。上海。楊杏佛兄：劉云票已到，裝套即寄。年。①

249. 傅斯年致何思源 （抄件）（1932 年 9 月 19 日）檔號：元 97-9

仙槎我兄：

魯戰又起，不知我　兄尚能來平否，盼望之至。

頃接吳金鼎君信，知　兄將他的事要提出來了，他不勝感激，弟亦同感如身受。此事想不久可以發表，弟當告吳君以後勉力從學，以副　兄培植之意也。專頌

日祺

弟斯年　廿一年九月十九日

250. 傅斯年致張鴻烈 （抄件）（1932 年 9 月 19 日）檔號：元 97-9

幼山先生我兄道鑒：久疏箋候，比維　興居百福，　公私康吉為禱。茲有懇者，敝所同事吳金鼎君，山東安邱人，績學之士也。專習人類學及攷古學，山東城子崖即其發現之遺址，發掘時工作最專，故成績極佳。近擬專治史學，留學國外以便有所貢獻于國人。今春弟赴南京，適遇仙槎兄與之談起，仙槎甚願助成此志，當由敝院函教育部，再由教部轉山東教育廳辦理。近聞仙槎擬以其成績優良，補以留美官費，

---

①頁末收發註記："中華民國廿一年九月初拾日"。

將提出省府會議，在會議中如荷我　兄助以一言，以便玉成其事，不特為山東造就人才之幸，^弟亦同感如身受矣。專此奉託，敬頌

政祺

^弟傅斯年謹啟　廿一年九月十九日

251. 傅斯年致楊成志 （抄件）（1932 年 9 月 19 日）檔號：元 64-24

成志先生：

奉書，敬悉一切。安抵巴黎，學事精進，甚慰！

中華教育基金會補助費事，對其所謂非自然科學者，異常不易，^敝所曾有二、三位成績卓異之助理員，求補三年，一無成效。此事自可提出，然結果是可預料到的。

^敝院經費近中萬分艱難，求不關門足矣。一切補助，皆談不到，蓋薪水也是折扣，而後來並不保也。

名義一事，^敝所前年決定，非與研究所真有工作的關係不再提出。

至于特約研究員須有特別情形，^敝所特約研究員在法只一人，即 Pelliot 也。

率復，不盡！敬頌

學祺！

傅斯年　廿一年九月十九日

坿收據一帋。①

252. 傅斯年致 L'École Française d'Extrême-Orient （打字件）
（1932 年 9 月 27 日）檔號：元 367-3

27, 9, 1932.

Monsieur le Directeur,

———————————

①頁末附註："退還。"又註："原函廿一年十一月十六日寄顧頡剛先生。"

L'École Française d'Extrême Orient,

Hanoi.

Cher Monsieur:

Après avoir eu une intervue avec Monsieur Émile Gaspardone, nous savons que l'École Française d'Extrême Orient est desireux d'échanger ses publications avec celles de notre Institut. C'est une nouvelle agréable, et nous sommes très contents d'accepter cette proposition.

Maintenant, nous envoyons à l'École Française d'Extrême Orient toutes les publications de l'Institut National d'Histoire et de Philologie; et, nous serons bien aise de recevoir toutes celles de l'École Française d'Extrême Orient. Quant à Bulletin de l'École Française d'Extrême Orient, nous l'avons déjà reçu jusqu' au Tome 31, nos. 1–2, publié en l'année dernière, 1931. Si vous nous l'envoyez encore, envoyez-le-nous du numéro 3, publié après juin, en 1931, s'il vous plaît.

Ci-inclus, il y a une liste de toutes les publications lesquelles nous vous envoyons. Donnez nous une lettre, s'il vous plaît, quand tous les paquets vous parviennent.

Nous admirons bien des oeuvres linguistiques et archéologiques de votre École. Ci-après, n'importe qui donne une visite à notre Chine, surtout quiconque portera avec soi une lettre d'introduction de l'École Française d'Extrême Orient, nous le (ou la) recevrons à bras ouverts et donnerons un coup de main à lui en ami.

Nous vous prions de recevoir, Monsieur le Directeur, l'assurance de notre haute consideration.

Fu Szû-nien

Directeur, d'Institut National

d'Histoire et de Philologie.

附：史語所出版目錄

List of Publicaions of the Institute of History and Philology

I. Bulletin

Vol. 1 No. 1-4

Vol. 2 No. 1-3

Vol. 3 No. 1

II. Monographs Series A

I. Phonetics of the Yao Folk-songs. By Chao Yüan-jên.

I. A Compendium of the Popular Forms of Characters Since Sung. By Liu Fu.

I. Phonetics and Phonology of the Amoy Dialect. By Lo Ch'ang-p'ei.

I. Love Songs of Tshangs-dhyangs-rgyamtsho, the Sixth Dalai Lama, in Tibetan Text and Phonetic Transcription in the Lhasa Dialect with Chinese and English Translations. By Yü Tao-ch'üan.

I. An Anthropometrical Study of the People of Shuntung. By Wu Gingding.

Monographs Series B

I. Commentary on the So-called Ch'üeh-I in Shuo-Wên-Chieh-Tzǔ. By Ting Shan.

I. Bibliography of Works on Bronze and Stone Inscriptions. By K. Yung and Y. Yung.

I. Catalogue of the Tun-Huang Remains in the National Peiping Library.

I. Bibliography of Published Folk-songs Part I. By Liu Fu and others. (2 numbers)

I. Hsi Hsia Studies (Vol. I). By Wang Ching-ju.

III. Special Publications

3. Preliminary Reports of Excavations at Anyang. Part I-III. Edited by Li Chi.

I. Tun-Huang Miscellany, Vol. I, Part I–II. By Liu Fu.

I. Tun-Huang Miscellany, Vol. 2, Part I–II. By Liu Fu.

I. Scattered Tzǔ （詞） of the Sung and Yüan Dynasties. By Chao Wan-li.

I. The Fan-ch'ieh System in Hui-Lin's I'Ch'ieh-Ching-Yin-I. By Huang Ts'ui-po.

I. Bronze Inscriptions of the Han Dynasty. By Yung Keng.

I. Serial Bell of the Piao Family.

IV. The Historical Material Series

I. Conquest of Chêng's Taiwan.

I. Chronicles of Prince Chêng Ch'eng Kung.

V. Important Papers From the Imperial Chinese Archives

No. 1–10.

VI. Miscellaneous

I. Post Cards Picture of Early Pottery Found at Yin-Hsu. （6 cords）

I. Inscription on Ox and Deer Skulls, recovered from Anyang. （1–3）

I. A Sequel to the Study of Local Dialects of Yang Hsuing, Unpublished Manuscript of Tai Tung Yuan.

253. 傅斯年致楊銓 （1932 年 10 月 12 日） 檔號：IV：378–43

杏佛我兄：

本所助理員中有幾位成績斐然，有專門之知識，在此時中國情形，做大學教員算是好得的。本所待遇雖也在百元以上，然而比其此時中國教育界之情形，實不為厚。而本所情形，助理員又決無升研究員、編輯員之希望。彼等之所以肯在所者，乃為其學業之前途計耳。因此，本所對之不能不負使其學業前進之責任。且國家設置中央研究院，其第一要義似乎即為培植專門人才，以求後來有所貢獻于國家耳。此類助理員現在可斷其成績優異者，有：

于道泉 （專藏文等）

吳金鼎（考古）

王靜如（語言）

諸人，其他亦皆不錯。造就之第一要義，是使他們能到外國走一躺。他們都是"專家"，斷用不到我那樣子的留而不學。到外國走，無非開開眼界（此事極要緊），帶點工具回來。本所同人皆同此意，思之數年矣。然而研究所焉有派人留學之力量，故不得不另想他法。今夏何仙槎兄表示贊助，與之說好，由院行文到教部，由部令山東教廳，看看吳金鼎（山東籍）可派否。此事已由山東省政府于上個月通通，[1]免考派吳金鼎官費赴美留學，（英國無缺）此事仙槎幫忙實大，山東以前（北伐革命後）尚無此例，可感也。吳出國大約須明年夏天，他此時去，考古組雖不甚便，然決不誤人前程也。此一問題，即如此決解矣。（他去應是辭職，故研究所無擔負。）于道泉君藏文精通，藏語純熟，蒙藏會必無如此人才也。他本山東籍，此次巴黎之 Musée de Guimet 之主任 Hackin 君到北平，以 Lessing 君之介紹，于君往晤之，談談巴黎有機會去否。Hackin 謂^弟云，他很願意約于君去，但本所能擔任"一任"否？（a little）^弟當時惟欲助成其事，直應曰"可以"。或者他覺得^弟回答太痛快了，遂曰："我們彼此出一半，如何？"^弟答以商量商量看。^弟意，外國的錢亦不可多用，須為于君保留自己用功之時間。（雖說他在 Musée de Guimet 的事不過看藏文、抄目錄，究太機械，于"學"之効力差些。）^弟意，具體辦法如下：

一、巴黎出一千五百佛郎（每月）。

二、我們出二百元（于君原薪一百元）。

北平圖書館出六十元（他在北平圖書館有一副務，編藏文）。

此一辦法與于有益，蓋我們沒有多材料。前經　兄核准，故我們的薪水較少一百元，非全薪也。北平圖書館之六十元供其家用。

三、旅費，法國、中國各一半，而中國之一半，由我們與北平圖書館分担。

———

①編按："通通"當作"通過"。

四、須與巴黎約定，于君須保留至少一年時間求學。

五、此辦法以兩年為限。

研究所出甚少之費（原薪之外加一百元，旅費四分之一僅數百元
耳），而深深造就一個人才，實是佳事。且于君專門藏語佛典，
以後必有供獻于本院也。此辦法如承　兄同意，^弟即向對方正
式提出矣。

王靜如君事，^弟擬于伯希和（Pelliot）到平時，請他想法，或
中俄復交之後設法，使其到俄京。（我們與俄國學院關係甚
好。）我想，兩路之中，有一路可通。如此辦法，雖則費事，
但吾等主持國家機關之人，本有此責任，且研究所為青年
學人謀出路，亦是一種鼓勵也。　兄自與^弟等同此意見。
專頌

日安！

^弟斯年　廿一年十月十二日

254. 傅斯年致蔡元培、楊銓（抄件）（1932 年 10 月 12 日）檔號： III：778

子民、杏佛兩先生：北大馬叔平先生赴京，運動什麼北京設為"文化
城"。此事初發起時，^{斯年}即表示不贊成，蓋瀋陽設治安會於日軍入
城以後，北平的"學者"將欲劃北平為中立區于日軍壓境之先，而為
此事圖謀者，偏偏正是平日最反對外國人者，^{斯年}實為中國讀書人慚
愧也。今馬君南去，難免謂贊助者多人，故^{斯年}有向院聲明之必要。
此事研究所同人絕無與之有任何之關係。特以環境關係，未便在此明
白宣言反對，私下勸告，他們皆不聽也。專頌
日安！

傅斯年謹啟　廿一年十月十二日

255. 傅斯年致楊銓 (抄件)（1932 年 10 月 18 日）檔號：元 287-4

查佛①我兄：

昨日^弟發見一件奇離之錯誤，^弟對同事一人非常抱歉者。

去年暑假前，所務會議議決，歷史博物館裘先生之薪增為二百元，蓋裘先生資格甚老，工作甚苦，他的薪水太低，與院標準相去甚遠，即此二百之數，亦是少之又少也。此事于去年八月廿七日函達，與史言所同人加薪事一同經　兄回信照准。然接著就是九一八，大家心皆亂到極點，也未再想到此事。裘先生照例是太謹慎的，因未有總辦事處直接通知給他，故未照領，亦未向^弟說及，如此者十四個月。^弟固以為裘君薪早是二百圓矣，頃談及折扣事，裘先生云："折扣三十元已補足了。"^弟詫異云："二百元之折扣是四十，如何是三十？"他云："本是一百五。"^弟云："不是去年便改了嗎？"他云："何曾，當時並未接到通知，故不便自領。"^弟乃大為慚愧，于是與中舒、子元三人互推，這事究竟怨誰呢？此事之所以有此錯誤，一年多未更正者，其故如此：（一）裘先生手續看的太繁重，太客氣。（二）九一八事起了，^弟等心煩意亂，若干事未注意。（三）會計處看得薪多便會考究，看得少了是不會的。（四）該館直向會計處報賬，故本所查不到。然而裘君又是一年，經濟狀況更不了矣。現在既發見此事，去年一年是不及更改的了，本年度（自七月起）擬照去年暑假中改定之薪數支二百元，此非此時之加薪請求，乃實行去年暑假中決定之辦法也。此事想　兄必能惠予同意，感激之至。至于^弟之疏忽，無任抱歉。

再，歷史博物館每月經費五百元，前以緊縮改到四百元，茲因裘先生薪數，且一個機關一切工作又在進行中，四百元實在萬分困難，擬請恢復五百元之辦法，不勝感便之至。

此兩事乞　兄核准後交會計處為荷。敬頌

---

①編按：楊銓（1893—1933），字杏佛，時任中研院總幹事。

日安!

弟傅斯年上　廿一年十月十八日

256. 傅斯年致 Paul Pelliot（電）（1932 年 10 月 19 日）檔號：元 114-8

L. C. O.

Pelliot

38 Rue Varrenne Paris

Glad hear you come cable date arrival

Fussunien[①]

257. 傅斯年致楊銓、王敬禮（1932 年 11 月 1 日）檔號：元 287-5

杏佛、毅侯兩兄：關于歷史博物館經費及裘先生薪兩事之十月十八日信，計已達覽。

查歷史博物館以最少之經費，及苦極之待遇，能維持其保守、整理、閱覽，並相當進步及研究之工作，著實不易！他們的經費五百元，本是無法再減的。上年不得已八折了，今年（自七月份算）度內，無論如何，希望恢復其五百元。蓋此數在院甚微，在他們是要命的關鍵也。且去年之勉強以四百元維持者，以有舊來臨時費千元，及舊存票錢，今年如再是四百元一月，則開不了門矣！凡此情形，請一看他們的報銷及報告即瞭然也。

至于裘先生薪，去年業經請准改為二百元，（廿年八月廿一日函）而因我們忽略，不曾實行，亦請自本年度內實行。蓋裘先生薪在全院為最低，而其工作甚勞苦也。專此，敬頌

日祺！

弟斯年　十一月一日

---

①頁末自註："存底"，又收發註記："廿一年十月十九日"。

如何，乞　核准示復，至叩。①

258. 傅斯年致顧頡剛 （抄件）（1932 年 11 月 11 日）　檔號：元 64-25

頡剛兄：楊成志來一信一片，乞一看。研究所實無法可想，此處又向那裏去要錢去？^弟意最好　兄函吳敬軒，請其匯款，此是中山大學責任也。惟必不可提^弟耳。蓋彼等如以為與^弟有關，或有偏見，其實真不相干也。特頌
日安

^弟斯年　廿一年十一月十一日

附：傅斯年致楊成志 （抄件）（1932 年 11 月 11 日）

成志先生：明信片收悉，前函計達，其中已說明一切，想邀尊及也。敝所此時窮死，毫無法子，此實情也。此事似以請中山大學匯款為宜。中大文科主任吳康，顧先生之好友，^弟已託顧先生函請之矣！專此，敬頌
日安

傅斯年敬啟　廿一年十一月十一日

259. 傅斯年致許壽裳、王敬禮 （電）（1932 年 11 月 13 日）　檔號：元 27-9

急。南京。許季茀、王毅侯諸兄：報載蔡先生在蘇遇險，同人極慮，盼立電示實況。斯年。②

---

①頁末收發註記："廿一年十一月一日"。
②頁末收發註記："廿一年十一月十三日"。

260. 傅斯年致蔡元培 （1932 年 11 月 18 日）檔號：III：89

中華民國廿一年十一月十八日

子民先生尊鑒：前奉　手示，承　垂詢聘蔡哲夫先生為特約研究員事，一時未及奉覆，至歉！茲謹陳之如下。查本所之聘特約研究員最初為數較多，去年夏季，同人決定以後聘請以當時確在所內有工作者為限。故去年新聘者如德日進君（法人），係因編安陽獸骨而聘；如步達生君（英人），係因合組人類學工作室而聘。其不在所有工作者，概不增聘矣。哲夫先生學業名望，素所欽仰，理應借重，以為光寵。無如格于此項辦法，同人等礙難更改前議，歉何如之！專此，敬頌

道安！

學生傅斯年謹啟

261. 傅斯年致楊銓 （抄件）（1932 年 11 月 22 日）檔號：元 451-3

杏佛我兄：外抄致書詒、乙藜一信，乞一看便知分曉矣。弟于廿日到彰德看他們的工作，真正羨慕得很。殷虛中宮室之地基掘得已很有個樣子，待向煤鑛上借得軌車一列，到了明春可全知其"宗廟之美"矣。此三件考古工作出版之後（城子崖的已編齊，殷虛總報告最費事），中央研究院大可在世界上直起腰竿來矣，此皆濟之、彥堂諸公之功也。考古前途最可慮者為地方上至今無一個穩定的機關，而河南方面時時有組織大規模博物院之議，此事一成，不特吾等工作必受限制，即已得之品，將來在處置上亦必爭爭執執，故吾人在此安置一機關，以免為人先我，實在大大必要也。

報載中央有於"行都"設"國立中原博物館"之議，此事絕未便放過，此事如落在李、張手中，或在他人之不與我等合作者之手中，則中央研究院在"中原"大受限制，且他們固辦不好也。此事關係研究院各方面，而以考古為甚，故弟有一信致教育部，乞　兄務就近設法，先佔此一地盤（即今是空名也好，蓋免為人佔也），否則濟之等之工

作，後來必受不良之影響也。一切　兄必不河漢斯言。^弟本星期五返平。專頌

公安

十一月廿二日，彰德

附：傅斯年致段錫朋、錢昌照（抄件）（1932 年 11 月 22 日）

書詒、乙黎兩兄大鑒：久未通訊，想一切安好！現有一事與兄一談。^敝所之攷古工作，去年二月曾在南京陳列一次。當時曾邀兩兄一看。主其事者李濟之先生亦與兩兄談過。自瀋陽事件以來，曾以心緒煩亂，稍有停滯，然自去年年底，又恢復一切工作矣。明知此等事，在目前無急切有益于國之貢獻，然凡事只求盡其所能而已。目下計算，發掘已完者有山東城子崖，久掘未完者有殷墟，今春開工，現在已有絕大結果者，有濬縣。此等報告逐一印出之後，必可為中國學術爭得一地位，蓋此時已大出風頭矣。此係實在，兩兄必不以^弟為同事吹也。惟此項工作之將來，有兩事可慮。一、此項工作，自以河南等地為中心點，而吾等在河南等地無固定之工作處所。發掘物品最後之處分實是難題。蓋必有中央與地方之爭。若吾等工作所得置之本地，固可。然一落他人之手，則明珠暗投矣。此非^敝院之損失而已。二、河南等地，將來必有博物院出來，（此時不倫不類者可不算）以中國人之習慣，本所工作，愈有聲價，愈難得人之贊助。有此兩端，故同人若干年中深感有在河南設一中央古物機關之必要。適上週報載蔣介石先生提議將于洛陽行都設民眾教育及中原博物兩館。民眾教育非吾等所知，然中原博物館之意，正吾等數年中夢想者也。為此館之將來起見，非精能之專家主持不易為功，否則大人物一掛招牌，又是一段笑話焉。^弟等以為此事業之成就及吾等工作之將來，似不妨自己"居之不疑"一下。此件到教育部時，乞兩兄設法，（在翁先生到後，乞同翁先生）將此事交由或會同中央研究院籌辦，如此則本院同人（指專家言，^弟不在內。）可以計畫其事，事由專家，不致走錯了路矣。如籌辦

時需有商量處，^弟可力勸濟之南行一下。如何盼與杏佛兄一商量之。^弟亦同時去一信。一切務乞鼎力成此事業。專此，敬頌

日祺！

^弟斯年　十一月廿二日，彰德

262. 傅斯年致楊銓 （1932 年 12 月 5 日） 檔號：元 8-3

杏佛我兄：

所中有一大事，早宜報聞，而久以事滯，時憶時忘為歉。查同人兼課事，今夏更有嚴重之趨勢，蓋以前只有清華、北大拉，今則加以中法、輔仁，左右要得罪人了。心田、方桂、思永諸位，是適之所欲圖得之者，濟之、彥堂，北大亦思與結不解緣。在此內外為難情形之下，^弟想只有一個整齊的辦法，可以免于支節。即

　ⓐ大家都在北大。

　ⓑ大家都教二小時（一種科目）。

而此辦法正如以往之情形，即：——

　ⓒ退薪、扣車錢及捐。

　ⓓ所任之課必是自己目下研究之範圍內者。^弟更借此時時刻刻要
　　稿子。

　ⓔ不編講義，只做論文，論文即是《集刊》的稿子。

如此辦法既可應付外來之要求，又可過了講書的癮，且于院章不違，似不為過。至于對研究所尚有兩個好處

　一、借此留意後來助員之才。（此事甚要）

　二、借此使《集刊》的文章做得快些，而平日太鑽小題忘了四圍者，借此可以充補之也。

^弟當時想借此向北大要求，請他們每月給研究所四百元，不分算賬。後來北大鬧風潮，現又鬧窮，故此特別待遇未提出，待明年再相機辦理也。此事遲遲未報者，正以此故。茲開一單，乞　核之。

又車錢一事，以全部薪水之四分一合算，同人共議如此。蓋車錢之外又有捐，故退薪一事在十二個月中退三個月也。此辦法亦請 核奪。專此，敬叩

日安！

弟斯年 十二月五日

附：史語所同人兼課一覽

本所同人兼課一覽

姓　名	兼課時間
傅斯年	中國古代文學史，二時，星期二一時至四時
徐中舒	殷周史料考訂，星期二三時至五時
羅常培	方言研究，星期六一時至三時
李方桂	言語學大意，星期三一時至三時
李濟　梁思永	考古學，星期五一時至三時
董作賓	甲骨文字，星期一一至三時，二三至五時

廿一年十二月六日

263. 傅斯年致羅家倫（1932 年 12 月 16 日）檔號：元 93–9

志希我兄：前奉 手書，敬悉一是。羅、黃二君，皆承 援引，感何如之！我 公有愛才之仁，^{下走}亦忝有推賢之義，誠盛事也！一笑一笑。羅君事，^弟等是自動，故 兄之電函皆轉去，而無回信。後來始有一長信來，知已與 兄接洽矣。不知他于下學期轉中大之說能實行否也？現在又有一事奉託，請 兄先勿覺得我是屢求不厭，請看下去再說。敝所 Senior 助理員趙邦彥君，專習中國美術，及其外國影響各

事。所有關于此項材料，抄錄者已數百冊，其目錄學知識亦極佳，英文書可自由瀏覽，亦有特殊之見解，精銳之思力，只是不肯隨便下筆。其已印出之文，有《九子母玫》，① 正在本所待印者有《漢陽畫中游戲圖考》等文，皆甚精之作也。如此潛修之才，實不易多得。今夏以在所工作太促，擬得一稍閑之機會，以便習日文、法文，于是想到青島去。適彼時，杏佛先生要限制各所之薪數，本所非減人不可，于是誰來說走，便允許之，不問其去此可惜否也。弟以在青島亦是一妙法，蓋此君既可多得收入，又照樣做學問，而杏佛之難題，弟又可以應之，于是便與金甫商量好，而准其辭職，暑假後就青島矣。敝所預算已辦完，青島局面一變，金甫又以他課易前所定者，頗不近情，于是趙君上不在天，下不在淵矣。此事亦弟與金甫大吵之一也。趙君初意在家住半年再說，不意回家一看，似乎家中不可久居，又非即找一事不可。此事上下參差，弟頗負相當責任，故此時甚急。且趙君績學之士，思路精闢，不便任其荒蕪。此等賢士，　兄決不肯任其失所，如此學人，如此世界，非　兄之望而誰望乎！故又介紹一下，如能在中大得一二百元——一百二十間之事，最好在圖書館編中文書目，（比"圖書專家"高百倍）同時在史系兼一科目，（中國畫史之類）似最相宜。弟信中所言趙君學績，後來查出如有不實，甘受其責，謹此具結，如　兄有意，弟便囑其年假中奉訪。專此，敬頌

日安

　　　　　　　　　　　　　　弟斯年　十二月十六日

264. 傅斯年致蔡元培 （電）（1932 年 12 月 17 日）檔號：元 114-11

南京。14496【究】。蔡先生：伯希和抵滬，乞招待。年。②

---

①行首自註："此文另包寄上一看。"
②頁末收發註記："廿一年十二月十七日"。

265. 傅斯年致楊銓 （電）（1932 年 12 月 17 日）

上海。14496【究】。杏佛兄：伯希和抵滬，乞招待。年。①

266. 傅斯年致楊銓 （電）（1932 年 12 月 19 日） 檔號：元 114–13

14496【究】。南京。楊杏佛兄：② 伯費因款絀，前年院議停付，盼告彼兩年中院費支絀情形，弟晤時再解釋，待後來經費裕時再設法。年。

267. 傅斯年致中央研究院總辦事處會計處 （抄件）（1932 年 12 月 20 日） 檔號：元 107–11

本所特約研究員顧頡剛先生為本所撰文數篇，③ 應支津貼費貳佰圓正。

會計處

傅斯年　十二月廿日④

268. 傅斯年致王敬禮 （電）（1932 年 12 月 26 日） 檔號：元 114–14

14496【究】。南京。王毅侯兄：⑤

伯希和、高本漢二人津貼事，發至何月，乞即函示，並抄來往信件。年。

---

① 頁末收發註記："廿一年十二月十七日"。
② 頁首收發註記："中華民國廿一年十二月十九日"。
③ 頁首附註："鈔件存底"。
④ 附頁傅斯年批示："此件須抄底，此件須報告所務會議。"
⑤ 頁首收發註記："中華民國廿一年十二月廿六日"。

269. 傅斯年致李濟 （電）（1932 年 12 月 26 日）檔號：IV：378-79

14496【究】。上海。杏佛兄轉濟之兄：① 前院購法國考古品一事，乞就近料理，並結束賬目。年。

270. 傅斯年致蔡元培 （抄件）（1932 年 12 月 26 日）檔號：III：81

子民先生尊鑒：

濟之先生到京，想已面陳一切。考古組工作順利，成績偉大，可不待說，亦可面詢濟之。第一、第二兩組之成績，亦均了不得。第一組中，寅恪先生之文字，疏通致遠，義法謹嚴，　先生所知，不必說。徐中舒先生之著作，近有極重之大發見，其所撰《狩獵圖考》一文涉及古代文化之遷流，多人所未道。第二組，則莘田先生論古代音變之文，源源而出，自周、秦古音以及詞韵，總匯材料于一處，而分別疏通之，于方言中求古韵，于古韵中求方言，其撰文之多與其造詣之精，恰成比例。方桂先生于語音之外，突發表古韵之文，而引起與高本漢（珂羅倔倫）之討論。近一面寫其廣東北江猺山歌謠之音韻研究，一面著文答高君，高君在中國語學之地位，不久將轉到方桂身上矣。此外則助理員之工作，亦皆專門之業、精詣之作，此時對外國已頗可自豪焉。

至于集合的工作，中舒先生經辦之檔案整理，已可作第二步之刊行。中舒先生善于布置，有事務長才，故工作進行得以迅速，至可喜也。

尤使人欣慰者，為同人之精勤不息，奮力邁進。十月前莘田得一材料，便回家日夜不息趕寫一文；方桂見高君文，亦日夜趕編其答語。一有所得，惟恐別人先我，便寢食赴之，此正目下所中之風氣，最可珍貴者此也。同人等甚願　杏佛先生于年假中一來北平，

①頁首收發註記："中華民國廿一年十二月廿六日"。

俾同人得面商以後工作之計劃。想　先生必樂予勸其一行也。餘另白，敬叩

道安！

學生斯年謹上　廿一年十二月廿六日

271. 傅斯年致楊銓 （抄件）（1932 年 12 月 26 日）檔號：元 451-2

杏佛我兄：奉書，敬悉一是。

一、兼課退薪之辦法，乃是遵院章退薪，而車錢算得寬裕些，即十二個月退洋九月，扣下三個月，作車錢及各項苛細捐助也。

二、中原博物館事，吳先生之計劃決不可行，蓋在彼一掛牌子，此間或可有人"顧名思義"趕我們走矣。此中情形，只可面談，目下並無此危險，然後來必須善于對付。且吳先生的辦法，似乎不是認真辦事的辦法也。此情形盼與濟之兄面談一切。

三、伯希和等津貼事，詳另函。

　敬頌

日安

弟斯年　廿一年十二月廿六日

附：吳敬恆致楊銓 （抄件）（1932 年 12 月 12 日）

杏佛先生執事：弟此次于上月二十六回滬，滿儗二十七晚車再來，即與民誼先生同去長江隨看堤工，不料二十七早上因撥取重箱又將腰閃壞磐折，楚痛不能動彈，伏居幾及兼旬，幸託　庇回復。因覺全會開會，故于九號傍晚趕到，得讀　先生暨　孟真先生之書，稽答至久，歉仄荒唐之至。昨赴實 ①開會，湯山勘泉，夜間眾客包圍，又未能作答，今赴會尚早，敬答其略如左：

---

① 原稿空一格。

孟真先生等發見殷虛之全部，其可喜不在邦貝伊之下，若能從事工作
于洛陽，再忽現周墟，豈不更喜。（前聞馬叔平欲往發掘）洛陽之局，

　　孟真先生願偕其科化發掘之諸名家從事，^弟踴躍贊同。惟此事提出
名目，實係戴先生為主動，彼亦一時作離別洛人之慰勞，恐實現殊不
易也。又此事若成為另一局面，且主之于教部，則與直隸國府之研究
院又成兩橛，而且廣泛概及文化，猶多夾纏。然若果能即成事實，亦
足注意，但恐為空中之樓閣居多。若徒居其名，猶未足抵抗省方之夾
纏也；不若竟將研究院歷史研究所虛設于洛陽（實際暫可仍在北平）以
發見西北周秦故虛為主要，為行都生色。（行都添一機關，以表熱鬧，以
慰洛人，皆戴先生等所歡迎。）如此不動聲色，已將我們之目的物（即殷
周地下歷史）包括無論省部此一部分皆不致侵入矣。如何之處，姑作
貢獻。至于文化館尚在止有樓梯響時代，即如　先生與孟真先生之進
行，亦已由　孟真先生先在教部伸一腳矣。倘真將實現，我們都來推
挽，^弟自然樂于邪許也。未知今早　子民先生能來否？先生何日來
京？一切再當面暢談。敬叩
道安

^弟敬恆頓首　十二早

272. 傅斯年致楊銓 （抄件）（1932 年 12 月 26 日）　檔號：元 266-8

杏佛我兄：

　　今日晚報載中英庚款委員會將其餘款分配給文化機關，想本院要到
不少，為之一喜。先是驌先兄到北平時，同人曾擬向之送一計劃，
而驌先兄亦謂“一切放心，我做委員長比你做還要好些”，只以
兄前云“研究院是一整個的，要到時必分給你們一大份，你們不要
自己要。”此話自前年以來時時提及，故本所同人皆贊成　兄意，
而不單獨行動焉。此時看來，可以坐享一大份，其預先感激　兄之
意思可知也。
　　前年　兄曾惠允于建築費領到時，分給本所百分之四十，即四十萬

中之十六萬，並于院費增加一萬時，分給本所四千每月，並撥氣象所迤西一大片地，為本所陳列館之用。不幸搆國難，大有畫餅之勢，今似乎大有了意思，喜可知也。

兄決無使史言所向隔之理，惟^弟等之慮，怕是大家均分了，我們又不了，蓋不照需要而均分，未必是妥當辦法也。

目下本所需要之事件，除考古組既有絕好成績，又真正需款正多外，一、二兩組亦皆有大成績，其待發表之件尤不得了。以此時情況看，如北平不陷于日賊，可以三年之中，壓倒世界上的中國學一切，此決非^弟之讕言也。目下本所最需要者：

一、小屯發掘之完成。（此最大數）

二、其他地方之考古調查與發掘。（以上二事詢濟之）

三、方言調查費。

四、檔案進一步之整理。

五、《明實錄》之編刊。（以上三事出來了，可使外國人大驚也。）

六、二三助理之留學。

七、出版費。（因無費擱置之出版品甚多。）

務乞我 兄體諒同人二三年中之邁進精神，助成一切。如何乞 示知，至叩！專此，敬叩

日安！

^弟斯年謹上 廿一年十二月廿六日

273. 傅斯年致蔡元培、楊銓（抄件）（1932 年 12 月 26 日）檔號：元 114–15

子民、杏佛兩先生：

伯希和、高本漢二君津貼事之原委如下。

大學院時，^{斯年}等提出外國通信員之聘任， 蔡先生云："伯是要錢的，如有用他時，非錢莫辦。北大前曾津貼其每年千元，此事今已不行，可用所中承之。如需要著他的話。"適當時元任先生云，

要翻高本漢之書，前者提議清華津貼他一數，而以數小他未受。^{斯年}以兩事相類，就商于　杏佛先生，杏佛先生云可行。其時研究所之經費多，而用款少也。

此兩人支一津貼者，蓋想伯希和為我們宣傳，高則翻其書，（他自己還有些貢獻。）此目的似乎均已達到，如我們更有事委之，他必樂于辦理，亦不成問題也。

無如經費一年比一年窘，故兩年中未再發，高已通知，而伯則前年已云即來，故久待之，不知其至今方來也。^① ^{斯年}意以前結束，到前年年底為止，以後不再給，可告以此款並未能通過預算，前之付給，乃用餘款，而餘款兩年中已無之也。（實情本如此）斯年想不給他錢，他自然不高興，而給他錢，現在支付兩年，已得了了，若以後天長地久，尤為難題。反正利用是雙方的，彼等應知此時代表漢學者為本院，他們也未必有意外的舉動，以後多買幾部書送他們好了。讀　杏兄書，知　子師意不如付之。^{斯年}想到廿年度（即廿年七月至廿一年六月）是不能付的，如此期補付，無以對在所工作之同人。（同人皆折扣也。）以前一年應付否，應請　尌酌。今年以後應如何辦，亦乞決定。如　兩先生主張以後再付，至少亦須減其半數，而聲明政府不發款，便枉然，不要使他算在賬上也。（並須指定其工作）此事關係將來正大，盼與濟之兄一商，就詢其意見。

約言之，^{斯年}主張不付，由^{斯年}任其交涉，以求不惹惱他為主意。

如　兩先生主張付，^{斯年}當與同事商之。他兩人自然極有用處，然研究院此時局面，亦直無可奈何也。本週中大約尚不會與他談到此事，下週大約不免了。乞即　決定見示，便遵照進行。專頌

日安！

斯年謹上　廿一年十二月廿六日

---

①行首自註："此事手續，^{斯年}有忽略處。"

274. 傅斯年致李濟（暫繫年於 1932 年）檔號：考 2–103

濟之兄：

大文①今日下午拜讀一過（以前未看），其中甚多深遠的 suggestion，此文必為將來若干研究與問題之起點也，佩服佩服。

其中有幾處誤字已改了，又有數事寫下條子，乞校稿時參攷。我怕掉了，故先寄上。即頌

日安

弟斯年

附：校訂意見

（第三頁）Sir H. C. Harold Carpenter，中文云"哈羅得爵士"，似乎在二字中間忘了一橫，在 Sir 後至少應寫一個 Xtian name。

（第七頁）遺址地點下有甘肅仰韶，不知是何用意。如云甘肅某地有仰韶文化，似"遺址地點"四字不充。

（十三葉）觳字似誤字，乞注意。

（二十葉）穆大尼斯及密勒　似應注出原名。

Minas 不能翻作閔羅，Minlo，濟之兄之 l 與 n 無別，似可留意。

（廿五頁）Aegean 此字似不能翻倚琴，因 ae 除英文外，皆讀作"厄"、"愛"也。

全文＿＿及～～每略去，不一致，乞改得前後一律了。

---

①編按：李著《殷虛銅器五種及其相關之問題》，載《慶祝蔡元培先生六十五歲論文集》（北平：中研院史語所，1933），上冊，第 73—104 頁。

一九三三年

275. 傅斯年致 Paul Pelliot（1933 年 1 月 4 日）檔號：元 457-6

希和先生著席：茲值　先生蒞臨北平之盛，謹訂于民國二十二年一月
十日晚七時半，在南河沿歐美同學會敬具菲酌，以表歡迎之忱，並以
紀念　先生前被舉為本所特約研究員、外國通信員事。業經柬請本所
同人及友人奉陪，以罄景仰，藉承　惠教。專此，敬頌
道祺

傅斯年敬啟　二十二年一月四日

276. 傅斯年致朱家驊（抄件）（1933 年 1 月 30 日）檔號：元 513-2

騮先我兄大鑒：昨奉　手書，敬悉一是。我　兄為國百忙，其苦自可
想像，然丁此時會，亦只好格外努力耳。即^弟所辦之事，其重要性比
其　兄所任者真九牛之一毛，然亦為此局面忙得昏天黑地，命也
奈何！
自榆關事件發生之後，北平各學術機關大感震動，各有南遷之意。蓋
北平雖未必為日本即行佔據，而倭寇熱境已為必然之勢。縱使北平可
苟安於一時，然熱河不幸陷落之後，國家邊疆已在北平百餘里間，此
時日賊在此已如此橫行，在如彼局面之下，欲學術機關安心且不可
得，發展更談不到矣。此^弟月中心緒大不寧息者也。
此次杏佛兄到平，主張歷史語言所南遷。此事甚善。敝所數年努力，在
此廢都雖差有成績，而不獲為政府諸公所了然，如在首都，較易發展。
且以今日區區之成績，陳列一下，對于觀光新都之外國人士，亦可作一
點綴，只是遷移困難，安居于京尤為不易，要在諸位友好扶持之耳。
目下最難之問題，為遷京後無房可棲。杏佛兄有一合併之計畫，即是
將歷史語言所與社會科學所合為一個研究所，如此固較有物質上之便
利，然敝所南移後仍安放不下，特別是攷古物品、史料要件，陳列南

京必可引起多人興趣，且可用以招待外賓者，今實無屋以儲之。前者

兄言英庚款可支一大數建設博物院，^弟迫不獲已，擬請先撥一小數，約十來萬之譜，即在北極閣上建築之，作為本所考古、史料、民俗，等事之陳列館，即為將來大博物院人文一部之籌備處，如此豈不一舉兩得乎？大旨上如承贊同，^弟當赴京面商一切，諸希 鼎力，感盼無極！專此，敬頌

政安！

^弟斯年 廿二年一月卅日

277. 傅斯年致蔡元培（抄件）（1933 年 1 月 30 日）檔號：元 513-1

子民先生尊鑒：奉書，敬悉一是。適 杏佛先生到北平，是以本所南遷、兩所合併事見示，仰見 兩先生計畫之深切，佩甚佩甚！本所同人對合併一事，頗多憂慮，以為若合併之後，未生好結果，先有惡影響，轉為失之。而 杏佛先生既意在必行，同人亦覺此事在原則上亦本無不可之處，只是恐懼太多耳。與 杏佛先生措商之結果，同人勉從尊命，姑試為之。謹擬說帖，託 杏佛先生面呈，所言乞勿以為"條件"，只是不得不有之顧慮，所謂"量而後入，不入而後量"者也。

至于^{斯年}個人任務，依 尊命固深感 先生眷顧之懷，與 杏佛先生推誠之雅，而再三思之，固有爽然自失者。史語所之有今日，皆 兩先生扶持之大力，與同事竭誠盡力之功，且由于環境校適，機會較巧，^{斯年}敢貪天之功乎？年來同事之工作皆可以喻人，^{斯年}在此七錯八亂之狀態中，深慚成績不足以償薪水，且服務既久，辦事之興趣索然，而小忿怒、大過失者愈多，人不我責，我獨無愧于心乎？故二三月來，正切思暑假後免此物役，多任第一組中編刊事項，而蒙此命，只與所私計者絕然相馳矣。故近一週中之憂悶，半慮合併之困難，半慮自身之安頓，適濟之先生等興致大高，而此時無人可以公然反對遷移者，故事已到此，只得于勉從 尊命之下，作下列之陳請焉。

一、合併後所長一職最好由濟之先生任之，其情已面告杏佛兄，^斯

^年自當竭力贊助之。

二、若必謂初合併時未便如此，亦應請濟之任一種相當之名義，如
"副所長"之類，而^{斯年}任務最遲亦應于下年度中解除之。解
除後，^{斯年}自願擔任所中編輯事項。

三、如早時合併，^{斯年}在暑假前應多在京，然若干編刊事項，有非
在平不可者，寫而未完之一書，亦須在平為之，故擬于二月至
六月中，有兩個月光景在北平。如此寫而未完之書，不能在此
時寫完，願于暑中不放暑假，多留北平。至于暑假後，八至十
二月中，擬有兩個月在北平，以便寫論文。此指北平不陷落
言，若陷，自談不到。

如承　諒許，^{斯年}當為最後一次之抖抖精神，在此半年中一試之。惟
試之結果，恐有不妙者，以為　先生之累耳！餘由　杏公轉陳，敬頌
道安！

^{學生}斯年謹上　廿二年一月卅日

278. 傅斯年致 Paul Pelliot（打字件）（1933 年 2 月 4 日）檔號：元 362-5

Feb. 4, 1933

Dear Monsieur Pelliot,

The council of our Institute was kind enough to comply with my request for the contribution of the publications of the Institute to the "Institut des Etudes Chinoises" at Sorbonne. In a box, which my business secretary is forwarding to you, please find all our publications to January, 1933, except one item which is out of print. I should be much obliged if you could kindly favor me with a receipt, after checking them with the accompanying list.

Yours most sincerely

Fu Szu-nien

279. 傅斯年致史祿國（打字件）（1933 年 2 月 4 日）檔號：元 46-31

Feb. 4, 1933

Dear Professor Shirokogoroff,

   Your Mrs. could not reach Dr. Lin Yutang owing to his travelling round the world, but Dr. Li Chi was good enough to read through and suggested a few points concerning English. Last year the finance of the Institute was as bad as it could be; it was therefore not possible to start the publication of it then. It is however a little better now and I am thinking of sending it to the press. If you consider this suggestion favorably, please let me know and I may see you at Tsinghua some day next week. "San Vu" is excellent for this job; I think the whole work can be done at 6-8 weeks time.

Yours most sincerely

Fu Ssunien

P. S. My best wishes for you and Mrs. Shirokogoroff.

280. 傅斯年致陳寅恪（1933 年 2 月 10 日）檔號：元 4-29

寅恪吾兄賜鑒： ^弟此次到滬與 蔡先生及杏佛兄談及研究所南遷事，
兩先生同意下列辦法：

一、研究院懇切希望 兄能同研究所南遷。

二、若 兄以工作為慮，此時暫不南遷，同人亦不便勉強，以妨
兄之學事，何時南行， 兄均可自行決定。

三、無論 兄此時南遷或待將來南遷時，研究院對 兄之薪俸等適
用^弟之待遇，此數現在如 兄遷移，可追加預算以支出之，否
則編下年預算時當列入。

一切希 察照為荷。專頌

著安

^弟斯年敬上 二十二年二月十日

281. 傅斯年致吳定良 （抄件）（1933 年 2 月 11 日）檔號：元 38-2

定良先生著席：經年未通訊，一因聞　大駕不久可回，又因北大與中

央研究院並願　先生來任職事，^弟殊難措辭，故未曾奉候，但盼晤時

快說一切也。今北大事似已作罷，院中組織上有一改革，故擬趁　先

生未離歐洲之前，奉商一事。

中央研究院感于列所分立，事務稍不集中，去夏曾有合併某某所以求

事簡而科學之工作較益之計，旋未能實行。上月　杏佛先生來平，又

以歷史語言所與社會科學所合併之計劃見示。（此本去夏即提出過

者）經同人考慮之結果，僉以為雖有不便處，然院中既如此主張，而

此主張亦有其充分之理由，只得從命努力耳。

一、兩所合稱歷史語言社會研究所。

二、史言所之第一組（史學、文籍、四裔語等）仍為第一組，第二組
　　（語言）仍為第二組，第三組仍舊，同時將社會之民俗等併入，
　　（蓋此組包有考古、人類、民俗三事）社會所之社會、經濟等併為
　　第四組。①

三、此項合併之正式通告，大約在暑假前，但現在即籌備照此方向
　　進行。

四、蔡先生及　杏佛先生以此所長見命，^弟自覺不濟，只能勉任籌
　　備事項，並請李濟之先生襄理其事。

因此，^弟不得不向　先生一提杏佛先生前者之議，盼　先生能早日到

院任職。^弟前者於此事未敢直率言之者，一因不在職分以內，二因社

會科學所情形^弟亦不甚了了。^弟一向主張以為吸引同志者，應以工作

之方便為最大前提，其他皆是次等重要。社會所以經濟及社會事實

為研究之對象，　先生年來所貢獻者在所謂 Biometrics 之範圍中，

———————————

①行首自註："將來一、二兩組設平，三、四兩組設京，如北平不安，即全設京，
　否則北平不放棄也。"

此雖可以轉移，然彼處究適于　先生之脾胃否，^弟亦不敢率言也。故于北大與研究院之爭議中，^弟作一中立之地步者此也。同時^弟等感覺　先生回國後工作之範圍，最初自仍以在人類學上者為宜。此一範圍本在史言所，而濟之先生對此曾有甚多之工作，所中材料尤眾。只恨經費制限，且未便從社會所拉　大駕來，故亦默爾。去夏北平地質調查所、協和醫校及敝所曾有合併組織一個人類學研究所之計劃，彼時亦曾提到約　駕到平中工作。此事由 Dr. Davidson Black 負責進行，因美國凋敝，至今未聞能具體實現否。^弟雖久未箋候，然此曲曲折則如此也。今以兩所合併之結果，如此計較，似皆過去。　先生回國後工作之範圍，非特儘可不變，且在材料上有絕大之便利矣。目下敝所此項材料有歷年發掘數十架骨骼，出土情形皆有詳確記載，年代可以考定。濟之先生雅量最大，^①甚願　先生到院後充分據以工作也。中國今日尚無似此之一收集也。此外則去夏敝所與協和合作，在閩粵量了好些地方的人，此雖由 Stevenson 工作，然其 data 在算計後出版前亦可引用。此外則丁在君（文江）先生手中有西北科學考察團之甚多材料，及其他材料，皆可供　參攷。故就用材料而論，在中國作人量之工作，蓋無便于在本所。至于將來搜集材料，以中央研究院之地位較任何機關為易于進行，若與協和合作之計劃實現，尤為便益。有此情形，故今日以兩所合併之局敢請大駕言歸矣。

社會所一向進行雖不為不努力，搜集之材料尤多，然以　蔡、楊兩先生未能兼顧之故，組織上稍嫌鬆散，而出版物雖有好材料，每未經斲磨，此情形或亦為　先生所察及。今合併之後，當力使兩所風氣為一事，"有所不足，不敢不勉"，務使空氣宜於學術之進行，此亦敢以奉告者也。

歷史語言研究所數年來工作之努力，雖實不足以自信，然無時不力求其標準不至劣下，同人之勤奮，有題目便趕著工作。　先生在此空氣

---

①行首自註："濟之先生任第三組主任，亦是全部工作上一大便利也。"

中，當感愉快。^弟所可向　先生貢獻者僅此，　先生必重視此意無疑耳。

關于設備一事，此時似宜即行準備，研究院經費本不豐，然當努力為之。史語所原有小式電力計算機一具，其他量人器具似頗完全，此時金價共約值萬元。然統計本身所需要者，尚甚少，茲擬于近數月中努力省出萬元，以為統計工作室之開始設備。此工作室將為第三、第四兩組之公用者，即在南京設置之。此範圍中購書費不在內，惟雜志之 back numbers 似只好一部分在內，此範圍中之計劃，盼　先生一作。*Biometrics* 與 *Journal of Royal Statistical Society* 兩種之全份，盼便中一打聽價錢。*Biometrika* 或可商之 Karl Pearson 廉價否？（以中國機關窮極，銀價不值錢為詞也。）

每研究員可用助理員一人，（大學畢業）必要時組中可多置計算員與書記，當依需要用之。此等工作之方便，必盡力成之，決無問題。

Black 在英與　先生晤過否？此君作學問其技術之精與其 insight 真可佩服。　先生回國後必免不了與他發生關係，必互有益處也。（他是本所特約研究員）①　前聞武漢及 Lastic 均有請駕參加之意，Lastic 方面據 Major Edge 云已作罷，武漢大學似與工作不便。此時在"工作方便"一點上著想，蓋無過于研究院者，甚盼　先生即日決定，電示何時可來。設備計劃，亦請坿下。回信直由南京成賢街中央研究院轉^弟即可，因^弟暑假前大約有二三月在彼也。待遇事項，想杏佛先生前已函告，^弟當請杏佛先生再寫一信，如何，盼　即電示為荷！餘另白，敬頌

學祺！

^弟斯年敬上　二十二年二月十一日

大著佩服。承 dedicated 于^弟，尤愧不敢當，謝謝。又白。

---

①行首自註："以院之政府的地位得到各種統計之 data 最便。"

282. 傅斯年致蔡元培、楊銓（抄件）（1933 年 2 月 21 日）檔號：元 513-8

子民、杏佛兩先生：

關于兩所合併事項，同人等最近之感想，已託濟之先生面陳其詳，斯年亦于本週末赴滬，敬候　兩先生指示。今託濟之先生帶上此信，約言其旨，以備察及。

先是　杏佛先生在此時，斯年等慮到之困難約分三端：一、合併後能否融合，二、對原有設置能因必要作不遷就之辦法否，三、社會、經濟方面前途之建設何如。所擬條目皆承　兩先生採納，感甚！近二十日中斯年正無日不想此事，既與所中同人深澈談商，又復遍搜陶孟和先生與何淬廉先生兩處之刊物讀之，而到處請教焉。愈考慮愈多顧慮，愈看人家愈不知自己如何辦，愈讀本院社會所之刊物，愈覺無頭緒。初以為大困難在處分原有設置者，今覺此事只要有原則，尚可辦到，其難處轉在經濟、社會一路究與史語一路如何打成一氣也。就社會所之歷看，其不妥之點，正在範圍太大，各部分互不相干，簡言之，組織頗似一個縮小之中央研究院，以至事務之責無人能專，所長之任屢易不已，蓋社會所之結合，是一個行政的結合，而非一個學術的結合。今兩所合併，民俗方面與史語所原有者本可交融，即法制、經濟之但有歷史意義者，亦未始不合契合，獨經濟、社會兩端之與今日國計民生有關者，真與史語所不在一線中耳。就若干點上說，史語所工作之近於地質及自然歷史處，遠比與現在經濟、社會為近。研究院各部組織顯可分為類別者，理、化、工一也，天文、氣象一也，地質、博物一也，史語及民俗等一也，經濟一也，以經濟置之語言、考古、檔案、文籍之列，不惟彼此各不相干且未免過於忽視經濟。然則兩所合併之後，恐不能如　杏佛先生所期我們感化他們，（其實此意亦未免未察及我們之短，甚愧！）反而社會所今日組織之狀態傳到史語所，置文史、經濟于一計中，則此所頓失其為學術的單位，而成一個行政的單位，此比如何建設經濟工作為困難，^{斯年}等所最彷徨者也。因此之故，同人等以為如但遷移而不合併自可不論，如合併，恐只能合併史語、民俗等，其經濟等似必維持其獨立。在此意之下似有三法可行：一、此時僅將民俗等併入史語所，二、合併後經濟的工作不發展之，三、合併時先約定將社會所原所之一半經費保留，並保留其財產之一半，由　兩先生決策，吾等効力，尋人組織一個經濟研究所，至遲明年暑假成立。第二法似未必為　兩先生所採納，第三法^{斯年}等亦無完美成事之把握。但能維持經濟研究獨立之辦法，我等無復他求，想　兩先生必能　鑒諒之也。

廿二年二月廿一日

283. 傅斯年致 Bernhard Karlgren（打字件）（1933 年 2 月 23 日）檔號：元 113-9

February 23, 1933.

Dear Professor Karlgren,

I have the pleasure to acknowledge the receipt of your letter of January 2 (?), 1933., which only reached me last Monday. During past few weeks we were just endeavoring to solve this problem satisfactorily. For this purpose I reguested the Central Office of the Academia Sinica to furnish me the relevant materials, including the minutes of the Coucil of Academia Sinica. After the Council of this Institute deliberated the matter. I am now in a position to inform you the conclusion as well as the details.

ORIGIN OF THE ALLOWANCE（津貼）GRANTED TO YOU

In the autumn of 1927 the Academia Sinica was established by an order of the Nationalist government. One year later the Institute of History and Philology came into existence. Upon my suggestions you were elected correspondent member by the Preparation Committee, of with I was the chairman, together with Prof. Muller and Prof. Pelliot. The regulation provided that the 外國通信員（foreign correspondent）and 特約研究員 should be honorary, but Dr. Tsai Yuan-Pei suggested to grant to Dr. Pelliot an allowance of $ 100 a month to help his work a little. I thought that this allowance might perhaps be extended to you and discussed the matter with Dr. Chao, our mutual friend. He was most glad and informed me of his former suggestion in Tsinghua University to do the same thing. The council of the Institute, after passing our recommendation, put this item duly in the budget to be submitted to government. During the discussion several points were made clear that this allowance should be extended only to a very few who would use this small sum in some way to assist them in their work; it was 津貼 and not 俸給（this explains why your allowance was freed from income-tax, non-voluntary contributions etc.）; and it was not granted to all 外國通信員 and therefore it should be considered as something independent of the title of 外國通信員. At that time we had great hopes for the future, the Academia Sinica had few full-time paid fellows and there were indications of extending our budget from year to year as the institution grew. Moreover, we thought that the scale of our pay was not below the European standard for the academicians of those countries with a depreciated currency, like France for instance, might not be better off than we were. The Academia Sinica should possibly extend its aim to facilitate the work of foreign scholars who contributed so much to Chinese studies like Professor Pelliot and you. It was especially because of this idea that the Academia Sinica started this pay. I asked Dr. Chao to inform you all these, together with the proposed works and lines of research of the Institute, as he corresponded with you at that time. I am sure you were informed with all these.

THE SOURCE FROM WHICH FURTHER PAYMENT WERE DRAWN

Our budget submitted to our government did not meet with complete success, being reduced by ca. 20%. The Academia Sinica made an iron rule of its own, namely, the principle that 50% of the revenue received from the government should be reserved for equipment and building (see 十七年度總報告 p. 63 item 5). This rule was only modified during the fiscal year 1931—32, but again restored for the present fiscal year. Under these two circumstances we were already awkward in 1929 in regard to the pay, but we tried as much as we could although the item for 外國通信員 could not be included in the budget, and even after all other institutes of Academia Sinica ceased to pay 津貼 to 特約研究員. This was made possible because the President of Academia Sinica with the recommendation of the institute concerned, has the right to decide how to use the remaining sum after the close of each fiscal year, if there is still something left. This explains why we remitted the allowance always after the lapse of the fiscal year.

THE FINANCIAL CRISIS OF THE ACADEMIA SINICA IN FISCAL YEAR 1931—32

The most unfortunate thing is this: the institute had a deficit from the third year of its founding. The reasons are many: it was formed one year too late, its scope is larger than any other one, no institute can use the revenue of others, and above all the government becomes unable to pay regularly. I did not inform you in 1931 that it was no more possible to continue the pay because I always hoped for better time to come. The case became however, worse and worse, and reached its climax after the flood, famine and Japanese attacks in 1931.

You shall see clearly into the financial condition of Academia Sinica by reading the following table,

Fiscal year 1931—32

經常費	Percentage of budget received from government
July	100%
August	100%
September	100%
October	60%
November	0%
December	0%
January	10%
February	30%
March	30%
April	30%
May	50%
June	50%

This is of course the worst year but the years of 1929 and 1930 were also bad, as the institute has never received anything of 臨時費 for building and equipment from its founding to now, so everything must be saved from 經常費. A superficial reading of the 院務會議 in 總報告 of 十八 and 十九年度 might convey the idea that the Academia Sinica had an extensive budget (e. g. 十八年度總報告 page 56) but all these figures were only proposals of Academia Sinica, the government paying nothing of this kind. The Institutes of Physis, Chemistry and Technology received half a million from China Foundation for building, this institute obtained nothing of this description. Please do not think I am complaining about our government. As a matter of fact, it has achieved some marvelous work through all these overwhelming difficulties.

SOME CIRCUMSTANCES IN REGARD TO THE ALLOWANCE TO 外國通信員 AND 特約研究員

I am in full agreement with you that you should be treated equally with other members. The fact is as follows：

A. 專任研究員 receive 俸給 and cannot accept pay from other institutions unless specially arranged between Academia Sinica and the institution concerned. 特約研究員 and 外國通信員 are honorary and receive no pay from Academia Sinica unless special conditions warrant a grant which must be previously passed by the council of the institute and sanctioned by the president of Academia Sinica.

B. Of the 外國通信員 we did not extend this allowance to Mr. Mueller, because it was meant to assist one's work and he had reached the pensioned age when we suggested to elect him. Of all the 特約研究員 in this Institute only Mr. 陳垣 received the same allowance up to 1930. Mr. Liu Fu was also given an allowance for one year in 1928, during the close of the National University of Peking. All the others have received nothing.

C. The other institutes ceased to pay the same to those 特約研究員 specified by their council long before we did the same.

With all these facts I am sure you will agree with me that you have not received a different treatment. On the centrary the little assistance in your case and in Mr. Pelliot's, though the sum was not much, formed an exception. We did this because we have always wished to help sinological work as much as we can, not only in China but also abroad.

SUGGESTIONS TO PRESIDENT TSAI.

Under such circumstances my colleagues as well as myself are still endeavoring to do as much as we can in regard to the pay if the conditions permit. After discussion in the 所務會議 the following proposals were submitted to Dr. Tsai.：−

1. The Institute will pay Mr. Pelliot the allowance to the end of fiscal year

1930–31, i. e. to June 1931, inclusive. You have already been paid up to this date.

2. For the fiscal year 1931–32, i. e. the fiscal year during which all the mischieves happened, the institute regrets that it is not in a position to pay, because the source from which this allowance was down, namely the remaining fund after the close of each fiscal year, was a huge negative number, that is, a big deficit.

3. For the present fiscal year the Institute will restore the pay and put this item in the 總務目 (administrative expenses) of the budget; for:

a. If it is put under 薪俸, it cannot meet the decisions of the 院務會議 which decided long ago to stop 津貼 of this description in all the institutes.

b. If it is to be paid from the remaining fund of each fiscal year, there will be no hope to do actcial payments at all as the deficit of the Institute can only be covered after a few years even if the condition turns to be more favorable.

4. I shall recommend the renewal of this allowance when the 所務會議 forms the budget of each fiscal year and you shall be duly informed each year in May to July.

5. The possible default or delay of payment to the institute by our government is a factor which must be taken into consideration. In case that such happens the institute will pay the same percentage as it receives its revenue from government.

6. The payment of the allowance will be made at the end of each fiscal year. Semi-annually or quarterly payments can also be arranged if you desire so.

I sincerely hope that these recommendations to President Tsai will be agreeable to you, and hope to hear from you soon.

Yours most Sincerely

Fu Szû–Nien

Director

284. 傅斯年致容庚（1933 年 2 月 24 日）檔號：元 74-10

希白兄：奉書敬悉。元胎事，待到京後，大前提解決後再奉告。《金文編》又換人，不知有妨礙否？盼　兄妥告孫君①以一切工作之法也。賬已交蕭付。^弟星期一赴京，三週可歸。孫君經歷乞開示，為荷。專此，敬頌日安

^弟斯年　廿二年二月廿四日

285. 傅斯年致 Bernhard Karlgren（電稿）（1933 年 2 月）檔號：元 113-6

L. C. O.

Bernhard Karlgren,

University Gothenburg

Article printed December letter follows②

286. 傅斯年致 Bernhard Karlgren（打字件）（1933 年 2 月 24 日）檔號：元 113-10

Feb. 24, 1933

Dear Prof. Karlgren,

With regard to your article for Tsai's "Festschrift" I beg to inform you the following details. As soon as I received your letter and article, I replied to acknowledge the receipt and forwarded to Dr. Chao who is one of the editors of the "Festschrift". His assistant did the typewriting works and it was ready for the press in Dec., 1931. At that time, Dr. Chao obtained a

①編按：孫海波（1909—1972），字銘恩，時任史語所臨時人員。
②頁末自註："高本漢"。

leave of 18 months from the Institute for taking up the office of superintendant of Tsinghua students in Washington. He sailed with his family last Feb. and left his unfinished work and files to his assistant.

The Institute was then negotiating with the Commercial Press of Shanghai for the future publication of the works of the Institute, including this "Festschrift". It was only a week after the terms were settled when the Japanese attacked Chapei! Most fortunately, no MSS. were lost. I had to try with other printers. Works like 明清史料 can be done by most printers but the "Festschrift" which needs I. P. A. types, Tibetan types, collotypes etc. can only be done by a very few printing establishments, so I asked 京華印書局 the Peiping Branch of the Commercial Press to do this work, and it was started in June. The 商務印書館 depends upon 京華 for the partial production of their text-books after the destructions of their plant in Shanghai. You can imagine what efficiency 京華 could show in the printing of this "Festschrift". After innumerable negotiations and delays 京華 promised us definitely to finish printing and binding in January, but labour trouble broke out last month and the manager decided to close the Chinese types dept. for the time being! The situation becomes brighter today when I am just now informed that there may be an early settlement of the disputes. Anyhow, I shall try as I can and as soon as possible to bring out Part I of the "Festschrift" 4/5 of which was already printed. Your separates (100 copies) will be forwarded to you as soon as possible. The manuscript will be sent back at the same time.

The proof-reading was done five times and Dr. Li was kind enough to do the last time. I hope you will find it alright. If there is any mistake and if you intend to insert something I shall put the correction on the list of errata and insert a page or more at the end of the volume for the additions, when there is any.

Yours very sincerely

Signed F.S.

287. 傅斯年致 Paul Pelliot（打字件）（1933 年 2 月 24 日）檔號：元 114-18

Feb. 24, 1933.

Dear Professor Pelliot.

Last month I received instructions from Dr. Tsai to settle with you the matter in regard to your allowance 津貼 from the Academia Sinica as the documents are kept in our treasury office at Nanking and I must read the minutes of the council of Academia Sinica（院務會議）and learn the opinion of Dr. Tsai and the chief secretary before I present it to you. I had to wait till the materials are available. To-day I am in a position to inform you the conclusion as well as the details. As you are a member of the Institute you are entitled to know the financial condition of the Academia Sinica as the ordinary members. If there is any point in the following not clear to you, I shall be only too glad to state it with further details.

ORIGIN OF THE ALLOWANCE（津貼）GRANTED TO YOU

In the autumn of 1927 the Academia Sinica was established by an order of the Nationalist government. One year later the Institute of History and Philology came into existence. You together with Prof. Muller and Prof. Karlgren were elected correspondent members by the preparation committee, of which I was the chairman. The regulations provided that the 外國通信員（foreign correspondents）and 特約研究員 should be honorary, but Dr. Tsai Yuan-Pei suggested to grant to you an allowance of $ 100 a month to help your work a little. I thought that this allowance might perhaps be extended to Dr. Karlgren. The council of the Institute, after passing our recommendation, put this item duly in the budget to be submitted to government. During the discussion several points were made clear that this allowance should be extended only to a very few who would use this small sum in some way to assist them in their work; it was 津貼 and not 俸給

(this explains why your allowance was freed from income-tax, non-voluntary contributions etc.); and it was not granted to all 外國通信員 and therefore it should be considered as something independent of the title of 外國通信員. At that time we had great hopes for the future, the Academia Sinica had few full-time paid fellows and there were indications of extending our budget from year to year as the institution grew. Moreover, we thought that the scale of our pay was not below the European standard for the academicians of those countries with a depreciated currency, like France for instance, might not be better off than we were. The Academia Sinica should possibly extend its aim to facilitate the work of foreign scholars who contributed so much to Chinese studies like you. It was especially because of this idea that the Academia Sinica started this pay.

THE SOURCE FROM WHICH FURTHER PAYMENT WERE DRAWN

Our budget submitted to our government did not meet with complete success, being reduced by ca. 20%. The Academia Sinica made an iron rule of its own, namely, the principle that 50% of the revenue received from the government should be reserved for equipment and building (see 十七年度總報告 p. 63 item 5). This rule was only modified during the fiscal year 1931–32, but again restored for the present fiscal year. Under these two circumstances we were already awkward in 1929 in regard to the pay, but we tried as much as we could although the item for 外國通信員 could not be included in the budget, and even after all other institutes of Academia Sinica ceased to pay 津貼 to 特約研究員. This was made possible because the President of Academia Sinica with the recommendation of the institute concerned, has the right to decide how to use the remaining sum after the close of each fiscal year, if there is still something left. This explains why we remitted the allowance always after the lapse of the fiscal year.

THE FINANCIAL CRISIS OF THE ACADEMIA SINICA IN FISCAL YEAR 1931—32

The most unfortunate thing is this: the institute had a deficit from the third year of its founding. The reasons are many: it was formed one year too late, its scope is larger than any other one, no institute can use the revenue of others, and above all the government becomes unable to pay regularly. I did not inform you in 1931 that it was no more possible to continue the pay because I always hoped for better time to come. The case became however, worse and worse, and reached its climax after the flood, famine and Japanese attacks in 1931.

You shall see clearly into the financial condition of Academia Sinica by reading the following table,

Fiscal year 1931—32

經常費	Percentage of budget received from government
July	100%
August	100%
Sept.	100%
Oct.	60%
Nov.	0%
Dec.	0%
Jan.	10%
Feb.	30%
March	30%
April	30%
May	50%
June	50%

This is of course the worst year but the years of 1929 and 1930 were also bad, as the institute has never received anything of 臨時費 for building and equipment from its founding to now, so everything must be saved from 經常費. A superficial reading of the 院務會議 in 總報告 of 十八 and 十九年度 might convey the idea that the Academia Sinica had an extensive budget (e.g. 十八年度總報告 page 56) but all these figures were only proposals of Academia Sinica, the government paying nothing of this kind. The Institutes of Physic, Chemistry and Technology received half a million from China Foundation for building, this institute obtained nothing of this description. Please do not think I am complaining about our government. As a matter of fact, it has achieved some marvelous work through all these overwhelming difficulties.

SOME CIRCUMSTANCES IN REGARD TO THE ALLOWANCE TO 外國通信員 AND 特約研究員

A. 專任研究員 receive 俸給 and cannot accept pay from other institutions unless specially arranged between Academia Sinica and the institution concerned. 特約研究員 and 外國通信員 are honorary and receive no pay from Academia Sinica unless special conditions warrant a grant which must be previously passed by the council of the Institute and sanctioned by the president of Academia Sinica.

B. Of the 外國通信員 we did not extend this allowance to Mr. Mueller because it was meant to assist one's work and he had reached the pensioned age when we suggested to elect him. Of all the 特約研究員 in this institute only Mr. 陳垣 received the same allowance up to 1930. Mr. Liu Fu was also given an allowance for one year in 1928, during the close of the National University of Peking. All the others have received nothing.

C. The other institutes ceased to pay the same to those 特約研究員 specified by their council long before we did the same.

SUGGESTIONS TO PRESIDENT TSAI.

Under such circumstances my colleagues as well as myself are still endeavoring to do as much as we can in regard to the pay if the conditions permit. After discussion in the 所務會議 the following proposals were submitted to Dr. Tsai. : —

1. The Institute will pay you the allowance to the end of fiscal year 1930–31, i. e. to June 1931, inclusive.

2. For the fiscal year 1931–32, i. e. the fiscal year during which all the mischieves happened, the institute regrets that it is not in a position to pay, because the source from which this allowance was down, namely the remaining fund after the close of each fiscal year, was a huge negative number, that is, a big deficit.

3. For the present fiscal year the Institute will restore the pay and put this item in the 總務目 (administrative expenses) of the budget; for:

a. If it is put under 薪俸, it cannot meet the decisions of the 院務會議 which decided long ago to stop 津貼 of this description in all the institutes.

b. If it is to be paid from the remaining fund of each fiscal year, there will be no hope to do actcial payments at all as the deficit of the Institute can only be covered after a few years even if the condition turns to be more favorable.

4. I shall recommend the renewal of this allowance when the 所務會議 forms the budget of each fiscal year and you shall be duly informed each year in May to July.

5. The possible default or delay of payment to the institute by our government is a factor which must be taken into consideration. In case that such happens the institute will pay the same percentage as it receives its revenue from government.

6. The payment of the allowance will be made at the end of each fiscal year, semi-annually or quarterly payments can also be arranged if you desire so.

I sincerely hope that these recommendations to President Tsai will be agreeable to you, and hope to hear from you soon.

Yours most Sincerely

Fu Szû-Nien

Director

288. 傅斯年致史祿國 (打字件) (1933 年 2 月 24 日) 檔號: I: 1034

Feb. 24, 1933

Dear Prof. Shirokogoroff,

In these gloomy days, I have never been so happy as in that evening when I was entertained at your home. I am very glad to know you are getting on very well with your work in Tsinghua.

With regard to your manuscript, I leave the decision to you. In the near future, if you consider the manuscript should be published by our Institute, I would be very glad to comply with your wish. The Institute can also publish other monographs on anthropology, provided its financial conditions permit. If you should like to include the material of this manuscript as well as other material collected during the time when you held the fellowship of the Institute in a larger work to be published elsewhere, I would agree with you also, provided you could mention that these materials were collected when you held the fellowship of the Institute, which assisted you also with some travelling (in the case of the travel in Yunnan) and laboratory expense. This is just what you promised me last Wednesday and is no more than a mere statement of the fact, in accordance with the general usage of learned institutions everywhere.

With best wishes to you and Mrs. Shirokogoroff and looking forward to the pleasure of meeting in the near future,

Yours ever sincerely

289. 傅斯年致趙元任 （抄件）（1933 年 2 月 26 日） 檔號：元 490-18

元任我兄：①

我欠 你的信賬真是太久了，一萬分的報歉，這不是我有理由不寫信，而是顛三倒四的以至于如此。現在可不能不寫信了，因為如再不寫，又是二、三個月了！

（一）二組搬家

關于二組遷移事，茲敘述之如左：

第一節 本年一月院務會議中一節談話。本年一月十六日（上海事未發生之前）在上海開臨時院務會議時（專談"緊縮"而開）我坐在杏佛先生的旁邊，杏佛謂我云："能否因元任去美有所節省？例如併二組于靜心齋等等。"我說："除原薪自然不須付外，如求節省，得不償失。"此話就此打斷，以後未再談起。此節我回來不曾告 你吧？

第二節 上海戰起，弟以為研究所生存之希望十之一耳，故不得已想了好些節省的辦法，蓋當時知十一、十二兩個月分文未領，一月一成而已。如此是真辦不下去的。同時院中來電來信，令以撙節、緊縮，等等者，不計其數，研究所尚有今天，非當時所能料及也。在這些計畫中，二組移居亦是一個，然此並非大的，即如我之別求生路，亦是一個，亦不是大的。其最大者是，"在萬不得已時，一、二組減至每組一位研究員，考古組可以不動，因為沒有許多薪水，或者第一組全部取消亦可，因為考古也是歷史，無論如何，我自己當然是走的，如此，以濟之負責，由中基會月出三千元光景。"此意自然不便多對人說，寅恪當時不在城中，故只與濟之說過，說時適彥堂來也聽到些。他們都說現在先不必想到這些。我現在說到這一段不該說的故事，無非要說明二組移居之議，並非單有的，且遠不是最澈底的。在當時的那些不得已之舉中，今日看來，只有一

---

①頁首附註："存底。"

件事做到，即請適之先生幫忙莘田、方桂二位翻 Karlgren 書一事，然而其他各法，^弟皆有準備，只是後來的環境因用不著而作罷了。

此意我最初何時想起，現在已記不得了，記得 兄在平將行時，我也說過，如研究所萬不得已時，可否二組移入北海， 兄未說不可以，只說東西一動不便當的很。我記憶不錯罷。

此意在斟酌中時，^弟曾請莘田算算，二組若移，可省多少錢。莘田大露不贊成的意思，只是我定請他算，他只好算算。有一天（日子記不清了）我看方桂去，談至此事，他頗露不贊成的意思，卻也未明說理由。次日莘田來，謂算了一下，與移居損失相折，並省不了許多。且此關係 兄之情感甚大，決不可辦。兄一向對他極好，他這幾年在研究所工具上之進步，皆 兄幫助。故極不願因此使 兄與我有隔閡，云云。我說："元任走時，我已說過，他只以機件為慮，沒有說過絕不可以的話。"莘田說："你雖說他並不曾明說可以的，切不可多此一事。"我當時尚疑此是莘田一人意見，適前一時約方桂到中央公園散步，遂談到此事。他說："如此時一搬，必是元任與研究所關係之 mortal blow。"我初聞甚驚，繼思乃恍然，于是與方桂說了好些笑話，說我 insensitive 之故事。方桂深以我有自知之明。次日告莘田："不搬了，還請你計算一下不搬之節省辦法。"他欣然答應去算。我在此地補一句，即在此設計中，我心中也是最好不退房租，機件得不動且不動的。其辦法無非是找人來住，當時心中的人是任叔永先生一家。

此事決定不搬後，^弟即在五月七日之所務會議報告各項緊縮辦法中提明此事，謂算來房子實在不够遷移，得不償失，且 兄不在此，大為不便。同人無異議，乃決定另設法省儉。故此事並未提出所務會議討論，只我報告了一聲而已。就此一節論，只可謂 about nothing，尚未至 much ado① 也。

（以上是三個月前寫的，以下是今天寫的。）

---

① 編按：此字根據康豹（Paul R. Katz）教授所做的解讀，特此致謝。

第三節　院務會議決議，在四月及五月初，杏佛兄數來信，言須絕對力求撙節，彼時情形是真不得了（看附表）。五月初來電囑擘黃先生與^弟前往。^弟等沿路悲觀，以為必是又緊縮。我一向悲觀，此次擘黃又大大助我如此。到滬之當日，先與杏佛兄通一電話，他便來到旅館裏，先普遍的談緊縮，旋謂^弟云，他為史語所想得數策，必與史語所大有益。問何事，則（一）史語、社會兩所合併，稱曰人文研究所。（二）組名取消。（三）二組遷入靜心齋。^弟自然著急，說死說話，① 然後合併說杏佛謂再談，取消組之一說，本為社會所而起，待^弟說明本所之組只是事務上之組織，不涉用費，則亦不急。只是二組遷移事，杏佛意在必行，且謂如此事做不到，社會組亦不要遷京了。旋到亞爾培路晤蔡先生，蔡先生力言組之取銷。^弟又說，社會所之組與史語所者不同。後杏佛入，共談組之存廢事，而決定廢組以社會所為限。到晚上，杏佛宴我們于梁園（日期為五月十二、三左右）。子競、寬甫、毅侯、擘黃、厚甫、左之等皆在，藕舫大約也在，巽甫不在，余先生② 不在，然全數十二、三人，有的^弟記不清楚了。座中又提出二組移家事，^弟力言其不可。理由接二連三，說得滔滔不絕，而有人笑曰："到是怕趙太太是真！"接著有人說："把研究所辦在家裏，到也真恰意，高興做做，不高興不做。"（此非杏佛語，勿誤會。）^弟于是大辨二組不是趙家。後來因杏佛始終堅持非搬不可，且謂搬是大有益于研究所，他負責任豈不妙呢。^弟乃謂，此事無論如何，決不能在元任不在時為之。"去年你許元任請假，今年乘其不在而搬之！"此語惹得杏佛甚怒，^弟按著搭然不語者久之。旋云："此事如這樣辦，不合一貫之方策。"此時蔡先生也生了氣。（蔡先生的氣真少，而此恰是一次。）謂此時既非緊縮不可，史語所不能自成例外，此外更非所計。此一席便如此結

① 編按："說死說話" 當作 "說死說活"。
② 編按：余青松（1897—1978），時任中研院天文所所長。

局，席上揶揄者，旁笑者（擎黃其一），辨論者，乃至指摘者，皆有之，幫^弟說話者無一人也。

次日遇巽甫，問他昨晚何以不到，他說："事前不知道，但後聽說胖子受窘，深以不得親見其妙為憾。"我說："此事切不可開玩笑。"又次日（五月十五日）晚上，又是大家一聚于梁園，坐上人更多，又談到"有怕朋友的太太者"，接連又是二組搬家事。^弟云："此事切不可吃飯再談了。"杏佛云："會上談。"我說："會上更不可以說。"他說："反正這事由我負完全責任。我寫信給元任去，他一定能諒解，你不必過慮。"我最後還是苦求千萬不要決定搬。次日晨決定下午開會，^弟懷著鬼胎，而苦于與杏佛無商量的機會，便于人群中問他。他說："照我們昨天說的。"^弟以為昨天^弟說不提出，想是照這了，頗放心焉。下午開會，場中坐位如次圖：

到中間，杏佛出去接電話，^弟便過去瞧瞧他棹上的議事單，則二組事儼然在焉。^弟著急要死，適杏佛返，^弟請他不要提。他說："這幾天所談的，不論那一事，都要今日決定。"^弟又爭執。此時群謂^弟何以在開會時辦私交涉，請^弟坐下。不得已坐下。議到此

事，杏佛說明曰："地質組之移京，與社會組之移京，與語言組之移北海，事同一律，應依樣辦理。由我負其全責，孟真先生不要怕！（哄堂大笑）……擔保元任先生必諒解，孟真先生過于憂慮（哄堂大笑）！"云云。^弟便立起，說明不可移之理由：一、靜心齋房子太少。二、房子有合同，不能退。三、物件移時損壞。四、移後所省無幾，等等。於是好幾位起來駁我。杏佛先生又每條加以分解。有人云："房子少是相對的，史語所新得蠶壇，足供兩個研究所用。"而損失之說，巽甫云："給我旅費，我到北京給你們搬。"子

競云："搬時抱著，坐在洋車上，電瓶便壞不了了。"而省失①不了許多一說，尤遭非難，謂有錢的所尚須照例撙節，何況史語所^弟萬分狼狽，運動坐得近者幫忙。而仲揆謂："坐下罷！"擘黃云："算了罷！"巽甫云："有杏佛，你不要怕了。"最後^弟謂保留若干點，請以得　兄同意為決定，請酌量延緩。皆無人理之。而此事決議案，即由杏佛口說，寬甫記下。此會情形，儼然^弟是國聯席上之日本也。

^弟之懊喪可知。上船返京時，巽甫來送擘黃及我，他看來我還是不搬。我說："你何以不幫我？"回途與擘黃沿途悲觀，蓋^弟知此事下不來臺，而擘黃因改二專任為兼任亦覺不了也。^弟行時，杏佛一再說，立即寫信給你，他負全責，不關^弟事，等等。

^弟當時想一法，是回來拖延著，待　兄回信。巽甫猜得不錯。^弟回平後，一到家，濟之便來談。^弟剛把這事經過說了大概，濟之深覺難題，而研究【院】送來一電，拆開一看，原來是　兄來之電，謂搬便辭職！大家覺著*castevetes*，②而^弟此時心中自有傷心處，蓋在京如此一奮鬥，一回來便接此一電，實不勝其懊喪耳！

趕著召集一會，同人皆以為此事如直接抗院命，必成正面衝突，不如延宕些時，待　兄回杏佛信。並知　兄電必是助理員報告前一節之事，第三節文章　兄尚無時間知道。其實即第二節事，助理員等亦焉得知其實情也。

決議大家簽名上了一書（抄拊），其意即求杏佛與　兄先得一辦法。旋院中催實行之公事到（抄附奉），而杏佛之回信又至（抄奉），看來更無可以延宕之理，乃想得一法，即是請朋友去住，電機等不動，以待　兄歸也。最初是約張歆海夫婦，不成，旋約袁希淵。此

---

①編按："省失"當作"損失"。
②原稿如此。

時延已至六月末，蔡先生到此。^弟以此法告之，蔡先生云："如此一切可以顧全，妙極了。"于是開始搬家。至于電瓶出售，是方桂算賬之結果，想楊時逢寫信說明了。

此時期中，杏佛又有電報來催搬，^弟則歸後除一公信外，未給杏佛兄信者久之，蓋不知如何說法也。

七月初，杏佛來一信，則謂蔡先生又答應　兄之提議了（抄坿）。其實此提議並不新，即在　兄電中，電到後便轉了去。蔡先生在此又說過希淵暫租，何以早不答應，甚怪！濟之覺得此事真超于經常手續之外。此時除書外，皆搬了。^弟登時停搬，約大家一談，並請杏佛待詳信到後復　兄。大家謂既已搬了，不容搬回，且與袁希淵已約定。濟之云，此一搬法，　兄既不出費，而房子仍是不退，於　兄尤便，且與趙太太信之意思完全相合，不必再搬回。于是如此決定了。

去夏之"大改革"，實不以本所此事為限。傳聞杏佛當時云："決勵精圖治，以答蔡先生之寬仁"，云云。各所受影響者，實以本所為最小。天文所幾乎除所長外空了，其他各所無不限定裁員者，社會所尤多。本所只限薪數，未當面要人名單。故此事如就當時全個看去，除我們以外，更無以為大事者也。

依^弟觀察，此事在院中鬧得如此不了者：（一）地質、社會所事同一律，杏佛兄想一律辦理，或別人先已提出此事，杏佛謂同樣辦在先了。（二）大多數人以為^弟怕"朋友的太太"，故樂得"以觀其妙"。（三）兄二十二年暑假回來一事，^弟雖既把公事既去，[1] 又屢屢對人說明，但大家似乎不曾有印象，不感覺　兄究何時回來。總之，此時如"察微"，其根蒂近在　兄提出請假赴美時。此時已過去，亦不必細推敲也。

---

①編按："既去"當作"寄去"。

我是在所中提議遷移的，（此節杏佛兄等看了此信方可知道知①）而到京一轉其態度，作反對遷移的奮鬥者，　兄如問我："究竟自己是如何想？"則可直說曰："弟初未覺得　兄對此甚重視，且未知靜心齋房子真不够。"上項是方桂、莘田促我"覺悟"的，下節是搬時了然的。我的地位有大困難處，在所是求緊縮，求調理者，在院則只能為全所奮鬥耳。

（二）弟何以久不寫信

濟之以為弟久不寫信，是　兄見怪之由來，弟想亦可如此。弟不寫信，並非有意的，　兄行時正在上海戰中，深以不得　兄信為慮，以後聞尊夫人病，更逢人打聽消息，一晤梅先生，開頭便問也。弟自京回後，突接　兄之哀的美頓書（電報也），心中自然懊喪，惟懊喪是一事，辦事是一事，弟之曲折求兩全，　兄既知其詳，當無不諒之理。此後不是忙得要死，便是濟之不在此。弟本想寫一信，請濟之看了再發也。以此推延，至於今日，如非明天又上南京，此信恐尚須緩若干日耳。這一年中誠太辛苦，不言可喻。這樣懶惰，　兄必原諒無疑。以後自當多寫信。敬祝

一家均好！

弟斯年　（廿二年）二月廿六日

信中各節盼　兄後來詢當時有關之人，看有一字不合否？此皆　兄之友人，不難查証也。

附一：

坿件一：二十年度所入表

七月	八月	九月	十月	十一月	十二月
100%	100	100	100？	0	0

---

①編按："知道知"當作"知道之"。

一月	二月	三月	四月	五月	六月
10	30	30	30	50	50

坿件二：廿一年五月廿七日　杏佛先生來電

歷。傅孟真兄：電悉。子老赴漢。語言組遷地議案，難中變，乞用弟名電請元任諒解。銓。

又，另坿第一次各所館主任會議錄一份。

廿一年六月二日傅斯年等致蔡、楊函一件。

八月一日搬家後致蔡、楊函一件。

吳巍與袁復禮所定合同一件。

附二：中央研究院總辦事處文書處致歷史語言研究所（打字件）（1932 年 6 月 7 日）

總字第三八七號

逕啟者：關於本院第一次各所館主任會議紀錄全文，業於上月十九日箋送　貴所查照在卷。案查該紀錄第七條，內開："史語所之語言組於最短期內遷至北海總所"。此事關係緊縮政策，奉　院長示："由文書處通告"等因，相應箋達，即請　查照迅予辦理見復為荷。

此致

歷史語言研究所

文書處　六月七日（印）[1]

附三：楊銓致傅斯年、陳寅恪、李濟、羅常培、徐中舒、李方桂、董作賓、劉復、裴善元（1932 年 6 月 24 日）

孟真、寅恪、濟之、莘田、中舒、方桂、彥堂、半農、子元諸先生公鑒：六月十日　大函奉悉。語言組遷地事，望仍照原議案進行。趙元

---

①頁末自註："後以另函上　蔡、楊二先生矣。"

任先生處，已由^銓去函解釋一切矣。專復，順頌

公祺

^弟楊銓敬啟

中華民國廿一年六月廿四日

附四：楊銓致傅斯年(1932 年 6 月 23 日)

孟真兄大鑒： 函電均悉。蔡先生來平，甚願同來。惟此時尚不能大定，且恐彼時 兄等過忙，又時局如多變，^弟或須留守，有此種種，故尚未能復電確定也。院事粗粗告一段落（指緊縮政策），惟前途尚多困難，七月能否十成發經費，尚不可知。時局似愈糟，或將退步也。元任兄處今日當去書解釋。^弟意為維持全院一致精神及準備將來困難，皆應遷地。我輩遷就元任之處已多，此次再因人變政，實無以對其他同人。^弟惟有引咎辭職而已。非敢以此嚇 兄，近來實時時自謂欲得隙自劾而去。此次毅然整頓院務，意在贖罪，同時亦廢物利用而已。（指以隨時可去之身任怨，非謂他人為廢物，千萬勿誤會。）^弟私事言者必多，承示至感。^弟久已一笑置之，離妻近雖不更自殺，然經濟糾纏尚無已，我知必不能如其意，但聊盡我心之，山窮水盡時，惟有飄然獨往而已。夢麟兄嘉禮， 兄想必參加。有情人終成眷屬，亦是大快事。^弟曾去一賀電，因送禮已來不及矣。匆復，即頌

研安

^弟銓 六月廿三日

濟之兄均此。

附五：楊銓致傅斯年(1932 年 7 月 28 日)

孟真我兄大鑒：前得 兄及濟之來電，因前函為有條件之加入牛氏國際營救會，已將尊意轉告該會，故來電未轉去，因此事不久可告一段落。

我輩言行問心無愧，正不必為流俗驚駭而有所異同也。^弟與 子老之苦
衷， 兄與濟之必知之，故不更贅。 元任來函願將所領每月一百元捐
入第二組作房租等費，以求不遷。頃聞 子老以元任既如此委曲求全，
此層在院無背節省之計劃，似不便堅持此意，囑將函寄 兄等，如亦認
為可同意，則請逕告元任，為幸。^弟復元任亦照此意。匆上，即頌
公安

^弟銓再拜 七月廿八

290. 傅斯年致陳翰笙、胡紀常、凌純聲（1933 年 3 月 11 日）檔
號：元 513-10

翰笙、紀常、純聲先生惠鑒：京滬良晤，快愉無似。兩所合併事，^弟
本覺萬分不勝任，"量力後入"，故兩月中深虞合併大計因^弟之不勝任
而隕越，惟既由 蔡先生嚴命以必負此事，而 杏佛先生亦力促之，
^弟在院服務五年，此時局面理不容過于自由，故只得暫勉為之，成否
皆賴諸同事之集思廣益，而 三位先生之指導贊助，尤為工作進行之
必要的基礎也。^弟到京以後，當將史語所之過去、現在及未來計劃，
面向諸先生陳之，俾下年度之進行得以循序發展。^弟此次返平，因料
理遷移，忙得要命，合併後工作事件尚未充分想過，日內當仔細一
想，到京後面陳決定也。匆匆，敬頌
著安

^弟斯年上 三月十一日

291. 傅斯年致楊銓、周仁、王璡、丁燮林、徐韋曼（抄件）
（1933 年 3 月 12 日）檔號：元 495-25

杏佛、子競、季梁、巽甫、寬夫諸位先生道鑒：前在南京、上海，諸
承關切指導，歸語同人，深感盛誼。茲以開會之結果，有一事奉

商，即^弟等遷上海後之房子分配問題。在滬時大致與　杏佛先生說
妥，史語佔小萬柳堂，心理佔四樓，同時杏佛先生亦謂此是假定，
最後決定可由大家商量。^弟返平之後，曾以一切經過告于擘黃，擘
黃先生似願心理所全在四樓，樓上小動物當無妨大家事，大動物當
另設法，在樓下院角安插，亦無不可。惟史語所仔細估計之結果，
此時移滬之物，如全置小萬柳堂，勢有若干不可打開。（在四層樓亦
是多數不能打開）且箱子羅起來，或壓壞小萬柳堂之建築。好在史
語所到滬僅係暫時的，第一組待社會所書庫擴充後，即移京，或在
夏間，至遲秋日，而二、三組待京中房子蓋好就走，照院會決定，
亦不過明春，或更早也。此時^弟等希望者，（一）四層樓建築中可
有二、三間屋作史語存儲之所。　（如用（二）項，此一項便用不
著。）（二）如史語所全在四層樓建築，至多用房八間，（圖書一間
（大的），考古工作室一間（大的），二組三間（中等，每間可放三、四桌
子者），一組一間（中等），考古研究室二間（中等）。）再少一間亦可。
如此，則史語、心理皆在四樓，似亦無不可。小萬柳之一半作史語
宿舍，其一半作心理用。（如養動物等）此似乎亦是一種辦法。乞
諸先生便中一考慮之。大約濟之兄先^弟赴滬，一切面商之。凡百感
荷！不盡一一。專頌
日安！

^弟斯年敬上　廿二年三月十二日

292. 傅斯年致錢天鶴 （抄件）（1933 年 3 月 14 日）檔號：元 495-28

安濤先生賜鑒：^弟過京時本思奉訪而一陣忙亂，時間趕不及，至歉至
歉！好在^弟不久即回京，一切可以暢談也。人文陳列所與　貴館^①應
合作之處正多，對外發展尤為一體，到京時再詳商之。^敝所遷滬之

---

①編按：指中央研究院自然歷史博物館，1929 年 1 月成立，設址於南京成賢街。

計，杏佛先生決定以小萬柳堂為暫時安放之所，^弟意在滬既屬數個月之暫局，如一部分（第一組）可以置之京中，亦無不可。且若干書物在滬未必用，而不久又移京。^弟前聞先生云， 貴館有屋二大間，可以借用陳列，云云。不知可以一間借為存儲之用否？（惟如在樓上又是不便）此是暫時的，決不長久。^弟一時想到此一法，亦並無成見，乞先生一計，萬勿客氣也。如何，盼惠一電，至感！餘面談，敬頌

日安！

^弟斯年上　廿二年三月十四日

293. 傅斯年致楊銓、許壽裳（抄件）（1933 年 3 月 14 日）檔號：元 513–12

杏佛、季茀先生：兩所合併呈請國府備案事，^弟在初曾疑及是否引起變更組織問題，旋對此點未再提及。^弟自滬抵京之時，接到季茀先生寄來之呈稿，理情充暢，佩甚佩甚！惟因此又想到是否因此涉及變更組織問題。適教部有友人在座，^弟當詢以立法院與國立編譯館糾葛事，則知立法院若打麻煩，也頗有不痛快處也。^弟意合併之理由，不便援引十九年集中首都之令，此事不提最好。似亦不便以平所南遷為理由，蓋果如此，此間見此公事，或向我們要房子也。組織法之條文更不便引。故冒昧自擬一稿，乞 季茀先生斧正之，萬勿客氣。惟另有一事，似宜注意者，此一合併實係變更本院組織法，此法公布在立法院成立之先，故未送立法院。照國府規令，應補交立法院，然他們既忘了，我們也不便提及。若果因此呈准備案，而為國府文官處交到立法院去，乃大不是了局。此一點似不可不小心也。可否請 季茀先生先向國府文官處一詢，或疏通之，以"准予備案"了事，此一法也。① 或由 蔡先生函託文官處一下，

---

①行首自註："似宜先有'准予備案'不交立法院之把握，再行送呈為便。"

此又一法也。或竟暫時不請備案，待蔡先生後來到京時面告文官處，此又一法也。第三法頗有不便處，然無論如何，此事以不引起支節為宜。一切乞　杏佛先生裁之！拙稿附呈，原稿並奉。敬頌日安！

弟傅斯年謹上　廿二年三月十四日

附：傅斯年代擬呈稿*

事由　呈報依照本院院務會議之決議，將本院歷史語言研究所及社會科學研究所溝通為一組織，名歷史語言社會研究所，敬請鑒核備案，並新鑄關防頒發應用由。

為呈請事，案查本院於民國十七年始創時曾設社會科學研究所，初置上海，繼遷首都。又於民國十八年設歷史語言研究所，初置廣州，旋遷北平，蓋求接近研究之材料，便于工作之故。兩所自成立以來，均能依序進行，而歷史語言研究所因在北方之故，資助易得，材料稱便，故數年中差能建樹一種國際上之地位，以為後來成事之發軔。查本院就工作論，必求接近材料，就地位言，理應集中首都，又以兩所數年來之發展，經費須有增加，方易進行，不幸值此嚴重國難，無此希望。茲為減少事務上之費用，增加學術上之效率，集中首都，以求發展起見，經由本院院務會議議決，將歷史語言、社會科學兩所暫行溝通為一個組織，①定名為歷史語言社會研究所，俾原有工作仍得適宜進行，而重複之費可以節省。又可憑此溝通在京籌備之人文博物館，一切似為利便。溝通之後，本所仍設首都欽天山東麓，因材料之取用，北平仍暫設一分所。（將來經費充裕，自不妨仍行分設。）此事理應呈請　鈞府准予備案，並依前例令飭印鑄局新鑄銅質"國立中央研究院歷史語言社會研究所關防"，頒發啟用。所請謹候　鈞裁。謹呈

---

*本函有手稿本及抄件（檔號：元513–13）兩種，合併整理。

①行首自註："此'暫'字杏佛先生謂可加入，乞　酌之。"

國民政府

294. 傅斯年、李濟致楊銓 (抄件)（1933 年 3 月 15 日）

杏佛我兄：奉十四日書，敬悉一是。^弟等決定亦是不放棄房子、不下招牌，而留中舒為留守，大約暑假前不會有問題。此時有人來搶房子，可以漢奸呼之。然長久則不敢必，故有存檔案以資保存之說。只是檔案留此，責任亦大，然遷移之後，正亦無用處，因南中無比較材料，可供編輯用也。

此時所中雖力求工作不停頓，然也就是如此一句話罷了。東西裝了箱，工作焉得不少停頓？只求在可能範圍內求補救耳。星期日仲揆到靜心齋，看到裝東西，大發感慨。^弟當時尚云，^弟不傷心。不意這兩天來，竟大傷此心，看見五年中辛苦經營之事物，在如此狀態中，生來不多有如此悲觀傷心的時代也。[1]

緊縮自當從嚴做去。後來必有不好過的日子，此絕對可靠者。惟^弟近一週中有一覺悟，即史語所如不能在一年內在京集中，而任其寄居上海，則五年中在北平所培植之學術空氣，將渙散掃地，此真大不幸者也。同人幾皆反對在上海，然以無可如何，故只得將工作計畫加以變更，以求在滬一年適用。若在滬成久局，則不可收拾。故^弟意京中建築，恐不便隨緊縮以擱置。蓋成功之後，不特全所工作就緒，亦可以陳列之效，在京造一良好風氣。此關大計。至于所中緊縮，自當無微不至也。想　兄必以為然？南行名單，明晨抄奉。專此，敬頌
日安！一切乞陳
蔡先生！

^弟斯年　廿二年三月十五日

濟同意

---

①行首自註："平時一草一木皆加愛護，而今去之，真正難過。"

295. 傅斯年致北平圖書館（抄件）（1933 年 3 月 20 日）檔號：II：708-6

敬啟者：先後接奉去年十二月三十日及本年一月廿一日　大函，敬悉一是。茲先將左列三種書，分為兩包，由郵寄還：

《海寧陳氏家譜》　六冊

《休寧吳氏家譜》　四冊

《滿洲歷史》　一冊

至希　詧收惠復，為感！其餘《漢唐地理書抄》一書及《滿洲歷史地理附圖》，仍需參攷，稍寬時日，即為檢奉。此致

北平圖書館。

傅斯年敬啟　三月廿日

296. 傅斯年致黃汝琪（電）（1933 年 3 月 24 日）檔號：元 38-3

L. C. O.

YUEkei WONG

UNIVERSITY CHICAGO

CABLE REPLY CHAN①

297. 傅斯年致蔡元培、楊銓（1933 年 3 月 25 日）*

孑民、杏佛兩先生賜鑒：本月五日斯年在上海時，曾因　兩先生指示史語所應設法速移上海，並決定斯年與李濟之先生即日北返，料理一切。抵平之後，見裝箱事件大致就緒。因本院與鐵道部接洽之電報未

———————

①頁末收發註記："1933，3，24。"又自註："社會所聘人。"

＊本函有手稿本（檔號：III：772）及抄件（檔號：III：79），合併整理。手稿本頁首自註："便函，私人名義。斯年　二十二年三月廿五日。（印）"

到，深慮遷延以致有所損失，遂託中華捷運公司運滬書箱一百二十個，計已到達。本所遷移最困難者為内閣大庫材料，此項物件如須全運，需箱子八百、麻袋數千；即令擇其整齊者，亦須四、五百箱，在滬將無處可存，而工作勢須停止。究應如何辦理，未便擅專，曾函請杏佛先生指示。同日奉 杏佛先生先期來信，謂北平房舍未可讓出，仍應保存，將來工作之方便，此意正與同人所見無異，乃決定除第一組外，全所盡數遷滬，由李濟之先生領導，于今日即三月二十五日南下，後日下午抵滬。其留此人員及此間布置，分則述之如左：

（一）留平人員　除陳寅恪先生因清華契約本年度内不便變改，徐中舒先生在北平負責外，第一組同人留北平者如下：

助理員于道泉　因須在北平圖書館工作，並因前已決定暑假後赴法留學，故須在北平結束其舊作。此時如離北平，至為不便。

助理員李家瑞　因其編著北平風土故事之工作未完，暑假前須在北平完成之。

助理員陳槃　此為^{斯年}之助理員，一時尚未能離平，後來或須赴京工作。

研究生邵君樸、勞榦，因工作未完，暑假前留平。書記程霖同。

以下為整理明清内閣大庫材料之職員：

練習助理員李光濤。

書記尹煥章、方甦、周世儼、張文熊。

以上為第一組之全部，除^{斯年}外，皆暫留北平。

（二）北平工作布置。

甲、除大庫材料整理及^{斯年}個人工作外，第一組之工作均照舊。

乙、大庫材料移入靜心齋及罌壇，以便工作集中，藉保房屋。

丙、^{斯年}個人工作屬于第一組，然因事務關係，不得不分在京、滬、平三處。

以上各節，敬乞　核奪存案。專頌
道安

傅斯年謹啟　三月廿五日

298. 傅斯年致李濟（暫繫年於 1933 年 3 月）檔號：考 2-121

濟之兄：

近來出現了許印林一大批稿子，皆為研究所得之。第一次，《筠清館金文》，（全批並及吳海豐之四代手蹟）價八十。第二次，《印林遺槁》，二十九冊。（內手稿四冊，清本十餘，有陳簠齋校記。）價五百五十。第三批為《攈古錄》之稿本，（此書妙極，大可做文章。）價二百六十。此皆在他人全不知曉之狀態中為我們買到，[①] 其價又廉，真自研究所買書以來第一快事也。此君地位，與孫仲容伯仲之間，乃最早之金文大師，而其著作不傳，可恨。從此我們可以為其刊遺著矣。另有一大批，在陳簠齋孫家，弟已借到四冊。餘在接洽中。蓋必竭之而後快也。道咸之際，金文是玩好，不是學問，此君獨力考定，貫穿經籍，真大師手筆也。（弟一星期中，每日看到上午一、二時，為之精神不支。）其經史著作，亦皆頭等，而無人表彰，可恨也。（他的影響本大，因若干當時名家皆與之遊，只其遺著刻而未成，無流傳耳。）此外朱彭壽君一批書中，為研究所擇下不少，第一次九百元許，已於舊年前辦妥。第二批中有希見及奇廉之文集、叢書，及史學書，亦約千元。

以上二事，共約二千元，此次請款之因也。乞　斟酌，如　兄以為可行，乞即交蕭先生請款前來，至感。（以快為妙）餘另白。敬叩
日安！

弟斯年

---

①行首自註："如大家一搶，恐抬上一倍。"

299. 傅斯年致蔡元培（打字件）（1933 年 4 月 3 日）檔號：元 134–10b

人字第壹捌陸號

院長先生賜鑒：

斯年現因長期在京工作，史語所在滬之主持宜有人負責，以利進行。依據上次院務會議設置副所長之決定，應由李濟先生代行所長職務，以專責成，敬乞　鑒核存案為荷。專此，敬頌

道安

> 謹上　二十二年四月三日

300. 傅斯年致李濟（1933 年 4 月 4 日）檔號：考 2–5

濟之兄：頃聞尊古齋黃老板①云，舊歷正月末彰德出了一批銅器約數十件，賣給開封，容得二、三萬元，已運上海了，乞　兄設法一查，馬元材有法否？弟已函王子湘矣。專頌

日安

> 弟斯年②

301. 傅斯年致吳巍（1933 年 4 月 4 日）檔號：考 2–6

亞農兄：

百廿箱　兄云早到，頃李先生來信謂尚無消息，乞即設法一查下落，並查是否海道運，蓋如海道運，恐有拆看失落之可能，到後每件乞查是否拆過，一有消息便乞　電示。敬頌

日安

> 弟斯年

---

①編按：黃浚，字伯川，尊古齋第二代老板。

②頁末收發註記："中華民國廿二年四月四日收到。"

如查出箱子尚在浦口，或者即設法由京收下亦可，因此間不設書庫，亦可放入，乞詢徐、李二先生。

302. 傅斯年致李濟（1933 年 4 月 4 日）檔號：考 2-7

濟之兄：①

手書敬悉。百二十箱不到，焦念之至，務乞告亞農設法一查下落，此本所十萬元之財產也。到後乞即以電報告^弟，以免^弟睡不著也。

津貼房子事，^弟覺無不可。

^弟昨日只睡了二小時，焦愁可知，為毅侯百般揶揄形容之，恨不得飛回北平"狐死正丘首"耳。即頌

日安

^弟斯年

同人均候。

303. 傅斯年致楊銓、李濟（1933 年 4 月 4 日）檔號：考 2-8

杏佛、濟之兩兄大鑒：②^弟"免職調任"的一件副業，是"在京釘著騮先要錢"。（杏兄在北平語）^弟深知此事實無把握，然事既如此矣，也只得在此遵 命進行。故昨日到騮先處，開始"釘住要錢"。上月^弟曾兩次過京，在騮先兄處吃飯，忽便提起，然一次因多人在座，一次因志希打岔，皆未得暢談，然知騮先頗有意思，故此次與之深談一下。要錢的題目自然是博物館，尤其是博物館之建築費，騮先所說大致如下：

（一）英款今有三十萬元，年底約有七十萬，去百萬不遠時，便分。

---

① 頁首收發註記："中華民國廿二年四月五日收到。"

② 頁首自註："Strictly Confidential!" 又收發註記："中華民國廿二年四月六日收到。"

他的意思第一年博物館三十萬，圖書館三十萬，其餘四十萬。

（二）中央博物館最好請研究院人辦，但不便即說交中央研究院辦。

（三）博物館建築費在三、四年內可撥一百萬元，經常費于明年提出預算。（政府方面）

（四）博物館須偏重理工方面，至少表面如此。（他說，他不是不知人文之重要，但須適應此間空氣。）他說，可分三部：ⓐ自然科學，ⓑ工業，ⓒ人文。他力辯他自己的見解是與我們一樣的。

因此弟不免與他爭論數點：

（一）圖書館何以不交中央研究院辦。

（二）圖書館之建築費不能與博物館一般多，蓋博物館需要建築多得多也。

（三）博物館何不交由中央研究院承辦。

弟看神氣，圖書館事他已有成竹在胸了，弟因中央研究院恐不得獨辦或染指之故，頗說了些不相干的話，或者對人頗 personal 的話。他說："你給我介紹一個更好的人，你又想不到！"

博物館與研究院之關係事，他反復聲明他是中央研究院的忠實朋友，他並且甚佩服杏公"找人找得好"。但此時南京反對研究院者過多，提出恐不能成為事實。最好找研究院的人，而不用研究院的名義，即是如圖書館籌備員之辦法，由教育部聘任弟為中央博物館籌備員，如此，事實上等于中央研究院辦，而他人不能反對，云云。

弟深不以為然，初聞大怪之。蓋弟個人對博物館永無絲毫興趣。此話對他說不出，因為我正吹了一晚，（一）如何中央研究院有辦此博物館之能力，（二）如何其他人沒有這樣能力，不便說自己只是奉　二兄命來吹也。於是驅先反覆說明，只有此法可以事實上等于中央研究院辦，"教部出名，英款出錢，研究院出人。"弟當時想到，若只好找研究院個人仟名，也得把籌備的牌子掛在研究院內。他說，這也不好，還是挂在中英庚款委員會，彼處尚有兩間房可用，借此表示意思，別人來搶，搶不了錢去，也無意義，故不至有人搶。他又說明兩事：

一、不便用委員會，因人一多了，東西混雜，且委員會全是研究院
　　人，也不妙。若只有一人，其人是研究院人，則無妨也。

二、此時不便引人太注目，一面準備東西，一面準備建築。工業的
　　東西，他可向德國及英款購料會去要來。

他又說，這個辦法，全是為研究院設想之善策。^弟當時提出，如要
找研究院人，何不找仲揆、濟之或錢先生？他說，仲揆是英款委
員，不大妙。

^弟昨日談過半夜，始終不能同意他這個辦法，但也未曾一定說這辦
法不可行，因為這一著如何著筆頗有關係，^弟意，最好是用研究院
名義辦，如駔先堅謂暫時不可，非用個人名義不可者，即請其聘濟
之兄任之，蓋^弟個人有兩個考量：

（一）對博物館毫無興趣。

（二）留京期限至多到明年春夏，自己的讀書工作另有打算。

又^弟慮及教育部長易人後之困難，他說，不會有人來正面作對的。

此事^弟覺有請　兩兄一想，並向　蔡先生請示一下之必要。有一個
可慮之事，即 Plum No. 5① 到京後，難免搶此名義，中央研究院此
時有 Beware of Pick-Pocket! 之必要。如　兩兄覺得可以放一步，用
個人名義者，^弟即找他，力言濟之（^弟個人不便出至多）最宜，求其
必成。至于與研究院之正式關係，可由兩法：

（一）成立時由　蔡先生兼院長。

（二）中央研究院組織法更改時，（選相宜的時候為之）中政會決定
　　中央之學術研究機關均由研究院管轄。

如何，盼即電示機宜！即頌

日安

^弟斯年　四月四日

----

①編按：李煜瀛（1881—1973），排行第五，人稱"李五"。

304. 傅斯年致李濟、董作賓（1933 年 4 月 6 日）檔號：考 2-4

濟之兄、彥堂兄：[①] 本日中央大學史學系學生張五慶君到此約^弟演講，談及關伯益，云已赴杭，[②] 不日來此，將在此長住。此事大可注意，果欲何為乎？又經亨頤如任教長，所謂“師範系”必伸張勢力，[③] 何日章者李蒸之左右手也，何不忘情河南，故前者翁長教部發表時，彼託袁守和介紹其見翁，要為所謂“中原博物館”之籌備員。凡此等等，^弟覺此間形勢未必甚順，^弟一人在此應付實大可慮。果兄等以為博物館非要不可者，或考古組有遷京之必要（提早辦理），否則根本放棄此想，何必作擴大之圖哉？乞　酌之。

^弟斯年　四月六日

思永兄同此。

305. 傅斯年致李濟、李方桂、羅常培、董作賓、梁思永
（1933 年 4 月 6 日）檔號：考 2-9

濟之、方桂、莘田、彥堂、思永諸兄：[④]

忙了這幾天，量了無數的房子、地面、公事房、屋子、友人住宅，乃至上梯子，然後對於我們需要何等房子，似有一個概念矣。

本星期二日，關頌聲先生便來了。我們要蓋房子，他全已知道了。他是以詢問書庫擴充事來的，而接著便是下文。又要去西面看看，^弟明知此事須先與　濟之兄商量，但一時下不來台，也就同他與仲揆去看了看。他說，明天來測量，……。

昨天他來了，^弟將數日中草稿交了他。此事^弟之交他者，大部分是

---

①頁首收發註記：“中華民國廿二年四月初八日收到。”

②行首自註：“云已來一月矣。”

③行首自註：“乞　彥老設法詢其何為。”

④頁首收發註記：“中華民國廿二年四月初七日收到。”

臉軟，然亦有其他原因：

一、地質所之草案，大致與我們需要相同，若干計較可不發生，我們可以改良之，然原圖固是他的也。

二、此時蓋房，愈快愈好，否則不可測。毅侯反對甚力，且揚言於眾。故如找別人，勢必緩一、二月。

三、關是北極閣管理常務之一，此時不便得罪他。

四、書庫設計一次，可不作了，也難以為情。

五、思成兄較稱贊之楊觀保，^① 正在京，^弟言明請他多幫忙。

總而言之，此舉以速、少阻為上策，其實我們是我們自己的建築師，他只當匠人而已。明春三十萬到手，再表顯我們的 tastes，自當以思成所見為準也。未知 諸先生以為如何？茲將 Floor space 及每人用之屋開了一單，請 諸兄仔細一看適用否，要改時時改，免得後來說不妥。茲送上^弟之草底，此件須合地質所圖觀之方可。此圖無法寄 兄，面見再談也。

此時研究所如懸空中，故非速速打下乾坤則不了矣！^弟在此忙得要命，對杏公等號稱為社會研究所忙，其實還是忙史語所。（房子與 Museum）此是私話，不可外露！即叩

日安！

^弟斯年　四月六日

306. 傅斯年致關頌聲 （抄件）（1933 年 4 月 6 日）檔號：考 2-10

頌聲先生惠鑒：^② 昨承 枉顧，受 教良多，感感。送上之件，其 FLOOR SPACE 恐太多，現有十二萬元之制限。（全數最多為十五萬，然須存三萬為內部裝置及其他費用也。）故不得不在此數目內變花樣也。如 先生照此制限容不下如許多之 FLOOR SPACE 時，^弟意有下列裁減

---

①編按：似指楊廷寶（1901—1982），字仁輝，時任基泰工程司建築設計。
②頁首收發註記："中華民國廿二年四月初八日收到。"

之可能：

一、MUSEUM 一項去其一半，共 1200 sq. ft. （原二去一）。

二、Laboratories 一項去二個約 900 sq. ft. 。

三、Research Rooms 大的去三（3 x 280 = 840），小的去三（3 x 150 = 450）。

　　以上三項可去 3390 sq. ft.

四、BASEMENT 之陳列室如不得已時，可不要，一切乞　酌量辦理。^弟昨日所開乃外行人之算計，可不拘，惟工料則求其不次于地質所也。專頌

日安

四月六日

307. 傅斯年致楊銓、李濟（1933 年 4 月 7 日）檔號：考 2-11

杏佛、濟之二兄：[①] 昨日上午晤書詒，他告我好些 Subtle 的新聞。下午晤　杏公。晚上道藩到此談，知驪先今晚便回家掃墓，然則非今日與之一晤不可矣。今晨十一時往晤，談了許久。

一、他自己贊成濟之說，但接到^弟荐濟之信後不能即決者，怕此間知濟之者較少，有人責問。

二、建築費一百萬準有。（最後說可寫字據，亦是笑話也。）

三、籌備時經常費沒有雜費，由庚款會支。（此辦法只中國有之，與鐵道部給編譯會錢，交部給圖書館籌備會錢一樣。）但^弟意如驪先二星期內不交卸，待其歸來或可設法。（仍是交部貼。）

四、他下午打電話給書詒辦聘書，聘^弟為中央博物館籌備主任。

^弟現在正覓書詒，請他按著不發表，^弟晤　蔡先生及兩兄後再電之也。敬頌

————————————

① 頁首自註："Confidential"，又收發註記："中華民國廿二年四月初九日收到。"

日安

弟斯年　四月七日

昨日打了十幾個電話，找不到書詒。今晨打了三個，不見，于是生了氣，寫了一信罵他。他來，說是太太聽錯中央黨部姓劉的，故誤事。然昨日下午未談，便誤事。今晨教部以一命令發表矣。所以今晚弟趕赴上海向　子民先生及　二兄請示也。

斯年又白　八日

308. 傅斯年致王靜如（電）（1933 年 4 月 12 日）檔號：元 59–8

北平。歷。王靜如先生：如能在平校稿，並整理餘件，考契丹文，可緩南來，函詳。年。①

309. 傅斯年致李濟（1933 年 4 月）檔號：考 2–12

濟之兄:②

黃汝琪君回了一電，云 accept，承轉來，至感。此即上次決議事也。運木器已辦了。

中舒連日來信大著急，已復電照其辦法先運一部分來。（約八十箱）滬上可存否？乞　查明示知。

弟斯年

又，平津如陷，我們在此地也是完事也。

又，魯南不寶，何不由吳查一清單，下月發掘之，乞一計畫。

---

① 頁末收發註記：「廿二年四月十二日」。
② 頁首自註：「以後關于社會所事件信均寄　兄看後轉上杏公。」又收發註記：「中華民國廿二年四月拾九日收到。」

310. 傅斯年致李濟（1933 年 4 月 19 日）檔號：考 2-15

致思成先生一信，①乞　一看，如　兄以為然，乞　一併勸他南來。此是志希發動，非^弟設計，且志希甚懇切，不患他不努力幫忙其工作。中央教授薪至高者 340，此雖是問題，但^弟意不妨設他法以調濟之。此上

濟之兄

弟斯年　四月十九

附：傅斯年致梁思成（1933 年 4 月 19 日）

思成先生：昨日羅志希兄來談，謂切盼　先生能于暑假中就中央大學之聘。中央大學擬于工科中設建築系，請　先生為主任，以便籌備此系全部事項。志希意極懇切，囑^弟必能勸　先生來。今日又寫信打電話來，惟恐^弟寫信之不早，勸說之不力。故寫此一信，盼給以充分之考量，感甚！^弟個人覺得此時南遷，亦非失計。營造學社未嘗不可一併遷來，北平作為分店，仍保持其地盤，如本所之成例，如此則工作上固甚便也。歷史的建築材料自然北方為多，然亦不妨每年出去旅行一、二次，且來此後正可與敝所作一合作計劃，此當為濟之所心向往之者也。^弟切盼　先生惠諾此事，蓋一則固願　先生來此，同學同樂，二則此事如不稱志希之願，他必常來擾嚷也。中央大學經費甚順適，志希自詡，必能辦到每年有三十五萬之設備及工作費。並自誇，到校七個月，除還賬外，省了十五萬元設備，又蓋了十五萬房子。此語縱打一折扣，然工作情形，當比北平大學為上。^弟覺中央大學之地理的形勢至佳，如願一種學問發達，或以佔此地盤為宜，　先生其有意乎？專此，敬頌

---

①頁首收發註記："中華民國廿二年四月廿五日收到。"

著安!

夫人大安。

^弟傅斯年敬上　四月十九

311. 傅斯年致李濟 （1933 年 4 月 19 日）檔號：考 2-16

濟之兄：^① 中舒日來一信，今日又接一電。^弟覺平局實在不易輕視，但掃數南遷之後，亦有不易決之問題：（一）檔案工作，因無地方其停止乎？（二）北平房屋託之何人？^弟覺此數事似非中舒自己所能決。第一項^弟意不得已則整理檔案諸君只得解散一部分，此恐非中舒所願做，而託付房屋之法子，他尤不易辦，故^弟擬明日下午返北平，料理一下子。若不早不晚，恰恰落在內，亦只好臨時想法子，好在此等事以前也逢著過，以後更當遇之，不妨練習一下子也。國事至此，研究所前途可不必慮矣！做一天和尚撞一天鐘也。

惟有一困難者，即社會所事本月末似乎得作一決定，因^弟之行或須延長一週乃至半月，此與　杏佛兄前云四月末結束之語不合，乞即刻　一詢，^弟此時北行可否。即刻電示，以便明日成行與否！（如走，便快走，至遲後日。）專頌

日安

同人均此

^弟斯年　十九

312. 傅斯年致徐中舒 （電）（1933 年 4 月）檔號：考 2-36

歷。北平。徐中舒兄：檔案照尊示先移一批來京，鐵部照即辦。年。^②

---

①頁首收發註記："中華民國廿二年四月廿五日收到。"
②頁末自註："已發。"又註："今日又發一電，告以弟即行。"

313. 傅斯年致李濟（1933 年 4 月）檔號：考 2–13

濟之兄：[①]　　示敬悉。荷款事，[弟]未看英文報，不知是如何一件事，待打聽後再奉告。看來是全院的事，吾輩不必據為己功也。[弟]昨日就報上所載算了一下，其數甚微，一年只一萬多元，且尚須派留學生也。吳虞銘來信事，乞　兄就近一辦。電台事，今日尚無回信，如更不得結果，則明後天找陳儀去。如再無結果，再請　蔡先生打電給何應欽。如終無結果，再作打算耳。山東坡尚有地皮，然以以前建築不是地方，稍嫌障礙耳。大局頗搖動，平津恐不免一陷，瞻望前途，深可慮耳。此間法制組有一助理，法國留學生也。昏頭昏腦，又不用功。（每日在此不是出公便是看報，與中學頑童一般。）[弟]氣得恨不得當天趕他走。專頌

日安

　　　　　　　　　　　　　　　　　　　　[弟]斯年

314. 傅斯年致李濟（1933 年 4 月）檔號：考 2–14

濟之兄：[②]

　　[弟]昨日四出探消息，不得要領，然政府大官亦以為北平之陷為不可免矣。[弟]決定明日夜車走，[弟]之走也人或以為不必要，其實[弟]真有難言之痛焉。中舒先生恃才任氣，絕不校量輕重，瞻顧前後，遷移之舉[弟]最初費一半工夫以對付他，及屹然不動，然後不問他了，自交亞農辦理，此皆　兄所知也。[弟]去前要買二百空箱以為檔案萬一之備，他又反對，此時他急死了，正恐箱子都找不到耳。此一批史料所繫不少，若竟失之，[弟]何顏對院？此時又不知中舒如何辦理，故只有

自己趕去耳。設若此時留守者為彥老，此行固可省也。國事至此，吾等書生性命真不值一文錢，但願任內無大過失則死可瞑目矣。

北平尚留一部分同人，此皆為工作及房子所不得已也。^弟本有留平之意，頗欲看看熱鬧，以資歷練（!），然以社會所故不得不困居于此，終日忙死。此時只有趕去，否則留平同人以為^弟求安穩而陷人于危也。

寫至此，又決定今天便走，不待　兄電矣。欲走則早，否則更不便也。

同人均此。

^弟斯年

315. 傅斯年致李濟 （1933 年 4 月） 檔號：考 2-17

濟之兄：①

頃上一書計達。檔案事如此一層一層的遷移全非辦法，應設一根本之計，（例如在滬工作）如萬無法可想，則停止工作亦是一法，若到滬非停不可而又帶多人來，誠不是辦法矣，乞　就商　院中作一決定，即電示^弟。運滬後何處安放，亦乞　商妥，蓋少則二百箱，多則五、六百，不先自準備，雖出關，存錢亦不了也。

^弟斯年

316. 傅斯年致李濟 （1933 年 4 月 29 日） 檔號：考 2-18

濟之兄：②^弟投兄之信誤寄北平，在京之忙可想，亦可笑也。

^弟此次來此，乃因中舒四信二電所致，到此形勢緩和，大為惘然，

---

①頁首收發註記："中華民國廿二年四月廿五日收到。"
②頁首收發註記："中華民國廿貳年五月貳日收到。"

趁此時機寫了一篇《集刊》的文字（《契丹帝后哀冊跋》）。^弟寓中書亦收拾了半截，一切都是不上不下的。

如暑假中^弟寓拆散時，　兄家可分租之間屋存書物否？① 乞即示知。

中舒兄的論調，全然一變，主張檔案要遷，然而事無大小，你東我西，則照舊。此已成一習慣，② 所謂好說反話是也。

昨晤思成，他無去中央之意，並云："如營造社塌台，便到你們（研究所）那裏來！"此語　兄必樂聞。

元任更有最新消息，可面告。（元任託洪芬回來之便，表示向中基會求同一 Res. Prof. Ship，他們有允意。叔永與^弟談過。叔永想去了三千元之助費（兄同然），^弟大反對。此事先勿向所外人言之。）

中舒兄要"變更一下子方式"即必要時他可自走，無守土到底之責。^弟想此事可任其自然，他走後，此事託裘及適之也。看來中舒對于房子，亦未必有必保之決心，^弟覺得非保不可，否則此間工作無地，必有大後悔之一日。^弟此時正在計畫。

同人均候候。

^弟斯年

《集刊·外編》一種③上冊週內可出版了。

317. 傅斯年致李濟 （1933 年 4 月 29 日）檔號：考 2–19

濟之兄：④ 手書敬悉。諸事分述如下：

一、中央大學請思成事，看來仿佛像^弟多事，然^弟不直投函而由

---

①行首自註："^弟必出租費，否則不像話也。"
②行首自註："雖發一電報（給兄的），他說要晚一天，也非晚一天不可。此等事^弟全無介意，蓋久成習慣也。"
③編按：即《慶祝蔡元培先生六十五歲論文集》。
④頁首收發註記："中華民國廿貳年五月參日收到。"

兄轉者，正以有此慮， 兄如有疑（前信已明言之），此函可留中也。不意^弟臨時決定北來，昨晤思成，已經談過。談時自然先說到這是轉達志希的意思，我們固是希望他到研究所來。思成直謂，如營造社無結果，便到研究所來，話語也便到此為止。因志希來了數次，不便不為他做個傳話人，且^弟已告志希，我們正要請他，如何能為人拉。志希云，也許他願到中央，且到中央正可與研究所合作，故^弟始寫前信，且為他做了傳話的人。此事已全是過去。（昨復志希言思成如去北平，也是到我們這里的。）^弟覺思成斷不會誤會也。

二、建木板屋事，^弟覺不甚妥當。此時研究所全是破產的狀態，如加此四千元，更不了。且小萬柳堂人多，環境裸，火險成分至大，如此裝置，一個黃梅天，塞過北平二十羊。不若另想他法。北大在滬有借到之屋，或可用，已接洽去矣。又此次箱子壞到不堪的程度。^弟用了二十個，誰知上邊一羅，下邊散板。木腐工粗，木條子又有多出來的。（是最壞的毛病）如此上路，必有不少到不了南京（上海）的。且朽木大孔，雨濕皆不可經。故^弟一面籌畫南邊之安置，一面擬託中舒暫時緩運。葬送于路上或上海，與葬送于北平，一也。

三、畫圖停頓，乃因地基發生糾葛之故，①^弟此時在京，亦一籌莫展。^弟此次北來，公私交弊，公則多用了百二十至百五十元，私則用了六十元，且弄得一切不上不下。然若^弟不來時，或者檔案箱也要有碎在路上，落在上海雨中者，而中舒兄所謂"老弱殘兵"，一齊逃難式的南下，一部分工作停頓不必說，到南真一時無辦法也。^弟聊以此自解其慌張耳！

---

①行首自註："^弟想只好在社會所後面建築。"

四、此間消息比南京靈通，^弟到此之第二日，已知內容若干。[1] 一
　　個月內，日本人不會到北平也。此時打古北口者，乃求消滅中
　　央軍。

五、^弟準于五月五日南下，七日晨抵南京。濟之兄如能待，在京一
　　晤最好，因社會所事有數事商量。史語所事，關係下年度者，
　　乞　兄迺在上海商決之。如不便待，亦無大關繫，^弟再寫信寄
　　河南商量也。專此，敬頌

日安！

同人均候不另。

^弟斯年　四月廿九

318. 傅斯年致于道泉 （暫繫年於 1933 年 4 月）檔號：元 62–2

伯原先生：奉書敬悉。頃往訪錢乙藜先生，大書已投之矣。每月津貼
事，錢尚云是三百或二百，及^弟言明本所只有二百，圖書館無之，彼
始作為決定。其起薪之日，云自到法之月起算。旅費一事，彼初不肯
出，^弟與之商量久之，始言為他們津貼三百，研究所二百。此三百之
支付法，即上船前預支一月薪（船上一月）。凡此皆是決定者，以後當
不致有不變化。^弟初意他們或隨便些，其結果乃如此精明也。船票已
託袁先生代訂，半價（託法使館）三等，七月初上船者。墊費可先向
中舒先生處領也。五百元甚勉強，恐治裝未能在內。^弟返平時，（五月
初）再與袁先生一商耳。錢先生云，去時可先支三個月，到後每三個
月一寄。又云，在北平時，已與詠霓先生多談談，即可託丁在君先生
為介謁之也。

看來六月走是辦不到的，此時應先結束工作。（理化上次已詳）工作結
束後，再預備法文。所開之工作表附還。《西域同文書索隱》，乞亦于

---

①行首自註：“此中情形，後來面說。”

去國前辦理。專頌

319. 傅斯年致陳寅恪 （電稿）（暫繫年於 1933 年 4 月）檔號：元 4-30

北平清華大學。陳寅恪：院盼　兄南來，如前約辦理。斯年。

320. 傅斯年致李濟 （1933 年 5 月）檔號：考 2-107

濟之吾兄：

惠書敬悉。歐陽采薇女士對此事之 qualifications 自然再相宜不過，以人論是絕不成問題的。

但 married ladies 在公共機關服務總有些不便之處。怠工請假，為身體上所不可免者。此等事出于一般無關之人尚可，出于朋友的太太，則規律勢難執行矣。此不能不于事前想到者也。

弟尤有一顧慮，① 吳之椿之為人，曾以弟為工具，弟上了一個大當，故弟深知其不擇手段，不明分寸之處。至今思之，猶為懍然。他在清華時，曾為拉攏一個女子，改清華的重要章程（（新生）頭一年未入學，第二年可再來）。如其夫人在本所，所有服務與待遇，弟不能保其不時來干涉也。如此豈非不下台之事乎？

然兄如以為上列兩事無關係，或可補救于前，弟自當同意。弟對歐陽個人之 qualifications 全無 objections。

餘另白。弟大約八日或九日赴京。即叩

日安

弟斯年

---

①行首自註：“Confidential”。

321. 傅斯年致李濟 (1933 年 5 月 4 日) 檔號：考 2-20

濟之兄：[①] 弟因須天津留一日，（與何廉談）故改于本星期六日南下，星期一早晨到京（八日）。 兄如能待至此時，最好，否則通信商量耳。

一、暑假後史語所事件，乞 兄在滬時商量妥貼，如工作計劃、預算等事。（加薪、去留，等等。）

二、建築事，如電台拿不來，則在社會所後建築，如何？仲揆今日已到京， 兄過京時，乞與之面商也。

三、同人暑假後加薪事件，弟之意見如此：三百四者，作三百五之一級論；凡上次加薪滿二年者，加至四百；未滿二年者，待滿二年時加至四百，即以四百為止。如此無挑選、別擇，等等毛病，決是"自動的"也。弟並無成見，乞 兄酌之。

三、[②]博物院事，弟覺目前之局不是辦法，最好趁王雪艇到部時，改一方式，即用委員會名義，而請蔡先生任委員長。仲揆意，最好也拉驌先加入，詠霓並謂請他副之。弟覺甚妙。自然館之首座 curator，最好仲揆，如他太無性趣，詠霓甚佳，據其語氣，如有此 offer，他必願也。人文館事，自然兄任之；工藝館事，乞與仲揆一商。仲揆意以為此事關鍵仍在驌先，因為出錢的人便是管事的。仲揆謂弟此時未便全退，蓋與驌先要錢之故。然弟意以為如此時決定後來究竟誰做 Chief Sec. 弟負此名義至要錢時為止，亦無不可。然必須先決誰是後來真除的方可，若欲此事使弟如對史語所之經歷，則萬萬不可能也。此 Chief Sec. 兄或寬甫均無不可。

弟意此時仲揆在京，兄最好與之切談一下子。

---

①頁首收發註記："中華民國廿二年五月初七日收到。"
②編按：項次當作"四"。

委員會中，關于人文一部分，（所外如有空位時）^弟擬推荐玄伯，他

人對他頗有議論，然^弟知之甚深也，且他一向對研究所甚幫忙。餘

面，敬頌

日安！

^弟斯年　四日

322. 傅斯年致 Bernhard Karlgren（1933 年 5 月 23 日）檔號：元 113-11

Nanking, May 23, 1933.

Dear Professor Karlgren, ①

I have been very anxious for those eleven weeks or more in waiting for a reply from you, because the matter with your allowance not to be settled early and remittance will be made as soon as you kindly agree with our suggestions.

Please note the cheque address of this institute. It is beyond description what we have suffered especially mentally for these several months.

Waiting for an early reply

Yours ever sincerely

323. 傅斯年致裴善元（打字件）（1933 年 5 月 26 日）檔號：元 134-17b

人字第壹玖叄號②

子元先生道鑒：茲因徐中舒先生赴汴，本所在北平事務責任敬請　先生擔負。時局如此，亦只得就可能範圍維持，一切鼎力，公私均感。

---

①頁首自註："存。高本漢。"

②頁首自註："存史所。"

除囑李光濤君秉承　指導辦理外，相應函達，敬乞　查照為荷。專頌
日祺

弟傅斯年敬啟　二十二年五月二十六日

324. 傅斯年致許壽裳、王敬禮（1933 年 6 月 3 日）*

季弗、毅侯先生：一電乞　毅侯填上方君之號，文書處一發，至荷。
餘面，敬叩
日安

弟斯年　六月三日

附：蔡元培致方策（電）（1933 年 6 月 5 日）

彰德。行政督察專員方定中先生勛鑒：數月疊據報載及敝院駐彰考古
站報告，安陽西北一帶盜掘古物，千百成群，古蹟毀壞不可數計。五
月中旬，敝院考古組主任李濟君赴彰調查，証實一切，並目覩成群盜
掘者不下數十組。查敝院在此作科學之發掘，五年於茲，並疊請國
府、省府嚴令保護在案，且盜掘古物向干例禁，應請先生特別分神，
用有效方法，嚴禁盜掘，並請準予隨時接受敝院駐彰代表之報告，至
感公誼。蔡元培。微。

325. 傅斯年致李濟（1933 年 6 月）檔號：考 31-11-85

濟之兄：

　　適之先生到上海，想已見了。弟做了一小段，請他為研究所宣傳。
考古、語言有何材料，乞　兄送他。（法界愛麥虞限路文元坊二百三
十）《集刊·外編》乞送他一本，路上看。又《集刊》第一冊乞送

---

*取自南京第二歷史檔案館（檔號：393-0-0188-00-pp. 10-15）。

他一本，（或送《集刊》一全）其上有《工作旨趣書》，他可為研究參攷也。①

乞他代找人事，　兄有何意見，乞一並告他。

以上均請　兄收到信即時一辦。

莘田、方桂兄同此。

弟斯年

〔附〕：**傅斯年致胡適**（1933 年 6 月）＊

適之先生：

奉上兩個文件，其"宣傳材料"，只舉事實，未做文章。蓋大匠門前，豈可弄斧。已托濟之即送《蔡先生⟨⟩⟨⟩⟨⟩》及《集刊》。（便路上看，《集刊·序》中意思或可為　先生演講之參考耳。）

物色社會所人物事，乞鼎力！數目不小（三四五人），大可"招搖"。一笑。

敬祝

一帆風順！

學生斯年

326. **傅斯年致李濟**（1933 年 6 月 17 日）檔號：考 2-75

濟之吾兄：

手書敬悉。吳定良又有信來，明日轉上。

基泰又無消息了，乞　兄明日一催為感。蓋投標非早不可也。

計畫書佩佩，待弟將總的寫好即送　兄處一譯。日內與子競兄談，經過乞一詢。

令妹事，弟自當竭力，此時無 change of ministry，或不甚易，但弟當

---

①行首自註："又出版目錄一份。"

＊據歐陽哲生主編《傅斯年全集》第 7 卷，長沙：湖南教育出版社，2003，第 394 頁補。

努力耳。^弟意最好仍在教育界，部中女子服務不是容易的事，故第一著是找羅志希，昨天他答應盡力想法子去，^弟叮嚀請他快辦，他雖答應即去想法，但此公之為人也，天下之最不痛快者，故昨晚又寫一信給他，待下星期二、三再找他去，如不成再向教育部設法子。

^弟斯年　六月十七

327. 傅斯年致李濟 （1933 年 6 月 27 日）檔號：考 2-21

濟之兄：①

博物院更易人事，^弟到京之日即與驪仙說過，次日即向雪艇辭而推　兄繼，談論結果，雪艇謂不可此時便向庚款會表示 instability，故提議以　兄為副主任。^弟當時亦同意了，回來大悔，又寫信請他仍照^弟原意考量。其回信謂緩商。如此則此時提向英庚款會之文即用^弟簽名亦無不可，惟^弟赴北平之先必將此事辦就也。^弟明晨有事，改于星期四夜車赴上海。專此，敬頌

日安

^弟斯年

328. 傅斯年致胡適 （1933 年 6 月 30 日）*

適之先生：莫干山之遊熱死！若非歸途遇雨，得見一些山色，則此行可謂買熱去的。

我們要錢事前者說了許多話，　先生說"說完了"。其實早已說得太

---

① 頁首收發註記："中華民國廿二年六月廿九日收到。"

* 原載耿雲志主編《胡適遺稿及秘藏書信》，合肥：黃山書社，1994，第 37 冊，頁 409—410。

過了。對 先生是無不可的，但同時任叔永先生在，這話便實在嫌說
得太多些。所以此四日中與叔永先生同遊，更無一字提此事。

但對 先生却還要說一句。先生說，我應該說給蔡先生聽。蔡先生
此時實不大瞭然我們這個研究所所處的地位。這地位是什麼？就是下
一年度中，經費的來源必斷，得想一切方法維持下，這是在現在極明
白的，若是工作費有下落，大家再去找生活的解決，雖說不是容易
的，但還有很多人可以如此鼓其氣來，否則真是沒奈何了！

這個研究所若干不滿我們自己意思的地方。但創辦的時候總不免
Trial and Error。這個研究所確有一個責任，即"擴充工具、擴充材
料"之漢學（最廣義的）。這樣事業零星做也有其他的機會，但近代的
學問是工場，越有聯絡，越有大結果。我這兩年，為此"搆閱既多，
受侮不少"，然屢思去之而仍不能不努力下去者，以為此時一散，至
少在五年之內，在如此意義（事業的、人的）下的一個集合是不可望
的了！

假如 你老先生認這個意義便是你所鼓吹的，常久所希的（其實這
正不必說"假如"），則我那些話只嫌不足，不嫌有餘。這也正是我只
向你先生說，而不必如此向蔡先生說的一個最重要的緣故！

那麼請 先生再把我們那個備忘錄看兩遍，想幾遍！臨寫此信，
"感慨系之矣"！

學生斯年 六月卅

329. 傅斯年致容肇祖（抄件）（1933 年 7 月 6 日）檔號：元 75-14

元胎兄：信電均悉。人間何世，所慨多矣。

弟被派到社會所之始，曾與 希白兄談到 兄事。當時以為 兄
如到研究所，其待遇當是（一）專任編輯員，（二）月薪二百元，
（三）工作即編《道藏》之分析目錄，整理民俗材料之類。惟作法
須較中山大學時之情形趨于精嚴，此 兄所知也。 希白當時甚不
為然，以為待遇太差。弟當解釋，研究所政策，為逐漸加薪，彥堂

以百六十元起，此時初任之待遇已比前好多，不便"後來居上"過甚也。

今以現在規定加薪每兩年一次，（試用除外）故薪數可以二百五十元。（兩年內難加薪）其餘均如前云辦法。　兄如以為可行，乞　示知，當照辦也。① 工作計劃手續，待到此後面商後定之。

^弟一方應為研究所謀，一方亦應為　兄想。嶺南情形如何，^弟不可得而知？此間情形，　兄當知之。^弟等仍在努力中，然杏公之卒，實政治暗殺，② 研究院前途大為可慮，此不便向　兄諱言之者。（請勿對他人言）一切心照不宣，　兄其善自忖度之。^弟可以幫忙處，公私無不盡力也。專頌

日安

^弟斯年　（二十二年）七月六日

電報不能詳，故快函。

330. 傅斯年致董作賓（1933 年 7 月 10 日）檔號：考 13–12

彥堂我兄：

明義士君一事，^弟熟思未能贊同。外國人很歡喜借名義招搖，故對外國人最宜慎重。如為酬齊魯大學好意，不妨加聘其中國教授也。

此等情節係^弟經驗之談，　兄幸勿河漢之也。一切乞轉告　獻唐先生，至感！專此，敬頌

日祺

^弟斯年　七月十日

---

①行首自註："中央大學事一時不易成。"
②行首自註："實力派對子老亦大不好感，若京中表面有變，此院必不延命矣。"

331. 傅斯年致徐中舒 （抄件）（1933 年 7 月 10 日）檔號：元 134-19

中舒先生大鑒：

敬啟者，本院隸屬所館照規定均不得留住來賓，本所自不能例外。此間已由^弟口頭通知吳亞農君遵照，所有靜心齋、蠶壇兩處，務祈先生隨時注意。樂煥日前因平局緊張，移寓靜心齋，^弟得知之後，遂即去函令其遷出矣。謹此，敬頌
著祺

弟　　　　敬啟　廿二年七月十日

332. 傅斯年致吳定良 （抄件）（1933 年 7 月 15 日）檔號：元 38-7

定良先生賜鑒：

（上略）承惠手書，示以一切，感激之至！盛情尤感！謹分述數事如下：

一、先生歸期　此點自當由　先生自定，^弟不便勉強。惟愚見所及，有數事，（a）社會所目下情形，以前設備直等于零，除房子一處外，亦無多存款。^弟局如此局面，簡直不能工作，非大宗設備不可。設備之款，若靠經費中積出，大非易事，不得已，當賣了上海的房子。^弟對此項設備，自不輕易放手，然新聘同人到時，難保初次設備不超過原定之外，統計工作，正是須設備者。　先生如晚到，或不如早到時在初次設備上可裕如也。（b）中國情形，總是難說，若待安定真所謂"俟河之清"，故欲立一事之基礎，非早下手不可，早下手則基礎早成，工作事業早上軌道。^弟正深悔當時回國何太晚也。（c）社會所目下之局面，科學工作甚少，非早將基礎打好，^弟深覺不安。故甚盼　先生速歸。此時空空洞洞，一切易辦也。

二、回後工作　此事^弟全無成見。先生無論在統計學中何一方面上

努力，^弟皆贊同。^弟服務史語所之主張，一面固求如同事之 co-ordinator，一面亦絕對尊重個人之興趣，決無行外人出題之理。

惟無論　先生工作走何方向，^弟等必竭力助以工作之方便耳。

三、設備　萬元之內，不成問題，萬元之外，如是目下之需要，亦好商量。雜誌兩套，及訂閱各種，均當照辦。器具即如　先生所開之單子辦理。此項費用，如須　先生在英時直接訂購，乞　電示，便將款電匯上。

四、川資　已電奉上，計達。另一公函，乞　察閱。

五、社會所目下情形　社會所現在僅有胡紀常、凌純聲先生二位，陳翰笙先生已赴美，其他去年均已辭職。目下學術人士雖少，而事務人員比史語所反多。（人皆不錯，故不宜裁。只好等後來工作忙時，充分收效耳。）^弟意社會所以後如不將工作限制在數事之內，必無大結果。經濟一項，似難擴充，蓋此項人士，研究院之待遇養不住也。^弟意社會所以後應集中力量于二事，一統計，二民俗。經濟則非有適宜之人不求擴充，法制則不辦。其他此時更談不到。如此，則助手及設備，皆可充分，庶幾工作有效，經費不全吃了去也。

統計一事，除　先生外，今春曾接洽過一位在芝加哥者，黃汝琪先生。黃先生是專習算學者，近從 Prof. Schultz 助理統計工作。待遇為（一）月薪三百元，（二）專任編輯員。後來黃先生有一電來，云："accept"，而此後魚沉雁渺，無下文，不知何故也。除此事以外，如　先生于年內返國，決不再有接洽。如　先生在歐遇到適宜之人，（統計以外，社會所可延任者，亦祈留意。）務乞　留意。當充分考量也。民俗方面，接洽者有二、三人，但均無成議。社會所專任研究員（編輯員暫算在內）額至少六人，方可充分工作，至多八人。多則經費不足。蓋工作費要緊也。

六、先生工作之 facilities　此事不成問題。以研究院之處境，及^弟等之贊助，必較國外易于工作，亦必較其他國內機關方便也。

　　專此，敬頌

日安！

弟斯年上　（廿二年）七月十五日

附：中央研究院社會科學研究所致吳定良（1933 年 7 月 15 日）

逕啟者：查本院延聘專任研究員向無川資一項，延聘　先生一事，經

　　故楊總幹事核准給予川資英幣壹佰鎊，茲准來電，已經電兌倫敦

矣。查此項川資之接受，應以在所長期服務為條件，頃奉　院長代總

幹事核准擬定辦法如下：

　　此項川資之接受，以在院服務至少二年為條件，如服務不滿一年

　　辭職時，應退還全數；如滿一年而未滿二年時，應退還半數。

諸希查照辦理為荷！此致

吳定良先生

社會科學研究所　七月十五日

333. 傅斯年致容肇祖（抄件）（1933 年 7 月 18 日）檔號：元 75–17

元胎吾兄：

　　奉書，敬悉一是。如此甚好。蓋弟為研究所計，甚願　兄此時能

來，為　兄計，此時扶妻携子到本院，或未為得計也。此情形乃目

下社會所請人之難關，單人的，百元左右的來此並無危險，而事件

複雜的，則兩樣。不如暫在嶺南一停，明春如兩所不受惡影響，再

如前函所議，携眷來此，不晚也。（前函所云，在此時中可繼續有

效。）國家事愈鬧愈糟，恐不久即是大火血流，不必說矣。吾儕皆

釜中魚也！專頌

日安

弟斯年　七月十八日

334. 傅斯年致趙元任（抄件）（1933 年 7 月 18 日） 檔號：元 135–10

元任兄：

奉電，即回一電，感激之至！

梁 C. C. 看來真合宜，請 兄即 offer 並設法請其必就，必早歸。待遇情形乞 兄斟酌，能使用（a）三百元，（b）專任編輯員最好，因此時請人都是如此出發的。梁如有幾個論文（dissertation 不算）出版了，自然可以另商量。

薪水一事乞 兄給一個輕微的暗示（如有此需要），如回國後不夠，（如結了婚）朋友們當照顧到的。名義一事卻非有重要著作出版後不可改。（此是三年中之習慣，今整頓社會所即專以史語所之習慣云云也。）①

梁君既 *papys* 又 *rauto* ②真再好沒有了。平心而論，研究農人經濟非與農人同生活不可，如坐在南京整天見官，不知算是什麼？如 兄所說梁君真再好沒有了。林徽音（譯音）自然也很好，但 ^弟^ 慮研究 finance 與 silver 之人回國來必為人拉去。^弟^ 亦無定見，待與濟之諸位商量後再說，盼 兄先以詳情惠告。

黃汝淇③君事乞 兄再設法一探，他來電說 accept，然從此便無下文了，甚念。^弟^ 切盼其早來也。

^弟^ 斯年　七月十八日

335. 傅斯年致李濟（1933 年 7 月） 檔號：考 31–11–87

濟之兄：

一、千里草近致戴季陶一電，云："某派把持教育，殊堪痛恨。"戴

---

① 行首自註："我們 offer 的個人待遇決不願與人賽多，但工作費及一切工作之 facilities 絕對在任何機關之上，此情形乞 兄以經驗 convince 他也。叩頭叩頭。"

② 原稿如此。

③ 編按：即黃汝琪（Yue Kei Wong），1931 年獲芝加哥大學數學博士學位。

持示汪，汪默然，無一語。（戴非反對研究院之人）或者此次盧山會議議到研究院，或不妨告總幹事丁公，不妨有所備也。

頃又聽到雪艇出任教育部前千里草的一段主張，知其處心積慮久矣。

又，程其保者以在《近代公論》① 罵蔡先生、杏公及研究院為專業者，此次草頭保其為湖北教廳長。

弟斯年

336. 傅斯年致李濟 （1933 年 7 月 23 日）*

濟之我兄：昨日一電計達。前日下午五時到院，即與朱騮仙打一電話，則知他於當日午赴盧山。如前一夜不誤車，當可晤及也。不幸的人總是到處不幸！hai！

與　兄別後，車上悶坐，備極無聊。雖帶書，也看不下去。後來與金叔初談了一下，他云，金潛廠本想星期五同他一同到北平，因待其姊，故改至下星期二。古董事，金叔初勸他過三個月再來上海，一時買不出去，即寄存研究院，亦一法。他如此勸他侄，云云。弟云，此事恐成過去矣。弟到京之意，一為要離上海，二為或可與騮先一接洽，只要得他一電，云將來英庚款會中付款時認賬，則情形便好些。弟當時車上意思，以為如交通部肯墊借二萬元，其餘一萬由政府電何遂緩付，②（金之千餘元由籌備處認賬）乃最好之法，可不向研究院諸大人先生乞憐。因騮先曾許弟必要時，交通部可助一款。此事他說過兩次。（至少借一下或更易）此雖靠一時的情形，及他的官興，然非全無望者。乃又因汽車，晚來了半日，而竟恰恰錯過。此真天意，願我自南京、上海滾出也。若再與總辦事處諸大人物乞憐乎？弟以為絕不

---

① 編按：當作《時代公論》，1932 年 4 月創刊，成員以中央大學法學院教授為主。

* 本函（檔號：考 2-22）郵戳日期："廿二年七月廿三日"。

② 行首自註："如發電給何，此間有相宜之人。"

必！即蔡先生亦是做夢！前午對吾二人之言語，使^弟終身灰心焉。（其言詞情感，有使弟不能不根本計校者。）^弟三日與仲揆楚囚相對，別有風味。廬山之會，真不成事體。院局實極嚴重（有消息）。明天再說罷！即頌

日安

^弟斯年

^弟尚未找雪艇，因找他無用處。如請他承認博物院一批賬，待英款或經費到時再還，他總是不會反對的，如 cash，則談不到。故不必此時找他也。

337. 傅斯年致李濟（1933 年 7 月 24 日）檔號：考 14-6

濟之我兄：

數事續達：

一、^弟去京廿餘日，回來一看，江山已改，土山已平了，池已填了，工人群聚，儼然朝市。山前之荒蕪，今竟成一樹林。仲揆曰，像巴黎 Quatre Latin 之 Pave Luxembourg。若將上山路移至西邊，尤妙。如此，全部分地可出來十五畝許（連土山所平者），此處地價每畝至少值三千元，如此看來，則填土二千，山路二千之值，等于四五萬元。人皆謂我們好花錢，不知我們真能計算。比其花上數十萬，沒有有效結果之所，雖曰省錢，得失何如耶？

關頌聲至今未來過。建華已開始經營，木房（工房）在建中，地位已畫好，^弟來後又略改了一下子。土山為平地，兩個大院合為一，氣象極佳，後來修飾之後，南京尚無此等氣象之院宇也。關處尚有業主與建築師之合同（寬甫云），乞便中催他一下。建華經理林德羔君，高高興興來此，謂工作必能滿我們的意思。似尚不知琉璃瓦故事也！

二、教育部正有些個小問題，且找他無用，故^弟尚未向他們出面，大約今晚或明日可晤到。此與古物不相干也。

與朱騮先恰錯過了五六小時，真正可恨！此意雖未必有大希望，然並此而亦絕之！唉！

連日越想越氣，幸天氣甚涼爽，不然，乃真火上加油。與仲揆仍是談之不已，皆三綱五常之事也。承　兄一番厚意，感激流涕，^弟正日夜思之也。實在說，若非研究所同人關係，早已掉頭不顧。然若研究所安置有方法，則^弟在何處，亦無關弘恉也。

彥堂兄處，乞電達，請他不要待我矣。尹①已赴彰，亦一并電告矣。專此，敬頌

日安！

^弟斯年　七月廿四

方桂、思永處問候。

338. 傅斯年致李濟 （1933 年 7 月）檔號：考 31-11-57

濟之兄：②

志希于半月前全家出去避暑了，此或其不回信之故也。目下查無下落，有人云他赴莫干山，但也不知其住址，^弟恐不能待他回來。令妹事請即以社會所事為定局，③後來不便當時，^弟自當再函託此地友人也。此時倉卒間或只得如此耳。友人在此者甚少，而在者又皆長吁，故應先以社會所事為定局也。

^弟斯年

---

①編按：尹煥章（1909—1969），字子文，時任史語所書記。
②頁首收發註記："七月廿五日收到。"
③行首自註："已告胡紀常先生說好一切，令妹到此時可以接頭也。"

339. 傅斯年致李濟 （1933 年 7 月 25 日） 檔號：考 14-11

濟之我兄：[①]

惠書敬悉，一番深意，感荷無極，無論後來如何結果， 兄對公對友之精誠，均至可佩也。

此事弟覺實已成破甑，若由此轉圜買下，亦不妙，不然，亦不妙。故到京之意，只為離開上海，在 蔡先生處多避遁之詞， 兄必覺之也。在車上晤金叔初，轉覺有一線之望。到此之後，適與驪先不值，心中如石沉大海矣。

社會所事積壓甚多，不為處理，愧對我 兄，故"晨來理蕪穢"而晚間則與仲揆楚囚相對。建築事正在空中，地基未全平，又略改地位，故今日始畫定粉線，監工人亦於今日決定（即地質所監工者）。所未完者若干零星雜事，社會所各事之記錄（已完一部分），不一寫下人不接頭也。星期二致驪先之電，非弟本意，星期一晚以前亦未與仲揆談此經過。星期一下午張、辛在此說要發電報事，仲揆始詢其經過，晚間告之，仲揆大為憂戚，他之見解與 兄頗不同，蓋他以為弟之去也於研究所無多關係（只要 兄肯任勞）而院局成一大變（morally），他勸我兩晚，（他今晨走了）弟極感其意，猶之感 兄，然他將此事看得過于理想，弟不能以為事實如此也。弟覺總辦事處諸公皆對弟洶洶而 蔡先生實不解弟之立身行事。星期六日電後，蔡先生並無一字下文，準以蔡先生星期四晚所言，似又改其態度，兄此次信中于此亦未提及，此數日中或另有情節也，或者弟之去也，正所以保全研究所。

發信時到了，明日再寫。弟三五日內走不成。

弟斯年

---

①頁首自註："Absolutely Confidential。"

340. 傅斯年致李濟 （1933 年 7 月 26 日）檔號：考 14–10

濟之我兄：

昨日信未寫完，而夜車快信收門之時間到了，故今日續寫。

昨晚接電，知古物既押而未嘗絕望，此滋味最難過。今日既已大熱，加以如此心緒，真正度日如年。不知明日來電果何如也？若竟于此時失之，罪真有所歸矣！然總辦事處諸公亦決不能如此自省也。

丁總幹事今日來一信，抄來在君一信，看來他就院任大有希望。^弟頗鬆快，院事有人頂住，只要　兄肯犧牲，^弟之去留真無關係也。此事明日再談，^弟決不不告我　兄而別，不過此時局面已成破甌矣。憶上星期四晚在蔡先生處，蔡先生未嘗不誠懇，（而蔡夫人尤然）囑^弟到京接頭後即發一電，^弟電發而蔡先生又無一字來，想態度又變。　兄信未提此事，或其中有難言之處乎？^弟以為如　兄認為不妨事，乞一告我也。餘明日白，敬叩

日安

弟斯年

341. 傅斯年致李濟 （電）（1933 年 7 月 27 日）檔號：考 14–8

0670【史】。SHANGHAI。李濟之兄：古物事，驪先自牯嶺來電云，當設法籌款，請即進行可也。又覆教部託墊款電，云可以照辦。蔡先生近對此事作何決定，目下金已去，尚有法挽回否？或一訪葉、呂，即日電復，便弟決定行止。斯年。感。①

———————

① 頁末收發註記："中華民國廿二年七月廿七日收到。下午三點。"

342. 傅斯年致李濟 （1933 年 7 月 27 日）檔號：考 14-9

濟之兄：

上星期四準備來京時，古物事既已向金說不要，公私勢難兩全，轉圜若鮮餘地，一線之希望是^弟到京後，萬一可籌一款（或有人允墊），金君猶未走，就此接緒，^弟雖失信于前，猶可挽救于後也。不意到此適與騮先不值，教部方面若請他認賬，他一定認的，若請他墊款，則明知他手頭並研究院亦不如，何必勉人以難？故^弟當時奉上一電，未再進行也。

星期一下午友人來談，^弟當說此事之經過。（自然以金君出賣事為限，不能說到我們內部的文章。）友人云，雖無錢，不必如此悲觀，只要動了氣，總可向政府要到，並以悲鴻事為證。① 有人意思（張道藩兄），不妨打一電給騮先。于是擬一電稿，星期二晨由交通部發出。（省電費也。稿附上。）

^弟覺，既打此電，不能不請雪艇亦發一電，蓋出錢出不了（教部），是事實，而主張則其職內事也。于是星期二晨晤雪艇，他欣然謂此事如你們覺得可買，教部自可存案，（即為博物院認此賬，待後來經費或補助到時還上。）並亦發一電，請騮先籌款。

今晨接騮先一電，茲附奉。又雪艇先生頃來電話云："騮先已回電，云可以照辦，想你也收到電報了。"此電文^弟雖未見到，但意思當是同意雪艇所說請他墊借。

頃思長途電話說一切，而長途電話又壞了。故發上 蔡先生一電，並上 兄一電，計達。（下午又打電話，兄未在，亞農接。聽不清楚，只剩一身大汗。）

此事關于墊款問題，既在院外有法，如在一星期前，自是最好之形

---

①行首自註："^弟當時不贊成此舉，蓋何必向政府要錢，不過若用博物院名義，以後來助款為抵，則亦不妨由政府某機關一墊也。"

勢，無如此時金君已北去，古物下落不知如何？如已賣出，或已轉手，自然難辦。如其未也，乞兄謁 蔡先生陳此經過，看當如何進行。乞即電示！

弟想到下法或可行。

ⓐ仍用上次談論條件，檢定手續不廢，而從簡行之。（三萬元，外付金君旅行費用。）

ⓑ詢葉譽虎，或訪呂戴之，（須有人介）或電北平，託周寄梅、金叔初一商金君，續成原議。

ⓒ用博物院名義留下。（而研究院保管之。）

ⓓ若已賣去一部分，而大部未賣，須視其大部所值如何耳。

ⓔ如他方出賣在進行中，乞即止之。

一切乞 兄秉承 蔡先生意思決辦之。如此舉尚能借此路挽回，或亦公私兩全之道也。一切乞 電示，為荷！專頌

日安！

弟斯年 七月廿七

附：辛樹幟、張道藩、傅斯年致朱家驊（電稿）（1933 年 7 月 25 日）

牯嶺探投交通部長朱騮先先生道鑒：① △密。何軍長遂在西北收集古物十餘年，日寇迫北平時由其駐平主任金君搜數運滬，約百五十箱二千三百餘件。何君因公負債，此物存其債權人處，內有雲崗龍門石頭，魏齊唐宋石頭及造像石刻數十，鉅鹿宋磁，魏唐葬器，宋朝大佛像等及其他，真希有之收藏。何君慷慨，本可捐入公家，無如負債寄存，須出一代價，全數值十萬以上，如公家收藏，但出三萬還債即可。斯年為此奔走，苦無眉目，中央研究院因在京建築，目下一文不名，此一收藏將來如入國立博物院，可省十年搜集之力，且石像等一流海外，不能再得，失此機會，實國家之大損失，亦博物院之至不

———

①頁首自註："乞妥存。斯年。"

幸。　兄熱心此事，擬請設法籌款留下，① 至幸。辛樹幟、張道藩、
傅斯年叩。

343. 傅斯年致李濟 （電）（1933 年 7 月 29 日）檔號：考 14–12

李濟之兄:② 古物事有轉機否？教部電事兄轉並告呂，款項請付事此
次絕無問題，必要時或微示以政府有必得之決心。結果盼電示。斯
年。艷。

344. 傅斯年致李濟 （1933 年 7 月 29 日）檔號：考 14–13

濟之兄:③

今晨接信，敬悉一是。近數日情形經　兄數語，甚為明白。　兄末
段數語甚明白，弟讀之痛心之至。弟有 moralist 之名號，其實我的
moral indignation，皆是為公家事發的。個人事不在 moral 範圍，而
因私害公誤公，乃真正是下品。吾等吃民膏民脂者有主"吃飯主
義"之權力乎？雖明知明天死，今日亦不能坐食。弟去廣州中大之
意，決于半年之前，在此半年中，將各部分設備經費都布置妥當而
後走。說句傲慢的話，吾等焉得重視此輩乎？

弟覺此事如竟買不到，真是國家之損失，一也。且事情更糟，二
也。故此時是切盼能買下。（因為上週如再買，一迫向蔡先生要挾，二
又須向丁公乞憐，今則另一事也。）　兄信云："他又似顧慮到官方"，
弟覺或可請主管機關公然一表示意見乎？即于清晨訪雪艇，將　兄
信前半給他一看，他云："是不是磨價？"我說："看來呂君誠實，
不像如此。"他微笑著說："是否應用點政府壓力？"我覺正中下懷，

---

①行首自註："或由他處墊借，待博物院領到經費或庚款補助時扣還。"
②頁首收發註記："中華民國廿二年七月廿九日下午七時十分收到。"
③頁首收發註記："中華民國廿貳年七月卅日收到。"

于是擬好一稿，由教育部發出，因不記呂住處，由 兄轉也。其中爽性不提他押了一說，正面的表示要買，亦雪艇意思，使他不得下台也。

弟今日午後因 兄電未到，又發一電，計已達。

前日弟有二電致蔡先生，第二電是說請蔡先生託人勸呂，此蔡先生信所由來乎？

一切明日再寫。專候 電示。

弟斯年

又，頃知朱復雪艇電原文為"遵辦"，上次是電話告我的。我說，如此錢是沒有問題了？他說，二、三萬元在交通部是容易的。

345. 傅斯年致李濟（1933 年 7 月 30 日）檔號：考 14-4

濟之兄：兄電昨晚一到便病，今日幾不能起牀。弟覺此事或者他想多錢（此事甚難）而怕不付現，故弟又寫一信，不知有效否？

弟忽又要買得如此其急，或者 兄不了解弟之心理乎？明日再說，非思想有改變，亦感情（對丁、王二位大人[1]）而發也。

弟斯年

346. 傅斯年致李濟（電）（1933 年 7 月 30 日）檔號：考 14-14

李濟之兄：[2] 盼兄再最後努力一次，或喻以政府意在必得。年。陷。

---

[1]編按：丁燮林（1893—1974），時任中研院物理所所長、代理總幹事；王敬禮（1885—1943），字毅侯，時任中研院會計主任。
[2]頁首收發註記："七月三十日上午十時半收到。"

347. 丁燮林、李四光、周仁、唐鉞、李濟、傅斯年致丁文江

（暫繫年於 1933 年 7 月）　檔號：III：210

在君吾兄：

蔡先生決定請　兄任總幹事，我們也想趁這機會，說說我們的意思。我們這封信是見到你的兩個電報，而未見到你的信時寫的。自杏佛先生故後，我們百感叢生，悲憤無狀。有人以為事業為重，研究院不可由我們而拆台；有人以為管不了許多，不如一闋而散，各自奮鬥去。但三星期的迴想與討論，我們已在最重要一點上同意，即不論後來各人如何證果，我們目前總當把研究院撐持起來。蔡先生想到我兄，也正為此。我們之在旁奉贊，也是為此。

有幾點可以分說的。

一、在蔡先生下邊做事，是一種幸福、快愉與光榮，這是不消說的。而　兄之事　蔡先生也，亦必敬必恭，必以慣習成規矩，這也是不消說的。蔡先生必給任總幹事者以責任，何況我　兄？

二、研究院對外事項以要錢為第一。然此事今已成自然的手續。縱將來有山高水低，似不至如當年之困難。其他對外事項，也用不著過分周旋。只要學術上站得起，總有方便處。地質調查所之冷落，乃偏于一隅之故，政府不曾深知。如在京、滬，將為人之偶像矣。　兄儘能不失身分，不過費時間，而對外裕如也。

三、論到研究院之本身，頗有憑借，財產值二、三百萬，基金數十萬，常年經費百二十萬。若欲有為，大可有為。且院中各所，半數以上頗有成績，亦多他處無可替代者。"北平為中國文化中心"一說，是非且不論，北平之有學術空氣，他處無之，乃是實在。今華北局面不可測知，而東南物力所集，如不成一文化中心，即不有學術空氣，成何國家？此一責任，中央大學無能為也，洋涇濱尤無能為也，如欲有之，非自研究院發軔不可。院中各部分，若能為若干科目建立一個較高之標準，各大學不得不奔從；若成一種討論講演之環境，不患不成風氣。然

則研究院之將來，關係于國家前途者不少也。

四、 兄年將五十，而事業無歸宿，若干學術工作未有結束。結束
之法，一人獨辦，恐勢有未能，如在院中為之，乃真方便。地
質、史語皆在北極閣下建屋，地質所年底可成，史語所初春可
成。史語所之屋子尤多。 兄可在其中闢若干工作之室，參攷
資料、輔助人員，皆易接近。總幹事一職，初任時自然甚忙，
數月之後，必能騰出甚多時間，自己作工。此吾等就事實考量
之言，決非虛語也。

五、目下研究院之局面，自有其困難處，非振作一下不易佔得住。
不佔得住，則以前所費之國帑，吾等所用之心血，皆付流水
矣。環顧學術界人士，更無他人有此魄力。見義不赴，非所謂
"丁大哥"也。

謁誠申說， 兄必謂然。 蔡先生所命， 兄必不拒絕也！

行旅中如看些歐美研究機關，特別是 Kaiser Wilhelm's Gesellschaft
之類，當有益處，甚盼留意！專頌

旅祺

弟于 李 周 唐 李濟 傅

348. 傅斯年致吳定良 (抄件) (暫繫年於 1933 年 7 月) 檔號：考 2-34

定良先生賜鑒：[1] 奉 電，敬悉一是。承 示歸期，至感！兩所合併
事，事實上已完成之，然以組織法關係，應否用歷史語言社會研究所
名義，或兩所名義暫時並存，尚未可即定，不過工作已合為一個，事
務已免重複矣。史語所因北方大局關係，暫時遷上海，舍北平而就上
海，誠是大不好事，然不過暫時的，南京房子建築成時，仍集中于
此，當不過明春也。此一年中，在上海，工作須設法適應環境，以免
受影響耳。（木器不得添置，箱件不能打開，難極難極。） 史語所于本週在

---

①頁首自註："此信如同意，尚乞示知，便即發出。（在京發出，此底子有二份，
此一份存史語所。） 濟之兄鑒。斯年。"

滬開張，^弟留京料理社會所事件。興革之計，容稍遲奉陳。茲先就
先生來所事說之。上次 先生致杏佛先生一電，時適濟之先生與^弟在
滬，同人稍覺 先生在歐幾及十年，對國內情形容有不盡知之之處，
此本情理所必然也。故當時由杏佛先生直復一切，事實如是，必邀
鑒察。約言之，其情形大略如下：（一）中基會之貲助北大，是其自
己提議，非北大請求。李濟之先生之講座亦然。① 故此事可做而不可
必得，兼以停款一年，又續一年，去年虧空五十萬，今年更茫無著
落，彼之自身忙無著落，故助研究院為目下不可能之事也。②
（二）薪水待遇。北大之研究教授講座最高，中央研究院則與各大學
大致相同，除所長及二、三人資格絕老者外，大約都是自三百元起，
加至四百元為止，歷年酌量情形增加之。此時史語所除陳寅恪先生在
清華支薪，李濟之先生在中基會支薪，趙先生請假，及^弟以外，最多
薪水為三百四十元，而諸同人之成績勳勞亦 先生所知也。故上次杏
佛先生定 先生薪為四百元，乃適用最高標準也。（三）設備情形，
^弟上次信中所說已得杏佛先生同意，請即照此辦理，以後當以事實的
需要，及經費的情形，適應發展。史語所四年來之經過，每部皆是從
humble start 做起，而一步一步發展之。
約而言之，研究院及研究所當竭力贊助 先生工作之方便，（例如上次
信中所說）所有在工作方便之範圍內，^弟恐此時中國學術機【關】無
如此之盡心竭力者，^弟等敢竭誠約先生參加此所者，所持者此也。然
除此點以外，所可貢獻者，亦無異於此時中國水平綫上之學術機關。
個人待遇與一般同，設備費用約與清華等，比其他稍高。故^弟等敢于
自信約同志前來者，乃頗妄自感覺，以為頗能助人以工作之方便，而
求此研究所在標準、訓練、工作效能上，能適用歐洲之標準。如此情
形，先生在國外當然有未能了解處，故^弟以為如有未可解決之點，不

①行首自註："且名義上是中基會之講座，非研究院的。"
②行首自註："且中基會不資助創辦事業，只資助已起頭事業。"

妨回國後親身體驗。如因此不能決定回國後參加何處，^弟等雖極願先
生來此，然亦不便強以在不【知】情形之前，作一斷然之決定，亦不
妨待回國後決之。旅費一端，百鎊以內，可以寄去。如回國後到所工
作（任專任研究員職務），便即報銷，如萬一他就，則請設法于數月內
還本院總辦事處。一支一借，以就否為定。如此似最能仰體 先生此
時之處境也。^弟如此提議者，乃因覺得 先生在國外多年，對中國情
形未能預知，為工作方便，不得不多此顧慮，上次來電所云，當是如
此。^弟尚在國外時，亦有同感，回國後，乃知想像與事實有截然不同
處。故直陳其事，竭力奉贊而不勉強也。
大示到後，當再白。專頌
著安！

349. 傅斯年致李濟 （1933 年 8 月 1 日） 檔號：考 14-16

濟之我兄：[1]

兩書均悉，承 垂念，至感。^弟病發作於星期六晚，但前此已有數
日咳嗽。星期日日間尚可支持，故寫致呂一信。晚間發燒不支，昏
痛甚厲。昨晨買寒暑表一試，在清晨即已百〇二度，為之駭然，延
王蘇宇醫師來診，彼謂肺部似無病而系氣管炎。昨（七月卅一
日）全日溫度在一〇二與一〇三之間，變化甚小。昨晚服藥餅之
後，夜間出汗甚多，今晨覺甚爽快，溫度僅九十九度，不意十一時
之後又覺不適，三時以後溫度又至百零三度，醫生謂此必是混合
症，非氣管炎與瘧疾，即肺炎之初期，好在氣管炎與肺炎可用同樣
藥注射，於是注射許許多多，且待明天分解。此病看來無關緊要，
如系瘧疾，即不成問題，縱是肺炎初期，亦甚易治，蓋^弟肺向健
康，只是如此熱天，如此高溫而要避風，真受罪也。羅志希處前數

---

[1] 頁首收發註記："航空快。八月二日到。"

日中已與之辦交涉兩次，彼滿口應承竭力設法而乞[①]無具體辦法，今晨寫一哀的美敦書，想他日內或一來也。呂處乞勿告以^弟病，蓋如告以^弟病，彼或疑心我們又要下台也。騮先已歸而^弟無法往訪，一二日內^弟當託道藩代辦一切。^弟非不能起來寫信而發熱甚倦，故囑^舍^弟手錄之，乞勿過慮也。

^弟斯年　星期二

350. 傅斯年致李濟 （1933 年 8 月）檔號：考 14-5

濟之我兄：

手書敬悉，感謝之至，祈　兄勿來京，上海院有事而此間又無來之必要也。^弟於昨晚移入中央醫院，住二七七號。古物事由蔣百里雙方接洽，妙極妙極，祈照此方針進行，當有結果之一日也。昨日騮先來談購此款項即由中英庚款會出。此事可以間接告呂，使其曉然吾等並非玩弄玄虛。呂之不信我們，當是人情，如蔣能說通，收效當不在小。此頌

暑安

^弟斯年

351. 傅斯年致李濟 （1933 年 8 月）檔號：考 2-119

濟之我兄：

X 光線檢查結果，証明其為 Broncho-pneumonia，且兩邊肺葉皆有之，此自不是輕病，然溫度在最近兩日已下降在卅七度左右循環，故危險期當似已過去，十日內恐不能出院。古物事一切祈　兄進行，至為感荷。專此，即頌

---

①編按："乞"當作"迄"。

日安

　　方桂、思永諸兄乞代候。

弟 斯年

352. 傅斯年致李濟 （1933 年 8 月 12 日）檔號：考 14-18

濟之兄：

　　教育部來一公事，茲寄　兄一看。

　　此事只好託　兄調查。如必要時，乞將此文給呂（間接）一看，俾
明此事之情由也。敬頌

日安

弟 斯年

353. 傅斯年致李濟 （1933 年 8 月 12 日）檔號：考 14-20

濟之我兄：

　　今午教育部派周秘書送來一件公事，弟當即託其轉寄我　兄。據聞
雪艇意思此一段公事作後來之張本。大約教育部星期一當再有電給
呂，此一公事可否拿給呂一看，請　兄自己斟酌之，如給他看時，
請對他說此皆由於《時事新報》之宣傳而起。政府見有向美商抵押
之說，大不以為然而決意必將此物留下也。　兄可否間接託人示以
下列之意思：此次主張備價三萬元收買者，乃我等暨教育部及交朱
之意思，此外多主張但備運費不出代價者，如呂堅持加價，勢必致
吾等主張失敗而別生枝節，彼此反為不美。至于向人已作抵押書之
說，政府可為解除其困難，請他寫一節略前來，政府可向關係人聲
明，雖在外商亦可由外交部通知，呂君可不受任何法律上之約束。
大約說來不外下列意思：一、政府非要不可，二、價錢在三萬元及
上次所說餘數之外決無增加之可能，三、如呂謂不可能請他寫一封
回信，政府當另想辦法，即依據保管法之辦法。凡此等等，辭氣總

應客氣婉轉而態度堅決，或以間接傳達為宜，何如？　兄奔走不過來，其章、葉兩處託思永一走，何如？耑此，敬頌

日安

弟斯年　十二日

354. 傅斯年致李濟 （電）（1933 年 8 月 15 日）檔號：考 14-25

0670【史】。SHANGHAI。李濟之兄：四五千元雜費可設法，四萬之說實做不到，乞託葉玉虎先生勸呂，大家可聯名電何，彼當不計此一萬之差。此事關鍵似在葉勸，乞更力託之。年。刪。[1]

355. 傅斯年致李濟 （1933 年 8 月 15 日）檔號：考 14-26

濟之兄：

此是病後第一次自寫信，因舍弟未來而弟覺稍可支持也。

古物事既到此地步，似乎有希望。此事關鍵仍在託葉勸呂。

a. 雜費（連金在內）如不出四五千元，吾等當想法。

b. 加一萬之說，絕對做不到。蓋ⓐ教育部並沒有錢，此次驪先設法，初僅云二萬，（因教部電言二萬）弟力言三萬，彼始允之。此時加價，決做不到。[2] ⓑ加價之說，向政府人談，必不能喻之也。（因前有定議，此時加價，他們決不同意。）

c. 何處可如葉說，大家打電報。驪先前云，他可打戴季陶，尤與之有交情，李任潮尤好。他皆可請他們打。上海請葉打，蔡先生或亦可領名。

弟覺此事由葉勸或有結果。即用大家打電報之說，似為得之。

---

①頁末收發註記："中華民國廿二年八月拾五日收到。"

②行首自註："不特加一萬不行，即任何一數亦做不到，蓋無處籌款且不能取信于驪先諸人也。"

彼對教部電憤慨，^弟實覺此兩電皆有効用，彼特不願承認耳。

如彼堅持四萬，則只有ⓐ放棄，ⓑ硬幹之二途耳。(^弟如病愈，必走硬幹之一路，如病一時不愈，即無可如何矣。)

兄晤葉時，乞託其中言實在無法加錢，因無人出也。

如晤蔡先生時，乞告以如見葉，勿對四萬說有所讓步。蓋研究院一出錢，吾等爭此事之立場盡失矣。(即無以喻丁總幹事、王會計長也。)

何遂之番號 (第五十五號?) 及所在，乞打聽，便此間發報也。

或者告呂，如大家請于何，何必允諾，此人情呂何不自作哉。

硬幹一說，未必甚悲觀。蓋也沒有許多外國軍艦包運，而上海法院可傳呂也。不過除非萬不得已，必不如此做，且^弟病中，此間事難充分進行也。

^弟病情形如下：

　　自前晚起精神轉好，右肺上患處聽不見，左肺上大塊尚有所聞。但溫度返增加二三分。又腹中發見毛病，不吃硬物二日矣。(心中苦思北京的好菜。) 看來已是大進步，然一星期內難出院。

丁在君此信，甚怪，殊不類其為人。

數事均同意。翁處乞　兄去一信，勉得祁君①有所待也。專頌

日安！

^弟斯年　十五

356. 傅斯年致李濟 (電) (1933 年 8 月 16 日) 檔號：考 14-27

0670【史】。SHANGHAI。李濟之兄：已詢當局，加一萬之說，實在絕對無款，乞託譽虎先生轉勸呂先生維持三萬原議。雜費如昨電。斯年。銑。②

---

①編按：祁延霈 (1910—1939)，字沛蒼，就任史語所第三組助理員。
②頁末收發註記："中華民國廿二年八月拾六日收到。"

357. 傅斯年致李濟 (1933 年 8 月 18 日) 檔號：考 14-28

濟之我兄：

手書敬悉。古物事只得待葉歸，歸後盼 兄一晤，詳談一切也。（上次電報是預備 兄送葉看的。）

加價事，^弟以為除零費（亦以四五千（連上次許金之一千）為限）以外，萬不可加，加了之後，騮先處勢難再要求，而研究院出，則不倫不類。^弟對丁、王無話說也。①

丁之來看我病也，說我的病不像重。繼問我吃煙否。我說，不吃矣！乃云，不想吃煙乃真是病。其實我的病數十倍于不想吃煙，哼！

王之來看我病也，說："我比你有錢，但我生了病，不會花這些錢，在家靜坐就好了，中西醫一律不信的。"

四日前戚大夫（內科主任）來問我，在廣東住過否？我說，住過約三年。他說，送衛生署檢查之糞，發現有 Clonorchis Sinensis 之卵。此虫廣東有之，紹興聞亦有，但長江北方沒有。寄生在肝中，即汪精衛之病也。^弟聞之駭然。他又說，此物廣東人約一半有之，不發作者多。此虫不能在身中蕃殖。此時既已不在廣東，可無來源之患。好在肝的 reserve 有一千倍，不易弄壞。此時可查廿四時之大便，看有卵若干，俾可知蟲之約略數目。如多，應想法，少則可聽之，待其死。治法無甚好者，目下常用者為 Anthimony 之注射劑。

現又送糞到衛生署化驗，三四日後可有消息也。

嗟乎！此亦同情于國民黨之報應也！（不然，當時紊亂如彼，何必到廣州去。）今日想起來，只算活該而已。

肺情形大好，燒尚有一至三分許，（亦可謂無燒）微咳。只是精神仍全未復原耳。

因腹中出血，吃 liquid diet 已五日矣。兩日內病好思食，餓得

---

①行首自註："五千之數，所謂籌備處有法清還也。"

頭昏。

在君給 蔡先生信，甚怪，^弟思之，其不像他的舉動。此信恐有甚不好之影響。（亦不類適之的，因適之推我做總幹事，則有之，副院長之說，必非適之意。或兩人意合為一事，而如此不倫也。）

多用一位助理事，^弟覺無不可以，反正緊縮預算，早已不能實行（自南遷起），只得以社會所為尾閭也。不過祁君適用否，^弟意尚須 兄一體察。（或試一月之類）老翁荐學生的本事，^弟知道是很大的。（大致情形打六至八折。）

令妹已到滬，甚好！請即由史語所寫一介紹信，去看看。因此間社會所之公事，目下等于停頓也。看看的情形，大約是其工作之 efficiency 與分類法為重要。薪水可自到人文圖書館之半月內起始也。目下羅志希不知去向。到此工作如有不便處，或非不願在部中做事時，當再想法也。（^弟到平時亦可寫信來。）

陳受頤君事似可緩。因編教科書事，能進行否，此時難預定也。

胡紀常突於^弟入醫院時放了暑假，彼早云可不放者。大約因數月內荐人不遂而生氣。（此人見時甚少談學問，多談荐人。）

此信是兩氣寫的，上次信是三次，（上次寫了，溫度忽增半度許。）可見肺的病是好了大半了。

候候方桂、思永及諸同人！

^弟出院大約尚須一星期。

^弟斯年　八月十八日

358. 傅斯年致李濟 （1933 年 8 月 20 日）檔號：考 14-29

濟之兄：[1] 十九日手書敬悉。

古物事^弟覺最好本月末有一結束。蓋ⓐ瑞典親王到此，上海古物必

---

[1]頁首收發註記："中華民國廿貳年八月廿壹日收到。"

注意，他若買此，在政府之 courtesy 上，不便強制禁止也。ⓑ中英
庚款會下月開會，不在開會時，驅先自決，已冒嫌矣。在開會時，
恐須先討論，則夜長夢多矣。此^弟所想，非驅先語，然情形看來實
如此。ⓒ^弟一出病院即想他去，不能為此久留也。葉處乞時常詢其
回否，此間電日內當託人發，然^弟覺此事關鍵仍在呂也。

思永事辦法，^弟甚贊同，其實即移平工作，支全薪，似亦無不
可也。

^弟出院恐尚須若干日，蓋左葉上之小塊，（原是大塊）尚約略可聽
到，而溫度始終在有燒無燒之際，不可謂全愈也。左耳全聾，真
可恨。出後誠如　兄言，非常期休養不可，① 而肝蟲之治療，須
一氣注射幾個月，此皆非在此所能為也。^弟近中想到總辦事處
那個地方，便生氣。在此停留，決不可能。故前為感情問題者，
（其實亦不盡然）今乃事實問題。更好後當詳與　兄商之也。
專頌
日安！

^弟斯年　廿日

359. 傅斯年致李濟（1933 年 9 月 4 日）檔號：考 2-26

濟之兄：

連日病況既很向好的方面轉，而溫度、精神仍時有變動，故四日內
此是第一次寫信。每日只是努力睡覺，睡的成績不壞，昨日下午未
睡，溫度 $37\frac{6}{}$，今日下午睡了，溫度 $37\frac{0}{}$（皆肛門），看來十日左右
可出院，但出院之困難甚多，或更延若干日也。反正破產了，免其
返復也。承兄幾次來京，感極，末一次連累了，尤慚愧之至，詳情

---

①行首自註：“休養不在不做事（其實^弟尚可做事），而在精神之安靜，故非
離此不可。”

稍待再寫。此事弄得真糟！專頌

日安！

弟斯年　四日

360. 傅斯年致李濟（1933 年 9 月 10 日）檔號：考 14-2

濟之兄：

連日養神，信也未寫一封。（因出虛汗，每日晨夕倦極。）奉電敬悉一是，此事總算有一段落。

前日下午，驪先來此。弟於其將行時云，"看來何的古物可到手了，三萬元可有？"他說，"有法子想。"座中有生人，未細說，乃云，"此次可不要再坍台？"（上次如何坍台，他也不大清楚。）他笑謂不坍台。此事反正丁著要三萬元，不必問他何種法子。然付款事——特別是公家付款——手續不簡單，總須給人三五日至一週之限。蓋會計不是自己，支票不在身邊，若當日要錢，頗不近情，況今日又是星期耶。惟無論如何，弟擔保于最短期內向驪先要出三萬元耳。其餘四千，可設法拉賬。弟出院後，與教育部定好，所謂"博物院籌備處"之每月津貼，（每月之費，是雪艇自己提議。）即按月扣還。

此三萬四千元皆有著落，弟絕對擔保。但何君要得如此急，殊不近人情，亦為難耳。

如驪先歸後，此款尚未交，弟必即在此丁出來。餘另白，敬頌

日安！

弟斯年

驪先多半寓滄州（或沙森），若不在，可電詢宋子文宅。

驪先只知我們"先買後不要"，（故曰坍台）不知此中妙文。如告他先墊，也須說是用本月薪水墊的，否則與弟前言不符。弟固謂因蓋房付不出錢也。且若先墊得自然，或減少他急切出款之速度。（出款是一定的，只是遲速，故不便使他覺得墊款容易也。）

361. 傅斯年致李濟（1933 年 9 月）檔號：考 14-3

濟之我兄：

^弟今日早晨一醒便氣，仰在牀上一氣二小時，果然一天不祥。

早晨肚痛，連著大便四次，故明日出院之議作罷。

本日溫度 36.8-36.9、37.，37.2-37.6，晚上又荒謬的高了，而此信仍不能不寫也。

一、下午一時，驪先來，云今晨與王雪艇通一電話，王對四千不肯認賬。前者王對朱云，一萬他可想法子（因他打電少了一萬），今一萬仍由朱，而四千乃不認，故今晨僅寄 兄處一萬（此款想已收到）。而向雪艇云，四千不管了。驪先頗怪王、段①二人之 miserly，頗想逗逗他，故如此辦。又慮^弟著急，故寫信給^弟，未發而自來。此驪先說的。驪先意，教部把錢蓋房子了，故沒錢是真，然四千小數賬也不認，則未免太怪，故想與之相持。②^弟自然著急，驪先教我再給王一信，急催之（尚未寫）。驪先云，如教部十天不出，還是他自己出，但他的意思，此時非與王、段二位逗逗趣不可。^弟覺，他們逗趣，我們著急，真不是辦法。而驪先堅持此法。急得^弟一身汗，驪先云，大數既付，小數讓何等十天還不可麼？不好礙了教育部。月底若教部不付，還是驪先付。^弟昨日覺此事已完滿了，乃仍有此一尾聲，唉！

此時辦法^弟想到者：（一）兄交此一萬給何，（二）說明其餘四千是教育部出，故手續較繁，緩三五日，^弟在此坐索。另寫一信，作為兄之證據（附張）。（三）或者可將中基會助款中暫挪四千。此等事^弟辦過，告訴給中基會過，（此法大可做，^弟負

---

①編按：段錫朋（1896—1948），時任教育部政務次長。
②行首自註："驪先只是要教部認此四千之賬，他便可墊。"

責!）沒有問題，因為教部不出，驌先再出，不過十天光景。（此事^弟可負責後來告任。）① （四）即告蔡先生，如王雪艇來信請研究院出時，務請蔡先生復以不能出。但此中情形，即驌先小怪手段，而要逗逗他們，切請蔡先生勿對人言，因說穿既壞事，又對不起驌先。（五）斷不可由研究院墊。

二、今日蔡先生來一信中有一段云，

> 所中經費問題，需與濟之道及社研所與史語所會計合報之法，或者不妨騰出千元，即區區千元之小問題亦總有辦法，切勿大顧慮也。

難道說蔡先生也有意思挪此一千去嗎？此非大數小數之問題，乃公道之問題。如將心理五千、博館四千，並此一千一律收回，尚是公道。否則彼此法律上地位相等，而用錢之效用，我們好過心理、博館無量。正要寫此一意于蔡先生，而精神不支。今晨接此信，又生氣到十二點半為止，此時又氣了。

三、中英庚款會考試費二百元，送到^弟處。旅費四十元，云已直寄兄了。^弟本請他全數均直寄兄，而他因簽字，必要留在此。^弟思，如全寄兄，兄必退回，故最好每人一半，可以不爭執。兄來看卷，費三日工夫，^弟開了二次會，出了三份題，不過二日工夫，仍是我上算。此一百今日託毅侯寄兄了。乞兄萬勿客氣，因^弟已全不客氣了。

^弟斯年

362. 傅斯年致蔡元培 (殘) (1933 年 9 月 11 日) 檔號：III：759

子民先生尊鑒：連日病在將愈未愈狀態中，未敢寫信，遷延至今，深

---

①行首自註："如用此法，乞告何，切勿向人說四千已清付，因教部聞之，必又不管了。不妨告何，此是私人他處挪的。待教部款再還。"

為悚慚。上週仲揆、濟之兩先生來，具聞 先生關切之殷，感激何極；復勞 先生為此戚悶，尤為不安。夢麐先生上次過京來訪，適值斯年病起後病最重之一日，確曾言及願到北大教書之意，而未詳言之。夢麐先生以 先生恐不許可為念，斯年云，曾向 先生解說之。此亦非新意。兩、三年來，深感在研究所事務上之盡力，亦不過如此而已；而自己學殖荒蕪，老冉冉至，為之心驚，此濟之兄等所熟知，亦可詢之適之先生等，非斯年一時之意也。徒以每年度交替時，總有新事初料不及，而北平當年在危迫中，未能舍之耳。自今年一月，遷移、合併等事皆起，瞻念前途，憂愁難已。南來以後，又覺全院之外間環境頗不穩當，斯年自己則舍去讀書談論之環境，入於簿書對付之環境。自杏公事件出來，本思即去，然以如彼情形，一人冒然而去，不似對政府之抗議，而似內部之紛擾，故姑耐之。終覺在南京，如在滿洲國，出入進退，無以自容，與友人議論不能自制，友人皆勸以何必如此危言。且七月間，斯年發見院中不少同事極以斯年為不滿，史語所欠債一千元之問題，皆其大罪。巽甫先生謂，以友誼之故，勸斯年自動退出，此一千元以亞爾培路房作抵，答應支款，不必開會，在斯年晤呂望①之前一夕；而斯年晤葉玉虎，在 先生函葉之後一日。故思之至再，以為濟之兄任史語、社會兩所事，必較斯年環境為宜，而斯年自身讀書著文之願，亦得以稍遂之。然則此意固造端久矣，非一時之衝動。即設法請濟之繼任，亦是謀之二年以上之事。前年問計于丁在君先生，他說，如欲自己走，須先找到人慢慢代替。幸史語所有濟之，他所或多無此幸運也。濟之兄學問固不待說，其任事務，亦決不如斯年之忙亂焦躁，此眾所共見也。故此意如由斯年相機上陳，當可不有誤會，而孟麐先生突然言之，漫無本末，自不免勞 先生驚

---

①編按：呂公望（1879—1954），學名占鰲，號戴之，時任中國女子商業儲蓄銀行董事長。

怪耳。

仲揆、濟之二先生來，諄諄以　先生所命見示，旋奉　手書，命以休養。　盛情深慰，感激何似。^{斯年}所以與孟鄰先生言者，一以史語所託付可以有人，二則純是自己方便之謀。若反以此為　先生憂，自不敢固執私意。　先生既以^{斯年}北去休養為合宜，^{斯年}亦覺目下在南京，精神上苦痛之至，而肺炎病後半年，不得咳嗽，肝蟲亦須留意。此皆在南京大不便，在北平則有較好之醫院，而靜居可以閉門。惟^{斯年}決不能以自身之便，開研究院之惡例，似請應請濟之負責代理所長事務，而^{斯年}在北平當設法維持研究院規定時間之工作。蓋工作如屬于編輯、著文及搜集材料，已可不致心亂而氣躁，病後過一、二月便當勝任也。在史語所五、六年，所著作已刊者，僅短文數首，較大者約五、六件，皆不完，有去完甚近者。多作此類事，　先生必以為然也。至於明年暑假後工作如何最為適宜，尚待將來面陳請示耳。

〔下缺〕

363. 傅斯年致李濟 （電）（1933 年 9 月 15 日）*

0670【史】。SHANGHAI。李濟之兄：晨驌先來，云古物餘款一萬四千仍由交通部支付，准明晨簽支票寄兄轉。年。

364. 傅斯年致李濟 （1933 年 9 月 15 日）檔號：考 2-25

濟之兄：

兄十二日信，昨日下午凌純聲先生來，始收到。今晨又接一信，旋思永又來，備悉一切。

此次凌去上海，是我請他去向兄報告工作，商量以後工作，他要買

物，我說，先問李先生。想他這一次不曾說我如何如何，如上次也？

接到兄第二電時，以為驪先日內必來，故未當日寫信。昨日未來，乃寫一信，請他支一萬元，其四千元之辦法，^弟前信所云挪借，一時昏昏，也未曾想到何處挪借。昨日細思之，約書詒來一商，想請教育部墊，而書詒似不甚入耳。只得自寫一信給雪艇。蓋^弟後悔當時何以給驪先信云，四千另想法也。今晨驪先來。說好，一萬四千仍均由他支，明日早晨到交通部開支票，直寄兄處。因今日下午他有會，不到部也。

此三萬四千，皆交通部支，他說，他還未想最後算誰的（交部或英款），但四千要教育部還（頗以教部為守財虜氣）。思永正在坐，我即託他打一電報給　兄。下午^弟覺此一電須是今天給人看的，或須^弟具名，故又打一個。驪先之支票，星期晨兄當可收到也。

此事總算圓滿解決，或者我的運氣自此好轉，一笑！自我四月初一返社會所，便把所有的錢都掉了，以後沒有一事不是晦氣的。

病更好了，目下溫度（三、四日內）肛門 36.8－37.2，比起兄來時 37－37.5，似當時仍非 normal 也。然則 normal 僅三、四日事耳。

^弟氣更大，近中每日想起來，便氣得拍牀打鐙，看來此氣非三年不能歇。聞　兄云，徐寬甫之批評，（即比于歷史博物館）簡直是混賬，從此不再與他做朋友有來往了！

上海^弟決不在丁、徐諸公當道時前去，見了　蔡先生，也覺無話可說。星期一寄蔡先生一長信，懇切說明感激之意，不過我自己的立點，不曾說明白。說句不長進的話，^弟以後要"自己圖謀自己"一下子了，到北平，病好了，便寫書。不再伺候總辦事處諸公了！寫到這裏，又氣得出汗，不寫下去了。

餘明日寫。敬頌

日安

^弟斯年　九月十五日

365. 傅斯年致李濟 （1933 年 9 月 16 日）檔號：考 14-39

濟之兄：

驅先今晨來云，末一萬今晨寄　兄轉何敘甫先生收。其餘四千係教育部所認，手續較多，聞今日未能寄。^弟當託朋友于星期一、二到教部催。此尾數稍延，甚歉，然公家每手續繁多。^弟絕對負責，准于數日內寄上此四千，轉何先生也。何先生滬寓、京寓乞示知，便^弟出醫院後走訪。專此，敬頌

日安！

^弟斯年上　十六日

366. 傅斯年致李濟 （暫繫年於 1933 年 9 月）檔號：考 14-44

濟之兄：

^弟因注射發生 reaction，不能多寫。

一萬為交通專門司沈扣了一二天，他大約不以驅先此舉為然。

教部信乞一看，此四千待^弟兩日內想如何辦，乞告前途，數日內可有也。

^弟斯年

367. 傅斯年致李濟 （暫繫年於 1933 年 9 月）檔號：考 2-35

濟之兄：

注射一下（原預備多）便發燒四日，今日始退，然未退完，大約明日可退，後日大後日想出去，我也住厭了。

一切事乞　兄決之，不必待^弟信，^弟退燒後方能多寫也。

梁慶椿先生想已見過，乞　接洽一切也。

^弟斯年

丁總幹事之信中事頗有關係，似不容忽視。

368. 傅斯年致李濟（1933 年 10 月 4 日）檔號：考 2–27

濟之兄：

數事奉覆：

1. 李晉華已到此，^弟囑其赴上海謁　兄。

2. 檔案北遷，恐須待^弟到北平看看情形後，因彼處情形傳聞究不甚明瞭，且工作須有一分配也。

3. 伯希和、高本漢二人，非繼續其聘任，乃繼續其津貼。又上年中之院務會議中，曾決定外國通信員名義取銷，改稱通信研究員，並有通知給他們。故此事乃其津貼之繼續問題，非"外國通信員續聘"。此名義已不存，而其通信研究員之聘書，則早寄去也。此事皆有案，通知他們時，乞　一查舊案。照舊案，須六月末通知，不通知作罷。此次晚于通知者，應以研究所南遷為藉口，以免他們後來援例耳。　兄意如何？

4. 臨時書記及工資，皆不算在薪水項下，留學津貼亦另是一事，故此時尚不超過五千也。其實此時非揩社會所之油不可，故應有之職員，^弟意只好添上，且考古組目下實在人少也。三組添一助員事，乞　兄決之，^弟覺薪水數多，不足為慮也。

5. 史語、社會兩所"混賬"事，究應何時辦理，乞　兄與同人商後決定。此事關係甚大，各有長短，如決定合了賬，^弟出院後與審計部新任次長童冠賢商量一下子，有三個月將報銷照收，則成例矣。

6. 方桂之赴邏羅，莘田之赴徽州，皆大好事。^弟鼓動在先，故此時甚歡喜。

7. 洪芬兄昨日來看，說他們已接受了我們的聲明，說"說得很清楚"，只叔永云："音檔存了如許多錢，到要想個法子。"又他說，聞之梅月涵，郭秉文不赴美，故元任尚須待有人接受了來動身，不知其詳如何也。

8. 思永事，^弟覺仍以在北平為宜。洹上村工作養病說，^弟甚懷疑。如發見好東西，每日決不止做工一二小時，如不見，必生氣也。

9. 寅恪公有一信，^弟覺此事甚妙。蓋既充實圖書，又可據以研究而變為成績。　兄意如何？乞　決定後，逕函寅恪。他已回清華西院 29 號。

問候諸同人！

^弟斯年　四日

369. 傅斯年致李濟（1933 年 10 月 19 日）檔號：考 2-33

濟之兄:[①] 合賬的文還是請　兄一動筆，^弟心中嗒然若喪做不出邏輯的文章來也。合併第一次討論會的底子今日到社會【所】未能尋得，明日再尋。^弟因元任來，改于星期一晨走，決不再改矣。餘明天詳寫，敬叩
日安

^弟斯年

370. 傅斯年致李濟（暫繫年於 1933 年 10 月）檔號：考 2-120

濟之兄：

元任想已見過了？希望能給驥塵三、四日假，到京為^弟一檢收書物，如荷　許可，乞將附信交之也。專頌
日安。餘明後天寫。

^弟斯年

---

①頁首李濟附註："十月十九日的信，廿日收到。所許之事走前未作。濟之記。廿五日。"

371. 傅斯年致李濟（1933 年 10 月 23 日）檔號：考 2–28

濟之兄：[①]

　走了，一切只對不起　老兄矣。

　社會所同人近數日內似甚疑^弟"大搬家"之行動，加以檔案北遷，
或不免疑又是無頭無緒之局面，如當年也。為免前功有廢棄之事，
乞　兄日內到此坐鎮一星期或數日，則無慮矣。敬叩

日安

^弟斯年

372. 傅斯年致李濟（1933 年 10 月 24 日）檔號：元 114–20、元 114–21

濟之兄：

　此數件，乞　兄寫一信給 Pelliot，將各信附入，說明^弟因大病北歸
休養。此信由　兄發。

　此四信第一件為打在舊信紙上的，故作廢；第二（有印的信紙）為
發出的；第三（白紙）為存底。

^弟斯年

附一：李濟致 Paul Pelliot（打字件）（1933 年 10 月 27 日）

October 27, 1933. [②]

Professor Paul Pelliot,

38 rue de Varrenne,

Paris（VII），France.

---

①頁首收發註記："中華民國廿貳年拾月廿五日收到。"
②頁首自註："copy"，又收發註記："中華民國廿貳年拾月廿七日發。"

Dear Professor Pelliot,

I have been instructed by Director Fu Ssu-nien to write to you and request your favor to forward for the institute the four letters herewith included to their respective addressee. Mr. Fu had a severe attack of pneumonia and had been laying in bed in the hospital in Nanking for over two months from August to October. He is now in Peiping for a long rest.

All members of the institute recall with great pleasure of your visit last winter and hope, in a not distant future, to welcome you again to this land. With my personal regards,

Yours most sincerely,

附二：傅斯年致法蘭西刻辭美文學院秘書（打字件）（1933 年 10 月 24 日）

Le 24 Octobre 1933.

Monsieur le Secrétaire Perpetuel,[①]

L'Académie des Inscriptions et Belles-Lettres,

aux bons soins de M. le Professeur Pelliot,

38 rue de Varenne,

Paris（VII），

France.

Monsieur le Secrétaire,

Nous serons bien beureux d'entrer en relations d'échanges de publications avec votre Académie. Nous avons un bulletin trimestriel et des séries de monographies en anthropologie, en archéologie, en histoire et en linguistique, dont, probablement, vous êtes intéressés. Veuillez avoir la bonté de nous accorder cette proposition.

---

①頁首收發註記："中華民國廿貳年拾月廿七日發。"

Ci-joint la liste de nos publications. Nous n'attendons que votre réponse pour vous envoyer immédiatement les volumes qui y sont contenus.

Veuillez agréer, Messieurs, l'expression de mes sentiments les plus distingués.

Fu Ssŭ-nien

Directeur,

l'Institut national de l'histoire

et de la philologie.

附三：傅斯年致巴黎語言學會編輯（打字件）（1933 年 10 月 24 日）

Le 24 Octobre 1933.

Monsieur l'Editeur,

Société de linguistique de Paris,

aux bons soins de M. le Professeur Pelliot,

38 rue de Varenne,

Paris（VII），

France.

Monsieur l'Editeur,

L'Institut national de l'histoire et de la philologie, en vue de recueillir les oeuvres scientifiques des organs intellectuels des divers pays du monde, est désireux d'entrer en relations d'échanges de publications avec votre institution bien estiméé. Nous nous permettons de proposer de vous offrir notre "Bulletin trimestriel de l'Institut national de l'histoire et de la philologie" pour échanger avec votre "Bulletin de la Société de linguistique de Paris". Veuillez avoir la bonté de nous accorder cette proposition. Nous n'attendons que votre réponse pour vous envoyer immédiatement nos publications.

Veuillez agréer, Messieurs, l'Editeur, l'expression de mes sentiments les plus distingués.

$$Fu\ Ssû-nien$$

Directeur,

l'Institut national de l'histoire

et de la philologie.

373. 傅斯年致李濟、趙元任、羅常培、李方桂 （1933 年 10 月 28 日）檔號：考 2-29

濟之、元任、莘田、方桂諸位老兄：[①]

弟因仲揆同行之故，又遲一日，廿四日起身，廿五晚抵平，遇仲舒、思永于站上。思永精神大振矣。

刼後歸來真正悽絕，北海滿地黃葉，抱素書屋前一潭秋水為之爽然自失矣。

在君自俄致孟麐一信，詢其對他就研究院事之意見，並請其寄信到新加坡，可見在君對研究院事甚想就，或者弟之一向樂觀為不誤也。弟今日始到北海來，小徑上氣喘不止，尚須大大休養。專頌

日安

弟斯年 二十八日

374. 傅斯年致李濟 （1933 年 10 月 31 日）檔號：元 513-16

濟之兄：[②]

電敬悉。此件是驥塵經手所存，詢之可也。弟手中有一份，日內查

出。^弟覺此事（一千元）可將原委向蔡先生陳明。^弟日內想寫一抗
議書也。

^弟斯年

375. 傅斯年致李濟等（殘）（暫繫年於 1933 年 10 月）檔號：考 2-76

〔上缺〕

諸兄無疑^弟於此時提請加人不已。蓋俞大綱本頂于道泉缺，（于君僅
能以留學一項論，不便作為薪水。）而鍾則編教科項下事也。此外在後
來除半工之余遜一人以外，更無他事矣。尚有他事不關會議者，明
日再寫。

^弟斯年

376. 傅斯年致李濟（1933 年 11 月）檔號：考 2-30

^弟日內精神不繼，故信未寫，今晚準寫。茲先寄上此信一看，"博物
院"款事如何辦，^弟在遠，雖可寫信，然不能有效也。餘即白，敬頌
濟之兄安

^弟斯年

377. 傅斯年致李濟（1933 年 11 月 16 日）檔號：考 2-31

濟之兄：①　　書敬悉。^弟准自今晚起詳寫一切，俾　兄行前可及知
之也。

^弟斯年

蔡先生處上週已去一信。

---

①頁首收發註記："中華民國廿貳年十一月廿日收到。"

378. 傅斯年致李濟（1933 年 11 月 16 日）檔號：考 2-32

濟之吾兄：①[弟]到此後，真正是養病的樣子了，除一短箋以外，竟未寫信，抱歉之至。[弟]之病況如下：

車過濟南後，便是千里無雲的境界，到北京後，一連幾天沒有雲，精神奮發。以為病是好了，但傷風甚重是自京帶來的，到此反重。（因勞動也）曾去研究所半日，回來乃大糟，於是又自己謹慎了。截至今天，（十六日）正是三個星期，出門如下：研究所四次，三次在十至一時之間。（一次下午）（傳聞[弟]每日到所者，誤也。）同和居吃飯一次，友人處二次，買物一次，皆中午。四時以後，絕不曾在外面過。體力是比在京時增加得多，但小不舒服老是不免。有兩次出門，竟有甚不好的結果，一次只得睡上三天始愈。最近一週內始未頭痛，（以前頭痛不斷，有時利害。）未傷風，然昨晚又大咳嗽，今日服藥而止。總而言之，病是好了，而身體極其不堪。照此情形，完全恢復健康，決不是明春以前的事。目下最大希望，是下月一日以後，可以半日工作耳。在君事果一切如　兄所談，詳情日內續白。

思永上月要支半薪，強而後支全薪，並云，以上月為限。此事如何辦，乞　兄示知！[弟]意不妨支全也。（思永言，在上海與兄說好。）

今日始把寓中棹子清理得有置筆硯處，自明日起，詳寫一切也。專此，敬頌

日安！

元任、莘田、方桂諸兄均同此。

[弟]斯年上　十一月十六

---

①頁首收發註記："中華民國廿貳年十一月廿日收到。"

379. 傅斯年致李濟 (1933 年 11 月 19 日) 檔號：考 2-90

濟之兄：　兄過南京時，似乎最好停幾天，社會所之情形，　兄如不常看看，恐又鬆下去耳。又北來時乞給^弟一電報，以便知投信之所在。兩事先白：

一、宿舍圖樣　^弟意須大家細看（及社會所同人）細想，專靠基泰是危險的。基太實在是一個頂壞的工程司，a. 本不甚在行，b. 不用心于我們的小工作，c. 好浪費于無用的東西及過分用好材料，（此尤是蓋宿舍所忌）兩所大房之建築，^弟為之爭論改訂不知有多少次，幸彼時楊廷寶猶在，否則更不知如何也。中央醫院的設計，弄了一個亂七八糟，^弟住其中時，人人抱怨。大工程如此，小工程可知，蓋實是 incompetence + negligence，不僅一層毛病而已。^弟意宿舍注意處：一、去掉一切無用物，二、用便宜材料，三、純粹最單簡之西式樓房。

二、梁君助理事　^弟覺得或者以早決為宜，愈壓則梁君愈不高興。大約事之以壓而消滅者，莫便于壓，所謂 shelved，若不能消滅者，壓了易生枝節。梁君性子甚急，急于入田地。^弟行時，他云，若無助理，他不能開始大工作，殊可惜，云云。此事如　兄決定方策，不能因此一事而為將來留一例，則莫妙于即請其請蔣君犧牲，以百元（至多百廿）為薪水，或另覓人，但能措辭周詳，歷陳社會所情形，梁君雖初不高興，久之或可諒也。此事發生在^弟去京之前，故如有做惡人之必要，可由^弟做，乞　示知，^弟便寫一信寄　兄轉梁君也。

承　詢尚生氣否。^弟事正所謂"信非吾罪"，"吾何日夜而忘之"，越想越氣。總而言之，如再做所長者，非人類也。皇天后土，實聞此語。　兄必從此一點上認識耳。未了之件，自當隨時清理，如以上二事其例也。^弟必竭力贊助　兄之任此事，此亦可指天誓日者也。

上次　兄晤仲揆時，尚是他的氷川論之初步，彼時他猶以為是 local glaciers，以後又到廬山去，回來大興奮（十月廿一日回來），以為江南一帶，到處皆氷川，盧山最後期氷據其一種算法，約去今一萬三千年（又侵入貴攷古的範圍了）。彼係根據一宋碑，量其沖刷之速度，^弟云，此速度決不能一向不變。行外人妄說，逗笑而已。他在京時，出城一次，回來云，鍾山山後皆氷川也。那兩天逢人便講，路上指給我看，這是氷川，那是氷川。我也覺得有趣，久而磕睡了。我的反對的話是，如此顯明而多，焉有以前人皆不見到之理？他云，這樣事天下多得很呢。這次他在地質會中，大講得極其得意。今日老翁來，^弟詢其得此事何意見。他說，此次他的證據是很多，似極充分，不過此事關係太大了，若小些，可以相信了。既如此重大，只得暫等等，有些人如謝家榮等，已為他 converted 而云："以前我們見某處某樣的，本就疑他是氷川遺跡。"他們（老翁等）想明年在盧山開會，大家就地討論此事。翁云，自己甚少氷川之經驗，（所見是法國南部等）有一外國人（^弟忘其名）云，此次李證據實多，不過最重要者尚無之，即氷川流下之山谷也。此事看來，已給他們同行一個重大的衝動。^弟覺此事若能證成，實中國（或東亞）地質研究中一個大革命。中央研究院之設置，至今浪費了數百萬，可謂為此一事而費，亦值得過也。（此是學寅恪語調，彼嘗云，中央研究院全為安陽考古而設的。）

寅恪約每週來談一次，彼近中有陸續不斷之重要發明。^弟在此養病廿五日中，所談之學問上事，倍于在京滬之數月。氣與樂相並而行，亦　兄所樂聞耶？餘明日談，即頌

日安！

元任、方桂、莘田諸兄同此不另。

^弟斯年　十一月十九

仲揆云，為此 glacier 可以再活兩年。（彼近中甚苦痛）此或與其決離北大有關，蓋兩年中要到處尋此也。周口店出了一個 Upper Cave，全成古時器時代①問題了。兄見其近刊乎？

————————

①編按："古時器時代"當作"古石器時代"。

380. 傅斯年致李濟 （暫繫年於 1933 年 12 月）檔號：考 2-37

濟之兄：

有一時報記者又來胡問一次，次日看其所記，亦有不對及^弟不該說者，（實未說，彼自造也。）然亦不值得更正。　兄見當知此類事時時不免焉。

^弟函高常泰君一信，告以^弟對工程經手各目，請其呈明吾　兄核辦。

斯年

再，所謂博物院如照此情形必無結果。　兄此次在京可否將：一、暫時辦公地點（此事似須請王決（雪艇）），二、一個料理文件之人定妥，如此然後一切有意思，可以不誤機會。據董言，梁甚想努力此事，或努力或放棄，乞　兄決其運命也。

381. 傅斯年致李濟 （暫繫年於 1933 年）檔號：考 2-109

濟之吾兄：

兄前允彰德高中物理儀器一事，上週質宸又來信詢問，乞　兄務函丁公一辦。如能由本所捐送（如在百元許），似亦不妨，何如？專此，敬叩

日安！

^弟斯年

中國社會科學院創新工程學術出版資助項目

傅斯年遺札

王汎森　潘光哲　吳政上◎主編

【第二卷】

社會科學文獻出版社
SOCIAL SCIENCES ACADEMIC PRESS (CHINA)

382. 傅斯年致李濟 （1934 年 1 月 5 日） 檔號：考 2-40

人間濟之緣底事，一年一加便十斤。我日至德必有報，心廣而體胖三分。

考古出巡過薊門，頓時生意滿苑垣。一自高軒南去後，庭院寂寂鎖蕭園。

　濟之到此居然開了一會，大熱鬧一番，一去而又病氣沉沉矣。

天水先生真高賢，不求富貴也執鞭。獨轆雖然能出禍，一家車中作福田。

馬隊校書西冷翁，聞將搬家過甬東。四海干戈皆一式，此是黨國之大同。①

　杏佛在日，吾向之云："We are housed in your Excellency's Stables"而莘兄在樓上，大編《集刊》，佩服之至，故用陶詩"馬隊非溝肆，校書亦已勤"以上呈正。

今日下午開始求不睡覺，而不能支，乃贈董、徐、梁三公打油詩四首，以抗睡鬼。然此禮不可于　兄獨缺，故續打四首，兼問　元任、莘田起居，不敢嘲也。

鐵隱

　繼思不可不自嘲，又占四句：

拙病由來鮮好事，無端豫府受劓刑。雖與史遷上下異，從今發憤向丹青。（言箸書之誓，非學畫也。一笑。）

383. 傅斯年致李濟 （1934 年 1 月） 檔號：考 2-38、考 2-39

今日仍打不起精神來寫信，先將今年開歲惹得一個大禍奉告。本月五

---

①行首自註："自批曰：此二句豈不像歐陽詩乎！哈哈一笑。"

日連謅答油詩十餘首，彥老送其"箋"來，故又報以四首，殊不知其初次已慍，第二次乃大怒。^弟去陪罪，大哭之下（皆中舒公誤我）。連著兩日坐揖打恭，然後罷休。接以仲揆來談，此後心緒日夜不寧矣。（近日連接社會所信，尤不能安。）茲先寄此一件文章，看後毀之。（或可示羅公（趙公道學））餘另白。

濟之兄

^弟斯年

附一：董作賓致傅斯年 （1934 年 1 月 6 日）

孟真吾兄：

打油取笑，我却破笑為啼，豈不大殺風景！然詩自是好詩，故感人者深，適以搔著痛處，不禁悲從中來耳。

公去，頗為此詩惜，乃補綴殘碎，使復舊觀，謹以奉還，望珍存之！

即頌　晚安！

^弟賓。廿三、一、六、夜八時。①

附二：傅斯年打油詩

每過高齋聞異香，高齋逸趣似高唐。若將珠簾揭開看，東牀坦腹在西廂。

紅豆生枝皆連理，水仙群開不伶俜。可有喜鵲傳好信，春來千里草青青。

已把道學傳兒女，便將浪漫先天下。梁園燕臺昔解諷，先生真個多

---

① 頁末傅斯年批註："此等信紙，是為誰買的？"又註："在彥處撕者，我自己亦陪罪之故也。聞前日者彥老皆寄兄，故此一事之結尾不可不去也。"

情也。①

清骨慧心香艷身，精爽此寄巫山彥。堂身自是西崑體，鄭箋作者在漳濱。②

> 承　彥老以自箋其心之語見示，更諛四首以頌（阮云台曰：頌者，察也。）聖明皆實錄也。

鐵隱

昨之油腔，有諷諫意，而公老當益壯，求仙轉急，故今轉以迎合為辭。油中未避大姓大名大號，不勝惶悚。

末首改得看不清楚，茲更抄如下：

清風道骨香艷身，必能感動巫山神。彥堂中供西崑體，鄭箋作者王毋賓。

384. 傅斯年致李濟（1934 年 1 月 25 日）檔號：考 2-58

濟之兄：③（一）陶先生④事，^弟全贊成。此事之決定應在　兄，（蓋^弟外行）乞　兄以其著作情形告在君而決之，^弟皆同意也。^弟以為宜與在君一商者，蓋有如下情形。

在君有將院中各部分 regrouping 之計劃，社會所亦在內。且在君意思，似有停止某某部分之意，如其如此，院中必有人拉社會所以陪之。且在君似不以 charter 為慮，故社會所之保障已失。此亦^弟之大難題。蓋^弟心中全贊同在君之議，⑤ 而一向在社會所又宣言（且誠

---

① 行首自註："所謂託諸空言不如見諸行事之深切著明也。"
② 行首自註："此用元遺山詩'世人愛說西崑好，只恨無人作鄭箋'，彥老自箋其心不亦妙哉。"
③ 頁首自註："Strictly Confidential。元任、心田可看。"
④ 編按：陶雲逵（1904—1944），一作雲揆，任史語所第四組編輯員。
⑤ 行首自註："又以回 Gunn 信事，在君自告奮勇，由其向 Gunn 說明社會所在 flux 中，然則其意可知矣。"

心）竭力進行，故亦斷無改革之後，^弟仍是所長之理也。社會所某君對陶事（兄自告之，故來問^弟。）微露反對之意。（^弟在中央醫院時）其理由謂此是自然科學而非社會科學。有此情形，故似須在君之同意，及 backing，否則在君如就院事，此時不謀而有此事，似有預為之地之嫌。故乞與在君一商。^弟皆可同意也。若在君同意，或兄以為可不必有此轉折時，是否有在社會所開一會或事前通知一下之必要，亦乞　決定。（^弟皆同意。又加編輯員時，有附加之工作費，亦請參看上次在上海所編預算。（想無問題））

至于北大方面，如與考古有涉，^弟推荐較有效力。若決在生物系，^弟語或無價值，以仲揆言之為妙。總之，^弟可能盡力者，無不盡力也。

（二）黃汝琪君鬧一大笑話。前接其一月五日信，始知其來所，（以前毫無所聞）劈頭便是一個無理要求。^弟初意 refer 于兄，繼思如此對你不起，故回一信。^① 婉言其不可。一面函凌純聲、王毅侯，代為覓房。（初意是一個人，故言總辦事處也。）凌一回信，為之大氣。黃來信時，^弟一晚不懌。凌來信時，^弟兩夜未睡。（^弟之病是社會所是致命傷，社會所是^弟之催命符。）聘黃之事，初提議于孟和（其所中陳君盛稱孟和本意自聘而患不能出三百元之薪，故讓。）繼詢之于方桂、受頤，眾口一詞，皆云好得很。（社會調查所陳君云受頤與之不對，然受頤猶稱之，蓋必好也。）其後論文寄來，四篇，第一篇是 Pure Analysis，此外皆統計數學也。^②（此四文皆在羅志儒處，已函其交在君。）^弟覺此君數學基礎高過一切，故對之大有希望。後來適之先生來信，又勝稱之，並託元任打聽，可謂慎之又慎矣，而竟如此！且黃此時到社會所，必存看不起研究院之心，此真不了者！

陳幹笙^③也在那裏鬧！一切^弟明日續寫。專此，敬頌

---

①行首自註："此信有底，在寓。明日檢出補寄。"
②行首自註："黃近三年為 Schultz 之助員，所治皆統計數學，非一般 Analysis。"
③編按：陳翰笙（1897—2004），本名樞，原任中研院社會所副所長。

日安！

弟 斯年　一月廿五

^弟事亦待明日詳陳。

385. 傅斯年致李濟（1934 年 1 月 27 日）檔號：考 2-59

濟之吾兄：^弟大前日信發後，當晚在適之先生家玩鬧，半夜始歸，次日便大傷風，不能起牀矣。睡了一日，昨晨來所不支，回去又睡。今日好得多。身體之情形可知矣。知　兄即赴京，故此信寄京也。

一、所謂博物院之六百元，乞　兄在京就近一決。（訪雪艇一下子。）

二、陶事，亦乞　兄一決，^弟皆可附議。

三、宿舍事，^弟非主張不辦，（其實斷不能不辦，如不辦，移京後將何如。）當時顧慮所及者，乃價之問題。蓋^弟前云三萬元，心中似覺（也記不清楚）宿舍與存儲所在一目上合計此數。今既無從更動，恐當詳細考察建築地點而決定之。乞　兄此次到京即一辦也。全數房子，此外尚缺：

> 一、大存儲所（例如考古品物、出版品等）。（此事^弟在京時曾看過二、三樣子，約須五一七千元。）二、工人宿舍（但移社會所翼房子或不夠）。三、大門（與地質合，下同）。四、院內路。五、改上山路。

而住宅不與焉。將住宅以外者弄好，已不得了，真不知住宅一事如何辦也。

四、市府（京）公布馬路穿過一事，乞告總辦事處諸公，無以為非急患而忽之。若山後地一落在權貴手中，則非通不可，^① 如一通，東院數十萬元之建築計劃，盡付流水矣。報載石蘅青將辭職，豈以丁巽公之雅望，在石任中，竟不能辦妥此事乎。若石退，以後

---

①行首自註："此節乞告仲揆。"

更不好辦矣。

五、山西無現成路，如宿舍建其中，
必另有一宗大花費（路、水管、
等），恐以下方向為相宜，乞 兄
決之。（此事基泰竟不先看好地皮，
即投標，真不負責也。基泰真是不中
用的。即如繪大圖，如非吾等與之改
了又改，彼不知如何畫。）

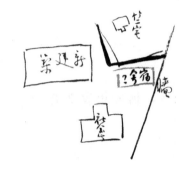

六、瓦當不特不雅，且字錯了。如社
字作秕，高高在上者，固不全可
看見，（其實也可看清楚。）然前門
之上簷，去地只一丈餘，必看得
清清楚楚。

此事如何好呢？此處可否改燒呢？
或用別樣現成的呢？此亦基泰之大忽略處。

指此處說

七、又窗上之獸，前做樣子，真做得難看到一百分，乞 兄到京時，
一注意。若萬不得已時，寧可不要（花）也。

八、地板之原投 cement 者，改用 Terrazzo 一事，[1] 基泰始終未投來，
其樣子弟挑了幾樣，（太白者易污，太深者顯得易髒。）以不過明不
過暗者為相宜。又大塊之間，以鑲上銅條為美。（中央醫院式，不
加錢。）此事乞 兄亦此時一決之。（此事基泰真可恨。弟自去年七
月催他。）蓋 cement 地板恐不易如協和之好。（須光、平、亮）如不
好，不平而落皮，髒得很矣。

小屋之木地板，原投可用油或漆。油已大失敗。（總辦事處）似非
漆不可矣。

以上諸事，皆弟在京經手未了者，故連類及之也。

九、陳翰笙真正豈有此理！弟去京之前，因踐前言，曾函請（懇切

---

①行首自註："原投標小屋用 T.，大屋用 cement。"

的）其回所，由瞿明宙寄去。① 乃彼一字回信也無，而妄來干涉瞿之工作。瞿無人指導，故^弟託梁先生料理，而彼如此云云，真不成事理也。如 兄以為然，^弟可函瞿一信，說明陳之不是，而囑其聽梁指導。其中亦不妨說明陳不來所，即無干預所中事之權，且彼之工作，不完而散。^弟為之留一回來之機會，已十分寬容，而又如此，豈中央研究院非彼不可乎？^弟為此事亦氣得了不了！

十、胡之復任事，他有信來了。^弟且以病中疏懶為態，暫不回信。約而言之，此事如下： （一）既允假，照道理即應允其歸。（二）此君不是專心研究之人，乃做官之材也。

十一、梁要助理，凌要添一人，皆乞 兄在京決辦。

總而言之，^弟覺得^弟之病是社會所之致命病，而社會所之狀態乃^弟之催命符。他事皆不必談，即此一端，^弟亦不能再遷延掛名矣。餘另白，敬頌

日安

^弟斯年 一月廿七

386. 傅斯年致李四光 （1934年1月30日）檔號：考2-60

仲揆我兄：

濟之來信詢以欽天山東麓大門事，此^弟在京大費心計者，故以記憶所及寫下上呈一切，乞 與濟之兄決之。專此，敬頌

日安

^弟斯年 一月卅日

濟之兄同此。

---

①行首自註："瞿是一位很能刻苦力學，難得之人。"

【附圖一】

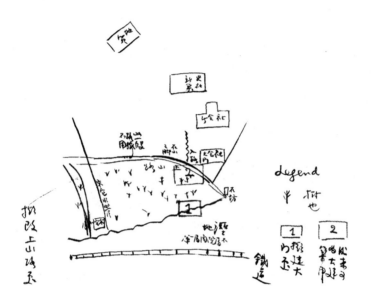

【附圖二】

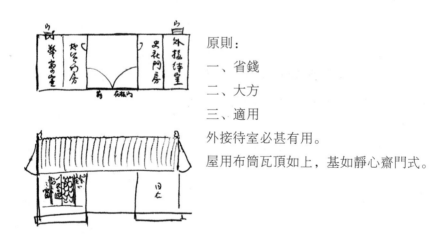

原則：

一、省錢

二、大方

三、適用

外接待室必甚有用。

屋用布筒瓦頂如上，基如靜心齋門式。

387. 傅斯年致李濟（1934 年 1 月 30 日）檔號：考 2-61

濟之我兄：星期五之信計達。　兄此次在京，想可料理一切事也。在君有所決定否，其就任事，^弟殊覺 curious。①

一、黃汝琪事，乞　兄一料理，^弟回凌信云，不能以一人故壞了研究院的規則。

二、宿舍事，^弟覺在山西恐費多，（因修路）故有上次之獻疑也。已詳星期五函。

三、大門事，另函。

四、陶事，在君意似甚好，總之我們當為他找到一個工作妥當的方【法】，one way or the other。此中^弟有可盡力者，當無不盡力也。

五、給商務寫信罵事，^弟因　兄未留下原信及討論底子，故不能詳述原委，② 乞　抄下，即寫。^弟覺二扣真正不行，改為以前出版仍由自買，以後由商務，何如？

六、請 Otto Francke 事，就其學問論，似蔡先生已知其詳，此外之考量，^弟無意見。（名譽研究員，史語所查無此物。只丁巽甫的物理有此榮銜，以奉洋人也。）③

七、思永薪事，^弟到北平時，聞已發半薪，當時^弟不知此事　兄已有決定否，又因思永初到北平，一、二月中或更緊，故仍

---

①行首自註："前日被適之先生逼作文，（病後第一次）結果兩晚頭痛。"

②行首自註："又怕說得與上次決定有出入。"

③行首自註："外國之漢學家似甚重視史語所之通信員位。佛氏託姚從吾向弟探意見，已在前之久矣。""請外國人有二條件：一、學問值得，二、學問雖稍差，而還能勉強且有用處。似此時宜決者，請他究有何用處，（大約也還有用處，然須細考量☑）若以此名號為應酬之具，則社會所之前事可看也。且請之愈濫，此名愈不值錢。此等事件之公道辦法，是院中既有此意時，先集其著作，看而平衡之，以決可否？""又，佛氏時作政治的文字及中德外交史，亦可注意者。""又，請外國人是天下最要謹慎的事。若請佛氏則此前似尚有 Laufer、Andersson 等等。此皆^弟就數年中之經歷抽象言之，所謂有知當以告，對此事則無主張。""又，去年佛氏生辰本當賀，其無之者乃本院外國文祕書之有若無，及教育部之不精能耳。其實現在研究所不妨補寫一封賀其生辰之信也。"

勸其當月領全薪，（此十月份事）而云下月待濟之決之。十二
月晤 兄時， 兄云仍當以規則為重。（^弟佩服 兄此見解）弟
以為 兄已告思永矣，昨日中舒談及，至本月份仍舊。（此中
^弟忘了此事。）以後何如，乞 兄作一決定，告思永及中舒照
辦，為荷！

八、住宅事，^弟前在京，為此想得頭痛，（此事甚不簡單，即借款，
亦宜小心其詳節。）此非^弟往者經手之件，乞 兄恕其不過
問也。

餘續白，敬頌

日安

^弟斯年 一月卅日

388. 傅斯年致李濟（1934 年 1 月 31 日）檔號：考 2–62

濟之我兄：

昨函計達。每日總是有事牽連，未能盡寫一切，今先言二事：

一、思永薪事，頃中舒又來云，彥堂云， 兄已與思永說好是繼支
全薪。昨日未聞此，故有前問，既已決定，前談由 兄函仲
舒、思永事即作罷也。思永支全薪，^弟以為亦無不可，身體健
康時，再多努力，便對得著研究所。前之一問，乃因 兄告^弟
之語，疑中間有誤故也。

二、^弟留京之木器，擬請 兄決定由^弟賣給研究所。其單子今晚問
樂煥，明晨開奉。

^弟自明晨起，每日奉上一信，俾一切積壓可清也。專頌

日安！

^弟斯年

389. 傅斯年致李濟 （1934 年 2 月 1 日）檔號：考 2-63

濟之兄：

接世電，"李"字初不知是　兄或仲揆，細思當是　兄，故復　兄一電。電文云："……年息六厘館俄請電示……"中二字不解，如另有要點，乞　再電知也。

此事能辦到六厘，皆立武先生努力之效，乞代 弟 表示謝意。（其實為此等事感激人，也真冤枉，此事與我何干也？）再者，此事手續以呈教部，（附合同草）得其批准為妥，或訪雪艇先生時一言之，則公事進去，立即批出矣。至于合同條文，有些專門名詞，乞與毅侯一審之。弟 意黑字寫到白紙上，而關金錢之事項，非由專家一看不可。（院應有法律顧問）　兄必以為然也。

此博物院事，在君心中似亦有計畫，可與之談也。

又雪艇前云，中大移出郊外，便以中大一部分給博物院、圖書館，此意甚可感，乞　再一詢之。① 博物院之所需不在房子好，而在地皮大。又其地去北極閣甚近，不知在君若就將圖之否也。

此博物院事，無端得到許多人好意，驪先、雪艇、書詒、立武諸位，若自始即有人努力，中未經一切糾紛，似此時經費月五千元已早到手，而其他事項有大體之進行矣。此後若　兄有興致，乞　努力！弟 可從旁贊助，弟 個人事除文字外，（此亦樂觀之言也）一切休矣。彥堂、思永二公對此事大有精神，力言不可放棄，等等，且思永謂其目下工作正是此類。弟 告以可以此熱誠，可借之于濟公也！

餘另，敬頌

日安！

弟 斯年　一日

----

① 行首自註："雪艇云，博物院、圖書館應該在市中心，而大學則不然也。"

390. 傅斯年致李濟、杭立武（電稿）（1934 年 2 月 1 日）檔號：元 463–14

4496【究】。南京。

李濟之所長並轉立武兄：博物院借款六厘，弟同意，深謝立兄贊助，惟簽字須待教部批准。報載中大移郊，王部長前謂以中大原址一部份撥物院，似可接洽。年。

391. 傅斯年致李濟（1934 年 2 月 1 日）檔號：考 2–64

濟之兄：

電碼不明之二字，頃已在電局查來，曰"館付"，此當然也。息實低至極度，每年出息一千八百元。$30000/100×6 = 1800$。

即叩

日安！

弟 斯年　二、一日

又，胡紀常先生前來一信，要回所，弟無回信。今日來一信，云已回所銷假辦公。此蓋自動也。其實此事在法律上亦行得。

然此後凌必辭其辦事責任，凌雖意氣較多，人比胡直率，且凌是治學問之人。胡又慣 smuggle 職員。其雷某、孫某（女士）皆以此法引之。若由彼任事，一人在京，未必無弊耳。專此，敬頌

濟之兄！

弟 斯年

看後焚之。

392. 傅斯年致李濟（1934 年 2 月 7 日）檔號：考 2–44

濟之我兄：奉上上　蔡先生三信的稿子。① 思之又思之，終于不能不

---

①行首自註："三信稿看後及元任、莘田二兄看後乞即寄還。"

違背　兄及幾位好朋友之勸告而辭所長。其故甚簡單：一、一病得仿佛下半世的光景。二、精神一蹶不振，再負責任，必將史語所死在我手上。三、"小人懷土"，而我欠研究所的賬，非在此安居加夜工整理舊稿（講義等，非研究所未完工作），不能還上。其實只第一項已是"決斷"的原素了。我之所以選此時寫呈者，因在君似有捎上此問題之意（由元任引起，^弟未向之發牢騷）。^弟必於在君已向　蔡先生聲明其就與不就之後，因可免于我又在事前出一支節，然必須在^弟知其就不就之前，以免我又有對他 Sabotage 之嫌疑。故上星期將信稿寫好，而按著不發，一聞其動身北來，（即已向蔡先生說明就不就也）立即發出耳。① 自信稿寫好，精神為之一振，故一週中寫好多信。發出了，更覺輕鬆，明天見到在君，如還吵吵，必有力與之對抗也。

^弟在除妨礙　兄之職責以外之事，必從旁一百二十分的幫忙，例如：一、在此地釘著任、胡②諸人要下年錢，拉稿字，尋材料，編輯些物事，派我出外，……etc. etc.（此等皆隨便想起，不以為限。）均當惟身體所能者做之。元任兄處，一二日內詳陳。

^弟斯年　二月七日

附：傅斯年致蔡元培（抄件）（1934 年 2 月 5 日）

至于^{斯年}生病之情形，③ 朔到北平後將三月④個月中頗有進步，然去體力猶為遠極。初抵此時本當即赴協和檢查而心身懶惰，遷延至十二月初脈搏每至每分鐘九十餘（坐臥時）而臥時自聽心中聲音甚晰，仲揆

---

① 行首自註："未在前者，因須仲揆先見到　蔡先生，免有誤會也。仲揆幫我也不完全一貫，互上互下，然比在君好。在君似自始即 underestimate ^弟之病態，^弟告仲揆曰：此他要做總幹事之 symptoms。仲揆說我看得聰明。"
② 編按：任鴻雋（1886—1961），字叔永，時任中基會董事兼幹事長；胡適（1891—1962），時任中基會董事。
③ 頁首自註："日前上蔡先生信一段，抄乞　兄與元任、心田二兄一看。"
④ 編按：衍一"月"字。

促以即入醫院作各種之試驗，結果大致如下：

一、肺已無病（X 光照像）。

二、血壓高 Systolic 138，Diastolic 110。S. 138 尚不壞。有關係而甚不妙者在 dia. 110（此入血壓表顯心之機用最消）。此兩數之差應為 40 至 50，今乃不滿三十，心弱之明顯象徵也。

三、電心力圖 Electrocardiograph 所表示，機用當平常，然左軸移動 Left axis Deviation。

四、將瞳人放大後，看血管（眼中血管乃惟一可直看者）頗縮小，此亦高血壓之表顯，血管變硬之源或亦^{斯年}時常頭痛之因也。

五、心門 Aorta 放大。心本身亦放大約 58 g. cm.（X 光照像推斷）。

六、醫初疑腎臟因燒熱後有病，試驗結果尚好，惟眼科仍疑血管收縮，不在心臟，在腎臟。

七、消化機能尚好。

八、肝虫之卵未發見。醫云或者由于此虫春夏動作，秋冬潛伏之故。

約而言之，心臟之毛病隨暑中大病之後而起。在中央醫院時並未發見心臟有毛病，或者初甚微細，大病後加劇也。心臟一經放大，便不能收縮，至多使其不更大耳，還原乃不可能也。體重不宜再加，惟醫又謂大病之後減體重之宜漸。最使^{斯年}惶恐者，乃醫囑須絕對無體力的及精神的奮力，此則今之職業斷不容許耳。

此外，在醫院時將鼻中軟骨割去。下週尚俓扳①一牙。

此時體力較之未病前不過一半，而精神不及三分之一，有若干不可想像之象徵，如小走亦氣喘，神經系顯然尤衰弱，且寸。② 自病發作，今已半年尚如此，或今後永不能如未病時矣。以如此情形而任繁重之職務，自身之健康事小，公務之防害事大。明後日當再詳述一切耳。

---

①編按："俓扳"當作"須拔"。
②原稿如此。

393. 傅斯年致李濟、趙元任（1934 年 2 月 12 日）檔號：考 2-65

濟之、元任兄：請看附件。此事頗糟，希望可挽回，並請 兄就近一
電詢之。

"王靜如之謎"始終未解，他今夏究竟回來否，似可一詢。此君似
專以 defy 與研究所之約為前提，^弟良意規勸，乃竟如此。

于係^弟去秋電其速返法者，彼返後亦無一字前來也。此等事，乃真
為人作牛馬，反討人厭。甚矣，為人之學之不可長為也。于住址^弟
不知，乞由京中發出。專叩

日安

^弟斯年　二月十二日

394. 傅斯年致李濟（1934 年 2 月 17 日）檔號：考 2-66

濟之吾兄：奉 電敬悉。今晨報載詠霓事，大為著急。下午消息，知腦
骨有損。仲揆來告一切，心中大為不安。奉 電後，即與適之先生通
一電話，請他告協和，因他是董事也。適之與顧臨談話，顧謂已接到
金叔初同樣電，即開了一會。其外科主任謂，翁如但係骨傷，並非頭
等重情，既有牛惠生料理，須由牛向協和請派，協和即派也。此情頃已
電復巽甫矣。又顧云，彼得消息後，即電中央醫院，速派頭等人前往。

丁在翁返平之日，音啞而咳嗽，謂重傷風。次日晨^弟送他入協和，
一連輕燒不止，聞昨天方無燒。專此，即頌

著安！

巽甫、寬甫二公同此不另。

^弟斯年　二月十七日

回電當早收到矣。

頃仲揆來電話，他晤顧臨，協和于牛有電來時即派關往（飛去）。

年又白　十七日晚

395. 傅斯年致王世杰（1934 年 3 月）檔號：元 463–1

部長鈞鑒：

敬呈者，竊^{斯年}自去年四月奉　鈞部指令派為國立博物院籌備處主任，受任以來，深虞隕越。亦曾竭其所知，與各學術機關商洽合作辦法，始以經費全無，除接洽外，若干事未能進行，繼以^{斯年}重病，各事皆由李副主任辦理，慚于對越者久矣。茲值此籌備處與中央研究院之關係業經商定，若干事務應迅速進行，^{斯年}既未能辭去中央研究院歷史語言研究所所長，自不便兼任此事。敬乞　另簡適宜之人，以重事業。所有以後^{斯年}可為此機關盡力，不拘于名義者，當無不惟力是視也。謹呈

鈞核

國立博物院籌備處主任

396. 傅斯年致吳豐培（抄件）（1934 年 3 月 13 日）*

豐培先生：

惠書敬悉。承　詢諸事，奉覆如下：

一、北平館本《天啟實錄》缺兩處：一在四年，當即為馮銓取去之卷；一在七年，馮銓所燬者，清初人已不能見，想現在必不可得。其他一處，如能別得一本，有此卷者，當據以刊之，否則從闕，無因此停頓刊行工作之理。《史記》已有"十篇有錄無書"之故事，後來刻書，此例更多也。

二、劉翰怡藏本如何，必見而後可說，甚難懸揣。姑以意度之，此本雖稱明抄，其中必多缺卷，故不得不託人轉抄，以補完之。北平館本之完，亦補抄甚多而後完也。"必須借來"亦是"一

---

* 本函有抄件（檔號：元 463–2、IV：95）及全集抄本兩種，文字略異，據抄件整理。

嚮情願"之事。借者自求借，有者自不將出，亦屬無法，無因此停頓工作之理也。

三、明代掌故書，大體自《實錄》抄出者，不勝枚舉。其中可以訂正《實錄》傳抄之誤者，自當有之。正如漢碑引經，本自經出，今轉可以漢碑之字正經文傳寫之譌。然自洪武至天啟之《實錄》，卷葉浩汗，而明代掌故書又汗牛充棟，若以漢學家別據材料，較正經文之法施于《實錄》，豈特三數人"二十年"之業而已。即如　執事所舉阮儀徵《十三經校勘記》、章鈺《通鑑校字記》二書，性質已絕然不同，章鈺所用諸本，見其述略者，本自有限，彼並未進一步校《通鑑》與史傳之異同，如嚴衍氏之所為者。此仍是據不同之本，直校正文，可督抄手為之之工作。敝所校《實錄》之工作，已遠比此為難，而　執事舉以為喻，若猶嫌其不足。阮儀徵之書，自與章鈺絕異，然是書之成，既憑借前人之工作，（如惠定宇）而所較範圍，絕大多數仍是異本之相勘而已，其斷制處則待學人之識力。敝所校印《實錄》，未嘗不據可得異本以勘定之。　先生持此性質標準不同之二書為喻，似與見教之點不甚相涉。

執事既以阮書為喻，今亦以之為喻，而進一解。阮校雖詳，其中並未盡括經籍異文引見一切文籍者之疏證，故阮書雖出，而以漢碑經傳為旁通，以釋五經異文者，轉而叢出不窮。今敝所先于相當期內印成《實錄》，後之學人不妨再據明代掌故書作異同之工作也。

餘意已詳前函，不更述。即頌

日祺！

傅斯年啟　二十三年三月十三日

397. 傅斯年致吳豐培（抄件）（暫繫年於 1934 年）檔號：IV：93

豐培先生大鑒：

前奉惠書，事忙而體不健，未獲即覆，歉仄何如。印《明實錄》事，諸承清誨，感佩曷極！弘論諸端多與鄙意符契，快何如之。尚有數事待說明者，謹分敘如左：

（一）上次所言，大體以北平圖書館及敝所所藏兩本為本者，謹大體如是。凡是內閣大庫所出明宮中抄本（此為史成底本或副本，已不可考）可據者，無論殘頁或殘卷，均當採用，遇有此等處，即以為正，不復校以他本。然此類在全數中甚少，故大體仍須以上述二本為歸。至北大兩處所藏，自當充分利用。總之，所有北平可得之本，皆所不遺，上次已面述此意。不過大部分只有上述二本差全，故大部分以此為正。想先生當時僅留意^弟之下語，未留意^弟云所有明大內抄本處即以為正各語。茲再述之，想先生必以為與尊意無大差異也。

（二）若北平以外之本，^弟原意亦欲網羅。前面談請人代借劉翰怡藏本，即其一也。然此等事至不易，想不能多得舊抄。若因不獲此而暫停印行，恐非治史學者所樂待。至於日本方面，敝所與之無合作之可能，故此事無從下手。前見日本人書，頗有引及此書見存之情形者，然皆不詳。^弟所記憶僅朝鮮藏本，未知先生曾一統計否？如荷示及，當存以待參考。

（三）每一朝之《實錄》當附一跋，敘述《實錄》成于何年，作于何人。如《洪武實錄》，此即一大問題。蓋歷次修改皆有背景也。然所考証者，自當以《實錄》之纂修為限。若將所載史事一一證其然否，豈不等于考定明代全部之政治典獻乎？敝所印《實錄》之意，本為治明史之一助。若如此大舉，等於重修《明史》。重修《明史》固應為之事，然殺青無日，事大難舉，盡本所之財力、人力，亦不能成之於二十年中也。總之，此時舉辦此事，大體上以北平圖書館、史語所、北大三方所藏為據，所成之本，大致可以不差。此雖非侈意，行之已不容易；如更擴充，不知成於何年？且既有刊本，後人校正便有依據。擴大之工作，不妨俟之他人也。

鄙見如此，未識尊意以為何如？以後如有所示，敬乞惠告為幸。

398. 傅斯年致吳豐培 （抄件）（暫繫年於 1934 年）檔號：IV：96

豐培先生：

前匆匆寫好一信，正思託人抄下留底送上，遽見北平《晨報》執事所發表者。查^弟書本為復來示而作，今第一信不登出，人將不知所云。故今曬就一份送上，仍盼將其送登。上次所登蕪函，錯字之多，不可想像。^弟字雖潦草，然若干處可以上下文識之。今登出者乃有絕不可解者，區區一信，至於如此，甚矣校字之未易也。茲附一表乞投函《晨報》更正之，又十三日信亦恐潦草致誤，另請人清抄一份送上，備執事投稿之用。

^弟向不願一事未成之前，輒在報上露布。既已送登二信，故將相關者清理送上。

誤		正	
感佩是極	待就明者	曷極	說明
大體名具	此數在全數中	如是	此類
面談清人代借	多得墨抄	請人	舊抄
前現日本書	每一部之實錄	前見	一朝

其餘與原字異然尚可通者，不具列；句讀之誤尤多，不及列也。

附：剪報抄件

朝鮮所藏的《明實錄》　　　泉壽

　　我們知道日本藏著幾部《明實錄》，而朝鮮也藏有一部。最近見《青丘學叢》第十三號昭和八年八月刊有小田省吾民一文，敘錄朝鮮藏本的格局及原委甚詳。現在即本小田氏文文，[1] 摘要介紹，或為斯界所樂聞也。

書藏昌德宮奉謨堂，歸李王職典掌。藍格十行明鈔本。是全書總冊數，共四百六十四冊。

此中有總目錄三冊，是光武二年光緒二十四年重裝時所加；故原祇四百六十一冊。當初原裝木匣，匣面刻有金履喬題識。現在本匣無存，題識錄在總目之前。有云："崇禎紀元後四庚寅春，使行入燕回，購《皇明實錄》二千八百二十五卷，共四百六十一冊，賫來以進"。

題識所云卷數，其實不符；重裝時編目者於金識之後，添有一段跋語，以為："然第見此列朝《實錄》，則實為三千一百卷，而不止於二千八百二十五卷而已"。

這卷數所以不同《藝文志》者，大概還是未經修改之本。覈其所異，有如左表：

	太祖實錄	成祖實錄	仁宗實錄	宣宗實錄	英宗實錄	憲宗實錄	孝宗實錄	武宗實錄	世宗實錄	穆宗實錄	神宗實錄	光宗實錄	共計
本書卷數	三九四	二六七	一八	一一五	三五七	二九三	二二四	一九七	五六四	六八	五九五	八	三一〇〇
藝文志數	二五七	一三〇	一〇	一一五	三六一	二九三	二二四	一九七	五六六	七〇	五九四	八	二八二五
增多卷數	一三七	一三七	八								一		二八三
減少卷數					四				二	二			八

原書序前有四印：一朱文"逸峰閣藏書印"，二白文"孫蕙之印"，三白文"實穎之印"，四朱白文"既庭"；第一卷首亦有"孫蕙之印"一方。這舊藏印記，惜未得考。

據趙秀三《秋齋詩選》中的《皇朝實錄歌》，朝鮮所藏《明實錄》原是編《明史紀事本末》的谷應泰所舊藏，後來谷氏子孫式微了，賣出來，流落在燕南市，己丑冬，使行中有李鎮九者，慷慨探私囊，以千金購去，歸而獻之於朝的。果然是谷氏舊藏與否？並無確鑿憑據，恐怕說說罷了。李鎮九買去，是有名有姓的；應該可以考查。可是這人並不很知名，在《八姓譜》裏只能查出他是金州人，譯科出身，官至知中樞府事而止。然則何以如此慷慨？想必還有緣故。

看他們得書之後，是何等的鄭重！匣而奉之於敬奉閣！這敬奉閣是肅宗時候（康熙年間）在禁苑中大報壇前，蓋起來專為敬藏明朝賜物的地方。大報壇是恭祀大明神宗皇帝的專壇；凡關大報壇的文書，俱不用清朝年號；守衛此壇的人，必用明人後裔，原來朝鮮感德明朝甚篤；自豐臣秀吉一役，即所謂壬辰之役以還，尤為感恩浹髓。清興以後，勢雖屈服，而風泉之思彌永，祀明帝彌誠。但恐招清帝之忌，故祭祀但設紙位，其事亦不載於朝報。購此《實錄》的時候，是孝明世子（後追尊翼宗）代政第四年（世子是年薨），其實是翼宗的意思。徒使李鎮九叨居慷慨之名者，亦無非為遮掩清帝耳目而已。

李太王十二年（光緒元年）承政院日記十二月初五日有左議政李最應以活字印《明實錄》的記載。可惜因與日本發生江華島的事件，又當大旱之年，未即實行；而後此亦遂無其機會了。到了甲午時候，大報壇廢祀；這書便藏於昌德宮奉謨堂矣。（泉壽）

399. 傅斯年致李濟 (1934 年 3 月 21 日) 檔號：考 2-69

陶雲揆君事，想已與　在君談過，彼在此待在君十餘日，今將南行矣。兄如提出此事時，即可附列弟名。其任之之所，史語所似名實相遠，社會所則似不必作一度之"亡國"（一笑）。好在博物院已有經費，或即以之為第一位專任人員，何如乎？此皆^弟之客觀見解，非有所主張。兄如以為史語或社會所列名為佳，^弟自亦附議也。

雪艇來信云，交通部二千已辦妥，公事亦來。可即赴交部領矣。（自二月份起）

濟之兄！

^弟斯年　三月廿一日

400. 傅斯年致孟森（抄件）（1934 年 3 月 27 日）檔號：IV：59

蒓蓀先生著席：近北大惠贈《崇禎存實疏抄》一部，獲讀　大著，卓論至佩！其中有一義，^鄙意似覺尚可商榷，謹以奉白。案，此書字體全是明朝下半之柳派，《永樂大典》之副本、《天啟實錄》之散葉，以及若干明代末期之官書，皆用此字體。順治時官書已不如此矣。然此猶非可以為證者也。查此書體裁，卷一自六年之正月一日起，可見分年成編，非合崇禎一朝為一部者也。然則當是歷年編定，一如清代之則例或搢紳。此正是本朝所修而非崇禎完結後編定之證，一也。書中載遼事疏，一則曰奴酋、再則曰奴酋。明史館中人修書，恐無如此膽氣。且三抬之體、抄錄之式，皆如本朝官書，異代為之，無此體矣。《崇禎長編》遇清事皆曰大清，並抬頭，可按也，二也。所謂存實者，意是預備宣付史館之謂。意者明朝有此制度，正為繼王修前王實錄之用耳。然則此名正不嫌于用之當朝之主。

據以上考量，^{斯年}認為此書仍為明代之書，蓋每年一部耳。未識　先生以為何如？至于　大論關係天、崇兩朝史料者，佩服之至，不能贊一詞也。所命查永曆皇帝謚法出處，日內忙極，稍暇當有以報　命。

專此，敬叩

著安！

謹呈　三月廿七日

又查：據　先生云，大庫檔中有各衙門交收崇禎年卷二萬一千七百六十一件，全者九千，九十。件。① 此書皆首尾完備者，若以此一數計之，崇禎一年中平均當有五百三、四十件，一月中當有四、五十件耳。今則二十四日之中，已有二百六十件，約多五倍。其非易代後之輯佚明矣，四也。

401. 傅斯年致楊廉 （抄件）（暫繫年於 1934 年 4 月 8 日）檔號：I：89

四穆先生學兄左右：久未通訊，比想　興居佳勝，至以為禱！茲有陳者，上海博物院所主辦之壽州發掘，已由　貴省圖書館合作，似手續方面已甚妥當。側聞　貴廳之意，以為研究宜在省內，此則似是未有此事經驗者之理想也。研究一事，需時甚久，工作設備，異常困難。如研究非在省內不可，即無異由上海博物院在　貴省辦一研究所，此則上海博物院事實上做不到者也。弟以為考古事業，非各機關通力合作不為功。中國太大，地方之保護勢難周全。今上海博物院發掘壽縣，既有相當款項，又有適宜人才（胡君肇椿係有訓練之考古學者），若玉成其事，中國學術界之幸也。此一發掘事業，與敝所毫不相干，然敝所立點，深覺考古事業非由有能力者一齊合作，不易收效，故甚願此事之早成。此意亦必吾　兄及　貴省人士所同感也。吾　兄以外省人士供職安徽，自當格外尊重地方上之情感，同時則對學術事業，　兄亦必肯示省人以遠大之考量。弟尤以為　徽省人士之不肯許上海博物院運出研究者，蓋未深覺運出研究之必要，此則弟等經驗所及，知其決非過情之請，敢為證明者也。此事如因此就擱，實學術之不幸，若不執此小節，使其事速成，則　貴省贊助學術事業之盛心，必為國人所共佩矣。此間關心者均有同感，故敢供其所知，幸　恕冒昧。專此，敬頌
政安！

弟傅斯年謹上　四月八日

---

①原件數量標示法如此。（編按：據孟森跋，當作"九千零九十四件"。）

402. 傅斯年致李濟、趙元任（1934 年 4 月 9 日）檔號：考 2-70

濟之、元任二兄：憑^弟記憶，第一組薪水與總項下薪水如下：

第一組：

陳	100	勞幹	80（原社會所）
傅	500	邵君樸	40
徐	350	李光濤	60
于道泉	200（留學）	方甦	20
陳槃	80	李永年	30
李家瑞	100	吳晗	80（新定）
李晉華	80	程霖	35 *
俞大綱	80	書記三	90
鍾素吾	40	伯希和	100
			2060

* 此君因^弟北歸後事多，^弟個人津貼其十元。

總：

蕭	150	工人	400（其專屬各組者尚不計）
吳	150	郵電	
趙	150	褓費	500
陳	120	宿舍補	
書記	30	文具及紙式	200（圖書室）
		交際	100
			1800

此中恐尚有遺漏，然以此情形即非第一組三千、總二千不能了事矣。
因第二、第三兩組皆有外補助費年一萬元，而第一組無之，可否將在
君所賜一萬元之數如下分配：

第一組	第二組	第三組	總	
3000	2500	2500	2000	／10000

而營造學社之補助只得放入博物院項下，何如耶！乞 酌奪，至幸。
專此，敬頌

公安

弟斯年 四月九日

403. 傅斯年致胡適（1934 年 4 月 15 日）＊

適之先生：我到此兩個星期了，一直小不舒服。

此間讀書的朋友對 先生在《獨立評論》所做的文章（特別是國際形勢及中日問題）均極佩服，認以為是此時希有的一個道德力量，此力量頗對政府外交方策有好影響。前某友人函所云，到此知其是事實也。

此間一切讀書朋友對定黻①文章極不滿。故此公雖邀西府之垂青，實已自棄其 moral 力量。中國雖至今日猶尚有三分廉恥，此則係于二、三人之努力，曾滌生所謂"風俗之厚薄奚自乎，自乎一二人之傾向而已"是也。此間讀書朋友，雖為卿士，未嘗喪天良也。

《論儒》② 大文完了否？甚念！我今晚到上海，大約一週返京，廿四、五左右可以返平。（如丁大哥許可！）

丁大哥這次派我的差事，初以為簡單，而這幾天（夾上他種事）幾累死我了！

學生斯年 四月十五

＊原載耿雲志主編《胡適遺稿及秘藏書信》，合肥：黃山書社，1994，第 37 冊，頁 417–419。

①編按：蔣廷黻（1895—1965），字綏章，時任清華大學歷史系教授兼系主任。

②編按：胡著《說儒》，載《中央研究院歷史語言研究所集刊》，第 4 本第 3 分，1934。

昨日中政會聞未議多事，只通車之局甚壞，其他不如報上之甚。North-eastern Defence Army 全調。

404. 傅斯年、李濟致蔡元培（1934 年 4 月 20 日）檔號：元 513-22

中華民國二十三年四月二十日

院長先生鈞鑒：敬呈者前奉二十二年三月五日院務會議議決歷史語言與社會科學兩所合併，定名為歷史語言社會研究所，嗣因此事牽涉本院組織法問題，在組織法未修改以前兩所暫仍舊制，並聘^{斯年}兼社會科學研究所正所長，^濟兼社會科學研究所副所長。^{斯年}等奉命以來，已歷一年，據此一年之經驗，竊以兩所之性質不甚相同，於工作之溝通上頗感困難。聞現由已聘總幹事丁在君先生商承　院長將社會科學研究所與北平社會調查所合作，以期工作上之互助，^{斯年}等甚表贊同，謹此呈請　院長提出院務會議准許^{斯年}、^濟辭去社會科學研究所正、副所長兼職，實所深感。謹呈
院長蔡

405. 傅斯年致王世杰（電）（1934 年 4 月 23 日）檔號：元 188-8、元 188-7、元 188-6b

南京教育部。王部長：

院部對戴電①具體辦法，務乞晤弟後再決。斯年。②

附一：傅所長代王部長擬汪精衛復戴季陶電原稿（1934 年 4 月 25 日）

查近年作科學發掘之機關，中央有案可稽者有實業部地質調查所、中

---

① 編按：指考試院院長戴季陶於 1934 年 4 月 11 日致電中央研究院院長蔡元培、行政院院長汪精衛等，並於《申報》（1934 年 4 月 13 日）公開發表《嚴禁發掘古墓通電》事。
② 頁末收發註記："中華民國廿三年四月廿參日發。"

央研究院歷史語言研究所二處，其探求範圍為古生物、原人、上古史等，其發掘地方僅有數處，大體為古代居住遺址，據主管機關負責報告，並無侵及民族共愛共敬之歷史墳墓事，然古董商及地方惡劣分子勾結盜掘之風歷久不息，破壞甚大，自應照古物保管法責成地方關官嚴禁私掘，一面責成學術團體切不得損及歷史性質之古墓。除再查詢外，先行電復。有。（代王擬汪復戴電稿。）

　　　　　　　　　　　　　　　　廿三年四月　　日

〔附二〕：**許壽裳致傅斯年**（1934 年 4 月 17 日）

　　　　　　　　　　　　中華民國廿三年四月十七日

孟真先生：

　承　囑將十六日報上登載　蔡先生回戴氏信，及其他關於此事之件，翦寄濟之先生。查十六日京滬各報及今日（十七）京中各報，均無此項登載。（十五日《時事新報》所登　蔡先生一函，聞已由　尊處留用。）只有十五日《時事新報》有批評一段，特翦奉，請　閱畢轉致濟之先生。此間今日已將　蔡先生復函，從《時事新報》上鈔送《中央日報》，未知明日能登出否？餘後，此頌

近祉

　　　　　　　　　　　　　　弟壽裳敬啟

〔附〕："**澤及枯骨**" 剪報[*]

最近考試院長戴傳賢，在西安發表通電，要求政府當局，嚴禁發掘古墓，并且連學術界的尋取學術材料，也在嚴禁之列，他說："發掘古墓尋取學術材料之風，在學術界中，或多視若當然，而在愛國愛民者，則痛心疾首，……中國今日貧窮極矣，學術教育，敗壞極矣，應作之事，不知其幾千萬，何必發墓然後為學？民德之薄，至今已極。

────────────

[*]原載《時事新報》，1934 年 4 月 15 日。

此心不改，滅亡可待"！又謂："凡一切公然發墓取物者，無論何種理由，一律依刑律專條嚴辦。……一面苦勸諸君子，改其無益之行，變其無用之心。致力於救國救民之學。以培國本"云！戴氏這種動機，也許是基於澤及枯骨的憧憬，而為民請命，然而在客觀方面，不僅使科學的考古因噎廢食，甚至對於學術界，還有一筆抹煞的惡嫌。我們承認，目前有許多不肖的骨董商人，他們為完成其替帝國主義者搜集中國文化材料的使命，藉考古的幌子，發塚盜寶；但同時我們也要知道，輓近以來，以科學考古的發現，對研求中國文化實有極大的貢獻，如由河南安陽殷墟的發掘，從甲骨文中解決了商代社會的謎，如去年中央研究院在山東滕縣安上村掘獲商代黽甲，證明商代文化的輸入魯南，且發現鄫國古墓。以補充歷史的證實。凡此收穫，都昭彰於世人的耳目，何身為中央大員的戴氏，竟遽爾忽略呢？況學術界一再表示"發掘目的，在從古蹟考查古代歷史文化，對古墓已破壞者加以勘察，完整者不發掘，并加保護"（見去年十月九日《中央日報》中央研究院特派員王獻唐談話），這那裡又有"破禁民族歷史毀滅民族精神之偏見"呢！醫學上的人體解剖，既已經成為司空見慣的現象，而科學的考古，獨不容於中國，衡情論事，豈能謂平？在中古與近代交替期間的歐洲，宗教與科學之間還可以成立妥協："上帝到天堂去，凱撒到皇宮去，智識歸智識，信仰歸信仰"，而社會進化的今天，戴氏居然以狹隘的宗教的偏見，毒螫科學，厚誣考古為"無益"與"無用"，這給社會的印象，豈不是歷史在開倒車嗎！

406. 傅斯年致蔡元培 （抄件）（1934 年 4 月 27 日）檔號：III：777

子民院長鈞鑒：承示金君國寶函及毛君汶著作目錄並論文二種，祇悉一切。查毛君於金源史籍致力頗勤，其滿蒙文程度亦似可以應用，至為佩仰。惟本所限於經費，現已無力增聘人員，故對於毛君一時無法借重，敬祈 先生婉覆前途，並予 鑒諒，是荷。專此，即頌
崇安

傅斯年謹啟　二十三年四月廿七日

附原件五種。

407. 傅斯年致蔣夢麟 （1934 年 5 月 8 日）*

孟鄰先生賜鑒：書電敬悉。國文系事根本解決，至慰。惟　手示未提
　及馬幼漁，深為憂慮不釋。據報上所載情形論，罪魁馬幼漁也。數
　年來國文系之不進步，及為北大進步之障礙者，又馬幼漁也。林①
　妄人耳，其言誠不足深論，馬乃以新舊為號，顛倒是非，若不一齊
　掃除，後來必為患害。此在　先生之當機立斷，似不宜留一禍根，
　且為秉公之處置作一曲也。馬醜惡貫滿盈久矣，乘此除之，^{斯年}敢
　保其無事。如有事，^{斯年}自任與之惡鬥之工作。似乎一年乾薪，名
　譽教授，皆不必適于此人，未知　先生高明以為何如？

文學院計畫書，^{斯年}並未見此物。僅受頤先生交^{斯年}一稿，其中僅
　史學系等課程，記得已還。若未還，恐須^{斯年}回後自找。其中大旨
　受頤先生或仍記得。

梁實秋事，如有^{斯年}贊成之必要，謹當贊成。若詢^{斯年}自己見
　解，則^{斯年}疑其學行皆無所底，未能訓練青年。此時辦學校，
　似應找新才，不應多注意浮華得名之士，未知　適之先生以為
　何如？②

^{斯年}至遲下星期一返北平。專此，敬叩
日安！

斯年謹上　五月八日星期二

---

*原載耿雲志主編《胡適遺稿及秘藏書信》，合肥：黃山書社，1994，第 37 冊，
　頁 567—572。
①編按：林損（1890—1940），字公鐸，原任北京大學文科教授。
②行首自註："朱之實學，恐在梁之上。"

408. 傅斯年致羅家倫 (1934 年 5 月 16 日) *

志希兄：在京時，諸公對^弟鬧得真正太過分了，不勝窘迫惱憤之至！

返北平後，即以　兄對莊長恭君之生氣告　在君先生。在君先生大大叫冤，蓋此事之原由如下。莊君去年夏天即有意到研究院化學所，而未能也，其去中大，作理學院長，又非其本意也。今年冬春之交，在君到京滬，其就院職否仍未定時，莊託其岳父劉原生告在君云，要來化學所為研究員。

〔中缺〕①

此在君想到由他代化學所長之由來也。故　兄決不應以此為研究院要拆　兄之台，果如此，是　兄之誤會也。

在君向為佩服你老先生之一人。②　兄任清華事，彼至始至今稱贊，而以他人之譏評為無聊。此次就中央研究院之職務，本懷抱與中央大學竭力合作之願心，彼以為研究院應與大學合作，方為相得彌彰，故彼現下想：——

一、化學專家，正在聘請中。以中央研究院聘定情形較易，不妨兼幫中大一下。即，設若研究院聘到兩人時，可請此每人到中大任教半年，作為合請。此法固須先在院中接洽同過。然此意　兄必感激也。

二、以後一切可與中大合作事，皆願竭力考量幫助。中大若得研究院之科學的幫助，　兄亦可自豪于天下矣。

總之，在君對　公之好意，遠出區區意料之外，　兄當竭誠接受，以免在君有知人之虧耳。在君今日南去，可謂　兄之福星降臨，若不覺得如此者，乃誠天下之至愚也。一笑。即頌

---

* 羅久芳女士提供，又載羅久芳、羅久蓉編校《羅家倫先生文存補遺》，台北：中研院近史所，2009，第 368 頁，署"民國二十二年（?）五月十六日，北平寄南京。"（編按：丁文江接任中研院總幹事在 1934 年 6 月。）

① 此處自註："此一段因有違礙字樣刪去。斯年。"（編按：刪去五行半。）

② 行首自註："此一張至要緊，乞　兄細看之。"

日安，並叩

嫂夫人安！

^弟斯年　五月十六

409. 傅斯年致李濟 （1934 年 6 月 20 日）檔號：考 2-79

濟之我兄：聞王錫煥下半年不在博物院籌備處而就江蘇財政廳事，
　　如此豈非應另找人乎？史語所建築未完，須人操心。社會所之已
　　裁圖書員馬斌生，人極精練，未知　兄以為可用否？乞　酌之。
　　專此，敬叩

日安

^弟斯年　六月廿

令妹事，^弟意可託段（南京）、周枚蓀（北平），待回信後再陳。

410. 傅斯年致胡適 （暫繫年於 1934 年 6 月）*

適之先生：[①]

　　頃談甚快，茲又感覺數事。

（一）委員會之 Secretary，最好改作兩人，即由從吾與我任之，俾
　　　我在時可以分工，不在時，從吾不必用代理名義（辦事如此便
　　　當）。

（二）所談與研究所合作之說，其實若宣揚出來，懷疑者當在研究
　　　所不在北大，因"吞北大"並不像，而以研究所為北大促進
　　　事業之用，則甚顯然。其具體辦法：

　　　一、史語研究所充分收容北大國文、史學兩系畢業生。（亦因

---

*原載耿雲志主編《胡適遺稿及秘藏書信》，合肥：黃山書社，1994，第 37 冊，
　頁 420—421。

①頁首自註："Confidential"。

清華、燕京等之最好者，我們每收不到。）

　二、凡北大研究所學生，須有特殊訓練，此方便史語所有之者，史語所供給之。

其實亦非專為北大謀，史語所想收納北大之最好學生，培植好了，公之于世也。

孟鄰先生返後，希望　先生與他仔細談之。

學生斯年

411. 傅斯年致蔡元培（抄件）（1934 年 7 月 14 日）檔號：III：776

院長先生鈞鑒：褚民誼先生書敬悉。滕先生[1]事如有可借重之處，自當努力。無如院中既無美術一科，而所謂"博物院籌備處"目下一文不名，並無著落，談不到延請學者。諸希轉告褚先生至荷。專頌尊安

傅斯年謹呈　七月十四日

412. 傅斯年致李濟（1934 年 7 月）檔號：考 2-104

濟之兄：連日鼻子中之 local infection，涕泗交流，大約是二組一段公案中所積壓之淚，待時一起發作也，一笑！

令妹事，弟北來後未曾忘之。然亦等于束手。晤周枚蓀兄時，曾談及彼未太晚，如早，適通州女師換校長，彼可荐其為訓育主任之類。蓋教廳雖不能向下派人，然遇校長為朋友亦可推荐也。目下只能找教鐘點，似無聊，下學期或可想法。總之，此等事非暑假前決定不可也，云云。弟因當時亦是無法，未以奉聞。上週走謁　博翁老伯，未遇，不知此事目下如何推演？總之，事不在好，以常久為上，果　兄能引導使其加入　公等一行為 secretariat 等之工作，為

---

[1] 編按：滕固（1901—1941），字若渠，曾任中央文物保管委員會常務委員。

長久計，亦是善事。否則^弟當在叮周枚蓀兄也。餘準今晚函。敬叩
日安！

^弟斯年

413. 傅斯年致李濟 （電）（1934 年 8 月 4 日） 檔號：元 234-9

李濟之兄：趙堅持弟須同意攜眷調查原則，李仍辭，弟毫無辦法，乞
兄主持。年。①

附：李濟覆傅斯年 （電）（1934 年 8 月 5 日）

歷。北平。傅孟真兄：二組事，弟不便主持，若兄有所驅使，自當遵
命。濟。微。②

414. 傅斯年致陳鈍 （1934 年 8 月 18 日） 檔號：元 328-34

驥塵兄：前函查關于《集刊·外編》各議決案及關涉此事之其他文件
（所務會議及非所務會議者），至今未奉復函，目下用之急，乞即日查
出抄來（原件亦可，但須掛號），盼極。專頌
日安

^弟斯年

附：文稿草目

銅器中古代狩獵圖象考　四十一葉
小屯龍山與仰韶　梁思永　十二葉，圖版一、二兩幅
Evidence of the Asymmetry of the Human Skull Derived from Contour Meas-
　urements. By T. L. Woo　連表十五葉

---

①頁末收發註記："廿三年八月四日下午二時半收到。此電當已轉京。"
②頁末收發註記："廿三年八月五日"。

古器釋名　郭寶鈞　十六葉

邢𦎧與中庸　丁山　六葉

宋代吉金書籍述評　容庚　廿七葉

燉煌本韓朋賦跋　容肇祖　廿六葉

乾隆以來北平兒歌嬗變舉例　李家瑞　十三葉

佛母大孔雀明王經龍王大仙眾生主名號夏梵藏漢合璧校釋　王靜如
　　五十葉

　　　　　又

鋅版十一塊　此版用畢還容希白先生。（郭文插圖用的）

整理內閣大庫殘餘檔案揭要登記錄一冊。

415. 傅斯年致李濟 （暫繫年於 1934 年 8 月）檔號：考 2-71

濟之兄：

致在君一信乞　一看，如同意，已簽注後寄出，並乞　抄下一底（託驥塵）存所入"中央博物院"檔中。

弟斯年①

416. 傅斯年致陳鈍 （1934 年 9 月 20 日）檔號：元 329-7

關于蔡先生記念慶祝論文集事件之會議及所務會議各件，② 乞即寄來（如不全，送所務會議原底子便可），愈速愈妙。

驥塵兄

斯年

---

①頁末李濟附註："吞營造學社事^弟甚贊成，但博物館之二千元，須除五百作歷史博物館用費，餘一千五百為籌備事須月支一數，若再將陶薪加入，最多只有一千剩下，以此一千決不能囫圇的吞營造學社，若下年之預算可通過即有辦法矣。濟附註。"

②頁末陳鈍附註："當寄去會議錄原底一份，油印一份；所務會議紀錄原底一份。廿三年九月廿日。鈍。"

417. 傅斯年致李濟（1934 年 9 月 25 日）檔號：考 2-89

濟之吾兄：孟和先生北返，態度似不如從前。此老是頭等好人，而好聽人言，包庇下屬，可怪也。他提出三件事來：

一、分書　他說，　兄與純聲兄主張查明請購原紙，以作分家，而人類組須滿四分一之價值。^弟答云，此辦法甚公道。他反對滿四分一之說，而要保留地理。^弟云，上項^弟不能在此決定，下項不必如此保留，蓋史語所中雖他書亦應由大家公用也。故此事在此談得無結果。

二、拆房　^弟覺爽性乾脆由我們津貼他們三千元，以便將社會所後面群房拆除，大門待總門建築已成之後，亦即拆除。如此由他們自搬，豈不心淨。至于改建之處，如在社會所東，我們不問。如在他處，須大家同意，以免佔了後來大建築之處也。① 如我們代他搬，必引起無限糾紛，故不如如此了事。至于此三千元，即由院支十五萬中出也。

　　總之，此事第一步是他們那些房子搬走，第二步是修路、② 修大門，第三步是內容布置，此時乞　兄先決定第一步。其餘^弟到南京，大家再與在君辦交涉耳。

三、他來 claim 竺宅所有權之一半。竺已將房子內圖給他，（當年我們要不到）而王毅侯是鼓動孟和此事者。此事經過，^弟記得者如下：杏佛要抹去史語所之一千元，^弟云不可。杏佛詢^弟作何用，^弟云買竺房。不過雖有此言，未有記錄，法律上彼固有一半權也。^弟覺此時最好辦法，是一面將此房還總辦事處（因已廢私產），一面要求其用處。③（作我們宿舍）彥堂與^弟要保留三大間，且要求不

---

①行首自註："𠃊乚　彼改建房如遇此綫以北，須大家同意。"
②行首自註："此次自己經營，基泰包工當然太費。"
③行首自註："一面還總辦事處，一面以不出費住房為條件。社會所不妨同等享受，好在彼等人不多也。"

出費。此意何如？

弟斯年　九月廿五日

418. 傅斯年致丁文江、趙元任、李濟（1934 年 9 月 26 日）檔號：元 49-8

在君、元任、濟之三兄：①

莘田兄來，快談一切。此時已與適之先生約好，北大及本所各出半薪（北大多五十，補白君②；本所出二百）。其課程：

高本漢語音　二時。

實驗語音　此課事實上已去實驗二字，而以語音在韵聲變遷及方言上之作用為例。

實驗語音實習　羅領導，白君上課。

第一、二兩項皆莘田目下正在工作之事。且第二項既改為語音，（去實驗二字。）彼即以最近調查之材料為資，指導學生習練，（聞選者不多，故可如此。）如此布置，本所利益完全保障到矣。

至于莘田在所擔任之工課，除編《集刊》及作文照舊外，弟請其先快整理此次徽州調查，因此等材料，過時或不易整理也。莘田云，正是此意。又請其向外接洽。（最要緊者為索趙斐雲之《廣均》。）

因莘田之北來，連帶生了二事。一、唐虞北來。按唐虞是莘田個人之助員，莘田工作，以彼為手，此當不成問題。二、丁聲樹君要北來。丁君為特出之士，此間環境（自所外言）與彼為適宜，且彼大病之後，似宜在此，以休以學。然所中同人如此北來，勢必重心北移，大不得了。

此外尚有同樣者多事，非有一根本辦法不可，故弟對丁君之北來，

---

① 頁首自註："存案"。

② 編按：白滌洲（1900—1934），本名鎮瀛，時任史語所第二組調查員兼北京大學語音樂律實驗室助教。

未敢率與贊同，仍請　濟之、元任二兄決定也。

詢莘田以雲南調查事，彼無所知。^弟覺上次一番風波，已歸烏有，大家應協力同心，專就學術事業上作決斷也。上次^弟之援引所務會議議決案，以止方桂之行者，本是不得已之舉，硬牽法文，以圖了事。此時事既了，專就事論事，方桂往雲南，實為更相宜不過之人，而方桂雲南之行，仍是作比校印支語系之工夫，實等于暹羅一行之繼續，並非新添花樣。前之決議不新添花樣者，其實施意思，無異說，一處方音調查尚未整理（如徽州）不必又多一處，殷墟未相當結束，無須乎再大規模的發掘臨淄，以此類推。方桂在所，大家希望其專治印支比校語系，猶之乎大家希望元任者，為方音及語音實驗，希望莘田者，為歷史音學，人各有專耳。今方桂已于去暹羅時開此比校印支方言學之田野工作，而雲南一行又是一大好機會，豈可不助成之乎。

前者研究所第二組要散伙，故^弟曲引法文，主張方桂不去。此時萬事已了，就事業論事業，方桂絕對宜去。[1] ^弟謹貢此意見，乞　諸兄決之！敬頌

日安！

此信乞入史語所卷宗。

^弟斯年　九月廿六日[2]

419. 傅斯年致鍾鳳年 （1934 年 10 月 5 日）*

鳳年先生：頃覆一函，歸寓讀來示，欣悉一切。《國策》一書，最不易治。文字上雖問題校少，然章句、事實，實不可究詳。此書不特曾南豐時已無全本，乃臨時集湊而成。即在唐時，其間尚有刪通說韓信

---

①行首自註："好在方桂夫人，事實上不能同去矣。"
②頁末收發註記："中華民國廿三年九月廿六日"。
＊本函有手稿本（檔號：I：54）及抄件（檔號：IV：97）兩種，據手稿整理。

語（見《淮陰侯列傳》正義）。若劉子政校錄時之紛岐，更不待說矣。此本秦代、漢初治縱橫術者之策書，史料之價值，遠非《春秋左氏》之比也。吳摯甫以為本書久亡，今本或由集錄，似不為無見，未審尊意以為何如？^弟覺治此書似應先以之為小說，再假定其為大體已佚，宋人重輯之書，然後若干工作可得下手耳。

先生精勤治此，甚佩甚佩！謹貢所見。餘詳前函，不重述矣。專此，敬頌

著安！

^弟傅斯年啟　十月五日①

420. 傅斯年致蔡元培（1934 年 10 月 5 日）　檔號：III：78

子民先生道鑒：^② 奉　書並精衛、鈞任二先生原信，敬悉一是。吳廷燮先生，^{斯年}聞其名久矣，謹將所知奉陳。

查自歷史語言所移北平後，^{斯年}時聞吳君精熟掌故，洞悉邊疆史事，深為景仰，而欲一見。適彼時吳君在瀋陽，任教楊宇霆等所辦之講舍，未能獲晤。九一八事起，吳君倉皇來平，^{斯年}以為如此積學之士，此間學界不應坐視其賦閒，正詢此間大學可延攬否。而聞之消息靈通者云，吳君現在張漢卿處掛名，月三百元，而彼自云非六百元不能活。不久又聞人云，彼已投身“滿州國”，月薪六百圓云云。^{斯年}深為歎息。^③ 去年春，熱河不守之前，本所與北平圖書館合派于道泉君往承德移運滿文《大藏經》等，湯氏^④省政府不予以方便，因遷延以致于君及蒙古之包君陷于虜中。北平圖書館曾派謝國楨君繞道大連、

---

①頁末收發註記：“中華民國廿三年拾月八日發。”

②頁首自記：“回前信。”

③行首自註：“當時東北偽組織派人來北平拉人，應者不一，吳其一也。此語係彼拉而未往▨▨▨告斯年者。”

④編按：湯玉麟（1871—1937），字閣臣，時任熱河省政府主席。

瀋陽以往承德，（因謝君東北情形熟悉之故）遇吳廷燮君于瀋陽，數晤，言語之間，絕無思漢之心矣。適此時錢昌照兄囑為國防設計會物色熟悉邊事人才，斯年即以此君情形告之。彼此皆為此君之太無國家觀念惜也。

吳君在瀋陽之根由有二說。一說謂吳為滿州國服務；一說謂吳之居彼，仍領張漢卿薪，係抄瀋陽《通志》材料者。其實在情形，斯年無從考察。要之，彼于熱河戰前已赴瀋陽，此間學界深為彼惜之則為事實耳。

在此等情形之下，本院必無津貼之之理也。至于此君學業，極有可觀，不過，彼之所習仍為掌故一派之學問，即令無"走胡"一事，亦與研究所工作不相宜。其安置處所，似以內政部、蒙藏會等為人地相宜。（假定彼未有叛國行為。）專此，敬頌

道安！

學生斯年謹上　十月五日

421. 傅斯年致陳垣 （公函稿）（1934 年 10 月 29 日）檔號：元 109-6

○○先生著席:[①] 前承　清誨，擬以　大著《元朝祕史諸本校記》，並《元朝祕史漢語重譯略附注釋》二書，交由本所列入《專刊》中出版一節，寅恪先生及斯年皆欣愉之至，深感　先生光寵弟等之盛意！至其具體辦法，謹據所中目下實在情形，奉擬如下：——

一、此兩書　先生既表示不受報酬，極深感佩！亦與本所不購求稿件，而深願能助成工作之原則與習慣相合。但其編纂中所需各項費用，共由本所具備一千二百元，自二十四年一月起按月送　先生處，以供支用。

二、此一工作，　先生云需時二年，已開始約一年，本所當於二十四年下半年中準備將此二書出版。

---

①頁首自註："擬稿"，又註："兩信均存在二十四年一月初旬。"

三、依本所於本年四月與商務印書館所訂契約，兩書均須由該館出
　　版，以後再版之權亦永歸該館。每次再版時，著作人有修改或
　　增加之義務。（如有此必要）（原合同抄奉。）

四、兩書在印行兩千部時，由本所贈送樣書三十部，逾此數後贈送
　　書百分之三。（本所對商務印書館所負之義務，應在此處聲明。）

如荷　同意，即乞　惠示，至荷。專此，敬頌

教安！

　　　　　　　　　　　　　　　　　　^弟○○○謹啟　年月日

〔附〕：**傅斯年致陳垣**（1934 年 10 月 29 日）*

援庵先生著席：

　數日未晤，想起居安善，為禱！日前寅恪先生談及先生關于《元祕
史》之二種大著，^弟深以二書得在研究所出版為本所莫大之榮幸，愉
快何似。自今年暑假，所中情形較往時有不同處，謹述其有關涉者
如下：

一、自丁在君先生就任後，屬行支出按照預算之辦法。故凡有追加
　　及改變，均須得其許可。此事提出時，^弟固當請其立即批准，
　　然如此一千五百元本年度無法全數追加時，當于下年度中設法
　　補齊（即二十四年六月以後）。

二、本所與商務印書館在今年六月簽約，因此，書式與再版皆受
　　限制。

　又目下院中規則，凡有支出，均須有卷宗的根據。謹據上列情形，擬
一公函稿，如荷同意，乞即惠示，以便根據呈院批准後送上也。一切手
續，^弟自當力求迅速耳。專此，敬叩著安。^弟斯年謹上。十月廿九日。

---

*原載陳智超編《陳垣來往書信集》（上海：上海古籍出版社，1990），頁 556—
557，署 1933 年。

422. 傅斯年致丁文江、李濟（1934 年 10 月 30 日）檔號：考 2-94

在君、濟之二兄：^弟本擬廿九走，因待適之先生，改遲一日。不意昨
晚家母忽病，溫度 101.2，瀉七次。今晨燒退，不瀉，但如此情形，
^弟決不能上路也。此次家母之病，是吃多（有油），加以受涼，必無
大礙。然若今日上路，亦非人情。故又改在後天了。歉歉。但^弟多
留此二日，亦決不閑，仍是一夜趕辦一切也。^弟近月餘大振作，有
時夜間亦至所。^弟固應保留晚上工夫作了債之用，然所中積壓之件
非先清理不可。各助員工作尤非提前整頓不可，故先忙此。此一月
成績頗有可觀也。又延兩日，萬分不安！專叩

日安

^弟斯年　卅日

423. 傅斯年致程霖（1934 年 10 月 30 日）檔號：元 322-7

雨蒼兄：

別來無恙？

拙著一文①末章，茲奉上。以前者已印出否？為念。②

^弟大約尚須半月方可北返也。即頌

日安

^弟傅斯年啟　十月卅日

外注一條乞放入第一章"亳"一節之下。注之次序，乞　兄查明定
之。本文中加此"注×"，應加入"有太史公為此說（亳起於
西）之權威"（大意如此，原文不記矣。）之下。

---

①編按：傅著《夷夏東西說》，載《慶祝蔡元培先生六十五歲論文集》（北平：
中研院史語所，1935），下冊，頁 1093—1134。

②行首自註："校稿可寄^弟，排印愈快愈好。"

424. 傅斯年致陳垣（1934 年 11 月 1 日）檔號：元 109-8

援菴先生著席：

惠書敬悉。一、二兩事謹遵。第四項待抄來（或 ^弟 到京時，直寄尊處）與商務原合同時，送請　一查。第五項之意義，其權利義務之分，亦請　先生于收到原合同抄件後一酌之耳。此皆在所中無問題者。第三項，因在君先生屬行各所不欠主義，故追加預算上各節，均須呈院批准後方可支付。而每月如無盈餘，即須改至下月再付；本年度如無盈餘，即須改至下年度再付。　先生所提支付方法，當呈院請其批准，然非所中所能自決。（因非列在原預算中者。）^弟今日南行，到京即以原合同抄呈。專此，敬叩

日安！

^弟傅斯年敬啟　十一月一日

425. 傅斯年致程霖（1934 年 11 月 9 日）檔號：元 322-8

雨蒼兄：

茲因拙文末章中"西高原系"一詞，須改為"西高地系"，特將初稿中應改字用紅鉛筆改好，乞　照改。

^弟下星期尾北返，一切面談！

斯年　九日

稿子有疑問時，乞　詢羅先生，不必寄來矣。

426. 傅斯年致陳垣（暫繫年於 1934 年 11 月）檔號：元 109-9

援厂先生著席：^弟此次赴京，正值編製明年度概算，一切事件紛紛待理，啟候稽遲，深感歉仄。茲謹如前者　尊示所開各節，改正原擬所中公函奉上，即希　察收為荷。又其中有待說明數點，分述如下：

一、此時所中如將書賬清理，已無存款（因遷京後卜居各事），故擬

每月送付。然　先生此時若急需，尚可于目下移出三百元光景
奉上，即此間書賬暫不全付也。

二、此款全數半在暑假之後，廿四年度概算中已列入，彼時無困
難。（本年度内頗費事，故稽于奉復也。）

三、送樣書一事乞查商務合同。所中有同人及交換各事本需百冊左
右。茲于第二千之内時，分送　先生三十冊（所中所得全數百
冊），以後百分之二（全數百分之五），可乎？

四、再版永歸商務一事。定合同之前，同人曾細思之，覺尚無大
礙，此非 ^弟 願為書賈作奴隸也。彼等既印一書，製版與廣告皆
有所費，若于換版時取回，似未盡允。且一書出版，再版仍由
原處，亦是西洋各國之通例，而學術機關尤然也。合同所云，
非謂再版時非修正增加不可，僅謂不得以修正增加，更改原在
商務出版之約耳。

427. 傅斯年致徐中舒 （電）（1934 年 12 月 12 日）檔號：元 65-8

北平。歷。徐中舒兄：聞思成病重，盼電示情形。年。①

428. 傅斯年致林徽因 （電）（1934 年 12 月 12 日）檔號：元 65-9

北平北總布胡同三號。梁思成太太：② 聞思成病，乞示近況。斯年。

429. 傅斯年致胡適 （1934 年 12 月 17 日）*

適之先生：一個多月不見，想一切安好。我到此地以來，每日總是些

---

①頁末收發註記："廿三年十二月十二日"。
②頁首收發註記："中華民國廿三年十二月十二日"。
* 原載耿雲志主編，《胡適遺稿及秘藏書信》（合肥：黃山書社，1994），第 37
　冊，頁 431—433。

無聊的事，好在不久便可在北平見面了。聽說　先生要到香港去，此時似乎不去也好，特別我這當年在廣東請你不去的，此時聽了未免有醋意。然則還是不去好罷！

芝生的事，不知是何因由。惟無論如何，此事總須校正。　先生與詠霓兄似可向蔣作一抗議。為國家設想，此等事固極不祥，即就蔣言，又與他有何好處耶。

《大公報》來信問明年星期論文。國醫一事我有點介意，繼思他們也為難，也就罷了。此次故意大胆一論，他居然一字未刪。只可惜當日頭痛，文章做得極壞而已。目下想來，做此星期論文不有意思，然《大公報》之 circulation 極大，文章之效力甚值注意（在此地覺得很清楚），故不能決。未知　先生明年如何，此事即請　先生代我一決。（如能順便代復《大公報》，尤感！）如何？專此，敬頌

日安，並候

夫人百安

學生斯年謹上　十二月十七日

430. 傅斯年致俞大綵 （電）（1934 年 12 月 20 日）檔號：II：549

北平護國寺街前鐵匠營二號。俞大綵：[1] 如係盲腸，乞即入院。晤李即歸。[2]

431. 傅斯年致趙萬里 （抄件）（1934 年 12 月 20 日）檔號：元 116-6

斐雲先生著席：[3] 別後逡巡，未遑啟候，為歉！上月廿三日莘田先生致元任先生信云，兄云：

　　當時曾受所中報酬，後恐《廣韵》校不出來，所以改作了《宋金元

---

[1] 頁首收發註記："中華民國廿三年十二月廿日"。

[2] 頁末自註："自己的私電代發。"

[3] 頁首附註："照錄廿三年十二月廿日致趙萬里函。"

人詞》及《六朝墓誌圖錄》，自問可以抵得過所中之報酬。現在因事很忙，而且對于音韻學又是門外漢，恐一時校不出來。即使匆忙校出來，也難免受人指摘。最好是把搜集之材料，如北宋《廣均》，宋本《集韵》，及已成之工作，交出來，由所中指定一個專人工作，如"劉半農共李家瑞"之例，似乎可以計時結束，云云。

先生為事業之早就，不惜變更方法，曷勝感佩！理當一切如命。惟弟意其中尚有待斟酌之處，分述如左。

一、如于校此書中兼作音韻學之探討，自非一時所能濟事，或非一人所能竟功。然校此書之本怡，原為會集眾本，成一定本，固以版本為限，不涉音韻學範圍。設不越此限制，音韵學外行之說，自無關係，況　先生並非外行乎？

二、先生作此事，數年前已去殺青不遠，祇緣繼續獲得善本，故愈做愈多。　先生不妨找人幫助，惟主其事當仍為　先生，只須序中提明，不隱人之功爾。似不必用"共編"之例也。

三、弟以為此書之工作，雖是版本學，不是音韵學，然無限音韵學之工作正當依此為憑藉。如《廣韵》有一定本，誠研究音韵學者莫大之助。此係弟在未遇　先生，即有此願也。十年來夢想樂觀厥成之事，故弟仍懇吾　兄能提前完成此事，以後作音韵學者，受賜多矣。

基此推論，弟謹提議下列辦法。

一、先生各種工作中，除不能停者（如教課）以外，其餘各事，暫時設法延後三數月。此期中由研究所支薪，以補北平圖書館等處及撰目錄學文之收入，並可覓一書記助之。

二、此時即由　先生自行指定一人，照　先生之法工作之，由研究所給以薪水。

以上二法乞擇其一。研究所樂于早觀厥成，凡可成就此事者，自無不盡力也。如荷　考慮，感曷有極！

又莘田先生轉述　先生所說各節中，弟猶有未盡意，分述如左。

一、研究所之目的，本為助成一事業之成功，決非買賣性質，故遇有^弟等以為可作之事，皆願盡力助成，工作之費由此而起，與編學報買稿子者非一用意。此為學術機關應有之分際，必久在洞鑒中。

二、若干年前，寅恪先生提及在所完成《廣韵》之校本，^弟不勝欣喜。五載以來，^弟心中念念在此，以為此是不朽之事業。若功虧一簣，未免可惜。至于《宋元逸詞》、《北朝墓誌》二書，自是名山之作，而後者尤為史學之絕大貢獻，承　先生交研究所出版，自是^弟之欣榮。然其用意與此不同。兹檢到數年前寄　先生一書，抄呈　清覽。中注明六月十五日，當是二十年也。

三、關于此三書之版稅事，兹因與商務有契約（抄奉）宜分別辦理如下。

　　一、《宋元詞》之版稅，可即結算奉上。再版當由商務，^弟要求其照契約第四條乙項辦理，即抽15％，歸作者。

　　二、《元魏墓志》印費甚大，恐須照丙項，即由研究所貼印費也。

　　三、《廣均》一書，將來即由商務印行，自當照乙項辦理，即作者有版稅。

連篇累牘，大擾　清神，諸希　鑒察，為幸。專此，敬頌
道安！

^弟斯年上　廿三年十二月廿日

432. 傅斯年致蔡元培（1934年12月24日）檔號：補3-67

為呈請事：① 查本所十二月廿二日所務會議第一項：

> "李濟君因事務繁劇，請辭人類學組主任案。議決：改請吳定良君代理。"

---

①頁首收發註記："中華民國廿三年十二月廿四日封發。"

等因，理合呈請　鑒核，准予聘請吳定良君代理本所人類學組主任，
實為公便。

　謹呈
院長蔡

歷史語言研究所所長傅斯年

433. 傅斯年致李濟（1934 年 12 月 28 日）檔號：考 2-41

濟之兄：別來想一切安善，為禱。

一、已與思成談過一回，大約日內當再談。與彼夫婦談中，發覺他
們本有自畫圖設計之意思。林至今猶未全忘此意，梁則慮影響營造學
社工作。^弟勸以不妨與一 firm 合作，梁為設計，此 firm 做細圖與監
工。林甚謂然，梁以為 invited competition，已經會中決定，不便更改。
^弟謂此會實不見得反對更改。話談到此地為止，^弟未曾再懇之，因^弟
思亦無全權也。^弟終覺 invited competition，在中國未必有好效果，此
一輩人之能力，固已知之矣。恐徒扰攔兩三個月耳。若　兄以為^弟之
率然想到者為可行，（即由梁設計，另與一個 firm 合作。）乞與在君一商。
^弟想到此處者，因求其省時日也。

二、兄之需要計畫，^弟詳細研究一遍，覺得其中有數點，^弟微有不
同之意。

a. 此方案必須由中英庚款會通過，故表面上須 attractive。古物保管
會之一目，儘可臨時借給，（只有三十方，當非難事。）若列入其
中，恐會中人說話，或更引古物保管會之疑，此其一也。
Exhibition rooms 太少，各項雜屋太多，二也。（陳列廳只有四百約
尚不及史語所之倍，自然太小。）

b. 以人文管①揩總部之油，^弟思為總部（共用）多設 storage，是一

---

①編按："人文管"當作"人文館"。

妙法。

人文館多一百似無妨也。

c. 若干附屬建築,勢必別置 auxiliary building。即如車房,因牆低,列入正項,實太費。其他宿舍等,在中英庚款會通過時,或有支節。

d. 博物院之建築,須計及牆之高低,故^弟分為三類,別作一表。

因此情形,^弟謹于 兄之詳表上附注^{鄙見},^弟非主張如此,乃向 兄供獻其一時所能想到者耳。

又與思永談到 general plan,^弟以一時想及者,寫成一圖,供 兄一笑而已。

三、基泰付款事,^弟行前已囑亞農扣留,此事可由 兄一考慮後再定。

四、修路付款事, 兄不接頭,乞詢吳先生。最好少付,待^弟至,一勘之也。

五、窗子付款事,想已查明。如付出時未扣未做之窗,^弟思可請基泰辦理,否則扣基泰耳。

^弟此次返來,見一組助員工作甚好,至快。昨晤寅恪長談,明天再談也。吳駿一兄處各事,乞 兄代^弟決定一切,不須問^弟也。專此,敬頌

日安!

彥堂兄同此。

^弟斯年 二十三、十二、廿八

434. 傅斯年致趙元任、李方桂 (1934 年 12 月 28 日) 檔號:考 2-92

元任、方桂二兄:別後想一切安吉,為禱!^弟尚未晤趙斐雲,據中舒云,彼趨向第二辦法。晤後即當解決耳。^弟日內忙甚,下週當開始

作文也。一切續談，敬叩

日安

弟斯年 十二月廿八日

435. 傅斯年致丁文江、李濟、裴善元（暫繫年於 1934 年）檔號：考 2–106

在君、濟之、子元三位先生：

關于歷史博物館品件南遷事，子元先生曾有三信，並于前者由郭君轉示各節。關于此事，弟因不在職分之內，只能依 子元兄所示，後來子元兄告以可以緩運，弟覺此事有從根本討論之必要，僅貢其所見如下：

一、移入交民巷一類，乃為防內賊之亂，外禍一無用處。此時此間情景，內部秩序紊亂之可能甚小，而外患大，故不出平津，移與不移等也。

二、此時一大運，自然不能"開館"，開館一事，在學術上今已無意義，但能佔地盤耳。自然佔地盤亦一要事也。

三、午門一帶，守之大難，早晚總是別人的。

四、此時自應注意在南京中央館之成就。

五、若移，便須此時緩和期中移，否則一急再思移，必移不出也。

此皆弟之觀察，非主張。請 諸先生就近商決一個方策，需弟在此辦者，當盡力也。專此，敬叩

日安

又何敘甫各件要運否？乞 濟之示知。

436. 傅斯年致吳景超（暫繫年於 1934 年）*

奉復書，敬悉一是。與休士君以後當有相值之機會也。大著讀了兩

---

*本函有手稿本（檔號：I：1317）及抄件（檔號：IV：99）兩種，合併整理。

遍，佩服之至。略有微意，奉白如下：

一、西漢制度由御史至刺史，由分遣至常置，似是逐漸而來。其初本是中央行使其職權之一種作用，並非地方官，自武帝時確定十三部，其意似亦不過明代給事中之分道（清制亦然），不過在執行其職權時真個的在地方上觀察耳。所以武帝時似不可謂即有州的地方制，當時之地方制度固仍是郡（國）、縣（邑）二級也，或者部刺史行使之職權愈後愈擴充，至西漢末而漸有憑陵太守之權。翟方進與朱博之異，與其謂為古今出奴之爭，或毋寧謂為二級、三級之爭乎？真正的稽古改制，自王莽始也。

二、《漢書·地理志》所記"那些郡國是什麼時候的制度"（兄原文）一問題。弟覺《漢志》本身似有說明，《志》首云："元始二年，戶十七萬五千七百二，口六十八萬二千四百六十八。"而郡國之下分舉戶口數（弟未曾核過二數相符否，當一核），當即是元始二年之統計也。戶口數既是元始二年者，其戶口所隸之郡國、縣邑必亦出于同年之統計，否則甲年之戶口無法置于乙年之縣邑下。果《志》末有云："訖于孝平，凡郡國一百三，縣邑千三百一十四，道三十二，侯國二百四十一"，全數雖比各郡國所分數之綜合為少（差九），而總數實與《百官公卿表》中所稱"凡縣、道、國、邑千五百八十七者"合。周壽昌以所差之數由于傳寫脫漏，甚合情理。若謂其中雜以建武以來所改，弟雖未能詳攷，然前年比核兩漢西北各郡縣之差，知建武改制皆不在《前漢志》中（即如建武中樂浪有領東七縣一事）。若謂班氏將後漢制度置之前漢，則其事似易而實難。最容易做之事是直抄一書，班氏生抄之本領可以《司馬遷傳》為例，果《七略》、《茂陵書》等存于今，當見《藝文》、《地理》二志生抄之實據矣。

兄謂及"《漢書·地理志》雜糅兩代制度"，更詳分之曰："班固書中所記的郡國固為西漢制，而所記的州則為東漢初年制"，證據多而堅實，似可為定論矣。惟有一情形或尚待說明，建武初年本多沿襲莽時制，牧其一也。其在郡國雖名號道，莽死而改回，若其分合，或仍莽之舊貫，後來逐漸改回。西漢末之制，是《續志》所列，建武中年改者，或仍是復西漢末之舊乎。此事^弟僅想像有此一種可能，而不暇去找證據，匆匆寫出，供 兄參攷耳。

三、冀州括馮翊、扶風，或漢時有此見解，即以冀為中國，其他為四方也。冀為中國，《日知錄》曾言之（卷二）。又關羽伐曹操後，《漢書》謂之曰："威振華夏"（此必沿襲當時語，非作《續漢書》者所造），此亦以中土為華夏，或者當時所謂"冀州"所謂"華夏"皆中土之古典名詞。曹操自領此牧而擇國號曰巍（《左傳》所謂：巍，大名也；天啟之矣），正其比德文王之云乎？

以上皆無關弘恉，一、二兩事， 兄亦言之，^弟僅補充三五語耳。順筆寫下，不足為 兄訂正之資。文中誤字看到改了一二處，有一處係一無關本題之小誤，冒昧易之。

又，社會所助理勞榦君在所專治漢、晉史事，^弟曾囑其一讀大著，彼寫下數節，意思較^弟所說為重要，隨函附呈。專此，敬叩
著安

^弟斯年上

一九三五年

437. 傅斯年致方石珊（電）（1935 年 2 月 5 日）＊

北平首善醫院。方石珊院長：內人病，如必要，乞即用手術。疑有娠。斯年。①

438. 傅斯年致俞大綱（電）（1935 年 2 月 5 日）檔號：II：549

北平後門內二眼井橫柵欄二號。俞大綱：綵病，須即割，勿待兄至。兄今晚北上。年。②

439. 傅斯年致羅家倫（1935 年 2 月 5 日）檔號：元 58-3

志希吾兄：

惠書敬悉。查各學術機關理應合作，以資進步，惟本所遷京不久，若干工作正待籌策，故于同人兼課一事，力求避免。茲承　以請吳定良先生事見詢，當與同人商酌，僉以為此事既經　貴校生物系與吳先生說好在本學期中一小時之限內，謹表贊同，下學期中恕未能以為例也。專此，敬頌

教安

弟傅斯年敬啟③

＊本函有電稿（檔號：II：562）及譯稿（檔號：II：548）兩種，文字略異，據譯稿整理。
①頁末收發註記："廿四年二月五日"。
②頁末收發註記："中華民國廿四年貳月五日發。"
③頁末收發註記："中華民國廿四年二月五日"。

440. 傅斯年致王靜如（1935 年 2 月 16 日）檔號：元 59-21

靜如先生大鑒：① 別後時奉 惠書，^弟以公私多事，未及啟候，至歉！
亦緣元任先生與 公時常通訊，所中事不患不接頭也。此次奉來書，
各件奉復如下。

一、一年半以來，據巴黎音訊，兄與學事之外，兼辦某一學會，為
此熱心費時不少。此則所中同人頗引以為憾事者也。蓋在外國作學問
外之活動，非特無益，而實有害。國家情形如此不了，此時能在國外
讀書，亦大幸事，此大可寶貴光陰，虛擲于外務，公私皆未當也。希
兄體會此意。

二、累次來信，備悉求學精進，然所上何課，所讀何書，則語焉不
詳。查撰文固是鍛鍊思想之妙法，交遊同好亦是切磋之正路，然在外國
之第一目的，固仍在求學。第一、語言，第二、通論（以廣眼界），第
三、工具（以便回國後應用），第四、目錄學。今 兄似有舍本逐末之嫌
也。此一情形，乃在外國時必然之要義， 兄不必急急做文，但當急急
讀書聽講耳。若回國之後，語言亦未弄好，諸事皆有叢脞，豈不可惜？

三、關于 兄之留學補助費，照規定本年秋季結束，故^弟早料屆時
必有若干困難，當時有兩法：ⓐ于伯原未去時，^弟告以若到法入學之
後，立即來一信，並向山東省府請補助費。^弟原與山東教育廳長何②
約好，于一入學即補此項補助費。然後于君款之一部分可以移 兄或
林藜光兄。③ 此等共產以濟之辦法，本此時情形所要求，亦伯原自說
之法也。然伯原到後，並未有此請求，亦無提及此事之信。ⓑ河北省
新任（今已古代史矣）教廳長周炳琳先生，^弟之友人，曾由研究所備一
公函去請費，回公文云，不可。但周個人來信，則云另有法子可想，④

---

①頁首自註："存所"。
②編按：何思源（1896—1982），字仙槎。
③行首自註："已將此函抄寄伯原矣。"
④行首自註："各來往信件想已閱過。"

即獎金之規定，可以發表。待^弟後來又詢之，則云，章程已公布，可以請求矣。^弟云，可代請否？周云，不可，須本人自辦。正思奉告，而周君因日本人抗議去職。（謂其行動不合塘沽協定！）若去職再緩二三月，此一千五百元　兄可得到矣。至于新任之廳長，李濟之先生識之，云可代設法，乞　兄照章請求，並同時函李先生運動一下子。

四、本所延長此項補助費事，準以此時財力，**95%** 要辦不到。兄不妨寫一詳細報告，說明以前求學之情形，並開下半年求學之計劃，送來審查。然一方面不必作有效之想也。

五、前因　兄回來的時限不遠，與胡適之先生談過一下子。他云，北大可請　兄為史學系專任講師，月薪約二百元左右。此雖薄祿，然在此日大不得了的時代，已是好事。且北平求學便，北大資望老，比做野雞大學的主任都好。北大對伯原亦作同樣辦法。目下研究所之情形，不能添高薪水的（此日之窮不可想像，丁先生又將經費減了一千。）而研究所之貲送　公等，本是為國家培植人才之意，猶之嫁女，但願前程光明耳。然　公等後來亦必不忘此"娘家"也。

（五）所開計劃，以語音為主，似未盡當。　兄于此行非有特長，且此一行中國現在治之者已多，如趙先生之所造詣，決非　兄之所能及也。故^弟意　兄宜走"正統的東方學"一路，即以中亞之語、史、地三事為學問（特別是上課）之對象，何如？

六、寄用費事，已託蕭先生按期提前辦理矣。餘另白，敬叩
日安

^弟斯年上　24/2/16

441. 傅斯年致李濟 （1935 年 2 月 26 日）檔號：考 2-42

濟之兄：^①　來書所談包洋車一事，已詢在君。此事誠如　兄言，不可

———————

①首頁自註："Confidential"。

為訓。然處理此事， 兄與^弟必皆感覺相當之困難。在君云：當時均一想買洋車，在君大詫異，謂包一個好了。此事目下辦法，只好託在君告均一，在南京測量工作不做時，即將此包車去掉。在君已允如此做。^弟固甚佩均一之學問與精力，故覺通函止之，或者打斷其工作之興趣，轉為不妥。不如仍託在君辦。其實第四組實在是在君直管也。^弟到京時，再婉與均一商之耳。此次招考錄取事，亦非^弟意，據^弟看，無一可取者。只有到暑假^弟再做惡人耳。此信乞 焚之。即叩日安！

^弟斯年 二月廿六日

442. 傅斯年致李濟（1935 年 2 月 26 日）檔號：考 2-46

濟之吾兄：今晚八時半，在家看晚報，見載甘、傅①辭職。^弟早料到有此一著，故于黃②長內部令始發表時，于一日席上私與沐波談此。沐波提此事，謂彼不免政治牽涉，古物保管會事非其所長，應由 兄辦或^弟云云，^弟當即謂，此事沐波兄辦得既已甚好，自然應該繼續，如內政部代表一事不便，^弟可辭去（^弟之缺為"專門家"）。 兄對此會甚重視，^弟亦覺此有作用，故此事關鍵不小。

傅非最適之人，然或者在此狀況下算是好的。③ 自然 兄最在行，然兄不便（吾等皆不便）自己出馬。滕④亦比傅在行，然滕未必能任此事。若此事（古會主席）變做內政部次長之 de facto，乃糟極了。黃郛一派人來，必對全院無好感（詢在君便知），故此事事不宜遲，或者即

---

①編按：甘乃光（1897—1956），字自明，時任內政部政務次長；傅汝霖（1895—1985），字沐波，時任內政部常務次長。

②編按：黃郛（1880—1936），字膺白，時任行政院駐平政務整理委員會委員長兼內政部部長。

③行首自註："Confidential"。

④編按：滕固（1901—1941）。

刻辦，尚未晚，因傅或未走去，可就商也。

傅與汪不錯，或者對其去還要留點意思，此一辦法，如雪艇先生可說，或可做到也。

總之，此事決不可使其成內政部常次之 de facto。

此非^弟想要對此事無興趣，乃是覺此法可濟此時困難，勿誤會也。

由沐波兄補入專家一類，則可長久矣。繼^弟又詢沐波，既為常務次長是否準備著辭，沐波云，不曾。話止于此。今如沐波有繼續此會主席之可能，困難止在內政部代表一事，乞即代^弟辦辭此之手續，俾沐波補入（此自然須先說通）。① 一切乞陳商雪艇先生，至感！專此，敬頌日安！

^弟斯年　二月廿六日

443. 傅斯年致李濟、王世杰（電）（1935 年 2 月）檔號：考 2-105

李主任並陳王部長：史。密。古物保管委員會改隸內政部事，與各方事務進行皆極不便。查舊委員會隸教部六年，今會所司亦多涉社會教育，懇竭力主持，減費後勿改組織，仍直隸行政院。斯年。

444. 傅斯年致李濟（1935 年 3 月 7 日）檔號：考 2-47

濟之兄：

鍾女士辭職事，因趙及鍾本人來信，知此事已在月前。本來半路辭職是不容許的，然彼已持其母之信來，恐亦無法，只好以後找人，不找此等不守紀律者耳。

其繼任一事，乞　兄一想。

本所圖書室不能容兩個中等階級之職員，是很明白的。錢少而事也

---

①行首自註："^弟對此會事仍可從外幫忙也。"

不多。但一個人又真的照應不來，趙良翰君不肯兼任兩面，（實在他做外國文事，也真做不來也）只好請他下半年真正的編目了。至於外國文方面，實在用不了一人專人。^弟當時之所以找鍾素吾女士者，實是想他兼英文文書（已說明），再經練習，可為《集刊》做個提要，至少可翻譯報告一類。鍾之英文程度，遠在楊樾亭、陳小姐之上，雖其寫文字好咬文嚼字，英文及文學之根柢實不錯（天分非甚高），故當時有此計校也。

此時找繼人之人，是否仍沿此政策（即說明兼英文文牘），或兼他事，乞　兄考慮之耳。　令妹此時之事，似非常事，未知於此事相宜否？請　兄一考慮之。其英文程度^弟不知也。如其英文甚佳，似可沿此政策，兼辦文牘，如不能，或兼一他事（專外國書之事不多）而英文文牘事另設法耳。一切乞　兄考慮之。專此，敬頌

日安。

^弟斯年　24/3/7

445. 傅斯年致李澤彰（抄件）（1935 年 3 月 12 日）檔號：元 339-4-1

伯嘉吾兄：

^敝所送交貴處之件，今尚不能源源送往者，因南遷以後諸事待清，故稽遲也。然目下大致已齊矣，故《集刊》已編好一全本（此係本所出排版費者），陸續直送京華，從其便也。又《金文續編》一書，乞照合同列作抽版稅 15% 一項，因^敝所與作者有此約，且此書是字典性質，銷路當不銷①也。其《金文編》本身，本所已為此花去千元以上，大約暑假後可就也。又《明列朝實錄》，暑假即可校成百分之七十五，即可賣預約矣。專此，敬頌

日安！

^弟斯年上　廿四、三、十二。

---

①編按："不銷"當作"不錯"。

446. 傅斯年致李濟（1935年3月）檔號：考2-43

濟之兄：^① 均一兄之車事，^弟非常作難。此事在原則上當然不妥。然本所亦有許多事未能一一不出原則，（^弟之過也）而此事則在君實負責任。蓋據在君云，買車係吳意，包車則丁之辦法也。此時^弟若將其veto之，恐有支節。故^弟意一面由在君轉告均一，南京作完後即辭此車，^弟下月到京時，亦當面言之。此時只得簽字矣。然如　兄以為不妥，此簽字即作無效。　兄決定之辦法，^弟總負責任也。專此，敬叩日安

　聞彥堂今日動身來此！為之不快之極。今年之計畫本在用力于安陽報告，如逍遙此間，並挖壽州之不若矣。思之憂悶，奈何奈何！

^弟斯年

447. 傅斯年致李濟（1935年3月18日）檔號：考2-93

濟之吾兄：陳述君薪二月間已告援廠，初任者為八十。今見會議錄各組將招考，未知初任薪若干，已定否？如減底，陳君約雖在先，而全漢昇君則可照新規辦。乞即　示知，以便通知之。專此
日安

^弟斯年　十八日

448. 傅斯年致李濟（1935年3月23日）檔號：考2-48

濟之吾兄：

　^弟喉病十日，未能寫信，歉甚歉甚！

---

①頁首自註："Confidential"。又收發註記："廿四年三月十四日到。"

一、^弟主張園木緩植者，乃因在君允于明年撥款將全山布置，且此時本所之地未平也。然此並無關係，今年種了亦大好事。

二、鍾女士辭職事，^弟思及 令妹者，並非以她在所之目下狀況為未安，乞 弗誤會。目下何處找人，乞 兄一想。^弟覺鍾女士練習數月，忽又辭職，誠為非是！不應再留（趙良翰又來信囑留），以後對職員應執行紀律，維持風紀，此等忽然辭職之風不可長也。

繼任人乞 兄一想，不然，又須向袁守和請教。（外國書兼英文書記一法可用否？）

三、兄談"風氣"，感佩之至。此節^弟已齎下寄在君一看，其詳在下月十日^弟到京時面談也。^弟一准暑假後必大振作一下子！^弟已有計畫矣。專此，敬頌

日安

^弟斯年　三月廿三

449. 傅斯年致李濟（1935 年 3 月 26 日）檔號：考 2-68

頃接吳虞銘君一信，^弟稍有些著急，據其來信所云，大有利用地質所未刊材料之意，此事當然辦不到。即利用本所未刊材料，原則上似亦未合。且其舍讀書而回國謀功名，亦非可獎勵之事也。^弟思電阻之，而信上無住址，茲擬一稿， 兄如以為可發即發，否則作罷：

cannot permit use unpublished materials

一切乞 兄斟酌之。

^弟斯年①

---

①頁末李濟附註："廿六日照發倫敦使館轉。濟。"

450. 傅斯年致吳金鼎（電）（1935 年 3 月 26 日）檔號：元 97-19

Wuginding

care of Chinese Legation

fortynine Portland Place London

cannot permit use unpublished materials Fussunien

26 MAR. 1935[①]

451. 傅斯年致李濟（1935 年 3 月）檔號：考 2-97

前談殷虛出土二鼎，並他處六個努機一事，（其中有一甚奇）弟頗熱心一買，曾與 兄面談過數次。此事弟姑自動的與之商量，並託孫伯恒先生等接洽，皆未得結果，乃後因中舒已許千元，弟又還以八百乃大生糾紛，波及孫君，弟乃轉不好意思也。總之，此事大略如下：一、本所不能出大價，而一為本所見之，彼亦無法不賣，故大不高興；二、希白又有異議（其實此亦現成話），致弟買心不切。

且此事總須先得 兄之 positive 同意。而弟與 兄談時， 兄只云："你要買便買"（為博物院），弟亦不便過分主張。然要買之心，實在甚切，蓋此二個大鼎，不特此間人云是殷虛出土，其花紋等亦與本所殷虛品全然相同。以本所對殷虛之注意言之，此似是不可交臂失之者也。最後由孫伯恒與中舒接洽，卒以九百元成議，其努機則云"贈"。此事弟雖以 兄之似有些 reluctant 而仍進行，殊感歉然。然熱心固亦 兄之所不棄者耳。至於買之機關，弟意似應由博物院，然若不便，研究所似亦未嘗不可，一切乞 斟酌之。若同意，乞

---

①頁末收發註記："廿四年三月廿六日發出。吳金鼎。"

滙下九百，其品件^弟四月十日南行即帶去，否則此時作罷，仍非無辦法也。

^弟斯年

452. 傅斯年致伯希和等（1935 年 4 月 15 日）檔號：元 457-27

中華民國廿四年四月十五日

下午七時席設中央研究院，歡迎伯希和先生。

伯希和	段書詒先生
李濟之先生	俞大維
趙元任先生	滕若渠
李方桂先生	朱逷先
吳定良先生	
朱騮先先生	
羅志希先生	
辛樹幟先生	
竺藕舫先生	
丁在君先生	
傅斯年	

453. 傅斯年致王雲五（抄件）（1935 年 4 月 24 日）檔號：元 339-4-2

雲五先生左右：敝所校刊《明列朝實錄》一事，早經數次面談，至荷贊許。此書已校至正德之末，本年底可以校完，即可送至　貴館矣。乃去年冬，大東書局託人請以此書交其印行，^弟即以敝所與　貴館之契約告之。上月，董公綏經又託孟心史先生來云，大東甚欲印此，並訪菊生先生。菊生先生謂　貴館目下無力印此，可由大東辦理。① 弟甚驚異，意者此必同行不負責任之言也。查敝所辦理此事，乃滙集北平圖書館、北大圖書館，及本所所藏各本，合校之工作。北平圖書館之本，大體為明抄，本所全部為明抄，北大所藏亦有精采。其中又有明代宮中所藏硃格抄本，卷數雖不多，然固是此書之本來形式也。敝所為抄校此書，今已花去數千元，欲無償由　貴館出版者，無非願善本之流傳于學界耳。又敝所所編其他史料，銷路未必有此書之好，此書之銷路必好，可以斷言。以此相酬，求得平均。大東識此，故一再來請，彼明知若欲自印，只好專依劉翰怡所藏不全之本，今本所所編，乃滙校本，並附考定列朝實錄纂修經過之論文，彼決不能敵，故一再來言。惟彼既引菊生先生言，不得不向　先生一詢究竟耳。如何乞　惠復為幸。專此，敬頌　日安！

弟傅斯年啟　廿四年四月廿四日

編校樣本弟返北平後即可寄奉。

再，如欲杜絕大東此願，似不妨由　貴館或敝所登報聲明，一、敝所編校此書之經過，二、所用各本，三、體例，四、所坿考証各文，五、坿錄（內有孤本及希見者），六、由　貴館發售預約之日期。

（大概）　弟斯年又白。

454. 傅斯年致俞大絪 （電）（1935 年 4 月 25 日）檔號：II：550

北平後門外前鐵匠營二號傅宅。

事未完，改遲一日。準廿六行，廿八晨抵平。年。②

455. 傅斯年致李濟 （電）（暫繫年於 1935 年 4 月）檔號：考 2-101

弟續思對中基會應仍取去年態度。丁電未告任，待面商。年。

---

①行首自註："其實此書本文不過如《明清史料》一百本，在貴館非大事也。"
②頁末收發註記："中華民國廿四年四月廿五日"。

456. 傅斯年致李濟 （暫繫年於 1935 年 4 月） 檔號：考 2-116

濟之兄：今晚接一電，關【于】向中基會請款事。文件尚未到，不知請若干。今日適晤洪芬，知中基會下年不足數至少三十萬許，故各方緊縮方可。否則須動用基金。（此計算以進款五十萬美金，出款照今年一百七十萬許計之。）本所請款，如有增加，恐絕無希望。能維持，便算好事。不知所擬數目若干也。

至于送進之期，四月末即合公式。"五月中亦非不可，不過最好朋友不犯規耳。"

弟斯年

兩日心緒大壞，未能寫信。

457. 傅斯年致 Bernhard Karlgren （打字件） （1935 年 5 月 14 日） 檔號：元 113-14

Nanking, 14, May 1935.

Dear Prof. Karlgren：

I am sending you herewith remittance of ＄ 1,200.00, being your honorarium for the year 1934-35.

I regret to say that owing to the policy of retrenchment adopted by the new Secretary General of the Academia, Dr. V. K. Ting, who is directing more funds into the channel of industrial research, it will be impossible for the Academia to express its recognition of your cooperation in a material form for the year 1935-36.

I take this opportunity to thank you for the cooperation which you have given and which I hope you will continue to give us as our corresponding member.

Very sincerely yours,

To Professor B. Karlgren   Director . ①

　University,

　　Gothenburg

　　　Sweden

458. 傅斯年致李濟 （1935 年 5 月） 檔號：考 2–117

濟之吾兄：^弟在彰德看得高興要命，如此成績真可賀　公之多福也。
此事一切待一、二日詳陳之。

一、加薪事，目下須開四組主任一會解決之，且有數事恐須開一所務
　　會議談話會。明知法定人數難成，然只好由出席者多多代表
　　之耳。

二、各草^弟已編一草樣，乞　兄一看，如有可以更正之處，乞即更
　　正之。

三、乞交老蕭依加薪及添人、裁人之結果編一薪表，一併送院。

四、二十四年度第一組有臨時費六千元，每月五百，茲應以其大部或
　　全部作安陽發掘工作。② 專叩

日安

弟斯年

459. 傅斯年致丁文江 （電） （1935 年 6 月 3 日）*

NANKING。丁總幹事：陶名義乞照舊，至盼。古物前已照電遵
辦。年。

---

①此處自註：“簽名。已由王會計主任發出矣。請　趙先生看後存本所卷中。”
②行首自註：“此節先勿告在君。”
*取自南京第二歷史檔案館（檔號：393–0–0421–07–p. 15）。

460. 傅斯年致李濟（1935 年 6 月 26 日）檔號：考 2–111

濟之吾兄：接兄兩書，慚感交集。為^弟受窘，^弟說不出的愧對也。茲寫致在君一信，乞 一看，如同意，即乞轉交之。此外^弟說數事：

一、在君處難辦交涉， 兄與^弟一樣，只是^弟臉皮老，"見侮不辱"耳。

二、"欠賬"一事，王毅侯扣發，誠為過舉，^弟本想即打電報罵他，並請其另任所長。繼思如此大鬧，可少忍一步。于在君信中，罵了他幾句。此君（王）好為已甚，^弟早領教矣。

三、超過一事，（北平前寄三千未用，此外有存存①^弟須問中舒也。）（^弟皆不經手）^弟覺可以分別論。凡是為雲南（在君負責）、安陽（^弟負責）兩事超過處，留與下年度補助不足之辦法，一併辦理。此外可扣，此時不發款，並要字據，皆下流之手段也。

四、所謂為^弟拉下賬一事，實談不到。^弟是拉賬第一人，前者曾拉到五萬之多。受王毅侯所窘者是大家，非 兄一人，乞勿難過。

五、安陽發掘，暑假後非大作不可，本年超過之數，及下半年之預算，^弟先請思永作後，再呈 兄一看，看後，^弟即負責辦理。辦不成，大家走耳。兄勿個人萌灰心也。第四組之不足，本由在君，即請其自料理之耳。專此，敬叩

日安！

^弟斯年

461. 傅斯年致李濟（電）（1935 年 6 月 27 日）檔號：考 2–110

歷。南京。李主任：史密。已函在君，萬勿灰心，函詳。年。

---

①編按："存存"當作"存否"。

462. 傅斯年致李濟（1935 年 6 月）檔號：考 2-112

濟之吾兄：

欠賬事如此解決，可賀可賀！^弟始料尚不及此。此皆　兄之功也。
如^弟在，斷辦不到如此地步，可見　兄對丁大哥比^弟能幹，^弟只遇
丁不丁而已，恭喜恭喜。

兩千餘及建築共四千之補償，^弟想有辦法。

　一、羅薪，二、出版舊存，三、減買書。

一切續詳。

弟斯年

463. 傅斯年致李濟（暫繫年於 1935 年 6 月）檔號：考 2-113

濟之吾兄：連日^弟頭痛，疑是神經衰弱也。《科學》之妄人（必是劉
咸），① 真正萬分混賬。　兄動義憤，佩服之至。^弟當日即找任理論，
大罵了一回科學社。一切詳情^弟今晚寫下寄上。^弟為此氣得兩三天不
舒服。餘另，敬叩

日安

弟斯年

464. 傅斯年致李濟（1935 年 7 月 1 日）檔號：考 2-80

濟之吾兄：

數事奉陳：

一、下年度（二十四年）工作計畫，似須作一詳計畫書，不若前此

---

①編按：因劉咸以筆名"觀化"在《科學》1935 年第 6 期發表的《國立中央研
　究院評議會成立》一文而發。

作自作，行自行。本來，欲計畫書之全部實行，原為不可能，然相當實行，到 80－90% 則為應分。如　諸兄以為然，乞　即一作。第一組由^弟于十日內詳細作就寄上。

二、下半年自用詳細概算，亦乞查明送院概算各部分詳作，俾有疑問處再與在君接洽。並免後來院會計處再生枝節，如何？

三、目下既有大批寶物到所，防守一事，似應格外注意。原建築時，下層缺少鐵條窗及鐵門（^弟屢告闞頌聲（在中央醫院時）而彼忘之），而院子乃與世界上人共之者（實際如此），似不可不想法。

^弟思下列各法：

一、寶物平日置之屋頂，加鐵門。

二、其置之實驗室時，室加鐵門。

三、司鑰有專責之人。

四、所地夜間必須有人睡，其樓梯上尤宜每晚必有工人搭鋪（所中為之備帆布牀及帳）。

五、購保險櫃。

此^弟一時所想到，或未必可以件件實行，乞　兄與彥堂商之。此事必須謀萬全也。

四、下半年安陽工作預算，已請思永辦，但思永謂必待安陽詳賬寄到。此事一就，^弟即函　兄，　兄同意後，即與在君作根本解決。（如時須^弟來，^弟即行。）專此，敬叩

日安

彥堂兄處問候。

^弟斯年　七月一日

465. 傅斯年致李濟（1935 年 7 月 4 日）檔號：考 2－81

濟之吾兄：

^弟本屆在北大教書，發見一個很可造就的青年，其人名高去尋。

先是^弟在北大教書之前，曾詢頡剛以北大好學生，頡剛開五六人，其中有高去尋。旋又云高不行，因此^弟未深注意。後來發見頡剛所謂頂行者，乃真不甚行，因此，又注意其所謂好中之不好者，乃覺此君大可有為也。（近又詢頡剛，則云此君（高）最好，可知頡剛胸中實無定見也。）

與思永談及。思永云，他在北大教書時發見此人，極為注意。然以研究所無錢，未向^弟提及。^弟將其原著文一，及論文一，送思永一看。思永云，此人實好。彼能認識此問題，並知 how to approach it，可稱難得。他贊成約他到研究所來。^弟今將其兩文送上，乞　兄一看，並決定。

ⓐ研究所可留否？（如留，自然是月薪五十之研究生也。）①

ⓑ如不能留，北大留之（^弟已推荐，或有希望），研究所可以許其在田野工作期中實習否。

適之很想留他（^弟荐），然以預算事未決，擱著。^弟覺此人如給以學考古之機會，或甚有造就也。

以本所經費而論，最好由北大用，但以訓練此人論，或以在所做二、三年工為宜耳。

^弟既發見此事，分應注意，但用否^弟無成見，乞　兄決之。專叩
日安

^弟斯年　七月四日

466. 傅斯年致李濟（1935 年 7 月）檔號：考 2-96

高去尋事，北大很想留他，故在他得一地方之問題上不大成問題。但他自己想練習田野工作，故云："如在北大，願意在本研究所田野工作時，請假來學，并効力，其間不受北大薪，自己備貲。"云

---

①行首自註："如此，則每年需六百元。"

云。但此恐非一辦法。^弟覺本所考古方面小將如林，各有所長，但仔細算一下，為考古組，為博物院之人文館，皆尚感不足，　兄必有此同感。高之文籍根根①很好（此其過于虞銘處），其外國文能看書，英、日（法文今夏學，此其過于數位小將處），故^弟覺如是年六百元之問題，或者仍于預算中一努力（必不得已，以買書為注），留他在所為宜。北大空氣鬆懈，須自修，不能學，恐初出茅廬而在彼者，為此誤耳。兩年後，研究生之期限滿，仍可將其送回北大文學研究所，我們又佔一小小地盤矣。　兄謂如何？

^弟斯年

467. 傅斯年致李濟 (1935 年 7 月 9 日) 檔號：考 2-82

濟之兄：連日客多，不獲出門，明晨赴所。第一先決者，房子建築事也。匆匆，敬候

晨安

^弟斯年　七月九日

今日又須在此待人。

468. 傅斯年致中央研究院總辦事處 (1935 年 7 月 15 日) 檔號：元 114-23

史字第四四三號　　　中華民國廿四年七月十五日

　敬啟者：本所通信研究員伯希和住址，業已更改。茲開列如下：

> Monsieur Paul Pelliot
>
> 　59 Avenue Foch
>
> Paris 16^e

即請　查照，并通知會計處，為荷。此致

---

①編按："根根"當作"根柢"。

總辦事處

歷史語言研究所

469. 傅斯年致李濟 (1935 年 7 月) 檔號：考 2-84

濟之吾兄：

兄到外國走一下，有絕對必要，但此時恐最不佳。

所謂有絕對必要者，幾年之間總要 wind up 一次，添刺激、擧乘，皆是也，且宣傳一下，亦要也。

然此時似不便者：

一、博物院建築正開始。

二、侯家庄之大舉在半途。

三、安陽報告正著手。

一非 兄親手不可，二、三則 兄不在此督監，恐不便也。

然則何時去？

弟覺至早在明年暑假後，晚則後年春。此時弟可在京，如 兄見命，當代 兄之博物院事，以報年來代我之勞。且是時正是建築將成，須作開館準備時，到外國一看自然必要。

出洋之費，自然研究所可以出，同時中基會之 fellowship 或亦可得之。故到英講書，或以明年度為宜耳。且講書亦須費時預備。

以上僅弟之所見，然 兄若覺今年可行（自當得在君同意），弟無不贊助。似乎研究所可助兄在歐洲一游，俾可看些物事。若預備明年暑假後走，須早準備之耳。

杭立武兄云："然則明年何如"，或者此是解決之法也。如何？

弟斯年

470. 傅斯年致李濟 (1935 年 7 月) 檔號：考 2-85

濟之吾兄：

雪艇信早到，弟想了幾天，仍覺此事不甚好，弟意如下：

一、目下與 London Exhit. 混為一談，必為人以古董家看待，問者紛
紜，不特麻煩且為無知者窘亦不可料，故　兄與倫敦故宮物品
似應分為二事。

二、兄要去以明年去為最好，因明年去，今年即須準備（一、此間
事，二、去外事）。[①] 若今年去，豈非一切皆亂乎。如明年去，
此時可做一計畫也。

三、博物院事正在興工，　兄去此大業何如之。^弟一、二日內先向
王公打一頭陣，何如耶？專此，敬叩

日安

^弟斯年

招考二組工匠事，似可交思永辦，如何。

471. 傅斯年致李濟 （1935 年 8 月）檔號：考 2–52

^弟當然可到南京一行，但須：一、北大卷子看完，二、此間各事略料
理（第一組），三、思永將下年預算作好。

^弟斯年

472. 傅斯年致李濟 （1935 年 8 月 19 日）檔號：考 2–53

濟之吾兄：

連日此間大熱，幾如南京，立秋以後如此者，往年所無也。^弟因食
涼風以致大傷風。（或在北大看卷子傳染）三日微燒，今日始出門也。
^弟接兄信後即電子衡，已至。

兄擬稿用意極佳，然明春（？）是否辦到，似應與思永詳商，因與
工作有關也。

又古蹟會因此大生保管之責，亦一點也。^弟思之三晚，未決，今晚

---

①行首自註：「即家事、旅費等，亦須早準備，非倉卒易辦者也。」

當再以所見奉告。其實此事尚不大成問題，子衡目前却有幾個難題，如一走錯，後來有患。或者　兄此時北來，大家一談，亦甚好耳。

然本該^弟走，返勞兄行，慚愧極矣！

^弟斯年

彥堂兄同此。

473. 傅斯年致李濟 （電） （1935 年 8 月 19 日） 檔號：考 2－55、元 545－15

2980【歷】。NANKING。李主任：史密。內人即入院，弟難行，歉極。如必要，盼兄即來。弟約子衡，已到。某地事決不生惡化，勿念。年。①

474. 傅斯年致李濟 （電）（1935 年 8 月 21 日） 檔號：考 2－56

2980【歷】。NANKING。李主任：河南各事，商後已函寄京；教部事，弟今晚函王，如為此兩事，似無須來平。弟不久南行。函詳。年。②

475. 傅斯年致李濟 （1935 年 8 月 21 日） 檔號：考 2－50

濟之兄：

河南事件，接兄信後，^弟初未著急，忽聞一謠言，乃大急（聞之思永），急電子衡來。下午已發見其為謠言矣。然子衡一來，自有好處也。

^弟覺公事上有幾點須斟酌，故擱待子衡。茲率修改若干語，仍請

---

①頁末收發註記："中華民國廿四年八月廿日收到。"
②頁末陳鈍附註："廿四、八、廿一。鈍譯呈。"

兄與彥堂斟酌。

我們必須表明的立場是：

 ⓐ絕對遵守原約。

 ⓑ原約規定陳列，然並未達到研究完畢階段，故此事須使其
  明白。

 ⓒ然在原約外者，如可幫助，自亦辦理，于是有古蹟會之議，以
  便有我們伸縮之地也。

 此^弟改此文之大旨也。

 古蹟會作為此事地點，或未盡妥，因遷居後地小，照顧要人，等
等。然與子衡商量之結果，以為姑如此。

^弟今晚再起一草稿，與李敬齋信，送 兄一看，可用使發。

如此，^弟覺一時不到有問題，尤不至影響到本季工作，此^弟担保
者也。

河南情形，^弟之看法如下：

 ⓐ李敬齋無心積極搗亂，亦無心積極幫忙。

 ⓑ目前緊張，由今春成績而起。

 ⓒ此次要求由于不知我們真未研究完。

 ⓓ難題不在目前而在將來，不在殷墟而在古蹟會之前途。

 ⓔ中央博物院問題不定，此事無根本解決。

一切今夜再寫。

兄北來如但為此事，似可無須。如為答雪艇事，^弟今晚即辦，（以前心
中不定，另詳。）若有他事，^弟固盼 兄來，若為此，似通信可決
一切。

內人尚未生，^弟對公家慚愧萬分，然一生之後，如無不妥，^弟即行
矣。專叩

日安

       ^弟斯年

彥兄同此。

476. 傅斯年致李濟 (1935 年 8 月 21 日) 檔號：考 2-51

子衡提出幾件事，目前解決者：

一、此時在山彪鎮，關等要照像將如何處置？

此事昨日^弟與思永意見不同，故暫不解決，此事乞　兄考慮後通知子衡。

目下子衡回豫，先臨時對付之。

二、關等如另行發表，如何對付？

ⓐ如關加入研究，歡迎，即列入報告，但不能許其自行發表。

三、河南通志館目下限期出版。總編輯為胡世清，[1] 張仲考[2]等亦為要角。請我們贊助，供給以河南出土材料，作文物志中之舉例。

^弟等皆主張，誠心贊助殷墟及古蹟會材料皆可由我們選送。但不得轉送別人，我們所仍保留版權。其著作（《河南通志》）申明所藏者、發見者、編著者。（此亦彼之意也。）

一、河南，有自己發掘之準備（博物院、教育廳等處），將如何對付？

子衡在汴，至今取 monopoly 主義，即以古蹟會之立場，限制人之發掘，然此法或未能永遠下去，因河南人終覺古蹟會物，彼不自由也。此事^弟覺最難辦！

一、遷移問題，似定而未行，其如何？

^弟覺龍亭恐亦須讓。然讓後對擴充展覽上皆有不便。即明年展覽，已生問題，以後擴充，正不必說也。

此項乞　解決，乞　兄告子衡。

一、河南古蹟會之前途？

有三可能：一、取消，二、維持現狀，三、擴充。

^弟意取消則糾紛更多，擴充如過積極，恐非力所能至。似當在人力、財力範圍內，充實之。

---

①編按：胡汝麟（1881—1942），字石青，曾任河南大學教授。
②編按：張嘉謀（1874—1941），字仲孚，時任河南古蹟研究會委員長。

與此相涉，有許多更大問題，目前無立即解決之必要，故待函
商也。

477. 傅斯年致李濟 （1935 年 8 月）檔號：考 2-95

濟之兄：

子衡今晨來，又有二可恨事：①古蹟會經費有為行營取消之說，
②中國銀行房子尚未有公事來而新生會已來佔龍庭，然長思之後，
弟覺此二事皆不足重視。

河南不出錢，更好。弟早有此意。反正我們，錢多，多作；錢少，
少作；無錢，不作。為他一個月區區 $ 307. 反引進河南博物院的
兼差人員，增加他們的 claim，大可不必。子衡云，如裁員，每月
百元即足；如展覽，大約須二百元耳。

②一件事稍嚴重，然此事亦不足深慮，子衡能對付一時。至于將
來，看中央博物院之政策耳。

子衡對其汴梁任務微有倦意，① 弟大加一陣油而去。

弟意，河南工作，乃吾人命脈所繫，決不可放棄，應以至誠，不應
過軟，軟只可到某一程度而止。亦決不可硬，尤斷乎不可干預河南
內事。（如誰為河南博物院長。）古蹟會弟覺應由我們ⓐ獨立支持，ⓑ
明年加重發掘工作，ⓒ專人負責，如此時根本改造，恐不便。古蹟
會之用所以專利（此事似應退讓），所以求保護，如用中央發掘公
式，或無此憑借也。

彥堂兄同此。

弟斯年

一日大便十七次，頭昏腦花，故王信又延一日，茲寄上。李信稿下
午發。

---

①行首自註："子衡之任務，本不舒服！古蹟會之將來，非決定政策不可也。"

濟之兄鑒

弟 斯年。

478. 傅斯年致李敬齋 (1935 年 8 月 28 日) 檔號：元 147-22

敬齋廳長吾兄左右：三年前在教育部席上匆匆一晤，逾日思奉訪，聞
駕已離京矣，為之悵然。此次 東山再起，必大有造于 豫省文
明，馳慰不盡！茲有述者：弟今夏羈留北平，日前接敝所書，見近日
與 貴廳來往各公事，提及安陽發掘品研究完後陳列一事，並知已勉
從 兄命，于原定辦法之外，明春（提前）在開封展覽，凡此區區當
承 鑒及。弟據此來往公事，微覺敝所工作情形，有一點或為 貴省
人士所未喻者，擬借吾 兄大力解釋清楚，以固永久之合作。查殷墟
發掘，自開始之日計之，已滿七整年，以外表論之，似當有一部分，
研究完竣。按之實際，工作之延長雖久，中間因地方不靖，石賊叛
亂①諸事，致中輟者，前後亦有三季（即一年半）。② 而敝所因北平時局
關係，奉令遷移，暫居于上海，再建屋于南京，為此虛度時日不少。
且敝所發掘之觀點，整理之技術，數年中亦差有進步，更因舊照相技
術未甚精，始于去年設置最新式照像室，一切重照。摹圖一事，進行
尤不能迅速。此等工作不完，即無從寫定報告，原物即勢難離開研究之
人。又以地域言之，小屯一區，至今尚待小挖，方可暫告一段落。侯家
莊一區，今秋正繼續工作。以類別言之，目下研究完竣者，僅獸骨一
類，其他雖甲骨文亦正在中程。誠以此項工作，非同于金石家，摹寫一
下，便可付印刷者。吾人雖日夜不息，亦未能短期完竣。今正在編報告
期中，若將一大部分抽去，統計無從製作，圖表無從編著，必非汴洛愛

---

①編按：石友三（1891—1940），字漢章，於 1930 年倒戈加入反蔣聯軍，擔任第
四方面軍總司令。
②編按："三季（即一年半）"原作"四五季（即兩年半）之譜"，故行首自註：
"此節亦須查明。"

古諸君子希望同人之意也。好在《城子崖》一書業已出版（此一工作僅
當殷墟二十分之一耳）。如一查其體式，自知此項工作之情形，非吾人進
行之不速，或有意拖延陳列。一切希向關心人士代為解釋，至感！

尤有願者，九月、十月之交，吾　兄必以中全會入京。甚盼于開
會之暇，惠臨敝所，一觀整理之進行，弟等自當竭誠招待，參看
全部，藉見工作之階段。萬勿見却，至幸。又　貴省人士，承介
紹來觀者，亦當欣然導觀整理工作。凡吾等立點，甚盼河南人士
之了解與同情，目見必有助于此也。

明年上屆展覽①之議（提前展覽之議），本在原約之外。弟等以為凡
可贊助　貴省人士意思，而為吾輩力所能及者，自當勉為考量。
重以　兄命，故為其難。今為此事，不得不改換原定本年度工作
計劃，將兩季工作縮為一季，俾一部分同事，得以預備，此當為
　貴省學人所欣許也。專此奉達，敬頌

政祺

弟傅斯年謹啟　二十四年八月廿八日

479. 傅斯年致丁文江、李濟（1935 年 8 月）檔號：考 2-54

在君、濟之二兄：

內人于上星期一入協和，每日服催生藥，無效，上星期六乃又出
來！在院時亦每日出來，醫囑以運動代催生！

此事不知是協和算錯，抑係初胎時晚生。然無論如何，似當不至出
半月罷？

先是，本來全無動靜，而協和醫云：“初胎不可太大，可以住院。”
不意白白住了。

如無此糾葛，弟早到南京去了！今白白扰擱開兩個會。弟對此兩會，

---

①編按：“明年上屆展覽”原作“明春展覽”，故行首自註：“春季是否應該
　說活動些。”

既因私實公，又大發意見，^兄等或不以為然。^弟因對此兩事有放心不下處：

①圖樣之適合南京天氣否？

②評議會下屆選舉法對本所可能有 upheaval。

故喋喋不已，想不罪也。非堅持主張，乃發表意見也。

當然，大綵一生，平安，^弟即走。但何時生誰也不知也。

然則如之何？

^弟意諸事^兄等決定，^弟無不同意。^弟聞事好發意見（意見也，非主張），不聞亦無關係，最好不聞，可以寫書。

若必有詢^弟意見者，乞 開示，^弟當日逐條上覆。何如？愧甚愧甚。敬叩

日安

^弟斯年

480. 傅斯年致趙萬里 （1935 年 9 月 2 日）檔號：元 465–5

斐雲先生著席：昨獲侍 教，欣慰之至。李某盜賣國寶事，^① ^弟為之數日寢食不寧，可謂痴絕，然亦不知所以然也。聞 森老云另有可圖，乞 兄便中鼓動一下，如萬一有成，亦大不幸後之幸事也。

京華印書館，函催面催無數次，勉以必結束一切，因彼營業上甚感不便也。 大著《魏隋墓志》如考證需時，^弟主張先將本文出版，如此則但需一目錄，想督書記為之，一週便可了事。其補遺若干，^弟甚盼一併附入，想能辦到。至于考證，聲明續出，似無不可。明知此非至善之策，然亦無如何耳。

又，《廣均》一事，前 先生云九、十兩月可在北平圖書館請假，盛

---

①編按：指李盛鐸"以其所竊燉煌卷子四百六十餘卷售之日本，得七萬元"事，參見傅斯年致蔣炤祖函（1936 年 7 月 7 日）。

意至感！^弟以九月為北大各處開學之始，　先生必不清閑，故未敢提及。茲學校事當已就緒，　先生如覺原意可行，^弟當贊助一切也。屢瀆　清神，諸希　鑒察。專此，敬叩
著安

^弟斯年上　九月二日

^弟日內當走訪快談一切。

481. 傅斯年致丁文江、李濟 (1935 年 9 月 10 日) 檔號：考 2-88

在君、濟之二兄：昨日^弟與梁太太打電話，知大殿式為正取，⊥字式為第三，① 基泰者為第三。想如此取列，必經算計，當最妥當。^弟猶有微意，願一說之也。

此正取之圖，^弟初看亦甚高興，逮細思之，方覺其在實用上大有問題。此圖僅有兩層，必然費大。其下為庫，實僅一層耳。雖博物院不宜高樓重叠，然陳列室有兩層，亦不為過也。

尤不了者，為其中幾盡以南北條為主體（即用東西窗者），此法在南京斷行不得。史語所之橫條式，實合南京天氣，② ^弟因有社會所數月經驗始知之。社會所西向屋，直如火地獄。今地質所亦熱極，遠不如史語所也。（史語所西向窗皆極小，西端屋亦利用南北窗。）

此一事^弟以為應以實用為主，儘量改之，使之成為東西條，俾在其中參觀者，及工作者，及存儲物，不至感覺不可住耳。

此點務乞　兩兄惠予注意。專頌
日安！

^弟斯年　九月十日

---

①編按："第三" 當作 "第二"。
②行首自註："南京夕晒，不了不了。"

^弟個人意見仍覺第二名丁字者為適用。

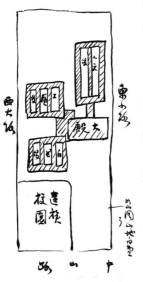

毛病：

一、百畝地雖不算多，然百五十萬也不算多，
　　乃以百五十萬之款，將地面大半佔上，
　　是否算錯了。

二、二層費用大，三層費用少。

三、人文館在後面，^弟雖不敢反對，
　　然建築係南北長條，必熱極。

三、其他亦皆南北條多于東西條，此與南京
　　天氣決不適宜。因此，似必須將此圖改
　　為東西條子多，否則如住 hell fire 中也。

482. 傅斯年致李濟 （暫繫年於 1935 年 9 月） 檔號：考 2-98

濟之兄：

雙十節前恐實不能去，^弟昨晚仍不舒服，今晨依然酸痛，必重感冒
無疑也。

節前所中清賬，一空如洗，請借三百元（考古組賬）于研究所，便
付中舒薪。一切面談。

^弟斯年

483. 傅斯年致李濟 （暫繫年於 1935 年 9 月） 檔號：考 2-114

濟之兄：

英文概況，請　兄一改最感！

^弟昨日給翁大人之公樣信，　兄覺或者奇怪。其用意如此。翁公對此事有 interest 而不做工，只是專心致力勤勞王命（辦礦），但房子若建築得不合用，他後來必有話的。故^弟寫此一信，請其明白認明其責任所在也。（報載他也未去南京，^弟不去，因為太太已可羞，他不去，因為"皇帝"尤可恥也。）

日內又傷風，急甚，氣甚。此次不到南京，自覺不成事體，故又心燥！一切再談，即叩

日安

^弟斯年

484. 傅斯年致李濟（1935 年 9 月）檔號：考 2-118

濟之兄：

電敬悉。此事今晨中基會開會，決定于十月（或十一月，電話未聽清）① 先付一萬五千元，此事可以將城子崖款亦付矣。然如請其即付，則非又開會不可。^弟意此事似可商之　在君兄，暫在院中一挪。如再請開，似太煩人，且後事多，或不須也。院墊亦不過一個月耳，想　在君兄可一設法也。又此事是中基會在銀行透支，（因中基會允王部長十五萬，須有七萬透支，故此次前付亦須透支也。）^弟意以能不再請為是。何如？專此，敬叩

日安

^弟斯年

又，圖樣事，似須即動手改。梁謂　兄將為此事北來。然則^弟可在此候兄。否則^弟下週赴京，亦可。然如無絕對必要，或以出月為宜，如此^弟可住兩月也。

---

①行首自註："今日議決，孫立即以電話通知。"

485. 傅斯年致丁文江 （1935 年 9 月 30 日） 檔號： II： 610

在君吾兄：[1]

^弟欠錢事，垚生兄想俱以聞。此事^弟不特不安之至，且十日內幾無其他思想，甚感愁悶，亦心中責任使然也。茲先述一年中經過，再陳辦法。

去年八月五日結婚，九月末正在做工，忽然大傷風。因所中事件積壓，十月中只能辦所中事。十一月一日至京，十二月底北返。一月中做了些 Extra 工作。二月初又去南京，立即北返（大綵盲腸炎）。二月底北大上課，本云此學期清理舊稿兩本，不意此事（北大教書）是公私兩方之根本失敗也。六月做了三篇考據文字。六月末身體忽然不好了，大恐慌，七月大休息。八月一面做考據文字，一面清理稿子。九月全月因內人生產事，不得安寧。

故雖在以上失敗計畫中，工作未嘗全不做（清理稿子）；然本月內並未達到可以清寫出售狀態中。

此外，因大綵管家，頗省了數百文（約五百，本月止）。本思以此付利，然今年之 Extra：

  ⓐ大綵手術，去約四百元（春間）。

  ⓑ此次真不得了，原住二等（第一次入院）此亦大綵主意。乃不能睡，第二次只得改一等，並改為林大夫接生（亦為省錢），以求省錢，不意如此難產，恐將七百矣。

  ⓒ捐二百元、扣二百五十（本月份起）之水災。

此皆在日常之外者也。

然^弟有可得奉告者。

  ⓐ本年內至少有一本稿子可出售，明年二月以前至少另有一本。（此二事大體已具，然 final touch 亦不是容易的。）以後還源源有之。（售價還賬，決不作他用。）

---

①頁首自註：" Personal Confidential "。

ⓑ無論如何情形，自明年一月份起（至遲）每月至少付一百五十。

ⓒ明年暑假，至少清還三分之一以上，或至一半光景。

^弟工作之多方面、事務之不同類、北大教書計畫之失敗，乃今年失敗之原因。但以此經驗，以後決不失敗。

好在今年有一件大可告慰之事，即大綵用錢節省之至，^弟習慣為之改革不少。

至于^弟舊稿將定者（所中出版者在外，此但就賣錢者言）：

一、《中國古代文學史》第一冊。

二、《戰國子家敘錄》。

三、Buckle 前五章之譯文，[1] 附^弟之 "地理的史觀" "Geographic interpretation of history"。

併以奉聞。

兄不必回信談此事，一切詳細面談。因^弟十日中無他思想，只有為此之愁悶，（心神不安）正在設法屏除此思想，而按日作工。故應每日做工，而不宜徘徊于此思想中，此實際辦法也。專頌

日祺

^弟斯年　24/9/30

乞　細看此信。

486. 傅斯年致王雲五 （1935 年 10 月 21 日）檔號：元 339-4-3b

雲五先生左右：^弟日前到京，茲有數事奉白：

①^敝所刊物，因編後復加整理，一切需時。此時積在所中編輯者，不下百萬字。數月中未嘗有清稿送上，乃一時之現象，不久將有大批送上也。

---

①編按：指英國實證主義史家巴克（Henry Thomas Buckle, 1821—1862）著《英國文明史》（*History of Civilization in England*）。

②《集刊》（五卷一號），排好數月，迄未出書，幸乞　即為出書為
　幸。此件現已編至六卷二號矣。

③《明實錄》本可于本年十二月完，茲因加校一遍，（加校一遍亦大
　工程也）須待至明年五六月全部送上。（一千七百萬字左右）

④《明實錄·附編》在編輯中。其中頗多孤本。（皆明代官修政書、律
　書等，及論《實錄》之專書。崇禎朝無實錄，以《崇禎長編》列入此
　《附編》中。此書現存一半而弱，孤本也。）

以上二書，在　貴館出版時，似大可為史學增興趣也。

⑤前者　先生提議，在京華印刷未完之件，除全書已出版一部分
　者，仍由本所另賣外（如《集刊·外編》），其餘在結束時，可轉
　商務。茲有《爨文叢編》一書，全完，似可照此辦法。此書銷路
　必不佳，成本貴。本所甚願照合同中由本所出製版費一項規定之
　辦法。所有製版費由本所出，此亦具見^敝所辦事，只求公道耳。

⑥茲由本所寄上《城子崖》（中英文本各一）二部，^①其大本者乞
　轉送東方圖書館。此是在定約前付印者。以後此一集中，即照此
　式。其《安陽報告》一部分已成，製版費由本所補助。迨完後再
　送稿。專此，敬叩

著安

^弟斯年敬上　十月廿一日^②

487. 傅斯年致嚴文郁 （暫繫年於 1935 年 10 月 22 日）檔號：V：195（2）

文郁先生：Phonetik 一套，^弟意似可與書店商量減價，此時德國書鋪，
　無不可商也。即以退還為詞，請其去四十馬克，或作為中國錢二百
　元（彼可換甚多），似無不可也。如何？

研究室屬于文學院者，前　適之先生允為^弟留一間（並為本所同人

---

①行首自註："另包寄上。"
②頁末收發註記："中華民國廿四年拾月卅壹日抄發。"

用），乞　查明一辦為感。專叩

日安

^弟斯年上　十月廿二日

488. 傅斯年致李濟（電）（1935 年 12 月 25 日）檔號：IV：368

歷。南京。李濟之兄：在君病，自前晚轉劇，係（EMPYEMA），高燒氣
促。昨抽膿五百西西，注射葡萄糖二次，施養氣，溫度、脈吸均降，稍可
樂觀，未全脫險。此病仍係在衡受傷，乞呈蔡先生並本院同人。年。

附：李濟致蔡元培等（稿）（1935 年 12 月 25 日）*

逕啟者：頃接傅孟真先生二十五日下午五時來電：

在君病，自前晚轉劇，係（EMPYEMA），高燒氣促。昨抽膿五百西
西，注射葡萄糖二次，施養氣，溫度、脈吸均降，稍可樂觀，未全
脫險。此病仍係在衡受傷，乞呈蔡先生並本院同人。年。
知關廑注，特此奉聞。

489. 傅斯年致趙元任、唐鉞、汪敬熙、李濟、陶孟和、王敬禮、王顯廷（抄件）（1935 年 12 月 26 日）**

元任、擘黃、緝齋、濟之、孟和、毅侯、顯廷諸先生：①

接諸公電報之前，已發一長電給濟之兄，並請其轉告蔡先生，並告
諸同人，想均見到。故電到後未再覆，擬明天再電告。

在君病之逆轉，實出意料之外，然亦非無原因，茲將^弟之所見寫

---

*本函稿由李濟在來電紙上逕擬。
**本函有抄件兩種（檔號：I：94、元 541-1）。
①頁首附註："照抄傅孟真先生來函，十二月廿六日。"

于下:

上星期二接經農電,約適之先生或^弟中一人到長沙。初疑病有變化,電詢,據覆並非變化,只願談談。^弟星期六日夜半到此,到此,站上晤經農及丁老五,① 詢其情形,知身體進步甚好,只是精神似還不大清楚,專說笑話。

星期晨,^弟見到在君,他的話很多。經農覺得他語無倫次,^弟聽到却不然。乃是他敘述自京、衡後來長沙,前因後果的一大片,只是前後不甚一貫,且說話甚艱難(拔牙並破腔),每節只說一句,未知其心理,自覺其如精神病也。此一天所談話,只有兩處^弟不懂。也許只是因為^弟不知其指何前因後果,只聽到一二句,故不懂。因此,^弟覺,他並未成一個 neurotic(他在醫院造了這個印象,即其家人亦深疑之),此種懷疑尚無根據。只是他的 mood 確與常時不同。其不同處在于好說笑話。^弟覺,此亦不足怪,他平日在鬆舒時,本好說笑話,此時一切想開(他說 I take very little interest in life),故語言甚放縱耳。醫云,煤氣中毒,本可留一種的精神錯亂,但以^弟所見,在君尚未有如此之證據也。他談到北方大局,談到適之(勸他兩件事,一、財政上注意,二、身體上注意),有本有原,全非精神錯亂。有時說話,確似半睡中囈語,此或亦身體未復原之現象也。

第一日中所得之印象如此,頗感安慰。醫云,他老是不要吃東西,甚以為不妙。^弟勸其多吃,他云 "Concentrated food stuff,吃這些便夠了",故知其必是胃口不好,而非精神反常也。那一天我勸他,吃得也不算太少。

一天半老鬧著要下牀,^弟苦苦勸其不可,只到晚上尚且如此。^弟後來知其背酸(仰臥十餘日所致),下牀之欲,蓋由于此。晚上他非立下不可,^弟嚴告以非醫生許可不能動。

---

①編按:丁文瀾,丁文江之異母弟,排行第五。

此時丁太太①提出一問題，即將在君移京休養，謂此時有直達之船（怡和），二週後則無之，如坐船，須待至明春矣。^弟對此議大不謂然，立言其不可。並云此間醫院一切萬分週到，決不在中央醫院之下。病中走此四千里，有冒著得傷風以及肺炎之可能，真不值得。且到南京後，比其此地來，有何好處呢？丁太太云，此地醫生吃藥已久，不見速效，南京友人多，他不悶，買東西方便。^弟一一駁之，不得結果。比時丁老七②已與^弟同意，丁老五未表示意見，只把船期打聽來了，是本月卅日。^弟晚上在朱家論此事，朱太太勸^弟直作主張，堅持所見。

以上都是禮拜日的談話。（接下）

（接上）星期一早晨，他又談了好多若斷若續的，更鬧著要下床，其勢洶洶，非下不可。^弟謂此非醫許不可，相持兩小時，醫來（楊主任），③楊初不許，繼因其鬧了已經三天，^弟又云，如萬不得已，且試著坐一坐，看如何，醫乃允許。坐時已很吃力，又非下床不可，下床後多人扶持，他週身痛，實不能自動也，三刻鐘後上床，食量頗增。下午四時，立表現發燒，此時大家互相抱怨（醫亦自怨），以為不應使其下床，然猶以為是倦後現象，無大礙也。晚飯^弟照扶，吃得很多。

此日晚，經農讓我等。楊主任謂，從明天起非對此一病人施行discipline不可，不能再過分客氣，^弟極贊成。^弟在早間，最後亦讓步許其下床，心中實因想到移京之說，既有人勢在必行，只得先試試看，如太不方便，可以作罷耳。^弟在此言動，自問只此一事做得不妙，以後悔之不及，幸在君兩日中之惡轉，今已証明其非以下床為主因矣。當晚丁老五告在君以船期，^弟當云有兩種主張：其一搭

---

①編按：史久元（1887—1976），江蘇溧陽人。
②編按：丁文治，丁文江異母弟，排行第七。
③編按：楊濟時（1900—1970），時任湘雅醫學院教授兼內科主任。

船回京，其二留此。^弟主張留此，在君答云："我都可以"。

在經農席上，^弟更大申不可移京之意，丁太太無言。當晚大家雖見燒已上去，猶以為是倦，^弟尤深幸，有此一表示，移京之說可以息矣。

星期二未明時（約五時），丁太太隔樓相喚（朱家即在院內職員宿舍也），^弟初猶以為是丁太太 got excited，及到，始知在君情形著實不妙，溫度、脈搏、呼吸一齊高升，喘得不了。旋楊主任來，亦大慌，覺得必是胸中原有何傷痕，昨午一動，至于潰決也。先是十五日，X ray 照像所示，在君左肺有如掌大之痕，不知其在筋肉或在肺。楊醫初疑其在肺，繼見經過情形太好，以為在筋肉。一週以來，因一切事（溫、脈、呼）經常，未繼續注意聽此處，以為必是自愈，此次忽然惡轉，必是此處發作。下午四時用針一探（楊晨間如此提議，Dr. Greene 尤主張），果然此處有膿水，知病源在此矣。是日注射 Glucose 兩次，量不小，又借來養氣帶，用數次，救濟其喘氣息。下午二時 Dr. Greene（此間外科主任）開始抽膿，抽出如帶沫之啤酒一般之膿水五百西西，此後在君神經立時清定，此好轉之開始也。是日晨，楊主任即主張請協和外科（Chest Surgeon），下午楊主任幾以為無望矣。是日晨未明時，丁太太大勞動，上午便不支，^弟主張將其送入病房，下午此間如施手術，均^弟與二丁作主。

星期三（廿五）上午至下午極好，下午四時又抽出比昨日更濃之膿水 15–20c. c. 許，看來此處病源漸好（其地在心臟上，背上）。然同時楊醫聽到心臟膜亦發炎，今晨又云不聞矣。

下午八時，溫、脈又隆起，知必又蔓延一處矣。醫及同仁又轉悲觀，然不如前一日之甚。幸十二時以後，逐漸下降。是日在君思食（用 yeast，三日）。

今日（廿六），溫、脈仍逐漸下降中，故一切可以樂觀；又，食量大進。前昨日為 liquid food diet，今日為 full soft diet，所食甚多，亦未如前者之叫痛。下午 Dr. Greene 來看，知此病又蔓延如半掌大于胸前左上（心臟上），大約即楊主任所以為心臟膜處也。Dr. Greene

以為現象既良好，可暫聽之，明天再說。

又，今日驗血，白血球現已由昨日之 304 到 214。而 Neutrophiles 尚有 93%，未減，知必有蔓延處也（下略）。

490. 傅斯年致王敬禮、李濟（1935 年 12 月 30 日）檔號：III：211

毅侯兄、濟之兄並轉諸同人：

在君病情前已詳陳。自 26 日好轉之後，27 晚又惡化。28 以來三日中似真實好轉。

兩次危險中皆由 Dr. P. F. Greene 臨時手術治療。手術後皆好轉。[1]看來這次好轉是真實的好轉，這是告諸公的好消息。

弟近日觀察情形，並看此間全部 record，覺得此地內科楊主任，實在有重大的疏忽。在君到此後，直到 23 日大壞之後，楊方找外科醫生來看。他（在君）在衡遍體受傷，回來自當由外科細看，特別是左胸下，X-ray 既告以有問題，楊亦疑此地筋肉有傷，且丁整日悶痛，奈何不注意及此，而請外科診治？丁老七曾提醒他，他反不高興。

自 23 以後之惡變，據 Greene 的診斷，大約由于左胸之爛肉化膿後（5th. rib 間，肋膜外之筋肉）流入于內，遂成 empyema。設若及早施治，豈不大可免除此一危機乎？他對于 Greene 之 pettiness，是很不對的！我每次和他提到 Greene 好，他便不回答。他在疑心有 empyema 時（23 早），第一思想是請協和大夫，第二思想乃是請就近的看看！

現在在君所有之病如下：rib 下連軟骨（5th.，left）出膿，rib 本身已裂（或須割去），背左上中一帶有 empyema，其下之肺發炎。身上有燙傷多處。總之，此皆與中毒無涉，都是衡州醫生陳某所賜之物質損傷所致也。

---

[1]行首自註："Greene 係于 23 日中午來（初次），下午八時用手術。以前楊未請他。"

楊主任盡心之至，每日坐守數小時。上文所言之疎忽，恐由于他對 Greene 不好而起，此乃醫生 Ethics 之總問題，非對在君不盡心也。他開始感到需外科時，立即請協和。今晚協和醫生①要到了。

^弟北平事本不容許^弟在此久停，今因寬甫及竹垚生兄（在君友，亦^弟之友，銀行中人）今晚到，照料有人，^弟大約一月二日北行矣。此信看後（在京同人），不必給翁等，^弟已另信告他。專叩

日安

^弟斯年上　十二月卅日

濟之、元任二兄：

^弟最奇的兩次過年，一在鄭州旅館中（十八年，與彥老），一在長沙醫院中。

^弟大約二月初可搬完，一切事到北平後奉告。

^弟斯年附白

491. 傅斯年致董作賓 （暫繫年於 1935 年） 檔號：考 2-99

彥堂兄：

來信于濟之走前已見了，謝謝。

一切濟之當面告了。

大著中舒正看著。

同人候候。

^弟斯年

---

①編按：婁克思（Harold H. Loucks，1894—1982），時任北京協和醫院外科主任。

一九三六年

492. 傅斯年致吳文藻、謝冰心 （暫繫年於 1936 年 2 月 6 日） 檔號：
元 465-7

文藻先生、冰心夫人賜鑒：數次談聚，佩感之至。承　示大著社會研
究計畫，今晨再讀，無任佩服。^弟於此學所知等于零，以前不少疑
慮，獲讀　大議，誤解擴清矣。^弟極願觀其成，以後有可贊助之處，
自此盡力也。在中國提倡一種科學，必有積極熱心者領導于前，然後
可成風氣，此事非　先生莫屬矣。至于　方桂兄一節，^弟知方桂兄興
趣，正在泰語比較，一時無暇兼顧一般語學，而院外任務，尚須院長
核可，前無成例。只得請　先生另找人矣，以^弟所知，清華王力先生
或當勝任也。專此，敬頌
著安

^弟傅斯年謹上　二月六日

493. 傅斯年致錢昌照 （抄件） （1936 年 2 月 10 日） 檔號：元 62-19

乙藜我兄：惠書敬悉。于君道泉事，^弟以為最好能延長一年。在君兄
以為于、王兩君，兩年留學不足，非三年不可，故去年夏季已允王
君之延長。于君實為最難得之邊事人才，在君以為希有之天才，走
此一路又與國家關係至大，似當成其所學。于君久無報告前來，大
約學者每多此等不情之舉。然據自巴黎來人言，及去年伯希和言，
彼實精勤不倦，除藏語外，又習得土耳基語及邊疆史地。此君日夜
用功，斷無他務，^弟所絕對擔保者也。^{敝所}目下拮掘萬分，實無方
法，如有，決無不盡力之理。迫不獲已，惟有懇　兄與　詠霓兄設
法為之延長一年，似乎一切方可告一結束而免功虧一簣。回國之
後，自當　先儘　貴會延用，^{敝所}僅為造人才耳，（如　貴會不用，

敝所^{即用之。}）千懇萬懇，感如身受矣。

^弟因在京房子未找到，故最近（十日內）走不了。然房子一找到即走矣。相見必不遠也。

于君事仍乞　惠^弟一信。其報告^弟當函催之。專此，敬頌

日安！

^弟斯年　二月十日①

494. 傅斯年致王世杰、段錫朋、朱家驊、童冠賢（抄件）

（1936 年 2 月 13 日）檔號：III：1277

雪艇、書詒、騮先、冠賢四兄：北來後逡巡，未果奉白一切，為慚。

所命羈留北平一事，既是以大義見責，且^弟此時南遷，終有"臨難苟免"之嫌。況北平者，久為^弟魂魄所繫，"別時容易見時難"，留居待變，於情為安。設此議倡于去冬，即無異為^弟向在君兄撐支，^弟必從命另外打算矣。無如去年十一月已允在君于年底搬完，在君最後一次來信，仍曰"務于十二月搬清"。故^弟睡覺之牀，寫字之樑等件，于十二月十五日南寄。因長沙之行，遷移不得不緩一個月。然^弟不在北平期間，內人已將若干什物分別處分，此時之家，已儼如蕪城矣。此猶私人事也，請言公事。^弟年來之留北平也，以有第一組在此，聞有人頗以此為^弟之借口，然在君兄則知之甚悉。前者^弟無暇多留意歷史一組事，此兩年中專心為此，各種計畫均已開始實行，去年十月在君到北平見之，甚為快樂。然^弟行跡或有人終以為可疑，故有去年上半年在北大支薪之舉。不幸此計全失敗，兼顧兩事，公私交弊矣。且濟之兄去年之未往英國，^弟實主之，以

---

①頁末自註："25 年"，又註："抄存。兩件均入<u>于道泉</u>欄中。"

為博物院在此階段中，濟之無法脫身，而為博物院謀建設之規，濟之亦有一往歐美之必要，故與在君定計，今年冬將助成濟之一行。如此，則^弟在春、夏有多事待理，俾濟之卒能行也。有此各種情由，故^弟此時如停止南遷，公私不便，莫可勝言。然此等固是相對之理由，設若^弟在北平，果有大用處，姑可妨權衡輕重，從其急者。其實^弟在北平本無用處，北大之外，無活動之可能。北大之內，有適之、枚蓀，^弟亦等于無事。諸　兄不知何處得此空想，以為^弟在此有用。此想固是朋友推重見愛之意，極其可感，敢不勉奮。無如^弟觀察形勢，此間局面，雖絕非好轉，（焉能如此）然已入于　　①階段，恐是一陣死拖，或拖至秋天，不可知耳。如此則^弟在此，縱可舍己之田而芸人之田，其如無人田可芸何？因此，^弟擬下列辦法：

一、仍照舊議，月底前南行。

二、^弟家因找不到房子，故恐須後行，此與^弟之行止無涉也。

三、四月十八日中基會開會（在北平），因本所請款，勢必前來運動，如有必要，^弟可在北平稍稍久留。

四、在京時，無論何時，　兄等認為有^弟到北平之必要，^弟即前來，只要有田可芸，無不可來。^弟聞　命決不猶疑！

如此辦法，似乎各方面皆安，想　諸兄可以贊成之？夢麟先生與枚蓀兄、受頤兄亦與　兄等同一主張；適之先生所想，則如^弟所擬辦法。專此，餘後白，敬頌

日安！

斯年　二月十三日

---

①原稿此處空三格。

495. 陶孟和、傅斯年致蔡元培（稿）（暫繫年於 1936 年 2 月） 檔號：
IV：168

○○先生：

晚間侍　教，欣佩無極！中央研究院在三年之內兩遭總幹事之喪，念之潸然。[1] 在君先生任期雖短，成績極大，院內工作之進步，一日千里。經此改革，無人可以充分理由評譏本院矣。若天假之年，五年之後，可以外國同樣機關競走，不意一至于此。

竊以為已有之地步，不可退縮；既革之舊氣，不可改回。在此過渡期中，和等以為在君先生任內決定之計畫，應照舊實行。對外各方之接洽合作，一仍舊貫。巽甫先生應于代理期中常川駐京。本院有七所在京，若無中央負責之人，不特事務進行困難，觀瞻亦復不雅。各所長固應負責，在君先生在日，和等非敢少負責任，然當時所不能負者，此時自亦無從負起。必巽甫先生一本在君先生當時之態度，指導贊助，吾等然後可以自安。設若認總幹事無非一種名義，則事甚難辦。

和等又以為，"托著"之一說，恐非上策。此等學術機關，不進則退。"托"之結果，必退化而後已。如此，固無以答　先生，亦無以對在君。暑假後，加薪、易人、固定工作而決各項計畫，均須于四月或五月間決定。如"托"到暑假，下年度之事又誤期矣。故甚願　先生不以六月為最後期間。此時如巽甫可以正任，積極負責，自是一策。若其不能，似當迅速覓人，以免耽誤。越分陳詞，諸希　亮察。

496. 傅斯年致蔣夢麟、胡適、周炳琳（1936 年 3 月 19 日）*

孟鄰、適之、枚蓀三先生：

---

①編按："潸然"當作"潸然"。

*原載耿雲志主編，《胡適遺稿及秘藏書信》（合肥：黃山書社，1994），第 37 冊，頁 542—543。

別來半月餘矣，未知　近況何似？

到此之次晨，書詒來，即將　孟鄰先生所示者告之。書詒云，想法子去。是晚，在教育部吃飯，雪艇云，兩事（一、已捕而情節輕者釋之，重者解京。二、勿辦所謂教育委員會。）已由馮煥章、石敬亭分別電北平。^{斯年}忙且小病（傷風），至今未以奉聞，為歉為歉。

此時北平情形不知何樣。今日報載《晨報》接收，此輩又多一地盤矣。學校情形如何？枚蓀便中乞惠我一信。

此間情形，實在煩人，某鉅公專挑不相干的事做，大計則談不到。而且毫無消息，遠不如北平消息靈通（我也不曾出去打聽過）。

所中事極忙，恐非一二月不能就敘（我個人工作），四月末或五月初，當北上小住也。餘續白，敬頌

日安！

斯年謹上　三月十九

497. 傅斯年致張元濟 （1936 年 4 月 5 日）*

菊生先生賜鑒：^① 久不侍　教，渴念彌深。邇者辱承　長者賜之手書，拜讀之餘，欣感無似。^敝所史學一部份，業已遷京，^{斯年}即在此間服務。有事當時至滬上聆　教，正有日也。^敝所數年來以財力所限，收書不多，然所藏亦偶有善本，其中以史部居多。書目編成後，當持求　教正也。《百衲本廿四史》之印成，賴　大力進行，今未成者一簣耳。^{斯年}有一微意，敢以求正。《史記》所用之本，其半為王本，其半為王本之祖本。《史記》之善本不少，　先生所以獨選此者，意者以其兼備《集解》、《索隱》、《正義》耶？然王本流傳尚多，其局刻翻本尤為普及。祖本縱有一字之長，輪廓究非異製，易以他本，或亦一法。若慮不能兼備三注，^{斯年}則以為或無兼備三注之必要。蓋

---

*本函有手稿本及陳鈍抄件（檔號：II：143）兩種，據手稿本整理。

①頁首陳鈍附註："照錄致張菊生先生函，廿五年四月五日。"

《正義》晚出，本無關弘恉也。憶一日于某君座中詢趙萬里君云：
"宋人合注疏而刊之，而不辯注疏所據非一本，即不能不改字，而
改字即失原來面目。盧抱經、段懋堂慨乎其言之矣。《史記》三注
皆分別流傳，南宋末合刊者，毋亦重蹈此失歟？"趙君以為正有此
失，昔年彼亦曾較出若干條。（未以見示）果此情不虛，或者《百衲
本》中不收三注兼備者，未始非一善法。聞《楹書隅錄》所著錄兩
宋本之一，在去冬出于北平書肆，沅叔先生據校一卷，（《司馬相如
傳》）勝處甚多。此書現歸上海中央銀行陳君，果　先生以為可用，
或可一物色之也。

《明史》無殿本以外之刊本，故《百衲本》僅附《攟遺》。然《四庫》
本係殿本刊行後更修改者。《百衲本》既以補正殿本為宗旨，似不妨
于《明史》舍殿本而用《四庫》本，俾已有殿本者不有重複之累，
而別得一祕本。

以上二點，敬請　斟酌。

聞《四部叢刊·四編》或不復付印，極覺可惜！營業自以銷路為前
提，然如此事業，能勉為之，則勉為之，望　先生更力排困難，行彊
不息也！年來^{斯年}有一微意，以為北平各國立機關藏有善本者，不妨
各出其所藏，成一叢書，分集付刊，先自有實用、存未流傳之材料者
始，其純粹關涉版本問題者，可待將來社會中購買力稍抒時。書式如
《四部叢刊》，以保原來面目，且可定價低廉。（《續古逸叢書》式不適
用）至于各機關之分配，可如下表：

故宮	60%	北平圖書館	25%
北大	7%	歷史語言研究所	8%

如選擇時宗旨不在玩賞，而在流傳材料；不多注意版本，而多注意
實用，銷路當可超過續《四部叢刊》之上。兼以公家所藏，名聲較
大，故宮之菁華，（觀海堂所藏包括在內）北平圖書館之祕籍，未嘗
不可號召，在日本及西土尤動聽聞。此事就事業論，就生意經論，
皆有意思。果此事有　先生與　子民師之提倡，^{斯年}自當效奔走之
勞。至于各處之出其所藏，^{斯年}可保其必成也。便中幸　先生詳計

之，為感。群碧樓書及^敝所所藏如有　需用之處，自當奉借。專此，

敬頌

道安！

傅斯年謹上　四月五日

498. 傅斯年致王世杰 （抄件）（1936 年 4 月 6 日）檔號：IV：51

雪艇先生道鑒：^弟自北平返後，傷風不已，未獲克謁，容日趨往候

教也。聞北大所增經費，經　大部核減，在　大部自有其為難之處，

在^弟則尚欲有一言。北大數年來之進步，中外共知，其文學院確為中

國第一，在國際上亦有其地位。且第一與第二之間，相去懸殊。理學

院雖尚微不及清華，然進步之速則超過一切。其不如人者經費耳。^弟

以為，與其多辦大學，不如集中幾個像樣的大學而培植之。如此，學

術乃有進步也。北大求加者，每年不過六萬，非有虛數在其中，培植

之使其進步，非　先生之望而誰望乎？幸　先生再一考查，無任感

激。專此，敬頌

政安

^弟斯年謹上　四月六日

499. 傅斯年致程枕霞 （稿）（1936 年 4 月 9 日）檔號：元 469–16

枕霞先生大鑒：奉　來書，敬悉　大作唐代服飾考，業已製成，即在

《益世報》發表，並定期在國劇陳列館公開展覽，至為欽佩！此事紹

介，如有需用^弟名之必要，自可同意，叔平先生處已為轉達矣。專此

奉復，即頌

著安！

^弟○○○　四月九日

500. 傅斯年致蕭質垣 （稿）（1936 年 4 月 9 日）檔號：元 469-17

質垣學兄：

　　大函敬悉。中央圖書館因在籌備期間，規模不大，聞人員早已請定，其他各機關，更是無法可想。翁先生信，已為轉去，晤面時，自當再為請託也。此復，即頌

日安！

弟○○○　四月九日

501. 傅斯年、李濟致陳寅恪 （電）（1936 年 4 月 10 日）檔號：元 4-33

北平清華大學。陳寅恪兄：

　　會期僅二日，一週可往返，仍盼來京。他一事同人覺兄過慮，面詳。年、濟。[1]

502. 傅斯年致中央博物院理事 （油印件）（1936 年 4 月 25 日）檔號：IV：143

敬啟者：茲奉上本會第一次會議紀錄及議事細則各一份，隨附臨時提案第一案原稿一件，敬希　察入是荷。紀載如　發見錯誤，請儘於一週內　示知，以便改正。耑上，虔頌

道綏

國立中央博物院理事會祕書　傅斯年（印）謹啟
中華民國廿五年四月廿五日

---

[1]頁末收發註記："中華民國廿五年四月拾日發。"

附一：國立中央博物院理事會第一次會議紀錄

國立中央博物院理事會第一次會議紀錄

時　　間：廿五年四月十五日下午五時

地　　點：教育部

出席理事：胡　適　　黎照寰　　李　濟　　秉　志　　朱家驊

張道藩

翁文灝　　蔡元培　　李書華　　王世杰　　傅斯年

羅家倫　請假

主　　席：部長王世杰　　理事長蔡元培

紀　　錄：李之鷗

（一）開會如儀

（二）王部長主席　致詞，略謂：

本院籌備迄今已經三載，現本院組織規程業經國府公佈，依此
規程理事會為本院最高機關，將來責任異常重大。本院與中央
研究院有極密切關係，不但工作人才方面如此，在經費上亦然。
中央研究院每年對本院有經常的補助，這是極應感謝中央研究
院的。本院籌備順利，均賴李主任之力，應于此聲謝。

（三）推舉理事長

公推蔡理事元培為本會理事長。

（四）蔡理事長主席　致詞，略謂：

承各位推舉，自應勉力担任，甚願乘此機會一述博物院之重要。
歐美各國之博物院，規模均極宏大，本院雖係暫設三館，將來
自當努力發展擴充。中央研究院今後當與博物院密切合作，以
宏成績，尤希各位理事多多指導。

（五）籌備處李主任報告籌備經過。

（六）討論事項

甲、理事會議事細則案

決議：修正通過。

乙、推定本會祕書案

決議：公推傅理事斯年担任。

　　丙、本院經費之籌劃案

　　　　決議：下年度起，每月請撥二萬元，由籌備主任與教育部
　　　　　　　接洽，其用途以第一年購置基本設備為範圍。

　　丁、本院進行方針案

　　　　決議：由籌備主任與三館主任商討，以有系統的表示歷史
　　　　　　　演變之經過為方針，即本院之採集與陳列，應用科
　　　　　　　學方法理董，要須在橫的方面能表示系統的分類，
　　　　　　　在縱的方面能表示演變的歷史。

（七）臨時提案

　　甲、本院與中央研究院工作避免重複案

　　　　決議：原則通過，由籌備主任與三館主任詳議辦法，並須
　　　　　　　表明本院歡迎全國各研究機關之合作。

"祕密" 乙、古物陳列所物品移交本院案

　　　　決議：由張理事道藩與李理事濟商定辦法。

　　丙、籌備處及建築委員會仍繼續執行職務，並對兩處工作人員
　　　　表示謝意案。

　　　　　　決議：通過。

附二：國立中央博物院理事會議事細則

　　國立中央博物院理事會議事細則　二十五年四月十五日第一次會
議議決

第一條　本議事細則依國立中央博物院暫行組織規程第十一條制
　　　　定之。

第二條　本會會議每年舉行二次，由理事長召集，於必要時得開臨時
　　　　會議，由理事長或理事三人以上之提議召集之。

第三條　本會會議開會時，由理事長主席。理事長因事不能主席時，
　　　　得委託理事一人代理主席。

第四條　本會為便利會議之籌備及決議案之處理起見，設祕書一人，

由理事互選之。

第五條　各理事因事不能出席本會議時，須向理事長請假。

第六條　本會會議遇必要時，得請中央博物院主要人員或院外專家列
　　　　席討論。

第七條　本會議議事日程應先期編製，如遇緊要事件須提前討論者，
　　　　得臨時動議議決變更之。

第八條　本會會議以過半數理事之出席開議，並以出席者過半數之可
　　　　決通過議案。

第九條　本議事細則自本會議決之日施行，如有未盡事宜得隨時修
　　　　正之。

附三：臨時提案第一案

本院與中央研究院工作避免重複案提案人傅斯年謹案：

中央博物院設置之建議，雖非一方面所提出，其促之成就亦為眾位有此識見者之協力；然最先認識此項事業之重要者，並政府各方面提議努力促其實現者，實為中央研究院。中央研究院之所以有此感覺者，實因院內歷年工作之經驗，指示吾人以研究工作，及陳列保存工作之不易分。故最初，中央研究院本有於院內設置博物館之議，其後更加考量，以為博物院之建置，固應以研究事業立之基礎，然其性質究與教育行政相關。中央研究院直隸國府；不屬于教育行政範圍；故此大規模之國立博物院，如脫離教育部而屬于中央研究院，亦有不便之處。基此考量，乃于兩年前由中央研究院與教育部接洽妥當，使中央博物院為兩屬機關；一方面屬於中央研究院，以資研究上得其方便。一方面屬于教育部，以在教育行政之立點上，合於常軌。凡此經過，俱在案中。茲當理事會成立之期，又為籌備人于緊張階段之時，允宜將中央研究院及中央博物院在研究事項上之關係界說明白，以資遵守，而利進行，謹提下列辦法：

一、所有中央研究院所屬各所之工作，有標本可得，而此項標本每有
　　永久陳列之價值者，則此項有永久價值之標本，應于研究完後，

交中央博物院。中央研究院不復于其院內另行設置博物館。

二、所有中央研究院已設之部分，中央博物院中不再設置。即依賴中
央研究院此等部分，供給其標本。若中央博物院認此等部分為採
集標本及陳列工作起見，應加擴充；而此項擴充非中央研究院此
時便於擔負者，中央博物院應託付中央研究院此項有關部分為
之。如此辦法，似可增加力量，避免重複。是否有當？敬俟
公決！

503. 傅斯年致陶雲逵 （抄件）（1936 年 5 月 6 日） 檔號：元 176–13

雲逵先生：[①] 數書均悉。保山縣一事，弟意宜從大處著想，故無須與
雲南省政府細為分辯。其過甚其詞之處，自當向之指出，然向之要
求名譽賠償之說，則可不必。（如中國可要求名譽賠償，弟早為富翁
矣。）且中央研究院以後尚當與雲南省政府有不少關係，故此事應
以小事化無為原則也。弟三月初到京，聞此事，日前查關此各卷，
知雲南省政府來文，並無何等不客氣處，僅抄保山縣原呈，未加一
字按語，除云“除指令外，相應函達，即希見覆”，云云。而中央
研究院之回文，轉為 committal。弟考量許久，遂艸一稿覆雲南，大
致謂：（1）當時情景，本由急欲上路而起，致生爭論，情有可原。
其以手杖擊之一事，弟對本院甚感歉意。（此文係呈院，院再轉滇
也。）（2）百元之價，未為不公道，非強買。（3）派銀三百云云，
認為絕不能有。（此段反駁，措辭甚強。）最後謂“按之情理，恐係保
山縣區長過甚其辭”云云。

弟一面又函張西林、龔仲鈞兩廳長，請其向省府方面一為料理，小
事化無，就此結束可矣。 兄亦可就近一訪兩君也。總之，此事以
就此了結為妥。其他皆不足論也。

---

①頁首陳鈍附註：“傅斯年函陶雲逵，廿五年五月六日。”

約一土人來所事，自以年少能學者為校妥。此事^弟在此無從懸擬，
乞　詳加考量也。

各種土文字書，能多多搜集，最好。不必以此時有人可以研究者為
限。此事超過預算，不妨。即雲南刊本有地方性之書，亦可一并搜
集。（方志在內）

延長在滇時間一項，經^弟與濟之、均一兩先生詳細考量，覺其可
行。（未印之稿子（方志）可用晒藍法一錄。或擇要僱人抄出。一但即將
付印者，自不需耳。）同時亦甚盼望，此項初步整理之時間，如能縮
短些，尤佳。一則預算關係，一則此間可有商榷之人，亦工作之便
利也。

故延長至十月初動身返京一事，此時作為定局，臨時能提前些亦
好，若至彼時初步整理未完，則到所完成之，可有商榷之人耳。

專復，即頌

旅安！

^弟傅斯年　五月六日

504. 傅斯年致朱希祖（抄件）（1936 年 5 月 9 日）檔號：元 47-19-11

邊先先生賜鑒：奉　書謹悉。諸承　關愛，最感！^{斯年}前以拙作上呈，
正為求教，如當時示以有何不妥，自當欣改。其關于事實者，但求其
是，何分彼此？今既已付印，抽出則所中有所浪費。且如　先生以為
^{斯年}昔曾受業，不必辯論，自有從命之理。如以為　大作一出，對^年
"笑者四起，有損令名"，則^{斯年}既刊一文，自負其完全責任。在　先
生雖為見愛之意，在^{斯年}則不敢承受也。

又，所示"論戰"一說，^{斯年}向不願論戰，遑對　先生獨異？（以為若
干空論值不得論戰，而此事關係事實，不妨略陳其愚。）　先生大著以談遷
所記為不合，^{斯年}則覺其與玉牒相類，跋文大意在此。現在手中無跋
文原稿，而　先生處有之。如其中　先生以為有"刺譏"之語，承

明示，便當追加數語以謝。至于質實，則心之所安，不敢顧及損名譽否也。^{斯年}當時寫此跋語，雖反復陳說，似若有辯，然末引亞里士多德語，自忖不為失禮矣。再，大著①如肯　賜《集刊》發表，尤感！

先生為本所通信研究員，投稿于所，當為提前刊布。且借此可知編輯人不存一己之見，此刊物亦公家之器也。專此，敬頌

教安！

^{學生}斯年謹呈　五月九日

再，　手示開陳各節，自極感佩，只有關係名譽一事，未敢受命，乞　諒之。②

505. 傅斯年致丁燮林（1936 年 5 月 25 日）*

巽甫先生總幹事大鑒：

敝所圖書員趙邦彥先生，因概算中未列入此項，致此時遭逢困難。茲述其經過如下：

先是去年十月，在君先生以全院圖書館事相商，^{斯年}最初頗反對集中之議，繼覺在君先生所主張有其至理，只得允從。當時聲明三事：

一、各所圖書仍保持其原所之圖記。此事在君先生已允。

二、以後全院另籌購書費，以公用之書，在此項下支出。在君先生謂後來可以，目前不能。

三、集中暫以北極閣山下各所為限。

適當時本所之概算做不成，不得已擬將原來之圖書館職員費大減。故與在君先生約，明年趙良翰君由總處安插。

在君先生初云："不可"，繼思之，又云："明年暑假再說，你就這

---

①編按：指朱希祖 1936 年 5 月 1 日函示"近撰《再辯明成祖生母》"一文。

②頁末收發註記："中華民國廿五年五月九日"。

*本函有手稿本及抄件兩種（檔號：補 18-6），文字略異，據手稿本整理。

樣寫概算罷。"

照去年送去之概算，本所圖書館職員薪只列一百二十元，現在趙邦彥一人薪即一百七十五元，其他尚須數十元，故困難生矣。

如總處此時便籌備此項圖書館之組織，敝所擬推荐趙君管理中文書，惟仍請　貴處決定。

如尚不能籌備此事，而本所第一組助理有辭職者，則以其薪挹注，以延趙君之任。（亦須趙君自願續任）如無辭職者，或無他法彌補，則須另尋他人管理敝所漢文書籍，俾薪水不過概算數，其趙君之七、八兩月薪，仍行支付，俾清理未完工作。因此，請緩發趙君聘函。專頌

日祺！

弟傅斯年啟　二十五年五月廿五日

506. 傅斯年致李澤彰 （1936 年 5 月 29 日） 檔號：元 339-4-4a

伯嘉吾兄：

惠書敬悉。兩事（一、改用 80 lb 道林，二、改價為五角）承照辦，至感！

弟又感覺一事，查本所各刊物每于文中插有圖，其獨立以銅版紙印者固有之，其嵌入文中者亦有之。因此所用印書之紙似以面較光者為宜，此則請　兄費神一查，以八十鎊（或七十五）之光面者（非最光者，最光者又不適用）取為定式，以後均用此紙，即不必時時檢選矣。

又，查本所年來大量刊印物，因一校再校之關係，尚未付印。自暑假後，可陸續為之矣。《明實錄》正文約一千七百萬字，《附編》在外，此可于八月奉上者也。

又，《殷墟發掘報告》，全文數量浩繁，印刷必求精工，全書約六大冊，敝所已儲有萬餘元為貼製版之用，不足，尚有他法，然印刷必求其至精也。其中珂羅版有數百面，（全部珂羅版約六百面）銅版二百面，彩版五六面，而鋅版、石印等在外。此書果成，亦貴館之成

績也。用費一事，擬先有一估計。茲附上甲骨文一版，乞一檢價格，如此一面印六百份，須若干文？此中製版費算若干文？印工必須求最講究者，此為先決條件也。一切費神，至感！專叩

日安

弟斯年謹上　25/5/29①

珂羅版、銅版（half tone）等，工作精否大有關係也。本所此刊物，專以打倒日本考古書為主義，故必求其精也。

507. 傅斯年致蔣焰祖 （1936 年 5 月 29 日）檔號：元 314-1-2

焰祖先生大鑒：惠函敬悉。　尊府所藏唐寫本《唐韵》，名重海內，深以一覷為快，茲承示及，何幸如之？此書自國粹學報館印行後，購求便易，人有其書。三年前神州國光社廉價部仍以此書列入。本所所藏已有數部，同人亦各手置一編。益以敦煌本、故宮本《切韵》數種次第刊行，其時代在此本之前，故此書性質已非同孤本矣。今日重印是書，銷售恐不甚易。然本所本以貢獻學術界為職志，設若有一妥當辦法，未嘗不可奉贊，所費不多，自當勉力。若欲由本所收歸國有，雖無先例，然價如不過高，亦可斟酌出資購藏。乞將　尊意示知，並開具詳細辦法，為幸。專此奉覆，敬頌

著祺！

弟傅斯年敬啟　廿五年五月二十九日。

508. 傅斯年致王星拱 （1936 年 6 月 2 日）檔號：元 469-27、元 469-26

撫五先生賜鑒：南京小晤，未及暢談，忽聞　駕返武昌，為之悵然。茲接汪詒蓀先生轉來　手示，捧讀之餘，謹悉一是。茲復汪君一函抄奉　清覽。敝所目前景況，確在極困難中，延聘新才，竟無希望，悵

---

①頁末收發註記："中華民國廿五年五月卅壹日發。"

悃何如。以此時大局之發展論之，恐不了之期不遠耳。餘續白，敬叩道安！

學生斯年謹上　六月二日

附：傅斯年致汪詒蓀（抄件）（1936 年 6 月 3 日）

詒蓀先生著席：[①]　惠書並撫五先生書敬悉。　願學弘志，理當借重，惟目前敝所情狀，敢一述之。七年以來，敝所經費有減無增，兼以國事艱難，疆土日絀，更無發展之望。茲值暑假，欲招考助理二、三人月薪六十至八十元，亦商之三月，了無辦法，其他可知矣。照此時外患情形，恐終有關門之一日耳。　大著如有寫成者，似可函教育部，轉詢各大學，看有機會否？[弟]如有可助者，自當從旁盡力也。古代史之研究，近年來可謂極盛，然多不循軌道，敝所專在考古上作工，稍有成就，多未刊布。明治維新史似大是一種重要工作，惟成就或非短期所能致也。率復，敬頌
著安！

[弟]傅斯年敬復　六月三日

509. 傅斯年致任鴻雋（電）（1936 年 6 月 8 日）檔號：元 469–18

成都四川大學。任校長：方壯猷君，中國史學根柢極好，尤長邊史。留法三年，當於西史有研究。弟敢推荐，函詳。斯年。[②]

510. 傅斯年致郭寶鈞（抄件）（1936 年 6 月 8 日）檔號：元 41–10

子衡吾兄：

多日未通信，[弟]到京後不特事忙，即暑假後意志亦復不定，久未奉

---

① 頁首陳鈍附註："抄致汪詒蓀君函。"
② 頁末收發註記："中華民國廿五年六月八日發。"

白，歉甚！

兄兩信收到，讀後非常難過，此情之由來，當由河南古蹟研究會目前所感之困難而起，此則^弟之責任也。

^弟對此會之前途，主張以本院之力量經營，否則以後對此會之學術事業上，無可以維持之把握也。因此不能不想發展之路線，並不得不以中央博物院為發展此事之憑借。然自去夏別後，^弟在北平如坐愁城，此事未能顧及，而中央博物院自身之發展尚待與諸關係人商榷。去年十月^弟在京，聞 濟之兄與在君先生談到此事，在君先生頗同意于中央博物院拿出二三萬元在河南建一陳列館以為永久基礎之意，^弟等皆喜以為有此一著以後諸事易為也。然此等事必待博物院之本身建築問題決定，亦必待理事會成立，博物院自身方針決定之後，故總須慢慢而穩當的進行也。不幸在君先生逝世，此事無形舱擱數月。在丁巽甫先生代理期內，此等計畫一字也不要談，因此公根本以為吾等工作皆多事可廢也。（連史語所在內）因此^弟亦不能作下半年打算，以為此局如連綿下去，^弟在六月底亦非走不可。

尊書久未復者此也。

茲幸院中此一事已得解決。 蔡先生約朱騮先先生來擔任此事，已妥當。騮先對博物院事甚熱心，以後一切事，想可依序穩當進行也。

故今後河南古蹟研究會之出路，以在洛陽建一陳列館（屬于中央博物院）為目的。俾工作可以充實，而陳列品得與在中央者隨時交換。此意想 兄必贊同之？此一大題既有意解，其他小困難，如地方上人要拓本等，自易對付，放寬些本不妨也。

為此事，甚願 兄能到京一詳商，大家在一塊，一切事好商量也。如能成行，最好在六、七月之交，此時大家皆在此也。

兄讀此信，當知^弟對河南古蹟會事之默然，非無故也。好在此時既有辦法，一切可以竭力策之耳。

寫到此地，晤彥堂兄。知 兄自覺有肺病，此事恐不必如此，然幸

萬勿大意。果有跡兆，應治之于未甚之時。此等病只要養得早，即
無問題也。　兄不妨于到此時在中央醫院詳細檢查一下子，最好。
如真有形跡，研究所自當贊助　兄之長期休養，丁山、思永兩兄之
前例具在。如此，不妨尋一山地，住上幾個月，以便一勞永逸，一
切幸勿大意，極感極盼！專此，敬頌

旅安！

弟斯年敬上　二十五年六月八日

511. 傅斯年致朱家驊（電）（1936 年 6 月 14 日）*

2980【歷】。NANKING。譯呈朱總幹事：① 史密。整理史料請款事，
務乞中英庚款開會時鼎力促成，俾可加二三精能青年，至盼。此間友
人對西南極憤慨，已明白表示。年。SEAL。

512. 傅斯年致容庚（1936 年 6 月 27 日）檔號：元 74–12

希白兄：②

　廿五年六月廿七日書奉悉，一切同意。關于兩項費用一千三百元，
　自本年八月尾起，按月奉上。專頌

著安

弟傅斯年上　廿五年六月廿七日

513. 傅斯年致趙萬里（1936 年 6 月 29 日）檔號：元 116–8

斐雲先生：③

---

*取自"朱家驊檔案"（檔號：朱–07–029–p. 2）。
①頁首朱家驊批示："寄北大蔣校長轉。函復：自當力為設法也。"
②頁首自註："存底。"又收發註記："中華民國廿五年七月貳日收到。"
③頁首收發註記："中華民國廿五年七月貳日收到。"

惠書敬悉。茲將卷子款壹百壹拾元奉上，乞　檢收。又卷子如可換（無更餘者即作罷也）乞　一換，如無更餘者，乞即將原卷子交還本所程霖君收下，最感感。承　示《南北朝墓志》，八月准可出版，至慰至感！

昨晤周祖模[1]君，知校錄工作大致已完，完後當送　先生處，以便滙成之也。弟本星期四、五南行，有暇再走謁一次。

先生編《文籍源流考索》一事，既已決定，想無問題。專此，敬頌
著安
森玉先生同此

25/6/29

514. 傅斯年致蔣焰祖 （抄件）（1936 年 7 月 7 日）檔號：元 314-1-4

逸菴先生：[2]

奉書，敬悉一是。此類古籍，殊無定價，然有下列二事可資參攷：

一、燉煌卷子在北平二年前市價約每卷一百至三四百元，近來聞行市，恐甚落也。

二、去年李木齋以其所竊燉煌卷子四百六十餘卷售之日本，得七萬元，每卷約百餘元。此中不相干者固多，而景教經等亦在內。

依此考量，本所覺以千元光景，而國家購入此卷，或為公允。未知尊意以為如何？專頌
撰安！

傅斯年敬啟　廿五年七月七日。

515. 傅斯年致于道泉 （1936 年 7 月 13 日）檔號：元 62-21

伯原先生：久不接信，非常的悶。兄之工作勤勉，大家自然都相信，

---

①編按：周祖謨（1914—1995），字燕孫，時任史語所第二組練習助理員。
②頁首陳鈍附註："抄致蔣逸菴君函。"

然學年之始，應以工作計畫送來；（最好早送）學年之終，應以結果報告，此事理之常也，否則就研究所言，頗感不便。兄自柏林一片之後，無一字消息，故非常悶念耳。韓君來，知　兄以未作文章為慮，此則不必，送你們去，是留學，不是作文。然報告宜有之耳。

今春資源委員會擬停薪，一月交涉，方辦到延長一年，即至明年三月份，以後再無希望了。本所亦延長一年度，即至明年六月份，以後亦再無希望了。因此不得不將回國日期想定。且就國家局面言，要做事，須趕快，否則來不及。人生如過蹊，^弟深悔在歐游蕩之長耳。基此情形，^弟覺兄以明春返國為宜，即以本所之四、五、六三個月薪為川資，何如？若　兄有所積蓄願延至暑假，亦無不可，惟盼切勿過明年七月，千萬千萬。

至于回國以後事，本所之送　兄等本非有所約束，故職業可以自擇，^弟與寅恪先生等仍盼　兄最好能回所工作至少一年，俾舊有稿件可資整理也。以此時情況言，到拉薩、西康、青海工作皆有機會，北大擬聘　兄為副教授，想已有所聞矣。

至于本暑假後工作計劃，乞即日寫一信來，一切　兄必計畫妥當，不煩代想。^弟意時間既只有一年，可勿擴充範圍，專研回國後不易得之材料，以為回國後之準備耳。

有關各名家，應與之常談，此事最啟人心智。餘不白，敬頌

學安，佇候回音。

傅斯年啟　25/7/13

516. 傅斯年致羅常培（抄件）（1936 年 7 月 17 日）檔號：元 122-20

莘田吾兄：[①]

諸事到此忙極，尚未及寫信也。

兄因工作需要，可添助手，此等事待二三日內與元任兄商後再陳。

---

①頁首陳鈍附註："照錄致莘田先生函，廿五年七月十七日。"

周君聞已報名。其以前校《廣均》工作乞付以酬費六十元。

此次報名者有清華高材生，然取錄當不止一人，或不止二人也。^弟主張多找人，元任同意。

北平靜心齋結束事，乞　兄督辦。所務會議議決各項另函奉達。乞

看後一辦。退靜心齋留墨壇一事，^弟查出舊約墨壇一有所址，便應退還，故法律上以靜心齋為穩。然靜心齋太大招人注意，自仍以退靜心齋為是。

一、先與北海公園接洽，保留墨壇。如彼不允，即退墨壇留靜心齋（其實彼必允也）。

二、我們不能不通知外交部檔案處，然若北海公園要來，我們可表示善意的辦理。即如，我們先通知北海公園，以時間彼可來佔，我們亦可許以彼如佔時，不去電線、窗幔。

三、墨壇事必改定一約，退井院，保留汲水權。其墨壇本身則無限期的保留。

四、舊卷均交子元兄回平之便帶上，一切請與之接洽。

五、如因此事不能立即解決，亦應將電話本月底撤除，工人事本月底結束，以免多費。

六、工人結束事明後日再陳。

一切費神之至，專頌

日安！

^弟斯年　七月十七日

517. 傅斯年致李光濤（電）（1936 年 7 月 28 日）檔號：元 5-2

李光濤兄：

查舊支旅費均由總處駁回，此次新定辦法，決不能更改。通知程。又頃與徐先生商妥，兄本年度仍留平編史料。年。[1]

---

[1]頁末收發註記：「廿五、七、廿八。」

518. 傅斯年、顧頡剛致袁同禮 (1936 年 7 月 28 日)*

守和吾兄大鑒：譚君其驤前在　尊處任編目職務，對于地理一科極有根柢，所作論文亦為讀者所贊賞。惟其人少年情性，不克埋頭工作，以是自行請辭而去。上年任職廣東學海書院，今秋粵局既變，該院恐將停辦，弟等為愛護人才起見，甚望吾　兄能派其管理輿圖，則以彼專長，必可勝任。弟等與之有舊，自當嚴予監督，不令暇逸，倘荷引進，請囑其每一個月將工作成績送頡剛處審查，想　兄拔擢人才，具有同情，得此保證，必不至絕其向上之路也。此上，敬請

著安。

弟傅斯年、顧頡剛上。①

再，譚君現住北平航空署街三十號，併聞。

519. 傅斯年致羅常培 (電) (1936 年 8 月 1 日) 檔號：元 122-21

北平後門東板橋北河沿一號。羅莘田兄：

考卷及口試報告，若汪不即返，乞即日寄京。靜心齋結束事，照兄信辦理。子元不另。年。②

520. 傅斯年致羅常培 (抄件) (1936 年 8 月 1 日) 檔號：元 122-22

莘田吾兄：頃趕快發一信，茲再補寫一切。

一、周既錄取，弟意亦覺其到京"受訓"為宜。如此則留程霖兄為兄助手，此一事及李光濤兄事，均提請下星二之所務會議同意之。

---

*本函（檔號：元 469-20）為顧頡剛手跡。
①頁末收發註記："廿五、七、廿八。"
②頁末收發註記："中華民國廿五年八月壹日發。"

本年内　兄有唐①、程二人為助，校便當也。

二、裱畫匠乞一查看其現作何事？此人買材料，最近一次，^弟疑其不
　　實，以後可李光濤兄為之買。

三、木器一事，先儘有用者留蠶壇，因此蠶壇之大考古架，必須置之
　　屋外廊上。（内容考古組已不要了，堆之可也。）此外　兄借及胡借
　　均可移去，再外由　兄斟酌也。其極不相干之雜件，賣之可也。
　　（亦須有賬）此項大考古架，可詢查勉仲彼校要否？（郁文中學）

四、井院亦退。敬頌　著安

弟斯年　廿五年八月一日

又關于蠶壇事。

1. 電話可留，但附機應撤。

2. 工人如蠶壇舊人可有辭退者，即留李庚（共留二人），否則仍留二
　　原人，著李庚來京。

3. 以後每月支出，請告李光濤君，應用至最小限度，每月賬目送由^弟
　　自看。

4. 留李君仍在北平，中舒先生意也。因此上項所務會意②決定交余之
　　雜事，一部分仍歸李。（即原歸李者）

5. 工人遣散之報酬如下：
　　李榮服務七年，多付八、九、十、十一四個月薪。（每兩年付一個月）
　　其他每滿兩年付一個月。
　　均自八月份算起。

521. 傅斯年致南京中國國貨銀行（1936 年 8 月 4 日）檔號：III：805

逕復者：敝戶借款七千元，於七月廿四日到期，當于到期前託杭立武

---

①編按：唐虞，時任史語所第二組練習助理員。
②編按："會意"當作"會議"。

先生與　貴行接洽，付清息金，照原契約延長半年。據杭先生言，已由　貴行經理許可，茲將息金三百九十九元正奉上，乞　查收，並請將原約延長為感。此致
南京中國國貨銀行

傅斯年啟　二十五年八月四日

522. 傅斯年致袁同禮（抄件）（1936 年 9 月 11 日）檔號：元 393-2、元 393-3

守和吾兄：頃談極快，下午打電話，則　兄已行矣。所談《國藏善本叢刊》一事，^弟草擬辦法十二條，乞　兄修改。又致王雲五兄一信，如以為可行，乞　兄改定後交之。此事來源，正由前年談《四庫珍本》事而起，當時^弟對　兄云："蔣慰堂既定合同，教部勢必支持之，故可聽其自然。北平圖書館再編印一部更偉大的，將《四庫》打倒"。北平圖書館善本遷移，若干工作不易進行，辦理此事，正其時也。請　兄勉力。^弟必從旁贊助之，"竭力抬轎"。此事　兄當當仁不讓，無庸客氣。叔平先生處，^弟必去說得通也。專此，敬頌
日安！

^弟斯年謹上　九月十一日

附：傅斯年致王雲五（抄件）（1936 年 9 月 11 日）

雲五先生左右：[1] 惠書敬悉，《居延漢簡》一書，蒙　貴館允其出版，公私均感！此事無錢可賺，印費孔多，乃承　擔負，可佩之至。此書價值，世界無雙，流傳久遠，必為　貴館之一佳話，此可為預賀者也。已函徐森玉先生請其檢文稿，直接與　先生通訊矣。又有陳者：

---

①頁首陳鈍附註："抄致王雲五先生函，廿五年九月十二日。"

查前年　貴館刊印《四庫珍本》，亦一盛事。當時^弟有一微見，以為今日為乾隆皇帝宣傳，何如為民國點綴？今國立各機關之收藏亦頗有寶書秘籍，如能輯而刊之，既為書林盛事，亦所以光榮國家也。其進行之法，即以北平圖書館及故宮博物院所藏者為主，合以其他機關，共成一叢書，以實用為主，不以版本為貴，由　貴館出版。守和先生甚然此說，然倭寇日深，北方同人，無暇及此。匆匆又三年矣。今春致書　張菊生先生談及此書，菊老復書，謂故宮等處，所求條件未免過苛，云云。頃守和兄過此，^弟又與之談及，守和兄謂絕不求條件。^弟于是以兩小時之力，草擬辦法十二條，託守和兄轉奉　左右，藉求教正。^弟猶有言者：——

一、此時銷路不暢，如此大事，或患賠累，然如北平圖書館、故宮博物院、北大及本所，各出其菁華，既有實用，大可號召，不患不能推銷。所擬辦法中，凡　貴館所欲印者，不得拒絕，且除以十分之一為報酬外，無任何條件。如此辦法，似　貴館無可慮者矣。

二、此事必有人主持，此人非守和兄莫辦，^弟亦當從旁竭力贊助之。

三、北平圖書館及敝所不待說，故宮方面，^弟可負絕對接洽之責。

一切即乞　考量為幸。專此，敬頌

日安！

^弟斯年上　九月十一日

523. 傅斯年致王敬禮、王顯廷（抄件）（1936 年 9 月 18 日）檔號：IV：375

頃聞[1]　毅侯兄所說情形，甚佩。然^弟有不可解者一端，即此時不

---

①頁首陳鈍附註："照錄致王毅侯、王獻庭先生函。"

能實際進行一說。毅侯先生何不早說，省^弟多此一事也。查院會談話

會中，^弟說明此旨時，毅侯先生曾謂此事無預算，故有追加預算之辦

法，並未謂不能挪動。且今年先挪動一說，^弟當時已提出，未聞　毅

侯先生有異論。上次為此事各所開會，^弟又說明結冰前蓋成之意。毅

侯兄在席上，始終無一字之異議也。

今半途而廢，徒使^弟白費心思。如　毅侯先生早說，^弟當深感，乃早

不說而此時說之，復力持之，^弟實有所未解耳。專此，敬頌

暑安！

^弟傅斯年敬上　廿五年九月十八日

524. 傅斯年致朱家驊（1936 年 9 月 19 日）檔號：元 25-29

騮先先生賜鑒：敬啟者，濟之先生今冬赴英講學，預計在英三月，來
　　往行程二月，此行當順便於博物院各項事件及考古學發達情形有所
　　調查。然英國方面所出之用費，本但足為來往英國之用，而歐洲考
　　古中心，及各重要博物院之考察，實為濟之此後辦理博物院及主持
　　本院考古組事務所必需。如專派濟之前往，費用尤大，似不若趁此
　　機會延長濟之在歐之期間至多三個月，補給以此項在歐旅行考察之
　　費用，俾可一舉兼得之為愈也。
　　查濟之在歐應考察之地方，至少有下列各地——
　　　　<u>巴黎</u>、<u>來登</u>、<u>羅馬</u>、<u>拿波里</u>及邦拜、<u>維也納</u>、<u>木尼克</u>、<u>柏林</u>、<u>斯陶侯爾</u>
　　　　<u>母</u>、<u>瓦沙</u>、<u>列寧格勒</u>、<u>莫斯科</u>。
　　其旅行費用，為數不少。如費用不足，勢必於調查之效能上有所減
　　損。^弟意似可由本所節省出二千元，再由　先生轉請　雪艇先生在
　　教育部文化保留費項下支付二千元，共四千元，約合英幣二百四十
　　鎊，作為三個月之旅費，俾濟之可完成此項任務。此事關係博物院
　　及本所之將來甚大，而　先生及　雪艇先生對此兩項事業惟護至
　　殷，故敢冒昧陳請，敬乞　考量，為荷。專此，敬叩

鈞安！

傅斯年謹上　二十五年九月十九日

525. 傅斯年致羅常培（抄件）（1936 年 9 月 19 日）檔號：元 5-6

莘田吾兄：

李光濤先生自上次^弟返京後，即無一字之信給^弟，凡所詢者，皆託人帶入。此豈可久之法乎？^弟未計校而李來辭職，且未經回復，未辦交代，逕自離去。^弟以為只有聽之而已。除另找人外，暫時託讓之兄料理。以下數事，乞　查明示知。

一、李君經手各事，（編輯史料，賬目，及其他）是否已有所交代。

二、李究在何處，向何處寄信給他。專此，敬頌

著安！

^弟斯年上　25/9/19

526. 傅斯年致余遜（抄件）（1936 年 9 月 19 日）檔號：元 5-7

讓之兄鑒：①

接李光濤先生辭職離所之件，不勝詫異。查李君自^弟上次返京後，即不與^弟通信，遇事附于他人信中說之。此豈可以長久之辦法乎？^弟未較量，而彼　辭職，其勢不必再留，聽之而已。惟檔案各項事務，一時不可無人料理，而兩書記及裱畫匠事亦須人指點，即煩　兄暫時兼擔，^弟當急切想法也。專此，敬頌

日安！

^弟斯年上　廿五年九月十九日

---

①頁首陳鈍附註："抄致余讓之函。"

527. 傅斯年致于道泉 （抄件）（1936 年 9 月 22 日） 檔號：元 62-22

伯原先生：屢次奉訊，迄無一字復書，令人心焦無似！無論如何，請

　　兄見此信後，立即回^弟一信，極感極盼！

兄回國日期不遠，一切當早有所安排也。專頌

著安！

斯年　25/9/22①

528. 傅斯年致羅常培 （電）（1936 年 9 月 23 日） 檔號：元 122-32

北平北河沿一號。羅莘田兄：

　　兩事弟以為必影響兄指導唐、程清理舊材料時間，且有碍慣例，仍

　　請謝絕為幸。年。②

529. 傅斯年致李光濤 （1936 年 9 月 30 日） 檔號：元 5-8

光濤先生：

　　惠書敬悉，不勝詫異之至。　兄服務之忠勤，^弟所素知，惟^弟感覺

　　　兄于讀書上尚有所缺，如作充分之編輯工作不需隨事由徐先生改

　　定，仍當讀書一二年，方為妥當。故前有請兄到京之意，不料反以

　　此致　兄見怪也。且此法已由所務會議變更，而　兄似猶以為未

　　足，對^弟無一字之信，此豈直諒之道乎。既已南來，乞即到南京所

　　中工作，似乎一切便當。餘面談。專此，敬叩

日祺！

傅斯年啟　二十五年九月卅日

---

①頁末陳鈍附註："由蕭綸徽發。"

②頁末收發註記："廿五年九月廿三日"。

530. 傅斯年致羅常培（抄件）（1936 年 10 月 3 日）檔號：I：93

莘田吾兄：[①]

來書談"法理"，講"事實"，^弟宜即有以報。然日內大傷風，復以院會、所會頻繁，力不能支，當俟下星期一日詳復，並抄呈舊案，　兄當知"法理"之在何方也。前者接　兄書，謂今年將作三書，^弟已感　兄督理兩助理事之不易進行。　兄一面說教書生活，不能著作，一面似惟嫌教書之不多，此實^弟所絕不解也。^弟寧可自去，決不使此研究所之常規由^弟手為任何一同事更易，此不待說者也。詳見下週函。專此，敬頌

著安！

^弟傅斯年謹上

天下事"情不可却"者多矣。如充此意而為之，無事不可作也。又及。

十月三日

531. 傅斯年致羅常培（1936 年 10 月 16 日）檔號：IV：524

莘田吾兄：

十月五日書誦悉，盛情厚誼，感佩之至。其實此事果能面談，當易解決，若事先詢^弟，則^弟向人一作惡人，諸事俱了。無如　兄雖怪^弟以遷怒（其實非遷怒也），^弟亦頗覺　兄以"既成事實"見委，使^弟感覺極度困難也。即如最近中央大學來要求凌純聲先生兼課，^弟未敢答應。後志希來一信謂，請每週講演一次，並援吳駿一先生例，亦為所務會議所否決，因此志希甚不謂然。然公意如此，^弟何

---

①頁首陳鈍附註："抄致羅莘田先生函，廿五年十月三日。"

能例外"幫忙"（志希語）。以此為例，^弟對　兄事之未能贊同，事同一律也。若云　兄與凌君情形不同，此自亦一種說法。然按之舊與北大之約，及與　兄當時所定辦法，均認　兄到北大為"借聘"，　兄在研究所之專任研究員 status 不變。故若有人以此事為詢，^弟實無以自解也。故此事^弟如表同意，則^弟必陷于甚大困難中，此顯然之情節也。

若就　兄此時所處之環境論，^弟誠不能無所慮，其故如下。諸助理之工作，誠如　兄言，"均已超過初步整理階段，非親自動手實無能為力"，惟其如此，^弟所以更反對　兄之任此兩課。近代化之作學問法，儼如賽跑，四年一次世運會。且"搶和"之慮，　兄更時時為言。其實，漢晉六朝音、《經典釋文》各題、詞韵等均易為人搶去。（雖"和"，有"起碼""滿貫"之別。）雖至今尚未搶去，後此則不可知耳。前接　兄香山來信云：

> 今年度弟在北大編"域外中國聲韵論著述評"、"普通語音學"、"現代語言學導論"三種，另外尚有專題指導，恐怕專門成了教書匠生活。

^弟已感不安，正擬陳其所見，逡巡未果，而　兄後書至矣。^弟深信　兄此慮者為是，于是不能不覺　兄之多教書恰與所慮背道而馳，當非妥當之局也。今既承　兄雅意，感激不暇。一切本可不說，猶有數端願貢參考。

一、兄所擬作之三書，每年至多能作一種，且三者中至少有其二，猶以在此間為宜，因有商榷之人也。此等著作一動手便感其大。故^弟意，似以分年成書為妥（事實上也只能如此）。

二、由甲至癸一年了之，決非^弟所要求。^弟當時開此單，本為大家參攷之用，非以此不可能之事強　兄也。惟唐、程二君似宜必使之盡其能力耳。

三、《集刊》編輯，　兄既感時日之不與，當由^弟自編。乞　將目下各事作一結束寄^弟，由驥塵校，由^弟編之。自本冊起，

^弟即著手矣。

四、兄經手搜集材料之工作，其中之一部分，似可交丁梧梓、周
祖模完成之，仿半老"共編"之例。①

此事根本辦法，在乎 兄之返所。元任先生本願 兄本年來，^弟以
北大事重，未願如此。今 兄已感覺非改換生活不可，^弟意，如能
于年假時返所最妙，否則定為本年度結束時返所。屆時 overlap 一
月薪，似可補遷移之損失也，如何？

至于此兩項兼課， 兄既云如是，^弟不敢再作時限之懇請，仍盼早
日結束或先結束輔仁者，代玄同者或須稍遲,終以愈早愈妙耳。（否
則^弟所感覺之困難，有不可形容者也。）國事嚴重，時不我與，只有縮
小範圍，方可趕上時代。 兄所擬作各事皆與後來語史學有莫大之
關係。故^弟甚願其于浩刼前成就若干，此亦無所謂研究所不研究所
也。書不盡意，諸希

亮察

25/10/16

532. 傅斯年致王靜如（1936 年 10 月 20 日）檔號：元 59-22

靜如先生：

昨談為快。 先生此時返國，所中無術借重，其主要原因，即為每
年度事均決於上年度之五、六月。預算既定，無大變易增添之可
能，況此時所中經費，已用至極度，目下情形，已必拖欠矣。

如 先生願往四川，元任先生及^弟可電任校長竭力推荐，大約十有
七、八可成。如願往北大，當于適之先生下月返國後，由 元任先
生及^弟依原說請其設法。此兩事乞 擇之。為目前計，似可譯若干

①編按：以劉復與李家瑞合編《宋元以來俗字譜》（1930）及《中國俗曲總目
錄》（1932）為例。

書售之于中華教育文化基金會編譯會。（大約每千字八、九元。）何書適宜，請與　元任先生酌之。如此，每月亦可有三百元左右之收入也。此外如有微力可以奉贊之處，請告　元任先生及^弟，至幸。專此，敬頌

著祺

傅斯年敬啟　25/10/20

533. 傅斯年致徐鴻寶、袁同禮（1936 年 10 月 26 日）*

森玉、守和兩先生：關於印漢簡事，久未聞訊，正以為悶。頃接西北科學考察團會議錄，知有所謂“不接受辦法”。然細按其“不接受”辦法，①項則以不受版稅報酬之故，當然易辦。（其實此事極小，雖要版稅亦可商量要若干部，自然可以，百分之十，或有問題也。）②項則商務有一般之規則。細審此事經過，煞像對^弟生氣而然。① ^弟之接洽此事，本非自告奮勇，實係受　先生等之委託，不知有何事可使此會見怪之處，乞　惠示，至感！專此，敬叩

著安

^弟傅斯年敬上　十月廿六日

534. 傅斯年致 Paul Pelliot（電）（1936 年 10 月 27 日）**

LC

Pelliot

---

*本函（檔號：元 339-1-5）另附信封，題“北平文津街北平圖書館　袁守和先生”，又自註：“未發。”

①行首自註：“對弟之信，一字不復，使弟無語回復商務。”

**本函（檔號：元 114-25）覆伯希和來電（1936 年 10 月 26 日，檔號：元 114-24）請求同意使用倫敦中國藝術國際展覽會中展示的安陽遺物照片。

59 Avenue Foch Paris

Agree

Fussunien[1]

535. 傅斯年致王雲五 （抄件）（1936 年 10 月 29 日） 檔號：元 258-20

雲五先生左右：[2] 茲有敝同鄉舒連景君所著《說文古文疏證》一書，作者擬請 貴館出版。^弟檢讀一過，覺其大致不差，用功甚勤，又得名師丁山君為之指導，排比材料頗資應用。雖不可謂名山之作，要亦不劣于此時各處出版此類問題之書也。敢為介紹，即乞 酌定，見復，至感！又此書篆文多，似即用此本影印可矣。專此，敬頌

日安！

伯嘉兄同此。

^弟斯年上

536. 傅斯年、李濟致袁同禮 （抄件）（1936 年 10 月 29 日）*

守和吾兄左右：[3] 前承我 兄面示貴館有發掘洛陽漢魏石經之計畫，囑本所加以協助，並云，發掘以石經為限，故無礙本所將來工作，各節。 高情弘論，無任佩荷！^弟等以為考古工作，非藉眾多有學術能力之機關共同從事，不足以發展中國之考古學，故甚願大家向此共同目標進行。 貴館發掘石經，誠為盛事，所命協助一端，敢不同聲相應？茲與同人等擬成辦法四項，另紙寄呈，如荷 同意，即乞 示知，俾派有經驗之人員前往，以後如有其他應行協助，或在此接洽之

---

①頁末收發註記："25，10，27，發。"

②頁首陳鈍附註："抄致王雲五函，介紹舒連景《說文古文疏證》出版。廿五年十月廿九日。"

*本函有手稿本及繕本兩種（檔號：元 459-1），文字略異，據繕本整理。

③首頁收發註記："中華民國廿五年十月廿九日發。"

事，乞　隨時見告，當無不竭力奉贊一切也。專此，敬頌

道安！

弟傅斯年、李濟

附：合作發掘洛陽石經辦法

擬國立北平圖書館與國立中央研究院歷史語言研究所合作發掘洛陽石
經辦法

1. 石經發掘，由北平圖書館主持之，中央研究院歷史語言研究所派員
   為技術上之協助。除上列兩機關外，不得更有其他機關加入。
2. 出土物：一、石經歸北平圖書館研究保存。
           二、石經以外之古物，歸研究所研究。
3. 如圖書館發掘費不足時，可由研究所協助。
4. 此種合作發掘辦法，暫以一年為限。

537. 傅斯年致蔣夢麟 （電）（1936 年 11 月 2 日） 檔號：元 339-1-8

北平。歷。羅莘田譯呈蔣校長：漢簡整理出版事，前經適之先生主
持，方得初步整理。茲聞西北團未商北大，遽擬取去，恐出版無期，
貽笑外人。查該團財力人力大部依北大贊助，請先生制止，告以待適
之先生返後，決定一切，至盼。函詳。斯年。冬。①

538. 傅斯年致蔡元培 （抄件）（1936 年 11 月 5 日） 檔號：元 393-4

再啟者：② 故宮博物院在易寅村時代，尚有多數著作出版，雖係編輯材
料，亦是工作成績。叔平先生繼任以來，經費五倍于前，出版頓減于昔。
學術界時有訾議，即故宮中諸位最高職員，亦頗以不能展其計畫為苦，斯

---

① 頁末收發註記："中華民國廿五年十一月貳日"。
② 首頁陳鈍附註："抄致蔡子民先生函，廿五年十一月五日。"

年聞之多矣。時為叔平先生言之，曾力勸其編輯各項材料，交出版家承印，原則上亦承叔平先生首肯。（亦因叔平先生首肯，故後來與守和計議也。）先是三年前^{斯年}曾與守和兄商由北平圖書館出一善本叢書，以為《四部珍本》之續，俾世人知注意文物者，今日為殷，非滿洲皇帝之專美也。守和兄甚以為然。上月重輕此事，即由^{斯年}致函王雲五先生提議此件，由守和兄面往接洽。其辦法及一切聞已向　先生陳明，經　先生許可矣。守和自上海返，謂王雲五主張用洋裝大冊，（用好紙，不用報紙）如《四部叢刊》縮本之大小。^{斯年}覺此法可以實行，蓋雖不甚雅緻，卻可以多印，若再待之，一旦地老天荒，豈不可惜？設若國家永上軌道，後來再精印一次不遲也。乃上週接守和信，知叔平先生又將此事作梗，謂此事不足以表見故宮之工作！^{斯年}微意，以為此時故宮局面，應趕做可留紀念之事，若待"宛其死矣，他人入室"，不知又如何表現故宮之工作也。如　先生以守和兄及^{斯年}之所擬為大致不誤，敢懇　先生于晤馬公時勸以贊助此事，勿留難，勿與商務爭無謂之條件，則不勝榮幸矣。此信並乞　先生一示馬先生，俾明^{斯年}所慮乃為公事，非暗中訴彼于　先生也。無任悚惶冀盼之至！

^{學生}斯年又呈　十一月五日

539. 傅斯年致中央博物院理事（油印件）（1936 年 11 月 16 日）檔
號：IV：149、IV：126、IV：127

敬啟者：茲奉上本會第二次會議紀錄及本院籌備工作報告、本院與中央研究院合作暫行辦法修正本、本院各館組織暫行通則修正本各一份，敬希　察入是荷。紀載如　發見錯誤，請儘于一週內　示知，以便改正。專上，虔頌

道綏

國立中央博物院理事會祕書　傅斯年謹啟

二十五年十一月十六日

附一：《中央博物院與中央研究院合作暫行辦法》

《中央博物院與中央研究院合作暫行辦法》　二十五年十一月十二日理
　事會第二次會議通過

　　根據理事會第一次會議之決議，訂定兩院合作原則及大體辦法
如下：

（甲）原則：

　　（一）凡中央研究院已具有組織之研究科目，中央博物院不再
　　　　設置。

　　（二）中央研究院不另設陳列機關；一切可供陳列之物品，概
　　　　歸中央博物院保管陳列。

　　（三）中央研究院所無之科目，中央博物院得設置之；一切研
　　　　究、採集，應充分與其他學術機關合作。

（乙）辦法：

　　（一）地質古生物類之一切陳列品，由地質研究所與地質調查
　　　　所供給，博物院擔任保管及陳列。

　　（二）動植物部份，應發展陳列技術；一切研究工作，由動植
　　　　物研究所主持之，在可能範圍內，由博物院資助採集費
　　　　用，並與其他學術機關合作。

　　（三）考古部份，應發展陳列技術；一切研究工作，由歷史語
　　　　言研究所主持之，在可能範圍內，由博物院資助發掘費，
　　　　津貼工作人員薪水，並與其他學術機關合作。

　　（四）民俗之研究工作，與歷史語言研究所合作。

　　（五）工藝館之陳列品，兼重現代機製工業與國內手工藝；陳列
　　　　技術與研究工作，與工程、物理、化學三研究所合作進行。

附二：《國立中央博物院各館組織暫行通則》

《國立中央博物院各館組織暫行通則》　二十五年十一月十二日理事會第
　二次會議通過

第一條　本通則依據本院暫行組織規程第五條訂定之。

第二條　依本院暫行組織規程第二條之規定，設立自然館，人文館，工藝館。

第三條　各館設館長一人，秉承院長，綜理各該館事務；由院長依據本院暫行組織規程第四條聘任之。

第四條　各館得依據本院暫行組織規程第九條，經院長及理事會之核定，設立各種專門委員會。

第五條　各館設專門委員若干人，幹事若干人，助理員若干人，分任各該館事務；由院長聘任或委任，其人數另定之。

第六條　各館因陳覽及研究之便利，得分組工作，各組得設組主任一人，由院長聘任之。

第七條　各館酌設練習生及書記各若干人。

第八條　各館之職掌如左：

一、關于本館之收集事項。

二、關于本館之典守事項。

三、關于本館之編目事項。

四、關于本館之陳覽事項。

五、關于本館之編輯事項。

六、關于本館之學術研究及教育工作事項。

七、其他有關事項。

第九條　本通則經理事會議決，並呈報教育部備案後施行。

540. 傅斯年致徐中舒 （1936 年 11 月 17 日）*

中舒吾兄：

惠書敬悉，大費氣力，感感！此事恐目前只好如此，惟盼　兄于臨行之前再告以依開會決議，必有令尊在內，至于其他物件，^弟等可

---

*本函有手稿本及繕本兩種（檔號：元 498-6-16），據繕本整理。

以多多加入，俾全數可觀，而使善齋上算。以後各件均分別進行，決不食言。若此器不在內，則^弟等不能進行大批收銅器，且以後不易說話也。此亦實情也。

王孫鐘等，即照 兄意，寫信去。^弟覺反正少買多買無大關係，六萬之數，亦不必限制，蓋反正拉賬，只有大舉，惟此情勿告人耳。此時與劉接洽，是否先假定令彝在內，加入單中，全數若干，商量大致就緒（至少詢其最小價）然後歸。或即就此停頓，待令尊之確息？此策略問題，乞斟酌。然^弟以為前法為妥也。

外有一信，如 兄以為妥，乞交之，否則作罷。

^弟等廿日晨赴上海，下午到。非為此事，故不必告劉。然吾等總須一晤。兄如返，或前或後，均可無相左耳。專此，敬頌

日安！

^弟斯年 廿五、十一、十七。

附：傅斯年致劉體智（1936 年 11 月 17 日）檔號：元 498-6-17

晦之先生左右：頃奉中舒先生函，敬悉 先生已電美國索回令尊，感佩之至！此事在 先生雖有為難之處，在^弟等則以上次理事會決定，無可變動。^弟等雅不願 先生過分吃虧，故奉贊此事之法，在乎將收入之數目增加，使全數價格較有可觀，而令尊在內，得其調濟矣。區區之意，尚希 鑒察，以觀厥成，至幸。至于銅鏡等，雖如中舒先生所說數加一二千元，亦無妨事，其他銅器亦不敢請 先生過有所損，但望令尊在內，則此一大舉，可以有成。其他各事^弟等必分頭代為接洽，亦均有不小把握，可以保證者也。^弟等服務公家，惟一志願，為國內好器精品，盡為國有，歷年奔走，頗有所成。 先生必引為同志也。專此，敬頌

道安！

^弟傅斯年謹啟 廿五年十一月十七日

541. 傅斯年致 Ernest Richard Hughes（1936 年 11 月 19 日）*

Nov. 19, 1936

Dear Mr. Hughes,

I have heard that Mr. Wang Wei-Chêng（王維誠）has applied for the Spalding Lectureship. As you know Mr. Wang so well, any recommendation from me seems to be superfluous. There is, however, one point I venture to say, and this is the merit of Mr. Wang's dissertation on "Lao-tzû hua Hu Ching", which you must have read already. This essay combines solid scholarship with high penetrating power and is quite successful in solving many leading points of this important but difficult problem. In the opinion of Chinese learned circles this is indisputably the best paper on the history of Chinese religion published during the last decade. On the merit of this essay he was appointed instructor in the Tsing-hua University.

Yours ever Sincerely

542. 傅斯年、李濟致袁同禮（1936 年 11 月 19 日）檔號：元 459-3

守和先生：十一月六日書奉悉。此事弟等以為不在本所職權之內，故最好不提，仍如原議，何如？蓋即本所發掘品，後來如何處置，亦須待政府決定也。專此奉復，敬叩
日安

弟傅——、李— 二十五年十一月十九日

543. 傅斯年致袁同禮（1936 年 11 月 20 日）**

守和吾兄：本所委託　貴館代編歷年史學論文索引一事，茲草擬辦法

＊本函有手稿本及打字件兩種（檔號：考 21-12-79），文字略異，據手稿本整理。

＊＊本函有手稿本及繕本兩種（檔號：元 391-15），據繕本整理。

如下：

一、範圍以（a）國內各重要文史學期刊之論文，（b）國內一般期
　　刊及日報副刊之較重要論文，（c）國內專書，（d）國內單行
　　小冊，（e）國人在國外發表之重要論文或著作，為限，其類似
　　筆記性質者不錄。

二、茲定于二十六年二月中旬，先完成二十四年七月至廿五年六月
　　一年中出版者，以後每年二月中旬完成其前一年度者，（例如二
　　十七年二月中旬完成二十五年七月至二十六年六月者）並于兩年內
　　補成民國元年至民國二十四年七月以前者。（因本有國學索引，
　　補成不難也。）

三、每月由史言所津貼工作費拾圓。

四、此項初稿成後，再由史言所自行刪定。（初稿求其備，定稿當有
　　所取舍也。）

如荷　同意，即希自本月份辦理。

看來本所津貼此事者有限，但此不過　貴館編索引之副產品，而本
所又無此項經費也。專此，敬頌

日安！

弟傅斯年敬啟　廿五年十一月二十日①

544. 傅斯年致徐中舒（1936 年 11 月 28 日）檔號：元 498-6-33

中舒先生：

　　兩電計達左右。（連昨日共三電，其中一轉到。）今晨接手書，一切感
慰之至。弟尚擬稍有所放棄（如多數鏡子），乃竟如此，且更能多
要，皆　兄之功也。看來前日弟等之走，大妙特妙，無此一著，不
易如此結局也。平情而論，劉是痛快人，其痛快之程度，遠在弟所

---

①手稿本頁末自註："抄時複寫，抄後蓋章即發。"繕本頁末陳鈍附註："十二月
廿二日抄由傅所長寄胡適之先生一份。"

遇一切收藏家之上。此一批貨，如零碎買，決在十萬之上。此雖不良時候，然彼之能看得開，總算難得。蓋權度是其精華，句兵又是兵器中之精華。鏡子大有佳品，彼專留年號，無謂也。如此總算對得起公家矣。

再，來信要送百件之說，^弟覺殊難措詞，且件既多送，自必以爵、觚充數。既說最後條件，而彼已接受矣。若又加一說，似難為情，且恐影響精品之避匿，　兄為公家設想，極為感佩，^弟覺不如就原定二十（或至四十）之數中,兄于選擇上多參意見，（不必專重文字，樣式似亦重要。）迨全數既定,然後由　兄乘機（如另頁所說一事即一機也，實亦不便兩事並談。）勸以多送，（不必拘數。直謂　兄意，不必云我等意。）以聯絡感情。一切皆盼　兄之斟酌奪定耳。

為慎重計，今日中午約集理事會、建築會在京諸公吃飯，討論此事。到者為朱先生、王部長、詠霓、志希、沐波、道藩、儆寰諸公，大家皆表同意。下午將支票三萬五千送去簽字，（須有翁、張、李三位簽字）張以印鑑不在手邊，而明日又為星期，故至早須星期日上午簽好，款則於下午或星期二晨匯出也。此事手續，本不簡單，今已求其最速矣。（教部核定事，後來補上，此本不合手續，幸王公在座耳。）

劉住處，乞兄示知，便直寄之。

兄于旅館中，似可多多看《善齋吉金錄》。然後于所謂送件之選擇必有補也。

張苑峰兄可為點件目工作，王文林則是裝箱名手。^弟覺瓦器裝時，乞多留意，蓋易壞者此也。箱子須堅固，不必惜費。此等事可托子競、寬甫兩兄。

此事經過，乞　兄即一謁蔡先生陳之，同時似可一訪子競兄告之。（彼亦在博物院）匆匆，專叩

旅安

^弟斯年　廿八日夜。

仍保持原議案，由建築費項下墊六萬，其他一萬，由所出五千，博

物院出五千，皆葉會中請款補之。（本所本無此錢，因向葉請款，不開會，拿不到，故半年未工作，自然省下。彼一開會即可領得之也。）此時仍由建費項下一同支出耳。

此信請保留。

附頁，請斟酌可否一示劉之子，或劉本人。

又，善齋大送特送，總算豪爽之至，亦因吾等先把實情說在頭裏，無講價之態，故凡事可以彼此相知也。[1] 既承其以如許多之品物相贈，博物院自極為欣感，甚願以後有可以相助之處。前所云"介紹"者，此時可再說矣。

目下兄似可與之一談第二步之具體辦法：——

  ⓐ出款機關　中英庚款會之文物保存會。（其中除葉外，四人為頡剛、仲揆、潤章、道藩，其他二人則濟之及弟也。）

  ⓑ品類　兵器（除此次之四、五外）、寶鏡（即八九個有年號者）、甲骨，他類亦可列，但請其各自分開。因此款年只四萬，而葉氏以程家之物為心，（馬叔平言）擬分期交款。故吾等之奮鬥，究不可期以全數，每項分列易辦耳。

  ⓒ存物機關　此則大是問題，（葉為此不肯開會）然與收入之本身一事為無關係。

至于書籍，弟亦擬一竭力介紹之法，然未若上列一事之有把握也。

頃接兄六時所發電，似尚未接到弟之電。所云兩人，不知張君外有王文林已足用否？如不然，乞電示，當再派人往。

又，款之匯到，因明日星期，後日簽字，等等手續，恐當在禮拜三。裝箱一事，似可即辦，款到再運出劉宅，一如天津故事。如此可省　兄之留滬也。

今日籌備處辦好待翁、張二位簽字之支票，係三萬五千，如　兄所示。　斯年又及。

---

[1]行首自註："此次吾等募得之七萬元，亦大大不易耳。"

545. 傅斯年致徐中舒 （1936 年 11 月 29 日）檔號：元 498-6-35

中舒先生：廿八日書敬悉。喉痛想無大碍事，最好用 Döbel's Solution
或 Listerine 對水嗽之，每半小時一次，如此可不蔓延，否則亦有發
燒之可能也。苑峰兄頗在行，可省 兄一部分力，如更需人，可來
一電，再派往也。陶器不預備拆箱，其他則須到此後陳列一下。然
最難裝者瓦器也。瓦器中特精之品，似亦可在此陳列給理事諸公一
看，然如太費事即不需也。上海恐無可存之處，似可于運京後逕送
入故宮之庫。果國破家亡，效梁元帝可耳。

鐵箱或木箱似無大分別，要緊在運時須包半個車，有人押來，但木
箱須堅，無惜費。鐵道公事即辦，護照、封條即寄。（如用交鐵路之
法，則保險費太貴，且不安全。）如不能包車，或以鐵箱作行李運來為
宜，然如此費太大矣。明日詢後再達。裝箱次序，似可先自陶器，
因此費工夫也。

銅器選好後，乞即示，便滙款，如 兄說。

弟覺，鐵琴無謂之至，雖送亦可不要。吾輩非此等雅人也。孫登一
說，尤為玄渺。莽尺決是偽物，"始"、"月"二字，從無如此寫
法，而莽量之版，或非偽，似可請其以設法取出量版，尺則不要。
（交換也）何如？（亦不必堅持之）帶蓋之爵杯一對，彼肯列入送品
中否？

"百件充實，不求多贈"一說，方針至妥，佩佩！至限于新坑一說，
弟覺舊坑中著錄者，價值不差，或不必限以新坑也。專此，敬叩
旅安

弟斯年　25/11/29

又，《善齋吉金錄》禮器中下列各件，弟覺有意思，未知在 兄單
或贈中否？

○○子三犧形父辛鼎　卷一，26　　　犀乙卣　三，6
　晿犧形冊父辛鼎　一，40　　○○暖卣　三，34
　耶他人鼎　一，51　　　　　靜卣　三，35

番中吳生鼎　一，66　　　○○臣辰卣　三，38

徐王糧鼎　一，74　　　東周左師壺　三，50

僕父丁盉　二，3　　　　蓬從角　六，57、58

　　　　　　　　　　　僕父丙角　六，60

　　　　　　　　　　　佳角　六，62

　　　　　　　　　　　躬彝　七，1

　　　　　　　　　　　饗彝　七，4

　　　　　　　　　　　从彝　七，31、32

　　　　　　　　　　　宗婦敦　七，75

　　　　　　　　　　　臣辰盂　8，32[①]

　　　　　　　　　　　夆叔匜、盤　八，43、44

　　　　　　　　　　　左師壺　任，6

　　　　　　　　　　　辨彝　七，44

　　　　　　　　　　　洹秦彝　七，46

漢器中有重量者可選（任器類中）。

甗一類中似可多選（卷二末）。

546. 傅斯年致徐中舒 (1936 年 12 月 1 日) 檔號：元 498-6-41

中舒先生：兩書敬悉。頃發之電，因　兄第一信看了高興，第二信謂
　又收回二十，未免掃興，故有此想。其實此皆節外文章，相機而
　行，適可而止耳。爵、觚則博物院實無用處也。他們老三那裏之
　"銅大堝"，及 𡉀作祖（?）丁尊，濟之所要之豆緣小鼎（內容室）、
　白陶花紋鼎，（又銅豐二個，底有父乙、且丁之類，甚小而無花紋，彼似
　可不惜也。）仍盼最後一詢。（如未列入）
　款因簽字三人，今日上午始由中央銀行直寄到寓矣。
　秦檜器及元詠澤書院器是否可要，乞　斟酌。
　聞　喉痛已愈，甚慰！

_____

①編按："32"當作"33、34"。

護照、封條均寄。護照用張苑峰兄名，因彼須押運也。

專此，敬叩

日安

弟斯年　一日

547. 傅斯年致徐中舒（1936 年 12 月 1 日）檔號：元 498-6-42

中舒先生：

惠書敬悉。既如此，只好如此。其實此皆節外文章，只是掃興耳。其餘各類，不妨“釣魚”，姑請其開一詳單，即銅器究是些什麼。他件究與著錄中出入如何，然後設法也。

專叩

日安！

弟斯年　一日

又，耶他人鼎下落，乞一詢。此器可另出貲收入，乞告之。

548. 傅斯年致蔡周峻（電）（1936 年 12 月 9 日）檔號：元 27-14

加急。① 上海愚園路八八四。蔡夫人賜鑒：昨滬電所示恐是熱後腦貧血，多注射葡萄糖及接血各法，乞立即詢醫考慮。書貽本日赴滬，斯年臥病，如今晚退燒，明午當飛滬。斯年。②

附頁

又，雪艇已囑顏德慶由該院立籌辦法。③

---

①首頁批註：“附電乞　即發。　驥塵兄。斯年。”
②頁末收發註記：“中華民國廿五年十二月九日收到。”
③頁末批註：“此文加入前電，電如已發，乞另打。斯年，即刻。送陳驥塵先生。”

549. 傅斯年致胡適 （1936 年 12 月 10 日）*

適之先生：

惠書敬悉，要點今日已復電，計達。

蔡先生未再病，一切均好，但蔡夫人禁其看報，外人見者甚少，故我也未赴上海嘗試。院中人只有子競得見，聞巽甫亦一見。驪先則禁其告以就浙職，故由人監其說話。此辦法於蔡先生之精神有好有壞，實不敢說也。

如《【新】聞報》上說，似有惡意。雪艇目前決不會走，因 Chek① 半月前約其談下半年教育事，彼正高興。鄒魯之說似不易實現，但邵力子亦運動。雪艇地位，實不可謂太穩，而教育界之大岔子，或竟不免。（兄弟公司②不如阿彌他佛，然阿彌他佛一派已不了矣，復旦派亦一危險。）國家前途太不妙了。

此外使人寒心事，大大小小多著呢。

關于我之一說，請 先生再勿談。對先生敢告其實。我的志願不在此，做此，我的志願今生休矣。縱謂一人之事之，可不論，亦辦不到。此職既須對內，又須對外，既要辦好，又要辦得下去。對外，辦好，容非不可能；對內，及辦得下去，則不能也。到京讀書甚快，今晚將《性命古訓辨證》寫完，為之大快。院中諸位侯王，何暇用伺候老太爺之道伺候之哉?③

我至遲十六日晨北上。

學生 斯年 十日

---

*原載耿雲志主編，《胡適遺稿及秘藏書信》（合肥：黃山書社，1994），第 37 冊，頁 436—437。

① 編按：指蔣中正（1887—1975），時任國民政府軍事委員會委員長兼行政院院長。

② 編按：當指陳果夫（1892—1951）、陳立夫（1900—2001）兄弟。

③ 行首自註："這些人欺善怕惡，欺熟怕生，故非外人不能治之也。"

550. 傅斯年致蔡周峻 （電）（1936 年 12 月 11 日）檔號：元 27-15

上海愚園路八八四。蔡夫人賜鑒：年病未愈，俟能出門即赴滬。斯年。①

551. 傅斯年致朱家驊 （電）（1936 年 12 月 18 日）*

杭州。朱主席騮先兄：研密。電已轉戴，尊意正弟所見。此間友人盼兄早到京，於大局必有多助也。年。②

552. 傅斯年致張元濟 （1936 年 12 月 19 日）

菊生先生賜鑒：斯年一月之中，三至上海，屢思走候，逡巡未果。　子師之病，若無　先生力持正議，後果不堪設想。斯年生病一週，正值　子師病重之時，稍愈至滬，聞其經過，佩服感激，莫可言喻。此日少年，自始受新式教育，而于此咸同年間即應解決之中西醫問題，乃無定見，認識無惑，轉在　前輩老先生，於以知社會進步之太緩，而　長者　風度為不可及也。欣佩之餘，謹申微情。專叩道安！

傅斯年謹上　十二月十九日③

553. 傅斯年致容庚 （抄件）（1936 年 12 月 21 日）檔號：元 258-15-3

希白兄：天下禍事，一至於此。　兄所謂七學團體通電者，是日弟適

---

①頁末收發註記："中華民國廿五年十二月拾壹日發。"
*本函有電稿及譯電兩種（檔號：元 258-15-1），據譯電整理。
②電稿頁末收發註記："中華民國廿五年十二月拾八日發。"
③頁末收發註記："25/12/22 發。"

在上海，見報載此電文，以為措辭甚不得體，未免失其效力，可惜！然討責張賊①之立點，則並無可議，凡有心肝者，此時當無不思食張賊之肉也。　兄謂非忠于謀國，此言安在，豈　兄欲擁戴張賊耶？盼有以語我！凡事應看其大，^弟平日不滿政府設施，　兄所知也，然此時則不容有二種思想。^弟如有兵，便打上前去。專頌

著安！

^弟斯年　廿五年十二月廿一日

〔附〕：中研院等七學術機關通電全國討張（1936 年 12 月 13 日）*

全國各報館均鑒：近歲擾攘，外侮頻仍，張賊學良，擁兵一隅，坐失邊關，輿言死綏，久應置典，中央含宏，冀收後效，而豺狼成性，怙惡不悛，當國家統一之際，綏亂將平之時，竟乃包藏禍心，刦持統帥，搖亂國本，構成奸謀，復乃粉飾邪說，蠱惑青年，跡其用心，校其前事，此而可忍，孰不可懷！同人等情切存亡，悲深微管，逢此激變，怒氣填膺，謹盡下情，馳電聲討，凡有血氣，盍興乎來，臨啟迫切，不盡憤懣，諸惟公鑒不宣。國立中央研究院、國立中央大學、國立編譯館、國立中央博物院、國立中央圖書館、私立金陵大學、私立金陵女子文理學院等，全體同人叩。元。

---

①編按：張學良（1901—2001），字漢卿，時發動西安事變。
*原載《申報》，1936 年 12 月 14 日，4 版。

554. 傅斯年致蔣夢麟、胡適、周炳琳 (1937 年 1 月 3 日) *

夢麐、適之先生，枚蓀兄：昨日下午五時到京，倦極，未出門。雪艇兄來談，他仍是他的見解，我仍是我的見解！我這次到北平，想必惹得人疑鬼疑神，其實還是上次往保定之故事，一人做一人的主意，是臨時高興，既不是有何等使命，尤不作偵探也。

今日仍倦，未能找消息靈通者。惟晤端升及經管軍事交通者。所得局勢大致如下：

一、張之隨蔣出也，是其自動。蔣謂何必，張堅謂同來（此是此賊之有能力處）。內中與宋①究有何約，至今仍無人知。宋初返時，長行政院之說甚盛，繼以此間空氣對宋極惡而罷。蔣之一再請辭，其中實有作用。張到此後，住宋宅，全山警備，皆由 cadets 為之。此時 cadets 竭力保護也，不許人罵他。程滄伯為此捆罵，憤而辭職未准，現在往常州玩去了。張遇人便見，滿不在乎。最近因軍法審判，生氣得很。"家族"、"外戚"、"部曲"皆一致保護之，稱讚之，安慰之。蔣本人除辭職外則沉默。張現在"羈拘"在陵園孔宅，受裁判"by definition"。

這樣看起來，是要妥協了。

然而又有確切消息，除原有軍隊未撤外，又運去六師連夜前往。我聽這消息，大為興奮。

或者要有一個 major clash。

專頌

日安

斯年

---

* 原載耿雲志主編，《胡適遺稿及秘藏書信》（合肥：黃山書社，1994），第 37 冊，頁 540—541。
① 編按：指宋子文（1894—1971）。

看來蔣之去浙，似仍是兩管齊下法，大包圍，然後講價也。

555. 傅斯年致蔣夢麟、胡適、周炳琳 (1937 年 1 月 4 日)*

昨日寫之信，① 正擬付郵，而一友人來訪（老辛②也）。此君當日自西安飛來，甫下機，聞其所云，大與昨晨所聞者不似。此君實不知西安內幕，然既住西安三日，自知西安最近空氣也。大略如下：

一、街上標語有"慶祝張、楊二將軍政治主張成功"、"擁護蔣委員長領道全民眾抗日"，等等，不脫抗日，而絕口不談共產。

二、大家皆云聯合戰線，故不知誰是共產黨。

三、晤楊賊，甚高興，云做得粗魯，但從無一字悔其主張。

四、周恩來晤蔣二次，第一次蔣一語不發，第二次談得甚好。③ 西安偏傳蔣云"終身不內戰"。

五、蔣之行也，實共黨主持之（此事亦 confirmed）。

六、陝北、隴東張軍與共黨相互照應。

約之，西安空氣是蔣答應了一切。

老辛走後，我思之又思，覺其中大有文章，雖西安空氣過實，然確有 rendus。④

今日晤到若干友人，（尚未晤到我的"消息靈通者"、及詠霓。）知西安空氣頗有不少根據。蓋共黨之主張放蔣，堅謂不贊成張之扣蔣，是事實。（此事弟早料到）蔣晤周，亦事實。周謂"此時非全國在蔣先生領導下抗日不可"，亦事實。周又謂取消中國蘇維埃，紅軍改番號，與

---

* 原載耿雲志主編，《胡適遺稿及秘藏書信》（合肥：黃山書社，1994），第 37 冊，頁 441—447。

① 頁首自註："Absolutely confidential"。

② 編按：辛樹幟（1894—1977），字先濟，時任國立西北農林專科學校校長。

③ 行首自註："此事弟已在此間得到 confirmation。" 又註："又，昨日西安放出飛機一隊，尚有一隊數日內可放也。此事自與中央運兵相矛盾，然亦是表面的。"

④ 原稿如此。

張、楊軍守西北以抗日。看來此時共黨已接受 Moscow 命令，而表面上做得如情如理。

至於蔣之態度，到此只談軍紀，從無一字談政治，大可注意。蔣在西安決未簽任何字，但在當時情況下，有 favorable 之表示，似乎甚在情理中也。然此亦 expediency，到此後如何辦，另一面事。

目下之實際問題，乃東北軍及陝軍約十五萬，合以赤軍，共二十萬，兼以地形之便利，如何打去，故此間大費籌躇，有人覺得一打便不可收拾。

但我以為如不打亦不了，如真形式的收編紅軍，使此二十萬坐擁西北國際路綫，則西北五省只等于東北四省。如真有政治之契合，則冀察必立時變，日本必立時進兵，吾國之準備不及用矣。如此一大陣，中央軍必於半年內消耗其半，此時華北必盡失，而南方必為共產之天下，故我認為此路絕不可通也。我們對日之辦法，我以為任何地方有事即抵抗，然除非萬不得已時，此時不必擴大，一俟準備稍充，（軍事的、外交的）則準備作 major clash。若日本先以 major clash 來迫，自當應之。總之，抗日與上弔不同，中國共產黨所迫政府者，是上弔，非抗日也。此時看來，英國一條路，大可有用處，如此時先沉澱出一 major clash，則俄國必先動手然後可，可否則即就彼等之 "國際陣線" 言，亦至無謂也。然則在此情勢之下，非各方看清，不易著手。為國家計，東北軍非分化出陝西，則國事不可為也。此時蔣作何打算，恐甚少人知道，但又調兵前去，則事實也。明天再談。

四日半夜

此信乞交奚若兄一看，看後焚之耳。

556. 傅斯年致蔣夢麟、胡適（1937 年 1 月 7 日）*

孟鄰、適之先生：

---

* 原載耿雲志主編，《胡適遺稿及秘藏書信》（合肥：黃山書社，1994），第 37 冊，頁 534—535。

張之處分，似尚得宜。據聞，（確切消息）審張之日，張作一個政治
研說，大罵南京政府及"蔣先生左右"，自何至政學系、銀行家，
等等。謂蔣好而南京太壞，彼如在一日，必擁護蔣，亦必打倒南京
政府云云。此演說把審判長 greatly impressed。

事為 Generalissimo 所聞，甚氣，謂"不放這小子回去"。所謂"管
束"者有三端，即居處、見客、通信皆不得自由也。

Generalissimo 在秦，晤周恩來兩次。第一次不發一言，聽周演說。
第二次談得得高興。大約此時正在"孝堂山"想這問題。

此信乞交枚蓀、奚若二人一看，看後焚之耳。問　安

斯年　七日

557. 傅斯年致王雲五（抄件）（1937 年 1 月 9 日）檔號：元 393-7

雲五先生左右：一月五日書奉悉。^弟上週在北平時，北平圖書館已開
過一會，將前者未決之辦法決定，即一律用縮印本，如《四部叢刊》
縮本，惟用道林紙，不復分為二類。茲承　開示，似更佳妙，能用國
產手工紙，如《四部叢刊》原式，喜出望外矣。

至於所開各項辦法，^弟完全同意。然此係個人意見，一切決定，仍當
以守和兄回信為定也。此事能迅速進行，^弟尤感愉快。

又，^弟在北平開會時，見一擬定書目，似北平及故宮兩處所藏印後易
賣（有用而為人注意也）之善本尚未盡列入。（如北平館之《四鎮三關
志》，故宮之《元刊博古圖》，及《元典章》，此等書　貴館似可請其列
入。）如　貴館願將兩處書目細看一遍，而此項書目　貴處未備時，^弟
可將所有者奉借也。專此，敬頌

日安！

^弟斯年上　廿六年一月九日

558. 傅斯年致袁同禮 （抄件）（1937 年 1 月 9 日）　檔號：元 393-8

守和吾兄：

　　王雲五來一信，想　兄亦收到。能不縮印，大妙大妙，喜外望外[①]矣。至于選擇一事，^弟亦覺商務意見可以採納，彼已有者，自不必列入，若彼以部頭太大，不願印者可待至下次耳。此外條款更無問題矣。還書一事，彼謂送收藏機關，^弟意第一批（即第一千部中之五十部）不妨送此會（編輯會）會中每人得一部。其餘由四機關依出書多寡之比例全部分之。然此僅吾輩自己之事，與商務無關也。

　　又，故宮之《宣和博古圖》，^弟主張宜列入。

　　本所目錄，茲重擬一清目，乞　兄審定。凡事　兄定則定矣。不必多所商量轉耗時日也。　貴館之《四鎮三關志》，^弟覺亦可列入，因《關中叢書》不知何日出版也。匆匆，敬頌

著安！

^弟斯年上　廿六年一月九日

559. 傅斯年致劉體智 （抄件）（1937 年 1 月 15 日）　檔號：元 498-6-50

晦之先生左右：[②] 奉書，敬悉一是。盛情雅意，感佩無似。此事當與主管方面詳細接洽後，再行奉告。

尊藏書籍冊目，上週寄北平圖書館，日內當索回寄上。匆復，敬頌

道安！

^弟傅斯年謹復　一月十五日

---

①編按："喜外望外"當作"喜出望外"。
②頁首陳鈍附註："傅所長函劉晦之。"

560. 傅斯年致孟森（抄件）（1937 年 1 月 19 日）檔號：元 258–23

心史先生賜鑒：奉　書，謹悉一是。　大著論戴氏抄趙者，凡登于各報附刊者皆曾拜讀，佩服之至。查戴氏作譌之跡，本可早日大明，徒以《大典》久閟，而刻趙書者，轉據官本以改原稿，故此問題不決者百年。今日　先生澈底清理之，不特發東潛之潛德，抑可驚抄竊之頑風，甚盛事也。敝所藏有趙書初刻本，（此即王益吾所稱道之本）頗有與現行本不同，此初刻已有多處襲官本，現行本更甚焉。即如現行本注文第一字"山三成為崑崙丘"初刻無山字，現行本亦據官本改也。刻書人有此糊塗，遂為段氏所彈。平情即論，段真誠實學人，（雖盛氣，自是無人）迷信其師之必不作偽，而趙書之刻又足以助成此信，故段氏居心無他也。適之先生謂戴一切不肯認所承，實公道話。即如江慎修，戴所受者如許多，僅于後來呼曰，"吾鄉老儒江慎修"，此在道德上及學風上皆不可為訓。以戴氏之學問，誠能為前人更進一步，此等嚴諱所出，本可不必，不諱不失其身分。然其必如此者，意者戴氏生于群蠻山中，仰天自大，既未如平原上人之胸懷博大，亦未能如朱元晦、胡適之之早遊四方，見聞廣遠，故凡事必自作古始然後快，此亦獠洞之俗也。然此說　適之先生必不承認，一笑！戴氏雖行檢不修如此，其學問自有其偉大處，似不必因此抹殺其造詣，"采葑采菲，無以下體"，　先生其節焉可也。率復，敬頌
著安！

斯年謹上　廿六年一月十九日

561. 傅斯年致陳叔陶（抄件）（1937 年 1 月 19 日）檔號：元 85–2

叔陶先生著席：前奉　大著,[1] 當即寄北平，請陳寅恪、陳援菴兩先生看。寅恪先生以《新元史》不熟，交援菴先生一人看。日昨再函援

---

[1] 編按：陳著《新元史本證》，載《中央研究院歷史語言研究所集刊》，第 7 本第 3 分，1937。

厂先生詢之，承其寄回，並述所見。茲將援厂先生來書轉奉　左右。

援菴先生所提及書名改稱一事，未知　尊意何如？^弟覺"書後"一體，往者多限于短文，如援菴先生所提議，似甚妥當。或作《新元史商榷》，似亦無不可。又有鄙見三事，分述如下：

一、一二兩節末句，謂重複則文繁，譯音無定則書蕪，自當明著其詞，至以下各節末句之按語，"△△多誤則全史誤矣"，^弟覺刪去亦可。

二、世表不全一節，^弟意世表可著者至少亦須有父子或祖孫兩代，否則雖有專傳無從列入世表，蓋世表究不能為全書列傳之人名索引也。此節似可刪繁就簡，或不列入。

三、至于文人傳多冗長，入明代者亦列入，乃一切斷代史之公病，似不足以責柯氏。

然此皆小節，如　先生以為可以採納，當寄還修改後，再請寄下付印。由^弟料理不復寄上亦可。然^弟並無成見，如以為當全照原文印出，亦無不可也。

大著功力之勤，用心之細，佩服之至！專此，敬頌

著安！

^弟傅斯年謹上　一月十九日

此文當列入《集刊》第七本第二分或第三分。

562. 傅斯年致劉屺懷 （抄件）（1937 年 1 月 19 日）　檔號：元 118-5

屺懷先生大鑒：日前^弟往北平，本思一至西山，奉訪嶼霞兄，適^弟患傷風，且在北平僅留六日，故逡巡不果，為歉！嶼霞兄在本院支薪一事，照章早應停止，歲前曾由敝院會計處數次詢問。^弟等一再向敝院總幹事陳請，蒙其核准至十二月份。前十二月份已過，日昨會計處又謂不能再發。查敝院章程，病假本以二個月為限，亦有通融至半年者，（皆在院服務多年，勞勤素著之研究員）惟未有過于一年者，故此次

會計處甚覺無可通融。^弟等一再商量，本月份暫發半薪，待敝院朱總幹事到京時再說，看來延長希望甚少。^弟等為此事已勉為其最難者矣。念嶼霞兄在病中，此事擬請　先生暫勿告之。目下只好請　尊府暫為設法。^弟三月初到北平當再赴西山一訪也。專此，敬頌

日祺！

^弟傅斯年啟　廿六年一月十九日

北平宣外醋章胡同九號　劉屺懷

563. 傅斯年致張蔭麟 （抄件）（1937 年 1 月 20 日）檔號：元 258–15–7

蔭麟先生：日前赴北平，小住六日，且患傷風，未及走訪，為歉！昨接　手書，盛意拳拳，至感。^弟並未聞南京人士有議論　先生者，（議論頡剛兄則有之）所聞轉在北平，亦皆友人同情關切之意，無惡意者也。政見異同，本與個人交誼，及學問的共作毫無關係。^弟之友朋，不限一類。即就^弟個人思想論，^弟早歲熱心社會主義，及見中國共產黨之行為，然後確信中國共產黨之只能壞事也。^弟對南京之政府，八年來抱悲觀之態度，前在《獨立》及《大公報》所作文，批評政府之洪洪沓沓，及其對日政策，未嘗不盡力言之。然至今日有若干事實，^弟以為決無可疑者，一、一年中政府對日之政策與方法確有轉變，（在此所見甚確切）廣西事件之和平解決，及綏遠之抗戰，皆足以安慰國人之心。二、此時中國不堪再紊亂，如西安事變，只有日本人佔便宜。三、中國共產黨之目的，此時仍不是抗日，而是借題侵入以償夙願。凡此三事，^弟覺　兄于一二兩項，當亦同意，第三項則^弟與共產黨以前甚多來往，故自信認識不錯也。總之，抗日之前提，決非中國大混亂，而中國大混亂，適是為日本作驅除耳。

^弟以為中國必須聯俄（為抗日計），而絕不能容共，此事看來，或覺矛盾，然事實確如此。蓋聯俄須有本錢，此本錢即為有力量的國家組

織，凡有此本錢而欲聯俄，俄自願聯，雖清共，彼乃並不在乎，土耳其是也。（五年前彼亦要聯德，十年前曾試著聯莫索爾尼。）此實際政治之手段也。若中國不先有此本錢，供彼魚肉則有餘，為彼聯盟則不足。所謂容共，往事失敗，^弟曾身臨其境。今如任其武裝自若，必起極大之擾亂，而為日本乘之。故曰容共則不能聯俄，因失其本錢也。（若共黨真肯放棄其武裝叛亂，自當收容，然彼必不肯也。）去去春，^弟為《大公報》作一文，[1] 暢論以後中國必加入美－英－法－俄之聯系，然後可以有為，更証明此聯系之必成，雖末段為編輯人刪去，然意思自明。數月來事實之推演，知當時所論之不誤也。

張楊之變，實給國家前途一致命傷。雖將蔣放出，然此日西北局面將如何收拾耶？故^弟于此事痛恨之至。政府不將張立正典刑，實為荒謬，然事變中北平學界竟有贊許之者，在君子^弟以為"其失也愚"，在小人則更不足論矣。（如張中府[2]及法商、中國學院諸人）試一看日本報，便知西安之變，甚中日本之懷也。^弟以為吾輩讀書人，如發議論，應發其自己心中之議論。故 先生縱有議論，^弟不能苟同，^弟知其無他也。然北平學界殊不可一概論。若干人士全有背後之組織，受人之指揮，明曰抗日，實則全則對內，明曰愛國，實則洩憤，此則不可為訓耳。即如所謂"文化界救國會"，彼等前年十一月在北平第一次開會，發一宣言，毫不責備當時地方實力者之"自治運動"，聞大罵胡適之，此是何舉動耶？^弟以為此時北平學界，應注視中央及地方政府之行為，而責備之，不當一面託庇于漢奸勢力下（如陳覺生、陳中孚等），[3]一面攻擊中央，此甚可恥也。此次北行，所見使人悲痛之至。

先生自抒其議論，盡有意見不同，理無可以責難。然對彼等有組織，

①編按：指氏著《今天和一九一四》，原載《大公報》星期論文，1934 年 2 月 18 日，又載《傅斯年全集》（台北：聯經出版事業公司，1980），第 5 冊，頁 343—348。

②編按：張申府（1893—1986），本名崧年，曾任教於里昂大學中國學院。

③行首自註："法商學院諸人，皆託庇于陳覺生輩之下。"

有背景，有作用者，似不可不預為警戒，"君子可欺以其方"故也。
信筆直言，勿罪勿罪。專頌
著安！

弟傅斯年啟　廿五年^①一月廿日

564. 傅斯年致朱家驊 (1937 年 2 月 1 日)*

騮先吾兄左右：在京快晤，匆匆復別，為悵！送上文稿一，想可適
　用？此稿自覺做得不錯，只是口氣之間或不盡與　兄合耳。弟之岳
父俞老先生交弟向　兄一言之簡君，名樸黌，字季珊，現任貴省民
政廳祕書處第三股一等科員。據云，為文甚佳，盼　兄照拂之。謹
為代請，如荷　維持，將來如人事適宜，或請相機提拔，感荷之至
矣。餘續白，敬頌
政安

弟斯年謹上　二月一日

　此事前已面陳，荷承　記在日記本上，當時忘記名字，茲詳陳之。

565. 傅斯年致 Jean G. Devaux (電) (1937 年 2 月 1 日) 檔號：元
　62–24

　　L. C.
DEVAUX
　20 RUE TIBERGHIEN
　　BRUXELLES
　SORRY CANNOT PERMIT.

FU SSUNIEN^②

---

①編按："廿五年"當作"廿六年"。

*取自"朱家驊檔案"（檔號：朱–23–536–pp. 3–4）。

②頁末自註："1/2/1937 發出"，又註："于道泉卷中"。

566. 傅斯年致顧文波、于道原 （抄件） （1937 年 2 月 2 日） 檔號：元 62-26

于太太、道原先生大鑒：　伯原兄自前年秋天接一短信後，迄無一字
前來。昨日忽接比利時博物院一信，乃該院代彼請^弟允許其參加比國
赴西藏考察隊！！！此事吾當然不能同意，已電復該處云：Sorry cannot
permit。頃又寄伯原一信，茲抄送一閱。

伯原之薪水至三月份，（自去年三月延長一年，不能再延。）以後即無之，
屢告伯原矣。尊處由所中支付之按月百元，自亦僅存二、三兩月，以
後無法可想。最好能促其即回耳。專頌

日安

傅斯年啟　二月二日

567. 傅斯年致于道泉 （抄件） （1937 年 2 月 3 日） 檔號：元 62-27

伯原先生：接到一封自比來信，封面漢字及後面住址皆　兄手跡，正
在詫異，拆而讀之，原來是如此一事！　兄無暇給^弟一字，而有暇作
此事，^弟本可無說，惟今尚有一事提醒者如下。國家對兄，不為不
厚，朋友期望，不為不殷。上次信中開列各種可作之事，回國後正多
實地工作之機會。乃　兄置之不理，允外國人以參加中國政府所絕不
能許可之中國內地旅行，（西藏非中國地耶？）兄在外國數年，豈不看到
外國人對其國家是如何盡責乎？中國此時是如何境地，豈非吾人肝腦
塗地以效力于國家之會，乃為外國服務乎？除告該比人以不能同意
外，　兄之行止，請問　兄自己之良心可也。專頌

旅祺！

傅斯年啟　廿六年二月三日

此信恐收不到，分抄一份寄法。

568. 傅斯年致錢昌照 （抄件）（1937 年 2 月 3 日）檔號：元 62-28

乙藜吾兄：前日接比利時人來一信，拆而讀之，是于道泉的事，為之氣壞，直至上午四時尚未能眠也。茲將原信送上一看，看後最好能惠還存卷。^弟給于道泉一信，茲以抄底一份奉上。又復該比人一電云：Sorry cannot permit。此事變化，^弟深感對 貴會不起耳。昨晤 詠霓兄，已以此事告之矣。專頌
日安！

^弟斯年　二月三日

569. 傅斯年致 Jean G. Devaux （打字件）（1937 年 2 月 3 日）檔號：元 62-25

February 3, 1937

Sir,[①]

I have the honour to acknowledge the receipt of your letter of January 13, 1937. In reply I sent you immediately a cablegram, saying "Sorry cannot permit", which I trust you have duly received.

I regret to say I could not have done otherwise, as Mr. Yu Daw-chyuan's understanding with the governmental department which sent him to Europe for a special study excludes the possibility of my endorsing the plan proposed.

Assuring you, Sir, my distinguished considerations,

Fu Ssǔ-nien, Director
Institute of History and Philology

To Monsieur Jean G. Devaux

20 rue Tiberghien, Brusselles

---

①頁首自註："存入于道泉卷中"。

570. 傅斯年致于道泉 （抄件）（1937 年 2 月 4 日）檔號：元 62-30

伯原先生左右：日前接比人信，兩日為之不眠。昨日寄上一書，想達左右。頃接來信，備悉一是。此自是　兄好學心切之一種看法，然全部考量，知其一復應知其二也。研究院之資助，本無條件，但盼　兄之專心向學耳。資源會之資助，自是盼　兄回國後為邊疆服務，然此亦用　兄之才學效力國家之謂，工作何事最適，回國後自可大家商量，決給　兄以最大之方便也。今若于此時加入此等外國人之團體，無異自絕于國家，蓋　兄之出國，乃國家之資助，不可看作個人或機關之善意（或惡意）也。

兄與外國人以前曾有不少來往矣，結果如何乎？鋼先生尚是外國人中之上上乘也。外國人者乃用　兄以便其自己之工作，非有所愛于　兄之將來也。彼以　兄有用處，故用之，一入其殼，不可收拾矣。

且赴藏之機會，　兄回國後正多，[1] 此時拉薩駐有中國代表，有電台，班禪到春末即入藏矣。（目前爭執僅為帶兵一事耳）　兄此時與外國人往，給人以如何印象乎？

至于慚于回國，尤不必作此想！學無所謂成不成，　兄之出國，本為開眼界，尤無所謂成不成也。只要誠心為國家做事，即無所慚愧，否則學問雖天大，而自絕于國，清夜問心必尤不安也。

且尊夫人年來苦境，弟略【知】一二，如“拋却家累”，何以生存乎？總之，　兄于即回國一事，可以不復猶疑，此中毫無所用其慚愧，回國後必與　兄極為方便之工作。若竟隨外國人以往，後來事不可問矣。如何仍請　即復，至盼！專頌

旅安！

傅斯年啟　廿六年二月四日

何時返國，仍乞　示知！

---

①行首自註：“去夏本有此議（派兄入藏），因兄不來暫緩耳。”

571. 傅斯年致張元濟 (1937 年 2 月 4 日)*

菊生先生賜鑒：守和兄來書，知尊駕將於本月廿日左右到京，參觀故宮藏書，聞之欣然。何日動身，乞先時示知，以便竭誠招待，並請惠臨敝所指教一切，至感！耑此，敬叩

道安

傅斯年謹上　廿六、二、四

572. 傅斯年致梅原末治 (1937 年 2 月 6 日) 檔號：元 360-16

梅原先生大鑒：梁思永先生交來　惠書，備悉一是。查民國二十五年夏　大駕到京來晤，提及出版品交換事，^弟當告以此事辦法，可由貴處研究所致函本所，一、如願以《東方學報》與本所《集刊》交換。二、如願以某一類之刊物與本所某一類之刊物價值相當者交換，本所均可照辦。惟請　貴研究所來函開明，本所方可依規則辦理。至於本所以前，亦時收到《東方學報》，但時來時不來，故應專函約定，然後本所可以照寄也。

至於私人著作與本所交換，本所向無此項辦法，李、梁兩先生如與執事交換，則係個人友誼事，不關本所。又，照片一項，亦向無交換之例。　執事如欲本所贈以某種刊物，請隨時來信申明，本所不能列入應寄單上 (mailing list)，因本所辦交換事項，以機關之有約定者為限也。

茲送　執事以《田野考古報告》一冊，乞　察收。此頌

著祺

傅斯年啟
中華民國二十六年二月六日

---

*原載周武，《從張、傅往來信書看張元濟與傅斯年暨歷史語言研究所之關係》，《新學術之路》（台北：中研院史語所，1998），上冊，頁 66。

573. 傅斯年致于道泉 （抄件）（1937 年 2 月 9 日）檔號：元 62–31

伯原先生：

兩封信想都收到了。^弟連日為此心緒不寧，故再陳一言。　兄好學心切，自可嘉佩。但外國人的把戲，切不可輕于嘗試。　兄此時不返國，而隨外國人入藏，大大不妙！

回國後工作的機會，遠比隨外國人去好。入藏機會，絕不困難，一隨外國人，則後事不堪設想。

學問大成，本非一時的事，回國後仍是做學問。前者派　兄出去，本為開開眼界，非為學成也。

兄來信有"不再以為卑鄙"，殊不解再字何解，^弟之于兄之辦法（如赴德）每認為太不合實際則有之，以為卑鄙則未有也。

友人盼望極殷，國家不可舍去，還是趕快回來，乞　立示回國日期，至盼至盼！專頌

旅安！

斯年　二月九日

574. 傅斯年致朱蕙 （抄件）（1937 年 2 月 9 日）檔號：元 29–16

半農嫂夫人左右：① 卹金事，經過兩年今日始完全辦就，茲再將經過敘述如下：

先是政府卹金之能早日領到，並非^弟等初意所及，故當時擬由本所卹三千，此事　蔡先生及在君先生皆同意矣。當時所以未發出者，乃慮此款一發，影響及于其他之大數，及大數既發，本院會計處及教育部皆謂再有卹金，決不能報銷，（因兩項皆經過審計部也）故有主張作罷者，^弟乃在異常為難之中，此其所以遷延又遷延也。總之，^弟以半農兄之熱心研究所事，深願有所盡力。然如不能報銷，則^弟亦屬無法可

---

①頁首陳鈍附註："抄致劉半農夫人函。"

想，故與歷任總幹事商量又商量，用匣金名義仍屬無法。迫不獲已，于
前年尾所務會議中提出一辦法，即用買得《燉煌掇瑣》共三集之版權
之方式，由本所支付一千二百元，此事當時通過，然此款仍無處支領。

今又與朱先生商量，勉在本所售書款下支出。其實此一辦法，^弟仍是
冒險，（此款實須向政府追加預算，然後可支。售書款須交還國庫也。）惟願
此事早作一結束，故只有勉力為之耳。

因《燉煌掇瑣》之銷路不佳，一年買不了幾部，且此項全批材料，北
平圖書館上下，聞有付影印之議，故此事名曰購版權，實亦無所謂
也。此款一千二百元，已寄莘田兄，如荷　同意，即乞照附上之收條
（在莘田兄處）寄下，至感。專此，敬頌
日安！

^弟斯年敬上　廿六年二月九日

575. 傅斯年致容庚 （抄件）（1937 年 2 月 11 日）檔號：元 74–21

希白吾兄：各事俱辦，茲再說明。

一、^弟自北平返後，已查出去年款未發之由，實緣^弟已寫條，而蕭
　　君不在，遂壓下。^弟上月二日返此，蕭又請假，（蕭今年甚
　　病）非查出卷宗不可也。此事自亦由^弟疏忽，歉甚歉甚！

二、《金文編》兄竟用之如此之急，足徵實在寫錄，且喜且慚，
　　一笑。

三、《金石書錄目》事，商務未通知再版，想　兄所謂"再版"，仍
　　對數年前之初版言。其實在商務再版與否，與　兄並無關係。
　　兄所云云，似誤將《金文編》事之約定，想到此處上。《金石書
　　錄目》，本為研究所而作，此事卷宗已查看，當時工作有費，後
　　來則未更有版稅。其再編時，本所已給　兄以報酬矣。[1] 故"直

---

[1] 行首自註："廿四年十二月五日兄收據云：'茲收到《金石書錄目》重編稿費一
　　百五十元'。"

接撥付"云云，無此辦法也。以後如增補，自可仍託　兄為
之，（然亦不必定如此作，因彼時亦亦①未必是此處主管人。）如託
　兄，自當商量一種報酬。（此則必求其雙方同意）目前數年中，
絕無重訂之必要。研究機關與書店編教科書斷然不同，如對此
等書，年年修改，轉為可笑耳。總之，此書經過，^弟已將歷年
卷宗查出，其立點甚清楚，即全是本所之事。初編與再編，皆
已酬勞矣。

關于《金文編》約定第三條有云："自三千〇一部起，版稅由庚受
之"此當是　兄誤記之由來也。餘另白，敬頌

著安！

^弟斯年　廿六年二月十一日

^弟下月十日左右赴北平。

576. 傅斯年致陳寅恪、羅常培、余永梁、顧頡剛、俞大綱

（稿）（1937 年 2 月 11 日）檔號：元 42-26a、元 42-26b

敬啟者：李庸莘君於本月七日逝世。茲停柩中國殯儀館，擬于其家屬
到後，為之辦理請卹等事，並舉行追悼式。其遺稿擬交同事為之編
定。李君積學不壽，悼惜何極。專叩

著安

^弟傅斯年白　廿六、二、十一。②

577. 傅斯年致朱家驊（1937 年 2 月 19 日）*

驊先吾兄左右：中山大學畢業生趙簡子君，吾　兄所識也。^弟在中山

---

①編按："亦亦"當作"弟亦"。
②頁末自註："複寫寄：陳寅恪、羅、余、顧、俞大綱。"
*取自"朱家驊檔案"（檔號：朱-23-536-pp. 14-15）。

大學時，兼教預科國文，故識之熟，乃一勤勉力學，向上不倦之青
年也。^弟前亦向　兄談及兩次，稱道其學行，想承　憶及。頃來
談，有意隨　左右。^弟覺此君學質均好，甚可栽培。中山大學畢業
生中如趙君者，實為上選，如荷　不棄，^弟一並感荷矣。茲囑其持
所撰文奉謁，如承　延見，至幸。專此，敬頌
政安

^弟斯年謹上　二月十九日

578. 傅斯年致容庚 (抄件) (1937年2月26日) 檔號：元74-23

希白吾兄：廿三日惠書敬悉，感謝感謝！"命"、"令"二字之稿，^弟
至遲當于赴北平時奉上也。(^弟至遲三月十五日到北平) 羅書^弟看了只
得買一部，心中憤憤，此款^弟到北平時面交。

《金石書錄目》一事，^弟所記完全不錯，因一切文件^弟曾檢查一遍
也。此項文件自寅恪之介紹函起，至　兄之手寫收據止，原原本
本，此收據上所書，此事明白也。總之，此為　兄及令妹為研究所
所編之書，其補訂時，已酬勞也。至于"旁証"，則完全是另一回
事，毫不相涉。^弟深盼　兄考訂文史時萬勿用此種"旁証"(一笑，
勿罪)。《金文編》之約定在後，當時正因　兄不滿于千三百元之
數，故爭論多次，而後有此新規定，此事乃創舉也。至于酬勞補訂
《書錄目》事，　兄初索二百，^弟還一百，後來定為一百五，　兄
當憶及，此中絕未涉版稅後來轉移事也。

其實此事並無虧于　兄，假如商務定此書價為一元，一千部之版稅
為一百五十，則第一千〇一部之版稅，　兄將以為是研究所賺來者
乎？此不然也。版稅者，全書之版稅也，非再編增加部分之版稅。
如將全書至今送　兄之報酬，及全書至今之版稅，合而計之，　兄
亦必信研究所無賺有賠矣。總之，此事全由　兄誤將　兄所謂"旁
証"中之一事記作此事中之一節也。

至于"為公家咨"之一說，果如此，此亦所謂"不得中行而予狂狷"也。[1]弟辦研究所事，不敢不認真，[1] 他機關之乾修與無事之報酬，[1]弟自始痛惡之，為此得罪人不少矣。（此與兄事絕不相干，茲連續自說之。）研究所之經費何嘗充裕，比哈佛燕京固不能，即比北平研究院，亦是一對二‧五之比，（本所史學、考古兩組月各二千五，北平研究院兩組，月各一千。）然表面上給人以有錢之印象者，皆辛苦經營之結果，東拉西扯之辦法。今日本所財產，書籍拓本、儀器、房屋三項，達五十萬元，此皆從經常費中所省出也。

有時[1]弟為研究所花錢不生效力，雖亦君子之過，（錯認人，或時事關係）然[1]弟心中年年歲歲不忘也。[1]弟辦研究所九年，至今負債九千元，從未用過一張免票，一次租車私用。此豈今日辦學術機關者所皆能邪？連日牢騷，連類書及，願　兄之知我心也。專此，敬頌

著安！

弟斯年　二月廿六日

579. 傅斯年致 Paul Pelliot（電）（1937 年 2 月 26 日）檔號：元 114–26

L. C.

Pelliot 59 Avenue Foch

Paris

Welcome Woolley, Please arrange with Lichi.

FuSsunien[2]

580. 傅斯年致梁思成（抄件）（1937 年 2 月 27 日）檔號：元 65–12

思成吾兄：你老哥為何給我一個這樣難題做？我之代濟之，到有蕭

---

①行首自註："其實[1]弟辦此等事，但求其平，有根據雖公家吃虧，亦須依根據，無根據則不能隨時自作主張也。"

②頁末收發註記："二十六年二月廿六日發。"

伯納一齣戲 *the Apple Cart* 中之國王風度，即云，等于一個橡皮圖章。凡事都是子元做，（也只有建築事）我此時決不願用一個兩個月工夫從頭學一下子。好在濟之出國不過七個月，今已兩個半月了。凡子元不能作者，如經費、用人，等項，我都是一封航空信給濟之，聽候回信照辦。所以 兄辭薪之一事，最好是等濟之返後再說，如必此時說，乞直函濟之，c/o Chinese Embassy 49 Portland Place London W. 1，我在濟之有條子來以前，當然一切照舊辦理。

中央圖書館事， 兄參加極妙，此事^弟事前已有所聞。可用往者經驗，實現其理想也。^弟下月中旬必到北平，一切面談。專此，敬頌著安！

^弟斯年上　廿六年二月廿七日

附還辭薪公函一件。

581. 傅斯年致王世杰（1937 年 3 月 1 日）檔號：元 276-25

雪艇先生左右：看了 David① 之覺書，^弟非常生氣，此等英國人真小氣，其口氣尤下流也。^弟意不必多所遷就，因 David 早已不高興，雖遷就，彼仍是生氣也。（彼在中國已然。）^弟覺下列各點可注意：——

①此款之支配全在中國大使手中，（照約定）如中國大使認為係"促進中英文化關係最好之法"，彼無從固執其意見，亦不須辯論。

②此事（即此覺書）看來全係 David 所主動，他人隨便簽名而已，故不必過分重視之。

③此展覽會，雖以美術為限，但促進中英文化關係殊不必以美術為限（彼所謂 antiques），中國政府但求此款之為促進中英文化關係之

---

①編按：戴維（Percival David，1892—1964），中國古代瓷器收藏家。

最好方法而已，不能以純粹藝術為限。

④彼謂不懂所謂 Industrial crafts，可舉例告之云，中央博物院中有工藝館，將託倫敦之 Science Museum 代為製造若干重要應用科學發展階段中之機器之模型，如 Watt 之蒸汽機，第一火車頭等等。此舉甚足以促進中、英兩國將來在自然科學及工藝上之關係，此舉於英國對華商務上大有關係，故應自較大之眼光下贊成之。最後更可告以此事已由政府決定，其詳可就近詢濟之。

至於彼所提議之具體辦法，似可如下一一分別告以不可能或相當容納：——

①捐助一千鎊，於英國政府收買 Eumorfopoulos Collection。此事實不便答應，因如此花錢一無效力，且以政府之立場論，不能助贊國外之中國古董買賣（法律之地位如此），又此為已定之事，何必多加一股哉？此說全是 David 之私見且私利也。^弟意可答應中國政府將於此款中用一千鎊左右購買最精模型（建築、石刻等）及照像，內中包中殷墟石刻，及故宮美術品照像，中世紀建築模型，以贈送於 British Museum。

②買書一事，中國各大圖書館購買英國書已不少，故無此需要，若中國書出境，則新書無甚多（美術），舊書則有法律制限，出境頗有困難，故此條似不能有任何遷就也。

③第三項可以辦理，但數目不必定，由中國自辦。

④此項，彼之用意大有先使中國大使承認其辦法，由彼辦理，再以餘數交還之意，此動機非常可惡，似應告以應照原約，即結束此款交中國大使，一切由中國自辦也，彼不得坐扣。

英國人本來小氣，David 等尤不知大體，對小氣人雖遷就無益也。

承　詢，謹貢所知。敬叩

日安

^弟斯年謹上　廿六年三月一日

582. 傅斯年致于道泉 （1937 年 3 月 7 日）*

伯原先生：來書敬悉，讀之兩遍，非常難過，茲分條說之如左：

一、前年電　兄返法事，此事　兄猶憶及，當時　兄出國一事大為不易。當時^弟深知西藏文等科，在法實無多可學，此等留學，無非開開眼界，多知目錄，領會語學之一般方法，故當時為成　兄之志，且願　兄于此時間中留意邊疆問題，然後與在君先生盡力作成此一機會也。^弟當時言明，　兄留學費既較為充裕，正可利用暑假機會走看他處，如費用不足，尚可想法，此事亦憶及也。然　兄與資源會既有約定，如改國，（即在暑年假外住他國）事前須徵人之同意，且^弟覺　兄留學之期有限，亦應有此集中。當時聞　兄轉德，乃見　兄致令弟之信，謂將長居彼，彼時已在暑假過去。^弟以為不妙，乃有一電一信，此^弟責任內應做之事，（不然無以對資源會）至于"貪圖便宜"一說，^弟查不出信稿，（未留）不記得上下文如何。須知"貪圖便宜"本身亦非壞事，（吾當時亦為便宜赴德）只看何所為而圖便宜耳。此非可以致　兄情感發動之充足理由也。

二、當時令弟持　兄書來，謂撥款買書寄法國，問買何書，則拉麻廟本之類。當即告　令弟云，此非　兄在法留學時所急需，一經扣買此品，　兄之學費或感不足，于留學之效能上大有影響，故告尊夫人，仍直接寄學費于　貴處，此亦為　兄計也。至于"為資源會抄書"一事，則完全不知，不知從何說起。

總之，此等事不必討論，尤值不得想去想來。　兄如將前後事通盤一想，權衡輕重，分別大小，則吾等共事九年，究有開罪于　兄之充足理由否耶？^弟無時不為　兄之學事打算，即如去春之延長一年，^弟始終未接　兄一字，而自行辦理之，亦所以助　兄留學之方便耳。

---

* 本函有陳鈍繕本兩種（檔號：元 62-34、元 258-10），句讀略異，據元 62-34 本整理。

再，歸結來說，個人怨惡皆可不論，國家對　兄不薄，　兄當對國家有所效力而不當助外國人之方便也。（即^弟對兄不起，兄亦不當對國家不起。）

按此時　兄當即行返國，返國後^弟必贊助　兄完成入藏之志願，一切工作方便，^弟必竭力想法，即資源會諸友人，其熱心亦必為　兄所信也。至學成學不成，乃身後之論，　兄數年努力，于回國後必有幫助，即是留學之始計成功矣。千萬，千萬！專頌

旅祺！

傅斯年啟　廿六年三月七日

583. 傅斯年致胡適 （電）（1937 年 3 月 10 日）檔號：元 27–20

北平米糧庫四號。胡適之：蔡先生未再病，皆謠言。年。①

584. 傅斯年致張元濟 （1937 年 3 月 11 日）*

菊生先生賜鑒：久未肅候，比想興居多福，為禱。聞大駕改期，本當恭候，無如北平有一會，^{斯年}至遲須於十八日以前到彼處。如先生能於週內到此，或廿日後^{斯年}返京，俾申歡迎之忱，至為欣幸！若適值^{斯年}北上之期，則已託^敝所同事董彥堂先生及張苑峰君（主管書籍），竭誠歡迎。俟下月^{斯年}到滬後，再趨謁教益也。^{斯年}北去之期為本月十六日，並聞。耑此，敬頌

道安

^晚傅斯年謹上　廿六、三、十一

---

①頁末收發註記：“中華民國廿六年三月十日發。”

*原載周武，《從張、傅往來信書看張元濟與傅斯年暨歷史語言研究所之關係》，《新學術之路》（台北：中研院史語所，1998），上冊，頁67。

585. 傅斯年致李濟 （電）（1937 年 3 月 13 日）檔號：元 62-35b

L. C.

LI CHI c/o CHINESE EMBASSY

LONDON

ARRANGE WITH WOOLLEY SEE YU DAWCHYAN PARIS PERSUADE
HIM RETURN. ①

586. 傅斯年致翁文灝 （抄件）（1937 年 3 月 25 日）檔號：II：47

詠霓吾兄左右：日前報載　兄赴英，適之先生及^弟皆絕對不信，繼見
《大公報》載孔氏談話，始知其真，於是有各種推測，或皆未必是
也。此時有歐美之行，自然羨慕之至。^弟須于廿九日晚方能南行，
因是日下午北平圖書館開會也。故^弟于三十日夜到京，果　兄于卅
一日晨尚未離京，則^弟尚可奉訪，面談一切也。

頃接王顯廷兄一電，知　兄留下一字，交^弟代理評議會祕書，為之
惶恐。事本簡單，在　兄出國四個月中，評議員中人人可代，^年代
則有其 delicate 之方面。至於此次開會，總當盡力使其成一 success，
固是　兄與^弟等之願也。此次開會，不在議案多，"議而不決，決
而不行"，皆無甚多意義。故此次開會應實實在在做幾件事耳。憑
^弟近中所想到，下列各類事似可一辦：

一、屬于中研院者

（1）分組視察各研究所，報告其見解與提議於院長，而不於事
前公布。

（2）各所方針及其工作之口頭報告與討論。

以上兩事均須由總幹事提出。

---

①頁末收發註記："中華民國廿六年三月十三日發。"

二、屬于評議會者

(1) 決定評議會工作進行之綱領。

(2) 評議會工作之經費。（此事不必討論，^弟當商騮先兄事前指定。）

(3) 參加各國際學會之具體的討論。

(4) 評議會對於調整國內研究事業之具體辦法（須力避引起糾紛）。

以上各事，盼　兄多想一下，詳留意見，船上寫，待香港發亦可。

三、雜事

(1) 學術獎金原案之最後修正。

(2) "楊銓獎金" 之決定。

(3) "總理獎金"（政府擬設），評議會對之應貢意見。（此事盼兄想想，並留下意見。）

(4) 其他，一時未想到者。

^弟甚願　兄於船上想想，寫下意見在香港一發。^弟素以為中央研究院各所應對評議會表示其誠心，如是則國家之利也。此因為^弟之一向主張，然代理祕書則似不妙。彼時如新任總幹事決定，即由新任總幹事代理（在會中），似無不可，否則騮先、孟和、巽甫、藕舫諸兄，似皆無不可也。至於^弟必盡個人之力量贊奉此會，則本是院中同人分內事，不待說也。專此，敬頌

日安

三月廿五日

587. 傅斯年致何思源 （抄件）（1937 年 4 月 1 日）　檔號：元 235-4

仙槎吾兄大鑒：

接奉大函，以堂邑武訓先生，一生行乞，積錢興學，惠濟堂邑、臨清、館陶三縣，比近百年誕辰，發起籌備紀念，徵求同意一節，^弟

敬表同意。專此奉復，敬頌

公綏！

弟傅斯年敬啟　廿六年四月一日

588. 傅斯年致岑仲勉（抄件）（1937 年 4 月 2 日）檔號：元 106-3

仲勉先生左右：屢承　惠賜大著，感佩之至。數月前奉上一書，具陳

弟等數年來擬約　大駕到本所或其他學術機關，而謀之未成之經

過，想早達　左右矣。茲以本所有在國外研究滿期返國者，經費上

遂騰出若干可以設法周轉。上週赴北平，與陳寅恪先生商量此事，

皆以為當約　先生惠來本所，以為弟等之光寵，以贊本所之事業，

茲敢陳其梗概。

一、此次決定聘任　先生為專任研究員，此職為本院研究人員之最

　　高級，八年以來，除一個例外不計，敝所未嘗有此聘任。（升任

　　者則有之）

二、薪俸與同事商定為月三百五十元。本所設置之始，同人薪額皆

　　低，以後逐漸加薪。茲以加薪一事，不易常行，故今竭其能

　　力，定為此數，（三百元以上加薪事本極少。）以此時本所經費

　　論，後來加薪之可能極微，此與以前諸例不同者也。

三、區區之數，本不足以答　高賢為學術致力之勞，然此等機關，

　　能力有限，待遇較薄于大學，亦今日各國之通例也。若論研究

　　之方便則非大學所能比，研究員不兼事務者，全部工夫皆是自

　　己所有也。

四、專任研究員之著作，除通俗文字外，皆交本所發表，（亦偶有例

　　外，則因有特殊理由，如為讀者較多，有時在國外發表。）不另給

　　酬，此本院常則之一。

五、本所各專任職員，依院章不得兼任院外任何有給職務。

其他各事，如　先生有見詢之處，謹當奉聞。如須面商，弟以月中

事多，未能復離南京，當在此遲　大駕之至也。數年積願，今日始

能出之于口，幸　先生鑒其愚誠，不我遐棄。又此意^弟在北平時，
曾以商之于援菴先生，得其同情許可。專此，敬叩
著安！

^弟傅斯年謹上　　（廿六年）四月二日

又，專任研究員，每年度之研究計畫，例與本組主任商妥後行之。
第一組主任為陳寅恪先生。　斯年又及。

589. 傅斯年致岑仲勉 (抄件)（1937 年 4 月 13 日）檔號：元 106-5

仲勉先生左右：奉　覆書，不我遐棄，感慰之極。^弟連日患中耳炎，
苦甚，不及一一詳陳，謹述其略。

甲、第一組自去年一月已遷南京，　先生如到所，自亦當在南京。
　　本所書籍現已集中于此，北平則各機關書多南遷，轉多不
　　便也。

乙、抄字等方便，自當由本所供給，此事不成問題。

丙、已發之稿，自不成問題。《漢書輯注》之整理，未知以後用時
　　間多寡，體例如何，　先生擬在何處發表，請便中示及。

丁、先生到所之期延至七、八月一事，自可遵辦，每年度之開始在
　　七月，^弟亦盼　先生至遲能不過九月初到所也。又薪俸之支付
　　以自到所之半個月內起算，（例如一日至十五日到支一月全薪，十
　　六日至月末到者支半月薪。）自遠道來者，可酌給旅費，即薪俸
　　之半個月，以當到京安家之用也。草草奉復，敬頌
著安！

^弟斯年謹上　　四月十三日

590. 傅斯年致王重民 (抄件)（1937 年 4 月 20 日）檔號：I：88

重民先生左右：時于友人處獲聞　先生博通群籍，又于報上常讀　大
著，心鄉往之久矣。忽奉　惠書，不啻自天而降，喜可知也。所談東

方事業撰稿事，① 謹述其經過，先是三四年前，北平盛傳北平圖書館諸公皆與東方有撰稿之關係，議論紛紛。守和先生亦深以為慮，詢^弟如何了此一事。^弟當謂守和先生云，莫妙于分頭一談，以前不必說，以後不再作。于是^弟二人乃分別一一訪談，反轉陳說，幾至零涕，幸承諸位友人不棄，終于意見一致。當時^弟詢此事如何發生，則皆謂自　先生始，又多謂自　先生介紹，于是^弟再三託守和兄函勸　先生早日結束。誠以以　先生之學業品譽，而貽人以此小口實，則萬萬不值。此意亦僅向守和兄言，未嘗向其他任何人道過。春間赴北平，此說仍盛，故又託守和兄。　先生所聞者，大約即此來源也。茲承　示以一切，無任感慰之至。

其實此事看法亦儘可不用，認為勞力，亦是一種看法，故此事本非大事也。然坐失四省，不能無所感動，而日本人又好以此標榜，故或以不作為是。當時有一位友人詢陳寅恪先生以此事之可作否。寅恪先生云，如以為可以公開則作之，如不以為，則不可作也。此言^弟深感其恰如事理之平。在　先生之學問聲聞，後來必有大進于宗邦學術之進步，於是乃有此分外之關心，否則亦決不至多事至此，此必邀　先生洞鑒者也。承　示以大著見示，並賜《集刊》發表，感幸之至，深願早日拜讀為快。專此，敬頌

著安！

^弟傅斯年敬上　（廿六年）四月廿日。

591. 傅斯年致岑仲勉 （抄件）（1937 年 4 月 20 日）檔號：元 106–7

仲勉先生左右：手書謹悉。承　詳示一切，感荷之至。　先生能于七月到所，無任欽慰！聘書本可即寄，惟既從七月份起，則屬于次年

---

① 編按：指王重民等人為日本東方文化事業總委員會附設北京人文科學研究所撰擬《續修四庫全書總目提要》稿事。

度，故照院中習慣，此項聘書至早于五月發出。^弟盼時當催院中同事速辦，故五月中旬必可寄達　左右也。

《冊府元龜》流行本為明刊本，聞人云不佳，近日商務印書館集得宋刊約半數，配以抄本印入《四部叢刊·四編》，大約明年年底出齊，此或可為　先生大著之一助。惟此書不注出處，其引何書有時或未易斷。未知　先生以為如何？圖書室趙先生良翰現在紹興家中養病，暑假後赴西北大學教書，承　詢並聞。租房等事，可任所中庶務吳亞農君辦。^弟耳疾未愈，草草不恭。專此，敬頌

著安！

^弟斯年謹上　四月廿日

592. 傅斯年致劉體智 (抄件)（1937 年 4 月 20 日）檔號：元 459-5-2

晦之先生左右：前蒙　損書，適^弟在北平，經此間同事轉去。^弟在北平患傷風不止，未能肅復，至以為歉。返此以後傷風未愈，反成中耳炎。一月之中，皆在病中，疎簡幸　恕之也。前承　惠示尊藏別類一併歸之公家，並分期付款一端，深佩　先生信賴之雅，及　贊助公家之盛意。惟^弟以須先有的款，然後可辦，否則深慮將來之枝節也。茲有一術，可資移轉，（即中英庚款會保存古蹟項下可分若干也）惟數目較前者為少，且須分在兩年中，（款可靠則不成問題）如　先生以為可行，則擬先自古鏡及甲骨起，因其他各類，聞已在與青島博物館接洽中也。一切中舒先生信中已詳，不贅。專此，敬頌

日安！

^弟斯年謹上　四月廿日①

---

①頁末收發註記：“中華民國廿六年四月廿一日發。”

593. 傅斯年致劉嶼霞 （抄件）（1937 年 4 月 26 日）檔號：元 118-10

嶼霞吾兄：

　　惠書敬悉。^弟耳疾甚苦，幸今已大致就愈矣。聞　兄小解又發見蛋白質，甚念！然以年來進步之情形論之，想無大礙。惟入協和檢查殊為絕對之必要，甚盼早日入院也。情形如何，乞　隨時示知，至幸！專此，敬頌

痊安！

^弟斯年謹上　四月廿六日

594. 傅斯年致范築先 （電）（1937 年 4 月 28 日）檔號：元 235-14

聊城。范專員築先先生勛鑒：聞縣擬收敝族祖宅地，務請作罷。函詳。傅斯年。①

595. 傅斯年致施維蕃 （抄件）（1937 年 4 月 30 日）檔號：元 304-7

韻秋先生左右：前者　駕臨白下，招待簡疎，無任歉仄！^弟旋患中耳炎，一臥數日，兩奉　惠書，未克即報，尤感不安，幸　恕其懶慢也。苑峰、廉君兩兄來，具道　招待之盛情，獲觀秘藏，曷勝榮幸！借抄《實錄》一事，^弟本言敬承　尊命。旋以院中主管人要求全部點收，故有致張、那二君之一電。茲已與總辦事處主管者商妥，均照所示各節辦理。前抄之天啟崇禎兩朝《實錄》，已請苑峰兄查出寄上矣。此事^弟初意以為逕由此間借給國學圖書館，由彼自抄，原用抄手則代敝所抄書，亦無不可，故有前請，非願國學圖書館有一不完之本也。承　惠敝所各項書籍，感謝之至！另由敝所圖

①頁末收發註記："中華民國廿六年四月廿八日發。"

書室專函申謝。蔣慰堂兄頃來云，已晤翰怡先生之介弟，前談之件正在進行中。此事^弟如有可以奉贊者，當無不竭力，如以公允之值歸之公家，固^弟引為大幸者也。專此，敬頌

著安！

^弟傅斯年謹啟　四月卅日

596. 傅斯年致張元濟（抄件）（1937 年 4 月 30 日）檔號：元 393–20

菊生先生賜鑒：旬前　駕臨白下，^{斯年}扶病初起，未獲多承　教益，重以謙謙之德，致未能略盡地主之情。迨訪得　息駕交通旅館，則言旋兩日矣，一切不勝慚愧之至。頃奉　惠書，謹悉選擇善本，大致定局，欣愉無似。所示敝所各書，自當遵　命辦理，增者較便于製版，刪者或偏于一方，感佩感佩！^{斯年}發起此事，本以奉贊北平圖書館之事業，故有者不敢祕，刪之不足惜，本無定見在也。至于北平館各書，未知尚可再加　考慮否？是館近年買書，頗多善本，徐、趙兩公，精力過人，舊趣新好，兼容並顧。故上自乙部之祕笈，下及詞曲、小說之勝品，收羅絕富，此選（所示之目錄）似不足以表現其成績。且就市塲情形言之，此時一切重要文字書及史料書既為學人所好，尤為各圖書館所樂購，若傳奇小說，更是一般人愛好者也。故如選擇標準近于《天祿琳瑯》之舊規者，乃轉不足以號召。若為國藏一詞之體統設想，則一時有一時之風尚，胡適之已為今日之韓退之，戲劇、小說又何不可為今日之王、楊、盧、駱乎？若以其失在乎麗以淫，則鄭、衛、屈、宋有過于此而無不及，劉可政①亦列辭賦略也。　先生折之以雅正，不登此類晚出之文體，用意自極可佩。^{斯年}微覺放寬一籌似亦無多妨礙，未知先生以為如何？原擬目中各類再分別言之如下：

一、《漢隸字原》宋刻本，似是一寶書，今日治金石學者風行一時，

---

①編按：（漢）劉向，字子政，著有《七略》、《別錄》。《漢書》有傳。

以之列入，銷路上或有小補。

二、《神廟留中奏疏》似是補明國史之闕。

三、《國朝獻徵錄》一書雖非孤本，然流傳已稀。萬季野推崇備至，以為在一切明史資料之上，僅次于實錄耳，似可列入。

四、《千頃堂書目》館本乃足本，友人紛紛借鈔，非適園本之比。此書乃治明史之關鍵，好者必多也。

五、《山海關志》可助新亭收涕之感，或當列入。

六、《龍虎山志》乃孤本，《西遊記》小說在中土久佚，購自日本，似皆可列入。

七、抄本非斯年所知，然此一格似亦當收入其代表者，蓋抄本之認識辨別最難，可借此倡導審辨此科之風氣也。

八、小說原目本無多，曲類似可多收。

九、集部非所知，不敢妄贊一詞。

十、《宋史全文》雖坊本俗書，然所取材之《長編》，今非全帙。而《全文》之記宋末事，他書中不可得者不少，即其抄《長編》者，或亦有可以資校勘之處。此書斯年前遇一部，議將成矣，以聞將付影印而止。宋史之學，近年中必大發達，此書之印似不可緩也。

以上所陳，未知有當否？如因此等書之列入致影響冊數，則斯年頗覺改為千二百冊在銷路上亦無礙也。且《南北史合註》一書，雖係孤本，然書實無謂，今日大學高材生為之，當比此更精。此書既不存不見之史料，又鮮義法，或無流傳之價值也。（此書佔七十冊）

長者不恥下問，故敢貢其陋見，明知凡所云云，不特有似班門弄斧，抑且近于不知為知，無任惶悚之至！

守和先生現在上海，當能向　先生述其所見。斯年對敝所各書，皆欣承　尊命，若北平館各書尚可增加，尤斯年引為奇幸者也。專此，敬頌

道安！

　　　　　　　　　　斯年謹上　四月三十日

再，敝所各書，上次以時間匆匆，未盡取出請教。如後來商務借印，皆當應命也。

597. 傅斯年致趙萬里 （抄件）（1937 年 5 月 8 日）檔號：元 393–16

斐雲先生：惠書敬悉。《大元一統志》業已檢出，裱成大張（兩葉一張），無法郵寄，茲影抄寄上。另照像一頁。後來如再有便，當帶去也。商務印書館，^弟大妥大妥。① 已函張、王二位抗議。盼守和先生返後，大家商量一下，再回彼一信。^弟之熱心此事，全為向北平圖書館捧場，今彼竟以編《天祿琳瑯續編》為趣，仍是宣傳滿清，^弟深覺無謂也。^弟意可取下列方式：

一、北平圖書館之所謂"小品"、"戲劇"、"平話小說"及史料書，可選成一單，多多益善。

二、故宮者可多擇觀海堂書，少擇清室舊有之書。

三、加入書單開成後，函告以係大家公意。如覺卷頁太多，可減少大部頭也。

四、北大似太少，可以馬隅卿舊藏祕本加入。

專此，敬頌

日安！

^弟斯年上　廿六年五月八日

致張信底已交　袁先生，茲將致王函再抄一份。

598. 傅斯年致王雲五 （抄件）（1937 年 5 月 8 日）檔號：元 393–18

雲五先生左右：日前奉　惠書，敬悉一是。同時奉　菊生先生書，當匆匆作復。^鄙意已詳此信中，茲以抄底寄上一閱。菊生先生不辭勞

_____

① 編按："大妥"當作"不妥"。

瘁，惠來南京，感佩之至。

所釋"國藏"一意，尤見老輩之不苟，以人情論，本不當有異議矣。然同人發起此事，非在追隨《天祿琳瑯》之後而為作續編，乃欲表現民國以來，國家收集保存善本之盛心。好尚因時不同，今日所寶，或不必以高文典冊為限耳。茲以兩義奉陳：

一、為銷路計，一切所謂小品、小說、戲曲，轉易為人樂購，如史料要籍，亦一時風尚所趨也。果多是大部頭，或轉不易推銷耳。

二、北平圖書館近年購書大有可觀，此選似不足以表見其用心也。

故^弟以為最好將北平館各種小說、戲劇、小品著作再加入若干。如嫌卷葉太多，即加二百冊似無不可，否則大部頭不無可刪者也。（《南北史合注》聞故宮理事會已決定不印）至于本所各書，何去何留，皆聽尊命。專此，敬頌

日安！

弟傅斯年啟　五月八日

599. 傅斯年致林濟青（抄件）（1937 年 5 月 10 日）檔號：元 235–18

濟青先生大鑒：接奉　惠書，承聘為　貴校廿五年度畢業考試委員會委員，感幸何似！惟^弟于日內將有四川之行，需時月餘，方能回京，無法分身參預　貴校此項考試盛舉。有違　雅意，無任歉仄，尚希　鑒原，是幸！專此奉復，敬頌

教安！

弟傅——敬啟　五月十日

600. 傅斯年致杭立武（抄件）（1937 年 5 月 12 日）檔號：元 305–1

立武先生左右：頃慰堂先生來談，知李木齋宋元精本押于潘氏①者，

---

①編按：潘宗周（1867—1939），字明訓，所藏宋元版書委張元濟編成《寶禮堂宋本書錄》一種。

可以轉手到中央圖書館，為之狂喜。此事接洽已久，而李氏堅持不可能之價，正在無法中，而慰堂兄竟扼其要害之地，則國家辦理此事必有好結果矣。此不僅關係二十宋本收為國有已也。時哉不可失，擬請
　兄商之　譽虎先生，由購收古物文獻項下挪助其事，俾無遺散，後來李氏書收入國家之事如成，自有一般之辦法，否則圖書館亦當有一切實辦法也。又查上次文物史蹟保存會開會時所定之購買費三萬元本約由博物、圖書兩館分用，各得其平。今以緩急之故，似可先儘圖書館，下年度中再調劑以得其平。未知　先生以為如何？一切盼向　譽虎先生陳之，為荷！專此，敬頌
日安！

弟傅斯年敬上　五月十二日

601. 傅斯年致羅常培（抄件）（1937 年 5 月 12 日）檔號：元 122-40

莘田吾兄：弟即赴秦蜀，一切不及細寫，茲述其概：

此次約　兄返所出于　元任先生及弟之至誠。其不能曲徇　適之先生意者，則出于無奈。二組方桂走後人太稀，　兄之著作以早日清理出來為上策，此約　兄返之正面理由也。目下之辦法，近日深覺其非永久而亦非同人共贊許之辦法，即如方桂此次要赴美國，弟堅持不可，及方桂云，如莘田例在外三年，弟乃無話可說矣。此背面之理由也。如來京，費用（旅費）似可 overlap 一個月以償之。弟即赴川，一切請　兄與元任兄通信商量好，至感至感！專此，敬頌
著安！

弟斯年上　廿六年五月十二日

602. 傅斯年致孫次舟（抄件）（1937 年 5 月 14 日）檔號：元 235-26

次舟先生：奉書，謹悉一是。二十日中為中央研究院評議會各事，無

半日之暇清理書信，致稽上復，至歉至歉！　大著拜讀，佩服佩服！
（其中一切待自川返後再說）吾鄉多才，^弟久羈于外者乃不盡知，為可愧
也。《文文月刊》^①未曾見過。胡先生所作之《章氏年譜》，^弟十一
年前回國時在新加坡買一本，船上看完，一時所感如何，不能記
憶。章氏學問見解自有獨到處，然世人恭維之上天，則已過矣。此
人不脫“紹興師爺”氣，有時極陋極愚，殊怪　公等緣何好為之作
年譜，一再不休也，一笑。前年聞胡先生云，近已不如往者之佩服章
實齋，彼之著作，恐決不會修改矣。　大著自以單行為妥，想以為
然。^弟明日赴秦轉蜀，六月底方可抵京。一切待返後再白，倚裝匆
匆，敬頌
著安！

^弟傅斯年謹啟　廿六年五月十四日

603. 傅斯年致施維藩 （抄件）（1937 年 5 月 14 日）檔號：元 304-10

韻秋先生左右：連日料理行事，稽于裁復，至歉！嘉業藏書讓之公家
　事，^弟以為全部或一部均無不可，屆時^弟必竭力贊助。國家保藏，
　永不失散，必為後人嘉話無疑也。^弟意夏間此事即可進行，自川返
　後，當以所見向大力者力陳之，或于返後直赴杭州，亦未可定。抄
　書事，^弟返後收到藏目後當即決定續抄之件。又張君之待遇，亦請
　示及。倚裝匆匆，敬頌
著安！

^弟傅斯年敬啟　五月十四日

^弟明日赴秦，轉成都，大約六月廿五左右可抵京。又及。

---

①編按：孫著《章實齋年譜補正序》，載《人物月刊》，第 1 卷第 2 期，1936。

604. 傅斯年致岑仲勉 （電）（1937 年 5 月 15 日）檔號：元 106-8

岑仲勉先生：①

弟 篠 下午過潼赴陝，盼到車站一晤。斯年。②

605. 傅斯年致馬旭樓 （抄件）（1937 年 5 月 15 日）檔號：元 42-33

旭樓學長兄左右：頃聆　教益，至慰至佩，復承　賜書，感謝之至。
所談李君一事，茲將節略送上。此事弟向教育部陳其原委，頗得同情
之考慮。書生辛苦，死于勤勞，為之感痛。弟在中山大學隨季陶先生
後教誨青年，所得良士，寥寥可數，今弱一個，尤覺淒其。弟不敢為
法外之請，特煩　兄交主管者詳審其實，同情考慮，則幸甚矣。專
此，敬頌
政安！

弟斯年謹上　五月十五日

香舟兄同此道候不另。

附：李晉華節略

中央研究院歷史語言研究所助理員李晉華因公受病以致死亡節略
本所已故助理員李晉華籍廣東梅縣，于民國十九年畢業中山大學，
廿二年畢業燕京大學研究所，于同年九月到所任歷史組助理員，
專事校刊明列朝實錄，此項工作，本極繁重，又以急于竣事，乃
日夜不息，三年之間，大致就緒。嗣因公家所藏各本皆有缺遺，
于去年十月九日派該員前往浙江南潯嘉業堂藏書樓，就校該樓所

---

①頁首附註："潼關禁煙督察處潼關事務所。"
②頁末收發註記："中華民國廿六年五月十五日發。"

藏之善本，該員在潯不能覓得適宜之住所，乃賃居于一穢濁之小客棧內，到地未久，即感不適，而本所以工作重要，仍令其待告一段落後回所，該員因此日夜加緊工作，一面在潯就醫，及至十二月十九日病體不支，始由隨去之書記那廉君扶之離潯回所，抵京後，兩度入中央醫院，終成不可救治之症，于本年二月七日逝世。

606. 傅斯年致羅常培 （抄件）（1937 年 7 月 1 日）檔號：元 122-45

莘田吾兄左右：前奉 惠書，本寫好一信，因頃與元任兄商量，乃未發。返京之日，晤適之先生，一談之後迎刃而解。北大決聘 兄為研究教授，此為目下情形中最妥當之辦法也。

三年中之情形，皆因辦法本身之不妥，（蓋 兄在北大與本所之職務衝突。如 兄所言。）故弟自北平返後，加以方桂事之發生，深感有變更之必要，否則弟有津貼北大之嫌疑，無以自解，此情必為 兄所鑒諒也。至于 兄之努力，元任兄及弟固無不佩服者也。此事關鍵，仍在辦法，須辦法為可實行者耳。

研究教授有五百元，且鐘點較少，可得一時之工夫。此時家用，似宜緊縮。以後到南京時，所中待遇能否抬高，不可謂不能，亦不敢必。準以中國情形，前途十分黯淡，一切只有從小心上作耳。

為 兄之計，仍以後年回京為是，此固元任兄及弟所切望者也。蓋兄到北大數年中，為 living upon reputation （適之先生常用之語）久則折矣。以後仍以回所完成大業為上策也。

兄最近一信所言各種計畫，弟讀之深感 兄之精勤，然其能實現到如何程度，亦不無可疑。蓋北大褙事之多，弟亦領教過。看卷、指導、開會，即已大耗人之精神矣。

至于所示各項辦法，弟覺似仍以元任兄原信所說之辦法為妥。蓋如兄所示，弟又覺對北大則優，對本所則頗有些 unfair。此等工作，研究所為之花錢總數已有可觀，而須幾乎全數（除第一組外全數也）與北大共之，且以後唐、嚴①兩君仍須為所作事，所作結果，又與北大共之，^弟頗不敢有此主張。敢請吾兄再加考慮，能更多容納元任兄前函之各項辦法，則^弟深感矣。^弟等但望此辦法在兩方（北大與本所）皆fair，亦無揩北大油之意也。此意想　兄必以為然也。^弟又鬧家務，心亂如麻，不及多寫。敬頌

日安！

^弟斯年　26/7/1

607. 傅斯年致羅常培（抄件）（1937 年 7 月 9 日）檔號：元 122-46、元 122-47

莘田吾兄：②

惠示各件，與元任先生商後奉覆如下：

一、徽州音。此事乃由所中各項語言調查均有副本，故元任兄及^弟願抄錄一份，非不使　兄用也。　兄既願提前辦此，且所中一時亦找不出人抄，即暫緩抄亦可，但盼　兄于明年暑假前能大成一本書耳。（如　兄上次信及此次信中所言。）

二、漢魏六朝韵與北大無關，^弟仍主張：一、總書由所出版，散文則本所與北大至少應為本所二對北大一之比例，此非不情之請也。

三、《經典釋文》。即如　兄之提議"于陸、徐之外至少加了四篇文字"。

四、臨川音。全無問題。

此外：

---

①編按：嚴學宭（1910—1992），字子君，時任史語所第二組臨時書記。
②頁首收發註記："中華民國廿六年七月十日發。"

唐先生之問題，因係助理，不似研究員須寫全年之應聘書，則待北大事辦妥後，再行辭職。實際上即等于 兄所言矣。

一、每月津貼六元。同意。

二、臨時書記。^弟意不必有此定額。 兄有稿件時，即覓人抄，照字給費，此彼此方便之法也。

三、紙張卡片。由所供給。

四、蠶壇房子保留。

又，李永年君事，並非忘記，乃由于書記並不每年發任書也。此事辦法，乞 兄斟酌。外附一函，如以為妥當，即乞交之。如 兄以為彼近年不勤，即不投，另作計較。此君近日勤否，仍乞 示知。程雨蒼兄來此時日，即如 兄說。

總之， 兄在北大之第一責任為教書，此則大有成績矣。（所以為主任也，一笑！）在所則為著文，此則三年無所成者，乃辦法上之不妥也。

兄勇于引為己任，而時日不暇給，故^弟等有變更之辦法，今則所變者仍是折中之法，則 兄對研究所"還債"之責任，自比^弟等所擬者為更大，此後《集刊》可不發愁，北大"新債主之還本付息"，究以教書為第一事也。

至于北大及本所以外投文之處，^弟意最好 兄于某一題之論文或專著先在本所或北大發表後，再作通俗文字投之他處。所有本所"投資"之材料，在北大（新債主）可以商量，在他處^弟決不放棄也。此情 兄必諒之！專此，敬頌

著安！

弟斯年 廿六年七月九日

附：傅斯年致李永年（1937 年 7 月 9 日）

永年兄鑒：

兄來所原為待于道泉君返後助其工作，茲以于君返國未定，且邈無

消息，故　兄之工作，須重加以考慮也。

兄在所讀書甚好，同人甚願由此深造，暑假後之辦法，大略可有下列之不同，請擇其一。

一、仍留北平，由羅先生指導，自己專習蒙藏語，其讀書及整理計畫，先送所核准。

二、即來南京，（來後加五元）由趙先生指導，讀些語言學書，但不知　兄之英文程度如何耳。

以上辦法，向　羅先生請教後，即希　惠示一字，至幸！專頌

日安！

斯年　廿六年七月九日

608. 傅斯年致朱家驊 (1937 年 7 月 12 日)*

騮先先生總幹事賜鑒：

史語所工作室不敷分配之情形，前經累次面陳，茲本年度開始，一切情形更感困難。計箱子未運到京者約數百，而大批史料不與焉。在京存庫中者，又數百，一切不能動手，以致編報告大受影響。至各屋之擠，到所中者皆有此感覺也。去年編預算時，曾面陳在臨時費中撥款建工作室。當時　先生示以不便列入，但謂可在　總辦事處特別保留費中想法子。後來本所曾為此事向中英庚款董事會請款，未邀准許。

茲以工作需要，迫不得已，只有向　先生重申前請，又以院款有限，只得將原有計畫減縮至極度，茲將辦法分述如下：

一、需要　分上下兩層，每層二十方，即 100×20 英方尺，上下共四十方。

二、用費　建築本身約一萬一千元，設備約一千元，共一萬二千元。

---

*取自南京第二歷史檔案館（檔號：393-0-0870-00-pp. 3-5）。

以上之款，擬請 總辦事處補助一萬元，其餘之二千由本所自行撙
節。如超過二千，亦由本所撙節，即 總處補助以一萬元為限也。

三、地址在本所東南，已與 汪所長緝齋兄接洽妥當。

四、建築式 一面求其至省（每方上下兩層僅合五百元），一面仍求
其式樣不難看，已與建築師接洽矣。

此一不獲已之請，諸希 考慮惠准施行，本所同人，至感德便矣。
專此，敬頌

鈞祺！

傅斯年（印）謹上 二十六年七月十二日

609. 傅斯年致岑仲勉 （抄件）（1937 年 7 月 21 日）檔號：元 106-11

仲勉先生左右：

兩奉 惠書，敬悉一是。此信郵寄漢口旅館，未知能邀收入否？

^弟于本月廿日返抵南京，旋接 手書，及《元龜》整理綱要，甚佩
甚佩！又聞 尊駕于下月初來京，尤感欣幸。倚 教不遠，一切面
罄。專此，敬頌

著安！

^弟斯年謹上 七月廿一日

610. 傅斯年致蔡元培 （抄件）（1937 年 8 月 6 日）檔號：III：768

子民先生尊鑒：① 拜辭後下午仍未成行，改于夜車來京。

昨日、今日分訪到有關各人，謹以一切奉陳：

一、長沙房屋 何健②已允借四十九標之房，（原可容二千人者）初
謂辦訓練班，繼以經農謂訓練班可在南嶽，然後允之。日內行

---

①頁首陳鈍附註："照鈔致蔡院長函，廿六、八、六。"
②編按：何鍵（1887—1956），字蕓樵，時任湖南省政府主席。

政院再與之辦一公事，俾成定案。

聖經學校。此事，美使館尚無回信。(回信本不能如此速也)

以上兩事，前本為本院大規模作工作站之用，今既縮小其範圍，皆不需要。然此時另有在設立"臨時大學第一區"之計，故此項房子要到，仍有用處，雖大部分由他人用之，本院自可分佔一部分，不必為原意改變停頓也。

二、與資源委員會事　今日晤到何、錢二位。當謂　先生對彼會之善意非常佩服，同人在原則上亦均贊成。但各所有各所之實在情形，未能全盤同一辦法，乃將三事分談如下：

1. 鐵工廠事。此事該會計畫者，共有四處，規模皆甚大。因此^{斯年}未與之立即細談，但云後來可以仔細商量，乙藜亦謂可待此一緊張時期稍過後再商量。

2. 造化學玻璃及儀器工廠事。此事乙藜謂前者巽甫兄已談過，當時因兵工署已計畫此事，不欲重複，故告巽甫兄與兵工署接頭。兵工署辦此事者，據云，名周自新。此事待^{斯年}晤大維後詢之。

3. 化學實驗室事。此事說得比較具體些。乙藜云："請丕可兄考慮一下，將來如在內地，以化學所之人力及設備，究有何事與國防(非以兵事為限)有關。凡此有關各事之遷移費及開張費，資源會想法，其後來為此工作之經費，自亦列在資源會方面。"^{斯年}以為，此事若可行，其不關國防者，自可同時開張，其用費則省得多矣。

此^{斯年}日前在　先生座中歸納出之三事，目下接洽之地步如此，敬乞　垂察。並希　轉交巽甫、子競、丕可三位先生一看。至幸！專此，敬頌

道安！

學生 ^{斯年}謹上　八月六日

611. 傅斯年致 Willys R. Peck (1937 年 8 月 8 日) *

August 8, 1937

Dear Mr. Peck,

I cannot thank you enough for your kindness in conveying our proposals to Mr. Keller whose response is greatly appreciated by all of us.

After learning from you Mr. Keller's reply through the telephone. I went immediately to the Ministry of Education. The Ministry, in addition suggestions and appointed Mr. Chu Ching-nung, the Education Commissioner of Hunan, to negotiate the matter on behalf of the Ministry and the Academia Sinica.

Mr. Chu is planning to fly to Hankow by the earliest available plane, that is, next Tuesday morning, but the China Travel Service promises only to do their best and, whether a seat for Tuesday can be obtained can only be known next Monday, after receiving telegraphic reply from their Shanghai office.

Would you be so kind as to send Mr. Keller a telegraph informing him that Mr. Chu is entrusted to undertake the negotiation by the Ministry, and Mr. Chu will take the earliest available plane to Hankow?

In concluding this letter I thank you and Mr. Johnson once again.

Yours ever Sincerely

Fu Ssu-nien

Mr. Willys R. Peck,
American Embassy.

612. 傅斯年致丁燮林 (抄件) (1937 年 9 月 17 日) 檔號: I: 85

巽甫兄: 茲詳復　兄所來兩信。(以前已復者不詳述)

---

*本函有手稿本及打字件兩種 (檔號: I: 1026), 合併整理。

一、聞上海各所布置及照常工作情形，至慰！此間房子亦幾盡借給防
守人員，難民救濟，亦有所盡力，知　念附聞。

二、遷移一事，^弟覺此時已嫌太遲。^弟上月初返京時，曾上一信，計
達　覽，似乎彼時為此事之最後期限也。孟和聞乙藜言，寫信
時，^弟初頗疑之，繼聞尚有路可走，遂于信中附註一語。及若干
日後，　兄九月五日之信到，^弟覺信中所說各節，恐非一時所可
談者。蓋：遷移費及開辦費一部分之補助，原為他們屢次聲明之
offer，此時他們自當無變化。但常年經費，則須看我們的工作如
何。故此時如為一事要二十萬元，總須我們有詳細的計劃，並且
由我們主管人與他們主管人切實詳商。否則走，請他給二十萬，
不易出口也。尤困難者，在道路問題。上月初，情形照常，上月
末則上海至此尚有一小路，今則此一小路已不甚適用，（上月末至
本月初政府大批材料即自此路運）只有香港與海防矣。自上海如何
運至海防到內地，大有問題也。然則此時啟運（就小路難行後言），
一方面等於折散，一方面走香港、海防之長路，或與自外國購物
差不了許多，（就材料言，貴重儀器自不如此。）此大可注意者也。
一個半月中情形，刻刻變動，故上月初易辦之事，上月末難辦，
上月末難辦者，今則或竟不能辦矣。

我們先要自己估計一下，我們長處在那裏，設備？專家？有訓練
的工人？然後開一單子，說明遷後之目的，如此方可談得具體
些。以人才而論，此時因北方及上海各大學之停辦，有不少剩下
之人，（其中固有不少廢物，而專門人才亦不少也。）然則，據^弟愚
見，此時仍是　貴處之組織、經驗及工人，為最需要，此非一時
所可得也。至于遷往內地之後，困難當然是很多，然只要我們有
決心及合理之辦法，^弟意所謂"內地方便，補助運費，更補助遷
往內地所不可少之遷移費"，似皆不成問題也（自然要假定國家及
政府之存在）。至于上海保留一事，^弟覺，如遷內地，則上海決難
保留，以後中央研究院的日子，決不能如從前，故決心仍為最前
提耳。

^弟意，　兄等最好開一詳細估計，詳細辦法，說明需要補助之數

目及詳目，（此事要適合國家此時之實在情形，無存奢望。）^弟當即與

主管者接洽，如有頭緒（自然可以有頭緒）當即請　兄繞　①一來

也。此遵循　兄等慎重之辦法也。

至于^弟上月初到上海所進言之辦法，在當時本可實行，今則晚

矣。然錢乙藜等之 offer，彼等此時亦未取消也。

三、本院經費，此時雖幸而脫險，但同等之機關幾全數裁併，非大學

之高等教育研究機關，僅餘本院。下次再減時情形如何，實難知

道，而被裁者對我們作何感想，亦未易言。故此後本院局面，萬

分嚴重，此不言可喻者也。

四、承示上海諸同人議定之三項辦法，甚佳。^弟頗願將此辦法在全院

適用，故有下列意見奉詢：

第二條 "本院保留其原有之資格" 是否須加以限制，"得由中央

研究院發給原薪" 一事，是否亦須加以限制。

第三條末可否加入 "事假期滿即予停職"。

^弟所以有此意見者，因政府之緊縮政策，一步一步的加緊而來，

如本院對個人之 obligations 太多，後來更感困難，一也。對離職

者待遇過優，在職者即感不平，此時總辦事處尤深感此，二也。

如欲設法維持長久，即不能不比較取一嚴重之態度，而政府之十

條辦法，尤不能不有所遵照，三也。此事乞　兄與子競、丕可兩

兄一斟酌，如承　俯允，即乞電示，俾全院各所一同辦理。^弟所

擬另抄呈。專頌　日安！

^弟斯年　九月十七日

子競、丕可兩兄同此。

---

①原稿此處空一格。

613. 傅斯年致汪精衛 （1937 年 9 月 20 日）檔號：雜 5-6-1

精衛先生賜鑒：前日獲侍 清教，北平研究院事，備承 垂注，欣佩無極。當今之世，識書生之精誠，推嘉惠於士林者，惟我 公耳。^斯^年返寓後思之，覺北平研究院之組織屬于教育部，與中央研究院之直隸國府者不同，遂走訪雪艇先生，便以 尊旨轉達。雪艇先生謂教育部正在計畫此事中，一二日內即趨謁 先生，陳其所見。^{斯年}微覺主管者既在考慮此事，或當待其面陳 左右，似不便由^{斯年}代擬辦法奉呈。茲已隔兩日，想雪艇先生已造談一切矣。至於 先生為此事之熱心，^{斯年}不啻身受，此當亦學術界所同感也。再，昨晚于一大使座中，聽到倭寇將大轟炸（南京）之通知及要求隴海路以北（隴海路在內）僑民撤退之通知。當于返寓電話告知何淬廉兄，請其即刻達主管者。當時本思電陳，以未得電話號而止，此事今晨已已大公開矣。

九、20。

614. 傅斯年致丁燮林 （抄件）（1937 年 9 月 29 日）檔號：I：91

巽甫吾兄：惠書敬悉。馬電係^弟所發，簽名之惧，當由于電碼之惧也。本院各事，（例行事件）或不須商量者，或一時無法解決者，（稍涉根本者）當時聞 兄將來此，適在倭賊警告大炸時，^弟覺兩兄似不必此時冒此險，所謂"值不得"者也。然同時又聽到雪艇約兄來此，而不知其內容，故電末附一筆。所謂桂林大學一事，雪艇與京友多談及，然與^弟則一字不談。^弟以傳聞甚多，頗關涉本院根本，（例如移本院一部份經費，併數所于桂林，等說。）遂于昨日面詢雪艇，究竟是如何一回事。雪艇發誓，謂彼無任何變更本院組織之提議。^弟與雪艇，為此事僅談此一次，深感不歡。^弟於遷桂林一事，不敢有意見，但以為此等大事，應請 蔡先生考慮，而非教育部所能代辦者也。專此，

敬頌

日安

弟斯年上　九、廿九。

丕可兄同此。

615. 傅斯年致汪精衛（1937 年 9 月 29 日）檔號：雜 5-7-2

精衛先生賜鑒：① 返寓後讀廿八日《字林西報》，所載前一日廣州發路透消息，遠不如前數日之佳，大約日本人有用壓力處，或者我國地方當局，有使其不滿意處，亦未可知。（其中有"市民心境難定，有將一切外國人作為日本姦細之可能"，又有其他對我國不利之說。）斯年竊以為路透此次傳布炸人民消息，文章至足動人，其為我國所取得之效用，雖百倍我國之外交部不止，而吳鐵城主席竟欲為日本諱，謂"路透造謠"，其心理實不可解。擬請　先生考慮，立即電諭余②、吳兩長官，著其辦理下列各事：

一、對路透及其他傳布日本暴行之通信社，給予一切方便，好好招待，使其能于早機會看到炸死人民之情形。（此實無軍事祕密可言）

二、就近津貼其電報費，數目不可太少。

三、此時切勿過分懷疑西洋各國人。

再，此間路透社本有中央黨部津貼月一萬元。此時電多，似可增加。此等費用，不在軍費之下，其效用或更過之也。國際輿論漸在好轉中，盼　政府充分利用之也。謹陳愚見，敬候　裁奪。專叩

道安

傅斯年謹呈　九月廿九日

---

①頁首自註："存底。"

②編按：余漢謀（1896—1981），字幄奇，時任廣東綏靖公署主任、第十二集團軍總司令兼第四戰區副司令長官。

616. 傅斯年致胡適 (1937 年 10 月 11 日) *

適之先生:① 見到端升給京友兩信,知到美後大忙。 先生此次到美,
孔子曰:"時哉時哉"! 若是李石曾輩,定有一電報來,說羅總統之
演說是自己運動出來的! 不過這中間究竟有無線索呢?
總括一月中情形如下:

1. 國內抗戰之意識有增無減,老百姓苦極而無怨言,上海前敵兵
士,真是再好也不能了。這次最可佩的是革命軍將士,最無聊的是
南京官僚。太子②有排德意以便取信于蘇聯之說,為 General 大教訓
一下,以後他們也消聲了。王陸一因在 dugout 玩女人,被免職。外
部之吳司長③亦以逃走免職,這是差強人意的。

2. 兩廣對出兵助戰之賣氣力,可算一百分。廣西軍大批北上,全
省總動員,廣東軍在上海戰,死傷數萬人,看來歷年的 "人事問
題",算一掃而空了。閻、韓④亦皆好,如理想,閻尤奮勇,韓至最
近亦奮起。只是那些雜牌如東北軍、二十九軍,太不好生打了。

3. 上海方面,今日之戰線大致與 先生走時差不多。上月十七八
左右,曾有一度危險,General 親自出馬,轉危為安,並且攻下一
段。北西川路一段、北站、江灣仍在我們手中,浦東只是大砲比
武,敵未能登岸。此一線中,我們是以血肉抵抗飛機、大砲,不消
說死傷之多,數目聽到嚇死人。但千古未有之勇敢,完全表見。這
是抗日訓練之大成功。

4. 江陰方面,敵機大炸特炸,但我們在開戰前未完之工事,均已

---

* 原載耿雲志主編,《胡適遺稿及秘藏書信》(合肥:黃山書社,1994),第 37
　 冊,頁 450—453。
① 頁首自註:"Confidential",又註:"→向右讀。"(編按:原件直行,由左向右
　 書寫。)
② 編按:蔣經國(1910—1988),字建豐,1925 年 10 月赴蘇聯莫斯科中山大學留
　 學,1937 年 3 月回國。
③ 編按:吳頌皋(1898—1953),時任外交部國際司司長。
④ 編按:指閻錫山(1883—1960),字百川,時任第二戰區司令長官;韓復榘
　 (1890—1938),字向方,時任第三集團軍總司令兼第五戰區副司令官。

完成了。又于舊有之 boom 前後加沉一大批"海琛"、"海圻"等四大船①——我們的"頭等戰艦"——也是大快的事！此一方面，據專門家云可以無慮。只是連雲港一帶情形不知道如何。

5. 津浦路糟透了。二十九軍聞聲即跑，不戰失靜海，聞汽船而失馬場，敵以數千人長驅直入，我們十七師不知何在，馮②直揮不動。幸廣西軍大批已開上。韓亦上前了（以前謠言甚多，大前日方明白，昨日韓下手令，教全省公務員至死抵抗，韓亦以精兵上前）。目下此一路將由李宗仁及韓指揮決守黃河北岸，李大致三四日內可到前方。人云李、韓交情不錯。此線現戰于平原。

6. 平漢路也弄到一塌胡塗。劉峙已革職查辦，目下調馮指揮。此線現在石家莊打著。

7. 晉綏局面皆壞于劉汝明，二十九軍也。③ 劉乃一準漢奸，最初拒絕湯恩伯入察，後來湯守南口，彼在後方潰退，以致中央軍大吃虧。劉退却之前，傅作義來援，到張垣則滿地紅旗，皆漢奸之信號也。傅乃退，轉為劉軍繳械。劉軍沿路繳傅、湯諸軍之械，直潰到山西。李服膺又不行，於是大同不守。但後來老閻大拚命，打了幾個大勝仗。倭寇乃括滿蒙偽軍共約十八萬來犯，沿長城各口皆攻，遂失茹越口，而賊直入矣。但中央軍八師日內已趕上，老閻賣氣力，八路軍（共）在後面作遊擊戰。大約山西可以支持一下子。可惜劉、李二賊，否則燕山天險，豈易至于此哉？

8. 空軍有增加，足與損失相抵，目下西口貨尚未至，大約不久可至。西口貨物不少，一部分運輸不易，兼以綏遠之陷，前途如何難定也。

9. 賊軍空襲近日以交通線為主題，轟炸及于小市小村，似有避大城之模樣。各鐵路損失不小，但一時不至喪其作用也。南京有數日空襲得利害，吾輩皆習而安之矣。近日因每日陰雨，未至，頃乃四

①編按：四大船為海琛、海圻、海容、及海籌。
②編按：馮玉祥（1882—1947），字煥章，時任第六戰區司令長官。
③行首自註："以下在警報中寫也。"

日中第一次警報也。南京警察、壯丁之好，使人可泣，他地亦不錯，太原更有妙法。

10. 蔣公興致甚佳，甚興奮，可佩。昨晚還廣播，常見外國記者。汪公似甚憂慮，無固定之主意，好人，然恐應此變局有所關也。

11. 朋友們的情形如下：孟鄰先生早到長沙，枚蓀與我同寓，滄波逃往上海去了（！）此外一切如 先生行時。朋友中最安定者是枚蓀，最不行的是滄波。長沙臨時大學雖不如預期之順利，大致尚好，本月廿五日開學。北大同人出來的仍不多，樊①已北上往招。所謂參議會又添了些無聊分子，徐謙、羅鈞任、甘介侯、左舜生等。羅毫無見識，殊大失望。此人乃官僚、酒徒之混合，因其為酒徒，故有時似勇，決不該稱之曰忠節也。此一鳥會常有荒謬絕倫、匪伊所思之提案，亦常為我罵散，大有我是此會之"清心丸"之感！可歎可歎。有好些人運我為此參議官，或成（如左）或不成（如羅隆基），若再這樣下去，我也只好走了。

總而言之，只有"打"之一事我們最弄得好，此外皆不足談，然而也算得其要害了。

此時國內所渴望者是經濟制裁。希望 先生向他們說明，我們的抗戰力雖不小，然外助愈早愈好，愈早愈容易也。

現在日本已公然宣稱他是要取得中國富源的，要鏟除一切抗日分子，南京政府、國民黨，等等。（日本之外務省發言人（本月六日）及上海之松井、華北之寺內、喜多皆如此說。）所以目前的 issue 到也清楚了。

兩星期中，國外一般空氣之轉移，其速度非大家所及料，尤其是美國。我們在此時有下列幾個顧慮：

一、怕的是過些日子又冷淡下去，所以希望 先生多多加火。

二、英、美對此事之觀點，似甚不同。英全是他的那一套老奸巨猾，希望得了且了。但，美國不動則已，一動總有些 idealism，希望他們又要再弄僵了。（如所謂承認偽國的話，英國以為當然，美國未

---

①編按：樊際昌（1898—1975），時任北京大學課業長，負責師生南遷事宜。

必肯聽也。此點希望　先生多多查考一下。)

　　三、如果日本或他的與國 bluff 一下，在英、美國內，或又有助退
縮派議論之趨勢。實則日本及意大利等，皆不敢此時對世界開戰，
希望勿為彼等之 bluff 所愚。此點　先生必可向外國人士闡明之也。

　　胡太太仍安居津租界，勿念。專頌

旅安

學生斯年謹上　十月十一日

候候端升兄

617. 傅斯年致王獻唐 (抄件)（1937 年 10 月 16 日）檔號：雜 5-2-7

獻唐先生左右：承　錫惠書，敬悉一是。古蹟會何至欠工作人薪，弟
聞之殊覺訝異，大約當是經手人一時忘之耳。茲先寄上五十元，乞代
發工友欠薪及其他零費。同時弟函長沙，詢經手人此事詳情如何，再
行奉復也。(敝所大部份遷長沙) 京中屢遭倭賊空襲，政府精神，不為
之搖，差可慰耳。古蹟會各事，乞　先生善為料理，弟無不同意，至
于如何保管，並請　處斷，弟公私至荷。專此，敬頌

著安！

弟斯年鞠躬　十月十六日

頃查出，彥堂在湘已寄牟祥農君五十元，即為此事。恐自湘寄上之
款一時難到，此間之五十元，仍照寄，以為保管安插之用。一切皆
盼　鼎力布置，盡心焉而已。

弟年又及　十月十六日

兩款共百元，其分配法均請　尊裁！要求所存古物得其所，工人可
以維持一時生活耳。[1]

———————————

①頁末陳鈍附註："王獻唐先生原函于十月十八日交蕭綸徽先生寄梁思永先生。
　鈍。十、廿。"

618. 傅斯年致徐中舒 （抄件）（1937 年 10 月 21 日）檔號：補 16-6-13-2

中舒先生：惠書敬悉。^弟日內稍忙，僅託留此同人函催吾 公就道，未知已成行否？各所遷移後，頗不整齊， 蔡先生亦深以為念。以前累催各所設法催促，迄無結果，萬不得已，已決定一辦法，深慮自湘寄達，延誤時日，茲以一份奉上，仍盼務于十一月十日以前到長沙，至感！光濤兄處，乞另以一份寄之。專此，敬頌
著安！

^弟斯年 十月廿一日

619. 傅斯年致胡適、錢端升 （殘）（1937 年 11 月 9 日）檔號：V：195（4）、IV：62、IV：61

〔上缺〕

外交 在談我們的外交，自然要先說我們外交的機構。我們外交的機構真是要命。外交部之徐次長，[①] 頭腦清楚，手續明白，但小膽，做官，絕無以國家事為責之心。如此之人，如有好的部長，自然很有用，只是在王氏[②]之下，便等于 0 了。王之好話，層出不窮，只是"死人一條"，也有與之同情者，謂外交主張，本不是他能主張的。在這時候，用這樣死人，唉！汪先生對外交實在無定見，似乎他心中有隱憂。兩個月中每談外交，我總覺得他是有些 absent minded，對世界上情形有些隔膜，且似乎心中有 trauma（作外長時，留下之傷痕也）。故如有意見，對他說，不易生效。蔣則——甚奇怪——對世界大勢很清楚，雖不知其詳，頗能識其要點，然而又忙。所以不特你們三位先生得不到消息，恐代表團也是非到午時三刻不得訓令，即我們在京者，

①編按：徐謨（1893—1956），字叔謨，時任外交部政務次長。
②編按：王寵惠（1881—1958），字亮疇，時任外交部部長。

也是互相打聽，回家做一番考據工夫，然後以 circumstantial evidence，假定式的斷定線路如何如何。

自開戰以來，至于二三星期以前，可以說是盼望俄國如大旱望雨一般，然而又決不敢得罪德國，而求與之敷衍。汪似乎尤其重視德意交情。蔣百里走了之後，繼之以陳公博（云與 Ciano 有交情），我看都是白費。此等雙扇外交中，足以表示政府的集體心理。

最近一個月是"英美路線"一天一天高漲的時候，至上一星期，可以說是在此一路上佔定了——，這是可喜的事情，只惜不早幾年耳。——其所以如此者，由于對俄失望（其實是我們希望過奢。）亦由于日、德、義交情之加緊。此一方針還是蔣公定的。

自從九國公約開會之議出來，意見顯分兩派，一是以為此是制裁者，一知此會不是制裁者。其對此會之要求，一部分人主張不讓，一部分主張遷就。久而久之，後一派方抬頭。但後一主張之姿勢仍不免於 timid，謂既明知此會不成功，則當態度遷就些，以便于失敗時不負其責任也。至於積極贊助此會之成功，以讓步——具體事件的——俾美國等便于運用者，則近一週方抬頭耳。上星期之初——約十日以前——聽人說，蔣談外交形勢頗明白，言者亦係友人中意見相同者，故可知其若干情形。憶在半月以前，我在參議會中，演說了一回，大致謂，外交有三種可能（廣泛言之），一為對日直接交涉，此路決不通，蓋雖此法一時縱令價錢底些，而和平決無保障，一走此路，必斷英美之聯繫，危險萬分。一為聯俄，此路不可希望太奢。一為英美，此路目前也許緩不濟急，也須日本更不理會或抬高價錢，但此一路是可靠的，在內政外交上危險都較小。比京會議，既是第三路，應積極贊助之，不應該公然的說失敗又如何，而應該說，盡力使其成功。其盡力使人成功之說，即謂對英美表示，我國可于此會中作在其他機會中不可讓步之讓步，俾英美易於運用，而此讓步必為每題之對案，不可但空洞談原則。（此說羅鈞任首不以為然。）我國的賬只賣到英美身上，云云。此說當時未通過，但知政府在上週已如此行矣（即有具體事件讓步之對案也）。

政府究取如何態度，大家著急，我約于四日下午看汪，即把我的意思又說了一遍，留下一個意見書（第二附件）。前一日張岳軍約去看蔣，四日下午見的，便又說了一遍，也把意見書留下一份。適之先生看到這個意見書或者覺得我的意見何以如許低調？此由于此係對英美，可以低調，買賬買到此一方向，是有代價的。對日本則不然——我一向如此想。現在把這一件附上。

六日，汪與張岳軍說，五日曾開了一會，我之意見書，（當日發出最後詳細具體之訓令）大體採用。故現在雖政府對我們無任何表示，其內容大致可知矣。（今日已有表示。）我見蔣時，他無任何表示，亦無反問。

有此一番考據，我們知道，政府在此一事上，已與我們完全一致，即是與適之先生的想法一樣：一、信賴比京會議。二、在會中取妥協讓步——十分克己——之態度。三、仍積極抗戰。我把這些文件附上。信這樣寫法之故，由于政府態度如此，是考據之結果，非明白有所聞，故以考據之資料一併奉上。

六日，又出德國調停說，此事試探空氣則有之，具體提出則無，政府未為其所動。友人中對此事之意見亦不一致，且大多數 Emphasize 德國交情要緊，我以為此事不是可以猶疑的。六日，又送去一意見書（第三件）。現在政府對外交路線上站得很堅定。故此一事，三位可以不必憂慮。適之先生致當局累次之電報，均發生極大效力。（我們時有所聞，都未見過。）至於去電不多，話語不足，茫然莫知之苦，乃由于結構如此，運用又緩慢，且在一人胸中，事後自知，事先誰敢亂猜，所謂"中國是中國"也。

外交線路已定，只待我們運用。此中一大關鍵，是我們的抗戰力。

比京之會，美國儼然盟主，以後如何運用下去，誠不易猜出。　先生之冬電在引一句七言詩後，字碼不明，僅作"蓋羅赫□□□□猛表，此後只待如何實行"，最要緊的幾個字不明白了，但意思還可看出，希望　諸公在此一點上開明我們一下子。看來美國態度既如此積極，如 Davis 所表示，總不至于半途停頓，或者使之成慢性病罷。

胡太太在天津，勿念。上月十九日信收到，甚佩甚佩。　先生的廣播演說真好。此間有人說羅總統之演說是　先生運動出的。長沙臨時大學進行很好，雖有波折，金甫對付得很好。孟鄰先生在彼甚好，甚熱心。此間朋友都好。枚蓀見解甚可佩，每晚閑談，受益不少。希聖曾赴武漢半月，前日已返矣。只有程滄波真不像話，在上海回來後，仍不敢留，運動給陳公博作隨員，于是乎"國派的避難"了。日內也許你們見到驚人短氣的消息，即孔方①作行政院長也。今日之行政院，已 impotent，政權在軍委會及其中各部，故孔不足為大患。我們之于國家，只好如"孝子事親"一般，不管牠怎樣，我們總是知無不言，此時要絕對樂觀，我最近已入胡先生的樂觀黨。並候

子英②兄

斯年　26/11/9

此時如欲知內幕消息，只有向"侍從室"打聽，此則決不屑為。頃聽到一位友人談到些，雖其中曲折不少，大致與所考據者略同。比京代表，有人擬向政府說，請適之先生在內。我也以為然。亦有友人以為在內，反而不便，且如作首席代表，于顧③不便，如不然，非所以待胡公（枚蓀等皆如此說），故友人未向政府建議也。

附一：第二附件

謹案：比京九國公約會議，係諸友邦用大力圖謀方得實現者，吾國理宜希望其成功，襄助其成功。此會議成功之可能固遠不如其失敗之可能為大，然必吾國盡力，圖助其成事，方可於失敗後不負責任，而留為下一步中國際助我之張本也。

此時英美已詢我國以具體辦法，若我國只談原則而不提具體辦法，將致友邦之束手，不可謂得計。即有辦法而不足使人信我國勉為其難

---

① 編按：孔祥熙（1880—1967），字庸之，時任行政院副院長兼財政部部長、中央銀行總裁等職。
② 編按：張忠紱（1901—1977），字子纓，時與胡適、錢端升赴美國進行國民外交工作。
③ 編按：顧維鈞（1888—1985），字少川，時任中國駐法國全權大使。

者，亦非得計。必此時勉為其難，然後成功有一線之失望，[1] 失敗後可得列國較大之幫助。

一、原則、態度、辦法

  一、謹按，吾國既決定"務使此會之可能的失敗不由我國負責"，則必于行事上明白圖謀此會成功，否則吾國無論如何表明不負失敗之責，人必以失敗之責歸我。故只訓令代表團談原則而不提具體辦法者，不可謂得計；有辦法而不足使人以為我國勉為克己者，亦為非計。必于會中克己之甚，則此會失敗後，可得幫助也。[2]

  二、此次英美必求一具體辦法，如吾國有底本，終勝于他國提出板本以為討論基礎者也。

二、給予吾國代表團以較大之自由

  按，吾國代表團三人辦此等事件頗有歷練，首席代表顧君又為一謹細用心之人，如付以較大量之活動自由，常不至誤事。且此會進行必較國聯開會為速，國內之外交機構，或欠迅敏，若責代表團以每事請訓，恐誤事機。如英外相艾登等，並不能常在比京。故會開數日中關係重大，應付吾國代表團以比較大之自由也。此項自由之範圍及其給與，以　訓令告之。

三、具體事項之退步，在不得已時可以較大，但須為條件的，即謂"會中能辦到如何如何地步，則吾國可以更勉強作某某讓步"也。此項假定條件之退步，舉例如下：

  1. 如會中作華北領土行政完整之保障，則吾國可於同地經濟開發及原料供給上作較大之讓步。

  2. 如不于無形中使租界擴大，且辦法足以防止日本軍在上海登陸集中，則中國可于"上海中立區"一辦法中作讓步。

  3. 如此後之不再受侵略有效的保障，則中國亦可於此時勉談

---

①編按："失望"當作"希望"。
②行首自註："Reverse"。

"滿洲"問題。

4. 如停止走私，則關稅事酌量更變（用日本聲明之手續），但須以不妨礙國內實業及他國利益為條件。

5. 如日本停止其侵華之宣傳，則中國自然無所謂排日之運動。

四、基本調整及維持正常關係之機構

此次會中，吾國必要求得到長期之安定。（此固絕不易辦到，然吾國不可不如此要求。）達此目的必須①以後中國、日本間如有爭端，須用外交解決，絕不得訴之武力。②不能直接解決時，由調解仲裁之機構為之。此機構即由此會定之。吾國之一切讓步皆以換取此事為目的，否則短期和平，無補于太平洋大局。

五、所謂防共。

此事關係內政，且既與蘇聯簽不侵犯條約，不能反轉。故今後所可辦到者，㊀作一宣言，說明內政事項，不用外國干預。然中國亦必永循其三民主義之路，不加入其他任何▨▨"主義集團"。㊁在日本放棄侵略時，可與日本訂不侵犯條約，但日本不能作對俄任何形式之聯盟。

六、"太平洋永久和平"之"高調"。

中國應于會中說明，（或暗示，或明說）願勉強犧牲自己一部分之利益，以謀太平洋上永久和平，即謂中日關係粗得頭緒後，由太平洋各國商議共訂不侵犯條約。此實空而且高之調，然此調最易得英國各自治領之歡心，亦甚合一部分美國輿論。吾國應申言為此作不小犧牲。有此一著，自增加人之同情，則于此會失敗後，當大有用處也。

七、軍事與外交

謹按，無論外交如何，不能影響軍事之努力。近中頗聞有一種議論，以為注重軍事時，不可策動外交。此兩事本相因為用者也。①

---

①編按：傅斯年將本項圈起並註："留下次"。

附二：第三附件

關于九國公約會議之意見

一般考量：

一、目前國內之普遍見解，頗以為此次英國熱心而美國欠好。斯年曾數次在會中說明此見之不盡是。蓋英國表面上雖似熱心，事實上則其求"苟且了結"之心理甚切；美國不動則已，一有所發動，必揭示某某理想主義，非以"苟且了結"為榮譽者也。（歐戰後威爾遜為巴黎和會之環境所屈服，在國內遂失政權，即其例也。）

今日英美兩國之意向如何，雖不可悉知，然英國必是以速了為幸者，決不重視何種抽象原則之完整，美國則當標揭若干抽象標準，儘可嫌其空泛，亦儘可以環境太難而中道縮頭，然若由遷就以至於放棄，則不能也。（即如威爾遜時代，凡事皆為環境所屈服矣，獨于國聯一事則不放，亦其例也。）

有此情形，中國此時不可將美國之作用，看作次要于英國。且英國人是專顧目前利害者，美國人則頗以保障中國事自喜（一向如此），此心理當充分利用之，萬勿使美國人覺得我國信賴英國過于美國。且若英國之"事實認識"總是多少拍賣我們，善意之中，亦有不小可怕之處。若美國之好談抽象者，轉是我國之利也。且，世上大國皆曾丟臉矣，英國丟之至再，美國則尚未坍台過，此次出馬，其羞惡之心必在英法之上，彼之不肯過度遷就以成事實上之屈服，蓋較英國為可靠。此亦美國關係重要之一點也。

派遣我國代表團時，其中應有能與美國代表親切接洽者。

萬一在會議進行時，英美又生意見之不同，殊為可慮。今日英國人固多數怨憎西門前外相矣，然有力量之保守黨人，其論調猶似西門，其怨艾登輕率，大足證其心理，故前途如何，非一無可慮者。然則我國似不妨相機直告。

英國曰：萬一英美知以後有不一致之處，即謂美國主張英國趨不上，以為了事，則此後英美合作將永不可能，不止在遠東一隅而已。其實此情英國人亦深知之。

二、有人謂，吾國對此會應從頭表示絕不妥協之態度者，此則^{斯年}以為一無是處，何以言之？外交之事，不厭曲折。今日之局，日本來否，猶未盡定，縱其來會，必有萬分不合情理之主張。夫既為九國公約之會議，而九國公約之原文具在，則會中多數所能拿出來者，必與滿足日本之辦法相去甚遠。是則後來此會之大可能的失敗，責任皆在日本。若中國自始表示絕不能絲毫妥協之態度，無異分擔日本人破壞此會之責任，足致各國袖手。故^{斯年}以為此見甚不可行也。

三、假定之會期尤有半月，而此會決非可以一開即了者。此時倭賊必加緊攻擊，猶以對北方諸省為甚。設若不幸在開會時五省省會俱已陷落，日本在會中復作各種搗亂使其拖延，則非我國所能受矣。日前某處有一消息，謂此會或將設置一常務委員會，是則將為西班牙內戰不干涉委員會之繼續矣。此應竭力預防者，吾國決不能聽其變成慢性病。

可能的場合

a. 一、不到會，二、半途出會，三、入會即提議修改。

b. 一、制裁，二、回到國聯。

二、① 具體問題，一時想及，差有意見者如下：

一、所謂"華北問題"，在"行政完整"上決不可放鬆，至於經濟開放，則當為全國的，而對全世界各國的。日本如有資本，不妨在某事某事上儘先辦，但須與一般的外國投資同樣辦理，不能預為保留，不能夾襖政治力量。至于所謂華北非武裝化，當然不可行，萬不得已，在界區中數百里作一非武裝之協定，亦須彼此同樣辦。至于辛丑條約關涉平津駐兵者，正可借此會中正式提出廢止之議。

---

①編按：此項次相對於前段"一般考量"。

二、上海中立區問題。此事雖係日本之祈求，却甚合于極多外國人
之口味（尤其是在上海者），故正面駁回，恐亦非策。但在辦法
中，必求保持住：一、租界不無形擴大，二、日本不能借題上
岸（須有保障），然後可以談辦法，否則東南半壁失其天關，下
次戰爭開始即當在崑山以西，將如何為國乎？

三、我國應提出一件"門戶開放"之大方案，具述中國對此原則所
能辦到之各項事實，例如，投資方便之給與，等，亦包含在
內，以此為對付日本各種經濟要求之基本原則。日本以特殊要
求來，吾國則以對一切外國在任何地方上通用之經濟合作原則
應之。此調甚合九國公約條文與精神，會中當得多助。

四、東北問題，多數人思之欲哭，亦有若干人士良心上以為不妨放
鬆者。然此事國外形勢之關係雖較小，國內政治上之意義却極
重大。且承認偽國之說，雖為英國所樂聞，恐非美國所祈向，
蓋不承認原則固是美國人發之，而美國人尤引以自負者也。當
此正靠美國時，不可徒徇英國人之意見也。

五、反共問題，似可取如下之聲明：一、關于內政者，他人不得干
預。二、關于外國者，中國聲明願與日本定互不侵犯協定，如
此則日本無不放心之借口矣。

620. 傅斯年致錢端升 （1937 年 11 月 10 日）檔號：V：195（3）

端升吾兄：昨天給　兄與　適之先生信，希望此信與之同到。上月的
信，花了我八塊多，至今叫苦，蓋由於無發外國航空信之經驗，故
紙與信封皆太厚。昨天之信內容更多，反而稍廉，可見經驗哲學之
有益——希望以此一意告適之先生。
德國出頭調停之一說，我所知道者如下：德國曾在南京試探空氣。
Trautmann 一晚請汪先生吃飯，飯後拉到一間中談了些，大意是勸
中國適可而止，並以德國在大戰中之經驗為言，謂當時早不乘機下
台，至于不可收拾。……至于是否說明自己願出頭，則汪未說。汪
云，如彼無政府訓令，決不至有此談話。此言是也。至于此外有無

試探，我們不知道。我聽到這個消息時，大著急，次日送一意見書，昨信中之第三附件是也。

德國方面，想來必是放空氣于列國間。尤其荒謬者，為程天放。程也跑到比京，由顧介紹見 Davis。Davis 問，德國調停一說，程云"未接到政府訓令，然而他想不至於"。程又連問，比京會議失敗如何，Davis 乃大教訓他一番，大意謂你們政府應圖其成功，不當連續想其失敗。

汪告我時，亦謂此舉大荒謬了。今日所謂"參議會"中，我說，請外交部教訓程某一下子，至少辦到（一）申斥，（二）立即返柏林。會中無人反對，汪答應去說。

然而甚可怪者，即政府中多數意見，友人中多數，皆過分重視德國也。夫德國固不應該忽略，然與德之交情，只有經濟此一路上可通。若使德國影響我們的外交，即無異使德意影響我們的外交，即無異斷送英美一路。中國人無論何事——外交與政治——每每不能守分寸，可歎。幸而此事老蔣似甚明白，七日即有一聲明——不過為什麼派蔣百里去德國呢？

國內政治只有惡化，未有清明——此亦戰時使然，諸公不必過于憂悶也。國家到這個田地，自然萬分危險，亦惟有在此萬分危險中，可以有高興的興致。

我們的外交，吃"結構"的虧很大，至於主張，大體上或者不至於錯了。

希望　三公多多盡力。此本不待說者也。

友人生活大致如舊。自上月中旬以後，敵未入城大炸，城外則損失不小，這一由于敵人的辦法很進步了，一由於戰線上激烈也。今日又入城炸，此為二十日來第一次也。

雪艇又受居正之橫逆，教育界前途甚不樂觀。要之，一切戰後算總賬耳。

弟斯年　十一月十日

621. 傅斯年致王徵 （電稿）（暫繫年於 1937 年 11 月）檔號：雜 5–1–56

杭州建設廳。王廳長：借省府研密。聞兄思辭，靡增傷感。國事如此，驪先兄又在病中，萬望吾兄勉為艱難，驪先兄亦謂一切皆可商量。至誠陳辭，敬乞採納。弟斯年。

622. 傅斯年致朱家驊 （電稿）（暫繫年於 1937 年 11 月）檔號：雜 5–1–57

杭州。朱主席：研密。已電文伯兄力勸矣。弟斯年。

一九三八年

623. 傅斯年致蔡元培 （1938 年 1 月 12 日） 檔號：III：769

院長鈞鑒：自京遷往內地各所，在遷動中，最不使人滿意者為<u>天文所</u>，此事本不想上瀆　清聽，然責任所在，欲罷不能，思之兩月，謹以奉聞。

一、天文所自北平遷來之古儀器，其中有明成化仿郭守敬之二儀，乃世界科學史上之寶器，亦是中國科學史上之第一瓌寶也。此二儀前自北平運京（亦由^{斯年}鼓動），由京移至紫金山上。戰事一起，即由院務會議議決請其遷下，並由^{斯年}催促無數次。乃余所長一味推諉。率領全所研究員來總處與^{斯年}辯論。（余、李、陳，等）^{斯年}謂此物如遷不出，雖院長亦負大責任，若謂無法遷下，何以當年有法運上？最後^{斯年}又謂可將上層拆下，以便運。（此器去德國時已拆散也）① 余又謂路上新修門，不便。^{斯年}謂可即去與警備部接洽。如此爭論數次，余所長謂當去接洽，以後催問，迄無下文，如是者兩個多月，不得結果，又推諉無法借車。（^{斯年}亦代為想法，用木條滾下，余又謂無工人。然他處皆可覓到工人。） 及上海撤兵，一時局面大變，乃無法可想矣。②

二、八月初，決定近北極閣各所在他處覓房，天文所遷一部下山。適陳遵媯君房子出來，即以轉租於研究所，然其地正在北極閣下。八月廿六日夜，日機大轟炸，三工人喪命。此一地點，總處事前全不知其即在北極閣附近。且總辦事處早囑各所自北極

---

① 行首自註："此二件即以凡爾賽條約返之中國者。"

② 行首自註："此事責任甚大，所謂‘不盡人事’也。如政府後來追問，本院無詞以對。余對毅侯兄等云，古董不如新儀器要緊，蓋全不知此件之價值也。"

閣遷遠者，何以返遷近？豈是但圖轉租之便耶？

三、在京時，天文所只有一人來湘，余所長等仍留京，即以其自己
之住宅租給研究所，月領百元，又用廚房勤務，皆開公賬。其
實此時住內職員，余外僅有二、三人，以報時諸人在外也。
（余先生自謂在京管報時，然李銘忠又謂此事與余無關。）毅侯兄對
此開支深不謂然，曾對天文所庶務有所指摘，余先生次日來
辯，謂天文所每月九百元之雜費不為多。^{斯年}不便指明，只好
模糊了事。

四、上海撤兵後，京局頓緊張。余所長遂用所中二汽車載物而行，
（公私皆有，且開至湘潭，其岳家所在也。）而將報時等要件由李銘
忠賃民船西行。李自謂一套儀器分成三批，無法工作，又謂去
京時，余不理之，只顧自走。

五、總處遷至長沙後，開一院會，會後余謂要回家。^{斯年}問，天文
所尚有多物，如何安置？余謂可問李銘忠。次日問李，李云，
余無交代；再次日，李亦不見矣。船運之物到漢，茫然無人過
問，于是電陳，自南嶽到此，然後稍作安置。余先生對公物似
全無顧惜之念。① 一所四人，余先生回家，陳與他所往桂，李
則不知去向矣。②

在此情形中，固不能保證物件之不失，然必須盡人事，然後可以心
安。今果盡人事乎？其責任誰負之乎？乞 先生將此函交余先生，
請其向 先生直接作答。至於何以善其後，非^{斯年}所能知也。專
此，敬叩
鈞安

傅斯年謹上 一月十二日

---

①行首自註："^{斯年}曾以此信中各節面質李君，李謂彼有同感。"
②行首自註："再，^{斯年}請陳君來此，曾將此中各節面告之，陳君不能答。^{斯年}當
時曾大發脾氣，旋即謝過。然事實如此，終應有以明之。"

624. 傅斯年致朱家驊 （電）（1938 年 1 月 22 日）*

HANKOW 法界福煦街五號中英庚款會。朱騮先兄：電奉悉，一切託毅侯面陳。弟因存件待運，恐月內不能飛漢。年。①

附一：朱家驊致傅斯年 （電稿）（1938 年 1 月 20 日）

長沙中央研究院。傅總幹事孟真兄：密。有暇盼即飛漢商譚談，如何。驊。號。

附二：朱家驊覆傅斯年 （電稿）（1938 年 1 月 22 日）

長沙中央研究院。傅孟真兄：來電敬悉。研密。切盼即飛漢一談。驊。養。②

625. 傅斯年致蔡元培 （1938 年 1 月、2 月間）檔號：III：775

院長先生鈞鑒：此信乞 閱後，交丁、莊、周諸先生一看，並由此間抄下一份，寄邊滇、桂在途中各所。（但看完後乞即焚之。）院中同事時時以"將來經費如何"見問，院外之人又時時以"研究院遷何處，上海部分現在那裏"見問。對此斯年有回答之義務，同時亦皆係極難答之問題。其實此兩事關聯甚大，今自經費說到遷移及工作。

一、以前領經費情形，總要順利也。 去年九月核減時，本院七成，在當時是最惠辦法。十一月中領到十二月經費。當時知預發之消息早，（本為疏散之用）故由毅侯兄在京領齊。其他機

---

*取自"朱家驊檔案"（檔號：朱–07–002–p. 101）。
①頁末收發註記："元月廿二到。"
②頁末附註："已發。"

關,頗有至今未領十二月份者。蓋財政部到漢以後,更不輕發也。

二、以後情形,事實易知。 政府既無進款,其窘可知。(政府原靠關、鹽、統三稅及公債,今皆無矣。故政府收入,不及軍費之零數。)因此,經費事凶多吉少。風聞以後未裁之不關軍、財、外交機關,將發二成。(即照疏散五分四之比例)如是,則本院每月經費不足二萬。實則並此恐亦難發。

三、教育部之一關。 各大學有較優待遇之說(蔣介公言),但本院與教育部之關係異常奇特,地位在系統上比教育部高,然預算由教育部編(!)故如本院引用大學之待遇,須教育部之幫忙。然而今教育部……?據^{斯年}觀察,尚不至為難,亦不易幫忙,下週訪問後再說。

四、遷後安頓。 此時逃難中人心難定,本人情之常,勢不能免,然須早為安頓,以資袪除。故遷桂者應在桂安居,不作再遷之計。如其不能,便即行遷滇,勿稍留戀。不可先展開再搬家,既住下又思走。總之,此次一搬便搬到底,如不以桂為妥,即行赴滇。在滇、在桂,一經住下,便扔去再搬之思想,積極恢復工作。

五、本院公物應竭力保全,勿以"所值不過幾千幾萬"而棄之。此事關係院長之責任甚大,同人諒必看清。其非人力所能挽救者,固非罪過,然必須先盡人事,時間上之關係尤大也。

六、各所遷後總要積極做幾件切要的事。 按,各所安頓後,似當即行恢復工作,擇與時勢有關者為之。(此不指一切所言)故氣象所之工作必不可斷。地質所似可寫下近、未來調查南方礦產之草結果送給政府。社會所似亦有同類題目可作。如此則便于宣傳,便于向政府要錢。以後要錢,非宣傳本院如何如何重要不可。如謂此話難聽,則良心上亦當如是也。

以上各項乞 先生考量,並請同人參考。專此,敬叩

鈞安

626. 傅斯年致丁燮林、周仁、莊長恭（1938 年 1 月、2 月間）檔
號：III：770

巽甫、子競、丕可三位先生：數事奉陳如下：

一、總務處久未接到三所報銷，毅侯兄深以為念。蓋報銷積壓過
多，總處大有困難。且在此時局中，一旦失去單據，即無法辦
理，責任甚大，賠既不能，壓亦不可。世變日亟，總須預備隨
時可以結束也。（或交代）請將積壓之報銷，至多一個月內清算
送毅侯兄，務使無不結之賬。雪艇此次交代弄得"落花流水"，
即積壓不結束之故也。本院固不至換易長官，然裁併則可能
（經委會、建委會，其前例也。）

二、毅侯將賬算清，三所一館所領經費，已超過一萬二千餘元，而
應扣各捐不在內焉。此款請提出另存列入基金項下。否則他所
即有不足維持者也。

三、三所已裁及留所名單請即交下。

四、時局大難，自本月份起，人員應留至最低限，不如此不足維
持也。

五、三所物件能運者，仍請即設法運出，此事關係典守之責任，且
如所留者多，便是本錢，便易向人請資助。若一無所有，欲人
助我從頭辦起，更不易說話。此中道理前在漢已向巽甫、丕可
二兄言之。三所是本院根本，此事又是三所在內地開張之一重
要關鍵，幸留意。

六、在內地開張計畫，請從最經濟、最有效、最合實在情形處著
想。所有比較遠大之計畫，今非其時。

弟在漢、在湘，常有人問及"上海各所現遷何處？"故如長久停頓，
非本院之福，然如局面稍大，亦非本院此時所能任也。愚見如此，
謹寫以貢參考。專此，敬叩

日安

627. 傅斯年致傅樂煥 （電稿）（1938 年 3 月）*

長沙韮菜園一號中央研究院。傅樂煥：地位可平放箱四層，總處物仍當運往，如放不下可運川，周、陳均照留。告博弟婦傷可到湘雅妥治，函詳。年。

628. 傅斯年致李濟 （1938 年 3 月 24 日） 檔號：考 2–127

濟之兄：現在因匆匆忙忙發此信，故只能寫一事。

兄之書箱，決與本所出版品（已賣商務）同批運港。到港後當存入堆棧。但此非久計。蓋堆棧每月出費，運滇極貴,① 而廣東又多白螞蟻也。故最好之法，是作為印刷品郵包寄滇（如弟之辦法。）如此則費用如下：

^弟之十七箱共用二百八十餘元，連包紮在內。

至于衣箱，左右無善策。^弟之衣服，幾已盡失。存港則無處可託（堆棧不能存，以彼天氣及虫類，如存堆棧三個月必完）且運時又必須人押，而行李車上多遺失也。（特不是廣州一換之時。）法界之辦法，^弟雖已實行，然愈思愈不妥（其故面談），頗自悔（且不滿）。^弟意最好是亦作郵包（包裹）寄。此外託人須有機會，而此機會不易得也。

兄如以為然,乞即電長沙吳亞農，彼留長沙尚有一週也。（請分說書箱、衣箱兩事——如辦法可）^弟此次損失甚大，最妥當者為郵寄一事，此樂煥所想到之妙計，初不以為然，今行之，覺其甚可恃，尤多所省也。

^弟斯年 三月廿四日

---

*本電稿（檔號：IV：304）寫於傅樂煥致傅斯年函（1938 年 2 月 28 日）背面。
①行首自註："弟尚有若干箱書存滇，因寄不起也。"

629. 傅斯年致李濟（1938 年 3 月 30 日）檔號：考 2-128

濟之吾兄：惠書敬悉，感謝感謝。奉復如下：

一、本院經費，一月份于二月廿八日領到；二月經費，希望日內可
以領到，此皆七成也。（即與去年九月份以後一樣）自三月份起
減為七成之九折，即 6.3 成，蓋自三月份起，政費各機關大多
為五折，教育文化事業除專案者外，一律七成九折。此一辦
法，近月中當不致改動，樂觀者且謂可到年底（此不可靠）。然
欠發之事，則頗易有之，故亦不當太樂觀也。目下法幣對外匯
自限制後已有黑市，且所差竟至 12% 以上，加以財政當局之荒
謬，此事前途不無可慮也。此情乞勿與外人談及之。

二、本所同人既幾全到昆明，大可安定矣。以院所情形論之，本所
可以維持至明年暑假，故不必過分憂慮，以後亦不再疏散。此
兩點請告同人。至于法幣問題若有毛病，自然不了，然此乃四
萬萬人之問題也。

三、我們在雲南，總是"覊旅之人也"，理當"入門而問禁"，在
此風聞雲南情形，亦不齊一，教廳長似與建廳長不甚要好。雲
南大學是建廳一派的。臨大到彼，又是雲大招待，故教廳不甚
幫忙云云，此亦姑妄言之姑妄聽之耳。然本所在滇之人類調
查，本係冀廳長勾引去的，且旅費是雲南出的，中間教廳又甚
幫忙，而建廳廳長竟謂要向中央提議取銷此等研究！（此該廳長
親對丁、莊二位說的）看來似乎彼此吃醋。我們的原則，應該是
㊀不對罪任何人，㊁不佔任何人的光，㊂與一切人皆客客氣
氣，㊃切勿批評地方任何事件。使得他們知道我們是有禮的客
人，便好了。昆明情形，不特不能比南京，且不能比長沙、桂
林，此意請 諸兄務必格外注意。

四、聞有考古才料遺在桂林，想是重要者，如何移至昆明？

五、同人遷移中安適，至慰。聞諸兄皆有定居，羨甚羨甚。即此可
以開始大工作矣。印刷出版，^弟負全責。只愁無稿，不愁無法
印也。

昆明天氣既佳，大可為長居之計，縱使驅寇出境，吾輩亦不易返京，蓋經濟與房子皆成問題也。^弟意在昆明可以作長久想，倭賊也到不了那裏。

六、那廉君君來信問工作如何。^弟意請兄指定。那君本係校《實錄》者。今驪塵未出，似可請其管文書，及中文圖書。本所一百六十箱書，由臨大運走者，到蒙自後，似須檢查一遍，即由那君代本所任此事，何如？至于^弟之書，雖運費自出，然全作公用。^弟之書頗有用處，因係挑選過的。此一批書即由那君經管，如何？所有權，^弟保留，但大家共用，（不能借出研究所以外）^弟後來用時，亦須寫借條。此等患難時，只有大家"湊和"。又本所他書，似亦可由那君管（他不識英文，英文書恐須另託一位，丁、勞似均可（或啟生））。

總之，人當盡其用，請　兄吩咐，不必以一事為限，但求大家勞逸相等耳。

吳亞農也要往雲南去了，他是有用之人，但非對之察察不肯盡力也。

七、^弟又有若干書包及衣服寄滇，完後由樂煥告蕭。

八、與臨大關涉書之一事，恐同人不盡以為然，此當分別說之。本所自京運出之書物有千餘箱，其中稍涉重要者，均已分批運重慶，（此弟之失計也，詳下。）所餘之書一百六十箱，尚有他所自贛運來之書若干箱。院中既無法再出費運滇，只有置之長沙。

　兄等常用者，前者必已帶至桂林或昆明。本所此項剩餘書一百六十箱，買時自亦須數萬元，但運時則需萬元以上，如打郵包，亦須四千，並須四、五人工作二、三個月。誰出此費？故想到由臨大運走，大家公用之一法子。（此中亦有失計處，當時仍應用郵包。）且到滇後置之何處，亦一問題。國家到此地步，有書便當大家公用，總比棄之長沙為妥。照合同（前已寄兄）我們並未喪失所有權。且本所與臨大文科合作，（如上次信中所說）^弟頗認為應該也。

臨大文學院既在蒙自，此一批書^弟意應暫置蒙自，且如置之昆明，我們向何處弄得此二百箱之存儲處（加之各所，二百箱子以上）。待清檢後，可向臨大說明，我們將常用而重複者取回，此外我們自可大批"借"到重慶。一俟臨大文學院遷昆明，一切無問題也矣。一俟書到後，請　兄即向臨大問清，沿路共費若干，每箱子合若干，以便部分取回時清付，（如合同）然此必待點清後作，彼時^弟必已到昆明也。^弟到昆明後，住不久仍須回漢、渝。

九、本所運物往重慶事，大大失算，運費太貴（另想法子）而時間太慢，害苦了張政烺。且重慶與所分離，粵漢路又暢通。此等事皆壞在^弟于去年十二月中太悲觀，（一般人皆如此）復未深知粵漢路情形（彼時情形亦遠比此日為壞也。）今出費既多，而運渝之物，仍是大問題也。

至于漢口法界之堆庫，^弟覺比長沙好不了多少。或者將來運渝之物仍須擇數十箱最精者運滇（必貴極）而外國書及志書仍作郵包耳。

十、所址租到此一處（靛花巷三號者），至妙，恐以全租為宜。有此廿間，本所似可全够用。乞與交涉全租下，如此豈不方便之至乎？拓東路房子，自然仍當留下也。

十一、臨大如建築，我們似可入一股，（自蓋房子于其中）萬元之內，可以生法（基金）。

^弟大約下月十日左右赴重慶。

^弟斯年　三月卅日

630. 傅斯年致李濟（1938 年 4 月 30 日）檔號：考 2-131

濟之兄：惠書（七日）敬悉，分答如下。

一、近日連接駿一兄兩信，第一信茲附上，第二信是催問第一信何以未復。茲復均一兄一信，乞　兄一看，如無何等不妥之處，便請交之。此事似甚奇突，^弟誠百思莫得其解，^弟覆信中之一解未必是真正原因，（然陶、汪二人之批評我們研究所，近日有加無已，如與之開一玩笑，即立招逸夫兄來滇，彼等必大著急，然不必與之如此校量也。）大約是覺得我待遇他差些（如此則全是誤解矣）或另有高就（此公似非甘于貧賤者，此其短處也）。惟無論如何，只得請　兄慰而留之，並婉轉詢其感觸究何在也，盼感盼感。

此公能力甚精，而甚世故，其心中如何打算，人不可知，故與之深談非易事也。

二、約璋如、子湘回來一事，甚妥甚妥。當時一批走去數人，皆是好手，如此“淘汰”，決非辦法，如能全招之歸（以那一批同走諸人為限）尤佳。如此辦法，自然有反本院一般之辦法，然反之者不自本所始，上海三所皆大恢復，（然所恢復者究何在，弟亦不知也。）此一批中諸位回來時，其薪水恐須在“中基會”補助中支。第一組^弟近來把姚家積恢復了，（其薪由中英庚款會補助項下支）其他皆拒絕。此等恢復辦法，^弟意可有下列標準：（一）以助理為限，（二）須大家同意，（三）須薪有著落，如此似可無流弊矣。

三、本所房子，理當集中，故靛花巷全租一事，所關重要。彼既要出賣，如何是了，此須及早想法。總之，以集中為第一義也。蓋房子一說，亦未嘗不可進行，盼詢孟麐先生近中有何計劃也。

四、一組事，在寅恪未到前，請即託岑仲勉先生料理。

五、中英庚款會救濟辦法，　兄想已接到通知。此事^弟覺我們研究院切莫沾染，蓋更有窮于我們者也。此事分十項，文史一項中包含史學、考古、美術史、語言、民族及文化人類學。審查人三，　兄及寅恪、從吾。此中未列元任者，因元任將走也。

又，本所既不染指，外間尚有何處有語言學。人類（文化的）學方面，恐亦無人，故一以史學為重也。此三人之審查會，兄作 chairman，即在雲南開。可得救濟之人，^弟意至多六七人耳。^弟已推荐王獻唐，此君實在 deserve。此外^弟或推荐李家瑞，他來請求恢復，^弟覺不妨試此也。

六、在港時，晤劉月如（瑞恆），他謂昆明有朋友，可寫信介紹。後來似忘之。在飛機場送行，匆匆就^弟本子上寫一介紹信，乞兄詢明投之。同人在彼者多，醫藥方面，不可不注意也。此人係任昆明之衛生實驗處處長，^弟覺 兄可一訪之，本所同人及眷屬以後有病以何一醫院為宜，及各種預防事，乞其幫助也。

七、那廉君君又來信，謂吳去昆明後，彼恐無事。^弟有意將《實錄》寄至昆明，此雖冒險些，然彼來重慶亦非善法也。乞 兄安插他的工作，（貴組整理事他或者也可以臨時幫忙）並告以《實錄》或寄至重慶也。專叩

日安。

^弟斯年　四月卅日

附：傅斯年致吳定良（1938 年 4 月 30 日）[*]

均一吾兄左右：惠書誦悉，讀之再四，深驚　兄心中乃有如許之不快，此固^弟事前夢想不到者也。謹掬誠奉告，冀有以釋然。

一、取消第四組說。此說陶、汪二公確有此言，然^弟當時即駁之矣。且此類說話，實不以四組為限。至于何以有此議論，^弟亦

---

*本函有手稿本（檔號：考 2 - 133）及抄件（檔號：II：122）兩種，據手稿本整理。

不能知之。蓋緝齋脾氣古怪，好作肆論，此其解釋也。緝齋常給^弟以難堪，近年尤甚，吾亦不知緣何得罪他。且彼與濟之、彥堂等亦大有妄論，有時聲言要來本所打吳亞農、陳寄塵、傅樂煥。故此等說法與其謂為對四組，毋寧謂為對^弟也。先是^弟有人類學獨立成一研究所之議，汪一聞之，便來大鬧，謂如此心理所後來更無法加經費矣。^弟竭力解釋，並謂本所原屬第四組者仍帶去，非全是創局。彼仍不釋然，而向驌先先生說其不可。從此乃大攻擊^弟，謂^弟壓迫，訴之于同事，訴之于朋友。以此為例，^弟與彼等之意見果相同乎？且自　先生來本所，^弟之所以效勞者，自忖無所不至，數年來贊助之誠，不能解此流言乎！此等說話，如出之于院長、總幹事，或^弟及濟之，注意可也。出之于不相干之人，其人又以慣作批評著名者，　兄何所事其芥蒂乎？如　兄有疑，何不以之下問，給^弟一解釋之機會乎？此一點當由自京分散以後，大家不常見面之故，今既說穿，當可釋然耳。(所謂"本組同人亦有持此說者"是何人，乞　示知。)

二、統計方面機會甚多一說，似應分別論之。本所之第四組，　兄所擔任者，本是以人類學為主，非一純粹之統計事業，尤與經濟統計此時人以為時髦者不相涉。以統計為主體之事業固重要，然非本所所能有，本所不能兼天下之學問而包容，故只有希望社會所或他機關發達之耳。以統計論，誠然機會甚多，以Biometry 論，則中國並不甚多。^弟以為，兄之興趣，似乎以往為 craniometry，目下與 Morant 商量，彼處亦必為 craniometry，而非一般之統計可言也。科學家之成績，在其對于本科中問題之興趣，如　兄心中之問題，仍是測量的人類學也，則研究所(在國內) 似為最便之處，如近中興趣有轉移，則^弟無從探知耳。此乃本點，其他似為次等重要。否則以人生之有限，計量越多，而將來之總數算來愈吃虧，請　兄以此為朋友之讜言，無以為同事之談話。

三、計算員一事。查　貴組歷年以來，用費雖說不到多，然似並未
以經費之故影響及　貴組之工作，弟之奉贊，　兄當明悉。
貴組計算員實不能全部移滇，一人之川資過于半年之薪俸。然
今日查本月經費單中，　貴組計算員，尚有李、胡①二人，即
勇君②亦可請其隨時幫忙。歷年來工作未能多有結束者，恐非
計算員缺少之故。以後如有需要，儘可添置，否則多添更費
兄之時間。至于各組相比，則可不必。各所各組之經費皆不能
齊一，要以需要為定。在國難嚴重中，既以清理舊工作為原
則，則尤無所用其比較也。

四、前在漢口，接兄言辭之信，正擬奉覆懇留，即接第二信，似乎
兄之決定，係于弟之答辭。今弟與濟之兄竭誠奉留，則又須俟英
國回信，此弟以為不必者也。在所是今職，在彼係商談，故決定
在　兄而不在彼也。敢祈立即致彼一信，聲明前議作罷，則無
任感幸矣。　貴組曾疏散一編輯員，然此事亦事先徵得　兄之
同意，且一、三兩組亦皆有之，想不以此為芥蒂？國家多難，
允宜共體艱難，　兄如他去，在研究所固為莫大之損失，在
兄之損失亦大。歷年積有之材料，既係院中所有，如無特別理
由，即未宜在他處整理，然則數年之光陰不為白費乎？且甚多
工作不能結束，公私不便至大，望　兄體量國家之情形，勉濟
艱難，實深感幸。

總之，數年中弟所以奉贊之處，未知　兄認為何如？如以為弟是誠
心竭力也，一切皆無需于弟之分辯；如以為不然也，則弟實惶惑之
至矣。敢乞略一計念數年來之相與，即行決定留所，賜一回信，則
感幸之至矣。專此，敬叩
著安

　　　　　　　　　弟傅斯年敬啟　二十七年四月卅日

---

①編按：李勤、胡紹元，時任史語所第四組計算員。
②編按：勇士衡，時任史語所第四組技術員。

直陳無隱，請　兄認為係朋友之直言，勿罪是幸。

631. 傅斯年致李濟（1938 年 5 月 4 日）檔號：考 2–135

一、研究所事請　兄積極辦去。^弟已成一個裏外打雜之人。下年
　　度，當寄　兄一個代理所長之聘書，蓋縱^弟有時到滇，亦請
　　兄負其事也。^弟本思辭去，但此時為此，則有覬覦總幹事職之
　　嫌疑，事實上^弟乃內外打雜，行蹤不定，人問我"官居何職"，
　　我總說代理王獻廷，此與事實亦差不多也。
　　　所中事，不可不有繼續不斷負責之人，故下【年】度中，請兄
　　多勞，積極為之，不因^弟蹤一至昆明，而又有更換也。

一、吳均一兄事，　兄既未付前信，事隔多日，只好不付了。此
　　自是省事，目前自少支節，將來^弟恐更有事。如彼心中以為
　　不去央是犧牲。（其實據他來往信，英國決無電來，亦決無"事另
　　找人"之談，然而此談則為表示"犧牲"而作耳。）則以後……，
　　而"翁詠霓第二"之說，更有害人之可能也。^弟總是希望好
　　下去，或晤仲楫時再以^弟信中之意微告之也。此公心中究竟作
　　何打算，^弟實看不透，如兼鎮江教員、運動國民代表皆可
　　笑也。

^弟在此應辦之事甚多，然而一家生病，專抱怨此地天氣。（天氣實不
佳，前日可服棉，今日熱得我發昏（因濕故熱得不耐）。）小兒到此五
日未曾斷病，內人亦不佳，故日日思走。（其實所寓在山中，清幽之
至。）內人並謂"如不走，即作不走之打算；如走，何必在此過半
個夏天"，此言亦是。看來恐須內人等先走，亦未可知，走時大
約坐汽車，以省費而多帶物也。承元任夫婦約可暫住，他們的
hospitality 是再好不過的，但^弟總想待他們走後再移入，未走前，
以自立門戶為上。因此詢　兄一下，（勿向人道也。）盼即示^弟以情

形。如內人等先至，有自住一處之可能否？如何乞即惠示，至感。貴組工作物件，尚有必要者而放在湘、漢者否？乞　示知，如有或可設法運，但兩處均無人，恐不易也。又存渝之件，^弟想借車（兵工署者）運一部分往滇，惟不知能否借到耳。專叩

日安

^弟斯年　五月四日

632. 傅斯年致李濟（1938 年 5 月 6 日）檔號：考 2-136

濟之吾兄：前書計達。昨日接均一兄信，言"英倫回電，接洽事幸擺脫"。大約電自心上來，熟思後，寫此信，然不走極好，一切可以不必深論矣。^弟前回彼一信，所談 frank 之至。此信　兄當已交之。^弟恐彼見此信後，又提前論，（大約未必）故立以電復之。^弟覺，與不說話的人辦交涉，最好把可能的話都說出之。他的來信，包括甚多 suppressed feelings，照 Freud 之學說，應揭之入于 conscious，則可治療矣。　兄謂此意如何？

請代^弟打聽一下，自貴陽至昆明路上情形何如，人人言殊，故請詢其有經驗者，費神至感。

昨見張政烺，知貴組北去各助理之踪跡。祁①赴新疆（其父在南渝教書，云如此），劉②、王③赴陝北（必失望也），石④在西安，李⑤回家，楊⑥所在不知。看來祁是無法回來，其他當可招之返也。寅恪到滇否，為念。專此，敬叩

---

①編按：祁延霈（1910—1939），字沛蒼，化名祁天民。
②編按：劉燿（1906—1983），字照林，後改名尹達，時在延安馬列學院學習，後任陝北公學教員。
③編按：王湘（1912？—），字子湘，時任延安振華造紙廠廠長。
④編按：石璋如（1902—2004），時抵昆明歸隊。
⑤編按：李景聃（1899—1946），字純一。
⑥編按：楊廷賓（1910—2001），時任延安解放出版局圖書館職。

日安

弟斯年　五月六日

今決定內人先赴滇，^弟月底或下月初又須到武漢一行也。

本所已在滇，"昆明工作站"五字似可取消，何如？

又蓋房子事，^弟勸兄早進行，蓋越久則材料越漲也。此外^弟一時想到下列數事。

一、房子方位仍以向南長條為宜，冬燠夏涼也。

二、蓋樓房恐太貴，因一用樓房，材料便考較了。磚基、泥牆、瓦頂似妥當，但書庫及藏庫恐須磚牆耳。

三、房間似乎大了好，每屋可容五人，如此省得多。在京時每人一小屋者，^弟覺只便于談耳。

四、我們的地盤似可大些，以便後來添。或可與臨大商量一下子，闢一塊地，准教職員及同人自行依固定之式建住房。

五、^弟覺我們在雲南至少要三年。此間人人打聽南京的房子，^弟覺不然，甌亦破矣，顧之何益。

六、前老徐敬直為我們建宿舍，有一方案，平民式也，似可供參考。李惠伯最易聽省錢的話，思成的太太則充耳不聞也。

^弟年又白

633. 傅斯年致王雲五、李澤彰（抄件）（1938 年 5 月 10 日）檔號：I：67

雲五、伯嘉兩先生左右：別來將兩月，諸維　起居安吉，至禱至禱。^弟返漢之後，無日無事忙，未及箋候。又于上月十六日到渝，一至此地，懶病乃發，或者月底仍須東行也。

漢簡一事，前由　伯嘉兄告^弟：（一）已向上海提取舊照之件。（二）已新訂適用于此之特種照相材料（弟一時忘其名）。（三）即將估價單及辦法開示，至今^弟尚未接到　貴館通知。敢煩　伯嘉兄再一查為感。^弟覺此事進行愈速愈妙，訂購材料愈早愈便宜，敢煩　兩先生交主管者即日進行，無任感荷也。好在此事既有中英庚款會補助，故進行當無障礙也。

再，關于^敝所出版之件，所有銅模（國際音標）關係重要，如一旦失却，再製費時。關于此項刊品，在　貴館積壓不少，深盼能將此項銅模早日取出，則進行順利矣。又，董作賓先生之甲骨文，已印成者及底稿，目下已取出否，至念。此書仍請繼續付印，一切需要之費，^敝所皆任之，但盼其早出書耳。

又，^弟之一書名《性命古訓辯證》者，前在港時已以二、三兩卷奉上，其第一卷日內即可奉上，並盼其可早日出版也。專此奉懇，敬叩日安。

弟〇〇謹上　五月十日

634. 傅斯年致朱家驊（1938 年 5 月 10 日）*

騮先吾兄左右：久未奉　來書，想　一切安好，為念。院中各事正在清理，積壓文件實在不少，且有外國文公事甚多，恐本月內不易清完也。稍暇再當擇重要者以聞。

兄去德一事，近中有何變化？據蔣慰堂兄言，　兄或者非去不可，但改船期至六月云云。^弟意，　兄如非去不可，最好早去早歸，向下推延未必甚便也。頃已以此意電聞矣。

友人童冠賢，　兄所熟識，亦深知者也。此君有見識，有氣骨，有國士之風。彼為察哈爾人（實即宣化人），而察省有識者不多，今淪陷矣。此次參政會，有人覺得無聊（如^弟），有人覺得重要（此類人皆誠實可佩），然在淪陷之邊省，終以得人望為宜。^弟意，彼可為察省之參政員，實無更妥當之人，深盼吾　兄力為圖之也。專此，

---

*取自"朱家驊檔案"（檔號：朱–07–001–pp. 45–46）。

　　敬叩

　日安

弟斯年上　五月十日

635. 傅斯年致朱家驊 (1938 年 5 月 10 日)*

　　騮先吾兄左右：關于　蔡先生薪，寄至香港不便時，前在漢口與　兄

談及。弟意，趁　兄出國一齊換成。　兄謂，直備一公事，當面交

孔方，說明非換不可，云云。看來恐仍以　兄之辦法為直捷。茲由

毅侯兄匯　兄處萬元，① 敢煩早辦此公事，並盼當面與孔方氏談好，

為感。

　　再，　兄之薪水，弟想好一辦法，日內奉聞。專叩　日安

弟斯年　五月十日

附：蔡元培薪、公兩項清單

蔡先生

五月份薪淨數（所得稅、飛機捐已扣）	五五六、四〇
六月份薪淨數（同右）	五五六、四〇
七月份薪（所得稅已扣）	六二一、四〇
八月份薪（同右）	六二一、四〇
九月份薪（同右）	六二一、四〇
十月份薪（同右）	六二一、四〇
十一月份薪（同右）	六二一、四〇
十二月份薪（同右）	六二一、四〇
又特別辦公費（自五月至十二月，每月七百元。）	五、六〇〇、〇〇
共	一〇、四四一、二〇

---

*取自"朱家驊檔案"（檔號：朱–07–001–pp. 50–51）。

①此處朱家驊批註："准十一日由中央銀行二·七正。"

此匯上之萬元即為　蔡先生薪、公兩項，自五月至十一月共半年之約數。　斯年。

636. 傅斯年致蔡元培（抄件）（1938 年 5 月 22 日）*

子民先生尊鑒：五月十八日　手諭敬悉。謹復如下：

一、子競先生往國外事，此事^{斯年}覺得甚好，蓋自春初以來，子競先生精神衰弱，應早休養，且國外之行，每與將來事業有關，工程之學，日新月異，本有此必要，故無論參加此項國際會議與否，此時出國走一下，無不可之理也。

　　至於此項國際力學會議（International Congress of Applied Mechanics）（只是機械，非泛包一切工程。）會期在八月，非九月，外交部本有公事前來，當時因院款支絀，故推給教育部。適　翁詠霓兄到此，詢其經過，據云，曾有是說，後來因教育部主張派導淮總工程師某，[1]（一時忘其名）而經濟部又要派茅以昇君，尚未決定。詠霓本想推薦子競兄，論資格經歷，原最適宜，繼以教育部甚熱心，故結果恐須派教育部所推薦者矣。其實此點只是三千元之關係，代表之名義，則子競先生如要去，當然不成問題。看來不必為此三千元（經濟部津貼）請教育部收回其所欲派之人。（經濟部只能津貼一人，詠霓云。）（院中與教育部之關係，久則當有微妙之象，故似不便以此小事與之爭也。）故子競先生如欲用此名義前往，院中即可向教育部辦公事，加子競先生為代表，若旅費，則由本院全出可耳。（約六、七千元）^{斯年}愚見如是，未知　先生以為當否？如不妥，當再向教育部辦交涉，請派子競先生作代表。（惟一的，方可得經濟

---

* 本函有抄件複本兩份（檔號：III：765、III：771），其中 III：765 本頁首有傅斯年批註："此件看後乞寄還"。

[1] 編按：許心武（1894—1987），字介塵、介忱，原任黃河水利委員會總工程師，時任江蘇省導淮工程處處長。

部三千元之津貼。）然據^{斯年}觀察，三千元之數目雖不少，然亦不即值得與教育部爭也。（直到現在，教育部未有妨礙我們的事，且道藩等甚幫忙，將來則不敢保，因立夫意見（頗多可笑者）太多也。機力學是二位陳公所切好，彼自有其理想之人，故最初^{斯年}即覺得讓他為妙也。）至於費用，大約赴美為開會十日及小住一月，來回頭等船票、火車、及其他，凡一個人所應用者，約為美金一千二百元至一千五百元之數，合之中國錢則六千至七千也。如子競先生為休息故或為參觀故，須延長若干時，自當增加，一切請　先生批下照辦。

二、余青松君汽車事，已於前書中　呈覆。

三、高曙青旅費事，院中實無法担負，其理由：一、彼在院無勞績可言。二、彼之天文學實可謂不入門，（數年前余所長為彼印一天文圖，需印費甚大，杏佛先生疑之，取稿一看，則一紅二綠之兒童或可用之圖也。杏佛大怒，乃作罷。）在比只學了一年級。年來國內各科學大有進步，彼不足以代表中國矣。此時院中實無此閑錢送他。

數日前天文學會來一信，雖曰天文學會，實則地址及寫信之筆跡，皆是天文所，二者本來是一也。信中謂：余、高、張、等，凡委員自當然要去，請院中"排除萬難"，津貼一萬元。其措詞雖毅侯兄亦認為"其勢洶洶，毫無常識"，當即復以無款可付，（此係實情。）如天文所自願津貼，可以考量。

各所目下存欠情形，另單呈報。總辦事處有虧空。（毅侯云，其故由于上年度（即去年六月以前）欠下各部份建築費等數萬元，如不報，則須交還國庫，故報了。故總處本有餘款，本年尤未超過（少用萬數千），徒以此故，轉為赤字，實無款津貼任何別用也。）故各部份出國代表，如某所認為必需，只得由本所經費項下支付。天文學會當由天文所，歷史學會當由歷史所，（此亦目下一難題，正在設法擺脫。）子競先生之出國，與毅侯兄研究過，亦只能由工程所紡織項下支也。

四、柏齡兄事，關于名義一層，前已函陳。此事^{斯年}以為　先生無須內舉避親。柏齡兄近年成績，多人所知，請為副研究員，手續既合，實質上亦無人可以指為不當也。且柏齡兄之來院，與鎢廠之辦不辦，不必連為一事。蓋柏齡兄所學有成績者，為物理，此則頗著聲譽矣。此項人才正是院中所需要，故回國後在物理所，在工程所，均無不可也。即在工程所鍊鎢或作他事，亦均無不可也。但求其學習與興趣為相近耳。總之，彼之論文足以証其來院之資格，（緝齋最歡喜看各國科學雜誌，自前年即道及此事。）而其科目（物理）又為必要，故此時似可發聘。其寄旅費一事，亦無不可。故似乎不必繫于鎢廠之辦不辦也。

至于鎢廠一事，^{斯年}于此等事毫無知識，不敢妄言，請　先生與子競兄定之耳。適詠霓在渝，^{斯年}抽象的詢其意見，（未言本院有辦廠之意。）其答復如下：

一、鍊純鎢銷路甚小，因用處少，鍊合金乃多銷路。

二、資源委員會所辦者，需四百萬，係德國工程師設計，其出產後商業情形，（即果有大利否）亦無把握。蓋各國之鍊金祕密無人肯告人也。

三、設此廠時，曾與德國有力者商定，派員到工廠實習，到德乃遭拒絕。其故由于各國鎢廠，曾有一聯盟，公約不以祕密示人。故試之于法、于瑞典、于德，（已由軍政部核准，尚不行。）皆不行。只奧國未加入，然其方法早已陳舊，且今日已併于德，更不行矣。有此情形，故資源會之設此廠，亦仍是暗中摸索耳。

詠霓所言如此，寫呈以供　參考。^{斯年}覺得辦此事有大小兩路：小則為"實驗室工作"自不需多款，（當然，幾萬元也是少不了的。）然亦無利可圖。大則非有大資本不可矣。故此廠之設置，所待之條件甚多，尤係于大局之轉移，目下未易斷言。惟此與請柏齡兄來院非一事也。謹陳愚見，敬貢　參考，專叩

鈞安

　　　　　　　　　　　　學生○○謹上　五月廿二日

637. 傅斯年致高魯（抄件）（1938 年 5 月 24 日）檔號：II：33

曙青先生左右：四月廿六日　惠書，輾轉于今日始自昆明轉到，緣以稽復，為歉。

先生有意出席國際天文學會，甚幸甚幸。此等集會，吾國一向忽視，殊可歎息也。至于本院補助旅費一事，原則上似屬當然。惟目下本院經濟狀況，實屬萬分拮据，蓋本院與各機關同樣折扣，（自去年九月，七折；自本年三月，六．三折。）而本院性質不容疏散多人，兼以自京、滬遷移內地，各項費用，正在無法籌措中。日前天文學會來函，請求補助，弟查出總辦事處截至上月末，虧空三千餘元，天文所雖尚存五千餘元，然遷移費尚未算入也。本院情形，各部經費劃然，不能移轉，此　先生所知，又無任何臨時費、預備費及公積。故總辦事處及天文所無餘款，此事即無從籌措，雖他所間有一二稍有存餘，亦皆有固定之用途，而總處無權移動。實情如此，敬以奉聞。弟在此僅代文書事件，此等事本由　蔡先生及　騮先兄決定，然實際如此困乏，恐二公亦不易為力也。謹復，敬頌

道安。

弟傅〇〇敬啟　五月廿四日

638. 傅斯年致蔡元培（抄件）　（殘）　（1938 年 5 月 25 日）檔號：III：764

〔上缺〕

承詢　丕可先生化學所遷移計劃中關于九龍設站一節斯年之意見。斯年覺丕可先生函中所說似皆有其充分之理由，故並無意見。

惟有兩點似可注意者：一、據斯年看法，以後國幣對港幣（外匯也）之兌換律，必是江河日下之勢，不知伊于胡底，絕難得到安定，（至少在孔氏任中）如此，則在港費用，隨兌換而增加，同人薪水亦隨

兌換而打折扣。二、經費如何匯至香港，準以最近經驗，大是問題，此點請　毅侯兄另覆。

斯年　27/5/25

639. 傅斯年致朱家驊 （電）（1938 年 5 月 26 日）*

漢口福煦街五號。朱騮先兄：① 匯率日低，院長薪事乞即辦，並請坐催。年。②

640. 傅斯年致 Sven Hedin （1938 年 5 月 26 日）　檔號：I：1002

Chungking May 26, 1938

Dear Dr. Sven Hedin,

　Your letter of November 7 reached me only yesterday, after it had travelled numerous places—Hongkong, Hankow, Chungking, Kunming and back to Chungking again. The envelope appears very impressive, as it bears so many marks, I shall fix it to my album.

　The MSS③ on wood is perfectly safe. Thanks to the efforts of Messrs Hsü Shen-yü and Shen Chung-Chang they were brought out of Peiping after its fall to some place which is free from war and air attack – safe if the war in Europe does not break out.

　I obtained a grant from some quarter to assist it publication and the printing is in progress. I hope it will come out before fall of Winter. For the time-being Mr. Shen Chung-chang (the young versatile assistant of Peita,

---

*取自"朱家驊檔案"（檔號：朱 - 07 - 001 - p. 55）。

①頁首朱家驊批註："函復：已與孔懇談，并將公事送去。據云，外匯困難，不易辦到。"

②頁末收發註記："五月廿七到。"

③編按：MSS 為 Manuscripts 的縮寫字，函中專指 1930—1931 年間出土之"居延漢簡"（現藏中央研究院歷史語言研究所）。

whom you know) takes the responsibility of keeping, editing and supervising the printing of them. The delay in its coming not was due to the interference of Messrs Ma Heng and Yuan Fu-li. As soon as it appears, I shall mail to you some copies.

Our friends and colleagues are doing well. The Institute of History and Philology (now in Kunming) is progressing steadily with its work. Please inform Dr. Andersson and Dr. Karlgren that our archaeological collections remain intact in West China.

Yours ever Sincerely

Fu Ssû-nien

641. 傅斯年致汪精衛 (1938 年 5 月 27 日) 檔號：III：1156

精衛先生賜鑒：前奉 手書，重承 下問，盛意拳拳，感激何極。時維孟夏，諸希 政躬康福為禱。斯年到渝之後，山居寡出，不幸足上濕氣大作，步履艱難，已廿有餘日。有疏陳啟，慚疎①之至。

近日歐洲局勢大動盪，日本內閣改組，斯年索居思之，以為此乃一事之兩面，德、日必有對俄進一步之默契，敢為 先生陳之。

捷克局面之突緊，當與本月初希特勒、墨索里尼相見有關。此"桀紂"二人者，對歐州局面必有一個比較上整個之計畫。此二人性情本不同，而德、意兩國利益矛盾之處尤大。希氏為好大喜功之人，然亦能為人所不能為之犧牲。（如上台時即聲明德國西界無邊疆問題，以安法國；更放棄德國傳統的仇波態度，將波蘭自法國手中拉來；兩事皆難，而後一舉尤不易也。）其恨蘇聯為誠心的。墨氏乃一個最大猾獪，其目的在利用機會挿票，以"力"為挿票之具，所鬥者乃是"智"，而非"力"也。且彼之反共亦是為利益的，而非真為主義動情感也。德國欲迅速實行其對外驚人舉動，自須有義大利之贊助，此贊助至少為消極的，即不反對之謂也。凡帝國主義之侵略，無不是避強攻弱者，故

---

①編按："慚疎" 當作 "慚悚"。

德國之舉動當然不是直對英、法，而是揀小弱國或內部有問題之蘇聯。（對蘇聯當須有日本共時並舉）于是德國只有兩路：一、東進，由捷克而蘇聯也。一、東南進，所謂多腦政策，奧國之後，繼以匈、羅、巴爾幹。奧國之兼併，已使德、意關緊為之動搖。故此次"桀紂"會面中，希氏必對墨氏保證其放棄東南進政策，且或允許希氏在此一帶中享有若干政治影響，或瓜分小協約國為勢力圈，以便換得墨氏對德國東進政策之贊助。

此一分配辦法，表面上與意為有利，至少暫時的。而意國目下必維持其對德表面友誼，以壯聲勢而便撞詐利益。無論其心中如何曲折，表面上非作此姿勢不可。

然墨氏非肯鬥力者，意國亦非真能鬥力者。故于贊助希氏此辦法時，必附以條件，即英國不動，彼然後可以贊助，此即暗示英國如動，彼當置身事外也。

此法仍是墨氏之慣技。蓋捷克如直為希氏屈服，則匈牙利、羅馬尼亞、南斯拉夫必更投歸希氏以求保護。希氏取一而彼取三，由德尸發難之名，而意仍有不犯英國之難。意大利之所以沈默者，當以此故，且欲有所待，以占英國之態度歟？（意、德雖係聯合，仍是土匪合作，暗中猶在機心搆鬥中耳。）

然則希氏侵捷有假定之二條件：一、義國贊助。二、英國不動。上一項又繫于下一項，蓋英國果動，意即不加入，墨、希兩人之諒解，疑是如此。

然張伯倫亦狡猾人傑。彼之政策，亦是多面作工夫。近來因與意成協定，而與法國之關係亦更加強。張氏看出此點，立示德國以英國之積極的態度，于是希氏不得不徘徊矣。

此一動態影響及于東亞者，則為日寇在廈門之登陸，及日政府之改組。蓋德國作上述計畫時，必拉日本以對俄，故不能不狥日本之各項要求，而召回在華顧問、停賣軍火等事出矣。日本對此一合作法似亦接受。[①] 其佔廈門也，不足以威脅粵漢路，且在華南佔一好根據，然

---

①行首自註："現已遭其預料不及之困難，故亦由驕而忿，樂得再大張其聲勢。"

對英則頗可表示其積極。其內閣之更變，更可徵其或將對俄有事也。荒木本為一向主張攻俄之人，（彼雖僅任文部，然若只許其奉職文教而不參預大計也，彼必不肯入閣。）廣田之舉動，一向頗有和俄之意義，其欲與英國改善關係更無論矣。反共協定，並非廣田任中所定，今與日、德關係更緊切時，勞重功高之廣田去職，似大有意味。至此繼任之宇垣，雖曰老成軍人之領袖，實是多面圓滑之人。其一往名譽，可以向英、美作相當掩護，其對俄則不與廣田共其主張也。然則日本之企圖，亦是在暫求英國不動之條件下，對俄積極耳。

斯年去秋以來，于侍坐時每陳論三事：一、俄決不主動戰日。二、日決不主動戰俄。三、日如戰俄，必係與德國合謀。看來目下之局勢似已入于第三步。

斯年遠在重慶。除重慶各日報外，一無消息，暗中推測，所見如此，寫呈以供　參考，惟恐無所當于事實耳。專此，敬叩
政安

五月廿七日

再，此書寫成後，徘徊未發。今日讀報，各國觀日之觀察，有與此同者，有與此異者。今日有東京一路透電謂將暫置蘇聯。夫日本既在華遭遇重大困難，自必更不願輕于對俄挑釁。然目下東西兩處近事之表顯日、德兩國對俄必有一計畫。至于此計畫之是否迅速出動，或竟因阻力而暫置，仍繫于意國助德究竟到如何地步，及英國之態度能否堅持下去耳。

642. 傅斯年致管理中英庚款董事會事務所 (1938 年 5 月 31 日) 檔號：考 19-1-5

敬啟者：[①] 廿八日惠書奉悉。所詢之點，謹覆如下：　貴會此次協助科學事業，既包括人文社會等科目，自不以狹義的科學為限，惟既曰

---

①頁首自註："彼來信問‘範圍’之界說，以此告之。"

科學，則亦不能包括文藝創作在內，然則此處所謂科學，即等于德國所謂 Wissenschaft，即"有組織的知識"之謂也。

如是，則請求人之ⓐ成績，ⓑ過去工作，及ⓒ將來計畫所指示者，如不以有組織的知識為主體，而僅是文學創作及文藝批評，不應在範圍之內，若反之，不以創作為主體，而以知識為主體，則可在內。

基此原則，戲劇學（若僅是批評及欣賞）不能列入，戲劇史則可以其內容如何而決定其列入否。（若真是史的研究，如王靜厂之《宋元戲曲史》，則當列入。）然近年治此者，大約皆在文藝範圍中，恐不能列入者多也。

又，人文一科，分作四門者，亦僅為一種方便，嚴格上本不易分，且有介于兩三者之間之問題。如是者，似當以其成績為主 merit，不必嚴格限以何一門也。

為此四類作一界說，大非易事，今姑列舉一時所想及者，若有出于此外者，仍請斟酌，或連件送審查主席決定。

歷史　從最廣義，如文學史、哲學史等皆可列入。但哲學、文學，則不宜列入。前者是有組織的知識，後者是創作。

考古及藝術史　此兩科合為一，本是歐州之通例，此中所謂藝術，只是動手者，所謂"口上藝術"，如文學、歌樂，及"身體藝術"，如舞蹈，當然不能在內。

語言　此事較明析。所有各國各地之方言研究，比較文法學、以及中國傳統之文字、聲韻、訓詁學等，皆應列入。但英法文教師之英法語、世界語等，則不能列入。

人類（Ethnology）及民俗（Ethnography）　此事範圍最難用列舉法定之。只好每件考量，看其是否為客觀知識之探索耳。

此致

管理中英庚款董事會事務所

傅斯年敬啟　二十七年五月卅一日

643. 傅斯年致李濟（1938 年 5 月 31 日）檔號：考 2-137

濟之吾兄：^弟自本月十日許，鬧脚氣，不能走。故在山中辦事，乃上星期四日進城，誤多途 Iodine 致有四方寸之塊燒爛了。腫及小腿，且發燒，儼然大事，[1] 遂有若干日不能做事，（脚不能放下，須在牀上，將脚豎起，方不痛。）只到前天，才漸好。（^弟在上清寺聚興邨已住十日矣。）故今日開始清理文件。此間天氣真正壞透了。想到你們如天人然。

一、房子事如下。^弟接到　兄信，知有竹安巷一個妥當房子，當時想到^弟住不了，然忽然想起，此房當留下。其故如下：

（一）^弟瞻念前途，昆明以後房子必更難找，必更貴，^弟在漢時即知有若干機關準備遷往也。（此非^弟悲觀，^弟不信武漢在秋前有問題，但秋後亦不能全保。抗戰前途至少尚有二年。）（二）研究所在此存物，終須有一部分（或大部分）運滇。目下來要書者紛紛，而箱子頂房頂，事實上只有多運走，無隨時檢寄之可能也。（三）臨大辦事，非常迂緩。若由彼自辦，則長沙聖經學校之租約，赴滇之決意，皆不能迅速。我們蓋房子，如不與之混為一，必有若干不便。（城外空地，我輩先去，亦不易也。）若與之混，至少買地一事他們一時辦不完。（臨大諸公辦事之慢，可駭人也。）（若問何以如此慢，則將曰：他們不能如我們，說了就辦，須先商量。此中自實有此情形，然亦不盡然也。若有一人不顧他人而自負責，亦可通也。此皆不足為人道也。）故^弟覺，房子還是要建，愈快愈好，但何日可住，大有問題。

有此情形，^弟當時想到者，是將此房由公家租下，下月元任赴美，二組人只有四位助理了，即將二、一、四組一齊併入青雲靛花巷。^弟以為除非萬不得已，一所應在一處，^弟自始反對各組自立門戶。如此則竹安巷者可為宿合。^弟覺原則上應如此。

就一機關而論。

一、一房子之內，不容有他人，故靛花巷之他人應設法去之。

---

① 行首自註：「溼氣至此尚是第一次。」

二、房子之外，不容另有自己，故拓東路可以住家，可為宿舍，
　　而不可長為所之一部。

就元任來信看，一、四組皆遲遲遷至靛花巷，故元任頗感拓東路之
擠。而拓東路兩月後之能否續租，元任未回^弟信。故因是^弟聯想到
此房之公用法。且^弟之書籍（全充作公用者）之打開及此間物之陸續
運去寄去，（正在計畫中）皆賴有房子。竹安巷之近于靛花巷，則不
易得之事也。有此計量，故^弟連發兩電，謂“公私皆可用”。然集
中辦法，　兄未必能即辦到，（此中情形，^弟可想像。）故^弟轉思此房
仍由^弟任之。後來如公家可用，則^弟另想法。如不可用，^弟即邀人
分住。在未邀到前，^弟任其全。如是至多^弟損失兩個月之半個月房
租而已。

總之，乞　兄計畫一下，如為集中故，此房子必要者，則^弟讓為
公。如非必要，則^弟自任，一面約人分租。如此佳房，分租當不
難。（即難亦無關係。）若不即留，後來必悔耳。

明日續寫。

斯年　五月卅一日

內人大約十日左右去，^弟大約月底赴漢。

644. 傅斯年致朱家驊（電）（1938 年 6 月 3 日）*

漢口福煦街五號。朱騮先兄:①

院長薪、公可兌去，為慰。請派人即到中央行接洽，電匯港商務印
書館轉。年。

---

* 取自“朱家驊檔案”（檔號：朱 – 07 – 001 – pp. 59 – 60），有電稿及譯電兩種，據
　譯電整理。
① 頁首收發註記：“六月四日到。”

645. 傅斯年致俞大維 （抄件）（1938 年 6 月 14 日）檔號：II：27

大維四兄左右：茲有一事奉商。敝所存渝古物、拓本、善本書籍，共約七百五十箱，其中皆貴重品，不少國寶，足與故宮精品爭伯仲者也。惟以敝所已遷昆明，無法在此整理。且存之城中，深虞火險，存之山洞，又慮濕潮，為求物得其用，而來此同人復得工作起見，擬運其自重慶至昆明。

此項數量共約七百五十箱，假定平均每箱八十公斤，（或不及此數）共六萬公斤，即六十公噸。如以載重噸車之汽車運去，每車廿箱，則三十五、六車即足。頃聞 貴署有車隊來往昆明、貴陽、重慶、長沙間，去昆明時每放空車，自昆明返則滿載。弟擬請 兄設法將本所各貴重箱搭去，所有汽油及其他應付各費，本所完全担任。

再，此事無時間制限，分期分批搭去均可，但就 貴署車隊赴昆明之便耳。

此一批中，有殷商三百年歷史、及周漢寶器、宋元本書數十種。想 兄必同情此舉也。乞 鼎力協助，並乞 惠予電復至荷。專叩
日安

弟〇〇上　廿七年六月十四日

646. 傅斯年致彭學沛 （抄件）（1938 年 6 月 14 日）檔號：I：53

浩徐吾兄左右：別來想 一切安好。為禱！

茲有懇者，敝所存渝七百五十箱寶貝，內有宋元刊本、甲骨（其多為世界第一）、殷商考古品（殷商三百年歷史在其中）、周漢寶器、舊拓精本、稿本、外國善本等，此足與故宮精品爭伯仲者也。惟以敝所已遷昆明，（古物運渝在前，本所遷滇在後。）無法在此整理。且存之城內，深虞火險，存之山洞，又慮溼潮。為求物得其用，而本所

同人得工作起見，擬運其由重慶至昆明，以便開箱整理。

此項數量，共約七百五十箱，假定平均每箱八十公斤，共六萬公斤，即六十公噸，如用載重噸車之小卡車運，約須三十六輛（共一次）。^弟前聞 貴部曾與其他有關機關共辦西南聯運事件，頗有卡車自腹地空往昆明，滿載而歸，即不空往，此批物件，自亦比出口貨為要。^敝所深願搭運前去，所有應付之汽油及他費，自當照付不悞也。事關國寶，想 兄必予協助也。^弟在渝生腳濕氣病，並無大痛苦，而不能走路，可謂風流罪過矣。在山休息多日，昨始返城。大局緊張，此間一無個中消息，悶極悶極。下旬擬赴漢口一行，到後當即走訪也。專此，敬叩

日安，並候 覆音。

^弟○○謹上 六月十四日

不必一整批，陸續運去即便，亦無時間制限。年又白。

647. 傅斯年致陳立夫、顧毓琇、張道藩 （抄件）（1938 年 6 月 14 日）檔號：I：90

立夫、一樵、道藩三位先生：

關於史學會議事，去年本院曾與 大部接洽多次。其原委大略如下。先是，國聯中組織一史學委員會，此史學委員會主持每四年一開之國際史學會議。前年末，其會長 Professor Harold Temperley 來華，並在北平小住，鼓動中國史學界加入。^弟本早有加入之意，但中國史學界分門別類，欲組織一個 National Committee，或引糾紛，敬如以^敝所加入，則又恐人以為包攬，故未決。（照章，加入資格非一個 National Academy，即一個 National Committee。）及此公來國，一鼓吹，所有惟物史觀者、抱殘守缺者，大動興奮，遂有不可不辦之勢。當時以求避免由惟物史觀者作為中國史學正統起見，與教育部商洽，仍用本所名義（或本院名義，記不清矣）去請，該委員會已決定同情考慮，其最後決定權在本年八月底大會。（四年一次）此事本由該會會長來約，故無問

題，本年大會，必可決定中國加入也。

惟請求加入時曾附一條件，即中國在此會中，必得最優待遇，即英、法、意、德諸國之待遇是也。中國歷史最長，不可在此會中仍為二等國，故必求其有此權利，該會會長業已口頭允許矣。[1] 凡此經過，貴部均有案可稽，乞 一檢。（敝所者在箱子中）於是而有去年代表問題。此會乃初次加入，且須爭權力，故其人選不能不慎重，必須在中國史學界有地位，在國際有聲望，而英國話（或法）說得好，然後可以勝任也。想來要備此資格，無過于胡適之先生，敢請 大部惠予同意，派胡先生為代表，於本年八月前往出席，並爭待遇，諸希 奪復為幸。

又，胡先生前往，又有一便利，即旅費甚省也。胡先于七月十三日赴英，自英赴 Zürich 往返，百鎊足用，此款由 大部與敝院分担，何如？若用不到此數，則更便矣。

此會係國聯所主持，是一鄭重的國際學術會議，未可輕視。且其中包括近代外交史、遠東史，此皆日本人指鹿為馬、淆惑視聽之處，吾國不可略過也。

此會辦事人當請中國他人，（弟亦其一，由 Temperley 及 Otto Francks[2] 約請。）然以此時國家困難，無此多錢，胡先生一人足矣。又，入會後，如享頭等待遇，當有一批年費，其確數一時記不清，大約須五、六千元。前與 大部亦有此約，（原卷此地查不出）屆時本院總當担任一部分也。專此，敬頌

政安。

弟傅〇〇敬啟 廿七、六、十四

另有公事，別寄。以後此事可組織一個 National Committee 辦理，本年則只能如此，以組織來不及也。 年又白。

---

①行首自註："該會會長非常熱心，近日來信不斷，催我國派代表。"
②編按："Francks" 當作 "Franke"，即福蘭閣（Otto Franke, 1863—1946），曾任德國漢堡大學、柏林大學漢學系教授。

648. 傅斯年致蔣夢麟、楊振聲、梅貽琦、李濟（抄件）（1938 年 6 月 14 日）檔號：I：52

孟麟、今甫、月涵、濟之諸位先生：關于中央研究院書籍由臨大帶去，即由臨大用（在一處時則公用）一事。^弟當時本已把一切手續辦好，曾經詢問各所意見的。今聞有的所于到滇後全部提回，此雖文字上不違原約，精神上則大有問題。因此，^弟想到下列各事：

一、請聯合將此項運費早日算清，^{敝院}與聯大彼此交換一公文，互承認之。

二、然後再算每箱平均若干，已取回若干箱，所需運費（自湘至滇）即由本院撥付聯大。（以彰公道，一笑。）

三、至于專屬于^{敝所}者，我們需要時，自蒙自取至昆明，由我們自任，如再取回，由聯大任。後來聯大遷昆明，由聯大任，以後即在一處公用矣。

四、各書勿借給學生，只有圖書館用。其教授借出，恐亦須加以嚴限也，如何？

五、在昆明蓋房子時，此項圖書館似應設計在聯大之內，但與本所毘連，方可得共用之效也。專此，敬叩

旅安

傅〇〇謹啟　六月十四日

649. 傅斯年致胡適（1938 年 6 月 20 日）檔號：I：1656、V：195（1）

適之先生："一個星期續寫"的信，到了三個月零五天！慚愧不必說了。我于三月十五日飛回漢，在港共住兩週，到漢住了五個星期，四月十六飛到重慶，清理本院積件，又大發了腳溼氣，四十天走路不便，不能穿鞋，現在仍是享清福。

先說大局，這自然以我在漢所知之部分為正確，其餘是在此地胡亂聽到的。

魯南之戰、台兒庄之勝是拼，拼得他一時光了便算勝，真勝是在臨沂，張自忠打的、龐炳勳打的！假如韓賊據魯南山地——自青島沿膠濟路線南，至于黃河岸，皆群山也——而戰，徐州至少可多支持兩月，這便是蔣介公圖一時方便而國食其報之用人方法了。徐州之退却，確是有計畫的，機械化部隊毫無損失，大砲亦然，其他軍火及部隊，所失甚小，出于意料之外的好，但軍實頗有損失，汽車損失較大，而火車之損失，尤

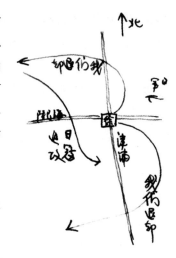

其利害，這一點是出于意料之外之糟，好在我們鐵路漸少，車子用不著許多了！其故由于各軍皆有專車，而日寇先據到徐州以西也。大致如下圖，頗有意思也。此一退却，留在淮揚不能撤退者甚多，好的自然只能作游擊了。但此中無勁旅。

徐州之退甚佳，但在豫東頗混亂，因為這一次日本行軍與以前不同，未全佔徐州即追擊，不留我們任何停息之機會。

所以在徐州退却後，我們很樂觀；但到豫東混亂後，頗有些迫切了。一到日寇直逼平漢路時，（中間在新鄭曾斷了五、六天，即日賊佔此車站也。）黃河決口了。其決口之故是有"標幟似日本"的飛機總是在開封、中牟間炸隄。這一決口，自漢口至西安的火車又通了。小鬼吃了一個不小的虧，軍隊不會淹死很多，但前攻的重兵器，實在取不回去了。此一道水直奔周家口，將入淮，故在較南一帶日寇也不便行軍，須看水勢也。目下此一線停頓中。

於是日寇加急攻長江。安慶既陷，直攻曲江，且轟炸馬當。這是最危險的一點。果然馬當不守，大別山也無用了。所以目下的局面實在是緊張。

假如我們兩個月後退出武漢時也能如退出徐州時那樣"全師而還"，自然以後的地理是與我們大有利的。不過武漢不守，國際作何觀感，大可疑也。

平情而論，軍事到這個地步，也算出于意料之外的好了。我們還能希望好到怎麼樣？至于政治……？唉！政治！政治的第一現像是 family clique，勢力與日俱增，（宋子文除外，此人至今等于流放，我並不佩服此人，是 先生與在君說他好，不要冤枉了我。）"兩個耳朵"① on the defensive。蔣夫人的氣燄，一天比一天高，恭維逢迎她的除貪官汙吏以外，還有基督教、共產黨、……俞大維。

共產黨之手段真可怕呵！（此一婦人及王正廷，都是 先生向來有好評，而我根本看不起的——所以這一點上也不要冤枉了我，一笑。）目下左傾的勢力有兩個重鎮：一是《大公報》，自西安事變以來，越來越力害，而且此一派暗中主張是非投到俄國懷裏去不可；一是陳辭修，近來越弄越妙了。右傾的勢力，則是黃浦與"耳朵"。

先生聽到我這些話，一定要悲觀罷！那是我的罪過了。其實我們樂觀的事情多得多，例如：將士忠勇、老百姓真好、青年真好、難民尤其真難得的好！

我在這幾月內所得結論，是蔣先生之治軍，是世界上希有的天才，其政治是初中一年級程度；至于黨國老輩，都是些莫明其妙之人。Cadets 是幼稚病十足，耳朵努力而不知方向，陳辭修輩努力之至而亂得很，汪先生已是一個裝飾品，至于大眾，是一群蜜蜂，Queen bee 走向何處，則亦走向何處。

先生的頭一封信，我接到大受刺激，立將其寄給 The Old Man（下文簡稱 Old），② 說，你能以此一節（王正廷）"上達"最好，如有不便，即寄還我，我再寫信告狀。結果連原信都不曾寄還我。上月在此見面，又催他寄還我，他回去又忘了。我幾天以內赴漢口，到後再把此信要出，設法我再去告狀，何如？

"除姦"一說，接到 先生的鼓勵，一定再"繼續奮鬥"，茲將過去說一下。上次的信，我初以為似"佛骨表"，後又以為是"鱷魚

---

① 編按：指 C. C 派，1940—50 年代中國國民黨重要派系之一，以陳果夫及陳立夫兄弟為首，主要職能為黨部組織與黨務。
② 編按：指吳敬恆（1865—1953）。

文"。回到漢口，方知是四不像。回來訪我的投信人，① 未遇，旋接來信云："兄之信，有何效力不可得而知，但妙齡女郎（孔氏小女）② 已為此赴港矣"。此言似未確，蓋妙女之去或在前。但她要返漢時，接蔣夫人一電而停止，此電是否與我的信有關，亦不得而知。即令此事是我的信的效力，則亦其最小之一節也。此信為肥賊所見，于是在財政部大鬧三日，在國防最高會議大罵研究院，弄得漢口遍知，人人稱快，而無人敢繼我而起——中國人只是打死老虎的。當時我想再寫一信，而苦于無材料。　先生之信到（此信由雲五交叔永轉到，已不早矣），正是一個好材料，偏又沉于朋友之案卷中（如上）。我為此事，無時不想——究竟如何是最好的法子。

想來想去，屢起信稿而未發，目下所決定者如下：

國際史學會 VIIIe Congress International des Sciences Historiques 于八月二十八至九月四日在 Zurich 開會。此會是由國聯會文化合作部之 Commit International des Sciences Historiques 所主持。本年之大會則由瑞士總統作主人。此會因其會長 Prof. Harold Temperley, Peterhouse, Cambridge 來華，運動我們加入。以雪艇諸人之熱心，去年由本院以代表中國名義請求加入了，但形式的決定，應在本年大會。此次承　先生允許去，感激之至，實在再好也沒有了。我敬代表本院致極感謝之意。下列各點，分別奉陳：

一、此會一切，請與其會長接洽，Temperley 我已電告他了。

二、到會費用，即由英至瑞士來回，及會期中各費，乞示知，由本院及教部分任，當即匯上。（此數想來不多，因由英算起也，雖說研究院窮，亦無請　先生枵腹從公之理。請開示，至感。）

三、在會中，我們要求其最優待遇，此事請先與 Temperley 接洽。如此則我們也許要出最多會費，也只得擔任。在歷史上我們總是頭等國也。

---

①編按：指周佛海（1897—1948），時任軍事委員會委員長侍從室侍二處副主任。參見周佛海致傅斯年函（1938 年 3 月 28 日，檔號：III：256）。
②編按：孔令俊（1919—1994），孔祥熙之次女，人稱孔二小姐。

四、公事即由此迴電該會。一切俟 先生到英與 Temperley 面談耳。

五、先生能在會中談談論文或報告國內史學情形最好，不然也就算了，無大關係。

最後說點高興的事：

青年從軍的學生極多（男的、女的）；臨大自湘遷滇，是大家苦勸，方才可以的。

朋友中的子弟，都要從軍，至少決不肯在平、津、上海住，以觀空戰為大樂。

樂煥的弟弟，早到陝北遊擊，他的妹妹強焉而後去昆明。我們的考古隊青年，都遊擊去了。

徐芳自北平到上海，前者來信，要來漢口，我勸他到昆明，他竟往漢口，在希聖那裏編文藝（抗戰的）。

"遺老"章梫之女，已三十，入國學專修館，以在家侍父為生活，也跑到長沙，要去陝北。

俞珊的父親①做汗奸，其兩個弟弟做義勇軍，這是"時代象徵"。此皆隨便舉例。青年趨向如此，中國前途樂觀極了。

　　　　　　　　　　　　　　　　學生斯年　27/6/20

應該說的話，上次大致已說得淋漓盡致（信原稿暇時抄寄 先生一看），以後可以有新的材料（目下已收集到者，即 先生之記王正廷、郭炳文②借款、用盛昇頤三事，此外無之），而無新的主義，既不能以原理喻當塗，只好示之以民意之力量。我之遲遲未寫第二信者，以國民參政會開會在即也。日前與 Roosevelt③ 將名單一檢查，覺其中有數十人可以與之接頭。其中有絕對與我們一個立場者，如黃任之先生（此人我近日甚佩服），梁漱溟或亦如此，然此是偽君子，不可恃

---

① 編按：俞大純（1877—1941），字慎修、省齋，時任偽華北政務委員會建設總署總務處處長。

② 編按：郭秉文（1879—1969），字鴻聲。孔祥熙代理行政院院長時期，任財政部次長。

③ 編按：羅家倫（1897—1969），時任中央大學校長。

也。假如有十個積極者，便可大舉了。看來看去，幾個老先生，如張一麐、李元鼎，是可動以大義者。至于"黨魁"，則君勵①是好人，而無膽，又有求于政府。左舜生則無恥小人也。我已經寫了好幾封信到漢口去，又準于本星期日前往，以便有所布置，而作拚命之大舉。故目下之戰果不是告狀了，而是決戰（正在準備中）。關于辦體表示，我想分三層：ⓐ提一案請求"法治"，即舉入上次交易所案，司法、監察皆不行使職權（此外當然還要有他事）。ⓑ質問財政之情形。ⓒ推一隊人，面謁介公，與之廷爭面折。這是遷就中國事實之積極的、也或可有效的辦法。若純粹抄外國式，或者只生糾紛，"一擊不中，適增其欿"也。

但是我究竟能弄到幾分，也並無把握。Roosevelt 勸我，暗中作動而不出頭，蓋出頭則人以為只是我一人之私見，此見有"中國道理"，但我不能接受，我要與人一齊出頭，三五個人便足。若真找不到人時，然後一人出頭也。開會不遠，且聽下回分解。

因此想到"將軍一去，大樹飄零"，如果 先生在國內，由 先生號召，力量豈止十倍于我。

先生信中所說"外交結構、外交政策"，我都萬分同意。但是我的看法，肥賊不去，一切無辦法。目下之外交，主持于"宮妾"、"外戚"、"宦官"（Donald）②之手。如說他沒有政策、結構，他說都有，就是這三人為結構、為政策。

先生不知道我心中的苦惱，我的無力量。我真覺得活著沒有價值！

希望我這信不使 先生悲觀，為老百姓，要樂觀，要努力。

朋友們的消息：翁忙他的部，煩悶而努力其職務內事。廷黻又去做孔的政務處長了！朱任黨部祕書長。王繼朱任軍委會參事室主任。何淬廉忙他的農本局。希聖發他的聰明而 sentimental 的牢騷。

---

①編按：張君勱（1887—1969），原名嘉森，時任中國國家社會黨主席。
②編按：端納（William Henry Donald, 1875—1946），曾任蔣宋家族政治顧問。

650. 傅斯年致蔡元培 （殘）（暫繫年於 1938 年 6 月） 檔號：IV：153

子民先生尊鑒：^{斯年}自四月十六日抵渝，所經手辦理各件，未能一一
上陳，即其重要者亦或闕然。此因在渝兩月中頗有小病，足溼氣為
患前後數十日不能著履。兼以抄寫之人只有周君①一人，故無法逐
件抄奉，乞 恕其疎簡。惟有一點敢奉陳者，即在處理時必查卷三
思而後行，勉力以"事非"當前提，以成案為依據，頗信除此次天
文會事以外，或無可以生枝節之處。騮先兄方面，^{斯年}本係代其簽
名，乃竟書信多闕，亦無可奈何。想騮先兄不見怪。若改善此法，
恐非增抄寫人不可。然而增人每增麻煩，未必能增加效率也。
在此缺報之件中，有一事關重要者，即荷庚款留學事。

〔下缺〕

651. 傅斯年致蔡元培 （1938 年 6 月 27 日） 檔號：III：773、IV：159

子民先生尊鑒：廿五日手諭謹悉。 垂詢各節，謹復如下：
一、國際力學會議，教、實兩部所派之代表為許心武，導淮工程
師，此為教部所提；經濟部所提之茅以昇未通過。
二、赴會旅費，美金一千二百至一千五百元，便甚舒服，此時兌價
約七千元。目下工程所存款約四萬元，總辦事處無存有欠。
三、會期為九月十二日至十六日。
四、目下購買外匯之困難日增。在上海、香港，可否以"黑市"購
入，斯年不知，在此則只能向財政部請求。準以現例，能否購
到，何時購到，皆不可知。目下各所購襍誌之費用單，已為財
政部壓起。此節毅侯兄當詳陳。專此，敬叩
鈞安。

學生^{斯年}謹上 六月廿七日

①編按：周文治（？—1940），任職中研院總辦事處文書處。

652. 傅斯年致朱家驊 (1938 年 6 月 28 日) *

騮先吾兄大鑒：接奉六月二十四日　大函為 Mrs. Harkness 在四川採購各種禽獸①將攜之出國，詢是項動物，本院有無出國限制等情；查外人來華採集動植物標本，向有條例限制。茲將該項限制條例隨函附奉一紙，敬請　詧收轉告為荷。專此，順頌

公綏。

弟斯年敬啟　六月二十八日

附條例一䦆。

附一：生物標本出國限制條例 (打字件)

Conditions under which foreigners may collect
biological specimens in China

1. Before departure for the field the Expedition Party shall submit a detailed statement outlining the plans of the party to the National Research Institute of Biology, Academia Sinica, for approval.

2. No antiquities or non-replaceable articles that have historical value shall be collected or shipped abroad.

3. A report giving the actual route of the Expedition Party and the number of specimens collected shall be submitted to the National Research Institute of Biology, Academia Sinica, before the Party leaves the country.

4. One complete duplicate set of the biological specimens collected by the Expedition Party shall be deposited in the National Research Institute of Biology, Academia Sinica, as gifts within the shortest possible time after

---

* 取自 "朱家驊檔案" (檔號：朱-07-011-pp. 18-20)。

① 編按：是項動物包括 3 隻熊貓 (panda)，1 隻扭角羊 (takin)，1 隻羊 (sheep)，以及 14 隻雉鷄 (pheasant)。

the specimens have been determined.

5. Violation of any of the above stipulations will forfeit the right of the Institution, for which the expedition is conducted, to undertake further similar work in China.

附二：生物標本出國限制條例譯文

外人採集生物標本條例

1. 在出發採集之前，採集團應將採集計劃送請中研院生物研究所審核。
2. 凡係歷史上之古物或其他不可復得之物品，外人均不得採集或運往國外。
3. 在採集團離華之前，應將經過路程及所採標本繕具報告送請中研院生物研究所審核。
4. 採集團採集之標本應有二套，於採集完竣後，除自留一套外，應將另一套作為餽贈之件，送請中研院生物研究所保管存念。
5. 採集團如有違背上述條例情事，中研院得禁止該團以後來華採集。

653. 傅斯年致李濟（1938 年 6 月 29 日）檔號：考 2-126

濟之吾兄：

一、^弟書請即打開公用，但請派一人經理之。^弟書皆常用之書也。（請勿借所外之人。）

一、中英庚款會審查事，未知辦得如何，聞全數至六月十五有一千二百，　兄處必攤到二百以上！要做好事，反以累兄。

一、子衡事，他究竟來不來，似應詢其與一結論。本年二月初^弟在漢致彼一長電，言薪水因滙兌不通，暫存鄙處，並告以^弟在漢住處，無回電，近又託潘實君去函，似彼等已入山中久矣。

又河南古蹟會古物運此者，其裝箱情形，廿日前始聞潘實君言之。蓋子衡急于走，竟將其原物放入，棉草皆無之。如此恐有多件成為粉，弟為此憤甚，亦怪潘君何不早告我也。目下須函河南省府派員點查。

一、運物事，書籍已陸續付郵，乃全寄（最精善本另由箱運）非選寄也。又古物等之運法，前分函大維、浩徐，浩徐回信告以情形，大維無信，我這舅爺，真正可惡，每次公事託他，總無回信。惟據彭信及此間所打聽已有頭緒，只是運費又不了耳。

一、出版事，大須立即恢復。《集刊》編輯事請兄主持，如必要似可請思永兄任其雜事，如何？（即前例編輯委員會之祕書也。（莘田曾做過））

容希白之《金文編》已付商務印。趙斐雲書之考釋亦付印。《集刊》情形因陳無下落而程雨蒼卒，弟不知其詳，糟極糟極。此須與商務接頭而整理也。弟之書（《性命古訓辯證》）已付印。Stevenson 書，未聞，當不至于失落。一切整理事，乞　兄主持，有人負責後，即與商務通信，澈底清理。（即如甲骨文稿，屢詢未復，希望不至于失，亦應力催。）此事盼　兄即進行，至感至感。與商務待決事多，其最要者①銅模 I. P. 之全整，②彥堂之稿，③《集刊》，④許文生書，此外不一而足，乞　兄早與之通信。弟曾寫無數信，每每不答，或者所答非所問。

一、目下書已動手付郵，二月中可以有二百箱付郵，古物再運，如何安放，乞　兄預為之計也。

二、建築事，夢麐先生云有支節，奈何奈何。弟意至少先在彼之 compound 中買一大塊地，且須早買，越大越好，不然八月後如有存款要交還國庫（本所並無存款，而院中甚多，此事千萬勿外揚。）然若本所建築則又有問題矣。中國事皆類此也。專叩

日安

　　　　　　　　　　　　　　弟斯年　廿九日

弟明晨飛漢。

654. 傅斯年等致蔣介石 （抄件）（1938 年 7 月 12 日）檔號：II：611（3）

介公總裁委員長賜鑒：自參政會開會以來，兩侍明教，備聞經國之弘謨，濟時之象義，遠謀深慮，景仰何歴。○○等瞻念邦國之前途，重感斯民之勞瘁，竊以為行政院院長孔氏，才能物望，堪否膺此重任，頗欲有以密啟于我公。今值趨謁之便，敬寫一簡，以盡所言，留呈左右，用備垂覽。

一、自才能論之，孔院長未堪行政院長之大任也。謹案，就中國官場中應付技巧言，孔院長實為上選，敷衍群類，歷練世故，固有超群之才，然而建設近代國家之良規，敷施大政之正義，非彼所具有也。夫三年前確定法幣之一舉，固為一大事，然此事上仗我公之威靈，外得友邦之協助，故底于成，非孔院長所可尸其全功也。抗戰以來，收入暴落，善理財者，當於增稅、發公債、節約、借外債，四項，應機立斷，謀之必成。今抗戰經年，始談增稅、節約，事既遲矣，而發公債不獲良果，借外債則彼個人實為之障碍。（詳下）所有一年中財政之維持，無非藉法幣之基金，此則"坐吃山空"之"無政策"耳。（按，去年九月初，○○在國防參議會中，曾根據在德時所見情形，獻一計畫，大意謂可發一元、五元之流通券，不換法幣，故可不影響外匯，而以國稅為保証，以當時"匯畫"之初興，通貨之缺少，此法似無危險。今乃于十月後銀行會議中定之，而局勢已非矣。）通貨缺少則任其自然，限制外匯則辦法紊亂。故今日覺其危急之極。夫善為政者必有眼光，然後把住未來；有政策，然後得其扼要；有明斷，然後不誤事機；有步驟，然後得其效用。今孔院長于國家大事只是枝節應付，並無政策。其用人則一由愛憎，罔分賢不肖。兼以行政院事權閣僚可辦者，亦握之於一手，遂致大僚有備位之感，事務鮮推行之效。此則不堪為太平之宰相，而況為中興之宰執乎？若其罔知輕重，顛之倒之，傳為話柄者已多，即以最近一事言之。參政會開會之第二日，孔院長於祕密會中力言守秘密之必要，此堪佩服矣。乃昨日於公開會中，旁聽席及記者席坐滿時，孔院長歷說最近接洽借款

情形，如英國閣議之延至下星期決定也，英國外相、財相之態度
也，美國方面之如何有望也，……滔滔不絕，座中多人為之心驚
色變。迨孔院長說完，議長不得已，乃云："請在坐諸位切勿登
報，切勿傳說。"此亦怪事矣。

二、自信望言之，孔院長實為國人所痛惡也。夫國民之指責孔院長，
大體言之，不外縱容其夫人、兒子如何如何斂錢耳。此中經
歷，○○等既非參與之人，亦無偵探之友，自不能舉其證據。然
而國人紛紛言之，則亦不可忽略者也。只恨監察當局未能調查宣
佈，如其實也，國法猶在；如其虛也，亦可為彼洗白。惟就形跡
可指者言之，可駭歎者已不少矣。夫統一公債、制定法幣，孔部
長任內之兩大事。此兩事固於國有利，然在辦法公布前之十數日
中，上海市場大紊亂，受託戶頭大做買賣。此等現象，近代國家
所希有也。又如去年紗布交易所風潮事，我公雷霆震怒，全國欣
然仰望，欲其水落石出。然沈、盛二人被押之時，即孔夫人飛往
牯嶺之日。據傳聞云，彼雖不敢面謁我公，卻亦多所活動。此事
卒以財政部不協助實業部及法院之調查人，含糊了事。去年廬山
談話會中，會中談國家大計，會外則群聚談此事，至於一般國人
心中觀感如何，不言可喻也。且孔氏一家生活之奢侈，一門舉動
之豪華，固不能不蒙物議。夫弘濟艱難，人格為主，領導百僚，
信望為先，平時且然，況此日乎？

三、自用人言之，孔院長未能明識大體也。孔院長愛惜故人，重視鄉
誼，凡山西同鄉及彼在北京政府下為吏時之同僚，均不惜優為安
插，此雖封建時代之慣習，卻不可為有道邦國之訓典。若其拔識
人物，亦復別具標準。為例太多，姑就有關近事者兩人言之。一
為孔祥榕。案，孔院長之家譜，本與曲阜孔氏接不上，孔祥榕為
之安排，遂得孔院長之歡心。孔祥榕之治河也，排斥科學專家，
專用北廷舊吏。其貫台決口一事，事前疏於防範，事後不能合
壠，山東及徐州人民恨之切骨。及合壠之後，乃建一大王廟於河
上，以孔部長及韓復榘配享。又將一死蛇裝入匣中，攜來南京，
示之於孔部長及經濟委員會，謂此即大王之化身，由彼祈禱所

致，合龍由此。不圖二十世紀之國家有此怪事。此人竟敢不向審計部、經濟委員會報銷，習以為例。馬當封鎖工程，又委之于彼。炮台淪陷之第二日，寇巨艦已渡過矣。二為盛昇頤（即盛老七）。此即紗布交易所案主犯之一，上海共認為代孔夫人之經紀人，經我公之命，為法院扣押者也。彼來漢口後，孔院長委以機要，近更以對俄、對德交換事物，委其司掌。其兄"盛老四"，現在上海為漢奸巨頭，此一事實，孔院長亦承認，只謂其兄漢奸，不能謂其弟亦為漢奸。此說固合邏輯，然盛昇頤本人亦是著名之邪孽，紗布交易所案可証也。即欲為之安插，何至託以關係國家存亡之要件？今盛昇頤常飛香港，而倭賊廣播每歷歷言吾國自俄所得軍器之詳數，此固不能指實為彼洩漏，然如此之人在孔院長左右，為官紀，為要務，皆堪憂也。

四、自友邦觀感言之，孔院長之在位，實為得助之障礙也。此日借款之困難，得助之不易，固為事實，然去年尾及本年初則不如是。只以英國財政當局（首相張伯倫亦此派也）對孔院長有不可動搖之見解，終不能推動。此情形在美亦然，兼以任一因詐財坐監四年之昆陸 Quinby 為拉攏人，譁然紛紛，徒遭報紙之攻擊，未得借款之分文。（近聞另由他人向別一財團接洽，然前此貽誤已不少矣。）○○二月末在香港，聞之一英國重要人云，李滋羅斯與羅傑士皆公然曰，如孔在位，英款決借不到，中國財政已至此，何以尚無決心云云。今日英國為中國事甚著急，吾等但希望其改變，然國民參政會一同人最近在港於香港大學副校長讌中，親聞於香港總督及英大使者，仍是類此之一套話。英大使此次到漢之始，即揚言曰，決不拜訪孔院長。夫外國人之可惡及其勢力氣，○○等自來痛切感覺之，然而彼等批評孔氏者，皆關大節，並非私憾之點，且推行法幣政策時，彼等之協助，亦為不可掩之事實。（○○等為國家立場，聽到此等話自不能不為孔院長解辯，故每不能盡聞其辭，然大略可知矣。）且孔院長對外國人實有畏懼而多所敷衍，即如限制外匯後，匯豐銀行因所求外匯未得全數，來信十分強橫，孔院長竟如願以償之。故彼在外國人口中之批評，似未能歸之于不敷衍，當有更大原因在也。夫一國之公卿，固不必依國際名譽而進退，然強國習慣，亦有可以參証者。羅斯福就任之始，朝野皆以為必用貝克（威爾遜時代之陸軍部長，民主黨大首領之一，名望極大。九一八後痛責日本，竭力助我國，其態度鮮明在一切人之上，今逝世矣。）為國務卿。然發表後乃是赫爾，並在報上流露其理由云，貝克如任國務卿，未免刺激日本太甚。以美國之地位，羅斯福之排日政策，尚有此顧忌也。又如法國外交政策由張伯倫挾之而變，遂以龐萊（有親意之名）為外交部長。夫大國之習慣如此，況吾國之希冀協助者乎？

五、準以孔子禮教，孔院長持身治家至少可謂失檢也。孔院長以孔子後裔自負，然孔子之先祖正考父"三命茲益恭"，故垂為家風。今孔院長位愈高乃愈驕縱。其子令侃以聖約翰之一學生為特務秘書，身兼數職，又為中央信託局之主宰人，銓敘部鮮得過問，國家法令，為彼不行。彼又趾高氣揚，直斷大事，全部仰其鼻息。孔院長出國時，對徐次長頗有責言，故孔院長返後，徐乃口頭表示願辭。此人近在香港，聲名尤劣。上文所舉一宴會中，英人謂其如何如何，參政會某同事乃謂事無証據，故我公不能辦理，香港大學副校長斯洛斯即曰："中國政府如向英國人要証據，我能立即舉出十個來。"又其次女，尚未成年，即為孔院長司機要電報。今年一月，行政院開會時，彼挾公文而出，孔部長向各部長介紹云，此我之女，為我管電報，白為國家服務還有人批評，豈非笑話，別人儘管批評，我自管這樣辦云云。此語一時鬨傳於武漢。此人後來赴香港，一日在啟德飛機場犯規，印度巡捕來制止，彼即擊巡捕以掌，巡捕乃還擊，後來鬧到巡捕房，警官云："此非中國領土，焉得如此無禮。"按，此即數年前在南京開汽車不守規則，警察制止而開槍傷警察者。如此情形，孔院長夫婦實不能不負其責。若曰此為家事，然此等事非，與國家有關也。

孔院長自國外返來，自負益甚，時時向人言曰，我在德國時，他們說我是中國的戈林。按，希特勒近來培置戈林，使其為繼承人，為世界熟知之事。德國人如有此言，亦當是揶揄之辭，然竟以此得意。又德國交涉換貨之克蘭，行前對人云，孔院長屢向彼言，只有他自己簽字的算數，雖委員長訂的貨他也不認賬。孔院長又時時對人云，委員長以老大哥看待我，為何軍委會向行政院來命令。似此妄談，至少可謂直不成體統矣。

孔院長之身兼各職，皆不勝任，固為○○等之定見，亦為全國之公言。今辱承溫問，敢不盡其所知。既以報國家歷年養士之恩澤，亦以答我公盡瘁報國之赤誠。今全國一致竭誠擁護我公，則政府尤不可不求其健全。如承審察事實，當機立斷，以慰四海之望，則抗戰前途幸甚矣。○○等雖肝腦塗地，亦是以對揚我公為國憂勤之大義也。專此，敬叩

鈞安

簽字　二十七年七月十二日

655. 朱家驊、傅斯年致陳立夫 (1938 年 7 月 21 日)*

立夫先生部長道鑒：前談楊守敬、熊會貞兩氏《水經注稿》一事，曾以懸擬辦法就商，荷承　贊許，無任欽佩。此書在中國"歷史的地理學"中為第一偉著，積二君半生之力，三、四十年之功，始能殺青。今時局緊張，保存費事，如以刊印之法代保存，更乞以嘉惠士林。適王雲五先生來漢，^弟等就商，援"居延漢簡"例，由中英庚款會資助印行數百部，承其贊許，殊堪欣幸。惟楊氏後人保存有功，似宜加之表彰，而其數房共有之物，守之多年，如不酌予獎金，亦殊不易就緒，故前者面陳獎彼族三千元，由　大部任其二，敝院任其一，荷承　惠允，並　囑速辦。茲擬具辦法六條，乞加斟酌，如承

---

*本函有手稿本（檔號：I：753）、抄件（檔號：I：753）及油印件（檔號：I：106）三種，抄件及油印件頗有錯漏，以手稿為底本整理。又抄件及油印件題："抄印行楊守敬水經注疏案"。

同意，乞即將　貴部獎金發給，並將　貴部咨湖北省政府案通知結束，此稿即當由管理中英庚款會收下，速用航郵寄至香港商務印書館。^{斯年}廿四日西行，如荷早日辦就，尤感。專此，敬叩

政祺

^弟朱家驊、傅斯年敬啟　二十七年七月廿一日

附一：《水經注疏稿》付印辦法

一、宜都楊守敬先生遺著，其弟子熊會貞先生所補成之《水經注疏稿》，全書約五千頁，一百五十四萬字，茲由楊氏後裔託交管理中英庚款董事會設法付印，以流傳為保管之法。

二、教育部及中央研究院為楊氏後人保存之功，及此次允許付印以便學人之意，共付楊氏後人獎金三千元。內由教育部擔任二千元，中央研究院擔任一千元，一次付給，以昭激勸。

三、管理中英庚款會將上列之書委託商務印書館印三百部至五百部，由管理中英庚款會預定五分之三，並于雙方同意決定後，酌量預付書價，以利印行。

四、管理中英庚款董事會訂購之書，專為分送國內外學術機關，並以三十部分送楊氏後裔。

五、此書版權仍為楊氏所有。此次付印之數，依板權法他人不得翻印，此次所印之書售完後，其刊印流行方法，另由楊氏決定。

六、此書之原稿由商務印書館委人清抄，並自行擔任抄校費用。印時以抄稿付印工，以原稿核校，印畢後，原稿仍交還楊氏。①

附二：商務印書館總管理處駐港辦事處致賀師俊 (1938 年 8 月 8 日)

師俊先生大鑒：接奉本月二日　尊致^敝館總經理函，敬已誦悉。承

───────────────

①抄件及油印件頁末附註："回信在朱先生處。"

代傅孟真先生交歐亞航空公司寄下《水經注》四十冊計四包，業已收到。乞紓　錦注為荷。專復，順頌

大安。

商務印書館總管理處駐港辦事處謹啟　廿七年八月八日

附三：教育部函復（1938 年 9 月 5 日）

廿七年八月廿四日本院函教育部請撥還代墊楊氏獎金式千元去後，九月五日教育部函復

案准貴院二七字第〇八二四、一號函，以楊守敬、熊會貞兩氏《水經注疏》獎金叁千元，業經照給。本部應給之兩千元，囑即撥付歸墊等由。並附楊勉之兩千元收據一帋，准此，自應照付。此後該書抄印情形，仍希　貴院隨時函部備查，至抄印後發還原稿一節，應俟戰事結束後再行辦理，免生流弊，併請轉商管理中英庚款會酌核。除函湖北省政府查照外，相應撥還法幣兩千元，復請　查照派員來部領取為荷。此致

國立中央研究院

附四：中央研究院函復教育部（1938 年 10 月 23 日）

十月廿三日本院函復教育部

關于印行楊守敬《水經注疏》案，原稿已交香港商務印書館妥收。此後出版各事，當如來函辦理由。

廿三日並將教育部九月五日來文及本院復文抄送　管理中英庚款董事會請備查。

附五：管理中英庚款董事會函復（1938 年 11 月 5 日）

十一月五日管理中英庚款董事會函復：後開：查楊、熊兩氏所編《水經注疏》，精湛宏博，海內共知。此次將遺稿託歐亞公司運港交由商務

印書館出版印行，本會聞悉之餘，良深忻忭。至抄印後發還原稿俟戰事
結束再行辦理一節，亦甚妥善。相應函達，即希查照為荷。此致
國立中央研究院總辦事處

　　　　　　　　　　管理中英庚款會啟　　廿七年十一月五日

附六：印刷合同

《水經注疏遺稿》印刷合同（1938 年 7 月 28 日）

一、《水經注疏遺稿》因時局關係，為保存文化起見，由時昭瀛、閻
　　實兩君介紹傅君斯年轉託商務印書館王君雲五從速付印三百部至
　　五百部為限，以資流傳。如因阻礙不得速印時，准楊君索回原稿
　　自印。

二、管理中英庚款董事會向商務印書館預定全書數五分之三，楊氏取
　　其全書數五十分之三。每部尾均蓋楊氏版權所有翻印必究圖章。
　　以後續印及補疏仍是楊家事，照版權法他人不得干預。

三、書內凡先祖諱守敬及熊會貞兩人名諱與體例，不得塗抹及更改。

四、商務印書館出版後將原稿仍發還楊氏保存，以便續印而免遺失。

五、本書出版負責人傅斯年，楊氏家屬負責人楊勉之、時昭瀛、閻實。

六、由教育部給予獎金式千元，中央研究院給予壹千元，均於本日內
　　付清。

　　　　　　　　　　　　負責人　傅斯年　楊勉之
　　　　　　　　　　　　監定人　時昭瀛　閻　實

大中華民國二十七年七月二十八日　　立

656. 傅斯年致朱家驊（1938 年 8 月 10 日）*

騮先吾兄左右：

　　弟到此已十日，一切甚好。天氣之佳，風景之美，使人一時釋憂國

---

*取自"朱家驊檔案"（檔號：朱–07–001–pp. 78–80）。

之念，然在此享福，誠罪過耳。院中積壓之件，^弟以行李昨日始到，故今日開始清理，三、五日內，當一齊清結。院事 兄不可固辭，蓋 兄辭則 蔡先生亦無辦法。

惟^弟之代行事，無論如何必須☐時結束，否則雖犧牲其立場，罵人者自蹈之，亦無補于事。故去漢之前，已向 蔡先生去函陳明，

一、二日內當再寫一信。惟無論如何，^弟代行事必就此為止。久叨推愛，當能 諒其苦衷也。專此，敬叩

旅安。

^弟斯年上 八月十日

657. 傅斯年致王雲五、李澤彰 (抄件)（1938 年 8 月 15 日）檔號： I：56

滇字第〇一號

雲五、伯嘉兩先生左右：前奉一電，適先一日杭立武先生來一信，知款已寄上，故照此奉覆一電。此款想必收到矣。此款共九千六百元，其中之八千四百，為訂印《漢簡》三百部之費，其一千二百則託轉沈君①十個月之工作費也。

此事想在迅速進行中，一切愈快愈佳，務懇 貴館排開他事，使此書早日出版，學術界之幸也。數點奉陳。

一、杭立武先生所說條文中"担保"兩字改為"商准"，既把訂款全數收到，此當無問題矣。

二、又，定價本說三十元，因^弟提議加套及改絹面，改為四十。^弟意套及絹面，皆是國貨，不宜加如此許多，果不能布套、絹面，而省十元，亦一妙法。^弟終覺四十元太貴，尚乞計算一

---

①編按：沈仲章（1904—1987），時任北京大學語音樂律實驗室助教兼中瑞西北科學考察團理事會幹事。

下，至荷。

三、此書照工、印工，必宜"精益求精"，此為學術界之大事，列
　　國觀瞻所繫，並可垂之久遠，幸無忽之，至感。

四、此書所用紙張，亦求選擇，油墨亦乞注意。

五、進行務求迅速，至感。

六、印成紙葉後乞交下一看。

七、所有裝訂及書籤，^弟擬託人作一美設計，乞將書冊尺寸示下。

八、再，此書內容每版排列法，亦乞注意其觀瞻，似不可擠得太
　　甚，不雅觀也。

九、此書今已改用中國宣紙，自是照中國金石書款式，非西洋書
　　式也。

謹陳以貢　留意。專此，敬頌

日安

弟　　　　謹上　八月十五日

再，楊守敬、熊會貞二氏之《水經注疏稿》四十冊，^弟離漢時交^舍
^弟用航空寄上，計已收到，詳情續白。

附：《定印漢簡辦法》（1938 年 4 月）檔號：I：1222

一、書本大小　橫十一吋直十五吋

二、葉數　全書三百葉

三、紙張及印法　用上等宣紙，珂羅版雙面精印，華裝絹面，分訂六
　　冊，外加布套。

四、本書製版印訂費用概歸商務印書館担任，由著作人西北考察團另
　　訂契約，將該書版權完全讓與商務印書館獨家印行，並担保①管
　　理中英庚款董事會定印該書三百部。

---

①傅斯年將"担保"圈起並註："商准"。

五、該書每部定價暫定①四十元，定印印價照該書定價七折計算，即
　　每部國幣二十八元，三百部共國幣八千四百元，於定印時一次付
　　清。（按，原擬定價每部三十元，現因改絹面並加布套，故加十元。）

658. 傅斯年致王雲五、李澤彰（抄件）（1938 年 8 月 15 日）檔號： I：56

滇字第○二號

雲五、伯嘉先生大鑒：

頃檢《漢簡》"辦法"原文，發見其中有一句云："由著作人西北
考察團另訂契約，將該書版權完全讓與商務印書館獨家印行。"
此句大有不便，蓋西北科學考察團現在事實上無此物，誰來簽名定
此約？且此會在北平開會時，已亂七八糟，且有一周肇祥者，每以
主席自居，揮之不去，今為漢姦矣。此團之最主要發起人為北京大
學，關于文史一部分久由北大擔任款項清理。必欲別定一約，似可
由"教育部"或"北京大學"出名，此事弟可辦到。然亦只能擔保
此件在　貴館將五百部售完之前不另交他人印行。若永久將版權完
全讓與，此乃國家之事，誰能保證？如　貴館必欲如此措辭，殊出
于弟數年中與　貴館所接洽範圍之外。且中英庚款會之預定三百
部，即所以防　貴館之損失，　貴館既不蒙損失，而欲得此物之永
久版權，亦似近于一面算法，且此須向國家言之，弟不能代表國家
出讓此物。茲擬將第四條改為下列文句：

　　"四、商務印書館受西北科學考察團原發起人之北京大學之委
　　託，將本書共印五百部發行，並編號，其中第一至第三百號，
　　共三百部，由西北科學考察團理事傅斯年君商准中英庚款董事
　　會定印，其第三百○一至五百號，由商務印書館自售。在商務
　　印書館未經售完之前，由北京大學呈准教育部不交他家重印。"

---

①傅斯年將"暫定"圈起並註："至多為"。

此為^弟所能辦到之最大量。尚有以下二事可辦：

一、五百部可改為數目較多之數，（例如六百部）如此 貴館可多存
　　書出售，雖壓本錢，卻亦延長再版之到來也。

二、^弟可代為向教育部接洽，以後此書再版，仍由 貴館承辦，或
　　有優先權，如贊成此法，乞擬一文，^弟當去接洽，且可斷定必
　　辦到。

至于過此以往必欲將此書之版權，完全永久讓予 貴館，則西北科
學考察團事實上既已不存在，此物即為教育部直接所管理，除非與
教育部定約，無人能負此讓與之責任也。

此條文^弟事前忽略，甚抱歉忱，亦由行旅匆忙之故。若 貴館必欲
如原擬之讓與辦法，則只有將此事改為代印（即不必多印部數）。此
雖可惜，亦無可如何也。專此，敬頌
日安

八月十五日

659. 傅斯年致趙元任（電）（1938 年 8 月 16 日）檔號：III：796

香港 5364。王雲五兄轉趙元任兄：相左至悵。各事均如留件辦理。祝
途安。斯年。^①

660. 傅斯年致姚從吾、錢穆（抄件）（1938 年 8 月 27 日）檔號：III：793

從吾、賓四先生著席： 惠書奉悉。

余文豪、楊志玖兩君文，日前余君送來後，^弟已大略看過。又，丁
則良君昨亦來過。既經 兩先生稱許，^弟已商之寅恪、濟之兩兄。

---

①頁末收發註記："廿七年八月十六日發出。"

惟敝所前經決議，在原疏散人員未能全數允許返所時，不得添用技術以外之職員。又，研究生之招考，亦有定章限制。目下想得一法，如下：查本所有於二十五年受中英庚款會補助整理史料之用費，目下尚存一數目，擬即用此餘數，津貼丁則良、余文豪、楊志玖三君，每人每月生活費三十元，以一年為期，受此津貼須履行下列各項：

一、不得兼任任何他事。

二、在此一年期中，不得半途而廢。

三、在此一年中受　兄等之指導、讀書及作研究工作，專心為之。

此意如荷贊同，乞即惠覆，至感。

專此，敬頌

著安

弟傅斯年謹啟　八月廿七日

661. 傅斯年致朱家驊 （1938 年 8 月 30 日）*

騮先吾兄：

弟之辭代行，已邀　蔡先生允許，精神為之一振，　蔡先生之允許，至可感也。至于　兄之必否辭去，自是　兄之事，弟為此已苦了多時，故不再置喙。然看　蔡先生意思，必不許　兄辭，若然，則　兄只有于"（一）躬親，（二）另找院中人代行"二事中擇一為之。此中之決定，弟亦不能置喙，惟　兄必當早決定。此時外人皆認為院中只有毅侯辦事（實亦如此為近），故目下之局，決不當一日再拖也。惟無論如何，弟則寧死不再代此事耳。

蔡先生信附上，乞　直與蔡先生通信。

又，丕可之辭，其理由何在，弟在懂與不懂之間。前者，　蔡先生

---

*取自"朱家驊檔案"（檔號：朱–07–001–pp. 91–93）。

有一信來，弟"以朋友資格"（聲明如此）勸了他一番而無效。如目下　蔡先生信中之辦法，許他擇所中一人代，則又是江河日下之辦法也。

物理所，目下大部分留在上海，次部分留在桂林（云係仲揆主張），在此只一小小的 cell。此亦未通知總處一字者也。專此，敬叩

日安

弟斯年上　八月卅日

662. 傅斯年致朱家驊 (1938 年 9 月 4 日) *

驊先吾兄左右：關於蔡先生健康事，近接兩函，抄呈如下：

（一）王毅侯兄八月廿二日書：頃接雷清塵女士香港八月十八來函言，孑師日前患病甚至傾跌，當時面色蒼白異常，蔡夫人恐懼已極，日來漸就康復。醫生云，用腦過度、貧血，致頭目暈昏，血壓較平時低，只有五十餘度至六十度左右。得病至今已將旬日，現已能起坐，略事行走，飲食等漸次增進，惟精神及面色尚未復元。遵醫囑勿見客，勿勞心用腦。

（二）趙元任兄八月廿日自上海發信：在香港動身前一小時，我們夫婦兩個去看蔡先生，他氣色極壞，血色一點沒有，神氣還是笑咪咪的，但沒有勁兒。蔡太太說他不能多吃菠菜等補血物，因為胃要發哮，也不能吃肝精，只吃一點補血藥品。我們看了這印象，甚覺不樂，怎麼好！

此事似甚嚴重，元任兄所說尤使人回想前年的故事，究竟"怎麼好"，盼　兄策之，惟萬乞勿向人道耳。專問

日安

弟斯年謹上　九月四日

弟近患感冒，故此信由內人寫。此信另寄書貽一份，由劍脩轉。

---

*取自"朱家驊檔案"（檔號：朱-07-001-pp.103-104）。

663. 傅斯年致李濟 （暫繫年於 1938 年 9 月） 檔號：考 31-11-89

濟之吾兄：惠書敬悉。翁處^弟仍擬明日寫一信託兄帶去，其原件則在^弟屋之桌上（所中）。

兄此行似乎一切都可解決，當甚忙也。

^弟星期三晚將被拉到地下，而窗子又為風吹開，次日遂大傷風，三日中皆有微燒，^弟雖好傷風，然如此大傷者，亦希也。今晚請客，恐不能去，請 兄務必早去招待（五時半），因有若干人他人不認識也。潤章、濟慈、聯大諸友，龔①、張②二位處，均乞 兄代道^弟之歉忱也，至感至感。明日如能支持當奉訪，否則請 兄惠駕。

所中事 兄離時似可託思永， 兄意如何？今晚本所可有二、三人去，除 兄外，^弟擬請均一兄等，乞請之。專頌
日安

^弟斯年

664. 傅斯年致李濟 （1938 年 9 月 4 日） 檔號：考 2-138

濟之吾兄：致詠霓書，乞 便交為感。^弟覺此事亦不必向淬廉罵，與之說清楚便足耳，如何？

運物事，^弟尚未查出各單，（下午尚有燒） 兄到重慶後可詢樂煥，或一訪大維，此事關鍵即在兵工署車是否到重慶也。專此，敬叩
日安

^弟斯年頓首　九月四日

---

①編按：龔自知（1894—1967），字仲鈞，時任雲南省政府教育廳廳長。
②編按：張邦翰（1887—1958），字西林，時任雲南省政府建設廳廳長。

665. 傅斯年致朱家驊 （電）（1938 年 9 月 14 日）檔號：I：632

漢口福煦街五號中英庚款會。朱騮先兄：在滇各所均無梗及他密碼，乞用明電示知，或借用他機關碼譯後送弟。年。①

666. 傅斯年致朱家驊 （電）（1938 年 9 月 19 日）*

漢口福煦街五號。朱騮先兄：梗密。② 弟考慮數日，港行無益，似可請書貽或毅侯一往，俾能與蔡夫人商量蔡先生醫治調理各事。院事看蔡先生來信，不容兄辭，似可請仲揆或孟和暫住渝代兄，如何？③ 斯年。 代日 （皓）。④

667. 傅斯年致王敬禮 （電）（1938 年 9 月 19 日）檔號：IV：362

重慶。究。王毅侯兄：

弟又小病數日，積件日內准清理寄上。再，報告似無須送，因無人看，或將舊印送去亦可。手示八日到，已來不及。年。⑤

668. 傅斯年致王敬禮 （電）（1938 年 9 月 20 日）檔號：IV：361

重慶。究。王毅侯兄：⑥

---

①頁末收發註記："27-9-14"。

*本函（檔號：III：1192）另有"朱家驊檔案"譯電（檔號：朱 – 07 – 001 – p. 106），頁首朱家驊批示："1. 函請書貽先生赴港一行；2. 電復：本人決意辭去院務，因長此拖延，與事有碍。"

②此處自註："以下密。"

③此處自註："明碼。"

④頁末收發註記："廿七年九月十九晚發。"

⑤頁末收發註記："廿七年九月十九日晚發。"

⑥頁首收發註記："廿七年九月二十日發。"

梗密。驅兄到渝，乞與詳談院事。盼兄或書詒兄赴港一行，與蔡夫人商蔡先生調養。驅兄此時如自動解職，似不雅。請陶或李或他同事在渝暫代，何如。斯年。咢。

669. 傅斯年致杭立武 (抄件) (1938 年 9 月 20 日) 檔號：IV：621

立武吾兄：此信所談似重要，乞 留意。年來 貴會熱心邊省教育，用意至佳，假以時日，收效必弘，具此眼光者，國內尚不多，此可為 貴會賀者也。不幸國家多事，若干事業進行不速，然若假以時日，總當有良好之成績，此又可預期者也。惟事業之範圍，工作之程序，有可憑意想為之者，有非親身一看不為功者。欲求效功收至最大限，不可不詳慮于著手之前。即如對西南各省之補助， 貴會自去年夏天，著手進行，猶憶^弟當時獻議云，四川之毛病在富，貴州之毛病在窮，兩省之補助生效，似皆難，惟滇、桂兩省較易，此意當時 兄以為然。後來 貴會有在滇建圖書館，設中學校各說（此或由^弟向 兄言之），又有在此建倉庫，為故宮及地方兩用，及西南調查隊各事，意皆至善，而為他機關所見不到。^弟到此將五十日，雖未出門參觀，然所知地方情形頗有大異於初所涉想者。

> 一、建築事，在昆明城內，目下甚難進行。ⓐ工料飛漲，ⓑ空襲可能太大，（此地距北海，等于漢口至重慶）且建築之本身非能收發展文化之速效者也。

> 二、此間省立圖書館，亦有一處，至少不在西安、成都者之下，如欲憑空再建設一個，而駕其上，並非易事。

> 三、此間中等學校，頗多具改良進步之願心，並非自以為足，如傳聞所說。（即如今年聯大畢業，為地方學校吸收者甚多，足證其非"深閉"也。）設若自建一師範學校，則非得地方當局之十分合作不可，自建一中學比較容易，然亦未必即為最善之法。

有此感覺，^弟之推論如下： 貴會如欲在雲南有所推動，似以集中力量于中等教育為上策。蓋大學已有中央之補助,且中等教育若不進步,則大學無根,(^弟來此,勸雲大校長熊先生,① 將大學之範圍勿辦大,而求其件件有實效,不必模倣外間大大學之規模。)至于義務教育、特種教育,則中央政府及地方政府事,非 貴會所能大施為者也。故曰,應集中力量於中等教育,亦緣中等教育,最足以樹立一般文化之基礎,提高一般文化之水準,即如江浙各省文化之進步,自清末以來,有些好中等學校,是其主要之一因也。

然則辦法如何? 即: (一)補助其人力,(二)補助其書籍,(三)補助其儀器是也。此三事實為一事。第一、先將雲南中等學校,分類分區選定若干個為補助之對象。第二、將戰區之頭等好教員,以精密之方法選數十人,(須慎選,不能憑教部登記。又,如揚州中學當不少好教員也。)分科送贈之。中學師範,目下只能以英文、算學、物理、化學為限,其特種中等學校須另論。第三、送人以外還須送書,附人而行,書之選定,須精慎,務求師生皆得其用。至于送儀器,除特種中等學校須另論外,則中央研究院物理所歷年來受教部委託所造各中學各套儀器,實為至適宜、至便宜。目下若干學校淪為戰區,不能接受,則與教育部商量,將其轉此,或者 貴會出資不多而得大效焉。第四、欲辦此事,須取得地方教育當局之充分協作,(此當不難,蓋送切要之禮物,有誰不受乎?)而組織一委員會或一專人,負責專心辦此事。

此一辦法,^弟覺比任何辦法皆為多合實際,至其所以須待中央機關如 貴會者推行之者,則亦有故。此間所用滇幣,原不與國幣相喴。因中央資金到此,加以戰事影響,此間政費大感困難,(目下廳長薪約七十元,科長約五十,科員有十五元者,真不得了。 (以前生活程度低。))教員待遇比較為高,亦不過四十五至六十五之間。故請外江好教員,事實上不可能。如 貴會能擇其扼要科目協助之,必如水之就下。且此意^弟非發明者,七年前,中基會以此法補助北大,北

---

①編按: 熊慶來 (1893—1969),字迪之,原任清華大學算學系教授兼系主任。

大旱為政治之犧牲，近年轉能蒸蒸日上者以此也。故此法可謂在他
處行之有效者矣。至于範圍，可大可小也。如　貴會決議此間圖書
館建築費五萬元，聞聯大、雲大有合建圖書館將此併入，並求本院
亦入股之議，此事目下固不能實行，即實行，地方教育上在目前亦
得不到若干好處，或不妨移為贈書，如上所述之辦法也。

又，　貴會有組成西北、西康、西南三調查團之議，關于西北者，
有其必要，西康亦然。至于西南，恐非急圖。蓋西南情形，比較明
瞭，所事調查者，如以政治、社會情形論，多不待專家調查便可知
之。如事科學的調查，則恐又多採集標本、調查民俗之事矣，此亦
弟十年中所竭薄力以提倡者，然今日似非急務也，而地方上亦得不
到好處。

故弟意，關于西南，特別是雲南者，有根本的全盤的考慮一下之必
要。上述者其一辦法也。此意　兄如動聽，（截至現在，弟只是自己
想，未與人談過。）似可就　驪先兄到渝開會之便，與之一談。（或將
此信交　驪兄一看。）尤盼　兄能早到此自己調查一下，此調查為必
要，此調查為已足。專此，敬頌
日安

弟斯年上　九月廿日

弟改于廿九飛渝，決不再改矣。

670. 傅斯年致杭立武 (電)（1938 年 9 月 22 日）檔號：II：558

重慶。款。杭立武兄：

名單計達。頃寅恪來電，與弟決定稍異，請將楊予秀改為不
取。年。①

---

①頁末擬辦意見："此電費余墊蕭未還"，後經傅斯年批示："入中英庚款帳"，又
收發註記："27-9-22"。

671. 傅斯年致王世杰 （抄件）（1938 年 10 月 12 日）檔號：II：75

雪艇先生左右：聞 駕返，兩次奉訪皆不值，至悵至悵！頃晤雷儆
寰兄，始知飛機改期耳。^弟昨奉 蔡先生手諭，知院中決定請 兄
來繼騮先兄之任，無任慶幸。騮先兄之固辭，至四至五，雖至可惋
惜，然彼亦有不得已之苦衷，若 兄惠然肯來，則大局安矣。^弟奉
蔡先生命敦勸，謹貢所知。猶憶杏佛兄故後，當時院中同人本擬
請 兄繼任，而 蔡先生更以繼承人見望於 兄。只以 兄當時初
到教部，以為不便，乃請在君兄。在君兄任內， 兄對本院至極幫
忙，在君及同人并感。在君又不幸謝世， 兄又以教育部長不便兼
此職為言，遂又寢。五年中 蔡先生及同人之願今可見其遂，精神
為之一爽。前 兄以教育部職為辭，（此理由固充分）今則無此理由
矣。院中今日之局，非有大力如 兄者，不足以支持，則轉危為
安，非我 兄之望而誰望乎？其實院中情形亦並未如外傳之複雜，
兄可一切無慮。萬乞 惠然允諾，以慰 蔡先生遠道之望，以答
^弟等渴盼之切，至幸至幸！一切當面詳談，先以此代面。專此，
敬叩
政安。

十月十二日

672. 傅斯年致蔡元培 （抄件）（1938 年 10 月 20 日）檔號：III：774、
III：763

子民先生尊鑒：雪艇先生已有電達，茲將經過具陳如下。雪艇到此
前，^{斯年}曾兩次往訪，並貽之書，其稿前已寄呈 左右矣。雪艇到
此後，（大約是十六）即來一電話，約于次日一會中散後談此事。次
日會後，同來總處，所談大意，由^{斯年}所說者，即如所貽書中所
說，又謂院中情形並不算真難辦，而 先生之切命，不可不來云
云。雪艇所說者，即為軍委會事之難擺脫，及未擺脫前之難兼云

云。最後，^{斯年}率然說了一個辦法，即由雪艇綜其成而別求妥當之人（教育、學術界中求之）為文書主任，在雪艇不在渝時由彼料理，而雪艇綜其成也。雪艇對此說似甚動，允去考慮。於是初以為無成者，今乃覺其有工成希望矣。又過兩日，又談一次。彼來重申不能來之說，節目如下：

一、軍委會參事室主任職，在此情形下，如言辭，實說不出，蓋顯有避危就安之意也。且為院事辭，更將招致某方對本院之不滿。

二、如不辭而來兼，則自己往來漢、湘、渝、筑，仍是掛名，與騮先何異，何必多此一換。（^{斯年}當告以騮先之辭，已由　先生允許，彼謂此無妨事，大家可再勸他。）

三、上次^{斯年}所提議，彼任為不妥，謂不好看。

於是彼之結論，乃如電報所陳。即彼仍希望騮先掛名，而孟和先生代理之，或巽甫先生代理之。彼電中所謂^{斯年}贊成者，即孟和、巽甫代理說也。

在末次會見前，彼晤立武，力言無論如何不能來，故^{斯年}未再去勸，看來此一段只好如是結束矣。此次^{斯年}竭力敦勸，並"動員"一切朋友，而所得結果如此，固如大家預料也。

此次遷延不決，為　先生憂，本院同人當俱感慚悚，然亦無如何耳。看來此時較順之辦法有二：一為照雪艇所請，請孟和或巽甫，一為返于任叔永之原意。請　先生決定。專此，敬叩

鈞安。

學生○○謹上　十月廿日

673. 傅斯年致李濟（1938年10月21日）檔號：考 2–123

濟之吾兄：別後想一切安善，為念！茲將下列數事奉告：

一、美術展覽會事，孔決定作罷，蓋李國欽有電來，美方並不熱

心，不肯負責，即 Metro. Mus.①亦然。大約美國熱心此事者，非博覽會中人，而博覽會中人則不熱心此事也。於是　兄之旅費，教育部也賠上了。但此事尚有死灰復燃之可能也。總而言之，大笑話也！

二、今晨浙江興業老板尚某②來，又是為裕記說，^弟甚詫異。尚某^弟素未謀面，乃亦出頭。所請乃是"免保"，^弟答以"可請徐謨保"，彼乃不懂而去。旋子元來，始知原委，乃指定浙江興業保，彼有難意也。子元之情狀窘甚困甚，大有流涕之勢。大約　兄所留下之辦法，彼不能全辦到，故覺無以復命，似有請^弟就近作主之意。^弟只得辭謝，由子元逕電　兄矣。惟就^弟看來，子元所已辦到之收據（帶聲明）與　兄所留之字，相差不多，而相差之點，乃江裕記所絕不肯寫者（即（一）　兄條謂損失由他負，（二）他只肯寫照合約辦）。惟此意^弟未告　子元，非一主張，仍請　兄決之耳。

三、兩日找大維不到，　兄賭款待晤後交之也。又車子事，均已分頭接洽，但因展會停頓，數目有變否乞　示知。專叩

日安

^弟斯年　廿一日

674. 傅斯年等致蔣介石（1938年10月30日）*

△公△△長賜鑒：初夏屢獲侍　座，　高山仰企，景佩彌深。時日推遷，又復三月。瞻念我公乾惕勞勤，導率抗戰，以一身而支全局，憑

---

① 編按：美國紐約大都會博物館（The Metropolitan Museum of Art）。

② 編按：尚其亮，時任浙江興業銀行副總經理。

* 本函共有4種，依時序第1種為鋼筆手稿本；第2種為鋼筆及毛筆手稿合本（檔號：I：41）；第3種為油印本（檔號：I：657），有傅斯年修改手跡；第4種為據第3種繕寫之定稿本（檔號：II：611）。今以第4種為本文，並將第1種列為附錄一；第2種列為附錄二。

精誠以敵眾難，國命賴以不墜，前途尚有可為。靜言思之，感激涕零，再造邦族，我公是望。猶憶去年十二月南京陷落後，人心惶惶，賴我公鎮定佈置，卒開第二段抗戰之局。今廣州不守，武漢撤退，故人心再度搖動，謠諑於以繁興。此時亦非我公鎮定佈置，明示國策，無以安眾心而資抗戰，此固不待○○等言之者也。又廣州淪陷，情況不明，江上久戰，損失諒多。必收拾力量，減少遺失，以為下一期抗戰之資，更速補缺陷，全盤佈置，以開下一段有利之形勢。此中節目，我公尤洞悉無遺，亦不待○○等備述也。惟軍事之成功，係乎政治之運用，政治若有重要之缺陷，則雖具精兵良將，效命疆場，無以操勝利之左券。我公之領導將士，佈置戰略，國人上下，對之不特未有間言，亦且服膺信賴。若政務各端，是否妥善，則有不能默爾者。

今危急至此，更不敢不貢此丹心。○○等追維年餘以來抗戰之經過，以為政治之最大癥結，得有兩端，敢析陳之：

一、明定各主要部署之職權，以清責任而責事功。吾國歷久之積習，每只問人而不問制度，故一事而屬之數人，庶事或綜於一手。下奪上權，上侵下職，積之既久，浸成淆亂。凡事之有利可圖、有權可把持者，群爭而眾奪之。凡事之無利可圖、無權可把持者，群去而眾遺之。凡事之責任重大，乃至關係國家安危者，每自設法而避去之。及事之既壞，遂無以指明負責之人，而正其罪。且因此發生之磨擦，既坐失時機，更每引起甚危險之人事糾紛。舉例言之，數月來對外貿易之未有成績，其責任在行政院長乎？抑在經濟部長乎？抑在貿易調整委員會乎？西南交通事項之進展不速，其責任在交通部乎？抑在他人乎？又如西南三省應統籌之事項，其責在行政院長乎？抑在重慶行營主任乎？又如今日之外交部，國人皆指為不努力，而外部自謂權不在手，故只能如書辦之坐待吩咐，其信然乎？充此習慣，恐已有結構，亦失作用，遑論改善。夫一手而操庶事，一事而歸數人，固無人可盡①其功，亦

———

①編按："盡"他本皆作"尸"，繕本筆誤。

無人肯任其過，馴致上下推諉，左右爭執，此在太平已可為寒心，此時尤不足以應付戰局也。○○等不揣愚憨，敢請我 公嚴明指定各事之負責人，且明定職權，其功歸之，其過亦歸之，既不容越權，亦不容避責。此所以增效能，振紀綱者也。

二、嚴攷關係國家存亡諸大政負責人之功過與聲名，分別進黜，以固人心，而增國力。○○等備位議職，深自思維，實覺目下政治之缺陷，雖有關結構，固鮮在政策，而在人事者實為最大。蓋雖有良善政策，若執行者不得其人，終于存亡無補也。抗戰以來，論外交只見長持鬆懈坐待之態度，則當事者之努力，似尚有所闕；論財政則籌款、借款每有貽誤，只取坐吃山空之辦法，致失時機。所有因遲緩、疏忽、懈怠以及人事糾紛而召致之損失，不可不歸咎人之不稱職也。即如行政院長之大任，在平時已略如外國之首相，在在①此時尤關戰事之前途。若其人一切措施，不副內外之望，則國家之力量，因以減少者多矣。夫政策決之中樞，大計秉之我 公，○○等衷心信賴，然若執行者不得其人，恐亦無益於國事也。

○○等救國無術，憂國彌深，至于今日不能不盡其所欲言，此固以求心之所安，亦由我公精誠感召，仰企佩戴而不能自已也。上列各事未便于會中討論，以滋誤會，故密陳左右，未使外知。謹呈 鑒察，萬幸萬幸。專此，敬叩

鈞安

胡景伊	張君勱	左舜生	范　銳②
傅斯年	張一麔	褚輔成	張　瀾
羅文榦	王近信	王家楨	錢端升
于明洲	羅隆基	梁漱溟	黃建中

---

①編按：衍一"在"字。

②編按：范銳（1883—1945），字旭東，時任永利化學工業公司負責人、國民參政會參政員。

陳其業	朱之洪	梅光迪	陳啟天
張申府	周士觀	杭立武	余家菊
張忠紱	陸鼎揆	譚文彬	吳緒華
高惜冰	王卓然	孫佩蒼	奚 倫
盧 前	邵從恩	王葆真	林 虎
胡元倓	茹欲立	王造時	馬君武
黃元彬	許德珩	程希孟	胡石青
梁實秋	陳 時	楊賡陶	韋卓民
居勵今	楊振聲	杜秀升	陳經畬

共五十二人謹呈　廿七年十月三十日

再陳者：此啟中各意見，均係于十月廿四日談話會中同人發表，當指定七人起草，經數次討論修改，于廿七日談話會中決定本文，並于是日談話會中及卅日聚餐會中簽畢。所有簽名原紙，附呈鈞覽。

敬再陳者：此啟正本（坿入原簽名單者）於十月三十一日共同密封送至國民參政會秘書處轉呈。五日後祕書處發還，不允轉呈。同人等因不知駐節所在，遂託馬君武先生于畢會之次日，持原密封之函返桂轉衡面呈，或派專人訪遞。茲恐道路稽延，更抄此副本上呈。再，此啟簽名人均在兩次集會中自行簽名，未向一切到會同人徵求同意，封後有來請補簽者十餘人，因已封好作罷，謹以坿聞。專此，敬叩

鈞安。

十一月九日

附一：第一種手稿本

介公委員長賜鑒：初夏屢獲侍　座，高山仰企，景佩彌深。時日推遷，又復三月。瞻念我　公乾惕勞勤，導率奮鬥，以一身而支全局，

憑精誠以抗眾難，國命賴以不墜，前途猶有可為。靜言思之，感激涕零，再造邦族，我　公是望。茲參政會再度召集，又值國命危迫之日，敢貢其丹誠，幸賜垂察。

去年十二月南京陷落時，人心惶惶，賴我　公鎮定布置，卒開第二段抗戰之局，今廣州不守，武漢之陷迫在且夕，故人心再度動搖，謠諑于以繁興，非我　公鎮定布置，明示大略，無以安眾心而資抗戰，此其一。

廣州陷落，情況不明，江上久戰，損失頗多，必收拾力量，減少損失，以為下一期抗戰之資，更速補缺陷，全盤佈置，以開下一段有利之形勢，此中節目，以我　公之英明，本不待愚等言之，此其二。

所有川、滇、黔、桂、西北諸省防禦線之鞏固，以及範圍內交通網之效能，壯丁之如何自圈外吸收，衣料食量之如何聚集，雖所作已多，而缺陷及遲緩亦尚不少，敢請我　公嚴督所司，尅期計功，尤盼能有統籌全局之計畫，依其項目責成主管者按期完就，此其三。

交通、經濟事項，年來頗多努力，成績亦有可觀。然計畫多而實行少，且國家力量有限，而局面又如此迫切，似宜將不急者罷除，可緩者暫緩，俾能集中力量于少數關係目前存亡之事業，尅期計功，此其四。

○○等備位議職，深自思維，實覺目下政治之缺陷，雖略關結構，固不在政策，而在人事者為最多。蓋雖有良妥之政策而執行者不得其人，終無濟于事。抗戰以來，論外交，則當事者之努力，似尚有所闕，永持不自動而坐待之態度。論財政，則當事者之借款每有所貽誤，只取坐吃山空之辦法。所有因遲緩、疏忽、懈怠而召致之損失，不可謂不由於人。大局如斯，大員宜孚重望。○○等誠知個中必有甚大困難，然而此後局勢更屬艱難，則為求增加力量計，似亦不可不存顧國人上下之評論也。我　公之睿哲英武，赤心為國，不特國人信仰，即友邦亦皆景佩，若大政諸端，皆得其人，則國力之增加多矣。

○○等報國無術，見青年而想其前途，倍感慚罪。望兵士而思其盡力，尤增愧怍，至於今日，不敢不盡其所欲言，此固以求心之所安，

亦因我　公精誠感召，仰企佩畏而不能自已。上列所陳各事，頗有未便於會中討論者，謹密陳　左右，未使外知。諸希　鑒察，至幸至幸。專此，敬頌
鈞安

謹啟
二十七年十月二十八日

附二：第二種手稿本

○公○○長賜鑒：

初夏屢獲侍　座，　高山仰企，景佩彌深。時日推遷，又復三月。瞻念我　公乾惕勞勤，導率抗戰，以一身而支全局，憑精誠以敵眾難。國命賴以不墜，前途猶有可為。靜言思之，感激涕零，再造邦族，我　公是望。

猶憶去年十二月南京陷落時，人心惶惶，賴我　公鎮定布置，卒開第二段抗戰之局。今廣州不守，武漢撤退，故人心再度動搖，謠諑於以繁興。此時亦非我　公鎮定布置，明示國策，無以安眾心而資抗戰，此固不待○○等言之者也。又廣州淪陷，情況不明，江上久戰，損失頗多，必收拾力量，減少遺失，以為下一期抗戰之資，更速補缺陷，全盤布置，以開下一段有利之形勢。此中節目，我　公尤洞悉無遺，亦不待我等備述也。

惟軍事之成功，係于政治之運用，政治若有重要之缺陷，則雖具精兵良將，效命疆場，無以操勝利之左券。我　公之領導將士，布置戰略，國人上下對之不特未有間言，亦且服膺信賴。若政務各端之是否妥善，則有不能默爾者。今危急至此，更不敢不貢其丹心。○○等追維年餘以來抗戰之經過，以為政治之最大癥結，得有兩端，敢析陳之：

一、明定各主要部署之職權，以清責任而責事功。吾國歷久之積習，每只問人而不問制度，故一事而屬之數人，庶事或綜于一手。下奪上權，上侵下職，積習既久，作成淆亂。凡事之有利可圖、有

權可把持者，群爭而眾奪之。凡事之無利可圖、無權可把持者，群去而眾遺之。凡事之責任重大，乃至關係國家安危者，每自設法避去之。及事之既壞，無以指明負責之人，而正其罪。且因此所生之磨擦，既或失時機，更每引起甚危險之人事糾紛。舉例言之，數月來，對外貿易之未有成績，其責任在行政院長乎？抑在經濟部長乎？抑在貿易調整會乎？西南交通事項之進展不速，其責任在交通部乎？抑在他人乎？又如西南三省應統籌之事項，其責在行政院長乎？抑在重慶行營主任乎？又如今日之外交部，國人皆指為不努力，而外部自謂權不在手，故只能如書辦之坐待吩咐，其信然乎？充此習慣，恐已有之結構，亦失其作用，遑論改善。夫一手而操庶事，一事而歸數人，固無人可尸其功，亦無人肯任其過。馴致上下推諉，左右爭執，此在太平已可為寒心，此時尤不足以應付戰局。○○等不揣愚戇，敢請我公嚴明指定各事之負責人，其功歸之，其過亦歸之，既不容越權，更不容避責。此亦所以增效能，振紀綱者也。

二、嚴考關係國家存亡諸大政負責人之功過與聲名，分別進黜，以固人心，而增國力。○○等備位議職，深自思維，實覺目下政治之缺陷，雖有關結構，固鮮在政策，而在人事者為最大。蓋雖有良善政策，若執行者不得其人，終于存亡無補也。抗戰以來，論外交則當事者之努力，似尚有所闕，長持鬆懈坐待之態度；論財政則借款每有貽誤，致失時機，只取坐吃山空之辦法。所有因遲緩、疏疏、懈怠，以及人事糾紛而召致之損失，不可不歸咎于人之不稱職也。即如行政之大任，在平時已略如外國之首相，在此時尤關戰事之前途，若其人庸而無能，徒自樂其富貴有權，而不負內外之望，則國家之力量，因以減少者多矣。夫內舉不避親，固為古之名言，然陳義究嫌太高，非一般人民所能喻，且舉而得賢，猶可使民眾初疑而終信，如其未然，似宜早補救之也。夫政策決之中樞，大計秉之我　公，○○等衷心信賴，然若執行者不得其人，恐亦無益於國事也。

【○○等救國無術，憂國彌深，至于今日不能不盡其所欲】言，此固以求心之所安，亦由我　公精誠感召，仰企佩戴而不能自已也。上列各事未便于會中討論，以滋誤會，故密陳　左右，未使外知。謹乞鑒察，萬幸萬幸。專此，敬頌

鈞安

————————

————————

————————

二十七年十月二十八日

此啟中各意見，均係于廿四日談話會中同人發表，當指定七人起草，經數次討論修改，于廿七日談話會中決定本文，並於是日談話會及卅日聚餐會中簽畢，所有簽名原紙附呈　鈞覽。簽名者有願，故下列前十名均依本人意見列在前方，其次序仍依簽名之先後，以下則依簽名單之次序，應合併聲明，並附呈原簽名單。

胡景伊　張君勱　左舜生
范　銳　傅斯年　褚輔成
張一麐　胡元倓　馬君武　陳其業①

675. 傅斯年致陳布雷 （1938 年 11 月 9 日）檔號：I：612

Mr. Fyre 先生左右：未獲侍教，匆匆半年，每懷　清儀，曷勝馳會，比維　道履康健，為禱為禱。茲有陳者，第二次參政會開會之前數日，若干同人，頗思有所進言于　委座，而深虞會中言之不便，故于一公開之談話會中推定七人起草，寫成一啟，上陳　委座。此稿經次期談話會修改，由到場人中之十人簽名，旋更于開會後一次聚餐會中簽名，共五十二人，送參政會祕書處懇其寄呈。祕書處將原件擱壓六日，原封退回，當時同人又不知　委座所在，

————————

①頁末自註："廿五日、廿六初稿、廿七最後稿、廿八開會。"

深慮遺失，乃于閉會之第三日因馬君武先生返桂之便，請其先帶至桂林，便即專人探呈。惟此件曾上達否，此間同人未得消息，乃再抄一本，思寄達 先生處轉呈。重以屢訪 先生所在，未得準息，延擱至今。留渝若干同人，深覺此件既係五十二人所自動簽名，且蓄此意見者，尚不止到會人中之五十二人。只以簽名僅于兩次集會中行之，並未傳簽；又以開會之第二日即封送祕書處，故見解相同、而以後來或未見到之故，不獲簽入者甚多，若普遍傳簽，至少尚有七十餘人之數。設不能上達 委座之聽聞，殊違會中多數人憂國之誠意。故不揣冒昧，敢以此副本①送上 先生處。若正本未達 介公，萬乞以此副本上呈。^弟等公私均感激無既矣。瞻念邦國，憂心如擣，書不盡意。敬叩

道安

676. 傅斯年致李濟、梁思永（1938 年 11 月 23 日）檔號：考 2-124

濟之、思永兩兄：別來久未寫信，"忙、懶、病"，皆有之，然實由于心緒太劣，如在長沙時也。茲先匆匆寄此一信，其餘及文件，一二日內再清，蓋桌上堆積頗有丘陵之象也。

一、長沙物。此事聖經學校突然不肯，出^弟意外，函電紛馳，卒得一比較滿意之結果，此次大火，當未波及，然何日重見天日則不可知矣。先是^弟到此不久，請總處給周星煥寄一百六十元，寄^弟書兩箱（共六，四不寄）、周一良書兩箱，餘作其生活費。當時尚不知聖經學校不許放也。聖經學校一批物，^弟心中本已打在"不動"之例，其內容如何，^弟亦不知也。在漢法界所建庫，因儘桂林各所物而未能入，然桂林各所又將漢口物後來取走，其時我們已無人在長沙，不能再遷。及見 兄開單，方知

---

①編按：即前函參政員傅斯年等上蔣介石書（1938 年 10 月 30 日）。

其中尚有如許當用之物。最好辦法，入牆入地，總算可以。惟書籍可以置之，應以古物入牆，此則或由周不知重要性，以為古物不怕溼也。運走一說，當時事實上絕不可能，試思大軍三十萬退却，我們那裏弄車，即自己有車還不是為人封去乎？然^弟當時曾日向兵工署問，惟大維及楊繼曾皆不在，① 即運輸處汪君又不管長沙也。此次幸有周星煥在，然大火後不知其性命如何，可歎也。

二、運物事。已走四十四箱，大約考古組物再有四車便完，目下困難如下：

①此地直達昆明車極少，可遇而不可求也。到貴陽轉則多，然如是須在貴陽有人照料，一難也；貴陽以後太重要，二難也。請　兄決定，是否取貴陽轉之一法，如用此法，則不久可以運完；不用此法，則須待機會耳。乞　示知。

②在此地存，固非善法，而老裘的各種計畫，無一有益者。蓋叙府、瀘州、嘉定，皆與此地無大分別，必到雅安（即西康東部）方可，此則與去昆明差不多，如移至遇麓山，云云，尤為費事。^弟始終覺得偌大之重慶，偌大之沙坪壩，實不易炸到我們的小屋（自然不保險），如在他處（不出重慶四圍）亦好不了許多，市區尤險，以人煙密集也。^弟目下之辦法，是無論如何先將考古組（所餘）之八、九十箱運走再說，此外分下列辦法。

一、^弟覺在四川省內目下搬動無甚意義。

二、除考古組各箱趕運外，博物院、古蹟會各箱，乞　濟之兄即示知應先運走否。

三、善本書作次一批計，運滇。

四、檔案（大庫史料）擬不運，或作第三批。

五、到滇後之安置，請　兄等決定，^弟皆同意。

---

①行首自註："兄交大維廿元，因以後未見，尚存弟處也。"

六、終存此者，最後搬出沙坪埧否，^弟毫無明確之思想（思之，神明不能開朗）但在運滇工作進行中，不擬動也。一動更費事，　兄等以為妥否？

^弟一面繼續弄車，一面乞　兄等將^弟所詢各節示及，以便心中有全盤數也。發信時間已到，續寫。專叩

日安

^弟斯年　廿三

內人久未收到^弟信，^弟實有信，想是昆明、溫泉間一段郵政太壞，昨日一電，今日一信，乞派人即送去，用費乞　蕭先生扣下。

677. 傅斯年致李濟、梁思永（1938 年 11 月 24 日）檔號：考 2-125

濟之、思永兩兄：昨函計達。茲先將周星煥信奉上。

又，（一）李光濤現在在川無事，甚苦，可否　准其復職，乞　兄等決定示知。此公毛病不小，然是正直之人也。

（二）吳相湘不來，而請保留，^弟已函其不能保留。

（三）孫芾（?）① 是否此名，是否已許復職。寫到此地接　兄廿一日書，謹復如下：

一、"院長是否來?"^弟亦不知，預料其不來。

二、"各所長是否前來?"^弟亦不知，預料不能全來，因桂林幾位正鬧搬家，且對叔永本不同意也。

三、"提案"，此亦妙說，必是蔡先生老糊塗了。大家正在盼望新總幹事之高見，又有誰提案。且此非一集會，如何談到"提案"。

四、^弟因叔永對過去事不接頭，故須于開會時去，但研究所事仍須請　兄報告也。

---

①編按：孫以芾，時任史語所書記。

故^弟看來，未有先辦之事，同時　兄亦想想，看有何事。（有則檢出，以所以助叔永也）^弟覺叔永實不易辦此事，然此時有人來，其勇可佩，其心可感。^①我們總當協助他，但大局如此，蔡先生如此不振作，而各所長儼然督軍，又有對他"不友誼"者，結果如何誠不可知。^弟則以為無論誰來，我們都當奉公守法，盡力贊助也。

"繼胡"說，"事出有因，查無實據"，蓋^弟在昆明時，每與朋友談到我目下之無聊，蓋心緒上已不能真的研究，則拿研究院之全薪，亦嫌罪過，故云，頗想到聯大教書，而又深懼並書亦教不成也。所以"要教書"而又懼教不好之表示，誠有之，做院長則絕無此想，且將芝生之職取而代之，我又辦事不如他，成何道理哉？但此亦不過談談罷了。（一）我在總幹事未定時，此一辦法，恐蔡先生誤解，（二）我又想能多在重慶幾次。故只是心中亂想而已。目下想（此亦心中亂想）下個學期，我可在昆明教書，由研究所與聯大各出半薪，免得我閑得要命，^②每日尋愁覓恨，且研究所免得有此大薪全薪之無事人，或者公私交得。但，下學期如何排功課呢？此事見後細談，總之，（一）無取芝生而代之說，（二）無捨研究所之意，但想少拿錢。^弟近日心中亂極，各種亂想，如做義勇軍，自盡，作刺客，（乃至發明破壞地球的方法）皆有之，皆不足深論也。

總之，要教書以便研究所省一部分錢，是有此意，而不易具體化，舍研究所，或搶芝生的 job，則決無之也。既有傳言，不可不表明此事，所以二三日內當向聯大當局寫一信，先送　兄處一看。專此，敬叩

日安

^弟斯年　廿四

---

①行首自註："雪艇（對立武）即云'殺了頭也不來'者也。"
②行首自註："此事乞告芝生原委。"

678. 傅斯年等致蔣介石（抄件）（暫繫年於 1938 年 11 月）檔號：II：611（2）

蔣委員長賜鑒：○○等推測倭賊最近戰略，必以長江、廣東兩股倭賊向我主力窮追，以圖廣西、湘南，同時向西北增兵，以斷甘涼通路。管見所及，謹陳如左：

一、調距劇爭處為遠之大軍，固守湘西、湘南、廣西全境，並尅日將兩廣歷年訓成之壯丁，編成部隊。

二、西北方面似應有大將負其專責，務求應付迅敏，統一指揮。

三、西南各省交通缺陷太多，敵人若能於將來利用平漢等路，則我之首尾調轉不靈，為救急起見，似應集中力量于公路，擬請飭主管人，迅將滇緬公路及川滇直達路及四川境內各要路，尅日完成，所有由成都通天水及通漢中之路，亦應尅期改善，俾即成就內部之公路網，以便調度。至於鐵路建設，其無關目下戰局者，似可從緩。此類事宜，統籌全局，分別緩急，尤應注意月下迫切之需要。

四、內部食糧、衣料必宜大量屯積，紡織能力亦應因需要尅日擴充。

五、西南各省壯丁不敷，所有局部陷落各省之壯丁，如何抽調，及失業之壯丁如何編練，請飭所司加倍努力。

六、湘西、鄂西、豫西、漢中、隴南一線必須鞏固，此線中各地之綏靖，刻不容緩，務當在此線中布置一切，使其為不可突破之線。

七、將來敵人威脅漢中，必以豫西、鄂西為主路，此路中雖多山，亦多缺口，歷史上每多因此地防守疏忽，危及秦、蜀之例，敢請特別注意。

以上各事聞多在辦理中，然進行是否迅速，不至貽誤，萬乞注意。所陳是否有當，敬祈　俯察。

參政員同叩

679. 傅斯年致宋子良（電稿）（1938 年 12 月）檔號：IV：619

香港。宋主任子良先生勛鑒：借△密。前託俞大維兄面請先生准由西

南運輸公司代運本院及故宮重要古物來滇事，荷承允許，至感。茲有
故宮古物八十餘箱，約用十卡車自貴陽運昆明，乞　先生電飭此間貴
公司林主任辦理，並乞用最惠運價計算，無任感荷。中央研究院歷史
語言研究所所長傅斯年叩。

680. 傅斯年致俞大維（電稿）（1938 年 12 月）檔號：IV：616

香港……。① 俞大維兄：借△密。前託兄向宋子良先生接洽運本院及
故宮古物到滇事，荷承宋公允許，至感。茲有故宮古物一批八十餘
箱，約用十卡車，擬即運昆明，乞就近託宋公電飭此間西南運輸公司
林士模主任照辦，並用最惠運價計算，無任感荷。斯年。

---

①此處自註："住址或掛號。"

681. 傅斯年致朱家驊 (1939 年 1 月 16 日) *

騮先吾兄左右：連日傷風，兼以瑣事， 手示至今始奉覆，至歉至歉。

所 示中央處置汪先生事三階段，甚佩甚慰，已告在此教界友人矣。此事發生，^弟覺如在夢中，蓋不近人情之極也。讀 手書，略知其節目。日昨枚蓀來，更略聞彼所知之內容，此事不特斷送汪之政治生命，國家亦蒙其莫大之不利，給外國人以分裂之印象，一也。軍將通電，表顯我之非現代國家，二也。共產黨大得意，三也。夫汪公如只為"主和"，亦可有其"主和"之辦法，何至跑到國外響應近衛之聲明？此則有似于內戰之倒戈，以汪公之聰明，何至如此行動？^弟今日尤不解也。^弟一年半在國防參議會中常晤汪公（每週二次），得一印象焉，即其人聰明處近于女性是也。惟其自己有女性，故其吸引之人，亦多女性。曾仲鳴輩固不待說，即如往者之唐有壬，今日之陶希聖（周佛海或亦然），亦皆女性人也。

希聖亦是不易解之人，若以 Freud 之心理學解之，則或可知其竅要，此亦女性甚重、Complex 甚多之人也。其近中之妄為，^弟早慮要出岔子。猶憶參政會後，立武、鯁生二位請若干教育界參政員吃飯，座中大談外交，希聖主張應先發為主和之輿論，且公開揣摹介公心理。^弟聞之大怪，當即駁之，並謂 Trautmann 以後，和之形勢已全無矣。是夕，^弟坐他的車返上清寺（當時他住都城飯店），沿路^弟切誠之，謂彼之此等議論，足以為人解作"汪先生放風"，不特無益，且可引起政治糾紛。當時希聖默然，不意此說竟成讖語也。希聖亦非惡人，只是頗熱中，且有政客習慣，而其聰明又未曾陶冶以經歷也。

---

* 取自"朱家驊檔案"。

又，汪公于此時中國一般社會情狀，以及歐州事項，其隔漠處，殊使人驚。此亦^弟在參議會中一年所發見也。

承　示　蔣先生再命^弟參加每星期六之會談，至感光寵。以^弟之山林拙夫，久自知其為廢物，而蒙　介公一再不棄者，當亦　兄等謬加揚舉誤之也。有人以此等際會可以發抒其懷抱，更有以此為進身之階者，^弟則自知其無能，又全無心於進取，前者曾思貢其愚戇，於權奸有所指彈，而其結果如此，更自知其無用矣。既承　兄等雅意，當於到渝後恭謁。然參政會開會時，如許說話，必彈舊調，正不知結果如何耳。

前者　兄派研究院兩差使，事實上都到我手，其一已交卷（編《黨員讀書目錄》），乃急就章，事後思之，可以改補者多矣。其又一（《民族革命史》）下週開始，思以三週寫成，其不能為佳作，可以想見矣。

兄命速赴渝，事實上^弟在此辦　兄派之差使，只得暫留，盛意至感。

戴先生處乞　代道候。^弟甚感其疋意，到渝後當奉訪也。目下曲阜①當國，"聖朝無一介之輔"，一線之望，在於　戴先生矣。戴先生如不出而積極圖國事，其如蒼生何？

所命^弟往重慶，於　兄等提案等事有所助，本當遵　命，無如在此之差使一時不能完，且此等事，^弟雖不辭拙陋，實亦自知其無甚用處。目下在此暫留辦差，諒當為　兄所原宥耳。

希聖之藝文會，內目不名一類，然有^弟所知之一類，頗有相當好人。希聖前辦《食貨》，收羅北平各大學畢業生不少，北大尤多，如鞠清遠（師大，山東）、傅安華（北大，河北），皆良士也。此時散夥，頗有可惜之處（此兩人外，尚有多人不錯者），此實社會上一種損失。又四川大學之變，乃政府之恥辱，其中教員，頗有在學界負盛名者，似亦當有所安插。凡此兩事，望　兄考慮及之。

又，前以編《黨員必讀書目》，深感目下適用書籍之缺少，青年人之

---

①編按：孔祥熙（1880—1967），本山西太谷人，家譜與曲阜孔氏亦接不上，因孔祥榕為之安排，得列孔子第七十五代裔孫，故有此稱。

無知識，及其惑於異說，此為其一因。年來出版界雖發達，然無目的、無智慧、無組織與指導，故至于此。而左傾之書、浮妄之著流行矣。國立編譯館經費太少，其救濟之人，乃烏合之眾。目下甚少可讀之書，故編不成好書目。^弟意，中祕處可組織一編譯會，以黨員讀書為主體，兼及其他相連者，旁與編譯館及中基會編譯會合作，期以一年而黨員應讀之書略備，兩年而三民主義有一標準的注疏（Kommentar），此事與三民主義青年團亦有莫大之關繫，　兄謂如何？盼與　戴先生談之。惟此事^弟只能供其意見，自己却不能參加其作，因既拙且懶耳。

日昨枚蓀兄來談及重慶近聞，知慰堂與毅侯幾為^弟鬧一笑話。大約重慶頗有人言，^弟與汪接近，故亦出走（真大笑話）。此說之來源，必由孔部群小。一年半中，汪先生在參議會及參政會中對^弟甚有禮貌，此為事實，實則　蔣先生對^弟何嘗無禮貌？而汪之禮貌，對馬君武、張君勱等亦然也。^弟到此後聞汪之出走，直如做夢，大為奇怪，乃寫信詢慰堂消息，並附入致乃光、浩徐一信，所以安慰之，此朋友之義也。不意慰堂大驚小怪，乃訪　兄，請　兄在　蔣先生處疏解，見一面，並請　兄保護^弟，即到渝住　兄處，云云。慰堂也不知在何處探得　兄致^弟兩電一信，乃言之鑿鑿。此真夢中人想入非非之談矣。^弟與汪之"關係"，不過參議會、參政會，此為友人所盡知。除他常請^弟吃飯（座中自然都是一大群人），^弟到其家者只有兩次，一在前年十一月初，對外交有所陳述（比京會議時），同日以同事謁　介公。又一次在去年二月，訪外交消息。所有關係如此。^弟亦非主和之人，私下曾力誡希聖等，此固非外人所知，然^弟之行踪，亦決無可以引良士生疑者也。慰堂知我，何至于此。且^弟向無黨派，忠于國而信于友，從不為自己圖謀，雖無特才，然其安貧樂道，進止以義，自覺不愧古之良士。然則縱有人言，亦只付之一笑耳。^弟深信　兄知我深，其招我赴渝，正如　手示所說，非如慰堂所揣。所不幸者，慰堂等各以此等奇說告人，人或信之，以吾輩交情甚密故也。寫供　兄一笑。慰堂如再以此為言，盼以實情告之耳。又^弟之來此，為研究院院務會議，廿二開會，故廿日到此，其留此，則以所中各事及　兄之編史差使，此中有何可疑者耶。專此，敬叩

日安

^弟斯年上　一月十六日，廿八年

682. 傅斯年致顧頡剛（抄件）（1939 年 2 月 1 日）檔號：II：147

頡剛吾兄：一週之內，時思走訪，而未果也。心中有一事，擬以上告，借供參攷。此事關係不小，公私皆不能默爾也。

吾等到此，本不能一律抄續在北平時之舊習，縱令吾輩此日在北平，（恢復後）則檢點往事，亦有應分別何續何革之處，學問、事業，皆緣此以進步也。

有兩名詞，在此地用之宜必謹慎。

其一為“邊疆”。夫“邊人”自昔為賤稱，“邊地”自古為“不開化”之異名，此等感覺雲南讀書人非未有也，特雲南人不若川、粵人之易於發作耳。其次，即所謂“民族”。猶憶五、六年前敝所刊行凌純聲先生之《赫哲族研究》時，^弟力主不用“赫哲民族”一名詞。當時所以有此感覺者，以“民族”一詞之界說原具于“民族主義”一書中，此書在今日有法律上之効力，而政府機關之刊物，尤不應與之相違也。今來西南，尤感覺此事政治上之重要性。夫雲南人既自曰“只有一個中國民族”，深不願為之探本追源，吾輩羇旅在此，又何必巧立各種民族之名目乎。今日本人在暹羅宣傳桂、滇為泰族 Thai 故居，而鼓動其收復失地；英國人又在緬甸拉攏國界內之土司，近更收納華工，廣事傳教，即迤西之佛教，亦有其立國之邪說，政府應加之禁止，如《白國原由》^①其一事也。則吾輩正當

---

①編按：（清）釋寂裕《白國因由》一卷，有清康熙四十五年（1706）刊本。

曰"中華民族一個"耳。至於閉戶作學問，以其結果刊為不能流行之學術刊物，更或供政治之參考，自當一秉事實，無所顧慮，然不當使其民眾化也。

此間情形，頗有隱憂，迤西尤甚。但當嚴禁漢人侵奪蕃夷，並使之加速漢化，並制止一切非漢字之文字之推行，務于短期中貫澈其漢族之意識，斯為正圖。如巧立民族之名，以招分化之實，似非學人愛國之忠也。

基此考量，以數事供之吾兄。

一、《邊疆附刊》之名，似可改為"雲南"、"地理"、"西南"等。邊疆一詞廢止之。

二、此中及他處，凡非專門刊物，無普及性者，務以討論地理、經濟、土產、政情等為限，莫談一切巧立名目之民族。

三、更當盡力發揮"中華民族是一個"之大義，證明夷、漢之為一家，並可以漢族歷史為證。即如我輩，在北人誰敢保證其無胡人血統；在南人誰敢保證其無百粵、苗、黎血統。今日之雲南，實即千百年前之江南、巴蜀耳。此非曲學也。

日前友人見上期《邊疆》中有名干城者，發論云："漢人殖民雲南，是一部用鮮血來寫的爭鬥史。在今日，邊地夷民仍時有叛亂情事"。所謂鮮血史，如此人稍知史事，當知其妄也。友人實不勝其駭怪，^弟甚願 兄之俯順卑見，於國家實有利也。專此，敬頌

著安

^弟斯年上 二月一日

683. 傅斯年致丁山 （抄件）（1939 年 2 月 26 日）檔號：II：71

丁山吾兄左右：惠書敬悉，所示各節，奉白如下：

一、東北大學自書記至校長皆有選舉權一事，決無此說。此次辦理，乃依據法規，而各國立大學調查教授、副教授教課詳單，以其教課定其與本院各科目有無關係，^弟未知 兄教何課，故不知何以

不在其中，要之"賄選霸票"果有此事，即乞　向政府揭之，澈

底查明，懲辦一切辦事之人也。（^弟在院中，亦為辦事之一人。）

二、舒連景所說，不知彼何以如此言。^弟全無此說，亦全無此意。

三、現在所中之書，不能寄出。此事屢有如此請者，未開例也。

四、大著佩佩，惟《集刊》已編至十本，而出版尚未完八本。照商務

目下出版情形言之，編入十本者，恐須三年後出版。此當非　兄

所能待也。原稿存彥堂兄處。專此，敬頌

著安

^弟傅斯年敬上　二月廿六日

684. 傅斯年致國民黨黨史編纂委員會（1939 年 2 月）檔號：II：598

逕啟者：敝所前擔任《民族革命史》第一章中有云：

"本書始於西晉末，迄於民國建立。其迄於民國建立者，緣此後外

侮雖每來愈烈，而民族革命之業，却隨滿清政權之顛覆以俱

亡也。"①

末句應改為"却隨滿清政權之顛覆而無所用之也"，乞照改入為幸。

此致

黨史編纂委員會②

685. 傅斯年致余遜（1939 年 3 月 26 日）檔號：IV：49

讓之吾兄左右：久未通訊，皆緣^弟轉徙無定，亦復無善可述也。前聞

兄治六朝史，大有心得，於其政治、社會之形態與變遷，新解甚

多，佩佩。此時只有此等事可作，　兄其勉之。^弟流轉兩年，舊業

---

①行首自註："m. 124.1"。

②頁末自註："重慶中央黨部轉中央執行委員會黨史編纂委員會。空、掛號。"

益荒，亦常買商務印書館所出之蠅頭細字書看，(《國學基本叢書》之類）終不能安居樂業也。頃聞周一良兄將有美洲之行，甚善甚善，乞代^弟致意。^弟甚望其能來此，今則自以赴美為便耳。一良天資根柢皆有可觀，其必大成無疑也。寅恪先生言，尚節之著之《易林解詁》甚善。^弟在北平多年，未聞其人其書，亦是怪事，聞係木刊本，直隸書局有出售者，盼　兄寄^弟一部，至感至感。尚氏如有他作，並盼　惠寄。再，近兩年中北平所出史學、考古刊物，此間均不可得，除容先生所著承其惠贈外，即燕京大學之"引得"亦不可見。乞　兄一查，共有若干，開示其價，當設法寄上，購寄來此，以慰寂寞耳。前承　尊翁季豫先生惠賜其《四庫提要辯證》，體大思博，足千古矣。昔《音學五書》成于前朝，刊於異代，由今思古，有同感矣。^弟兩年中精神大佳，食量尤好，所差者兩鬢已斑矣。萬里馳書，言不盡意。敬叩

著安

^弟載萬①頓首　三月廿六日

周祖謨兄，聞係奉母家居，近況如何，至以為念。

686. 傅斯年致王雲五、李澤彰（抄件）（1939 年 4 月 8 日）檔號：I：58

新滇字第〇〇六號

雲五、伯嘉兩先生：關于影印《居延漢簡》一事，久無來信，沈仲章先生處亦無消息，未知進行如何？茲謹將一時所見，寫供斟酌。

一、前者為契約中之版權一事，發生問題，此後　貴館即無信致^弟。然此書之版權，^弟或任何人均無從置議，因此所謂西北科學攷察團者，事實上已不知其何在，則此物之版權，自然即是

---

①編按：因與淪陷區（北平）通信，傅斯年化名"載萬"。

國家，只有教育部可以代表之也。^弟深信版權一事毫無問題，此時國內乃至國外誰有人肯為之重印哉。故只要教育部答應，"保證在貴館所印五百部（?）售完之前，不再以任何方式重印"而教育部要重印時，貴館有先得權，則一切穩當矣。在此範圍內，^弟負接洽之責，版權云云，則不敢談。如以為然，乞草擬一約，（或即由貴館與教育部雙方立約）^弟以最速方法使之成就。此事前已陳之，未蒙復信，未知如何？

二、目下照像完否？如完，即乞付之珂瓏版影印。釋文一事，可以續出，無須待之。蓋待之不知至于何日也。今日正文不出，誰也不肯急寫釋文，及正文一出，送釋文至貴館者，或不止一家而已。

三、此書工料，以國際名譽所關，仍乞勿減。好在預定有人，（中英庚款會允預定三百部）可以無虞。若目下紙料漲價太甚，似可考慮將印刷部數由五百減至三百左右。如此，則預購者可不超出其八千元之數，而貴館方面，亦可少投本錢。好在此是珂瓏版書，不因部數減少而每部之成本激增也。（乞查原示下之《影印漢簡辦法》草。）

四、沈君仲章處，^弟亦去信，彼之生活費，^弟當繼續設法。未知其在港否？乞示及。專此，敬頌

日安

廿八年四月八日

687. 傅斯年致王雲五、李澤彰（抄件）（1939年4月8日）檔號：II：80

新滇字第〇〇七號

雲五、伯嘉兩先生：關于楊守敬、熊會貞二氏《水經注疏稿》一事，去年八月初曾由^{舍弟}孟博託中央黨部秘書處賀科長師俊先生由歐亞公司寄至貴館港辦事處，凡四十冊，業經貴館復信收到，轉教

育部存案矣。

此書之印刷、出版辦法，前在漢口時，已由^弟商之雲五先生，並有立夫、騮先二公在座，一切商妥，即援照《漢簡》例，由中英庚款會定購也。茲將有關文件，一併抄奉，俾便參攷。

一、關於此書之版權問題，與《漢簡》事同一律，或更過之。只有於教育部與　貴館將來擬定之合同中，註明"在此次所印部數未售完以前，教育部不另印。如續印時，商務印書館有優先權。"便足保護　貴館利益。蓋此等書不會印第二次的，以其是未全成之稿子，如重印，自須重編，不知誰能為之，亦不知在何時也。（亦無書店或文化機關有此力量再印。）乞　貴館查照各項文件，速擬一合同稿，^弟看後再代向教育部接洽，惟版權一事，只能如^弟所說，過此^弟不能辦，與《漢簡》事同一律也。

二、此書並非真正完成之書，故^弟意以照像影印為佳，排印則有無窮困難。頁大字小，薄道林紙洋裝，最省費，亦最便當。乞估計一下。（大小似可如開明《二十五史》，作為上下二欄。字以能識為足，因此不過將成之稿，自無須精印耳。原書之紅格，似可于攝影時設法略去。如不得已，則即印上亦無妨。）

三、此書印刷地點以香港為妥，蓋如在上海，^弟不敢負責，又須向教育部請示，或不獲邀准也。但未知香港有印此一部大書之設備否？好在不過石印，其事至簡也。

四、至於蓋版權印一事，^弟意最好蓋教育部印，所以表示莊重，並明其為行政處分之事件也。如同意此法，^弟當代請教育部印就此項紙，編號後，寄至　貴館耳。

五、此事因一切關係，愈速愈佳，務懇即為辦理。此件一經　貴館收到，迄無一字見示，^弟甚感責任之重大。

六、陳部長立夫先生已作好一敘，印時乞印入。

七、合同好後，中英庚款會方面即可付款，亦兩便也。

專此，敬頌

日安

廿八年四月八日

688. 傅斯年致岑仲勉 （1939 年 4 月 17 日）*

△△先生著席：前承　示下大著四冊，^弟以發願細讀，而日內大忙，稽延數日。昨奉　手教，遂即拜讀，茲敬述妄見。

《全唐詩文札記》三冊，^弟讀畢歎服之至。如是讀書，方可謂善讀書，方不負所讀書，此應為一組助理諸君子用作矜式者也。竊以為史學工夫，端在校勘史料，　先生目下所校，雖限于全唐詩文，然而此等工夫之意義，雖司馬涑水之撰《通鑑考異》，錢竹汀之訂廿二史異同，何以異焉。況其精闢細密，觸類旁通，後來治唐史者得助多矣。流徙中有此，誠不易事，謹當編入《集刊》，是亦^弟之光寵也。^弟所深感悚慚者，兩年中流徙無定，書籍祕之篋中，無以供　先生參考，其猶能有此精製，皆　先生精力過人之徵。目下堪告慰者，存聯大書，開箱有期，而善本書均至龍泉鎮，^弟之五箱，亦多　先生所需者，可以即開。日後《姓纂》校成，必為一時之偉著，無疑也。

古史一道，^弟觀感稍與　先生不同。^弟亦頗好此一道，久則念覺其遍地荊棘，故篋中舊稿，不下二十萬言，不敢寫定也。今日治此一事，^弟以為應兼顧下列兩事：一、乾嘉經學之最高成績（聲均、訓詁之學），益以金文、甲骨，為之材料。二、近代考古學之發明。故^弟曾說一笑話，謂有一線之望，亦不敢必也。^弟曾在所中說笑話，謂將上古史給第三組。寅恪先生言"書不讀秦漢而上"，此或有激而作，然有至理存焉。Konow 書^弟未見，恐彼之問題不在漢學，尤不在古史。夫古史

---

*本函有手稿本（檔號：I：1318）及抄錄本（檔號：IV：98）兩種。抄錄本題"與友人論學書"。

材料，已成聚訟，若拉入後代中央亞細亞、印度各名詞，似更如治絲而紛，恐此一路未能解決問題，徒引起無底之辯論，蓋或入或出，皆無證據，故或如韓非所說"後死者勝"矣。[①] 然則第一組姑不治此一事，而以考古之學歸之第三組，文字之學歸之經學家，可乎？

此一大著疏通致遠，^弟所佩服。然其可能性究有多少，^弟不能無疑。^弟固不能斷言周人不自于闐來，然其自于闐來說亦無證據。禹、于二字，古音絕不同，甸在金文即是田字（矢彝等）；"維禹甸之"之田則動詞也。故禹、甸決不能作為一名詞。（詩人用典則可耳）鹵、周二字音形亦絕不相干。大凡聲音字體，涉于語言學範圍者，宜系統考定其相同違之處，若執一字輾轉比之，三五轉後，恐無不合者矣。（故事之研究，似亦如此。）《穆天子傳》一書，雖膜拜之俗引于酈注，然其作者實不知地理，彼不能近知宗周、成周之分，又焉能遠知崑崙之所在乎？《天問》、《山經》價值極高，然其審證，恐亦非一朝一夕之功也。夫周人之語言何如，今固不可確知。然若《周誥》、《雅》、《頌》非翻譯者，則今日之漢語固猶是其系統，而甲骨文之可讀，亦以其屬于此系統也。其無"有夏"之"有"，或以其用不著此等名詞（殷墟文字皆地名，無國名）。至于禹、鯀諸字，甲骨中是否有之，亦待考。殷人所祀，有若干怪字今全不可識，其中之一，^弟疑其為勾龍，其一^弟疑為鯀，亦不敢告人也。《禹貢》作者，不知江源不在岷山，亦不知西土無南北直貫之河，焉知恆河上流。"四罪"之說，本已太後，必求其傳說之地望，當在神州禹域之內矣。《漢書·西域傳》中所謂南山，固指西域，然捕盜南山則仍是終南，《詩》所謂南山之為終南，經學家早為定論。若晉、唐求法所記西域、印度，故事多源自耳食，比之虞夏，相差三千年，似不能用為參證之資料，猶今日之史地不能以漢唐為證也。謹述妄見，藉供 參考。凤蒙推愛，想不以為罪也。專此，敬叩

---

①此處自註："梁氏既謂漢人由于混合，又謂來自新疆，是則問題先自己矛盾矣。梁說似不必引。"

著安

弟斯年謹上　四月十七日

又，弟日內去鄉，一切面聆　教益。

689. 傅斯年致翁文灝、任鴻雋 （1939 年 4 月 17 日）檔號：昆 3-13

詠霓、叔永兩兄：頃見太平洋科學會議議① Prospectus，覺此會在此時，吾國應參加，亦所以昭示吾國在抗戰中之努力也。

此會參加，雖費若干錢鈔，究非博覽會同樣之困難，只要有若干人拿得出門去者走一躺，便妥。雖用外滙亦不多也。

然此會之應否參加，仍是待政府決定者，其主管之機關，照評議會章程，即評議會也。故此事乞　兩公仔細一想，若決定參加，乞早辦也。

又，史語所方面，頗有材料，如能有人去，弟覺語言方面，即託元任；考古、人類，各去一人，考古自以濟之為適宜，彼時官司當可了結。然此自須由政府出款，本院則無款也。

弟意本院內地質、氣象，皆當參加，據其章程，皆地域性之學問也。專此，敬頌

日安

弟傅斯年上　四月十七日

690. 傅斯年致向達 （1939 年 4 月 20 日）檔號：李 14-28-1

覺明先生左右：前在昆明，欣承　教益，更蒙　示以　先生去就取舍之方，　賢者存心，足以風此末世矣，感佩何似！當即向蔣孟鄰先生復命，只以　先生所示之兩點：一、極不願教書，二、如非教書為生

---

①編按：衍一“議”字。

不可，則只有浙大，以與竺先生①師生之誼深也。孟鄰先生同感敬佩，不復勉^弟以再請，故北大教書一說，當時已作罷論。^弟到渝後，念及與 先生所談援引中英庚款會補助研究辦法一事，曾與其主管人杭立武先生言之，立武于 先生，亦夙所佩服，謂當俟名額有餘（即不就者）舊案辦竣後設法，^弟深感于 先生對竺先生之誠信，以為此事^弟如不先向竺先生言之，無以副賢者之意趣，故未即以聞。旋接北大史學系主任姚從吾先生信，仍將蔣孟鄰先生命，促^弟勸 先生到北大來，^弟以此說已過去，故亦未奉 聞。十二月末，^弟返此，與蔣、姚諸公再談此事，適北大有恢復其"文史研究所"之議，其中設專任導師，不教書，事務極少，不過指導二、三研究生，故其事與^{敝所}之研究員無別，而比之更為自由，當時僉以為應聘 先生來滇任此事。目下此事計劃已定，暑假後必設置，學校當局，託^弟轉致此意，務懇先生予以同情之攷慮，至幸。其辦法如下：

一、專任導師（教授皆兼任導師）不教書。

二、以自作研究為主體，並指導與先生治學有關之研究生（人數必極少，蓋全所有給之研究生僅十人，其屬于 先生範圍者，決不多。）

三、月薪二百元，（目下五十元外，七折，故實數為一百五十。）如此一事業得到外間補助，可不折。此等事 尊意必不計校，然^弟承人之囑，當以聞也。②

四、不兼他職，此在 先生亦無問題。

至于此所之組織，一如當時在北平由胡適之先生主持時，此 公所熟知，不悉述。目下胡先生不在此，即由一委員會行之，（亦舊制也）^弟或亦尸名其中。

此事與 先生不教書之原則甚合，而此間書籍較多，或有其便利處，

①編按：竺可楨（1890—1974），字藕舫，時任浙江大學校長。
②行首自註："專任導師，等于教授，其待遇則薄者，因不如此在學校行不通也。"

如承　許諾，^弟亦同感榮幸矣。專此，敬頌

著安！

^弟傅斯年謹啟

再，此信另抄一副本寄竺先生，併聞。

四月廿日

湯用彤同此敦勸并問候。

691. 傅斯年致中央研究院總辦事處文書處（1939 年 5 月 15 日）檔號：昆 18-3

頃准^①　貴處五月十日函，內開行政院第四七八八號密函，並開
　　事關宣揚我國文化，且展覽會期，甚為迫近，本院應如何會同有
　　關部院辦理本案之處，相應密函奉達台端，即希查照力予主張，
　　並盼從速見覆，是荷。

等因。查所謂"力予主張"，必須貴處有所決定，而囑^{斯年}於一集
議場所中主張之，文理方合。今既曰"應如何辦理此案"即于其下
加"力予主張"一語，文理似欠通順。究竟係命^{斯年}在何處向何人
作何主張，誠不易明瞭。尚乞再加指示，以便照辦，為幸。
再，此類行文之法，如達之院外，或不免遺人笑柄，請注意。此致
總辦事處文書處。

傅斯年啟　二十八年五月十五日

692. 傅斯年致杭立武（1939 年 5 月 17 日）檔號：I：1275

立武吾兄左右：請恕^弟用此等紙寫信，緣^弟手中無更便于此稿紙之
　　紙也。

---

①頁首自註："抄就發後存卷。斯年。"

兄當猶憶及去年　兄到昆明時，^弟以又想犯"人之患"一事告
兄。（即北京大學與^敝所合作招考研究生，^弟任其責是也。）　兄當深然
其計，謂^弟如真負責去辦，此一個月一千元之事不成問題，過承
推信，感何可言。此事旋即商定，決付諸實行。^弟本應早達吾
兄，以忙且懶，近又大讀書而未果耳。茲　貴會開會不遠，不可再
緩，奉陳其事。

（一）何以要辦此一事？　^弟數年以來，深感覺大學畢業生之優秀
者，如於其畢業後不置之於良善環境中，每每負其所學，故
以為大學畢業研究生一層實屬重要，此等　兄亦具有同感者。
盡此一關之力，未必皆成，然無此一關，中道而廢者多矣，
良可惜也。並以中國大學之多不長進，高材生畢業者不過初
得其門，若一旦置之四顧茫茫之境，實不知所措。^弟數年中，
頗思在研究所中大招研究生，終以各種不便，未能實現，初
招四名，未到所而戰事起矣。

（二）何以不在研究所中辦此事，而由北大辦，^敝所與之合作？
此亦有故。^敝所歷年以來，亦常招致大學新畢業生，其選擇
其嚴。然本所既無講堂上之課程，而每人之工作又緊張，故
一入所便等於做事，所習之題專之又專，此與大學高級教育，
各有其短長，然為造就一科之通人，此非最善之法也。若研
究所特為此事設備，則同人工作已重，決不容許。故在研究
所中訓練研究生，不如在一個好大學中，教師較多，有課可
上，不必做機械事，空氣比較自由，此皆彼善於此者也。

（三）北大本有此一研究所。　北大原有此一研究所，在中國歷史
最久，即所謂"北京大學研究所國學門"也。此一所，與北
大他事皆同，即每每為政治之犧牲品，旋作旋輟。五、六年
前適之先生發憤整頓，^弟亦大有興趣，^弟曾為北大借聘半年，
即為此事。當時適之先生為主任，^弟為其祕書，^弟只任半年
即南遷，受頤繼之。蘆溝橋事起而一切休矣。

當時北大此一研究所，論其收藏之富，與^敝所互有短長而相伯仲，大庫檔案、藝風拓本、漢簡、壁畫皆其著者。論其成績，史料整理第一，後來皆孟心史先生之力，語音樂律實驗室亦甚可觀。今則人與物皆已矣，然其 tradition 猶在人也。

（四）合作之意義。　目下北大擬恢復此物，孟麐先生與北大諸位託^弟主持，以便與^敝所合作。在以前，此兩【研】究所最好分道揚鑣，風氣太相似，亦有其不便；在目前，力量自以集中為上策。此一合作（即招考研究生之合作），事實上兩俱有利。就北大論，可延續此事之生命，以便將來待機發展。就^敝所論，可以免去管理研究生之一切麻煩而得到研究生之實惠。雖所造就者，未必多數為^敝所任用，但為此一學問、此一風氣造人才，即皆有利也。管理研究生之麻煩，^弟知之悉，故北大任此管理最佳，好在他們雖少此十人，亦尚有幾百學生待管，增此不為多，若在^敝所，則已來不及。至于學術之訓練，固可任之也。

（五）組織。　擬定之組織如下：（已與蔣夢麟先生商定）

主任　由^弟代理。（照章由北大文學院院長兼。北大文學院長係適之先生，不在國內，故由^弟任之，名曰代理者，以為代適之先生也。）

副主任　鄭天挺先生。（或名祕書，未定。鄭先生雖刊布之著作不多，然任事精幹，^弟知之深，故推其任此事，亦因^弟事不專此一件也。）

委員　已定者有湯用彤、羅莘田、姚從吾、葉公超、錢端升（法學院無研究所，故暫入此，此一研究範圍，兼括經濟及制度史，端升列入，亦當時枚蓀之例也。）諸位，其他尚有二人待與孟麐先生商定。

此當為一個"民主組織"，庶幾各個人均能發揮其責任。^弟亦可謂好事，此一事等於自尋興趣之大可知，辦時必負責盡心，

故　兄如即以為^弟之事業視之，亦無不可也。

（六）研究生。　此一事業，^弟之興趣所在，皆在研究生，注意之、分配之，為之引近相合之導師，督責其課業，均^弟所好之事也。

（七）此舉與　貴會補助學術研究，實同其性質。試看請款之目，共有三項：

（1）研究生。　此即貴會補助各大學之助理，組織考察團以容納新畢業生之意。然彼似較此為散漫，此則為一有組織之訓練，且選拔上亦嚴也。此雖不限于新畢業生，然年齡有限，決非老畢業生矣。（考選方法，以論文為主要，筆試乃為每一人出一份題，此取外國高級學位考選之辦法。既如此則論文審查，不得不嚴矣。）

（2）專任導師　有學問極有可觀而不肯教書者。此中固可待　貴會補助科學工作人員之救濟，然目下既不再登報，而人才若發現，不可交臂失之。前與　兄商及向達君，　兄允待補助事項結束後為之設法（此君絕不願教書），^弟心中即以彼為一人，其他要看此待辦研究所之需要。目下^弟心中尚無其人也。此一類實即補助科學研究人員之事，特亦須顧到北大之需要耳。

（3）助理　此等助理事務甚少，實即導師研究生中間之一種研究員，論其性質亦與　貴會補助科學人員為同類事。故請款之三項，論其性質可謂全在　貴會現在各項救濟工作範疇之中，特彼以救濟之用心達到補助學術之目的，此則雖不免或有救濟之用，要以給學術工作者以適宜之機會為其目的耳。有此情形，^弟深信　兄在原則上必贊同此事也。

（八）請款數目　請款之二事已解如上文，其數目則每月一千元，全年一萬二千元。此即^弟向　兄所說，　兄當時謂可辦到者。此一待辦研究所之費用，自不止此。一切設備及學生寄宿，每月亦須數百元，合之出版，每月亦當在千元之上。幸一切主任及導師（專任除外）皆無薪耳。此項雜費皆由北大自任。敝^弟所不負出錢之責，而負出壯丁之任。（壯丁即^弟及代為訓練之同事也。）

（九）有關之章程規則，另訂成一冊附上。　兄詳看後當知其一切。此一組織雖在系統上為北大之一部分，但決不予北大畢業生以特殊之方，研究生之考試乃向全國公開，其考試委員會組織，亦係內外參合，以明一視同仁之義。所有專任導師及助理，^弟想到者亦皆非北大人也。故此事之辦，乃為此一學問耳。

（十）^弟之熱心此事，非一新花樣，乃是多年之志願，且曾一度行之。在^弟雖多些事，却覺得值得。^弟雖未必永負此任，亦盼適之先生能早早建一功，回到北大，由其主持耳。

（十一）向　貴會請款似無一定格式。正式請款自應由北大出名，然此信（所說之事）及附件皆商量好者。　兄接此信，如能即以為正式信尤便，北大自當補發一公函或電。

此事^弟尚未向驪先兄談過。　兄如贊同，乞將此信及件轉　驪兄一看也。　貴會在港何時開會，乞即示知。此事務乞　玉成，至感至感！^弟必將其做出些成績來，以副雅意。手續上應補者，乞併示知。專此，敬叩

日安

^弟斯年上　五月十七日

附一：國立北京大學文科研究所招考研究生辦法

一、名額。　本所暫設研究生名額十人，每人之科目，應不出下列範圍。

（1）史學部分。　通史中各段，及哲學宗教史，文學史屬之。

（2）語學部分。　漢語學各科，邊地語言，英吉利語言學屬之。

（3）考古部分。　考古學及金石學屬之。

（4）人類學部分。　物質及文化人類學屬之。

以上（1）、（2）兩項名額約當全數十分之六七，（3）、（4）兩項約當全數十分之三四。

二、資格。　應考人之資格須具備左列各條件：

（1）公私立大學文學院畢業者，但其他學院畢業有適當之論文者，亦得應考。

（2）著有論文者。

（3）年齡在三十歲以下，身體強健者。

三、考試。　考試之程序如下：

（1）應考人須於報名時繳付（一）畢業證明文件，（二）論文，（三）其他關於學業之證件（此項如無，可缺）。

（2）本所收到後即付審查，初審合格者，通知其在昆明或重慶應試。

（3）考試科目如下（一）口試，（二）外國語試（英、法、德之一），（三）筆試（就其論文性質作成試題以副其學力。）

（4）注意點。　初審及錄取，均以論文為主要，此項論文以確有工夫並頗具心得者為限。

四、修業及待遇

（1）研究生修業期限為三年，但得延長之。

（2）在第一年修業期中，每人每月給予生活費五十元，並由本校供給住宿。

（3）在修業期中應遵守本校各項規則，並服從導師之指導。

（4）在第一年修業滿期後，考核成績。其有成績者分別給以獎金，以為第二年之生活費，無成績者，停止修業。

（5）全部修業滿期後，考試及格，由本校依照部章給予證書，並擇成績尤佳者三分之一留校任助理，或介紹服務。

五、考期　為適合投考者之方便，將入學考試分作兩期舉行：

（1）第一次考試。　接收論文於本年七月十五日截止，八月五日考試。

（2）第二次考試。　接收論文於本年八月三十日截止，九月十五
　　日考試。

（3）論文隨到隨付審查，故以早繳為有利。

（4）第一次考試中，如錄取名額已滿，即將第二次考試取消。

六、考試委員會　考試委員會由本校聘請校外學人參加。

附二：請款概算

一、本研究所之支出，所有關於各項設備及購置房舍、雜費、學生
　　寄宿費，等，均由北京大學經費中支付。

二、本研究所各導師皆無給職。

三、所有關於研究生之生活費、專任導師之薪俸、助理員二人之薪
　　俸，謹擬就概算請求　管理中英庚款董事會補助。

　　列表如左：

第一項　研究生十名　（每名每月生活費五十元）每月五百元。

第二項　專任導師二名　（每名每月薪俸平均一百五十元）每月二
　　　　百①元。

第三項　助理員二名　（每名每月薪俸平均一百元）每月二百元
　　　　以上每月全數一千元，全年一萬二千元。

　　附注：以上一、二兩項如因不足額而剩餘時，得將餘款移作學術
　　　　　研究費用，如調查及整理之費，但須隨時徵請原補助機關
　　　　　之同意。

693. 傅斯年致任鴻雋 （1939 年 5 月 28 日）*

總幹事台鑒：② 頃接文書處二八字五一○一號函，內開行政院轉來孫

---

①編按："二百"當作"三百"。

*本函有手稿本及油印件兩種（檔號：昆 18–2），據手稿本整理。

②手稿本頁首自註："存卷。斯年。"油印件頁首自註："秘。入卷。分寄翁、張
　道藩、蔣廷黻、王雪艇、馬叔平、杭立武。"

院長科建議中國運古物前往蘇聯展覽事。來文所謂“力予主張”，斯年實不解其用意，業已函詢，茲為免於消費時間，並假定其“力予主張”四字為“詳為計畫”或其相類語義之誤，謹述意見如左：

一、揀選之時間。　查本院及故宮博物院所保管之古物均分存各地，在山洞中或鄉村中，堆積如山，為檢選有代表性之一套，勢須開箱在一半或三分之一以上。因交通之不便，及避免敵機轟炸，因而不能遷入城市整理，有此事實上之困難，故檢出此一套古董，勢須有兩個月左右之時間。

二、運輸之道路。　該院長來電，“海運來俄”。查所謂海運來俄，當有三路。

甲、海防至海參崴　查此路無直達航線，須轉上海，勢必為敵人扣留，故不能行。

乙、由昆明運至海防轉香港，（或星埠）然後西運，或由昆明經陸路運至仰光，然後西運。以上兩路，無論走何一路，由昆明至星埠或仰光，皆須計算需時一個月，因各路擁擠，貨運之方便，甚不講求也。

丙、至波賽（Port Saïd）後，經達靼海峽至黑海北岸，入蘇境，此須至少二十日至一個月。或經地中海、大西洋、北海至列寧格勒，此須至少一個月。

故無論走何一路，自昆明啟程至莫斯科，至少須三個月。

合計上列兩項所需之時間，至少須五個月。故最早亦不能于十月底以前運至莫斯科。其屬于本院者，尚能于奉令辦理後六個星期中揀選完畢，故宮博物院以分散之故，更為不易。此須預行聲明者，總之“七月前”之說乃絕不可能。

三、範圍。　查屬于本院者，僅有原電第一項“在安陽出土之殷商時代青銅器、骨甲刻片、及玉石雕刻等”。查此類大件，運輸極不易，如必運，即更需延長其時間以便裝箱。小件多

殘者。甲骨以在路上必碎（每次遷運至一地，即須由主管者重新
砧①成。此次展覽，本院勢不能派人隨往。）故其大部分應以照片
代替，至莫斯科加以放大，以便展覽。

四、押運人選。　本院因經費照六三折發，裁員甚多，目下無幹員
可派，故如決定舉行時，應請他處人員代為料理。

五、贈送。　本院發掘安陽古物，與河南省政府及地方人士原有約
定，不得贈送國內外任何機關或個人，故此事出于本院權能
之外。

總之，本院歷史語言研究所深感此事時間之過迫，辦理之不易，不
便有所主張。然若政府決定辦理，請示其辦法，當將事實上許可之
事勉為辦理。

694. 傅斯年致梅貽琦、蔣夢麟、黃鈺生、楊振聲（1939 年 5 月 31 日）檔號：昆 7–5

月涵、孟鄰、子堅、金甫先生：

前在長沙，^弟曾經手將敝院之書籍二百餘箱借給　貴校，由貴校運
至此間。其由天文等所取回之件，似應算清運費，由本院奉還。運
費之數，可否算出　見示？以便轉陳叔永兄，為感。

又，其中敝所之一百六十箱運此②昆明，已逾一年，因不得妥當房
舍，及不便存入一般閱覽之圖書館，以致損失之故，至今未開箱整
理。凡此慎重愛惜之意，^弟等公私均感。惟目下敵人空襲之危險已甚
大，^弟深虞其存放市區之不便，且此事之原意，本為便于雙方共用，
今若不得其用，亦殊可惜。未知目下　貴校能否在昆明郊外覓得一
處，開箱清理，既以減少儲之市中之危險，又以實現雙方共用之方
便？若此事一時不易辦到，^弟有一法提請考量，此法之用意即求

①編按："砧"當作"粘"，以往甲骨碎裂以膠粘合。
②編按："此"當作"至"。

（一）減少危險，（二）書得其用，似與原定意旨相合也。其辦法
如下：

一、此一百六十箱，交由敝所迅速運至龍泉鎮。

二、本所負責至遲于九月底以前開箱上架完畢。

三、此一百六十箱中書，凡　貴校需用者，得向本所借用。

四、貴校派圖書員或書記一人協助本所主管人管理此項書籍，並
　　料理　貴所借書事。

五、借書章程，彼此派員共同議定。

六、原付運費，償還一部分，其餘待借書辦法作一斷落時清算。

如何之處，敢乞　考慮示知。^弟甚願此事得一辦法後，其他書籍上
之合作，更得進行也。專此，敬頌

教安

傅斯年謹啟　28/5/31

695. 傅斯年致翁文灝 （1939 年 6 月 5 日） 檔號：昆 10-10

詠霓吾兄左右：六月三日惠函敬悉。聘任評議員之科目一事，本屆評
議會有決議，見原紀錄第三項（會務之處理事項）第二案（討論下屆
評議員改選辦法）之第三句，原文如左：

　　"關於評議員選舉之分科及名額，照本屆選舉規定。"

此事，當時曾有辯論，最後乃有此決定，故此問題目下無可變更，
且亦不照十所為十科也。茲將^弟所記憶者，寫成一表，附上。但記
憶未必無誤，而研究院有案可查，且亦登錄于"第一次報告"，此
冊甚重要，兄處如已無之，可向叔永索一份。（如無副，可將有關者
抄一份也。）

社會科學範圍似太廣，當時（在君辦此事時）有以政治、經濟、法
律、社會四科為限之說，但似未有定案。

又各科人數大不同，如天文、氣象（心理亦然）所長之外，一人為
難，故當時張雲為天文，張其昀為氣象，今如改為三名，更不易得

人，而物理、地質，人數實多得多矣。

^弟意，此時只有根據原案，但每一科目何者可包入，何者不可，尚
不妨有詳細之解釋也。

專此，敬頌

日安

^弟斯年頓首　六月五日

附：選舉科目及名額表

本屆選舉科目及名額

一、	物理（包括算學）^①	三名（內姜立夫為算學）
二、	化學	三名
三、	工程	三名
四、	地質（包括古生物?）	三名
五、	天文	一名
六、	氣象	一名
七、	動物（包括生理）	三名（內林可勝為生理）
八、	植物（包括農學）	三名（內謝家聲為農學）
九、	心理	一名
十、	歷史	三名
十一、	語言	一名
十二、	考古	一名
十三、	人類學	一名
十四、	社會科學	三名

---

①行首自註："所謂包括，均有文字根據。"

696. 傅斯年致李濟 （暫繫年於 1939 年 6 月 6 日） 檔號：考 7-2

濟之兄：史料因雨季遷運可慮（鑒于此次水濕），又因運費無著，決于冬初再遷，目下先放入洞中。

已令樂煥來此，故如博物院物無人押運， 兄可函其押來。如能在渝覓得妥當下江難民作工人，並帶一個來。^弟已函樂煥，但博物院是否需他押，仍乞 兄告子衡也。專叩

日安

弟斯年 六日

697. 傅斯年致董作賓 （暫繫年於 1939 年 6 月 6 日） 檔號：考 7-3

彥堂兄：甲骨只有重印，今晚函商務在港照像，在滬印，並催其兩月照完，十月前出版，如何。專叩

日安

弟斯年 六日

698. 傅斯年致楊振聲 （1939 年 6 月 10 日） 檔號：昆 7-6

金甫吾兄左右：關于敝所書籍現在聯大者一事，前經函陳。茲擬于原述辦法上，作兩項改正，如下：

一、敝所擬將運費全數奉還聯大。（原文係一部分。再，此舉並不影響敝所仍舊借書給聯大之事。）

二、借書約定，擬以同樣文句，與清華、北大、南開分別簽定。

理由請 兄代述于梅、蔣、黃三公。

餘無更動。專此，敬頌

教安

弟傅斯年謹啟 二十八年六月十日

699. 傅斯年、李濟致任鴻雋（電）（1939 年 6 月 12 日）檔號：昆 18-11

4496（究）。重慶。任總幹事：電敬悉。一週檢完說絕辦不到，檢齊至少必須六週至兩月。此項發掘與豫省府原有約，今經路運極易顛破，安全亦非倫展之比，故非經其同意未便擅動。有此各種困難，八月會期決趕不到。擬請一律以放大照相代替。年、濟。文。①

700. 傅斯年致任鴻雋（電）（1939 年 6 月 13 日）*

急。究。重慶。任總幹事：兩示謹悉。殷墟品多易碎或落皮，兼以時促，擬一律用放大照像，精為選製轉易有効。函詳。年。元。②

701. 傅斯年致任鴻雋（抄件）（1939 年 6 月 13 日）檔號：昆 18-13

叔永吾兄左右：③ 前日奉急電，適是日為星期日，晚間遇思永、彥堂，次晨晤濟之，曾將大致情形商量一下，將主要點，當日電達，計邀清鑒。是日下午，鄉間送來電稿一，（當日晨三位均返鄉）因已發一電，故未再發，茲將此稿附此信中寄上，乃本所有關諸人，弟亦在內之共同意見也。頃奉　手示，（九、十兩日，此兩信均於今晨到此。）並叔平先生信，（內抄行政院決議文。）始知其詳。吾兄十日手書中，體貼吾等困難，至為感荷。此事凡在能力所及，自當遵政府命令辦理，為院本當若是，此不待言。惟有若干 physical impossibilities，所附電稿，已陳其綱。乞　兄惠予體察。茲再補充數事。

一、此項物品，裝箱多以地方，或研究之方便為序，故不能但開少數

---

①頁末收發註記："廿八、六、十二日下午八時發。"
*本函有手稿本及繕本兩種（檔號：昆 18-12），據繕本整理。
②頁末收發註記："廿八、六、十三，發。"
③頁首收發註記："廿八年六月十三日發出。"

之箱，一開即必須開至一百以上（至少）。此項箱子，堆積如山，並無次序。且此事人多亦無濟于事，蓋有關美術各物，皆思永兄經手，大家動手，更亂，更不省時間，故必須由思永一人負責檢理。且此項長途陸路運輸，雖箱子亦須自作，而雲南工人之不習此事，及其無時間意識，使人絕不能定以短期。然則檢、裝二事，所謂六星期者，實估計已低。事實上六星期恐辦不到，絕無法提前也。又思永正在作一文，送太平洋科學會者，此亦迫在目前，不免顧此失彼。（此點雖不關重要，然亦麻煩。）

二、陸運，自昆明至塔城之外，三分之二為山路，三分之一為沙漠。此項箱子，普通者，決不能用，非用精良木板（乾者），用機器繫以鐵片不可。此事在昆明能否辦到，大是問題，故路上之不散板，大是問題也。

三、殷墟出品，性質甚脆，progile[①]因地下埋藏二千年，出土易碎也。其所以有目下狀態，乃發掘諸人之功，否則無不缺唇落齒矣。銅器等一部分本可不至破裂，但其花紋極易有損，小件為尤甚。即不刻[②]亦易以振動落皮。在此情形下，本所古董，尚遠不如故宮，彼為"熟古董"、"舊坑"，即出土數百年，其表面已有固定性者，（亦多修理過）殷墟則全是新坑也。

海運顛波尚少，陸運真不得了，以沿途公路皆不高明耳，（且極壞）故不怕顛頓者，只有兵器及玉器。玉器太可寶，實有捨不得其冒險之處。

四、又有一困難，即目下第三組正在編此項報告，期于迅速成功，如有一批出洋，實嚴重障礙。

兄手示，所言三項，第一項"凡不禁途中顛波的物品，不必出展"，如施用此原則，則可以出展者，僅有兵器，此外至輕亦是容易落皮者，（銅、石）玉器則又太小極易失落也。第二項"但取有美術歷史價值，及一般人對之饒有興趣"者，大約殷墟物品，歷史價值甚大，美

①編按："progile"當作"fragile"。
②編按："刻"當作"裂"。

術價值頗有限，其有美術價值者，即最易脆裂落皮者。故^弟等思之久，舍以放大照像代替外，實無善法，時間上尤不容許，此非不努力，一月裝齊之法，實是一個"物質的不可能"耳。

放大照像一事，看來是容易，事實上並不然。亦須思永一個月之大努力，且所費恐須千元。此事如做得好，亦很有意思，比零零星星出品不多之現狀反為莊嚴而有意思。蓋既不能作成一套有代表性，有刺激力之原物，則豐富照片一套轉為像樣子。茲以一切上陳，明晨將手書送　濟之兄處，如別有補充之處，或另有妥法，當續陳。並當通知思永兄，懇其即日開始籌備照像。

兄如另有所示，當謹遵考量也。專此，敬頌

日安

^弟斯年謹上　六月十三日

近來精神頹衰，連篇白字，（所謂同音假借，一笑！）此信匆匆付郵，不知有多少，不及檢正，以後恐亦不免有此毛病，乞諒之。

702. 傅斯年致任鴻儁（1939年6月15日）檔號：昆18-15

叔永吾兄：六月十三日惠書敬悉。濟之兄在鄉下，故^弟暫回此一信，其詳已請濟之兄奉覆矣。　兄所謂"就職責所在盡力為之"，此固是經常大道理，星期日、一同人在城中時，亦曾力圖圓滿，考量多時，無如事實上有其必不能辦到者，^弟自亦無法勉強同人以不能辦到之事。今日尚接鄉間來信，謂放大照像一事，其困難出于始料之外，蓋底片頗殘，又有一不小部分在長沙也。以此例之，大規模放大一事，在同人已為其難，如必以原物出品，則其困難必須可以勉服，然亦殊想不到有何勉服之處也。第一、時間限制，果真趕不上，何必多此一舉。第二、破碎之危險，果真破碎，對國家不起矣。今既承　兄命，姑假定于原定照像辦法之外，加入下列三項：

一、甲骨選兩個大的。（由彥堂經手。）

二、戈矛各選數件。（由思永經手。）

三、在京時製有雕刻石器模型一全套，精確絕倫，現在長沙。如行政院可以運去，當無不可，（與原物逼真）惟記得此是博物院出資，如何之處，請濟之決定。

以上三事，^弟在城中亦不能預斷，故此說為假定，仍待在鄉間同人商量後為準。（^弟目下為圖書室所用房子事，在此託人，不能一日離開省城也。）凡此三項，似已全可包括 兄所示之範圍，然同人最後決定，或少于此，或多于此，^弟皆不敢預定，以經手人之困難，^弟知之有不盡也。至于同人必思供其最大之努力，則不待言。至于河南省府，亦決不宜忽視，如加上實物，自須徵其同意。再，各照像有出版權，送往時並當提明耳。

^弟詳覽寄來各項文件，（紀錄及政院公文）知政院辦此，對本院亦並無任何限制。似^弟兩信中所說之辦法，既已盡最大之努力，亦算過得去矣。未知吾 兄以為何如？此事似易解決，或不須 兄遠道飛來，以其過勞費也。如何？專此，敬頌

日安

^弟斯年上 六月十五

^弟如能設法，當于後日下鄉。

又，思永來信，照像已動手矣。

703. 傅斯年致李濟（1939 年 6 月 15 日）檔號：考 7-4

濟之兄：關于博物院古董，^弟思及兩事，特以奉陳。

一、矢嗀及鳥蟲篆刀。此物不能上長路，上長路必壞，前者乃頭等國寶也。寫好致子衡一信，如 兄謂然，乞 發回寄去。

二、存上海物。此事可否託叔永在渝與 Johnson[1] 設法，由美國人帶

---

[1] 編按：詹森（Nelson Trusler Johnson, 1887—1954），時任美國駐華特派全權大使。

至香港？然^弟預料，J. 大約不做此。則再託立武，必要時派妥人至香港、上海。① 目下租界局面如此其壞，故^弟昨今兩日為之不安。此事如 兄贊同，乞 告叔永。或委^弟寫信並託 Johnson，均無不可耳。專叩

日安

弟斯年上　六月十五日

704. 傅斯年致郭寶鈞 （1939 年 6 月 15 日） 檔號：昆 18-16

子衡吾兄左右：前奉惠書，久未裁答，至歉至歉。茲有一事奉陳。博物院各銅器，據^弟記憶，有兩件最易破碎。一為戰國之刀，文字為鳥蟲書鑲金。（有兩件，其一最精。）此物緣片紛紛下落。一為所謂"周公子明"即矢毁，以美金數千購得者。此中文字（在內）乃一篇《周官》，花紋亦妙。以文字論，乃頭等國寶，在散盤之上，而與毛公鼎相伯仲也。（比毛鼎且多）此物亦紛紛落碎片。運時務乞注意，包繫得好。如 兄進防空壕，似可抱之（在大箱可抱者，以免竊去）而入，此雖不情之情，然^弟在南京時曾抱過他物也。此兩物似絕不便往蘇聯，蓋路上必震碎也。此意已陳之濟之兄矣。餘另，專叩

日安

弟斯年上　六月十五日

705. 傅斯年致李濟、董作賓、梁思永 （1939 年 6 月 15 日） 檔號： 考 7-5

濟之、彥堂、思永諸兄：茲又接叔永先生一信，^弟以其急如星火，先作一假定的回信寄去了，以其底奉上 一閱。此說本為假定， 兄等

---

①行首自註："此事　思永兄以為如何？"

商定後或多于此，或少于此，^弟均同意，即煩　濟之兄寫一決定的回答，直寄去，或由^弟共簽名于上再發，均可。總之，此事只有經手人能斷定其何者辦到，何者辦不到，^弟無從懸揣，然　兄等之決定，^弟均同意，亦均負其責任也。看來此事叔永兄未免過于認真。同人之苦衷，亦當請其相諒耳。專叩

日安

^弟斯年上　六月十五日

706. 傅斯年致李濟、梁思永、董作賓（1939 年 6 月 16 日）檔號：IV：506

濟之、思永、彥堂三兄：

請看總幹事之信！此事就直是他熱心而已。此事蘇聯本不注意古董，政院決定"酌選"，故毫無非大批不可之事。時間固是　困難，而路上顛壞東西，亦極可慮。（即如博物院亦要參加，全是任之提議，原文無之。）看來此事只是叔永熱心而已。① 乞　兄等即刻有所決定，其責任全由^弟負。茲派老胡下鄉，盼其即返，望帶一回信來。專叩

日安

^弟斯年　十六日②

附：任鴻儁致傅斯年（1939 年 6 月 16 日）*

孟真吾兄大鑒：昨上一電，計已達　覽。晚間奉十三日來示，敬悉一

---

① 行首自註："^弟將會議及政院決定全文思之又思，方知此事問題只在叔永。"
② 頁末有李濟等擬辦意見："^弟等意思，照　兄今晨函辦理，詳今午函（老馬帶回）。若必須增加，亦可，仍請　兄決定。^弟濟、賓、永。"
* 本函著重號係傅斯年所加。

一。茲先將昨日與行政院魏秘長接洽之經過，為　兄等陳之。　兄等觀此，則　尊緘中所提許多論點皆可不言而解矣。前夜^弟得　兄元電，次晨即訪馬叔平，知故宮古物已決定前往，彼所焦慮者，特運輸與說明耳。^弟即告以中研院之物品能否前往大有問題，因約馬同往行政院訪魏伯聰，共談此事。^弟見魏時，先將　兄等之文、元兩電與之閱看，并告以我方即有如此困難，而蘇方改會期（據云，會期未必真改在八月，但為催促早辦或故作此說）、改陸運（運輸方法雖非蘇方所改，但因蘇無軍艦保護，不得不改陸運，其原因仍在蘇方），事前既未與我方商量，我方似可提出異議，而不必奉命唯謹耳。此層魏亦同意，但以為此事既由孫院長在蘇提倡，雖不敢望如倫展之完美，如太像樣子則為好反惡，亦殊不值。故渠意，大部份不能運蘇展覽之品，可用照片，同時必須有實物若干件撐持場面，方覺過得去。^弟當答以此事容再商量，同時要彼將　兄等來電大意轉電孫君，使知將來如出品過少，是不能也，非不為也，此層魏亦允照辦，此昨日發電之經過情形也。①頃再讀　來書，其中所言許多細節，雖非外行所能想到，而大體困難固早已在^弟意計之中。今日之問題，乃是在目下國際情形環境中，吾人是否願意犧牲一點"寶貝"與勞力來換取一點國際好感耳。（可憐的中國人，我們現在所做的事，實際不過如此。）

如果決心如此，我們即選擇幾件不十分重要的古物，儘力裝置妥當，送登長途，隨他們的命運去碰，將來如無災無害，完璧歸來，固是天大好事。②如其不然，我們所損失的，不過是幾件不甚重要的東西，於我們學術及研究的前途，想亦無多大影響。^弟個人對於此事的看法如是，不知　兄等以為然否？放大照象特別是在昆明地方不是一件易事，^弟亦知之，且恐此層亦不易辦到。頃知思永兄能為之，則大妙

①此處傅斯年批註："似彼亦知此電奇特，乃作解釋。"
②行首任鴻雋自註："如能將玉器、兵器儘量多選，再加以石刻及銅器各數件，甲骨破片數匣即可。"

矣。^鄙意最好先將豫備出展之照象及實物通統製成放大照片一套，將來如僅送照片固佳，如并送實物則本所仍留有照片，於研究上或不至有所阻礙。① 至 思永兄之論文及第三組之報告或須因此停頓，② 實亦無可如何者也。

再如送實物前往，押運及說明人選亦宜早為準備。據叔平先生言，將來擬派三人，故宮可出二人，其餘一人，由本院派遣，不知 兄心目中有其人否？前日所言翻譯 Through Space & Time 之人，不知尚能調用否？均以為念。餘不一一。此頌

著祺

濟之、思永諸兄均此

^弟鴻雋頓首 廿八、六、十六。

再者，來緘白字不多，唯大草淋漓，頗有索解不得之處。後與毅侯共讀之，除一處外，其餘皆霍然矣。具見精神飽滿奔放，何言頹衰乎？一笑。 ^弟雋又及。

707. 傅斯年致任鴻雋 （1939 年 6 月 17 日） 檔號：IV：514

叔永吾兄：六月十五日奉上一書，說明假定的于原定照像辦法之外，加入下列三項：一、甲骨選兩個大的；二、戈、矛各選數件；三、石器即用精製模型，現存長沙，如政院能運去，即以加入。

同時以此意函商濟之兄等。

昨晚接濟之兄等來信："自接尊函，即會同思永、彥老商了三個鐘頭，亦想不出特別好的辦法，現定照來函辦。"故十六日之假定辦法，作為肯定辦法。其詳細情由，已詳十五日函。

昨接刪電，^弟思之許久，更無他法，故曾奉上銑電。"辦事不力"之責任，則只有^弟完全負之矣。如 兄必欲罄所有而去，便請以

---

①行首傅斯年批註："為研究計，照片絕不能代實物。"
②此處傅斯年批註："此真駭人之說，可知任大老心不在學問。"

院長令來，或行政院令來（現在政院決議，只是"酌選"），^弟自當移交。然此似非辦事之道，以明知此等古物必大多數在中途顛碎，而八月之期，亦決趕不到也。此事，在^弟在職期中之辦法盡於此。總之，此中何者可以辦到，何者為時間、空間所不許，^弟知之熟。

兄何未于^弟各項文件中所述情形，加之意耶？專此，敬頌

大安

六月十七日

兵器中，如石刀、石斧、銅鏃、大刀、加上樣子，亦無不可，他則不能，以無重份，不可毀壞也。　斯年又白。

708. 傅斯年致任鴻雋（1939 年 6 月 17 日）檔號：IV：520

叔永吾兄左右：今日奉上一書，是說公事，此信則是因公事而引起之個人責任問題，銑日奉上之電，則係前半公事，下半係^弟個人事。故此信及銑電後半僅涉^弟一人，與本所任何同人無關係，特此聲明。

一、初段之扰攔。

查此事總處來信，署五月十日，鄉間收到在五月十四，^弟之覆文，在五月十五。彼時　兄正在香港，在重慶之朱祕書來文，派我"力予主張"，我因不知是派我在何處，向何人，作何主張，思之許久，不得其旨，亦當即覆總處。並將此事立即詳加考慮關于時間及海運各項詳情，思之頗細，除呈之吾　兄外，並分送有關各人，以便迅速考慮時參考。自此，消息渺然，除　兄過此時談及者外，究竟辦與不辦固未可知，即無從動手也。

直至六月十一日下午三時，始收到蒸電，知此事仍是要辦。適是日（上星期日），濟之、思永、彥堂諸兄皆來城中。是晚晤到彥堂、思永，一度詳商，次晨濟之亦在，又一同詳商。當於是日發出文電。次日，鄉間送來一稿，以文電既發，未再發，然仍附入信中寄呈。接連又寫信、發電。

故此事初期之扰攔决不在本所也。

二、決定照像放大之經過。

蒸電所示，比上次公函不同者有二：①改公路，因此而生顛動之嚴重問題。②時間本不充，乃不特不改遲，反而改早在八月。

故檢點、裝箱所費之時間既不能省於前所擬者，而會期之提前，更使此事在時間上確辦不到。（即于八月前運不到之謂）且震動一事，以所經公路皆是高山與沙漠，至天山北始有平地，所有一切易碎易落皮之物，一送必體無完膚而後已。至于昆明至蘭州間空襲之威脅，猶其小焉者也。本所人骨、土器，今已多碎矣。此仍不過自渝至昆之公路，或由京至湘之水路而已。（在湘已發見破碎）夫裝箱固可考究，然因此又發生延長時間之問題。

且本所古物皆屬于歷史範圍，其有美術地位者，在絕少之數。如草草每種數件，轉似不如全用放大照像之大方。蓋與其不倫不類，毋寧別有風趣。近代展覽，在有系統思想，精齊排列，不在羅列家珍，如北平之古玩舖（前年巴黎展覽其例也）。

故決定用照像，一以大量檢古物做不到，二以照片全套亦自成一作風故也。

三、加數種做樣子。

十五日所上函加入三項，本為曲徇　公之意旨。此項甲骨，一經送去，心理上即等于"捨了"，蓋必碎無疑也。明知所加不多，然少則少毀，多則多毀耳。如此辦法，對行政院之決議"酌選"，完全講得過去。如以為過不去，則必是　兄欲大辦特辦，而未信[弟]所謂時間上不容許耳。

四、各項困難。

以下所列各項困難，本已口頭或文字說過，恐　兄不注意，再舉其綱領。

一、箱子、裝紮，均須自辦，昆明無現成者。必有鐵骨，否則全箱子碎。紮機須向路局借。此自非辦不到，然費時矣。

二、揀選。箱子在南京本匆匆裝就。未分類，記錄是號碼，如照片查不到，即不能知某件必在某箱，如　手示所云者也。今須將第一組移山上後，三組箱子方有地方攤開，否則毫無隙地。此非不可能，亦因困難而費時者也。

三、思永兄現在經手，尚有太平洋科學會議論文，亦^兄所命者，此亦有時限。三組同人雖多，然有關美術各件，什九以上出自侯家莊，即皆是思永經手，濟之對此一批亦不接頭，若他人動手，則手足無所措。故添人只加紊亂耳。

四、如大量一運，《侯家莊報告》即無從寫。目下^弟所主張之政策，乃大體上清理舊材料，早日成書，此策^兄固不以為然，可以對本所同事及在評議會所演說證之，然舍此策，^弟即毫無道路可循。五年、十年之事，總當有一結束，今乃潛默著書之時，調查、田野，目下遠不如當年之百一便利。故《侯家莊報告》一書，為此無限延期，^弟實覺對國家學術不起。

五、河南省政府關係。此事^兄視之輕，^弟視之重。蓋^弟當年訂約時信誓旦旦，為做人計，不容忽視耳。

五、不可克服之事。

以上之困難固僅是困難，雖嚴重，（除第一項）若^兄有法子，^弟亦不爭。第四項則必須不能除外，即必不能影響寫報告之謂也。然尚有不可克服之事項，茲言其最要者：——

①時間不容許。查公路運達莫斯科之時間如下：

昆明——重慶	至少（下同）	七日
重慶過江轉車		二日
重慶——成都		二日
成都——西安		五日
西安——皋蘭		五日
皋蘭——哈密		九日
哈密——迪化		五日
迪化——塔城		四日
塔城——俄境車站（連轉車）		二日
火車至莫斯科（用乘客快車）		九日

此中不計因空襲停駛之時間

以上共五十日，不連故障，不連空襲停駛，不連拋貓，算得太緊，事實上此數（五十）決做不到，恐無抗攔亦須六十日。然則縱使今日上車，亦須至八月下旬方到，況上車決非二十日內可辦到者乎？然則晚矣，晚矣。如是獻寶，自另是一事；若是展覽，豈有事過送到者哉。所以改用照片者，以其可以航空寄也。

②震碎之可慮。殷墟出品，所謂“新坑”，尚未經時間之延續使其表面色質安定，亦未修補過，（除極少者）故不如“老坑”之固，一上長路，必多數脫皮。石器則以大多為沙石之故，亦在落皮狀態中。甲骨是必碎的，姑且捨上兩個。好在我們有得多。此等銅器、石器，有美術價值者不過五十，若損其三十，弟等何以為心？至于石刀、石斧、銅鏃、大刀，只有考古價值，與美術無涉。如 兄欲加，亦未嘗不可，只是怕時間運不去。此等物，加之不已，不能滿孫科之意，其滿孫科意者，即易碎之美術品也。

此批古物之取得也，考古組同人冒炸彈、冒槍擊、冒刦殺（石友三時為甚）、被驅逐，幾全壓死（工人死者數人，思永亦幾不免）。開端之始，與何賊糾紛，濟之為此“老了十年”，（當時他自云）彥堂賺得“省奸”，弟則幾為韓復榘所扣留。此豈一紙公文，不問情理，所當支配者哉。 兄當必體念工作者之苦情也。

六、對此事宜有整個的了解。

今當先問者，此事果於國家、於本院，有重大關係乎？

一、蘇聯者，賣其國寶之國家，自非重視他人古董之國家。彼此次展覽，實以中國近代美術為主，尤其是抗戰藝術，吾國之古董已少關係，似殷墟之古董，尤非所注意。中國與蘇聯固應增長交情，然其術並不在古董，尤不在殷墟一類之古董。且英美國家有所謂輿論，應有人民外交，美術其助長之一端。蘇聯則一切決於國家，此等物在此展覽中，不過湊熱鬧，毫無重要意義。若論湊熱鬧之價值，則殷墟古董，全不如目下之抗戰畫。然則為國家言之，目下同人商定之辦法，已無所負矣。

二、中央研究院之地位，本應接應政府之要求。然此事行政院對之似全不熱心。一擱幾星期，然後決定"不得贈與"、"酌選"。此中伸縮之地步甚大。如我輩所擬者，實無不合于政院決議之處。

三、然則為國家、為本院，吾等所辦已無所不足，自侍奉孫院長言之，自然不足。然吾輩乃國家之公務員，非孫院長之牛馬走，^弟決不對之希意承指。若以此取罪，刀鋸斧鉞，所不敢辭。吾平生向不知結歡權貴，讀書三、四十年，老而愈自信。

且提點殷墟古董，何嘗是蘇聯意哉，乃孫院長之意也。其所開各目甚詳，亦非孫院長所能，實即梁寒操、郭沫若輩之把戲也。孫在國內有 staff，擬好之後，電之于莫斯科，然後孫再打回，故能說得如彼之詳，此豈蘇聯所發動哉。此情看清，便知其並非何等天下大事。在院中，不特比不上"化學研究所長"覓人一事之重要，即吾輩刊行一部《殷墟侯家莊》之重要，亦不及之。然若冒冒然將古物弄毀，則重要矣。

事情本自如此，然吾　兄託行政院轉電孫院長商洽，則極易引出支節。此等事，我輩（連　兄在內）定之則定矣，本是時間上所不容許之事，即是直接上司，亦無可說。不商洽，彼未必注意其多寡，一商洽，則注意。果然來電，非多要不可，時間上做不到之事，又將何以交差？是則以求好于人為心，轉引人之不快。屆時固可以一切罪惡推之于傅斯年，傅斯年亦願負此等"日食"、"災異"之責任，然於院終非妙局。故^弟昨日奉到刪電一令，實不勝其太息者也。

兄於此事之熱心，實出於常情之外。即如中央博物院存物，無人提及而　兄提及。　兄亦知其是如何東西乎？此中鏡子，尚有美觀者（極少，亦不名貴），然周漢銅器，皆以字多見長，其貌不揚之至。劉氏（原主）[1]乃好文字者，專收"土莊"不收"洋莊"，故多醜像，不在美術範圍內也。此點，頃見濟之兄信稿，已詳言之矣。

^弟誠奉職無狀，不能變化時空，犧牲古物。轉勞　兄遠遠電商萬里

---

[1]編按：劉體智（1879—1963），字晦之，號善齋老人，1936—37 年間將善齋藏器 107 件售予國立中央博物院籌備處。

之外。即請施以處分。專此，敬頌

日安

^弟傅斯年謹啟　六月十七日

709. 傅斯年致任鴻雋（1939 年 6 月 18 日）*

叔永吾兄：茲復六月十六日惠函。

^弟歷函"丁寧周至"，實嫌詞費。今按十六日函，則知尚有若干點，必須從根本情形說起，蓋　兄對于"安陽古物"一名詞下之內部比例，似尚不盡知。此亦當然，　兄本未經手，然^弟以前所說，乃假定（當時信定），此節可不必說者也。

（一）自發掘殷墟，十年矣。其初數年，雖自始即富有歷史的無上價值，但並未大批發見"博物院標本"，故^弟等嘗怨天曰："何以資掘者①得那些寶貝，而我們不能?"最後三年始轉好運，侯家庄出之于前，小屯繼之于後，（小屯之美術品量小得很多）幸賴在君兄支持，得集鉅款以為之。然未完而戰事起矣。

以歷史價值言，固自始即為頭等重要，若為好看論，亦只有在京時，^弟辦事室對面一室中（一個 double room 內仍多他物）所存放，時常引人看者，即盡在此中矣。此外陶器、石器，等，應以考古的說明證其價值，一般人看了，固莫明其然，只見其破碎耳。今孫公提倡之展覽，是美術，不是考古學，若作考古學之展覽，至少須給我們三個月的準備，用作說明。此點^弟自始即如此看，其未提以陶片、石具、（非雕刻）模子，充于其內者以此。若要此等，我們有得是。

其真有華堂陳列，一般人望而生趣者，事實上不過五十種左右，

---

*本函有手稿本（殘，檔號：IV：89）及抄件（檔號：考 7–8）兩種，據抄件整理。

①編按："資掘者"當作"盜掘者"，抄者誤讀。

即（一）玉器（皆小）約十件，（二）盉二、三件（未整理，一動即壞（原甚壞）），（三）石雕刻約十件，（四）銅器約二十件，（五）其他數件。此批一出，（其中無一送倫敦展覽者。）美術的精華（不指考古）竭矣，今　兄云："如能將玉器、兵器盡量多選，再加以石刻及銅器各數件"，則必須將此一批物去其大半而後可，然

　兄又云："即選幾件不十分重要的古物裝置妥當，送登長途，……完璧歸來，固是天下好事，如其不然，我們所損失的不過是幾件不甚重要的東西"，此兩說實不相容，由前一說，非將上文所舉五十許件中去其太半然後可，由後一說，則此類中一物不可出，以其"十分重要"，無一"不甚重要"，皆不可損失之物也。大約外人多將殷墟的美品算得太多，（即對故宮亦有此病）每有誤會自此起。

今兩說既不相容，則必擇其一，如用前說，勢必犧牲一大部分最美之品，十年工作，折于一旦，果真為國家所需，猶可說也，今又不然。然則用後一說何如？

（二）手示所謂"第三組報告或須因此停頓"，此為弟在職期中，所絕不能承認之原則。南京陷落，長沙出走，集合桂林，而又至此，皆未立意使何一組報告停頓。此是學術機關，如停頓，試問何以為心？弟等去夏所擬：（其實不自去夏始）本所各組工作，以整理現有材料為原則，必某組、某人無此項充足材料，然後出外之一事，本經詳細考慮而定，亦非弟獨斷之說。　兄一來院，便約同事修改此說，（當時並未先與弟商量）後來又在評議會發其高論，今又如此說，則此事今不可不作一斷然的決定，以免弟在此不是辦事而是混飯吃。此事另函詳陳。今在此信中所欲言者，即弟絕不能承認兄此說也。此為本事之一原則。

（三）時間問題，弟確認為系統選擇做不到。兄認為可以做到。此事亦不必爭論。如非做不可，奉令即做，至于時限已滿，究能做

到幾多％，到時候再說。此所謂明知其做不好，做不成，而做焉者也。[1]

以上三事：（一）"選幾件不十分重要的古物"，（二）報告不能奉令停頓，（三）不管時間。在此三項原則支配下，擬辦法如左：

①甲骨一項，^弟前信所說已遠在"破片數匣"（手示原文）之上。彥堂兄最會辦此等事，聞正在揀好樣、作說明。　兄聞之必大喜。此點本無問題。

②選品以重複者為限。重複之定義如下：質、形、花樣、大小，全同者，擇出其一或一以上。此中包括兵器不少（盔不在內），銅器禮器亦可有，石具不少，但石雕刻以無重複者，玉器以無重者，不能在內。

③第②節中所指，由濟之兄照此定則決定，所舉例不詳者，亦適用此原則。易詞言之，凡遇重複品即可檢出。

④自奉　令核准此事之日起，至七月十日止，辦理此事，包括做箱子。由濟之分派數位助理為之。檢到時盡為止，絕不能保其代表性有幾多高。舉譬如下：考官出一八股題，限一刻鐘交卷。然全篇具備，決非一刻鐘所能，故只能盡一刻之力，做到何處，時滿即交卷。此只能盡其人力，不能保其成就。中國人是不講時間的，即如上次赴美展覽之議，一壓經年，忽而政府高興要辦了，^弟即云，時間上已不容許了，然而不聽。又隔一月，政府恍然大悟，時間上來不及了，即下令停止！今日之事頗似於此。至於七月十日之限，乃照　兄前電一月之期而定，廷黻來信，亦令七月廿日在重慶動身也。然八月開會，七月廿日在重慶動身，豈非笑話？好在中國人不管時間的。然一星期送單子一事，似做不到，因不知何者（時促）可以檢到也。

⑤照像說，照舊辦。但減去若干。

---

[1]行首自註："故其結果是否'反好為惡'（兄信中語），亦殊難定。^弟等本主張照片者，即為此也。"

⑥石雕刻，可以存長沙之模型送去，（或贈送，由濟之決定。）但須政府自運（可走海防）。（此雖非原物，然精絕，與原物無任何形狀差別（只石質及新舊有異耳）。）

⑦一切費用，不在本所賬中出。

對此辦法之 alternative，即將倫敦展覽之原箱送去。如此足以明其不下于上次，（上次辦此事，出品並未出最精者（除一二例外）而說明作得極好，（濟之手筆）然彼不用，可恨之至，無知之至！）此亦足以證對蘇不在對英之下，然如原箱已散，即做不到矣。（初返一年中未分散。）

如何？即乞　電復。專頌

日安！

^弟傅斯年謹啟　六月十八日

710. 傅斯年致李濟（1939 年 6 月 18 日）檔號：考 7-6

濟之兄：[①] 在接到　兄信之後，叔永公十六日函之前，^弟曾寫一公信（即紅框紙者）、一個人信（即稿紙鉛筆者），茲奉上參考。此一束，入袋中其上標明"第二段"，此一段，以公事論，可已成過去。其關于^弟與彼之糾紛（由彼電孫而起）與同人無涉。因任大老回信，必提及此，而　兄等應明瞭其經過起見，送上參考，便中發回入卷，不需急還。亦不需急看。

昨晚接任十六日信，似彼亦知莫斯科一電之不妙而有所解釋。但此電或有支節，好在不過^弟事而已。美術展覽，雖由蘇聯主動，然加入古物是孫自己的事，而加入我們一事之由來，^弟思之久，必是郭沫若（近為孫黨）、梁寒操等之所為，叔永未免把事情看大。然事已至此，為院計，^弟又作一計劃，寫成一信，而未發出，茲先送上。

---

①頁首自註："叔永刪電到後，^弟曾發一電（銑）。"

乞　兄等看後，詳加討論，即日惠還，以便寄走。能趕上七時收信截止期，尤佳也。如有改正處，請即改定。^弟無定見。其中各點，乞細考慮，其辦不到者，自宜刪改，有所增易，尤好！此事，時間上只有我們前定之法，今所擬之法（挑重複品之法），本辦不好，只有辦到那裏算那裏，以時間為限，不以事之完美為目的（亦因其辦不到），這一下子，又有一個月的工夫飄矣。

然如此一計劃，根本不能實行，當即另擬復文也。

叔永信上所言專家，亦請考慮。專叩

日安。

^弟斯年謹上

又，頃聞博物院在鄉下找房子，^弟意，如僅是存三車物，^弟現在所留一間（^弟不久遷山上），似即可用，以有照應，易防火也。或在東院，惟須俟一、二組遷上山後耳。若不能容下，非別尋一處不可，則似可買滅火機二三，火險大可慮耳。

彥堂、思永二兄同此。

711. 傅斯年致梁思永（1939 年 6 月 18 日）檔號：考 7-7

思永兄：兄處似有一捲子文件（至少致陸廳長^①信底。）乞送下。

裝箱事，^弟有一意見：既是小件，即用較小之木匣。木板須厚而乾。外用鉛皮（有售者），然後箱以大箱，不可太大。箱子木頭須極堅固，須乾木。我們所買木板不夠厚。外邊再用鐵條，以機器縶好。須多條。

此事亦須先估計用多少，此亦一個大問題。七月五日，恐須即完。

^弟斯年　六月十八日

照像時用品，多多開他的賬，幸勿使其揩我們的油（除薪水外），一

---

①編按：陸崇仁（1887—1951），號子安，時任雲南省政府委員兼財政廳廳長。

笑。總辦事處有的是錢，都是^弟為他省下的。

712. 傅斯年致李濟 （1939 年 6 月 18 日）檔號：考 7-9

濟之兄："專家"事，^弟意，如我們出品像樣子，方可本所人，否則，似可託他人。此行有四十多天，無停歇的，坐汽車，車未必好，而路尤壞，非大山即沙漠。叔永信中所云之譯者，即沈仲章，既非專家，亦不能吃此一躺。設若能別走海道，入黑海，而政府肯出四五百鎊，或者可商思永。然，此事恐做不到。此行只有一點好處，即可看蘇聯東西，然此外皆是壞處，不可勝數。^弟所想及者如此，供兄參考。如何復任、蔣，乞示。

^弟斯年　十八日

713. 傅斯年致李濟 （1939 年 6 月 19 日）檔號：考 7-11

濟之兄：手書敬悉。此次回叔永信，當即是最後之辦法，故各點似均宜明白與之說，而以能辦到者為限。故有數點仍須請　兄決定惠復。

一，^弟所謂質，即銅、石，等之差別。所謂重複者，即如戈、矛、車飾、爵杯、大刀（關刀）等銅器，石斧、石刀等石器，之類。其所以如此想者，以此等物失落後與工作無妨也。

二、^弟並不堅持前說。目下我們求決定者，第一、究竟于原函之外尚加否？加與否^弟均無成見，只是重要品（即信稿中所謂五十件許）及考古價值重要者，^弟主張不去耳。（懼其失也）

三、因此次回信辦法，應為最後，故請①就情形作一具體辦法，寄去。作好後帶下，^弟簽名于于①上付郵。②或就^弟所擬信中，

---

①編按：衍一"于"字。

詳審，充分改好，另抄付郵。一切辦法，^弟均同意。①

四、照片既如此，加上些發掘工作照片，如 "Inverted Pyramid"，之類，何如？事實上，我們既不送頭等物，則此展覽實即考古意義多，美術意義少矣。

此事（復任函）乞 兄等辦妥後，明日帶下。② 專叩 日安！

永、彥二兄同此。

^弟斯年 十九

714. 傅斯年致李濟（1939 年 6 月 22 日）檔號：考 7-14

濟之兄：惠書敬悉，已將原件（留下一底）寄叔永。此事告一段落矣。

古物數量較少，或者不需專家，如 兄所言。然如有荐劉君必要，^弟同意。

在鄉下時， 兄云，圖書室可找一位專學圖書館者，^弟亦有同感。進城後，函袁，請其推荐，多日未復。遇之塗，詢之，則以某君對，（忘其姓。）詢其詳情，不特不是圖書館畢業，且在平館服務只三個月，蓋調劑其薪水也，^弟當即不接受。袁乃云，文華畢業生，你們請不起。

于是想到自己找人。忽詳到王育伊（毅侯之子），此君雖是學史學（燕大畢業），但在北平館服務數年矣。此君勤快公直，^弟之觀察，覺其極似乃父。商之守和，立即反對，事後又來信。

目下中文書全開，非立即找到人不可。西文書徐仲三甚買力，無大問題。樂煥返後如再令其管此一批書（有二百箱），彼必為從吾拉走（從吾拉之三年矣），目下樂煥堅不肯來，^弟以再函令其來，並告以為郭先生請其押運，當照辦。然彼不來，似是畏此，又云要找一更適

---

①行首自註："惟當于後日前後返鄉下。"

②行首自註："原件仍奉上，乞參考。"

宜之工作。

乞一看袁信。所云鄧君，[①] 到是文華畢業，在北平館服務若干年，曾司出納，只不知其才力何如耳，此項圖書員薪似可定為百二十元，乞 考量惠復。專叩

日安

弟斯年 六月廿二日

彥堂、思永同此。

715. 傅斯年致任鴻雋（抄件）（1939 年 6 月 28 日）檔號：昆 18-27

叔永先生左右：

兩電奉悉。廿七日書，頃已到。

一、長沙標本，行政院既不要，則我們自不須更請。其實此一批物，精美之至，大是好禮物耳。此事弟電未言及者，以行政院既不贊成，自然只有作罷耳。

二、照像完後，擬即用航空郵件寄達 尊處，雖頗有所費，然可快趕到，否則逕由此間寄莫斯科，說明經過河內、法國空郵 Air France 轉入俄境。如何仍乞示及。

三、古物一箱或兩箱，係用雙層箱子裝（大箱套小箱），下月五日後進城裝鐵條，十日交出。交給何人，仍乞 示知。

四、專家一事，敝所之古物已有說明，而為件不多，似可省略。濟之亦如此想。然如非有不可，則濟之兄等推薦劉曜，[②] 此君原為本所助理員，現在延安抗戰。如有此需要，乞 示知，當電知，但恐趕不上，則託故宮代辦，最省事也。

至于"君子""小人"之辯，與公事無涉，此不具論。專此，敬頌

日安

弟斯年謹啟 六月廿八日

---

①編按：鄧衍林（1908—1980），字竹筠，時就讀西南聯合大學師範學院教育系。
②編按："劉曜"當作"劉燿"。

近日聯大友人，群談"物理學上最大貢獻"一名詞。^弟意，吳君①在 applications 中，固為最妙之選，然此尊號則去之遠矣。即日此語以中國為限，亦不應也。下次登報似可冊此一案語，以重學院之體統。越分陳言，幸勿　見罪，為幸。

716. 傅斯年致李濟（1939 年 6 月 29 日）檔號：考 7–15

濟之兄：數事奉白：

一、與叔永近中往來信，奉上一閱，尚有他件，清出後奉上。

二、樂煥來信，茲奉上一看，仍乞交還，以便回信。此次搭運，^弟並未囑其如此，全是自動。上次亦然。上次運五箱，使我又花百五十元。今運費更貴，大無此必要（曾託其檢出某某書，彼來全箱帶來。）然既已運到，無如何矣。此一箱應攤運費若干，（路上運費，至押運人費，自不必算入，上次亦如此。）乞　算後示知，便照奉。研究所一箱，亦然。（至^弟書在研究所中者，待檢出後算。）

惟此事之大毛病，尚不在此。博物院不過只有三車，自應儘本身物運，乃以此等不急之物加入，其辦事誠可歎也。

三、今晨與守和細談，王必不放，如勉強，必生支節，且王意如何，^弟亦未知也。鄧則資格經歷極合，只不知其人辦事能力何如。（有人對之頗有貶詞。）另有一法，即以那廉君升任。那比驥塵聰明，辦事也算盡心，然無目錄之根底，應付事與人，能勝任否，^弟亦無把握。看來目下只有兩法：一、以鄧借用，二、以那升任。兩者各有短長，皆不盡妥。此事非速決不可，　兄等有何意見，乞　惠示。（並乞一商彥老、思永。）

又，鄧在北平館已有百元（不扣），來所似非一百三十不可。（折扣

---

①編按：吳大猷（1907—2000），時任西南聯合大學物理學系教授，1939 年發表《多元分子之振動光譜及其結構》論文。

下來，一百一十四，尚扣所得稅等。）

總之，那不盡適宜，而其能力之長短^弟知之，如用之，亦只能對付一時，非常久計。鄧則資歷均極妥，其人能力及盡心否則不可知，難處在此。

樂煥大約要為姚從吾拉去矣。

專叩

日安

^弟斯年 二十九日

717. 傅斯年致任鴻雋 （電）（1939 年 7 月 4 日） 檔號：昆 18-34

任總幹事：函電奉悉。到期當派員押運經安順不誤。徐森老來電，故宮專家二人在安順上車。故宮物當由彼自理矣。年。支。①

718. 傅斯年致朱家驊、杭立武 （1939 年 7 月 7 日） 檔號：III：1197

騮先、立武兩兄左右：茲有一事，小言之關係^{敝所}之存亡，大言之關係國家的分化，媚外害學，或在此釀成重大問題。事關 貴會在此所派之教授吳文藻先生。^弟思之月餘，終不能默爾不言。明知說此等事，近於攻擊個人，^弟向未曾作過，尤不向 騮先兄說此，今則不得已矣。

吳文藻先生，^弟平日對之，覺其是良好學者，蓋之其同學者如此。前^弟在社會所兼任中，曾請其到中央研究院，為社會學組主任，乃彼于允就之前，先提出休假、太太等問題，以至未有效果。去年 立武兄與^弟談及，謂雲大當找一文學院長，頡剛何如？弟云，頡剛不習西洋學問，不如文藻。 立武兄當猶憶及此事。凡此情形，足徵^弟對之實

---

①頁末收發註記："七月四日"。

無惡見惡意也。

彼此次到雲南來，一到便宣揚王克敏、湯爾和，謂其居心無他，情有可原，且與重慶有聯絡。聞者駭然。記得一次在雲大教授某君宴中談此，群起而駁之，馮芝生、金岳霖等，尤大加批評。當時此間頗有人懷疑其行動，有^弟相熟之一與特務有關者，詢其究竟。^弟當云此只是"租界中高等華人"之調，不足深論，萬勿以此等事為資料。蓋^弟深知此一套不過習自司徒雷登輩，若以此為問題則謬矣。

然而彼到雲南大學後所為何事乎？即不用心教書，（現在竟不教了，以其功課全付之費孝通，貴會補助研究者也。）而辦所謂雲南民族學會。在此地宣傳此等事，絕富于危險性。一月中　立武兄來此，^弟陳其略，彼乃以為^弟攻擊彼！先是，在北平時，彼以 Radcliffe-Brown 為招牌，要大辦一個甚麼社會學人類學團體，附設于燕京大學，而由本所出人力，意想天開，荒謬絕倫，^弟當時告以不可能，而彼遂拉李方桂兄，當時方桂兄並未為其拉去。^弟以此經驗在彼初到雲南後，曾託梁思永兄告以不要拉人，有事當面商量，說之至再至三，而彼未嘗理會也。彼要在雲大辦社會人類學系，拉我們研究所的同事兼課等等，又辦其民族學會，要研究所如何如何合作（^弟皆輾轉聞之，彼未向^弟談過一字），充其辦法，研究所十年培植之風氣——專心、不務外——必掃地而後已。研究所同事中，其清華留美同學不少，中國人是好講此等交情的。（研究員中，今無一人出身北大，^弟"北大派"之實際如此。）又，方桂在 Yale 作客教授，今夏滿期返所，他又去拉。他一到雲南，^弟即託思永勸其勿再作此等事，彼乃立即作此事。未與^弟談一字，便與方桂通信商量，方桂不知所中遷徙後情形，函其與^弟商量。（後給^弟一函，亦然。）彼乃逕赴叔永大人處請求，叔永幾乎許可。彼之"民族學會"越辦越高興，雲大功課全不教了，又挑撥我們研究所同人中若干口舌事非，論其形跡，實是搗亂，此中情形，太瑣屑、太可恥，信中不便說，當面說好了。（亦是同行相傾之類。）於是研究所弄得亂轟轟。

兩兄必然要問："你的研究所何以如此易於受病，想必有重大缺點，然後招致外來之擾亂？"此則言之可歎矣。在中國辦研究機關，本來極難，社會的惡習、傳統的缺少，皆其阻礙。而研究機關比大學為尤難。蓋研究機關不可不有方案，不可不責成績。在 Academische Freiheit 及 Disziplin 之中，大是難于著手。此事，驪先兄富有辦學之經驗，知其情形當在弟之上矣。故積之久，則同人或有不免覺于受拘束者，覺其未能"交遊攘臂而議於世"。所有一切對外兼課作文之事，杏佛兄在時又懸為禁。（此事弟自有不好處，未能以身作則。然朋友拉文之外，自律甚嚴，平日在所辦事，一人所辦，實兼數人，只有代總幹事時未在所耳。）研究所之成績之有今日，弟之辦不無效果。然此亦即吳某搗亂之根據矣。熱鬧的開會、攘臂交遊，或者有人覺其可樂也。

雖然，研究所事，特其小之又小者也，一旦瓦解，或覺可惜，實亦無大關係。至于弟個人之去留，尤無足重輕。（自叔永到後，先 veto 弟之方案，上下交攻，內憂外患，或者去此不遠矣。）然若以此影響大局，則糟矣。

先是頡剛在此為《益世報》辦《邊疆附刊》，弟曾規勸其在此少談"民族"、"邊疆"等等在此有刺激性之名詞。彼乃連作兩文以自明。其一、論"中國本部"一名詞之不通。其二、論中華民族是一個。（即謂不要分漢、滿、蒙、回、藏、苗、猺、猓猡等等）其中自有缺陷，然立意甚為正大，實是今日政治上對民族一問題惟一之立場。吳使其弟子費孝通駁之，謂中國本部一名詞有其科學的根據，中華民族不能說是一個，即苗、猺、猓玀皆是民族，一切帝國主義論殖民地的道理他都接受了。頡剛於是又用心回答一萬數千字之長文，以申其舊說。徐虛生[①]又談苗族，好些妄論，一直到了頌揚屠殺漢人的杜文秀，稱讚其能民族自決，都出來了。

欲知此事關係之重要，宜先看清此地的"民族問題"。此地之漢人，其祖先為純粹漢人者，本居少數。今日漢族在此地之能有多數乃同化

---

①編按：徐炳昶（1888—1976），字旭生，時任北平研究院史學研究所研究員。

之故，此一力量，即漢族之最偉大處所在，故漢族不是一個種族，而是一個民族。若論種姓，則吾輩亦豈能保無胡越血統？此等同化作用在此地本在進行中。即如主席龍公，[①] 倮儸也，大官如周鍾嶽，民家也，（大理一帶不說漢語之部落，漢化最深。）巨紳如李根源，㷫夷也。彼等皆以"中國人"自居，而不以其部落自居，此自是國家之福。今中原避難之"學者"，來此後大在報屁股上做文，說這些地方是玀玀，這些地方是㷫夷……，更說中華民族不是一個，這些都是"民族"，有自決權，漢族不能抹視此等少數民族。更有高調，為學問作學問，不管政治……。弟以為最可痛恨者此也。此地正在同化中，來了此輩"學者"，不特以此等議論對同化加以打擊，而且專刺激國族分化之意識，增加部落意識。蓋此等同化之人本諱言其淵源，今言之不已，輕則使之生氣，重則使之有分離漢人之意識，此何為者哉？夫學問不應多受政治之支配，固然矣。然若以一種無聊之學問，其惡影響及於政治，自當在取締之例。吳某所辦之民族學會，即是專門提倡這些把戲的，他自己雖尚未作文，而其高弟子費某（亦貴會補助之人）則大放厥辭。若說此輩有心作禍，固不然。然以其拾取"帝國主義在殖民地發達之科學"之牙慧，以不了解政治及受西洋人惡習太深之故，忘其所以，加之要在此地出頭，其結果必有惡果無疑也。

以上所談，非推論也，有事實焉。龍主席對此事甚注意，這些文章都去看，大佩服顧剛之論點，對這些高談這民族、那民族者大不高興。他說，我們都是中國人，為甚麼要這樣分我們。他的這個態度，是好事，是一可佩者，是與國家有利者，而此輩學者竟不知此。此消息係弟聞之于一位此間很重要的人，龍之二等親信左右，弟之朋友也，千真萬確。所以這樣鬧"民族"下去，國家必得不到好處。

又，所謂民族學會之組織真是一段笑話。茲以其章程奉上。第三條宗旨之"輔助地方政府"，地方政府實不理焉。其曰辦博物院，大有毛

---

①編按：龍雲（1884—1962），字志舟，人稱"雲南王"、"龍猓猓"，時任雲南省政府主席。

病，在此地辦民族的博物院，一個屋子教做猓玀，一個屋子教做民家，一個屋子教做僰夷，一個屋子教做苗子，……那可就真壞事了。雖熱心辦博物院如 兩兄，似亦決不至於贊成此舉也。其所謂"國外人士入滇考察經地方政府核准者予以方便"尤其荒謬。此語雖有地方政府核准之限制，然其原意實是代請。蓋吳某此日之計劃，全是勾引外國人前來也。外國人跑到這些地方來，而給以方便，真國家莫大之不便矣。

此會初成立時，請龍公為會長，龍不理焉。吳某去請教周鍾嶽，周云諸公不可好奇心太盛，去量人的鼻子。于是吳某拉攏地方大官失敗。（看他這樣辦法，開端便是出風頭，不是做學問。）然其拉攏外國人前來，"予以便利"，然正在進行中。

情形如上所述，此不可忽視之問題也。吳君師心自用，決不受人勸，故兩兄不必勸之，一勸，彼除認為是^弟攻擊他以外，決無反省。以往事論，我勸他不要拉方桂，他便即刻去拉。勸他在此地談民族要慎重，便即去大談。其表面似極和平，其行事乃全相反，且善挑撥中傷。

此事^弟不能不向 兩兄言之，以其為 貴會資助之教授，費孝通等亦貴會補助之人也。弄出禍事來，則說之晚矣。然貴會請他到雲大教書，未請他做這些事，現在他的書全不教了，專做這些事！

吳君與顧一樵有 Fraternity 之關係，故此事乞 勿與之談。

此中所言供 兩兄想一辦法，萬乞暫勿露布，一俟有露布之必要時，當露布，^弟負其一切法律的責任。

此間情形，本已微覺複雜，此等學問，在此大可不必提倡。故^弟意， 貴會不妨調吳君往中央、武漢、四川，等校，彼處無地方民族問題，故可不至于鬧出大岔子來。然吳君甚有錢，以司徒雷登之故，得到 Rockefeller 二萬元、農民銀行一萬元、教育部（即顧一樵）許他在雲大補助中一萬元。事實上， 貴會對他之薪水，及費君之補助，皆無必要。彼又揚言， 貴會另有補助俾其大舉，此或 兄等尚不知他在此地做些甚麼。

至於對于"民族學",政府必取一個斷然的立場,容于日內詳陳之。專此,敬叩

政安

弟_{斯年謹上} 28/7/7

719. 傅斯年致李濟 (抄件)(1939年7月7日)檔號:IV:508

濟之吾兄:前日奉 手書,大為著急,此事自非澈查不可,除函 兄及內附各信外,當時懇彥堂兄代查一切(現尚無回信),並詢李、張、王、徐一函,因^弟當時最怕者是書籍失竊也。當時所想,不外三原因,①新工人,②門戶,③木瓦匠。昨接惠書,知關于煤油一事。吳回信,關于此事者,亦同于 兄說,此外,彼謂無事。茲再給吳一信,乞看後派人交之。此等事務當澈等①查明辦理。承示及,至感。如吳尚不能查明,^弟當于下鄉後自查。初思貼一條子,請大家開明此類失竊事件,以資澈查,繼思此法不甚妥,故仍令吳據實報告此外各項。無効時再想法。此一類事(煤油以外)如能知是何人、何時、失何物,則易于查。一有題目,便可著手,以目下吳不認有此。 兄所聞者,如能以項目開示,俾^弟設法查明,最感。

此事承 兄提及,公私至感。^弟返鄉後,所有各院、各事之責任分配,當切實辦理。目下吳忙而工人太少,是紊亂之一大原因,然此不足以謝②其責任也。管書人回信,謂書庫均無失,一組之書包,以開關不齊,當未清查,但望其無所損耳。專此,敬叩

日安

弟_{斯年上} 七月七日

---

①編按:"澈等"當作"澈底"。
②編按:"謝"當作"卸"。

720. 傅斯年致吳巍 (抄件) (1939 年 7 月 7 日) 檔號：II：28

亞農兄：五日來書敬悉。此事應分幾點看：

㊀關于李先生一桶煤油之動用。此事， 兄謂係誤用，然事實上必須得一證明，如係誤用，應責斥誤用之人，以其人何以如此不分曉也。如確有損失油之證據，即應將此工人重辦。此點之查明甚易，請兄詳細開列一下：㊀公家每月用油量，約數若干。㊁何人管此項用油事。㊂此一桶油，如是公家用，數目符合否？此項 ①確，兄來書所云"至少一月須十六、七斤，故一聽不過二月之用"頗太含糊也。㊃此桶何時開起，前此公用之桶是何時方罄，此桶既開，何時用完。以上各點如算明，則油之有無損失，大略可知矣。然此亦一約數。（其錯誤之程度須在每月六分或五分之一以下，否則有毛病。）若有人看見某工人取油出外， 兄查明後，仍應將該工人開除。

㊁又，"薶存煤油若干箱于照像室之空地"，接 兄信方知之，此自非長久辦法。蓋照像室外有火爐（我親見）而室內多藥劑。最妥當的地方，也想不到。似乎下列各辦法皆可考慮：㊀區公所之空屋前租下未用者，然此恐惹起區公所之反對。㊁書屋大門院中，或門中，弟住室之東側，此中無人前往，但門隙或有人投火，故如存于此處，須將門縫杜好，如此辦理，似無引火之機會也。㊂弟新建屋之小屋中，此亦非常久之法。故一切中似以第二為最妥，只是無人看守耳。此事與消防有關係，務必注意。

㊂至於 兄所謂失落毛巾一條，後又找出，胰子一塊，鼠子好食云云。胰子一塊，因無法管理（不必鼠子，此本易亂用），然他物總不可放任。縱令此失甚微，而關係研究所中之秩敘者極大，此一類事，務盼切實調查，有若干件，乞開送弟處，以便澈底辦理。

㊃至于門戶之嚴緊，吃飯時紊亂狀態之整，切乞注意。每一院中在未

----

①原稿此處空一格。

鎖時，必須有一人負責，已託董先生詳計之矣。

㊉聞那先生云，昨日有一箱煤油下鄉，如未啟，即先以此還李先生。第一節所云各點，務乞迅速切實辦理，至要至要。

斯年　七月七日

又，兄云："所中工友及外來工匠，均可靠而有保"，此事是否確實如此，尚乞考慮。又一組中有各未開檢之書包，在散值時，須鎖上，將鑰置一固定處（如庶務室），俾先到者可開，但最後離開之一人，必須鎖上。晚上有人來，亦如是，即先來者開門，後走者鎖門，鎖門前必看有無燈火，絕不可吸煙。此條乞剪下交　貞一諸兄負責辦理。　斯年。

721. 傅斯年致任鴻雋 （電）（1939 年 7 月 9 日）檔號：昆 18-38

任總幹事：綏署已派員來商護運事，西北局尚未尋到。押運託楊雨生兄。故宮物自安至渝段仍請叔平先生派一專人負責，楊君只能協助，不能負責。年。佳。①

722. 傅斯年致李濟 （1939 年 7 月 9 日）檔號：IV：513

濟之吾兄：八日惠書敬悉。　兄所言者，實關研究所之命運，承　兄明言其旨，^弟且感且想，想之不已。

夫"所是大家的"一主義，^弟當年言之，今亦如此行之，若事有不自覺，不敢保其必無，然^弟所努力之意識，固如此也。自前年八月，^弟代行總處職務者逾年，所中之事，承　兄代理，　兄不在時，由思永兄，故得以維持不弊，^弟公私均極感激。故今日"精神上撐扎"之象，蓋必有其原因，尤懼其原因不在他人，而在^弟。弟

---

①頁末收發註記："七月九日"。

思之久，前在長沙，以^弟morale 之壞，於此後所中事大有影響，以當時全國上下及研究院局之情形論，雖亦可謂情有可原，究不能卸其責任，此于　兄在渝時已與思永詳論之矣。此後^弟則實欲努力以補過，自覺無何敷衍之處。若以久離所中，事有不接頭者則難免也。前月在鄉，見同人工作之艱勤，著作之益富，深為感動。在此時能如此，其可佩尤過於當年。故如以工作之勤勉論，今日未嘗不可自豪。又聞曬書搬書，全所出動，此豈今日一般流亡學術機關之所能。此足徵　兄等代理一年有半，實有大造于本所也。^弟瞻前顧後，此時有可為者，有不可為者。此非平常時，^弟所可為者，即為祈求工作大體集中在于未成之事，為此^弟願深致其力。蓋此等環境之下，不易起大規模之新工作。假使以此引起無興趣，則非^弟始料所及也。

雖然，天下事常敗于所忽，雖^弟奮鬥之意識如此，不敢保其無誤。果^弟之行事，有反于"所是大家的"，而近于敷衍或引起無興趣者，務懇逐一開示，俾^弟自反，自反之後，或解釋或改正，則公私均受其益矣。夫抽象言之，^弟頗覺茫然，舉例言之，然後易于會悟也。十餘年良友之誼，必當不我遐棄也。專此，敬叩

日安

^弟斯年　28/7/9

723. 傅斯年致魏道明、蔣廷黻 （電）（1939 年 7 月 12 日）檔號：昆 18-48

重慶行政院。魏祕書長伯聰兄、蔣處長廷黻兄勛鑒：真電奉悉。本所古物已于文晨用西北局車由綏署派官兵十二人押往安順轉渝矣。弟傅斯年。文。①

----

① 頁末收發註記："七月十二日"。

724. 傅斯年致李濟（1939 年 7 月 25 日）檔號：考 2-139

濟之兄：圖書管理事，奉手書後，即徵那君意見，那表示不能勝任，
理由頗充足，即謂不知目錄學，而各同事由熟而狎，作助手則可，
負責則難也。^弟深感其言，遂又試北平館。先是，王本要來，^弟最
初談及此者乃守和，守和謂，王可自決，乃約王來一談，王表示請
袁決。次日，王又來，表示甚願來，並言，館中不能安居。此時袁
忽謂王不能放。^弟向主張不暗拉人者，然後徇袁意找鄧，鄧則拿了
一大回架子。（以上月前事也。）及那辭謝後，又想，守和不放王者，
以其編《圖書季刊》也。故提出三項辦法：①仍兼，②一組同人可
分任稿，③兼此一年為限。袁對此猶不滿意而王亦謂不便兼，于是
又僵。

頃詢那君，那允暫代，于是一時解決，抄字者尚須尋耳。專此，
敬叩

日安

^弟斯年　七月廿五

725. 傅斯年致李濟（1939 年 8 月 9 日）檔號：考 2-140

濟之兄：內人病，至今開刀後已滿六日，可謂"經過良好"絕無問題
矣。大約再有十日後即出院，出院即直到龍泉鎮。此次承　兄一家關
切，至感至感。

（一）潘君事，公文已發出，查章程，無畫圖員名稱，只有技術員，
故以此名為請，其薪水^弟覺不可少于那，故請百元。外附致叔
永、毅侯信請其協助，以求必成也。

（二）那不日下鄉（目下代^弟清理文件），到後由彼任圖書員，而以王
寶先撥其指揮，似乎書籍可以共公用矣。

（三）蔡先生來一信，乞一看。

（四）文牘事件（事實上只是抄寫）那絕不能兼顧矣。先是今春王明

（前本所考取研究生）自桂林來信要求入學，弟告以可考北大之研究所。後來初定那時，弟又約其前來暫作文牘，俾可考北大。（是時彼適有信來也）後那事弟又懷疑，於是入于第二段向北平館找人。上週王已到。此等安排，本來一切皆是"暫"。王到後，弟覺其暫任文牘，殊不勝任，故此事只好作罷，任其考北大研究生耳。當時弟想到此，以為暫中之暫，于我為省錢，于彼亦便也。因此又想到王般。然王明任文牘，五十元足矣，王般則非七、八十不可，（王明在桂林軍分校作教官，月入百元，乃非來此"求學"不可。）此其不便也。王明寫字，自然亦可，然不能起稿。王般目下不能，將來或有希望。惟王般英文能動筆，中文亦清通，（葉、羅分云）則大有便處，本所本需要一個英文 secretary，只以無錢，延至今耳。且西文書管理，早晚亦必發生問題。徐仲三只在典守，但望其不失足耳，弟從未存有奢望。徐于公家之書，似甚負責熱心，彼近來似乎脾氣日益古怪，[1] 弟雅不欲更易之，然此亦有一定限度也。彼實不能寫一英文信，且不能真讀外國 catalogues，以前是樂煥在其上，惟樂煥已不能再與之共事，（在長沙、沙坪壩時有此說，弟不詳也。）樂煥下月或十月運物來後，大約即（當）改為助理員。（從吾又拉其到北大）然則此事亦不可不早想到，此固不含更換徐之意也。目下蕭、吳、徐，皆不能寫任何定書之英文信。

又據公超言之，王般好看歷史，彼如將此一套名詞弄熟，即可為我們作 abstracts，此事固早欲辦者也。

然則多二、三十元，以為將來儲一方便，或亦一法。此事乞考慮。如約王般來，即任為事務員。目下辦中英文牘，一面練習之，使之漸知我輩工作，能作提要，且可使其 supervise 徐仲三。此一準備，或有利也。惟弟雖想法如此，均無決定（只與莘

---

①行首自註："此事近與思永談過。"

田談過）。乞　與思永、彥堂商之，並見復。專叩

日安

弟斯年上　八月九日

又，樂煥運物來此後，沙坪埧房子，似當歸之重大，乞示知。

附：傅斯年致任鴻儁（1939 年 8 月 9 日）

總幹事賜鑒：茲有關於人事者兩件奉陳，敬乞　核定。

一、本所圖書員張政烺君前經改為第一組助理員，業已半年。此職
　　所管雖關于善本之部分，張君可以兼攝，然新自聯大取回之十
　　餘萬冊，非有專人照料不可。其任甚重，其事頗繁。經^{斯年}設
　　法覓人，均無結果。目下擬託本所事務員那廉君君代圖書管理
　　員。查那君本係辦理圖書雜事，今忽加以重任，不能不略予加
　　薪以重職守。擬請發給“代圖書管理員”之任書並加薪二十
　　元，自本月份起實行。

二、第三組繪圖員楊廷賓君早經請改離職，而照像之專人劉嶼霞君
　　臥病去職已數年。目下第三組各種技術上事多集中于事務員潘
　　愨君身上，彼雖任此名義，而事實上所辦者，皆為畫圖、照像
　　等技術上事。其事至繁，並需專長之才力。循實定名，擬請改
　　任其為技術員，月薪百元，自本月份實行，庶幾可以安心作
　　事，恪盡其職。以上兩事，敬乞　裁可，至感。專此，敬頌

日祺

傅斯年謹上　二十八年八月九日

叔永吾兄：茲有本所人事上之調動兩事，另備公函呈　閱。此兩事，
　　皆由事實上之需要而起，乃改其職任，非升級加薪者之比。務乞
　　同情考慮，准予施行，于本所辦事上必有大益也。專此，敬叩

日安

弟斯年上　八月九日

726. 傅斯年致杭立武 （抄件）（1939 年 8 月 11 日） 檔號：I：1274

立武吾兄左右：關於某事之惠書敬悉。此事承　兄同情攷慮，公私均感！月前^弟寫此信，感觸實大，其實關於本所者，可謂"九牛之一毛"，大不相干，無論影響如何，姑置不論可矣。而事涉國家者，不容不加以注意。^弟意，最好之辦法如下。

甲、吾輩可作者：多寫文字，集為專冊，闡論"中華民族之混合性"，證明漢人係大混合而成，其中南越、北胡，成分甚多，以混合之密，遂為一體。今日之西南，即千年前之長江也。並舉歷史歸化人對漢人 cause 之努力，及其文化上之貢獻，更說明其有貢獻，正以與漢人同其意識之故。兼駁希特勒等之 Racialism。

此事，^弟願努力為之。更當約同志者為之。

乙、政府應作者：

（一）宣揚"中華民族是一體"之大義。

（二）對此等"學問"施以合理的管理。其辦法如下：①由中秘處、中宣部、教育部、內政部、中央研究院，共組一委員會，研究對于此等事項之對策。（暹羅問題，即其一也。）②此會兼辦審查此項出版事。（只辦大綱）並審查此項學術工作之計劃，即國立機關辦此，亦須先得其同意。③對外人來我禁地作此等事者，施以合理的管理。④務求此項刊物不違　中山先生民族主義中各項界說。

^弟素不主張政府統制學術，然此一學術，毛病太大，其本身頗陷于抄襲"帝國主義在殖民地發展之學說"。兼以暹羅問題吵起來，不可不防也。凡有刺激邊民，使其有分化意識者，不可為也。

至于　貴會範圍中事，只要此次辦理繼續補助事，加以嚴格之規定：①禁兼事，②禁舍其本業而在報上發表胡亂文字，③並對某君加以友誼的警告，告以從政府立場言，不能任其亂說，多引外人前來。如是似已無責任矣。故重點不在此也。

拉雜書之，備供　參考。專頌

日安

^弟斯年上　八月十一日

727. 傅斯年致傅樂煥（暫繫年於 1939 年 8 月 17 日）檔號：I：254

樂煥：買給北大之書，已另抄一單寄鄭毅生先生，共 1470 元，乞
侄一往接洽，款不必即付，後來再說。晤後，如北大買，即裝好，
交鄭先生指定之處，否則裝好，我託人運渝，以中央圖書館要
買也。

又，北平圖書館買書款 250，袁先生云已付你，乞轉交石先生。

此外有賣給本所之一單，凡 390 元，乞那先生收下，後來再算。款
曆一併運李莊。

另有一單，我寄走者，乞侄一寄（照單所記辦法）。

此外，有兩書：

　　明版《鹽鐵論》。

　　《四庫》四種。

明日續告處置辦法。

姪可坐車來渝。前談一事（即暫住此者），已找到人矣。

正中已去信。

孟真　十七

728. 傅斯年致李濟（1939 年 8 月 22 日）檔號：考 18–95

濟之兄：惠書敬悉。

此事卷宗，不在那處，故一時查不出。好在重大校長係葉元龍，騮
先之友人，騮先如要借，可將此意分告兩面，何如？

兄信^弟即轉毅侯，請其就近決定辦理，何如？

又，薛觀濤君昨來談，要先考北大研究所，下月初再來就本所事務
員（蓋考不取然後來），^弟覺不便限制，已大致允之。並告以^弟到渝

時，可謁　兄，以便與兄接洽何日來所也。

王般不來，故文書又擱淺矣。然此事可不急。

馬壽①之電有"石運"、"蓉運"之別，不知何解，已電毅侯詢其沙

坪埧有無事故矣。^弟後日下鄉，內人亦來。專頌

日安

弟斯年　八月廿二日

729. 傅斯年致胡適 （1939 年 8 月 31 日）*

妙文一包敬呈，看後代為保存，可另空郵奉白。此上

適之先生

斯年　八月卅一日

請假單乃開會時所批，次日汪即走矣。此一有趣之文件也。

附：傅斯年請假信和汪精衛批復 （1938 年 12 月 17 日）

謹啟者：本月二十二日，中央研究院在昆明開會，^{斯年}應行前往，

所有駐會委員會職務，擬請假一月。如荷　俯允，無任感荷。謹呈

議長

參政員傅斯年　十二月十七日

孟真先生惠鑒：手示謹悉。祈一月後即回渝，俾得常承　教益為荷。

兆銘　十七

730. 傅斯年致蔣介石 （殘） （1939 年 9 月 18 日） 檔號：I：666

議長鈞鑒：昨晚　王祕書長電話轉示　鈞諭將昨日侍　座時口陳各事

---

①編按：馬長壽（1906—1971），字松齡，時任國立中央博物院籌備處專員。

*原載耿雲志主編，《胡適遺稿及秘藏書信》（合肥：黃山書社，1994），第 37

冊，頁 579。

寫下，茲謹錄寫上呈。

一、蘇聯迅速出動之近因。

蘇聯侵入波國之舉，雖在與德國訂立不侵犯協定時必即有默契，該約所謂"兩國交換情報"一條，當時本已使人生疑，然其于昨日上午六時入波邊，則受有新的激動，自以為不可遲緩。此次新的刺動有二：其一為日本內部之調換，此事本月七日已向 鈞座言之。日本少壯派主政府是中國之幸，老成人主之，反是中國之不幸，蓋少壯軍人之橫衝直撞，必引起各國糾糾，[1] 老成人必謀收斂，而集中對我。最近日閣以梅津（統治派）長關東軍，以坂垣作侵華軍參謀長，其欲在東北不出事，欲專力對我之心情明顯暴露。故蘇聯把握著此事，而與其訂邊界協定，以便在西方大舉。此項協定，內中必有可恃之諒解，（即真正互不攻之信心，不僅是一邊界問題。）否則，蘇聯不敢恃以在歐洲大舉也。其二為德軍在波進展之速。大約蘇、德原來之默契，雖有瓜分波蘭之原則，而無其詳細計劃，故先佔者有其利，而羅夫一城乃波屬烏克蘭之首城，其地位至重要，其近處有煤油田，此為蘇聯必欲得之者。有此兩種考慮，于是蘇聯迅速下手。大凡此等國際盜賊行為，固有預定之計畫，然其行動之時機，仍按每日形勢之進展而決定之也。

二、瓜分波蘭辦法之預測。

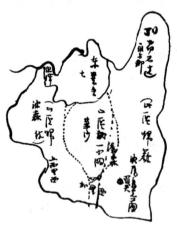

蘇、德兩國將何以處置波蘭乎？或謂，二強盜國將于其中建設一小緩衝國，而互不接壤。此為地形將所不容許，此時緩衝小國亦無其用處。按以莫洛他夫之演說，參以歷史其瓜分之計計，[2] 似當與下列者不遠：

一、德國得其三分之一，即舊屬德國者。並向東益以若干工業地方，此為波蘭工業之精華區。

---

①編按："糾糾"當作"糾紛"。
②編按："計計"當作"計劃"。

二、蘇得其三分之一而強，即東部之全境。

三、為波蘭留一小塊，使其成為"斯拉瓦克"式之保護國，其受何一國之保護，則未可知。或亦將此瓜分之。大約德願建此傀儡，蘇欲不留種蒂耳。

　三、所謂"和平"之要求。

在上節之瓜分計劃定後，德國必向英、法示以願和之意，而作下列之宣言："我與波蘭之問題已解決，我願世界和平，君等如繼續作戰，則破壞世界和平之罪在君等"。蘇聯此時之態度，有兩式可循，一、對德善意，但僅以口號助其"和平"之呼號。二、照與德國約定之條件，而武裝調停，英、法如不從，即加入德方。

在此形勢中，英、法處境至為困難，（一）欲繼續其戰爭乎？則上次大戰所用最有效之封鎖政策，今已無用，而對德、蘇之戰實是一個無底戰爭也。（二）欲不繼續其戰乎？則人心大勢均去，意、日必逐漸加入德、蘇，美國亦不復幫忙。（英、法之立場愈堅強，美國人協助或加入之機會愈大。一軟下去，美國人更不來矣。）且大犧牲之後，如能長期安頓尤可說，然德、蘇得勢，必于數星期中又鬧起來，其凶暴必更甚也。

故權衡輕重，英、法繼續戰爭之可能性，遠比不繼續為大也。

　四、蘇聯之真意何在？

此次之搗亂最大者無疑為蘇聯，其目的究何在，乃當前之急問也。彼在最近一個月內之行為，既已盡放棄其十年來"安分守己"之假面具，則必有大花樣在後，當無可疑。試測其目的，蓋有二種可能：

　一、較小的辦法。只為趁火打劫，將帝俄之西邊舊疆盡量恢復之。而對于英、法及德之戰事，欲其延長下去，自己不以實力助德。此一辦法，今已在波蘭開端，必繼以立陶宛（併此國，但以美爾送德）及羅馬尼亞。查蘇聯最缺者為可用之海岸線。波羅的海上，以小國之建立，今僅有列寧格勒一口而已。黑海則打旦海峽既有限制，而羅馬尼亞當年趁勢奪其比沙拉巴（歐洲最富之油田），至今有問題。為在波羅的海中佔地位，非擴充其海岸線不可，故三小國必遭殃；為收復油田及預防德國在黑海插足，非奪取羅馬尼亞不可。（此國內部問題，比波蘭者，遠不如。）

今日報上有一件可注意之消息，即土外長應召赴莫斯科。此消息
云，蘇聯請土耳其獨立擔負黑海防務，而排除其他勢力。此語淺言
之，即土須拒絕各國之通行打担海峽；淺言之，即瓜分羅馬尼亞（或
及保加利），俾黑海上只有蘇、土二國也。土國在今日與英、法、蘇皆
有親交，其外長前者為最後一試拉蘇聯接近英、法一行，既失敗，目
下之行必別是一作用。蘇聯既走此路，其先下手者，當為立陶宛與羅
馬尼亞。（今日報載以中立保證給此兩國，然此全不可恃。）

二、澈底的辦法①蘇聯既認定英、法為其最大之敵，而對德國反有
精神上、作法上之同情，（其實今日德、蘇兩國，在立國行政之原則上不
同者少矣。）則診此時機，爽性澈底解決英、法，亦在情理中，尤與其
最初世界革命之觀念相合。蓋英、法之潛力，比德、義大，故須先解
決大者。而今日德國拚命為此，正可利用。此說似過荒唐，然俄人性
情每實行此等事。如循此路，必與日本大妥協，雖全部犧牲中國亦不
恤也。

準以蘇聯在東西兩方之利害，及其不得不防備將來日、德之患。故
以走第一項之路線為近。雖然國際強盜行為，一發不可自制。其始既
已倒行逆施，即不知何處為止境，則走上第二路，大有可能。且蘇聯
之敢作敢為敢犧牲，一向如此。即如武漢糾紛時，日本向其警告，謂
將佔其遠東省，斯太林訓令其駐華代辦彼沙多夫斯基②曰，"中國四萬
萬人之共產化，遠比遠東州重要。"（見此人所著書，此人後叛斯氏。）今
或又覺英、法之壓倒，遠比中國四萬萬人重要矣。故蘇聯態度大可慮
也。時局變化甚速，一週至兩週中，蘇聯走何一路，當見分曉矣。

五、蘇聯態度在遠東之影響。

假如蘇聯僅走上文所說第一路，（即恢大帝俄西疆，而使德、英長期打

---

①行首自註："此目的亦須較長時間方可達到，故須使英法與德長久戰，而自己
不須參加。然決不容德國大敗也。"

②編按：1927 年武漢糾紛時，蘇聯駐華代辦為齊爾內赫（Alexei Sergeyevich Tch-
erynykh）。

下去，久戰不決。）則對日之妥協有限。彼雖自妥協，而仍助我。自妥協者，使滿蒙局勢穩定，以便在西境蠶食也；仍助我者，助我在此抵持日本，俾日本在大陸之伸張不能穩順也。故在此辦法之下，不特決不會停止對我之供給，且加強供給亦復可能。

假如走第二路，（即以壓倒英、法，而破壞其國家之組織，為第一目的。）則對日必有根本妥協，目下德國固希望其走此一路也。如是，則雖中國之共黨亦將遭其犧牲，即不恤中國更不必論。然演進至此階段，尚非最近事也。

六、我們的地位。（此節昨日因有他位繼續陳說，未能盡意，茲補寫。）

無論如何，在遠東英、法力量減弱，蘇聯力量加強，此為已成之事實。故蘇聯繼續助我以實物之可能性雖甚大，然政治的壓力，不久即將來臨。彼往者有所顧忌，故作假仁假義之姿態，謂有助無求；今無所顧忌，即無所恤，波蘭事件作一段落後，要求必來矣。此項要求，可含三項：①對共黨有更大之合作，②對英、法須疏遠，③如走上文所述第二路，更將要求對日妥協，亦未可知。吾將何以對之，此須預計于心也。目下吾國共黨不多說話，然時機一至，氣燄必高張。（昨日《掃蕩報》載王芃生一文，其中所言，實非中國人應說之話，而是以蘇聯為祖國者之解辯。此時有此等文，有損無益。）

如接受此壓力，（第三項除外）其結果不為不嚴重。如拒此，其結果亦嚴重。蓋美國對我心好而道遠，所謂遠水不及近渴。英、法則以到處起火之故，肯充分照顧我們否，實有疑問。

此一處境自屬困難。然穩妥之辦法，可想及者如下：

①假如美國國會開會後，羅斯福之策動能順利推行，而英、法以美國之支持，不對日犧牲我們，則我們宜遠蘇聯而近美、英、法。此須迅速接洽策動，不可緩也。

②假如羅斯福一籌莫展，則只有與蘇聯進一步作談判，仍以抗戰到底為目的。但英、法亦不可得罪，蓋彼等更易與日本妥協（詳下）。

七、日本之對列強。

日本加入蘇、德合作否，今未可定。在阿部內閣中，必以全力對我。在彼對我中，認為防礙其進行者，必加以為難，而求其讓步。故目下日對英、法之壓力，必較對蘇為大。德國希望反共三國之結合復活，加上蘇聯，日本則欲坐大遠東，二者目的不同，然蘇聯如以打倒英、法為目的，則反與日本之目的有相同處。故目前日本必對英、法施壓力，對德、蘇作敷衍，並無真心入何一團，亦正以此討價耳。

〔下缺〕

731. 傅斯年致任鴻雋 （抄件）（1939 年 11 月 1 日）檔號：II：32

叔永先生總幹事左右：前談將撥博物院項下之每月一千元（目下實折六百三十元）改入經費中一事，荷承　許可，無任感謝。茲為　貴處稽查原委起見，將經過詳情奉述如下：

在君先生在任第一年編預算時，此一項目本在經費之中。第二年，因各所有增加者（史語所無加），經費總數算不夠，乃將本所臨時費中之一萬二千元改入基金利息，撥中博院之八萬中。

驪先生先生任職後，將經常之分別除去，又將支博物者停止，謂應由教育部設法，^弟當時即提出此一年萬二千元應列入經費，　驪先生又以經費總數算不出，未辦，但此款仍撥，不因停撥博物院而止。

^弟代理時，未便將此事改動，故未動，又以此款本是經費中事，未便不打折扣（雖基金利息無折扣），故一律折扣，另儲，備遷移、調查、設備等費之用，至于現在。

茲以上次討論二百元以下者須加薪，而本所經費已不許此事，故提請將此一項自二十九年一月份起，改在經費中分配，加薪之額，大略即以此為限。其辦法簡陳如下：

一、至二十八年十二月份以前所積之此項款，別存作本所調查、設備、遷移等用，不退還。

二、自二十九年一月份起，此項基金利息之撥付取消，改在本院經費項下，月撥本所以同樣之數。此一辦法，在本所並無分文增加，只求事務上之方便耳。又，此一法對本所及總院皆無影響者，亦可得言。本所尚有中基會存款若干，只供一年餘工作費之用，不虞因此減少工作費，故此時本所無影響也。總院之數目下，總辦事處年可節餘至少五萬元（^弟經驗年餘，確知其如此）。故于經費中加撥本所一年全數 $630 \times 12 = 7560$ 元，並無關係。若總處津貼各所過鉅，仍可動用基金利息，此亦成例也。此事乞　奪定後示復，並通知總務處，至感！此頌日安！

^弟傅斯年敬啟　廿八年十一月一日

732. 傅斯年致管理中英庚款董事會（1939 年 11 月 4 日）檔號：I：268

管理中英庚款董事會台鑒：

頃奉十月廿七日來書，內附繼續協助表一份。其中與^{斯年}無涉之件，知之不詳，無可述者。茲奉白有關兩事：

一、貴會繼續補助人員派到本所者。

此項，計有顏誾、王振鐸、吳金鼎、陶雲逵四君。四人在上一年度均工作良好。本年度內，顏、陶二君，仍在所，至今工作勤奮；王、吳二君，亦正在工作，但此二君聞或就中央博物院籌備處事。^弟知之不詳，當由濟之兄覆。

二、歷史一組諸君。

梁嘉彬君事，聞去年並未就貴會補助，而就浙大教職。此事，^弟處全無任何文件證明，但其不在西南聯大，則事實也。表中云，"俟報告送到再定"，然彼如未應補助，自無報告也。

張維華、劉金寶二君，均就他事已久，表中所注不誤，然^敝處從未見其通知就他事之信，　貴會不知接其通知否。此等情形者，在就他事時，應通知貴會，否則無從稽考。想具此類情形者多矣，故此事似應一查，以免形成兼事之情況也。

白壽彝君，聞已就雲南大學教職，表中注明至二十九年七月底止。未知　貴會是否與雲南大學通信約定，乞一查。如不知，似可函詢雲南大學也。

孫次舟未就他事，（確切未改就他事者，在去年補助歷史組中僅此
一人。）表中所示不惧。

以上就"繼續"一項言之。

本年新補，已接 杭立武先生信者，有下列各人，（歷史組）。

　　陳登原　去年備取。

　　賀昌群　新擬。

　　向　達
　　鄧廣銘 ⎫屬于北大文科研究所範圍。

此外有決定否，敝處未得通知。謹具所知以聞。專頌
公祺

　　　　　　　　　　傅斯年敬啟　二十八年十一月四日

733. 傅斯年致翁文灝 （1939 年 11 月 15 日）檔號：昆 10-16

詠霓吾兄左右：[①] 頃奉十一月十一日　惠書，並《第二屆評議員候選
人參考名單草案》，詳讀之後，深感　兄所示諸不妥處固宜加之改正。
且細校原單，有問題者尚不止此，茲分組說之。

　物理　此單中遺吳有訓者，以叔永告企蓀，此單應以"非大學教
　　　授"為限，企蓀照辦，而叔永單中轉有大學教授一人焉，即王璡
　　　也。在企蓀了解不以非大學教授為限後，自當增加數人，弟已函
　　　告以情形矣。弟意，企蓀辦此事，必能認真檢討資格，輕重攷量
　　　得宜，故物理組當無問題也。

　　　然有一點請注意，物理一科中本注明"包括算學"，其名額之分
　　　配，原有算學一人（即姜立夫），今是否亦應有此分別？

　化學　叔永先生寫此單時似有兩個主義：㊀"非大學教授"為限，
　　　然又有一名大學教授。㊁在西南為國家服務者。（叔永云，如吳憲
　　　在協和舒服，不如多選為國服務者，此原則弟甚贊成。）然又有趙承嘏

---

①頁首自註："absolutely confidential"。

（在國聯作事，住日內瓦。）^弟意，既無“以非大學教授為限”之說，則應有幾個像樣子的大學教授。如薩本鐵、楊時先^①之類。然^弟是外行，不便多說。且各部分分配似亦當略平均，叔永單中生物化學二人（莊、趙）、工業化學二人（侯、孫），其他無焉，似可補也。侯德榜、孫學悟二人，究竟應在化學或在工程，亦可斟酌。吳學周很 Promising，然資歷尚淺，既在院服務，似可慎重，王璡則不待談也。

工程　此單之整個組織使人歎氣！繆嘉銘之不當告　兄言之審矣。（若如此提出給大學教授，真將成為笑柄！）然毛病不止此。^弟若與子競商量，必無效果，蓋子競才力行品，雖具是上等人，然有一大缺陷，即絕對固執己見（事無大小）也。且子競在工程一個題目中不能分辯何者為事業，何者為學術，故子競在院十年，所作皆是事業而非學術也。^弟亦曾與談及此點，遭其嗤鼻。平情而論，在中國談工程學術本不甚易，不可率爾。然買上幾千綻子紡紗，或廣造多量鎗彈，終不可以為即與“導淮”造“錢江橋”同等，至少後者要比前者多用些腦筋，多作些測驗，多算些算術！然自子競觀之，皆一列也，故上次舉了唐炳源，這次又要舉繆嘉銘等。全部名單中，^弟以為此一組最不妥。

茲再說原單一說：凌原為評議員，繆事不待論，嚴則^弟全不知，李承幹之人品勞績，俱是中國頭等人物，然兵工廠不即是工程學，在此處相宜否，亦可商量者也。若莊前鼎，則學問、事業全無貢獻，只是與顧毓琇同其熱中奔走而已。在清華辦航空研究所，聞一無竅妙，而為企蓀、政之^②諸賢所鄙。總而言之，子競開此單時，專以其個人之接觸為限，此大不妥也。（莊有事務才，比顧尤好，然其學術不知何在。）^弟意，如須愷、茅以昇等似可列入。

---

① 編按：楊石先（1897—1985），本名紹曾，時任西南聯合大學（南開）化學系教授兼系主任。

② 編按：吳有訓（1897—1977），字正之，時任清華大學理學院院長。

然^弟於工程一事，太外行，不敢說也。

植物、動物　此兩項門戶之見甚深，單子能否厭眾望，未可知也。

地質　此組中　兄權衡全局，兼顧各面，甚佩甚佩。唯本院　地質
研究所中似無人（朱已在中央大學①），有人合格否，乞一留意。
然此只是小點，所關不多也。

天文　天文一科恐只能推二張，②雖二張近來俱久無文章發表矣。

氣象　^弟意末尾一二名似資格過淺。

總括言之，以上所舉有小問題可不計者，然化、工二組實有大問題，
不止二人之不妥。而動植物又未可懸知。此一單子，如拿出去不像樣
子，反不如不拿。去二人三人（如王、繆等）並不費事，只要在"選
舉籌備委員會"中作一決議便妥，所難者某某組之全部像樣子，有代
表性，少致人譏之單子，有誰去作也。思之一夜，以為此事似可根本
考量，即單子之應否開出。為此，另寫一函，便　兄可在渝與有關諸
公一商，至於此信乃絕對祕密，請勿示人也。專頌
政安

^弟斯年上　十一月十五日

734. 傅斯年致翁文灝（抄件）（1939 年 11 月 15 日）檔號：昆 10-17

詠霓吾兄左右：茲將寄下《第二屆評議員候選人參考名單草案》詳細
一看，深感此單製作之不易，尤覺既拿出去總要像樣，否則無益，
或招損也。緣是，^弟頗覺此單之能否做好，因而應否拿出，有根本
攷慮之必要，敬述所見如下：

---

① 編按：朱森（1902—1942），字子元，原任中研院地質所研究員，時任重慶大
學地質系教授兼系主任。

② 編按：指張雲（1896—1958），時任中山大學數學天文系教授兼中研院天文所
特約研究員；張鈺哲（1902—1986），時任中央大學物理系教授兼中研院天文
所特約研究員。

今春開評議會時，倡言造此單者弟也。弟當時之持此說有二故：
（一）大學教授不能假定其多數能於投票時有正確之判斷，故投票
前之"教育"實不可免，此為一切選舉制度下應有之工作，政治愈
民治者，愈須有此作用，非意圖操縱也。故此一單之作用有三：
（1）提醒，（2）示標準，（3）免分散，分散則複選時大困難矣。
故但須聲明其僅供參攷，即無操縱之嫌，推荐之疑。（二）假如初
選時，各大學教授投得亂七八糟，評議會投票時即甚感困難，不怕
不稱者得票多，而怕稱職者得票少。評議會選舉規程第七條，對此
本已預設補救之方。然在開會時雪艇先生認為此條之審查資格，不
可認真，認真則取惡於人太大。此言大有其道理，然此事將為此條
之不實行而更嚴重。果任大學教授之胡亂選，評議員只能于其胡亂
選之結果內勉求其差少不妥者，則下屆評議會當大劣於此屆，此豈
國家之幸歟？

然而此單既拿出去，必須像個樣子，雖曰只供參攷，究須鄭重其
事，使投票人（即大學教授）中，有常識者多數佩服。欲達此目的
則開此單時必須顧及下列各項：

（一）每一名字既經列入，即須細看其是否合於評議會條例第三條
　　　資格之一。此事斷不容苟且，若我輩提供參攷者尚不合格，
　　　焉能責人乎？

（二）名單額數可以不拘，雖不能濫，但如一科確有多才，宜權衡
　　　全部使此名單有代表性，而非一人接觸之偶見，一派想像之
　　　世界也。

（三）去取之間，必須公正，一以學績為斷，不便阿其所好，而應
　　　使見此單者佩服，此中非無標準也，即如歷史，大體亦應有
　　　公是非，遑論先進之自然科學，如地質、物理等乎？

總之，作某一科之單者，應將其全部情形想一下，綜觀而分判其價
值，比類而權衡其輕重，然後見此單者，有同情而無反感，方可達到
上文所說"教育"之作用。若不能做得好，則有不如無耳。

今看此草單，各部分所送來者，其中固有甚多精妥者，然未便拿出之
點，亦復不少。可否請　兄仔細攷慮一下，此單之應否製成。如能製

好，則有單遠勝於無單，如不能製好，則有單反不如無單，此一根本
點，乞 兄（或與在渝諸公有關者）詳細攷慮一下。

若決定無單，一切自無說話。

如仍以有單為便，則此單似應具下列之條件：

一、各部分一律。（例如：甲組不列現任評議員，乙組亦不列，甲組不以
"非大學教授為限"，乙組亦應然。）

二、每科之名單須具有該科之代表性。

三、所列之名必須自信合于資格，並將其合于資格之根據注明之，
例如：

□□□（著有 "……"、 "……" 等，合于一項資格。連任（或曾
任）……滿五年以上，合于二項資格。）

此所以示標準，而單子之作用在是也。

如此法可行，乞 兄擬定一式，通知各原開單人照寫，其原開之
單，如有不合標準處，自應改動，以求其確合標準，示人無愧。若
做不到，則無單亦自省事也。專此，敬頌

日安

弟斯年敬上　十一月十五日

735. 傅斯年致翁文灝 (1939 年 11 月 17 日) 檔號：昆 10-3

詠霓吾兄：

茲將《全國各國立大學及獨立學院教授分組名單》全部檢討一遍，
謹貢意見如左：

一、"組" 與 "科目" 非一事。"科目" 者，見于評議會條例第四
條，第一屆評議會之選舉，即由各大學校長決定其科目及人
數，第二屆之科目人數既不變更，即仍用舊來分配，科目共分
十四項，即物理（包含算學）、化學、工程、地質、天文、氣
象、歷史、語言、考古、人類學、心理、社會科學、動物（包
含生理）、植物（包含農學）是也。

"組" 者，乃另是一事，既選之後，為辦事方便而設組，故組

與評議會之選舉無涉，組凡十一，以有合組之故。

然則選舉人之名單，（即大學教授冊）似應以科目為單位，而不用組之名稱，如此方合選舉條例。

二、教授資格下有"正教授"、"副教授"之別。查今日學制，雖有正教授一稱，然各大學均未設置。全冊中所謂正教授，皆教授也。（正教授與教授不同）為合于學制起見，全冊中正教授之正字，皆應刪除。

三、物理、動物、植物，三科目中有"包括"之文，如下：

物理（包括算學）

動物（包括生理）

植物（包括農學）

此大學校長選舉時所決定也。

此三科目之名額，因此包括，乃事實上均由三人縮至二人，而算學、生理、農學各為固定之一額，故算學舉姜立夫，生理舉林可勝，農學舉謝家聲。今既一切續仿第一次之辦法，則"本項"及"包括"似應仍規定其為二與一之比，而各自投票，即投物理者，由物理教授為之，票上寫四人（以加倍故）；投算學者，由算學教授為之，票上寫二人；動物之與生理，植物之與農學，悉仿此。此為全照第一屆辦法之辦法，在散發票子前，必須決定。

四、上項之包括一例，只有上項所列三科有此，此外無之。地質之下，並無包括地理之規定。且地理一科，目下中央研究院並未具有。猶憶在今春開會時，藕舫兄及張其昀提議加此額，兄云此科既係將來設立，即目下並未設立，自當於將來設立（在中央研究院中設科）時再加，目下不必預加云云。以後遂決定，全部照第一屆，此當時經過也。

因此名單中之地理教授及副教授，均應刪除，而地質一門之選舉人及被選舉人，皆應以地質學為限也。

五、有一名兩見者，如歷史一科下之繆鳳林，既列在中央大學又列在浙江大學，想必有一誤，應刪其一。此外有無似此者，仍

乞　派人細查一遍。

六、細看歷史、考古、人類各科目，除^弟所不知者，所知之人皆係教此一行，並無錯誤。語言一部，本難與教一般英語分別，然竟能分別出來，辦此事之人，甚可佩也。（未知　兄託何人分析）^弟處無原來各大學開來之教課單，故不能全部檢點一次耳。惟就所教課定其科別之工作，本甚煩難，如僅由一手辦，不敢保其無誤，或者另請一位重作一遍（即 Check 一下）則一切可能之忽略處，皆可免矣。

七、表中之江蘇醫學院是否即上海醫學院之改名，或另一事？上海醫學院是國立，江蘇本有一醫學院，則省立也。

弟 斯年　二十八年十一月十七日

又關于事務兩事：（僅以一時想及，供　兄參考，非提議也。）

一、初選人名單定後，即應依選舉規程第六條辦理，各投票地點似可即為各大學地點，若一城有一人以上之大學方可合併，否則即由各大學自為一單位也。其"專員"似應以校長為之。（在中山，可以教務長為之。）

二、天文、氣象、考古、人類學，四類，大學教授如不足五人，即應照第八條辦理。考古一科，無教授，此推選委員會似可以下列評議員（各五人）組織之：考（李）、歷史二人（陳、傅）、地質二人（翁、李，或加人類學（吳）。）

人類學只二教授，此推選委員會除此二人外，似可以下列各評議員（亦五人）組織之：動物（秉或王）、心理（汪）、考古（李）、地質（李或翁）、歷史各一人。

736. 傅斯年致梅貽琦、蔣夢麟、黃鈺生 （1939 年 11 月 20 日）檔號：昆 7-31

月涵、孟鄰、子堅先生左右：查清華、北大兩校在龍泉鎮建房十二間，專為聯大教員來此閱書者住宿之用，早經動工，中經大雨，

牆倒其什八，茲已督工趕修，當可于下月中旬完工，圍牆尚須稍
待。在此房未能使用之時，　貴校教員如有來此看書因而留住
者，如同時不過四人，可在本所辦公室中臨時安置鋪板，差足舒
適，其飯食一事，除有友人在此可以設法者外，亦可在敝所同人
公厨搭用伙食，（每餐約五角左右）並無不便，僅鋪蓋、盆器須自
備，為此奉達　左右。　貴校教授如有此需要，可由　先生分別
介紹，便即招待，不必俟清華、北大所建屋落成之後也。專此，
敬頌

道安

傅斯年謹啟　28/11/20

737. 傅斯年致梅貽琦、蔣夢麟、黃鈺生、楊振聲（1939 年 11 月 20 日）檔號：昆 7-32

月涵、孟鄰、子堅、金甫先生道鑒：查敝所各部分書，均已整理就
緒。其中普通漢籍一部分約十萬冊，已與　貴校訂立合同，規定閱
讀、借出各項辦法。茲為便于　貴校教員起見，謹提下列擴充
辦法。

一、方志之部，約千餘種，可以閱讀出借，原訂合同各條盡適
　　用之。

二、西籍閱覽室可供　貴校教員閱讀，原合同關于閱讀辦法第一條
　　可推廣適用之，其借出一事，容待後商。

三、別存書庫各書（即善本）在同所同人亦以不借為原則。如
　　貴校教員來此閱讀普通書時，感覺有往參考之必要，可隨時
　　與^{斯年}或代理人商量，在可能範圍內，當予以最多可能之
　　便利。

一切仍乞　考慮見復為荷。專此，敬頌

公安！

傅斯年謹啟　28/11/20

738. 傅斯年致商務印書館總管理處駐港辦事處（1939 年 11 月 30 日）檔號：IV：516

商務印書館總管理處駐港辦事處大鑒：

十一月十四日惠書及陳恭祿君《中國史》第一冊均奉悉。陳著大略一看，覺其人甚勤，而無史才。此雖通史，惟本冊既以先秦為限，茲姑以先秦史所宜注重之點論之。治此一段史，必于經學、甲骨學、金文之學、考古學，稍具根柢然後言之有當也。陳君于此等學問，似不知讀書，疏淺之甚，並未深入，且時有妄言武斷也，故所涉範圍雖廣，讀之者必覺茫然。茲再以 貴館所出各書比類之。此書絕非夏曾佑書之比。夏書雖過時，然自有其獨到處，一時之傑作也。鄧之誠書，亦自有其用處，彼于舊籍，亦頗有根柢。若陳氏之書，實無任何優點可舉也，必欲比擬，則章嶔之《中國通史》，[①]其性質雖不同，然輕重或不相遠耳。《大學叢書》，不知標準如何，以意揣之，當以可為入學教本者為限，此書則未達此標準也。然比之 貴館出版之《文化史》某某數種，則又無愧色。故弟實未便下一斷語，一切仍請 貴館自行決定為感。專此，敬頌

日祺

傅斯年敬啟 十一月卅日

739. 傅斯年致翁文灝（抄件）（1939 年 12 月 19 日）檔號：昆 10-23

詠霓吾兄左右：連日因所中事務過忙，關于評議會事尚有若干意思未寫，茲一併寫奉。

一、各所長所開之單齊後，可由籌備選舉委員會分別審查，每人供其所見，然後滙齊。所謂 院長裁可，不過一句話， 蔡先生

---

① 編按：章嶔（1880—1931），自署天行草堂主人，著有《中華通史》（上海：商務印書館，1933）。

何以知其詳，如有必要，^弟可函陳　蔡先生，示知此會決定。
彙齊後乞油印分送籌備會中各人，然後每人可供其意見，至少
在滇者可開一會，提貢意見也。　兄謂如何。

二、^弟之十一月十七日信，關于選舉人名冊者，其中所說雖皆不過
技術之點，然亦頗有關係，蓋小點之有誤者，亦不可不正也。

三、歷史等科名單，茲另抄奉。

四、葉企蓀兄前來談此，彼于工程、化學二事，亦想到若干人，寫
成一紙，茲奉上，供　參考。

專此，敬頌

日安

^弟斯年謹上　十二月十九日

附一：傅斯年擬歷史等科名單①

天文　　　　氣象

　張雲　　　　竺可楨

　張玉哲②　　李書華

　余青松　　　余青松

　姜立夫

　葉企蓀

人類學

　吳定良

　林可勝

　汪敬熙　陶孟和

　楊成志（大學教授）

考古

　李濟（該科目之本屆評議員）

---

①編按：歷史科名單未見。
②編按："張玉哲"當作"張鈺哲"。

李四光⎤
翁文灝｜
　　　　⎬ 有關各科目。
傅斯年｜
陳寅恪⎦
語言
　羅、葉、王

附二：葉企孫擬工程、化學兩科名單

工①
　楊繼曾　兵工署技術司司長
　葉渚沛　冶金　　（資源委員會）
　王守競　機械工程　　（仝上）
　惲　震　電機工程　　（仝上）
　李承幹　金陵兵工廠廠長

化學
　薩本鐵
　曾昭掄
　高崇熙
　楊石先②

740. 傅斯年致翁文灝 （抄件）（1939 年 12 月 27 日）檔號：昆 10-25

詠霓吾兄左右：叔永先生到此後，于本月二十三日之夕，召弟等往，
　用以報告我等以評議員選舉籌備事。是日在座者有孟和先生、企蓀

---

①行末傅斯年附註："工程中，弟覺須愷亦可。（斯年附注）"
②行末傅斯年附註："？"

兄，及^弟，丁巽甫兄亦在座。所談開會時期及各大學選舉"專員"（選舉規程中之名詞）事，我等意見，已由叔永兄奉達。茲述有關推荐名單一事。

是晚談此事時，吾等三人（孟和、企蓀及^弟）一致主張，關於名單中各人，在各所長既開之後，在 院長核定之前，應分抄各籌委會委員，由各委員供其意見，其法如下：

　一、在各所長所開名單中，如某一科目之某一人，籌委會委員中有二人或二人以上認為資格欠合者，應請 院長在決定時刪去之。

　二、在各所長所開名單中，如某一科目之被推荐人，籌委會委員中有四人或四人以上認為尚有合格而被遺漏者，得開具所遺漏之人，請 院長在決定時增入之。

以上兩項辦法，一刪一增，乃在所長開妥、院長核准之間，增加之一手續，與原議並非衝突，若付之實行，名單之價值必可增加，蓋所長所開，未必盡善，院長核定，又不接頭，加此手續，必有補也。此事務乞 考量，如須商之驪先、雪艇二兄，請就近一商。此辦法乃^弟等三人熱烈主張，叔永先生經我等解釋後，亦同意者。又此信係叔永兄委^弟所寫，併 聞。專此，敬頌

政安

^弟斯年謹啟　十二月廿七日

741. 傅斯年致蔣介石 (抄件)（1939 年）檔號：II：611

介公委員長賜鑒：自抗戰以來，我公領導將士官民，為民族生存作空前之奮鬥，精靈感照，國民一心，士卒效命，友邦傾服，人類共仰，固中國數千年歷史上所希有也。然行政未逮軍事，外交則雖我公明定大計，而執行之人無所事事，遂若無濟於事。○○緬懷國步之艱難，瞻念我公盡瘁報國之赤心，不能不有所直言。竊以為，今日外交、行

政之未能發揮效能，固有眾多原因，而當官之人實為主要關鍵，以我公之睿哲乾斷，決策于中樞，則負行政、外交之專責者，但能一心為國，奮發自勵，即足有為。無如負責之人另是一格，故雖有諄諄之命，而作來一切若不似也。謹分述之。

一、關於孔院長。

甲、在孔院長任內，英美之財政協助，事實上恐不可能也。按，歷年來在中國之英美人士對孔院長頗多不滿，以整理公債及施行法幣兩事在宣布前上海市場紊亂十餘日為譏評之要點，當時各外報攻擊不留餘地，甚至倫敦、紐約報紙亦有所諷刺。其奉命賀英皇加冕也，英國報紙自其出國之時起作各種嘲笑之論調，法國報紙並出惡言。中國廣派隨員，則英政府直函駐英大使云，"不勝惶惑"。孔院長既為專使，英國自不得不待以國賓，然於中國協會歡迎席上，外相艾登致其關於財政建設之"友誼的警告"，商務大臣嚩西曼在另一宴會中演說："一國之財政必須求收支相抵，然後可謂有政策，不然者將破產。"長篇大論，直是一篇教訓。李滋羅斯更直謂在英中國人云："中國財政之最大危機，在財政當局之不得其人。"○○推尋英國人態度如此，蓋有三因：一由於政策者。英國財政當局認為孔部長無一個財政政策。二由於故事者。上述兩次上海市場之紊亂，自英美政治之標準看，是頭等官邪案件，故印象深刻。第三由于態度者。聞孔院長在英議論甚隨便，（如于演說中謂中國關稅可增至五倍等類）而英國要人謂孔部長舉止傲慢，言語無理，無政治家之品格。又英國人之脾氣，頗重視私人行止之細節，而使團中行動有時不倫不類。（姑舉一事。一日孔部長在倫敦失其汽車，招警察廳職員來，責之曰："我在此為國賓，如何失竊？"警廳去尋，旋來電話曰："大人車在某停車廠，至于緣何在彼，請問貴團人員"。蓋孔部長之公子駕出，損而修理，隨員竟無人敢以直告，遂成笑柄。似此故事，不可勝述。）於是倫敦財界乃揚言曰，英國甚願幫助中國，然孔為財長，一切困難矣。

至於美國，與中國財政關係較淺，其對孔院長亦復同樣少好感。○○竊恐孔院長任中，外國幫助一語，徒成空言矣。

乙、孔院長之實任院長，在國人心理中深感失望。其最近言語行止深致社會不安也。抗戰以來，政治上有一甚大之危險，即一般人，尤其是青年，急遽左傾是也。夫左傾一事，在常時不足為病，在抗戰中則易招致失却重心之危險。○○嘗遇投効陝北，醉心所謂"文化人"之宣傳者而問其故，其答語幾若一致："蔣先生領導之軍事是無可議的，而中央之政治却並無出路。"若與之辯，則必舉例曰："若孔氏者，非貪汙腐敗之結晶乎？"此中是非，非○○今日所深論，然既有此普遍的影響，似不可不留意其根源。且此評價不特在一般民眾中為然，即文武百僚，亦多心懷此意，私下議論，而不敢昌言耳。

又，孔院長久任其幼稚之子管理要政，竟于財政部指揮大員，更以其不成年之小女，管理機要電報，似此公私不分，未有近代國家可以如此立國者。又孔氏在國防最高會議中及其他重要場會頻發怪論，肆詆宋前部長，群倫驚駭，因而社會中紛紛議論，一若財政崩潰即在目前者然，武漢人心于以不安矣。○○所云孔氏不滿中外人望之事，什倍於此，今姑舉其最足危及國家者。竊以為今日之局，在外必求友邦協助，在內必求上下一心，若以孔院長一人為之梗，似不可不早計之也。

二、關於外交王部長。

按，在此時負外交之責者必須用心，必須努力。用心然後可以默識列國大勢之演變，把住機會；努力然後可以有為。今王外長絕不努力，絕不用心。中外皆以為話柄，不特不能勤聽勤讀，細研情報，即駐華之外交人員亦少來往。各使館中人見其毫無精神，鮮談正事，時對國人有怨言，曰："中國何以不重視外交至此。"至于我國在外使館，於重要關頭每不能如期收到訓令，空為焦急。即部內員司，亦每言長官不動作之苦。此似非濟時之外交也。

其實王部長亦有不能盡負其泄泄之責任者。蓋上有孔氏指揮自決，外長等于書班。縱外長為用心之人，亦不能發揮其作用。且

孔氏無權不攬，無事不自負，再積以時日，恐各部皆成備位之
官，不只外交失其作用而已。

凡上所述，事雖涉乎個人，實有關於政體，其中絕無虛語，皆有人証
物証，○○負其一切之責任。如荷　垂聽，感激罔極。專此，敬叩
△安

742. 傅斯年致翁文灏 （1940 年 1 月 4 日）檔號：昆 10-30

詠霓吾兄左右：

各科候選人參考名單奉悉。此次自較上次為有進步，然其中尚有若干小點，擬提請　注意。至于工程一科非改擬不可，謹述如下。

一、現任評議員之應否列入，本經討論，其辦法似應各科一致。現任評議員，除上次選舉時有二人資格不合者外（工程之唐炳源（彼非工程學家）、氣象之張其昀（彼與氣象無涉）），其餘資格既合，似應一律加入。茲查未加入者僅有地質一科。擬請將　兄及驪先、良輔二兄加入。驪先之資格即其任兩廣地質調查所所長滿五年也。（有著作否乞　一查）

二、動、植物等，頗多容納少年新進，其中是否有可刪之處？

三、地質一科，如參以理、化、動、植等容納新進之用意，是否可略增加如裴文中之類。

四、氣象之趙九章、塗長望，似年資較後，然不知其著作如何。

五、化學之王璡，應刪。（原件所謂有數論文發表，^弟知其是子虛。此不可欺人者也。）

六、原單文字可校正者如下：

一、動、植物之"恕不介紹"、"恕不詳細介紹"應改為"不詳述"。恕字似不可用也。

二、考古科董作賓下"極大發明"，極字應改為重字。

七、關于分類者。動物之包括動物生理，植物之包括植物生理及農業，單上並未標明，物理之包括算學，則未分別。似均應分別，並注明，便于投票者各投其票也。

八、各名單分給投票人時，似可因類分發，蓋全發一本，太費也。

以上一、五兩項係^弟之主張。二、三、四，三項係提請　考慮。

六、七、八，三項係手續上事也。

至于工程一項，非吾等重擬不可，當與孟和先生、企蓀兄等另函。

專此，敬叩

政安

弟斯年上

再，前函陳說孟和、企蓀及^弟在叔永座中商定刪加兩項辦法，計已達　覽。此事乞　考慮施行。①

743. 傅斯年致翁文灝（1940 年 1 月 7 日）檔號：昆 10-27

詠霓吾兄左右：十二月廿九日關于考古、人類兩科選舉事一函奉悉。

^弟等商酌之後，擬名單如下：

考古科（照上次送上之教授名冊，無大學教授。）

議長指派本屆該科及有關科目之評議員

考古　　李濟

地質　　翁文灝、李四光

歷史　　陳寅恪、傅斯年

　　　　共五人。

人類學科（有大學教授一人。）

人類學　吳定良

地質　　朱家驊

動物　　王家楫

心理　　汪敬熙

社會　　陶孟和

　　　　以上共五人，但有大學教授一人，似可減去心理，或增加考古，以成單數。

---

①頁末收發註記："29/1/4。"

如何，即乞　裁定為荷。專此，敬叩

政安①

744. 傅斯年致袁同禮 （1940 年 1 月 13 日）檔號：補 16-7-10

守和吾兄左右：②　接奉　貴館一月十日大函，關於^{敝所}在平所購圖書，

　擬託　貴館香港辦事處代轉昆明一事，荷承　惠允，至深感謝。承

　　示郵寄方法，自當遵照辦理。并已函知在平友人余讓之先生矣。

　其收件人之姓名，擬寫"那簡叔收"，即煩轉知　貴館香港辦事處

　於收到此項通知後，逕行轉下是感。茲為求在北平付郵時之方便起

　見，擬囑余君將圖書包紮停當後，送請大同書店用該店名義代為付

　寄，似更妥當。

　此事以^弟寫信至北平諸多未便，擬懇吾　兄代函顧子剛先生，託其

　襄助一切。^{敝所}最近擬在北平購買之書甚多，并請　子剛先生幫忙

　代為物色，（書單容當開奉）至感至感。又，^{敝所}滙平之書款，承

　示滙交大同書店代收一節，亦當遵　命辦理。一俟將款滙出後，即

　將數目奉　聞，并請　貴館轉知該店照付也。專此布達，并申謝

　悃。即頌

日祺

^弟傅〇〇敬啟　一月十三日

745. 傅斯年致孫洪芬 （抄件）（1940 年 1 月 25 日）檔號：昆 19-15

洪芬吾兄左右：昆明快晤，欣愉無極。　大駕返港後，惠書垂詢，此

間一切均好，惟　兄所殷殷垂念之小貍奴，不幸短命死矣，可傷也。

（此間貓病甚多，此貓已送醫院解剖，大約由蟲而死。）

---

①頁末收發註記："29/1/7。"

②首頁收發註記："中華民國廿九年一月十四日封發。"

關于前餘一款目之辦法一事，在此與　兄商訂辦法有三端：當時本說由^弟寫下再以奉達，而逡巡未果者，亦以　亦在路上也。茲憑記憶，寫下如左：

一、楊時逢兄返時，如有需要，先生①劉立之先生處支五百元，此事當時已電達時逢，或已支出矣。

二、在本年一、二月中，如本所在滬買紙張及照像材料，如有所需，得暫支若干。（但目下無人，又無法運，恐成空矣。）又去年時逢在滬所用，乃係拉借滬款，如此間寄還，須貼水 25%，彼此行本為出版，即本在貴會津貼範圍之內，似尚合法。此事當時已面陳，（並告以滬款何來（即趙太太還賬之款）及其必須歸還之故。但貴會所支，必以楊之公用為限，不以所中他事"揩"此"貼水"之"油"也。）荷蒙許可，此數亦不過千餘元耳。

三、其餘均如　兄九月廿日書所示"明年（即今年）三月由上海還五千元，七月全數還清。"此款因係付商務出版時之製版津貼，故　兄當時概允盡由滬付，至感至感。付時即乞　兄代存入銀行，以便隨時付商務也。

以上所陳，憑^弟所憶及，當時談商結論如是，今以寫呈，敬乞　逐條一審，至幸至幸。

兄此次參觀^{敝所}，印象何如？似總可謂風雨雞鳴者矣。心中實亦良苦耳。去年清理了廿種稿子，今年再清理此數，明年六月，前此之存貨可清，^弟十二年中所為無狀，亦暫告一段落矣。目下不作新工作，清理舊工作之政策，^弟自覺不錯，未知　兄許之否也。專此，敬頌

日安

^弟斯年上　一月廿五日②

---

①編按："先生"當作"先至"。
②頁末收發註記："29/1/25。"

746. 傅斯年致何聯奎 （1940 年 2 月 4 日）檔號：I：1655

（上略）① 近日倭賊似欲將東南擾得希爛，使粵、閩、浙、贛省府皆無立足處，此非積極抵抗不可，否則又成共產黨之區域矣。軍事改革，有何進展？此中當不少阻力。然若今年能弄到一百萬可戰之軍隊，即可渡此難關，否則日本退卻，亦無法收復失地也。有何新聞，可示一二否？敝院今春院會，弟當去，然尚不知何時開也。專叩

道安

弟斯年上　二月四日，廿九年

747. 傅斯年致雲南全省衛生實驗處 （1940 年 2 月 12 日）*

查昆明北郊龍泉鎮，去城約十八里。目下有甚多學術機關在其地，如地質調查所、中央研究院歷史語言所、中央博物院籌備處、營造學社，等。而鄰近之處又有北平研究院、中央研究院社會研究所，等。本院社會所陶所長及斯年，自去年以來，深感此地有設一衛生設置之必要，其理由如下：

一、吾等在此，宜於能力之內，惠及地方人，否則或時有困難發生。

二、吾等各機關在此，生病人數不少，宜有此設置，以便各機關同人。

三、此間時生疾疫，宜早日預防。

故由本院與資源委員會及上列各機關發起在此地籌設衛生院，目下先

---

① 頁首附註：「民國廿九年二月四日由四川李莊致重慶何子星書」。（編按：史語所於 1940 年 10 月由龍泉鎮遷往李莊，繫年似誤。）

* 本函有手稿本（檔號：昆 21–17）及油印件（檔號：IV：50）兩種，據油印件整理。

開一診療所，一俟地方上出款時，將其併入為衛生院。

此診療所之醫務，由上海醫學院主持，其醫生及看護亦由其派來。如有重病，便移往白龍潭醫院診治。（上海、中正兩醫學院所辦者）此項薪水，由上海醫學院付。

各機關之捐款，即此診療所中之用費，及看病防疫工作，亦即在此地各機關同人醫務上所需要者也。

傅斯年（印）　二十九年二月十二日

748. 傅斯年致朱家驊（1940 年 2 月 18 日）*

驊先吾兄左右：再有二十日，^弟到渝矣，一切面罄。評議會人類學初選，^弟意，此門學問，吳定良絕對第一，　兄如有同感，盼投其一票也。專此，敬叩

日安不備

^弟斯年謹上　二月十八日，廿九年①

749. 傅斯年致李四光、汪敬熙（電）（1940 年 2 月 19 日）檔號：昆 10-46

桂林郵箱（138）號

　李仲揆、汪緝齋二兄：評議會開會，盼二兄必到。孑公有命共維此局，並可快談。考古、人類學初選，以績望論，仍以李、吳二君為適。尊意何如。斯年。②

---

*取自"朱家驊檔案"（檔號：朱-07-011-p. 21）。

①頁末朱家驊批示："已選吳君。"

②頁末收發註記："廿九年二月十九日發。"

750. 傅斯年致趙元任 (1940 年 2 月 22 日) *

元任我兄：長信收到，讀之悲樂交并。此等航空信中不能長寫，故間
　說下：

一、回國與否。此事兩面都有道理，分別去說。所中自兄離去二
　年，實驗室之工作迄未復，而方言調查只有整理，並無擴充，
　此猶是有形之損失。二組及所中各位同人，無不切盼兄之返
　來，此時大家團圓，有過于在北平時，所缺只兄一人。故所中
　同人無人不時時問兄返國之消息，今年如不返，是大家最失望
　的事。此中情形，兄知之詳，不待^弟說。若就二組言之，方桂
　雅不欲長代，兄之返來自是切要之事。但從兄個人想，目下此
　間生活之貴不可想像，食品全部，約漲十倍（與兄去時比較），
　故四百餘元之薪只有吃飽，其他須一切停頓。而蓋房子一事，
　方桂、彥堂等既已大失敗矣，租房又不能舒服，開辦費須三千
　元（美金二百元）。自桂南戰起，此間日子實不舒服，兼以滇越
　路似斷非斷，以後只有可苦。兄必不辭與我們同共此苦，然兄
　身體又不佳，非可過分勉強。故返來誠足以慰同人之渴望，留
　下亦為我等釋憂慮之心念，此仍聽兄自決之。①

二、如決定仍返，即乞來一電，以便租房子（大不易，須大努力耳）。

三、主任事。此事甚簡單。二組由兄創辦，規模從兄，故兄除非以
　趙太太之福氣，去做大官，此職不可離去，此時尤不能談此。
　一談只有支節耳。若竟有他故必讓此職，方桂自是唯一之繼承
　人，他人無論所中所外，皆萬分不在話下。此亦與三組情形
　同。三組必以濟之為主任，若萬一必去，只有思永，無他人
　也。然此之一說，只有俟之疾病死亡，其他理由，皆不可援
　引。故目下之辦法，仍以請方桂代理下去，兄宜多來信勸他，

---

*原載耿雲志主編，《胡適遺稿及秘藏書信》（合肥：黃山書社，1994），第 37
冊，頁 574。
①行首自註："假如決定日期乞☐☐。"

不可以"一讓"促成"不代"也。故此事不必談，兄只勸方桂為兄多勞而已。

四、與 Yale 合作事。此事大佳，辦好了，可有很好的結果，乞兄努力。然有一點，不可不使 Yale 方面先知者，即 Acad. Sin. 出錢一說，在今日固辦不到，即在數年內亦無希望。蓋美金之法價，決無法返原。此時全所經費，與兄一年之薪水差不多（全所每年約十萬元，兄之 5,000 等于（18 換）90,000），故"貧者不以貨財為禮"此一句話，不可不說之在先也。弟意，此事辦到後，我們人到 Yale 自以語學部為對象，而他們到我們這裏乃是學中文——規規矩矩的學中文——我們必竭全力助其成學也。此事待略有眉目，再細奉陳鄙見。

五、*Men of Math.* [①] 弟已看到，不要了。又 *Literary Digest* 之定信通知已到，書尚未到，多謝多謝，全所大讀矣。兄前贈弟二書，故有同人借看多次，後來捐了本所 library，蓋非如此不能保全也。

嫂夫人近日想必甚好,乾女兒如何?至念至念！初以為不久可見，今又未定，為之惘悵。

航空信貴得要命，到此為止，餘待寫平常信。以下一節乞翦寄適之先生。專頌　儷安，並候四位小姐

弟斯年　29/2/22

↑_____ ②

適之先生：元任兄回國與否一事，所中同人不能下一斷語。為本所言，無人不盼元任之速歸。元任去此兩年，有形之損失已大，無形之損失更大。若為元任言，此時歸來，未免受苦，物價高漲，生活不易，而元任身體不佳，雖願與我們同甘苦，但恐身體不贊助其精

——————————

①編按：貝爾（Eric Temple Bell, 1883—1960）著 *Men of Mathematics*（1937）。
②編按：此線及箭頭符號為趙元任所加，並註："閱後請剪下擲還。"

神耳。故若能由 先生設法為之捐得在美一二年之薪（一年最好），或是為朋友著作之善法。至于本所與 Yale 合作事，我極贊成，不過，我們不能出錢，目下固如此，將來之希望亦不大，蓋本年現在全所經費，亦不過美金六千元耳（6000×18 = 108000），言之可歎也。

餘另白，敬頌 日安

斯年 29/2/22

751. 傅斯年致關麟徵 （抄電）（1940 年 2 月 22 日）檔號：考 20-2

長沙。探投第十五集團軍關總司令雨東兄勛鑒：[1] 敝所去年在長沙存學術標本約十餘大箱，頗關重要，久未能運來，聞已濕損，此時無法借車，兄處如有自長沙至貴陽之空車，未知可否帶往貴陽，油費當照奉。此外^弟存有書八箱，如尚未毀，兄可留用或捐國立師範，如何之處，乞電復昆明電報掛號 2980，以便派人前往。^弟傅斯年叩。養。

752. 傅斯年致孫次舟 （抄件）（1940 年 2 月 24 日）檔號：I：86

次舟先生大鑒：中英庚款會來函附 閣下致華西張校長[2]來信。人生世上，此等到簡單之禮貌，亦或不不[3]能，可歎也。中英庚款會來信，謂華西既不可入，可否仍向 徐中舒先生處去。惟以愚見論之， 閣下因自謂世上無可指導之人，去亦未必有益。此會補助，聞最多者二年，是則今夏一切結束耳；可自求高就，以騁大才矣。又，來函自稱學生，以 閣下之狂，何至如是，僕實受寵若驚。前年初晤，曾以"做實在工夫，勿作無謂辨論"及"虛心整理事實，勿復盛氣馳騁己

---

①頁首收發註記："二月二十二日發。"
②編按：張凌高（1890—1955），時任華西協合大學校長。
③編按：衍一"不"字。

見"二義相勸，並無一接受，則僕雖廁名指導，實不能為　足下師明矣。累次來信，皆不解所云，若談一問題，而為僕所知，自當竭誠奉告，今連篇累牘，皆非僕可以作答者也。言盡于此。敬頌

著祺。

中華民國廿九年二月廿四日

753. 傅斯年致任鴻雋 （抄件）（1940 年 2 月 26 日）檔號：I：92

叔永吾兄左右：日內未得暇進城，諒　台駕後日赴渝矣。數事奉陳如下：

一、頃接重慶友人來信，　兄在參政會所提工程試驗費一案，在政府輾轉多次，近到行政院。討論時，孔大發議論，牽涉許多。且其中各人多謂中研院不應直屬國府，而應直隸於行政院，其記錄如何，是否已議決如此？呈國防最高委員會核准？來信中未提及。此事如照此發展下去，有引起嚴重影響之可能。

一、兄既明日飛渝，似可：①兄訪廷黻，看議決文如何。然後②與常幫本院之翁、朱、王三位一談，如何補救。③若真弄到國防最高委員會去，乞一訪岳軍，看有法打銷否。

弟為此事甚焦慮，在參議會中此一提案，近於幫助本院，弟簽名時本遲疑，（弟之原則，在參政會如有提案，切不可使人疑有自便之嫌。）此意亦向　兄道之。至於弄錢，乃是大費工夫之事，決非一紙公文，安坐可得者，小數已如此，大數更可知。當年杏佛在日，為經費煞費苦心。在君之時，委屈與政府各部分敷衍。今日全院之局面，實與政府失却聯絡。　兄常住昆明，而在渝之辦事處，全無可以週旋政府者。（即發一評議會通知者，亦要寫錯更改。）似此局面，不知何時出岔子。前已為　兄屢道其意，未蒙採納，今重言之者，明知無用，聊以記心中"吾謀適不用"之歎耳。

此事乞　兄無以為小事，一經改隸之後，可有無限麻煩，或須引起

子師之辭職，至少其 moral effect 至大耳。

（以下事略）

29/2/26

754. 傅斯年致朱家驊（1940 年 2 月 26 日）[*]

騮先吾兄左右：聞因工程研究所加實驗費一案，在行政院討論，撥款之說尚無著落，而群言紛起要將本院改隸行政院，以　兄關切本院事，敢煩設法竭力挽回。蓋目下本院之直隸國府，雖亦有其不妥處，然隸行政院亦非甚適，且評議會之組織，亦與目下之制度有關。如一改動，牽動甚大。中央研究院每年經費無多，在政府此時不為浪費。若必調整，似可待之將來也。此事盼　兄即與詠霓、雪艇一商，共挽大局。果真改動實現，或等於迫　蔡先生以辭職，此豈今日之☒事耶？　立夫部長處，亦盼　兄即與之一談，此事最好目前不提也。事關重大，敢懇　速策辦法，至感至感。專此，敬叩政安

弟斯年上　二月廿六日

弟下月十二日由川滇公路赴渝，併聞。

755. 傅斯年致羅常培（1940 年 2 月 26 日）檔號：II：42

莘田兄：茲有一事奉詢。

亞農堅決辭職（出于弟意之外），不得不想人。弟忽然想起　兄之友人昭通（？）中學校長某君，　兄言其能幹，究竟如何？此事（庶務管理員）許多人不肯做，但薪水比省立中學校長多，亦可敷衍一時。此事弟尚未拿定主義，亦尚未與人商量，特詢　兄此君詳情，乞示

＊取自"朱家驊檔案"（檔號：朱–07–011–pp. 24–25）。

知，以便心中盤算也。專此，敬叩

著安

^弟斯年上　二月廿六日

756. 傅斯年致胡適（1940 年 3 月 5 日）檔號：I：1675

適之先生：這一封信中先寫幾件事。（一）營造學社事。此事之情
形，　先生大略知之。自自^①思成、式能^②等南至昆明之後，他們
的工作照舊努力。思成去年大病一場，大約又有一段脊椎髓硬化，
所以鐵背心又加高一段。但尋出原因是由于 Tonsel，^③ 把此物割去
乃大見好轉。近來身體精神均極 vigorous。思成、式能二位帶著助
理走了四川一大躺，發見了好些建築的及其他攷古的材料，歸來興
致勃勃。目下朱桂翁在北平杜門謝客，一切偽組織中敗類概未牽
連，比之董康——乃至周啟明——真好的萬倍。他對於此事尚很熱
心，北平尚有一大部人非養著不可，不然可慮（此情形甚普遍），此
老病在牀上，已無募捐之力。故此會所恃以為生活者，即中基會之
一萬五千元。然而天下事有難知者，去年減了二千，成了一萬三。
中基會之困難，世人皆知，然減款似不當自此社始也。且今年更有
再減或取消此款之議。論此社之成績，與我們所中之攷古組差堪比
擬，亦為國外知名，此時停止，至為可惜，且昆明生活漲了十倍，
比我們來時，目下仍上漲不已。北平最近也漲了六倍。其中之助理
紛紛思走。在此情形下，　先生其有以助之乎？我以為助之之法可
有兩途：

一、函中基會請其今年務必設法通過一萬五千之原數，此亦不過多請
　　政府借款耳。此事　先生一言，必有大力也。二、目下美金換十

---

①編按：衍一“自”字。

②編按：劉敦楨（1897—1968），字士能，時任中國營造學社研究員兼文獻部
　　主任。

③編按：“Tonsel”當作“Tonsil”（扁桃腺）。

八元，故 先生能逢機向美國人捐到一小數，如一千元乃至五百元之數，一換便是大數，自然能多捐更好。明知 先生以大使之地位，不便捐款，然如遇到此等人，順便捐到一個 tip，或亦不為大失大雅體面，因此乃私立之機關，自降生即在捐款中（且多是零捐）度日中。中國建築，洋人頗有對之有一幻想者，或此行或不難遇到賞識之人也。一切乞 斟酌，至感至感。

二、元任回國否一事。此事我前已有一短條的信夾入元任信中，想 先生已看到了。我以為本所與 Yale 合作，待商之點甚多，一時或不易解決。目下最好是能為元任募到薪水留 Yale。還有一好辦法，即為元任募到一點薪水回中國。蓋此時美金 18 換，每月有一百之薪水，或每年一千，一換即了不得。如此，元任能回所而不至于太受窮，豈不最妙？此間生活著實不了，我們已鶉衣百結（但本所決不因此募捐），元任身體太差，勉強受我們的苦，雖元任自肯，而我們有所不願也。但此法能否實行，原不易知，仍請 先生與元任斟酌好了。總之，他們回來我們最高興，其薪水及工作費用毫無問題。然他的薪水（也就是我的薪水），在他實在不夠，他的身體不便他能吃大苦也。[①]

三、欠 先生的賬一事。前年冬， 先生來信說："在 Commit International des Sciences Historiques 墊付了十六鎊十先令，其中：①中國之 National Committee 應付會費為十鎊。②會中所編之 Bibliography 暫定五份，每份為 150 法國弗郎。③會中所編印之 Bulletin 暫定五份，每份價為 75 法國弗郎。此兩種刊物合計約六鎊十先令。此五個機關是：①中央研究院史語所、②西南聯合大學圖書館、③中央大學圖、④中央圖館、⑤北平圖館。此事去年一月是我忘了，到秋天去請，因只有一私信，來索 statement，乞 先生即囑館員，由大使館來一信致本所，說明如上代墊數目，當即向財政部請來匯上，或由本院自匯，但請不要言前年，即言"前者"。此事是我"扯爛污"，遷延至今，歉極歉極。亦因久欲

---

① 此段自註："乞 方桂兄一看。"

寫信而未果，遂將此事擱至今也。專此，敬頌

日安

斯年謹上

此信係在昆明發，下週赴重慶。端升返，知 近況甚好，蓋生活有
定，仍乞 多注意耳。端升談一切甚快也。又白。

29/3/5

757. 傅斯年致關麟徵 (抄電) (1940 年 3 月 11 日) 檔號：考 20-3

長沙。探投第十五集團軍關總司令雨東兄勛鑒：① 敬電奉悉。敝所存
物承兄代運自長沙至桂林，無任感荷。連日探詢自桂運筑辦法，皆無
結果，茲先派敝所同事李光宇君赴長沙，到後清理裝箱。其標本或可
水運至宜昌，到後如有應請協助之事，乞交貴軍駐長沙辦事處多為照
拂，弟公私感激之至。^弟傅斯年叩。真。

758. 傅斯年致翁文灝 (電) (1940 年 3 月) 檔號：昆 10-47

翁部長詠霓兄：惠電敬悉。盛承關切，顧念周詳，同人至感。弟意，
此時只望政府依照評議會條例辦理。開會不遠，會前不可有所動作，
會中推選三人，由政府圈定，則一切妥當矣。函詳。弟斯年。

759. 傅斯年致朱家驊 (1940 年 3 月 16 日) *

騮先吾兄左右：昨日追悼 蔡先生籌備會編輯股開會，一致敦請 季
陶先生惠賜一文，以光往者，以勗後生，敢請吾 兄轉達至荷。又
此文須于廿一日付編，敬乞于廿日以前惠下，交中宣部許孝炎兄，

---

①頁首收發註記："三月十一日發。"

*取自"朱家驊檔案"（檔號：朱-07-011-p. 27）。

至感。吾等一併請　兄惠撰一文。前　兄唁電,感懷彌深,　兄不可不作也。專此,敬叩

日安

弟斯年上　三月十六日,廿九年

760. 傅斯年致朱家驊 (1940 年 3 月 24 日)*

騮先吾兄:頃談之件,返寓仍未發現。頃於無意中察覺。蓋是日誤將此件與路透通信互易信封也。是日收到此文後,恐時間太促不易製版,乃趕快送去,然送去者則路透稿也。故此事錯誤之責任,全在乎弟,不與孝炎相干,頃大家怪彼,甚不安也。此次致誤之過,及其由來,乞於晤及　季陶先生時代陳罪尤,此固可邀　季陶先生見諒者。然此一弘文,全篇之光,今日不能出版,其為責大矣,此則不勝自責者也。專此,敬頌

日安

弟斯年敬上　三月廿四日,廿九年

761. 傅斯年致葉恭綽 (抄件) (1940 年 4 月 7 日) 檔號:I:57

譽虎先生賜鑒:去年秋間,接讀手書,適斯年遷徙無定居,未能早日上覆,稽遲半年,負咎實多,想　長者必能原情以宥之也。此一年中,斯年奔馳于昆明、重慶兩地者多次,日常事件,顛倒無似,入春以來又多小病,今立志在此安居,稍理舊業矣。初以為此時在家讀古書實為罪戾,今則悟不讀古書更無有益之事可作,欲從少年赴戰場,力復不能執戟,以至思哀,哀可知矣!比維　先生島居安適,靜中多福,為禱為禱。去歲公超兄曾過香港,曾託其轉致下忱,返滇後具道

---

*取自“朱家驊檔案”(檔號:朱-07-011-p.28)。

道履益健，同人皆大慰也。漢簡一事，得　先生護持印傳，自是千秋之盛事，其功德固不在流通《磧沙藏》之下。　先生於原物之保全及景本之早就，兩俱關心，尤感　宏謨。此物之保存，確有不可潦草之處，南服溽熱，自須小心。仲章兄經驗已久，似可請其設計裝箱。一切根本辦法，盼　先生於將開之中英庚款會中有所提示，俾可一勞永逸，作一根本而又永久之決定，則兩京文獻，得以保存，皆　公之勞矣。至於印刷一事，不知近中進行何如？仲章有十個月左右無信來，商務亦無回信，故不能懸揣。然若有在上海印之必要，自當再請仲章兄勉為其勞，其生活費想早已用罄，不解近中何以為生，此亦斯年之忽略也。茲已函詢之矣。

頃查到中英庚款會抄來　先生致會中之信（去年八月八日者）所示各項，斯年皆佩服之至。　老成之謀，其周密固非吾輩所及也。此一抄本，似是立武兄抄來詢斯年者，以其中　先生有"商之孟真"一語也。然此件似當時拉亂，直至今日始檢出，曾復立武否，亦不復記憶。少年如此，誠可愧耳。茲　貴會開會在即，敬懇　先生於開會時就近與驪先、立武諸公商決，所有保存之體要，印刷之督促，仲章之生活費，想可一齊決定。至於斯年意見，無不同於　長者，但望仲章得以安心從事，是書得以早日出版耳。　大序想已脫稿，如能　示以抄本，俾可早日拜讀，至感榮幸矣。書不盡意，敬頌

道安

斯年謹上　四月七日

762. 傅斯年致徐鴻寶（1940 年 4 月 17 日）檔號：I：59

森玉先生左右：

弟在渝一月，非開會即生小病，未獲啟候，為歉。前談我　公赴港一行之事，重慶相關友人均覺有此必要，並深佩　先生不辭辛苦。川資千元，已由本所及中英庚款會各出其半，如不足，再由庚款會担

任。本所之五百元，即在昆奉上，庚款會之五百元，將在港轉撥，以免匯水吃虧也。敬祈早日命駕，是盼。如由黔來滇需款，請　賜知，即匯奉。^弟前日返昆下機後即患流行性感冒，此函係託人代筆。專此，敬頌

日安

四月十七日

763. 傅斯年致王雲五 （抄件）（1940 年 5 月 2 日）　檔號：II：83

新滇字第〇四〇號

雲五先生左右：在渝欣承　塵教，佩感無似。如此環境，而　公自強不息，誠可使人奮發也。前談《水經注疏》用照像影印一事，想已著手？此書中紙西紙，均無不可；字大字小，亦無關係，但望其出版，不計較其形式，即字體間有不清之事，亦無妨耳。如何，乞示及，至感。專此，敬頌

道安

傅斯年謹啟　五月二日

764. 傅斯年致杭立武 （抄件）（1940 年 5 月 2 日）　檔號：I：754

立武吾兄左右：關于漢簡之出版及保管兩事，待辦者多，似非請徐森玉先生前往一行不可。且此物之存香港大學也，由森玉出名，故保管一事，非彼自往無法與港大接洽。^弟上月到渝時，面陳此事原委，荷承　同意，並謂可預先函告葉譽虎先生。茲森玉先生已自安順抵此，明後日赴港，^弟今日發一信致譽虎先生矣。此事森玉既肯惠然一行，一切必可順利進行，出版可期，保存得法，各得其宜，吾等心願可了，不亦快哉？至於森玉旅費一事，前與　兄面談時以為可由　貴會及^{敝所}各出一半（此事　兄當時同意），即全部千元。森玉回信，謂^{敝所}者不能受，蓋以^{敝所}為窮極之機關也。昨日晤面，

爭執尤甚，結果作為暫借，至于　貴會之五百元，乞在香港撥付。
想來此小款　貴會尚有存港者，可以一撥用，可不吃匯水之虧也。
此事有森玉一行，可以了此公案。　兄等贊助成全之勞，可以有效
矣。此事若非馬叔平輩當年據為己有，早已在北平印出。然若非森
玉、仲章于亂後攜之南來，必淪于異域。若非　貴會大力助之，又
將永無出版之期，而為外國所笑矣。茲功德之圓滿可期，思之精神
頓覺開朗。專此，敬頌

日安

弟斯年上　五月二日

弟到此即病，頃始愈，猶未復原也。

765. 傅斯年致李澤彰 （抄件）（1940 年 5 月 18 日）檔號：I：1212

伯嘉吾兄左右：徐森玉先生抵港，聞已快晤。漢簡一事，當可于出
版、保存兩者皆得其宜矣。森玉先生此次赴港，實為公事；如旅費
一時湊手不及，已請其在　貴館商量借付。借付之數，即由敝所存
款（印刷費）中扣，或另寄還也。拜懇拜懇。專頌

日安

弟斯年　五月十八日

新滇字第四三號

766. 傅斯年致朱家驊 （1940 年 5 月 26 日）*

騮先吾兄左右：

弟下機即不舒服，回到家發瘧子，連發三次。今雖愈，猶無力也。
大文匆匆修理一遍，未知可用否？以弟對此事無自動之意見，故只

＊取自“朱家驊檔案”（檔號：朱–07–011–p. 29）。

能就尊稿下筆也。另一文二、三日內奉上。專此，敬叩

日安

弟斯年上　五月廿六日

767. 傅斯年致杭立武（抄件）　（1940 年 6 月 3 日）檔號：I：274、I：275

敬啟者：頃接歷史一科受補助人陳登原君來信，深感失望。此君既不寄月報、季報，實則渺無消息。乃一到續辦之時，即乃一空信，附入其所謂劄記，原定計劃杳無下落，則此人之未照計劃進行可知矣。去年之計劃原為浙東史事，彼處私人藏書又多，故弟贊成其在鄉研治，不意不交一字之卷。弟於熟人每失之嚴格相乘，而於不相識者，有時放寬。今又上一當矣。茲將弟復彼之信抄奉。陳君既無期報、月報，又不送研究結果前來，應如何辦，統希　裁奪。專此，敬頌

立武兄日安

弟斯年上　廿九年六月三日

附：傅斯年致陳登原（抄件）（1940 年 6 月 3 日）

登原先生著席：① 月來管理中英庚款董事會來信詢及大著，正思奉詢，適奉　惠書，甚慰甚慰。承　示尊著劄記體裁，佩佩。然以此為續請協助之據，弟頗覺不易。是會辦理補助之詳章，　先生所知，不待贅述。去年所通過者，本為到雲南某一機關中工作，此為是會之規定辦法，以前不聞有例外。弟當時頗覺　先生鑽研之範圍既在浙東，彼處私家藏書亦可借讀，兼以遠道來此，旅費可觀，故曾以在家工作向是

---

①頁首那廉君附註："抄錄致陳登原君函稿。"

會代請，書函數返，始經其許可，誠以此為破例之事，故甚不易也。今若原由是會認可之計畫一無著落，而以劄記易之，則^弟之前言為虛，無可再說矣。有此情形，設若　先生續請協助，即乞　照是會規定之辦法，附入原計劃至今已得之結果，（不必成書，但將已成者送去耳。）一齊寄至該會辦理，不待^弟之置喙，即置喙亦無益也。專此，敬頌

著安

^弟傅斯年敬啟　六月三日

寄下之件已送該會存查。

768. 傅斯年致朱家驊 （1940 年 6 月 4 日）*

騮先吾兄左右：惠電敬悉。《學校黨務》一文，已於一週前（即五月廿八日）託端升兄帶入城內直接付郵，未知收到否？至念至念。其《婦女運動》一文，亦將于二、三日內寄上也。^弟今春小病不斷，瘧疾始愈又是傷風，奈何奈何。重慶倭賊狂炸，可恨之至！兄寓無恙否？同人安否？至念。專此，敬叩

日安

^弟斯年上　六月四日

769. 傅斯年致杭立武 （電）（1940 年 6 月 24 日）　檔號：I：1236

重慶。款。杭立武兄：木簡不可運滇。惟原物近朽，馬尼剌天氣似不宜。運美最佳。但無論何地，均須裝好，方可不毀。年。敬。①

---

*取自"朱家驊檔案"（檔號：朱–07–011–p. 31）。

①頁末收發註記："六、廿四。"又傅斯年批示："簡叔兄：此電乞錄入官電紙，託郁先生即刻派人發出，款由所付。斯年。"

770. 傅斯年致朱家驊 （抄件）（1940 年 7 月 8 日）檔號：III：1251

騮先吾兄左右：奉七月四日　惠書，敬悉一是。久叨　推愛，敢貢其
質。"國學"一詞，本與國醫同其不通，清季有所謂存古學堂，本是
咕嘩呻唔之化身，不待論矣。以後章太炎談國故，似勝於前矣。然國
故一詞，本為習用，即國朝之掌故也。乃太炎盡改其舊義，大無謂
也。清末民初，人以國學二字為不妥，遂用國故，自國學專修館之勢
力膨脹，此名詞更通行，然此館者，私塾之放大也。今試將所謂"國
學"之內容分解之，不外乎文字聲韻之考訂、歷史事蹟之玫證，前者
即所謂語言學，後者即所謂史學，此外如中國專有之材料，亦皆有專
科治之矣。分類而以近代眼光治之者，即所謂史學、語學、及其他科
目，猶醫學之有各科也，籠統而以傳統之呻唔為之者，即所謂國學，
猶中醫也。民國元年嚴右陵[1]到京師大學，即廢經科改入文科，是時
　蔡子【民】師在教部，廢各地之存古學堂，皆有見於此也。以後文
史之學大有進步，以質論，以量論，皆遠勝於前，其所以致此者，即
以學者頗受近代化，分科治之。上次參政會中有此提案，梅光迪痛駁
之，謂今日焉有不識西文之國學家？焉有不治外國學問之國學家？國
家何事獎勵此等冬烘頭腦之國學家？梅本國粹主義，而其言如此，實
以彼有外國文學之基礎，故與教育部莫明其妙者不同也。
今　貴會已有歷史、語言等科，如再設所謂國學，將何以劃分乎？
兄必不信冬烘頭腦在今日可以治學問；然於史學、語學之外而有此，
無異獎勵此輩。教育部年來之開倒車，無足怪，乃　兄亦謂必不可
少，似亦頗受流俗之影響，今日之事，有近代訓練者，於"國術"、
"國學"、"國醫"諸問題，皆宜有不可搖動之立場，所望於　兄者，
在主持反對此等"廢物復活"之運動，奈何　貴會復徇流俗也。且十
四年前　兄在中山大學時始辦語言歷史學研究所，弟亦躬與其役，一
時於風氣之轉變，頗有影響，今設國學，無異反其道而行之矣。

---

①編按：嚴復（1854—1921），字又陵，1912 年任北京大學首任校長。

且 貴會已有歷史、語言等科，則治所謂"國學"而有近代訓練者，必不至見遺，何事多此一科，反為疊牀架屋乎？且此輩治"國學"者，老幼不齊，要多反對近代化， 貴會如辦理此項補助，要求者必不可勝數，辦理者無從下手，而自此多事矣。故弟於 兄"必不可少"之意見，轉以為"必不可有"，有則完全抹殺 Wissenschaftliche Disziplin。

又，以在德國之學問為比。彼有 Germanistik，此即等於吾國語言學中之漢語學也。又有其德國史，亦即中國之史學也。以德國人之好談國粹，亦無德國之國學，誠以語言、歷史之外，無法別立其"國學"耳。

年來復古運動，橫流狂奔，承 兄詢及，感慨系之矣。

哲學一科，自亦可有，但請注意一事。 貴會補助各科，皆應以已成一種 Wissenschaftliche Disziplin 者為限，否則一陣紊亂耳。今日國內之哲學，要以有基礎者為絕少，胡言亂道而自命為哲學者則絕多，一設此科，未必有補，而 貴會徒然多事矣。

又，查 貴會辦理此事，本以安插失業人才，使其工作為主旨，並非分列各科如一大學。如工程，如醫學，若以其科學範圍論，應甚大，然而少者，以國家此時需要此等人才之不暇，除非別有重要原故，不應置之閑地也。如 貴會必欲如大學之分類法，應有盡有，則宜先將此事之組織改良，使指導者與受補助者能有實效，研究能有真正結果。此比增國學等尤為重要也。

歷史改稱史學，自無不可。

語言、藝術史等，皆係比較廣泛之科目，可以不辦，若辦而以為附設之組，恐無何等補益，且此一改動，主持審查及指導之人或不免引起誤會，而不肯再為 貴會盡此義務矣。既承 垂詢，直陳無隱，勿罪勿罪！專此，敬頌

政安

廿九年七月八日

771. 傅斯年致袁同禮 （抄件）（1940 年 7 月 10 日）檔號：昆 7-96

守和吾兄左右：① 茲奉陳數事於後：

一、目下港越交通阻斷，森玉先生不能返，應作何計劃為宜？希有
　　以見示。

二、敝所存香港之郵包，現在既無法轉滇，擬請函知　貴館香港辦
　　事處暫為代存。其後有續到者，並請代存。

三、利瑪竇地圖，書價三十磅餘，^{敝所}實無力購入，方命之處，尚
　　希　見諒。此書^{敝所}暫借一閱，如　貴館需用時，祈　示知，
　　即行送上。此書原發單茲奉還，即請　詧收是荷。

　　專此，敬頌
時祺

　　　　　　　　　　　　　^弟傅〇〇謹啟

772. 傅斯年致朱家驊 （1940 年 7 月 24 日）*

騮先吾兄左右：奉　電敬悉，盛意極感極感。此事款之一端，政府有
　　決定，當不至無著，重以　兄所惠允，當可無慮，^弟如釋重負。然
　　遷藏何處，汽油何出，仍使人焦心耳。

　　尊講《婦女運動》，本當早日奉上，乃^弟置之一處，遍覓不得，前
　　日入城始得之，茲以奉上。

　　此文原稿極佳，^弟重作不易及此。前次承　命所修之講稿，遠不如
　　此，故前者^弟敢率然改動，此文則可用無疵，二者似非一人手筆。
　　以^弟觀之，作此篇者，（即《婦女運動》）可委以代言之任。前一文
　　則較差，且引成語每有錯字，（報上登出時，此等錯字竟一字未改）絕
　　非此文之比也。茲仍于虛字眼處朱筆注于其旁，蓋☒☒時原文☒☒，

---

① 首頁收發註記："七月十日封發。"
* 取自"朱家驊檔案"（檔號：朱-07-011-pp. 37-38）。

不模糊也。又此文　兄本有教訓之微意，然讀☒或未清楚，故加以密圈，印時似可存之，以明本旨。又擬于尾處反覆闡明　尊意，另紙寫下，然或言之太質直，有不便者。凡此三點，仍待　奪定。稽留多日，至歉至歉。專叩

政安

弟斯年上　七月廿四日

773. 傅斯年致蔣夢麟（1940 年 7 月 31 日）檔號：IV：615

孟鄰先生賜鑒：頃接　北大聘書，至感。惟斯年考慮再四，文科史學研究所代理主任一職，自八月底後，（即本屆招生完結時）以請金甫兄擔任為至當，其故有三：一、此職與文學院長依法本為一人，去年此缺尚懸，今年已有人矣。二、一年經驗，敝所同人對斯年之兼任此事，頗有異議，如不擔任此名義，可以竭力奉贊母校之處，尤可稱心為之，今兼此名，轉覺有嫌。三、此職必與國文、史學兩主任合作，若此兩主任之一疑及斯年，而加以"工作"，於事無益。從吾先生之言行，已招致敝所之紊亂，而其拉攏群眾之手術，尤感無聊。日前更大罵受頤，實不能不深覺其可恥。有此情形，在此掛名，與彼"磨菇"，既無益於公事，復有害於個人，不如與之公私交絕，轉可少蒙其害也。一切苦情，諸希　鑒察，聘書謹奉還。並懇于次年度開始時，勉請金甫兄擔任。至於敝所可以為北大効勞之處，斯年不在此職，更可竭力。謹布區區，諸乞　亮鑒。專此，敬叩

教安！

晚傅斯年謹上　七月卅一日

774. 傅斯年致吳晗（暫繫年於 1940 年 7 月）檔號：II：87

辰伯先生大鑒：前信詳述一切，計已達　覽。茲接教育部史地教育會

一信，仍是關于寫明史教本一事。茲將其所定報酬辦法奉上，如

先生有意作此事，^弟再去信竭力推薦，當可同意也。

太　成　于謙　王守仁　戚　張居正　顧憲成　熊廷弼　袁崇煥

史可法　瞿式耜　黃道周　鄭成功

775. 傅斯年致管理中英庚款董事會 （暫繫年於 1940 年 7 月）檔號：III：1495

敬覆者：[1] 五月三十一日來件，頃始接到。查當時審查，本由陳、姚

及斯年三人各看一遍，投票決定，已足　貴會所定之額。以後追送各

件，因委員不齊，名額已足，故均退回。今又承　交來五件，照例本

無法審查，茲以減去　貴會之不便，按名附附[2]注鄙見。陳寅恪先生

已赴香港，姚從吾先生又往宜良，故開會討論一事無法做到矣。

屈萬里　此君論文不關史學（以前成例，僅取治史學本身諸人。）

楊向奎　愚識此君甚熟。其請款單又云："剛擬囑其研究《三禮》

或《三傳》，如傅孟真先生等另有題目，剛亦無成見。"按，聲請研

究計畫，本為審查時重要事項之一，其能否實行，為決定之主要根

據。今既闕如，而欲愚代為作一計畫，事極不便。此件，愚應規

避，乞　就近另請他人決定。

龍沅　此君雖送來三冊著作，然除緒論二葉外，皆抄撮成書，並無

考辯。轉徙中能抄撮成篇，固為勤勉，然其著作之能力如何，無從

懸揣。列為備取，置之最末，亦無不可。然此等情形，似永無補入

之望，或亦徒然也。

周廷元。此君所擬之計劃，在國內任何圖書館中無此充分之設備，

故為不能實行者。

盛朗西。送來著作中，其《小學課程沿革》一書，屬于教育，有關

史學者甚微。其《中國書院制度》一書，于抄撮常見書外，亦無所

---

①頁首附註："已辦。"

②編按：衍一"附"字。

表見也。

謹寫供　貴會參考。各件另包掛郵寄還。此致

管——

776. 傅斯年致朱家驊、杭立武（1940 年 8 月 4 日）檔號：III：1249

騮先、立武兩兄左右：此信回八月二日來書。

關于人文科學之部分事，下列意見敬以奉陳：

一、歷史無法包括語言，蓋邏輯與習慣上均不便也。故^弟意，語言可在史學組之外。

二、考古在史學組之外，或在其內而自成一 sub-committee，均無不可。但藝術史三字可以取消，蓋"考古及藝術史"在西洋本是一名詞，在中國則或未易共同明瞭。每次貴會招攷時，藝術史報名者糾紛最多。中國人似不甚分辨史與創作之異也。故此科可取消，但原受補助者，仍在考古一組中。

三、又，"國學"之意，　兄來示謂本係指中國文學而言。但如只標明"文學"，則一切作家又來矣。似不妨作為兩科目，如下：
　ⓐ古籍校勘。
　ⓑ文學史。
如是則治古學者，其科學的部分可以不遺，而主觀之學究，可以顧名思義不包在內，轉比用"國學"、"文學"等詞較易明瞭，且不必改"科學"補助之總稱。然若　兄等有意補助詩人及創作家，則此一範圍自然不足，此無待言。

四、史學一組之主席，^弟擔任至久，可至貴會下屆登報之時，即本年年終，若再登報招請，^弟實無法應付，此非不任其勞，勢有所不能也。故屆時仍　乞另請金君或徐君或他人。
　茲將今可推荐之人列下：
　陳寅恪、金毓黻、顧頡剛、徐中舒。

五、考古一項，舊有者為李濟之，梁思成①董作賓諸位，似當繼
　　續之。

六、語言一項（此項當在史學之外），舊有者為羅常培，此外如李方
　　桂、王力（清華教授），亦均適宜。

七、人類學一項，受貴會補助者，人數不少，似不宜全部取消，似
　　可仍保存一 sub-committee，在人文或社會科學中。

八、若考古與人類學自成一組，亦是好法，或是最好之辦法。姑擬
　　一表如下：
　　人文科學
　　　一、史學組
　　　二、考古及人類學組
　　　三、語言組
　　　四、古籍校勘
　　　五、中國文學史　｝此即　騮先兄所指中國文學之一部份（非
　　　　　　　　　　　　　創作之部分）。如名此組為"中國文學研
　　　　　　　　　　　　　究"，注明下分兩類、亦無不可，此乞　斟
　　　　　　　　　　　　　酌，其人選，^弟見聞有限，不能推荐。

蓋組愈大愈不好辦，小則不多一層轉折，轉易辦事，且各組受補助
者，本不必人數齊一，分組乃邏輯上事，大小則求適宜于目下人才
分配情形，不可同也。

以上各種辦法仍乞　斟酌，^弟不過順便說說，實則前說者先後亦不
一致，蓋申縮之際皆無大關係也。若詢^弟究持何一意見，則^弟覺上
列表中者為佳耳。

考古及人類學合為一組，在西洋亦有成例，且其學科之性質本鄰
近也。

又，人類學之受補助者不少，吳定良兄指導極賣氣力，今突然無下
落，或亦不甚妥。蓋兩年中，為貴會辦理此事，有熱心者，有敷衍

---

①編按：當作梁思永（1904—1954），時任史語所第三組研究員兼代史語所所務。

者，熱心者有成效，留其一科為佳。天下事，多非可以憑空論定，要當注意其實際階段如何耳。此意　兩兄以為何如？專復，敬頌

政安

弟斯年上　八月四日

777. 傅斯年致李澤彰 (1940 年 8 月) *

伯嘉吾兄左右：奉八月九日外字第 4891 號函及附件，祗悉一是。向管理中英庚款董事會所提辦法，甚佩。未知是會開會討論結果何如？至訂約對方一事，弟前擬似尚可行，再補充若干意見如下：

一、由西北科學考察團出名。此為至順。但此會今日實已停頓，且無獨負其責之人，可以指定，兼以人員分在各地，誠恐後來有口舌，轉貽　貴館以麻煩，故不便推陳此法。

二、由西北科學考察團原發起人之北京大學出名。此為來示所引弟三年前之原意。查當時西北科學考察團發起時，本由北大及地質調查所，人文由北大負責，科學由地質所負責，故此法頗順，即拉地質調查所一併出名，似亦無不可之處。

三、由管理中英庚款會出名。此可先由潤章、旭生、森玉諸先生及弟以理事名義函是會，聲明此事統交是會辦理，並說明原考查團一時無法集會之故。如此則是會當可出名定約。此法乞就近詢明　玉甫先生，至荷。

四、由教育部出名。弟本月廿四日赴渝，如決定此法，當由弟接洽。弟意，以三法為最便，次為二，次為四，不妥者為一。仍乞就近與玉甫先生商洽。如杭立武先生在彼，請一併商洽。弟已將此函分抄潤章、旭生、森玉三先生及玉甫、立武兩先生，俟得其回信，當

---

*本函有手稿本（檔號：I：65）及那廉君抄件（檔號：I：75）兩種，合併整理。

以奉聞。

又，來示所提增加部數一說，據　貴館致管理中英庚款會函已將印數縮小，此點似已不成問題。若　貴館自願多印，當無不可。至呈教育部一事，（原函第二頁二項）俟由誰出名定約決定後，當一併照辦。專此，敬叩

日安

雲五先生同此。①

778. 傅斯年致郭有守（電）（1940 年 8 月 13 日）檔號：昆 17-6-1

成都省政府教育廳。郭廳長子杰兄：惠書敬悉，盛情極感。所示南溪李莊張家大院情形，與敝所適宜，請即電知專員公署保留，至荷。又此間各學術小機關四五，擬與敝所同遷一區，即派敝所專員芮逸夫君前往查看，乞省府電知敘永、瀘州、敘府、犍為一帶專員、縣長協助一切，公私并感。弟傅斯年。□。②

779. 傅斯年致胡適（1940 年 8 月 14 日）*

適之先生：頃接雪艇一信，內中抄了一大段　先生給他的信，附云："此信已抄送介公，實則介公近日已將調回之議擱下"，云云。我許久未寫信，因要說者多，不知從何說起，故一連遷延，近又因我們曾選了你，不願以內容事先奉告，"正經事，正經辦"，何必多說？反涉嫌疑。今見此信，實在忍不住，只好說幾句。‖　先是，蔡先生去世後，大家在悲哀中，前兩日未曾談到此事。後來彼此談，不謀而合，都說，要選您一票，其餘則議論紛紜矣。有說詠霓好者，亦有反

①頁末傅斯年批示："印十二份，原函亦印十一份（附件不印，分送法面告）。"
②頁末收發註記："中華民國廿九年八月十三日發出。"
*原載耿雲志主編，《胡適遺稿及秘藏書信》（合肥：黃山書社，1994），第 37 冊，頁 454—457。

對者。在昆明時，我曾與枚蓀談過一下。我說："你想，把適之先生選出一票來，如何？"他說："適之先生最適宜，但能回來麼？"我說："他此時決不能回來，此票成廢票。"他說："這個 demonstration 是不可少的。"我又說："那麼，選舉出他一個來，有無妨害其在美之事？"他說："政府決不至此，且有翁、朱、王等在內，自然輪不到他。"此事，有若干素不管事之人，却也熱心。如寅恪，矢言重慶之行，只為投你一票。到重慶後，評議會同人漸集，自非"科學社"幾個外，平空談到此事，都說 先生一票不可少。是時雪艇以顧夢餘之說提出，約我們去商量。我說，我個人覺得孟餘不錯，但除非北大出身或任教者，教界多不識也，恐怕舉不出來。當時我謂緝齋說："我可以舉他一票，你呢？"他說："我決不投他票，他只是個 politician！"我謂雪艇說："你看。"後來書詒與朱詳細一算，只可有八票，連緝齋在內呢。此事，雪艇與書詒曾很熱心一下，只是覺得此事無法運動。這一般學者，實在沒法運動，如取運動法，必為所笑，於事無補。‖忽在開會之前兩天，介公下條子，舉顧孟餘出來。此一轉自有不良影響。平情而論，孟餘清風亮節，有可佩之處，其辦教育，有歐洲大陸之理想，不能說比朱、王差，然而如何選出來呢？大難題在此。及介公一下條子，明知將其舉出，則三人等于一個人，於是我輩友人更不肯，頗為激昂。（但仲揆對此說甚 favorable，且不以下條子為氣，與其平日理想不同。）展轉傳聞，雪艇疑我是他鼓動下條子。我當時說，雪艇決不會做此事，若是有此理想，與布雷等談及，無意中出此支節，容或有之，要之，亦是為研究院。但雪艇總不釋然。次日晚翁、任出名請客，談此事，寅恪始發言，大發揮其 academic freedom 說，及院長必須在外國學界有聲望，如學院之外國會員等，其意在公，至為瞭然。（彼私下並謂，我們總不能單舉幾個蔣先生的祕書，意指翁、朱、王也。）接著叔永發言，大意謂在國外者，任要職者，皆不能來，可以不選。接著我發言，謂挑去一法，恐挑到後來，不存三四人，且若與政府不無關係，亦圈不上，辦不下去。以後步曾提議 Straw vote。Straw vote 之結果：翁 23 票，胡 21，朱 19。是日雪艇只一票，大家皆詫異，且有外人疑是顧說之影響，但顧之一事，只有我們三五人知之，他人從未想到此，尤不能想到與雪艇聯為一繫也。（我們後來曾竭力使雪艇好過些，但總不釋然。）

隔一日，正式開會投票。到場者 30，雪艇主席，放棄投票。凡此 29 票中，翁、朱皆 23，　先生 21（大約如此，亦許差一二票，記不清楚，但兩次次敘皆無誤也）。①

此番經過，無組織，無運動，在翁、任請客外，亦未聚商，三五人閑談則有之耳。舉先生者之心理，蓋大多數以為只是投一廢票，作一個 demonstration，從未料到政府要圈您也。我輩友人，以為蔡先生之繼承者，當然是我公，又以為就學院之身分上說，舉　先生最適宜，無非表示表示學界之正氣、理想、不屈等義，從未想到政府舍翁、朱而選您。我初到渝時，曾經與雪艇、書詒談過舉你一票事，他們都說：“要把孟餘選出，適之也必須選出，給他們看看”，當時可以說是沒人料到照顧到你。此會全憑各人之自由意志，而選出之結果如此，可見自有公道，學界尚可行 democracy！朱票多，王票少，其故事後想來有三：①朱任總幹事二年，院中人甚熟；②中英庚款會整年的禮賢待士；③朱為人善與各人要好。王之少票如下：①王在部長任人，惹惱了好多有大學背景之人；②不習自然科學，與“科學家”少認識（評議會大多為科學家。）人以為是個法官。至于顧說，決無影響也。

此次我們未投叔永票，惹得他的太太大怒，方知叔永演說之旨何在。選舉次日，雪艇遇到介公，以顧未選出，及三人結果陳明，介公笑了一下。次日語孔云：“他們既然要適之，就打電給他回來罷。”此真出人意外。大約朱、翁二人，亦皆以此忤旨，派他們設法舉顧出來，而未辦到，偏舉上自己。至于不能兼職，乃純是借口也。‖還有笑話：未開會前若干日，與枚蓀（昆）、書詒（渝）談到舉　先生，他們都說：“他選出來一定高興，且有此 honor 在國外也好！”（此意只枚蓀說過）‖所以我們的意思，只是“正經事，正經辦”，且不惜忤旨（不舉顧），以為此事至少決不至於忤及中國之大 academician，兼自由民主主義之代表者也！

---

①行首自註：“正式投票中，次多為雪艇、叔永，各四，投任票者，皆科學社。”

介公此說一出，于是孔乃立即推荐四人，其人皆不堪。此後我即加入運動先生留在美任之友人中，（此節雪艇知之詳）曾為此事數訪岳軍，並請萬不得已時，先設法發表一代理人，最好是翁，以便大使改任一事停頓著。然我們如此想者，亦是為國家，在　先生則似不應當生到選舉人的氣。其後一想，"學院的自由"，"民主的主義"，在中國只是夢話！但是把　先生拉入　先生的主義中，却生如許支節，亦是一大 irony！實則我們之選與不選，　先生之就與不就，皆不相干，此一糾紛之故，乃在美使一任之時在議論中，而尤在孔之始終反對　先生也。孔自　先生初任時，一至于今，不斷的說："適之不如儒堂"，中間聞有一段稍好些，但不久又變矣。（去年合眾社一電糾紛，他却不□從井下石。）故孔之反對　先生，是一大動力，此外則各方之傳言也。（王儒堂尤力，曾致介公大怒。）端升亦云，　先生亦不妨稍敷衍敷衍去美之吾國人。我以為既為國家辦事，此等事亦不妨稍自損焉。至于熟人中之傳說，有可請　先生注意者數事：——

①館中 staff 始終未曾組織好，凡事自辦，故 efficiency 難說。　先生之 administrative 事，我自以為並我亦不若，更不必說丁大哥！（我此言可謂膽大妄說），故聞此語頗為動心。天下大事，非一個人能自辦的。又言館中紀律亦缺欠，　先生看到人家打牌，自己也加入。此事似值得考慮也。

②對介公未能"奉令承教"，去年說是介公有一電，　先生回電，逕告以不可行。當然介公的想法，不見得做到，然此等對付法，非其習也。

③近日高賊宗武夫婦常往大使館，此則此間友人大有議論。　先生本有教無類之心，以為此人則改過之跡，或因是耶？然此賊實為窮凶極惡，以前即知其妄，（大有辦他自己外交之勢。）汪逆之至于此步，咎由自取復何言。然汪逆之事，國家實蒙其大恥大害，最好不曾有，而汪逆之至于此，皆高醜拉攏也。至于半路出來，非由天良，乃由不得志，且是政府一批大款賣出來的。即孟餘亦如此說。國家此時不能將其寸碟，自有不得已之苦衷，　先生豈可復以為人類耶？其妻亦妓女之流，妻之兄弟與高去同流合污，今猶為偽官也。

至于反對　先生人之話中，亦有一二可知道：

①先生只拉攏與中國既已同情者，而不與反對黨接洽。

②先生只好個人名譽事，到處領學位。謹按，此自非壞事，但此等事亦可稍省精力，然後在大事上精力充足也。

總之，國家外交上惟一希望在美，故希望至切，"無功待時"之說，自不易為人解也。

再說回到選舉，元任事後補投一票（當無效），内即翁、胡、朱三人，信中並云，與　先生談過，　先生說王好，元任說　先生好。此足徵人同此心也。　先生致雪艇信中云，"特任大官"，按大使乃特任大官，中研院長，閑曹耳。"說話不自由"，然作大使尤不自由，亦應更不自由也。北大與研究院何別？總之，我們願　先生留在美任，乃為國家著想，而其選舉乃純是為的"學院自義"①、"民主主義"，鬧到此地，真是哭不得笑不得耳。

又雪艇只抄節目，未抄原信。

一件舊事，一併說一下：　先生去年來信，以為我怪　先生前年勸我不攻孔之電，我決不曾怪此電，然　先生此信中意則不能不以為奇也。先是詠霓以電轉來，即思以詳情奉告，以為事在進行，不便與"特任大官"商榷，不妨事後再詳陳其故，以請不奉命之罪。同時前後，聞　先生病，即託詠霓急電去問。我在渝時，總告王、翁二公時時給您打電，我自己固無打電之力，即寫航空信，亦是不易，窮得可憐！以後時時打聽　先生病的消息，聞又出門演說，即敦請夢麐先生去一電，非敢茫茫無恩，置之度外，至于寫信之懶，乃平生之惡習，亦即並不能為簡任小官之故也。當時接　先生勸阻之電，尊意全為介公著想，我亦有同感，深佩深佩。然而事不能已者，如下：①孔之為私損公，毫無忌憚，　先生久在國外，未能深知。②他之行為，墮人心，損介公之譽，給抗戰力量一個大打擊。③貪贓枉法，有錢愈要錢，縱容其親黨無惡不作，有此人當局，政府決無希望。④他一向主張投降，比汪在漢、渝時尤甚。⑤一旦國家到了更危急的階段，不定

———————

①編按："學院自義"當作"學院自由"。

出何岔子。⑥為愛惜介公，不容不反對他。……我一讀書人，既不能
上陣，則讀聖賢書所學何事哉？我于此事，行之至今，自分無慚于前
賢典型，其難不在後來在參政會中，而在最出之一人批逆鱗也。若說
有無效力，誠然可慚，然非絕無影響，去年幾幾乎掉了，因南寧一役
而停頓耳。故維持之者實倭寇也。至少可以說：他以前是個 taboo，無
人敢指名，今則成一溺尿桶，人人加以觸物耳。士人之節，在中國以
此維綱常者也。然而 先生一電，乃從大體論，故雖不能從，却深佩
也。至于去年之信，則實出人意料之外，蓋竟真以為孔有好處，此事
以 先生在外久，未知其近事，而忘其昔事耳。然政治家似不宜不
balanced。思之再四，始慌然， 先生蓋受陳光甫之影響也。 先生
易受常見人之影響，此亦一例。然國家大事，似應全觀其概，不使君
子可欺至此。且信中又作一孔、宋比較論，此乃可怪。孔之自解也，
以為我輩受宋之運動，後且謂受汪逆之運動。（彼如有 ogpu，① 傅孟真之
墓木拱矣，然我在前年五月在漢始作此事，即已將一人之事置之度外。）故
謂孔、宋之爭者多有之，不意 先生亦有此言，豈此亦陳光甫之供獻
耶？我與宋未謀一面，未通一信，未致一意。宋子文、王儒堂輩，乃
先生當年所稱贊，我卑視此等人久矣。且國家大事何必非親不可也。
故我心中惶惑，在此信不在彼電，其實我亦知 先生此信是受誰影
響，惟國家大事，似當從其大者言也。
北大事，我這一年亦頗盡力，近則焦頭爛額矣。北大文科研究所去年
恢復，向中英庚款會捐了點小款，除教授兼導師外，請了向覺明作專
任導師，鄧廣銘作助教，考了十個學生，皆極用功，有絕佳者，以學
生論，以前無如此之盛。湯公公道盡職，指導有方，莘田大賣氣力，
知為不為，② 皆極可佩。此外如毅生、公超、膺中皆熱心，只有從吾
胡鬧。此人近辦青年團，自以為得意。其人外似忠厚，實多忌猜，絕
不肯請勝己之教員，寅恪斷為"愚而詐"，蓋知人知言也。近彼大罵

---

①編按：蘇聯國家政治保安總局（Ob'edinennoe Gosudarstvennoe Politicheskoe Upravlenie，簡稱 OGPU）。
②編按："知為不為"當作""知無不為"。

受頤無學問，我真不能忍耐，即與之絕交。我自求代理此事，一年中為此進城不少，又由史語所借了一批書，弄得史語所中頗有怨言，真不置得。

受頤總算對北大起，他當年不就港大之富而忍北大之窮，且彼自始即負洋債，其情尤可感。此人聰明，有事務才，望　先生能與之通信也。關于中央研究院事，　先生既如此生氣，即不以瀆聞，要之，糟極。專頌　日安！　斯年　29/8/14

再補說選舉：當時雪艇以為我們幾個人可以左右大勢。我說，這般學者"一人一義"，我與緝齋即不能互以其意見喻，只有任其自然，且看有無公道。我們只是憑各人之良心，希望政府守法律。此外皆做不到。顧之一說，若是翁、朱、王三位大賣氣力，作為自動的自讓，再有充分時間，也許可以做到，但條子一下，即無法挽回。

元任事聞已定，為慰，此時回國不易矣。我這一年讀書甚多，知注奉聞。寄上之書想已收到。

780. 傅斯年致朱家驊 （1940 年 8 月 17 日）*

先是接　沙先生[①]寄來命^弟附簽之書，其中有一句，仲揆看了必惱，故為塗去，又照　兄前所談意，加一結論，乃不像一信，只得再抄一遍。來不及寄　兄簽名，乃于其下寫"朱○○謹啟，傅斯年代"。恐他們三位仍以為^弟在代中，不知此是結束舊事，故又附一信，此紙是也。

　　仲揆、緝齋、仲楫三兄左右：

　　　惠電敬悉。當即奉覆一電，計達清覽，並已函毅侯兄付款矣。此事經過如下：先是^弟在漢時，接到驪兄送下之來書，驪兄並囑^弟簽注意見，^弟以不知原委，只好根據來書，簽注之。日昨接驪兄信，囑^弟一同簽名，此中固大半根據^弟之簽注，^弟稍有改動，同

＊取自"朱家驊檔案"（檔號：朱-07-002-p. 71）。
①編按：沙孟海（1900—1992），擔任朱家驊秘書。

此信同時寄上者是也。

據^弟與騮兄所談，彼趨于同意兄等之請，惟其理由則換了一個。蓋騮兄以為（一）地方上環境如此必要，彼可贊同，然（二）合作一事，有兩所不在桂林，故不無所疑。（三）至于在桂林因此而許地方以本院必在桂設永久之工作站，則協助之善意，或成為一種約束，似可從緩計議。

根據此情形，又因時日匆迫，無法再退回騮兄，故^弟擅作主張，請　毅侯兄付款，並述其遷延之原委如此。

此事今既作為由騮兄同意，若其中（二）、（三）各項可緩緩與騮兄商量也。

再，另有孟和先生一事，^弟日內可清理，亦當奉覆，所有^弟經手各事，皆當結束，以後乞　直與總處接洽，至感。專頌

日安

^弟○○頓首　八月十七日

又物理所，事實上被他們留大部分于桂林了，併聞。

781. 傅斯年致西北科學考察團理事 （油印件）（1940 年 8 月 25 日）

敬啟者：關於居延漢簡出版定約事，近接袁希淵君來信，多所責難。當即復一信，茲一併抄呈　鑒察。專此，敬頌

　　　　先生道安

傅斯年謹啟　廿九年八月廿五日

附一：袁復禮致傅斯年 （抄件）（1940 年 8 月 22 日） 檔號：I：64

孟真吾兄大鑒：[①] 項由守和轉來吾　兄與李伯嘉君往來通訊兩件，得悉為漢簡影印事，籌劃多方，甚為激感。惟　兄覆李君之函，其中辭

---

①頁首那廉君附註："抄袁希淵來信。"

意均未妥確，茲分別辨明，俾國內各界得明真像：

一、西北考查團發起人，係由十一個團體出名，名為中國學術團體聯
合會：其中有北京大學（馬叔平）、北京大學研究所（沈兼士）、
清華大學研究院（李濟之）、天文學會（常福元）、地質學會（李仲
揆）、物理（?）學會、氣象學會、故宮博物院、古物陳列所、北
平圖等等，（惟彼時劉半農與丁在君磋商，久無結果，故地質調查所未
加入。）除國內有記載外，在德國之 *Petermanns Mitteilungen*（《地
理學報》）曾將各機關及與赫定博士之合同全份譯成德文，公開於
世，故不可認為無可稽查之事實。

二、西北科學考查團現有理事：七人在昆明，二人在重慶，一人在桂
林，二人在北平，一人在美國。其中尚有常務理事三人，茲列左：

徐旭生
任叔永　昆明
梅月涵　常務理事
傅孟真

袁希淵
袁守和　常務理事
徐森玉

翁詠霓　重慶
馬叔平　常務理事

李仲揆－　桂林

沈兼士
　　　　北平
周養庵

胡適之－　美國，理事長

三、保存漢簡，應推常務理事徐森玉先生及沈仲章君之功，皆為西北
科學考查團之中堅人物，似吾　兄函內所稱“無負責人”一語，
極不確實。

四、除漢簡外，西北科學考查團之材料尚多，在昆明四十五箱，在北
平九十箱，均由弟負責保存。

五、存南京之西人採集品，亦不下數十箱，由地質調查所負責保存。

六、黃仲良自西安運南方數十箱，現已妥存。伊送南京展覽者，存南京。

七、除存昆明、成都數十箱外，其餘因抗戰時期不得整理。惟工作停頓一節，亦不確實，只未能有研究費，故未恢復工作常態，諒除中央研究院一部分外，國內各機關均如此，故請不必將西北科學考查團作一例外也。

八、關於與商務訂立合同，如吾 兄欲以一"全能"機關出名，則兄提出之任何機關均無不可。惟^弟欲保留一條件，即所有之西北科學考查團之刊物，須規定同一格式，方得西人訂購全套及編目之便利，將來出售，亦於吾人方便也。

如封面出名機關，只須寫西北科學考查團為是；捐款機關，不得在封面，只在引言中細述而已；印刷機關（即商務印書館）之名，應在封皮內面；參加研究員及其機關，則儘可在封面印出。此點為^弟極注意者，請 兄籌及最盼。

九、除就近與旭生、森玉面談此事外，此函擬分致玉甫、雲五、潤章、立武諸先生一閱，諒荷 仝意。專此佈達，順頌

時綏

^弟袁復禮啟 八月廿二日

又附函一件，未送其他先生傳閱。

附函

又啟者：

（一）^弟以為五百部已屬敷用，再多則無法售出。約計贈送須 110 部（國內八十冊，國外卅冊），似國內至多可售 120 部，國外須售出 270 部。

（二）每部作價，亦不可太昂，不知 兄已籌及否？^弟意每部約國內價 Ch $ 74 元，國外價美金 Am. $ 22 元，則總值已屬不少（惟印刷成本及掛號郵費若干均未計入）。

270	部	120	部	118800
22	Am $	74	元	8880
540		480		127680
540		840		十萬千百十元
5940	Am $	8880	元	
@ 20				
118800				
十萬千百元				

（三）惟分二處出售，究商務先售，抑英庚款，或由吾　兄處先
　　　出售，似須預先斟訂，否則商務先佔歐美書市，其餘即不
　　　易出售矣。
　　　故能由商務代售，吾人只收叁百部之價值及一清賬單，及
　　　出售地點、書店及機關清單（每半年一次），較可省事。

（四）關於釋文，似請叔平先生及其他學者早日清繕付印尤要。
　　　一、可免他人捷足先刊；二、可免引証及辨正之繁。惟無
　　　論如何，尚須準備日後有人能讀西文，隨時作辨正工作，
　　　亦請籌及為荷。此上

孟真兄

　　　　　　　　　　　　　　　　　　　　弟復禮又啟　八、廿二。

附二：**傅斯年致袁復禮**（抄件）（1940 年 8 月 25 日）*

希淵吾兄：① 手示奉悉。兄謂弟函"辭意均未妥確"，辱承責善，敢不
　　拜嘉，但細尋指正各節，除發起情形，弟當時在德國，致有錯誤
　　外，其他來示中均未能指出其不妥確者何在，而吾兄書中所云，則

----

*本附件有那廉君抄件（檔號：I：64）及油印件（檔號：I：74）兩種，合併
　整理。
①頁首那廉君附註："抄復袁希淵信。"

有不少未盡妥者，故今將大節言之，其細可自思也。

^弟致伯嘉兄原信中，提及"由西北科學考察團原發起人之北京大學出名"，在^弟信中本以為次等辦法，並非以為最好，其所以有此一意者，乃緣此物久存北大而西北科學考察團就整個論"實已停頓"，無庸諱言。（呈請教育部與之訂約一事，亦為^弟當時想法之一，有人反對，故^弟亦列為次等辦法。）^弟原文云："由西北科學考察團出名，此為至順，但此會今日實已停頓，且無獨負其責之人，可以指定，兼以人員分在各地，誠恐後來有口舌，轉貽　貴館以麻煩。"此節所說兄固未指實其何語不確。若云有物甚多，此則^弟固知之，然此與停頓無涉；若云單獨之研究有正在進行中者，^弟亦知之，例如黃仲良兄，然會務則實已停頓，漢簡有負責人，與^弟所云此會"無獨負其責之人"，並非一事，此常識所易辨也。姑試問　兄，自南來後，曾開一次理事會乎？曾用通信方法與各理事討論乎？此會之通信處何處乎？會中有若許古物，而會之何在，政府有案可考乎？^弟亦忝為理事，愧不知也。至于森玉先生、仲章兄為漢簡之勞苦，仲良兄為古物之研求，^弟豈不知，且深佩荷！然此非會務未停頓之證也。

兄所舉理事單，似尚有遺漏，即如陳受頤兄，亦為理事之一。（當時適之先生云，北大為此出錢多出力多，何以無一人？于是舉了受頤，故^弟憶及。）此外^弟記得者尚有其人，^弟固不能遍舉，兄亦有所遺漏，可見其停頓也。

^弟當時所以不敢主張用西北科學考察團名義者，上所引信之一段已露其意，對守和兄尤詳言之。查^弟等未舉為理事時，每次開會，總是周肇祥主席，^弟深覺不快，^弟曾聲明："此人主席，我要請他下來"（按即兄信之周君養庵也），此人行為，當時已有漢奸之嫌，故為政府扣押，今則附逆數年矣。又森玉先生、仲章兄將漢簡移出北平後，（時淪陷未久）周逆即往北京大學查覓此物。（森玉先生云）可見此事在北方之可引糾紛。商務係商人，其大本營又在滬公共租界，

若以此團名義出版後而周逆與之糾纏，豈非貽商人以麻煩？故不如逕由國家之機關出名，如教育部、北大、中英庚款會，彼即無從爭論。此弟之原意，讀上文所引一段，在知此事如 兄者，當早了然，且弟已詳告守和矣。

來示所謂須規定同一格式，未知所謂格式指何事？如謂形式，則以前仲良兄所著，即大不一致。如謂出版處一致，則此團材料此後出版，商務印書館豈再問津？此待 兄自作之書出版時，齊一之可矣。

兄謂商務印書館之名，應在封皮內面。然彼為發行者，在西書式，凡發行者，其名總在封皮之外面下方；在中書式，套上以無出版者為原則。且印刷與發行不同，此乃委商務出版，彼無著作權（Copy Right），但亦不只印刷而已，印刷者，如印名片，付錢即印，不兼發行者也。

至所謂參加研究員，及其機關儘可在封面上印出。範圍如何， 兄未指明。按此為中國書式，封面上無許多地位，亦無此例。至于此物之由西北科學考察團瑞典某君①發見，今由森玉、仲章冒險保存，並督工整理付印，及其他一切經過，弟早懇旭生先生寫明。

釋文一事，以前每為所誤。欲祕為己有，不肯示人，以便自己緩緩寫釋文者，大有其人，故當年久不出版。 兄所謂"似請叔平先生及其他學者早日清繕付印"，實則"叔平先生"與"早日繕清"似為矛盾名詞。叔平今日一如往日，何暇速寫此也。弟意正文出版，弟之責任已盡，若待釋文一同出版，不知又要待至何日，（商務原亦有此意，弟告以釋文不能待。）今已十四年未出版，徒給瑞典人看笑

---

① 編按：發現者為瑞典團員貝格曼（Folke Bergman, 1902—1946），事詳貝格曼著 *Travels and Archaeological Field-work in Mongolia and Sinkiang：a Diary of the Years 1927—1934.* 載 Sven Hedin、Folke Bergman 合編 *History of an Expedition in Asia 1927—1935. Part IV：1933—1935. General reports, travels and field-work.* (Reports：Publication 26.), Statens Etnografiska Museum, Stockholm 1945。

話，其勢不能再延。此物乃國家之公器，任何人不得而私之。正文出版後，可以中外搶作釋文，尋此物之來歷，不能禁止瑞典人不作。蓋正文一出，人自作其文章，法律不能禁。大約勤者先出，精者晚成，討論結果，終有一是。學問之道，"引證及辨論之繁"，焉可免乎？　兄言誤矣！

兄函又謂，"惟分二處出售，究商務先售，抑英庚款或吾　兄處先售"，此言真夢話矣。自然只有商務一處出售，我豈代賣人之刊物者？此事原委，　兄尚憶之乎？此物出土，約十五年矣，久不出版，學界之恥、國家之恥。先是此物到北平後，即在半農、叔平二先生處，半農下世，叔平自任整理，然彼事忙，迄無就也。十年之後，適之先生以北大為原發起人，甚為著急，于是就北大整理，然整理（即排比）者實為仲章等，釋文則由三機關委人分擔，北平館委向覺明兄、賀昌群兄，北大委余讓之兄，敝所委勞貞一兄，各成一部分；叔平先生謂，非自己對原物再細看一遍不可，於是又無著落矣。當時（北平淪陷之前）弟提議出商務出版，曾經會中通過，商務已以草約來，條件甚惠。不特不需補助，且有送書及版稅之辦法。

時弟不在北平，聞　兄大反對，將弟之接洽斥消，又聲明推叔平定約，要商務如何如何。然此後亦無下文。旋北平淪陷，森玉先生、仲章兄將其冒險取出，又提及出版事，勉弟接洽，弟感于徐、沈二公為國家保護文物之熱誠，遂又各方接洽去。若非　兄當時之傑作，此物早出版矣。

上海陷後，情形大不同。商務無力自印、付版稅，於是而有中英庚款會之補助，（若早印出，彼此均省得多。）增之不已，連訂書錢，最後將達萬五千或不止。中英庚款會復何圖哉？只是買了送中外各機關，因此書銷路有限，若無人預買多部預付錢，商務不能獨任。商務是商業組合，無津貼學術之義務，今千孔百瘡，又無此能力。然即此預定預付辦法，恐其賠累，亦將過二、三萬矣。　兄信中算美金，算得固好聽，然此是何世，買此者有幾家乎？總之，商務肯于此時印此書，至少總算大方，而中英庚款會為此事出許多錢買書送中外各機關，尤為可佩。　兄不必一律責難，亦不必于價目數量等等代人設計也。此時出版，萬分困難，吾輩不能懸揣，　兄言尤極隔膜。弟于此事，純是為文物熱心，亦緣深感森玉前輩老先生之督勉，故為此往來之信盈尺，除麻煩外，果何為哉？望　兄平情看之，從其大者看之。弟兩次蒙　兄責斥，而前次責斥竟使此書出版愆期至今，深盼　兄此後從建設路上批評，勿專以阻遏人為事，使文物淪沒。兄能將　兄之材料一百三十五箱早日出版，豈不大妙？若曰無錢研究，則聯大各部此日之經費，比敝院全院多出一倍，非如　兄示敝院有錢，況瑞典人已往出貲已頗可觀乎？專此，敬頌

日祺

弟傅斯年敬啟　二十九年八月廿五日

782. 傅斯年致王雲五 （抄件）（1940 年 8 月 26 日）檔號：II：58

新滇字第〇六九號

雲五先生左右：關于《水經注疏》出版事，今春在渝面晤，曾經詳談。　先生返港後，曾手示已經打樣估計，至感至感。但此項打樣及估計至今未到，而此事終不宜更遲，以責難弟者，頗有其人也。為省校對及補苴起見，此物只有景印，可以縮小，雖間有不清楚處，亦無妨。至于帋張、款式均無關係，但求如 MSS 式印成，即足矣。明知此時景印太貴，然如排印，至少須有專家二人整理三年。若如 MSS 式印成，亦決無人在十年之中整理，重行出版更無此必要也。物價既漲，不妨如漢簡式，減少部數，以便每部增價，中英庚款會當可贊成。弟明日赴渝，乞迅　示知一切，以便就近接洽，至感至盼！惠示乞寄重慶上清寺聚興村八號中央研究院總辦事處，電報掛號為究字。專此，敬頌

日安

弟斯年上　廿九、八月廿六日

伯嘉先生仝此。

再，稿眉小注如一齊景印嫌太貴，似可集在一起，合而印之，但注明原在之卷、葉、行耳。

783. 徐炳昶、徐鴻寶、傅斯年等致葉恭綽 （暫繫年於 1940 年 8 月）*

玉甫先生左右：關于居延漢簡出版一事，荷　管理中英庚款董事會斥鉅資以成之，而　先生在港料理，尤深感佩。茲出版在即，不可不與商務印書館訂約。茲由 ^炳昶等聲明， ^炳昶等謹以西北科學考察團理事資格，將與商務印書館訂約一事，一切委託　貴會辦理。即乞　先生就近與之接洽一切，約中辦法，並由　先生主持，無須寄下討論，以求速成。以後若為此事萬一發生糾葛，皆由 ^炳昶等負其責任，與　貴會及　先生無涉，特此聲明。專此奉懇，敬頌
道安

徐炳○

徐鴻○

………

………

784. 傅斯年致陳立夫 （暫繫年於 1940 年 8 月）　檔號：I：1238

立夫先生部長賜鑒：敬啟者，西北科學考察團前在額濟納河上發掘之漢代木簡，兩年中經中英庚款董事會接洽，由商務印刷發行，茲照像已就，付印在即，據商務印書館稱，擬請　大部指令該館，照與中英庚款會接洽之辦法進行，內包：（一）部數，（二）中英庚款會定購數，（三）在此次印中之數未經售完之前，　大部不另令他

處印行。

查此時影印此書殊非易事，而中英庚款會之補助，尤為促成此書出版之主因。事關國家文物，應請　鈞部主持。擬請　令行該館照與中英庚款會商洽辦法出版，至為感荷。專此，敬頌

785. 傅斯年致那廉君 （1940 年 9 月 9 日）檔號：昆 16-6-3

簡叔兄：惠書敬悉，一切努力，至感至感。書籍裝箱，恐亦只好如此。北大研究生留書事，不能自辦，須由該所來公函。請即通知鄭毅生先生，于一定期限內開單前來。全數，即師生全部分不得過十箱，已裝者不另開。此法可行否？仍乞斟酌，或陳請梁先生決定之也。搬費有多少，甚難定。希望明日定後可以決定留運之比例。故在^弟下次信之前，只好照　兄所說辦法進行，以後更有決定，亦不必再開箱也。專頌

日安

^弟斯年　九月九日

苑峰、樂煥同此。

再，已裝之箱暫勿加條，起運時再加可耳。

786. 傅斯年致王雲五 （抄件）（1940 年 9 月 18 日）檔號：II：79

雲五先生左右：九月四日　惠書敬悉。《水經注疏薹》一事承託　菊生先生研究製版，自為最善。　菊老詳加研究，尤為可感。此事有各種情形，^弟切望其早日可出，排版則尚須抄校，實不為時間事實所容許，故只有影印。國難方殷，但能出版，為願已足。報紙小字，均無不可。此事已過兩年，各方責問，^弟殊難應付，敢乞迅速付之影印，即字不清晰處，亦無關係，好在原書本為稿本也。眉上注語，可集在一處，附於冊末，注明原在某卷某葉之上，亦省版之一法也。萬懇早日定計，付之影印，至荷至荷。專請

日安

九月十八日

787. 傅斯年致朱家驊（1940 年 9 月 19 日）*

驊先吾兄：① 命作之件，今晚太倦，匆匆寫兩頁，然要義亦不過是矣。此文似亦不可太長，一切仍乞　斟酌，未知有可採用者否？倚裝匆匆，敬叩

日安

弟斯年上　九月十九日晚十二時

788. 傅斯年致葉恭綽（打字件）（1940 年 9 月 19 日）檔號：I：66

玉甫先生賜鑒：九月二日手示奉悉。八月廿日之信，日前始由昆明展轉寄到，數日前奉肅一箋，託立武兄轉寄，意已達左右矣。

垂詢各節及相連諸事，奉白如左：

一、與希淵辨論，本可不必，然若不說，彼又以為默認。此後未聞彼再有辭，想此事可告一結束矣。（至少希望如此）此書出版事，在戰前有同樣一故事發生，亦希淵所為，當時未校，事乃就擱矣。

二、此事初未與商務訂約，其經過如下。前年在漢口時，曾為此事與商務及立武兄往來信多封，最後商務印書館草一合同，有"將該書版權完全讓與商務印書館獨家印行"之語，斯年當時以為大有語病，事實上辦不到，曾于廿七年八月十五日信中反覆言之，從此商務即無信來。又加催問，始于五月又寄到一草約稿，即以教育部與商務訂約為式者。茲將此件抄出，奉上一閱，閱後乞即寄還。斯年以為，如此未免將　貴會置之旁邊，未率然贊同，于是

此事擱置，（此項文件甚多，如一齊寄上，恐遺失。然若見示可寄，當于返昆明後託人抄出若干。）故由教育部出面訂約乃商務所主張也。

三、最近經過如下。上月^{斯年}發出油件之件①徵詢辦法後，守和及^{斯年}均主張由西北科學考察團理事會中人，不拘多少，公函致　先生，以出版一切事奉託。此稿已擬好，適森玉先生自港返，謂商務印書館再三力言只須教育部一封信交給他們出版，合同有無無關係云云。於是^{斯年}又擬一稿致教育部者，一併交森玉奔走。結果，只有致教育部一份簽成。茲將兩稿一併奉上一閱。所簽成者雖僅致教育部一信，但其中有云："擬請令行該館照與中英庚款會商洽辦法出版"，是則仍以此書出版之辦法託之貴會，與另一法非真殊也。立夫近養病南岸，此信雖尚未覆，然一樵云，立夫已交員司照辦矣。部文發出後，商務所要求之手續即完，而西北科學考察團任何人可以無詞矣，　先生以為然否？

四、訂約未先成之可能的影響。事前訂約，固為最順，然今日之局，似尚無何等真實困難。果如先徵求一切人之同意，則袁希淵輩必自始作梗，或竟一事不得進行，在此等若有若無之理事會，而又有人專作破壞不作建設工作者，似無須尋最完密軌道，誠以一如此作，即自始不得進行也。設若當時森玉必得袁希淵等之同意然後可搬，則此物早淪陷矣。又如森玉及^{斯年}於商洽立武兄之前（前年年初或廿六年尾事）先徵詢此輩，此事之照像亦即自始不得開端矣。此事看法，^{斯年}自始以為著重點在政府（主管此事自屬教育部），是會既若有若無，如有爭執不決者，教育部一言定之矣。故懇切願由教育部出名訂約者為商務，而^{斯年}即以為此事歸宿，亦在教育部也。

五、保管與研究兩事，以^{斯年}所知奉陳如下。此兩事本不在鄙意之內，^{斯年}當時所努力者，只以出版一事為限。此點曾歷歷向人言之。

---

①編按："油件之件"當作"油印之件"。

蓋保管一說，當年北大云，北大保管，袁守和云，北平圖書館保管，故斯年曾云，"無論誰保管，我總不保管，書出，我之事便完。"（此事向守和言之尤多）今春旭生、森玉堅命斯年將此物存之敝所，斯年曾竭力反對；及森玉到港又來信，又回信聲明其困難。後立武兄來一電，詢運往馬尼剌如何，當復以個人贊成，去美尤佳，但全是貢獻于朋友之意見。此事　先生將費神運美，感佩之極。深愧斯年無此毅力，亦緣處境不同，若斯年主張如何保管，袁氏兄弟又不知作何言矣。研究一事，聞此團當時與瑞典人有約，共同研究，故斯年對此事之意，以為正文既出版，人人可以研究發表（以前已有發表者為賀昌群等，皆小文）；若必先規定之研究之手續，則爭執又起矣。此事照像時，曾託商務為敝所加印一份。此物存所中備參考（前此照像時北大及其他處亦有若干頁），自不發表。所中同事一人勞幹君精于史學及漢朝碑版，一年中自作釋文，初無成著作之意。但近日見之，實為精確，問世白無不可。（或可以此得佳名）故曾鼓勵其續作。此書如殺青，無論由何機關與商務訂約出版，均無不可，（如貴會、教育部、本所皆可）由作者自訂亦可，此無庸徵求各理事之高見。蓋以國際慣例論之，本文出版後研究之事，無限制也。斯年非謂勞君之作即為定論，然委員會式之研究決不易進行。而勞君所寫之出版，既不需款，印時亦不必補助其費用也。此批材料之充分利用，恐至少需十年。若正文出版後而不速繼以論之釋之之書，恐瑞典人高本漢氏之書先出矣。此意斯年在答希淵信第二、第三兩頁論之已多，如荷　一查至感。

關于此兩事，鄙意撮之如下。保管一事，中英庚款會已盡力，以後自必繼續盡力，以保管自認則保管矣，如需各理事多數出名，雖森玉亦不易辦到，然若請適之先生（理事長）來一信，自不成問題也。研究一事，似不必先求有所規定，以免引起中外各支節，且各理事多數亦不願寫信。事實上如何辦均無不可，若此等辦法生糾紛，斯年願負其全責。至于勞君之書，如貴會出版當于寫成後奉上或無須報酬本人，（^敝所自不需報酬）但不必再加以審定，以擱日子。（實則勞君于此事之學力，能審改之者亦不多。）而其著作人用勞君名義，亦名實相副之事也。此後及此外貴會如更有研究之計劃均無不可也。未知　尊意如何？

六、貴會為此事費錢已多，而　先生費心尤甚，自當約同各理事專函申謝，然人數多少，亦未敢料，如希淵者，甚難簽名。（致教育部函，彼簽名亦至勉強。）然　貴會辦理此事為國家出史料，為國家保古獻，千秋萬世，自為嘉話，若此若有若無之理事會，無論如何表示，似皆無關弘恉。　先生所示辦法，在^{斯年}固極欲做到，然^{斯年}在此一團中力量至為有限也。

七、重整此考察團之事，　先生熱心推動，感佩之至。^{斯年}頗以為此事人事上複雜已甚，與其重整舊者而引起若干不易解決之點，不如重作新者。然則若由　先生提議由貴會另組一考察團以任此事，名義可不相同，但舊來可約者（如旭生、森玉諸公）另約加入，似最簡單。未知　高明意為如何？^{斯年}明日返昆明。匆匆不盡，敬頌

道安

斯年謹上　九月十九日

再，^敝所前談支付森玉之旅費半數，（乙千元）早經直接支付森玉，由在港商務兩轉撥。森玉返昆明，在市中晤及，云^敝所多支了二百元，堅欲退還。其時^{斯年}正待次日飛機來渝，不知何以多支，當留下帶至鄉下，^敝所出納蕭綸徽君並請其直接與森玉通信算清。（^敝所在昆明郊外二十里，一切文件不在城內。）此上月廿七日下午事也。次日即飛渝，未接蕭君來信，大約蕭君正與森玉通信中也。（森玉亦于上月底返安順。）此事^{斯年}明日返滇後，當即算清。^敝所雖已支千元，又退二百；俟算清後，應還　貴會之數，當即奉上。序文材料當即託森玉速寄。　年又白。

789. 傅斯年致朱家驊 (1940 年 9 月 22 日)*

騮先院長：第一頁　兄所加"此中昭示兩義，一承總理之遺教與解後……"云云，自學術界之觀感論之，（本院同人亦然）似以不說較好，因同人皆覺，學術獨立，自抒其意，在蔡先生尤然也。且下文已具此意，帽子上似不必重述也。如何乞　斟酌。專叩

刻安

弟斯年上　二十二日

790. 傅斯年致芮逸夫 (電)（1940 年 9 月 24 日）檔號：昆 17-3-3

急。瀘縣第七專員公署轉中央研究院特派員芮逸夫兄：① 即在李莊設辦事處，已由農本局何局長電知該地倉庫照料，物件不日分批啟運，經瀘時託兵工廠吳廠長②照料並覓船運李莊，請與兩處接洽，兄可覓臨時照料人員，需款電王毅侯。再，張家大院除本院各所外，聯大文院亦擬用，並示興隆如何。斯年。敬 （廿四日）。③

791. 傅斯年致何廉 (電)（1940 年 9 月 24 日）檔號：昆 17-3-4

重慶農本局。何局長淬廉兄：④ 本院決遷李莊，已將古物噸餘自渝運往貴局倉庫暫存，大批將自滇起運，乞即電該處貴局主管人對本院各事力加協助，並暫作通信處，乞即辦。斯年。敬 （廿四日）。⑤

---

*取自"朱家驊檔案"（檔號：朱-07-011-p. 40）。
①頁首自註（另一電之收件人）："急。宜賓第六專員公署"。
②編按：吳敬直，時任兵工署廿三廠廠長。
③頁末收發註記："兩電，廿九年九月廿四日發。"
④頁首自註："借用農本局倉庫。李莊。"
⑤頁末收發註記："廿九年九月廿四日發。"

792. 傅斯年致朱家驊 （電）（1940 年 9 月 24 日） 檔號：昆 17-4-3

急。究。重慶。朱院長鑒：同濟周校長①函叔永，請本院將李莊房讓同濟全用。查此房兩月前川省府詢本所可用否，當復電接受，遠在同濟察看前。弟到渝後又面告一樵兄，承其同意。茲已有兩批古物運往，正在途中，沿路照料均已設定，若再更改，本所必損失數萬，且古物久在中途堪虞。李莊現定房屋僅百餘間，同濟全部安置不下，本院社會所亦決遷往，他所遷川者亦擬用此存儲，乞即商立夫先生、一樵兄勿變更原議，至感。電覆。斯年。｜敬｜（廿四日）。②

793. 傅斯年致朱家驊 （電）（1940 年 9 月 27 日）*

急。究。重慶。朱院長騮先兄：敬電奉悉。一、當再力勸陶。③【二】、弟以所遷移，萬難分身，院內外勝任者不乏人。三、委員長指示似指聯大，本院前奉令遷，在未奉令變更前，似當照原計進行。四、款不足太鉅，必另設法。五、尊電酌改後，抄送叔永、孟和。六、任之准留似當即決，一擱似傷禮貌。斯年。｜代日｜。④

794. 傅斯年致俞大維 （電）（1940 年 9 月 27 日） 檔號：昆 16-7-4

俞署長大維兄：

---

①編按：周均時（1892—1949），字君適，時任同濟大學校長。
②頁末收發註記："廿九年九月廿四日發。"
*本函有電稿（檔號：III：1299、昆 17-7-11）及譯電（朱-07-002-pp.38-39）兩種，朱檔頁首有朱家驊批示："閱。再電懇勸陶，勉為其難。"又收發註記："廿九年廿七日下午九點到。"
③編按：陶孟和（1887—1960），本名履恭，時任中研院社會所所長。
④頁末自註："此電乞抄入官電紙拍發，不必翻譯，以省時間。簡叔、和宗兩兄。弟斯年。"

昨致騮先兄一電，並抄兄，當達。一、統制局困難，乞兄設法解
除，受慶兄但得局中一電即可辦。二、乞即電瀘縣吳廠長，懇切託
其照料本所派往人員及物品。本所可在彼成辦事處後，並乞協助。
斯年。代日。

795. 傅斯年致朱家驊 （1940 年 9 月 28 日）*

騮先吾兄左右：敬電奉悉，當即復一電，計達。目下各事情形分述
如下：

一、叔永兄聞　約孟和事（朱君來信云），頗為不懌，謂弟：前請辭
之信，何以不復？言下甚為失興，並謂總幹事既不做了，化學
所所長當然不做。弟意，此信理應早復，無論婉留或許可，均
以早復為妥。否則彼之處境，自甚困難。若待總幹事問題解決
而後批，則叔永有理由以為但求自己方便也。故前電及之。叔
永願留之意如此，非弟始料所及，彼亦自云："總幹事不過是
院長之祕書長"。以弟料之，其作風必不能與　兄共事長久而
愉快，然彼似不自解，頗為可惜，要之當早決耳。

二、孟和聲明不肯，但觀其語氣，非全無希望，弟當力勸，亦盼
兄再有一電來也。

三、弟之一說，在"困難"及"犧牲"及"無好結果"各理由上
姑不論，目下有不可克服之理由如下：
①史語所搬家用錢最多，若以兼代總幹事之時為之，昆明各所
將以為弟之舉動完全徇私，于前途有莫大之不利。
②敝所搬家中，一團亂烘烘，弟不在，恐出無限支節。然若待
搬家完畢，則三個月以後之事矣。

---

*取自"朱家驊檔案"（檔號：朱-07-002-p. 45）。

故此事之不便如此作，皆就公事著想也。

四、其實目下可覓之人院內外不少，內如巽甫，外如任遠，^弟皆以
　　為適宜，且不止此。乞　兄考慮之。若非^{敝所}正在搬家，則^弟
　　決不徒以困難為理由也。凡此皆肺腑之言也。他事今晚續陳，
　　敬叩

日安

弟斯年謹上　九月廿八日

796. 傅斯年致朱家驊（1940 年 9 月 29 日）*

騮先吾兄左右：昨函計達。敝所遷移事，承大維及沈立蓀（沈昌）兄
　　協助，以噸數計已差不多，以款論，所差尚遠，大維處分給者為一
　　百噸之半，即五十，沈立蓀所買油，足運五十餘噸，連社會所在
　　內，自尚不足。且此時因軍運故，一切商車均停。而大維（以古物
　　故）代本所向統制局接洽，已有眉目，似乎明日可定。若是，則其
　　他機關皆搬不成，獨本所尚有辦法矣。此間管制處不肯放行後，^弟
　　有一長電致　兄，兵工署電台所發，大維為此已有兩電來，而　兄
　　未有復電，不知何故。算來算去，史語所遷去及開張至少非五十萬
　　不可，否則東西運得必不足用，此五十萬何自出乎？若無此數，本
　　所以後情形，乃不堪問。姑依下法計之：

○此四十萬中（即教育部所撥）本所能得若干？

○請再加之二十萬中，本所能得若干？

○此外非再請即須借債也。

借債之法，似惟有在中博院建築費中想，為此另作一函合致　兄及
　　立武兄。務懇設法解決此事，本所之存在，關係吾國學界者不
　　少也。

---

*取自“朱家驊檔案”（檔號：朱-07-011-pp.43-46）。

社會所應運之物品不足本所四分之一，又半在貴陽，其人亦不及本所之半，故十萬可以勉強。此外天文、物理兩所更易辦。化學稍多，工程更多，然無法可移者居多耳。談到此處，想及本院之嚴重處境，在滇各所，雖不能全搬，要須搬其大半，否則一旦出事，本院不僅殘破且凋零矣。此中詳計之數，已見前函。若實行此計，非百二十萬不為功，若　兄勉力達到此事，則中央研究院得其延續，其功偉矣，否則以後大難辦也。聞　孟麐先生已返，晤後當再以詳情奉　聞。專此，敬叩

日安。

弟斯年上　九月廿九日

總幹事一職，弟非不可勉為其難。只是在此搬家中，敝所用錢最多，而又非自辦不可，故轉害事，昨函已詳，當諒察。

797. 傅斯年致朱家驊 （1940 年 9 月 29 日）*

騮先吾兄左右：頃間接聞　孟鄰先生言，　委員長言及不搬事，　兄亦在坐。次日布雷有一信來，謂聯大仍當準備搬，云云。然則本院遷移之計畫，蓋不可變也。本院在滇各所頗有好東西，就本所論，此圖書館，在"自由中國"中獨此一份矣，以後用處大矣。古物史料之價值更不待說。即物理、化學、天文等所，亦皆有好書好東西，今日以遷移費之十倍亦買不來。弟意，　兄似可上一條陳于委員長，請示一下，言明遷雖費而實省，（並言及一切寶貝、好書、好儀器。）且本院各所非如聯大之要三百萬，一百二十萬已足為之矣。專此，敬叩

政安

弟斯年上　九月廿九日

頃奉一電，知原電已轉教育部。李莊房子，本所派員已看定矣。

---

*取自"朱家驊檔案"（檔號：朱–07–011–pp. 41–42）。

又，教育部少給二十萬一事，似當當面一談，務求其撥到也。

798. 傅斯年致朱家驊、杭立武（1940 年 9 月 29 日）*

驊先、立武兩兄左右：^{敝所}遷移事，進行萬分困難。幸大維及沈立蓀兄加以協助，車輛已妥，比市價至少廉 15%，或不止也。又以管制處不肯放行，大維向重慶統制總局接洽，已有眉目，或可望日內走一批，而人員亦或可有一、二 bus，如此，兩個月內可望搬完。

但經費問題，大是困難。教育部前允撥六十萬，後改為四十，在昆明凡五所有半，何以搬之？姑就本所論，思永兄所擬是七十萬搬清，並可在彼修葺房屋，此固辦不到（然所計確是實數），然至少亦非五十萬不可，分述如下：

1. 應搬之物，凡一百三十噸，茲減為一百噸，每噸三千元，凡三十萬，此中古物、善本佔百分之六十。

2. 職員及眷屬凡一百〇七人，假定每人三百元（決不足），已三萬有餘。

3. 下汽車後，上下船兩次，及船上運費，假定十萬元。

4. 修葺房子，做箱子、及其他，假定三萬。

5. 此間上車及小程運費，（本所不在昆明市）至少二萬。

6. 由李莊至張家大院六里用抬夫，至少一萬餘。

凡此所計皆算得太緊，故全數非五十萬不可。

此一估計，已包含棄去應運物件四分之一矣。若無此數，必是局部搬家，以後本所事乃不堪問。去年以二萬元運至此之物，今年二十萬運不走也。

教育部所分之數中，究不知本所可分若干？假若六十萬全給，本所可分三十，則尚差二十萬，若不能全給，更不可知矣。然本所古物、善本、圖書、儀器之所值，豈止十倍于此乎？

---

*取自"朱家驊檔案"（檔號：朱-07-002-pp. 50-56）。

有此情形，故舉債一事，恐不可避免。與濟之兄商量久，敢提出請
　兩兄考慮，在博物院建築費未撥項中，借二、三十萬元。此雖駭
人之數，然恐舍此無他術也。若本所搬得不上不下，半搬半否，以
後乃全不可工作矣，為之奈何？至於借款之法，^弟意，有下列各法
皆可行：

一、由本院保證歸還，或酌定一利息，（須比銀行息為廉，以免出不
　　了。）分年扣還。

二、將善本書讓給　貴會作價。

三、將古物讓給貴會，以後由　貴會支配。

其實此等古物後來皆歸博物院，以此為理由，或可借其建築費，而
由本院保證分年歸還之。總之，^弟只願為國家存寶貝，為本所留工
作，只要能渡過難關，後來歸之他人，皆不惜也。

此事務乞　切實設法，以求辦到，不然，則^{敝所}只是半天弔耳。昆
明各所，除工程之工廠外，^{敝所}之人及書物，比此外各所加起來還
多，即如社會所，十來萬足矣。而^{敝所}一搬即需此，大可慨也。

如何，乞切實加以考慮，助其實現，至荷。若情形不詳，一奉電即
飛重慶，面陳一切也。

再，目下愈遲愈貴，上月即比本月為廉。茲以趕快辦理之故，乞
驅先兄設法，于部款分給^{敝所}者外，先另借十萬元。如是尚可望其
于五、六十日中搬清也。此真無可奈何之想法，幸乞　鑒宥。乞
速示一電，至叩。專此，敬叩

日安

^弟斯年上　九月廿九日

799. 傅斯年致芮逸夫 （電）（1940 年 9 月 29 日）檔號：昆 17-6-5

急。宜賓水井街育英閭 14 號育英學校轉中央研究院特派員芮逸夫兄：
敬電悉。一、張家院房速訂約，如有困難，商專署協助，押租最好勿

接受；二、博物院、營造學社並遷，如四圍有妥房可租下，並為同人住家用；三、即在李莊設辦事處，物品、家屬下週可行，屆時電達。在瀘已託吳廠長照料；四、即修理，使去人可暫住；五、款電毅侯匯；六、李莊農本局何局長允本所在彼處倉庫設辦事處收信件。斯年。代日。①

800. 傅斯年致馬軼群（1940年10月1日）檔號：昆17-1-1、昆17-1-2

軼群先生左右：連日彼此相過，皆相左，甚悵。^弟昨日下午空襲後，奉訪未遇時，曾告貴价謂今晨九時奉訪，但八時已放警報，又不及往。明日下鄉，後日再返，容當趨談。警報中遇　立蓀兄，謂奉託租借客車事，業承　惠允，至感盛誼！^{敝所}職員家屬遷川，本極難之事，有此一助，其便大矣。油立蓀兄處曾代買若干，可以取用。^{敝所}遷移已開始，此車能早開行尤感。所有關于開行日期及應付款項各事，敬乞　示知，以後此類細目事項應與何位貴同事接洽，亦乞　示及。賜示乞交青雲街靛花巷三號，至感。專此，敬頌
日祺②

附：那廉君代擬稿

軼群先生左右：今晨本擬奉訪，以警報未果，悵甚！頃晤　立蓀先生，據云汽油業已辦妥，前談車輛，務請早日撥下。關於撥車日期、客座若干、加油地點，以及今後應向　貴處何部分、何人接洽，均希　詳示，是所感荷。耑此，敬頌
政綏

　　　　　　　　　　　　　傅〇〇謹啟

---

①頁末收發註記："廿九年九月廿九日發。"
②頁末收發註記："29/10/1。"

801. 傅斯年致朱家驊 (1940 年 10 月 7 日) *

騮先吾兄：^弟連日忙得要命，晚上只能睡五小時。今晚俞部長覆信到，始為之精神一振。

所示二文，前者萬不可用，蓋此文詞調決不足以動教育界同人，反可引起若干誤會。此文中意思，如能另換一方式出之，未嘗不可動聽。但^弟在遠，無法下筆；若與兄商榷，可一為之也。後一文《自力更生與教育界之組織力》則甚佳，可用也。茲一併奉上。因忙得要命，至今始奉上，至歉。頃已電達矣。專叩

日安

^弟斯年上　七日晚十時

他事另詳。

802. 傅斯年致朱家驊 (1940 年 10 月 11 日) **

騮先吾兄左右：連奉　函電，某一職務必欲勉強^弟以所難能，此事之困難萬分，及^弟之最不適宜處，本當在吾　兄洞鑒之中，然環境如此，　兄之固執又如此，只好一時勉從　尊命，然亦為此兩日不得睡覺矣。聘書上未知如何措辭，惟^弟只可以代理自居。（一面想外人可勝任者）^弟于十日後當一至重慶，奉陳各事，然後再返此料理他所遷移事。再返重慶，再赴李莊，布置後即又返重慶，即住一時矣。本年之日，無可休息之日矣。以下各事奉陳：

一、史語所必有一正式代理人，庶幾可以雙方不誤事，因思永兄胃病甚重，此事商量數日，無法解決，恐須待至到李莊後再解決矣。

---

* 取自"朱家驊檔案"（檔號：朱–07–002–p. 25）。

** 本函有手稿本及"朱家驊檔案"（檔號：朱–07–002–pp. 64–70）兩種，據手稿本整理。

幸李莊、瀘縣、昆明三處皆有負責人，故正式代理人之發表，可緩一時也。即就此一事論之，即足徵^弟代理總幹事所發生之困難矣。

二、文書主任一職，勢非迅速解決不可。^弟絕想不到人，乞　兄一覓。此職凡有兩事：一、辦公事，二、跑衙門。其實上項有所缺陷尚可，^弟在重慶時可以自為，院中公事又本不多也。若跑衙門，^弟固可跑，然不能全部擔任。故文書主任（或兼用秘書名義）一職之重要性在此也。

三、"總辦事處駐滇辦事處"完全是一無用之物，即是叔永先生之"行在"而已。然以對叔永先生客氣之故，且仍其舊。

四、本年度追加預算，未知近日進展何如？此數雖僅二十一萬元，且有若干項目，未易通過（廷黻兄言，指香港堆棧費等，皆物理、工程兩所內者。）但據毅侯兄言，如其餘不能通過，本年度無法支持。據廷黻兄言，此事除若干項外，定可通過。^弟今日再致彼一信，亦盼　兄一託之也。

五、^敝所遷移費事，昨已以概算十份寄毅侯兄，茲于此信中附上一份，乞　加之詳察。此數^弟在渝時估計，決不及此。此間同人估計，又大過于此。經^弟詳細估計，將應運之物減去三十噸，兼以瀘、敘一帶派去人員回信，知彼處一切運輸及房子情形，故所估之四十六萬元比較合于實際，^弟當從最節省處做去，前者^弟代總幹事時，一切求其最節省，故總處存款十餘萬，全院存二、三十萬，史語所未于經費外領到分文。此皆　兄所悉也。然此一估計，既係實際調查情形，故雖竭力從省，亦恐無法可省。此中^弟認為難過者，即為同人遷家費。同人經兩年之困難，今日已無何餘資可以遷家。故此事之不易解決本屬實情，然于行李等事，辦論不休，^弟為難極矣。最後只有放寬一下也。

全部遷費增加之後，可再領五萬，而中英庚款會可借二十萬，即足用矣。若全部遷費增加之後可多領，借款即可少也。

六、中英庚款會借二十萬元，極感 兄與立武兄之熱心，不可勝言。

兄電謂先借十萬元，以^弟估計，如非追加遷建費大增，恐尚須請格外設法再借，其數已見上節。至于保證歸還，乞 總處即一辦理。其歸還之法，待^弟到渝後，與立武兄面商，必求其有著落也。

已借之十萬元，不需匯此。蓋此間共有二十萬元，目下足可應付，沈昌兄及兵工署辦事處均可部分欠債也。概算中之四十六萬，用處大致分配如下：

昆明　　　　三十二、三萬元

瀘、敘一帶　十二、三萬元。（瀘州、李莊各半。）

故此十萬元，乞即留渝，作為分批匯達瀘州、李莊之用，至感。

七、除^廠所外，檢討各所應遷之費用如下：

一、社會所　此間應運物只十餘噸，餘在貴陽，故遷費十萬上下即足。

二、化學所　自云可遷之物有四十噸，但以^弟估計，不過三十噸。

三、物理所　在此只有物七噸，概算書中所開，包括在上海及運仰光者言，此固一時談不到也。

四、天文所　應運之物亦不過二十噸。

以上三所目下聯合動作（化學所由吳學周兄發起）。

五、工程所　除書籍外，照行政【院】決議不在遷列。

以上化學、物理、工程、天文四所職員及其眷屬，除工程之工人外，合來尚不超過史語一所。

以上乃昆明各所之應遷實際情形。（此外尚有心理所存書。）

非如各所所造預算，總而言之者也。在辦此事時，有兩原則似不可少：

一、辦理此事，應照行政院決議之二、三兩項辦理，不可不及，亦不能超過。（即工廠等不搬，等事。）

二、若須統籌，應並桂林兩所一體列入。蓋西南吃緊，不止昆明，如不列入，後來要錢不已，必不可得也。（桂林兩所存物不太多，遷費亦不算太多。）

基此原則，大約全部費用如下：

一、史語所　　　　　　　　　四十五萬。

二、社會所　　　　　　　　　十萬。

三、理、化、工、天四所在昆明部分：

　　運物一百噸（至多）　　　三十五萬。

　　運人口　　　　　　　　　五萬。

四、桂林三所（物理大部在彼）　二十萬。

五、預備　　　　　　　　　　五萬。

故一百二十萬之說，比較切合實際，即已領之四十萬外，尚欠八十萬也。

然辦理此事，有不可不先決者：

（一）統制局必須說好。此事極難，且俟俞樵峰到渝後，　兄再與之面洽，在三個月內再准一百噸。欲求再多，雖　兄大力亦不易也。

（二）各所必須自己要搬，不勉強。未搬或搬不動之前，不可停止工作。

（三）必須有合理之遷移地，（如西北、川北等，皆是夢想）否則茫茫大地遷何處。

（四）社會、史語兩所係遷移，他所是疏散物品，却即以疏散之地為將來所址。（非有此差別，乃以史、社兩所三個月前決定遷，其他各所至今未決定，僅開賬而已。）

（五）以上各所，除史、社兩所外，此一百二十萬中並不包含建設費。然如再加此層，再有一百萬亦無法建築。故理、化各所遷川後必與他人合作，（例如化學所用資源會或水利之實驗室。）否則本院無此力量恢復其工作，亦並不應恢復其昆明之"玻璃房子"。

與人合作，只有好處，史語所與聯大合作毫無不便，本院各所之"孤立派主義"及因此所養成之各種惡習，可因與人合作校正之也。

八、以上五、六、七，三項，皆責任上之所應作，而非事業上所可引
為快愉者，猶之抗戰之與建設也。以 兄之好做事，必不以此為
已足，然人、財兩缺，欲做事，不可不集中于少數事上。^弟意，
事業上可發揮地質所之調查礦，氣象所之氣象網，此外如社會所
頗可做些實際問題，即史語所亦不妨做點皮毛工作。

九、明年預算事，未知進行如何，並盼一詢廷黻兄。此事如不得圓滿
結果，明年之苦大矣。

以上目下可想及者如此，盼 兄逐條細看，其應作者，便乞吾
兄一作。^弟日內未能到渝幫忙，至歉。茲已去訂飛機票，以俞樵
峰返渝佔了六個位，擠下了他人，故一週內恐無法，希望廿日左
右可成行也。

此函先寄立武兄處，請其細看一下，一切請其協助也。專此，
敬叩

日安

^弟斯年謹上 十月十一日

803. 傅斯年致郭有守 （電）（1940 年 10 月 15 日） 檔號：昆 17-6-2

急。成都教育廳。郭廳長子杰兄並煩轉陳省政府：前承撥給南溪縣李
莊為本所遷往所址，茲第一批人員、物品已到達，餘在途中，特聞並
謝。中央研究院歷史語言研究所所長傅斯年叩。 刪 。①

804. 傅斯年致彭學沛 （抄件）（1940 年 10 月 19 日） 檔號：昆 17-1-9

浩徐吾兄左右：上月在重慶，數次快晤，欣愉何似！^弟返滇後，以

---

①頁末收發註記："29/10/15"。

研究所遷移，諸事忙得要命。每次遷移，皆不需用此等大力，此次則全盤荊棘，奮鬥一月，問題始解決過半，皆諸友人協助之力也。茲尚有一事未得辦法，謹以奉懇：敝所家眷甚多，同人之老父母、幼子女，尤占多數。其中如李濟之兄之太翁，李方桂兄之太夫人，凡年在七八十以上者有十人之譜。故路上做"黃魚"為不可能之事。故擬分兩次開行，每次一客車，一卡車，（全部家眷約六十人）老弱在客車上，年壯夫婦在卡車上，如此辦法最為經濟，舍此亦想不到他法也。^弟與馬軼群兄商量，初似可行，軼群兄與同事商之，始知非陳地球先生來電不可。^弟此次在渝，本欲託兄或公權先生介紹一訪地球先生，而以諸事匆匆返此未果。當時本以運輸公物百噸為目的，今此題已解決，所差者只此運輸家眷事，然此事未得解決，^弟即無法離此。敢乞吾兄即一面商地球先生，在下列辦法內，惠予敝所以協助。

一、租給敝所客車兩部，不得已時，先租一部，由昆明達瀘州。第一部盼能最早上路。租金照優惠公家辦法即付。

二、每次附卡車一部，租金照付。（此事如不易實行，即作罷論。）

此事乞　兄面請地球先生，即給軼群兄及其車務段主管人一電，並盼兄電^弟，以便^弟即往接洽。此事解決，^弟之修行，十成其七八矣。盼懇之至，如何？乞　電示，至叩。專此，敬頌

日安

^弟傅斯年謹啟　十月十九日

805. 傅斯年致朱家驊 （抄件）（1940 年 10 月 20 日）檔號：昆 17-4-4

騮先吾兄院長賜鑒：關於同濟在李莊與本院搶房一事，前經電達並請轉達　立夫部長，顧、余兩次長，並經教部惠復在案。茲據李莊辦事處來電，有同濟之校友趙君逕向張家大院、穆壩兩處房主直接接洽，此事甚為不妥，今日已電教部，茲將原電鈔呈　督閱，並望派人往教部接洽，至荷。耑此，敬請

道安

弟傅①

806. 傅斯年致陳立夫、顧毓琇、余井塘 （電）（1940 年 10 月 20 日）檔號：昆 17-4-7

急。重慶教育部。陳部長，顧、余兩次長：同濟與敝院為李莊房屋事，業經電陳，並承轉飭同濟知照。茲有同濟派員向川省政府兩月前指予本所之張家大院、穆壩兩處房東要求租用。查同濟已決遷李莊之內，上列兩處均在李莊之外，似不應相爭，乞電飭該校注意，勿變前議，至荷。弟斯年叩。②

807. 傅斯年致凌純聲、芮逸夫 （電）（1940 年 10 月 20 日）檔號：昆 17-4-6

急。宜賓育英閣水井街十四號育英學校轉中央研究院凌純聲、芮逸夫諸兄：張家四院、穆壩均請即日租定，並在坿近為博院、營社、北大文所租屋及私人住宅，勿放鬆，以免為人攘去。款已請渝即滙。斯年。③

808. 傅斯年致王育伊、凌純聲、芮逸夫 （電）（1940 年 10 月 20 日）檔號：昆 17-4-5

急。宜賓水井街育英閣育英學校轉李莊農本局分庫王專員育伊並轉凌、芮：函悉。穆壩房無讓某校之理，張家第四院勿挂社所牌，可租

---

①頁末收發註記："29/10/20"。
②頁末收發註記："20/10/29"。
③頁末收發註記："20/10/29"。

房均請租下，對某校勿退讓。斯年。宥。①

809. 傅斯年致石璋如 （1940 年 11 月 7 日） 檔號：昆 16-11-4

璋如兄：請看實君、之屏兩信。此信到時，統制局之曾養甫兄正在
座，彼謂公事到彼處，藥即可發還，幣照章辦理。^弟已告以不
可罰。

此次內人之行李，據^弟所知，本是加入兵工署之一批，而用兵工署
之封條，不知此多封條何來也。

以後同人行李，均不加本院封條。公物箱，須由裝箱者聲名負責，
向　兄寫一字據，再發封條。此事即由經手裝箱者辦理也。

所有帶運之行李，均請　兄主持看一遍後再帶。其各人自帶者，由
彼聲明自行負責，即亦不看可也（但必須聲明負責）。此事出來，以
後要大查，實君大苦矣。若再出事，真不了也。

社會所不借封條給他了。

^弟到此數日，諸事無頭緒，苦甚苦甚。乞將此函呈李方桂先生一
看，明後日再寫信。專叩

日安

^弟斯年　十一月七日

810. 傅斯年致石璋如 （1940 年 11 月 9 日） 檔號：昆 17-2-14

璋如兄：近日想當又運走一批，即上次蔡所押之四車，此外更有消息
否？敘昆另一批想已起運？上次雖曾翻了一個，但後此當都安全
到達。

今日王受慶、萬國賓二位來電，謂復興公司自本月一日不裝油赴昆
明。已在此間設法矣。此次遷運時時出岔，真麻煩。

---

①頁末收發註記："29/10/20"。

二十前後之川滇公路 bus，何日開，有消息否？為念！其附著之一卡車，亦是兵工署者，如 bus 開期有定，便請與王受慶先生接洽一切也。

此外北大或者有一卡車附行，即運北大文所之家眷人物等，可與鄭毅生先生接洽。

家眷車走後，則本所研究員無在龍泉鎮者矣。此後一切事奉託兄也。

^弟本思十日左右返滇，但為經費事膠在此，恐十五日不能返。目下正在設法早返，希望廿前可到。　兄自為最後一批走，一切即託兄結束。

所中物、木器、水缸、板子、木條、等，均已與李總經理①說好賣給歐亞。

家眷一隊車，如有北大一車，我們可分二、三人去（照例算錢），則輕鬆些了。如是則可加王志維君在內，以便路上照料也。餘續白，專叩

日安

^弟斯年上　十一月九日

再，本所之文具，除四川出之紙類外，均應帶走。但藥品、紙張等，均須向海關說明是舊存公物，到瀘亦須向檢查者聲明之也。

811. 傅斯年致李方桂、石璋如（1940 年 11 月 13 日）檔號：昆 16-10-7

方桂、璋如兩兄：一岔未已，一岔又來。茲將芮電另紙抄奉。頃為此事已電達矣。^弟當即連電前往迅速開箱洒乾，② 不能揭者徐圖蒸治，

①編按：李景樅（1892—1956），字星五，時任歐亞航空公司（EURAISA）總經理。

②編按："洒乾"當作"晒乾"。

交涉由此直辦，勿多時放在箱中。查此次損失之大，恐不可勝計，
^弟今晨精神上"如喪考妣"矣。宋元刊本本自驕貴，何堪落江？^弟
已電王育伊兄負責晒，同時乞告苑峰兄迅速去（搭最近之車），^弟當
在蓉覓工蒸治之，但決不如北平之手藝也。若在箱中多耗幾日，則
不堪救藥矣。心中誠焦急欲死也。怕的事路上出事，不意事乃出於
躉船自傾，此真夢想不到者也。專叩

晨安

^弟斯年　十三

附：芮逸夫致朱家驊（抄電）（1940 年 11 月 12 日）

朱院長：本所歷代拓片、善本圖書、殷墟器物、骨骼及人類組材料、
儀器等 140 箱託民生公司由瀘運叙，職員王崇武等灰（十日）晚八時
隨船來叙。真（十一日）晨黎明，躉船傾覆，所有箱件全部沒水，雖
經撈起，但均濕透，未敢提取。經與該公司叙府經理交涉，派員會同
本所人員開箱檢查，拓片、善本粘凝成餅，無法揭視，損失奇重。查
該躉船事前緊靠航輪，徒以裝載失均，致真晨航輪移動，躉船失靠遂
向外傾倒，交通管理疏忽如是，實深痛恨。究應如何交涉賠償之處，
敬候鈞示祗遵。芮逸夫。文。

812. 傅斯年致石璋如（1940 年 11 月 15 日）檔號：昆 16-10-6

璋如兄：躉船失事，大約三組損失最小，善本幾當全部 80%，而四組
亦重也。此一批（即六柴油車）之內容乞即開示。^弟幾為此去叙，
亦因此間事無法分開也。

裝回頭貨事已在此辦理。乞告老萬，繼續開車。歐亞可速入，免得
兵來擠，但兵如欲擠觀音殿，我輩旁觀可也。專叩

日安

^弟斯年　十一月十五日

813. 傅斯年致石璋如（1940 年 11 月 20 日）檔號：昆 17-2-15

璋如兄：惠書敬悉，一切井然，感佩之至。

^弟明日去辦飛機票，但何時能飛，大不一定。

設若眷車走前^弟不能到，便乞　兄特別操心一切也。

^弟于眷車一行不甚放心，故能搭叙昆或利國之一批結伴走，最好，以如有拋錨者，仍可有法子也。此次兩車實嫌太擠，加上北大一個尚可鬆些，然北大（文所）目下是否繼續共遷李莊，亦一問題，乞　與鄭先生接洽。

餘續白，專叩　日安

^弟斯年　廿日

814. 傅斯年致石璋如（1940 年 11 月 22 日）檔號：昆 17-1-17

璋如兄：十八日惠書敬悉，王寶先君先去瀘，甚佳。

各箱內容敬悉。看來此次損失，四組之大又在圖書室之下也。

眷車究竟幾時走，甚念。蔣小姐昨過此，云上次之客車，一路未出事，到是卡車拋錨過，全在司機云。他覺得路上很好，但二十歲以下人之感覺，非可適用于較長者也。

下次眷車（客車），仍乞即與川滇一接洽（劉處長），① 確定日期。附帶之車（卡車）問王受慶先生。

路上太寒，有冰在山上時，切不可行，但沿路最高之山為 2600 公尺，比昆明只高 600 公尺，似不至于所謂封山也。

匆匆趕郵，明日再寫。

再，眷車行時乞　電示。

又，叙昆車較貴，而出毛病。設若萬之車可加，則退叙昆車如何，亦可省數千元。（若能裝至 2.2 噸，則不吃虧。）此事乞　兄熟加考慮，

---

①編按：劉希古，時任川滇公路管理處處長。

即行電示。蓋如可行，^弟即函沈也。萬車從未出過大岔，而沈車可慮，且有人命之虞。果此策可行（先問萬，再問王受慶），則加十二車，我們 1½噸八成，兵工署一成。如何？乞　兄即示。為趕郵速發此。專叩

日安

斯年　22

815. 傅斯年致石璋如（1940 年 11 月）檔號：考 29-10

璋如兄：以下各事乞　兄示復，不必告人也。

一、落水各件，　兄手示謂有博物院物（莽量等），但宜賓開來詳單，只有三組物，無博物院物，此何故也。

二、博院、營社，搭我們車的重量均須詳細記下來，以便算賬。此事不容忽者，以運費已不够也。

三、^弟搭書，雖曰萬送，實當出錢，以便兌還行李運費。然^弟之款只有約二千元（即賣書之款，尚未到。）除去寄費 600 外，尚有 1300 多元，若全貼亦不了，必不得已，只好留下些。　兄及樂煥來信，均言改成 F. 十七號，^弟箱無此多。前此一批算價搭上，未知有若干，若太多，恐只有到此再賣書也。此間書貴，尚可賣耳。（行李出價之重量，乞示知。）

四、前算噸數，本已足，今有不能全運者，豈臨時又有人添入耶？一切請詳細記錄之，為感。

五、樂煥信，我還有四箱未運走，不知此語是否指下次利國車已開後之情形言之？乞　示知。如我們的車全開而尚有此，只好暫留再想法也。

斯年

816. 傅斯年致李濟（油印件）（1940 年 11 月 29 日）檔號：考 28-16

本月二十五日由　院長召集本院在渝各所長、各評議員談話，討論

各事曾由^弟紀錄之。茲油印奉呈一份，敬乞　查照為荷。此致

濟之先生

^弟傅斯年（印）謹啟　十一月廿九日

附：在渝各所長評議員談話會紀錄（1940 年 11 月 25 日）

在渝各所長評議員談話會

地　　點：重慶牛角沱本院總辦事處

時　　間：二十九年十一月二十五日

到會人：朱家驊、傅斯年、任鴻雋、王家楫、王敬禮、呂炯、丁燮

林、竺可楨、王世杰。

決定事項

一、本院總處及各所以後不得在同一所、處中任用夫妻同為職員，

其已有之事實，徐圖調整之。

二、在本年追加預算中提出五萬元作選運理、化兩所存滬重要物件

之用，迅速辦理。其餘十萬元由十所一處照經費比例分配。

三、明年經費增加後，總處、各所均照今年經費數目增加 25%，其

餘數除籌設算學所及評議會費用外，遇有重要事項時再行

分配。

四、增設算學研究所事辦法如下：

1. 先設籌備處，俟評議會通過後呈請　國府備案。

2. 聘姜立夫先生為籌備主任，俟評議會通過後再正式成立。

3. 月撥經常費三千元。

五、節約儲蓄辦法如下

一百元以下者至少蓄儲五元；

一〇一至二〇〇元者至少月薪八分之一；

二〇一至三〇〇元者至少月薪四分之一；

三〇一以上者至少月薪之半；

不足五元之數以五元計。

五元者一次扣；

八分之一者兩月扣；

四分之一及以上者五月扣；

願一次繳足者尤為歡迎。

六、明年度加薪辦法如下：

1. 薪給低者酌量多加，用以維持目下之生活。

2. 在生活特別昂貴之處，得酌加伙食費。

七、生活補助辦法依法適用國府通令，不必援大學教職員例。

八、本院速籌編印全院一覽。

九、本院紀念蔡孑民先生辦法，交由丁巽甫擬具草案。

十、關於各所之外國期刊書籍訂寄辦法，由總辦事處迅向教育部
接洽。

817. 傅斯年致石璋如（1940 年 12 月 5 日）檔號：昆 17-2-13

璋如兄：連日多出岔子，至于一友人生狂疾而止矣。梁先生必須坐飛
機來，乞　兄照料一切。李先生行否？至念。附信如已行，即退還
^弟，否則交之。今日初可休息，明日詳陳。專此，敬叩

日祺

弟斯年上　十二月五日

818. 傅斯年致石璋如（1940 年 12 月 9 日）檔號：昆 17-2-16

璋如兄：兩週內出了許多事，至袁守和先生生精神病而極矣。今日始
暫告一段落，此中^弟亦小病不已也。來此月餘，覺身體遠不如昔，
奈何奈何？

一、李先生、陶先生押車走否？如未走，何日可走？為念！兩梁先
生病何如？何時走？飛機票買在何日？

飛機票既難買，查時又有許多麻煩，要"身分證"，故已寄去

護照，又問來渝事由，此點可告梁先生。

二、東西剩下問不完①事，可即試探萬國賓。如可照原合同辦法加幾個車，最好，或逕訪王受慶先生，請其轉託，彼（萬）不敢不辦也。仍搭兵工署物，以便勿折分量，勿留空隙。^弟赴昆期未定，此事務乞　兄一辦，勿待^弟。

外致受慶先生兩信，乞　即一訪之。此外在樂煥信中亦有一信也。

三、此次眷車，真弄得糟，^弟之大意也。^弟初以為本路車走本路當不至于此，而竟壞得如此。頃接蕭、潘電，卡車已到瀘。客車則^弟于六日曾有一電致李方桂先生（曲靖、惠滇），頃電局通知本人已他往，然則已成行矣。大山中前途茫茫，奈何奈何。且男子不過四人，一路小孩生病（我家尚不聞有生病者），可慮之甚。已由朱公電川滇路局沿途設法，下午再訪交通部，請其電飭沿路照料，我在此可做者亦如是而已。

四、乞告汪先生，一切可賣之物都賣了，房租多付者，設法取回，為盼！賣物如有困難，乞　示知。

專此，敬叩

日安

^弟斯年上　十二月九日

819. 傅斯年致王賡（1940 年 12 月 9 日）檔號：昆 17-2-17

受慶吾兄：敝所運物，利國、敘昆兩批車完後，尚有未能運走之物約四、五噸。如用教育部辦法，則以物輕之故又生折耗。未知可由利國加四、五車，仍搭貴署物同運否？此為最省事之法，若換一新法，便添無數困難矣。此法如可行，乞商之　國賓兄，如此或稍須

---

①編按："問不完"當作"運不完"。

超過百〇四噸之數，請　兄一併設法也，好在超過甚少耳。專此奉
懇，敬叩

儷安

弟斯年上　十二月九日

820. 傅斯年致王廙 （電）（1940 年 12 月 11 日）　檔號：昆 17-1-24

昆明。立送王處長受慶兄：內子所搭川滇包車，聞車已破爛不堪，在
曲靖停四天，司機謂決難到瀘。弟曾電方桂於曲靖不得已可退回。電
到李已行，此後無消息，前程堪虞。已由交部囑陳地球迅速查明下
落，並襄助。騮先亦電軼群。弟因車多婦孺，恐萬山中出事，盼兄即
一詢劉希古及他主管人情形，如何？電復，至感。斯年。真。①

821. 傅斯年致朱家驊 （抄件）（1940 年 12 月 31 日）*

騮先吾兄院長勛鑒：敬啟者，本院三十年一月二日擬於于是日上午九
時舉行月會，未審　尊駕能否蒞院主持。再，同月五日北碚丁文江先
生逝世紀念大會可能前往參加？統希　示復為禱。專此，敬候

勛安

弟傅斯年謹啟　十二月卅一日

822. 傅斯年致任鴻隽、周仁、陶孟和、余青松、施汝為、吳 學周、李方桂 （暫繫年於 1940 年 12 月）　檔號：IV：519

叔永、子競、孟和、青松、汝為（舜若）、學周（化予）、方桂諸位
先生：

---

① 頁末收發註記："中華民國廿九年十二月拾壹日發。"

* 取自"朱家驊檔案"（檔號：朱-07-002-p. 97）。

^弟到此後與朱代院長商談之後，共覺目下最應先辦，亦即最難辦之兩事，即明年經費與追加遷移費是也。明年經費之核定，在上次叔永先生及^弟返滇後數日，由行政院開會擬為一百二十萬，^弟曾質詢緣何如此，則云係本院自己表示。後來主計處又決定一原則，即各機關一律加一成。如此辦法，本院明年自然難辦之至，目下正由朱公分向各方接頭中。遷建費事，行政院于追加一事不表歡迎，非對我們，乃恐教育部更大加也。友人謂，可以自己先花了，後來再追加，必可成，不要此時先為開例。但本院無存款，何處先花耶？此是亦在進行中。以上所述，均請祕密，餘待續陳，專頌

著安

^弟傅斯年謹啟

此信抄三份，化工、物天、史社各一，乞傳觀，並祕之為感。

一九四一年

823. 傅斯年致中華教育文化基金董事會 （1941 年 1 月 6 日）檔號：II：56

敬啟者：① 頃致函國立北平圖書館委員會辭去^{斯年}之委員職務。茲將原信抄奉，諸希　存查，至荷。此致
中華教育文化基金董事會

傅斯年謹啟　三十年一月六日

附：傅斯年致北平圖書館委員會 （1941 年 1 月 6 日）

國立北平圖書館委員會諸位先生：② 自漢口以來，^弟未知本會開過幾次會，亦未聞報告。^弟所最關心者為某一批書，今則憂此者誰與？早知此會是具文，今則具文似亦不具，故^弟近聞^弟仍是此會之副主席委員，為之諤然。謹向本會聲明，辭去委員職務，庶可亦同大家不關心某一批書矣。諸希　亮察，至荷！專此，敬頌
日祺！

824. 傅斯年致朱家驊 （1941 年 1 月 22 日）*

騮先吾兄院長左右：到李莊已四日，諸事紛然，迄今始獲上候，為歉。船行五日，連前轉船共七日，方達宜賓，在宜賓又以結束水漬公物之故，費去二日，方轉李莊。交通不便一至于此。然下行船則不需如是也。所中同人均好，勿念。所遷入之板栗坳房子（即梁仲栗兄之外家

---

① 頁首附註："稿存。30/1/7。"
② 頁首余又蓀附註："稿存。30/1/7。已抄寄蔣、孫、周、任諸委員。"
* 取自"朱家驊檔案"（檔號：朱-07-011-pp. 49-50）。

也）甚為適用，只住家微有不便，亦無大不了也。只是^弟未能常在此，一切困難，乃至磨擦，由此而生耳。^弟恐須二月五日方可自李莊赴宜賓搭船，十日可到重慶，未知誤事否？專此，敬叩

政安

^弟斯年謹上　一月廿二日

水漬公物，全損者不多，相貌改變者幾無能免。能如此，仍由同人奮力搶救，詳情俟寫成後奉呈。

825. 傅斯年致袁同禮 （抄件）（1941 年 2 月 17 日）檔號：II：53

守和吾兄左右：① 自李莊返，奉讀　手書，知　貴體復原，至慰。此次糾紛，^弟不能加入漩渦，故只有辭去委員之一法。其理由前致委員會書業已言之，不贅述。^弟已認為擺脫，文件奉還，以後乞勿再寄也。專此，敬頌

旅安。

^弟斯年謹復　二月十七日。②

826. 傅斯年致周詒春 （抄件）（1941 年 2 月 17 日）檔號：II：52

寄梅先生左右：③ ^{斯年}自李莊返，兩奉　手示，至感至感。　手示所謂"為何赴美，做何工作，留美時間，一切開支及館長職務由何人代理"，^{斯年}亦極不了了，可為長太息者此也。守和脾氣，本不聽人話，而洪芬兄早未處理，最後一制裁，于是爆發。^{斯年}只有避開，蓋加入

---

①頁首余又蓀附註："抄稿存。"

②頁末余又蓀附註："寄還文件：一月廿三日袁致委員會函（抄件）一件、袁致適之先生英文函一件、二月十日袁致傅先生函一件、袁致夢麟先生函（抄件）一件……。"

③頁首余又蓀附註："抄存。"

漩渦無益于事也。諸希亮詧，至幸。專此，敬頌

政安

斯年上　二月十七日

827. 傅斯年致孫洪芬 （抄件）（1941 年 2 月 17 日）檔號：II：54

洪芬吾兄左右：^弟日前自李莊返，奉讀兩次　手示，至感至感。盛意極感，唯^弟在此會中已毫無用處。前者只為玩中國古書。如近代圖書館事業，本為守和兄所齒冷，今又出此一事，^弟公私皆不願加入漩渦，故只有一走了事，蓋守和性格，他人實不能影響其行止，而歷年積累，爆發久而彌大，^弟之力實不能救其萬一。今日此事之解決，盡在我　兄及孟鄰先生矣。伯遵兄在此見聞甚切，當代^弟詳述其一切。務希　見諒，至幸。上海情景如何，至以為念。如　貴會有再遷一部分至此之計劃，^弟在此期間如有所命（例如覓地、尋房等），當竭力奉贊一切也。專此，敬頌

儷安

弟○○謹上　卅年二月十七日①

828. 傅斯年致管理中英庚款董事會 （抄件）　（1941 年 2 月 17 日）檔號：I：1383

　頃奉　貴會渝庚科第四一六四號函，承　示貴會"協助科學工作人員限制兼事辦法草案"，所訂六項辦法，均極妥善，敬表贊同。此致管理中英庚款董事會

傅○○敬啟　二月十七日②

---

①頁末余又蓀附註："抄存。"
②頁末余又蓀附註："稿存。又蓀。"

〔附〕：管理中英庚款董事會協助科學工作人員限制兼事辦法

受協助人以不得兼受其他機關薪給或獎學金或類似之報酬為原則，但在原工作機關或學校，於不妨碍研究範圍以內，得兼課或擔任委託之工作，但必須依照下列之規定。

I. 兼課或擔任工作須由學校或機關事先商得本會同意，並備聘約副本一份寄本會備查。

II. 兼課或擔任工作每週至多不得超過四小時，如有實驗，每二小時作一小時計算。

III. 所兼課程或擔任工作性質必須與研究題目有明確直接之關係。

IV. 學校或機關如每日另給薪俸或津貼，不得超過本會規定協款（津貼除外）百分之四十。

V. 不得在原工作學校或機關以外處所兼事。

VI. 受協助人如有違背上項規定，一經本會發覺得隨時停止其協助，並向保證人追償協款。

829. 傅斯年致蔣夢麟（抄件）（1941 年 2 月 18 日）檔號：II：51

孟鄰先生賜鑒：[1] 北平圖書館委員事，業已聲辭，務乞　照准。事至今日，思之慨然。守和出洋，^{斯年}決無力制止，而此糾紛之漩渦，亦雅不願加入。故關于此會之一切事，乞以後不再示及，^{斯年}只能認為既已辭去。事出無奈，諸希　鑒原。專此，敬頌
日安

斯年謹上　二月十八日

830. 傅斯年致谷霽光（抄件）（1941 年 2 月 19 日）檔號：II：129

霽光先生大鑒：一月十四日　來函已悉。　大著《遼金紀軍史料試

---

①頁首余又蓀附註："抄存。30/2/17。"

釋》一文，久已收到；^{敝所}已編入本所《集刊》第十本第二分內，於去年十一月一日寄往商務印書館付梓。此次　台端寄來之"訂正表"一份，亦已備函轉往商務印書館，請該館於排印時代為更改矣。專此，敬頌

著安

傅〇〇敬啟　二月十九日

831. 傅斯年致李西平 （抄件）（1941 年 3 月 24 日）　檔號：III：670-2

西平先生左右：① 參政會後數日，^弟生病未能出門，以致不獲走送作別。前云復國賓兄之函，亦未能寫就，敬煩　帶去，至歉至歉！^弟近中身體尤不適，一、二日後入醫院調治。國賓兄所詢各件，頃已手寫復之矣。知　注謹聞。專此，敬叩

道安

^弟傅〇〇謹啟　三月廿四日

832. 傅斯年致萬國賓 （抄件）（1941 年 3 月 24 日）　檔號：III：670-3

國賓仁兄大鑒：② ^弟兩個月來，皆在旅行及開會中，手示稽復為歉。西平先生返滇前數日，^弟在病中，開會時未到，故未交西平先生帶信去，至歉也。各節奉復如下：

一、末批車翻復之一電，係他人代^弟發出，不久^弟即電王受慶兄，仍舊將末批餘款照付矣。

二、敝所全部運價均早已付兵工署。（去年開運時付十五萬，其餘數在上月清付王受慶兄處。此餘數之由來，蓋敝所之物不止五十噸，

---

① 頁首收發註記："三月廿六日發。昆明，五華坊，昆華公司，李西平。"

② 頁首收發註記："三月廿六日發出。昆明，五華坊，昆華公司，萬國賓。"

乃五十四噸餘，故將此餘數付兵工署辦事處，然此只是敝所與兵工署辦事處中間之分配法，與　貴公司無涉。總之，運價中敝所應付之價，均已清付，惟尚未接到受慶兄之總收條，當催其寄來，以便報銷耳。）

情形如此，故請　兄就近與王受慶兄接洽也。再，王文俊兄言，　貴公司擬提議在瀘扰擱罰款一事，^弟等為　貴公司裝回頭貨，又盡最大之努力，且成績甚佳。若提罰款，似不近情矣。專此，敬叩

日祺

弟傅〇〇手啟　30/3/24

833. 傅斯年致俞大綱 （電）（1941 年 3 月 25 日）檔號：I：251

香港九龍彌敦道 226 號三樓。俞大綱弟：① 欣逢岳母大人七十壽慶，遙叩健康。傅斯年。有。

834. 傅斯年致董作賓 （抄電）（1941 年 3 月 25 日）檔號：III：670–1

宜賓。專送李莊五號信箱。董彥堂：頃與民生公司商定，雙方封條之箱先打開再曬，免再受損失；將來以原簽文件為憑即足。又，落水照相、畫圖器原價，重損書原價，請即開示。斯年。有。②

835. 傅斯年致蔣夢麟 （抄件）（1941 年 3 月 26 日）檔號：IV：452–1

敬啟者：頃奉三月十四大函，囑出席四月二十六日在香港舉行之國立北平圖書館委員會議。^{斯年}已辭職矣，恕不到會，敬乞　查照為荷。此致

---

①頁首收發註記："三月廿五日晚發出。"
②頁末收發註記："三月廿五日午后十時在聚興村發出。"

蔣孟鄰先生

傅斯年謹啟　三月廿六日①

836. 傅斯年致朱家驊（1941 年 4 月 16 日）*

騮先吾兄院長台鑒：

弟醫院中休息將廿日，血壓雖略低，但一動又高。醫注意者，不在此而在血管硬化。昨日內科主任應元岳（上海醫學院內科教授）與弟常談，（彼久言常談而未常談，昨始屏人言之。）勸弟必須絕對靜養，至少六個月。弟以返李莊後所長一職仍不時有事，詢以每週三個半天作事（輕作事）如何，彼亦不謂然，其情可知矣。目下血壓最少是 170Syst/114 Dchst，醫不甚以此為可慮，而慮眼球出事，以為血管硬化之證也。有此情形，總幹事一職，兄不能不速覓替人，總處組織，非可停頓者也。此事解決，弟心中亦告一安寧，于病不無小補也。巽甫有事務才，亦兄可注意者。專此，敬叩

日安

弟斯年　30/4/16

837. 傅斯年致盧作孚（抄件）（1941 年 4 月 16 日）**

作孚次長吾兄左右：本院歷史語言研究所落水事件，日前與兄及童經理少生談商後，當致一電與李莊歷史語言研究所代所長董彥堂先生，請即照談商結果辦理。茲將電稿另紙抄奉。此電前節係與兄商

---

①頁末余又蓀附註："孟鄰先生現在渝。蓀 4/4。"

*取自"朱家驊檔案"（檔號：朱–07–002–p. 98）。

**本函有余又蓀抄件（檔號：III：670–7）及他者抄件（檔號：李 20–12）兩種，文字略異，據余又蓀抄件整理。

妥者，後節係與童經理商妥者。^弟近接董代所長復稱，已將各損件之箱開啟，未稱再有損失。前開列之損失書籍，全部均係原價，總數只約二千餘元。至損失儀器之原價，因此部份負責人吳定良先生等尚在返李莊途中，須稍緩始能查明開單奉陳。^弟因病已於上月二十七日入歌樂山中央醫院診治，醫云血壓過高，且眼部血管破裂，入院以來，未見減輕。何日出院未可知也。專此奉瀆，敬頌

政安。

^弟傅〇〇拜啟　四月十六日

附致董彥堂先生電稿一件。①

838. 傅斯年致董作賓 (抄件)（1941 年 4 月 21 日）檔號：III：670-6

彥堂兄：② 此人病尚未愈，搬家又困難，似可准以下列辦法。

一、去年欠發之半薪，聞尚欠發數月，此是老蕭不是，應為補足。

一、今年上半年（即一至六月），似可仍繼續給半薪之辦法。（照加薪後之半薪。）但須不兼他職，以便休養。

三、暑假中返所。

以上三項辦法，　兄如同意，請即通知李君，並函院存查。③

839. 傅斯年致向達 (抄件)（1941 年 4 月 22 日）檔號：IV：452-13

向覺明先生：久思寫信，初以開會甚忙，繼生大病，現臥病中央醫院。^{敝所}渴望　先生來此治學，以為同人之光寵，應辦手續，以前均

---

①頁末余又蓀附註："致民生實業公司業務處經理童少生函一件。（內容與前函同，未錄。）此稿寄一份與歷史所矣。蓀。30/4/16。"

②頁首余又蓀附註："函董彥堂。事由：李家瑞二月十五日及二月廿二日兩次來函，以病未復原，承准續假半年（本年一月至六月），甚感。（抄病院所擬函稿，存此。）"

③頁末余又蓀附註："李家瑞原函二件寄與董先生。通信處：雲南大理省立中學。"

已辦就。但鄭毅生先生力持異議，其來函已交陳寅恪先生，並請陳寅恪先生將此信交與 先生。暑假後無論 先生就北大或中央研究院，暑假後燉煌之行，什九當可辦到。弟若不生病，此事早已接洽清楚，現大約六月始可出院，須俟出院時始可進行。

840. 傅斯年致朱家驊（1941 年 4 月 23 日）*

騮先吾兄左右：星期日談至快。總幹事人選一事，茲再將二、三日內所思及者，奉陳如下：

一、就辦事之見解及能力論之，前談各人試各定一分數如下：

汪、吳　90

葉　　　80–85

趙　　　50–60　辦事能力有限。

二、然若就其皮氣及易于供事起見：

可允之分數如下：

葉、吳　至多 40

汪、趙　至少 60

但趙來恐仍須至少三個月。

則此表應如下：

1. 趙，① 本人極易共事，其夫人之問題，頗不可全忽略；若夫人干預，則問題多矣。

2. 吳，② 相當隨和，如有固執，在心中。

3. 葉，③ 固執頗露于外，然思想實單純、公正，黨派觀念似無之。

---

*取自"朱家驊檔案"（檔號：朱–07–002–pp. 112–113）。

①編按：趙元任（1892—1982），史語所第二組主任，時任美國耶魯大學訪問教授。

②編按：吳有訓（1897—1977），字正之，時任西南聯合大學理學院院長。

③編按：葉企孫（1898—1977），本名鴻眷，時任西南聯合大學（清華）物理系教授。

4. 汪,[①] 彼之發脾氣，似專對熟朋友為之，對生人並不大發，一熟然後發。又彼新就事之第一年，甚隨和，並不胡鬧，在中大、北大、本院皆如此，故在君自始自沒稱其講理。鬧脾氣在後，意者換一新職，可望一年半精神正常乎？故此君弟始終覺得兄前之提及是也。（此君近專對弟發皮氣。）彼如何，可一詢仲揆、緝齋。

三、兄所詢"第一問誰"之問題，弟意第一似以問葉為相宜，惟此點與以上所說均姑妄言之耳。

四、書詒不相宜。枚蓀未盡善，非不可，然北大局面，同人皆希望其掙摯，似不可拉走也。

五、此外又想到兩人可考慮者：

何淬廉　彼近數年似決不至于從政。

陳受頤　此君有才幹，有見識，且中英文皆能動筆，英文尤妙，人極可親，無怪脾氣。近彼以窮，故在檀香山，家口小。此人似當為北大文學院適之之繼承人，或歷史所弟之繼承人，惜與兄無一面之識也。

弟斯年　4/23

841. 傅斯年致朱家驊 (1941 年 4 月 28 日)*

騮先吾兄：昨日駕走後，知留下厚賜，甚感且愧也。假若問問葉，附信似可一寄，乞　斟酌。吳、汪二人事，書詒知之甚深，似可與之一談，如何。專此，敬叩

日安

弟斯年上　4/28

---

①編按：汪敬熙（1896—1968），字緝齋，時任中研院心理所所長。

*取自"朱家驊檔案"（檔號：朱-07-002-p. 115）。

842. 傅斯年致戚壽南 （抄件）（1941 年 5 月 14 日） 檔號：I：80

壽南先生吾兄左右：計去年在陳部長座中，敬領　清論，已一年矣。近維　道履康娛，為禱！茲有一事奉懇，即^弟現臥病中央醫院，願先生有所指教焉。^弟素有輕微之 hypertension，在 155 sys. /110 dias. 至 145/90 之間，抗戰前約有三、五年如此，每向　先生請教，當蒙憶及。去秋曾量過一次，亦不過如此，但去年冬初，^{敝所}奉命自昆明遷川南，其時至為忙碌，又以兼任^{敝院}幹事長之故，更感生活之不安定。今年在二、三月中，五十日內，一連開會五次，長者如參政會之十日，短者不過一日，但屬於^{敝院}者，須^弟事先準備，又以有各種不如意之事，時有暴怒。故^弟自一月初，即覺兩眼不適，然彼時尚能登山走路也。二月十八日，曾請林文炳大夫檢查，（未放大瞳人）謂目光並無變化，眼球中血管，亦未見有何種病態象徵，勸^弟在內科檢查。^弟以當時各種會在即，未能檢查，以後眼睛更不舒服。直至三月廿日，^弟覺身上甚有不適，往市民醫院一查，知血壓 194 sys. / 140 dias.，此三月廿日事也。朱景蘭大夫囑服 Luminol，一日之後，遽降至 178/128。廿八日，^弟即入中央醫院，直至現在，在應元岳及錢德兩大夫診治中。三月廿一日發現眼睛甚難過，入中央醫院後，林大夫檢查結果，兩眼之動脉管比靜脉管為細，但亦不一致如此，粗細不均，左眼有一毛細靜脈管破裂，經此一月餘在中央醫院修養之結果：

1. 血壓降至最低時 150/98，近數日又微高，亦不過 170 上下。Dias 在一百上下變動甚少。

2. 左眼出血處已吸收三分之二，但仍不舒服。

3. 小便無蛋白質及紅白血球。腎臟工能檢查，P. S. P. ^①約一百分之八

---

① 編按：酚紅排泌試驗（Phenolsulfonphthalein，簡稱 P. S. P.）。

十五，其 N. P. N. ① 檢查，亦與常人無異。若干次檢查從來未發現蛋白質。修養之法即是 Bed rest，因 ^弟除眼睛不舒服及疲倦外，一切均與常人無異也。

4. 所服之葯，初係 Pot. Iodite，並打了廿針 Padutin，似全無効力。後改服 Rhodan-Calcium-Diuretin，服之一星期後，血壓似有突降之勢。近十餘日，錢德大夫加 Digitaris，減 Rhodan 之份量，後來又將各種葯全停。Rhodan 停後之第二日，systolic 遽見上升，由一百五十餘升至一百八十，Diastolic 無變化。

5. 廿日前曾因要減少體重之故，改用 milk diet，忽然大瀉，雖停止 milk diet，但腹瀉仍微微不斷，查不出有何病菌出來。

6. ^弟有輕微之 chronic tonsillitis 多年於此矣，王鵬萬大夫因 ^弟血壓高，不敢割。

7. ^弟之牙微覺不舒服，但韓文信大夫未看出有何 focus infection。

以上各種情形，係 ^弟所知者。家母十年前，亦曾突患血壓過高，曾至 240，但將病牙拔去後，突降至 160/90，故 ^弟頗疑心亦有同樣情形，惜此間並無牙科。

以下各點敬乞　惠示：

1. 聞志希言，　先生兩週內來此，屆時乞早　示知，^弟借車接　先生來山一談，至感！

2. 有何　惠示之處，敬祈早日函示！

3. nitrite group 及 sulpho-sinite group 可否一試？

4. ^弟大約十日後遷往歌樂山八塊田三號，繼續休養，就近請中央醫院大夫醫治。但前此　先生如有機會過重慶時，^弟仍可請此間主任大夫奉請，以完手續也。專此奉呈，敬候　惠示！敬頌

教安！

^弟傅斯年謹啟　30/5/14

---

①編按：非蛋白氮（nonprotein nitrogen，簡稱 N. P. N. ）。

843. 傅斯年致朱家驊 （抄件）（1941 年 5 月 14 日）檔號：III：1296

騮先院長先生鈞鑒：頃誦五月七日來示，敬悉居覺生先生有函推薦劉頤先生于本所。（案，黃季剛弟子有劉賾，著《聲韻學表解》一書，來示云劉頤，疑是劉賾之誤。）劉君學有本原，謹守師法，固所贊佩，惟以年來經費短絀，雖多方撙節，猶極感窘困，延攬新員實為力所不逮。又，本所語言組之工作計畫，現方集中於各省方言研究及邊疆夷語調查，與劉君所治者亦略異其趣，此時如再擴充，經費實有不周也。順乞轉達覺生先生鑒諒，至感。專此奉復，順頌
道安

上　三十年五月十四日

844. 傅斯年致朱家驊 （1941 年 5 月 21 日）*

騮先吾兄：

弟血壓又高，（又與入時差不多）其故不可解。

兩事必以奉聞：

一、星期日詠霓云，聞　兄云葉可以來，但今日院中來人尚未有消息。　兄且告毅侯云，暑假後。豈葉有回信耶？如有，乞　急示知。葉來是一件大好事，其人實公正而負眾望。

　總幹事之人選，因為教育界（尤其是好的教育界）注意之故，恐必求有能力並有名為人知者，　兄如舉蔡君或其同等，弟誠不能說其不行，但必生一印象于評議員及教育界中，即　兄任用私人也！此印象萬不可有，有則此間及昆明之評議員（十人以上）必有"從此不管"之反應，因而①本年評議會決議案若干不能推行（其中有須翁、王等出力者。）②明年開會未必足法定

*取自"朱家驊檔案"（檔號：朱–07–002–pp. 123–124）。

人數，他事可知矣。^弟去年尚不覺此事之重要，此次開評議會，若干說話^弟聞後方知，而未以告　兄也。

一、文書主任事，聞慰堂云，　兄又囑某君訪^弟，此事，^弟前已告　兄不必了，其真意如下。李已是難題，相面一回，實在決定不了，決定必須有三事之一：1. 自己與之共了事，2. 可靠之人與之共事，3. 輿論（即 2 之擴大）。否則"相面術"雖為重慶大官所習用，^弟則無此能力，且^弟勉用于之李子欣而失敗矣，此職與總幹事實聯為一起，^弟意應請繼任者自尋。至于專為兄辦之事，專設一高級祕書可耳。

以上兩意，實皆　兄之事也。以叨愛久，故冒昧陳之耳。至于目前之困難，在中英庚款暫借一幹員，或暫請陳景陽或劉次簫，便比找一生人反為順利也。

目光不佳，寫得如此，為歉。專叩

日安

弟斯年　30/5/21

845. 傅斯年致朱家驊 (1941 年 5 月 21 日) *

騮先吾兄：頃聞余又蓀兄言，　兄所請之文書主任即是陳景陽兄來幫忙，以俟新任總幹事之至，如此大佳，感佩感佩。頃發之一書，乃係昨日聞之慰堂兄者，似有誤會，以為　兄又另覓一人交^弟"一相"，故^弟于病中聞而詫異也。專叩

日安

弟斯年上　五月廿一

血壓二十日中逐日高升，未知何故。

---

* 取自"朱家驊檔案"（檔號：朱–07–002–p. 125）。

846. 傅斯年致張鈺哲 （抄件）（1941 年 6 月 4 日）檔號：IV：452-35

鈺哲吾兄左右:① 弟病中不能多說，只好簡略說之。關於日蝕觀測事，下列各點奉聞：

一、美國機器到香港後，請　兄即函驪公，可由航空公司運至內地。萬一來不及，未知臨時在昆明能作成一套否。

二、何時由昆明動身，祈　先示知。（由總辦事處余又蓀兄轉，因弟在病中。）弟當即託翁詠霓兄由資源委員會借撥車子一輛，已經說妥。

三、用款，已有之款儘先用之；如有不足，總辦事處自然有法子想。請開一詳細之預算單，並注明已有之款項。

四、第二觀測站籌備情形如何？極念。

專此，敬頌

日安

弟斯年　6/4

847. 傅斯年致陳克文 （抄件）（1941 年 6 月 11 日）檔號：IV：452-37

克文先生大鑒:② 頃奉　惠寄滕若渠先生親友會議紀錄一冊，甚感。弟亦若渠先生友人之一，因臥病山中，未克襄助　先生等辦理其身後事宜，無任歉仄。茲謹送致賻金式十元，乞　代收轉。將來籌集子女教育基金辦法擬定后，亦請示知。弟當竭其棉薄以襄盛舉，而慰故友之靈于地下也。專此，敬頌

大安

弟傅〇〇拜啟　六、十一。

---

①頁首余又蓀附註："（三五）致張鈺哲函稿。30/6/5。"
②頁首余又蓀附註："（三七）函陳克文。30/6/11。"

848. 傅斯年致管理中英庚款董事會 (抄件) （1941 年 6 月 11 日）檔號：IV：452-36

敬復者：[①] 接奉貴會渝庚科第 4968 號函，以[斯年]養病山中，不便担任協助科學工作人員之史學組委員會主席職務，囑就本組委員中指定一人暫行代理等由。[斯年]久病須辭，茲推荐陳寅恪先生或金毓黻先生繼任主席委員一職。即希　查照為荷。此致
管理中英庚款董事會

傅○○啟　六月十一日

849. 傅斯年致朱家驊 （1941 年 6 月 18 日）[*]

騮先吾兄院長：

　　盧逮曾兄事，前經奉上一書，並經面陳一事，言之甚急，勞　兄海涵，至感。今此事已成過去，然有數點似仍當請　兄知之，蓋此事之發生，與　兄以後向教育界借材，尤其是北大，（北大必聞之）不無觀感之變化也。

一、第一期確有葉公[②]自撰之文，[弟]已請逮曾兄將印本及稿子奉上。

二、頡剛揚言，　兄勉以兼任，故齊魯大學事不辭，[弟]深覺與　兄言之有異。假如兼著，則文稿來源要以齊魯大學為本營，且頡剛跑去跑來，此間派兩個大學新畢業生照料（[弟]已知之，一男一女）而已，其結果比逮曾為何如，不難想像。友人中有一傳說，謂頡剛于所報報[③]一期出版時，便問"這期有我文章否？"

---

①頁首余又蓀附註："（二六）復中英庚款董事會。30/6/11。"

*取自"朱家驊檔案"（檔號：朱-07-011-pp. 61-65）。

②編按：葉楚傖（1887—1946），本名宗源，時任文史雜誌社社長，著《文史與興亡》，載《文史雜誌》，第 1 卷第 1 期，1941。

③編按："報報"當作"辦報"。

曰："有"，"何名?"曰："何名"。蓋頡剛近年負其名字之文，多出他人之手，編輯亦是人代為之，茲奉上《責善》數冊，頡剛之把戲也，乞 一看。若 兄真任其在成都兼著，不定弄出何等事來。且以國民黨辦之報，而為未立案之教會大學之研究所之附屬品，豈非笑話?

三、凡與頡剛共事，最後總是弄到焦頭爛額，如徐旭生，天下之君子也，今言及慨然。前年頡剛以美金大拉昆明幾個機關之人，故舊友多不來往，今 兄念舊可佩！然其結果，看著而已。

四、又，齊魯大學校長曾寫信痛罵本所（因頡剛拉濟之助理事），今又有所求于我 兄，^弟意原案可抄閱，看 兄對此人（劉世傳）作何感想也。

五、盧之"抗交代"，似其中亦有委曲，因頡剛前者非即刻接收不可也。至于 兄所云兄左右某某云云，此人對盧之云云， 兄聞之矣。此人在外對 兄所發各種評論， 兄聞之乎?（^弟聞之矣）要以全不聞之為是耳。

六、盧好亂說，故得罪人，^弟屢勸之，亦無可如何，咎由自取，然此人自是比較肯幹之人， 兄失之可惜，（或 兄不作此感）^弟勸其返北大辦事事①處也。

七、此事毛病在不早告之，而臨時迫以即日交代。^弟感不平者如此。為 兄計之，若 兄以後用人全是甘家馨之流，則一切可不談，若仍是讀書人出身者，則似乎應預告者，預告之。此待士之道也。

專此，敬頌

日安

^弟斯年上　6/18

^弟連篇錯字，因為此事心中心懷實多也。恐血壓高了好些，一笑。

---

①編按：衍一"事"字。

^弟向責友人甚嚴。然此等非待士之道，^弟久為國民黨惜之。

850. 傅斯年致張鈺哲 （電）（1941 年 6 月 24 日）檔號：IV：452

張所長鈺哲兄：惠書敬悉。如改臨洮，能坐飛機達蘭州，再用馬或騾車，車達臨洮否？所長一事，切勿存此念，函詳。斯年。敬。

851. 傅斯年致朱家驊 （1941 年 6 月 28 日）*

騮先吾兄院長：

一、叔永忽然要搬所至黔，其事甚奇，^弟勉作一答，呈　兄覽後寄出。

二、物理所在昆明鳳凰山所建物理所不用事，^弟復企蓀一函，乞看後仍交又蓀兄發出。

專此，敬叩

日安

^弟斯年　6/28

再，　兄上次所云，此時可函企蓀，促其早到，同時捎帶一筆，清華事雖一時不易覓人，但本年十月前當可覓到繼任之人，此意已向月涵兄言之矣，云云，或更說明本院總幹事以前不兼之慣例，及兼時在法令及事實上之不便，一切可待見後面談，云云。

852. 傅斯年致竺可楨 （抄件）（1941 年 7 月 8 日）檔號：IV：452–39

藕舫吾兄左右：^① ^弟病已大漸好，一、二日內出院，住歌樂山八塊田三號，繼續休養數月，知念謹聞。聞兄辭氣象所職，騮先兄已竭誠挽

---

*取自"朱家驊檔案"（檔號：朱–07–011–p.70）。

①頁首余又蓀附註："（39）致竺藕舫。30/7/8。"

留。此事固絕不能實現者，請兄此後勿以為言也。此事近來之複雜化，實由於氣象局之將設立。（^弟除聞之於兄者之外，未有所聞。）兄如不兼此事，恐於貴所工作前途有礙。至於氣象所，兄指定一人代行，隨時秉承吾兄意旨辦理，一時似無大困難也。專此，敬頌

研安，并候

嫂夫人日安

弟傅〇〇敬上　七月八日

853. 傅斯年致朱家驊 （1941 年 7 月 9 日）*

騮先吾兄院長：

^弟本擬今日出院回家靜養，不意今晨血壓又高些，恐須再待二、三或三、五日矣。

企蓀處，　兄如去信催其速來，並明告以不兼清華事，恐必須即寫了。（時候到了）頃與金甫談，彼意亦如此。如去此信，大意即謂已與月涵談過，如清華事不能于來前結束，想至本年十月，可覓到繼任之人。本院總幹事之難兼他職，有多原因，俟晤時面談，云云。此意恐必須說明，只要客氣說之便足耳。否則後來必有麻煩，因清華之有此職，即等於本院之有總幹事。頃詢金甫，亦如此說耳。專叩

日安

弟斯年上

金甫一來即病，已在此養病。

854. 傅斯年致管理中英庚款董事會 （抄件）　（1941 年 7 月 10 日）檔號：IV：452-45

敬啟者：① 准　貴會渝庚科五二三三號大函，以陳寅恪先生不願担任

---

*取自“朱家驊檔案”（檔號：朱-07-002-p. 174）。

①頁首余又蓀附註：“（45）復中英庚款董事會。30/7/10。”

協助科學工作人員史學組主席委員職，　囑^{斯年}另推一人繼任。茲謹
推荐金毓黻先生繼任，即希　查照辦理為荷。再，^{斯年}久病，屢請辭
職，請即　照准，由金先生繼任，不必用代理名義為荷。此致
管理中英庚款董事會

傅斯年啟　30/7/10

855. 傅斯年致朱家驊 （1941 年 7 月 12 日）[*]

騮先吾兄：^弟出醫院已數日，現住歌樂山八塊田三號道藩房子。病狀
仍高高下下，雖比三個月前好得多，但血壓仍或正常或不然也。
出醫院之前夕，頡剛來訪，當係　兄屢問其來過否之故。相見之
後，殷殷道契闊，^弟先說去年不幸發生本所與齊大之爭，並謂^弟乃
不幸捲入旋渦，繼申言以老朋友之交誼，勸其如去年離昆明後拉各
朋友機關之事似不可為常。彼乃大怒，謂非破壞北大不可，^弟如何
不明云云。此時金甫適來，亦勸之。頡剛既走，金甫亦大息不置。
頡剛既以破壞北大為目的，^弟今後不能不與之絕交矣。聞　兄將有
西北之行，何日啟行，為念。專此，敬叩
日安

^弟斯年上　30/7/12^①

856. 朱家驊、傅斯年致凌鴻勛 （抄電）（1941 年 7 月 15 日）檔號：
IV：452-47

天水天成鐵路局。凌竹銘兄：^② 日食觀測隊已就近搭甘肅油卝局車赴

---

*取自"朱家驊檔案"（檔號：朱-07-011-p. 72）。
①頁末附註："存。七、十五。"
②頁首余又蓀附註："電謝凌竹銘"。

臨洮，寒由渝啟程。前承允借車，甚感。將來由臨至蘭段車，尚祈協助。謹電奉謝。弟朱家驊、傅斯年叩。刪。①

857. 傅斯年致董作賓 （抄件）（1941 年 7 月 18 日） 檔號：IV：452-52

彥堂吾兄：② 關於改名稱事，^弟久未回吾　兄信，因此二十餘日中，血壓仍有高低，而目力亦不甚舒適也。茲簡覆如下：

一、李光宇兄之名稱，如濟之兄所擬之辦法最妥，即第三組標本儀器管理員。

二、楊時逢兄之工作，似介於技術與研究之間，歷次調查方言、編輯報告，彼均參加，故擬為助理研究員有其充足之理由；然彼自願作技士。技士在本院資格上雖與助理研究員平行，然助理研究員差高一籌，時逢兄捨此取彼何也？請方桂兄與之細談後決定。

三、伍汝康君③改為助理員，潘愨君改為技士，王、魏、謝等改為技佐，似均妥當。

四、准其請假之助理員，似亦應同時改名稱；即二李④與陳述，似亦應同時照章改為助理研究員。此外，助理員改成助理研究員者，^弟皆認為資格相合，但填表時務請詳細開列其著作等項，以免在此間審查時發生疑問。

以上仍請兄與同人商定之……。⑤

①頁末余又蓀附註：＂囑辦。又蓀。30/7/15。＂
②頁首附註：＂（52）函董彥堂——歷史所改名稱事。30/7/18。＂
③編按：吳汝康（1916—2006），時任史語所第四組事務員。
④編按：指李家瑞（1895—1975），時任史語所第二組助理員；李景聃（1899—1946），時任史語所第三組助理員。
⑤頁末收發註記：＂30/7/18 發出。＂

858. 傅斯年致朱家驊 (1941 年 7 月 22 日) *

騮先吾兄左右：奉　交下梅月涵兄之件，^弟本不擬加注，但終覺月涵
此事實在是向我們耍手段，頗覺可氣。蓋這些話何不于企蓀答應之前
說？又何不此^①企蓀就職之前說？而于此時說？明明是逼我們非答應
他不可。朋友相交不應如此的。^弟為此事之作俑者，故深自愧而生氣
也。（如當時是吳，無論來不來，皆無此一段文章。）^弟意，彼既如此耍手
段，而取逼以答應之姿態，則　兄似更可堅持原言，好在此是對月
涵，非對企蓀也。再，詠霓對^弟言，月涵與之所談如此：月涵說，清
華朋友們覺得中央研究院情形複襍，怕企蓀幹不長，故為之留一位
置，云云。詠霓云，企蓀若回清華，隨時當為加一位置，亦不必以此
理由保留也。^弟意，此事爽性說穿更好，梅不應對我們老是說謊話
也。（此次梅信，竟謂兼職"在研究工作聯繫之觀點"，是直明明白白說出清
華一派人之心願矣。我們是要企蓀來，不是把我們送出去也。）企蓀在清華
之職務，即等于本院之總幹事，（清華設若干研究所，乃專科者（範圍如
北平研究院），不與聯大相干。）故兼來實在不便。詠霓亦如此言。我們
所望于清華者，是他們放企蓀給我們，而非我們與清華"溝通"而成
二位一體也。

^弟試為　兄擬一復稿，聊便參考耳，未必可用也。專叩
日安

^弟斯年謹上　廿二日

再，企蓀為此事，如何向　兄說，　兄如何回答？故^弟稿未必可用
也。稿見另紙。

---

*取自"朱家驊檔案"（檔號：朱–07–002–pp. 184–186）。
①編按："此"當作"于"。

附：傅斯年代擬復梅貽琦函稿

試稿

月涵吾兄大鑒：九月十二日 惠書敬悉，關于企蓀兄在貴校兼職一事，^弟非不欲曲奉尊意，實緣^敝院對于各職專任，向所注意，今春在評議會修定章則，又明白規定之。兼以此點蒙兄于今年六月 兄過渝面示後，^弟覺關係重大，曾函徵同人意見，皆與^弟有同感。今若于企蓀兄就職之後，變更此節，似未盡妥，且于企蓀兄在院內行政上或有所不便也。至于所示借此貴校與^敝院工作聯繫一節，^弟切願^敝院與貴校在將來多所合作，與 兄實具同感。惟以^敝院地位言之，應以與各大學各就所長合作為原則，若以企蓀兄兼職之故，使人有專與一校合作之感，似亦有所不便，轉不如無此一事，更易圖兩者之合作也。聞詠霓兄與孟真兄談及此事，亦覺兼任易生不便。至 兄告 詠霓兄，謂慮企蓀兄在^敝院恐有困難，故在清華保留原職一節，[①] ^弟敢斷言無此需要，蓋^敝院同人，^弟與之共事已久，深知其為君子也。謹揭鄙誠，至乞 鑒宥，方命之處，幸加曲原！專此——[②]

859. 傅斯年致葉企孫 （抄電）（1941 年 7 月 26 日） 檔號：IV：452

昆明清華大學辦事處。葉企孫兄：諸事待理，弟須赴李莊休養，務懇即日命駕電復。斯年。宥。

[①]行首自註："此點是否要說明，亦乞斟酌。"
[②]頁末朱家驊批示："此信應發，是否即照此繕，孟兄酌之，或于文字上更設法考慮周密，免生誤會為妥。朱。"

860. 傅斯年致李濟 (1941 年 8 月 3 日)*

濟之兄：關于胡福林事，兄卅日信云："這要看他所抗議的幾條我們是否可一作有効之答復，要問彥老了"，云云。^弟即問彥老，大約如下：①胡說，引他自己的文章，這文章又未出版，故無從證其是非，"即使他原文沒有，他可以說有。"（彥老云）②彥老一篇（內有關于十三次數條，即胡所引之一部分）演說稿，胡抄的送給陳遵媯在商務發表，但此間未見此書。（胡或亦未見此書，亦以當時由他抄此稿，他料有此事而已。）^弟看來，如就此點上與之辯，轉不易說，如復他信，只能就他末了"不得已"一節罵他一頓。^弟覺應復一信。 尊意如何，乞示知，以便照辦。專頌
日安

^弟斯年 八月三日

861. 傅斯年致王雲五、李澤彰 (抄件)（1941 年 8 月 7 日）檔號：IV：452–53

雲五、伯嘉兩先生左右：同學友人吳毓江先生，積二十餘年搜校板本之力，成《墨子校注》一書，其中所採善本幾無遺漏，而發明勝義，觸目見之。此書出版，則讀《墨子》者，得有善本矣。茲將原稿寄上，敬乞 考慮代為出【版】（用版稅辦法），毋任欣幸。此書排板無困難，尤盼可以從速觀成，以 兩公之樂于刊印此類古籍兼新注者，必與^弟同感也。此類古籍，校注之本近三十年中出世者已多，而《墨子》獨缺，自為一憾事。今有此書，足為二十五年中學界重視墨學之曲終雅奏也。如何，務乞 鼎力，早觀厥成，並乞 惠復，至感至感。^弟病仍須休養，未能多寫。專頌

---

*本函（檔號：李 60–1–7）信封有傅斯年附註："請 思永兄解悶。"

日安

弟傅斯年謹上　三十年八月七日

862. 傅斯年致董作賓、梁思永（1941 年 8 月 25 日）檔號：補 16－4－2

彥堂、思永兩兄：出醫院後，一看物價如此，回思昆明，如唐虞之世矣。但昆明也未甚妙！近日將星雲集。倭賊在雨季大炸，據聯大官電聯大炸了四分之一，私人消息炸了十分之七，大約皆不對。好在學生宿舍未炸。所謂炸，恐亦只是波及，而非毀了之成數如此也。在此物價高漲中，在李莊友人中，恐受打擊最力者為思成兄。鄭、羅來此，據云，思成夫婦整天在算豆腐價錢，此常人所苦，豈病人所能勝任者乎？目下思成必須先取得"公務員"資格，"教授待遇"，則稍可延長一時矣。弟意，此事有大小二種辦法。大辦法為①將營造學社 duplicate 一下子，社自是社，而社中人亦組成一個"中國建築學研究所"，屬教育部。②不直屬于教育部，而為博物院之一部分，明年博物院預算中列入。但這些辦法，弟以是一病人，無法效力，只是貢獻一個辦法而已。

小辦法為，將思成改聘為本所兼任研究員，月支薪百元或百數十元，聲明不在他處支生活補助費，即可在本院支生活補助費矣。頃與毅侯談得如此。蓋弟原想用總處"專員"名義，但又不能在李莊工作，故覺如此是一法也。本所支薪少，而"補助"則為八十元外四人之米貼也。

此事可否施行，乞斟酌。通信研究員改兼任，是否須照新章"審查"，當俟企蓀兄到後詢之也。所務會議通過一事，則不可免耳。

弟斯年　八月廿五日

863. 傅斯年致朱家驊 (1941 年 9 月 15 日) *

騮先吾兄院長賜鑒：審查論文（考試院）^弟尸其名一事，當時^弟冒昧
答應吾　兄者，因心中以為可省下敝所中^弟之薪水，貪此小利，復
以又蓀兄之薪水可借此加一百元（彼原訂太低）等等小計慮，乃冒
昧自認也。昨日談後，經一日之考慮，覺此事麻煩甚多，欲求其不
出岔子，必須"傷腦筋"，此決非病人所宜也。若^弟尸其名而皆交
之次簫，不看公事，又非^弟之脾氣所能做到。此時養病第一，切不
可多事，故此事^弟只有自食其言，請　兄另想一位辦理，或由　企
蓀兄兼之。萬萬乞　予惠准至感。
再，敝所自在君先生時決心不欠賬，目下因人丁多（敝所工作目下可
作），經費用到最大限，故今年中實無^弟之薪水（因還保留了幾個助
理員薪也），擬請　總處本年度內為此事補助史語所貳千元。至于明
年則自有明年之預算矣，此事乞　企蓀兄考慮後，　兄斟酌定之。
蓋一所欠債之事，^弟所不取也，否則二千元豈大事也哉。專此，
敬叩
日安

^弟斯年謹上　九月十五日

企蓀兄同此。

864. 傅斯年致王敬禮 (1941 年 9 月 19 日) 檔號：IV：522

毅侯吾兄先生大鑒：相識者言及，及據總辦事處各人（大約是下
層）傳言，　兄于每次接到^弟信時，總是大罵，及至咆哮。劉、余
二公在旁，不好意思，只云"算了，算了"云云。此事^弟始聞而

---

*取自"朱家驊檔案"（檔號：朱–07–011–p. 71）。

疑，繼覺蓋信。蓋　兄平日于收到不高興人之信時（或提及其人時）作此態，^弟見之已熟。然而^弟之交　兄逾十年矣，如有公私過失，明白指示，不勝于此等動作，有傷公事房之體統乎。務懇吾兄將^弟各信中何者荒謬之處，明白指示，俾有所遵循，無任感激之至。專此，敬盼

日安

^弟傅斯年謹啟　九月十九日

865. 傅斯年致向達（1941 年 11 月 8 日）檔號：李 14-28-2

覺明先生左右：遠承　弔問，至感至感。昨接中英庚款會一信，茲奉上，看來此事必須作一段落，即　先生自本月或下月份起，不作北大之專任教授，即作敝所之專任研究員，敝所之決定請　先生，早此一年已經決定，未知已　收到聘書否？但職員錄上則已列入矣。（此文書處但據發聘記之也）故　駕來敝所，極其歡迎，但北大不肯放，其情真摯。好在所作是同一之事，即是到燉煌去，兩者似無所分別，乞　先生就近商之于北大諸同仁，並乞　示知至幸。

去燉煌事，已與濟之先生談好，決請先生于明年四月前往，同行者有吳虞銘、勞幹、夏鼐諸氏，（或不全去）或有徐旭生先生，但他們工作不在燉煌，在燉煌者，只　兄一人。此外，濟之先生頗思請一位專治佛教藝術者，然亦不得其人也。此行費用足可支持二年，請即放心准備。如有團長，當即濟之先生自己。彼亦不研究燉煌也，故此事即是　先生一人作之耳。前談（傳聞）請黃君[1]作團長者，叩之多人，無此說也。

既準備此行，則不免安排家事，　寶眷是否擬送往湖南？果作此計，不免有所費，假如有現成稿子，可賣給史語所（以前此例極少），此時生活之事實如此，不能不達變耳，或以書轉讓，均無不

---

[1] 編按：黃文弼（1893—1966），字仲良，時任西北聯合大學歷史系教授。

可。吾輩同行皆落難者，故直陳之，當不怪也。其實家眷往西北亦無不可，但太遠耳。^弟本月內（月尾）赴李莊。專此，敬叩

著安

^弟斯年上　十一月八日

866. 傅斯年致端木愷、陳之邁 (1941 年 12 月 1 日) 檔號：IV：53

鑄秋、之邁兩兄左右：家母葬事，未敢事先驚動朋友，誠以此時情形，"與其奢也寧固"，想諸　兄必可鑒原也。故昨日僅有敝院聞訊來者朋友數人而已。水落，必速移家敘府，否則船更小。臨行不及走辭，明年二月准來上墳，可快晤也。

貴院諸友人，均乞代^弟道未曾訃告之歉忱，至感至感。專此，敬叩

日安

^弟斯年謹上　十二月一日

867. 傅斯年致王玉璋 (1941 年 12 月 1 日) 檔號：IV：54

玉璋先生：惠書敬悉，^弟未見　大著，作序似難下筆。此事恐無益有損，蓋^弟之序不足以增重，而若干學校，見有^弟之序轉有成見，故也。　尊意以為如何？昨承　來弔，並抱花圈走十許里，至感至歉！水落，須急赴宜賓，星期三開船矣，明年二月再返重慶也。專此，敬叩

著安

傅斯年謹啟

868. 傅斯年致陳寅恪 (電稿) (1941 年 12 月 10 日) 檔號：III：37

香港九龍太子道三六九號三樓。陳寅恪：已電杭及巽甫助兄速飛渝。

斯年。灰。①

869. 傅斯年致王敬禮 （電）（1941 年 12 月 10 日） 檔號：III：37

4496【究】。重慶。王毅侯兄：祈電丁巽甫兄設法助寅恪離港，先墊款，弟負責料理。此事並陳院長。再，此間無存款，前說四千元，均為同人墊借，乞速匯。斯年。灰。

870. 傅斯年致杭立武 （電）（1941 年 12 月 10 日） 檔號：III：37

（款）重慶。杭立武兄：務盼設法助陳寅恪兄來渝，電復宜賓轉李莊。斯年。灰。②

871. 傅斯年致葉企孫 （電）（1941 年 12 月 11 日） 檔號：III：1015

重慶。究（4496）。葉企孫兄：方桂通信由貴陽湘雅醫學院朱鶴年轉。年。③

872. 傅斯年致王敬禮 （電）（1941 年 12 月 15 日） 檔號：III：962

究。重慶。王毅侯：渝、港電報通否？請電復。年。刪。④

873. 傅斯年致喻誠正 （1941 年 12 月 17 日） 檔號：IV：360

誠正先生台鑒：　惠書奉悉。瑣事勞神，至感。專函奉覆，聊誌謝

---

①頁末附註："未發出。"
②頁末收發註記："三十年十二月十日"。
③頁末收發註記："卅、十二、十一復電文。"
④頁末收發註記："中華民國三十年十二月十五日發出。"

忧。晤近鄰造帋廠錢廠長[1]時，並祈代候。即頌

時祺

弟傅〇〇謹啟　卅年十二月十七日

874. 傅斯年致金寶善 （電）（1941 年 12 月 28 日）　檔號：李 70-2-11

重慶新橋衛生署。金署長勛鑒：前敝所醫務室函公告送達戰時藥品經理會一單約三千元，因關係此間四個文化機關同人衛生醫治事項，仍懇如數准予發購，餘函詳。弟傅斯年。儉。

875. 傅斯年致高玉華 （電）（1941 年 12 月 28 日）　檔號：李 70-2-12

究。重慶。高玉華君：已函電金署長，此事務盼如數購到。斯年。儉。

876. 傅斯年致朱家驊 （1941 年 12 月 29 日）*

驊先吾兄左右：香港淪陷，　嫂夫人聞未出來，至以為念，火炎昆崗，一切付之無可奈何耳，諸希　節抑勞思，為國努力耳。弟親友淪陷者，不可勝計，日前大以為戚，今亦只有不想耳。專此，敬叩

日安

弟斯年謹上　十二月廿九

877. 傅斯年、李濟致于右任 （抄件）（暫繫年於 1941 年 12 月）　檔號：I：71

右任先生道鑒：

---

① 編按：錢子寧，時任宜賓中原造紙廠廠長。

* 取自"朱家驊檔案"（檔號：朱-07-012-p. 3）。

聞西北歸，覆車受傷，深為懸念。遙維　吉人天相，加意珍攝，早占勿藥也。頃接馮漢驥、鄭德坤兩先生函云：

頃者，衛聚賢先生自敦煌考古歸來，在成都公開講演，藉悉該地情形，據云：“千佛各洞，現尚保有北魏、隋、唐、宋、元、明、清歷代壁畫，對於中亞一帶古民族文化、歷史甚有關係，于右任先生等擬請政府設置敦煌藝術學院，推張大千先生主其事。刻張先生正在石室之中臨摹壁畫。”以張先生之造詣，加以古蹟薰陶，將來於繪畫史中，必能顯出異彩。惟對于彼所採取之方法，^弟等尚有意見，不敢苟同。據衛先生云：“各朝代之壁畫，並非在一平面之上，可以臨摹，蓋最早一層壁畫在壁之內部，後來之人，於原有畫像之上，塗施一層泥土，重新繪畫。以後各代，均按照此法辦理，牆壁日以加厚，而各朝代之繪畫遂得保存於壁中。故最上一層為近代人所繪，漸下漸古，可回溯至於六朝。現時張先生欲遍摹各朝代人之手跡，故先繪最上一層，繪後將其剝去，然後又繪再下一層，漸繪漸剝，冀得各代之畫法。”竊以大千先生之繪畫，固為藝林所推重，然對對①于古物之保存方法，如何始可以將原物於剝取之後，亦能永存不壞，似尚未能計及。故在摹繪壁畫之時，剝去一層，即毀壞一層，是則對於張先生個人在藝術上之進展甚大，而對于整個之文化，則為一種無法補償之損失。以愛好古物而毀壞古物，當非于先生及張先生本意。……

等語。

馮、鄭兩先生所顧慮者，^{斯年}等深表同情。此項壁畫，既有歷代積疊成層之情形，則於剝取最上一層時，自應會同考古學者詳細商訂一種妥善保存辦法，務使原壁畫不受損毀，然後方可慎重將事，逐層剝取。

先生遊踪所及，此種情形，當早在洞燭計慮之中。^{斯年}等覺現在張大千先生所繪者如僅係最上一層，自無問題。如已揭出下層，則甚

---

①編按：衍一“對”字。

望其立即停止進行，俟研究妥善保存上層辦法，有剝下後不致毀傷之把握時，方可以逐層為之。如此則剝下一層，即可以保存一時代之壁畫也。否則寧可聽古代壁畫之隱蔽其下，以待後來。若輕率從事，真成一種無法補償之損失，當亦 先生所不許也。事關古蹟、古物之愛護，謹將馮、鄭兩先生及^{斯年}等之意見，貢獻 左右。敬祈 卓裁，能即電張大千先生，停止逐層剝取之計，別求妥善保存之法，尤為感幸！專頌

大安！

傅〇〇、李〇〇謹上。

中國社會科學院創新工程學術出版資助項目

傅斯年遺札

王汎森　潘光哲　吳政上◎主編

【第三卷】

社會科學文獻出版社
SOCIAL SCIENCES ACADEMIC PRESS (CHINA)

一九四二年

878. 傅斯年致朱家驊、葉企孫（抄件）（1942 年 1 月 10 日）檔號：III：1220

騮先先生院長，企蓀吾兄左右：[1] 倭賊向英、美進攻，突然而起，本院所蒙之損失，當亦不小，弟在總幹事任中，其設施（或應云無所設施）與此或不無關係者，為明責任起見，謹以述聞。

騮先兄在浙時，弟在京代行，當時主張將上海部分全數遷之內地，並與資源會商好，由其資助，弟為此赴上海一行（七月尾），時與乙藜約好辦法：①運費彼出，②重裝費彼出，③以後一部分工作與彼有關係者彼亦出，④不問用人及行政事。三所長一齊無反應，因而 蔡先生亦無所主張，於是敗興返京。在長沙時（同年十二月）開一院會，以緊縮為主旨，亦兼及內遷。

次年二月在香港 蔡先生面前開會，莊所長竟指弟之電報謂令其解散，幸巽甫日記中有之，證明其非是耳。此將一年中可謂三所各行其是也。大約巽甫兄只是畏難（此亦實可畏者），莊丕可乃以上海為天堂，故彼之去職，可以其一語括之："離上海不能研究"（實不能生活耳）。子競此時在精神失常態中，不敢有任何勸告也。

以上往事也，不必多談，只談弟在總幹事任中之事。

弟來渝就總幹事職為十一月一日，其時若干所長在渝，遂開一談話會，會中特別注意上海存物之遷移，並決定提款五萬，專為理、化兩所遷移費。三十年春，開院務會議評議會時，並提到此事，弟向巽甫兄云："只要是為搬東西進來，錢不夠問我。"其時適有一批由寧波入，皆大歡喜。以後弟病入醫院，此事未再過問矣。關於此事，其故皆由搬得太遲，然而伊誰之咎，殊難斷定也。

---

①頁首收發註記："中華民國卅一年正月十二日發出。"

次為巽甫兄等在港與英人之合作事，此事^弟却負不小責任。當時　驪先兄本不贊成此事，巽甫兄又不熱心，事已罷矣。其時適^弟自李莊返渝，杭立武兄為此事大見怪，提出中英文化合作之大問題來，又拉^弟與英大使談了一次，于是^弟力勸　驪先兄再打一電給巽甫兄，請其來此一商。蓋當時^弟心中頗動者，有兩個思想：①若干有關實驗之各所，此時實無多工作可做，與其半閑，不如作點事，聊勝于無。物理所之精細儀器運不進來，巽甫兄亦深感研究之困難，此在清華各所亦有同感也。②中國政府各機關，向不睬我們，資源會、兵工署把我們估價都太低。（上文所云資源會肯大幫助者，以當時詠霓兄在國外，乙藜兄主持，乙藜估價高也。）如造玻璃事，^弟深生大維之氣，今友邦之外國人格外看重，願我們于此 ABCD 之奮鬥中與他們合作，並允以一半給中國政府，此事無論成就何如，却是我們向政府宣傳之資料，故以為總要由巽甫與英人談談，未可置之不理。于是已結束之事，又開其端，此則^弟負其全責也。在春間開會中，巽甫談了一次，尚覺無意思，又告我，何不推給兵工署。此事^弟却未做（時已病深、忙極。）^弟入醫院後，則此事之接洽全由巽甫矣。當時^弟曾告卡爾[①]與巽甫，香港不妥，最好是 Rangoon，星島亦還可以，蓋^弟以為香港不妙也。然無論如何，此事中間一機紐，係在^弟身上，今想及巽甫兄等之落難在彼，無任心痛，日夜不寧，奈之何哉！

次為上海存公債款項等事，關於公債者，初西遷時，^弟曾向毅侯兄提到，應該遷入。時以本院尚有大部分人員在上海，未果行，而^弟旋亦不代矣。前年十一月，^弟就總幹事職時，曾提出此事與毅侯兄研究，毅侯兄謂無人可攜，^弟當想及，託楊季瑲帶如何？後來忙病踵至，未詢及毅侯兄情形如何。當時^弟之感覺，毅侯兄覺此物存上海某銀行，

---

①編按：卡爾（Sir Archibald Clark Kerr, 1882—1951），時任英國駐華全權大使。

其銀行皆熟人，代為經理取息等事甚便，因其為私人銀行，似亦無大關係。由今看來，此事總是戰後大算賬之事，亦無多虧吃，惟一時提不到利息耳。至于現款則于二十九—三十年關中迅速由某銀行撥入重慶，此後一年之息錢撥入否，則^弟不知矣。

以上三事，其中中間一事，^弟實負相當責任。第一、第三兩項，則非^弟之能力所及矣。至于歷史所所蒙之損失，已另呈報。其何以至此，容另函。專此，敬頌

日安

^弟傅○○謹啟　三十一年一月十日

毅侯兄同此不另。①

879. 傅斯年致朱家驊、葉企孫、王敬禮、劉次簫（抄件）

（1942 年 1 月 11 日）檔號：III：1254

騮先先生，企蓀、毅侯、次簫三兄：②

本院同人淪在香港一事，未知近有消息否？^弟意物理所人員家屬甚多，自巽甫以下皆在，此外有寅恪一家，又評議員中有何淬廉兄及陳煥鏞兄。其中巽甫一所之各人，可謂因公住港。^弟意，如果有方法派人一探，事屬可行也。設如向特務機關接洽得幹員，操廣東口音，熟于省、港、澳事者，先去廣州灣，再轉澳門，或可到廣州而入香港，先通一聲息，定一內入之法，其眷屬只好赴滬，或者有所裨益，亦為本院之所應行也。巽甫、寅恪流落在彼，論私交^弟與　兄等固同其深念，論公事則巽甫之留彼，與院有關係，故應盡一切可能之力也。如何，乞　奪之。專此，敬頌

日安

^弟傅○○啟　三十一年一月十一日

---

①頁末自註："事隔多時，^弟又在大病後，尚能記得如許多，毅侯兄必笑我也。"
②頁首收發註記："中華民國卅一年正月十二日發出。"

880. 傅斯年致劉次簫 （電）（1942 年 1 月 13 日）檔號：III：68

究。重慶。劉次簫兄：

　　盼即日訪高廷梓兄，託其順便為丁、陳諸同事設法，並大綱家、守和等，至感。斯年。元。①

881. 傅斯年致朱家驊 （抄件）（1942 年 1 月 14 日）檔號：III：1247

騮先吾兄左右：奉一月七日書，知丁山要向敝所拉人。查丁山早向信中諸人接洽過，此諸人均深知丁山之為人，置之不理矣。　兄如回信，似可明說弟深鄙其為人，（此人不僅狂妄抑且下流）故不能代為覓教員，弟殊不介意得罪他也。專此奉復，敬頌

政安

　　　　　　　　　　　　弟傅〇〇謹啟　卅一年一月十四日

　　上次評議會選舉時，他又要鼓動風波，只無此力量耳。

882. 傅斯年致陶孟和 （抄件）（1942 年 1 月 15 日）檔號：II：43

孟和先生左右：　　惠書敬悉。自商務塌台，敝所稿子淪陷了二百萬字。目下此間積存又有數百萬字，正在設法子籌印，亦正在焦思中。故羅爾綱先生此著，一時無法，仍以奉還，諸希　鑒察。專此，敬頌

日安

　　　　　　　　　　　傅〇〇謹上　卅一年一月十五日

　　附《金石萃編校補》等稿四冊。

---

①頁末收發註記："中華民國卅一年正月十三日發出。"又附註："代買卅一年日曆二份。"

883. 傅斯年致朱家驊 （1942 年 1 月 15 日）*

騮先吾兄賜鑒：茲欲向　兄荐賢一人，此事經^弟考慮許久而後寫此信者。此君乃鄧廣銘君，山東人，北大廿三、四左右畢業。彼在畢業以前曾在山東黨務工作若干年，（當時在所謂丁公之大同盟，然亦無所謂也。）故大學畢業時，已逾三十矣。此君天資聰穎，學力亦有根柢，所治為史學，著有《辛稼軒詞箋證》、《宋史職官志考》等書。畢業後在中華基金會（美庚款）受津貼研治史學。抗戰後南來，為中英庚款之科學補助人員，卓有成績。初在昆明（北京大學），繼以讀書之便來李莊。論其資格及著作，相當于好的國立大學（例如北大、清華）之副教授。其人資致既高，亦頗經歷世事也。彼在此讀書治學，本來甚好，奈其家中忽然出事。其長兄為共產黨所殺，聞即以鄧君曾在山東辦過黨之故，其弟又在濟寧戰役中陣亡，彼之小家在北平，大家在泰安，既憤共產黨，又以此間無法接洽向北平互兌款，故頗思改業，往重慶服務。論其學力，如此亦可惜，^弟亦曾勸之，然彼心境如此，恐只有任其往重慶去矣。此君與^弟共事有年，深知其一切，假如　兄能在組織部或考試院為之位置，在　公左右，必可有效也。此君甚聰穎，能做文章，史學根柢甚佳，又曾辦過黨務，如此之人，亦不易尋也。惟彼家累甚重，希望政府各津貼之外，薪水可有四百左右，此亦不得已之希望也。此君決非盧季塵君一流之莽夫，而為次簫一流之佳士，可斷言也。一笑。如何乞　裁之。專此，敬叩

日安

^弟斯年上　一月十五日

884. 傅斯年致李四光 （抄件）（1942 年 1 月 21 日） 檔號：李 8-2-2

仲揆吾兄左右：

---

*取自"朱家驊檔案"（檔號：朱-07-012-pp. 10-13）。

敝所刊物，向由商務印書館在滬印刷，自該館滬廠被倭封閉後，遂
無法出版。目下敝所積存之稿件尚有數百萬字，亟待付印，而宜賓
一帶無大印刷廠可託，殊為焦慮。今敬以二事奉託：（一）開明書
店在桂林有印刷廠，聞規模尚大，茲附上樣本一冊，（紙張用白報帋
或連史紙、毛邊帋）擬請代向該局接洽，照此冊印法，每一頁印五百
或一千，各價若干。（二）如該局能接受敝所印件，于印成後由桂
林寄重慶將如何寄法？印刷包件每包限重若干？（各地郵包寄法不同，
故須向桂林郵局一問也。）郵費若干？統煩 勞神代為打聽 示知，
以作通盤計畫，至感至感！

專此，即頌

研祺

弟傅○○謹啟 卅一年一月廿一日

兄行前請妥交一位同事代辦。

885. 傅斯年致顧頡剛 （抄件）（1942 年 1 月 21 日） 檔號：李 8-2-4

顧頡剛吾兄左右：

敝所刊物，向由商務印書館在滬印刷，自該館被倭封閉後，遂無
法出版。最近該館雖在渝有接受稿件之舉，恐其生產力量未必
大。目下敝所積存待印之稿件有數百萬字，而宜賓一帶並無較大
之印刷廠可託，極為焦灼。 貴所各種刊物，未知均在何地印
刷？辦法若何？擬請 示知，以作參攷。如 貴所與成都、重慶
或昆明之大印刷廠有往來足以委託印刷者，並請 介紹，至感。

專此，即頌

著祺

弟傅○○謹啟 卅一年一月廿一日

886. 傅斯年致王雲五（抄件）（1942 年 1 月 29 日）檔號：李 8-6-1

雲五先生左右：①

客歲十二月^弟由重慶返李莊，以在渝時操勞，致抵此後血壓復轉高，醫囑靜養，故迄未作函奉候也。

美日戰起後，傳有倭軍將貴館滬廠封閉之訊，詳情如何？ 先生當有所聞。敝所積存 貴館之稿件，自亦成問題矣。近閱 貴館有在重慶接受稿件之廣告， 先生力圖恢復，至足欽佩！想近來已籌得端倪也。

敝所現存之稿件尚有數百萬字，亟待付印，今擬以製版、紙張等一切費用全由敝所擔負之原則下仍交 貴館出版， 貴館只出名，無異代敝所印刷也。然以貴館出版須迅速為唯一要求。未知 先生能接受此議否？敬請加以考慮見示，以便續商，至感！專此，敬頌

時祺

^弟傅○○謹啟 卅一年一月廿九日

887. 傅斯年致李濟（1942 年 1 月）檔號：IV：48

濟之吾兄：廿五日信奉悉。所言一切，^弟意， 兄在此悲痛中，② 最好少想，想之愈多，精神愈苦，極盼垂納^弟勸，至感至感！

醫務室之問題，似乎目下只在停與不停，（如最近一次藥買不到，幾個月後必停。）而未在乎此時山下能否別有一固定診所。山下開一診所事，原為^弟所主張，上年一月^弟來，此事曾作一計劃，其地即在胡家大院之前房，記得于開所務會議前專為此下山，看了一次。旋以鎮上

---

①頁首那廉君附註："商務印書館"。又註："初步接洽印刷廠。31 厤字 0126：15。此函由那廉君擬稿，並繕後交傅所長，未知發否？（此函于卅一年一月卅日發出）"

②編按：李濟長女鳳徵（1924—1942）於是年 1 月 5 日病卒李莊。

亦不集中，故又擬了一個巡迴診視法（連上塄、門官田在內），兩者並提出所務會議來，同人覺得行之甚難，例如，①何處配藥？②看病傢伙每次如何挑？③生病時間非可預定者，等等，遂擱置，此^弟所記憶者也。今則情形無異，或愈難矣。

看來，兄所感覺者全是出診之一事，此事非常好辦，^弟在此事少，深覺其癢，姑添一小事，即以後　兄家與二梁一郭家關于門診事，直接寫信給^弟，說明病之緩急，^弟料理蕭大夫下山。^弟亦甚願知同人健康情形也。如甚急或天雨，最好能派一滑竿來，（如找不到，此地再想法。）"滑竿問題"、"每次滑竿接"，決無此說。惟蕭有較重之心臟病，而雨天山坡路實不可行（^弟有經驗）。所中之滑竿，^弟發覺上午一用即大家無豆腐吃，故近來上午不用矣。此皆實情，故如每次皆不需滑竿，^弟亦恐誤事也。好在此事　兄隨時診酌①情形，^弟于奉到　兄書時，亦隨時斟酌情形為之，當不致誤。^弟不在時，彥堂兄辦理此事，如此辦去，　兄可無慮矣。

至于重病告家屬一事，此自是醫生所當為，已諄諄告蕭，凡遇有重病，切實向家屬說之矣。

888. 傅斯年致竹垚生 （抄件）（1942 年 2 月 3 日）檔號：I：62、I：551

垚生吾兄左右：別來五年，未通書問，前過渝城　貴行，知　兄一切均好。　兄亦或知此一老友尚在人間也。不幸者，　家母于去年十月去世矣，如非在此亂世，或者不至于此，此^弟念之不能或忘者也。在君兄遺札，未知前在　貴行有損失否？假如亂後^弟猶在者，尚欲了八年前之夙願為之一編也。其夫人近況何如？至念至念！顧師母好否？同念也。^弟自去年三月忽然患急性血壓

①編按："診酌"當作"斟酌"。

高，幾瀕于危，在醫院住了半年，出來又住數個月。近則移居此間，去鎮上猶遠，醫囑要休息二年也，完全山中人矣。茲有一事急急奉懇，^弟治血壓高之藥，名 Potassiun Thiocyanate，此藥對^弟，猶患糖尿者之 insulin，不可一日無此君也。近買不到，擬請　兄在上海一買，分批作信寄來。此非登報之註冊藥，乃原料藥，故藥行方有之，例如 Merck。此藥怕光、怕潮、易變，在平常尚須用顏色玻璃瓶，用火漆，故信中寄本不妥當，只有每次寄十 Grams，陸續寄上十次（或每次二十公分），須由厚固臘紙及油紙（不止一層）包好，或用脂將其封好，以便光線、溼氣皆不入，此恐須　兄自為之耳。此藥前在香港，五十公分只四元，上海想亦不貴，只是包紮費事耳。此則必懇吾　兄費神者也。如能有一次廿公分到達，情形完好，^弟即可為三個月之用矣。此物白，少結晶體，或小粒狀，無臭；有硫磺味者，即是壞了的。上海必尚有大藥行可買也。此藥近在此買不到者，以其只治血壓高一種病，而又有許多人不敢用耳。^弟之住址為"四川，南溪，李莊，五號信箱"（遠住山中，每週一取），此事至懇　兄一辦，以其關係于^弟者至大也。^弟一年內仍當如養肺病者一樣，亦可嘆矣。專此，敬叩

道安！

^弟傅伯直①敬上　三十一年二月三日

如所費多，^弟當在渝城　貴行交付。

聞寄信不能掛號，或者快信尚可寄乎？

889. 傅斯年致胡適 （抄件）（1942 年 2 月 6 日）*

適之先生：去年兩接　先生書，（據第二信，其前有二信，但只接其

---

① 編按：因與淪陷區（上海）通信，傅斯年化名"傅伯直"。

* 本函有抄件（檔號：I：1676），原稿又載耿雲志主編，《胡適遺稿及秘藏書信》（合肥：黃山書社，1994），第 37 冊，頁 458—459，合併整理。

一）給我病中之勉勵，再大不過。此次生病，未瀕于死，賴藥者少，賴師友之鼓勵者多，而尤以　先生之兩信，使我轉有求生之念，感激之至，復何可言。無時不想寫信，而以為寫給　先生之信，非源源本本說一下子不可，此又非此處痛彼處病中所能，加以家中大故，一切不如意事，遲延至今，看來再不寫，恐怕便無通信之路了，所以趕寫。我一生之壞皮氣，總是把重要之事後來做，故許多小事，橫生支節（速辦），而許多大事扰誤。病中檢點，一生未曾養成一個每日生活的好習慣，奈何奈何！

先報告　先生一件大事，家母在去年（'41）十月二十一日在重慶中央醫院去世矣！七十五歲，不為不壽，但照他的身體，應當活到八十五乃至九十以上。他去世前兩個星期還與小孩們玩，跳窗子看，每日做飯做衣，非此不樂！自離南京後，他即與舍弟一起，在重慶城郊全住。舍弟近年景況不差，故直到去年，未感生活之不適。他的用度自然是我供給，但一家生活水準，大有關係。去年初，大家皆窮不了，我仍勉力供給他老人家肉食無缺。雙十節前數日，生一次瘧疾，已好，雙十節仍為舍弟小兒作生日，樂甚。過雙十節瘧子又犯，以寓在衛生署左近，請了金署長找的衛生署之醫生，先上來甚好，忽然沉重，送入中央醫院（未早入者，因此院亦簡陋，髒甚）即不起矣。致死之病狀難定，遍身發黃，醫斷為 obstructive jaundice，于是作一小 autopsy，則十二指腸上之通管，為一大塊石頭所塞住。然則在南京時已鬧起之“急性胃炎”，實即此事之誤斷也。中間經多醫，在重慶並住了一次仁濟醫院，皆認為胃，以其平日健康，故若干病狀不露。設若在南京時，送他老人家在中央醫院多住幾日，我想，總可以看出病來，此則悔之無及矣。在南京住了不到一年半，家中無日不在緊張中，夫何可言！他在十月裏生病，也是突如其來，又與瘧疾混在一時，連瘧疾不上廿日，病重不過十日，雖病中無少辛苦，然而此非早發覺不可治者也。設若不是我去年至今這一場大病，也或者早到醫院去也。

再說我的 hypertension 吧。前年秋冬，奉命遷移，彼時交通無辦法，竭盡平生之力而謀之，一面跑警報，一面辦這些事，故每日有時走至三十里，幸而把研究所搬了。（由昆明北郊，至四川川南南溪縣李莊，兩處皆是一片大好房子。）十一月一日到重慶，驪先勉強我做總幹事，當時有一不了之局，遂勉強答應，預備著一年找人。于是一陣事忙，開了幾次會，遂不支持，此時之病，成為 malignant，入中央醫院（三月廿八），群醫認為危急，適三月廿日左右，左眼血管破了一個，醫更急，當時友人無不悲觀。但在中央醫院一時中，總算養的好，又割去tonsils。（此與血壓證明無關，但從此不傷風，若小時割去，豈不免掉幾千次傷風？）出中央醫院時，血壓是低了。以後高高下下者幾個月，我在歌樂山養病，以離中央醫院近也。出院時為七月七日，直到九月中，才可以說能走點路，一夏大轟炸，只是聽著他在頭上過，任之而已。方能走路不久，即遭家母之喪，喪後看地、安葬，一陣大跑，不量血壓了。故自夏徂秋，也未曾好養也。病則心更焦耳。又拔了四個牙，也是從此不塞牙，不需牙籤，至于血壓，又無涉也。

家母葬于歌樂山風景絕佳處，作成一水泥之壙，甚堅，欲移亦可，未開弔，未發訃，事後登報耳。其時參政員開會，我出了一半席，蓋證明我之未死也。（孔某春間問人云，聽說傅斯年病的要不行了？）遂于十二月三日動身上水來李莊，七日至。冬季上水行船，其難如此。到後一量血壓，打破一切紀錄！於是大吃藥，（詳下文）睡了兩週，又算差不多了。目前半工半休息。這個病是不會好，只希望拖得好。能拖得好，願足矣。

一般的政治情形，我久病之人，知道不多，但去年在渝時，大家都感覺到，經濟情形實在不甚妙，當局于此似未瞭其病之所在，亂花錢，越無錢，越多花。弄得人心以為錢必賤，物必貴，普天之下，一個心理，今尚不知收拾。至于管財政者之泄泄沓沓，毫無覺悟，更不待說。即以一件事論，前年冬至去年夏，不到一年之中，中央銀行、中央信託局，業務減了甚多，而人員加了三倍！至于管交通的，無論屬于交部與屬于軍部者，都是奇糟，可為長太息者此也。最近鬧了一回"狗官司"。香港戰起，好幾個飛機去接要人，而要人則院長（許崇智）、部長（陳濟棠）以下都未接到，接了一大家，箱籠累累，還有好些條狗。于是重慶社會中憤憤然，其傳說之速無比，但暴烈不出來。

《大公報》作了一文說此事，扣了，後來交通部之 official version 是一切要接的人臨時趕不上，（何以某家趕得上?）箱子是中央銀行公物，狗是機師帶的！這消息傳到昆明，學生幾千大游行，口號是打倒孔某。"人心之所同然者，義也"，這次不能說是三千里遠養病之病夫鼓動得罷！（這一張紙為省錢，寫了半天，寫得頭痛，只好改大字。　先生看起來，也稍舒服些。）

先生對于我的希望，其誠意至感無極，但這是做不到的事了。其實我也並無領袖才，許多毛病，自己知道。並且因為多事，害了自己的事。我想若是這些年不管別人的事，（國事也是別人的事，古有之曰"此朕家事"。）我總寫成了幾部書，或者尚不至于生這場大病也。病中想來，我之性格，雖有長有短，而實在是一個愛國之人，雖也不免好名，然比別人好名少多矣。心地十分淡泊，歡喜田園舒服。在太平之世，必可以學問見長，若為政府 persecuted，也還如是，惜乎其不然也。只是凡遇到公家之事，每每過量熱心，此種熱心，確出于至誠，而絕非有所為，遇急事膽子也很大，非如我平常辦事之小心，有時急的強括不舍，簡直是可笑。平日好讀《老》、《莊》，而行為如此。然則這種嗜好，或者恰是性情之 compensation 吧？有此性情，故遇有感情衝動之事，心中過分緊張。這種感情衝動，私事甚少，而為公者極多。性情如此，故得此病，更不易治。此等性情，自天外人看，未知還有趣否？但在中國確算比較少的了。近日又讀《莊子》，竭力自己為自己想開，何必一人懷千古之憂，一身憂國家之難，讀來讀去，似乎有些進步，但此竅還是半通半不通的。古人有以天下事為己任之說，一個人如此想，多半是誇大狂，我向不以此言為然，但自己不自覺之間，常在多管閑事，真把別人的事弄成自己的事，此比有此意識者更壞事，以其更真也。我本以不滿于政治社會，又看不出好路線來之故，而思遁入學問，偏又不能忘此生民，于是在此門裏門外跑去跑來，至于咆哮，出也出不遠，進也住不久，此其所以一事無成也。今遭此病，事實上不能容我再這樣，只好從此以著書為業，所可惜者，病中能著書幾何？大是問題耳。然則　先生所望于我者，其情至可感，已做不到了。或者聽我說到這裏，以為我悲觀，這又不盡然。我是向來不樂觀之人，不消說。但只要能拖著病而寫書，其樂無窮。論我之學問，自覺方在開始，但現在不學問了，就在此時著書。而且把考據之書放在後面，目下先寫"我的哲學"，這些"哲學"包括下列各書：一、《文化鬥爭》（Kultur Kampf）。二、《原人》。三、題目未定，其意思是 Causality and Chance in History。四、想練習一下，我有無寫傳記之才，以明太祖為題（近發現他許多事）。這便夠我病人辦的了，考據之書，再說。至于這些擬寫之書，大體如何，下次信中再說。近看段著《戴東原年譜》，頗疑東原之寫《字義疏證》亦感于身體不妙而寫，假如他再活十年，一定是些禮樂兵刑之書，而非"抬轎子"之書矣。此事 先生有攷證否？目下信好掉，下次信中，再抄入此信，再過幾天，再寫一信，連寫三信，近中心事大略具矣。目下求 先生三事①：①有一本書，名 *Darwin*，*Marx*，*Wagner*，By Jacques Barzun，Atlantic，＄．2.75，看書評，知此書中有若干"日期"我在《文化鬥爭》中可用。但恐仰光路斷，寄時須寫 Surface transport to Calcutta and thence by Air Mail。但若如此寄法太貴，亦即作罷耳。②第二是買藥，此事要緊，生命所係也。詳另頁。今日信在此結束。

斯年　31/2/6

胡太太處，未知如何？極以為念。親友處此境者多矣，兩星期為此不能眠，盼 先生亦自己少想。

890. 傅斯年致朱家驊（1942 年 2 月 6 日）*

騮先吾兄左右：純聲兄事，^弟意，仍以^弟再勸方桂一下為妥。純聲兄在學業、才情上說，遠不如方桂。尚有一事，即純聲兄乃張其昀、胡煥庸輩之一黨，團成一氣者也。每以^{敝所}消息報告，此足

---

① 編按：此信只述二事。
* 取自"朱家驊檔案"（檔號：朱-07-012-p.16）。

徵^弟之大量，異地相處早散伙矣。且緝齋若聽說，緝齋要氣死，仲揆也要撇嘴也。此函乞　兄看後即撕之，企蓀兄處，另去一信矣。專叩

日安

弟斯年上　二月六日

諸事明後日細陳。

891. 傅斯年致翁文灝等 (1942 年 2 月 7 日) *

○○先生道鑒：^①　敬啟者：民國二十九年春季，在昆明龍泉鎮一帶各機關聯合組織之龍泉鎮衛生院，在同年十月間，^敝院遷移，本地人士未能續辦，並將用捐資修理之房屋出租各情，諒早荷　督及，遂以結束。關于該院收支情況，本當于結束後即行清算奉達，當時^{斯年}已交^敝所辦理，旋匆匆赴渝，一病經年，返後查出尚未奉達，歉仄彌深！茲將該院自開辦以至結束日之收支情形，開列收支表及開支分類表各一份奉上，至希　台閱。至結餘之款捌佰伍拾捌元陸角柒分，已另託北平研究院李潤章先生在昆明擇一有救濟地方性質之醫務機關捐入，諒荷　同意也。專此奉陳，敬頌

大安

弟傅斯年謹啟　三十一年二月七日^②

附：收支表一份

開支分類表一份

---

*本函有手稿本及油印本兩種（檔號：昆 21–31），據油印本整理。

①手稿本頁首附註："昆明黃公東街北平研究院　李潤章先生。"

②編按：手稿本日期署"二月五日"。

附一：收支表

昆明縣第一衛生院
開辦費及經常費收支表

自民國二十九年一月十六日起至民國二十九年十月三十一日止　第一頁

科目及摘要	金額	
	小計	總計
收項		
I. 開辦費		2,200　—
1. 資源委員會	1,000　—	
2. 中央研究院	1,000　—	
3. 北平研究院	200　—	
II. 經常費		3,040　—
1. 上海醫學院　　二十九年一至四月計四個月每月二百元	800　—	
2. 資源委員會　　〃〃　一至六月〃六　〃　一百元	600　—	
3. 歷史語言研究所　〃〃　一至八月〃八　〃　五十元	400　—	
4. 社會科學研究所　〃〃　一至八月〃八　〃　五十元	400　—	
5. 北京大學　　〃〃　二至十二月〃十一　〃　二十元	220　—	
6. 中央博物院籌備處　〃〃　一至七月〃七　〃　三十元	210　—	
7. 劉偉存先生　　〃〃　一至十二月〃十二　〃　十元	120　—	
8. 北平研究院　　〃〃　二至四月〃　三　〃　二十元	60　—	
9. 清華大學　　〃〃　二至四月〃　三　〃　二十元	60　—	
10. 中國營造學社　〃〃　一至六月〃　六　〃　十元	60　—	
11. 傅孟真先生　〃〃　一至六月〃　六　〃　十元	60　—	
12. 李濟之先生　〃〃　一至五月〃　五　〃　十元	50　—	
III. 門診收入		1,913　56
1. 張志道醫師　廿九年二月份門診收入	94　95	
2. 　〃　　〃　三　〃　〃	271　05	
3. 　〃　　〃　四　〃　〃	373　15	
4. 　〃　　〃　五　〃　〃	664　25	
5. 　〃　　〃　六　〃　〃	102　80	
6. 　〃　　〃　七　〃　〃	136　30	
7. 　〃　　〃　八　〃上半月〃	196　06	
8. 王國璋醫師　廿九年八月份下半月至十月份上半月門診收入	75　—	
轉次頁	7,153　56	

第二頁

科目及摘要	金額			
	小計		總計	
承前頁			7,153	56
IV. 藥品售款收入			1,262	70
1. 藥品讓與歷史語言研究所	1,262	70		
收項總計			8,416	26
付項				
I. 開辦費開支			4,191	79
1. 修理費	1,257	70		
2. 藥械費	2,388	09		
3. 褲用費	546	—		
II. 經常費開支			3,365	80
1. 張志道醫師　廿九年二月份開支	245	—		
2.〃　〃　〃　〃　三　〃　〃	279	—		
3.〃　〃　〃　〃　四　〃　〃	343	38		
4.〃　〃　〃　〃　五　〃　〃	357	80		
5.〃　〃　〃　〃　六　〃　〃	496	05		
6.〃　〃　〃　〃　七　〃　〃	345	05		
7.〃　〃　〃　〃　八月份上半月開支	426	—		
8. 王國璋醫師　廿九年八月份下半月至十月份上半月開支	873	52		
III. 結餘款			858	67
付項總計			8,416	26

坿註：一

結餘款 $ 858.^{67} 于三十一年二月七日由李莊中國銀行匯去昆明北平研究院李潤章先生，請捐入一救濟地方醫務機關。

經手人蕭綸徽（印）

附二：開支分類表

昆明縣第一衛生院

開支分類表 民國廿九年二月至十月　第一頁

開支：－

款	項	目	科目	進款	二月份	三月份	四月份	五月份	六月份	開支轉次頁
I			開辦費	2,200.-	546.-	1,257.70		2,388.09		4,191.79
II	1		修繕費							1,257.70
	2		醫藥器械				1,257.70	2,388.09		2,388.09
	3		開辦褓物		546.-					546.-
			經常費	3,040.-						
III			門診收入	1,913.56						
IV			藥品售款	1,262.70						
			俸給費		245.-	250.-	263.-	227.-	235.-	1,220.-
	1	1	俸薪		220.-	220.-	233.-	197.-	235.-	1,105.-
		2	工餉		25.-	30.-	30.-	30.-		115.-
			辦公費			29.-	72.58	68.80	54.05	224.43
	2	1	文具			3.60		3.-		6.60
		2	郵電							
		3	消耗				31.68	38.10	42.25	131.43
		4	褓支		19.40		40.90	27.70	11.80	86.40
			購置費		6.-		7.80	62.-	207.-	276.80
	3	1	器具				7.80			7.80
		2	藥械					62.-	207.-	269.-
經常費			每月開支總計	(進款共計8,416.26)	245.-	279.-	343.38	357.80	496.05	1,721.23

昆明縣第一衛生院 開支分類表

民國廿九年二月至十月　第二頁

開支：一

款	項	目	科目	開支承前頁	七月份	八月份	九月份	十月份	總計	附註
I			開辦費	4,191.79					4,191.79	一、開辦費、經常費，門診收入，及藥品售款，四項共計收入 8,416 元 26。 二、開辦費及經常費兩項開支共計 7,557 元 59。 三、收支相抵結餘數 858 元 67。
II	1		修繕費	1,257.70					1,257.70	
	2		醫藥器械	2,388.09					2,388.09	
	3		開辦雜物	546.-					546.-	
III			經常費							
IV			門診收入							
			藥品售款							
	1		俸給費	1,220.-	235.-	235.-	39.32	43.20	1,772.52	
		1	俸薪	1,105.-	235.-	235.-			1,575.-	
		2	工餉	115.-			39.32	43.20	197.52	
	2		辦公費	224.43	110.05	171.80	10.20	7.-	523.48	
		1	文具	6.60	10.05				16.65	
		2	郵電							
		3	消耗	131.43	70.-	69.80		4.-	275.23	
		4	什支	86.40	30.-	102.-	10.20	3.-	231.60	
	3		購置費	276.80		46.-	100.-	647.-	1,069.80	
		1	器具	7.80					7.80	
		2	藥械	269.-		46.-	100.-	647.-	1,062.-	
經常費 每月開支總計				1,721.23	345.05	452.80	149.52	697.20	3,365.80	

經手人：蕭綸徽（印）

892. 傅斯年致李濟 (抄件)(1942 年 2 月 11 日) 檔號：李 74-1-3

濟之吾兄左右：① 頃接次簫兄來函，述及留蘇展覽品之點收、裝箱等
事，又接企孫兄來電，亦述此事，茲均鈔上，敬祈　一閱。
兄對此有何意見？希即為　示知，為感。
專此，即頌
著祺

弟傅〇〇謹啟　二月十一日

附一：鈔劉次簫先生來函　三十一年二月五日

孟真吾兄賜鑑：……北平故宮博物院來函，謂籌備派員至阿拉木圖接
運展品，詢本院物品之點收及裝箱辦法；業已復請一併代為點收裝箱
運回，並查出卷存本院運蘇展品目錄抄附一份，請其照數點收。茲遵
企孫先生批，將來函及復函各抄一份奉　聞，請於閱後留所備案。
（擬不再以總辦事處名義正式去函）

附二：鈔劉次簫先生鈔來之國立北平故宮博物院卅一年一月卅一日渝字第二六八號函

我國留蘇展品，現經駐蘇大使館迭次交涉，商准擇要先運回國，業已
奉令籌備派員前往阿拉木圖點收接運。貴院物品或亦同運回國，惟點
收裝箱，要非專家不可，如何辦理？應請及早酌定。相應函達，即希
查照為荷。此致
國立中央研究院

國立北平故宮博物院啟

---

①首頁收發註記："中華民國 31 年 2 月 10 日發。"

附三：鈔劉次簫先生鈔來之本院卅一年二月四日（31乙）總字第○二○四·二號函

案准貴院三十一年一月三十一日渝字第二六八號函，以奉令籌備派員前往阿拉木圖選運留蘇展覽品回國，囑酌定本院物品之點收裝箱辦法等由；准此，查本院運蘇展覽品共一百二十件，內計實物——甲骨、戈矛、車飾、爵杯、大刀、石刀、骨柏等四十件（第一號至第四十號），照片八十幅（第四十一號至一百二十號），原裝兩箱。此次貴院諒將派遣專家至阿拉木圖點收裝箱，擬請將本院物品一併兼顧，所有物品詳見附送之目錄，請即按照點收；至裝箱辦法，即請貴院所派專家裁酌辦理。裝箱費用及旅運各費，亦請貴院暫行墊付，將來由兩機關會請行政院撥還。相應檢同物品目錄一件，函請查照惠允，至紉公誼。此致
國立北平故宮博物院

代理院長朱○○

附目錄一件

附四：鈔葉總幹事來電（三十一年二月十日收到）

歷史語言研究所傅孟真兄：運蘇展覽品已抵邊境，故宮博物院來文稱 ~~勘失~~ 因恐責任太重，不願兼顧，貴所倘派專員前往點收，祈電叔平商酌。企孫。

893. 傅斯年致杭立武 （抄件）（1942年2月12日）檔號：李 8-2-5

立武吾兄左右：前承　惠贈《世界學生月刊》，業已照收。該刊印刷，允稱優良，未知係何印刷廠所印？敝所積存待印之稿件甚多，過去均由商務印書館在港、滬兩地辦理，目下該館，則已無法續辦。今擬懇吾　兄費神，代詢承印《世界學生月刊》之印刷廠，能否接受敝所印件？附上樣張數頁，倘該廠可以印時，並祈代為一詢：照此形式，用白報紙、毛邊紙、嘉樂紙，以及其他較好之紙張排印，每

頁各需價若干？請煩　見示，以便統籌辦理。又《世界學生月刊》之印刷辦法若何？亦請詳為　示知，俾作參考也。

敬此拜託，即頌

時祺！

弟傅○○謹啟　二月十二日

894. 傅斯年致朱家驊（1942 年 2 月 13 日）*

騮先吾兄院長賜鑒：日昨吳均一兄來，談及本所第四組事，謂凌純聲兄既奉　命籌備邊疆文化研究所，（均一兄謂純聲兄自言如此）則於第四組引起之問題殊為不乏，例如書籍是否隨之搬去，等，此猶是所中之事，其關於均一兄本人者，則純聲兄去後，四組只剩均一兄一人，不成其為組，（弟不同意此語，詳下。）緣是久欲言而未得言者，向弟詢之，並以此奉詢　尊見，茲將問答記錄如下：

一、"院中政策，是否覺得人類學一科為院中所需要？"

解釋：大陸上以 Anthropology 為限於中國所謂體質人類學，英美則以此字包含體質、文化兩種。如大陸上之解釋，吳所治為人類學，凌所治為民族學，實則一為自然科學，一為人文科學也。特其關係甚深耳。

弟答語：院中歷來當局，自然重視此科，毫不成問題，否則何以此事單獨成一組，評議會何以設此一額？此學在本所，雖微覺有異，但各國體制不同，事從習慣，只要工作能進行，學術分類，非一定者也。弟在五、六年前，本有請院將人類學獨立成所之意，此事仍當為本院在抗戰後重建之一大問題。要之，決不忽視此科也。至於研究員一人成組之事，亦未嘗不可。心理學幾乎一人成所矣。就人類學之範圍論，（Physical）凡資料

---

*本函有手稿本（檔號：李 75-2）、存底抄件（檔號：李 75-2）及 "朱家驊檔案"（檔號：朱-07-012-pp. 30-35）三種，據朱檔整理。

之可得而量者，本組皆可為之，（Anthropometrics）戰後再與若干醫學院合作，或請國外人，並設法訓練助理員，已可為在中國之 Galton Laboratory 之開始矣。然後再辦如 Eugenics 者，其範圍不為小所也。此等以人為單位之研究所或室，工作至便，（獨立室之說，^弟曾向企孫兄道之。）非如史語所，辦事人整日辦事，大不上算，今日之論其一也。

二、"如院中以為有此需要，但均一兄自己，是否院中認為適宜，願有所答，以決行止。"

^弟答：此問殊奇。中國治人類學者，僅有吳均一兄一人，而均一之此學，以大陸上標準論之，亦為上乘。此何待問？

^弟已反復勸解，而均一兄堅欲^弟以此問轉達，茲只得上陳，想　尊見與^弟所說者無異。不久均一兄到渝，更望有以慰藉之也。專此，敬頌

道安

^弟傅斯年謹啟　三十一年二月十三日

企孫兄同此。

895. 傅斯年致朱家驊、葉企孫（1942 年 2 月 14 日）*

騮先、企蓀兩兄左右：關于邊疆文化所事，另書詳陳，兩書皆^弟自寫，他人抄之耳。此事關係不細，盼與　到院會諸公細商之，庶幾同事不以此事之設又是^弟所擴充之計也。其實^弟始終不贊成設此所，（騮先先生原提，與決議已甚不同）此時設來，恐弊遠過于利也。孟和先生亦有意見，彼當於到後面達。專此，敬叩

日安

^弟斯年謹上　三十一年二月十四日

---

*取自"朱家驊檔案"（檔號：朱-07-012-p. 37）。

896. 傅斯年致劉次蕭 （抄件）（1942 年 2 月 14 日）檔號：IV：200

次蕭吾兄左右：頃承寄來三十年度第一次院務會議紀錄等件，業已照
收。　謝謝！

曾憶二十九年十一月二十五日舉行之“在渝各所長評議員談話會”
時，翁詠霓兄亦曾到會。詠霓兄於會餐時始到，故未及簽字。今該
會之紀錄，於詠霓兄闕如，^弟意似可補入也。專此，敬頌

時祺

^弟傅〇〇謹啟　二月十四日

897. 傅斯年致朱家驊 （1942 年 2 月 15 日）*

騮先先生院長賜鑒：關於籌設邊疆研究所事，自方桂、純聲兩兄返
後，具聞吾　兄及企孫兄所示各節。查此事關係重大，謹將鄙^鄙見所
及，原原本本寫於下方：

甲、過去　此事^弟之看法，始終以為只有從語言入手，是唯一切實
有把握之路。猶憶　兄在教育部時，^弟提及柏林大學
Orientalisches Seminar，似乎在中國不妨為之，惟預備人材，也
復非一、二年事耳。　兄旋以此事託趙元任兄留意，頗有速辦
之意。以後吾二人所言及者，^弟心中始終是此一事。最近^弟之
推薦方桂兄，亦是欲其以此名辦彼事，轉可切實也。如民族、
民俗等自亦是極重要之學問，但研究所已有之，待擴充耳。若
為了解邊事，而訓練在邊地服務之人，自以語言為第一步。
（看附件）今日此名詞已大時髦（邊疆）故辦來極不易好。是今
日之難辦，遠過于十年以前矣。

---

*本函有手稿本（檔號：李 75-1）、那廉君複寫本（檔號：李 75-1）及“朱家
驊檔案”（檔號：朱-07-012-pp. 18-28）等三種，文字略異，據朱檔整理。

乙、此事似當提出院務會議　查此事關係重大，為本院設所政策之一個大 departure。雖曰奉令為之，似仍宜顧及院中同人之意見。記得算學所之籌設，雖　兄在前年秋已託藕舫兄徵立夫兄之同意，但其決定之基礎乃在二十九年十一月二十五日"在渝各所長評議員"談話會，乞查該項紀錄第四案。今此事比算學所更為可以討論者也。況此時正開院務會議乎？

丙、^弟之個人意見　^弟此次不能到會，謹述個人意見如下。

一、上策是不辦。

理由：①中央研究院尚無此項之所，此端一開，恐生弊竇。

（此弟所以前者建議可稱會不可稱所者也。）

②政府所望于此所（如用邊疆之名義）者，是發揮其政治之作用，中央研究院以後固必盡其對于政府之學術、技術上之幫助，但終以去政治不太近為宜耳。

③照我們的標準辦，自然要實事求是，未可期以速效，照時髦之標準辦，即破壞我們學院立場之清淨法門。今日此學太時髦，而教育部又搶著辦，故甚難著手耳。

④此事未必能弄到甚多經費，辦來或者不上不下。教育部有六百餘萬之邊疆教育經費，未易與之比也。

⑤題目如此大，錢必弄不多，成績難期。

⑥此時國家財力、人力，似此者似均可緩。

⑦兄之原提案與決議案有多重要點大不相同，故更難辦矣。（即如邊疆二字，原提案即無之。）

手續：此事雖曰奉令，但以教育部甚想自辦之故，如由　兄與立夫兄一言，大致說："此事我們讓你辦，但我們院中有很多工作與此事有關係，部辦後要隨時補助我們這些工作"云云，彼必滿口應允，即不給錢，亦少麻煩矣。（企孫兄所謂與教育部合作，此方式^弟覺最不宜行，博物院之前事可鑒，凡一事由兩機關辦者，必生糾紛，徒增

兩機關之惡感，于事鮮功。）如此呈復政府，別人決不說
話矣。此中奧妙，在乎我們讓給他這個差使的名義，
至于工作，我們仍可自辦（以前豈不是已經辦了些），且
待人充、錢充時再充之耳。中央研究院所求，宜在乎
工作，而目下教部所為，似乎只在舖排場面，而此則
可以一取一棄之理由也。

二、中策是委佗。

如此時決不定，則姑委佗之，組織一籌備委員會，以總幹事為
主席，exofficio 內外人可均有之，向政府要幾個錢（要不多）分
給地質、社會、史語、各所有關之人為工作費。

此亦不是妙法，或亦可謂下策之一。

三、下策是即辦。

弟之所以名此為下策者，其理由即是上策中所舉者之反映，蓋
一辦之後，本所之學術立場是否有增有損，不可知矣。糾紛多
少，不可量矣。如必辦，其人選則如凌純聲兄者，自為適宜，
以其有治學旅行之經驗，處世治務之才幹也。且所識治民族學
者甚多，比之坐在都邑而高談，或有心無力者，大不相同矣。

此可供參攷者也。至于究聘何人，弟均無成見，無不贊成。

丁、如辦，與本所之關係如何　如必辦，本所牽涉甚多，不敢于中
圖利，只求少受影響：

①如調本所人，只憑其本人之自願。

②本所之書似未可分去。（調出李莊，移置重慶。）

③本所儀器儘本所自用，有餘可借，或轉讓。

竭誠奉述，敬乞　參考。企孫兄處不另。專此，敬頌
日安

弟傅斯年謹上　31/2/15

教育部現擬在大理辦一語言所，茲將羅莘田兄所擬之辦法送上一參
考。此蓋顧一樵兄過彼，託羅為之也。此件看後仍乞賜還。若是教
育部照羅擬之辦法，以語言為限，我們弄一個大的，結果還是我們

難期成績，此事，似乎教育部現在抓住扼要關頭矣。（以其找人適宜）^弟以前所想像亦大體即此物也。又白。

附：羅常培所擬辦法（抄件）

籌設邊疆語言研究所計劃草案①

一、本所以研究邊疆語言，溝通各族屬間之文化，籌劃推行邊政為宗旨。

二、本所暫設左列五組，但得因實際需要及師資設備之增加，隨時擴充之。

（甲）藏緬語組　緬甸、俅子、馬魯、剌奚、阿繫、阿昌、西藏、古宗、倮倮、窩泥、栗粟、倮黑、阿卡、西番、麼些、怒子、開欽等各種語言屬之。

（乙）撣語組　暹羅、擺夷、☒人、仲家、儂人、沙人等各種語言屬之。

（丙）苗傜語組　苗語及傜語屬之。

（丁）越語組　安南語屬之。

（戊）蒲語組　蒲蠻、僰子、卡瓦、卡拉、崩竜、民家等各種語言屬之。

三、本所之工作範圍如左：

1. 訓練邊疆語言初步研究人材；

2. 記錄上列各組語言；

3. 編印上列各組語言之實用教科書及初級文法；

4. 將三民主義、中國史地、邊疆史地、中國與隣封之關係等編為淺說，譯成上列各組語言；

5. 完成上列各組語言之音系、語法及詞彙；

---

① 羅常培自註："敬請　方桂兄　教正。　^弟羅常培　三一、二、☒。閱後請批評並轉寄　孟真兄。"

6. 完成漢語與同系各組語言之比較研究；

7. 繪製上列各組語言之分佈地圖；

8. 溝通上列語系中各族屬間之文化。

四、本所為訓練邊疆語言初步研究人材，設置左列各科目：

黨義、中國通史、中國地理、東亞各國史、東亞各國地理、國文、英法德語之一種。

語言學、中國聲韻學、中國文字學、語音學、文法學、藏漢系語言研究法、各種邊疆語言實習。

上列各種科目得因實習生程度之差別分為必修與選修。

五、本所設所長一人，每組各設研究教授一人或二人，研究員一人或二人，助理及實習生若干人。

所長及研究教授由部聘國內外之語言學特任之，研究員由所長就各大學研究生中對邊疆語言研究有相當成績者特任之，助理由所長就各大學畢業生中對語言學有切實訓練及研究興趣者選任之，實習生由各大學在校學生、高中畢業生及華僑歸國子弟中甄錄之。

本所為推進所務，得設事務員及雇員若干人分掌圖書、教務、會計、庶務、文牘各事宜。

六、本所除在當地及華僑歸國子弟中徵覓發音人外，並須分赴各地作田野調查工作。

七、研究員及助理中成績優異者得由部資送赴鄰近各國研究。

八、本所之臨時、經常、調查、研究各費之預算，另行呈部核定之。

898. 傅斯年致朱家驊 (1942 年 2 月 19 日) *

騮先吾兄賜鑒：前以友人鄧廣銘君為長才積學之賢士，曾以推荐于左右，荷承 復書，隨時留意。茲鄧君適有重慶之行，託其晉謁，並代

---

* 取自"朱家驊檔案"（檔號：朱-07-012-p. 61）。

陳^弟之近況，如賜 接見，無任感幸。專此，敬叩

道安

^弟斯年謹上 二月十九日

899. 傅斯年致屈萬里 （抄件）（1942 年 2 月 20 日）檔號：II：150

翼鵬先生左右：① 二月十日惠書敬悉。適同日收到王雲五先生一信，茲將其末節抄奉，可知彼之處境如何矣。

尊論今日治《易》之觀點，無任佩服！彼之思想，必自成一種體系（他的"邏輯"）而富于上古社會史資料。 大著告成時當以先覩為快也。

貴館善本書在港有損否？至以為念！專此，敬叩

著安

^弟○○謹上 卅一年二月廿日

900. 傅斯年致朱家驊 （1942 年 2 月 23 日）*

驊先吾兄院長賜鑒：^弟因賤軀初覺好轉，擬于今年格外小心，又鑒于自重慶初來時之情形，故此次院會，擬請給假，已于日前電 企蓀兄轉陳，諒荷 鑒諒也。董彥堂兄，代^弟事務將及一年，于各種事項最為熟悉，故懇其代^弟前往出席，敝所各種情形，當能充分陳述也。

院中一般，^弟近日稍有所感想，寫下以代面達，如荷 垂聽，無任感幸。

---

①頁首那廉君附註："附抄王雲五信之最末一節。"

＊本函有手稿本（檔號：李 21–3–5）及 "朱家驊檔案" （檔號：朱–07–012–pp. 38–43）兩種，合併整理。

一、隸屬問題，當為今日本院之一大難關，其實此事在鬧者亦非全
無根據，（鬧者聞是黨政軍考核會人）蓋本院之直隸國府，制法
在行政院負政治責任之前也。無論如何，此事　兄及企蓀兄必
刻刻注意，事關本院全局，決不可聽其由我輩身上，出了岔
子也。

二、進行之方針，^弟以為與其求擴充，毋寧求實在。此時人力、物
力，不擴充工作已辦不了，擴充恐更是空洞。然則西北考察之
未准，未必即是不幸，而邊疆研究所之讓出，未必即為失策。
吾輩宜自檢點，各研究所之工作，均在進行中乎？其中固有遇
到不可除之障礙，然亦有可就現在事實所許，努力推進者乎？
有懈弛者乎？^弟意院務會議之後，企蓀兄似宜各所看一遍，先
自李莊始，本年之內究有若干結果可以期望出來，此宜可以預
算者也。

三、院中工作，不為人知久矣。目下各處宣傳太過，然我們一句①
不說，亦是怪事。全世界上，亦無出版如此少之學院也。^弟意
去年決議兩項刊物，宜必加速進行，無論如何困難，本年總要
出版幾冊，兩者亦必須編的像個樣子，庶幾我們的工作，可漸
為人所知，此亦應做之事，不可以宣傳論也。
又，本院作一總報告（或總概況），包括最近數年之工作情形，
原為前年十一月某日在渝各所長、各評議員開一談話會共同商
定要辦者，是夕來賓有陳布雷君，亦謂此事異常重要，^弟本擬
評議會後著手辦，旋即大病矣。目下本院雖擬出兩種刊物，此
事之需要似亦不減，可考慮也。

四、本年秋季，本院可在重慶開一大展覽會，其中包含，製作品，
例如理工兩所者、歷年出版、科學標本、各項圖表（此事重要，
亦須做得聰明，例如我們各項工作之統計、分布，歷年進展情形，受
遷移之影響情形，等。）將今年之評議會錢，用在此事，所得必

---

①編按："一句"朱檔作"一向"。

比評議會為多耳。

五、在此戰爭期間，本院實做不出何等大事出來，然戰爭結束後，本院如再一仍此日之舊貫，政府、社會皆不許矣。此時似可研究戰後重建之方案，戰後重建，則一面與各大學如何關繫，一面與各技術建設機關如何關係，皆是應考慮之重大問題，而學院之立場，與應用之要求，如何調劑，亦須大費斟酌。若夫內部組織之必有異，可不待言。或者即組織一委員會研究此事，而不在院服務之評議員，如林可勝、吳政之諸君，似亦可並請其參加也。

承　企蓀兄勉以出席，敢將近日所見寫供　兩兄參考，恕其亂說，至幸。專此，敬頌

道安

弟傅斯年謹上　二月廿三日

企蓀兄同此不另。

901. 傅斯年致陶百川（抄件）（暫繫年於 1942 年 2 月）　檔號：IV：56

百川先生左右：惠書敬悉，盛意極感。月來思之甚久，迄未奉復，至歉！此事弟所以思之不決者，蓋弟近日正思寫一本小書，名《文化鬥爭》，其中有"我所認識之日本"、"我所認識之法國"等等，此小書寫完，再寫一本《原人》。一心難二用，故設如為　貴刊撰文，自亦免不了有與此兩小書相關之篇，然此兩小書究竟何時寫成，何日出版，亦均在不知之數，以弟近日身體，尚須小心也。　尊示辦法，假如在下列辦法之下，弟可以應命：

（一）上所談兩小書，得收納其一部份（此句為我便利），但須在　貴刊該期出版六個月之後（此句為貴刊想）。

（二）弟身體不佳，平均三個月三篇，即一年十二篇，但難準每月一篇。（亦當以每月一篇為目的，但恐偶有錯，即須下月補耳。）

尊意如何？敬乞　示悉為荷。在此消息隔絕，如有所撰，必近于空，

或偏于文化，當使讀者更覺高而不切矣，一笑！專此，敬頌

撰祺

902. 傅斯年致金寶善（抄件）（1942 年 3 月 3 日）檔號：李 70-4-2

楚珍吾兄署長左右：

前敝所醫務室以診療上之需要，向 貴署戰時醫療藥品經理委員會訂購藥品一批，荷承我 兄格外盡力襄助，惠允全部發售，至深感謝！茲有須再奉瀆者，即敝所原開去之訂單中經此會通知敝院重慶總辦事處核准藥七十五種，而敝院總處派人往購只得七十種，蓋其中又有五種臨時未給也。此五種藥恰好均為敝所醫務室需用之最迫切者，故特再函奉懇，擬請 轉囑此會查照敝所原單，將所去之五種補予售給，即作為六月份敝所所購（蓋上次 尊兄惠示全部准購時，已作為門市售至五月份），弟及此間同人均不勝其感荷矣。如承 惠允照售，仍祈 函示重慶上清寺生生花園內敝院總辦事處總務處，自當有人前往洽購也。

屢勞清神，統此致謝！

專此，敬頌

時祺

弟傅〇〇謹啟　三月三日

903. 傅斯年致羅家倫（1942 年 3 月 3 日）*

志希吾兄左右：奉 惠書，諸承 注念，感何有極！ 家母之逝世，直是怪事！其體質之佳，理必登大耄者，乃突然而病，遽爾不起，蓋

---

*羅久芳女士提供，又載羅久芳、羅久蓉編校《羅家倫先生文存補遺》，台北：（中研院近史所，2009），第 370 頁，署"民國三十一年三月三日，李莊寄重慶。"

一塊膽石杜大管 common duct，一向皆認為胃病者也。在南京誤診，然彼時未必有此石，在仁濟醫院誤診，設非^弟病，亦或不至於此，此則至今念之，倍覺罪惡者也。^弟之一病，除此事外，皆有益處，例如借病逃院會，在此讀書不休，然有此一事，一切蕩盡矣。七十五之高年，不為不壽，然以其體質論之，固當達期頤耳。

兄享無事之清福，大不易得，不可遽爾舍去，太平之後還須歸隱。一切福氣，無如心靜，恐兄未能，尚須加些工夫耳。為享此福，雖賣山居與字畫，不為不智。^弟無可賣者，然不久亦賣破書矣。狗是非中，^弟以深山養病，竟未再得不虞之譽，殊堪恨也！此又是塵心不斷之談，尚須加工勉已。書貽近何狀？極念此妙人，煩告他^弟一切已恢復，如此寫信，聊以證眼力之如初耳，豈學剛吐柔茹之大官哉。專此，敬候

日安，并候

嫂夫人安

^弟斯年謹覆　三月三日

904. 傅斯年致賀師俊 (抄件)（1942 年 3 月 27 日）檔號：李 8-3-8

師俊吾兄左右：① 關于敝所《集刊》之印價，前承　開示估價單，並由董彥堂兄轉告尊定數目，均當一一照辦。蓋兩機關既分屬友誼，而^弟又忝稱　兄之友好，當不能于此點上斤斤較量也。惟懇我　兄轉飭經辦人員，對于敝所印件特別加意，則^弟公私均感甚矣。

茲由本所專任副研究員全漢昇先生携稿來渝，並即由全君長住　貴處担任校對。全君積學之士，此次所印之《集刊》中彼之著作即甚多。關于全君辦事地點以及食宿方面，均祈　飭人代為安置，至感至感！

---

①頁首那廉君附註："此函未發。"

餘由全君面達，茲不復贅。

專此，敬頌

時綏

弟傅〇〇謹啟　卅一年三月廿七日①

905. 傅斯年致楊時逢 （抄件）（1942 年 4 月 2 日） 檔號：李 8-4-4

時逢兄：茲有一電給葉總幹事，請其告　兄，想已見到。此外有致
　　賀師俊先生兩信，茲抄奉。關于㕥事，雖說是我們變卦，但關係
　　極大。洋報㕥既貴又不耐久，土報㕥兩面印簡直模糊。本所此時
　　傾家蕩產而印《集刊》者，無非為本院在學術上爭些面子耳。故
　　此點務請　兄堅持，其他各點如前談者亦請竭力接洽，感感！
　　專頌

日祺！

弟傅〇〇啟　31/4/2

關于㕥之一事，假如不得結果，寧可翻案，但詞句之間務須客氣。
又此事必須與印刷廠中主管人接洽，方為有效。

906. 傅斯年致楊時逢 （抄件）（1942 年 4 月 3 日） 檔號：李 8-4-7

時逢兄：用㕥一事，必須堅持，萬不得已，一半用白報㕥，一半熟土
　　料，（此為萬不得已，亦須看看其兩面印法究竟透出若干，且是否常有爛
　　㕥。）② 白報㕥可由我們替他向經濟部接洽。

次為印數，至多我們出千冊印刷之費，而油墨與紙張總是省的。

以上事如不成，寧可停頓，即行來電。

以上事不成，以下事亦乞照原交兄者逐一接洽。

---

①頁末附註："印五百。"
②行首自註："洋報㕥絕對不要用。"

凡此等事，非直與其印刷廠接洽不可也。

一切諸希努力。

一切接洽事，乞火速辦理。辦後，玩兩三天便歸，至感！

專叩

日安

斯年　四月三日①

907. 傅斯年致王敬禮 (抄件) (1942 年 4 月 14 日) 檔號：III：57A

毅侯吾兄左右：頃接立武兄一電，^弟已復去一信。信電茲均抄上，請

兄一閱，並乞　設法將寅恪兄本年一月至六月份薪俸共六百元派

人送交　立武兄，以便轉去，是感。

專此，敬頌

時祺

^弟傅○○謹啟　31/4/14

908. 傅斯年致鄭天挺 (抄件) (1942 年 4 月 14 日) 檔號：III：57B、III：55

毅生吾兄左右：頃接杭立武兄來電，謂有陳漢者來函，據稱離港時，

寅恪兄曾口託轉請國內接濟云云。茲將原電抄奉，乞轉聯大當局一

閱，是幸。

專此，即頌

時祺

^弟傅○○謹啟　31/4/14

^弟復杭立武兄信，茲亦抄上。

---

①頁末那廉君附註："附寄杭立武先【生】致傅所長函談《世界學生》印刷者。"

附：傅斯年致杭立武（抄件）（1942 年 4 月 14 日）

立武吾兄左右：① 真電奉悉。關于接濟陳寅恪兄一事，以 兄與陳漢君既不相識，^弟又不知其人，似未便遽爾託其轉去大數。茲擬將寅恪兄在本所之本年一月至六月份薪俸共六百元，先行轉去，倘無問題，^弟再向友好集湊，續轉較大數目。頃已函託王毅侯兄將款送上，即煩我 兄代匯陳漢君，是感。（如需急匯，乞 兄處先為一墊。）又，寅恪兄在港，終非長久之計，^弟亟擬接其來內地，亦正在設法中，未知可託陳君一詢其本人意見否？專此奉復，敬頌
時祺

^弟傅斯年謹啟 三十一年四月十四日

909. 傅斯年、李濟致葉企孫、辛樹幟（抄件）（1942 年 4 月 15 日）檔號：李 38-1-6

企孫、樹幟兩兄：

接石、勞二君函報告八日開會情形，知西北之行科目、人員均已加多而經費並未大增，頗與^濟前此在渝所聞者異撰，若如此分配，誠恐些些之款只敷消耗於道路而成績難期，史蹟一門尤敢保毫無成就。蓋西北各地原為物價高昂省分，而考古部門需款之大，據^弟等既往經驗推之，即全數撥歸此門已感不敷，若分散過多，將各部皆感拮掘而成就皆鮮，故^濟初定四人，^年又主張去一人，且博物院之拾萬元（並非拾壹萬元）係遵理事會議決案，專供燉煌史蹟研究，若移作別用即無法報消，而以博物院撥款立場言，尤以搜集標本為重，故^弟等之意，此拾萬元仍以全數劃歸史蹟、考古為妥，各部門款項必須劃分清楚，始能各作計劃，不相渾淆。至人員、科目之增減，似應視能否另加款

---

① 頁首附註："鈔復杭立武先生函。"

項為標準。^濟前此在渝所聞生物、地理組本須於拾伍萬外另籌經費，今混為一談，似非初議。抑更有進者，燉煌初步考查西人走之已熟，煌煌鉅帙，學人共喻，今茲之行，^弟等感覺必須稍有所得，若漢簡及漢唐遺物能有特殊發現，始免貽笑他人，若仍係試探性質，則西籍具在，展卷可當臥遊，何必捨吾人更重要之工作空走此一躺哉。^弟意如此，不知 兄等以為然否？

此事再約言之如下：

一、如 兩兄有把握費用在今年秋季能增加一倍，則 兩兄原計劃可實行。

二、如無上項把握，一去之後轉成不了之局，史蹟工作既不能作又停止，石、勞諸人在所之工作甚屬不值，似應將此組取消，即令二君返所，如何之處，竚希 裁復。

又，會計、文書分工合作，在蘭州以東，團體行動時自屬甚好；至蘭州以西，將分途調查，必須各司其事，若仍全體同行，恐彼此牽掣，皆有遷就，似頗不經濟。外附石、勞二君函煩轉致，二君來信並附一閱。專此，敬頌

道安

^弟斯年、濟同啟 四月十五日

〔附〕：**西北史地考察團談話會紀錄**（油印件）

時　間：民國三十一年四月八日下午三時。

地　點：國立中央研究院總辦事處。

出席者：葉企孫、石璋如、勞榦、李承三、吳印禪（辛樹幟代）、王敬禮、劉次簫

主　席：葉企孫　　　　　　　紀　錄：劉次簫

甲、報告事項

主席報告：

一、本團名稱定為"西北史地考察團"。

二、本團此次考察經費共為二十一萬一千元，計由中央博物院撥十一萬元，管理中英庚款董事會撥五萬元，中央研究院撥五萬一千元。

三、此次參加考察人員如左：

歷史考古組　石璋如、勞幹、向達

地理及動植物組　李承三、周廷儒、辛樹幟、吳印禪

乙、討論事項

一、確定本團組織案

決議：本團組織及推定人選如左：

名譽團長　朱家驊

團　　長　辛樹幟

總 幹 事　李承三

總 會 計　王敬禮

會　　計　石璋如

二、分配本團經費預算案

決議：分配如左：

往返旅費（每一團員約需一萬元）　　　共七萬元

警工費　　　　　　　　　　　　　　　共五萬元

運費　　　　　　　　　　　　　　　　共二萬元

設備費

以個人為單位之設備費　　　共一萬四千元

公用設備費　　　　　　　　共一萬二千元

工作費

歷史考古組　　　　　　　　　三萬元

地理及動植物組　　　　　共一萬五千元

三、本團考察所得之標本及古物等件應如何分配案

決議：任何標本倘祇有一份，應歸中央博物院；如有副本，則其副本得歸各團員之服務機關。所得一切古物均應歸中央博物院。

四、本團考察後之研究報告應如何印行案

決議：地理方面之研究報告由中國地理研究【所】印行

動植物方面之研究報告由中央研究院動植物研究所印行

歷史考古方面之研究報告由中央研究院歷史語言研究所

或中央博物院印行。

五、規定本團出發日期案

決議：于本月二十日左右出發。

910. 傅斯年致賀師俊（抄件）（1942 年 4 月 15 日）檔號：李 8-3-17

師俊先生左右：真電頃始收到。本當電復，但赴宜賓之船已開，而郵

局尚收今日轉南溪之信，恐兩者差不多，故以書奉復，至歉也。

（此間拍電當在宜賓或南溪，皆六十里。）關于二萬三千元款項一事，

貴處允許退冏，何勝感激，理當遵命。但此等事向決于總務處，

總務處不能決，由總幹事決定，敝院一向習慣如此。弟已函王毅侯

先生，請其儘量勉從尊示，必要時代弟向葉總幹事請示，敬乞　先

生與之接洽。蓋此等事各所不能自主，各所並無獨立之出納也。以

弟料之，兩機關彼此皆係好友，但可通墊，當無不辦，惟此項印刷

之專款（一機關之補助）目下尚未領到，前之二萬三千元亦係總辦

事處墊出，故彼處情形若何？弟不得而知。已請毅侯先生與　先生

接洽一切矣。再，書皮即用楊君寄來國製書皮冏樣，乞代為訂下，

餘事另託楊君或全君奉陳。專此，敬叩

道安

弟傅○○謹啟　四月十五日（卅一年）

911. 傅斯年致傅斯巖（抄件）（1942 年 4 月 18 日）檔號：I：260

孟博：三月卅一日函讀悉。兄除初到李莊時，病了一次之外，並無何

等不好，言者過甚其詞也。勿念勿念。研究所公用之物如下：

一、鉛筆數打，為寫複寫之用。

二、鋼筆尖（各種）數盒。

三、中國墨，四川造太要不得，中等錠，約四五十錠。

四、謄寫板之鋼版與筆，（中華書局製最好）一副。

五、謄寫板用之蠟紙，十五桶，（即一千五百張）須看好不是壞了
　　的，帶來時留神勿壞。

六、油墨（黑色、藍色均可）要上等的一百鎊，千萬不要買了壞
　　過的。

至于紙張，中央文化驛站為本所印物已定中央紙，自贛運進太難，
作為罷論可耳。

兄自己用物，只差襪子幾雙，並缺少襯衫。但兄之尺寸甚怪，買的
恐不能用，或帶點可作衫褲之有色布及白布耳。為數甚有限，如路
上麻煩，均可不帶也。

至于公務如需款，可電　毅侯先生。

路上小心，你辦此等調查購料之事皆不小心、不在行，切須為公家
注意，免得為文化驛站買一批貨，而回來用不得也。

　專此，敬頌

旅祉。

　　　　　　　　　　　　兄白　卅一年四月十八日

912. 傅斯年致朱家驊（1942 年 4 月 18 日）*

騮先吾兄左右：茲有一事與　兄商之。梁思成、思永兄弟皆困在李
莊。思成之困，是其夫人林徽音女士生了 T. B.，[1] 臥牀二年矣。思
永是鬧了三年胃病，甚重之胃病，近忽患氣管炎，一查，肺病甚
重。梁任公家道清寒，　兄必知之。他們二人萬里跋涉，到湘，到

---

*取自"朱家驊檔案"（檔號：朱–07–012–pp. 64–67），提稱、簽署及又白末一
　段為傅斯年手跡。

[1] 編按：結核（Tuberculosis，簡稱 TB）。

桂，到滇，到川，已弄得吃盡當光，又逢此等病，其勢不可終日，^弟在此看著，實在難過，　兄必有同感也。^弟之看法，政府對于他們兄弟，似當給些補助，其理如下：

一、梁任公雖曾為國民黨之敵人，然其人于中國新教育及青年之愛國思想上大有影響，啟明之作用，在清末大有可觀。其人一生未嘗有心做壞事，仍是讀書人，護國之役，立功甚大，此亦可謂功在民國者也。其長子、次子，皆愛國向學之士，與其他之家風不同。國民黨此時應該表示寬大。即如去年蔣先生賻蔡松坡夫人之喪，^弟以為甚得事體之正也。

二、思成之研究中國建築，並世無匹，營造學社，即彼一人耳（在君語）。營造學社歷年之成績，為日本人羨妒不置，此亦發揚中國文物之一大科目也。其夫人今之女學士，才學至少在謝冰心輩之上。

三、思永為人，在^敝所同事中最有公道心，安陽發掘，後來完全靠他，今日寫報告，亦靠他。忠于其職任，雖在此窮困中，一切先公後私。

總之，二人皆今日難得之賢士，亦皆國際知名之中國學人。今日在此困難中，論其家世，論其個人，政府似皆宜有所體卹也。未知吾　兄可否與　陳布雷先生一商此事，便中向　介公一言，說明梁任公之後嗣，人品學問，皆中國之第一流人物，國際知名，而病困至此，似乎可贈以二、三萬元，（此數雖大，然此等病症，所費當不止此也。）國家雖不能承認梁任公在政治上有何貢獻，然其在文化上之貢獻有不可沒者，而名人之後，如梁氏兄弟者，亦復甚少，二人所作皆發揚中國歷史上之文物，亦此時　介公所提倡者也。此事^弟覺得在體統上不失為正，^弟平日向不贊成此等事，今日國家如此，個人如此，為人謀應稍從權，此事看來，^弟全是多事，^弟於任公，本不佩服，然知其在文運上之貢獻有不可沒者，今日徘徊思永、思成二人之處境，恐無外邊幫助，要出事，而此幫助似亦有其理由也。此

事請　兄談及時千萬勿說明是^弟起意，為感。如何乞　示及，至荷。專此，敬頌

道安

^弟斯年謹上　四月十八日

^弟寫此信，未告二梁，彼等不知。

因　兄在病中，此寫了同樣信給詠霓，詠霓與任公有故也。^弟為人謀，故標準看得鬆。如何？^弟年又白。

913. 傅斯年致朱恒璧（抄件）（1942 年 4 月 20 日）檔號：李 70-1-17

恒璧吾兄先生左右：關于蕭文炳醫師事，前曾匆匆上復，並云將有後信。一連數月，同人數度挽留蕭君勿去，但彼意似頗堅，今不能不將全部情勢，奉陳　左右，藉求吾　兄之指示與臂助也。茲將情形分述如下：

一、蕭醫師在此與^敝所及其他各文化機關同人相處均甚好，同人得其益處不少，重病治愈者多有之，即小病則迎頭一醫，不致蔓延，亦為得效。思及本源，^弟深感吾　兄推薦之得人，同人皆不願其走，而至感　兄為^敝處擇人之得當也。

二、蕭君自言，彼在此之損失，大者有二：①彼失去在中央醫院之資歷，②無法學習。二者之中，尤以後者為甚，故彼甚願于今夏入中央醫院。此皆係事實，^弟于彼之此一感念，深表同情。^弟雖勸他無數次，只能云是為我們的方便，不是為他的好處，其資歷一事，或者尚可將^敝處年限算入，若學習一事，自然與中央醫院不同。

三、然為^敝所及同列各文化機關（即龍泉鎮之一套）言之，現在之醫務室，決不可停止，目下有若干慢性重症（T. B. 及胃病）而應時之病，時出不窮。同濟雖在此有醫生，我們決不恃他。二三

月中，已作備藥二年計劃，大致差不多。蓋在此無醫院之處住，不能不自己有一醫務室也。

有上列情形，^弟覺此事既不可停，目下只有兩法：

一、另由吾　兄推薦一位適宜之醫生來此，繼續蕭君之工作。此間待遇，可比中央醫院稍優（仍請　兄定之），工作亦比在中央醫院為閑，環境亦舒服得多，若有願休息者來此，甚便也。

二、若上項無法可辦，則恐只有請　兄留蕭君再住一年，至明年暑假，至于彼之犧牲，吾輩固深知之，而深感之也。

如何，敬乞　裁示，至感至感！專此，敬頌

道安

紹青先生同此。

914. 傅斯年致葉企孫（抄件）（1942 年 4 月 22 日）檔號：李 38-1-7

企孫兄：關於西北調查一事，關于款者另由濟之陳明，^弟無權發言。此事之組織，^弟本不與聞，僅濟之催^弟促向覺明，故^弟知之耳。然自濟之自渝返後，告^弟以總數共十五萬一千元，（中博院十萬，本院五萬一。）^弟即以為人不可去多，事難望成功。濟之原擬向、石、勞、高四人，^弟強作主張去高，並請濟之考慮，可否在博物院他部門中想法，（例如停止四川發掘）不意重慶之決定，並未注意此等工作要花多少錢之實際問題也。其實此事^弟本不願敝所有人去，石、勞二人在所不特皆有工作，且其工作皆甚迫切，安陽發掘，其最要部分在石手，（濟之專治陶片）今梁又病，直等于停止工作矣。此為^弟十年心願，今雖不能印，然如能作一結束，亦一大好事也。故石、勞之去，乃本所工作中一大攪擾。若其西北之行，有結果可期，當屬值得，今乃知其用此錢數必無結果，亦何貴乎此行？故^弟當時有一電，請其回來，似乎詞未達意，甚歉甚歉！實無他意，而情形本如此也。今^弟可得言者，即石、勞之行，必一無成績，（所云報告由敝所出版，亦一句話耳，蓋根本

在科學上不能有所得也。）其回來之川資屆時或亦生問題。專頌

日祺

弟傅〇〇敬啟　四月廿二日

915. 傅斯年致朱家驊（1942 年 4 月 28 日）檔號：III：1290

議長賜鑒：評渝世字第五號函敬悉。謹將鄙見遵　命附註于原件上奉
　　還，藉供參考。惟印刷不易，通信商量更難。故所陳僅貢參考，不
　　敢求其改換也。尚有兩項原則，一并附陳：

一、查楊銓、丁文江獎金之實施細則中，本有最多以二人為限之規
　　定。作此規定之意見，本意在最好給一人，如不可能，則亦無
　　論如何，不可給三人以上也。今見楊銓及蟻光炎獎金，給予三
　　人，似仍是平均主義，蟻光炎獎金第三名，照原評語，似不應
　　給以獎金。

二、學院給獎，評語中似不可稱讚之上天，如"切理饜心"，饜心
　　則心有不同，切理以何為標準乎？此等舊來之濫調，有如硃卷
　　之批語，似不應入。至于"郵票史兩篇"，與本獎金原訂章程
　　無涉，似均應刪。

　　專此奉陳，敬頌

道安

四月廿八日

916. 傅斯年致朱家驊、葉企孫、王敬禮（1942 年 4 月 28 日）*

驪先先生院長，企孫、毅侯兩兄賜鑒：梁思永先生病事，茲述其概。
　　十年前，思永于一年過度勞動後生肋膜炎，在協和治愈，但結疤不

＊本函有手稿本（檔號：雜 23-10-6）及那廉君抄件（檔號：III：1210），字句
　略有出入，據手稿本整理。

佳,以後身體遂弱。自前年起,忽生胃病甚重,經二年來,時好時壞。去年胃病稍好,又大工作,自己限期將《殷墟報告》彼之部分寫完。四個月前,即咳嗽,尚聽不出肺病聲氣。上月醫生大疑其有肺病,送痰往宜賓驗,結果是+++!所聽到左右幾大片。此次肺病來勢驟然,發展迅速,思永自謂是閃擊戰,上週情形頗使人憂慮,近數日稍好。思永之生病,敝所之最大打擊也。茲謹述其狀。

思永雖非本所之組主任,但其 moral influence 甚大,本所考古組,及中央博物院之少年同志,皆奉之為領袖,濟之對彼,尤深契許。彼學力才質,皆敝所之第一流人,又是自寫報告、編改他人文章之好手。今彼病倒,《殷墟報告》之進行,一半停止矣。思永尤有一特長,本所同人多不肯管公家事,或只注意其自己範圍事,弟亦頗覺到敝所有暮氣已深之感。思永身子雖不好,而全是朝氣,其于公家之事,不管則已(亦不好管閑事),如過問,決不偏私而麻糊也。其公道正直及公私之分際,素為同人所佩。弟數年以來,時思將弟之所長職讓彼繼任,然此事不可不先有準備。抗戰時,弟在京代總幹事,思永在長沙代弟,不特敝所翕然鳳服,即他所同在長沙者,亦均佩之也。(孟和即稱道之不置之一人)以後弟在重慶時,曾有若干次託彼代理,其目的在漸漸養成一種空氣,俾弟一旦離職彼可繼任耳。彼于代理殊不感興趣,強焉亦可為之,自胃病後,不肯矣。弟此次返所,見其精力甚好,前計又躍于心中,今乃遭此波折,亦弟之大打擊矣。

彼如出事,實為敝所不可補救之損失,亦中國考古學界前途之最大打擊也。故此時無論如何,須竭力設法,使其病勢可以挽回。此當為 諸先生所贊許也。查敝所醫務室現存之藥,在兩年中可以收入二萬數千至三萬數千元。(如照市價買去,當可得六、七萬,今只是用以治同人生病之收入故少。)擬於此收入中規定數千元為思永買其需要之藥之用,(本所原備治 T. B. 之藥甚少,所備皆瘧、痢等。)此事在報銷上全無困難，蓋是免費（即少此項收入），而非另支用經費也。

此意昨經敝所所務會議討論通過，敬乞　賜以考慮，並規定一數目，其數亦不可太少，至為感荷。若慮他人援例，則情形如思永者亦少矣。以成績論，尚有數人，然以其在萬里遷徙中代弟職務論，恐濟之外無他人，故無創例之慮也。如何乞　考慮賜復，至感。專此，敬叩

日安

弟傅斯年謹上（簽）　　31/4/28

再，此函到時，如　騮先先生可看公事，乞送呈　賜閱，至感。

騮先吾兄：此函尚有未盡之意。思永是此時中國青年學人中絕不多得之模範人物，無論如何，應竭力救治。彼在此赤貧，即可賣之物亦無之（同人多在賣物補助生活中）。此種病至少須萬元以上。此信只是一部分辦法耳。去年弟病，　兄交毅侯兄中央醫院費公家報銷，弟初聞愕然，託內子寫信給毅侯兄勿如此辦，內子謂，然則將何處出耶。弟後來感覺，去年之病，謂為因公積勞，非無其理，蓋一月中弟即自覺有毛病，而以各會待開，須自料理，不敢去驗，貽誤至于三月末，遂成不可收拾之勢，故去年受三千元，在　兄為格外之體恤，弟亦覺非何等不當之事。思永身體雖原不好，然其過量工作，實其病暴發之主因。報銷既無問題，甚願　兄之惠准也。專此，敬叩

痊安！

弟斯年又白。

917. 傅斯年致朱家驊、翁文灝、葉企孫（抄件）（1942年4月29日）*

騮先、詠霓、企孫三位先生：此次院會弟未能到，于各項獎金事未能

---

* 本函有手稿本（檔號：III：1219）及抄件（檔號：III：1218）兩種，合併整理。

效力，至感歉然。昨承　垂詢意見，已將^鄙見奉上。所言各事，聊供留意。審查意見，已經寫定，^弟不求其更張，但盼各種極為推崇及文理欠通之評語，由　詠霓兄便中略為修改，（^弟所注之一冊，似可參攷。）俾本院報告刊印時，好看些耳。

惟昨夜^弟借到蟻光炎獎金第三名得獎田汝康君《擺夷之擺》一書一看，頓覺此事大有毛病。蓋擺夷者，吾國雲南省西南部部落之一也，此書之細題云，"芒市那木寨的宗教活動" 是其顯為中國國境內之民俗調查也。查蟻光炎獎金辦法第二條：

> "本獎金專給予研究泰國、越南、緬甸或馬來之歷史、地理、文化、經濟而有重要成績之中國人"。

第五條乙項又云：

> "請求人所著研究泰國、越南、緬甸或馬來等地歷史、地理、文化、經濟之論文及有關之紀錄、報告、或統計等"。

是此獎金專為研究中南半島（Indo-Chinese Penisula①）各國各部、及馬來之獎金，並不包括有國內之民族學，（此事　騮先先生原主張以泰國為限，^弟加南洋，往返多次，原稿則余又蓀兄已入卷矣，可查也。）故此書無論價值如何，實不在本獎金範圍之內也。

各國學院給獎金，亦有擴充其範圍，不拘原條文者，但此事另有一種政治的涵義（Implication）似未可率爾。

暹羅係二族，故中國文史上或稱之曰暹國（單），或稱之曰暹羅（兼），二者皆為泰族，安南亦為泰族（Maspéro 說），全中南半島之泰族多矣。在中國則桂、滇兩省甚多，黔省亦有，除雲南西部外，皆為小部落性質，在桂者則多自認為漢人矣。雲南西南部，以受南支佛教影響，頗有離心力，芒市即此中者也。全中國說泰語者，恐有二千萬人，皆中國人也。近年暹羅忽然不知自量，要玩大泰主義。于是其改國名之宣言中，曾提到中國有其失地甚大，鑾披汶之

---

①編按："Penisula" 當作 "Peninsula"。

演說，數次謂中國有其同胞數千萬。以一支而冒大名，設如中國自稱全黃種帝國，（甚至包涵紅印度人在內）則似之矣。（報載日本教授近竟如此立論。）本所有"龍州泰語"一書，一聞暹羅改國名，立改為"龍州土語"（李方桂著），曾毀版若干，不惜也。雲南有一妄人，名陳紀瀅（?）專作怪論，曾謂雲南應屬于印度支那半島，于右任院長見之大怒，在國府紀念週中大罵一翻，並提議稱此半島為中南半島。（中國之南，或可曰中國與南洋，此名甚通。）蓋此事之要點，皆在暹羅公然（以國家公文為之）謂雲南、廣西等處是其失地。今吾國國家學院于專給（原文明言專給）泰國、越南、緬甸或馬來之研究之獎金中，忽列入雲南一地（其地且並不在交界處）之民俗研究，此之涵義，亦即將雲南劃歸中南半島，且顯示泰國研究可包括雲南一部之人，與暹羅政府之妄言吻合，此非國家學院之所應為也。審查諸位，大約未甚留神原條文，決無 弟上述之意，然忽略之中，可使人之感覺中有此 Implication，弟深以為不便。此事似可請 驪先、詠霓兩兄，根據原定章程條文，將此第三名刪之，此與手續並無不合，以免無意中貽人以口實。此時院外人伺隙來攻者多矣，即如最後一期《星期評論》，有任美鍔通信，大批評本院之西北調查，然其糊塗在彼，自無關係，要之，我輩不可自己忽略耳。

弟于論文審查，素認為係評議會一大事，前受 詠霓先生委託照料開會時，及去年任總幹事時，先提前將若干不相干、不合範圍之論文剔出，其餘各以範圍請人預審一下。前年開會中， 企孫兄反對分給丁文江獎金予以不成熟之治氣象者，弟至感欽佩。去年弟亦主張將楊銓獎金只給一人者也。要之，標準降低為病尤小，弄出一個極壞的政治涵義（Implication），殊非國家學院應有之事耳。

專此，敬頌

道安

三十一年四月二十九日

918. 傅斯年致孫次舟 （抄件）（1942 年 4 月 30 日） 檔號：I：76

次舟先生大鑒：惠書敬悉。大著粗讀一過，用心深細，甚佩甚佩！所標條例，大體可通，然亦恐未可拘泥。（所言有"注"字者為後人所加，甚當甚當！）此書正文、子注乃一人一時之作，與《水經注》之異代二人者不同。惟其如是，故《伽藍記》不易分，亦唯其如此，其分與不分，亦不如《水經注》關係之重要也。^愚于此未嘗用心，率言之如此。此稿似可託頡剛先生設法一賣，（聞中大某種刊物有此）印費奇昂，一冊萬金，敝所原在上海印，不能寄來，今改在此地印，亦不能不以所中文稿為限，且須刪短矣。物價如此，奈何奈何！專頌
著安

傅斯年謹上　四月卅日

919. 傅斯年致黎東方 （抄件）（1942 年 4 月 30 日） 檔號：李 40-1-5

東方先生左右：^弟到李莊後，體力復原，工作甚勤，此足告慰故人也。史地教育會來一公事，^弟看其附件之決議案，完全超于教育範圍之外，而是要整個統制一切史學機關，甚至"合併"，深為太息。遵命奉復，末所言者，詞雖質直，而用心則忠，"惟善人惟能受忠言"，望　先生之不河漢斯語也。目下教育部增設史學研究所不已，而　貴會談合併，大約是合併他人耳。^弟待罪今職，十有餘年，自覺國內研究機關，以成績論，地質調查所與^敝所尚不失為第一流，若遭合併，^弟自己轉可董理著作，其不幸轉在國家，不在^弟等也。去年開會之記錄，^弟亦從未收到過，未知何故。再，去年開會後，一到會者告^弟云：　先生有兩案，其一為搜羅各處史料集為一處；其二為發掘以前如何無成績，應由　貴會統籌云云。旭生先生於後一事大發牢騷云。按發掘一事，^敝所工作之標準，堪與西人在埃及、伊拉克者比，故出版較遲，亦因在上海印刷，未成而遭淪陷，以所用之錢數論其結

果，"無成績"三字似不當加之。而北平研究院所為，亦非無成績也。其第一事則^弟早有"國家檔案館"之議，並曾在行政院通過（六、七年矣）。此事如成，敝所所存，自當交出。然此時不易辦到也。（亦須有專長之人）以上兩事，　兄提案之原文，及去年之紀錄，務乞見賜一份，至感至感！此事去年本欲奉詢，又以為或告者過，故未上陳。茲接來文，簡直要澈底統制。按學術上應如何統制，與物資統制不同，學院自由，未可一筆抹殺，目下只當就其無成績或並無設備不能工作者裁汰耳。合併談何容易乎？學術上之統制，不能增學術之出產，只能消學術之出產，可以杜絕，不能增益，（此調^弟對他人已不願談，談亦無益。在　兄則理宜與^弟同其觀念耳。）故某科學家云：Academic freedom is essential to academic progress。教育部欲加重某項某項，或減少某項某項，自可依其政策為之，然亦應循名責實，徒標一抽象之原則，彼之目的固不達，而別有惡影響矣。

前按　貴會發起史學會之通知，（用教育部信紙，通信處在貴會，知是由　貴會主持也。）其中各條頗有可笑者，發起名單中若干與史學全不相干，（當是"社會名流"，一笑！）轉令人填寫履歷，其辦法有"社會名流"一項，事屬可笑。（所定入會之資格太寬，入會之手續太易，此是職業團體，且自標為學術集合，不應太濫也。）^弟意，此時開會，談何容易，只能就重慶或僅青木關人士成一大會，而稱中國史學會耳。中國若干學會，本根健全，頗有好工作，如地質、物理、算學等，然以創設不健全而後來生糾紛，轉無益處者多矣。此事發起，^弟意應由各大學史學系主任為發起人，共舉一籌備委員會，再擬章程，不必先自定之，較為得體，而有益于後來之成功也。

今日怪事甚多，^弟決心除自己職務外，不再管閑事，然以與　先生為故人之故，（且以　先生亦識大義者，與眾不同。）以上各節，未能默爾，幸　垂察之。專此，敬頌

著安

^弟傅斯年謹上　三十一年四月卅日

920. 傅斯年致吳景超 （抄件）（1942 年 4 月） 檔號：I：1533

景超吾兄：① 四月六日　手書敬悉。勞君文之好壞，及其是否用心，均不論。惟　兄謂："漢代制度，^弟曾略有研究，譬如前漢中央與地方之關係，經賈誼、晁錯、主父偃等幾次設計，始告解決者，在勞君文中並未發揮。"此則^弟頗覺詫異。　廷黻出題給^弟，云是歷代地方制度，^弟出題給勞君，云是兩漢地方制度。今　兄所舉賈、晁、主父等，皆關于漢廷對王國之政策者,並非關于地方之制度者。"政"、"制"二事，即如柳宗元《封建論》，言之已明，若于制中談政，誠恐葛籐不了。"西漢地方制度"一詞下，^弟所了解者，亦當限于守令之職權，刺史之職權，對于中朝之關係，在兵、民諸政上之任務等等。其所包括，猶今日言省制縣制所應包括者是也。若　兄所言者，乃"西漢如何統一中國"一政治問題耳。此是兩事也。七國亂前，漢與王國，並非中央與地方之單純形式,法律、事實，皆如此。王國之變為地方，乃七國平後至漢武初年逐漸而成之者，今聞　兄此論，實覺詫異。設若當時由^弟作此文，而不由勞君，恐亦遭　兄此責，而棄去之矣。"漢初之同姓王國，其與漢廷之關係，大致如數年前英國之與埃及、伊拉克（即有 High Commissioner 駐劄之時代）。如畫地圖，漢朝郡縣自成一邑，乃王國犬牙交錯于其間。漢制名此曰"藩輔"，法律、事實皆如此。此詞在後來成具文，在當時則為另個政治組織，並非中央政府之地方，此點細看《漢書》，異常明瞭者也。"漢初之此種制度，後代中國史中並無其例，唐之藩鎮是割據，非分藩之制。若忽必烈以來，欽察、伊蘭、阿窩台、察合台四汗國則似之，此在《元史》正不以為地方者也。今　兄以地方制度以外史實之無有以論勞君文之好壞，^弟未能同意。^弟曾編過三幾種刊物，從未棄過人之稿子。似乎編輯者應體貼撰文者。即如勞君此文，如承　寄下，^弟稍為改動，未

①頁首自註："乙、務乞即寄還。"

嘗不可賣數百元。彼撰此稿，是^弟託之，並無賣文之意。然　貴刊不

登，^弟理當為之另找一處賣之。此文既僅以末段交印刷人，其前之長

篇似無亦交印刷人之理，然則再請吾　兄費神一檢，如何?感激之至!

專此，敬頌

日祺

^弟傅○○謹啟　31/4/?^①

921. 傅斯年致朱恆璧（1942 年 5 月 5 日）檔號：李 70-1-4

恆璧吾兄先生左右：上月廿日奉上一長函，計蒙　入覽。茲再奉陳下

列三事：

一、關于蕭文炳醫師事，前函已詳陳之。此事看來，蕭君既忠于學

校，而對　兄又唯命是聽，故　兄以為如何當可如何耳。^弟對

蕭君所言在學習上及資歷上之損失一事，深表同情，似當設法

為之補救。^弟意如蕭君能再留^敝所一年，將來可介紹至戚壽南

大夫處學習，但此為^弟之一種設想，姑妄陳之，一切仍待我

兄之決定也。

二、前託兄代購之葯，原單中 List A 及 List C 兩項中尚有四種，未

蒙代購。上月二日曾再以此事奉託，並另開上一清單，諒蒙督

及。此四種葯如已承購到，祈飭人送至上清寺生生花園內^敝院

總辦事處，自可轉來。並請開示葯價，當由^敝所匯上，或由^敝

院總辦事處代為奉上也。如尚未購到，謹乞吾兄設法代為購到

Chloral Hydrate 二鎊，（^弟每日所服，應教授所囑也。）餘以敘府尚

可買到一、二種，衛生署亦可買到一、二種，故可皆作罷論也。

三、^弟之降血壓葯，前由在渝友人分電美國及印度，先後帶到三磅

————————

①原稿如此。

半。我　兄代購之一兩，亦已收到，至感。藥價若干，並請

賜示，以便照奉。如有人需要此藥時，^弟可奉讓，因^弟手邊已

有三鎊之多也。又中央醫院中如有人需此，^弟因存此物太多，

足供十人數年之用，故可捐贈，諸乞示及。

四、託購藥品，所差各款務乞早日　示知，以便即奉。

五、^敝所醫務室近又向……①購藥一批，以^敝所未存有此會調查表，

設若先索此表，然後填寄，勢必衍期，故僅函送一訂單函。日

昨接到此會寄來訂單等件，意在另行填寫，但此項訂單等件，

係四月卅日發出，而^敝所五月六日始行收到，已過此會之限期

甚久矣。故頃又函託金楚珍兄設法轉囑此會，仍予照請。年來

屢承　楚珍兄幫忙，至為感謝！如　兄晤到　楚珍兄時，祈代

^弟致謝致歉！並懇　楚珍兄對^弟本月六日函中所託之此事，多

多幫忙，務促其成，費神。

　專此，敬頌

時祺

^弟傅○○謹啟　卅一年五月五日

922. 傅斯年致金寶善（1942 年 5 月 5 日）檔號：李 70-2-21

楚珍吾兄署長左右：上月廿日接奉　手書，敬悉^敝所所需之 Atebrin

及 Plasmoquine 兩藥，再承我　兄惠予轉囑發售，無任感謝。年來屢

以此類瑣事奉瀆　清神，而均承　鼎力玉成，幸何如之。在醫藥困難

之今日，^敝所醫務室得以仍舊維持者，我　兄之力實多，^弟及所中同

人均不勝其感禱也。茲復有兩事奉懇，敬陳如下：

一、戰時醫療藥品經理委員會公告第十一號，謂有新藥運到，限四

月卅日以前訂購云云，^敝所于四月十八日用 31 歷字第四一八、

---

①原稿如此，當即"戰時醫療藥品經理委員會"之省略。

一號函開送擬購之药共十一種。日昨接得此會印刷件，附來調查表及訂購單，囑另行填寫寄去。查此一印刷件係照郵戳四月卅日發出，而敝所于五月六日始行收到，如前填無效，又須另填，則已過此會原限之日期甚遠矣。然其故不在敝處也。然前以敝處未存有請購表式，故僅開一單由醫生簽名，並由本所備函直達————經理委員會，① 日期未過，明知未照表格填寫，或于手續稍差，然以目下郵寄之遲緩情形計之，當必衍期，故當時將訂購單先行寄去，寄到此會也。今既收到表格，即日再填一份直寄吾 兄處，敬乞 費神轉交藥品經理委員會，查明並未過期之前件，准予全數發售，無任感荷。再此項公告上本分別學校機關與衛生醫療處所，辦法不同。本所自係機關，而醫務室則係醫療之組織，未知究適用何項。無論如何，此事仍懇我 兄大力，轉囑此會發售，是所至盼。至于药價是否照加三倍，均不計及，惟請此會在數量上勿予核減，則至幸矣。

二、目下敝所及同在李莊之數機關同人中有以下三種通行病症，一為神經衰弱，二為肺病，三為胃病，而尤以患肺結核者為多。社會科學研究所陶所長孟和之夫人沈性仁女士，中國營造學社代社長梁思成之夫人林徽音女士，及敝所專任研究員梁思永先生等，皆海內知名之士，現均患 T. B. 甚劇。目下魚肝油及魚肝油精，市上均已無法購到，故患此病者，苦于無法救治。前聞蔣廷黻兄言及政府曾由美國獲到魚肝油一批，未知此物能否由 貴署代為設法酌讓敝所若干，以拯救上述諸人，敬祈 考慮見示，弟公私感甚矣。

專此奉懇，敬頌

時祺

弟傅○○謹啟 卅一年五月五日

---

① 原稿如此。

923. 傅斯年致吳景超 (1942 年 5 月 12 日) *

景超兄：四月廿四日　手書，前日（七日）始到，奉讀數遍，似覺又討論到別處去了，且似未平心細看^弟之原信。在^弟信第二頁中，一則曰"七國亂前"，再則曰"至漢武初年逐漸而成之者"。但^弟不敢說已看懂了來信命意所在，雖反覆看了多遍。今只有就來書次序奉答。

一、此事必須分別時代。來信所舉之例，自高帝四年下至宣帝地節元年（！）這中間變化太大了，豈可混為一談？^弟前信本說"王國之變為地方，乃七國平後至漢武初（此字應改中）年逐漸而成之者"，此後王國之對漢廷即等于郡，所差只是不名守而名相，不名都尉而名中尉，職任是一樣，惟其一樣，故勞文專詳郡縣制度，似不為缺略，所以來信所舉各例，凡在淮南衡山獄後者，實皆不在話下。至于此事之前，尤其是七國亂前，是否如來信所說，待下文分解。

二、兄似看到"郡國"兩字並列，即以為是一樣的，這是漢代的一個"滑詞"，如"諸侯王"之有王無侯。來信各例，頗有只以"郡國"二字為證者，此恐尚須細求。

以上總言之，茲再照來信逐條"簽註"。（如上聲明，以漢初為討論範圍，漢初二字之解釋為自高帝平韓、彭、黥布後，至景帝中五年以下至衡山獄為轉變期間。）

一、"郡與國均用漢法"。此未可籠統言之。漢初，名義上各王國大致要用漢法（但王得于其國自布教令）然實際何如？"淮南王長擅為法令，不用漢法"一語，來信已及之，茲再舉一例，《吳王傳》云：

> 孝惠、高后時，天下初定，郡國諸侯，各務自拊循其民。吳有豫章郡銅山，即招致天下亡命者，盜鑄錢（彼時此禁至嚴），東

---

* 本函有手稿本（檔號：I：1532）、那廉君抄並經傅斯年改訂本（檔號：I：1533），及那廉君抄件（檔號：I：1530）三種，據改訂本整理。

煮海水為鹽，以故無賦，國用饒足，……百姓無賦，卒踐更，
輒予平賈。……它郡國吏，欲來捕亡人者，頌共禁不與。（按：
禁鑄錢、捕盜、有賦、卒踐更，皆漢法之重者。）

就事實言已如此，就制度言，則漢初法令對"諸侯王"國與對
郡，是否全一樣，今亦無從詳攷，以史料所存太少也。然以"諸
侯王"國之體制及諸王在其國自稱元年事（此事今猶存金石上之證
據）頗使人疑"漢初"漢法在郡與在國有一部分差別也。

二、"郡與國均用漢吏"。此事甚誤會，實在是不用漢吏。在景帝中五
年以前（七國亂前），各諸侯王之朝廷中，官職之花樣，幾乎應有
盡有，同于漢庭。中五年始"省御史大夫、廷尉、少府、宗正、
博士，損大夫、謁者諸官長丞員等"。《諸侯王表》"景帝中五年
令諸侯王不得復治國，天子為置吏"，則前諸侯治國，自置吏也。
前此王朝之一切官，除丞相、太傅外，皆自簡。而丞相之由漢廷
派，或由王自保舉（如淮南），或擇善于對付之人（如袁盎）。漢
庭中更以相驕王為傾陷同官之方法。（又如此後事之趙王彭祖，在位
六十年，相無滿二歲者）所以當時的王國丞相，大體不能辦事，坐
視其合謀交通，坐待其反，因其職掌只為"統眾官"，而治民別
有內史，乃王所自任也。夫上有驕王，下有王之百官，此丞相實
處孤懸之地。且王自身依"漢法""掌治其國"，故丞相亦王之
臣也。馴至驕王恣為暴虐，胥靡儒者，遮殺告訐之人，族誅其
家，久蓄反謀，而所行如桀紂，猶為王也。其"用漢法"如此！
來示所謂"郡與國均用漢吏"，是何說乎？

三、"郡與國均上計"。尊意似以為上計是漢控制"諸侯王"財政之
工具。但是，"上計"是秦制，漢用秦法，張蒼是秦吏，這一套
沿襲的東西，在當時的王國，有何實際作用？書缺有間，未可揣
斷。（在郡却有極大作用，以其借此行考績也。王國之官，由王自辟，
其作用自大不同。）孝宣時，王國已名存實廢，而宣帝又是一個
bureaucrat，宣帝仍說"上計簿，具文而已，務為欺謾以避其
課"，則張蒼之時，能否以上計控制諸王，恐無此事也。尊意此
節似乎著重在財政控制權，若然，則王國之財政，對漢廷是完全

獨立的，故淮南之死，文帝曰："天下豈以我為貪淮南地耶？"漢武時之削絕王國侯國，一重要原由，即為充裕漢家財政，以事邊功也。

四、"郡與國之兵卒，均可由中央徵調"。所引文帝二年紀，《漢書》作"郡守"，《史記》作"郡國守相"，何者為正，未可任意取捨，必須有證。然此點既無從證明，則準以　兄所不以為然之"中國正統史學家"之治學標準（西洋正統史學家亦然），此等材料未可引用，且此語究作何解，今實難知。《齊哀王傳》已言："無發兵虎符驗"，此文帝即位前事，故文帝二年此詔所云"初"者作何解，未能明也。此不關要恉，要恉在乎王國之兵權是否能由中央節制。此事記載不詳，照理，漢廷應有節制之法權，然王國中尉、材官皆王所自辟也。漢廷亦無常駐軍在王國。七國亂時，有一公式，諸王國中，王欲反，丞相不欲反者，其結果是：王竟反，丞相為王殺。其未反者，皆王之不欲從反者也。（如齊孝王）然則王國之兵權，事實上由漢廷節制乎？抑由王節制乎？

五、"郡與國均納獻費于天子"。此節所舉，僅一孤例。彼時還是高帝初封同姓諸王時，諸王巴結高帝，後來此事在制度上如何，全無下文，此點不必推敲也。

六、"郡與國之名稱常互相更換"。此點所關重要，若說清，我們的問題明白得多了。㊀郡與國之更易，是限于地域的，並非任何處皆然，所有秦盛時（昭襄至始皇初）之舊境及其鄰近要害地，皆不以封王，（包括三輔、三河、弘農、漢中、巴蜀、雲中、隴西、潁川、南陽、雲中以西治邊各郡。）五國舊壤，則王國雜錯。（此處須除韓，故云五國，以韓舊壤居天下形勢之中，故漢自取也。）此正表明漢初制度是"秦本位"的國家，項羽作伯王，劉邦亦要作伯帝而已；項羽封其私人為王，劉邦封其一家為王而已，以一家維繫世界，成此家族之統一，而非國家之統一也。㊁郡與國並不能互換。漢初河山以東王國，皆連城數十，帶郡三四，（分封前事也，其中亦有甚少之例外。）並非與郡互換。昭宣以後，王國又比郡小得多，亦不是互換。（下節錢大昕言之已詳）

"以上六點"，^弟皆率爾商榷，然此事之本題，仍在漢初之國家究是如何體制，此事說明，則支節（即 兄所舉之例）與字面（即 兄所謂"兩種形態"，"甚為密切"）之辯論皆可省矣。

欲明漢初體制之意義，似不可不從歷史排演觀點看。周初大封同姓，兼及外戚，其中雜以舊存之國，以後"并為十二合為七國"，以各種原因，自然的有統一之趨勢，故戰國中世，學者多言"王天下"，而游說者侈談"東帝西帝"，（一度成為事實）"帝楚帝秦"，相邦雖為百官長，有時亦以外交關係用外人。至于秦昭襄王時，秦于韓魏已取得一種宗主權。此皆由分爭到統一過程中之階段。秦始皇竟一舉而統一中國，當時本有一用秦傳統制度，即郡縣，或二用周制，即封建，之爭論。始皇採取前者，進步的太快，造成一個絕偉大的失敗。陳項起兵，又以復山東諸侯為名，然山東諸王室本不為人民歡迎，人民苦秦而不思六國之舊，于是項羽以新主建列國，亂割一番，又以分贓不均大擾亂。漢高祖鑒于秦代國家體制之"孤立"，至于一個趙高可將國家敗壞到如彼地步，又鑒于當時之情勢，所以求折衷于周秦二者之制度中，即是兼采二者。"斟酌損益"，造出一個漢初年之形態來；漢自為秦，為一國，其地等于秦郡十五，韓舊地以形勢扼要大部亦在內。其他舊為山東諸國者，仍分建為九國，王各治其民（《百官表》）；"宮室百官，同制京師"（《諸侯王表》）；一切官吏，除丞相、太傅外，皆自辟，"令奉其先王宗廟，為漢藩國"（景帝詔述高祖制）。其除也，則曰"無後國除，為郡入漢"，（公孫弘語。又如《江都王建傳》："地入于漢為廣陵郡"，《臨江王榮傳》："地入于漢為南郡"，此等例不勝舉。）淮南之死，文帝慮人疑其兼并。是則王國者，漢之藩國，非其地方，一改為郡，則曰入漢，明其為王國時在外也。國體既不取統一之制，然必欲劉姓者為之。彼時曰"天下一家"，乃是字面與字義同一之詞，非如後來作喻也。家一而國眾，自身雖承秦制，河山以東卻多復周制。如此看去，則漢初之體制與漢代若干常見之語，（如燕王旦教其國中，直以其國為召公之舊，此非如後世作迂論，當時一般人觀念，實有此也。）不解自明矣。然此等"矯枉過正"之舉，頗違時代趨勢，故所封九國，皆不能穩定，至呂后時，齊即分為四矣。而制度之建置，是模仿周代，故仍有內外之分。經七國亂、淮南獄，兩次結束，此一體制方告終。

王國為實性藩國時，勞文既以地方制度為範圍，似不必更多此一筆。（此點前函已詳，茲不贅。）至其變為假王國，真漢郡時，無非稅收入漢朝與王家之分別，守與相名稱之分別，更無特別需要“發揮”（尊第一信語）之處矣。所以雖承再加剴示，弟仍不感覺此一“缺點”為勞文所不應略者。　兄來信已不再談“賈誼、鼂錯、主父偃”（論自此出）似已“轉移陣地”。拉雜書之，費紙已甚，想必不再另出一題，使弟加以注脚也。

專此，敬頌

日祉

弟傅○○謹啟　31/5/12

924. 傅斯年致朱家驊、杭立武（抄件）（1942 年 5 月 13 日）檔號： III：1233

驊先、立武兩兄左右：驊先兄電，立武兄手示，關于梁思成兄及其夫人者，後先奉悉。盛意如此，弟實欽感。當將尊意轉達思成兄嫂，以此事弟事先均未與他們談過，係弟之自作，他們于看到立武兄信後，自深感友朋惓念之意，而于事之可行與否，曾加以數日之攷慮，蓋以徽因嫂實在病中也。思成去年為本所兼任研究員，即以其兼任研究員薪，月百元者，算入營造學社，其為人如此，此則使弟數年中坐領參政員公費者有愧色矣。經弟反覆申說下列兩種理由，思成夫人始決照來示辦法。弟之理由，亦當奉陳于兩兄也。如下：

一、貴會辦理科學研究補助之初，本是一迫切之需要，後來局勢變動，遂成兼職，弟為此曾主張竭力整頓者。今日則又有一種新需要，蓋五十年中，中國文化曾造就若干可以負荷文物之人。（工程師、醫師等自不在內。）此一數目，在今日即不嚴格說之，亦不逾一、二百人，此皆五十年中社會重視學問之所成就也。今後青年如何滋長，誠未可料。然如此日之一輩，純為學問而生活，不歆利祿，自守嚴密，重視理性者，必不然矣。故貴會之補助，如能于此道有所供獻，縱于原辦法有所變更，轉為得要，但看人選之何如耳。即如兩兄為寅恪兄事之盡力，^弟不特感如身受，亦且覺此舉之能得要領，蓋寅恪之文史學問，今日國內無第二人能比其質實邃密也。寅恪之重要性，清華大學當局似不知之，而兩兄知之，而又行之，故可佩也。^弟詳言此意，不專為徽因嫂一人事而發，似可為貴會方針之一也。

二、事實上徽因嫂舊有"中國之建築"一稿，將過半矣。彼在病中初未間斷各事，如寫文藝作品之類，如盡舍他事，專成此稿，事既可行，轉于病為益。今日徽因嫂來一信，云：

> 今為實際生活所需，如不得已而接受此項實利，則最緊要之條件，是必需讓我擔負工作，不能由思成代勞頂替。
> 與思成細商之後決定，用我自己工作到一半的舊稿，用我駕輕就熟之題材，用半年可完之體裁，限制每日工作之時間，作圖解及翻檢笨重書籍時，由思成幫忙，則接受，不然，仍以賣物為較好之出路，少一良心問題。

事實如此，則^弟以徽因嫂受此補助一事，與立武兄近開名單中各人比一下，覺此事當在前列（此單事另詳）。故^弟亦不以為"經紀人"，而覺良心上有所不安也。研究計畫及濟之兄（彼欣然樂意）及^弟之推荐書，另函奉上。茲解釋其經過如此。其中第一項若是"大道理"在，絕非河漢之談，詠霓兄詢^弟，若中基會有餘款更作何事，^弟即說了這一番大道理，惟　兄等解之耳。專此，敬頌

道安

^弟傅斯年謹上　五月十三日

925. 傅斯年、李濟致朱家驊、杭立武（1942 年 5 月 13 日）檔號： III：1211

騮先、立武兩先生左右：

中國建築在世界美術上所佔地位之重要，中外學者多所論定，而十年中營造學社之成績，亦為人所共知，皆不待悉言。梁思成先生之夫人林徽因女士，雖非營造學社之有給職員，實於營造學社之貢獻甚多。思成兄多次旅行之發見，皆林女士之共同工作，其人富于才力，用心深邃，故於營造學社之研究工作助力甚多也。去年林女士曾一度舊病發作，入秋冬後大為好轉。弟等深覺在彼此時既不能與思成兄一同出外調查，似以在家整理其已成將半之"中國之建築"一書為宜。此書正為此時需要殷切之書，而林女士之力量，及在營造學社之環境，復可以成之。彼雖此時病未全愈，然若屏除他事（如寫文藝作品等）專心為之，可早觀厥成。茲敢提請　兩先生考慮，可將補入"科學研究協助人員"類中。附上計畫一件，其辦法分陳如下：

一、所在機關：營造學社。

二、指導人：劉士能先生。

三、每月待遇：準以林女士以往之資歷成績，在國內實為美術史與建築學中之地位，擬請給以最高之待遇，即　立武先生近示一般辦法中三百八十元之數。

四、因弟等久勸其屏除其他工作，完成舊稿。彼自上月已開始，似可由四月份或五月份起支給。

如荷同意，無任欣佩，諸希　考慮，至感。專此，敬頌

道安

弟○○○、○○○謹啟　五月十三日

926. 傅斯年致朱家驊、翁文灝、葉企孫 (1942 年 5 月 14 日) *

騮先、詠霓、企孫三位先生：關于蟻光炎獎金擬第三名田汝康論文事，^弟初則覺評語似非佳評，曾以奉陳鄙見，繼又借到此書一看，（此外各人之論文，^弟皆無從見之。）覺其範圍既不在蟻光炎獎金辦法之內，而又適有一種極壞的 implication，故曾詳陳所見，以上二書計均達　清鑒。^弟旋又將此書細翻，其中淺陋缺乏常識、亂說之處，為之詫異，而行文之蕪穢，如美國闊太太、墨索里尼，等，都扯上，是報尾之下流文字。印出來之後，加入中央研究院得獎之自樣，① 殊與本院不大好看。^弟隨將此書交敝所專治此等學問者細看，發見其毛病不止一端，實不成一研究。因此，^弟有下列各感覺：

① 此一組本派^弟作召集人，而^弟不去，全為私便，用致貽悞，極感罪過。今年院會^弟不到，在敝所誤事不小（如印刷），深悔罪戾。

② 此等著作，似可照章辦理，即一月末截止，（至少延長一月）以便先期寄交專家評看，若于開會時匆匆了之，則以介紹人及作者之標榜 Malinowski，又以印刷不精，極不易看下去，或頗不易發見其大錯處。

③ 此書評論已有兩種見解在敝所，似不必再論，即由　騮先、詠霓二兄以範圍不合，決定剔除，最為省事。若竟給獎，則恐有教育部今年給獎所遭之批評矣。

總之，此事實^弟之罪，而于本院給獎不可輕率一義，終不能因過由^弟起而不盡言。諸希　亮裁，至幸。專此，敬叩

日安

^弟斯年上　五月十四日

＊本函有手稿本（檔號：III：1264）及那廉君抄件（檔號：III：1266），據手稿本整理。

①編按："自樣"抄件作"字樣"。

再，如 諸兄覺應由本所專治此學諸君，正式提一評語，亦可
照辦。

927. 傅斯年致中華教育文化基金董事會（1942 年 5 月）檔號：IV：74

敬啟者：四月廿八日來書奉悉。來示所云于"五月廿日以前用快信雙
掛號郵遞"一節，收到之日已是五月七日。如待蔣廷黻先生將各副件
寄來，恐誤定期，茲先復如下：

一、陳嘯江　此君之此計劃，^弟早已見到，並親聽其解釋，覺其空
　　洞無當，且不知何者為史學研究問題，故擬此怪題。^鄙見另紙
　　詳注。

二、三、有茅乃緯（男）、張丕環（女）兩人　查張丕環請求書上
　　所寫研究題目之筆跡，與茅乃緯介紹人之筆跡全同。前者為北
　　平農學院畢業，後者為中央大學畢業，本校皆不用德文而用德
　　文寫，其張丕環一人之筆跡又似自少學德國人寫字之法者，似
　　乎二者皆是託人代作也。此姑不論。二人之計畫書皆太廣泛無
　　邊際。後者以史題為目，而其計畫中言及戰後之應用，前者以
　　應用為題，而其計畫中以搜集整理史料為第一步。是二者名雖
　　不同，實是一而二，二而一也。他想已批在請求書上。

四、魏煜孫　已批在請求書上。

五、左景權　已批在請求書上。

六、李文治　此人為陶孟和先生囑^弟介紹者，^弟理應規避，另請他
　　人審查。（數年來社會研究所中有若干人專治明清財政，於明末注意
　　尤多，此君在此環境中工作較便，蓋彼以為李、張流寇之亂係財政紊
　　亂之結果，此自是事實也。）

七、吳晗　已批在請求書上。看來八人中以此人為最有研究能力，
　　其他與之相差甚遠也。

八、李俊　已批在請求書上。

以上之陳嘯江、茅乃緯、張丕環、左景權、李俊五人似皆不必考慮。魏煜孫一人似亦不必考慮，惟仍請以蔣廷黻先生所評為斷。李文治一人，^{斯年}應規避。其最值得考慮者為吳晗一人耳。（特種補助金）專此，敬復

中華教育文化基金董事會

928. 傅斯年致中華教育文化基金董事會 （1942 年 5 月 19 日）*

中基會執事先生台鑒：關于審查科學研究補助金聲請書歷史門一事，前恐郵遞誤期，故已就聲請書所寫情形作初步之評論，肅函奉上，計達　清鑒。茲于昨日（五月十八日）接到各樣文件三包，盡兩日之力一看，前送評論稍有變更處，遵　囑分別甲乙，奉陳如下：

甲等者二人。

吳晗　此君並未附任何文件，研究計畫亦言之太簡，然其著作^弟頗熟悉，知其學力如何。今以舊所閱覽彼之著作為根據，列為甲等。（^弟皆閱過，最近尚見清華紀念論文一篇。）至于手續未備之處，仍乞　貴會斟酌。

在此次請款各人中，研究能力，無疑以吳君為第一。其他各人相去甚遠。

李文治　在此次送交審查全部著作中，僅此君之《晚明流寇》一書可稱為"史學的研究"。此君史學之訓練，尚非盡善，其中頗有可以改善之點，但就大體言之，確已抓到一"史學的問題"，而其處理之法，亦大致得當。

乙等者二人。

李俊　此君著作只是抄集，李劍農先生介紹之詞似言過其實。惟如此一長題目（《中國宰相制度》），縱二千年，精練之史學家決不敢

---

* 本函有手稿本（檔號：I：266）及抄件（檔號：II：518）兩種，據手稿本整理。

為之。作者雖不了解此問題中各時代之細點，但抄撮尚勤，亦頗扼要，在今日一般出版水準中，此書不算壞。以此書為例，則彼之計畫作"中國選士制度考"，其結果亦必是此類之書，此雖不足名為研究，却可作為一般人參考之資也。

左景權 此君著作，非譯文即書評，自亦不可謂為研究工作。但就其書評論之，讀書尚多，持論尚能平允。惟彼研究南北朝文化之能力如何，未可推斷耳。

丙等一人。

魏煜孫 此君似頗聰穎，惟送來文字，其中文者係報紙撰述，英文者質實無多可取耳。

似不必考慮者三人。

陳嘯江
張丕環 ｝理由見前。張君亦無著作送來。

茅乃緯 所送著作均無與史學相涉者。

專此，敬頌

日祺

原件仍分三包，雙掛號寄上。

929. 傅斯年致蔣介石 (1942 年 6 月 16 日) *

　　梁任公長子思成、次子思永在學術上之貢獻

梁君思成及梁君思永，在近十餘年間，皆為中國文化史搜到無上之瑰寶，為國際知名之學人。其治學之精翮與方法之精密，均可開創彼所治科目之風氣，故今日聲聞國內，馳譽域外。論其成績，雖百里之程，行未及半，然中國文化史之資料，已為之增益不少，且在若干事上改舊觀矣。茲分述如下：

一、梁思成及其夫人林徽因對於建築學之貢獻

---

*本函（檔號：I：243）初稿由李濟所擬，經傅斯年刪正。以傅斯年刪正本為主，李濟擬稿為附件。

若干年來，中國學生在歐美學建築者，類多以營業為目的，摹仿為觀點，故近年頗有窮極奢華而無當于用之建築。若夫古建築之研究，本為中國文化史之一重要門類者，僅有日本人為之，而日本人遂以"東方式建築"標榜于西洋人，此亦中國學人之恥也。

中國營造學社在北平創辦十餘年，其中科學工作，大體由梁君思成主持，出版刊物，積數十卷。抗戰以來，與其夫人遷來後方，輾轉雲南、四川，其弟思成①亦然。

先是中國建築，不知古者上溯至于何時，而日本人固刻意保存其唐代建築也。梁思成與其夫人林徽因偏遊冀、晉、魯各省，發現若干五代、北宋之建築，如薊縣之獨樂寺，其一也。均剖析其構造，考訂其文獻，遂知千年之中，中國建築變化之大端，藉以上溯更古之建築，可了解者增多矣。此為中國近十餘年中中國文化史上一大貢獻，馳譽國外，而日本人尤為之羨妬不已，蓋前此彼所以得專者，今中國學人乃自為之也。歐美建築家聞風興起，漸有採取中國建築特點之趨勢。

抗戰以前，政府推行建設計劃，其關建築者，多採納其意見或聘其主持，如北平天壇之重修，曲阜孔廟之擬修，大同雲崗之修理，國立博物院建築計劃之審查，皆由梁君主持之。其夫人與之同治此學，負有才名，各事均參與之。

營造學社者，一學術團體，其經常費、事業費皆由捐募而來，工作人員之報酬至薄，全賴數人之志趣與精神維持之。思成之夫人林徽因女士，當代之才女也。亦留美學建築，與思成同志，於營造學社之工作貢獻甚多。抗戰軍興，募款困難，學社同人雖於生活毫無保障，仍自動隨政府內遷，由湖南而昆明而四川，在流離顛沛中，工作不輟。徽因女士與思成，梁孟同心，甘之如飴。但入川以來，氣候不適，肺病復發，已臥床一年又半。徽因女士雖工作亦如其他營造學社社員，但並無獨立之收入；思成之工作能力雖優，但經濟狀況至劣，自其夫人病後，已欠債纍纍，幾已無法維持其日常生活，臥病之人尤不能缺少醫藥營養，故思成所需之救濟，與思永等。

---

①編按："思成"當作"思永"。

【二】、梁思永對於中國上古史之貢獻

民國廿四年，法國漢學家伯希和在美國哈佛大學成立三百年週年紀念會講演，謂正在中國進行之殷虛發掘實近代漢學發展之一最重要階段，尤推崇梁思永在侯家莊之工作。伯希和氏為現代歐美以及日本共認之現代國際漢學家最大權威，曾親蒞安陽，參觀殷虛發掘。至此國際之漢學家與考古學家，莫不識梁氏貢獻之重要矣。此貢獻大略如下：

中央研究院自民國十七年起，在安陽開始考古發掘。前數年發掘所得，以甲骨文字為最要。其他泰半破碎散亂。自廿一年由梁君主持，擴充發掘區域，其所出器物在質與量上說，均為大觀。可與世界上之最大發掘比擬矣。其中銅器一項約數百件，大者如牛鼎、鹿鼎，皆稀有之國寶，小者如車飾、銅面具、玉器等，具有無上之歷史價值。而其地域確定，年代無疑，為兩宋以來治金石學者所不能夢想。殷商史跡，昔為人認為文獻不足徵者，今以此發掘為信史矣。不啻為中國史上溯補三百年也。且前此世界上寶重"三代銅器"，以其古，未以其美，今石刻、玉刻、若干精美之銅器，畢陳于前，為前所未聞，亦為藝術史補數百年。

此項發掘在史學上又有一絕大貢獻，即證明殷商時代人之體質與現代之華北人體質實為一系，特前者骨格稍大，後者混合較多耳。從此中國民族久遠之淵源，多一段實物證據矣。

思永自民國十九年歸國，即參加中央研究院之考古工作。抗戰以前，多在野外執務；七七事變後，隨中央研究院歷史語言研究所內遷。積中精力，整理《侯家莊報告》，兀兀窮年，鍥而不捨，成稿盈篋。近以積勞，舊病復發，來勢極猛，醫者斷為肺病第三期。而家無積蓄，每月薪資已不足維持日常生活。今得此重病，醫藥所需，日在二百元上下，雖服務機關及親朋均竭力協助，但杯水車薪，實難繼續。此一典型之學人，其已有之工作，已關古文化甚鉅，其將來對於此學之貢獻，更不可限量，實需即時之救急。

附：李濟擬稿

梁思永對於中國上古史之貢獻①

一九三五年，法國漢學家伯希和氏在美國哈佛大學成立三百年週年紀念會時被邀講演，認為中國進行之殷虛發掘實近代漢學發展之一最重要階段，尤推崇梁思永在侯家莊之工作。伯希和氏為現代歐美共認之現代國際漢學家之最大權威，曾親蒞安陽，參觀殷虛發掘。當其提及梁思永成績時，聽眾為之一驚，近日國際之漢學家與考古學家，莫不認識思永貢獻之重要矣。此項貢獻可分三項言之：

（一）為中國古器物學建一科學基礎

中央研究院自民國十七年起，在安陽開始考古發掘，前數年均集中在洹水南岸之小屯（即殷虛）。發掘所得：最要者為甲骨文字。其器物部份，泰半皆破碎散亂。自第十次起，由梁思永主持，選侯家莊為發掘集中地。侯家莊在小屯西北約五里，洹水北岸，歷經工作三次，發現最大商代墓葬區，雖多數已遭歷代盜掘，其所出之器，在質與量上說，均為大觀。其中銅器一項約數百件，大者如牛鼎、鹿鼎，實為現存上古銅器之重器，稀有之國寶；小者如車飾、銅面具等，皆精美絕倫，具有無上之歷史價值。而其地域確定，年代無疑，為兩宋以來治金石學者所不能夢想。加以現代之科學處理，不但為商代文化放一異彩，且為治古器物學者，建一深厚之基礎。

侯家莊所發現之石刻多種，皆為前人所未見未聞。在此以前，世人對於中國石刻藝術之知識以兩漢為最早，自侯家莊石刻出土後，中國雕刻史得推早千餘年，可以上溯殷商。

（二）發現唯一可靠研究殷商人種之資料

侯家莊發掘並証明殷商時代有以人殉葬之習慣，人骨特多，保存極好。由思永主持搜集近千副，為現在研究殷商民族體質唯一可靠之資料。此一發現不但補中國古史之☒重要缺點，由此骨殖之研究，並可

①頁首李濟附註："遵　命擬件如下，請　兄大加刪正，否則必不動聽也。此致孟真兄。弟濟　六、十六。"

斷定現代華北人與殷商民族之準確關係，中國民族淵源之久遠，可得一不可否認之証據矣。

（三）史前文化之系統整理

以上二項尚其粗者也。思永工作之優異收穫，實由於其所得之良好訓練與治學之精神。其於發掘工作，事前均作精密之計劃與準備，執行時，勤慎將事，不躁進，不苟且，故所得之新知識，皆有系統，有條理，所作報告，無誇張，亦無遺棄，實現代學人之良好模範。最能表現此精神者，為其研究史前文化諸作。自民國初年以來，學者多知黃河流域一帶有若干史前遺跡之存在，但對其義意及價值，並無一系統之了解。自思永之"小屯、龍山與仰韶"（見《蔡元培先生六十五歲紀念論文集》）出，此若干似無聯系之史前遺址，均漸成為有固定地位之歷史資料矣。今日研究中國上古史者，莫不奉此文為圭臬。①

思永自民國十九年歸國，即參加中央研究院之考古工作。抗戰以前，多在野外執務；七七事變後，隨中央研究院歷史語言研究所內遷。積中精力，整理《侯家莊報告》，兀兀窮年，鍥而不舍，成稿盈篋。近以積勞，舊病復發，來勢極猛，醫者斷為肺病第三期。而家無積蓄，每月薪資已不足維持日常生活。今得此重病，醫藥所需，日在二百元上下，雖服務機關及親朋均竭力協助，但杯水車薪，實難繼續。此一典型之學人，其已有之工作，已關古文化甚鉅，其將來對於此學之貢獻，更不可限量，實需即時之救急。

梁思成、林徽因對於建築學之貢獻

梁思成，梁思永之長兄，梁任公先生之長子，清華學校畢業，留美學建築。海通以來，中國學生之在歐美學建築者甚多，回國後，大抵皆執業於港滬平津，服務社會收入甚豐，生活優裕，其目的只以輸入洋式建築。思成獨異其趣，立志研究中國固有建築，溯其歷史演變，發揚其優點。在中國營造學社十餘年，一切工作計劃，多由主持，年出刊物數種，已積有數十卷。其調查足跡所及，遍大河南北，東至遼

---

①段首傅斯年批註："此段文字甚佳，此處無用。"

東，西迄關中，以及巴蜀滇西。夆及漢唐以來古建築之遺跡，莫不注意及之。每於敗屋斷垣中，發現其建造之原理，及藝術之特徵。十餘年來，歐美建築家聞風興起，漸有採取中國建築特點之趨勢。抗戰以前，政府推行建設計劃，有關建築者，多採納其意見或聘其主持，如北平天壇之重修，曲阜孔廟之重建，大同雲崗之修理，國立博物院建築計劃之審查，皆由思成主持。

營造學社者，一學術團體，其經常費、事業費皆由捐募而來，工作人員之報酬至薄，全賴數人之志趣與精神維持之。思成之夫人林徽因女士，當代之才女也。亦留美學建築，與思成同志，於營造學社之工作貢獻甚多。抗戰軍興，募款困難，學社同人雖於生活毫無保障，仍自動隨政府內遷，由湖南而昆明而四川，在流離顛沛中，工作不輟。徽因女士與思成，梁孟同心，甘之如飴。但入川以來，氣候不適，肺病復發，已臥床一年又半。徽因女士雖工作亦如其他營造學社社員，但並無獨立之收入；思成之工作能力雖優，但經濟狀況至劣，自其夫人病後，已欠債纍纍，幾已無法維持其日常生活，臥病之人尤不能缺少醫藥營養，故思成所需之救濟，與思永等。

930. 傅斯年致周大訓 (抄件)（1942 年 6 月 24 日）檔號：II: 134

大訓先生：頃發一函，求兄託在印貴會同人代買兩書，計達左右。茲又有一瑣事，請兄為^弟證明，兄或笑何以此等事尚辦不了耶？^弟亦深自笑也。此事如下：^弟在渝時，訪兄于資源委員會，託兄代買兩桶煤油，並言一為^弟用，一為吳定良先生。又言可以半價否。兄謂桶子困難。^弟言，家中有兩個可以補償，惜未先帶來耳。又言，兩桶正可作一木箱，以前即如此辦。以後又言，運輸仍須託貴會之船，以普通航船不通此也。次日兄來一電話，云兩桶已買妥。^弟又詢及，公家可再買兩桶否？兄謂可辦一公事，當時因尚未決定油印刊物，故此事未辦。^弟返後即告吳先生，謂已為彼買到一桶，半價，箱子作扣云云。

近^弟與李濟之兄各得王毅侯先生一通知，謂各有一桶煤油將運此。^弟以為既係與^弟之一桶同運，似即^弟所託購就兩桶之一，而此兩桶固一為^弟用，一為吳先生也。（^弟當日走託吾兄者，以是日正接內子信，要買兩桶，並云自有箱子，可以去換，而是日亦接吳先生信，託^弟買一桶，云晚上作工夫之用。（先是，吳先生託^弟已數次。）^弟以為自己何必一時買兩桶，故向兄言，一為^弟，一為吳先生，而^弟負償還桶子之責。）吳先生為此函李濟之先生，謂此桶係^弟代彼所買。而李先生復吳先生信，謂彼前直託兄買一桶，此桶屬彼云云。想必此事，或在前也。

此事似只有待兄一言而決，即此次將運來之兩桶，除^弟一桶外，其他一桶，究為濟之先生託兄所購，抑為^弟所託購兩桶之一（如是^弟所託購兩桶之一，自然即是吳先生者），乞示一字，俾^弟通知李、吳兩先生。因^弟返李莊後，曾告吳先生^弟為彼買了一桶，故^弟不能不請　兄一為證其原委也。此事說來著實好笑，在^弟則無可奈何。諸希　鑒察，至幸。專此，敬頌

道安

^弟斯年謹啟　六月廿四日

再，^弟前託買此兩桶時，言及桶子退還，此事毅侯先生未示及，是否當即託人帶渝兩空桶奉還，乞一併示知。

931. 傅斯年致王雲五（抄件）（1942 年 6 月 30 日）檔號：李 8-6-6

雲五先生左右：① 奉廿二日　手示，欣悉《水經注疏》原稿無恙，如釋重負，快何如之！如　先生能與伯嘉通訊，仍懇託其無論在如何情形下加意保管。至于宜否冒運入內地之險，待^{斯年}詢立夫部長後再

---

①頁首收發註記："重慶白象街十八號商務印書館總管理處駐渝辦事處　王雲五先生。卅一年六月卅日發。"

聞。要盼此物歷浩刦而無恙，不特此稿可貴，且易生糾紛也。念甚念甚。敝所《集刊》第十冊代售事已照　尊示辦理，費神至感。至于第十一本及以後各期仍由貴館代辦一事，承允考慮，感何如之。貴館困難，敝所同人知之甚悉，謹述各情，乞加斟酌：

一、《集刊》每一本，凡四分，共約六十至八十萬字，（即每分十五至廿萬字）連標點在內。約一年出齊，雖為季刊，實不定期，此先生所知也。

二、音標文字已另付油印，製銅板者亦然，鋅板或稍許有之，好在製此等板之費均由敝所出，即排表之線亦可省，人名、地名、書名符號均可省。值茲國難，一切可以因陋就簡，要之，決不難于《文史襍志》也。

三、內容因去掉音標製板帶圖各文字，大體已為史學專門之書，銷路比往常當可增。

四、除製板費由敝所照付外，（可以預付，然預付部分似未便後來加價）若必要時，另可津貼，均乞斟酌。

總之，敝所自印自賣，實在太麻煩，故仍求教于　先生耳。九月中參政會開會，尚可快晤也。專此，敬叩

道安！

傅斯年謹啟　31/6/30

932. 傅斯年致朱家驊（1942年7月3日）*

騮先吾兄左右：廿九日　惠書敬悉。蔡夫人處承接濟，至感至感。此等事，（蔡夫人事、寅恪事）在今日只有吾　兄熱心耳。弟心有餘而力不足，尤佩　兄之熱誠毅力也。斗筲之量，未足言此，何足置意。即如思永養病事，敝所亦議論紛紜，弟亦置之不理。姑欠債，俟弟到渝

＊取自"朱家驊檔案"（檔號：朱–07–012–p. 71）。

再募集也。來示已並示孟和矣。餘另函,專叩

日安

弟斯年謹上　七月三日

933. 傅斯年致友人 (1942 年 7 月 10 日) 檔號：III：36

○○先生左右：關于陳寅恪先生陷港及逃出各事,屢承各地友人詢
問,弟以寅恪行蹤雖早知之,然以尚未行抵目的地,未敢奉告。茲
接前自桂林來信,抄奉　清覽。先是寅恪于四月初由港輾轉至廣州
灣,月底始離該地往桂林,許久方達。彼信中云再校舊稿,知非甚
病,友人均可放心也。抄件乞勿登報,為荷。專此,敬頌

日祺

弟傅斯年謹啟　七月十日

934. 傅斯年致李濟 (抄件) (1942 年 7 月 28 日) 檔號：李 13-3-8

濟之兄：惠書敬悉。所云"有人告弟云：兄甚不滿意考古組之工作,
三組中沒有一個人能寫報告的",實不勝其驚訝。弟對何人在何處說
此,乞　兄示知,弟當對質,以憑水落石出,看弟是否如此說。弟平素
不聽傳聞,然此事既經　兄提出,而語意誣弟甚重,故理當弄清楚也。
三組工作情形,弟與　兄常談,與人談,決不出與　兄所談之範圍,
且少得多,事實上亦只與董、梁二公談而已。所謂寫報告一事,弟平
日一慣主張在發掘報告中少牽引他事,少發揮,一向如此。猶憶寫
《城子崖》時,弟主張不涉及歷史部分,不在報告中與 Anderssen[①] 等

---

①編按：安特生 (Johan Gunnar Andersson, 1874—1960), 著有 *Den gula jordens barn：studier över det förhistoriska Kina*, 1932 (英譯：*Children of the Yellow Earth：Studies in Prehistoric China*, 1934) 等書。

書比較。^弟並一慣主張，考古研究可另在《集刊》或《單刊》出版為之，報告但求將發掘之事弄明。^弟之如此主張，　兄聞之多次矣，何嘗要咬文嚼字，大篇文章乎？^弟很覺得在三組青年同事中，寫報告之技術尚待陶鎔，"吳、石①二位目下似均不能獨立寫報告"，此乃^弟近因梁病，而與　兄談過數次者也。我們談這些事時，並無不同之意見。然則此說必是傳聞之過。　兄勿介意，亦當信^弟之無此言也。專叩
刻安

弟〇〇上　七月廿八日

謂吳不能寫報告，（^弟對　兄等說過數次）謂石以不能看外國報告而吃虧，云云，亦並不因此而抹殺其長處。

935. 傅斯年致李濟 （抄件）（1942 年 8 月 3 日）檔號：李 13-3-9

濟之兄：前　兄手示某君謂^弟說三組如何如何，次日　兄告^弟云，是彥堂所說，^弟當詢彥堂^弟何時說，彥堂堅不認他曾向　兄說此。我說："我並無興趣你說此事否，問題是在乎我向　兄說此與否？"此則彥堂固謂^弟未說也。此事不必小題大做，請彥堂為我出一證明書，只待我們三人在一處時，再証明我未說此可耳。專此，敬頌
日安

弟斯年　八月三日

936. 傅斯年致葉企孫 （抄件）　（1942 年 8 月 6 日）檔號：III：60、III：64

企孫兄：關于寅恪事，總辦事處奉　兄命處置之方法，^弟深覺不解，

---

①編按：指吳金鼎（1901—1948），字禹銘，一作虞銘，時任史語所第三組技正；石璋如（1902—2004），時任史語所第三組副研究員。

　　兹述此事經過。

　　先是兩月前　兄來一信，云"寅恪兄已于五月廿六日從麻章往桂林，史語所是否擬請彼為專任研究員？月薪擬何數？請示及。薪似可從一月份支起，但從六月起實付寅恪，以首五月薪抵銷旅費之一部分。以寅恪夫婦之身體論，住昆明及李莊均非所宜，最好辦法，似為請彼專任所職，而允許其在桂林工作，不知尊意如何？亦請示及"（六月九日）。

　　弟當即復一長信，大意云寅恪來敝所專任其職，原為本所同人所渴望。但寅恪家庭情形或者不肯來李莊，弟亦不能勉強。又云，弟平日辦此所事，于人情之可以通融者，無不竭力。如梁思永兄此次生病，弄得醫務室完全破產，寅恪兄自港返，弟主張本院應竭力努力，弟固以為應該。然于章制（原信或用紀律二字，意思總是明顯的。）之有限制者，則絲毫不通融。蓋凡事一有例外，即有援例者也。故寅恪不能住在桂林而領本所專任研究員薪，必來李莊而後可以，（此事服務規程有規定）① 若彼來李莊，其薪自應為六百元，又臨時加薪四十元。至于為彌補所領旅費，作為幾個月專任薪報銷，自無不可云云。此信甚長，弟未存稿，但猶記得甚清楚。② 于可通融、不可通融兩節，頗于歷年經驗為　兄陳之。信之上端又注明寅恪何以歷來稱為"專任研究員暫支兼任薪"之故。

　　旋接　兄六月卅日信云"關于寅恪事，尊見甚是，請　兄電彼徵詢其意見，倘彼決定在李莊工作，清華方面諒可容許其續假也。寅恪身體太弱，李莊、昆明兩地中究以何處為宜，應由彼自定"。弟未打電給寅恪，以前此已兩函與之商榷此事，而電文又不能明也。然寅恪來信，未提及弟信，來信囑弟託杭立武兄設法在廣西大學為彼設一講座云

---

①行首自註："弟並云，已與寅恪通信商量。"

②行首自註："此信弟既未存稿，乞　兄交書記抄一份寄下，俾此卷可全，感感。"

云。彼又云（兩信皆云然）正在著作，九月可完。絕未談及到李莊事。

兄之六月卅日信以後，^弟以寅恪未表示要來此，故並未有信寄 兄。

乃十日前^弟接次簫一信，附一筆云"葉先生函商 院長聘陳寅恪先生為專任研究員，月薪六百元外加暫加薪四十元，院長已批准照辦。俟葉先生將起薪月日函復後，聘書即當寄貴所轉寄桂林也。"^弟甚為詫異，蓋^弟尚未得寅恪決來李莊之信，又未與 兄通信，變更前議，何以忽然有此。然以其云"寄貴所轉寄桂林"，^弟亦放心，蓋^弟可將其暫時壓下，再詢 兄其故也。

乃昨接毅侯兄七月卅一日信云，"發寅恪兄聘書已辦好，企孫兄函囑逕寄桂林，免得轉遞之煩。並云一月至五月份薪由院保留，作抵銷旅費之一部，^弟本日寄寅恪一函，徵其同意（函稿另紙抄奉）"。函稿當亦抄 兄。其中有句云"自六月份起全部寄交先生應用"。

然則 兄仍照六月九日信辦理，未參攷^弟意，亦未照 兄六月卅日信所示辦理。蓋照最後一信，須待^弟與寅恪商好奉聞，再發聘也。此事錯誤在何處，^弟苦思不得其解。然下列各點，^弟不能不聲明。

一、^弟絕不能承認領專任薪者可在所外工作。在寅恪未表示到李莊之前，遽發聘書，而六月份薪起即由寅恪自用，無異許其在桂林住而領專任薪。此與 兄復^弟之信大相背謬。

二、自杏佛、在君以來，總幹事未曾略過所長，直接處理一所之事。所長不好，儘可免之，其意見不對，理當駁之，若商量不同意，最後自當以總幹事之意見為正。但不可跳過，直接處理。在寅恪未表示到李莊之前，固不應發專任聘書，即發亦不應直接寄去，（以未得^弟同意也）① 此乃違反本院十餘年來一個良好之 Tradition 之舉也。

三、為彌補寅恪旅費，為寅恪之著作給獎，（或日後有之，彼云即有

---

①行首自註："歷年聘書，皆由所轉發。其中時有錯誤，每須校後退還改正。"

著作寄來。）院方無法報銷，以專任薪為名，^弟可承認；在此以外，即為住桂林領專任薪，^弟不能承認。

此事幸寅恪為明白之人，否則無異使人為"作梗之人"。　尊處如此辦法，恐所長甚難做矣。^弟近日深感力有不逮，為思永病費，已受同人責言。今如再添一個破壞組織通則第十條之例，援例者起，何以應付。此^弟至感惶恐者也。專此，敬頌

著祺

^弟傅斯年敬上　八月六日

即令^弟同意此事，手續上亦須先經本所所務會議通過，本所提請總處核辦。總處照章則（人事會議及預算）辦理。亦一長手續也。又及。

附：與此事有關院章各條文

組織通則第十條　"專任研究員及專任副研究員應常川在研究所從事研究"。

服務通則第二條　"本院各處所及事務人員之服務，均須遵守本通則之規定"（以下各條即規定辦事時間等項）。

此外間接有關者尚多，故領專任研究員薪而在所外工作，大悖院章也。

937. 傅斯年致中央研究院總辦事處 （稿）（1942 年 8 月 7 日）*

31 歷#0807.1

敬啟者：

---

*本函（檔號：III：61）傅斯年另以史語所名義改稿，將"葉總幹事在未徵得……，至感至感。此上。"改為"中間必有錯誤之點，已詳函葉總幹事，本所對于此事處置之不妥，實難默然，亦難同意。此致"。

復　貴處八月一日函內　開"關于……，為荷"，查此次葉總幹事在未徵得斯年同意之前，遽爾直接發聘，實與本院十數年來之良好【慣例】，並與總幹事致斯年七月卅日信完全不合，斯年礙難承認此事之有效。然　貴處既辦此事，亦無收回成命之理，只有將斯年乞除去所長職務，最為得體。敬乞轉呈　院長，准予辭職，並迅派人接替，至感至感。此上
總辦事處

傅斯年敬啟

938. 傅斯年致劉次簫 （抄件）（1942 年 8 月 7 日）*

次簫吾兄左右：書電敬悉。（皆同日到）覆銓部事，^弟與葉總幹事意見相同，葉總幹事致　兄信，^弟覺可用，似可加二事，①即本院研究人員與大學之教授至助理情形相等，如以分發手續辦理，恐機關與分發者皆感不便。②大學初畢業，若干年中，本院對之薪水甚微，因其為學習性質，與薦任或高級委任之待遇（薪額）不合，仍乞　斟酌。

我們一面對銓敘部表示不能接受分發，一面對周君只好試用，以其為戴公私人介紹，而其措詞姿態如是客氣也。但請　兄向周君言：①我們是接受戴先生私人介紹，非接受銓敘部之分發。②把章程給他看，他只能作助理員，不能作助理研究員。（除非已有重要著作本所審查合格）③為求學問，此間甚好，^弟等當盡力助之。④為求資格，此間殊無此資格，因本院人員皆未銓敘也。⑤薦任待遇，乃二百數十至四百數十元，但彼在本院之資格只能為助理員，即僅百餘元，此須犧牲者也。總之，為學問，可以來，即須犧牲其他。不能犧牲其他，以為學問，來恐後悔，此須說明在先，以免後論也。戴公之信，何以至今未寄來？甚怪之，若措詞如　兄所示之大略，到也客氣，而無"分

---

* 本函有抄件（檔號：李 3-2-4）及"朱家驊檔案"（檔號：朱-07-029-pp.6-7）兩種，據朱檔整理。

發"之惡影響。

明晨派人去宜賓，奉復一長電。

明日中午開所務會議，（今日雨，濟之不能上山）如決議與此有不同時，當再電達，自當以決議為正。如無電，即無更動矣。專頌

日安

弟斯年上 八月七日

此信乞 轉呈或以大意轉陳 院長，至感至感！

此函外抄兩附件，一呈院長，一請寄葉總幹事。

939. 傅斯年致王敬禮、劉次簫 （電）（1942 年 8 月 8 日）檔號：李 3-2-5

究。王、劉兩主任：[①]（一）發陳聘書不經敝所，絕難同意。（二）葉總幹事擬復銓部大意弟極贊同，補充意見寄奉。（三）周事如作戴院長個人介紹，不作銓部分發，可請其即來，但請告彼到此治學甚便而資格僅合助理員，非助理研究員，待遇甚薄，當為學問犧牲。斯年。齊。

940. 傅斯年致朱家驊 （電）（1942 年 8 月 8 日）檔號：李 3-2-6

究。劉主任速轉呈朱院長：示悉。青城休養必有裨益，幸速成行，無所猶豫，至望。斯年。齊。

941. 傅斯年致賀師俊 （電）（1942 年 8 月 8 日）檔號：李 3-2-7

究。劉主任速送賀處長師俊兄：《集刊》原約今當已出二冊，茲一冊

---

①頁首收發註記："已發。31/8/8。"

未出，敬乞設法，俾可于約定時間出齊，至感至感。弟斯年叩。 齊 。

942. 傅斯年致陳寅恪 （電）（1942 年 8 月 8 日）檔號：李 3-2-8

桂林郵政信箱第 138 號轉。陳寅恪先生：總處寄上之聘書以兄能來所
為前提，函詳。斯年。 齊 。

943. 傅斯年致朱家驊 （1942 年 8 月 8 日）*

騮先吾兄左右：前日奉　惠示，　尊恙愈而復發，極以為念。但聞
駕將有青城之行。避地休養，必有大益，故為之大喜，匆匆寫成一
電，適今晨有人赴宜莊，[①] 將其拍出，（李莊無電局，須由宜賓、南溪轉，
皆去此六十里。）後來一看，原文實在欠通，因省字之故，將"惠示敬
悉"作為"示悉"，又因匆匆一寫，將"至禱"寫為"至望"，儼然
對同僚之口氣而非所以上　兄者也。此事　兄必不介意，而記室讀
之，必笑傅孟真又一次文字不通耳！（兄之代筆，似非一人，文詞均
佳。）實則匆匆寫成，欲重言之，而未修辭也。

　兄此行務盼必成，在青城似可多住些時，不必以一月為限。身體是
大本錢，為國努力，正賴乎此，故珍重非為己也。孟和先生極關心
兄病，（弟與孟和住處數里之遙）前云合發一電，昨日拍電時亦忘之。
到青城後應不見客，如此必可大愈矣。返途在李莊一停，何如？其實
此間亦比重慶涼爽，吾輩直是入山修道耳。專此，敬叩
痊安
弟斯年上　八月八日，卅一年

---

944. 傅斯年致朱家驊 (1942 年 8 月 10 日)*

騮先吾兄院長左右：戴季翁介紹周天健一事，曾于接次簫兄函電後分別函電上復，並託 次簫兄代詳陳之，計蒙 垂察。今日又接 次簫兄一信，則周君並非大學畢業，此則更使^弟為難矣。故又以一電奉上，計信到之前可達 左右也。此事似當分各面觀之，①銓部之分發，決不可開例，一開此例，本院無異生一瘤子，企孫所擬是也，^弟均表同意。②周君既係戴公私人介紹，其介紹又如此客氣（未見原信，以次簫所述為準），自當遵 兄之命，敝所勉為其難，根據本院章程，任彼以相宜之事，俾可學習，尚談不到研究也。此則一所以遵 兄之命，實則敝所同人雅不願有此麻煩，聊以顧全大局耳。①③但周須知不能由彼要求為助理研究員，本院自有其章則，而彼到此是受訓練。④今聞其非大學畢業，恐到此之後，既不滿其待遇，又不能受學術之訓練，^弟徒然白費些事，思之黯然。⑤周竟不將戴函寄來，似先要求滿足而後肯繳此至寶者，此則所謂以"雞毛擔子作令箭"，開口先不給人以好印象，既如此，一切話似更須先說，即彼資格與本院不合，勉強任之，只是學習，無從于中取名利而須如和尚受戒也。⑥助理員之資格規定甚明白，彼非大學畢業，何以處理？如以為高考可與之相當，則最好付此解釋于院務會議，此固辦不到，亦當付人事會議，或由 院長先加以暫解釋，而俟將來院務會議之追認也。總之，敝所決不敢于院章之外有何舉動，決不作使院章成具文之事。故如 次簫兄第一書言及其非大學畢業，則^弟等日前之決定，或有所不同，更當求 兄之諒解矣。今既到此一步，只有將各種實在情形告彼，使其勿作幻想、勿存奢望。⑦至于 兄批此事關係本院甚大云云，^弟微覺不同。若戴公為講理之人耶？則彼不應見怪，若其不然，亦無法使其不

---

*取自"朱家驊檔案"（檔號：朱-07-029-pp. 10-12）。
①行首自註："其實他來後，無人管他，只是弟一人多事耳。蓋本所同人，除其自己之研究外，皆不管他人事也。"

見怪，如怪則怪在^弟耳。故鄙意以為此事關係本院甚小，以其至多是^弟一人之事也。惟既承　釣命，^弟兩度派專差往宜賓發電，連川資將及二百元，周天健尚未知為如何之人，而^弟已事之如上神，此則為國家學院一歎矣。專此，敬頌

道安

^弟斯年謹上　三十一年八月十日

看來此事周是免不了來敝所矣，除非彼不滿意待遇耳。如周不滿待遇而不來，或來此後不高興而去，到時須^弟詳細向戴公解釋，見怪與否，在彼時矣。^弟必絕客氣的解釋之，然如見怪，　兄即一切推之于^弟身上可耳。　又及。

夜半書之，翌晨趕郵，潦草不恭，歉歉！

945. 傅斯年致顧頡剛 （抄件）（1942 年 8 月 14 日）　檔號：I：78

頡剛吾兄左右：前奉　惠示，承告以各地印刷情形，至感至感！敝所刊物已分託文化驛站及商務，以校對之便也。然仍遲遲不出，此真無可奈何矣。近接孫次舟君告急之信，囑為找事。其實彼之中英庚款會補助，本不許兼事，最近有該會派來敝所之謝君以兼事 "取消原案"（即開除也），故孫君歷年兼事已為手續不合，如該會聞之，必有舉動，弄得　兄之為指導人者，亦不大好看。（如謝君之開除，弄得敝所大失面子。實則^弟全不知此事，而該會之不得兼事辦法，曾歷次通知本人及指導人也。）此時為孫君計，最好由　兄為之覓到一附著之機關，俾可由此機關領米貼。（中英庚款會之補助者必有此附著之機關，米貼即由此機關報領。）而中英庚款會方面，　兄為之設法延續下去，此外^弟實想不到他法也。孫君論人好加惡評，^弟三年前為之曾告以不必再來信，^弟此時不便多說，然　兄于彼交情為深，似可規勸之也。此間生活較廉，可常食魚，亦不大熱，以在山中也。舊疾全愈，工作如常矣。知　念謹聞。敬頌

著安

弟斯年上　八月十四日

946. 傅斯年致陳寅恪 （抄件）（1942年8月14日）檔號：III：62

寅恪吾兄：八月一日函誦悉。先是接　兄前一信，囑函託立武在廣西大學設講座一事，弟當即將原函寄杭，並請其務必設法（中英庚款瀕于破產），杭無回信。然　兄八月一日信已言其既辦矣。最近又有武漢大學連來三信，張真如、王撫五、吳其昌，茲將張、吳二信抄奉，王信與張同。弟復張信，亦一併抄奉。（為一切瞭然計，直告張以資實，免得再來信不休。）此蓋慕名之舉，而如吳其昌信，須弟一面勸駕，一面化緣，則太可笑也。　兄之留桂，早在弟意中，弟等及一組同人渴願　兄之來此，然弟知　兄之情況，故此等事只有憑　兄自定之耳。其實當年　兄之在港大教書，及今茲之舉，弟皆覺非最妥之辦法。然知　兄所以如此辦之故，朋友不便多作主張，故雖于事前偶言其不便，亦每事于　兄既定辦法之後，有所見命，當効力耳。猶憶去年春，弟入中央醫院之前一日，曾為　兄言，暑假後不可再住香港，公私無益，且彼時多方面湊錢，未嘗不可入內地也。但　兄既決定仍留港後，弟養病歌樂山，每遇驪先、立武見訪，皆託之設法也。　兄今之留桂，自有不得已處，恐嫂夫人在彼比較方便，但從遠想去，恐仍以寒假或明年春（至遲）來川為宜。此戰事必尚有若干年，此間成為戰地，緊張之機會固遠在桂之下。至少此為吾輩愛國者　　①之地也。

　兄昔之住港，及今之停桂，皆是一"拖"字，然而一誤不容再誤也。目下由桂遷眷到川，其用費即等于去年由港經廣灣到川，或尚不止，再過些時，更貴矣。目下錢不值錢，而有錢人對錢之觀念，隨之

---

①原稿此處空三格。

以變；然我輩之收入，以及我們的機關之收入，尚未倍之，至多未三之也。故今冬或明春入川，其路費籌措，或超過去年由港入川。然尚未必做不到，過此則不可能矣。即如昆明友人，此時欲留不可（太貴，比重慶倍之），欲行不得。研究所之搬，^弟當時之意即不願以"拖"而更陷于困境，寧可一時忍痛。此等情形，本在　兄洞鑒之中。然^弟瞻念前途，廣西似非我兄久居之地，故願事先以鄙見奉　聞也。中英庚款會之講座，本與一般大學教授同，尚不及最優者。^弟聞消息，本年有裁去之議，而未果行。但該會明年或須關門。（該會之欠債人即政府各部門，以交通部為最多，一齊賴債，該會遂向政府求乞，以維持其固有之事業，明年恐並此亦不易矣。）中基會者較優（目下月七百元），濟之是一例也。但恐亦不能在廣西大學設講座（亦是向政府乞零錢）。故如此看來，　兄只可以廣西為甚短期之休息處，若不早作決意，則將來更困難矣。大著可在內地印，且可較速。仍是商務王老板辦，^弟去之近，可催之也。《集刊》第九、十兩本皆陷滬。茲第十本在此重排，其第一分已出，如尚未見，當由渝直寄上，文化驛站印也。自第十一本起，仍由商務辦，目下圖版、刻字、音標，皆無法子辦，然　兄之著作，固不受此影響耳。前之《隋唐制度考源》，如尚有清稿，亦可在內地印。成後隨時寄^弟可也。

兄在接此信前，必曾接到^弟之一電，云總處所發聘書，乃假定　兄到李莊者。此事經過如下：五月末，企孫來一信，云　兄既不能到昆明或李莊，則以本院專任研究員薪住桂林，如何？^弟復信甚長，大意謂，此點在研究所組織通則上有明白之規定（第十二條"專任研究員須常川在研究所從事研究工作，兼任研究員于約定時間內到研究所工作"），未可由本所造成例外。且^弟辦此之原則，凡事關人情者，當對同事盡其最大之幫助；然事關規例者，則未可通融。故寅恪之支專任研究員全薪，須以在李莊為前提，至于為報銷前支旅費（旅費無法報銷，本院無特別費），作為全薪以抵之，至抵盡止，則無不可也。並言及薪數應為六百四十元云云。企孫由昆明回信（彼往昆明，云九月歸），云極贊成弟意，囑^弟電商　兄來李莊否？^弟以前已有兩信寄　兄，言李莊各情形，（此信迄未于復信中談及，但仲揆謂已轉　兄，究收到否為念）未再去電，而　兄命託杭在廣西大學設講座之一信到，^弟知　兄決留桂矣。故未即復企孫。同時接王毅侯兄信，則聘書已直寄　兄，謂薪自一月起，六月以後寄桂林，等語，並云皆是企孫之命。此則^弟不解矣，蓋與企孫復^弟之信絕不同，此舉可使人誤以為　兄可以專任研究員薪留桂，此又非企孫函^弟之說也。此事錯誤在何處，俟企孫兄信到，或可知之。此事在生人，或可以為係^弟作梗。蓋　兄以本院薪住桂，原甚便也。但　兄向為重視法規之人，企孫所提辦法在本所之辦不通，兄知之必詳。本所諸君子，皆自命為大賢，一有例外，即為常例矣。如思永大病一事，醫費甚多，^弟初亦料不到，輿論之不謂^弟然也。此事　兄必洞達此中情況。今此事以　兄就廣西大學之聘而過去，然此事原委不可不說也。　兄之原薪，（月一百，外有無暫加薪四十，已向企孫請示矣。（企孫原件謂以專任為限））已函毅侯照舊寄　兄于桂林。餘另，敬叩

日安

^弟斯年上　八月十四日

947. 傅斯年致張頤 （抄件）（1942 年 8 月 14 日）檔號：III：65、III：38

真如學兄左右：惠書敬悉。聯大之搬家，恐不過是一句話而已。寅恪先生事，^弟之地位非可使^弟"奉讓"者，然歷年來此等事，皆由寅恪自己決定。因寅恪身體、精神，不算健康，故彼之行止，朋友未可多作主張。寅恪歷年住港，本非其自願，乃以其夫人不便入內地，而寅恪倫常甚篤，故去年幾遭危險。今寅恪又安家在桂林矣。既接受廣西大學之聘，恐遷眷入川非明年不可也。寅恪來書，節略抄奉一閱。^弟于寅恪之留廣西，心中亦不贊成，然寅恪既決定如此，故前次致^弟

信，^弟即轉託杭立武兄矣。至于明年寅恪入川（亦要看他夫人身體如何），^弟等固極願其在李莊，然如　貴校確有何等物質上之方便，于寅恪之身體有益者，亦當由寅恪兄自決之，只是兩處天氣、物質，恐無甚分別，而入川之途，樂山更遠耳。且為　貴校辦研究所計，寅恪先生並非最適當者，因寅恪絕不肯麻煩，除教幾點鐘書以外，未可請其指導研究生（彼向不接受此事）而創辦一研究部，寅恪決不肯"主持"也。^弟所見如此，此信及惠書均抄寄寅恪矣。專此，敬頌

教安

^弟斯年上　八月十四日

948. 傅斯年致孫次舟 （抄件）（1942 年 8 月 18 日）檔號：I：77

次舟先生：本月九、十三兩日大札均悉。有關小說各書，敝所或有或無，例不出借他地，此無可如何者也。足下詈顧頡剛先生各語，實不堪入我之耳。言者縱不自愛，亦當知聽者為何如人也。以後乞勿再惠我以書信，感幸之至矣。專此，敬頌

學祉

傅斯年啟　卅一年八月十八日

949. 傅斯年致朱家驊 （1942 年 8 月 19 日）*

騮先吾兄院長：侵電奉悉。此事（寅恪發聘）前已詳細函陳一切，均致總辦事處乞代陳者，故未復電，亦緣發電須派人赴宜賓也。寅恪之脾氣，一切事須彼自定，彼目下之要住桂林，一如當年之要住香港，其夫人之故也。亦只有隨其所欲耳。其實彼在任何處，工作一樣，只是廣西大學無書耳。本所第一組事，彼仍可通信指導，一如當年在港

---

* 本函有那廉君抄件（檔號：III：1257）及 "朱家驊檔案"（檔號：朱–07–029–p. 5）兩種，據朱檔整理。

時也。專此，敬叩

道安

弟傅斯年上　八月十九日

950. 傅斯年致葉企孫 (1942 年 8 月 20 日)*

企孫先生道鑒：查昆明龍泉鎮衛生院結束後，尚有結餘之款國幣捌佰
　　伍拾元陸角柒分，此款前匯交北平研究院李潤章先生，請其代在昆
　　明擇一有救濟地方性質之醫務機關捐入。已於本年二月七日專函奉
　　達，諒荷　督及。茲接李先生來函，謂已將此款捐贈西南聯大作補
　　助清寒學生醫藥之用。李先生原函及西南聯大所出具之收據均存敝
　　所。茲特專函奉達，敬希　台察是幸。敬頌

時祉

弟傅斯年（印）謹啟　卅一年八月廿日

951. 傅斯年致朱家驊 (1942 年 8 月 21 日) 檔號：III：1243

騮先吾兄院長賜鑒：　兄當猶憶弟在中山大學時數次言辭職，而兩年
　　半之中未果辭也。蔡先生時，弟以感于杏佛之死之故，曾一度求
　　去，旋以在君兄拉著而未果。自抗戰以來，弟非特未言辭，且時時
　　找事做，以往日換人為易，今日換人為難。尤以研究所各少年力學
　　之士，多為弟所延致，彼等可以為教授而不去，在此為助理研究
　　員，故弟不敢有自寬之意，縱病後深覺力氣不及，亦未曾懷此意
　　也。惟其如此，故一經言辭，必有不可不辭者在。
　　然而近來之發展，使弟不能不向我　兄決言辭所長之職者。蓋弟之
　　病只宜于靜養，而絕不宜于煩躁。此所長一職並不清簡，自渝返
　　此，血壓高下起伏未定，如此下去，在弟必早謝人間，為公亦毫無

---

*取自南京第二歷史檔案館（檔號：393-0-0060-00-p. 44）。

裨益。一切支節皆可不談，但觀其要點可矣。此要點即^弟之血壓因感觸時起時伏，此為二年來萬分確定之事實，而此項感觸在所長任中，決不能不時時有之也。然則今日^弟之辭所長與當年之辭總幹事，其理一也，即以病不能勝任而已。此等物質的理由，必為吾兄所諒也。再，^弟所辭乃所長及專任研究員兩職。蓋去所長而留專任研究員，^弟在所中實給繼任若干不方便也。^弟于本院，如有貢獻，事屬過去矣。而若干狂簡之同事，其貢獻在將來也。

至于繼任之人，^弟意如求之于所外，則以 兄與企蓀兄知人之多，當不難得；如求之于所內，^弟一以濟之兄為最宜，此固^弟在在君時準備繼此任者也。若以博物院事為累，則方桂兄亦佳，彼雖不願多管事，然其識見^弟一向佩服。此外所中老同事亦均無不可。思永固亦^弟欲為繼任之一人，然彼亦正在病中也。

此時辭去，^弟之生活必為 兄所關心，此則^弟已有準備，賣書二萬元，可以為遷移費，家住沙坪壩或成都尚未定。^弟或自己飛昆明，參政會有專任之待遇，可敷衍一時也。

如非萬不得已，決不作此一請，既作此請，實有萬分之必要矣。望 兄念其病軀，准其辭職，感激無既矣。至于一切經手應清結事，正在趕作，院會赴渝前，必可清楚，^弟即于院會後離職。此時懇兄迅覓繼任之人，庶幾事務不中斷也。專此，敬頌

政安

企蓀①兄同此不另。

952. 傅斯年致王雲五 (抄件)（1942 年 8 月 22 日）檔號：李 8–6–10

雲五先生賜鑒：累函計達 清鑒。三事奉陳：

一、聞伯嘉已抵桂林，不知其住址，乞 先生寫信時代為問候，並

---

①原稿將"企蓀"二字塗去。

乞　示知其通信處，以便馳問。

二、《水經注疏》既未損失，想伯嘉兄已將其携出，如已至桂林，乞用航空法寄　尊處暫存，俟^弟十月到渝時交下。此事甚為複雜，故不可不慎重將事也。寄費乞　示數目，當即奉。總當求其安全入內地也。再，到渝後亦可交杭立武兄處一存，彼處有好防空洞。^{斯年}為此事心中念念不已。

三、敝所《集刊》之稿，已經全漢昇兄奉上，蒙允于下月即印，至感。製版費事，如需預付，乞即　示知。可預付五千至萬元之數，但希望勿漲價耳。一笑。

專此，敬頌

日安

傅〇〇謹上　八月廿二日

953. 傅斯年致國民參政會祕書處（抄件）（1942年8月22日）檔號：I：672

敬啟者：頃奉　貴處八月十一日大函兩件，祗悉一一。^{斯年}定雙十節前赴渝，應領之旅費津貼國幣九百元，請先期送交重慶牛角沱生生花園內中央研究院總辦事處王總務主任毅侯代收，是幸。

此致

國民參政會祕書處

傅〇〇　卅一年八月廿二日

954. 傅斯年致朱家驊（1942年8月25日）*

騮先吾兄院長：自灌縣來長電謹悉。此事^弟前已有信致　兄，　兄來電時當未達，今當已見該信，一切已詳也。此事總當分別下列各點：

---

*取自"朱家驊檔案"（檔號：朱–07–029–pp. 13–14）。

一、周之資格實不合本院對助理員之規定，然若　兄作此一解釋，俟下次院務會議追認，^弟當遵　命同意任周為助理員。此點前函已詳。今　兄既作此解釋，而周之為助理員，前在本所所務會議本已通過（當時不知其非大學畢業），自可使其以此名義前來。

二、但周來之後問題必多，助理員位低，彼必不滿，彼必無專門之根柢，如何治學？誰指導之？（敝所同人皆不管這些事，此等事總輪到^弟頭上。）到時必然弄到^弟指導他，^弟積事甚多，而又在養病中，必更心煩。吾輩指導已盡最大之力，而彼尚趕不上，必半途無好結果。到時，只有^弟詳細函告戴家呼圖克圖，[1] 庶幾彼不高興以^弟為限也。這自然只是一個假設，也許人甚好，困而學之，未可知也。但彼至今不曾將戴信寄來，使^弟心中生一頗不良之印象。到後既可以生各種麻煩，（非謂必生，然亦不可謂無此可能。）則此時似應託次蕭告以下列各事：①本所職員皆無銓敘資格，以後重入仕途，又吃虧了。②助理員之待遇，只同於中級委任（告以月薪一百四十元），因此職及助理研究員之初級，皆為學習，故薪不高，此與一般文官系統不同之處。③此間雖有指導研究之人，但並無講課，彼之缺陷須自努力。先把這些話說明，以免後來爭論，如何？

三、任周只憑戴函（私人介紹），本院似絕不便承認銓敘部之分發。因高考係普通行政，本院為研究人員，實不相干。且此例一開，後患無窮。"本院李、丁、陶、汪諸位，對戴公之頭痛更過于^弟遠甚"，^弟為遵兄之命，此次敬表同意，但如此法行之于他所，恐困難多矣。本院與考試院銓敘部之關係，似絕不可更進一步。周已任後，似可即用企孫意復銓敘部也。專此，敬叩

---

① 編按：戴季陶（1891—1946），時任考試院院長。

旅安

^弟斯年上　八月廿五日，卅一年

955. 傅斯年致葉企孫 （抄件）（1942 年 8 月 31 日）檔號：III：58

企孫吾兄：八月十七日惠書敬悉。寅恪發聘書事，原來如此。此事兄恐後于清華，盛意至感。然^弟當時窮思不得其解者若干日，直到兄信之來也。發聘書之習慣，恐清華與本院大不同（北大似與清華同）。以^弟所知聘書之發，在商量好之後，一發出，仍待其應聘書之來。若寅恪此次發聘僅為繼續舊辦法，自無問題，^弟可不覺其不解，然此次清華發聘，係繼續舊辦法；本院發聘，是更改舊辦法，而　毅侯兄遵命所示致寅恪之函，云及六月份起之專任薪直寄寅恪，此誠如尊言，未曾明允其住桂林，然亦未提明其須來李莊，故^弟覺與^弟前致彼之信不合也。此事若　兄當時有一短信致^弟，或一短電，^弟可省甚多信。（尤其是後來與寅恪之一長信及電，反復解釋此聘書以來李莊為前提者。）若當時　兄囑　毅侯兄去信時末了寫上一筆"盼大駕早來李莊，為荷"，^弟亦不至著急矣。此事寅恪尚未復^弟，此固以寅恪就廣西大學之聘而解決，然^弟或有得罪寅恪太太之可能也。大約本院各部分當年在一處辦事，必無此事，此時分在各處，乃有此耳。此事說完。

寅恪就廣西大學之聘，^弟不特未加以阻止，且他來信派^弟寫信給杭立武兄，^弟即辦了。^弟一向之態度，是一切由寅恪自決，（實則他人亦絕不能影響他，尤其不能影響他的太太。）彼決後，再盡力効勞耳。其實彼在任何處一樣，即是自己念書，而不肯指導人，（本所幾個老年助理，他還肯說說，因此輩常受他派查書，亦交換方便也。一笑。）但求為國家保存此一讀書種子耳。^弟知他一切情形極詳，看法如此。

目下恐須依舊發彼一聘書，其格式如下：

※“專任研究員暫適用兼任研究員之待遇”。

月薪一百元外，◎暫加薪四十元。

注：※此為十年相沿之公式。（最初“為適用特約待遇”）其經
過，前已函陳，即原來與清華有換文，兩方輪轉，後來
不轉了。如改此式，恐須先在本所所務會議中一談，^弟
覺此式似可不必改也。

◎有此暫加薪否，由　兄決定。（彼接了廣大之聘而言，薪水
甚少）

後來之問題，是他明年來川（恐廣西大學非久居之地），川資如何出，
此大是難事也。專此，敬頌

日安

^弟斯年　八月卅一日

956. 傅斯年致賀師俊（抄件）（1942 年 9 月 9 日）檔號：李 8-4-24

師俊先生左右：承　示舍弟已至衡陽，感激之至，想^弟下月到重慶時，
彼亦可到也。《集刊》之十本二分，聞尚未開始，至感徬徨，又聞十月
中全不能續印，尤焦急萬分。查合同所訂，本謂九月底出齊，今第二冊
尚未排，而十月不能工作，敝所之高級研究職員，本為此事留渝者，當
須再留。各種不便，不僅望眼欲穿而已。夙承吾　兄推愛，仍懇再一想
法，俾本月內第二冊可出，下月中三、四兩冊可出，則逾期一月，^弟仍
感激無似也。迫切陳詞，叩頭叩頭！專此，敬頌

日安

^弟斯年　九月九日

957. 傅斯年致蔣廷黻（抄件）（1942 年 9 月 14 日）檔號：I：81

廷黻吾兄左右：前書久未復，歉歉！所示為此間諸位病朋友買藥之方

法，妙絕妙絕。我們即照此做去好了。所示"保總領事"，是否即保
君健①? 此為^弟之同班，但此不必題，兄顯官也，可託之，彼必盡力。
乞 兄叮嚀託之，謂用藥之人患 T. B.，皆國家之第一流人材云云。
彼以 兄重視此事，必辦矣。關于此事各項奉陳如下：

① 藥單茲奉上。（此單代替前單，但前單如已買，亦無妨也。）價錢不
多，而相當占地方，可分批託人帶回，有人便託。

② 有美金存款二百元，已交毅侯兄，唯如何匯去，恐尚須兄幫忙，
因各種手續極繁也。

③ 此等藥在印度大約不禁出口，如有此禁，似可託金署長一下，證
明其為公家用藥，我們再以公函向衛生署證明之，此實是本所同
人及眷屬患 T. B. 所用者也。

④ 分量不少，盼 兄懇託保君努力為之，有人來即託之。藥價算來
不過百餘美金耳。

⑤ ^弟本託他位朋友，然兄有此一法，最為方便。保在彼作總領事，
過往者所必經，故其他方法皆不恃，而恃此法矣。

此事務乞 兄格外努力，叩頭叩頭！

承示諸節，甚感甚感！所示居里云云，^弟亦有同感也。適之之換，在
人意中；惟繼任人如此，似不像話耳。^弟下月雙十左右赴渝，即住聚
興村，可快談矣。專此，敬頌

日安

^弟斯年謹上　九月十四日

958. 傅斯年致屈萬里 （抄件）（1942 年 9 月 15 日）檔號：李 3-2-18

翼鵬先生左右：八月廿六日手示敬悉，高懷盛意，感荷之至，佩服之
至，以先生之著作服務論，理應為助理研究員，而大學畢業一點，確

---

① 編按：保君建（1896—1970），字既星，時任試署駐加爾各答（Calcutta）總
領事。

與院章有出入，（研究員則可以評議會之決議，不論此等資格）適朱代院長在此，當即奉陳此點，據其解釋，既有著作，應以同等學力論。惟此事是總幹事經管，葉企孫先生在滇，本月底方歸，故此事正式發聘，當在月底矣。事之稽延，由于葉之未在，無他故也。故先生可作來此之準備，慰堂先生處，有信來言其不可，^弟當于下月去渝時面解釋耳。茲將最近致總辦事處函抄奉（看後仍乞賜還），總之，此事決無問題，如待^弟往渝面商之于總處，或可用助理研究員待遇，然此事無關要恉，只是敝院總處亦是一個衙門，手續上反覆稽延時日，此為不可免者耳。俟總處復信到，當即電達左右，即日成行也。相見不遠，一切面罄。專此，敬頌

著安

^弟傅〇〇謹啟　九月十五日

959. 傅斯年致葉企孫（抄件）（1942 年 9 月 25 日）檔號：II：50

企孫兄：九月十日惠書敬悉。　兄贊成寅恪聘書上用“專任研究員（暫適用兼任研究員之待遇）”之舊辦法，感感。至寅恪與思成之薪加至二百元一事，^弟覺此時非年度轉換時，似不必更易。寅恪係春間之一懸案，即作為月薪一百五十，或是一法，仍乞　裁奪。思成似不必此時更動。蓋一人加薪須全盤顧慮也。餘面談。敬頌

日安

^弟傅〇〇謹啟　九月廿五日[1]

960. 傅斯年致劉次簫（1942 年 10 月 6 日）*

次簫吾兄左右：[2]　本所助理研究員馬學良君，去年出發雲南調查方言，

---

[1]頁末那廉君附註：“九月十日葉總幹事來函，傅先生未交來。31/9/26。”

*取自“朱家驊檔案”（檔號：朱-07-029-p. 20）。

[2]頁首劉次簫附註：“呈核。次簫。卅一、十、十五。”

茲以調查完畢，擬返回李莊，但以覓車不到，停留昆明業已月餘。聞新綏公司現在往來昆、渝之車輛甚多，擬請我　兄呈准　院長，用院長名義致電（或致函）新綏公司昆明辦事處，請其設法為馬君覓一車位，俾其能早日返所，免致曠廢時間也。專此，敬頌

時祺

^弟斯年上　十月六日①

961. 傅斯年致吳景超 （1942 年 10 月 8 日）[*]

景超兄：五月末收到第二次長信時，正值鬧瘟氣，匆匆復以愈後再詳

復。以後夏日如年，無法執筆，遷延至今，甚歉。亦緣^弟對此討論

久已不感興趣，其故則此一問題（漢初同姓諸侯王制之形態）唐宋人

已知之悉，不必今日再辯論也。（詳此信末節）且兄第二長信，似以

^弟之援比英國政府對有辦事大員駐劄時代之埃及、伊拉克為主題，

此則又返于^弟四月之信，似乎辯論又轉移陣地。兄似在搜^弟舊信中

一語，以為話柄者然。不幸此一援比，似尚不足為話柄，而兄于埃

及、伊拉克近二十年之改變，似乎未留意，故不知^弟之用意，且說

錯了些。^弟絕非研究近代史者，然留學之年，正是英國有辦事大員

駐埃之時（其時為 Lord Allenby）而伊拉克正由英國手中建國，兩地

與英國關係日騰于報上，故^弟記憶之也。請看^弟原信之此一節云：

漢初之同姓王國，其與漢廷之關係，大致如數年前英國之與埃

及、伊拉克（即有 High Commissioner 駐劄之時代）。如畫地圖，漢朝

郡縣自成一色，乃王國犬牙交錯于其間。漢制名此曰"藩輔"，

法律、事實皆如此。此詞在後來成具文，在當時則為另個政治組

---

①頁末朱家驊批示："函該公司朱總經理（朱【炳】現在渝）。朱。十五。"

[*]本函有手稿本（檔號：I：1529）及抄件（I：1531、I：1533）三種，字句略有

出入，合併整理。

織，並非中央政府之地方，此點細看《漢書》，異常明瞭者也。

邏輯上所允許之比擬，皆是關于某一固定點之比擬（Comparison with reference to a certain point）若不就此固定點而比擬，乃"印象主義""直覺主義"之思想耳。此理尋常邏輯教科書上所有也。^弟作此書時，既說明是在"數年前"，更界說之曰"有大員駐劄之時代"，此即等于說不是今日有大使之時矣。^弟作此比之用意本甚明，即英國自有其政府，埃及、伊拉克亦有其政府，而其政治之聯繫在乎駐劄大員。（此名稱兩地有時不同，亦有時改異，要在設大使之前也。）此駐劄大員，是英政府所派，而有在其所駐之國調兵等之政治大權，猶之漢庭與王國各有其政府，漢庭不能在王國設眾吏，然而有"王國相"，是漢庭所遣，以發揮其政治聯繫者也。此一比擬之固定點，即"駐劄大員與王國相"之一事也。故^弟括弧中語顯為界說之詞。^弟原信縱簡，似亦不當引出兄之一片議論，兄之議論，乃泛比耳。果為泛比，則何必說"數年前"？（此處或應改作十數年前，行文時未細心也。）又何必曰"即有辦事大員駐劄之時代"？且英國之與埃及、伊拉克，民族、制度、宗教等無一同者，如兄以為泛比，又何止漢法、兵權諸事乎？故^弟之用意縱未太明，而兄之誤解似亦有意，不然四月廿四日信何以無之耶？

然而即如兄之泛比，則兄第二長信中亦把埃及、伊拉克的近事忽略太甚。埃及在上次大戰初，為英國宣布為保護國，戰後許其逐步獨立，但兵權之節制，一直保持到換大使時，到換大使時，然後改為軍事聯盟。至于埃及疆界，其南部固由英國定之者，所謂 Anglo-Egyptian Sudan 英國人未認其全為埃及領土。若伊拉克，更像漢初之建王國，全是英國人一手辦的，其軍隊亦是在有駐劄大員時即由其調遣。（後來方互換使節，乃為聯盟）其疆界則全是英國所劃定，大體成于洛桑之會，此會是英、土之爭而非伊拉克之事，其與 Saudi Arabia 等地之疆界，至今猶由英國支持之，是則此辦事大員之在伊拉克、埃及（如 Lord Allenby）比袁盎之為吳相，權大多矣。兄第二長信中頻言埃及、伊拉克事，惜乎與^弟所指有駐劄大員時不符也。

　　然而此是支節，且回到本題，本題是"漢初（如前信所界說之時代）同姓諸侯王之體制如何"。^弟于前一次長信（五月十二日）之末一大段中反覆言之，恐　兄不注意，曾自加密圈，然而　兄仍持其地方之兩種體態說，此字面主義耳（Verbalism）。茲仍用^弟之原意，再換一個說法來說，我輩論一個大政治組織的體制，不可不辯何為本國，何為帝國，即如英國，不列顛島是其本國，殖民地已不同矣，而印度則其帝國中之一部，非其本國也。法國無皇帝，而常曰帝國者，非在歐之部分，乃非亞各地之屬法者也。故談英國地方制度，當然是他的 county councils 而不是印度的 maharaja；談法國地方制度，當然是他的 Préfecture 而非安南。（這又是一個比喻，其著意點在分別本國與帝國，請無再就此大生葛籐，一笑。）漢初建國，模仿的是周初，即高帝之封同姓，如周公之大封同姓也。周一代有八百多年，請勿誤會我意以為漢初是恢復戰國，我前信明明說周初。（不過漢初在時代上接著戰國，習慣相沿，自亦不少。）西周與漢皆是帝國，故有內外之辨。周帝國之層次，即所謂"邦內甸服，邦外侯服，侯衛賓服，蠻夷要服，戎狄荒服"者。漢帝國之層次，在漢初為：漢（漢之本土，直名曰漢，如齊、楚、吳等國稱漢庭直曰漢，不曰帝廷。）、藩輔（同姓王國，長沙在內）、蠻夷率義王。武宣後則改如下式：漢郡國（此時郡國在行政上無別）、屬國、蠻夷率義王（西域都護所轄，性質約在二者之間）、烏孫、匈奴等，圖以明之：

周帝國層次^①　　　　　　　　漢初帝國層次

荒服外不劃綫，其性質不在帝國內也。

———————————

①編按：本函"層次"手稿本多作"叢次"，此據抄本。

宣帝後

此圖乃為形容帝國之叢次，有未可拘泥處，蓋屬國、率義王侯、西域，亦有類別之性質，非盡層次也。

若匈奴、烏孫，則最鬆，故在外耳。聲明在案，以免後論。

若二者對比則頗妙矣

西周		西漢[①]
邦內甸服	（甸，王田也）	三輔及列郡
邦外侯服	（諸侯國"為周室輔"）	諸侯王
侯衛賓服	（侯所有之附庸及蠻夷）	屬國、蠻夷率義王
蠻夷要服	（有約束）	匈奴、烏孫
戎狄荒服	（外國）	康居、月氏等不屬都護，即外國也。

秦在莊襄王時已是一帝國，其層次如下：[②]

秦本國	內史所治
殖民地	列郡
屬蠻夷	巴人、粵人等等
有甚淺之宗主權者	韓、魏

以上仍是[弟]前信末節之意，[弟]前云："漢自為秦為一國……"云云，今換一說以形容之，未知仍不當　尊意否？我輩論史事，若不分別本

---

①此處自註："此節混西漢初與西漢末，各層非同時並有，乞注意。"（編按：抄本標題及註文"西漢"皆作"兩漢"。）

②此處自註："此雖與本題不相涉，然為明漢初諸侯王制，亦須知之。"

國與帝國，則古史尚不易談，何論近代史耶？

漢初同姓諸侯王（一切如前信中所界說）國，固在漢帝國之內，然當漢宣以後西域、匈奴亦在漢帝國之內矣。然則談漢地方制度，將並此而列入乎？故弟以為　兄之誤會，蓋由混本國與帝國而起。言歸正傳，廷黻兄之乞于我者，歷代地方制度一文，弟之乞于勞君者，兩漢地方制度一文也。非請其談帝國建設也。在　兄心中，凡用"漢法"（此詞詳下）及"兵由中央徵調者"，皆是漢之地方，如是則必將西域、南蠻以及匈奴（呼韓邪降後）一齊作為漢（宣帝以降）之地方，其體制亦皆為漢之地方制度矣。大昆彌、小昆彌、左賢王、右賢王，成了漢之地方制度，豈不滑稽歟？然如　兄之所執，乘之邏輯，豈不如此歟？請以下所引徵之。

《漢書·西南夷兩粵朝鮮傳》：

> 及至南粵反，上使馳義侯因犍為發南夷兵。且蘭君恐遠行，旁國虜其老弱，乃與其眾反，殺使者及犍為太守……
>
> 使馳義侯因巴蜀罪人，發夜郎兵，下牂柯江。咸會番禺。……馳義侯所發夜郎兵未下，南粵已平。
>
> 六年，閩粵擊南粵，南粵守天子約，不敢擅發兵，（注意：此時南粵是否　兄所謂地方）而以聞。上遣大行王恢出豫章，大司農韓安國出會稽，皆為將軍。兵未隃領，閩粵王郢發兵距險。其弟餘善與宗族謀曰："王以擅發兵，不請，故天子兵來誅。"

《嚴助傳》：

> 後三歲，閩越復興兵擊南越，南越守天子約，不敢擅發兵，而上書以聞，上多其義。

以上兩粵之王及西南夷率義王侯皆由中央發兵也。且如約不得自發兵，一如同姓諸侯王也。彼時兩粵南夷（未設郡前）是漢之"地方"乎？

《西域傳·康居國》：

> 宣帝時，匈奴乘亂，五單于並爭，漢擁立呼韓邪單于，而郅支單于怨望，殺漢使者，西阻康居。其後都護甘延壽、副校尉陳湯發

戊巳校尉西域諸國兵至康居，誅滅郅支單于。

《莎車國》：

會衛候馮奉世使送大宛客，即以便宜發諸國兵擊殺之。

《烏孫》：

都護鄭吉發諸國兵救之。

《渠犁城》：

（輪臺詔）前開陵侯擊車師時，危須、尉犁、樓蘭六國子弟在京師者皆先歸，發畜食迎漢軍，又自發兵凡數萬人，王各自將，共圍車師。

宣帝時，長羅侯常惠使烏孫還，便宜發諸國兵，合五萬人攻龜茲，責以前殺校尉賴丹。

《車師後城長國》：

武帝天漢二年，以匈奴降者介和王為開陵侯，將樓蘭國兵始擊車師。

征和四年　復遣開陵侯將樓蘭、尉犁、危須凡六國兵別擊車師。

吉，熹發城郭諸國兵萬餘人，自與所將田士千五百人共擊車師。

天鳳三年，遣遣五威將王駿、西域都護李崇，將戊巳校尉出西域，諸國皆郊迎，送兵穀。焉耆詐降，而聚兵自備。駿等將莎車、龜茲兵七千餘人，分為數部，入焉耆。

《常惠傳》：

惠因奏請，龜茲國嘗殺校尉賴丹，未伏誅，請便道擊之，宣帝不許．大將軍霍光風惠以便宜從事。惠與吏士五百人俱至烏孫，還過，發西國兵二萬人，令副使發龜茲東國二萬人，烏孫兵七千人，從三面攻龜茲。

《鄭吉傳》：

至宣帝時，吉以侍郎田渠黎積穀，因發諸國兵攻破車師，遷衛司馬，使護鄯善以西南道。神爵中，匈奴乘亂，日逐王先賢撣欲降漢，使人與吉相聞。吉發渠黎、龜茲諸國五萬人迎日逐王。

《陳湯傳》：

湯獨矯制發城郭諸國兵、車師戊巳校尉屯田吏士……部勒行陳，益置揚威、白虎、合騎之校，漢兵胡兵合四萬餘人。

初，單于聞漢兵至，欲去，疑康居怨己，為漢內應，又聞烏孫諸國兵皆發，自以無所之。

後數歲，西域都護段會宗為烏孫兵所圍，驛騎上書，願發城郭燉煌兵以自救。（師古曰：西域城郭諸國及燉煌兵也。）

以上西域都護諸國之兵權受漢節制也。然則　兄寫歷代地方制度，在漢之一章中有城國三十六之體制乎？

至于所謂"漢法"，亦未便囫圇吞棗。"漢法"一詞之中，包括"律"、"令"、"科"、"文"各類刑名，及制詔也。今所謂組織法、（最大者亦在內）民、刑等六法，以及"手令"、"黨員手則"等等，皆在內。此由漢之布一令，常為制詔中之幾句話，而制詔之末每曰"如律令"，故漢法之總體，乃成文法（Codified），制詔、則例以及《春秋》一書（如當時官學所解釋），統而言之者也。此一大群，在帝國各層中，若干適用于此，若干適用于彼，（任何帝國皆有此現象）故言其細別之例，則例如兵役之制，郡民與王國之民已有不同，而言其大同之例，則漢帝制詔依樣施于匈奴，然則帝國之中，一切皆須分層言之，不必一用漢法之某端即為本國，匈奴是也。（單于在呼韓邪後稱臣保塞，佩漢印綬，即等于在漢帝國之內。又《匈奴傳》：（漢末以匈奴受西域叛八城）"迺造設四條……遣中郎將王駿……使匈奴，班四條與單于，雜函封，付單于，令奉行，因收故宣帝所為約束，封函還"。此亦繩以漢法之一例也。）不必不用漢法之某端，即在帝國之外，西域是也。（漢律中與近世所謂民、刑等法之相當者，當不適用于西域，以習俗不同也。）漢法之談，不足為分別地方、非地方之簡單標準矣。

抑兄所謂漢法，非如弟上文所界乎？《漢書》及其他文獻中之用"漢法"一詞，固如上節所述，若欲將其縮為今之民、刑兩類者，雖于文籍無憑證，亦可作為討論之根據。兄如意為郡國之民皆用漢之民、刑法即以此為二者一體之標準，此則正反兩面，皆無文獻之證據也。若以東漢之事比之，則凡郡國之秦人（漢稱中國人曰秦人，對蠻夷言之）用漢法（民、刑），蠻夷則從其俗而治之也。郡中有蠻夷，治以其俗，漢法不盡適用。東漢如此，西漢想亦不遠。是則此之分別，在人之為中國人或蠻夷否，而不在郡或國也。

且王國之不在漢內，而自成國，為漢之藩輔，不僅漢之一詞與齊、吳、楚等常常對言，可以證之，並可以兄所謂"漢法"證之也。此說如下：漢法無一種存者，而零星見于各書所引。前書《百官公卿表》云："諸侯王……掌治其國，有太傅輔王、內史治國民、中尉掌武職、丞相統眾官、群卿大夫都官如漢朝"。此語已將諸侯王國之地位，說得清清楚楚，諸侯所掌，治其國也。此語必為班固抄撮當時法令者，可以無疑。前人論漢律令者言之舊矣。（即如續志，成書晚矣，然亦是撮抄東漢法令者，彼所謂"以文屬焉"（文為漢法之一名稱），即謂法令如此屬，事實固沿變而異也。）

歷史上事，無全同者，為了解之，須從其演化看去，史學之作用正在此。若以橫切面看之，何貴乎有史學？兄一口咬定，"前代中國史亦何嘗有此例"。完全相同，固無其例，而在某點上之相同，（此點正極重要）則周初正是其例，此在弟之前信已詳言之，若抹殺此等尋常知識，則于秦滅六國後兩個丞相之爭論分藩問題，及其不決定分藩之意義，以及漢高大封同姓之意義與作用，皆難了然。兄固屢言"兩種體制"，"非常親密"，始終不承認弟所持論漢初同姓王國不在漢本國之內，（注意：弟亦未言各王國為絕對獨立，兄來信似非弟之本意。）此恐未從上下觀之也。周初之封建，澈底之封建也。即侯國固為封建，其中又是小封建，層層下去，為一澈上澈下之封建社會，一如歐洲中世之封建。漢初諸侯王，在其國體上與周初封建全同。（高帝十一年詔曰："吾立為天子十有二年，……其有功者上致之王，次為列侯，下乃食邑，而重臣之親或為列侯者，皆令自置吏，得賦斂"。此段甚重要，以其證明當時制度，是真性封建也。）不同者，漢初王國之中，不能再封建，故諸王雖為真性封建式之國，而其中並非真性封建式之社會。南北朝時，南則有權門豪族，北則有陰山酋長，社會弄得很像封建的社會，而國家之體制轉非封建。綜此同異而觀之，漢初諸侯王制自明也。

兄五月十九日書中有若干可以商榷或顯然錯誤者，奉陳鄙見

如下：

尊函"漢法"一項下　關于此點，內諸侯與外諸侯，即蠻夷王，亦只是程度之不同，蠻夷雖以習俗不必盡用漢之民、刑律，然亦受漢約束，說已見前。‖ ^弟前信言事實，　兄今注意法理，此固無矛盾處，要須兩者兼看。‖ ^弟前信抄吳王行事一段是全文，^弟固未言各事皆犯漢法也。故此處　兄所指似誤以^弟所抄皆為犯法，此則可就原文一看自明。‖ 至于"此外尚有二證"，其一即"景帝中二年為諸侯王所立之法"云云，兄似忘却此正是七國平後之事，即結束漢初諸侯王制度之大階段中之一事也。此不特不足以證漢初諸侯王之奉漢法，適足證七國平後，漢制始嚴也。（其實漢初諸侯王，在法理上，大體亦用漢法，^弟前信已言之。）‖ 其二證為南粵"要以用漢法，比內諸侯"。此固說明內諸侯與外諸侯（即蠻夷率義王）有不同，然此並未說明列郡與王國之同。

漢吏一項下　原來兄所謂置吏，就只是這兩個官！太守固可自辟掾屬，然諸侯王相不能自辟掾屬，而王之百官"如漢朝"者，自此兩大吏上不接王下不接百官以外，皆王所自置。此與郡之"同"處何在？漢制，王相由漢廷派遣，亦同周初之制，所謂"三監""國高"，如不認為信史，則銅器銘"諸侯諸監"固並言之。又　兄謂"代之陳豨，趙之周昌，皆權甚大"。此請勿忘代在當時未有王。（高帝六年正月，立喜為代王，七年廢。孝文王代在十一年，豨反，恰在其中，知時無王也。）《高紀》高帝曰："代地吾所急，故封豨為列侯，以相國守代"。此名為代相，實代王也。其反，猶是韓彭事件之餘波，不關漢初同姓（其時間如^弟前信所界）諸侯王之經制。（兄此信調兵一節中又涉陳豨、周昌，與此為一事，不另解。）至于周昌，則當時趙王如意實幼小，又為初建，故御史大夫周昌往護持之，能行大權。此又豈諸侯王之經制耶？兄舉此二例，適證成吾說耳。

上計納獻費下　此兩節　兄函中無事實，故從略。

兵卒徵調下　文二年《史記》作"郡國守相"，《漢書》作"郡守"一事，兄仍堅持前說，^弟則以為此等用史料方法之 ABC，可不必再論矣。其實此段之有無及作何解，皆與尊論無涉，因《齊哀傳》有"無發兵虎符驗"一語在前，已足矣。兄舍其可據，而執其所不可據者。

此段^弟甚感奇怪，即　兄似全未留意《漢書》外國諸傳者然！兄所謂"郡與國之兵卒皆可由中央徵調"，此在武宣以降，西域、烏孫、烏桓亦如此。此內外諸侯之相同點，而非郡與國之相異點，論已見前。至此節末謂"英帝決不能行之于埃及、伊拉克"，事實則在有駐劄大員之時代，此駐劄大員固有此權，以行此事。又謂此則周王之所不能為，實則就西周一代之文獻集來，將新出銅器一齊列入，所有周王徵用諸侯兵者，可寫成一部不大過小的書！

郡國名稱互換下　兄前信設互換，今又易作更改！我輩亦須知純性封建制度，上層之持有宗主權者，（或王室，或會議，如在歐洲）是有權更改疆界的，此正是封建制度之作用。及封建制既衰，各諸侯有了主權，（此亦羅馬法所謂久據等于有之之權）然後帝者不能更易也。西周王室對于諸侯之易田、賜田、奪田之記載，集來亦可成一篇頗長的文章，此事在春秋初年尚有之，《左傳》所記是也。然則更易疆界正是真性封建在活動中之表見，此與郡國互換非一事也。又　兄舉"高帝十一年立梁王、淮陽王時"，曾"罷東郡頗益梁，罷潁川頗益淮陽"，此則正證吾說矣。潁川之不以封，見《諸侯王表》，原文云：

> 漢興之初，海內新定，同姓寡少，懲戒亡秦孤立之敗，於是剖裂疆土，立二等之爵。功臣侯者百有餘邑，尊王子弟，大啟九國：自鴈門以東，盡遼陽，為燕、代；常山以南，太行左轉，度河、濟，漸于海，為齊、趙；穀、泗以往，奄有龜、蒙，為梁、楚；東帶江、湖，薄會稽，為荊吳；北界淮瀕，略廬、衡，為淮南；波漢之陽，亙九嶷，為長沙。諸侯北境，周市三垂，外接胡越。天子自有三河、東郡、潁川、南陽，自江陵以西至巴蜀，北自雲中至隴西，與京師內史，凡十五郡。公主、列侯，頗邑其中，而藩國大者，夸州兼郡，連城數十，宮室百

官，同制京師，可謂矯枉過其正矣。

將此等材料全抄出，誠嫌多事，然兄信似竟未看此節，故有潁川封國之疑。實則此所引之大段，班固所識漢初（高、惠、高后、文景（七國亂前））同姓諸侯王之經制，兄所舉者，兩年之例外也。"頗益淮陽"之淮陽王，乃高帝子友，高帝十一年立為淮陽王，立二年即徙趙，即無淮陽國矣。後更有淮陽王，乃宣帝子也。（又錢大昕《廿二史考異》亦論及此事。）

同節中舉景三年削楚東海郡，削趙常山郡事，此正七國反之近因，[①]吳王等所謂"任用邪臣，聽信讒賊，變更律令，侵削諸侯，徵求滋多，誅罰良重"者也。此乃鼂錯逼其早反之政治手段，而吳王指為變法，兄奈何轉以為經制也。

同節中謂國王可以漢帝命令更換，此僅在高帝時，及高后手中，施之于幼弱之子耳。齊、楚、吳、淮南等，國大反不可削，子壯乃不能易，其事可知矣。"此與更換太守何異"？怪哉論也。

以上反覆言之者，誠感 兄之用史料，似只管字面之便己，而不暇于細擇，故常有轉證吾說者。謹自附于靜友，非好辨也。

言歸正傳，如 兄所舉之標準，而邏輯推之，則寫歷代之地方制度，勢將一切藩部，乃至封貢之邦列入，此須汗牛充棟矣。如寫中國歷代之帝國發達史，固當如此，然地方制度宜有限界耳。原來做文一事，人各有其好尚，藝術無邏輯之限制，譬如題為"春風"，作者可寫成一篇"焦炭"，而成佳作。兄寫漢地方制度，要把賈誼、鼂錯寫入，此自是人之自由，然似未宜因他人之不如此作而責其缺陷，以賈、鼂等所貢獻在統一之政策，而非地方之制度也。（或者兄已忘 兄第一信是何說（此信當未留底）茲請人抄奉，庶幾彼此皆有一全份。（但^弟之第一信未有底。））

^弟對此辨論不感興趣者，以其非新知識也。所貴乎辨論者，以其可得新知識，故為有益之事。今此一問題，即"漢初（高帝至七國

---

①編按："近因"抄件作"正因"。

亂，如前所界）同姓諸侯王國之體制若何"，唐人知之，宋人知之。
試看柳子厚《封建論》一篇，言之已明，其中"且漢知孟舒於田
叔……"一大段，尤為警策，尚待吾人今日論之與？劉貢父之《漢
官儀》，雖曰遊戲文字，其于漢制之機用，剖析入微，相與相，守
與守，之不同作用，尚能辨之，何況郡之與國？千年之舊知，何事
翻為新題，然則　兄如不棄，再有所賜示，恕^弟之不奉教也。專此，
敬頌
日祺

^弟傅斯年敬啟　十月八日①

962. 傅斯年致教育部學術審議會（1942 年 10 月 12 日）檔號：
II：68

敬啟者：近廿年來，治三代秦漢金文之學盛極一時，人才踵出，著作
充棟。然治古籍見知于世者，每無發掘之經驗，而有發掘之經驗者，
則多尚未整理舊有文獻，故金石與發掘，似為二派。此非學術之宜久
安于此者也。
南陽郭寶鈞子衡氏，曾參加並主持中央研究院發掘工作之不少部份，
發掘經驗，積將十年，成績卓然。而平日研治古書，巨細之義，概無
捐棄。近年著有《中國古銅器學大綱》一書，承其借觀，讀後欣欣向
往。蓋兼近代治考古學與淵源自昔之金石學之所長，誠足為數年中之
一部偉著矣。近聞　會中徵求著作之請獎勵者，^{斯年}以備會末席，敢
依定章為之推薦。原稿聞已逕寄　貴會，^{斯年}所見是其底稿，故不必
重寄矣。此致
教育部學術審議會②

---

①編按：抄件署年為"31/10/11"。
②頁末收發註記："31/10/12 封發。"

963. 傅斯年致羅常培 （電稿）（1942 年 10 月）檔號：IV：485

昆明青雲街靛花巷三號北大辦事處。羅莘田：

馬①可坐飛機，自帶記音資料，行李託運，書籍郵寄。搭同濟車行亦可。總處已辦公事。周事②已函詢方桂。斯年。

964. 傅斯年致王敬禮 （電）（1942 年 11 月 24 日）檔號：III：925

4496【究】。Chungking。王毅侯兄：向愻（？）③ 自酒泉來電，任（？）搀（？）擇（？）。斯年。迴。

965. 傅斯年致中央研究院評議會 （1942 年 11 月 24 日）檔號： IV：72

　　敬啟者：查《文史雜誌》第一卷第十二期所載楊志玖君所著《關于馬可波羅離華的一段漢文記載》一文，斯年讀後，覺其於持論有據，考訂細密，確史學一重要貢獻。且馬可博羅入華事蹟，迄未于漢籍中得一證據，今此說既成，足證馬可博羅離華之年。歷來漢學權威如玉里安、伯希和等皆不免有小誤，此實中國史學界一可喜之事也。茲根據本院《楊銓獎金章程》第七條，推薦于 貴會，擬請考慮給予獎金。楊君現年二十九歲，民國二十七年畢業于西南聯合大學史學系，三十年畢業于西南聯合大學文科研究所（北大部分），近任西南聯合大學史學系教員（南開部分）。至楊君論文所刊入之《文史雜誌》，斯年手邊無存，尚請 貴會就近在渝購買二冊，以便審查，是幸。

　　此致

———————————

① 編按：馬學良（1913—1999），字蜀原，時任史語所第二組助理研究員。
② 編按：周事，指羅常培推薦周法高擔任中央大學語言學教員。
③ 編按：本函問號皆王敬禮所註，又"向愻"當即"向達"。

國立中央研究院評議會

31/11/24

966. 傅斯年致朱家驊（1942 年 11 月 25 日）*

騮先吾兄院長賜鑒：在渝數承　清誨，感佩何似！^弟以久客勞倦，兼
以在渝各事大致清楚，故于　兄百忙中匆匆搭船而走，違　命之處，
諸希鑒原。此行也，大致尚好，惟血壓不敢保其不高，姑不去量他，
休息兩週後再一量，心理上便無問題矣。山居日益，城居日損，稍暇
當略事著作矣。所中同人皆如舊，聞　兄暑間過此返渝後，于同人多
所稱道，皆甚感奮，亦恐未能盡符所期耳。小學已辦好，^{小兒}及各同
事之子女皆入學，此又吾　兄之賜也。專此奉陳，餘容後述，敬叩
道安

^弟斯年上　十一月廿五日，卅一年

967. 傅斯年致李春昱（抄件）（1942 年 11 月 25 日）檔號：李 71-5-16

31 歷字第一一二五、三號

中華民國 31 年 11 月 25 日

春昱學兄所長左右：前^弟與克強兄所談于克強赴西北之後，擬請將修
理骨骼技匠二人借與敝所工作一年之一事，克強兄云已商之吾　兄，
荷承　同意，至感。目下敝所人類學組主任吳均一先生正在貴州調
查，俟其年底或明年一月返所，擬即請　兄通知該二君前來敝所工
作，川資當于下月奉上。敬祈轉知二君準備一切，至為感荷。又該二
君在　貴所待遇若何？並請　示及，以作參攷，敝所因係臨時雇用，
當稍有所增也。專此奉託，敬頌

---

*取自“朱家驊檔案”（檔號：朱-07-012-pp. 79-80）。

研祺

弟傅○○謹啟　卅一年十一月廿五日

968. 傅斯年致楊鍾健（抄件）（1942 年 11 月 25 日）檔號：李 71-5-17

31 歷字第一一二五、四號

中華民國 31 年 11 月 25 日

克強吾兄左右：前在渝城所談于　兄赴西北之後，將貴所原雇之修骨工人借與敝所任用一年之一事，荷承　同意，至感。目下吳均一先生正出發貴州調查，一俟十二月或一月均一先生返所，當即通知該二君到所工作，先此奉達，敬祈　轉陳該二君即作準備，為幸。又該二君在　貴所待遇若何？亦煩　示及，為幸。專此，敬頌

時祉

弟傅○○謹啟　卅一年十一月廿五日

969. 傅斯年致朱家驊、葉企孫（1942 年 11 月 26 日）*

騮先先生院長、企孫吾兄賜鑒：關于梁思永兄之醫藥費，本年六月間曾由　院長電示，由本所醫務室收入中補助六千元。其後思永雖受有院外機關之補助，然仍感不敷甚鉅。思永本清寒，而其病因大半種于趕寫弢古報告，故經本所第七次所務會議議決，擬由本所醫務室收入中再補助思永醫藥費四千元，連前六千元共計一萬元。茲將會議紀錄附奉，敬請　惠予考量見示，是所感禱。專此，敬頌

時祺

弟傅斯年敬上　十一月廿六日

此事前已與　企孫兄談過，此法亦　企孫兄所示，茲特補上此一手續耳。

---

*取自南京第二歷史檔案館（檔號：393-0-0060-00-pp. 38-39）。

970. 傅斯年致湯用彤 （抄件）（1942 年 11 月 27 日）檔號：I：263

錫予先生左右：

北大文科研究所本年攷取之研究生胡慶鈞君，已于十一月初間到
所。彼到所時，適敝所人類學組芮逸夫君準備出發川南一帶作苗族
文化方面之調查，胡君頗願隨往，商之于弟。弟以胡君既係研究民
俗，能隨芮君出外作實地調查一次，自大有裨益，故已允其所請。
旅費一層，弟悉北大方面無力擔負，（想是如此，仍乞示知。）故已函
請中庚會補助三、四千元，所差者當由敝所擔負。至胡君此次由昆
明來李莊之旅費，據彼云，除行前向北大借得一千元外，尚差五百
元，弟一併向中庚會請求補助矣。專此奉陳，敬頌

著祺

弟傅〇〇謹啟 31/11/27

971. 傅斯年致杭立武 （抄件）（1942 年 11 月 27 日）檔號：I：1273

立武吾兄左右：

北大文科研究所本年攷取之研究生胡慶鈞君，其研究範圍為民俗
學，頃已由該所派至敝所，由敝所人類學組吳均一、凌純聲兩先生
指導研究。胡君于十一月初間到所後，適敝所人類學組副研究員芮
逸夫君準備赴川南一帶作苗族文化方面之調查，胡君頗願隨往，弟
由渝返後，彼商之于弟，弟以胡君既係研究民俗，能隨芮君出外作
實地調查一次，自大有裨益，故已允其所請，惟調查費用，北大既
無錢可出，敝所縱當盡力補助，然胡君究非敝所職員，未便擔任其
全部費用。茲以北大文科研究所各研究生既均屬 貴會科學助理，
未知能否由 貴會補助胡君調查費三、四千元，以成其志，此固導
師凌、吳諸君所切盼者也。尚請考慮見示，為禱。至其所差者，當
由敝所擔負也。

又，胡君此次由昆明來李莊，所用旅費甚鉅，除由胡君自出一部分

及向北大文科所借得一千元外，尚差五百元，無從籌措，倘　貴會能將此五百元一併津貼之，尤善矣。此款雖小，然敝院總辦事處不予認可，故^弟無可奈何也。如何，敬請　見示為感。專此，敬頌時祺

弟傅〇〇謹啟　31/11/27

972. 傅斯年、李濟致于右任（1942 年 12 月 5 日）*

右任先生院長賜鑒：在渝得聆　塵教，並獲觀新拓祕本，侍食麥餅饅頭，欣佩何似。近維　政躬綏和，至禱至禱！茲有陳者。去年年底，^濟接四川省立博物館館長馮漢驥、華西大學博物館館長鄭德坤兩君一函，謂衛聚賢君自敦煌考古歸來，在成都公開講演，有云：敦煌千佛洞現尚保有北魏、隋、唐、宋、元、明、清歷代壁畫，張大千先生刻正居石室中臨摹。惟各朝代之壁畫，並非在一平面之上，乃最早者在最內，後來之人，於其上層塗施泥土，重新繪畫，張大千先生欲遍摹各朝代人之手跡，故先繪最上一層，繪後將其剝去，然後又繪再下一層，漸繪漸剝，冀得各代之畫法。馮、鄭二君認為張先生此舉，對於古物之保存方法，未能計及，蓋壁畫剝去一層，即毀壞一層，對於張先生個人在藝術上之進展甚大，而對於整個之文化，則為一種無法補償之損失，盼教育部及中央古物保管委員會從速去電制止。^{斯年}等得此函後，對於馮、鄭兩君之意見，深表同情，惟以張先生剝去壁畫之舉，馮、鄭兩君未嘗親見，僅憑衛君口說，或有失實，深恐有傷賢者，故未敢率爾上塵　清聽。以後間接聞之教育部派員前往者，亦作

---

*本函有擬稿並經傅斯年修改本（檔號：I：68）、那廉君抄件（檔號：I：69、III：807）及油印件（檔號：III：807）等四種，字句略有出入，合併整理。又按：附件一：《馮漢驥、鄭德坤來函》（油印件，檔號：III：808）；附件二：向達《論敦煌千佛洞的管理研究以及其他連帶的幾個問題》，"傅斯年檔案"中未見，據榮新江編《向達先生敦煌遺墨》，北京：中華書局，2010，頁308 至 323 補。

同樣說法，^{斯年}等亦未以奉陳。本年夏，西北史地考察團組成，延聘西南聯大教授向達先生參加，向君為史學界之權威，其研究中西交通史之成績，又早為中外人士所共曉。九月間，由渝飛蘭，西至敦煌，頃接其來函，謂在千佛洞視察一過，並與張大千先生相識。張先生雇用喇嘛四人，益以子侄學生之助，終日在石室內臨摹壁畫，壁畫有單層者，有數層者，數層者由歷代加繪積累而成。張先生酷好北魏、隋、唐，遇宋、元、西夏之畫加於北魏、隋、唐上者，即大刀闊斧，將上層劈去，露出下層。往往上層既毀，下層亦因之剝損，其已剝出或損壞之畫，窟號畫名，多可指出，且間有張先生題識為証，例如在三○二號窟外面天王像上題云："辛巳八月發現此複壁有唐畫，命兒子心掣率同畫工□□、李富，破三日之功，剝去外層，頗還舊觀。歡喜贊嘆，因題於上。蜀郡張髯大千。"又，臨摹之時，於原畫任意鉤勒，梯桌畫架即擱壁上，如何損及畫面，毫不顧惜。向君認為此種舉動，如尚任其繼續，再過二三年，千佛洞壁畫將毀壞殆盡，因草成《敦煌千佛洞之管理研究以及其他連帶的幾個問題》一文，寄來此間，^{斯年}深覺向君此文，關係重大，埋沒可惜，故油印廿餘份，分送有關藝術之友人。文中未提名指斥張大千先生，蓋願國寶之保存，非求私人之爭執也。竊念張先生藝術名宿，潛心摹古，造詣之深，固當為今日藝術生色；然敦煌千佛洞為我國無上瓌寶，舉世共知，似不能因一二人興趣之故，加以毀傷，即欲研究北魏、隋、唐古畫，亦當先會同國內外考古學家及化學專家，研究出一妥善辦法，壁畫剝離之後，上下層均可完全無恙。在此辦法未籌出以前，寧可任北魏、隋、唐古畫隱於宋、元畫之下，萬不可輕率從事剝離，以致兩敗俱傷。按，張君自剝自題，足徵並不諱言此舉。然則張君亦非有意為害，特缺少保管古物之見識耳。我　公國之元老，於開濟經綸之外，領袖群倫，發揚國故，必不忍坐視千年珍貴之文物，日漸損壞。敢乞　即電張先生，於其剝離壁畫、任意鉤勒，以致塗汙，及將梯桌畫架靠壁擱置之舉動，加以勸止；並將已剝各件妥為保存，交付國家。至于向君將千佛洞收歸國有設立管理所之建議，及^{斯年}之附注意見，亦冀　大力擘畫促成，庶幾國家重寶，得以永存，則受　賜者固不僅今世之好古者而已。茲將馮、鄭兩君原函及向君之文，各錄一份，附呈　清覽。敬希　垂鑒。專此，肅請

政安

傅斯年、李濟謹上　三十一年十二月五日

西川郵區李莊五號信箱

附一：馮漢驥、鄭德坤致李濟（1941 年 12 月 20 日）

馮漢驥、鄭德坤來函

　　濟之先生左右：日前尊駕蒞蓉，得聆教益，深以為快。彭山漢墓發掘在先生指導之下，當必大有所獲，可為預賀。頃者，衛聚賢先生自敦煌考古歸來，在成都公開演講，藉悉該地情形。據云，千佛各洞現尚保有北魏、隋、唐、宋、元、明、清歷代壁畫，對於中亞一帶古民族文化、歷史，甚有關係。于右任先生等擬請政府設置敦煌藝術學院，推張大千先生主其事。刻張先生正在石室之中臨摹壁畫，以張先生之造詣，加以古蹟薰陶，將來於繪畫史中必能顯出異彩。惟對於彼所採取之方法，弟等尚有意見，不敢苟同。據衛先生云，各朝代之壁畫，並非在一平面之上可以臨摹，蓋最早一層壁畫在壁之內部，後來之人於原有畫像之上塗施一層泥土，重新繪畫，以後各代均按照此法辦理。牆壁日以加厚而各朝代之繪畫遂得保存於壁中，故最上一層為近代人所繪，漸下漸古，可回溯至於六朝。現時張先生欲遍摹各朝代人之手跡，故先繪最上一層，繪後將其剝去，然後又繪再下一層，漸繪漸剝，冀得各代之畫法。竊以大千先生之繪畫，固為藝林所推重；然對於古物之保存方法，如何始可以將原物於剝取之後亦能永存不壞，似尚未計及，故在摹繪壁畫之時，剝去一層即毀壞一層，是則對於張先生個人在藝術上之進展甚大，而對於整個之文化，則為一種無法補償之損失。以愛好古物而損壞古物，當非于先生及張先生本意，想閣下亦必不以此舉為然也。甚望先生能用中央博物院或中央研究院名義，或轉告教育部及

中央古物保管委員會從速去電制止，勿再繼續進行破壞，並電當地
負責行政長官加意保護，或暫時將各洞封閉，一俟戰事平息以後，
集合各地考古專家，用科學方法層層取出，共同研究，庶幾敦煌殘
餘可得保存，對於文化有所貢獻。不知尊意以為如何？專此函達，
敬頌

撰安

　　弟馮漢驥（印）、鄭德坤（印）謹啟　三十年十二月廿日

附二：向達《論敦煌千佛洞的管理研究以及其他連帶的幾個問題》

斯年謹案：此文為友人某君所著，頃自敦煌寄來者，於敦煌文物
之原委，歷歷如數家珍。蓋此君乃今日史學界之權威，其研究中外
交通，遍觀各國所藏敦煌遺物，尤稱獨步也。今日發展西北，為全
國上下一致之目標。敦煌雖屬史迹，然為吾國千數百年民族美術之
所寄，不可獨遺。而四十年來，敦煌遺物，毀於外人，毀於道士，
毀於劣官，今僅存壁畫耳。往昔北京政府未加注意，是其可鄙。若
此僅存之壁畫，又於今日毀於摹臨者之手，豈非政府之責歟？故甚
盼主管者迅即制止一切毀壞之事，速謀保管之法也。至於保管之
法，本文作者提議，由學術機關為之，此恐不便，蓋保管本行政之
責任也。今日固尚有古物保管委員會，然無經費，不聞有何工作，
或難負此事之責任。敦煌壁畫者，中國千數百年畫法之博物院也。
似應由教育部（或會同內政部）組織一保管機關。慎選主持之人為
之。若夫保管技術，及監理責任，則宜立一委員會，其中須有精研
佛教美術者，古建築者，敦煌文物者，及建築工程師等，學術機關
宜有人參加耳。保管修理之法既定，此後依近代博物院之原則，供
給一切有資格之研究者以各種便利，庶幾千年文物可以無損，且可
以刺激藝術界之新風氣。若如今日之狀態，任人以大刀闊斧剝宋元
壁畫，由喇嘛匠人塗黑北朝隋唐壁畫，豈僅藝林之大不幸哉！茲值
全國美展盛會期間，謹以此文介紹國人。

　　　　　　　　　　　　　　　　　　　　傅斯年識

一、緒言

敦煌千佛洞的創建，自公元後第四世紀中葉開始，以後隋唐五代以至宋元西夏，代有興造，綿歷千年。在中國的佛教史迹上，時間方面，只有房山的石經洞勉強可與一較短長。就規模而言，大同的雲岡、洛陽的龍門都是雕刻，似乎與敦煌千佛洞的壁畫塑像不能相提並論。然而敦煌與雲岡、龍門在藝術系統上自有先後繼承的關係，而千佛洞壁畫題材之複雜，所包涵的範圍之廣大，雲岡、龍門都不能望其項背，所以敦煌千佛洞在中國藝術史上的地位，真可以弟視雲岡，兒蓄龍門！但是敦煌一地自宋以後久淪異族，中原士大夫少至其地，是以文獻上殊少紀載。今日千佛洞諸窟，除去曹元忠一家所建窟檐題有宋代年號而外，更不見有其他的宋人題名，明代我只見到成化的一個。直到清康熙時平定準噶爾，敦煌始重奉中原正朔，這種政治上的變遷，從千佛洞的題名上都可以一一表現出來。其後徐星伯的《西域水道記》始記載到敦煌的千佛洞，而只考訂建窟的年代，於壁畫塑像之壯麗却未提及。以後的人於此也就逐漸忘記了。光緒二十五年五月二十五日石室藏經出現，偶有一二流傳世間。光緒末年，英國的斯坦因和法國的伯希和二人先後至此，將石室藏經以及唐人畫旛捆載而去。剩下一點經卷，收歸京師圖書館，今歸國立北平圖書館。伯希和並將敦煌壁畫攝影，印成《敦煌千佛洞壁畫集》① 六大冊。於是中國士大夫始知在石室藏書之外，還有最可寶貴的壁畫存在。自斯坦因、伯希和至敦煌以後，至今整整三十五年，在抗戰以前，除去美國人、日本人偶爾有到過此地的以外，中國方面專程為研究壁畫而至敦煌的，只有民國十四年陳萬里先生一次。而這一次陳先生因為旁的原因，也失敗了。自十四年至二十六年抗戰開始，自然很有一些人到過敦煌，瞻仰過千佛洞，然而他們只是游覽，說不上研究，故可以不論。抗戰以後，西北的交通比以前便利，來游敦煌和研究壁畫以及塑

---

①編按：伯希和（Paul Pelliot, 1878—1945）著 *Les grottes de Touen-houang：peintures et sculptures bouddhiques des époques des Wei, des T'ang et des Song.* （Paris：Librairie Paul Geuthner, 1920–1924）。

像的人逐漸多起來，於是千佛洞的名字也常常見諸報端。去年有創立敦煌藝術學院的建議，最近聽說敦煌藝術研究所也正式成立了。千佛洞湮沉一千多年，否去泰來，能有今日，山靈有知，也將為之慶幸不置。我以下所說，只就千佛洞之亟應收歸國有、交學術機關管理，以及研究敦煌藝術應該注意的幾點，約略發表一點個人的意見，此外並提出其他有關的幾個問題，請大家注意。我希望自己所說的不致有偏激過高之論。如若讀者對於我的意見有疑問，儘管可以平心靜氣的來討論。如若覺著我的意見有道理，我也希望大家從旁鼓吹，把這種意見逐漸化成輿論，因而見諸實行。如此可使千餘年來先民心血所聚、而為中國最可珍重的一個國寶，能夠付託有人，不致日益毀壞喪失，其應額手稱慶者，豈止我個人而已！

二、論千佛洞亟應收歸國有交由純粹學術機關負責管理

千佛洞在今敦煌城東南四十里，中隔戈壁，位於鳴沙山東端。自南而北，約長三里。洞前一道小河，唐代名為宕泉，今名大泉，從南山流出，向北經過千佛洞前，逐漸沒入戈壁之中。隔小河遙對著一排帶青灰色、成東西走向的山，即是三危山。鳴沙山自敦煌西南七十五里西千佛洞稍上一點，黨河自南向北衝破三危山的峽谷處起，沿著黨河南岸迤邐而東，至敦煌的千佛洞為止，全部為沙所掩。但是沙下實是地質學上稱為玉門系的礫岩層累而成，千佛洞即就這種礫岩鑿成無數洞窟，礫岩中含無數小石粒，靠著中間所涵一點點石灰質粘住，質地極鬆，不任雕鐫。敦煌千佛洞之所以只有壁畫和塑像的發展，而無像雲岡、龍門那樣偉大的雕刻，受自然上的限制，大約是一個最主要的原因。千佛洞創始於公元後第四世紀中葉，至元為止，其中前後窟數究有多少，無從考起。以前伯希和編號將近二百窟，最近張大千先生所編到三百五號為止，其中有許多小洞他並未算入，加上最北伯、張二氏所未編號而有壁畫的四窟，現存有壁畫而未完全或部分破壞的窟數，當在三百二十個左右。毀去的總不在少數。其所以毀壞的原因大概可分作自然的與人為的兩方面來說。

自然的原因　千佛洞的岩層是一種玉門系的礫岩，本身粘力不大，

容易風化，而敦煌一年到頭的風，以西北風與東北風為最多，這兩種風對於千佛洞之自然崩塌，影響最大。尤其是西北風。千佛洞上面是一片戈壁。在太古時代，原無所謂鳴沙山，後來祁連山上的冰河下來，逐漸溶解，一些小石礫慢慢堆積，鳴沙山的成因大約如此。其中有一道冰河，沿著今日大泉的河床下來，在三危山、鳴沙山之間，衝成一條河谷。如今大泉沒入戈壁的口子上，還散佈著許多大花崗岩石塊，自大泉北口起向東北方向散佈。這些花崗岩大石塊就是冰河漂石，而散佈的方向也就是當年冰河流動的方向。現在的大泉不過是涓涓細流，而在太古時代，想來應是一道大河。大約在唐代，所謂宕泉，也就比現在大，所以唐大曆時的《李府君修功德碑記》上有“前流長河、波映重閣”之語，若在今日便不能如此說了。千佛洞便是被這一道古名宕泉今稱大泉所洗刷出來的一堵斷崖，上面那一塊戈壁面積不小，西北風起所刮的沙正對著千佛洞的方向吹。上面既毫無遮攔，流沙便像河水一樣自千佛洞上面直往下流。這一方面增加岩石的風化崩塌程度，一方面有許多窟，特別是最下面的一層，就此一年又一年地為流沙湮塞起來，最後以至於埋沒為止。這種情形現在如此，以前想必也是如此。在以前如何防止這種流沙的辦法，無明文紀載，難以考知。不過就現存曹元忠諸人所修窟檐看來，以前在大窟前面，大約另修一道走廊，廊底是在岩石上打洞支起大木作架子，然後在木架上支起走廊。上面既可使流沙沿著屋檐流下去，不致侵入窟內，走廊另有門窗可以啟閉，以防風日，廊外還有道虛閣，便巡禮的人來往瞻仰。以前這種窟檐為數大約不少，如曹延祿之世，閻員清修窟檐的發願文即有“檐楹傾摧”的話。可以證明現在窟檐既然大都毀壞，消極防禦流沙的設備不存，各窟為自然剝蝕、風化崩壞的機會，也因而加多了。

人為的原因　說到千佛洞受人為的原因所摧毀的話，就複雜了。敦煌千佛洞本是為供養佛而創建的，創建是一種功德。創建之後，便又成了靈山聖地，引起一般人的巡禮瞻仰。敦煌為古代東西交通的要道，《後漢書·郡國志》注引《耆舊記》說是“華戎所交，一都會也”。裴矩的《西域圖記序》也有“總湊敦煌，是其咽喉之地”的話。所以佛教東來，敦煌首先受到影響。六朝時的高僧如于道開之流，不少是敦煌人。《魏書・釋老志》說敦煌“村塢相屬，多有塔寺”。故敦煌與佛教自古以來，即有很深的淵源。元世祖時意大利人馬哥孛羅東來，經過沙州，說沙州人崇拜偶像教，這種情形一直到現在還是如此。每年到陰曆四月初八日，敦煌人幾乎傾城的來到千佛洞禮拜。千餘年來這些善男信女到千佛洞來禮拜燒香，每一個人只要在壁畫上輕輕摩一下，壁畫就算是鐵鑄的，也會磨穿了。如今千佛洞壁畫上供養人像和供養人題名之所以十九漫漶，不能辨識，原因大半是由於禮佛的人挨挨擠擠，摩摩擦擦所致。還有千佛洞離城四十里，中隔戈壁，禮佛的人，不能當天來回，勢非在此住夜不可。千佛洞現有上中下三寺，（下寺是盜經的王道士所新修的，原無下寺之名。）房屋不夠住。和尚道士為省事方便起見，便在一些比較大的窟裏或窟外，築起炕床，打起爐竈，以供禮佛的人過夜燒飯之用。這一來壁畫自然毀了。禮佛本來是一種功德，如今反而成為罪惡，這真是始意所不及料的！千佛洞壁畫有一部分毀壞成為黑漆一團，這是一個原因。另一個原因是民初將白俄收容在千佛洞裏，於是鑿壁穿洞，以便埋鍋造飯出煙，好多唐代的壁畫都因此弄壞了，熏黑了。如今在許多窟裏，壁上還有當時白俄的題壁、漫畫、甚而至於賬目也寫上去了。這些羅宋朋友固然不夠交情，而那位“始作俑者”的縣長某君，[1] “其無後乎”！此外中國人喜歡到處留名，上自學士大夫，下至販夫走卒，無不如此。敦煌自然不能例外。不過敦煌人於普通題名之外，還喜歡題字謎，甚麼一字破四字破的字謎，千佛洞隨處可以看見，月牙泉的壁上，也是如此。最有趣的，是光緒三十一年，一個人被別人拿去了二十兩煙土，滿懷抑鬱，於是在一個唐窟的門洞壁畫上用鐵器刻上了一大篇叫屈的文章。這種情形看來，真教人啼笑俱非。據唐人所著《燉煌錄》上說，千佛洞“其小龕無數，悉有虛檻通連，巡禮游覽之景”。《李府君修功德碑記》上也說，“由是巡山作禮，歷險經行，盤迴未周，軒軺屹斷”云云，是在古來千佛洞各窟的外邊都有閣道，可以往

---

① 編按：陸恩泰，甘肅蘭州人，時任敦煌縣縣長。

來巡禮。現在這些閣道都壞了，而木架的遺迹以及岩石上所鑿架木的孔穴尚有存留，還可以看出一點當時"虛檻通連"的情形來。閣道既毀，有許多窟就此無從上下，於是那位以盜經著名的王道士圓籙又想出一個絕妙的辦法。他將許多窟壁鑿穿，因之以前不能登臨的窟，如今都可以彼此往來。不過這一來却糟了，窟中的壁畫在平空開了一個以至於兩個大洞。千佛洞壁畫所遭的劫，以這一次為最大。千佛洞所有最早的魏隋以及初唐諸窟都聚集於今稱為古漢橋的一帶，而鑿壁通路也以這一帶為最甚。單就這一點而言，王道士真是罪不容誅。（可惜他早已死了，不然真應該好好的治他一下。）至於有些人士如華爾訥之流，藉著研究考察的名義，將千佛洞的壁畫一幅一方的黏去或剝離，以致大好的千佛洞弄得瘡痍滿目，這種盜竊和破壞古物，律有明文，國有常刑，自不在話下。（華爾訥所黏去的壁畫，曾見過的四幅，一團黑漆。千佛洞至今尚有好幾窟，窟上壁畫一小方塊四面都鑿穿了，預備移下而未移的，大約都是華爾訥諸人的成績！）

以上所說千佛洞毀壞的原因，除去自然一方面比較嚴重以外，其餘人為的諸點，都是可以事先預防的。就是自然的毀壞，要完全免去固然甚難，而用窟檻方法，也未嘗不可以作消極的保護。然其所以不能者，乃是由於無專人肯負這個責任。於是千佛洞遂成為無父無母的孤兒，人人得而噓咈，也人人得而欺凌。要說無人負責，似乎人人都是主人，真的一追究起來，便沒有一人肯挺身而出了。要免去這一切毛病，只有將千佛洞定為國寶之一，收歸國有的一個辦法！

我們知道日本法隆寺的金堂壁畫，是日本的一個國寶。正倉院所藏的東西之中有一樣鳥毛立屏風，屏風上的樹下美人也是日本學者所最喜歡引來作為考據或誇耀的一樣寶貝。所謂金堂壁畫以及樹下美人圖，都不過是我們唐朝或相當於唐朝的東西，以之與千佛洞的壁畫來比較，真是若培塿之與泰岱。可是別人拿著我們的東西，是如何的珍重愛護，而我們自己却把中國藝術上獨一無二的一個例子，千多年來先民精神心血所寄託所創造的一件極精美的作品，任其自成自毀，士大夫不知愛護，國家不去管理，這是令人看來最難過的一件事！所以我的第一個建議是要保存千佛洞，非將千佛洞收歸國有不可。至於有人也許以為收千佛洞為國有，或不免要引起地方的抗議，我想是絕不會有的。千佛洞是中國整個文化上的一個表現，絕不是某地或某人所得而私有的，這同孔子之是中國整個文化上的一個代表，而不是山東或曲阜孔氏所得而私有，是一樣的道理。甘肅不少明達之士，大概也會同意我這一點小小的建議吧。

我的第二個建議，是千佛洞收歸國有之後，應交由純粹學術機關管理。我這一個建議，特別注重“純粹學術機關”六個字，所以表示千佛洞的管理與翫古董、講收藏不同，這是要用近代博物院的方法與用意去管理的。還有一點就是純粹學術機關不受政治上易長的影響，主持者既不至於五日京兆，也可免去常常交代而生出的一些毛病。

千佛洞如何方可避免自然力量的毀壞，這是一個很複雜的問題，需要專家來解決，現在姑且存而不論。而消極的防禦如：重修窟檐閣道；重要精美可以作為千佛洞壁畫塑像的代表，或者有年代題識可作為千佛洞研究尺度的諸窟，應在可能範圍內裝設門戶，平常鎖上，有人瞻禮，臨時開放。這既可以防止隨便出入的損毀，對於阻止流沙的涌入湮塞，亦不無小補。這些措施，政府將千佛洞收歸國有之後，應該撥出一筆不算小的款子來辦理。為千佛洞正式有人負責管理起見，管理機關也應在此設立一個管理所。

在千佛洞作研究工作的人，都覺得有由國家付託一個純粹學術機關在此設立一個管理所的必要。須知千佛洞有些洞窟之被流沙湮塞，並不是一朝一夕之故，而是積年累月所致。如果有了管理所，經常僱有十來名工人，每天逐窟打掃清除，對於流沙的危險，雖然不能積極的解除，最少也可以消極的免去一部分的威脅。此外再有四五名警士常川駐在此間，至四月初八日由他們和工人分段維持秩序，不准任意塗抹壁畫，擊損塑像；不准隨意住在洞內（住的問題，可在洞前空地另建幾所土屋）；不准亂燒紙錢，焚點香燭，以免熏壞壁畫（如張大千先生編號二二八窟，伯氏號數一一九，是曹延恭所建，供養人像甚為精美，尤其是女供養人真有儀態萬方之感，今為下寺道士將原來塑像毀去，另塑送子娘娘像，作一小腳女人，身穿綠衣藍坎肩紅褲子，翹起一隻三寸金蓮，手抱裸體娃娃一個，村俗之態，令人作三日嘔。因為燒香求子的太多了，四壁壁畫以及藻井全熏黑了不算，並由道士將壁畫和塑像之間，築起幾間小室，設門以通往來，使求子的善男信女在此過關。於是好好的宋代所畫供養人像，就此一部份被砌沒了。更壞的是一些女供養人像，面目無一不被人另描輪廓，加上一撇八字鬚！舉此一端，可概其餘）。最可寶貴的幾個洞窟，並可鎖起來，或用其他的方法，以免這些善男信女去混撞。普通參觀的人來，可由管理所派員引導，予以指示或講解。這自然給參觀的人以一種便利，同時也可免去題壁以及其他種種惡習。而尤其使作研究工作的人感覺管理所的需要的，是責任方面有個交代！

近來河西一帶逐漸為人所重視了，公路的交通也比以前方便了。自安西至敦煌不過一百四十公里，汽車半日可達。到安西的往往想去敦煌，一游千佛洞。敦煌城既無旅館又無車馬行，於是來游的人無不直奔縣政府，找縣長說話。代辦住處啦，代僱大車騾馬啦，派警士護送啦。這一類的事，一月總得碰上三五趟。敦煌縣縣長於每日應辦的公事之外，還得加上當這一份閑差。這種差事還有限，一個月碰上三五趟也就罷了。最麻煩的是替那些作研究工作的人，當油鹽柴米的差事。作研究工作的人在千佛洞一住總是好幾個月，糧食菜蔬非得由城裏送不可。自己每次進城去辦罷，來回時間得兩天，車馬費得花上一百元，而採辦的東西不過維持一星期。這種時間和經濟上的消費，是任何作研究工作的人所不能擔負的。所幸張大千先生在千佛洞長住，他在敦煌縣城有熟人，每隔三天由城裏派車送菜一次。於是這些人的給養以至於信件等等，就搭張先生送菜車送來，而這些人那一份青菜蘿蔔的窮家，也就煩勞敦煌縣縣長當了。現在的敦煌縣縣長是陳冰谷先生，他為人極其誠懇。每次送菜蔬的時候，總在那裏替這些人打算："他們不要吃得太清苦了吧，也得多送一點肉點吧。"既然當差，自然還得報賬，交發票收據，於是替每個人都立一本賬，每一次這些人進城，便請他們過目核算，簽一個字。自古以來，縣長是親民之官，如今却添上了一樁替窮秀才當管事先生。我不知道冰谷先生在哪一生裏欠了這些人的賬，今生却要這樣的還。南無阿彌陀佛，真是罪過！有一天我對冰谷先生說笑話，我說："我若是當敦煌縣縣長，為著國家文化起見，當然要好好的保護千佛洞，但是為著個人的安靜，即使不將千佛洞破壞，也得封閉起來，禁止游覽，這份差事實在難當！"

我們衷心盼望在最近的將來，能夠在千佛洞看見國立某某機關千佛洞管理所的出現。同時也盼望管理所能在敦煌縣城分設一個辦事處，裏面有一兩個辦事員，兩三個工人，三四匹馬，一二輛膠輪馬車，以及三四間帶炕或床鋪的空房間。到敦煌游千佛洞的人，以後即由辦事處招呼，而在千佛洞作研究工作的人的給養等等，也可由辦事處負責按時運送。一方面千佛洞的管理，付託有人；一方面敦煌縣政府以前所當的那些閑差，也可豁免，將這一份時間，騰出來做其他的事。

千佛洞收歸國有，國家免不了要花上幾十萬作初步的修理和保護工作；設立管理所和辦事處，國家也免不了一年花上十萬或八萬的經常費。在目前"司農仰屋，羅掘俱窮"的時候，豈能把有用之錢，花在這些不急之務上面。但是我們之所以不甘為奴為隸，情願忍受中國歷史上亘古未有的困苦，來奮戰圖存，為的是甚麼，還不是為的我們是有歷史有文化的民族。我們有生存的權利，我們也有承先啟後的義務。千佛洞是我們民族在精神方面一個最崇高的表現，保護和發揚這種精神，難道不是我們的義務麼？

三、研究敦煌藝術幾個應注意之點

所謂"敦煌學"的內容，真是複雜極了。單就所出的經卷而言：宗教方面包含有佛教、道教、摩尼教和景教（有人說民國年間修九層樓時，一包工的馬木匠在伯氏號數一六二窟內發見很多古寫本的回教經典。今馬木匠已死，此事無從考詢，姑置不論）。文字方面除去漢文以外，有佉盧文、康居文、古和闐文、回鶻文、龜茲文以及西藏文。內容方面除去宗教的經卷以外，上自正經正史，下至里巷小說，如《目連變》、《降魔變》以迄於小曲曲詩之類，無不兼收並蓄。而斯坦因在此所收到的古代織物，其中花紋圖案，有中國風，也有伊蘭風和希臘風的作品。《耆舊記》說敦煌是"華戎所交，一都會也"的話，證以敦煌石室所出各種經卷以及織物之類，真是一點也不錯的。藝術方面也足以表示這種"華戎所交"中外交流的現象，其內容之複雜，絲毫不下於經卷。研究中國營造的人，在這裏可以看到北宋初期木構的窟檐，保存得完好如新，同時還有各魏窟裏的木斗拱以及唐索勳窟外的窟檐，供他欣賞。研究中國歷代服飾的人，以前除去正史輿服志、歷代詩文之外，只靠一點點陶俑、漢石室畫像、雲岡龍門所刻的一些供養人像，以作研究復原的資料。而在這裏，有年代很確實的一些洞窟，窟裏的壁畫除去佛像以外，幾乎都繪有供養人的像，這些供養人像是千佛洞壁畫中最精彩之作。不僅各時代所繪的供養人姿態生動，栩栩欲活，即在衣飾顏色方面也都鮮艷如新，細入毫髮。這真是研究中國服飾變遷歷史的絕好的一個寶庫。此外講中國繪畫史的人，隋唐以上便苦於資料貧乏，沒有實在可靠的作品，以為憑借，只就一些文字上的紀載平空懸測。（一卷顧愷之的《女史箴》，無論其是否宋人臨本，也已經流落英倫，非我所有。其餘所謂唐人作品，大多在疑似之間，不能為據。）而在這裏，自北魏以至隋唐、五代，無論是山水畫或是人物畫，都有很好作品。不僅張彥遠論隋唐以前山水樹石，可從這裏得到證明，而中國畫之在隋唐以上以人物為中心，宋以後山水畫纔從附庸蔚為大國，這裏幾乎是一個歷史的影片，可以供研究中國畫史的人低回贊賞。至於塑像方面，這裏古漢橋一帶，北魏以至隋唐的作品，琳琅滿目，美不勝收，並且保存得都相當完好。所以這裏的作品，真可以用佛經上所說的“佛以一音演說法，眾生隨類各得解”這兩句話來比喻。

不過千佛洞的壁畫之類的作品究竟是佛教的產物，一切既脫離不了宗教的意義，同時也自然而然的同別的地方有交光互影的關係。所以我覺得研究敦煌藝術的人第一個應注意之點，便是比較的研究。

敦煌在漢唐時代是一個總湊咽喉之地，為“華戎所交”的都會，一方面接受外來的文化，一方面又將接受來的東西向東傳佈出去。所以敦煌在中外文化交流史上，佔有繼往開來的地位。就開來而言：前涼的佛教文化乃得自敦煌，而元魏又從前涼一轉手。涼州石窟寺，雲岡、龍門的雕刻，都直接、間接受有敦煌的影響。研究雲岡、龍門而不知道敦煌，不足以明其傳授的淵源；研究敦煌而不知道雲岡、龍門，以至於天龍、響堂、麥積，不足以知其流派之遠長和影響之深而且大。即就敦煌而言，西千佛洞、敦煌的千佛洞以及安西的萬佛峽，也應算做一個單位，不僅時代方面先後聯貫，即在歷史方面也有可以互相啟發之處。所以敦煌藝術並不能獨立成為一個名辭。第一、千佛洞的壁畫塑像只是佛教藝術的一部分；第二、千佛洞的壁畫塑像若不和其他地方如雲岡、龍門等處比較研究，便失去了他的地位和意義。

以上是就開來而言，如今再說繼往。敦煌千佛洞的壁畫塑像，只是印度佛教藝術，特別是犍陀羅派的支與流裔。印度文化以及犍陀羅派的藝術，在公元後第一第二世紀左右，已發展到今日新疆的南部如于闐、婼羌一帶，這有斯坦因諸人在南疆所作的考古工作可以證明。那時不僅北印度通行的佉盧字以及犍陀羅風的藝術作品在南疆到處可以看見，畫工中還有不少的希臘人或最少受希臘文化影響的人。敦煌既是當時中外交通的咽喉要道，而千佛洞又是中國佛教史迹上最早的一個石窟寺，所以第一個受到這種影響。如今從千佛洞北魏諸窟還可以看出犍陀羅派的作風來：所畫的人物以及塑像都是長身細腰，壁畫上的人物一律用凹凸法來表示立體的感覺；衣服褶紋緊貼身體，把人體的曲綫都從衣服中透露出來，和所謂"曹衣出水"的北齊曹仲達的作風一般無二。尤其是張氏所編八三號（伯氏號數一二ＯＮ），其中題有魏大統四年和五年發願文一窟，藻井上畫的除佛本生故事以外，還把一些的禽獸草蟲畫成圖案的形式，姿勢飛動，不可方物，東及南北三面壁上所畫的佛教及供養人面目，大都高鼻深目，顴骨高聳，而微形瘦削，是一種長頭的印歐人種型，而不是圓額的亞洲人種型，和隋唐諸窟固然不同，和魏代其他諸窟作風也自有異。我疑心這是一個外國的畫工畫的。自然這還待其他積極證明。然而在新疆已發見了畫工所題帶希臘風的題名，則敦煌千佛洞畫工之有外國人，特別是希臘人或受希臘文化影響的人，並非是不可能的事。因為千佛洞的壁畫塑像以及所出其他的東西，和西域的文化，特別是受希臘影響的印度文化，有密切的關係，所以我們研究敦煌的藝術，不可不和印度犍陀羅派的藝術作比較的研究，而印度阿周陀窟的壁畫，我們尤其不可忽略。

關於研究敦煌藝術，問題甚多，不能在此一一詳談。我只願意提出第二個應注意之點，便是不可輕易剝離畫面。我們中國人有一種歷史癖，但是同時又可以說我們中國人不懂歷史。這句話粗看似乎矛盾，仔細一推究，却是事實，並不相違。我們對於一件事實，總想知道他的時代，同時却又喜歡說今不如古，人人都在那裏夢想三代以上郅治之隆，不知道歷史並不是一種教訓的學問，學歷史的人只應用一種同情的態度去推究每一個時代的真際，至於是好是壞，這是講價值論的哲學家的任務。我所以說我們中國人有歷史癖而又不懂歷史，其故在此。

千佛洞的壁畫自北魏、隋唐，至於五代、西夏、宋、元，每一時代都有作品。研究中國的繪畫史，這是一個獨一無二的例子。北魏、隋唐、五代的畫固然可貴，西夏、宋、元的畫何嘗不可貴。這裏是北魏、隋唐、五代的東西太多了，太好了，所以以為西夏、宋、元的畫不足取。但是假設這些西夏、宋、元的畫移在長江流域，我們能不頂禮膜拜、贊嘆不置麼？千佛洞各窟往往有原是北魏或者隋唐所開，而經五代、西夏以至宋、元人重修的。第一層畫面偶爾剝落，便可看出下面還有一層或者兩層的痕迹。一般偏好北魏、隋唐以及五代的藝術家，便大發其歷史癖，大刀闊斧的把上層砍去，露出底下一層來供他們欣賞。但是在重修壁畫的時候，往往要把下面一層劃破鑿爛，後來的泥灰纔能黏上；剝離之後，所得者不過是一些殘山剩水而已。即或下層未被劃壞，而被上面的泥土黏住過久，一經剝離，下層畫面的色彩以及墨迹也往往連帶的黏去了。所以剝離壁畫，在技術上是一個很困難的問題，在技術問題沒有得到滿意的解決以前，個人的意見，以為還是不要輕易去動手剝離的好。隨便剝離，往往得不償失，後悔無窮。至於描畫時之不可任意將原畫加以鈎勒，不可將桌梯之類靠在壁畫上以免損壞畫面，那是學畫的人頂起碼的戒條和道德，用不著我一一細說。但是很不幸的，這種剝離壁畫和描畫的工作還在進行著，沒有人能勸止，也沒有人來勸止，眼見得千佛洞壁畫，再過二三年便要毀壞殆盡了，這是多麼令人痛心的事！

現在在此作研究和臨畫工作的學術團體，是西北史地考察團和教育部的藝術文物考察團，私人有張大千先生。西北史地考察團作的是測量、照相和紀錄的工作，藝術文物考察團和張先生是專門臨畫。其中規模最大的自然要數張先生。張先生舉家在此，請了四個喇嘛幫忙，

加上他的子姪、學生，一共二十幾個人。用最好布和絹，最好的西藏
顏料，焚膏繼晷的在這裏臨摹北魏以及隋唐五代的壁畫。到過千佛洞
的人擻可以看見一位一部大鬍子、五短身材而腰腳却甚硬朗的中年老
者，成天在那些洞裏鑽出鑽進。有時後面隨著三五個人，拿著斧頭橇
子，這些隨著的人以及那位老者滿頭滿身都是灰土，却依然談笑風生
的，那就是張大千先生。大約又是剝離出了一堵唐畫，或者一段有年
號的發願文了，所以那樣高興。他在這裏已經住了一年多，對於千佛
洞顯隱闡微，發潛德之幽光的處所實在不少。二〇號窟（伯氏號數一
六）樂庭瓌和他夫人、女兒的供養像以及題名就是他剝離出來的。在
三〇二號窟外面天王像上，他題道：

> 辛巳八月發現此複壁有唐畫，命兒子心瓔率同畫工□□、李富，
> 破三日之功，剝去外層，頓還舊觀。歡喜贊嘆，因題於上。蜀郡
> 張髯大千。

去年陰曆十月，他在千佛洞最高最險的三〇五號（伯氏號數六
三）唐索勳所建窟外面畫天王像的壁上題七絕一首，詩云：

> 凍筆頻呵凝不融，墨痕黯淡記萍踪。他年好事傳佳話，絕壁衝寒
> 識此翁。

這位老先生的風趣，於此可見一二。我對於他那種孜孜不倦的精
神，除去敬佩以外，更無別的話說。

四、連帶論及的其他幾個問題

以上所說的話不少了，以下我只想就幾個有連帶關係的問題，提出
一點簡單的意見，請大家注意。

沒有到過河西的人，總以為河西地方是如何的荒涼，如何的寒苦。
到了河西之後，便知道所謂荒涼寒苦，並不如傳聞之甚。自蘭州往
西，過烏梢嶺，經峽口，看見兩邊的山色，便似乎比在蘭州所看見的
北塔山要來得順眼一點。山上好像有點草了，偶爾也有黑油油的一小
片樹林。到古浪以後，再往西至武威、張掖，流水爭道，林木茂密，
阡陌縱橫，村邑相望，這哪裏是西北，簡直是到了江南了！過張掖以
後，是為永登、山丹，靠著祁連山麓，一大片草灘，真是絕好的牧

場，而明代的邊牆，在這些地方也就迤邐不絕。在將到永登不遠的地方，還可以看見公路旁邊有參天合抱的古柳樹，疏疏落落的有好幾里長，點綴於西風殘照之間，那就是有名的左公柳！到了酒泉以後，景象有點兩樣了，黃沙白草，風日慘淡，至此始有塞外之感。出嘉峪關經玉門再往西，公路沿著疏勒河的北岸行走。往北一望，荒磧大漠，遙天無際，南邊可是不同了，祁連山像一道高牆，自東至西，連綿不斷，不分冬夏，頂上常是積雪皚皚。人說西王母的家即在這裏，遠遠望去，也真像有瓊樓玉宇，在其中隱約閃現。而沿著公路的南邊，可以看見無數的土堆子，有的延長到好幾里，有的是一個大墩子旁邊連上五個小墩子。這種土堆子沿著酒泉以北的額濟納河往南，跟著疏勒河向西，以至於敦煌的南湖和西湖，幾乎隨處皆是。這就是漢唐時代的邊城以及烽燧遺址，有名的漢唐長城，就在這些地方。現在是一切都放棄了，荒廢了，但是以前這都是些人煙稠密、雞犬相聞的地方。因為政治勢力的不競，藩籬既撤，保障毫無，人不得不向內地撤退。人一退讓，自然的力量跟著就推進了。如今在安西、敦煌沙漠的四周，還可看出許多古城遺址，有時伸張到現在的沙漠田邊際二三十里以外的地方。這都可以證明古代墾殖的區域，範圍要比現在大得多。人同自然的力量互為消長的例子，沒有比這一帶更為顯明的了。瑞典的赫定和英國的斯坦因，考古於新疆以及河西一帶，他們的書中常常提到發掘漢唐的古城，聯想到那時戍邊的將士官吏以及人民，在那裏和自然的力量作生存的鬥爭，實在是政治的勢力再不能够保護他們了，他們纔一步一步的向後撤退。赫定、斯坦因敘述這些情形，固然有感於那時候的人之堅苦卓絕，而我們讀書的人，也不免大為感動。最近旅行戈壁的時候，曾在一座殘破的墩子上瞭望。已經傍晚了，太陽在西邊的地平綫上面還有畚箕那樣大，血紅而帶黃的光芒四面放射，周圍的雲彩都映成了橙黃色。一個人在墩子上向著西面和北面遙遠的天際看著看著，就墜入冥想中去了。儼然在漢唐的當年，墩子下面那些土堆子，似乎都是一座一座的房子，也許是人家，也許是戍邊將士的營房，房頂上正是炊煙四起。放在外邊的馬群和羊群都逐漸回來，雞鳴犬吠以及小兒喧笑的聲音，嚷成一片。那座墩子也桿櫓完好，雉堞無恙，幾個烽子正在上面聚精會神的望著西邊、北邊，希望有平安的信息到來。一天一天的過去，一年一年的過去，這些人從少年轉到中年、老年，也許就死在那裏，埋在附近。但是他們從來不頹喪，也不墜入幻想。只憑著他們的結實的身體，堅強的意志，和不屈不撓的精神，同敵人和自然作生存的鬥爭。敵人和自然敗了，他們勝了，他們的西陲也鞏若金湯了。兩千年、一千年的歷史，像電光石火般一轉眼過去了，這些人固然長埋地下，烽燧城堡也放棄了，荒廢了。我也仍然清醒白醒的立在廢墩上面，西邊的太陽還有一半在地平線上。但是這些廢毀的烽墩城堡，照舊很英勇的迎著落日，放出黃色的光輝，西北風呼呼的怒吼，而他們依然靜默無言、屹立不動。這就是我們民族的精神，我那時抵不住下淚了。如今我們從這些古城廢燧的遺址上面，還可以看出當時那些經營邊塞的人的苦心孤詣和工程師的卓絕的天才。可是千多年來，我們把漢唐時代民族的精神忘得一乾二淨。這些是民族精神的最高表現的遺存，我們也不去憑弔研究。到現在反而讓外國學者如赫定、斯坦因之流去發掘考察，在那裏往復贊嘆我們戍邊將士的堅苦卓絕，我們建築長城的工程師之天才橫溢，最後竟至把唐代高仙芝提大軍過蔥嶺的一件事，說得就是漢尼拔、拿破侖也有所不及。別人對於我們先民的精神，因為作了實地的考察，於是發出衷心的嘆賞。而我們却在那裏空嚷，中外人之不相及，難道真有這樣遠麼？

現在大家逐漸的注意到河西了，連研究藝術的人也注意到敦煌了。河西在漢唐時代是一個國際走廊，在最近的將來，河西也許會恢復漢唐時代的地位。而漢唐時代在這一個走廊地帶的經營，如城堡之建置、水利之講求、移民實邊的政策等等，都是經過綿密的思考，積聚無數的經驗，纔能有當日之盛。這種建置是我們民族政治天才的一種表現，其價值並不下於敦煌的藝術。所以我於說完關於敦煌千佛洞的管理和研究的問題以後，還盼望國立學術機關能在河西選擇一個適中的地點，設立一個工作站。歷史考古方面，如漢唐古城、古烽燧之測量與發掘；秦漢之際雄長河西的民族如匈奴、大月氏、烏孫的遺迹之探求，以及古代東西文化交流的情形，都可以作上一番詳細的調查與研究。地理氣象方面，如河西的水文地理，祁連山的考察與測量，河西一帶的氣候與沙漠化的情形等等，在今日都是最切要的問題，而亟待研究解決的。其他如河西今日最重要的問題，是交通與燃料，鐵路是否可以修築？煤藏、鐵藏怎樣？祁連山的森林究竟還可供多少年使用？祁連山造林是否還有希望？這些與河西的交通以及燃料問題都有連鎖的關係，尚待學工程、探礦、森林的人去作詳細的研究與調查。近來到河西的調查團很不少，但這些都是一些走馬看花式的觀光性質，無裨實際。要明瞭河西的實際情形和如何解決那些問題，非設立工作站，作十年八年的長期工作不足以言此。歷史考古屬於純粹的學術，似乎與解決現實問題無關。可是我們一看斯坦因在河西所作的考古工作，其所繪的地圖正是今日談河西建設的人所夢寐以求的東西，總可以恍然大悟了。

所以我的最後一個建議是盼望國立學術機關，能在河西選擇一個適中的地點設立工作站，工作站的範圍，或者可以偏重於歷史考古方面，財力人力如其可以兼顧的話，還可以從事於地理、氣象、地質、森林、人類學各方面的調查與研究。

五、總結

以上的話說得太長，太凌亂，如今將所說的意思簡單總結如次：

一、敦煌千佛洞亟應收歸國有。

二、千佛洞收歸國有之後，應交由純粹學術機關管理，設立一千佛洞管理所。

三、對於敦煌藝術應注意比較的研究，單單敦煌藝術是不能成為一個獨立的名辭的。

四、在技術問題沒有得到圓滿的解決以前，在千佛洞作研究或臨摹工作的人，不可輕易動手剝離畫面。

五、盼望學術機關能在河西設立工作站，從事於歷史、考古以及地理、氣象、地質、森林、人類學的調查和研究工作。

973. 傅斯年致新聞界及藝術界 (抄件) (1942 年 12 月 5 日) 檔號: III: 1271

西南聯大教授向達先生，研究西北興史之學有年，為"敦煌學"之權威，中外人士所共聞曉。近應西北史地考察團之請，往敦煌考察，以其平昔之所學與近日親履其地所見所聞者，草成一通俗之文，名《論敦煌千佛洞的管理研究以及其他連帶的幾個問題》，寄至^弟處，於千佛洞之歷史及其價值，並有詳細之討論，思想周密，徵引博洽，誠為今日旅行敦煌尤其治敦煌學者所必讀之文。至其描寫之生動，文筆之流美，猶其餘事。^弟不忍獨賞，故屬人為郵印，① 茲檢一份寄呈，希 貴報分日節出篇幅，為揭載全文，尤望於十二月廿五日全國美術展覽會開幕前後能全部刊出，庶引起社會之注意，於向君所建議者能予以同情而促其實現，則受 賜者多多矣。②

974. 傅斯年致陳述 (抄件) (1942 年 12 月 7 日) 檔號: 李 15-2-8

玉書兄大鑒: 久未通訊，甚念。項接手書，欣慰何似! 兄動靜之機，^弟覺此時以在三台為上策。蓋一人旅行，已經不堪，而一家旅行，直非我輩所可能也。^弟上月赴渝，只一個月，淨賠三千元 (少許買者在外，未曾買物。) 而參政會之旅費亦計入。近自成都來者言，候車艱難，一人須二千以上，故以^弟計之， 兄如移家來此，連此地開辦費，非萬元以上不可。此何從來乎? 兼以去年院務會議通過，(^弟未在，由他所起。) 凡請假中，加薪不計，(即無加薪與升級) 如是，則

---

①編按: "郵印" 當作 "油印"。

②頁末附傅斯年開列寄送名單: "《雲南日報》、陳布雷三份、陳樹人 (中大美術系、顧校長轉)、徐悲鴻、宗白華、大胡子、程滄波、衛聚賢、教育部: 陳、顧、余、劉、張道藩、蔣廷黻、朱、葉、王、甘肅省政府、《大公》、《中央週刊》、中央圖書館、戴季陶、陳果夫、王雪艇、農、政、閻、張、古物保管委員會"。

兄返後仍須先為"助理研究員"而全、張諸君明年已為副研究員矣。此間待遇不如大學，　兄所知也。故返所總當在戰事結束時，此則亦不出二年矣。在目下情形中，一動不如一靜，誠然三台甚貴，然遷移費萬元何處得之哉。事實如此，故率言之。假如在三台人事上有問題，^弟可函臧、蕭①諸公也。

大著②雖未知下落，但以意計之，當已出版。（此等書戰後必即出版，即《集刊》亦得重印也。）且此等稿子均未失，（商務之消息）印出者，亦未為日賊捆去。至于在內地重印，須二萬元。非此時研究所力量所能及，（研究所近來窮困萬狀）目下有大批稿子均壓著，亦無可如何之事也。專此，敬頌

儷安

^弟斯年上　十二月七日

兄意注《遼史》應早成功，甚佩甚佩！但此時問題，只在搬家費。寅恪先生以無搬家費留在桂林，亦一例也。故只有再忍二年耳。

此間生活原比重慶便宜四分之一，乃近日米價差不多，而肉至十三，雞蛋一元三，不如貴州遠矣。

975. 傅斯年致史語所所務會議研究人員升任意見書（1942 年 12 月 11 日）檔號：IV：52

傅樂煥君

　著作　見《集刊》，此外未刊者尚多。

　按凡初足年限（六年）即升任為副研究員者，前僅有丁聲樹君一例，此次斯年亦僅提張政烺君，蓋六年之最小限度，專所以待特殊者也。傅君前服務圖書館，甚具勞績，今刊之文，堪稱為重要之貢獻，然其學力，非可比張君者，故今年不擬審查。

---

①編按：指臧啟芳（1894—1961），字哲先，時任東北大學校長；蕭一山（1902—1978），本名桂森，時任東北大學文學院院長。

②編按：指陳述著《遼文匯》。

王崇武君

如計入在北大研究所之年限，情形亦同傅君，勞績、學力，均甚篤茂，以同理由，今年不擬付審查。

976. 傅斯年致孫次舟 （1942 年 12 月 16 日）檔號：I：273

次舟先生大鑒：來書誦悉。查敝院此項獎金前此之給與，皆以實事求是之工作為範圍，不尚辨論。如　執事聲請，請另照規定辦法辦理，弟不能代為提出。原件掛號寄還。專頌

日祺

傅斯年啟　十二月十六日

977. 傅斯年致李方桂 （1942 年 12 月）檔號：IV：45

方桂吾兄：十四日書早奉悉。馬事已交梧梓兄即辦。因小傷風，故趲彥堂帶去各件，稽復為歉。

關于第二組主任一事，弟一向的意見，以為此時所內外惟兄可任之，此非以事務言，以學術之領導及指導言也。組主任之事務，弟覺或未太多。若二組主任事可討論，亦當俟元任之返耳。此于　兄在黔時已函陳之。惟經上星期六日　兄在會中數次堅決表示之後，弟已覺此事無法再勉強　兄，故即詢梧梓兄可暫料理事務否，梧梓兄云不可。此固弟預知彼當如此說，且正同情其如此說也。然則究應如何辦，幾陷絕境。適濟之兄在，少事討論，以為即由弟以所長職暫時照料二組事務，（按，此與兼代不同）其組中同人之研究事項，仍由　兄偏勞指導，（例如張、馬二君之工作，給董、周諸君看看文章之類。）梧梓自亦應分任一部分。濟之即持此意奉詢，返云，　兄詢指導包括些何事，濟之即列舉前語內容，並及覓人時審量其著作一事；謂　兄雖云指導一詞不敢當，然謂此等事在二組中可辦則毫不

猶豫云云。^弟聞之深為感激，禱告其可以如此方法維持至元任之返，或^弟之在人間也。

當日開會時，^弟以未曾準備　兄于第二組主任事取如此之堅決態度，（因　兄出門護照上改寫一事，及桌上寫一條云已辭去一事，^弟在上次會後方知之也。）數次甚窘，則誠有之。恐當日之會全無結果而散，故宛轉使其繼續，深感吃力，事後惘然以對，亦有其事。但此由^弟未深悉　兄對第二組主任一事態度之堅決而起，自當是^弟事前之疏忽，絕未疑及　兄有何意氣及用意，乞釋念為幸，更無所謂冒犯也。至于投票事，^弟既同意其辦法，自無事後妄事推測之理，^弟只對濟之等云，"此制亦未必盡善，即如張政烺一件，如不知其學力，當投空票；如知之，當投可票。彼如得五廢票（即一組外皆投廢票），二可票，比今日之五可二否，轉為合理云云。此則個人各有其見解，不必盡同，尤與　兄無涉也。諸希亮察，至幸。

978. 傅斯年致王雲五 （抄件）（1942 年 12 月）　檔號：II：84、I：55

雲五先生左右：關于《水經注疏》底稿，前^弟承　先生指示致函　陳部長立夫先生，詢其對此之意見後，頃得其復函，茲隨函抄上，敬請　察閱。此稿如有妥人來內地，最後^①託其帶出，仍乞告以須妥為照料，經過倭偽關卡時，在必要時付以小錢，亦無不可，^弟均當奉還。此外途中一切不可免之花費，自當照出，俟運抵重慶後即當清算也。萬乞告攜帶之人絕對用心照料，至荷。再，此書如攜帶人先到桂林，以後便乞航空掛號寄渝，由　先生妥收，費用^弟任之，以航空寄此，較自帶少危險也。如航空不肯寄，乞即　電示，當電請交部辦理，或由　先生在渝直接辦理，尤感。一切敬乞　示復，

---

①編按："最後"當作"最好"。

至感至感。專此，敬頌

時綏

附：陳立夫致傅斯年（1942 年 11 月 24 日）

孟真吾兄大鑒：

六日　兩示奉悉。楊、熊二氏《水經注疏》，如有妥人，遷入內地為宜，否則以不動為是，如何？仍希　詧酌。承　囑資助輔仁大學校長陳援菴先生之公子樂素君旅費一節，已囑所司照辦矣，知　注併復。敬頌

著祺

弟陳立夫敬啟　十一月廿四日①

---

①頁末附註："已分抄給王雲五先生及王毅侯先生。"

979. 傅斯年致陶孟和（抄件）（1943 年 1 月 7 日）檔號：II：135

孟和先生：頃聞 貴所之"遷西北"，擬聘之人除李安宅，^弟早已知之外，尚有韓儒林、費曉通①等等，皆屬于^敝所之範圍者。此外亦僅準備農業經濟而已。此固為適應酒泉環境之善策，然似乎全部是院而外之重複，以農業試驗所亦遷去也，彼必作農業經濟，且河西有何多之農業經濟可做乎？

先生當猶憶及：院長以李安宅與^敝所工作重複為慮，以詢^弟意見，^弟答云"重複個八，無所謂"。又，廷黻兄兩次囑^弟將歷史亦加進去，（一次廷黻自言，一次企孫轉告。）^弟謂不了，^弟之不感興趣如此，先生所知。然若大量重複^敝所各組之工作，則^弟有下列數點不敢不以奉陳也。

一、小有重複^弟本不在乎；然如此之重複，似有澈底考慮之必要。韓所治為史與語，高興未必不掘，是其人兼^敝所一、二、三組之工作，（彼之成就另一事也。）費與^敝所四組範圍同，李與二、四兩組範圍同。此三人必再找些助理，其性質之重複，必亦相同。是無異在河西另辦一歷史語言研究所矣。

二、且此時本院本有三人至河西作歷史考古工作。向覺明、石璋如、勞幹。韓亦研東西交通史者，他去，向必歸，然兩人之學力迥不侔也。

三、貴所雖多請人，而此類書籍幾不名一冊，儀器毫無，如此辦法，名實如何相符，此似非本院之風氣也。

四、蔣先生既如此注意西北，今年必去一看，一看便覺其為空城

---

① 編按：費孝通（1910—2005），時任雲南大學社會學系教授。

計,本院全體必受嚴重之打擊,此絕非^弟想入非非之談,此義前已詳談之矣。

五、先生雖為此事叫苦,但請人之事,從未與^弟商量。(李安宅事,^弟固早知之,亦是濟之告我也。)其商量,只思永一事。^弟今日始慌然 先生請思永之意矣。蓋 先生于此道近來注意,請其顧問。然彼病人也,如何可勝主持之任乎?然則 先生自在沙漠主持歷史語言民俗之事乎?

六、十二月廿九日《中央日報》社論,此係據原有文件而言,其所致于 貴所者"為便于研究古來文教、發揚民族精神",其老總以社會包歷史耶。

以上各點,請 先生考慮,並請 示知是否已請定、或要請上列各人,及一切與^敝所工作有重複性之人,至感至感。^弟以天寒未能下山,稍遲當造謁面談也。此頌

道安

32/1/7

980. 傅斯年致王雲五 (抄件) (1943 年 1 月 12 日) 檔號: 李 8-6-19

雲五先生左右:^① 頃奉一月二日 手示,敬悉^敝所《集刊》十一本一分業承 先生轉促渝方加速排印,又悉李方桂先生之一篇英文論文貴館正在設法排版,至感。惟過去一個月中,曾數以函奉達,其中尚有一事未蒙 示復者,即去年十二月五日奉上之函,附抄陳立夫部長復信,請 先生留意如有妥人由香港來內地,倘可以託其將《水經注疏》底稿帶出時,請即託其攜出一事是也。愚意以為此時若有機會,切不可錯過,其攜帶辦法已于前函中詳為陳及,未審已承 先生進行否?此事念之不已,敬乞 示及,至感

---

①頁首收發註記:"中華民國 32 年 1 月 12 日發。"

至感。專此，敬頌
時綏

981. 傅斯年致陶孟和（1943年1月14日）檔號：II：136

孟和先生：惠書諤然。好意下山謁見，（面談比通信好多）面談一切，到尊寓只九時數分鐘，不幸未遇。在李家寫下一字送呈，不料　赫然震怒，來些這樣文話。何謂“伎倆”？乞　公解釋，事關罵人，不容造次。此等名詞，在英國的習慣上是可以起訴的，以我　公英國文化之久長，應當知之，則又何必用之？“相誣”、“蒭狗”，亦真好聽！其果然乎？　公之 P. S. 云“退一百步講，中國學術工作，以至近于學術之工作，如此幼稚，研究之處女領土，如此之大，重複又有何妨，弟對南開經濟研究所不能認真在學術上做工作，常引為最大遺憾”。案：此語如與　公平日批評敝所第四組之語言參照，（至少弟如此感）即知其意義矣。　公以凌純聲兄如何如何不行，弟曾反復言之：“凌主要的是一個地理學家”，弟當時說此句用英文解釋此意，云“Predominantly a geographer，但其長處正在此，其西南部族及中南半島之知識絕大，甚為有用，若是一個理論家，只是說得好聽而已，非實學也。”至於實學二字，弟又常常發揮，謂吳文藻之教科書非實學。吾輩談及此事，不一而足，多由　公之認為凌純聲兄不行而起。（此語　公在此心境中，或者記不清楚耶。此事雖無證人，然有良心在焉。假如弟未聞之，便“天誅地滅，絕子絕孫”。）　公曾云凌所做不是真正的學術工作，豈忘之耶。此次之爭論，本由 Ethnography 重複與否而起，然則敝所之 Ethnography 一行（凌、芮等），即　公所謂“南開研究所不能認真在學術上做工作”也。于是而我　公請吳弟子輩做之耳。　公對我言及敝所第四組之“不行”多矣，弟亦未敢吹噓，故只取一種 apologetic 態度，今　公又以南開經濟研究所為喻矣。追想　公一向對敝所第四組之批評，知其非泛言也。此是否“相誣”，　先生自己追想之可耳。

上次我　公上山，名曰"請教"，而不示以內容，故^弟只從大處（全局）著想，謂此一空城計絕危險，此危險今固在也。又，應否重複，與是否重複之問題，　先生亦必同意其為關係　貴、敝二所之大計者，今　先生既盛氣如此，^弟意最好于院務會議中提出討論。且　公請此諸人，^弟皆認為只合副研究員之資格，此本是院務會議之職任，似不當又以"伎倆"加之。以　公名望之尊，屆時^弟必無所施其"伎倆"，而　先生必可與眾人共棄此行伎倆者矣。專此，敬頌
日安

傅斯年謹啟　卅二年一月十四日

說凌不行，說凌非真正學問，不止一次，否則　尊示本言南開，我何以想到本所。以　公對此二事（南開與敝所四組）平日之論調相同也。此凌固不知，故彼聞　公請這些人，也要合作，^弟則心知其不可而告以不必也。

982. 傅斯年致朱家驊（1943 年 1 月 15 日）*

騮先吾兄院長賜鑒：

最近^弟與孟和先生發生一通信之爭吵，其事至為不幸，以孟和為^弟之前輩，^弟心實為難過，然事有不得不然者，事關本所前途，謹述如下：

先是^弟在渝時，稍聞社會所"遷西北"事，^弟毫未注意，只　兄因請李安宅事，數次對^弟云："你看是不是與你們所第四組重複，各所重複是不是不妥當？"^弟總是顢頇答云："重複個把也無妨"。當時心

---

*本函有手稿本（檔號：李 38-7-1）及抄件（檔號：Ⅲ：1246、李 38-7-1）兩種，合併整理。

中正想古今中外之一切，意不在此，其尤可笑者，彼時孟和詢^弟楊志玖（治史學者）如何，^弟說可以請，並自告奮勇為他寫信（後來孟和又不要我寫了）。可見重複一觀念，與^弟當時之腦筋格格不入。如孟和先生今責^弟當時未言重複不可者，^弟實無辭以對。於是不得不佩 兄之遠見矣。

^弟臨離渝時，蔣廷黻兄交^弟帶一信給孟和，並告^弟轉告孟和，無以介公批了遷蘭州以西而失望。若干工作仍可在蘭作，止是牌子掛于蘭州以西云云。^弟此後方知社所名義上是遷，實際上是添，即在李莊者並不動，而另組一個在蘭者（孟和、企孫皆如此告我）。^弟心竅始開，頗覺此法未妥，然以不關史語所，亦未注意也。

返李甚久，一日孟和先生上山，云係商量此事，並客氣說“請教”。所說是如此：所謂蘭州以西，忽然定了酒泉，覺得甚難辦。^弟告孟和先生者大致如下：此事大可發愁，酒泉嚴格說僅一油棧，如何設社會所？其中既無經濟可以研究，亦無文化接觸可以研究（研究文化接觸最好在西寧。）社會所如在西北設分所，必以蘭州為主，酒泉切切不可。此點若不改，後患無窮。若名稱上在酒泉掛社會所之牌，必為空空洞洞。以介公之熱心西北，夏秋未必不去，一看其為空洞，非真遷也，恐本院整個蒙不良之影響。何敬之當時所言及，^弟猶在心也。即彼不自見，亦或有報告之者，本院似不當把社會所實際上放在李莊，分店在蘭，牌子卻掛在酒泉，而謂不在蘭州也。^弟更引當時報上一名詞云“陽奉陰違，貽誤要公”以為笑謔。孟和先生于此一感覺似甚同意^弟之所見。惟孟和先生請何人，並未告^弟，所命^弟思考資料只酒泉一事，及一抽象問題耳。

最近凌純聲兄聞社會所不特請李安宅而已，（此事是在渝時濟之告我者。）並請韓儒林、費曉通等，持以告^弟，討論之下，^弟始恍然恐有大規模之重複在後，未便再顓頇下去。于是急函孟和是否有此事，接連著一段辯論。^弟訪之不值，留一字，而承其見怪。彼是前輩先生，罵些也就罵了。然而此事所繫，非^弟之捶罵而已。

一、社會所之遷移地，雖為社會所事，亦為全院之事，以其可引起大禍也。此時以不敢向　蔣先生進言改遷蘭州，而掛空牌于酒泉，仍在蘭做工作，^弟以為甚不是辦法。縱一時免去請示之費事，終為近于曚蔽政府之事。我輩讀書人有何長，守分而已，今日中央研究院又在危機中，應以平直不欺為對政府之主義，（敝所對于政府各項法令，如各種會，明知其無益，均照章辦理。）一也。此等曲折辦法，若為介公所知，本院必蒙不良之影響，二也。即為自己論，虛設于酒泉，豈不多多費事費錢，三也。此院務之大事也，可否由　院長提出即開之院務會議，一商其各種可能之利害。^弟當並向廷黻兄述其利害。^弟脾氣焦躁，語言強調，故為人認作"慣施技倆"之人，然實衷心為大局著想者，亦當大事甚小心者，此恐只有吾　兄以廣州經驗知之耳。

二、重複之問題，尚有一經過，即關于史學一科者。如社會所之羅爾綱君，誠純史學矣，並經濟史亦拉不上，然而^弟未以為意。原來在北平時，^弟感覺社會所之亦治史學也，曾與孟和商量，二人同意如下：近一百年史，即鴉片戰爭起，由社會所辦，其設備亦由社會所。明清兩代經濟史，以其經濟方面，或比史之方面為重，歸社會所。明清以前者，以其史學方面比經濟方面為重，歸史語所。敝所全照此辦，故全漢昇君昔有志治近代一問題，^弟阻止之，而近百年之史事書籍，敝所遂未購置大略。^弟近擬作一文，所中求《曾文正公家書》、《張文襄全集》亦不可得！而社會所似亦未為近百年史設備也。今日孟和先生所請之李安宅（治西藏者，然不如于道泉）、費孝通（吳文藻之弟子），似與凌純聲兄之科目重複（此處可說方法不同，似難說科目（subject）有異。）至于韓儒林，則以^弟所知，本是治古中亞史語者，其範圍恰如今在燉煌之向達。

如此之大量重複，似亦應提交院務會議，討論此兩所究以何處為界。至于應否重複，及是否重複，亦均當由院務會議決定，未知　尊意以為如何？

三、此事引起敝所之重大困難，^弟實未可漠視。凌純聲兄于此事之感慨，^弟覺有其正當之理由。敝所第四組之組織，皆在君一手之事。凌公之由社會所出來而入史語所，至今多年矣。^弟以為彼大體實為一博學之地理學家，（屬于民族者）其西南各民族及中南半島各國之知識，今日國內無二。若一般民族學之知識，亦甚豐富也。彼不談"理論"；亦惟其如此，方有實學，所謂"理論"，自然總有一部分道理，然至徒子徒孫之手，則印版而已，非實學也。去年討論邊疆所一事中，企孫兄轉吳文藻語，謂西南聯大即吳文藻輩已在西南辦此學，中央研究院可往西北。其實凌去雲南，遠在所謂聯大之前（凌去，一與勘界同行，一為在君所派。）今中央研究院往西北矣，又是彼等，然則普天之下，何處是歷史語言研究所第四組可以工作之地乎？純聲兄之《赫哲族》，至今仍為 Ethnography 在國內第一部書。其苗族報告淪陷于商務。其兩次雲南調查之標本，則以^弟在長沙慌張中，遷入漢口法租界，遂取不出。否則可以陳列，動一時之聽聞；可以寫報告，成一卓績矣。此更^弟感覺對不起凌純聲兄者也。

本所與社所，皆本院之部分，非本院之附屬機關，否則本院只剩總辦事處，不可謂研究院矣。此理至顯也。此處可比于大學之各院，特自立性稍大耳。（恰似中央大學之醫學院）純聲兄言："若大學已有一物理系，忽另設一物理系，前者之系主任應否辭職乎？"故^弟以為，兩機關縱可重複，一機關內不可重複也。^弟不材，實不免于所謂"好漢主義"之一毛，即本所同事如為人見薄如此，必為^弟之不德不才所致，此應請吾　公加^弟以處分者也。純聲兄于此時不特未言辭，且有拉之往新疆者，卑辭厚幣，彼亦謝之，其意可感。民俗組在社會所之設，本蔡先生事，純聲兄又其所識賞，最初入所，無異為蔡先生之助手。此又^弟不能任純聲兄以公直之理由而去者也。（且此事或不只凌一人）陶公與蔡先生為故舊，^弟則蔡先生弟子也。故在總幹事任中，頗有以為可改之事而不改者，^弟固不可改蔡先生之道也。

綜合以上情形，敬提辦法如下：

一、社會所遷蘭州，不遷酒泉，由　兄或廷黻簽注其理由，呈介公核准。（此指新置者言，其原在李莊者，自然仍舊。然蘭州設備似亦當相當充實。）

二、兩所工作之分界，提交院務會議。

三、另由全院辦一中央研究院西北工作站，其計畫另呈。

純聲兄因事往渝，託其奉上此函，餘由其面陳。專此，敬頌

政安！

卅二年一月十五日

附：中央研究院西北工作站計劃

根據向覺明先生西北初步調查報告草擬本院西北工作站計劃

（一）名稱　中央研究院西北工作站

（二）站址　設甘肅酒泉

（三）學科　歷史考古、地理、語文民族、氣象、地磁。

（四）人員　歷史考古以向達為主任，其他由史言所推舉，並由中央博物院參加之。[1]

地理，由地理研究所推之。

語文民族，由歷史語言所推。其語文方面兼備蒙、回、藏三項。[2]

氣象，由氣象所推之。[3]

---

[1] 手稿本原推舉："向覺明（歷史）、夏作民（考古）、高去尋（考古）。"

[2] 手稿本原推舉："李方桂（語言）、于道泉（蒙藏語文）、芮逸夫（民族）、凌純聲（民族及人生地理）。"

[3] 手稿本原推舉："張寶堃（本院氣象所研究員，對邊地氣候著作甚多。）"

地磁，由物理所推之。（查本院物理所陳君宗器隨斯文赫定
等在西北工作多年，又至德專攻 Geophysics，學有專長，恰合
此範圍，似可請巽甫考慮也。）

（五）設備　除工作室外，尚須設立圖書室、儀器室、標本室、畫圖
室、照相室、測候站、地磁台，得依各所之同意，暫運
去急切應用之若干書籍、儀器。

983. 傅斯年致朱家驊 （1943 年 1 月 15 日）*

騮先吾兄院長賜鑒：關于西北科學考察團事，所上計劃，　蔣先生如
何批示？其計畫如何？即今年是否繼續問題，屢以奉詢　總處，迄
未見復，想尚在未定中。然以史學一組論，向覺明兄以與石君之一
誤會，頗思求歸，弟已託人竭力勸其繼續，然弟未曾自己寫信者，
以弟實無權勸其繼續，即若干情形弟亦不知道，亦未有人明將此事
派我去做也。石、勞二君在酒泉（或武威）曾有一電，弟十一月十
七日離重慶時，毅侯兄告我者，在此情形（即無人總管此事之下），
自然無人回他一電，于是石璋如即自動往甘南、陝西，並請院發護
照，院亦發之矣。先是彼曾有一長計畫書來，濟之轉示弟，弟亦未
復之，而彼即自行前往矣。此固不能怪彼，因彼在荒漠中絕不能久
待（彼與勞往居延，返途打此電）也。勞則逕自南歸，此時或已到渝。
凡此情形，尚是毅侯見示者，否則更無所知。上月弟以石、勞二人
消息不明，甚為著急（為私人友誼著急），毅侯于百忙中見示，方知
之也。又如總處給石、勞信，託向轉，向不知彼踪跡，只好退還，
向之名為組長如此。又如此團有團長矣，樹幟兄也，樹幟兄固未到
西北，而去湖南，又聞其去福建，此真可謂南轅北轍矣。弟以所長

---

*本函有手稿本及抄件兩種（檔號：李 38-1-12），據手稿本整理。

之故，聞其事之若干片段，若欲有所處分（例如電石璋如兄，謂其計畫在陝川①調查超于 院長原意之外，不得實行，等）亦未可妄自為之。凡此情形，一言以蔽之，即此團毫無組織是也。在此情形下，固難期望達到何等學術目的也。

如今年不做則已，做則必須使其有組織的連繫，並須有學術的連繫。分述如下，惟所說僅以史學一項為限。

一、組織的連繫

1. 如有團長，便應名符其實，駐在蘭州，不能動，俾辦理各事。如其各組各自為政，則即以總幹事為團長，在重慶辦理各組之連繫、報賬，等等事務，但蘭州方面，似不可不有人住，以便隨時請護照、派兵保護、車輛，等事。若無人可派，或目下工作太少，不必多費，即託吾 兄請一在蘭熟識之人，給以名譽職，代辦此事，足矣。庶幾電信無往返扰擱之虞也。（因如真正做起來，與甘省府接頭各事，必多也。）再簡言之，蘭州必有人，一事也。重慶必以總幹事兼總持事務，庶幾事無停滯，二事也。此就全團言之也。

2. 就史地組言，史不知地，地不知史，非謂我等無地理常識也，人不相識耳。故必宜分開各自成組，各負責任。

3. 在李莊必有人負責，俾出發各人之消息，時時可知。總辦事處亦應時時供給。此事，^弟絕不能擔任，因^弟身體如此，應如老子所云"損之又損，以至于無"也。此事自當由濟之辦，若濟之太忙，或託曾昭燏君為此組祕書亦可。曾女士乃中央博物院之專員，與覺明及考古組諸人均好，又為濟之所識任也。

如上所述則，

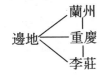

辦事中皆可不窒塞，而每處有一指定之人負責，事務自無今日之現象矣。

二、學術的聯繫。（此專指①史學一組言）

  1. 院中請人②出去，當先有計畫，其進展之情形，當時時聞之，而歸來有報告。如此方可時時探討下一步之辦法，（覺明每月必有詳信寄曾女士，故此間知其情況最悉。）即如吾 兄熱心之熾煌，下一步應如何辦，一面宜給覺明以全權，一面此間（重慶、李莊）亦應有主持之人，譬如覺明要挖千佛塔，許之乎？如許之，錢有著落乎？故^弟意應由院中明託企孫兄與濟之兄負責主持其事。

  2. 史學一組，其主任應由覺明為之，他人須聽其調度，添人應得其同意。或者史前考古宜另辦，則另作為一分組可耳。

以上所述，但就目下情形言，若能將西北科學考察團改為中央研究院西北工作站，將其併入，似更方便，其辦法另函陳。專此，敬頌政安。

企孫兄同此不另。

一月十五日

984. 傅斯年致陶孟和 （抄件）（1943 年 1 月 16 日） 檔號：II：137

孟和先生：十五日手示敬悉。伎俩一詞其 Connotations 在中國雖無標準字典，然試看《聊齋》、《西遊》、《兒女英雄傳》、《封神榜》等書，完全是一句罵人很重的話，意為 “小小陰謀” 之類或英語之 treacherous。③ 且公前信明言 “足下伎俩高超，素所深悉”，是知今信所云 “所謂伎俩，指此而已”（^弟之第一次信）乃是虛語也、遁詞也。此等罵人話，最好盼望我公收回，即是說，下次來信，聲明收回 “足下伎俩高超，素所深悉”十個大字，除非我公認為不必再作朋友的話。此次來信，忽又謂第一信中有 “譴責”、“威嚇”、“譏訕”、“教訓”

---

①編按：“專指” 抄件作 “事指”，誤讀。
②編按：“請人” 抄件作 “諸人”，誤讀。
③行首自註：“此點與敝所專治漢語者討論過。”

之辭不一而足，可試舉例乎？按，第一信中大致分三事，關於農業經濟者，公謂我外行，我也未說內行。此亦因聞之詫異，頗有所關切而起，絕非譏訕。其中三、四兩節，本是上次我公上山說是"請教"，我們二人討論酒泉掛空牌子一事中所說。當時的話，與信中的話，全無二致，當時我公甚以^弟之謂"酒泉空城計有發生危險之可能"為然，頻頻點頭稱善，且我說"陽奉陰違、撤職查辦"（當時的報）時，公尚笑不止。何以忽然變做"譴責"、"威嚇"等等？豈非怪事。此外尚有一事即是我問，　貴所要請這幾人否？而說明此幾人與敝所工作之同科。問一問，不算是冒犯吧？若公以我之解釋為重複、為不是，此亦各人有各人之見解而已。豈一與公之見解不同，便為"譴責"、"譏訕"、"威嚇"乎？若是見怪不下山面談，則彼數日中一個工人生腳瘡，一個婆親去宜賓，我無法下山也。

如上所言，則公之"第一次來函由'譴責'、'威嚇'、'譏訕'、'教訓'之辭不一而足"者，實是無中生有，即來示所謂"相誣"也。

公之 P. S. 中批評南開經濟所語與平日所聞公之批評凌語一樣，故憮然心驚。仍于轎夫返後第一日，下山奉訪，不值，留一字，即云^弟所想不是，亦不該破口大罵也。

第一信之動機是兩事混合，一為關切，仍沿上次我公上山一次談話而起，我良心上覺得酒泉空城計之辦法有危險，廷黻所為非是（即不去改正為蘭州）。一為驚訝，即聞人言，我公要請費、韓、李諸人如此其多也。院務會議中，人人有申述其所見之自由。否則只是形式，何必花此幾萬元開會。公當猶憶上屆評議會末次會中，企孫反對藕舫作主席所審查丁文江獎金報告之結果，指其均分不妥，有一個人實不稱，其人為企孫之學生，而氣象所之職員也。企孫當時詞嚴義正，此等不怕得罪人之事，殊為難得。我以為藕舫必不見怪企孫。^弟在病中，每日一信，請騮先兄約企孫來者，以此事給^弟以甚好之印象也。然則在會中直陳其所見，應為賢者所許。且若臨時言之，公或又曰"又是伎倆"，今預先奉告，豈不更好？公盡可申述其[*]理由，我也申述我的理由。我要求看看他們的著作，我公可以同樣看敝所請升各人之著作，這些著作，這次開會，本預備完全帶去的,這樣方才對得起院務會議。若虛應故事,何必開呢?
弟乃準備開會後離中央研究院者,然于會前因公此舉又引起敝所一大困難,我也只有作一日和尚撞一日鐘,如是而已。乃于十五日信末說上那些話,想來是要我速去?會前,決不去;會後,決不留。

先是凌純聲兄急欲赴重慶,其主因為晤其將往新疆之友人,並代述向覺明各事。弟初未同意其帶信給院長,及公囑我倆之信到,知與公無法面談一切,遂同意其去渝,連夜草出二信,託其帶走。茲將副本奉上一看,此即我欲與公談之內容也。其中何句是虛語,儘可指責。
我之此舉,皆為大體。無論我在研究院與否,我總希望此院將來興旺,我不希望又置一暗礁。我向來認為全院是一體,決無此院瓦解,一所獨完之理。因此多事,因此得罪人,弟固不恤也。或者我公認為一所是獨立的,故弟言及 貴所諸人事,便大怒耶?此亦各人見解不同而已。附上各件之外,弟別無一語給朱、葉二公,看後乞即日賜還。
再,回示如不屑聲明撤除那十個大字(此不必勉強),即請不必見復,但將附件封入封中擲下可也。專此,敬頌
日安

　　　　　　　　　　　　　　　　　三十二年一月十六日
　　*我相信院務會議一定通過公之提議,但我仍要看著作,要說其人只可為副研究員,以盡職也。此如孔子請伐齊,明知不可而為之,公不必為此著慌!
　　前年我出中央醫院,往歌樂山道藩家住著之第一、二日,張鈺哲兄來談,云請了李國鼎,並云天文所非他不可,久後讓所長給他云云。弟即問,請他何名義?張云,當然是專任研究員。我說,這不可以,他是英庚款第二批生(歸國已遠在戰前矣),本院專任研究員甚高,爭執結果,任為技正。又如吳金鼎兄,論其資歷,恐怕在若干所早為專任研究員矣。(齊大十二、三年畢業。梁任公、王靜庵時之清華研究院畢業。濟之當時惟一之學生。在本所任助理五、六年,出洋數年;倫敦 Ph. D.,回國又數年;作考古工作未斷,年齡四十多歲。)但弟堅持其不可。為此在前年、去年之所務會議中,與

思永大起爭論，故看重專任研究員，即重視 "所務通則" 之 letter and spirit，不自今日始也。（又如^弟在總幹事任中，地質所原提升者甚多，^弟只同意一、二人，仲揆不聞怒^弟！）

本所副研究員要請假四月，^弟以太長，怕開院之先例（潘是生病）以請示總幹事，總幹事謂，可作為休假六月。此在渝事也。^弟回來查休假辦法不合，又請示，總幹事批交院務會議，^弟亦覺其甚妥也。

一個同事要認真實行其在院會之職務，並預先奉告，豈又可惹公惱哉！

請看院務會議職權之第六項：

"審查本院研究員、副研究員、技正、編纂之資格"。

985. 傅斯年致馬學良 （抄件）（1943 年 1 月 16 日） 檔號：李 14-8-7

學良兄大鑒：惠書敬悉。關于你之留滇事，羅先生曾來信大責備我，且涉及董先生，不知董先生與此事有何相干也！茲為給與羅先生明瞭我辦事之困難起見，不得不詳說一切。本所經費：

①經常費每月二萬〇二百有零，

②臨時費，全年五萬一千元正，專為調查、出版兩項用，

所以每年經費是二十九萬幾千。[①]

③此外尚有中基會補助出版之五萬元，專為出版費用，不能移。

此外即一文未有矣。為修理房子及欠賬等等，我上月赴渝要了三萬多元，如是而已。出版費每冊《集刊》須一萬二、三千，已出二冊，已排至四冊。又屯些紙，共支付六、七萬元，故臨時費之五萬一千，只有三萬不足之數可以調查。

三十一年度出去者，有吳定良先生，攜同計算員一人。芮逸夫先生携同研究生一人。二組李先生及張次瑤也曾赴黔一時。

---

①行首自註："米貼、生活費，當然在外。"

那麼，你算，你在臨時費中所用，占一個什麼比例。當然總處代為還賬三萬幾千，臨時又通融些，否則日子簡直過不去。故今年（三十二年）恐怕要全體在家，無出去之可能。假如出去，也只能盡李方桂先生一人，因為今年經費只增加了百分之三十，而物價增數倍，所以今年的日子，比去年更難過。

前曾電　兄，謂加萬元，當然不知已借北大七千五百元。既已借此數，尚須籌還，前云一萬元，當然包括北京大學所借在內。現在籌還北大，尚是難題，因總處無錢，上次請款四千，便付不出。連我私人賣書的幾千，在彼已轉移了。這種苦況，你因以涉世尚淺，不及明瞭，然而你可以請教羅先生去，凡事要體諒他人。像你上次來信的幾句話，實在未曾體諒人。我連函北大，請他緩急之中借錢給你，怕你不夠，每次寄錢，總比你所請還多。但有時總處付不出，有時匯錢中間躭擱，這些絕不是董先生所能負責任的。

總而言之，在三十一年，你是花研究所錢最多之一人，遠超過李方桂先生、吳定良先生。在三十二年，因為經費更困難，你必須返所了。否則人必指我為不公，開會時又受一場教訓。所以前電萬元，應包括已借之七千五百，因為我發電時，尚不知你借了如許多，不是我不肯出錢，實在是總辦事處付不出來，研究所早已欠賬累累矣。

我極希望你的猓猓語深造，但出外許久，似應歸來整理一次，俾可向李方桂先生請教，否則一人自習，總是差些。而研究所之力量又如此其薄，也只好如此而已。就是這樣說，你這一行已用了一萬一千，加上七千（買書），加上一萬，共將及三萬矣。抗戰以來，研究所尚無人有此待遇，不意你和羅先生來信，尚有如許多之不滿意也。此時可速作歸計，前電萬元，（包括借北大七千五百，及以後可能之再借。）以外實不能再增任何數目。返途之費，亦在此中。

返途坐飛機也好。須早辦手續。如搭廿三廠車，未嘗不可，上次何以未弄到，怪怪！

我不是不知道昆明之物價太貴，生活不易，（亦惟其如此，此時不便多留，應擇更好之時候。）但一萬元今日之于研究所，猶是當年之六、七千元也。（因本所經費此時比戰前，並未增加到一倍。）

此外還有一點，即本所經常費之用途，所有薪水、暫加薪、柴貼、工人伙食、大廚房、燃料，一切與"吃"字有關者，每月共去一萬七千幾百元，然則每月一切用費（包括房租在內）只有不足三千之數。其困苦可知。故一切從省，省得可憐。

又有民生公司賠款六萬元，去年以三萬買米，五月方可向同人收齊，又買合作社物一萬餘，又借買藥，早已借盡。此皆為同人生活上之事，否則更加百倍之一百苦。

我不是不知道你向學志切，立身刻苦，但研究【所】的這些時，你也該知道。

即頌

旅安

斯年 32/1/16

986. 傅斯年致羅常培（抄件）（1943年1月16日）檔號：李14-8-8

莘田吾兄：前接惠書，竟見責如此之深，天乎？豈有我趕李方桂走之理哉？而涉及彥堂者，尤無中生有（此信弟已給彥堂看，平常此等信弟向不給人看），想必繼以絕交之書矣。不意新年來箋，故人雅惠，盛意拳拳，可感之甚，是徵上次信，必在心緒不佳中遷怒及我與彥堂者也。夫不遷怒惟顏子能之，是知其不易矣。然而何事遷怒于二千里外之人哉？近年久聞 兄脾氣之"惡化"，忝為三十年之老友，敢進一言，弟以脾氣弄到血壓高，然惟辦事中發火，未聞不辦事時，有"自來火"也。而發火時亦只就事論事而已，（弟發火罵人，只罵事，不罵及人之人格。）未嘗想入非非，謂人作小人，如此次 兄之加于彥堂者也。（即此亦不足為訓）吾輩皆將及五十之人矣，及時看看書，可以為樂，寫寫書，可以為名，此外奈何以發火遷怒自苦哉。弟病後尋思，一生大患，在此所長，最好光陰，為此犧牲，往者悔之無及矣。"及吾無身，尚有何患"，老子此語，大可味也。夫身且如此，況此一職乎？兄事後觀之，只有傅孟真多多少少以李方桂事而去職之一事，決無傅孟真"趕走李方桂"一事也。此中本有一曲折，此當告 元任，而未可告 兄也。世人之識方桂之才學者，有幾人如我乎？我在研究所，曾否給方桂一切研究之方便乎？此誠內省不疚者耳。

馬學良亦來信報怨，茲詳告以所中一切境況，彼須即返矣。研究所實無錢，^弟不能為後人拉賬也。專此，敬頌

道安

^弟斯年　32/1/16

馬如出發，乞速函其返昆，即返所，至懇至懇！

987. 傅斯年致張毅夫 （抄件）（1943 年 1 月 16 日）檔號：IV：68

毅夫先生左右：本月十日^弟自板栗坳下山，見一乞兒（女性，約七、八歲）啼哭道旁，狀至可憐，曾付給四十元，囑其購買食物，並告其如覓食不到，可來板栗，^弟當為之設法。翌日此兒果在板栗坳出現，^弟遂囑敝所工友將其收留於辦事處，善為照料。詢其身世，據稱羅姓，原住倉房頭，自其母去世後，即由其舅父撫養。其舅父住居距板栗坳約十五里處之某地（彼不能說出地名），近以受其舅父之虐待，私行逃出云云。又稱彼有姊一，適羅隆場某姓；有兄一，在軍隊中工作，音信杳然，其嫂則已改適他人，故彼家中現已無親屬。此兒來此已五日，精神頹憊，不能進飲食，偶一食之，必嘔吐而出，^弟察其原因，或由于腹內有蟲，故曾命其試服 Calomel-Santonin（山道年），服後果泄出大蟲一條，但其病象，則有增無減，看此情形，其病當不單純，惟敝所現無醫師，而機關中收留此兒，又為不便，若聽其死亡山谷之中，亦有所不忍，故特專函奉達，擬請 先生轉囑其原住居處之甲長雷樹倫君，請其設法通知此兒之舅父或其姊將其偕回撫養，^弟私人亦當盡可能之力量，稍為津助，俾使此兒得以甦生。惟此兒則堅不願回其舅父處，蓋恐其有更屬之虐待也。如 先生對此事有更妥善之辦法，尚乞 不吝示知，共拯此兒之厄難，是所至

禱。專此，敬叩

日安

弟傅○○敬啟　一月十六日

988. 傅斯年致朱家驊、葉企孫（1943年1月23日）檔號：李38-1-14

騮先吾兄院長、企孫兄賜鑒：電敬悉。今日當復一電，其文云："西北科學考察團事理當由企孫主持，餘函詳。"弟前寫請純聲兄帶去之一信，尚未知西北科學考察團事已經批准撥款。此事既經批准撥款，似仍當不改舊名。其實西北考察團，西北工作站，只是一事，所上計劃（就純聲兄所擬稍改者）本未料及考察團已經批准也。既經批准，即仍為考察團可矣，而其科目及事務之辦法，似不妨參用弟函各項也。附陳鄙見如下：

一、在重慶各事必由企孫主持。

二、各科分組組織之，一組之範圍應小。（例如史地不可成一組，須至少各自為組是也。）

三、動植物標本之收集，在此時無大意思，蓋必與水利農業合作而後有實效，然中央農事試驗所已搬去矣。弟意動植物調查、農田水利等，已別有人辦，可全停。

四、本院氣象所，似可在河西走廊設幾個測候所。此事料所費無多也。

五、地磁一科可否去工作？

六、假如純聲兄不去新，似當有民族學一組，由其前往，但本所另無他人，因芮逸夫兄須留所整理西南工作也。假如去新，此組或另由社會所組織之。

七、李方桂有往西寧調查藏語之意，未知可加入否？

八、博物院聞已無款。向、石二人，如僅調查而已，十萬花不了，如發掘，十萬決不夠。勞已返，可不計入。向詢千佛塔要否發掘一事，^弟已請濟之兄決定後以聞。

九、去年的工作，必須整理出些報告來，今年必須祈求有現貨式之成績，否則明年決要不到錢了。

十、所設之組，愈少愈好。一組之範圍，愈小愈好。所去之人，亦不要多。必須使出點成績來，故不能分散人力與錢財耳。

十一、除地理外，（此科範圍亦不宜大）一切均在本院內求人。

十二、此皆姑妄言之，聊供　二兄參攷，一切仍當由企孫兄詳加考慮耳。

專此，敬頌

道安

32/1/23

再，來電有數字不明，茲抄呈，其不明處如關重要，仍乞　示及。

再，勞貞一返後，當先請其將舊作清抄付印，並即寫此行之報告。

989. 傅斯年致胡次威、郭有守（抄件）（1943年2月17日）檔號：李22-10

次威、子杰兩兄左右：頃奉子杰兄二月四日二八一七號惠書，敬悉一一。協助整理琴台辦法三份，已由^弟及濟之兄簽名蓋章，隨函奉上，敬請　兩兄簽署後，以一份寄敝所，一份寄中博院，是幸。此次^弟要求將三機關次序加以改正，並無他意，實緣敝院一向與人定約，均以中央研究院地位關係，名皆列于前方，此次雖係敝所協助四川博物館整理琴台，然究屬合作辦事，不應例外，且^弟既經手簽訂此約，自不可由^弟手將中央研究院出賣也。此等苦衷，諒荷　兩兄鑒察。今承　兩兄同意，惠予更改，無任感荷。^弟下週赴渝，在渝事畢，或擬赴蓉一行，惟恐其時琴台發掘工作，已告完畢，故尚在猶豫之中也。專此奉復，敬頌時祺！

^弟傅○○敬啟　卅二年二月十七日

990. 傅斯年致吳晗 （抄件）（1943 年 2 月 23 日） 檔號：III：1329

辰伯吾兄左右：^弟定明日赴渝，行前清檢文件，見 兄十二月十五日
惠書，尚未作復。

兄函到後，^弟本擬即以長函奉復，嗣以小病未果。其後堆積案頭，遂
致遺忘，歉何可言！

兄所需《紀錄彙編》中有關明太祖之史料，未知已在昆明覓到否？

倘未覓到，即請 見示，^弟可將私人藏者奉借，惟恐只能以《皇陵
碑》、《紀夢》、《平吳錄》、《平漢錄》四書寄上，其他則以冊數較
多，郵寄殊感困難，因此間寄書籍至昆明，只有按信件由航空寄
遞，方免遺失也。關于 兄擬歸還董必武先生之款一事，^弟到渝後
恐未必能會到董先生，但或可託周恩來先生設法，大致不成問題。
^弟在渝住址為"上清寺聚興村中央研究院總辦事處"，並以奉聞。
專此奉復，並頌
時祉

^弟傅斯年啟　三十二年二月廿三日

991. 傅斯年、趙太侔、劉次簫、楊振聲、孔令燦致蔣介石
（暫繫年於 1943 年 4 月） 檔號：I：639

委員長鈞鑒：山東局勢，兩年中愈趨愈下，當早邀 鈞座洞鑒。茲李
總司令仙洲業已到達省境，似可為一大轉機。然若彼無權與各雜
軍、各游擊隊伍接洽而指揮之，孤軍奮鬥，而地方之亂雜如故，恐
亦將徒供犧牲。敢請 鈞座考慮山東全局，策以萬全，加重李總司
令之職權，俾能收編雜軍，實山東省民之厚幸。再，前者吳化文等
之叛變，在該逆固為喪心病狂，然該逆前者抗戰多年，勢力不小，
何以致此，似非無因。凡此皆山東局面危難之所繫，更望 鈞座注
意及之。專此，敬頌

鈞安

　　　山東省籍參政員　傅　趙　劉　孔　謹呈　年　月　日①

992. 傅斯年致崔紉秋 （抄件）（1943 年 5 月 22 日）檔號：III：1027

次簫夫人台鑒：昨接衛生署金署長來函，知　次簫兄所需之 Kapilin
已由渠託人在印購得十八針，交沈院長克非帶交　尊處，即請就近
洽收。△△明晨動身返李莊，今日傍晚上船，瀕行匆促，未及前來探
視　次簫兄，至以為憾。專此拜達，順頌
近安，並祝
次簫兄痊安

　　　　　　　　△△△拜啟　卅二年五月廿二日

993. 傅斯年致葉偉珍 （1943 年 5 月 22 日）檔號：II：138

偉珍先生大鑒：前奉四日　惠函，對於拙著《盛世危言》一文，謬加
　推許，愧未敢當。承　示　令親收藏恭王文相②樞垣書札一事，是
項書札，當係總理衙門公函，饒有趣味。弟昨於蔣廷黻先生處已見
到，蒙遠道　函告，無任感激。專此申謝，順頌
撰祺

　　　　　　　　△△△拜啟　卅二年五月廿二日③

994. 傅斯年致傅樂德 （1943 年 5 月 22 日）檔號：I：84

三侄覽：你在印度寄來的信，我早收到。見到你父親方知你的通信處。

---

①行末自註："傅、趙太侔、劉次簫、楊振聲、孔令燦。"
②編按：（清）文祥，姓瓜爾佳，字博川，號子山，盛京正紅旗人。清咸豐間任
　總理各國事務衙門、軍機大臣上行走。
③頁末附註："青木關勞作師範學校工廠　葉偉珍先生。"

你這次從軍，實在是好事。此時青年人總當以愛國為第一，立起志氣來，做與國家有益的事。我們這一輩的，太多自暴自棄，或則懶惰無能，把這樣的局面交給你們一輩的手中，實在慚愧！只盼中國在你們這一代的手中，成一個近代化的安樂國家！我的近況還算好，病已比前為輕，至于窮，大家一般如此耳。盼你有時寫信來。我的通訊處是：

Post Box 5 Li Chuang West Szechuan, China, 西川李莊五號信箱由你父親轉亦可。問你好。

伯父孟真　32/5/22

995. 傅斯年致常書鴻 （1943 年 5 月 22 日）檔號：I：73

書鴻先生著席：心儀日久，愧未識荊。前於張道藩兄處聞知　先生主持敦煌藝術學院，無任欽遲。^{敝院}去歲派遣向覺明先生前赴千佛洞研究，撰有有關保管之一文，茲郵寄二份，以供　尊處參考，至希　指正。敦煌為漢唐中西交通孔道，千佛洞不特為兩千年來古迹，更為中西文化藝術交流融會之所表現。三十年來，國人注意者少，以致遭受自然及人事之毀壞者，已非一日。今　先生負保存之責，深慶得人。^弟因公來渝，數聞道藩兄道及　賢勞，欽佩之至。即日須返李莊，匆匆之間，未及託道藩兄為書將意，至以為憾。向覺明先生仍擬在敦煌賡續研究，甚願與　貴院合作，期共發揚國光，稍盡學術界之責，還祈不吝賜教為禱。專此，敬頌
著祺

三十二年五月二十二日

996. 傅斯年致翁文灝、曾養甫 （1943 年 5 月 22 日）檔號：IV：371

△△吾兄部長賜鑒：① 敝省瀕年災情慘重，幸蒙後方各界竭力籌賑，

① 頁首附註："致翁部長詠霓、曾部長養甫。"（編按：翁文灝時任經濟部部長，曾養甫時任交通部部長。）

全活必不在少。惟發放諸多困難，故主持其事者議以一部分賑款移作吸收淪陷區青年學生前來後方之用。保存民族元氣，用意甚盛。竊念吾　兄民物為懷，用特隨函附奉募捐單第 3729、3730 一帋，敬懇鼎力贊助。^弟今晚上船返李，匆匆未及面罄。此事乞　迴復軍事執法總監部秦副總監紹文。① 如更示一字，寄李莊信箱五號，尤為感荷。專此奉懇，敬頌

政綏

三十二年五月二十二日

997. 傅斯年致朱家驊 (1943 年 5 月 24 日) 檔號：III：1239

騮先先生賜鑒：日前蒙　惠捐魯災籌振會募款壹仟元，已請毅侯兄在總辦事處尊賬上支付轉交秦副監德純，彼經管此事也。^弟即刻須上船，未及趨候面談為憾。專此拜達，敬頌

政安

三十二年五月二十四日

998. 傅斯年致王世杰 (1943 年 5 月 24 日) 檔號：IV：372

雪艇吾兄賜鑒：日前在學術審評會中承　惠捐魯災籌振會募款四百元，至感至感！^弟今日返李莊，未及奉訪面談。捐冊存根已函交秦紹文先生（德純，軍政執行總監部副總監），　尊款亦請即行直接交與紹文先生處為感。^弟即刻上船，匆匆奉達，敬頌

政安

三十二年五月二十四日

---

①行首自註："請將捐款收據保存，其存根及通知兩聯，乞寄秦副總監紹文為感。"

999. 傅斯年致秦德純 （稿）（1943 年 5 月 24 日）檔號：II：77

紹文先生左右：日昨承難中解圍，不勝感激之至。月餘以來，每思往
　尊處求踐喫餃子之約，總以懶極常臥，出門甚罕，不克趨候起居。
茲以即日上船，原思於行前將捐款之事面為交代，茲乃不果，良用歉
然。下次來渝，當即走候，面談一切。茲將魯災捐款^弟經手各項，奉
陳如下：

（一）募捐冊 3741 至 3760 號　共用 3741 至 3750 號十條，係由舍親
　　　曾夫人①所捐者，共得款壹佰陸拾元正。其餘十號現由^弟帶往李
　　　莊使用。此冊俟捐齊後再託^{敝院}總辦事處奉上。

（二）募捐冊 3721—3740 號　共用 3721 至 3728 八條，共捐得叁仟
　　　元；又，3729 至 3730 兩號已撕下，分別函寄翁詠霓、曾養甫
　　　兩先生，請其將存根及捐款直接寄往　尊處。所捐得之叁仟元，
　　　共已收到式仟陸百元（王雪艇先生肆佰元未收），現託^{敝院}同事奉
　　　上。至雪艇先生未付之款，^弟已函請其直接交往　尊處。其餘
　　　3731 至 3740 號空白冊，隨函奉還。

（三）^弟曾往教育部捐款，陳部長、顧次長面云，捐款無法報銷，但
　　　可送字畫來作為振災購買。此項字畫，亦不必以山東人士寫作
　　　為限。^弟旬前已託太侔兄趕快辦好後，即送顧一樵兄處也。

以上各事，敬乞　台察，至荷。^弟即刻上船。

1000. 傅斯年致趙太侔、徐中舒 （抄件） （1943 年 5 月）檔號：
　　　IV：370

太侔、仲舒兩先生左右：^弟經手之魯災捐款，頃已清結完畢，茲奉陳

---

①編按：曾廣珊（1872—1949），晚號心杏老人，又號輝遠老人，傅斯年夫人俞
　大綵之母。

如下：

一、募捐冊 3721—3740 共二十號，除 3731—3740 號十號空白冊已于^弟離渝之前託人奉還 秦紹文副總監外，其 3721—3730 號之捐者姓名及款數如下所列：

3721	汪敬熙先生 一百元	3722	陶孟和先生 五十元
3723	葉企孫先生 一百元	3724	周子競先生 一千元
3725	張道藩先生 三百元	3726	王世杰先生 四百元
3727	朱騮先先生 一千元	3728	殷先生 五十元
3729	翁文灝先生 一千元	3730	曾養甫先生 二千元

以上十號，共計六千元。除前送交 秦副總監之二千六百元外，曾養甫先生之二千元，王世杰先生之四百元，翁文灝先生之一千元，共計三千四百元。據曾、王、翁三先生來信，均已逕送 秦副總監紹文。茲將曾、王、翁三先生原信附上，敬請察閱。

二、3741—3750 共十號，係^弟託舍親曾夫人代募，共募得百六十元，已將此款及存根，連同 3751—3760 號空白冊寄交敝院王毅侯先生轉兄送魯災會。

三、9181—9200 共二十號，係^弟向敝所同人捐募，計共捐到一千一百六十五元，款及捐冊存根等，亦已託王毅侯先生轉兄代送魯災會。

至其他待^弟清理之件，因^弟現在李莊，不克辦理，敬請 兩先生偏勞，代^弟一辦，至感至感！教育部賣畫捐款之事，想此時已辦妥矣。

又，^弟前以^弟不悉經收此項捐款者究為何人，故逕送 秦副總監，尚乞 亮察是幸。專此，敬頌

大安

1001. 傅斯年致李濟 （1943 年 6 月 20 日）*

濟之吾兄賜鑒：廿日書收到，讀畢無任悚惶之至。查^弟約李啟生君上

山一詢照像室情形一事，除^弟欲知去年所買一大批如何分外（此為

主事），包含兩點，應分別言之。

一、未經 兄手，^弟直接詢問管理之人，似為引起吾 兄重大見責

之點。果然如此，^弟實極抱歉，敢不泥首請罪。惟以^弟記憶所

及，^弟之看照像室，在南京為尋常之事，每執一瓶一物而詢劉

嶼霞君以用處，慮其浪費，常囑以逢件登記，彼則每謂無法。

在昆明時，^弟又囑李連春君以登記，叮嚀周至。誠以^弟于公家

事皆好登記，庶務處之表格多其例也。^弟病後自渝來此，曾數

次告啟生以登記材料，告連春以登記用處，並分別用本所及博

物院之各項材料。凡此皆為過去之事，未聞 兄之見責也。^弟

以為凡第三組事之關涉學術及事之大者，自應由 兄決定，而

此等日常管理之事，^弟直接對啟生及連春有所囑咐，似不為

過。此次之所以與去年不同者，即^弟專為此事囑啟生上山，及

自己看了一遍而已。前者以為此事之職掌本在啟生，後者則^弟

本要看看現存多少東西，可用幾時，若此等事必得 兄上山，

兄不更以為煩乎？

二、^弟確曾叮嚀告他二人，兩方材料，各自分別使用。按三組

照像室本為三組所用，即如去年第四組要照殷墟頭骨像，

當時買大膠片既感太貴，而 兄亦謂三組照像室兼辦不來，

事終作罷。中央博物院雖與本院有合作關係，究非一個機

關，在今日物價高貴之下，分別辦理，情理之常。在當年

本所未窘至此地步時，此等事，本來從不計較，今則研究

---

*本函有手稿本及抄件兩種（檔號：李 61-5-4），合併整理。

所之局面如此，以後再買材料談何容易？用盡為止耳。即
如去年思成要讓一批材料與研究所，^弟告　兄可買，此批卒
為博物院買去，^弟亦頗為研究所惜之，何者，以後再買不知
貴多少倍，即無法買也。（以目下買太貴，云云。（連春
語））^弟聞連春言，博物院用了本所若干捲，^弟即託啟生告
子衡兄，可早還本所，以後買更貴。至于借材料叁磅左右
一事，　兄信見示始知之。總之，兩所各自分開用材料，
必為吾　兄贊成之事，當不以此為罪也。

然而此事既引　兄之誤解，^弟極感罪過，特向　兄請罪，敬乞
　曲諒。如有必要，當向總辦事處自請處分。一切諸希原諒至
　幸。至于各用各物之原則，亦必為　兄之意見也。明日開會，
　仍盼　兄到，轎子照舊下山去接。敬頌
時祺

^弟傅斯年頓首敬上　卅二年六月廿日

1002. 傅斯年致李濟（抄件）（1943 年 6 月 21 日）檔號：李 61–5–5

濟之先生大鑒：今日　閣下在所務會議中聲稱將控訴本所庶務管理員汪
和宗于教育部、糧食部等機關，以其"矇蔽招搖，冒領米貼，損壞本所
名譽"云云。查此事係指本所庶務室六月十六日及六月十九日兩函而
言。此兩函皆為^鄙人所授意，後者並經^鄙人過目，其責任自應由^鄙人負
之。請于控告時即控告^鄙人為幸。除公函專達中央博物院籌備處外，相
應寫此一信，簽字蓋章，以為自負責任之証據。如荷早日控告，以便早
日水落石出，尤為感激。專此，敬頌
著祺

傅斯年（印）敬啟　32 年六月廿一日①

---

①反頁附註："抄六月廿一日致李○先生請其告訴之函。"

1003. 傅斯年致朱家驊 (抄件)（1943 年 6 月 22 日）檔號：李 61-5-11

院長鈞鑒：本所最近出現一嚴重事件，今報告其經過如下。

本年在本月廿一日以前，並未開過所務會議，今以諸事積累，遂于廿一日上午九時開所務會議。先是李濟之先生為^{斯年}近日囑告第三組標本管理員李光宇及照像室技佐李連春，博物院與本所用材料及葯品事，應各自分開，而不高興。前一日有一信給^{斯年}，^{斯年}當即復信解釋，鄭重道歉，仍請其上山開會，（以上一事，另件呈報）故^{斯年}仍于廿一日絕早派轎子，下山去接，是日本定九時開會，李先生到會絕遲，已議過將半，來時怒氣沖沖，不發一言，^弟仍保持平常之一切態度，與之攀談，彼若理若不理，舉坐為之詫異。說要喝水，則若干研究員為之倒茶，丁聲樹先生且親往廚房為提開水來。丁聲樹先生于會畢後拉往大廚房吃飯，實欲平息其怒，飯後繼續再會，彼之態度仍舊，其面上之表情猶如戲上之大花臉。^{斯年}于每案將結束時詢彼意見，彼總以重怒之詞調曰："無意見"。俟原定各案已完，^{斯年}詢大家尚有案子討論否，彼即大聲曰："我有一個案子，我現在要彈劾汪和宗，（本所庶務管理員）他在外邊'招搖撞騙，用研究所名義，要冒領雙份米貼'，不知此等事所長知道不？"于是長篇大論，演說一段，皆此類之詞調也。^{斯年}初聞駭然，以為汪和宗不知在外作何事，然汪和宗平日小心謹慎，以老實著名，故深感詫異。及聞李先生繼續說下，始知係指本所庶務室在本月十六、十九兩日致博物院之函。此兩函之內容，係為中央博物院借用本所木匠（實係一雜工），本所向之要求退還五月份工資、伙食、米貼實物，此兩函皆為^{斯年}所授意，後一函且為^{斯年}所過目，故其責任全在^{斯年}，自不待言。當時^{斯年}既知李先生為此事而發此論，即說明寫此兩信之原委，並聲明此事責任全由^{斯年}負之。李先生手持出納管理員蕭綸徽一條，謂此即係汪和宗貪污之証據。其上寫明于海和木匠之米貼實物本所已經發了，李謂既已發了，

如何又向我們要，顯係汪和宗欲吞吃米貼，並謂照章程米貼應由原機
關報，^{斯年}當即謂米貼由原機關報，縱有此辦法，本所亦不知道，因
本所並未設有會計室，僅係中央研究院之一部，故一切事務皆由總辦
事處作最後之劃一。庶務室之兩信，本言退還本所，並非謂發給工人
以雙份，先生所指，自無根據。且既係^{斯年}所辦，其責任自由^{斯年}負。
于是^{斯年}平心靜氣將此事之原委，向彼述說，謂急于要此實物之目
的，無非為六月份本所未領到米，同人不久有斷炊之虞，即如總幹事
遠在重慶，猶體諒此事，自動寄來二萬元。在此米荒之時，六斗米雖
少，亦即一家一月之用。彼仍連嚷"犯法"等名詞不休。並連謂即將
往糧食部、教育部控告汪和宗云云。^{斯年}忍無可忍，遂言曰："此事
我本已聲明係我自己辦的，而李先生又作此話，無異借汪和宗之名，
對我加以污辱，我在中央研究院服務十五年矣，在社會上作事已二十
餘年矣。縱無所貢獻，然絕未侵及公家一文，有時且以自己之錢，小
小賠墊，此為人之共知，今李先生加此等罪名于我，成何事體？"于
是李即起去，連呼："看你怎麼辦吧！"此即此一幕之情形也。事後查
明李于到所務會議之前，先往庶務管理室，厲色要求蕭○○君查明五
月份于海和米貼發否？蕭即查明已發，並命出一紙條，並蓋章，蕭即
照辦。李遂持此條指汪和宗而言曰："我就要拿這張條子告你！你如
何重領米貼？"汪當聲辯："此為研究所請求退還米貼，並非任何人重
領米貼，且此事係奉傅先生命而辦，後一信且為傅先生在此室看著寫
的"，李即走出，到所務會議所在地。是則李于在所務會議發此狂論之
前，已知此事係^{斯年}所辦，其各種污衊之詞，雖託名于汪和宗，實皆
為對^{斯年}而發，更不待言。茲將此事來往各信，另^另抄呈，敬乞　查
明辦理。除^{斯年}所有責任及處分各事，另行呈請外，相應呈報此事原
委，敬乞
鑒核，至荷。

傅○○謹呈　32/6/22

總幹事同此不另。

附：史語所與中央博物院來往函件（抄件）

六月十六日歷史語言研究所庶務室致中央博物院函

逕啟者：敝所木工于海和君，因在　貴院工作，所有該工工資、米貼、伙食等費按月均應由　貴院付交敝所。查該工五月份工資九十元，伙食壹佰捌拾捌元，本身及家屬米貼陸市斗（磧米）。以上各款，及米貼實物，統希惠下是荷！　　此致
中央博物院籌備處

國立中央研究院歷史語言研究所庶務室啟

三十二年六月十六日

六月十八日中央博物院籌備處出納室復歷史語言研究所函

逕復者：六月十七日大函奉悉。關于木工于海和君由敝處借用事，前經貴所傅所長面告敝處李主任云，只能短期並定七月底調回　貴所復職，故一切工資等無法按月付給。茲照最優待遇按敝處僱用本地木工日資計算，五月份工資如下：

（一）自一號至九號共作九工，每工以卅二元計算，合國幣二百八
十八元。

（二）自十號至卅一號共作十七工，每工以卅五元計算，合國幣五
百九十五元。

兩共國幣八百八十三元正。

以上總數尚超過　貴所之提出者約數十元，想　貴所必可同意也。諸祈鑒查並希賜據是荷。　此復
歷史語言研究所

中央博物院籌備處出納室啟

三十二年六月十八日

附國幣七百八十七元正，中博伙食團九十六元收據壹帋。

六月十九日歷史語言研究所庶務室致中央博物院籌備處函

逕啟者：頃准　貴院備字第三二〇五一號大函奉悉。查　貴院調借^敝^所木工于海和君事，原應照機關待遇，將該工五月份應領之工資、伙食、米貼等付交^{敝所}，^{敝所}始能入賬轉報總處。　尊函雖云按照最優待遇，係按日計工，似與借調原意不合，而工資收據，^{敝所}亦不便開具，報銷上亦有困難。查五月份共三十一日，內有星期日五天，實計二十六日，照機關慣例，星期例假，自不應扣除。茲請仍照^{敝所}十六日函開辦法，除工資及伙食式佰柒拾捌元已在尊款扣除外，並請將磧米陸市斗惠下。現以^{敝所}六月份食米尚未領到，需米甚殷。相應函請查照為荷。　此致
中央博物院籌備處

國立中央研究院歷史語言研究所庶務室啟

三十二年六月十九日

原款七百八十九元①扣除二百七十八元，淨退五百零九元正。

　　六月二十一日中央博物院籌備處出納室致歷史語言研究所函

逕覆者：准　貴所庶務室六月十九日大函囑將五月份調用木工于海和之工資、伙食、米貼等付交以便轉報總處，除工資、伙食式佰柒拾捌元已照收外，餘欠磧米六市斗囑撥交等因，附退來前送款五百零九元，准此自可照辦，惟查^敝^處五月份食米，係按員工實有人數在糧食部李莊倉庫支領，已按名分發無餘，茲按當日市價（五月七日）每市斗六十五元計算，共折合法幣三百九十元隨函送上，即希查收並賜據是荷。　此致
歷史語言研究所

國立中央博物院籌備處出納室啟

計附送木工米貼合價三百九十元正。

---

①編按："七百八十九元"當作"七百八十七元"。

1004. 傅斯年致李濟 （抄件）（1943 年 6 月 25 日）檔號：李 61-5-13

濟之先生大鑒：六月廿三日惠書敬悉。查廿一日會上 閣下所提彈劾汪和宗一案，閣下雖聲言係以本院同人資格提出，但又一再聲云向教育部、糧食部控告汪和宗犯法行為。此為在場同人所共聞。所謂"彈劾"，所謂"提議"，固為本院內事，然向教育部、糧食部控告，則必為中央博物院之事。今來信既云與其他機關其他人毫不相干，似足下已改變告訴之計畫。查告訴固為鄙人所深切歡迎，不告訴鄙人亦無法相強。若再改變計畫而仍歸于告訴時，幸于七月至遲八月為之，以鄙人不能久待，且時久在法律上失效也。"

以上就告訴一事而論。今再就閣下所提本所職員之立場言之。查當日在所務會議之前，閣下在事務室時已由汪和宗君聲明此事係由鄙人指示辦理，而來所務會議時，不先問鄙人知此事否，邃出各種指人犯法之名詞，及鄙人說明"這件事我全知道"，並將原委訴說，更由董作賓先生補充說明各情節之後，閣下仍復持其犯法控告之說，其為對鄙人而發，自不待言。假若此事能証明確為犯法之行為，在鄙人固當受其應得之罪，如其並無犯法之嫌疑，自為對鄙人之極大"公然污辱"。茲已將全案經過，連同一切有關文件送請 院長、總幹事派員澈底清查矣。專此，敬頌著祺

弟傅○○敬啟　32/6/25

1005. 傅斯年致朱家驊、葉企孫 （抄件）（1943 年 6 月 25 日）檔號：李 61-5-14

院長、總幹事鈞鑒：關于李濟先生在所務會議席上重大污辱斯年一事，前已將詳細經過函陳，計達 鈞覽。查李濟君聲言欲向教育部、糧食部告訴，斯年當備函請其迅即告訴，旋接廿三日函，似不欲告訴，

而仍持汪和宗在外攫取雙份米貼之說，是其對于當日污辱^{斯年}之各種言論，並無撤消收回之意。茲應將一切文件送呈　鈞覽，以便派員澈底查明真象。除當日開會情形業經呈報，及與博物院來往各信件業經抄附外，茲以下列各件奉呈。

一、汪和宗君述說此事之經過。附傅斯年案語。

二、請李濟告訴之函，並其復函。

三、六月廿二日本所庶務室致中博院出納室之兩函。

更有陳者，此事文件雖多，要點却甚簡單，要不外下列各事：

一、庶務室十六、十九日兩函，是否有在外攫取木匠于海和五月份雙份米貼之嫌疑。

二、此兩函是否由^{斯年}指示為之。此點人證甚多。

三、李濟先生于聽悉此事為^{斯年}命辦之後，又來所務會議說出各種惡詞，並于^{斯年}詳細說明經過實由我辦，又經董作賓先生補充說明之後，李濟先生仍持其"告訴"、"犯法"之說，是否對^{斯年}為一種絕大公開污辱行為。

為此應請　院長派員來此澈查，或派此間若干研究員澈查，以明真象。蓋此事如有舞弊之嫌疑，在^{斯年}自應束身待罪法庭。如其無之，而為李濟先生借題發揮，自為對^{斯年}公然重大之污辱，自亦有應得之咎。此事^{斯年}深覺斷不可含糊了事。以^{斯年}之名譽及人格必須弄個清楚也。且刁風不可長，本院雖尊重各研究員之學術自由，而如此重大事件，自不可以息事寧人了之。待罪陳言，諸希　亮察。謹呈。

歷————長　傅〇〇　32/6/25

附一：傅斯年案語

斯年謹案：汪和宗君以上之陳述，[①]　均與事實相合，有共同辦事之人

---

①編按：汪和宗之陳述未見。

可以為証。今李濟先生既提明"彈劾"，應為轉呈總處查核。至于與中博院為此事來往各函件，前已隨同六月廿二日呈　院長函件寄上，不另抄送。

附二：六月廿二日本所庶務室致中博院出納室之兩函

六月廿二日歷史語言研究所庶務室致中央博物院籌備處出納室函

逕啟者：頃准　貴室備字第三二〇五二號無日期大函，並附敝所木工于海和五月份米貼六市斗折價金額，計國幣叁佰玖拾元正。查調借人員及工役，在調借期內，本人及家屬米貼，是否應由原服務機關具領，抑由調借機關報領，敝所係中央研究院之一部，無會計處，因無此項法令參攷，僅知以前所辦皆是米貼與薪工同領，茲已另函本院總辦事處奉詢矣。

查本室接到貴處六月十八日函，曾以面呈本所傅所長，傅所長深感此等辦法及語調之奇異，本所並非小工，如何能按工計算而出收據？且所謂"最惠待遇"，"多出數十元，想貴所必能同意"云云，全為揶揄之詞，似非學術機關相交之道。本所終以學術機關，應自尊其身分，故並未計較，仍申前議。昨日　貴處李主任來敝所事務室，初則令敝所出納管理員蕭綸徽出一發給于海和五月份米實物之證據，並蓋章其上，繼則持此條指敝所庶務管理員而言曰："我可持此告你"，查汪和宗之辦理此事，全為秉承傅所長之意見而辦。本所向來于米貼一事，皆由總處清結，此次初辦領米實物，四、五兩月多出之數，以六月份未能領到，尚未退還倉庫。前函本已言明"轉報總處"，其意甚明，無非于清結時，　貴處交來，本所退還而已。即令如　貴主任口頭所云，米貼應由原機關報，何以兩信中一字不提，前信徒作揶揄之詞，後信所定米價，又絕非可以買到米者，此種態度，至堪惋惜。茲除由敝所公函　貴處請實踐前言，迅對本所主管人及經手人提起訴訟外，仍乞將于海和五月份全月米實物，及六月份按日計算之部分（但

請無如上次辦法除相連之星期日）一併送下，^{敝所}當付以收據，以為
貴處起訴之又一"證據"不亦善乎？　此致
國立中央博物院籌備處出納室

國立中央研究院歷史語言研究所庶務室啟

三十二年六月廿二日

附退還國幣叁佰玖拾元正。

再，此函因承以前各函係統仍由庶務室出名，實由本所傅所長起
草，由彼簽字負責。

六月廿一日中央博物院庶務處致歷史語言研究所庶務室函

逕啟者：查前借貴所木工于海和現因本處工作業已完畢，自明日（廿
二）起不必前來，即請　查照為荷。　此致
國立中央研究院歷史語言研究所庶務室

國立中央博物院籌備處庶務處啟

三十二年六月廿一日

六月廿二日歷史語言研究所庶務室致中央博物院籌備處函

逕啟者：頃准　貴院庶務處六月廿一日大函，謂"前借　貴所木工于
海和現因本處工作業已完畢，自明日（廿二）起不必前來"等語，頃
已照辦。查于海和六月份一日至廿一日之工資實計國幣陸拾叁元，伙
食實計式佰壹拾玖元，兩項共計式佰捌拾式元，至希　查照惠下。又
該工六月一日至廿一日應領之米貼為四市斗，請與該工五月份米貼同
樣辦理，並希一同惠下，以便入賬轉報本院總處清結。　此致
中央博物院籌備處

國立中央研究院歷史語言研究所庶務室啟

三十二年六月廿二日

1006. 傅斯年致王世杰 （電）（1943 年 6 月 26 日）檔號：I：72

究。重慶。王主任毅侯譯轉王秘書長：梗密。已函戚壽南詳述身體近

狀，請決定能高空飛行否，俟復電到即聞。若必需日内決定，請派他人。函詳。斯年。

1007. 傅斯年致王世杰 （1943 年 6 月 26 日） 檔號：II：34

雪艇先生左右：^弟以前在昆明時常發之腰關節炎，今又發作，不能起坐，恐需臥床十餘日，此信不能自寫，口說而由同事記之，尚乞　鑒宥，至幸。

經四日考慮，今日奉上一電，計達　清覽。承我　公派這樣一個好差使，在若干人必以為求之不得者也。惟^弟自始以為，凡與事之無益者，無須于此時耗費國家之外匯，如前者之訪尼赫魯及出席太平洋學會是也。惟此次^弟不無動念，則另有故。李濟之先生自上次裵籽原事件後，總來胡攪，近更不成話，或者^弟之欲離開此研究所，亦如鯁生兄之欲離開武漢大學歟。且^弟于英國妄覺頗有所瞭解，不愛之而敬之，今有法看看戰時英國，亦自不錯。兼以内子頗欲^弟于此時出外看看醫生，故數日之内未能決定。

然而，此事有必須先決定者，以此行必有若干處為高空飛行，鑒于上次王亮疇先生自印度歸來之狼狽，（彼亦鬧血壓高而血管硬化者）及適之先生之不能返國，（彼之病在□□營養、心臟之血管硬化）^弟于能高空飛行否一事，頗有戒心，重以在英之工作必然繁重，實覺未可造次，故已于今日詳細說明^弟之身體情形，用快函寄達成都戚壽南大夫，詢其意見，請其復電。^弟之能行與否，應以戚君之意見為斷矣。^弟之所以不能電詢者，因^弟之情況電報說不清楚，故僅能^弟以函去，彼以電來也。

然而此等辦法，恐就誤時期，于公至為不便，且醫師多偏于謹慎，恐其回電亦是一相對之"否"字。或者，即將^弟之一名不加攷慮，自為更善。以^弟度之，孟和、端升、通伯，皆為妥當之人選，皆長于^弟，此亦可借供參攷也。

此行必有目的，即欲製造如何印象，取得如何結論，此則非作整個的檢討，決定策略，更于今夏寫出若干演講稿，不足收效。且國內情形必須熟悉，對英國人亦必取一種誠實、和諧之態度，故重覺此行之不易也。

大約^弟之血壓高，甚怕勞動，而因血壓高引起之血管硬化及心臟變態，（^弟稍有之，不重）在高空飛行時，必有氧氣不可，此行沿途或為軍用飛機，設備自甚簡陋，此亦可慮之一點也。專此，敬頌
政安

　同行者尚有何位？並乞　示及。

32/6/26

1008. 傅斯年致戚壽南 （1943 年 6 月 26 日）*

壽南吾兄左右：久未通候，諸維　起居安適，為禱為禱！

大駕在重慶時，^弟亦在重慶，屢欲奉訪，而以初不知住址，逡巡未果，念何如之！^{舍侄}樂煥之病，諸承　指示，感何可言。^弟服　　①事，更承　關照，尤感尤感。茲有一事奉詢，今冬政府有一赴英訪問之團體，近接　蔣先生電，命^弟參加，此等事^弟向不熱心，惟英倫係^弟舊遊之地，戰時英國，頗欲一睹為快，且路上各地，如印度、埃及等亦久欲一遊而未果者，故心中躊躇不定。茲欲奉詢者，即^弟之血壓高病，及其連帶而生之心臟變態，血管硬化，于高空飛行，兩月之不斷應酬與旅行，有無嚴重之影響是也。^弟自前年病後，經長期之休息，體力大致頗好，故今春在重慶工作三月，情形尚好。茲將目前^弟

＊本函有那廉君記錄稿（檔號：I：267）及繕本（檔號：I：63）兩種，合併整理。
①原稿此處空數格，待填藥名。

自己所知之身體情形開列如左：

一、血壓　在過勞及生氣時，可升至二百，但休息並服　　①後，
即迅速降落。大約亦在一百四十至一百六七十為常。
②即在最壞時，亦不過一百二十餘。通常在一百上下。不過
頭暈之事，亦常有之。

二、心臟　仍是前年　先生所聽之狀態，即右下第二聲甚尖銳。在
重慶尚能爬坡，但頗覺吃力。

三、血管硬化　似與前年相同，失眠仍多，常食安眠藥。

四、腎臟　未有蛋白質等。

總之，此情形仍與　先生所見者差不多，惟日常工作已大致恢復耳。
第不知此等身體狀態于高空飛行之防碍性大小何如。此點如承　示
及，至為感激。弟亦頗欲由英至美，以試其新製療法，惟此時旅行與
平時不同，如承　電示，尤為感激。電報住址即寫"2980（電報掛號
號碼）南溪轉李莊"便可。一切費神，感激之至。容會晤時面謝也。
專此，敬頌
時祺

32/6/26

弟之腰關節炎又發，不能起坐，此信不能自寫，口說而由同事記
之，乞諒。
又恐郵寄遺失，故同時寄上此信兩份，一用快信，一用航快。

1009. 傅斯年致曹樹銘 (稿)（1943 年 6 月 26 日）檔號：I：267

〇〇先生左右：③　本年冬季，弟將有英倫之行，在英須有兩月停留。
惟弟本鬧血壓高，是否能作高空飛行，尚成問題，故躊躇不決也。

---

①原稿此處空數格，待填藥名。
②原稿此處空數格。
③頁首那廉君摘述："曹樹銘先生：在高空飛行時，感覺如何辛苦？"

亮疇先生亦患血壓高，此次由印度歸來，在高空飛行時，情形如
何，及感覺如何辛苦，擬請代向亮疇先生奉詢，並請示以詳情，俾
^弟借以參攷，感謝無量也。

1010. 傅斯年致朱家驊、葉企孫（抄件）（1943 年 6 月 27 日）檔號：李 61-5-15

驊先尊兄院長、企孫吾兄賜鑒：此次開會濟之先生之演"八蜡庙"、
"全武行"（幸未"帶打"），本為借題發揮之事，其不高興處並不在于
此。為　兩兄明瞭此事，不得不述其梗概如下：

一、去年教育部令博物院展覽，博物院言只能專題展覽，濟之先生
遂定好專題三、四個：一為舊石器新石器之進化，此種資料取給于本
所者，恐在百分之九十五以上，大部分為十四年前沈宜甲為本所代購
法國穆提葉父子之收集，此為世界有名之收集。二為濬縣發掘，此為
本院與河南古蹟會所有。三為漢代文物，此種一部分為本所與博物院
合作之彭山發掘。王振鐸之漢車製型，則為博物院純有之物。此種
一、二兩項均為^弟在重慶時移到博物院去者，原來並未有借用之公
事。彥堂雖知其搬動，自亦不敢過問。^弟歸來後，濟之要博物院買這
一批石頭，^弟云，博物院目下情形不定，研究所似未可讓出。（濟之一
年到頭說要不幹博物院了）彥堂並聞之博物院人云，濟之並欲用原價購
買，此則真是一大笑話也。先是濟之于去年本所在重慶參加美展時，
抱其反對之意見，^弟不得不自行取消與道藩之約定，今忽以本所之物
應酬教育部之長期展覽，且欲于雙十節行之。^弟自不無詫異之處，惟
以濟之之意不敢違，仍允其展，但改為在霧季中，並造一清冊而已。
（搬往博物院物並無任何紀錄）其漢代一部分，^弟回來時彼已託勞榦整理，
此須參攷若干書籍，並在本所書庫中檢出若干圖畫，以備照像之用者。
^弟詢勞君，需時若干？勞云至少須一個半月。勞之計畫，向不清楚，彼
云一個半月，至少需兩月以上，此則使^弟有一極為難處，蓋勞正在趕寫

居延漢簡在李莊上石，（自寫石印紙）遲則加價，（召致本所數千元之損失）^弟終以濟之之意不可違抗，故仍令其照辦。但寫一信給濟之，請其給勞君以比較豐裕之報酬，並說明數字為三千元，請其斟酌。勞君一家八口在此，窮困不堪，許其得一外賺，亦人情也。此數準以重慶價格及博物院自花錢之辦法，決不為大。然濟之置而不復，^弟在本月十日左右訪濟之，出門時詢及此事，濟之起為^弟曰："你不要拿教育部的差事卡著我，我並不要把這差事辦好。"^弟當時心中極為難過，頭暈腦悶，然仍一切如常，絲毫未曾表現情感也。總之，本所對于博物院之一切事，一向皆如伺候上司一般，^弟且如此，同人更不消說。積藏已久，言之慨然！假如為此等事生氣，應該是^弟，而不應該是濟之。

二、為^弟查照像室之事。原來博物院之照像，皆由本所第三組之照像室辦理，在南京時即如此。以前用材料，不甚分開，但他組公家用照像，濟之頗不欲此室辦理。去年第四組欲照一批像，材料固須另備，即地方與人工濟之亦不肯借用。遂而作罷。此時玫古組照像甚少，故此時大體是為博物院用耳。^弟去年以來深感物價高貴，本所困窮，曾與濟之談數次，應將兩方材料分開，本所但盡人工之勞而已。（本所照像室現在甚小，而博物院之照像大多數為放大者，動須多人在院中為之，所耗人工頗不在少。）濟之早經答應，去年濟之在重慶帶來一大批材料時，即送到照像室，^弟請濟之分開，濟之尚不知如何分法，遂函毅侯兄查明舊賬，查明何者為研究所所買，何者為博物院所買，郭主任寄來一賬，似是本所出款者甚少，^弟又請濟之去問，則兩處之數恰反過來，即本所一萬九千餘，博物院四千餘，遂成定案。此室之管理員為第三組標本管理員李光宇，（此人甚老實，久為濟之調下山去，來山上時甚稀。）此室之照像者為技佐李連春，人亦老實，^弟當即請濟之告他們倆人分開使用，並直告他們每次照像登記，分別存放，或更用一記號，此去冬事也。大約本月十日或十一日，^弟忽因本所同人服務証照像事，第四組沖像事，想起照像室內博物院與本所分用之實在情形，遂約李光宇上山一談，當即同其往照像室一看，登記甚詳，然材料仍是放在一起，所謂分用，僅係事後之分算，而非事前之分用。弟當即責李連春，為何不事前分用？李則以何物屬于何方僅在李光宇處有記錄對。弟又問李光宇何以不先分開？李則諾諾不能言。弟當言曰："兩方分用，本為與李先生約好之辦法，今情形如此，你們二位應該格外注意些。"弟亦未之深責也。濟之為此事寫一發怒之信來。弟立即回信解釋，（兩信均抄奉）並深切道歉。其實弟自忖毫無過失：一、弟是否無權看研究所任何部分，且此部分又為弟所常去者。二、在弟與濟之已經約定之原則上，弟是否有權督責相關之職員之執行。三、濟之上山稀少，而弟于各部分事常歡喜自己看看，此習慣多年于此。然而弟總為息事寧人計，屈為之道歉，不意此日派轎子下山接來，仍演此一齣八蠟廟也。

三、夏鼐事，去年騮先兄與濟之合電致夏鼐，弟事前固全然不知，終以夏鼐為可請之人，故于今年院務會議中提出通過。初言由本所任其為副研究員，仍由中博院借調付薪，濟之憤然曰："你們的院長，既然打電報請人家來，還不付路費？"弟覺此話有點不像話了，遂于此次夏鼐到後，決定爽性連薪水均由我們出。

四、Needham 在此之前一日，濟之上山，自說笑話曰："我看我辦之博物院，只有一個意義，就是維持若干朋友之親戚飯碗，連我的親戚在內。"我也連說笑話曰："只要是人才或者可靠，此亦用人之一道。"此時說說笑笑，毫無不快，然于演八蠟廟後，彼對人曰我責備他用親戚。其實這種微妙之處，弟又何敢置詞也。

以上各件，大約以第二項為濟之生氣之主因，然弟既已解釋與自抑道歉矣。總計自裴籽原事件以來，平均兩年之中來大鬧三次，然未有如此次之暴烈者也。今述詳情，諸希 鑒察。敬頌
日安

32/6/27

1011. 傅斯年致湯用彤、楊振聲、鄭天挺 (1943 年 7 月 1 日) 檔號：I：256

中華民國 32 年 7 月 1 日

錫予先生，今甫、毅生兩兄左右：北大文科研究所研究生胡慶鈞君，家境不佳，與同在李莊之李孝定、王利器、王叔岷三君情形不同。李及二王均以其家中大量穀子之收入在此讀書，故對于文科所每月給予之津貼，不以為關係性命，毫不重視。其實彼等如靠此等津貼生活，早已不了矣。胡君家鄉雖未淪陷，然本非富有之家，無款接濟彼用。彼在敝所公共食堂包伙，現在每月需六百元，以後當更多。文科所每月之津貼及米貼不過四百餘元，尚不足其一月之伙食費，其困苦可知也。弟因念及北京大學有所謂"半時助教"者，即以一半時間作學術工作，一半時間服務，每月給予薪給。設若胡君能得此一名義，俾其于讀書之暇，照料同在李莊之研究生之若干事務，則可以增多收入，自可暫救其困窮也。弟雖不敢代其遽作如是之請，然因目覩胡君之窘狀，而感念及之，特為奉述如上。諸請　玟慮是幸。

又，胡君前向弟請求隨敝所芮逸夫君赴川南調查，弟當時以胡君既治民俗學，如能出外調查一次，自亦大有裨益，故允其所請。此事前已數函奉達　錫予先生矣。其調查費用，當時本請中庚會補助，中庚會以無此例，未能同意，弟遂擬由敝所為之報銷。其後思及，胡君究非敝所人員，頗有未便，故其調查費四千一百七十七元八角九分，至今尚為懸案也。李國欽先生之捐款，前由葉企孫兄匯上七萬餘元，此款既為補助"漢學研究之用"，如向覺明兄等，胡君此次調查，自亦有其學術上之價值，未知能否即由此款中支出？敬乞　考慮。茲將胡君調查費清單及其附件一併奉上，統希　察閱，是禱。專此，敬頌
道安
莘田兄同此。

佇候　回示。

1012. 傅斯年致王敬禮（抄件）（1943 年 7 月 6 日）檔號：李 61-5-20

中華民國 32 年 7 月 6 日

毅侯吾兄左右：今日收到　貴處第九〇四號大函，承示調借人員及公役在調借期內其本人及家屬米貼與其本人薪資是否由原服務機關具領抑由借調機關報領，從無明文規定云云。可知各機關對于此類事項之辦理，當然參差不齊。本所此次與中博院爭執之點，為因此事而引起之犯法與不犯法問題，既然法律上對此無明文之規定，則本所之向中博院要求發給木匠于海和之五月份工資及米貼，自不為犯法也。

查此事本無犯法與不犯法之可言，惟中博院現在仍持其本所犯法之說，故大函中有"似以由服務機關報領為妥"一語，自為不便，且既無明文規定，似亦無何法為妥之說。茲將原函附還，請將此句刪去，速為寄下，不勝感激之至。專此，敬頌

大安

弟傅〇〇敬啟

1013. 傅斯年致王世杰（電）（1943 年 7 月 8 日）檔號：IV：358

王主任毅侯譯轉王祕書長：梗密。戚醫電弟不宜高空飛行，　懇轉陳辭謝。餘函陳。斯年。齊。

1014. 傅斯年致王敬禮（電）（1943 年 7 月 8 日）檔號：IV：358

王主任毅侯：梗密。弟辭訪英一行，似可由企孫訪雪艇，推孟和以作本院回訪英國學界之使，除弟函請雪艇外，乞兄等斟酌。斯年。齊。

1015. 傅斯年致王世杰 （抄件）（1943 年 7 月 10 日）檔號：I：72、I：63、IV：214

雪艇先生左右：昨電計達。戚壽南醫師之回電，其原文曰"………"，弟又曾函曹樹銘君轉詢王亮疇先生，其回信尤力言弟不能前往，茲一併抄呈詳察，足徵弟之不能前去，非不為也，實不能也。此與適之先生之不能回國，同一命運矣。

本來弟于此等出洋之事，毫不感興趣，前者方命者數矣。此次固以戰鬥中之英國，頗值得看，尤覺吾　兄之盛意不可負，而其結果徒累吾　兄坐待二十餘日，尚乞面陳　介公時附帶陳明弟曾詢戚壽南一事，彼認為不可，又詢王亮疇先生，彼有血壓高之病，去年有訪印之行，更以為不可行，庶以明弟之非有意推託也。

至于"補缺"一事，弟意如孟和先生不在其中，可否將其補入？以如是可兼為中央研究院回答英國學院之使，庶幾一舉兩得，輕而省費，便乞　考慮為幸。

此團聞共五人，不知究為何人？弟意，似應有一國民黨中有聲望之人物，然遍觀參政會名單，殊不易選，或找一不會說洋話之人為之，亦無不可。實業界則如旭東、雲五，似可有一人，而孟和、金甫、端升、通伯等，無一不比弟相宜，或郭斌佳兄伴陪一行更佳。然人選恐已皆定局，此說恐亦如看報之議論耳。

弟之腰關節炎尚未痊愈，現又腹瀉，甚苦甚苦。此信未能自寫，口說而同事記之。　公讀其語調，當知其非倩託人所寫也。專此，敬請
政安

弟傅〇〇　32/7/10

附一：戚壽南致傅斯年 （抄電）（1943 年 6 月 5 日）

歷。李莊。轉李莊傅所長孟真兄鑒：函悉。照來函所述情形，不宜高

空旅行。壽南。①

附二：曹樹銘致傅斯年（抄件）（1943 年 7 月 2 日）

孟真先生道鑒：② 頃奉六月廿六日　手示，當即轉詢　亮疇先生，奉諭代答如下：（一）中英之行，為長途長時間之飛行，不能與中印之短程飛行相比。（二）過去渠本人中印之行，在機中即感十分痛苦，下機後即臥病若干日，而現在中印飛行之高度，據渠所悉又遠過於過去渠本人所飛之高度。（三）最近有一法國人經印來渝，與渠談及因中印一段飛行之高，使渠完全失去知覺，後經人工施救，始復原狀。（四）渠本人體瘦，原無血壓病，只有鼻病，尚有所感覺，以視　尊體素胖，現在血壓病雖已不存在，但究為過去曾有此病之人，如經飛行，則感覺或更銳敏，亦未可知。　渠曾詢及　先生心臟如何？此亦須顧慮。（五）渠度　先生英倫之行，或係參加訪英國之行，如屬確實，則渠更願勸止此行，因沿途長期長程飛行之後，到英立即要參加一切活動，而無片刻休息——從英議會訪華團之活動情況可以推見，而況英國所欲展視者比我更多，舉凡參觀演說、聚餐會談等等，無不要費盡心力為之。此與曾患血壓病又經長程飛行之人，大不相宜，否則如沿途飛行不生問題，而到英後從事休息，則又失訪英之意義。（六）還要顧慮到英活動後之再度長程飛回。綜此數者，渠意力勸先生勿作英倫之行，並囑代致殷切之問候，惟　垂察焉幸甚。專此奉復，敬頌
道安

　　　　　　　　　　　　　弟曹樹銘謹上　七月二日
傅太太同安，令郎問好。

---

①頁末附註："抄戚壽南醫師來函。"
②頁首附註："抄曹樹銘先生來函。"

1016. 傅斯年致李櫂 （抄件）（1943 年 7 月 10 日）檔號：李 61-5-21

博父老大人尊鑒：前奉　惠書，感激之至。既蒙　老伯如此見顧，理
應披陳其詳。惟連日關節炎與腹瀉不已，起床執筆，至以為苦。一俟
少愈，當即悉以上聞，諸希　鑒原為幸。專此，敬頌
尊安

侄○○○謹上　32/7/10

1017. 傅斯年致李櫂 （抄件）（1943 年 7 月）檔號：李 61-5-22

博父老大人尊鑒：① 前奉　手諭，以正在病中，匆匆託那先生代寫一
字，計蒙　青及。茲于　老伯大人所關心之事，述其節略，幸　垂
察焉。

此事為明瞭全局並于各方俱得公道起見，應分三段說之。

一、濟之先生在上月廿一日對侄之污辱事件。先是侄在重慶時，楊
雨生君告汪和宗君將本所木匠于海和長期借調，後來濟之先生亦曾以
此說告汪，汪自奉命惟謹，無異辭焉。侄返後，曾告濟之先生云：
"只可借一時，不可常借。"濟之先生云："借來省了你們的工錢、伙
食，不是于你們有利嗎？"侄即云："此時研究所固不能興土木，但這
個木匠並不是一個單純的木匠，實係一雜工，夏天須上房檢瓦，且山
上皆是舊房子，動則此爛彼壞，而善本書庫之夾板、書盒正在修理
中，故只可借五、六兩月，以後若山上無事，博物院自可隨時來借。
目下洋人②要來，亦有一、二處須修理修理方好看些，若桂花塢尚有
人住，亦尚有修理之處。"彼時濟之先生亦無異議。同時本所領米事
發生糾紛，南溪倉庫兩來公函要求歸還四、五兩月所領之米，為此極

---

①頁首自註："未用。"
②編按：李約瑟（Joseph Terence Montgomery Needham，1900—1995），時任重慶中
英科學合作館（The Sino-British Science Co-operation Office）館長。

為著急，除一面向重慶糧食部交涉外，不得不清算本所存米數量及存款，侄翻檢名冊，于見到于海和之名時，問汪和宗君云："此項退還薪水等辦法，是否以前說明如何辦理？"汪云："楊雨生先生前說明每月與本所結算工資、伙食及米貼。"侄當即云："那你就去信要回五月份的吧！"此六月十六日汪致博物院函之所由來也。旋接回信，要用日工計算而由本所出收據，侄感于本所實無法出此收據，此六月十九日函之所由來。前函為侄囑汪君所寫，後函並為侄于發出前所看過，故此事之責任自在侄而不在汪君也。廿一日本所開所務會議，侄曾派轎子下山接濟之先生前來，濟之先生到會甚遲，怒氣沖沖，不發一言，侄仍保持平常之一切態度，與之攀談，若理若不理，原定各案議完後，問大家尚有案子討論否？濟之先生即大聲曰："我有一個案子，我現在要彈劾汪和宗，他在外面招搖撞騙，用研究所名義要冒領雙份米貼，不知此等事所長知道不？"于是長篇大論皆此類之語調也。侄初聞駭然，不知究是何事，既聞濟之先生繼續說下，始知係指本所庶務室本月十六、十九兩日致博物院之函而言。濟之先生手持蕭綸徽君一條，謂此即汪和宗貪污之証據，其上寫明于海和木匠之五月份實物已經發了。濟之先生謂既已發了，如何又向我們要，顯係汪和宗欲吞吃米貼，侄當時平心靜氣將此事之原委向彼述說，謂此事全是我辦的，庶務室之兩信本謂退回本所，並非謂發給木匠以雙份，其急于要此實物之目的，無非謂本所六月份未領到米，同人不久有斷炊之虞。即如總幹事遠在重慶，猶體諒此意，自動寄來二萬元，在此米荒之時，六斗米雖小，亦給一家一月之用云云。此時彥堂兄並補充加以解釋，彼仍連嚷"犯法"等名詞不休，並謂將往糧食部、教育部控告云云。侄對此事忍無可忍，遂言曰："此事本已聲明是我自己辦的，而李先生尚作此話，無異借汪和宗之名，對我加以污辱，現在只有請李先生向糧食部、教育部告去吧！"于是濟之先生急起去，連呼："看你怎麼辦吧！"事後查明濟之先生于到所務會議之前，先往庶務室，厲色要求蕭綸徽君查明于海和五月份米貼發否，蕭即查明已發，並命出一紙條，並蓋章，蕭即照辦。濟之先生即持此條指汪和宗而言曰：
"我就要拿這條子告你，你如何重領米貼？"汪當聲辯："此為研究所
請求退還米貼，並非任何人重領米貼，且此事係奉傅先生命而辦，且
後一信為傅先生在此室看著寫的。"濟之先生遂走出到所務會議所在
地。是則濟之先生在所務會議發此怪論之前，已知此事係^侄所辦，其
為對^侄而發不待言也。

二、先是濟之先生于^侄問啟生及連春照像室情形一事，似有所誤
會，此事詳見濟之先生六月廿日之函及^侄同日復函，另有存底，附呈
一閱。（此件乞　賜還，以別無存底也。）此事本是去年^侄自重慶返來之
事，當時本與濟之先生說好，兩方材料各自分用，並告啟生及李連春
君各自分開，此次無非因同人為服務證照像及第四組在宜賓沖洗底片
聯想而起，（彥堂兄亦云四組跑到宜賓沖照像，花錢如許多，我也覺得心
疼。）當時囑啟生上山，^侄僅問問去年與濟之先生商好之辦法是否澈底
實行。啟生管理第三組之一切雜事，故直接問他，當時亦曾想到如託
濟之先生去辦，或彼以為小事大做，而濟之先生于第三組之不關學術
之雜事不樂躬親，亦以此是也。今看過後，事前材料並未分用，只用
登記方法事後追算而已。惟^侄並未責備啟生，僅略責備連春數語。此
事退百步言之，在^侄為重大過失，然^侄已于廿日函中謝過不遑，聲言
泥首請罪，何至此日接上山來，演此"八蜡廟"之劇？而誣人以犯法
也。此外濟之先生容或另有不高興之事，則^侄不知之矣。

三、緬懷^侄十五年來在研究所對同事之態度，縱不少過失，終以舍
己之工作而助人之工作為本基，即如考古組之工作，^侄有時拼命為之
奮鬥，而享大名者濟之先生也。裘仔原事件，^侄當時一切為濟之先生
打算，此必為　老伯所知。不意事後忽以為偕其　①之成旅，一鬧
數月，至今^侄尚莫明其故，此後則忽好忽壞，似乎濟之先生已有感情

———————————

①原稿此處空兩格。

上之不舒服處，便須^侄償之者，^侄終念此十餘年之交誼，雖有時心中極其難過，而事過境遷，全不在意，即如最近公私兩事論之：（一）尊府羊街之租房自當時看來，今夏必難解決，故于去冬往重慶于萬難中請總辦事處津貼萬五千元，為兵蓋房，俾可自桂花坳搬出而修理之，（此事實用萬二千元左右）當時雖云為寅恪、濟之二人之用，但寅恪之不來，人皆知之，當時告濟之云："我絕不免強你上山來住，然若山下房子問題不能解決時，此可為後備之計。（此房現在所中公論為本所各住房之第一）"如此為朋友打算，似無負于濟之先生也。（二）此次到重慶，看見有幾件古物可買，立即為之在教育部請款將其買下帶來，此本係^侄一向對博物院之態度，似亦無所負于該機關也。不意一事誤會，遂而出此絕計，犯法惡名、冒領醜事。本院自故蔡院長拗辦以來，不曾有此醜事，如不使其水落石出，則^侄出入進退，何以為言。

　　^侄因濟之先生有向糧食部、教育部告訴之說，故于事後函其告訴，濟之先生回信不提告訴之事，而仍謂"汪和宗在外為本所木匠于海和索取五月份雙份米貼"，迫不獲已，遂呈請院長澈底查明。此其經過也。然^侄請院長查辦者，我也，非濟之先生也。茲姑以比之語，行路之人，為人擠入糞坑，起來第一事自為洗刷乾淨，然絕不以洗污之水投之見擠之人，故此事雖濟之先生出此下策毒計，在此只求一息了事，以重中央研究院之名義，絕不存報復之意，此則所以奉告　老伯者也。臨書悲痛，百感交集，書不盡意，敬叩
鈞安

1018. 傅斯年致朱家驊 （抄件）（1943 年 7 月 19 日）檔號：李 61-5-25

院長鈞鑒：關于上月廿一日李濟君在所務會議大鬧一事，累函報告經過情形，計達　鈞覽。此事在^{斯年}之意，無非在求証明李濟君所云"犯法"一事之為虛為實，誠緣本院自蔡院長創辦以來未有如此之醜

相，如含糊了事不加証明，實為本院之耻。故請求派員查明此事，以重本院之名譽。此外並無他意。近以此間友人之勸說，亦頗欲將此事從輕看去，故于博物院及李濟君尊甫之來函，均尚沈吟未復。不意李濟君于接到總辦事處寄彼以復^{斯年}一函之抄件，其中有"……"二語，① 于下一語大鳴得意，對蕭綸徽君又罵汪和宗君一場。此事本由^{斯年}所為，早經屢次聲明，而李濟每藉汪和宗之名如此辱罵^{斯年}，在^{斯年}更無面目為此所一日之所長，敬懇　鈞座另聘繼任之人，以維秩序。如一時不能聘到，懇即日暫派本所任何一研究員先行代理，以重公務。此外仍懇派員澈查此事真象，以明^{斯年}與汪和宗君有無犯法之行為嫌疑與動機，藉維本院之名譽。迫切陳詞，不勝待命之至。謹呈

歷————所長　傅○○　32/7/19

1019. 傅斯年致王敬禮 （抄件）（1943 年 7 月 20 日）檔號：李 61-5-26

毅侯吾兄學長左右：前總處來一信，言及借用人員報生活補助費、米貼事，其末二句云："法無明文規定，似以由原機關報領為妥。"^弟以末一句恐引起濟之先生之又一糾紛，（^弟深知李之性情）曾寫一函請兄改寫一遍，將末句刪去，計達　台覽。惟此事不知如何由　貴處抄給濟之先生一份，于是果不出^弟所料，濟之先生昨日對蕭綸徽兄大表其得意之姿色。昨日蕭下山遇李，李問蕭曰："你們向總辦事處問的那封信有回信嗎？"蕭曰："有。"李曰："說什麼？"蕭曰："法無明文規定。"李曰："下文呢？"蕭說不出來，李說："我替你說了吧！就是以由原機關報領為妥。"（按來信有"似"字彼亦刪之）于是便罵了汪和宗一頓，李先【生】之手段，皆係借汪和宗之名罵我，為此一句又生此一支節，諒非吾兄抄示濟之先生時初料所及也。先是梁思成兄、林徽因、曾昭燏兩女士等屢次勸^弟將此事看輕，^弟近數日頗為所感動，

---

①編按：即王敬禮覆函所稱："法無明文規定，似以由原機關報領為妥"二語。

經此一幕，李之逞強肆橫，毫無悔過之念，一切談不到矣。

茲因兄既將前信抄示李公，所請刪去末節一語，自無從作，仍乞將原件寄還，然若兄能格外補充一信，言明法無明文規定一語係應本所前函詢問此事法律手續而言，"似以由原機關報領為妥"一語，乃兄等之意，惟法律既無明文規定，則兩者皆于法律無所抵觸，若用之前原有約定，自應從原來之約定也云云。此亦皆是公道實在之話，惟仍請兄斟酌，切勿勉強，至幸至感。然若兄不擬寫此補充之信，則請將前寄去之函仍行寄還可也。此事現在弄的已不是如何辦為妥之問題，乃純為法律之問題，因李濟連次誣我犯法也。專此，敬頌

道安，並候　惠復。

32/7/20

1020. 傅斯年致凌純聲等 (1943 年 7 月 24 日)*

〇〇先生左右：昨接李濟先生一函，其全文云：

"逕啟者：本年度六月廿一日本所第一次所務會議時，本席以本所庶務室有為本所木工于海和在外索取五月份第二份米貼之嫌疑，曾臨時動議彈劾庶務員汪和宗，未經討論，尚成懸案。茲查此事係出誤會，理合自動撤消前次提案，以資結束。此致

歷史語言研究所所務會議　　原提案人李濟。卅二年七月廿二日。"

同日郭寶鈞、梁思成兩先生上山會同凌純聲、李方桂、董作賓、吳定良四先生見訪，留下一信，其全文云：

"逕啟者：關于本所庶務室為木工于海和向中央博物院索回五月份米貼事，據同人考察此事經過，決無預圖領取雙份米貼之動機及事實。茲特鄭重證明，以資結束。即希　亮察為荷。此致

孟真先生　　凌純聲、梁思成①、李方桂、董作賓、吳定良、郭寶鈞、岑仲勉、丁聲樹。卅二、七、廿三。"

---

*本函有手稿本及油印件兩種（檔號：李 61-5-30），據油印件整理。

①編按："梁思成"手稿本誤作"梁思永"。

據此，^{斯年}已於今日上 院長一呈，其全文云：

"院長鈞鑒：關於上月廿一日所務會議中李濟先生提案"彈劾汪
和宗"一事所引起之糾紛，茲經李濟先生來函聲明'係出誤會，
理合自動撤消。'同日又接凌純聲先生八人來函，有云：'據同人
考察此事經過，決無預圖領取雙份米貼之動機及事實'，各等語，
理合陳請 鈞座，將陳述經過各函，及請求派人澈查真相各節，
免予處理，即作結束，仍乞 鑒核至荷。謹呈。 傅斯年謹
呈。三十二年七月廿四日。"

同時在所務會議記錄冊上，將上次記錄末案下注明"本案已于同年七
月廿二日由李濟先生來函聲明自動撤消"。

為此通知出席上次所務會議各先生，及郭、梁、梁三先生，此外又發
寄葉總幹事、王總務長各一份，本信共發出十一份，並請 諸先生勿
對上述各先生以外露布之，俾此事全案結束，諸希 亮察至荷。專
此，敬頌

著祺

弟傅斯年謹啟 三十二年七月廿四日

1021. 傅斯年致朱家驊 （1943 年 8 月 15 日）*

驊先吾兄左右：西南之行，想甚愉快。報載 大駕返重慶已將一週，
想 征躬暫息，拚當公事矣。本院諸事，恐非吾 兄加以大力推
動，不久即有大事出來（同人苦悶，牽連他事），亦未可知也。茲將①
一時所②想及者寫下，乞 便中詳覽，至感。此外如總幹事問題、
評議會開會問題、本院應否設獎金問題，（此事本院職權所在，而以讓
教育部，宜收回一部分也。）皆關重要。^弟未能知而不言，至于今日，

---

*本函有抄件（檔號：III：1285、III：1217）及"朱家驊檔案"（檔號：朱–07–
12–pp. 90–98）兩種，據朱檔整理。
①編按："茲將"抄件作"茲想"。
②編按：抄件無"所"字。

要當請 兄海涵之耳。^弟今夏身體、精神均極壞，可為一歎。專此，敬叩

道安

^弟斯年謹上 八月十五日，卅二年

附：年度追加預算等事

一、今年追加預算事：

此事^敝所已送總處凡二十二萬，似甚大，（以本院傳統眼光觀之）^弟意，本院今年請追加預算，非以百萬計不可，至少一百六十萬（經費之半），決不可再請三、五十萬也。如以為無法可用，自不妨交還國庫，蓋今年追加數，明年依法申算，即無異為明年爭經費也。而請求追加時，亦必須隨時打聽，隨步託人耳。（廷黻十月初去國，此事似須即辦。）

二、人口多者之特別津貼事：

此事因本院與教部有一爭執，^弟意與其為此爭執而遷延，不如速決，早得錢，早有用處，敝所應得者，紛紛來問也。

三、研究費事：此事，企孫兄謂申算三十萬到後即可辦，今已到，似可即辦，若再有多人走，本院之外表，亦難維持。

以上兩事，因本所同人紛紛來問，故以奉詢。

四、隸屬問題：此事原言六月以前送一公事往國防最高委員會，未知辦否？公事上此點似不可缺。或者下次中全會，國府組織改動（即改為負行政責任），則本院隸屬問題或可烟消矣。然亦須隨時注意也。

五、報載立法院查改（清理）一切法規，中有一項，即不合時代者。此須注意，或先一接洽，免得把《中央研究院組織法》改亂，尤其是隸屬問題。好在立法院方面，尚可商量，然亦須接頭也。

以上二事，^弟屢以為言，且心中念念不置者，誠慮其不可在吾兄任內出了岔，想吾 兄必有同感也。

六、七月份是可以改米貼辦法之月（一、七兩月可改），李莊以外各所是否要改，大可注意也。

七、去年度考績甚佳，此恐企孫兄大有力（與程其保接洽）。此雖官樣文章，然以後此等官樣文章必較有效力，今年或又到考績之時，似仍當事前接洽，而九月中常會之開會報告，本院報告之前似可有一總說明以醒眉目，此可請企孫兄為之耳。

八、追加預算，俟領錢到手，不知何月，故目下非即借一批大款不為功。聞總處已用錢至十月者，想今年不更有"花不了"之說也。非此舉無以渡難關，而此舉更須速為之耳。

九、職員担任抽丁事，南溪縣已來函催問。此事，我們當然不逃兵役，然本院既適用教職員待遇矣，自亦不能不于此處適用（教員免役）。然此事若不早留心（即向教育部問清楚，或先問中央或重慶大學），後來或又有麻煩，此亦可慮也。

以上僅一日中所想及之大事也。此外^弟所不知，及事之較小或較緩者多矣。盼　兄返後速圖之也。率陳乞　亮察之。

　^弟始終以為本院如再有人走，再有一、二所如心理所之樣子，實在門面也支持不下了。若謂一切待戰後，則戰後求人更難，此時之人才即資本也。若院中同人以為本院不恤其一切，自宜設法使其改換觀念也。冒昧再陳，罪甚罪甚！

1022. 傅斯年致蔣介石 （1943 年 9 月 1 日）檔號：李 64-2

委員長鈞鑒：奉侍祕二字第二六三三號代電，令飭^{職所}各研究人員從事唐代文化各方面之研究，自當謹遵辦理。茲將^{職所}工作有關唐代史事文化者，略陳如左：

一、十年前，^{職所}之史學組，曾將中國歷史分為數段，分別延致專門人員從事之。其歷年從事研究南北朝及唐代者，有史學組主任陳寅恪先生，及研究員岑仲勉、助理員俞大綱、余遜、周一良諸人。南京淪陷後，曾一度奉令疏散，所餘史學全組人員不過五人。然唐代史事之研究，迄未間歇。

二、已往成績可言者，例如陳寅恪氏之《隋唐制度——》，① 在香港付印二年未成，今已設法在國內重印。岑仲勉氏之《突厥集史》，實為治中古西北史地者薈萃之書，亦將付印。此外如陳寅恪氏之考證李唐世系，證明其為趙郡李氏，並非胡種，如自宋以來學人所疑者；陳君之《唐代政治——》，② 可為讀《通鑑》者之一助；岑氏之校理唐代石刻史料，皆為國內史學界所推重。論文有關唐事者，均為數不少，均在《歷史語言研究所集刊》發表。

三、兩年來職院西北史地考察團之組織，均蒙　鈞座撥款辦理，其目的之一即為探索漢唐邊塞遺物、遺跡，俾可為華化西漸、文化交流之證。其關涉漢代者，已從事整理，初步報告已在《學術匯刊》付印。今秋再由向達、夏鼐二君前往河西一帶調查發掘。勞幹君所編之《居延漢簡》另呈。

四、今後自當遵　鈞座指示，特別加重唐代之研究。目下人員尚感不足，當在國內外增聘一二人以從事，用副　鈞座之期望。謹此呈復，敬乞

鑒核

國立中央研究院歷史———所長傅斯年

三十二年九月一日

1023. 傅斯年致朱家驊 （1943 年 9 月 6 日）*

騮先吾兄左右：報載教育部擬定一千二百名留學實習名額，內交部三百，經濟二百，並有正副研究員等等。查本院中級人員希冀此事者甚多，似可于其中得一 Quota，例如三十名，由院自選，不為多也。此

---

①編按：陳著《隋唐制度淵源略論稿》（重慶：商務印書館，1944）。

②編按：陳著《唐代政治史述論稿》（重慶：商務印書館，1943）。

*取自"朱家驊檔案"（檔號：朱-07-012-pp. 101-102）。

事必由學術審議會常務會辦理， 兄既在其中，乞 主持勿讓也。年來本院同人對院頗覺冷淡，此點亦一事也（每謂他處有出洋機會云云）。本院人數雖少，然如有三十額（至少）可廣招徠矣。餘面談，敬叩

道安

弟斯年上 九月六日

1024. 傅斯年致朱家驊 （抄件）（1943 年 9 月 16 日）檔號：III：1270

驑先吾兄左右：頃奉九月五日 惠書（原信未編號），承 囑于十一月七日為 貴部黨務講習會作學術講演一節，自當如命辦理，講題茲定為"建國的幾個例子"。專此奉復，敬頌

時祉

弟傅○○謹上 九月十六日

1025. 中央研究院致立法院法制委員會 （繕本）（1943 年 10 月）*

致立法院法制委員會函 （一）①

事由：關於審查本院組織法等一案，承詢本院意見，特逐項復請查照由。

逕復者：准 貴會十月十二日大函，以審查本院組織法、評議會條例及基金暫行條例一案，列舉討論要點五項，囑表示意見，迅以書面奉復等由，茲將本院意見逐項分述如左：

（一） 本院初設時，因自然科學各門設備各不相同，而文法等科之設備比較差別不大，故自然科學各類皆各自成所，而人文科學則以歷史語言研究所包括之（英文所謂 humanities），社會科學則

---

* 本函（檔號：II：8、李 57-3）係由傅斯年代擬院稿。

① 頁首傅斯年批註："此件弟僅存此份，傳觀後乞交敝所那先生保留。以後尚有公事來往，然與'社會科學'無涉矣。"

以社會科學研究所包括之。今如將文法各科分別設所，自為表示重視此等基礎學問之意，本院無不贊同。惟立法上今日固可如此，至實施上則仍須俟諸經費、設備、人才三項皆有著落之日。至所示各項應設重要之所，茲依來函次序逐一奉復：

地理　本院久有設置地理研究所之意，因管理中英庚款董事會業已設有中國地理研究所，故暫從緩。為避免重複起見，或可將該會所設者併入本院將來設置之所，而依本院之法規加以改組。

醫藥　本年三月本院院務會議已決定設置實驗醫學研究所籌備處，聘定林可勝等為籌備員，並定於三十三年度內正式成立。至藥物學研究所本院亦久即有意設置。

民族學　此科現在歷史語言研究所內，自可獨立成所。

哲學　哲學研究所自應從速籌設。

法律　本院在抗戰軍興以前，原有籌設法律研究所之議，因戰時經費緊縮，未付實施。

政治　政治哲學本為哲學之一主要部門，似宜列入哲學所之範圍內，至行政研究似不應為本院之工作，故此所擬不設置，而在哲學研究所中專設政治哲學一組。

經濟　現在本院之社會科學研究所即最注重此科。

數理　物理研究所在本院創辦時即已成立，頗著成績。至數學一所，在二十九年本院評議會年會中已決定設立籌備處，並聘姜立夫為籌備主任，擬於三十三年度內正式成立，在籌備期間，若干研究工作已在進行中。

茲為實現　貴院之意見，並顧及本院十餘年中辦理之經驗，依學科之分類，擬請　貴院考慮將本院組織法原文第六條修正如左：（括弧中之文字係理由之述說）

"第六條　本院設研究所如左：

　　　　一、算學研究所

　　　　二、天文研究所(按本院在南京紫金山設有天文台，規模甚大，抗戰開始後，其儀器多已遷出，

　　　　　　且此科關係授時製曆，歷史的意義甚大，
　　　　　　似不可不設。)①

三、物理研究所

四、化學研究所

五、地質研究所

六、動物研究所(按本院原設有動植物研究所，擬于三十
　　　　　　三年度內分為兩所。)

七、植物研究所

八、氣象研究所

(以上為自然科學)

九、哲學研究所

十、中國文學研究所（按組織法原文內列有國文學研究
　　　　　　所，未經設置，擬改為中國文學研究所，
　　　　　　所研究之範圍為修文法、編字典等。至於
　　　　　　創作性之文學與藝術同，不屬於“有組織
　　　　　　的學問”之範圍內，不應列入。)

十一、歷史語言研究所（按此所成立已久，外國漢學者
　　　　　　共認為在中國漢學之代表；此兩科之設備
　　　　　　亦十九相同，似不宜分。)

十二、法律研究所

十三、經濟研究所

(以上為人文社會科學)

十四、實驗醫學研究所（按醫學之臨床部門，非在醫院
　　　　　　中不能研究，故本院設置之研究所，其研
　　　　　　究範圍應以醫學之基礎科學為限，此在外
　　　　　　國稱為“實驗醫學”。)

十五、藥物學研究所

十六、體質人類學研究所（按此科-Physical anthropology-

---

①行首傅斯年批註：“有人謂天文可不設!”

與人種體質之改進有關。本院歷史語言研究
所內原設有人類學組，現擬於三十三年度內
擴充為體質人類學研究所。）

　　十七、工學研究所
　　十八、心理研究所

　　　　　　（以上為自然科學之應用）

　　十九、考古學研究所
　　二十、民族學研究所
　　二十一、地理研究所

　　　　　　（以上為文理科之混合學科）

　　本院於必要時，得依評議會之決議增設其他研究
　　所或研究室。"

　　　　　　（按各種應用科學，如各項工程之研究所，或
　　　　　　應依一時之需要而設立，條文中有此但書，在
　　　　　　本院之工作進行上當感方便。所謂研究室，即
　　　　　　範圍較小而不能屬於某一研究所者。）

（二）本院研究所之組織，及研究人員之資格，均詳見本院研究所組
　　　織通則之中（原文另冊附奉），設　貴院認為應列入組織法內，
　　　亦可將此項組織通則第三至第七各條，第十一至十三各條及第
　　　十五至十九各條列入。此項組織通則中所定之資格，係本院依
　　　據歷年經驗最後修定，其中相互關聯，為一整體。

（三）本院隸屬國民政府，其理由可分為四點：一、本院純然為最高
　　　學術機關而非行政機關，故本身無任何附屬機關，亦不作任何
　　　行政上之工作。各大學雖亦為學術機關，然亦涉及行政，與本
　　　院性質不同。本院工作固與大學有關係，亦與經濟農林各部有
　　　關，在將來多設各項工程研究所時，或與軍政部亦有關，然此
　　　皆是學術上之輔助，非行政也。二、考試權之運用，有賴于學
　　　術發達者甚多，即如銓敘部及考選委員會之審查著作，已由國
　　　防最高委員會通過，指定委託本院評議會辦理，並經　貴院將
　　　本院評議會條例第五條加以修正各在案；與本院工作相關之方

面既不止一院一部，故本院在理論上及事實上均不宜隸屬於某一部或某一院。三、中國歷代有重視學術之傳統，原定條文似正合此精神。四、再就西洋成例言之，學術之發達恃其有合理的獨立性，故西洋各國之最高學院無一個在名義上屬於教育部者，例如英國之皇家學會（Royal Society），法國之法蘭西學院（Institut de France），皆自行選舉，不隸屬於教育行政機關，此本為歐洲各國學院之通例，即在德國本亦如是，最近十年政局丕變，普魯士教育部始有干涉學院之事，亦未以為隸屬也。又如蘇聯之科學院，工作繁多，部門龐大，與其他各國之學院，性質上有異，亦不屬於教育部。按以學術之性質，參以各國之成例，對於本院組織法之第一條，本院認為不宜改動。

(四) 各大學所設各研究所，目下程度甚為不齊，其名稱種類亦甚參差，其與本院聯繫之處，在目前似不宜有硬性之規定。此點似可待將來再行補入。

(五) 學位之授予，在目下各大學皆自辦學士碩士之攷試，此亦為各國之通例，其改善之處，似應由教育部從嚴察考，大學數目過多，本院如一一參加其攷試，恐為事實所難能。至關于博士學位，聞教育部正在起草辦法中，此為國家之制度，而非一大學本身之事，本院自當參加。

相應檢同本院修訂章則（最後修訂本）一份，函請　貴會查照為荷！

此致
立法院法制委員會
　　附章則一冊

　　致立法院法制委員會函（二）
　　事由：函送所擬本院組織法草稿請　參考由。
　　逕啟者：關於本院組織法之修正，承詢各點業已函復，此外尚有數點，本院認為宜加以修正，特擬一草稿，並附說明，隨函奉上，敬希　參考為荷！此致

立法院法制委員會

　　附草稿一件

附：國立中央研究院組織法草稿

　　擬國立中央研究院組織法草稿

第一條　國立中央研究院直隸於國民政府，為中華民國最高學術研究機關。

第二條　國立中央研究院之任務如左：

　　　　一、實行科學研究。

　　　　二、指導聯絡獎勵學術之研究。

第三條　國立中央研究院設院長一人，特任。

　　　　院長綜理全院行政事宜。

　　（說明）以上三條條文擬請不改動。

第四條　國立中央研究院設總幹事一人，由院長聘任，受院長之指導，執行全院行政事宜。

　　（說明）此條係將原文"設幹事三人至五人，分掌全院文書庶務事宜"一語刪去。

第五條　國立中央研究院設評議會，由國民政府聘任之評議員三十人至四十人及當然評議員組織之。中央研究院院長、總幹事及其直轄各研究所所長為當然評議員，院長為評議會議長。

　　（說明）原文之"三十人"改為"三十人至四十人"，院長下加"總幹事"三字，他無改動。此時學術界權威尚不甚多，評議員之人數似不宜劇增。

第六條　本院設研究所如左：

　　　　一、算學研究所

　　　　二、天文研究所

　　　　三、物理研究所

　　　　四、化學研究所

　　　　五、地質研究所

六、動物研究所

七、植物研究所

八、氣象研究所

九、哲學研究所

十、中國文學研究所

十一、歷史語言研究所

十二、法律研究所

十三、經濟研究所

十四、實驗醫學研究所

十五、藥物學研究所

十六、體質人類學研究所

十七、工學研究所

十八、心理研究所

十九、考古學研究所

二十、民族學研究所

二十一、地理研究所

　　本院於必要時得依評議會之決議增設其他研究所或研究室。

（說明）理由已見另函。

第七條　各研究所之組織，及研究人員之資格，另由評議會定之。

（說明）已見另函，或可將組織通則若干條加入組織法。

第八條　國立中央研究院評議會設名譽會員，分左列兩項：

　　一、中國學術專家，于學術上有重大貢獻或主持科學研究有重大之成績，經評議員十人之提議，評議會評議員五分之四以上之通過，得被選為評議會名譽會員。

　　二、外國學術專家，于學術上有重大貢獻，經評議員十人之提議，評議會評議員五分之四以上之通過，得被選為評議會外國會員。

　　每一名譽會員當選之理由，須公告之。

（說明）此條係將原文第七、八兩條合併，刪除團體名譽會員一目，並略變更其當選所需之法定人數。

第九條　國立中央研究院最小限度之基金定為五百萬元，基金條例另
　　　　定之。

　　（說明）本條不更動。

第十條　國立中央研究院之處務規程、總辦事處組織章程、各研究所
　　　　章程、薪給章程、服務通則，均另定之。

　　（說明）此條將原文"處務規程"四字後增"總辦事處組織章
　　　　程、各研究所章程、薪給章程、服務通則均"二十三字。

第十一條　本法自公佈日施行。

1026. 傅斯年致李方桂 （1943 年 11 月 12 日） 檔號：IV：48

方桂吾兄：惠書昨奉悉。初甚驚訝，繼則覺同情與失措等心理交
　　錯耳。

　　惟無論如何，談不到請長假，至不不已[1]亦有不得已之辦法。弟昨
　　日尚睡牀上，今日勉強出門開會，倦甚，兼以　兄處談不便，可否
　　于今晚或明晨到聚興村一談？大事化無至所望，即不然，亦另有
　　法，無所謂長假也。專此，敬叩

日安

　　　　　　　　　　　　　　　　　　　　　三十二年十一月十二日

1027. 傅斯年致梅貽寶 （1943 年 11 月 26 日）＊

貽寶先生左右：春間在渝小晤，何快如之！近想　學校事日有進步，
為禱為禱。寅恪先生就　貴校事，弟本當為敝所反對，然其未反對而
轉有贊成之姿勢者（　兄今春所聞也，一笑。）誠緣李莊環境寅恪未必

---

①編按："至不不已"當作"至不得已"。

＊本函有手稿本及那廉君抄件兩種（檔號：李 67-1-1），合併整理。抄件頁首附
　註："抄致燕京大學梅校長貽寶函"，又註："原件存於李字 67 號李莊文件之
　'借聘'案中（李方桂一宗）。"

能住下，（彼處醫藥設備太差，一切如鄉村。）故寅恪暫在　貴校，似乎兩得之。然一經抗戰結束，我們還是要立時請寅恪回住在研究所所在之地，此權決不放棄，一笑，亦實話也。目下寅恪仍兼敝所第一組主任名義，此一名義，彼在香港時亦有之，其指導則以通訊為之也。

茲又有一事奉商，敝所第二組代理主任李方桂先生，其語言學在中國為第一人，（元任所治為語音學，各不同也。）天資學力，^弟所知尚無人可與之比。彼在本院任職十五年，其間有兩年在 Yale 為 V. P.，曾由本院委託前往暹羅及中國西南各地調查，材料聚積之富，亦第一也。彼在李莊近日以私人某一情形，不願住下去，然此純是私人一時之事，並非與本所有所芥蒂，[①] 此外李莊之悶，住久者亦真不了，故生精神衰弱者累累，彼頗有暫住成都或他處之意（如貴陽），就便兼習藏文。^弟思之再三，其他學校敝所與之合作，雅有不便之處，故擬與貴校合作，而以下列方式行之：

一、本所以方桂兼習藏語之便，由院長特許其住蓉。

二、方桂在本所之待遇，（薪、生活補助費、米貼代金，凡三項）均仍舊付給之。

三、方桂兼在貴校作一類于 V. P. 之職務，李莊與成都生活甚差，方桂如以李莊入款在蓉生活，勢有不能，故除方桂在本所所領者外，擬請　貴校再付以一數。其數即等于寅恪所領減去敝所支給方桂之差數。[②]

四、彼在貴校可任教五小時，亦願指導出幾個學生來，為本所及其他研究機關之用。此點乃^弟造意之原由，蓋敝所治語言學之青年，其來源將斷，故擬擇一處培植之，而目下聯大與本所相距甚遠，故先想到與　貴校合作也。

五、方桂由李莊至渝轉蓉之旅費，（一家，夫婦、子女四人）由　貴校支付。

---

①手稿本行首自註："近日各學術機關聚族而居，故有時無事生事情形。"
②行首自註："此外貴校教員之待遇，如子女疾病等，自當適用。"

六、方桂在渝①住處，由貴校供給。

七、以上辦法以一二年為限（憑尊便）。

如此則 貴校之語言一科可以超他校而特別發達，而敝所可因方桂教書得吸收青年也。

此法未知 尊意以為如何，乞 考慮見復。^弟現在重慶，大約一週許即返李莊，回示寄重慶或李莊均可。專此，敬頌

道安

^弟傅斯年敬啟 卅二年十一月廿六日

1028. 傅斯年致李方桂（1943 年 12 月 8 日）檔號：IV：47

方桂吾兄：七日惠書敬悉，承 兄見責至此，惶悚之至。然而所示兩點，果竟如兄所言也，^弟自當負其責任，果事實不如此，而誤會處甚大，則亦望兄再一靜心思之也。

一、來書云："四日晚，孟真兄云，由印度回來，仍欲^弟返李莊，去燕京教書可緩議。此條件非^弟所能接受。"按當日決無此條件，李莊、燕京云云，縱提及，決非如兄語之全文；前此兄曾詢^弟是否因赴印變更前計劃，^弟即立言其否，此事當尚憶及。赴印一說，過去、未來皆無任何條件，而自始有一種希望，其希望即是："兄于開會後，多看幾個語文（或及史、哲）治學之所，看看①我們以後有何事可與之聯絡，②中國學生治語文者有好者否，即可以參加我們一流純粹治學之人，③我們可派人去否"，如是而已。此屢屢言之矣。此外有一點，似是條件，而實是手續者，即去前、返後，由朱先生陪兄謁戴公一次，是也。赴印一事，^弟以留渝不幸參與其間（今可謂不幸之至），其鼓動兄去與不贊成莘田去，皆就事論事，不涉其他，若兄以為

---

① 編按："渝"抄件作"蓉"，是。

^弟此舉是別有所圖，^弟實覺冤枉也。上月與兄深談，^弟所得之印象是，兄不能攜眷在李莊安居樂業，而非自己不踐李莊之土，故兄自己有"夏天到李莊去"之說。印度一行，雖絕無"去燕京教書事可緩議"之意，然事實上一去印度，至早須二月底方可去燕京（以會期最晚一月中旬，此後尚須看看各地大學）。故^弟四日晚確曾說過因印度之行，赴蓉將緩至下學期開學前後，然此與"緩議"絕不同也。（^弟心中覺得，有此一行，于去燕京反為方便，蓋今日學期大半已過，若在第二學期初，于彼為便也。心中存此念，而事實兄去印必為蓉行延緩二個多月，故有二月底回來之說，此為曆譜的事實，非緩議也。）至于"仍欲^弟返李莊"一語，不知^弟當時何語使兄生此誤會？當時^弟本無心，而　兄似先存此意，故^弟所說者亦不盡記憶，惟必無兄之一說耳。先後思永、濟之在旁，彼亦未聽得何說也。假如當時詞語中有"到李莊"一說，必是由^弟心中念及兄謂"夏天可至李莊"（一人到李莊）一說而起，決無絲毫"改變前議"之意。關于此事，^弟追思當晚情形甚久，實無如兄所說者，幸釋此誤會，為幸。

二、手示指^弟與清華諸君子所談一節，為對　兄侮辱，則請畢前說。今春與月涵、企孫、芝生三兄所言，大意皆如下："研究所不可無方桂，方桂不可不在研究所，然若萬一無可挽回時，或者我們可有一種合作的辦法，例如我們出調查費、作為請假等事，所以在清華決定請方桂時，請寫信告我一下，我們先有個商量。"同時並強調聲明這不是不請清華請，[①] 只是先商量看有何種合作或妥善方法否。[②] 昆明相識之人，在去年已徧傳兄將離所，此固絕非^弟所傳播者，何以到今年春天，^弟與清華友

---

① 行末自註："我們無權干預個人之自由（此語對月涵、芝生皆曾說明）。"
② 行首自註："兄所謂祕密協定，因此罵^弟一大頓者內容。"

人一談，便為對兄之侮辱乎？^弟以職務故，于兄離所一事不能不關心！而清華多友人，故便商之，實不見何故有損兄之人格。① 又如來信所示"我不去，自不必說；我要去，也必需自己通知孟真兄，請其同意。"試問到那時候，我還有何等不同意之可言，即不同意，又如何，這是 dictation，非同意也。關于此點， 兄見責深矣，自反實無何等對不起兄之處。四日晚，我說："我與清華先說好，請他在請你以前通知我一聲"，兄立即云："我不知你說不說"，我以我當時說的話，如何自己不知，故再言之，而兄仍持原說，^弟只知兄發火，而苦不得解耳。日昨苦不得解，今承示以內容，甚感甚感。惟事之詳細如如所述，則見責之重，非^弟所敢接受，故原委既明，誤會當釋，辭職之說，仍請取消，赴印事辦事者仍在進行中。專此，敬叩

前信甚短，其大意如下：

方桂兄：接信諤然，何至出此，假如有獲罪于兄之處，必出于無心，敬乞 原宥。辭職之說，乞作罷，赴印之行照常云云。

---

① 行首自註："且我若請他們不請 兄， 兄之疑此猶可想像，實則^弟固絕未請他們不請你也。"

一九四四年

1029. 傅斯年致曹樹銘 （暫繫年於 1944 年 1 月 6 日）*

樹銘先生：惠書敬悉。《六經圖》作者名楊甲，南宋紹興前後人，原
刻石在昌州，即今重慶，明代尚有殘石。尊藏之一本是否南宋所
刻，未易定，上饒有翻本，^{敝所}只藏《易》上一頁，字體絕似。然
此書出自四川，或四川之翻刊耶？著錄家頗多有之。然如此完整，
總是一件好東西矣。

避諱事，前此藏書家所謂"避諱不謹"云云，皆妄說也。若干明刊
書，為人誤為宋刊；又有若干宋刊，補版在元、明，遂不避諱。蓋
避諱為一時之功令，科舉中尤重要，豈有刻書人不避之理，只有後
人忘了改（如今人寫玄忘末筆，寫歷作厤），決無當時人不避諱之理
也。所謂"避諱不謹"，只是藏書家不肯自認其書之非宋刊而已。
元無避諱事，明避諱不足為刻書之憑（亦非全不避，如檢討改簡討）。
宋刻則必以避諱為判斷之標準。尊藏如避諱至理宗、度宗，則必為
宋後之本矣。茲抄其略如下：

太祖四代	朓、珽、敬、弘、殷，看缺末筆否？
太祖	匡、胤。
太宗	炅、耿、憬、烱等。
真宗	恒、姮等。
仁宗	禎、貞、及從貞各字。
英宗	曙、及從署各字。
神宗	頊。
哲宗	煦、昫。
徽宗	佶、從吉各字。
欽宗	桓、垣、完、丸等字。

---

*取自香港大學馮平山圖書館。

高宗	構、從冓各字。
孝	昚、慎等字。
光	惇。
寧宗	擴、郭、廓等字。
理宗	昀、馴等字。
度宗	禥、基等字。

此等涉及《六經》字者，決不改字，總是"敬缺末筆"。

兄可即照此表一查，看其有關各字缺末筆否。如全不缺，即非宋刊；如忽缺忽不缺，當為元刊，其缺以習慣。如一部分缺，看缺至何一朝，如此便得之矣。此論宋刊之最簡訣也。

所抄《金石萃編》各條以文字太多，而書記又忙，尚未抄完，俟抄完即奉上也。

此《圖》木刻版（黑字）者甚多，此石刻本如首尾均完，即便是明代翻本，亦是一件好東西，翻印自無不可也。專此，敬叩

日安

^弟斯年上　一月六日

1030. 傅斯年致李濟（抄件）（1944 年 1 月 10 日）檔號：李 71-4-4

濟之兄：兩函計達。有一事通知（急事）劉馭萬兄而^弟不知其住址，憶　兄知之，乞即派人設法送去，至感至感！

本所與博物院照相材料事，^弟在渝聞　兄談及，當即謂此事本已結束，再改變，恐手續繁多。返後，向、夏二君來云，前撥給他們之膠捲，又由啟生取回去了。^弟當囑啟生再給他們，以便他們上路之用，（如向之子上學事可決，本月初即可起程。）此一事，就手續論，在今夏已由啟生、連春查明寫成詳單，將兩方者分別清楚。今存所二份清單，一份為啟生交我，啟生並使^弟簽名于其上以為憑者，此份存啟生處，又一份係　兄自博物院送來，其上連春簽名在先，啟生在後，係三十一年（一當為二字之誤）六月二十五日。故此事以手續論，案全定矣。

故^弟意最好不變更，然仍乞　兄斟酌。此亦不過希望而已，　兄如願改動，亦無不可。

蓋如改動，則又須全部一查，其查法非將歷來貴院與本所所購材料全部查明，並將用途全部一核而後可，否則僅挑一批而查之，則兩方各自有材料，每一物究竟何屬，實非總算不能清楚也。頃見啟生所登記，只有"李先生交來"字樣（每次如此），不止一次，原皆未注何屬。即如前年尾所買之兩批，仍是如此，一問總處，錢數轉換過來。約而言之，以前未分清楚，事實如此，一也。今年夏曾作一分別之定案，二也。以後自然不再合用，三也。鄙見如此，不知　兄意以為何如？否則即將前年之一批費（兄所謂博物院買者）查明若干，退還博物院，此比再查一遍，猶為有益。蓋今夏查不清者，今後又難得查清，一切乞便中示及為幸。

內子非搬家到桂花坳不可，^弟反對無效，只得搬。其實^弟住"所長官邸"（彥堂賜名）久而安之，"老者戀故居"心實如此。　兄若有遷上山之必要時，^弟當勸內子遷回，（未必有效）或即用^弟舊寓。（今已有人暫住，屆時當調整。）然此中有一可能之便益焉，即今寓在衝繁之處，桂花坳則索居而離群矣，辭了所長，住在那裡，可與世絕也。

那先生工作繁多，支持不住，每年報告數十件，實在不了。故有添文書之必要。陳君經歷，^弟所不知，彼可編研究所之各種報告（多為各組所編，匯齊整理。）及編每月月會、紀念週"工作競賽"之等新花樣之報告乎？（此外文書事較少，私人信仍託簡叔兄。）如可，似可為下一步設想，但此間待遇，名義不過事務員，薪俸亦較少，（^弟不知原薪）山上房子亦擠，但有可住者，　兄留意一下。如此非法，^弟再去找他人也。專此，敬頌

旅安

^弟斯年　卅三年一月十日

1031. 傅斯年致曹樹銘 (暫繫年於 1944 年 1 月 10 日)*

樹銘先生：各件（^弟見者為限）抄齊，茲寄奉。此中范午一文可注意，以其為川大（？）《史學季刊》中中①文，必抗戰起後所寫，彼所見本，似當可縱跡得之，足資比較也。

地理各名凡曰今者，多為兩宋職方之名，但如平州，亦沿古稱耳。

其曰漢中，並非職方名，當在漢中既亂之後乎？

此圖如是三百有九，無論原刻、翻刻，皆是佳本也。

《經義考》所論，有為刊本者，此書刊本似流行頗廣，北平嘗見之。

專此，敬叩

日安

^弟傅斯年謹上　一月十日

1032. 傅斯年致鄭細亞 (抄件)(1944 年 1 月 23 日) 檔號：I: 1525

鄭先生：長信收到。要緊的話，只是我論到英美的幾句話，尤其是關于英國的。所以只就這點上說。

我很詫異的是你對中國近百年史事有許多熱情，而所知者又偏偏如此的少而錯誤！其實這難怪你一人，這一類書實在太少了，你們所用的教科書，大概是"五卅慘案"以後寫的。論史事要得到平情二字，太不容易。但今日英國是我們重要的盟友，而且不平等條約除一點外，業已結束，治史學的人，應該竭力持平。兼以看看以後的世變，日本果真澈底打倒，我們對外最大的問題是蘇聯，然則對英國更要有諒解。一國之外交政策，最好是有極好的盟友而無敵人；必不得已，也只要有一個敵人——共同的敵人！所以你那要殺英國人的話，若長在心上，若青年人都如此，真是此後之隱患。而你信中的一套議論實在全是為此感情所刺動，又為誤謬的史地書所誤了。

現在要說的問題是，誰把中國土地佔去最多？英國在遠東是不是如我

---

*取自香港大學馮平山圖書館。
①編按：衍一"中"字。

所說"過去一百年之糾紛，都以'經濟發展'、'與人比賽'兩個觀念為動力，英國從未曾在遠東發展過領土慾。"①

為說明這事實，不能不先說明所謂"大清帝國"之版圖是怎樣？民國是滿清帝國的合法繼承人，這些領土之喪失一部分是在民國初年（今日法律上我們尚未承認，此指外蒙與唐努烏梁海），大多是在清朝的。滿清帝國之政治疆域組織及朝貢邦是如此分的：

①直轄區。有兩京（京師、盛京。盛京區域甚大，包括整個的洋人所謂滿州。在咸豐前包括今俄屬之黑龍江省（我們黑龍江省外）及東海濱省，直到白令海峽。）各直省（直隸與十八省、新疆。）

②土司。（在西南各省及西康、青海各地，分別受地方官節制。其在雲南邊外者，每每有名無實。）

③外藩。（親藩則有內蒙、西蒙、西北蒙各旗，不立汗，札薩克（即管理大員）或有或無，但均統于各駐在地將軍、副都統之下。遠藩則有喀爾喀蒙古（即所謂外蒙），置辦事大臣，又于其西設各將軍。青海，置西寧辦事大臣（西寧原屬甘肅）。西藏，置駐藏辦事大臣。伊犁將軍，兼轄以西各藩。）

④藩屬。（朝鮮，無官駐劄。敖罕（浩罕）、布哈拉、基華（今皆蘇聯中之共和國）、吉利吉思（即哈薩克，今蘇聯之 Kharsakstan 共和國）。以上各部無官駐劄，但均節制于伊犁將軍，故乾隆間平定準部之後，中國疆土，直達裏海，一如唐高宗天后時。）

以上皆有管理權者，雖直接間接大有層次，皆可謂之疆土者也。

⑤朝貢之國。② 此是"天朝"之特別玩意兒，西洋未有。至多的解

---

①行首自註："注意遠東一名詞。注意發展一名詞。發展二字照字義，不是說其無有，是說其未擴大。"

②行首自註："此一類中，封、貢二字亦不同。貢者之中，常有全不相干者，只有'封'王一類，乃可謂真有宗主權。緬甸與清在乾隆末以前無甚關係，乾隆中大討伐而大敗，及暹羅獨立，然後向中國入貢，迄未若朝鮮、安南，于王即位時請封也。故在此一類中，琉球最親，緬甸則並暹羅亦不如也。明朝情形不同。所以假如你嫌我用'遠東'二字，無形把緬甸除外，而不足以洩憤的話，儘可改作'中國'，原文若用中國，不用遠東，照樣適用。因中國對緬甸，既不能要求'主權'（sovereignty），亦非其保護國（protectorate）。史實，你可看任何有權威的史書；法律意義，你可問任何研究國際法者。"

釋是有"宗主權"（Suzerainty），不能謂有"主權"。這個範圍大極了，西有阿富汗，西南有布丹、哲孟雄（大吉嶺在乾隆時已為英吞，清朝不知），尼泊爾（國民政府在南京時尚入貢一次）、緬甸、暹羅、蘇祿（呂宋之南）、蘇門打臘、安南（他的土酋自己稱大越皇帝，至法侵其南，有依清廷意，始恭順。）、馬六甲（其一部也）的若干土酋（為荷蘭所佔，英國交換得之。）、爪哇、琉球（在萬曆間，琉球又稱藩于日本之薩摩國。）……說起來多得很。

然則請你看誰併了中國領土最多？以西北論，不特藩邦皆亡于俄（Bukhard、Khiva 二國最後，光緒朝始滅），即伊犁將軍的直接轄境，亦以"回亂"、"代管"一幕中喪失其一半。你看現在的地圖，不是伊犁直在邊界上嗎？那個地方不是有一個陷角嗎？原來的疆土，巴爾喀什湖在內！再看東北，尼布楚條約（康熙朝）中俄分界以北氷洋、太平洋之分水嶺為界，所以全個的俄屬東海濱州、黑龍江州，是中國的直接統治區域。其中雖地廣人空，但漢人移居者已不在少數，在咸豐間，已遭屠殺。而愛琿（海蘭㴠）一地，所謂江東六十四屯，其居民（多是漢人移民者），在庚子年幾乎全數被俄國馬隊趕到江裏去。（留下幾個解到彼得斯堡（今列寧格勒）。）試看東海濱州、黑龍江州的幾個俄國大城，那一個不有漢名？（如伯力、廟街、海參威等等）那時候這些地方已經有不少移民，而一齊殺戮。[1]（英國人幾次用兵，雖有屠殺乍浦、鎮江等地滿州駐防（強烈抵抗）之事，但無屠殺大批老百姓之事。）這些地方，在清朝政治系統上是與內地一般直接的。所以你所恨"日、英、法"一個次序，至少要把俄國加入罷！其實我們根本不應該今日在恨人（除倭賊以外），我們要以五十年的工夫培植實力，在培植實力中，對外是要協和的！

中國的疆土，在地理上一半屬于中亞，一半屬于遠東。先說中亞區

---

[1]行首自註：（一）："還有帝俄佔全部滿洲那一件事，你知道嗎？這事在庚子年，那時中俄還是同盟國，這事是日俄戰之結果，美國前大總統羅斯福替我們解決的。"（二）："蘇俄革命時，中國人在俄境者尚有數十萬，斯太林在清黨中全數遷到 Kharsakstan，或以西，下落全不明瞭，你知道嗎？這些人有許多在蘇聯建過功助，蘇波戰事中，中國人有十幾萬！"

中中英之糾紛。

大吉嶺原是西藏的藩屬，而又為孟加拉王所佔，英國以征服孟加拉王弄來，在乾隆朝，清廷不知道。緬甸在明朝，確是藩屬（近于土司性），在清則不然。乾隆時，緬甸正強，征服四界，明朝的撣（Shan）部如宣慰司，已為所併。清廷曾大舉伐之，大敗而歸，只弄到一個長期入貢的條件。然緬甸全盛時，英人已侵之，先佔其南，（亦緬甸併吞之地，非其本有。）戰爭和平相間，百年之久，在光緒間，始滅緬甸。前此中國不知，亦不以緬甸在心上。光緒朝，中國稍知外事，其時駐英公使為曾紀澤（先）、薛福成（後），始向英廷抗議。英廷問，中國與緬甸關係若何？曾以入貢答，英外相說“印度政府代入貢”，（這真是一個笑話，有人解釋，如此說來，英王乃清帝之藩屬（英國哲學家羅素原有此語）。）以後只言于光緒廿年進貢，但未實行。去年新約有中國放棄伊拉瓦底河航行權，也是那個協定中事。（所以去年也為英國廢了一個不平等條約！）你所謂緬甸，其實情如此，不過邊界上我們確曾大吃了一個虧，[1] 直到現在北界未劃，這是我們在中亞區與英國的糾紛。總說起來，緬甸是封貢邦，而非藩屬，然邊界上吃大虧則是事實。

再看遠東。遠東之界說，最廣義的是新嘉坡以東，狹義則指中國海以北，以廣義言，新嘉坡、馬六甲，是英人與荷蘭交換的，此不在我所謂“過去百年”中，可勿論。過去百年之中英糾紛，最大為下列各事：

一、鴉片戰爭。

二、葉名琛事件與大沽口之戰，圓明園之焚。（英法聯軍）

三、威海之租借。

四、義和團事件。（九龍擴界在此中）

---

[1] 行首自註：“當時英廷要以緬甸征服的怒江東岸撣人（此指猛馬以西，孟定以南之一片，你看丁、翁、曾三氏地圖，至今猶未定界）給中國，而北京政府誤以為已為法併，不敢收，坐失良機，中遑遂無交界處。後來薛福成時，英廷翻悔，故至今未決。”

以上四事，其前二事皆為由商務爭執而演成實際戰爭。當時中外人的思想、習慣、目的，完全不同。奔走其間者，皆無聊之賤民。英國人所欲者為通商，含有優勝意義之通商，清廷仍擺那個天朝的架子，而且太無知識。(即如葉名琛，一切待呂祖降乩，釀出那樣一個大戰事。) 這兩件事的起源，自然兩方皆有過失。(即如鴉片之戰，最初禁煙，英商已"具結"矣，又以燒烟賠償，乃至清廷禁通商 (前此中英通商已一百多年) 鬧起來。) 用兵的先是我們，宣戰的乃是他們。(此指鴉片戰爭，最初英政府並不支持其印度水將，後來派遣兵艦，亦僅以七票多數在眾院通過，其訓令仍是"示威而不戰爭"，然此亦在國會中鬧得利害。) 我所謂過失者，我們擺架子。他們要優惠的通商，打了兩個"不需要"的戰爭，(他們的輿論認為不需要) 以錯中又錯，收穫適出于始料之外。我說這些話，全不是為英國辯護，只要喚醒，這樣錯中錯的辦事，今後仍彼此值得警戒。你如果知道這兩件事的經過，便應知我所謂"以經濟發展為動力"而"非發展領土慾"是不錯的。①

後兩件事，正是我所謂"與人比賽"。威海之租借，由于德、俄、法皆租借，德、俄、法之租借，由于甲午戰敗之還遼，這時候，英國在旅、大、青島間插一腳。你嫌我說"與人比賽"是偏祖他嗎？他自己還不承認此事，要說是保持中國不瓜分！(這也是當時的事實，但他的動機自然全是為自己，怕自己得到不多，而他人多得。) 最後一件事，英國雖與其他七國齊用兵，但確曾幫了中國些忙和緩俄 (當時佔全個滿洲)、德 (主大罰中國)。自然，九龍大擴界。(即所謂新界。其舊界是勞重光②所送。) 九龍新擴之界誠然不小，然在當時情景論，如果英國之慾不在經濟發展而在領土慾，在廣東割一府，乃至在南方割幾省，亦豈做不到？他以自私的原故未曾做：一、怕他國也割。二、不關商業，不感興趣。這誠然不是他的德行，但未發展領土慾則為事實。

---

① 行首自註："我說這些話，只是要你知道兩次戰爭的起因，皆非'發展領土慾'。其結果可看條約全文 (下列各書多載)，即吾所謂商業優勢據點也。"
② 編按：(清) 勞崇光，字辛階，時任兩廣總督。

你對于經濟侵略與領土侵略（territorial aggrandizement）兩事，似分不清楚。① 西洋人到了近東，便行其經濟侵略，其辦法是，先得據點與優惠條件，然後做合算的買賣。地方的經濟，皆受其影響，並設法不使本地工業發展。這就是從土耳其到中國、日本（日本以前也曾有過不平等條約）的經濟侵略策。其辦法是，除非商業大受影響，不用兵，即用兵，亦為示威之用，不取滅國瓜分之念頭。以為滅國瓜分之事不上算也。若英國之對南非（Boers）、印度、緬甸，法之對安南，俄之對波蘭，日本、帝俄之對中國，則為領土侵略。這兩種的分別是很明白的。經濟侵略自然也是最壞不過的事情，你也可以說他比領土侵略更狠，因為只取其利而不負責任也。但兩者自是不同的。香港九龍租界、威海租界、漢口天津等地租借、上海公共租界，皆所謂經濟據點也。② 若以此為領土擴張，則如南非、印度、緬甸、波蘭、東北外圍之亡滅事件，又用何名稱？我所用者，國際共用之名詞也；君所想者，誤解人之言也。若謂我文中何不言"經濟侵略"而言"經濟發展"，則此時對重要盟邦公然用侵略二字，正可不必；且用"經濟發展"，人自喻其義也。

看來足下除近百年歷史太不熟外，看人文字亦不細心。我這一段下筆時很細心，你偏有如許多誤會。又如上語涉及美國者，美國人看了，決不會有你的誤會。所謂"上帝不許……"，正是 God forbid……，此為外國人習用之語，言其萬無是事也。

關于這些歷史的事，我請你先看幾部書，再下斷語，我信中決不能全寫下來。若寫明白，必將這些事故的曲折寫下來，這便自成一部書！要請你看的是：

蔣廷黻的《近代中國外交資料輯要》（上冊、中冊）。這書全用中國資料寫的。蔣氏是現在治外交史的第一人。他有一冊小書，名子是《中國近代史》，也可以看看。前者商務出版，後者重慶青年書店出版。

①行首自註："所謂領土冒險即（territorial enterprise），足下亦似未解。"
②行首自註："威海是海軍據點，非經濟據點。港九兼兩者之用。"

如不能得上者，請看：

蕭一山：《清代通史》（中）（鴉片戰在內，商務出版）、《中國通史》

（下二）（英法聯軍事在內，北平文治學院刊）。

陳恭祿之《中國近百年史》，我未曾看，這些事大約也說得不錯。
若細看了，更有疑問，可再來信。否則你根本不知道這些事，自無從
評判我之文也。

其他非關作者之修辭術，即關讀者之了解力。所談已多，至此
為止。

即頌

日祺

傅〇〇啟　三十三年一月廿三日

四川南溪李莊五號信箱

1033. 陶孟和、傅斯年、吳定良致朱家驊（電）（1944 年 2 月 2 日）檔號：III：1241

朱院長鈞鑒：前電計達。近聞輪船有上航南溪者，擬十日左右結隊前
往。如院會未改期，廿日左右或可到渝。電示。孟和、斯年、定
良。冬。

1034. 傅斯年致羅常培（抄件）（1944 年 2 月 9 日）檔號：II：31、II：146

莘田吾兄：^弟前在重慶，接讀手示，寓中無可寫信處，（一處甚亂，一
處絕暗（盧寓））稽復至歉。印度一事，周君①有信致驪先兄。^弟以院
中無款，驪先已復以不派人去矣。旋杭立武過印，晤周，由杭致朱

---

①編按：周達夫，本名炅，留學印度，獲孟買大學哲學博士學位，於孟買葛林堡
學校（Kalimpong School）擔任教職。

函，言明應派人去，中印學會可設法云云。騮先派汪一鶴持此信與^弟商之，汪並言：中印學會尚有借款未用者，十萬而弱云云。彼時已去會期甚迫，計算一下，假如兄去，尚須先至重慶，（護照簽字，晤戴（或者極峰傳見），皆不可免。）又須至少多一星期，事實上做不到。適方桂在渝，故推荐方桂。誠緣會期太近，再延時日，一切過矣。結果方桂跑了好幾次英大使館，幾乎走不成。走了後，已誤兩個會。若當時待兄自昆明來，恐一月上旬尚不能完，蓋方桂之辦手續，多由汪大賣力氣，（出款全由中印學會，亦汪法也。）又由 Needham 設法，（英使館似不放心）故終能走成也。事之經過如此，敬以奉聞。方桂決心不在李莊住家，故由本所與燕京合作，請其暫在燕大，與研究所關係仍舊也。匆匆，敬頌

日安

^弟斯年　二月九日

1035. 傅斯年致陳立夫 （抄件）（1944 年 2 月 15 日）檔號：II：26

立夫吾兄部長賜鑒：去歲在渝，數承　教益，感佩何似！^弟于今年一月初始返李莊。重慶一住，先後四個月以上，故返後諸事待理，今又須赴渝矣。追憶十一月間，在大部暢談一切，曷勝愉快。所談國際合作一事，事後即與　騮先老兄談之，彼意見與^弟所陳者一致。在渝本思走告，而逡巡未果。茲述其概，亦　騮先兄意也。

　一、中央研究院同人對　大部之國際合作計畫，公義私誼，均當竭力贊助。蓋此為國家之事，而　公與　騮先兄，又皆為負荷黨的事業之人，理當如是也。中國教育界，有與國民黨不相涉者，而教會學校又自成一系，今日又席藉其對外關係或自成一風氣。若　大部之政策，與敝院之同人，皆以黨的立場為立場，理無不同，故必一致也。

　二、中央研究院之對國際合作有興趣處，全以中央研究院自身為限，而無主持此項事之興趣。蓋研究院將來之建設，有不能不涉及國

際合作者，然中央研究院一機關，在整個教育中，所佔之百分比
甚小。至于純粹學術事項會議出席代表由敝院參與一事，前在會
中奉陳，曾邀　惠諾，其意亦僅因敝院組織法與評議會條例有此
規定，故從其規定，以維持此法，而事實仍是彼此商量也。

三、關于此類之消息（英美方面），敝院一有所聞，必以奉告。　大
部主張，敝院亦當隨時向英美人士宣傳之而請其贊助也。

^弟久思與美國 State Dept. 主持之 Peck 通訊，此人^弟之舊友也。近據
友人接金岳霖教授信，知 Roger Greene 於此等事尚有力量，^弟欠彼
三信及一小禮物，以所中並無印就之洋信帋，並打字帶亦缺乏，兼
以性懶，至今未寫信。當于月底到重慶後，奉謁一商，即與彼等通
信，請其贊助也。餘容面罄，敬頌

政安

^弟傅〇〇謹啟　三十三年二月十五日

1036. 傅斯年致羅伯希 （抄件）（1944 年 2 月 17 日）　檔號：I：83

伯希先生左右：① 頃蒙　枉顧，快談至樂也。末所提及一事，恐口說
未能達意，敬箋陳之。

南陔先生之季女公子筱渠女士，自來山上教書以來，極為所中各家所
敬佩。此一小學，雖在無法辦好之狀況中，仍能維持各生課業者，誠
小渠女士之力也。^敝所第一組助理研究員逯欽立君，頗願以^弟為介，
攀婚　清門，而其同事又向^弟以此為言。^弟一向懷抱，以為此等事宜
由男女自身決定，未可一憑月老于造化也。然逯君係^弟及門之人，其
詳細情形不妨陳述，以資　南陔先生參考。逯君係山東鉅野人（今年
卅一），家世業農，其尊人有田二百畝，子女共三人，平日在家，亦
可吃飯，惟值此時代，逯君終須自食其力也。逯君于民國廿八年畢業

---

①頁首自註："底稿"。

北京大學國文系，同年入西南聯合大學文科研究所（北大部分），于卅一年畢業得碩士學位。彼于八代文詞之學，造詣甚深，曾重輯《全漢晉六朝隋詩》百卷，用力之勤，考訂之密，近日不易得之鉅篇也。惜此時無法在後方付印耳。一俟抗戰結束，此書刊就，逯君必為國內文學界中知名之士無疑也。

逯君外表敦朴，內實宅心忠厚。天資甚高，又肯下深工夫研治學問，弟及門諸人如逯君者實不為多。故在其肄業聯大文科研究所時，弟即約其到此借讀，畢業之後，即入敝所。助理研究員之資格，依法律所規定，等于大學之專任講師。然中央研究院之標準，遠比各大學平均之程度為高，此時敝所助理研究員就業大學者，至少為副教授，故逯君將來必在大學任教，或即以此為終身之業矣。此一職業，在戰前頗為舒服，今日所入，幾夷為皂隸，弟亦如此也。若在戰事結束後，固不宜如此。惟值此遽變之世，一切未可測耳。故逯君實為績學之士，篤行之才，後來必可為知名之學人，而家素豐，所業又在"九儒"之中耳。故述其實以當參考。若　南陔先生有所不嫌，任其自決，則逯君能有菟絲如蘿之寵，亦弟之厚幸也。專此奉陳，敬頌
著祺

弟傅斯年謹啟　二月十七日

南陔先生處乞代致候。

弟子欽立錄副

1037. 傅斯年致馮文潛、羅常培（抄件）（1944 年 2 月 18 日）檔號：李 67-2-2

柳猗、莘田兩兄：奉莘田兄手示，驚悉雲逵兄逝世，同人皆不勝驚悼。已致電弔唁，並略奉賻儀，以遠道無法寄花圈輓章也。聞其夫人尚能自給，未知然否？深以為念。

約逸夫兄事，實所謂"與虎謀皮"，蓋不特逸夫兄之積學為研究所之不

可少者，即其為人亦粹然君子，又時時為研究所公事奔走，彼去，^弟不知如何善其後也。然再三思之，天下事有不能"一方情願"者，逸夫有此自主之機會，泥之亦不近人情。故萬不得已，同意下列辦法：

一、作為南開向史語所借聘一年半。

二、旅費由南開支。（如提前三月，此間無法報銷，蓋兩方皆送審計部也。（除非南開有非政府之款）若作為旅費，依法可以報銷。）

三、彼之米貼，仍在所中支，以無法遷著也。（所中米貼不夠數，然不能緣此自求方便也。（除非昆明米貼數比李莊米價高））

四、期滿後繼續否，應由三方同意。

一切未識 兩兄以為何如？此無異割肉唅人，心痛何似！莘田兄致逸夫兄函末尾數語，恐是畫蛇添足，亦莘田兄近日之慣調也。一笑。^弟老矣！亦略解黃老道矣。專此，敬叩

道安！

^弟傅○○謹上　三十三年二月十八日

1038. 傅斯年致黃彰健（抄件）（1944年2月19日）檔號：李14-10-3

彰健先生：電奉悉。今日當復一電，計達。此事弄得如此，^弟實不勝其歉仄，然斷非始料所及也。先是去年十二月請于敝院院長，擬增數人，即蒙院長核准，故曾決定增聘五人，不意忽接國防最高委員會函，稱奉　總裁諭，各機關人員米及補助費，以去年十月為限，（此事原文已抄奉）此則不特新增之人員無著落，即舊有者，亦有二名不足，而加成數相差甚大，為此事，^弟本擬下月初赴重慶者，茲改于週內赴宜賓搭船，月底可到也。此事如不決，^弟亦無法回來，只有辭職而已。惟　先生如于此時來，設若接洽無結果，只有薪而無米與生活補助費，決不夠一人生活，非^弟一去所能了，故為此思得目下有三法：

一、先生仍設法在兼善中學暫住，此事舊同事或可商量。

二、^弟已函詢宜賓中學，如有國文史地教員缺，即暫時敷衍，俟本

所米缺出。

三、^弟在重慶為　兄設法。

惟此皆為臨時辦法，一俟米額、生活補助費額解決，即行補入。當不出今年。（有一江西人請假返籍，或不來。）

別有一點不得不預告者，手示謂奉　母來，此事^弟初不知之，此間待遇能否足二人生活之用，（欠發太多）在此百物昂貴中，亦有問題。今年初擬增聘者皆單身人也。有一江蘇某君，吳稚暉先生介其來此，^弟看彼情形頗不錯，（去年九月間事）彼一云有家，^弟即告以養活不了，彼遂未動。（在侍從室第三處）此與本題無涉，然既知　先生有母，故亦須奉　聞也。一切面談。敬頌

著祺

^弟傅○○敬啟　二月十九日

1039. 傅斯年致羅伯希 （抄件）（1944 年 2 月 21 日）檔號：I：83

伯希先生左右：惠書敬悉。此點正為^弟所注意而不敢苟者，故前信發出之前，已經查明逯君並未婚娶。先是逯君友人託^弟寫信，^弟即對之云，此點最重要，須證明。其同事、友人遂共來一信，証明其事，故^弟乃敢著筆也。彼時又查其入所填表及在北大填表，均未婚娶。當時辦法家人多一口即多一口之米，故未有有家室而不填者。逯君平日篤實，不聞其說不實之話，故幾經調【查】而後，以前書相塵也。先是彼在昆明時其父曾來信囑其在外完婚。事隔三年，又經遷動，原書不存。彼最近又向其家說明一切，當有回信。惟彼家在淪陷、共產黨區交錯之處，信每不達，回信當在半年以上耳。謹此奉覆，餘另，專頌

著安

^弟傅斯年謹啟　二月二十一日

張政烺代筆

1040. 傅斯年致李方桂（抄件）（1944 年 2 月 28 日）檔號：李 67-1-4、 李 67-1-3

方桂吾兄：前寄印度一信，未知收到否。昨日（廿六）接 兄自渝來電，知十六日駕返，為慰。發電之日，其上寫 9/16，不知電報局如何錯誤之，若十六日發，則九日方到！此比永未到者猶佳（有二次永未到）。李莊電報，總而言之，不可用也。

弟返李莊後，接 貽寶兄回信，茲將來往之信二件抄上一閱。又，到燕京辦法，弟去年十二月已向朱先生言之，彼大致同意，亦似有不解之處，弟慮送請核准之辦法有更動，故最近始寄去，庶幾弟不日到渝，當面請其原樣核准，而無所更動也。又，此一公事之辦法，皆在去年致 貽寶兄信中，亦即與 兄談話商定辦法中，並無增減，然若 兄認為其中尚有可以更易之處（字句之間），乞即日快函寄弟于重慶，弟明日即行也。

生活補助費、米貼、研究費，三項，應連同薪水由此間發，故 兄在燕京所領之報酬，應不用此三項之名義，此事已函貽寶兄商之矣。

最近所中大窘，去年應補之生活補助費毫無下文，今年生活補助費亦然，而米之問題至今未決，（國防會來公事，須單領在任所之人之米，措詞極嚴厲。又來公事，云奉 總裁令，澈理此事。同時行政院決議，各地或領米，或領代金之辦法，李莊又全在領米區域中，無代金可發。究竟何所適用，尚無明文。）故公家欠每人皆數千元矣。而總辦事處又欠本所八萬餘，日內又向同濟借二萬，否則即斷炊。聞成都生活大漲，此間亦然，大約今年真到難關矣。印度之行，想心得必多。專頌

著祺

弟傅斯年敬上 二月廿八日，卅三年

附一：本所傅所長呈報本院朱院長函（1944 年 2 月 24 日）

院長鈞鑒：史語所李方桂先生實為國內外語言學有數之人才，其近十

年所治之漢印語學比較語言學，俟成功之日，尤可為吾國語言學界一大成就。蓋西人之談漢印族比較語言學百年矣，而迄無堅實之成績，若一旦此種成就出于中國之學人，固學術之榮也。李君近年研習已到一階段，非兼治藏文藏語不可，此則非在李莊環境所容許，如派其往塔兒寺一帶調查（前亦有此意），又為家中情形所不許，蓋李君人口較多，兼有老母在堂也。去年曾與李君商得一法，即由院長特許其暫住成都，兼在燕京大學任課四、五小時，庶幾住宿等問題，可以解決，猶之戰前曾由故蔡院長派其赴暹羅，亦同此意。茲事當于十二月中面陳一切，荷蒙俯允。茲將與燕京大學梅校長貽寶所商辦法，分陳如左，敬候裁奪，至幸。

一、本所以李方桂先生兼習藏語之便，由院長特別允許其住成都。

二、李君在本所之待遇（薪、生活補助費、米代金、研究費，凡四項），均仍舊付給之。

三、李君在燕京任客籍教授之名義（Visiting Professor）。燕京應做本院人員兼課四小時之辦法，給以適當之待遇，以便李莊、成都兩處生活之差數，得以補足。並給以教員福利待遇。惟依法生活補助費、米代金、研究費不得複領。若李君願在燕京領米，亦聽其自選。

四、彼在所所負之職責仍舊，指導工作暫用通信辦法，必要時暑假來此。

五、其在蓉住處與赴蓉旅費，由燕京大學供給之。

六、以上辦法以二年為限，若戰事在二年內結束，本所東還，應提前結束此辦法。

更有陳者，近來大學學生習語言學者日少，本所第二組將來選材之來源，大受影響，李君能在成都教出幾個學生來（不僅以燕大為限），亦與本所甚便也。一切均乞鑒核示遵。專此，敬頌

鈞安

傅斯年謹上　三十三年二月廿四日

附二：本院總辦事處復本所傅所長函（1944 年 3 月 20 日）

頃奉交下台端函一件，為請特許李方桂先生暫住成都，並在燕京大學任課，以便兼治藏文藏語一案，奉批"照辦"等因，用特函達，即將謷照為荷！此致
傅所長孟真

總辦事處啟　卅三年三月二十日

1041. 傅斯年致梅貽寶（抄件）（1944 年 2 月 28 日）檔號：補 19-5

貽寶吾兄左右：^弟一月七日始返此。奉讀　來書，敬悉　同意方桂兄事，至幸至感。方桂之往貴校，亦為其習藏文之便，仍與在所中之待遇相同。　貴校似可給以 Visiting Professor 名義，何如？再方桂之薪、生活補助費、米貼、研究費，皆在此間領，而後三項依法不得重複，故在　貴校兼課之報酬，應用其他名義也。又有請者，目前法令先後每每紛歧，一經改定辦法，即數月無下文，方桂之報酬，此間匯去或至愆期（必至如此），故在敝所匯到成都之前，必要時，盼　貴校隨時可以通融之，庶幾不致青黃不接，此法諒荷同意。或一切費均由此間寄　貴校，而由　貴校事前墊發給方桂，如何？此雖多一層周折，然恐亦為事實上所必需。即就最近言，公家欠方桂（每人如此）自去年八月份之研究費，去年應補之生活補助費，今年之生活補助費，今年之米，領而未能動用。而同時方桂以運行李，亦欠所中數千元，然則敝所繼續担負方桂之原有待遇，而緩急之際，敢煩　貴校隨時墊發之，此亦無可奈何也。此信乞交方桂兄一看，^弟不另寫入致彼之信中矣。外有致彼一信，乞即轉交，一切至感。專此，敬頌
教安

^弟傅斯年敬啟　二月廿八日，卅三年
與貴校交換公事，俟敝院總辦事處批下即辦。斯年又及。

1042. 傅斯年致吳金鼎（1944 年 3 月 29 日）檔號：李 14-22-3

禹銘吾兄：惠書敬悉。此事^弟思之半月，曾託作民兄代勸吾 兄打銷
原意。頃見回信，知未蒙諒察，故今自述其意，仍乞 惠允，至幸。
兄為本所最老同事之一，若于此時以研究所經濟困難（即國家經濟困
難）之故，先眾人而去，在 兄自必有所不忍。設若 兄家累太重，
自另是一種說法，然 兄並無子女，夫婦共作事，二人所入，比^弟為
多，一家內外擔負，比^弟為少。若與人比，則試看前線士兵之生活如
何，若與後方貪官姦商比，則此輩中人，豈可與之比哉？此時所入，
亦可勉強吃飽，一飽之外，即多幾千元，值得何事？故為公家計，
兄不可以無家累之人先開此端；為自己計，亦全不值得。荷戈上陣然
後謂之抗戰，招待洋人，上海西崽之事， 兄亦自言其為跳糞坑矣，
此不得以服兵役論者也。再就工作言之，《琴台報告》未完，豈可捨
之而去？《彭山報告》未寫，豈可半塗而廢？大凡作田野考古，亦須
作室內考古，否則如袁希淵之只挖不寫，與黃鼠狼搗洞何以異？此又
為研究所之工作計，萬不可中斷者也。總而言之，大要的理由如下：

一、兄之家累不重，尚不至迫而他圖。

二、研究所不可開此例。（即研究人員，因研究所窮而鬧改行。）

三、你所要做的事並非抗戰。

四、工作未結束，前功盡棄。

所以目下只有請 兄繼續寫《琴台報告》，迅速寫好後，即回李莊。
目下只有此一法，所以請假兼事等等，皆恕不能同意。此事無磋商之
餘地， 兄必不肯迫^弟做^弟絕不願做，而有時為維持研究所最低格之
紀律計，不得不做之事也。至于在蓉吃飯一點，^弟初不知川博不供給
了，既不供給，自三月份起，由研究所津貼 兄在蓉寫報告時期中之
伙食費，其數目不能超過李莊大廚房數。（目下約千元）此雖不等于出
差支公費，然在 兄亦無失。仍當速了速反，萬勿兼事，如已兼了，
須即日辭去，俟兩種報告寫好， 兄如仍願"抗戰"，當為介紹真正
與抗戰有關之工作，此時斷乎不可也。濟之先生與^弟所望于 兄者甚

大，此時必須"苦撐"。尚念吾　兄慮及此日國家之艱難，為學術界
存亡繼絕之事業中，盡一分力。經濟上之困難，姑且忍之，此^弟等之
深幸，亦研究所之深幸也。書不盡意，即頌
旅祺

傅斯年敬啟　三月廿九日

1043. 傅斯年致朱家驊 （抄件）（1944 年 4 月 15 日）檔號：李 5-4-5

院長鈞鑒：西北考察團今年費用，已支付者，皆去年所餘（即最近之
　　十萬元亦然）。前承　指示，本年度撥二十萬，當時說此數時，其中
　　原含有去年存款十萬（即上次寄去者），是則今年只須十萬元之新加
　　款，此款擬請在五、六月之交匯出（至遲六月初），此後院中另有專
　　款自可發給，否則即如此結束。^{斯年}已函向、夏二君注意，量入為
　　出，用完不必再存希望矣。如何，仍乞　示遵。專此，敬頌
鈞安。

傅斯年謹呈　四月十五日

1044. 傅斯年致王崇武 （1944 年 5 月 17 日）檔號：李 67-1-7

之屏兄：惠示敬悉。昨陳寅恪先生來信，云致燕大及馬代校長①信未
　　見。記得此皆　兄代寫代發，是否寄李莊加印再發的？乞一查，如
　　未發而有稿在李莊，乞交那先生抄發（一公函，一私信），否則乞
　　示知並抄李方桂先生事原件，由^弟在此一辦。眼睛仍不好，奈何奈
　　何。專頌
道安

斯年　五月十七日

---

①編按：馬鑑（1883—1959），字季明，時任燕京大學文學院院長。

1045. 傅斯年致蔣介石 （1944 年 6 月 5 日） 檔號：I：45

主席鈞座：謹肅者，昨日侍　教，既蒙　溫語移時之隆遇，更聞　定
　　國應急之長策，公私感幸，何可盡言。所口陳者，意猶有未盡處，
　　補述二事，重瀆　清聞，伏乞　垂察。

一、日本人在今日已全部放棄其與德國結伙之立場，凡所企圖皆為
　　自己打算，而求倖免于危亡也。彼已明白斷定德國之必歸失敗，故
　　已不作全部勝利之夢，而作自己撐過之圖。于是不得不小心翼翼以
　　和蘇俄，同時，在中國佔得地步，使美國無從自中國反攻，於是退
　　集海軍于日本近海，廣集陸軍于中國大陸，一旦彼所認為適宜之時
　　機來臨，即利用英美人不肯多犧牲人命之心理，向英美乞和，決不
　　肯遲至歐陸局勢解決，蘇聯可在遠東自由行動時，再作奮鬥也。此
　　計在今日為日本人設想，亦只有如【此】耳。

日本人為實現此目的，其攻擊之重心，自當為“三南”，即河南、
　　湖南、雲南也。外此如有蠢動，當為策動此一系統攻勢之用，所謂
　　打通平漢、粵漢路，收效甚緩，非彼此時急切之圖。今湖南戰事已
　　起，雲南為今日咽喉重地，而地形又于敵為有利（一、邊境去昆明不
　　遠；二、邊境之內僅有百里為山地，昆明以南之三百里，可用機械化部隊；
　　三、鐵路西之雲南軍，非昔日比，未必善戰。）惟彼處空軍優勢在我方，
　　兼以雨季已至，或不即發動耳。彼之進一步圖謀，似當為老河口、
　　恩施之鉗形地勢。此則為孤軍深入之事，最忌對方之空軍優勢，若
　　四川境內之空軍力量迅速大增，所以敵之也。

蘇聯必于歐戰分曉後參加遠東戰事，未分曉前，必不為之。日本亦
　　看到此點，故為時間之爭奪。蘇聯之參戰，初于遠東有大利，後乃
　　中國之大憂。然此非中國所能勸之阻之之事，姑以不論。歐洲戰勝
　　後，蘇聯憑其勝利之優勢，五年可以恢復，故戰後世上最強之國僅
　　美國與蘇聯耳。竊以為今日中美之合作，似更有加重加密加速之必
　　要，其中有關因素，不以利小而不為，不以害小而忽之。即中蘇關
　　係，或亦可于中美親交中得其一時之解決耳。

二、物資統監本部之設置，以經濟局勢之迫切言，有如孤注一擲，

不得不求其必成，防其有失也。今日孔副院長既繼續負行政之重責，又把握財政、經濟、金融之全權，則以彼兼此重任，自為邏輯上順理之事，亦為確定責任必要之方。然茲事為國家命脈所係，不容其失敗。方法雖具，猶有待于治人，機構徒換，往者未著成效。大凡機構之改革，每與人事之改革同辦，方可生效。此事雖尚未發表，社會上已多知之，似皆以為人事不變，機構之更改難如預期，其結果或僅是孔副院長更加一官。^{斯年}以為今既有此轉機，若能至公至平，絕無瞻徇，應可辦不少之事。惟亦不能不慮及孔先生觀念之不易遽改，用人之仍是若輩也。設若任務不達，則負責者將諉過于軍事之變遷，此必造成一空前之危機，蓋其形勢有如最後一著也。敢望　鈞座隨時留神，萬一進行鮮效，則改弦更張，似乎宜早不宜遲，人事革新必可振作，有補于大政。若待失敗之形畢露，有不可挽救者矣。心所謂危，越分言之，深懷罪戾。肅此，敬叩

鈞安

三十三年六日五日

1046. 傅斯年致張官周 (抄件) （1944 年 6 月 16 日）檔號：李 18-15-19

33 厤字第六一六、六號

中華民國 33 年 6 月 16 日

官周吾兄左右：前李仲陽縣長在任時，曾聞其有修築公路一條由李莊鎮直達板栗坳之議，^弟以本所由板栗坳赴李莊原有山路可通，並無此需要，曾勸其勿作此舉，蓋本所自遷李莊後，叨光地方者甚多，不敢對民間有所騷擾也。^弟日前由渝返李，始悉此路業已動工，並聞佔用民田甚多，詳情若何，^弟雖未深悉，然已感不安矣。如本縣修築此路，另有其用途，則本所自不便有所建議，倘專為本所而修，則本所既絕無此提議，更無此需要，何妨還田歸民，就此終止。敬希我　兄

將此意轉達地方經畫此事諸公，是所感荷。專此，敬頌

大安

弟傅○○謹啟　六月十六日

1047. 傅斯年致馬學良 （抄件）（1944 年 6 月 20 日）檔號：李 14-9-3

蜀原兄：弟到重慶白費三個多月，來示多未復，至歉至歉！兄去年虧空因而募款一事，只有中英庚款尚未絕望，杭立武先生（其幹事長）允考慮，但彼會極窘，彼未允即可，只允考慮。中基會方面，更無法，袁守和先生已談，彼云，如去年兄報多些，可以辦到（云只報旅費五千），今年賬已結束，無法新開，只有再與上司接洽，更買一批，即將旅費加入萬元，云云。看來此亦非即可做到之事也。總之，此等事須籌之于先，以此時我等機關之窮苦論，若補救于事後，自然不易辦通。杭處弟返後又寫信去矣。

兄奉母來此，大佳事，房子無問題，只是此間無醫生，同濟醫院大約散了，不便在此，此外無不可，甚盼兄能奉母來此侍養也。

兄請假過久，不可再延續，務必于一個月內返所。本所對于病假甚寬，而事假有章則之規定，例不能過三個月，茲姑以遠道通融，若下月不到，只有停薪，俟返後再復。且一停之後必有人要補額子，且政府任意取一個月之名額為以後之標準，故一停之後，易出岔子，然若久假不停，又給我以大難題。千萬即返，至盼至盼。專頌

旅安

斯年　六月廿日

1048. 傅斯年致丁文淵 （抄件）（1944 年 6 月 23 日）檔號：I：79

月波吾兄：惠示敬悉。彥堂兄事承　兄關懷，至感至感！

彥堂兄家口眾多，此時所感之困難，遠在我輩以上，每月入不敷出，自非了局。若能在此兼課，或為最便之法。敝院舊有兼課限四小時之

規定，故四小時內，原無不可，（即四小時外，今昔亦不同。）至于舊有退還收入、扣車馬費之辦法，乃杏佛兄時所行，抗戰以來，絕談不到。此時絕非當年，要當以事理人情為重，故只惜貴校無文學院，所中同人不能多多兼課耳（一笑）。一切乞與彥堂兄商量，^弟無不同意也。

所示貴校互濟會之辦法，以^弟所知，政府對于領米之限制甚嚴，此法是否有與法令抵牾之處，似可一查。蓋以貴校近日之多事，或不無以為借口者。

兄在重慶，或即一詢教育部是否可行，其亦一法耶？專此，敬頌
道安

^弟傅斯年謹啟　卅三年六月廿三日

1049. 傅斯年致湯用彤 （抄件）（1944 年 6 月 27 日）　檔號：I：262

錫予先生左右：^① 胡慶鈞君畢業論文 "敘永苗族調查報告"，項已由　凌純聲兄看完，定為八十五分，茲另由郵雙掛號寄上，敬請　詧收。胡君畢業考試，前曾由　純聲兄在此出題考試，亦定為八十五分，試卷隨函附上，並乞　詧閱，是幸。專此，敬頌
道祺

　　附：胡君試卷兩葉、胡君畢業論文兩冊。

1050. 傅斯年致李方桂 （抄件）（1944 年 6 月 28 日）　檔號：李 67-1-8

方桂吾兄：在重慶住了三個半月，中間鬧了一個多月的喉嚨痛、牙痛，此外生活只是每日愁悶，下象棋、擺龍陣、下午睡四小時，（睡不著，作睡樣，有人進門即合眼，人自去矣。）所以竟未做正事，只消耗時

---

①頁首自註："稿"。

間耳。

兄去印之賬目，當于次週交汪一鶴兄。過一月，接兄信，又將其要回。汪在長期受訓，只有星期日可出。他原封未動。^弟收到後只將書籍賬檢下，交丁梧梓去與中印學會接洽分書，^弟行時尚未辦到，因中印學會之朱君已走，代理人常不到，丁未找到，大約此時或已辦妥。此事辦完，再寫信到印度，辦理繼續運書購書之事也。兄旅費餘數，可不必扣，即在研究所款內支去，與中印學會清結可也。

往成都為習藏文之便一說，乃公事上不得不如此說，此事在去年初（第一次談此事）與 兄談及燕京時已經提過（兄未反對），當時即說以此為一種公事說法。事實上，決無求此等成績之事，且習藏文亦僅為兄治語言學一般之需要，絕不是加兄一副業。其實成績一事（此泛言之，指藏文以外言），在初辦研究所時，^弟看得很認真，亦因當時環境使然，近十年來，大體是祈求個人學問之成就，急功之心遠不如前矣。故此事全無所謂也。

自返李莊後，整理信件，找到兄五月六日一短信，信中所言 Katre 信事，^弟亦未見到，郁信交驪先兄，彼未交還^弟，此時忘記是何事。如須查，^弟可再問他。

關于研究所之待遇事，[①] 兄可不必慮及，此時與戰前情形完全不同，故杏佛兄當年所訂限制收入之事，在今日完全不能適用。燕京為私人所立，只要兄在彼收入不是米貼與生活補助費兩項名義，公私即無任何困難。假如本所在成都，此項辦法^弟尚當勸同事為之（一笑）。總而言之，有力做學問之人，而肯做學問，研究院只當以"待士"之方法為之。（"待士"一詞，亦兄前者所用。）故此事 兄不必關懷也。

先是^弟去重慶之前（三月一日），兄賬上有借支未有存款，其故由于：①米之問題未解決，不能賣。（此事鬧了許久，政府初來文，只許領在任

---

①行首自註："此二點記得皆兄交又蓀轉交一信中之事，^弟一時找不到原信，故不知與^弟所說有無出入，要之，大意如此，兄必諒察也。"

所家口，三令五申，故不敢賣，^弟到重慶後始知教育部將此事辦妥，仍如去年。）②生活補助費未發。四月中，米解決，生活補助費已到。今又兩個月。^弟初以為老蕭必接續寄上。昨日內人告^弟，嫂夫人來一信，云久未接到款，^弟甚詫異，即詢老蕭，老蕭云未寄，其所稱之理由：①米近落價（汪云），他未能賣。②生活補助費所發數與今年薪水原數不符，他想待總處表來，而至今未至。^弟以為此雖是事實，但賣米如何能選價錢，只有隨發隨賣。生活費先發已來之數，其餘可待後補。故對老蕭大加責難，謂其辦事不應如此顢頇，囑其即日算清匯上。以後每月結，一次匯上。（此間無銀行，此亦匯款困難之一種，往宜賓去，動輒千元。然郵局可匯，雖匯水小有吃虧，大體無傷也。）

總而言之，^弟在重慶三個月，（三月一日至六月九日）若干事停頓了，此真不是辦法。已告蕭，以後切勿如此矣。

內子無端勸嫂夫人出去做事，可謂多事，她自己，不做者反以勸人！做事得不償失，誠如尊論，蓋一兼事，吃虧者為子女也。此事^弟實抱歉，而內子要如何說，^弟亦無可奈何，此必在洞鑒中也。

丁聖人①出洋事成功了！我看他要出去，即不可更遲矣。總算還好。只是為丁、全②二人之出洋，研究所又生些小波折，張次瑤去年要考土耳其留學，^弟勸其可一問印度情形，今則自費考試一切停止，實無辦法矣。馬學良尚未返（初云奉母來，後又云母不來了。）已電其速歸。

張琨去西安（請假三月），告^弟云，是結婚去。或云即與馬之妹，或云非也。周法高亦鬧自費出洋，而又無錢，故跑去白沙，兼兩個國立中學課，即領兩份錢米！（國立中學如此辦！）今既無自費考試，已函其速返。董同龢有東北大學請他，他初意甚動，我即告他東北大學情形，並謂研究所只有取 laisser-faire 政策，其實他太太兼醫務室事，有一石米（全所只此一 case），故他之生活毫無問題，而先談此！我看，他還

---

①編按：丁聲樹（1909—1989），號梧梓，時任史語所專任研究員。
②編按：全漢昇（1912—2001），時任史語所副研究員。

是說說罷了。

^弟在重慶時，時思奉謁　伯母，相距如此其近也。但是上午總是鬧頭痛，鮮出門；下午鬧睡，晚上精神好則又不可去。初以為走前必去，誰知走時一擠，許多事未辦，此事不安之至。凡事捱到走時辦者總是如此。^弟（八月廿日即赴重慶），當即去看也。　兄信（又蓀轉者）俟檢到後，如更有事，當補寫。專叩

著安

^弟斯年上　六月廿八日，卅三年

1051. 傅斯年致馬學良 （抄件）（1944 年 6 月 28 日） 檔號：李 14-9-4

蜀原兄：前函及電計達。研究所對于家眷均設法安插，即無房子亦因需要隨時調整，決無不使人無住處之事。[1]　此或因兄在所時短，不知之耳。兄奉母來此，自大好事，可無待先問，只是此間無醫生耳。兄請假半年矣，頃接來信，仍無返期。王則誠、周天健、吳金鼎諸位，均因請假期長而停止待遇，蓋此事本有法令之限制也。本所處于學術機關之列，其事與大學同，此事自可稍稍寬些，然自病假而外，若不有限制，亦辦不下去。今來書既謂遂無歸期，所中待遇，即自六月份（連同六月在內）停止，一俟返所，即行恢復（可自上道之日計算），然若彼時已無名額（米、生活補助費），則又是難題。

兄每年給我一難題，言之可歎。無論如何，必即日設法就道，可奉母來，勿多言。若上路之法，可就近努力，不必再用如許藉口。既可就近託沈先生，或可函本院重慶總辦事處余又蓀祕書，他當用朱院長名義向胡長官部，或西北油礦局設法也。千萬即日就道，至要至要。

專頌

旅祺

斯年　三十三年六月廿八日

---

①行首自註："^弟在渝三個多月，故未及回信。"

如晤張次瑤兄，乞囑其早返為盼。

1052. 傅斯年致黎東方（抄件）（1944 年 7 月 4 日）檔號：II：49

東方吾兄：惠書敬悉。弟如一人任《紀》、《志》、《表》，斷非短時所能了事。《紀》中是否有違礙字樣，必須細加推敲，蓋《紀》之體裁，等于目錄，不知其本末，即無從斷其書法之正確。于是不得不將《東華錄》從頭看一遍，此即不得了矣。況參看他書乎？故《紀》之一事，弟不敢承認，上次弟亦聲言担任也。《志》、《表》兩事，如須年尾交卷，弟只可担任《表》一種；如可待至明年六月，可以兼任《志》、《表》。此有時間限制，不可不預陳也。如何，乞　斟酌，至幸。

《表》看來省事，實亦不少事，蓋各《表》之序均須重作也。故亦只能于今年年尾交卷耳。專此，敬頌
道安

弟斯年謹上　七月四日

1053. 傅斯年致袁同禮（抄件）（1944 年 7 月 6 日）檔號：李 69-3-3

守和吾兄左右：惠書敬悉，一切極感。所詢馮漢驥文能否在英文本《圖書季刊》發表一事，弟並未接此信，故未及先復也。茲承詢及，自然可以，若能先寄下此文交濟之兄一看，俾文字上有所增進，更是佳事，因馮君作此等文，恐亦是初出茅廬，而大刊在美翻印，亦此時之重要事也。此為《圖書季刊》著想耳。

哈佛電敬悉。此皆吾兄努力之效也。敝所何緣得分此惠，亦可感矣。此項五千元之補助費，自本為工作之補助，然如分人補助之，亦即變之為生活補助，乃為今日最切要之事，蓋各人不能維持，工作更不能維持也。此法未知有困難否？或者他們也要報賬，如一切政府之不

通。然^弟固可名之為每人之 Research grant，仍給窮極病極者也。此當無碍，詳細辦法開會後寫呈就商。兄去電時，先代思成及^弟一致謝意也。

繼續補助研究費，誠大佳事，兄之努力至可佩也。名單中兄所擬加入"向覺明、賀昌群、姚從吾、唐蘭、徐中舒、王崇武、張政烺"，[①]^弟均同意。皆妙選也。其中有若干人，去年即當有之矣。李方桂兄，去年之一事，弄得不上不下，^弟意可改為全份，其學力足以當之（亦寅恪之次也）。未知吾兄以為如何？聯大各人，似乎除錫予應給全份外，（年老、資深、病多、累重。）其餘似均可給半份，以免糾紛。蕭公權、潘光旦二位，似皆不是漢學 Sinology，此亦兄去年未同意者，蕭聞亦尚不太窘，此點乞兄斟酌。已赴美或即赴美者，似不當更給。因報告中甚難提及，奉派赴美，而又領此，美國人或不解耳。兄名單之外，^弟意可加聞一多，彼專心治學者也。總之，一切乞兄斟酌，^弟無不同意。兄定即定矣，不必再找大人物去商量，如去年之生枝節也。敝所兄擬加之人外，尚有可攷慮者，有凌純聲、芮逸夫二兄，二人皆極困難，又有陳槃兄，更有梁思永，只惜在病中。然既分配不下，^弟可在敝所之 grant 中，給予等于二萬元（前二人）之數，不敢請再加入，^弟只順便附陳此一節，以此事與 Fairbank 之計畫有關，故及之也。

匯來之法，^弟覺我們總不便請求他帶票子來，除非美大使館自想此法。然則只有復電請其速匯貴館或中研院，事前並與張厲生（或俞鴻鈞）接洽，匯到後照捐款算，如必要，乞示知，^弟當函之。

五百元票子，^弟尚不知來源，或是元任兄之惠，然彼一時亦或分不出如許錢，故猜不到也。此款須料理得當，乞暫存兄處，待下回分解。大約其中與我無涉，即有涉，而是送多人者，^弟亦不取也。一切費神，

---

①行首自註："末二位在敝所者，皆堪此任。"

感何有極。專頌

道安

弟斯年 三十三年七月六日

再啟者：王獻唐先生著作甚多，其最近大著《中國古代錢幣史》，尤為考古界第一流之鉅著，蓋近年在本所，材料多，工力更勤矣。[①] 五百元之一份，未知可以有法列入否？（假如潘、蕭除去，赴美者不給，因有餘額時。）然此須在兄擬新加"向、賀、姚、唐、徐中舒、王崇武、張政烺"之外，不便以其更易兄所擬諸人，[弟]覺兄所擬諸人皆甚當，[弟]極其同意。　[弟]斯年又白。

1054. 傅斯年致袁同禮（抄件）（1944 年 7 月 6 日）檔號：李 69-3-4

守和兄：頃上一信，計達。末節所言票子 $ 500 事，[弟]又思之，以為是費正清送梁思成兄者。蓋[弟]處既無關于此事之來信，[弟]之中國友人在美者皆窮極，其外國友人可以有此事者至多只有一人，亦欠他信債四年矣，故以為應是梁家事也。兄原信及此意已送山下給思成兄看矣。專頌

道安

弟斯年 三十三年七月六日

此票子在未查明來源前，乞存兄處。

1055. 傅斯年致向達（電）（1944 年 7 月 11 日）檔號：李 38-2-20

敦煌縣政府煩轉中央研究院向達先生：電悉。工作費尾數十萬，已連催總處電匯。今又電催矣，函詳。斯年。真。[②]

---

①行首自註："在本所住，非本所職員，甚窘，近又喪子，負債累累。"
②頁末收發註記："中華民國 33 年 7 月 11 日送發。"

1056. 傅斯年致向達（抄件）（1944 年 7 月 12 日）檔號：李 38-2-21

覺明先生賜鑒：重慶別來，又將三月，連接作銘兄兩信，具悉途中平安抵敦煌，至以為慰。近來大軍西行，薩匪在山，未知敦煌一帶何似？甚念甚念！發掘工作，想已開始進行，惟物價如此，未知可延幾時也。頃接　來電，奉悉九月東歸。此點，上次作銘兄信中已及之，云　先生仍未改前意。西北之工作，非　先生無以董督其事，為成事著想，渴盼　先生多留一時。此中有一情形，不得不奉告者，即費用一點之僅有此數也。先是　公等西去後，^弟兩個月中，無有一週不催葉君嘯谷匯所餘十萬之數，此事並經　院長批准，至遲六月初匯上。^弟離渝為六月九日，尚未匯出，嘯谷云，一有經費到，即匯。^弟返李後，又去三信，其中有致　院長一信，皆為此也。今接來電，又上院長一信，致葉君一信，詢其究竟匯出否？葉君辦事，隨隨便便，並不緊張，^弟深感其苦者不止一端。然若此次回信尚未匯者，^弟必公私摒當匯上，以踐前諾。此款固為工作費，然若萬不得已，　先生須東歸，即在此中支用。惟仍渴盼少留也。此後工作費，實想不出辦法，蓋院中今年之窘，逾于往常，加以軍事緊急，為此請款無望。尤有甚者，即桂林三所遷安順，尚一文不名，故工作只能以此數為限矣。故^弟一面極盼　先生之久住西北，一面又有此天然限制，只有請　先生于兩者之間，勉為其難，斟酌為之，至于最長之可能限度也。燕生到渝，^弟初不知其生病，^弟亦未聞，返後始知勞君有一信給^弟，在院借五千元交歐陽鐵翹先生，^弟返後聞之，當即分函歐陽先生及余又蓀兄照辦。再函又蓀，不必以此為限。至今均無回音。十日前下山晤嫂夫人，知大燕已愈，至慰至慰！

先生家中住山下，一切均好。幸無念及。^弟下山當隨時往看也。此學期小燕得上學，聞進步頗速，可喜也。小兒失學在家，（栗峰小學無形散伙。）^弟與^{內子}日在家教之，無同學競長，頑鈍異常，^{內子}亦有送之去重慶上小學意，^弟以為山下可矣。專此，敬頌

道安

^弟斯年上　卅三年七月十二日

1057. 傅斯年致夏鼐（抄件）（1944 年 7 月 12 日）檔號：李 38-4-9

作銘吾兄左右：兩奉　惠書，敬悉一是。此行勞苦，聞已安抵敦煌，可喜可喜。工作費尚差之十萬元，^弟與葉君嘯谷（風虎）在渝時辦了無數交涉，彼皆口惠而實不行，^弟行時又言之，彼則信誓旦旦，謂必即匯。現在聞已借到款，似乎當匯出。^弟返李後又去數信，茲接向先生電又去信電催問，並直陳之　院長，俟得復即以奉聞。

向先生東歸之意，未知可打消否？乞努力為之。如萬不可能，即在工作費中先墊路費，再行匯上。好在由敦煌至蘭，由蘭飛渝，所費有限，而物事（關于工作①及標本）則可待後運。此時即運亦無工具也。此事只好如此計畫，惟仍盼向先生之可留耳。

工作費既有限（聞博物院尚有一批，將匯兄），故工作只能就此費用中設計。若不得發掘，多走走亦可耳。一切乞請示向先生行之。趙廳長龍文過渝，曾一來訪，彼謂一切當協助也。濟之先生當另有信致　兄。專此，敬叩

道安

^弟斯年　卅三年七月十二日

又，潘君還款，綸徽兄已匯上，計達。

向先生家在此，似甚念及，而大燕又生了一次病，故^弟勸向先生留此只可到此限度，實亦工作費有限，用盡無法可想，故心中無把握也。

---

①編按："工作"當作"工具"。

1058. 傅斯年致馬學良 （抄件）（1944 年 7 月 13 日）檔號：李 14-9-7

蜀原兄：六月廿八日書奉悉。天下事有本自顯然，強辯無益者，即此類事是也。　兄固謂其未能早返由于我之未早回信矣（我在重慶之故），若僅有此事，此說可通，其責自在我矣。然　兄于六月十日結婚，試問結婚，豈可三日說成，五日成禮者哉？其中至少須有二、三乃至三、四月光景。從此知　兄之未能即歸者另有故也。凡事不足以喻人，即不必持此說，以其無益也。① 今言之不休者，所以告　兄，對人處事，如何如何，不必率尋借口也。從研究所著想，只有暫時"停薪留職"，自六月份起，此事前已函達矣。然停薪（包括一切待遇）仍須早日返所，若一旦米額不空，則返所更難矣。言盡于此，惟　兄擇之。專此，敬頌

旅祺

斯年　七月十三日，三十三年

1059. 傅斯年致陳寅恪 （抄件）（1944 年 7 月 14 日）檔號：李 13-12-2

寅恪兄：手書敬悉。轉交彥堂兄一看，彼並無就華西之意，此事可即作罷論矣。彥堂正手寫其文稿付印，豈肯中輟？至于援方桂辦法一說，方桂之辦法不適用于其他人或其他學校，便乞華西或其他學校無以此為言。一切乞告前途為荷。專此，敬頌

道安

弟斯年謹上　七月十四日，卅三年②

1060. 傅斯年致盧逮曾 （抄件）（1944 年 7 月 19 日）檔號：I：82

吉忱吾兄左右：前上一信，計達。頃有自重慶來此讀書者，云　兄對

---

①行首自註："來信于結婚事一字未提，若此事不曾影響　兄之返所時日者然，豈有是耶。"

②頁末那廉君附註："董作賓赴蓉講學事。"

同事言，有倦息之意，未知然否？此時事太不易辦，惟若他人辦此社，"宣傳"文字必多，即無人讀之者必多矣，為可惜耳。數事奉陳：

一、聞《史料與史學》已出版，乞即寄下一樣本，並寄若干冊。

二、此事之合同似當簽定，^弟即擬一草，明後日奉上，或 兄示一草，尤妙也。

三、在此抄書之兩位書記事，如不便，可即作罷論，今尚未開始也。仍乞 示及。

四、《三通》餘冊，^弟九月初到渝帶上。

五、補入之《清代耆獻類編》，茲查明研究所並無此書，似可轉算給研究所，作價三千，即行奉上，如何？蓋此書在研究所頗有用也。茲先匯上三千，如加為四千，亦無不可耳。

六、^弟預支《諸葛亮傳》稿費，凡六千元，如獨立出版社有變動，^弟當即退還，否則今冬寫，乞 示及。

溽暑不及多寫，餘續陳。敬頌
道安

^弟斯年　卅三年七月十九日

嫂夫人，三、八二兄並候。

1061. 傅斯年致夏鼐（抄件）（1944 年 7 月 22 日）檔號：李 38-4-10

作銘兄：前函計達。最後工作費十萬一事，頃接葉嘯谷先生（總務長）來信云："……西北考察團之十萬元，亦已匯至蘭州科學教育館袁館長翰青轉，惟以桂林撤退問題，院中墊款濟急，是以匯去時間較原約為後耳。"（原約六月初，今至七月，故云然。）

然則此款已至蘭州，兄可寫一信給袁館長，說明多少寄敦煌，多少留蘭州也。向先生如非暫時東歸不可，即在工作費中墊路費，^弟當即補還。惟^弟仍渴盼其能久住敦煌耳。（已詳前函）

研究院之工作費，即以此為限矣。運費亦無所出，恐不易想法，恐發

掘之物只有存之而已。餘待與李先生商後奉陳。專叩

旅安

^弟斯年啟　七月廿二日

向先生處乞代道候不另。

信方寫好，適接本院總處來電，文為："傅所長鑒：向款已匯去。總處。巧。印。"並聞。　^弟斯年又及。

1062. 傅斯年致于道泉 （抄件）（1944 年 8 月 3 日）檔號：李 14-24-5

道泉先生：杭立武先生帶回　兄之兩信見示，為之憮然。若干年前，閣下以^弟電　兄不必轉學德國發大火，多次解釋，不聽，李濟之先生，面加解釋，加以閉門羹，所苦者　兄之夫人及子女耳。

僕一次大病，三年始愈，便又想約　兄返國，適有王雪艇、杭立武兄等訪英之便，託其竭力設法助兄返國，所有費用，由其墊付，交通工具，由其代籌。　兄縱不歸，奈何以坐以新罪名？查此次坐我之罪名有二：一為李永年君事。七七後，北平淪陷，其年十一月奉命解散人員，故留北平之余君、周君等，亦均解散，事關法令，無他法也。且前此李已表示不南來矣。李之後來生精神病，自係彼個人之事。^弟所經歷，鬧精神病者多矣，未聞心地寬和者鬧此也。以此見責，其荒謬絕倫矣。彼要舊卡片，^弟已不記憶，即如尊說，亦必以為彼係未成熟之人，此非已成就之稿，留待兄返國編輯，研究所豈祕此哉？此物今何在，^弟亦不及記憶矣。且曲為解釋，全出情理之外。第二，　兄之編藏文字典，此應為後來之事，　兄當時要做之事多矣，若一一應命，即　兄亦無辦法也。當時本為　兄速往法國，二、三年即返，一切長久之大計畫當待返後為之耳。（兄去前一、二年即作赴法之各項準備，當仍憶及。）來書又以資本家比擬，所惡于資本家者，為其取工人之剩餘價值，以自肥也。吾生但求助人，盡力為人謀成學之便，而自己白費時間，一逢　兄等，更無端招不白之冤，若資本家，肯為此乎？此

又荒謬絕倫之談也。如閣下所言，中國竟不可居，必蘇聯然後可。夫蘇聯之可貴者，以其抗戰也。中國抗戰八年矣。凡在抗戰期中，不在國內，不與其苦，無所盡力，即無批評祖國之資格。吾今日所入，月當戰前之二十元，然從無怨言，以國家在抗戰中也。比之兄領五百鎊，而說風涼話者，大不同矣。凡此曉曉，皆願兄鎮服感情，憶念祖國耳。請便中衡之以天良，若有回國之意，便乞示知，當再設法，至于回來就何處事，均聽自便也。言盡于此矣。

專叩

旅祺

傅斯年啟　八月三日

一、如兄者，若在蘇聯，早抬頭矣。

二、兄于妻子之困苦，獨全無動于中乎？

三、兄與 H 君辨論甚佳，然如能以對抗戰有事實之貢獻表見之，則更佳耳。久住異鄉無益，^弟早屢屢言之，我只設法成兄之歸，歸來如願我找適宜工作，自當找之，否則一聽自便。凡我說之話，兄皆不想一下，可歎也。

1063. 傅斯年致李安宅 （抄件）（1944 年 8 月 3 日）檔號：李 14-24-6

安宅先生：令親于道泉君，前在敝所多年，^弟竭力設法助成其赴法讀書，當時以為巴黎為近代治語學者之中心也。彼當時月得參謀部國防設計委員會三百元，本所津貼三百元，彼時匯率，約美金一元等于國幣二元五、六，來回路費，亦皆由參謀部出，約定工作：①通習語言學，②調查各圖書館西藏文籍目錄，③遍求西人治此學之成績。回來即助其往西藏。彼在第二年之中，忽跑到萊茵河去，此與原與參謀部約截然不同，故電其返法，于是而大惱，無論如何解釋，迄不肯聽。延長一年，又付返國之路費，彼均收下，却不回信。展轉託人探詢，遂來數信，加以無窮之罪名，以後仍各法請其歸來，均不見睬。向覺明（達）先生自英歸，謂^弟當約其歸，似^弟于此未盡力者然，不知彼又作何說也。去年訪英團赴英，^弟託其竭力設法助其歸，後又電詢，王、杭二位復電，皆言一時不能歸。及帶回來信，又加^弟以滔天之大罪。本欲無言，而所加之罪太大，茲將來往信均抄奉一閱。以後如彼願歸，當再為設法。一生碰到此等妄人，只可諉為命中之不幸耳。一切乞告　尊夫人，如能轉達于君之夫人，尤感。如遇陳寅恪先生，亦乞將文件交其一看。專此，敬頌

著祺

^弟傅斯年謹上　卅三年八月三日

^弟所以冒昧以此事奉聞者，實緣此中苦楚，恐只有于君夫人知之耳。最後見于君夫人，彼泣然淚下，^弟實感動，故仍設法約其返國不已。^弟賣物賣書為生四年矣，而于去年王、杭之行，自願認數百鎊之債，亦以了此心願而已。不意數年之後，愈說愈兇也。

彼每次來信，均以新罪名見責，一事解說，又來一事。此可以 Frenetic 解之，彼家有嚴君，故少時成此 complex，後乃大發作，吾實不幸，亦為彼惜，尤覺^弟竭力送其出洋，結果如此，對其夫人深滋愧慚耳。前者每次來信，均加以新罪名，（罪名時時變化，然有增無減。）此次所加前此未聞也。此等事只能說是彼之精神病，否則不堪說矣。又及。

1064. 傅斯年致凌純聲 （抄件）（1944 年 8 月 5 日）檔號：李 13-4-16

純聲吾兄：如此夏日，在渝想必瘦去幾鎊矣。^弟在此曾瘦了十鎊，恨今數日又恢復耳。月來頗多"謠言"，如謂兄往呈貢，留中大，等等。^弟皆未留意，以近三年中各人之謠言，連^弟在內，可謂多矣。胡慶鈞君返，云兄託其帶一口信，已決定任中大邊政系，並與朱先生談過數次云云，此則不是謠言矣。但胡君實說不清楚，故^弟亦未知其詳也。^弟前與肖堂兄之言，本以短期講學為限（亦由彼先提起故也），今創辦

一系，非短期之事，深感惶恐。其情如何？便乞示知。總之，值此狀

況，^弟渴願兄之在所中也。^弟以道遠不得其詳，乞　兄與朱先生面商

一切，見示為幸。^弟下月初到重慶。嫂夫人之行，既係為就兩位女公

子之便，自與此事無涉也。專此，敬頌

旅安

^弟斯年上　八月五日

1065. 傅斯年致 Ernest Richard Hughes（打字件）（1944 年 8 月 5 日）檔號：I：1021

Li Chuang

Aug. 5, 1944

Dear Mr. Hughes,

I am extremely happy to hear from you after the lapse of two years, particularly so when I learn from you that you have spent two years in Pien-ti-wen which used to be my old subject. My collegues will be very glad to see you here in Li-chuang where are now located the Tung-chi University and five institutes, namely, the Institute of History and Philology, the Institute of Social Sciences, the Institute of Anthropology all of the Academia Sinica, the Central Museum and the Institute of Chinese Architecture.

There is however one inconvenient point. As the Peoples' Political Council will meet during Sept. 5-18, I have to spend practically the whole month of September in Chungking. An early return to Li-chuang will also be impossible as the Committee for Constitutional Government will meet soon afterwards. But this does not interfere with our meeting, nor your coming to Li-chuang as we can meet and have long talks in Chungking either before you go to Li-chuang or after your return from Chia-ting. This arrangement has its advantage because other persons interested in this matter, such as

Dr. Wang Shih Chieh, and Mr. Han Li Wu, may also be consulted with any project I can think out. The only inconvenience lies in the fact that during the P. P. C. 's meetings we may be quartered in some University Compound in the suburbs and this will make our meeting each other difficult. Perhaps the best way is to meet just before or after its meetings, that is, either before Sept. 5 or after the 18th of the same month. I hope this will not cause any inconvenience to you. I can wait for your return from Chia-ting and Li-chuang for a few weeks at Chungking. Moreover I shall be in Chungking not later than Sept. 3, or even some days earlier.

During my absence from Li-chuang, Li Chi, the Liangs, Tung and other collegues of mine will be to receive you and Mr. Wright whose coming to Li-chuang will be highly appreciated by us all.

The Pien-wen was a necessary development of the Chinese written prose (Kunstprosa as called by the German classicists) whose structure made such an evolution possible. But the pien-wen did corrupt the grammar of the classical written language, hence Han Yu 's vigorous restoration. The followers of Han Yu observed the classical grammar with certain strictness, but none was so thorough as Han Yu himself. For instance, Ouyang Shiou made several mistakes in using 所 . The logical aspect of the Chinese language is certainly a very important subject for exploration. Gablentz and Stanilas Julian toyed with the 虚字, but made no remarks on the logical side. It was Otto Jespersen who first suggested the idea and developed his conception of language structure generally. The linguistico-logistic development of the last two decades may help this subfects[1] very much, for instance, Wittgenstein and Carnap 's works. With the logistic point of view we can now understand much better the philosophy of 白馬非馬 . I rather believe it is the classical language which contains certain principles of logic and the pein-wen was developed only according to the principles of ornamental

---

[1] 编按：“subfects” 当作 “subjects”。

design. Your point is extremely interesting and I shall be very glad to learn from you the details when we meet and offer my humble opinions if I have any.

I am looking forward to the pleasure of meeting you in Chungking.

Yours ever sincerely,

1066. 傅斯年致黃文弼 （抄件）（1944 年 8 月 8 日） 檔號：李 14-9-10

仲良吾兄左右：數年不晤，忽奉手書，喜可知也。^弟三年前一病幾死，故故人書信幾疏絕矣。今幸大致復原，堪告慰也。馬學良君事，彼到所以後，非出外調查，即請假在外，從未有較長之時期，在所整理其工作。本院向重個人之自由，故于去就之際，絕不勉人以所難。然如上述情形，馬學良君自以速返所整理為善，若更開借聘之例，無以應付後來之人矣。凡此情形，兄必諒解之也。專此，敬頌
著祺

^弟傅斯年敬啟　八月八日

1067. 傅斯年致馬學良 （抄件）（1944 年 8 月 8 日） 檔號：李 14-9-11

蜀原兄：七月廿日惠書敬悉。日前接張次瑤兄一信，云我誤會，其實我毫無誤會之處，事理本自顯然，公事手續亦只有如此辦也。

兄奉母之事，^弟極同情，惟自研究所之辦法言之，決不能為無限期請假之理由也。王則誠有同樣情形，彼于四、五月間，即來電自請停薪留職，周天健家中困難，亦如此云，均停薪留職矣。請假一事，有法令，有本所之習慣，兩者固有出入，（法令嚴，本所習慣較寬。）然辦來必求一致。如　兄是重病，自另是一辦法，如為奉母而留西安，又無限期請假，自不能以自己之病假論。本所辦理此等事多矣，人情事理，但求其平，若以事假無限期在外，何以善後，或者　兄以潘寶君事為例乎？茲再言之，潘病一年以上，彼去西安之前，所務會議准其

休假半年（彼任職已十年），旋以待眷，又延兩月。適西北科學考察團約他去，向、夏二位又云，為其夫人找事，故赴蘭州，中途該團改變計畫，彼則攜眷返此。彼最初之半年為休假，　兄尚未達可以休假之年度，一也。彼留西安待向、夏，及赴蘭州，須由研究所負責，　兄之赴西安，與研究所無與，二也。彼亦並無無限期請假之事，　兄來信明言無限期請假，此當然不可，三也。總之，　兄治學熱心，而殊不為研究所辦事人設身處地想之，此所以每每辯論也。

凡人相處，須相處以誠，　兄遭母病，固非可以預料之事，然如結婚嫁妹，豈臨時發生者？故絕不能以春間未返，歸罪于我之未回信也。茲接來信，往查事務室辦理情形。　兄之六月份待遇，尚未退還總處，已囑蕭綸徽兄算清寄上以為旅費。七月份起，已報院停止，無從改變。若　兄能于九月十五以前動身，則自動身之月起算，便即恢復。若延擱太久，名額生問題，恐更費事。目下政府每以某一月（任意為之）為準，發下半年。此在假報名額之機關，如若干國立中學乃至大學，並無難處，滔滔皆是，然本院向不欺政府，每月皆據實報，故時時發生困難，即如今春我在重慶為此向政府主管機關交涉多次，尚未全解決。名額滿後，　兄返即須裁書記，此亦大不易事也。凡此種種困難，未辦此事者，自不盡知，辦此事而欺國家，亦無困難，否則困難萬狀，每週算米賬（自本年一月，名額前定，不能自增。）若　兄無限期請假，亦無限期保留之，自又無困難，然此何以為繼乎？何以待後來者乎？故今日只能結發至六月份，一俟　兄返，即自起程時恢復，然此亦非無限期也。

就西北大學事，本所原不干涉個人之自由，然　兄到所以後，非出門調查，即長期請假，若如此結束，恐非善法。至于調查稿寄來整理一說，彼處既無參考書，自行不通，當封鎖以待趙先生之返，不能又為此事增加辦事者困難也。

信中又涉及病費一事，此事究是如何一事，在此時不說，今我一人在此如何查考？研究所津貼病費，向有規則，非我任意為之也。此可俟回來後清查，看見誰錯了。惟信中謂以此"是以最近亦不能首途"，然母病（兄自言不能來之故）、結婚、嫁妹，事多矣，即無此，似亦不能首途，故以此坐我一罪，亦說不圓也。總之，此等論調，既相互矛盾，即可不說，心中亦不可如此想也。

總而言之，快快回來，是為善法，無限期請假，斷乎不可。遷延太久，名額已滿，然後回來，真使我上吊耳。我半月後又赴重慶，彼處無暇無地寫信，亦不必再辯論矣。中英庚款會調查費未請到。今春聞袁先生言，　兄何以去年不向彼報滿路費也。專叩

近祺

傅○○啟　三十三年八月八日

欲來則快來，不必再辯論，^弟一離此，信更不易通，故盡言之，言盡于此。

1068. 傅斯年致朱偰 （抄件）（1944 年 8 月 12 日）檔號：II：568

伯商先生禮鑒：前閱報驚悉　邊先先生遽爾謝世，愴惋何似！曾由敝所奉函弔唁，計承　清及。日前接奉　訃函，敬悉　邊先先生已于七月八日殯于歌樂山。^弟以得信較遲，未能恭譔輓章，用申哀悼，歉何如之！謹佈寸楮，諸維　節哀，是幸。專此，敬頌

禮安

^弟傅○○敬啟　八月十二日

1069. 傅斯年致 Needham 夫婦 （打字件）（1944 年 8 月 13 日）檔號：I：1006

Aug. 13, 1944
Li-chuang

Dear Dr. and Mrs. Needham, [1]

First of all, let me offer my apology to Mrs. Needham for not replying her

---

[1] 頁首自註："尼德漢（李約瑟）。存。"

letter for so long. I have been occupied with much work left undone during my visits to Chungking, particularly with the editing of a new volume and a supplementary volume of the Bulletin which is quite a job.

I thank Mrs. Needham for her nice gift of the folk dance records and photos. I have asked Mr. Liu Tsih-hsiao 劉次簫 secretary of the Academia Sinica Administration to get and keep them. I shall be much obliged if you will send the packages to him or write to ask him to get them at your place. These records and photos will be greatly appreciated by my collegues here and myself as well.

I am very glad to hear that you have bought some good classics at Foochow and Kwelin. Being greatly interested in old books myself, I cannot help giving some comments on these editions.

Kuan-tsu: The best edition is the lithographed one by the Commercial Press in the Ssu pu tseng kan series which is derived from a Southern Sung edition. A wood block edition from the same origin much larger exists also, but rather difficult to obtain. Popular editions are derived from Chao Yung Hsien 趙用賢 which contains corrections of the Sung texts but with additional errors. It is a pity that no good commentary of the whole book has ever been done by modern scholars. Chuang-tsu: The best edition is also the lithographed one in large folio by the Commercial Press in the Ku yi tseng shu series. Kuo ching-fan's and Wang Hsien-chien's Commentaries are useful. Medieval MSS kept in Japan have been published before the war which throw much light on some obscure passages.

The mathematical classics: The best are those edited by the great scholar Tai Ch'en. I wonder what you would think of the mathematical achievements of the Ancient Chinese. These classics are unequal in value, but none contains anything approaching the Euclidean method of proof. This is also true with the medieval classics which contains much knowledge on algebra and theories of numbers all unproven. Of course people can say that the same condition exists in the Arabian mathematics. But the more I think over this subject the more I believe in the fact that mathematics in Ancient China was left much behind as compared with technological advancement.

Mr. Wang Chen-tao of the Central Museum is perhaps the person you must meet some time during your stay in China. Last year you told me that you know his re-construction of the 指南車 and the taximeter of the Hang Dynasty. Before the outbreak of the Sino-Japanese hostilities I persuaded him to join the Central Museum and start an experiment on the seismological instrument. He obtained the principles, but the casting of it was unfortunately stopped by the war. I am convinced that this would bring good results, because the recorded principles of Chang Heng's instruments, though much simpler, are fundamentally the same as the modern ones if we leave out the ornamental aspects. He is now trying on the magnetic needle of the Han Dynasty. In fact, it was not a needle but a spoon imitating the constellation near the Polar Star made of natural iron ore containing mannatism. He has already collected much literature on the subject. He is an exceptional man whose talent lies in the combination of abilities in classical research and technological ingenuity, which are very seldom brought together.

I shall be in Chungking at the end of this month or the beginning of the next month and shall remain there at least for the whole month of September. I hope you will be there at that time so we can talk of subjects of mutual interest.

Your ever sincerely,

1070. 傅斯年致楊向奎 (抄件) (1944 年 8 月 15 日) 檔號: II: 148

向奎兄: 惠書敬悉。不能來瀆, 悵惘何似。入所一事, 一時恐無辦法。蓋第一組之範圍, 一部分為史學, 一部分為文籍學 (經、子等)。後者規定僅當前者三分之一, 今乃過之, 不復能加人矣。而前者之古史一門, 本所不提倡文籍中之辨論, 乃願以甲骨、金文、器物及考古學解決問題也。故近十年中, 未曾增治古史者一人。一機關應有其學

風，此即本所之學風也。再，近來北大入所者甚多，固由他人不屑之
故，然今亦不能再增矣。戰事年餘可以結束，彼時各機關當有總調整
也。近見胡厚宣君大著序中指斥本所祕其材料，彼為利用此"祕籍"
者，當自知其言之謬也。其在本所與董先生事，亦有同情彼者，然其
去此之方法，實說不過去，今反來此論，可為長嘆。又，書中兩處大
指摘董先生之治古曆，謂為"大膽"、"無知"；董先生成就非彼所能
窺。對發蒙之師，如此議論，豈非自損？然此亦可謂董先生之過也，
其"取友不端"矣。^僕往者對此事已全忘記，今更悟此君之不必多談
矣。專此，敬頌

著祺

傅斯年敬啟　八月十五日

1071. 傅斯年致胡厚宣 （抄件）（1944 年 8 月 20 日）檔號：李 60-1-16

厚宣先生：惠賜大著①一部四冊，昨日到此，盛意甚感！惟此時我輩
皆同其貧乏，千元惠贈，實不敢當，已于今日買好匯票一千一百五十
元（＄1150⁰⁰）一紙隨信奉上，敬乞收下，至幸至幸。

此間所見各本僅陳寅恪先生轉贈董彥堂先生者有"高序"，他本無之，
其研究所之一部尚乞將此序補寄此間，以便訂入，否則"抽燬書目"
又多此一舉，後人見者，若忘其為作者所為，而以為讀者所為，毋乃
冤乎？

大著略加翻閱，深喜今春未曾冒昧寫序，蓋"詩有之曰：'天作高山，

---

①編按：胡著《甲骨學商史論叢·初集》（成都：齊魯大學國學研究所，1944）。
本書印就，自序第五頁前面七至十行有云："抑余既離中央研究院，則曩作論
文，即不便在外間發表。所知材料雖多，中央研究院既未出版，亦自不便引用。
故余書頗有未便收入之論文，而忍痛割愛之材料，尤為不少。文中有注明（十
三次）者，係轉引自董彥堂先生及厚宣曩在中央研究院所發表之論文者，至希
讀者鑒諒為幸！"甫流傳數部，著者即將此四行刪去另印，學者稱之為"刪改
本"。

太王荒之，文王康之'"，高君已有定論，惟不知太王為何人耳。

自序第五頁前面七至十行所云"未收"、"割愛"之例，足下當自知其實不如此，自不待我說明之也。

專此，敬頌

著祺

傅〇〇敬啟　三十三年八月廿日

1072. 傅斯年致張琨 （抄件）（1944 年 8 月 22 日）檔號：李 14-25-12

次瑤兄：廿三廠吳廠長處久未有回信，正待再問，聞其子去世，未果。頃接復信，謂"化學人員則已有人滿之患，一時殊感無以報命"云云。（回信另有一事，故寄他人矣。）此亦在意中，因各兵工廠年餘以來大批裁員，以萬計也。故今日又函託閻幼甫先生，請其轉詢久大永利有方法否？（懇切託之）彼回信到，我已去渝矣，已託那簡叔兄，信到即以轉奉，此一事也。

昨日董同龢兄來，謂兄有信來，謂去年潘實君兄來此，旅費補助能否同樣辦理云云，弟當告以一切，慮其言之未盡，故更說之。潘在西安，無法回來（以無路費），是時向覺明兄造意（或夏造意而向力贊之）約其往敦煌，參加西北科學考察團工作，為之出路費，並云，向可為潘太太在敦煌中學找一事。弟當時頗懷疑此等萬里攜眷之法，惟以向、夏二君之熱心，姑如其說。不意去秋弟與向均在重慶時，接潘一電，大為報怨，怨向寄去之款不夠，此時向先生亦不以潘為然（潘電實不盡合理），我看在如此情況下，只有請他不去敦煌了，回研究所罷！（幸而如此，不然，更不下台。）于是電其西行作罷，趕快回來。因此，發生責任問題，彼之西行，非彼動念，其西行往返之費，（西安至蘭州，蘭州至天水或漢中。）理不能自認，而除此以外，西北歸來，須由彼自認。前者研究所亦無款可以報銷，幸向先生慨然謂可由西北科學考察團史地組出（此乃本院與他機關合辦者，本所無支配權。）此數共 $ 12, 915.^{00}$，即由該團報銷矣。後者約一萬元以上，由潘君自認，幸彼時所中同人紛紛來言，要接淪陷區之家眷，所中曾訂一辦法（抄附），津貼潘 3，000，此亦非在經費項下。又去年十一月　蔣主席批撥本院同人救濟費，^弟適在重慶，為之請得三千，其餘潘君分月扣還，直到今春方清，近乃以萬元還西北考察團矣。

今兄之情形，無西北考察團一事，自當不論，所中津貼，照去年決議，亦不盡適合，然此可稍須變更，只要用意不錯便可。故今寄上五千元，或須在將來一家捐款中出，不能更多矣。此一法對馬蜀原亦同樣適用，乞告之。

兄假期已滿，必須早歸，^弟即赴渝，以後一時通信或來不及，望見此信後，立即首途，馬君亦望其如此。乞告彼一切回來再說，不必來信辯論，辯論無益也。今原不應先寄彼款，以彼又說到西北大學，不知究返所，惟亦同樣寄彼五千矣。專叩

旅祺！

傅〇〇啟　卅三年八月廿二日

1073. 傅斯年致夏鼐 （抄件）（1944 年 8 月 26 日）檔號：李 38-4-14

作銘兄：^弟即赴渝，手示匆匆奉復：

一、前約之款早已匯清，即潘君之萬元，亦兌上。

二、向先生返途旅費，可在其中借，到渝即由此間籌還寄去，不誤也。

三、兄之路費係明年事，預算年度關係，本年不能預測明年事（各機關除自有收入者外，皆如此也。）以^弟料之，一個人之路費，（只有少量隨身行李及文件）當可別籌。（到蘭即飛返，最省錢。）

四、至于物件裝箱及運費，以此等物將來歸博物院（除文籍、字片之類。）應由博物院籌。恐彼處亦無此力。或者兄今冬先記錄好，明年隻身回來，暫作一臨時報告，而運物待後來返京後（^弟意明年夏秋，必可打回南京，若運物或須稍遲也。）其實此時有詳報告出版反而引起人之亂掘（例如今年商量在此石印小屯一部分工作，李先

生主張不能將有涉地圖付印，亦此理也。前年朱代院長自敦煌返，大宣傳，教育部遂設一機關，亦此理也。）故此次只可作為將來之準備耳。或者省下之錢， 兄多走數處，亦一理也。大規模之發掘，決非今日之可能，零星小掘，則本不能存奢望也。

五、民眾教育館藏經交換事，自可進行，惟以何者換，則本所並無副本（目下買書奇昂），運去又大是問題。可先問問他們的意思，要什麼，是否我們能辦到者。（一部《通鑑》（正、續）要萬元，如此亦非數萬不可，而如何運去，大費周章矣。）

六、向先生留否？甚念甚念。

餘由李先生復。專頌

旅祺！

斯年謹啟　八月廿六日

1074. 傅斯年致 Serge Elisséeff（打字件）（1944 年 8 月 29 日）檔號：I：1028

Post Box No. 5

Li-Chuang

West Szwchuan, China

Aug. 29, 1944

Professor Serge Elisseeff, Director,

Harvard-Yenching Institute,

Cambridge, Mass., U. S. A.

Dear Professor Elisseeff,

I was informed some time ago by Mr. T. L. Yuan of the National Peiping Library that he was in receipt of a letter from the American Embassy in Chungking notifying him that the Trustees of the Harvard-Yenching Institute had voted to the Institute of History and Philology a research grant of US $ 5000.00. A cablegram of acknowledgement was sent to you through

Mr. Yuan on July 12, which I trust has already reached you. I wish to express here once again my deep appreciation of your delicate attention to our Institute. And will you please convey my sincere thanks to the Trustees of the Harvard-Yenching Institute and assure them that I am very grateful for the kind thought which prompted the grant. A report on the expenditure of the grant shall be submitted when the fund is received and disbursed.

In your last letter, you have been kind enough to suggest that you could take the trouble to collect for our Institute books and periodicals on Oriental studies published in the last few years. Our Institute has recently decided to take advantage of your generous offer, and beg you to make the collection, if it is still possible at present. A list of periodicals in our Library which we have not been able to keep up to date shall be forwarded to you as soon as it is made out. We thank you in advance for the invaluable assistance.

Like many other similar institutions, the work of our Institution is greatly handicapped by the war. Though we are able to keep up a considerable proportion of our research profects[①] and even bring out a number of publications, there are many things which have to wait till after the war.

With best regards,

Yours sincerely,

1075. 傅斯年致 Joseph Needham（打字件）（1944 年 8 月 29 日）檔號：李 10-23-5

Post Box 5

Li-Chuang, West Szechuan

Aug. 29, 1944

Dear Dr. Needham,[②]

---

①编按："profects" 當作 "projects"。

②頁首自註："李約瑟"。

The following books are badly needed by some members of our Institute. I wonder if it is possible for the British Council to secure them for us as a present.

  1. Waley, Arthur: Book of Songs

○ 2. Childe, V. Gorden: ①The Dawn of European Civilization (The latest, revised and enlarged edition. Kegan Paul) $ 5. -- or 16s '39 出版

○ 3. Bendann, E.: Death Customs: an Analytical Study of Burial Rites (Kegan Paul) (1930) 12s. 60 or $ 5. --

  4. Moule and Pelliot: Marco Polo's Description of the World (newly translated with notes) 1938

  5. Toynbee: A Study of History (from vol. 4 on)

○ 6. Bergman: Archeologigal② Researches in Sinkiang (1939 Harrassowitz) 30. 25 m.

  7. Hawkes, C. F. C.: The Prehistoric Foundation of Europe to the Myceaean③ Age (1940 Methuen)

  8. Herzfeld, E.: Iron④ in the Ancient East (1941 Oxford University Press)

  9. Garrod, D. A. E. and Bate, D. M. A.: The Stone Age of Mount Carmel. Vol. I, 1938

  10. Tarn, W. T.: The Greeks in Bactria and India

Ever since the outbreak of the Sino-Japanese war all the learned periodicals which we had been keeping in our Library have been

---

①编按: "Gorden" 當作 "Gordon"。

②编按: "Archeologigal" 當作 "Archaeological"。

③编按: "Myceaean" 當作 "Mycenaean"。

④编按: "Iron" 當作 "Iran"。

discontinued. The cause of this interruption is chidfly[1] due to the negligence of the Central Trust Company. I shall negociate[2] with the Central Trust Company asking it to entrust the Sino-British Science Co-operation Office to purchase those periodicals for us. This is perhaps the only way we can obtain foreign exchange. And I should like to obtain your openion[3] first before I make this decision.

I am looking forward to the pleasure of seeing you in Chungking.

Yours very sincerely,

1076. 傅斯年致姚從吾 (抄件) (1944 年 8 月 31 日) 檔號：II：74

從吾吾兄左右：前接北平圖書館來函，茲隨函附上，敬請一閱。此事^弟苦于無暇辦理，故已函該館推薦我　兄担任，諒該館日內必有函奉達也。至乞　惠允，至感至幸。專此，敬頌

著祺

^弟傅斯年敬啟　八月卅一日

附：傅斯年致北平圖書館 (抄件) (1944 年 8 月 31 日)

敬啟者：前奉　貴館四月十七日大函，囑担任在美出版論文審查委員會歷史語言組審查委員一事，^{斯年}本當竭其棉薄，協助一切，惟^{斯年}積存待寫之文稿甚多，苦于無暇辦理此事，故特推薦西南聯合大學教授姚從吾先生担任。敬乞　貴館逕函姚從吾先生商洽，是幸。　貴館前寄下之件，業已轉寄姚從吾先生並代為敦勸矣。

此致

國立北平圖書館

傅斯年謹啟　三十三年八月卅一日

---

①編按："chidfly"當作"chiefly"。
②編按："negociate"當作"negotiate"。
③編按："openion"當作"opinion"。

1077. 傅斯年致董作賓 (1944 年 9 月 20 日) *

彥堂吾兄：兩信計達（這次在此，比上次寫信勤快，庶幾少戻乎？一笑。）哈佛燕京社補助費事，今日與守和作最後之商決（今日之更動係加入岑仲勉先生），茲抄單如下（與本所有關各人及其他在李莊者，不在李莊者不錄，此為哈燕對個人之研究補助費，與本所之一事無涉。）[1]

> 六萬者　董彥堂、梁思成（以上繼續）、梁思永、向達（以上新增）。

> 四萬者　李濟之（本無將濟之兄列入此數之理，因其中基會講座，有人以為不應列入，最後折算如此，無他故也。）、王獻唐、芮逸夫、陳槃厂、傅樂煥、張政烺（以上三人家累實重）、勞貞一。

> 三萬者　高去尋、王振鐸、曾昭燏、王崇武、岑仲勉（岑仲勉先生先為守和所遺漏，^弟今日跑去，最後改換列入，但以數目字已排好，故只能列入此中。）、馬學良（理由見下）。

此單必為本所同人大不滿，與^弟作他事一般，近年^弟作一事，無論如何想了又想，必為人大不滿，無論如何克己持平，人總認為不然，可為傷心——乃至痛恨者——以此。此單之成，^弟固負相當責任，乃至不少責任，然非盡由我也，其經過如下。

　　在李莊時，^弟與守和數度通信，曾將本所全部研究員、副研究員名單開去，各注其近日工作情形（皆是宣傳妙品）請守和等自擇，因我不能留此去彼也。其中也有略示出入之處，如濟之兄之中基會講座，^弟謂今年必結束，不嫌重複，而逸夫兄^弟反謂如不在此中，本所儘可多給，因本所輿論，皆贊成其可由所中多給也。[2] ^弟到此後，又

將每人之家境作一分類注解，仍請守和別擇。此單之由來，除繼續者外，王崇武、張政烺、傅樂煥三人，係守和自行提出，遠在去年辦他一事之時，（未成功）當時守和見本所《集刊》，而有是議，守和猶佩去年之屏讓貞一之賢也。槃厂係^弟所請（去年，同上一事中），此皆去年之事，第一段也。曉梅係今年思成兄在此時告守和者，^弟以為璋如應在曉梅之先，然^弟只能請其添，不能請其改也。博物院之曾、王，亦思成所推，守和謂應多補助考古者，因此時太無人注意考古了，^弟自贊成，然非主動，第二段也。最後見守和之單中遺去岑仲勉先生，（非有意，蓋排比時遺漏也。）及璋如（誤以為禹銘，今年作他事。）同龢、作銘等，無可奈何，只有勉將岑先生改入（換去他人），然大數者已不可換，故只列入三萬（此今日之事）此自當由本所補之。

馬學良之列入，全是守和意思，因彼去年為北平圖書館買書虧累不堪，^弟不能認賬，募化又不得，守和亦無法，彼遂困在西安，連向守和告急。守和提出，^弟不反對，究為例外也。（然舍此法外，馬也回不來。）

以上之單，既如此定矣，本所款到後（須下月初）自當對照此表而分配之。^弟根據上兩次會議所談之原則，參合兌換實數之增加，定下列辦法。

岑仲勉先生　補上一萬

石璋如　　　二萬（如家中有消息，可以兌款，自可增加。）

董同龢　　　二萬

夏　鼐　　　二萬

　　　　　　（以上副研究員，補前表，以求大致一律。）

楊時逢　　　三萬（家累太重。）

李光濤　　　二萬（有病，服務多年。）

張　琨　　　一萬（今年結婚，並赴西北省親。）

蕭綸徽 ⎫ 二萬（服務多年，工作繁重。）

那廉君 ⎭ 二萬（他二人實應以副研究員之年資論也。）

汪和宗 一萬（工作繁重。）

潘 愨 ⎫ 一萬

李光宇 ⎭ 一萬 （服務有年。）

李連春 一萬（家累太重。）

以上共 21 萬元。

此外每人五千元，即——

游戒微、周法高、逯欽立、屈萬里、王叔岷、楊志玖、李孝定、胡慶鈞、王鈴、黃彰健、王守京、王文林、胡占魁、王寶先、魏善臣、王志維、李臨軒、羅筱蕖、彭敏樵。[①]

以上共十九人，共 5000×19 = 95000。

新來試用之書記不必給。

款到後（本所之款，非各人之款）請即先照此分，如有人有其特殊之困難，其理由說得過去者，自可再討論增加，然須待^弟返後。以上原自有其標準，如有增加，亦須標準齊一，故請待^弟返後。

以上辦法，人必謂我獨裁，^弟實用心想多日之結果，如仍以為獨裁，即冒此不韙之名可耳。

守和單中，^弟不能專推荐本所之人，然本所人已不少矣。如寅恪、方桂、純聲，皆得到，且皆最高。所外之人，^弟推荐者有獻唐、聞一多、羅膺中、韓儒林、潘光旦，諸人，及北平研究院、湖南大學各二人（湖大無法寄款，恐須作罷。）此外皆守和所擬也。

此事，^弟報告如此，兄或可在記念週中讀一下，然告諸位暫勿向人言，以尚有手續待辦故也。款大約下月中旬可到李莊，今預言之者，以個人之款，日內全寄出，故兩方全部情況，須同時告知大家耳。

---

①行首自註："此中實不同一情形，如游先生資格甚高，此中研究事務人員亦有差別，而服務久暫亦不同，惟再分亦難得標準，姑如此耳。如有困難，各自說其困難，再彙合辦理也。"

此信乞簡叔兄抄下一份，留在事務室，人可取閱，但不得拿走。此原信乞　兄看後併交簡叔入卷。專叩

著安

弟斯年　33/9/20

捐款轉他所，守和謂甚困難。

捐款用在印書者，下次奉陳。

乞告同人不要以為明年尚有捐款，此恐是最後了！

1078. 傅斯年致凌純聲 （抄件）（1944 年 9 月 27 日）檔號：李 13-4-20

純聲吾兄：① 日昨枉駕，傾談至快。弟近日瀉甚，稍愈擬奉訪再一談，惟彼時有無時間，亦未敢定，延安返後當可趨訪也。弟前接手示，本思函陳一切，逡巡未果，昨面談解釋，　兄當釋然。總之，四組保存一事，弟去年言之屢矣，（明明白白言之，等于失言之，非隱約其詞也。）有一次（或不止一次）並謂　兄云："四組專辦民族學，亦有其方便處。"評議會後不久，弟即詳函逸夫兄，逸夫兄尚存此函。故如謂　兄之遨遊，由于弟之不早說明者，弟實不能任其咎也。其實李莊生活使人悶極，出外講學一時，均在情理之中。弟如非不得已，或亦如此辦矣。故亦無由弟負責之必要也。匆匆寫供　兄之一笑耳。

前者兄行時及　嫂夫人行時所借之款，皆係合作社周轉金，初意待哈佛燕京社補助費到後清算，今此款直由守和交兄，乞　兄與老蕭直接算清，至幸。此次兄之列入，係將潘光旦一名改換者（弟在李莊時如此函守和），最後又將潘補入數目較少之一格。專此，敬叩

教安，並候

---

①頁首自註："存稿。要件。"

嫂夫人安！

^弟斯年謹啟　卅三、九、廿七。

1079. 傅斯年致夏鼐 （抄件）（1944 年 10 月 5 日）檔號：李 38-4-17

作銘兄：^① 今日袁守和先生以向覺明先生一信見示，知其十月中旬將離燉煌，近研究所適有小款，故今日郵匯三萬元（附票）于　兄，此為向先生返渝路費（數目亦彼信中所估計），如未行，乞交之，如已行，當已在工作費中借支（^弟前信所說）便以此歸還。準以向先生各種情感表示，^弟實無法再留向先生在西北，其實此日大局，影響及于國計民生者，亦不容許　兄等久在西北也。閻文儒兄之往，^弟早已聲明不能負其費用之責任，故其東返路費應由北大自籌，　兄亦當于工作費用完後即返，路費亦當匯三萬元。此外發掘品不必運，運實無謂，但將記錄及文字（片紙殘頁）之收獲帶來耳。向致袁信中，談及哈佛學社助款，此已到，但絕不能分作西北考古工作之用，因如向函各種數目，將此款全數用于其上，然後可也。今日研究所十家有七、八家不得飽，若^弟如此辦，將為所中之公敵矣。蓋本年本所全無一文調查、發掘、及其他野外工作之費；哈佛款除以一部份補助同人外（兄亦二萬），但能作出版之用耳。再，此款並非袁先生為本所代籌，如向函所說者也。

西北工作，^弟之初意，在公等多多旅行，不在發掘，發掘一說，^弟向持懷疑態度，蓋（1）款少不能大作，（2）工具少，無錢找人，人力不夠，（3）物品無法運，^弟屢有此表示，公等行前，^弟猶以為言，然決定者非^弟也。至於今年之行，本為環境不許，故^弟主張不去。　兄當猶憶及，在向先生向李濟之先生大責研究所後，^弟曾對兄明白說，

---

①頁首自註："要件，存。"又註："存底。"

不去也算了，且向先生既以為^弟之言絕不算數，必須款全匯而後行矣，則以後又如何可信我之必努力也。① ^弟以此意告兄，請轉達，當早告向先生矣。然二兄仍決定去，故今年之行，其責不能全在^弟也。若向信中致歉此行之虛費，^弟固前知其如此也。（不特知之，亦曾言之。）

總之，向先生數年以來之責備同人及^弟者，^弟皆虛心領受，而向先生逢人即責研究所不已，李莊如此，猶可說，在重慶如此，已使^弟為難矣。至于發了對李先生之一段話，^弟只可謂"臣力既竭，臣心已死"。差幸^弟所諾者，均如期如數辦了，阿彌陀佛！

此信到時，如向先生未去，乞交之一看，如已去，乞轉寄之，至盼至盼！專頌

旅安！

^弟斯年啟　十月五日

兄之補助費（二萬）是否寄燉煌，乞示知。

作銘兄：此日戰局日益緊張，此後一年將惡戰不已，故此時繼續小小之發掘，恐無用處。　兄當以餘款多看邊塞古蹟，旅行之益，遠在發掘之上也。學校機關青年，須從軍，蓋正需此也。書不盡意，　兄幸體會焉。　又及。

以局勢言之，即^弟忽通知將發掘停止，原計劃作廢，亦不為過（或可謂應當），況^弟之諾言皆已實踐乎？

閻君費用，乞告向先生早向北大說，^弟未經手此事，^弟不便向北大說。

---

①行首自註："此等情景，實令人難受，此特尤甚之一事耳。"

1080. 傅斯年致宋景蒸 (1944 年 10 月 6 日) 檔號：II：522

宋景蒸先生鑒：來函誦悉。查參政會議事規則第八條"參政員在會場說之言論不受會外之干涉"，故此事只有請足下靜候司法行政部之調查處理，鄙人實無置辨之必要。惟來書措詞煞費苦心，似空絞腦汁不少，故亦略述數事，下不為例也。

一、鄙人所談，乃根據縣參議會、黨部、團部，甚多士紳、及專員公署之所表示，當場交謝部長之文件，有若干負責之書信，以及起訴書、判決書等等，非僅宜賓兩報之記載。故所謂"道聽塗說"，"未曾寓目卷宗"諸詞，皆妄也。

二、此案①發生，全市震動，足下亦云"本院當時以各方人士均表關心"矣，則應如何"慎重將事"，自不待言。乃又自評"與其謂為輕率，毋寧謂為迅速！"檢察官既已"慎重將事"于前，足下何不"慎重將事"于後，竟在過庭一次，人證並未到齊之景況下，遽爾交保開釋！地方人士之注意此案，足下不聞乎？此人為異常有錢之家，足下不知乎？即不論殺父一事，關係者至大，即兩條人命亦須有一下落。今如足下之判詞，兩條人命究如何交代乎？地方輿論愈緊張，足下愈"迅速"，情節愈"複襍"（來信原文），足下愈簡化！今日交保，十萬元之事而已，此所值幾何？而趙某固年入數千萬之人也。此等處理案件，不特輕重毫無，抑且全無常識，豈謂足下之老吏率然為之乎？

三、查本會組織條例第八條，有"向政府提出詢問案之權"，未聞司法案件不在範圍之內。來函竟謂"將使無辜者冤抑難申，辦案者應付維艱"，查該犯趙某在第二審法院出庭與否，即由足下之開釋而潛逃與否，據王專員②言，大是問題。足下此語，其預為其不出庭而潛避時作解說耶？又謂"影響于第二審法官之心理自必

---

① 編按：趙碩群弒父案，由宜賓地方法院承審。

② 編按：王夢熊（1900—1971），字雄伯，時任四川省第六區行政督察專員兼保安司令。

甚鉅”，是直以不肖之心待第二審法官矣。或恐第二審法官判決
與足下不同時，預為自解之詞耶？

總之，來函全是空論，本不足置辯，覺其可笑，略舉三事。足下如再
有信來，決不置復。不具。

傅斯年啟　33/10/6

1081. 傅斯年致夏鼐 （電）（1944 年 10 月 6 日）檔號：李 38-4-18

燉煌縣政府轉達中央研究院特派員夏鼐兄：① 頃見向覺明致袁守和函，
本院目下情況實不能在任何款項中增加西北考古經費。向云返途旅費
需三萬，頃如數由郵局滙燉煌，如未行，乞交付，如已行，乞留扣借
支尊處工作費。北大研究生一切費用，本院不能負責，早經聲言，乞
再告向。餘如弟前函所說，無法更改。兄亦須預作返程打算。傅斯
年。魚。②

1082. 傅斯年致衛聚賢 （1944 年 10 月 6 日）檔號：李 71-3-6

聚賢先生大鑒：③ 前長沙出土之古物，承　惠允以三千元售與本院，
業將此款送上，並取得　台端正式收據，本院會計室已憑此收據辦理
報銷。查此係三十二年度之事，審計部已將本院上年度之報銷核銷備
案。頃據本院派往　尊處接洽人談，　台端欲將此項古物作借，不作
為出售；此事既係彼此交易，終了貨款兩訖在案，實難變更辦法。且
本所古物，均有登記，亦不能撤銷。至謂前送上之三千元支票一張，
　台端已不知放在何處，尚祈　詳查；如係失遺，請與本院總務處洽
商，照公庫支票規定失遺手續辦理。弟日內將返李莊，不及面談，故

---

①頁首自註：“電存底。三十三年十月。”
②頁末收發註記：“十月六日發出。”
③頁首余又蓀附註：“紙條係本院派人至衛處，衛交來之原件。請歷史語言研究
　所存查。又蓀，三十三年十月六日。”

以字代，尚祈　詧照為荷！專此，即頌

大安

弟傅○○拜啟

附：衛聚賢交來紙條 （1944 年 10 月 3 日）

前者長沙出土古物三件，為尚未看見過的，中央研究院出三千元購，以價值言，太少了。不如作借，將來我自己也可以研究的。前三千元支票乙張，未取款，已不知放在何處了，作廢，待中央研究院人來問時，就如此講。

衛聚賢　卅三、十、三。

1083. 傅斯年致董作賓 （1944 年 10 月 8 日） 檔號：補 16-8-2-10

彥堂吾兄：四日惠書敬悉。延安之行，恐須暫緩，弟大約在更下一班長虹返李，① 在李候五人決定赴延之行，因電報到，弟再來，亦不過十日，在此久耗，個人不得了也。近七日內不及返者，以尚有與洋人接洽事也。（本院公務）

捐款中同人款項分配事，若同人有高見，儘可俟弟返後更改，恐只有增而無減矣。（或亦可減，開會再定。）研究員、副研究員，及適用副研究員辦法之四人，即楊時逢、李光濤、蕭綸徽、那簡叔四位（後二位任職過久，且事務太繁，理當與副研究員同辦。）似乎大致可作為定論（自然亦可改，如大家願意。）其他領五千、一萬者，或可再算一下。弟先將弟當時之計算法寫下，此法即根據上兩次開會之用意也。

　原則——學歷、資歷、入所年限、職務簡繁、個人擔負、意外事

---

①行末自註："十七、八、九左右開，故所中不必再有信來，乞告蕭、那諸位。"

項，一齊兼顧。

辦法——一、屬于年資者，^①每在所任職一年，付兩月薪（或一月。綸徽兄可將兩種算法均算出。）以最近薪額計算作為兩個表（暫加薪在內）。例如三十三年入所者，領一年；三十二年十月以前入所者，領二年；三十一年十月以前者，領三年，以此類推。其已入所辦事，而未列入正式職員之時間（如技佐諸君），^②每兩年以一年計。（此即"滿一年算一年"之法。照此法須查明月份。）

二、屬于職務者，^③技佐、書記，加一千；助理員、事務員，加二千；管理員、技士、助理研究員，加四千。（新任技士不列在內。）^④

三、負擔，凡有眷屬在李莊者，加二千。（援用結婚一項，即不能再援用此。）凡子女在二人以上者，酌加＊。（以在李莊隨任為限。）^⑤

四、事務特別繁劇者＊。

五、特種事故，ⓐ疾病＊。ⓑ喪事＊。ⓒ結婚，五千。ⓓ其他＊具有充分理由之事故。

以上有＊號者，均待開會決定其數目。

每人所發，均不少于五千，如上計算，過五千時，補發之。^⑥

如是則在所服務久者，似可比五千多得些，兄如以此法為然——即每人尚可得到小數，以免整數有人以為不均不公也，——乞將此信交老蕭先行一算，算出每人應得若干，（研究員、副研究員，及楊、李、蕭、

---

①行首自註："此加成數。"
②此處原註："注：魏、王、王、李、胡諸君，其未為正式職員之時間，似可一律作為十年，即折為五年，以其詳數不易查也。"
③行首自註："此基本數。"
④行首自註："以上仿生活補助費法！"
⑤行首自註："其淪陷區之眷屬，因兌款目下實已無法，恐另給亦只是自己用也。"
⑥行首自註："五千實無幾何，更少于此，似說不出也。然^弟亦無成見。"

那四人，或可不算矣。）然後待^弟返時再開會一商，何如？

劉淵臨如不走，自當補給，但他必須在一年之內不走，走時仍扣薪償還。① 聞有人以為羅筱渠初來，不應給，^弟意，彼在小學負責，似與初試用之李君，責任有輕重，故列入也。但此事如不妥，似可改為逑之結婚費，如何？（結婚費張琨亦有之也。）

又，^弟以為今日之五千即五元耳，故未定少于此者，以五千之下人亦不屑，（即老彭亦未必屑也。）以上則每五千為一單位，亦以小數人不屑也。但此法亦可更改。或謂游小姐少了，^弟照^弟之表（即用上法算的）算去，亦多算不出來。此事非論讀書年限者也。

然^弟之辦法，雖曰原則根據上兩次會議，或亦有不妥處，即由　兄宣布作為暫發，有增有減（減即將來扣薪用以償之），待^弟返後開會決定，何如？此信兄如以為可以一算者，乞交綸徽兄先算好也。敬叩

著安。

^弟斯年上。　八日晚

兄明春來此講學，以消悶，一事，似以書出後行之為妥，（此即云，如書未寫成，亦可再延行期也。）而書亦未便因此少寫，因以後日子更難過（直不知伊于胡底），故此一大著，^弟總為學術界渴望其完滿早出也。　兄謂如何？（其實明年局面如何，全難預定，本所只有靜觀而出書耳。）

---

①行首自註："或者稍緩俟會後再補，因如'最少五千'之原則變更，尚有數人須退，故可稍待，如何？"

附：捐款分配試算表

第一頁　此是照每年兩個月算的。

年數		基本數	另外	共	比原數加
張琨 6	6 x 600 = 3600	4000	5000（結婚）	12600	3
周法高 4	4 x 240 x 2 = 1920	4000		5920	1
逯欽立 3	3 x 2 x 240 = 1440	4000	5000（結婚）	10440	3（夫妻合算）
屈萬里 2	2 x 2 x 240 = 960	4000		4960	
王叔岷 1	1 x 2 x 200 = 400	4000	有家 2000	6400	2
楊志玖 1	1 x 2 x 260 = 520	4000		4520	
李孝定 1	1 x 2 x 180 = 360	4000		4360	
胡慶鈞 1	"	"		4360	
王鈴 2	2 x 2 x 200 = 800	2000		2800	
黃彰健 1	1 x 2 x 160 = 320	2000	有家 2000	4320	＊此數為①有家，②人多二者之和。
潘愨 14	14 x 2 x 260 = 7280	4000	有家 2000	13280	4
王文林 9（正四,原五,他同此。）	9 x 2 x 220 = 3960	1000		4960	
胡占魁 同	"	"	"	"	
李連春 9（"）	9 x 2 x 220 = 3960	1000	家庭擔負重 7000 ＊	11960	2
汪和宗 5	5 x 2 x 290 = 2900	4000	有家 2000，事繁 5000 或 7000（?）	13900 or 15900	6
游戒微 2	2 x 2 x 240 = 960	4000		4960	
李光宇 15	15 x 2 x 320 = 9600	4000	有家 2000	15600	6
王志維 4	4 x 2 x 220 = 880①	4000	事繁 2000（兼二事）	6880	2
王寶先 10（正五,原五。）	10 x 2 x 220 = 4400	2000		6400	2
魏善臣 10（正四,原五。）	10 x 2 x 220 = 4400	2000		6400	2
劉淵臨 4	4 x 2 x 130 = 1040	1000		2040	33

①編按：此算法誤，得數當作"1760"，共數當作"7760"。

李臨軒 3	3 x 2 x 130 = 780	1000	2000 有家	3780
王守京 2	2 x 2 x 240 = 960	2000		2960
羅筱蕖 1	1 x 2 x 140 = 280	1000		1280
彭敏樵	此人只好算他事太苦(事繁一例)全數給五千,難細算也。			5000

第二頁　試算下列各人。

	年數		基本數	另外	共	比原數加
蕭綸徽 18	18 x 2 x 380 = 13680		4000	有家 2000 事繁 5000	24680	照此看,蕭、那、李
那廉君 11	11 x 2 x 310 = 6820		4000	事 繁 兼 二 件 主要事務 10000	20820	均須加,而楊亦不 須減(已過二萬 五)也。
楊時逢 17	17 x 2 x 360 = 12240		4000	家累重 10000	26240	
李光濤	17 x 2 x 280 = 9520		4000	有病 10000	23000	
董同穌 9	9 x 2 x 320 = 5760		8000 *	有家 2000	15760	此二人似不必再改 動,即照原發各二 萬,而董一家共發 二萬五也。
夏蒲	2 x 2 x 360 = 1440		8000 *		9640	

＊假如副研究員之基數為 8000。

假如用此計算蕭、那、李光濤故當增,此事問題自然在乎:

①何謂繁重,^弟所列如下:

　　最繁　那　兼二事,不兼薪。　萬。

　　甚繁　蕭、汪　各五千。

　　頗繁　王志維

②有病

　　李光濤　萬。

③家累重 (以在李莊為限,因他處實在滙款不出也。)

　　楊　有子女入中學。　萬。

　　李連春　子女多,未入中學。　七千。

④結婚

　　逯、張　馬已另有哈佛給款,故不列入,而逯可夫婦同算,即羅之一份算
　　　　　　入。如此表,羅僅領千餘而逯一萬有零。

看來似非武斷 (其他全是機械算法矣),唯仍乞　公決耳。

1084. 傅斯年致董作賓 （1944 年 10 月 9 日） 檔號：補 16-8-2-11

彥堂兄：昨夜寫信後，又算了一番，入所年限，即以^弟手携之職員錄
為憑，其中甚多錯誤，即如蕭名下為"十七年十二月"，但是年夏，
彼已在總處練習（為本所練習），十月赴粵，豈有幾個月自備資斧之理
乎？而薪數^弟全憑記憶，（也算記得不少了）必有誤也。或有其他忽略
之點也。

兄可否將此單一併交蕭重算一下。其中一部分（大部分）為機械的數
目字，一部分則須開會決定。^弟非謂照此補發，僅求其先算好，俟會
中決定耳。如原則上有變動，即全部另算也。

寄子衡二數，此意會中談過（中舒得補助（即兄所得也）不列）而數則
^弟妄定，滙去甚費事，但昨已匯矣。念子衡當年為本所之努力（如非
他在河南對付，工作甚難進行。）本所不可忘了也。專叩
近安

^弟斯年　九日上午十時

1085. 傅斯年致蔣介石 （暫繫年於 1944 年 10 月） 檔號：I：40-3

主席鈞鑒：^{斯年}因私事在渝留居兩月，頗聞國外近對吾國內事有不少
批評，思袪心中之疑，曾盡力搜集在此可見之此類文字，兼訪美國近
日一般之政論，分解體會之後，以為此等批評之各種背景，與其在外
交上可能之影響，不可不恰如其量而推測之，一面無需過以刺激，刺
激過以感情之反應，一面亦當把握其關鍵，而以實事答復之。庶幾中
美合作益臻親切，而戰後之建設得以發揮，即對俄、對共亦于此中獲
得莫大之助。謹貢愚見，急不擇言，伏乞　垂察。

　　一、美國批評與中美邦交

英、美兩國對中國之批評姿性實異，英國有微弱的善意表示，而鮮

共產黨口調之批評；美國有強烈的善意行動，而有共產黨口調之批評。美國歷來同情中中①國者多為其左派或自由思想之人士，然英國之“左派思想”中，共黨與非共黨判若鴻溝，勞工運動極與共黨運動永久水火，而美國則不然矣，自真正之斯太林派至于“新政”，兩端固絕不同，然其間層層疊疊，逐步過來，並無明確之界限，且時有轉動。此中一重要原因，即為美國人並未真有與共產共事之經驗，其良心易為簧舌所愚也。“左派”力量可于羅斯福總統之政治結構觀之，羅總統及華萊士副總統，皆為實際政治家，亦皆為理想主義者，其“新政”雖不過包含若干極其溫和之社會主義，本體仍未與資本主義大相反。然執政以來，尤其是為參戰而設之機關，頗容“左派”人才，其中有公然自稱為國際共產黨者（仍是理想家，並非斯大林派）。遠在美國作戰前，羅總統即已關心中國政治將來之趨勢。然則，美國一部分輿論之批評，其確在我有所缺陷者，如不迅速以事實糾正之，而聽其蔓延，未必不于將來邦交上有重大反應。美國人富于感情，愛憎時時高標又性急，故有轉變性，此與英國人之冷靜而不變者大不相同。其政府之方針，必求容納各方之輿論而綜合的表見之，無論其中有多少矛盾性，其反應必為輿論之總和。

美國輿論批評中國之項目，大致可分為下列各題：一、辦事之無能。② 二、災重而不努力救濟，反有中飽，遂致動輒有數百萬之死亡。三、通貨膨漲，物價不可控制。四、各層之貪汙。五、若干部隊作戰之不努力，及部隊中之若干情況。六、所謂“法西斯運動”。七、所謂“準備內戰”。此外則小節矣。

分解以上各種批評之來源，六、七兩項純為共產黨之口調，然彼亦以社會上先有一至五各項之一般批評，然後趁火打劫，轉移視線于此兩項假想題目也。大約彼輩之顧慮，在乎中國以租借法之助建設新軍，國軍兵力充實，共黨即比較的大為失勢，故先預多此著，而以共軍亦得租借法之益為其最後目的。近以華北根據地為借口，已作此要求矣。美國之

---

① 編按：衍一“中”字。
② 段首自註：“接洽事件。”

週刊如《國民》(*The Nation*)、如《新共和》(*The New Republic*),襍誌
如《美亞》(*Amerasia*),日報如芝加哥《每日鏡報》(*Daily Mirror*)等
等(日報在此間不易見到),皆有真正共黨于其中撰文。[1]

　然一切大報,例如紐約《太晤士報》,一切大襍誌,如魯斯氏發行
之三種,[2]其批評則以自華返國之人之報告為依據,每以同情之立立
點[3]出發,而批評之中無所隱蔽。其實美國政府所收到批評中國之報
告,當不止數十倍于報上所刊者。每一政府對其敵對或合作之國,無
不欲詳盡知其情形,故此類之探求消息亦為常例,並非不友誼之表
示,而美國政府並不以其報告影響其方策,正為其知大體之處。兼以
美國人之一般紀律比國人為強,故向其政府作批評者,多不在報上宣
揚也。(美國人批評中國不自今年暑假開始,[4] 特為數至微,或詞涉和緩
耳。即如威爾基之《四海一家》所說固非重要報告,重要報告當送之羅總統
矣。然即此一書中于中國含義深長或尖利之諷刺數見,特中文譯本,或刪之
或全改其語氣耳。) 重慶有人主張隔離外國人之觀察接觸,此為極不易
辦到之事,而且有害。盟國相處,照例不便隔離其視聽,而以國人之
脾氣與社會組織,尤不易辦到,僅蘇聯以其怪異之組織辦到一部分,
而不勝其弊,蓋人性於其所不知者,多作更不好之假想,故曰有害
也。然則只有以新事實答之而已。

　今日美國輿論之批評中國已如此,而其政府所得關于中國之報告更
如彼,誠可慮矣。然若有新事實以改正之,鼓勵之,中美民族之邦
交,固猶在坦途中;若無新事實以改正之,實可有不測結果,而歐戰
將結束之前,最大之難關轉至矣。此意分解如下。

　中美兩國歷來之友誼俱在,亞洲需有一安定、強大、和平之中國,
又為其不動搖之國策,兼以美國對蘇俄之感情,實際上甚為惡劣,故
其協助中國以安定遠東,實為其政府與民眾之大願。遍觀近來美國出

---

①行首自註:"歐戰將終時,最危險期到來。"又註:"多寄信。"
②編按:魯斯(Henry Robinson Luce, 1898—1967),創辦 *TIME*、*Fortune*、*Life* 三
　大雜誌。
③編按:"立立點"當作"立足點"。
④編按:衍一"始"字。

版之戰後問題書，無不以中國熾盛為安定遠東之第一要素者。英、蘇已不和，美、英亦未洽，三者之中只有一事共同，即敵人是也。故不與中國政府合作之美國外交，實為不可想像之事，中美邦交猶在坦途中者以此。然美國政府之政策，必須以百分比例反應其輿論，此其國情如此。如其國內批評日增，且把握著若干實力，則一部之軍事與建設之合作恐不免于遲緩，而遲緩即為中國之大害。一俟明年春間德國趨于崩潰，蘇聯必對日本作戰，則吾國之大困難到矣。今日蘇、日之妥協，正是此種掩護計，蘇聯之決不放下遠東霸權，全無可疑。準以史大林之慣技，彼必于美、英將欲全力對日本時參加作戰，所謂 "渾水摸魚" 者。(此事，斯年 敢斷其必然。蓋蘇如不戰日，遠東和會蘇例不能參加，此豈蘇聯所肯者，況其近來野心之大，處處流露無疑乎?)屆時美、英固無藉口以制止之，亦無此力。如是則蘇聯軍隊可與中國共產軍在東北或內蒙相遇，蘇聯必即大量武裝共產軍。然則日本海上戰敗之後，對此新加裝配之共產軍將如之何? 此真未來之大患而可想像其必至者也。故今日必要之軍事改革，不容延遲，利用租借法之裝配新軍，宜必迅速進行，與共產黨爭取時間，而於我有利者，不過一年矣。

亦惟有與美國切實迅速合作，可以減削共黨將來之危險，蓋國軍之充實其裝備與力量，無形中即對共黨武力一大打擊，共產黨知其如此，故于此時決不放鬆。

美國輿論中批評中國，固有一部分來自共黨，然各方所發揮關涉內政問題，除 "法西斯化"、"預備內戰" 全為共黨口調外，凡事之確有缺陷者，自只有以改正的事實答復之，方可有效。此即舍外交不言，亦國家之利也，謹于下節舉例述之。

二、內政

甲、物價高漲。 物價高漲不已之原因誠不一，然主持茲事者根本不信物價之可以管制，故不澈底的尋求辦法，且作若干自相矛盾之行動，(例如公營事業之加價，去年初在限價令初頒時行之，今年在物價正在搖動中行之，皆其例。) 實為其主要原因之一。大凡一國之管制物價，自增加生產外，最基礎者不外兩大工作：一、查明資本之所在，而管理之，只使其用于生產，不使其用于屯貨。二、查明物資之所在，而管理之，以合理之辦法徵購或分別存售。未有不于此兩項竭力，而可管束物價者也。中國之國情固與英、美大異，澈底查明此兩者自非易事，然高度的辦到，亦非不可能，此可以事實證之者也。蓋今日之資本，其最刺激物價者為法幣之迅速流轉，而法幣非可自存，必在銀行、錢莊出入，其不走此路者（例如地主售其穀價存于商店），為數究竟不大，且其流轉性甚慢。故如誠心誠意清查其賬目，則資本所在，可知其大概矣。（今日銀行設有監理官，然放款之規定，先不杜絕屯積，（例如以原料及製成品為抵押，不以開工情形為放款標準，有時實助屯積也。）而此設監理官亦每奉行上命而已，仍在大情面網包圍中。）欲知一切物資之所在，固不可能，然若干主要物資，知其大概，則以今日偵緝之機構，實屬可能。若曰此為推測之談，則請以事實證之。收縮信用放款，為管制資本最輕微之一法，前年冬，　鈞座發出限價電令後，曾突然收縮信用放款，當時若干地方物價，遽爾暴跌，即以^{斯年}目覩之宜賓論，布疋、洋貨曾跌至百分之五十，所不跌者，重慶、昆明第一等都市，有大力操縱，有所持而無恐也。又如去冬，　鈞座密令特務機關調查各地銀行倉庫，此事在各地同日開始檢查之前，早為國家銀行所知，在昆明又為省政府所破壞，然如西安、衡陽各地小銀行，事先未及準備，物價猶作短時期之降落。又如今年初，經檢隊因飛機場之急需在成都查出木材之屯積，木材價立即降落，皆其例也。以上各事，或則有始鮮終，或則規模至小，然尤有立刻之效驗。足徵統制物價，如誠心誠意、無畏無私而行之，決不至如今日主持其事者自認"無辦法"者也。夫最低限度之辦法不去做，而"比期"任其滋長，此事四年前即有人建議取締之，終以格于財政部之議不果行，今則一律普及矣。銀行放款仍不太緊，此中多狗情面為之，即四行之貸款，亦不以生產為限，兼以一切公營事業，每于每度物價高漲之初暴增。辦事者如此統制物價，其必得相反之結果可知矣。今日官場中更有一極危險之論調，即"任物價上漲，不致有大害"之說也。今日物價上漲之實情，或不足以引起造反，然兵士饑病，公私生產銳減，即兵工亦然，即此兩事已為頭等禍害矣。

乙、官箴。　今日內外之指言貪汙者，時不免詞涉籠統，易引人之憤慨。惟若分別考索之，其待改革之處自亦不可謂少。大凡古來之所謂貪汙，即直接賄賂之事，在今日政治之上層機構，似已不可謂有，然以中國之傳統惡習，兼以戰時特殊景況，物價高漲之結果，在下層，在地方，似更為滋長，故外國人在各地所見，其報告更壞。欲矯下層之弊，仍必先澄上層之源。上層之弊，未可直言其為貪汙，然失官箴之處則甚矣。以影響論，直接性之貪汙，為害固遠不逮間接性之失官箴。請分別言之。（一）高級官員兼營商業也。例如"祥記公司"之招牌，懸之林森路者有年矣。中央銀行總務處副處長梁子英，彼為其長官，亦為自己兼營若干規模弘大之商業，此事在重慶全無所祕密，彼自己以為當然，時對人曰，彼將為林士良第二，而不恤在此時有此風氣，其影響之大，自不待言。（二）高級官員利用其政治利量以益其私營之商業也。例如今年二、三月中黃金漲落之故事，其可知者如下。先是農民銀行開始出售黃金，雖掛牌，一般人不易購到，購到之大戶為山西裕華銀行，此時農行雖拋出，金價轉以傳言而狂漲，旋則裕華以高價售出，金價轉跌。此一波折，國家失去不少黃金，裕華得數萬萬元之淨益。政府固有力安定金價，此可於以後之事證之，然則又何必先有此一序幕使中外惑駭乎。（此事，美國人極注意；又，行政院張秘書長厲生亦不以此事為然，故曾與顧次長翊群爭吵。）（三）對于所屬機關及人員，竭力掩護也。往事不待論，今財政部正有若干重大地方機關舞弊事件，壹本其"大事化小，小事化無"之原則處理之。（惟恐人人知之，絕無所謂綱紀之念。）（四）自成一系統，縱有新加入良善之士，絲毫無能為力也。例如財政部次長俞鴻鈞，重慶官場中認為良士，然財政部高級職員諸事直接請示部長，更挾其固有之關係，自作主意，俞次長之能力，不如一主要秘書，恐只可為裝點之用而已。又如中央銀行新設總務處，其處長王鐘，其人為誠慤之士。（彼在軍署署[①]以看不慣事多，發為精神病，（彼養病住中央醫院時，斯年亦正在歌樂山繼續休養，知其情形甚悉。）其為直腸人可知。）今雖以彼

---

① 編按："軍署署"當作"軍需署"。

為中央銀行總務處長，而以梁子英副之，王則赤手空拳，梁則上下相孚，王氏又何從發揮其正直乎？此等事例，為篇幅所限，固不能盡其什一。

丙、救災。　救災一事，最為英美一流之國家所看重，以其重視人命也。此事除其本身之重要性外，即在外交上亦時有重要作用。蓋如辦理良善，可引起他事之愉快合作也。竊以為就機構言之，振委會與社會部似可併為一部，名曰振務部，健全其組織，隆重其人選，其理由如下：一、今日之振委會，其組織亦為安插閒人，如閒人必須安插，似不宜在此需要絕高行政效率之處。二、社會部之民眾團體事項，似宜歸併于組織健全、人事健全之內政部；而若干社會事業，非今日抗戰所急需者，宜可由地方辦理。三、此部必須有廣泛權力，其長官之選，必須有力之人，一面與黨部、團部之社會工作聯繫，一面與善後總署之工作聯繫。此事若果有力推行，無異在民眾中建設其懷念國家之心理，亦防共有力工作之一也。救濟之事，國家柔遠懷邇之大武器，不意轉為國際批評集矢之所。若夫地方上一有廣泛之災情，似應即派負有專責之大員前往專理其事，付以特權，今日司令長官、省主席之職任過複雜，于救災一道自難專心，明、清兩代于大災情多派欽差馳往，此制至少於地方官有督責之效。今日在廣東似可試行之。

三、人事改革為事業改革之本

事務改革，必以人事改革為前提。大凡今日諱言改革者，每存一心理，即深恐多事轉致不安也。斯年之愚，以為今日政府之地位，如以為穩固而發揮功能，則誠穩固如磐石矣。如不以為穩固，而諸事過于遷就、遷延與隱忍，轉不穩固。何以言之？抗戰七年，物價之高漲如此，民困兵饑，各地並無大不安之事，足徵其穩固。此之主因由于鈞座精誠感召，兼以國軍力量足以壓倒一切土勢力，而一般常則，戰爭中政府易于穩固，亦為一故。故戰爭中政府可為平日不能為之事，戰爭中政府最便發揮其功能。若今日不可改革之事，戰爭結束後更不易改革矣。若以投鼠忌器之故，坐荒時日，無異給若干惡趨勢以蔓延之機會，而示惡勢力以弱點，即助其燄也。故斯年之愚，以為政府之威權，愈"有為"愈穩固，愈"無為"愈不穩固。

以此心理為前提，引申得下列三義：（一）凡奉令推行之人，必其人自己信此政策，若其自信與此策相反，必于輾轉間將此策沖淡之，消失之。例如管制物價之人，必自信物價可以管制；整軍之人，必自信不必姑息，而後可也。（二）國家基礎未穩固時，用人之際，須慮其緩急，可恃與否；辦事之時，亦當以四圍環境為慮。今既已穩固矣，用人當以才幹為先，辦事當以每一事本身之任務為準。蓋抗建之共信既成，今昔迥不侔也。（三）改革之事，第一義為公而無私。若夫到處向人賣好以固其位之人，欲其不為官僚之事，而有所改革，難矣。

至于事業之改革，謹貢以下之愚見：

一、捐棄一切兩年中不能直接生效之事業與建設。今日專為對日反攻而工作，其不對此事直接生效者，皆留待兩年之後。例如鐵路、農田水利等事項，可以從緩者甚多，即工業製造亦有然者。

二、裁併一切駢枝機關，不發生效力之機關，名為事業，實僅有行政事項之機關，或機關中部門之類此者，即學校亦不妨歸併。此舉固引起甚多失業之事，然各新縣制之實行，正患無人，中學極不易覓教員，非無調劑之法。

三、澈底禁止官吏及其家屬兼營商業。

四、厲行資本之管制，主要物資之管制。辦理此事時須許人民控告辦事者之舞弊情事。蓋公正乃推行強烈方案之本也。

五、川、滇等省之徵實。鹽、糧可以酌量增加，亦改為徵實，而辦事之弊病必儘量袪除。抗戰七年，川、滇兩省實未動其毫毛，實即儲富于土豪劣紳及更大勢力者。①

六、除傷害生產者外，大量擴充稅源。例如創辦土地多額遞加稅則。

七、每一事責成單一機關負其責，而以結果定其賞罰；不以數機關共辦一事，不以形式的報告為考績之本。

---

①行首自註："川、滇勢力與孔合流。"

以上但就應付。

事務改革必以人事改革為之本，而人事改革有迫不容緩者，綜覽今年內外之局勢，必與倭賊爭取時間，必與共黨爭取時間，甚且必與盟邦之軍事進展爭取時間。今日而言改革，其主動仍操之自我。若形勢更有演變，改革為勢所必至，而主動不操之于我，則其不利大矣。若

鈞座于此時以人事之改革，一新中外之耳目，而以事務之澈革隨之。（一掃今日官官相為之大情面網，此中節目，所欲言者，非本文所能盡。）在外則好我者勸，惡我者懼；在內則民眾于焉興奮，"痲痺"因以革除，大政維新，所以轉今日之危機，奠千年之偉業，伏維　鈞座圖之。臨書悚惶，不盡什一，敬叩

鈞安

1086. 傅斯年致董作賓（1944 年 11 月 6 日）檔號：李 13-1-1

彥堂吾兄左右：延安之行，在數日內矣。^弟頗思多留，而人不肯，恐看不到甚麼。假如十二日左右動身，住上兩星期或二十日，則月底月初返此，再住十日寫報告，下月中旬見面矣。到彼時，令女公子當設法一晤也。

捐款五千，換了三千是袁代換的，（如遲換一週，便多好多。）其餘尚存此，北行時交誰，大是問題，大約交次簫也。想好後當再奉　聞。^弟因只能交院中人，未能交私人之友人（儘管他們有法子放）而院中時常失竊，又無真保險櫃，故大費考慮也。或者在銀行開一保險箱號耳。此間尚存十餘萬，刁泰亨存著（即他用著）生息（月八釐，即每萬，月付八百。）日前陳德宏寄去之四千，即第一次半個月之息也。詳賬明後日開上。

上次^弟信所說之辦法，承示蕭已算好，^弟返所因在一個月之後，似可即發（如兄等同意）不必待^弟矣。其中各種機械的算法，全無問題，問題在乎"某也工作繁劇"之類，乞　兄與濟之、仲勉兩兄一商，如

原則同意^弟之辦法，即照^弟單發給。① 如有減者，即暫扣著，如有加者，亦待^弟返後討論。總之，有減無加，仍保留^弟返後同人商量再有所追加也。（誠恐一人加了，牽動全局。^弟寫表時，固各面思量者也。）如此，又發一批，省得錢白白存著，人各有其用也。

此間存十餘萬，皆為同人在此撥錢之用，然竟無來者，或當至本月十五日左右匯上，其中或有補助地質所者也。

下餘未換之二千，留作明年應急之用耳。

青年從軍一事，目下是志願，將來要抽簽，本所及齡者約二十人，故應出四人，此事大費腦筋。服役是義務，而此時辦法亦未盡善，^弟返後當與同人詳商之。切忽驚恐（原不該如此），從軍之處大約是印度。

本所造名冊時（院已收到公事）所有請假未在所者，均應剔除，恐即須作為解職。此中有張琨、馬學良、王明、周天健，凡四人。

又楊志玖須注明其為聯大教員，不列入本所之數。傅樂煥或注明其病。（尚有其他久病者否？）如此名冊以三十四年論（明年方可入伍），則那廉君、夏鼐，又逾齡，可不列入，而李緒先為及齡。（年齡一八至三五）

總之，乞告同人，勿驚慌，^弟返後辦理。若有提前志願者，自是好事也。關于此等事，同人必信懶②我也。

張琨又遷延不返，未知何故，其待遇應自十一【月】份起全停，返後再說，而寄彼之一萬，（馬五千，張五千。馬信云，已交張算，故張為一萬，亦須于以前各月中扣除之，乞告蕭。）乞告那，致張一信（公信），大致謂：

> 兄請假早逾期限，應自十一月份起，停止待遇，前寄一萬元，在十月份待遇中扣還。仍望早返。③

張云九月動身，何以至今無消息，故只有如此辦矣。到年底，這批留

---

①行首自註："此事乞 兄即一辦，至乞至乞。"

②編按："信懶"當作"信賴"。

③行首自註："此次捐款補助張者，亦暫不必補助也。"

職停薪者，均可停職矣。

有信仍可寄來（乞告蕭、那二位。）但封面注明"劉次蕭先生留交"，如有急事，必須電報者，乞由所用公函寫好電報原文（只能用名碼）函參政會祕書處，請其迅速用軍政部電台拍延安，因普通電不知何時到，或竟不到也。希望並無此等事，需要打電者耳。明後日當再有一信。

此信　兄看後，斟酌辦理後，或留那處存查，如何。專叩

近安

弟斯年上　十一月六日

1087. 傅斯年致蔣介石（1944 年 11 月 22 日）檔號：I：48

主席鈞鑒：昨讀報紙知政府局部改組，社會論議其詞自不盡同，然大體皆感若干欣慰，而更期待續有改革，其情之殷切轉甚于前。蓋前者一般人頗致疑于究能改革與否，今既無所疑矣，故熱情期望，轉而高漲。即以斯年論，聞此消息，如聞打一大勝仗，兩夜為之不眠，友朋中有為之泣涕者。值此危機，　鈞座下此英斷，國家之福，民族之幸，所以振人心，勵士氣者，所以使"好我者勸，惡我者懼"者，其效誠不在小。然其中即以目下最低之需要論，似尚有一著，留而未下。若下，則此次改革之效至為彰明；不下，恐此次改革之分量減少甚多矣。此著，即孔副院長之留其副院長之任，因而財政部之更動亦將失更動之效是也。久承　鈞座推誠相待之高厚，並承蒙　恕其草野放言之罪戾，故敢冒進一言。

　一、孔副院長留任之影響。

　孔副院長服官之為功為罪，抑或功罪各不相掩，將來歷史自有定評。然政治之每一設施，實以效用為前提，不以判斷功過為第一務也。若一人之一退大有利于國，可不問其功罪，即彼自己亦當為愛國之故而心安之。副院長一職，本來可重要，可不重要，然為政府全個面目計，今日一新耳目，以臨兆民，此著不下，全局無著，若

猶有所待，則此次改革之生效，亦有所待矣。為此次改革之整個意義與作用計，此事有不宜更緩者。今日之局，此職只需一換，不論其為何人，均有全盤之效用。茲更分析孔公留任之效果如下。

一、此次改革，雖曰局部，多少含有全局之意義。其所以慰人心，振士氣，消反對之力量，杜惡意之口實者，可以此著不下而大大減少。

二、俞次長鴻鈞之升任部長，本不易辦事，尤不易改革財政積弊，以其不能放手作事也。若孔公仍留副院長之位，更必書電往來於重慶、紐約間。其結果所至，俞部長有責無權，有位無能，將誤大事。此意下文詳說。

三、傳聞中樞某大員進言于 鈞座，謂孔公在美宜留副院長之名義，以便隨事與美當局接洽。以^{斯年}所知，此理恰得其反。五院制度，中國所特有，行政院副院長一職在美無可比擬之官，故報上均譯為 "內閣副總理（Vice-Premier）"，多年如此，亦孔公所好也。一般美國人者，坦率天真，有如初中學生，所有中國所謂 "人事問題"，彼等最不了解，社會上覺得中國放其 "副總理" 長期在外，養病、謝客、入醫院、經手術，必有奇異之感，無異為對我作惡意批評者作一證據。蓋英美習慣，凡長期治病必須辭職，以職守不可曠，國務重于人事故也。

二、俞部長辦事之為難。

新任俞部長之為人，社會上公正言論謂其為第一流之事務人才，持身清白，用心細密，是其所長，若夫澄清改革，前此尚未有所表現。今以之當此重任，苟有 鈞座之督責，宜有成事之望。然而彼之環境，知之者皆謂為良苦。即以發行鈔票論，其權實操之于郭錦坤、李駿耀、凌憲揚諸人之手，如此三人說一不字，俞部長即一時無鈔票可發，即無法辦矣。郭錦坤者，又名景嵐，社會上稱之為 K. K. Kwok。十餘年前，美國國會曾調查中國購買軍火收回扣事，報上曾揭露 K. K. Kwok 之名。聞 鈞座當時震怒，派人嚴查，查者諸人中明知其即郭錦坤，終以其力量甚大，遂以中國人無姓 "廓克" 者上復，其實廣東讀郭字，固有此尾音也。此人為孔府舊人，今為主持中央、中國兩行之人。(彼原為中央銀行業務局長，孔公赴美，又命其每日往中國銀行辦事，監理一切，故兩行集于一手。) 李駿耀為中央行之發行局長，凌憲揚為中央信託局之印務處長，三人皆孔夫人之義子，平日之于俞部長，不特狎之而已，且如對其他財政界人一樣，頤指氣使之，是則即就發行鈔票一事論，俞尚須處處求人，其人又皆私而非公，何論其他？又如孔公館之策士，如前為漢奸 (勾引土肥原) 之蕭振瀛，久販雅片之譚光，等等，不可勝數，俞部長恐皆無法不加以敷衍，此特舉例言之而已。竊以為今日整理財政，其大者分下列諸端：

一、整理稅收。　今日各種稅收，如不為人事牽連，加以整理，可大量增加，即財政部人亦如此說。

二、懲治貪汙。　懲治貪汙之先決條件，為破除情面，然情面者相連為一串者也。

三、增加效能。　今日財政部直接、間接所轄人員，約三十萬人，其浪費，其鮮效能，素聞于世人。各地稅收機關中，開支、收入不易相抵者甚多。

四、更易首長。　財政部所屬各機關首長，固不可一概而論，然風氣惡劣，澈上澈下者，實不為少。如貿易委員會，慣為私人套取大量外匯，所經營者幾無事不腐。又如鹽務局，積弊原多，近年更以大速度進展，他如外匯管理會，專為有力私人送人情。此類事雖淺深有異，亦說不勝說。此等事，俞部長形格勢禁，恐無能為力，將來或又代人受過也。

五、清理大事件。　舉例言之，美金儲蓄券發行總額，連合雲南之一千萬糧食券，共為一萬一千一百萬，其數實超過甲午賠款，而國家所換回之法幣，僅近一年餘以來之二十萬萬，今日即已多數換成美金存款，且不少匯美者矣。又如黃金，公買私收，市場操縱，國家所換回之法幣有限，而私人之利益無窮。此等濫賬，皆待清理，而一清理即涉多數私人利益。今日財政部所管各事，恐無一而非濫賬者，以其風氣滋長太久，原來勢力太大故也。

此外，如決定財政之政策，運用計算之手腕，更非有自由、有力量之財政部長，不易從事也。即使孔副院長離行政院，俞部長之困難仍極大；若其留副院長，恐俞部長只有一切照舊，一切電報請示而已。

　　三、結語。

總括以上所檢討，不免得以下之結論。

　　一、副院長一職如無更動，自一般言之，失其振人心之效；自財政言之，失其改革之功。

　　二、俞部長既膺此大任，似宜責成其澈底整理，無所瞻徇。

　　三、改組中央銀行與中央信託局，使其人事與機能皆正規化。今之中央銀行，其外貌全是一謎，其內容更不似正規之國家機關。

冒昧直言，恭乞　鑒察。專此，敬叩

鈞安

　　　　　　　　傅斯年謹呈　三十三年十一月廿二日

1088. 傅斯年致董作賓 (1944 年 12 月 14 日) 檔號：李 13-1-2

彥堂兄：^弟一月中小病不斷，而心又煩（以不能返，又不能北行）兼以上週軍事，使人心焦，一切稽延，至歉至歉。

軍事情形，大致如下：桂柳之防事甚固，兵器原甚足，且有若干美國新來兵器，然援軍既不戰而失全州，桂軍亦委而去之，桂柳實無何等重大戰事也。白崇禧輩吹了好久，竟如此，為天下大笑。日兵原有限，並無遠圖，然以情形如此，又聞貴州空虛，于是來開一玩笑。以兩聯隊，最多不過八千人，分兩道入黔。黔省地形，本如桌子，四下低，中高，此數千人者，前頭部隊只數百人，在山谷中，並不能帶重武器，大體為騎兵。而沿路我們並無多兵，尤無可戰之兵，于是他竟衝到都勻，去貴陽不遠矣。此時中外焦憤，幸豫、陝兩省援軍源源而至（許多用飛機輪運、汽車輪運），約有十萬，於是小鬼又退了。沿鐵路線搶運之物資，數十萬噸一起燒了，而人民之慘

痛更不勝述，此一幕緊張劇之大略也。^弟早料到日寇並無犯貴陽之

目的。經此試驗，此路大約以後不來了。然非謂他路不來也。以^弟

推測，若我們努力，時間上可趕得及，因日寇已在被困中，而中印

公路下月可小通，再下月（二月）可暢通，彼時一萬五千輛兵車源

源而來矣。乞　告同人勿悲觀與恐慌，尤不可聽謠言也。餘另，

專叩

日安

^弟斯年上　十二月十四日

1089. 傅斯年致董作賓（1944 年 12 月 14 日）檔號：李 13-1-3

彥堂兄：數事匆匆奉陳，

一、房租。今年房租，本已加倍，但聞尚有怨言，此人情也。本年
　　本所得些捐款，此又地方所知，相形之下，不免怨望。（^弟無所
　　聞，想當然耳。）此亂世也，不可得罪地方人。（^弟一向如此看）^弟
　　意，似可照本年房租額另送一份，不作為房租而名曰津貼，①
　　通知如下：

　　　　"查本所各房租，今年又加倍支付，本所經費增加不過六成，
　　　　而房租一項，已加十成，在本所已盡最大之努力。近日本所
　　　　收到少數捐款，深念房東諸君子亦多清寒如我輩者，故另付
　　　　津貼，一^如本年房租之數。（或云，如今年房租之加倍，看　兄
　　　　決定付一倍或二倍耳。）惟此非房租增加之謂，明年亦不能援
　　　　以為例，蓋明年並無捐款也云云。……"

　　^弟此事思之逾月，以為萬不可少，前者軍急，不可辦，今大局

---

①行首自註："一份是二萬餘，兩份（即二倍）亦不過四萬餘，亦無不可也。好
　在不作為房租耳。"

已大好轉，似可即辦，此款李莊想尚有之也。① 乞 兄決定其一倍或二倍，即囑綸徽兄一發，不可延也。此事亦不必與人商量，一商量便辦不了，此事與人無涉，以其非加房租也。

二、從軍事。此事今年年底必須辦齊，恐^弟趕不及自辦。目下對各政府機關學校，尚無一明確之規定，然此間各機關大約以適齡五分之一為例，（本所適齡約二十人，故大約應有四人。）② 第一步是勸，第二步然後抽簽。國家如此，^弟如可以從軍，必早上陣，無如身體如此也。從軍而願作"譯員"或"政工"（政治工作）均可注明，均可如願。所謂譯員，程度甚淺。此次從軍（自願），恐遠比後來應徵者好得多。兵役法即將改動，恐均須從軍也。此一事，^弟亦不用宣傳，同人各自考慮一下。美國青年來此作戰，我們可以退縮乎？

至于一切待遇，均仍舊保有，其家人，由所中代為照料。安家費另撥，每家五萬元。（人多者可增）亦在捐款中支。（幸未全換）總之，對從軍者，應盡一切可能之努力。

^弟雖身體如此壞，也許作一高級之譯員，可以不跑路者。（返後與內子商之）

王鈴來此，^弟勸之返，不返，勸之作譯員，並允為之設法妥為安置，不做。昨天竟說出，他去美國新聞處做事！（賺美金）今日已陳院長將其革除矣。此事仍乞 辦一公事到院。彼之待遇，十二月份即不能領也。

^弟大約延安不去了，然則有船便歸也。專叩

著安

^弟斯年上 十二月十四日

---

①行首自註："此間存款日內掃數匯回，因桂林各所無所用之也。"
②行首自註："適齡者——十七、八至三十五。"

1090. 傅斯年致何思源 （電稿）（暫繫年於 1944 年 12 月） 檔號：II：61

阜陽山東省政府。何主席仙槎兄鑒：盧逮曾有為之士，盼考慮列入參
政員名單，至感。傅斯年。

1091. 傅斯年致李濟 <small>(抄件)</small> <small>(1945 年 1 月 19 日) 檔號：李 13-3-31、李 13-3-29</small>

濟之兄：惠示敬悉。中基會事，自然同意，因已如此行之也。又蓀來信附上一看，此事足徵中基會之要"科學的辦法"也。非^弟前者有所妄言也。　兄之薪水一項，似可就便與中基會商定，自三十三年十一月份起，作為六百四十，以便此間計加成數有所根據也。一切面談，敬頌

道安

^弟斯年上　一月十九日

　　余、林信函乞惠還。

附一：余又蓀致傅斯年 <small>(抄件)</small> <small>(1945 年 1 月 10 日)</small>

孟真先生道席：中基會來函查詢濟之先生津貼，已查明復之，其查詢哈佛燕京補助費事，不知有何用處，謹將原函附奉，尚祈裁酌為荷。龐先生①之畫已送至川東師範教育部，部長批准以二萬元收購之函寄至青木關教育部，雖數次催詢，但以兩地遠隔，尚未得結果。最近決催其將款支付兌交成都龐先生也。明日為蔡先生紀念會，又有仲揆先生之講演。餘未一一，敬頌

研安

^{後學}余又蓀敬上　一月十日

附二：林伯遵致余又蓀 <small>(抄件)</small> <small>(1945 年 1 月 8 日)</small>

又蓀吾兄大鑒：頃際^敝會籌備開會時期，為計畫調整各部門預算起

---

①編按：龐薰琹（1906—1985），字虞鉉，時任四川省立藝術專科學校實用美術系教授兼系主任。

見，擬煩將李濟之先生在貴院所領津貼名目及數額示及。又前孟真兄
允自李莊將哈佛燕京補助費當選人名單抄示，迄未寄來，便中去緘時
希代為提及。專此拜懇，祗頌
大安

弟伯遵拜上　元月八日

1092. 傅斯年致朱家驊（電稿）（暫繫年於 1945 年 1 月）檔號：III：1282

重慶教育部。朱部長：聞東北大學出缺，弟所識東北教界人士以李綸
三兄錫恩最有品識，彼不屬任何一派，極富正義感，乞考慮。斯年。

1093. 傅斯年致蕭錚、齊世英（電稿）（暫繫年於 1945 年 1 月）檔號：III：1282

重慶上清寺蘅廬華西公司。蕭青萍、齊世英兩兄：已力荐綸三矣，函
詳。斯年。

1094. 傅斯年致夏鼐（抄件）（1945 年 2 月 5 日）檔號：李 38-5-8

作銘兄：① 發懶的我，久不寫信，至歉至歉！我去年秋冬，又在重慶
躭擱了四個月，行前將應匯兄之各款已告總處匯，即兄之返程路費三
萬，補助費（私人的）二萬，未知收到否？（此事已查明，由李莊兌出，
當收到。）今日接電，除電復外，匆匆寫此一信，其餘如有忘記之事，
待將兄原信查出時再寫。

　　（一）運發掘品返川　此事已面陳朱院長，（時向先生在渝）請他決
定運川或存蘭。朱先生沉吟許久，說："先存在蘭州吧！"這話是在十

---

①頁首附註："底稿。"

一月貴州吃緊時說的，但我知道他之作此決定，並不如此，另有原因，即①蘭州天氣好，易于保存。②今日運川，將來仍須他運。③與兄之工作計畫有關。今日向先生似更希望此物運來，但運法^弟與向之意見在渝時（至今仍然）即不同。^弟覺，自廣元水運到重慶，冬春不無危險，如需兄押運，更妨礙工作，故最好入川境後，揩油礦局的油，或者自蘭州即改由油礦局運。如不可能，再作道理。

有此情形，故今日又寄院長一信，請其重新考慮此事，電達兄處，此時李濟之先生已因他事到重慶去，更可就商也。

如院長決定存蘭州，兄似可就近檢點一下，作初步整理，其有文字及特別重要者運川。（文字品可搭飛機運）

如院長決定運川，運費上必有辦法，而接洽車輛，亦可在重慶辦也。

（二）兄買到之卷子，大佳大佳！此應是為研究所買的，與博物院無涉也。所有發掘品，似不當全歸博物院，至少文字部分應歸史語所，此可待後商。

（三）兄之工作　兄似可再在甘肅作一夏天，此時即在蘭州整理筆記（如可打開箱子更佳）稍緩出發。^弟意仍是向長城以北為妥，武威、張掖之北，長城之外，直到草地，似尚有多處可走。如此則研究之對象，仍是漢唐舊跡。若欲改變作風，往黃河上游一走，包括洮水區，直到西寧，或更西，亦佳，此則當是史前問題耳。一人旅行，即覓一伴，所費亦有限，我下月往重慶，當再一籌，未必一定成，大致可有望。蓋近二年之考察，以缺錢之故（兼以向先生之怪脾氣）^弟早不作奢望，只盼兄得此機會得些經歷，以為將來有機會大作之張本。今年只餘兄一人，事實上好辦多了。我現在之主意，是今年到重慶時（三月中旬），弄到一款，可以維持兄在甘肅工作到秋季，然後回來。此意如有不便，乞函示，寄重慶總辦事處劉主任次簫留轉。總之，考古工作，有成效，非有錢大幹不可，有錢大幹，非太平些不可，此時只在鍛鍊個人也。

（四）寫報告　此事非兄自認不可，不必請向先生，寫定後，請向先生看看，便夠了（由他愛看不看）。他在去西北前，即聲明不寫一字，免得與勞、石生爭執。（當時尚無爭執）前年回來，寫成幾篇，到重慶遍給人看，而絕未向我提一字。我以勞君之一文請他一看，他說："我一竅不通！"而他自己寫了一篇同題之文！諸如此類。若現在請他寫報告，他必又是一套陰陽怪氣話，弄得我不知如何辦方好，所以我伺候他算是伺候完了，就此結束。他似乎今年不無去西北之意，但我決不開口，亦不供給一文。

況且此次行程，全由兄辦，所寫報告，仍是 field 報告，此自是兄之事也。至于用發掘品作考證，實恐無多可考證者，即有之，兄可為之，其兄不可為者，留待後來可也。總之，一找他，便是麻煩，算了算了！或者兄有困難（即不找他的話），然一切推到我身上可也。

（五）兄如留甘多半年，需款若干，請作一最低打算（包括旅行在內）寄^弟重慶。

（六）如決運回來，自須另籌款。假如僅運研究所之工具、記錄、照像、文字品，可由飛機運否？（或者工具以外皆可）亦乞作一估計。如全運，自須此間記算，兄無從計算之也。

此行兄之感想何如？^弟就兄之報告看，極為滿意，將來之工作，可以此為藍圖，發見書簡，尤妙。足徵此物尚多也。（已發見者當歸研究所）兄有此旅行經驗，當亦得些益處。本所考古事業之前途，所望于兄者多矣。專此，敬頌

旅安

^弟斯年敬啟　二月五日

附函①六日所寫，對此信有改正處。

再，^弟自重慶返後，聞尊府有電囑兄返，以令尊大人生病之故。此事兄原當束裝東下，惟東南一路已全不通，軍政要員靠贛州飛機，此固吾輩無法得之者，即有法，目下東南更吃緊（今贛省軍事行動開始，已無法走），亦無法回來。此雖為人生最苦痛之事，然國家事如此，亦無

---

①編按：即傅斯年致朱家驊函（1945 年 2 月 6 日，檔號：李 38-1-17）。

可奈何矣！望吾兄一切想開，至幸至感。

今年 United China Relief 補助中國國立大學教授、副教授一款，（非每人有，本院大致差不多，如昆明，只能四人得一也。）兄大約可得年八萬元，分二、三批給，第一批下月或可發，應辦手續及填表，已由此間代辦。此款兄如留甘，當寄往，乞逕函蕭綸徽兄，為感。

頃又與石、勞二君一談，研究所公物，兄行前（返川）總當運回，此非空運所能辦也。故運廣元一事，似不可免。至于陶片、磚瓦，雖免費可運到否？亦是問題。兄可待院長電至，再作決定也。

1095. 傅斯年致朱家驊 (抄件)（1945 年 2 月 6 日）檔號：李 38-1-17

騮先吾兄賜鑒：[①] 西北科學考察團，現僅餘夏鼐君一人在甘，頃接其來電，詢發掘標本運川否。此事在年前十一月間^弟曾與向覺明先生面謁吾兄請示，時貴州局勢正緊，陪都震動。兄沉吟之後，說："暫在蘭州放一放，即託袁翰青君照管，明年再說罷。"^弟遂以此情形函蘭州。今大約夏君之行止須決定，又來電詢及，理宜請吾兄再加考慮也。此事以^弟所知情形如下：

一、此一批發掘標本，以瓦片、磚頭為多，究應全運川否，不能不說是一問題，蓋此類瓦片、磚頭雖可寶，將來仍須他運，但有紀錄，即等于實物在手，為寫報告起見，有全運來川之必要否，乞斟酌。濟之兄在渝，似可與之一商。如全運，其費用較可觀，即蘭州至廣元一段免費，廣元以下此一噸半之物，亦費錢不少，惟可請甘油礦局免費耳。（^弟去年晤孫局長[②]于詠霓處，請其免費帶來，以一噸以內為限，由酒泉至重慶，彼滿口應承，今雖比一噸為多，然物件已至蘭州矣，兼以孫局長之熱心此等協助事項，如託又蓀兄持吾兄信一往（並提及他答應^弟事）必成。如彼不在渝，

①頁首自註："此信僅存此稿一份，看後乞直接寄那先生入卷。斯年。"
②編按：孫越崎（1893—1995），本名毓麒，時任資源委員會甘肅油礦局總經理。

電報商榷，亦必成。此改請甘肅油礦局由蘭運渝，免費一噸半之法也。）若仍照向先生與何競武所接洽，由西北公路局免費運至廣元，此間水路自運，^弟恐其有危險（嘉陵江枯水時與漲水時皆有危險）且勢必請夏君押運，此就誤夏君之工作也。若自己出費運，其費甚大，（一噸半，由廣元至渝，由渝至李莊，即上下脚力亦若干萬）所費無論出之于院或出之于博物院，均須由兄想法，^弟覺工作費可由本院出，若運費，以此中物大部份屬于博物院之故，恐須博物院認其大數，即由教育部付之謂也。

約而言之，此事有三點：①運量，即ⓐ全運，ⓑ大部分運，僅運工具、行李、記錄是也。②運法，ⓐ照向君說，由西北公路局運至廣元，再用水運。（^弟甚不贊成水運。）ⓑ改請甘油礦局免費運川。③運費，多運少運大有關係，總是兄操心耳。乞與濟之兄一商，決定後迳電夏君于蘭州。（彼現在蘭州）

二、夏君今年工作繼續否？夏君乃本所少年有為之一人，在濟之兄領導之下，將來于考古界之貢獻必大，思永久病，近年人才頗感彫零，故^弟更望夏君多得經驗。假如能留夏君在甘肅過一夏天，秋後再返（彼老父生病，電其返溫州，然此時路不通，無可如何矣。）俾其或在甘、涼邊外草地一調查，或循黃河上游一調查，于彼將來之成就上，必有裨益。如此，費用若干，^弟不能估計，以今年之估計，未知二十萬可夠否？本所今年對臨時費無多請求，僅甚少數之出版及整理費用，（尚待院會提出）故若此事繼續，（本所有關之唯一野外工作也）似或不為過，仍乞斟酌。至夏電中，乞一併提明，（即准其留至秋後否）以便遵循。

三、關于敝所各人之西北考察報告，^弟已告石、勞二君請寫其行程筆記。（其中不少資料）夏君之報告，必尤看得過去。如夏君秋季返，返後當即專作此報告。總之，此事必有個結束，必像個樣子。至于向君如何，^弟以其脾氣古怪，無理由之牢騷太多，不敢去問，聽其自然而已。

以上一、二兩事（一事中之複雜情節）乞吾兄即作一決定，由重慶逕

電蘭州夏君，至感至感。^弟手腕著涼，寫字不便，草草恕之。專頌

道安

^弟斯年謹上　二月六日

1096. 傅斯年致 Philip M. Hayden（打字件）（1945 年 2 月 15 日）檔 號：I：1132

February 15, 1945

Mr. Philip M. Hayden,

Secretary

University of Columbia

N. Y. C. , U. S. A.

Dear Sir,

　Mr. Liu Tsi-hsiao, Secretary of the Academia Sinica Administration, told me that he had received a telegram from the Columbia University inquiring the whereabouts of Mr. Yao Chia-chi, formerly an assistant of the Institute of History and Philology. Mr. Liu made several attempts to communicate with Mr. Yao, but no result was obtained. Mr. Yao left the Institute in the summer of 1938 for his home in Pao-ching, a southwestern town in the Province of Hunan. After that we heard from him occasionally till 1939. It was in early 1940 that we tried to persuade him to join the Institute at Kunming again and remitted him the travelling expense. Since then, we heard nothing from him. Before the fall of Pao-ching to the Japanese last autumn we tried his former address, but there was no response. His friends except Mr. Yu Ta-kang could not furnish us any information, and the channel given by Mr. Yu Ta-kang was proved fruitless also.

In case we hear from him or his friend in the future we shall transmit
your letter immediately.

Yours Faithfully

Director of the Institute

1097. 傅斯年致朱家驊 (抄件) （1945 年 2 月 22 日）檔號： I: 1261

騮先吾兄賜鑒：陳寅恪兄病中蒙　兄一再匯款接濟，友朋均感。
彼自去年年底來三信，言及其部聘教授之待遇事。彼自前年離廣
西大學後，三學期中（在燕大時）僅領到部中之月薪（月六百）、
研究費（月四百，此部聘教授特有者），其他如米貼、生活補助費皆
未領到，即以燕大兼課之待遇為生。彼今既生重病，且常依燕大
不是辦法，因有兩種希望。

一、自本年一月，或去年下學期起，領部聘教授之全部待遇，
　　即薪水六百，部聘教授研究費四百之外，更領米，生活補
　　助費及研究費（一般適用）等項，以免部聘教授而向燕大借
　　款為生。^弟意，此本早當如此者，寅恪未言，部亦未問（立
　　夫兄時事），轉為可怪。今寅恪既有此意，似可由燕京來一
　　公事（不來公事似亦可辦），便可行之。若米與生活補助費不
　　能由燕京轉，由部直寄，或川大轉發，何如？乞　裁之。

二、彼希望以前兩學期未發之研究費（一般者）、米貼、生活補
　　助費，能補上。此事似當由科司一查，其未結算者，似亦
　　可補。如此，與彼治病必有大助也。

以上之事，本早函太侔，未蒙其一字之復。今寅恪來信數次問及，
故以上　聞。以　兄之熱心，必能給以最惠之待遇也，至感至感。
專頌
道安

^弟斯年謹上　二月廿二日

1098. 傅斯年致岑仲勉 （1945 年 2 月 22 日）檔號：李 13-8-2

仲勉先生：① 頃看送院報告稿，　大著有《瑂生毆釋名》一文，
　此不在　先生研究範圍之內（在昆明時有此舊約也），故已代為刪
　去。乞諒之。

　又，《元和姓纂注》、《突厥集史》兩大書，可否今後集中精力，
　先成其一，其一既成，再成其一，若須同時辦，可否先精力集
　中于此兩書，姑舍其他。此意如承　俯納，研究所與弟之厚幸
　也。若干年中，每年報告相同，故似可先完成其一，未知　先
　生以為何如？此兩書中實有一時不能見之材料，姑闕以待後補，
　似亦無不可。此或非于古文古音古史之用力有所割愛可為功，
　然古文古音古史，本所各自有專家，皆一時之俊，猶之先生擅
　長在中世史也，故弟敢冒昧重申在昆明時之舊意。莊子云："庖
　人雖不治庖，師祝②不越樽俎而代之"，況庖人未失職乎？久承
　厚愛，又關公事，故敢直陳，無任悚惶，諸乞　諒察！專叩
著安

弟斯年謹上　二月廿二日

　成此兩書，弟亦未敢為時間之限制，鄙意只是集中于此耳，幸
　亮察。又及。

1099. 傅斯年致袁翰青、夏鼐 （電稿）（1945 年 2 月 23 日）檔
　　　號：李 38-5-12

蘭州科學館袁翰青先生：
　夏作銘兄在蘭工作地方，乞代設法，俾可攤開整理，至感。以
　下轉作銘：廿三函悉。兄今年可往甘、涼【以】北河流草地遺

---

①頁首自註："將來必大有裨于乙部之學。"
②編按："師祝"當作"尸祝"。

跡考察，並可往洮南，先用存款，弟下月到重慶再籌。去年標本運否，待朱部長決定，照應當由博物院另派人。斯年。□。

1100. 傅斯年致夏鼐 (抄件) (1945 年 2 月 23 日) 檔號：李 38-5-11

作銘兄：前接來電，當即寫一詳信奉上。寄信之日為二月六日，是日長遠輪在南溪上之出名險灘筲箕背落水，全船沉沒，初意信在其中，及細檢信是下午三時方付郵，已趕不及此船。然此後郵政（寄重慶者）斷絕，至今未復原，而重慶亦無信到，故六日之信，現在不知擱置何處，即此信亦不知何時到達也。今日接一月廿三日來書，即以電復，電文恐又誤，另抄附。茲再詳陳之。

兄此行成績如此，至可佩可喜！弟本有留兄今年在甘肅工作二季之意（前信），兄既自有此意，甚好甚好。費用到重慶後必為籌得，今年情形或比去年好辦些。一、今年只兄一人，費用較少。二、向先生態度使弟不能了解，忍之又忍，終無辦法，弟伺候他亦有時而盡也。去年餘款，兄可先用作調查整理費，其不足之數，電弟于重慶，總想一法弄出來。運費另外。一切即照兄之計畫，與弟前信辦去可也。甘、涼以北之河流草地，似可去，采陶區亦可去，二者雖不同，亦不妨均去。

標本運否，當決于朱先生，朱先生尚無信來，（或即受沉船影響，信擱在中途。）未知兄接彼之電否？如運，運費自當另算。如不運，兄之返程路費及本所公物，亦當由本所算。（同人行李，一併設法運來也。）

如運，運費自當由博物院出其大半，其實仍是朱先生想法子耳。運法當待朱先生決定運否之後再決，或先運廣元，或改油局車逕運重慶，但如運廣元時，自當由博物院託人照應，決不一切請兄負責也。

至于兄之計畫，此時以至秋季為宜，秋末恐必須返，因報告待寫也。

在蘭存物及工作之處，袁翰青先生前面允設法，^弟又電之矣。如須另託人，可一訪趙廳長龍文兄。

六朝花磚墓之工作，可喜可喜！此與漢簡皆極可喜之事也，本所同人，當皆興奮。兄為本所考古同人後起之秀，後來為中國考古學之前途負責大矣，願兄勉之。（昨與梁先生談，彼亦有同感也。）今年即專心作野外工作，無以費用不繼等事為慮也。（前信數目當可足用）一切到重慶開過會後再詳寫。餘事已詳前信。專頌

旅安

弟斯年上　二月廿三日

再，敦煌藝術研究所主持人常君，向先生說得一文不值，^弟不知其詳，無從斷定。然此時有人肯以如許小款，埋頭于沙漠之中，但是努力，便算難得，教育部應給以鼓勵乎？盼　兄有所示及，以便向朱先生道之。

向先生于人多否少可，而彼所許之人，每每非狂則妄，（如于道泉）故^弟于彼之論斷亦不敢輕信也。

二月六日發出之信，恐中途躭擱，故今將所抄之底附上，^① 如前信已到，即將此底及前信中致朱先生信底^②寄那簡叔兄存卷，如未到，看後亦乞寄那入卷，以便此間有可稽也。

1101. 陶孟和、傅斯年致張群（電）（1945年3月2日）檔號：III：1154

重慶。張主席賜鑒：長遠輪失事，載重過量為主要原因。該輪乘客每于船上補票，不買票者亦不少。此和等積年所見，主管機關漫不管理，今航政局推諉責任，謂係打灘所致。和等已電行政院

---

① 編按：即傅斯年致夏鼐函（1945年2月5日，檔號：李38-5-8）。
② 編按：即傅斯年致朱家驊函（1945年2月6日，檔號：李38-1-17）。

派員澈查。沉沒後水上警察所為更引起地方公憤，和等不敢默爾，如荷我公派員嚴查明辦，曷勝感激。陶孟和、傅斯年叩。冬。

1102. 傅斯年致張厲生 （電）（1945 年 3 月 2 日）檔號：III：1153

重慶行政院。張祕書長厲生先生：① 篔箕背打灘工程，公為維護交通、愛惜人命，力予推進，弟感佩之至。二月六日長遠輪失事，實因過重傾斜，死者二百有餘。乃航政局及其他主管圖卸責任，謂係打灘工程所致，並妄減人數。弟覩此慘案，又憤國家行政善意曲解至此，日內當搜集各項資料寄供查究，先此電陳。傅斯年。□。

1103. 傅斯年致邵力子 （電）（1945 年 3 月 2 日）檔號：II：246

特急。邵祕書長力子先生：② 電遲到。自長遠輪因過重失事後，各主管機關圖卸責任，任憑各船公司藉口不上航，土匪乘機沿水陸兩道搶刼，一時無法上路，乞轉陳請假。傅斯年。□。

1104. 傅斯年致那廉君 （1945 年 3 月 3 日）檔號：李 15-5-3-2

簡叔先生：游戒微先生請假往重慶，返後即專治唐石刻，考證史事，其工作改屬研究人員範圍，惟名稱不改（此等事以前本所常有之），善本書庫，由張苑峰先生兼管，並約王志維先生佐之。③所有千唐石（及其他唐誌）、善齋石刻，均留交游先生工作，另闢一室，即善本書庫最左第一大間（原存各物移陳槃厂先生住房，

---

①頁首自註："官電"。
②頁首自註："特急"。
③行首自註："此件存所務會議卷，下次報告。"

陳回原房。）一切乞　兄分別洽辦為感。即頌

刻安

^弟斯年　三月三日

1105. 傅斯年致陳槃（抄件）（1945 年 3 月 4 日）檔號：李 15－5－3－3

槃厂兄：昨談之事，為之愕然。張君處最近兩次談此事，已說好，
又這樣來！可為長歎！寄語張君，吾非可受人刧持之人，彼近日
之狂悖甚矣。已說好之圖書館辦法（即致那先生信中語）如彼不接
受，請今日言明，即另辦。彼如必要求彼分內所不應有之要求
（即昨言之事是也），去就可由彼自擇，至于“說出來與我與所皆不
好”云云，乃下流之語，自今以後，彼如留此，應改過反省。此
字乞　示之，^弟決無猶疑。專頌

刻安

^弟斯年　三月四日

1106. 傅斯年致張政烺（抄件）（1945 年 3 月 4 日）檔號：李 15－5－3－4

苑峰先生：今日徒勞槃厂往返，執事終不肯撤回其荒謬之要求
（此要求即：游必走，如不使游走，則你走），此等態度，等于刧持，
斷不可長，此其一。我辦理此事之原則，星期四晨已言之，（以前
亦說過多次）是日晚，在我家（此次有那先生在座）又言之，當時毫
不以為不妥，今忽來此，此其二。我對游先生言調整善本書室事，
自始即說明無使其他去之意，今何忽然變卦？此其三。故執事此
一要求，不特不可行，並須認為過失而反省也。故最好來一信，
或告槃厂，取消前說，如其不能，則是又要走，又接管圖書館，
豈非多事？故如執事後日接管圖書室，我只能認為取消此要求矣。

（以後不能再彈此調） 否則豈非多事？ 茲進此最後之忠告，望善思
之。此頌
著祺

傅斯年　三月四日晚

1107. 傅斯年致夏鼐 （電）（1945 年 3 月 5 日） 檔號：李 38-5-24

甘肅蘭州勵志路國立甘肅科學教育館袁館長翰青轉夏鼐兄：世電
悉。先是二月末李主任已在渝電達一切，不意該電前日退回。本
年院撥兄工作費十五萬元，如不足再設法。標本決定暫存蘭州，
將來運費由博物院担任。本所儀器，秋後兄返帶回。款已滙，函
詳。斯年。微。

1108. 傅斯年致張群 （1945 年 3 月 10 日） 檔號：I: 1613

岳軍先生賜鑒：長遠輪失事，溺死二百人左右一事，前經電達，
計蒙 垂覽。斯年等客居在此，原不欲有所置詞，惟此事發生，
衷心慟悼，而事後各種怪事，層出不已，五內如焚，蓋人命事大，
死者之不可復生也。重以我 公受司隸之寄，體民胞物與之懷，
夙承 推愛，敢以所知略以奉聞，當承 鑒諒耳。此事發生，船
政局之宜賓主任尹君，① 一口咬定係打灘所致，又發大水，似與公
司及各管理機關全無涉者。航政局長周厚鈞氏又在報上發表此類
談話。（二月十日《大公報》，並見成都各報。）按，打灘並未在灘槽②
施工，此事當待中央主管者查明，且事之查明不難，至于"江水
陡漲"之說，斯年等在此目覩，全是慌語③也。平日長遠輪行駛宜

---

① 編按：尹燾富，時任宜賓航政處主任。
② 編按："灘槽"當作"灘漕"。
③ 編按："慌語"當作"謊語"。

賓、李莊、南溪間，幾無一日不載重過量，而舊歷年前之景象，
擠得不成事體，^{斯年}下山遇到，每覺其景況著實可怕，屢向地方
人士言之。然宜、南管理之人，固一聽其自然，不加以管理也。
即便打灘使水流略急，而管理之失職，似亦不能卸其責任。查當
日沉沒情形，原係遇漩渦不能穩定而傾覆，並非遇礁觸石，其為
載重過量重心上移之故明矣。茲覓得在李莊、在宜賓上船遇險生
還者二人，其人之來歷可考，詞說可信者，記錄其所經歷，附呈
垂覽。此事發生，關係者不一，在此時行駛之義務，此不待言；
然二百人溺斃之責任，必須求明，無可疑也。且此事之重心所在，
在管理者不加管理，此時情況即令公司不善，若無管理者協助，
並不能維持秩序，故亦不可謂不諉過于打灘，即須由公司負其全
責。凡此責任，自當由中央主管機關查明。若能對死者中赤貧而
負家庭生計者有所撫卹，更足以平民氣。^{斯年}日內赴渝，當向行
政院一請，惟有效與否，未可知耳。
至于此事之特別涉及省府管轄範圍者，為南溪水上警察臨事之各
種怪現狀，此未可公開言之，以其太失民族體面也。此事一切人
證、物證，聞已由南溪縣搜集，移送六區王專員辦理。如承我
公督其依法認真辦理，實慰地方之望，亦所以儆將來，故敢以陳
聞，敬乞　鑒察，至荷至荷。專此，敬叩
政安

34/3／十

附：李臨軒、王鵬亮遇難記錄

李臨軒，年卅一歲，李莊人，任中央研究院歷史語言所書記。
是日由李莊搭長遠輪赴南溪。前此兩日，長遠輪因載客太多，未
在李莊靠碼頭，故是日雖靠碼頭，但等船客人不多，上去者約二
十餘人，上船前買票者十七張。一上船，即見船右傾，大約先已
左傾，故船上管事者命李莊上客皆向右。以後船雖斜，未加調整，

亦因乘客擠得不堪，無法移動。自李莊開出時，轉灣已見有水打入，經過九索子、黑臉觀音、關門崖，都有水打入。到筲箕背下灘，船上人員招呼："坐平"！船本甚重，灘中又向右轉，正過危險地帶，船後面進水，始過險灘，即出事，船行時，下面貨艙中人滿，中層也滿，週圍走廊上佔著兩排人，下層有貨不多，頂棚上無人。船沒後，江上浮著人與行李，救生之船，沿上找貨，若有人恰遇到，亦抓上去。

　　王鵬亮，年四十六歲，李莊人，原為中央博物院門房數年，近因生活艱難，改作小本生意。於本年二月六日在宜賓搭長遠輪往南溪。當上船時，碼頭人甚擁擠，每人均欲上去，賣票者云："公司限定賣往南溪之票二百張，賣往李莊之票一百五十張（坐木船者）"。結果上船後補票者約四、五十張，另有傷兵十餘人，及師部副團長一人，護兵八人，未買票。到李莊，放下木船，又上來二、三十人。其時敘南師管區特務長（不知其姓名）即與船上經理鬧，云載重過多，將有危險，何以尚許人上來。過李莊後，至僰溪口下糧廳子對面酒勺子灘，打入兩浪，乘客頗為慌張，特務長即大聲勸人鎮靜。又下行，距南溪三十里，至黑臉觀音，又打入二浪，計兩次打入之水，約數十挑，在底艙深寸許。旋至過兵灘，又打入數大浪，進水約百餘挑，以後無事。至筲箕背，船已下漕口（即深峽之口），轉一直角，尚未出漕，忽向南傾側，水從欄杆邊一湧而入，但船又向北傾側，水湧入更多。此時人尚未亂動，唯見特務長撕開衣服，立刻船又揚正，聽得求救之哨放出響音，立見黑烟一股向上衝，鍋鑪即滅。船又向南傾側，橫倒水上。是時船內情形，底艙之後艙裝貨，只瑣碎小包及客人行李等，前艙有乘客百人以下，其餘乘客均在艙面及欄杆邊與船前後頭。原有數人在頂棚上，至李莊時，被茶房喚下，頂棚上只有水糖三挑。船既倒，秩序大亂，只見經理領江同時跳水，南邊欄杆人向下落，北邊欄杆人向頂棚上亂爬，王自己在南邊欄杆，即手抓欄杆上之救生軟木，但被釘釘緊，不能取下，因將欄杆緊緊抓住，是時王已全在水中，手摸到船篷，睜眼一看，頭已出水，自入水至出水，約五、六分鐘。此時因人多落水，船重量減輕，船又揚正。王至頂棚上，全身均出水，同在頂棚上者約十餘人，有兩女人，手抓欄杆，已奄奄垂斃。江面四處有人浮沉，船被水沖，仍向下流，但漸又下沉。王見烟囪角上有二木板合釘成之凳，即去抓住，是時水已至腳背，再四顧，見後面有一短木板，又抓住，只見其餘之人多脫衣跳入水中，船又沈下，王亦沈入水中，但賴兩板之力，即刻浮起。此時沙灣趕場回來之船在江中救人（打灘之船並未救人），王被沖至橫板口，遇灘，又沈入水中。至沙灣，遇小船救上。計自船沈時至被救，約一小時餘，時間約為下午四時餘，此小船共救起八人。（下略）

1109. 傅斯年致張厲生 (1945 年 3 月 10 日) *

厲生先生左右：長遠輪案，頃奉復電，敬悉我　公民胞物與之懷，至深感佩！^弟在此客居，雅不欲有所置詞，然人命事大，責任之不可不明，兼以打灘工作本係政府善意，不當為主管航政者曲解至此，故敢以所知，奉告如下。

此事發生，航政局宜賓管理人尹某一口咬定，謂係打灘之故，而航政局周局長厚鈞復在報上發表談話，謂係：

> 連日天雨，江水陡漲，灘流奇急。兼以筲箕背打灘工程正在施工之際，航行水漕略有變更。船行至此，即有泡漩激盪，竟至沈沒。該輪約為三十七噸，規定載客不得超過一百人。當日售出客票為九十八張。失事之時，因施救得力，得救者約六十餘人。現航政局、合眾公司、水上警察局、專員公署等各有關機關，聯合地方士紳組織善後委員會，辦理撫卹、打撈工作。（二月十日《大公報》，並見成都各報）

---

*本函有手稿本（檔號：III：1145）及油印件（檔號：II：263）兩種，合併整理。

此中可分為六點言之。

一、"江水陡漲"說　渝、敘間長江，自秋後即水落，雖亦可稍有變動，並無"陡漲"之事，直到次年"桃花汎"，即西康川北雪融時，始有一大漲。此次出事遠在"桃花汎"季節之前。自去年秋天，雨量甚多，此為事實，然冬季之雨究竟有限，兼以上流涸減，故絕未"陡漲"，^弟住江邊，時常見之。長遠輪案發生前數日，雖有陰雨，亦時飄雪，然亦是冬季之一般狀態，絕無使"江水陡漲"之情形，此一查海關水位記錄，宜賓等地氣象記錄，便可明其非是。

二、打灘與水漕變動說　按，打灘之地，在所謂南漕，並不在冬季正流，南漕冬季木船亦不能通，即凡大船經此者，亦走正流險灘，故即使因打灘杜絕南漕所遮來之水，恐亦有限。然此事終須由專家考察明白，^弟未敢如周局長之法，不查先斷也。惟此中亦有數點可尋者。一、假如打灘工程手段太不高明矣，航政局職司航行安全之責，曾加調查否？二、曾向政府說明否？三、通知各船經過時下客或減載量否？若一無所辦，縱打灘與此事有影響，此事之主要責任，固亦當在航政局，以其不管理也。四、當時傾覆，並非觸礁觸石，乃是漩渦中使其左右搖擺，終于沉下也。此事各方並無異論。此一漩渦，從來有之，木船為此每年翻若干艘，不自打灘始。所以政府決定打灘，即改一新漕之謂。在漩渦中格外動搖，可有三原因：一、漩渦更大，二、領江不小心，三、輪船重心上移也。長遠輪因載重過量，重心上移，乃熟知之事，詳下。

於此更有一言，即川江打灘，每為若干愚人所反對，此與當年反對修淞滬路、京津路，無二致也，即以惰性成其見解而已。此說頗可得若干人之同意，故不可不辯。反對打灘者曰："此處打了灘，別處又生新灘"。按，灘固有閘水之用，然打去者有限，僅開一穩當之漕耳。二、三十里後，其影響即減至無足重輕。至于生新灘之事，每年有之，即江水改變乃每年有之之事。試觀歐洲之河道，如多腦，如萊因，若不上流打灘，焉得增加航行千里，且川江並非小河也。打灘之手段如何，另是一事，至于根本反對打灘，誠愚妄之極。

更有一事須詳察者，即長遠輪失事後，各公司領江聲明箇箇背不能過是也。此中情節，聞有加薪問題，同行援助問題，姑不置論，所論者，即此輩領港之技術耳。此輩領江，多由"水毛子"而起家，即水上泛舟之人，航路全憑經驗與記憶，既未如上海領江之須進學校，經考試，川江亦無逐年之地圖也。

三、售票九十八人說　按，所謂售票乃宜賓碼頭上所售，在船上補票者不與焉，在李莊上船約二十五人，亦不與焉。船上補票，平日甚多，^弟每次見之，其根本不肯補票者亦有之。而船上又有小販，有任意來往之人，在此"江湖海底"世界，公司無如之何。長行輪船，亦每因此打架，更多主糾察者，轉為介紹乘客，^弟每次必見之。是則管理者不特未盡管理之責，且用其威權以增加擔負。至于短行小輪，更是無人管的。長遠之載客過量，乃常年經有之事，舊年節前自為更甚（二月六日為十二月廿四日）。二月六日^弟雖未見長遠之情形，然前此數日中頻見之，人山人海，棚子上站著，直不成話。即如周局長所言，宜賓一地賣票九十八張，加以各種補票、不買票乘客，船上法定人員二十三人，已當超過二百人之數矣。過重與否，應以全船乘客為準，不能以一地賣票數目為定，此兩者之不相符合，小船特甚，重慶外特甚，人皆知之也。周局長此說，特矇混全無此經驗者耳。

四、"施救得力"　此真使人髮指之言！當日尚有少數遇救者、目覩者言，以江上趕場小船之功為多，打灘工程處並未施救。而水上警察反而趁火打劫，弄得贓物累累。（水漬法幣與衣服，打破的空箱子。）此事正在六區專員公署打官司，今不便多說，且其說太損民族體面也。南溪民情之一時洶洶，此為主要原因之一。此事經過，^弟所知者已報告　岳軍先生。　岳軍先生明德達政，當必有合理之處置也。

五、打撈　打撈工作遷延至二十餘日，始以"水毛子"及小輪長天為之。一面謂係藉故遲延，以滅尸跡；一面謂南溪怕有暴動，不敢來。以^弟所知，南溪、宜賓民情激昂，確有其事。在南溪者，對公司及航政局員有嚴責之詞；在宜賓者，更送棺木于公司。然王專員、蔣縣長處理此事，並無暴動發生，亦無毆打之事，航政局何故遲遲不打撈耶？

六、停航　停航係各公司領江之要求，然長遠事件發生後，上行之船各公司皆有之，即合眾之長天亦走了兩次，並無意外。直到交通部根據航政局之請，命令停航，而後全停。這一批領江，要通過則安然通過，不要通過則說不能通過。此亦解決"水流改道"說之一重要參考也。

根據以上親知之事實，則周局長所言，顯係自犯忽職之罪，而造為妄說，一齊委之于人！凡人之所以異于禽獸者，以其有同情之心也。今死二百人！而欲以謊話一筆抹殺，是可忍也，孰不可忍也，故^弟實難默然也。

至于就此事件整個看，^弟之微意，以為應由中央主管各機關會同查明責任所在，詳覈事實，而嚴加辦理，不徒據周厚鈞一面之詞以為論定。

若夫整理航政，^弟之微見可分三方面說。

一、公司　各公司自抗戰以來之效能，不如從前，固為熟知之事實，票價有時與物價相差甚遠，故公司人員難得易失，久而養成一種苟且敷衍懈怠之習，一開船即賭。及今督令改正，亦可為將來擴充下游航業之助。

二、管理　輪船出事，年年有之，有時一年數次，此航政局如故也。所有管理之事，如領江之訓練、船上人員之管理、江路之測按，上下碼頭之便利，皆為分內之事。非可一定票數，便算盡職，而不實事求是也。

三、糾察　此本管理範圍內事，以其重要，特分言之。糾察者不一，有水警，有統一檢查所，（號稱統一，其他如故。）當地更有其他機關。此輩平日對公司，威風懍懍，一不如意，晚到半小時，即可使船扰誤一日之程，而公司及乘客蒙其損失。故每先預備點心，請其來查，則故遲遲前來；平日則上上下下，介紹搭客。雖一士兵，船上執事人仰之儼然。其檢查之法，則絕不予乘客以方便，^弟川江行走，每年數次，無次不見此等事，此真當振作者。然此恐不屬行政範圍，或者須合議得一解決辦法乎？今日公司固不能自己維持秩序，則負維持秩序之責者，安得不改善乎？

南溪無巨紳，此或即有人欲以草草了事之因。此次溺死者，若同濟大學學生三人，已算死鬼中之貴人矣。假定死者二百人，其中至少有六、七十人是支持一家生活者。死者姑不論，即此數十家貧苦勞力者因而破家，其慘況如何，不難想像。滿想以一年勞力所得，回家與父母、妻子過年團圓，不意其父母、妻子反須到江邊招魂望祭。嗚呼，不忍卒說矣。

夙佩　亮政，敢貢所知。敬頌

政安

^弟傅斯年敬啟　卅四年三月十日

1110. 傅斯年致岑仲勉（抄件）（1945 年 3 月 26 日）檔號：李 13-8-4

仲勉先生左右：^弟又小病，病中思及研究所各事，其中有一事不得不上陳者，諸希　鑒諒，至幸。

先生治學之精勤，^弟所極佩。思解之細，用力之專，並世學人，

蓋鮮其儔，此^弟不特向　先生言之，亦向外人道之者也。但我
輩既在第一組（史學），其所治之範圍，自應以第一組為限，蓋
語言學者，自有其紀律，非自少專攻，精通各種文字，不能得
其真諦，則猜謎之事，徒資後人以口實矣。　先生所示今年工
作，有突厥古文一事，此則非先治突厥今文不可也，（Osmali,
eastern turkish（Turkistani），etc.）西洋人之治此古文者，皆先習土
耳基今語，能說能寫，然後參以蒙古、吐火羅之譯名，然所得
不過爾爾。若僅憑字典上之大寫字母以論之，則西洋人早發見
矣，即如本所已有之《突厥方言字典》，在當時已為絕作，在今
日瀕滋議論。總之，鄙意以為治此等古語學，非治今語學不可也。而
治今語學，非自少年從頭來不可也。如　先生工作之範圍，能以史學
為限，而不涉及語言，（無論中外上古）則^弟公私均所感幸。（若人名、
地名，自是史學上事，其他名詞則屬于語言學矣。）^弟忝為　先生之患難
老友，萬里同其甘苦，又以　先生直諒之節，今世所希，故敢冒昧陳
之，惟賢者善人惟能受盡言，而^弟此所陳者，全以老友之資格言之，
切勿以為研究所辦事人干涉，如是則^弟之罪大矣。謹布區區，諸希
亮察。專此，敬頌
著安

^弟斯年上　三月廿六日

1111. 傅斯年致岑仲勉（抄件）（1945 年 3 月 31 日）檔號：李 13-8-6

仲勉先生左右：惠書謹悉。　大雅風度，感佩無似！^弟平日得朋友切
磋之功至多，有時亦妄以鄙見供之于人，此所謂"與人忠"，故多蒙
友朋諒解。　先生治學之精入，非^弟所敢望，而不遺葑菲有如此者，
尤為感佩！　高懷隆誼，何日忘之，此意當終身佩之耳。循讀來書，
益覺　先生誠所謂古之善人，而吾輩之交情，當因國家之患難愈感其
深且堅也。專此，敬頌

道安

弟斯年謹上　三月卅一日

1112. 李書華、傅斯年致常書鴻（電）（1945 年 5 月 9 日）*

急。敦煌藝術研究所。常所長書鴻：貴所結束事由設計局提議，本院
事前無所聞，既奉國府令接辦業務，目下正由本院與教育部協商，務
達一切維持原狀，由兄繼續主持之目的，乞告同人安心工作。兄在邊
地為學術努力，此間知者不勝敬佩。李書華、傅斯年。代日佳。①

附：敦煌藝術研究所結束辦法

敬擬敦煌藝術研究所結束辦法

一、依照國府命令本院接辦。

二、改稱敦煌古蹟保管所，由中央研究院組織委員會管理之。

三、委員七人

　　梁思成、李濟、張道藩、向達、常書鴻、夏鼐、傅斯年

　　梁思成兼主席，常書鴻兼所長

四、原在預算上之職工名額盡量保留，由中央研究院名額中擠出
　　担負。

五、經費（臨時、經常）仍由教育部担任。

六、本院與教部合電常君繼續服務，維持原狀，略減人員，徐圖
　　發展。

此為暫時辦法，俟古物保管委員會健全其工作時，可考慮撥入。

傅斯年

---

*取自南京第二歷史檔案館（檔號：393-0-0144-00-pp. 79-80、85）。

①頁末李書華批示："照譯發。華。五、九。"又余又蓀附註："已發，並入行政
　院教育部函接收南洋研究所等機關卷內。又蓀。五、九。"

1113. 傅斯年致那廉君（1945 年 6 月 6 日）檔號：李 9-9-1

簡叔兄：^弟因川江行旅太苦，故會前未歸，亦緣返後吃與用人，與洗
　　衣皆成問題也。

　　今年出版事，須即作打算，乞　兄偏詢同人，有何文章，開一單，
　　^弟想即編《集刊》一冊、《史料與史學》一冊、《六同別錄·下》
　　一冊，大約可以做到。尚有專書待印者乎？乞併示及。專此，敬叩
近安

^弟斯年　六月六日

1114. 傅斯年致朱家驊、朱經農、杭立武（1945 年 6 月 29 日）檔
　　號：III：1303

騮先、經農、立武三兄賜鑒：[①] 徐森玉先生之工作，出生入死，為國
家維護文化，為功至巨，此實為今日保護戰區文物之唯一有效途徑。
彼歷年以來，在上海之工作，未嘗仰給政府，僅以典賣自己之收藏為
法，現已典盡賣空矣。今徐先生又將有上海之行，尤關重要。所需費
用，徐先生殊不肯言，然以^弟計之，彼之路費至少三十萬，在滬遷移
箱隻，至少百數十萬（初步），兩項合計，至少須百五十萬至二百萬。
此意昨已面陳，荷曾採納。昨晚在　尊寓散後，^弟搭立夫兄之車而
歸，立夫兄謂此數絕不足用，而徐先生以前所墊之房租等項，亦應付
還。^弟今日又詢之徐先生，徐先生謂此時匯款不易，如^弟昨日面陳之
數，即一百五十萬至二百萬，亦足一時之用，一切謹以奉聞。
徐先生返滬在即，此款似應早予墊付，至為公感。現在滬上實為中國
淪陷區之文物集合地，有徐先生如此努力，國家之幸也。此外尚有兩
事，亦請教育部惠為一辦者：一、急電顧墨三司令長官，告以徐先

---

①頁首自註："極密"。

之使命重要，請其協助一切；二、為徐先生接洽搭軍用飛機前往第三
戰區，一切至感，敬頌
政安

1115. 傅斯年致常書鴻 （電）（1945 年 7 月 1 日）*

敦煌藝術研究所。常所長書鴻兄：代電悉。請萬勿誤會，教育部函係
例行公事，本院正與部商保留原來名額、經費，務請繼續主持，同人
安心工作，至荷。弟傅斯年。東。①

1116. 傅斯年致蔣夢麟 （1945 年 7 月） 檔號：III：1158

孟鄰先生左右：時勢推移，　先生被徵入政府。一時同人不獲常承
教益，而學校於此復員準備中失去　先生之領導，衷心忡鬱，曷可勝
言！又念國家事重，建國需老成之望，世業難知，匡濟待睿哲之人，
故吾輩亦未敢固其所執。前月　駕臨昆明，同人左右思維，為國家、
為學校，難乎兼論，情理矛盾，無以為辭，我心難夷，自崖而反。緬
懷　先生於民國八年始來北京大學，受命于艱難之際，佐　子民先生
於危亡之時，荏苒八年，未有寧歲，外應北庭之迫害，內息同僚之岐
異。雖　子民先生不能在燕，　先生卒能負荷大任。栽培多士，為世
所資，大振宗風，遂成盛業。此中艱苦，難以言喻，此我輩不能忘者
一也。國家再造於金陵，吾校反遭意外之不幸，復校運動，　先生雖
不在校內，實　先生有以成之，存亡繼絕，厥緒不墜，此我輩不能忘
者二也。民國二十年，　先生重長吾校，大事改革。理學院等于刱
置，而文、法兩院所改亦多，集四方之賢才，致策學術之推進。雖九
一八之禍始于此年，而學校進步，不為阻折。今日北大猶有此局者，
亦當時再造之功也，此我輩不能忘者三也。三校聯合之局始于長沙，

---

*取自南京第二歷史檔案館（檔號：393-0-0144-00-p.104）。
①頁末余又蓀附註："存查。又蓀。34/6/30 發。"

先生主持一以大體為念，所忍者多，則所全者眾，所瞻者遠，則所
成者大，卒示世人以合作之範，而獲八年弦誦之休，此我輩不能忘者
四也。若夫胸懷之廣博，接士之寬容，舉大而不務小，明斷而不察
察，則胡適之先生前謂先生獨傳　蔡先生之遺風云者，而吾輩亦久以
為定論矣，此尤不能忘者也。今　先生雖不能却蒲輪之徵，然　先生
與北大共休戚者二十有六年矣，一旦得息仔肩，自必重回吾校，以為
同人之表，諸生之師。北大者，　先生之家園，亦　先生宜將終老者
也。臨書依依，諸希　亮察。專叩
道安

1117. 傅斯年致俞大綵（殘）（1945 年 8 月 1 日）檔號：I：1298、 I：1694

Dora Darling：這麼多天未寫信，你可以想像我是如何忙，但終不可恕
的。你走的那一天晚上，那位"客人"直到一時方走，我不能送你，
甚念。他們回來的車子浸水，兩時方歸。以後的參政會頗熱鬧，我發
言次數不多，大約《大公報》皆有記載。我真弄得夠 notorious 的，有
些人旁聽，說是專為看我的，所以常有不相識的人問："傅先生，今
天發言不？"會中的最大關鍵，在國民大會問題，總算"圓滿結束"
（以會論，曰圓滿），又出了"周枚蓀事件"，直鬧到現在，其實也無關
係。會中的最微妙（亦可說最險惡）是中央銀行國庫局大舞弊案，會
中的最滑稽的是中醫案（末一天），全場十餘人，同時發言，襯以各種
怪聲（我們勝利）。國庫局案，我只嚷嚷題目，不說內容，不意地方
法院竟向中央銀行函詢，最高法院總檢察署又給公函給我要內容
"以憑參考"。（最近的事）閉會後，孔祥熙連著免了兩職：一、中央
銀行總裁，二、四行聯合辦事處副主席。老孔可謂連根拔去矣（根
是中央銀行）。據說，事前並未告他。老孔這次弄得真狼狽！鬧老孔
鬧了八年，不大生效，這次算被我擊中了，國家已如此了，可歎
可歎。
這一件官司（國庫局）我不能作為密告，只能在參政會辦，此事我大

有斟酌，人證、物證齊全，你千萬不要擔心！把老孔鬧掉，我至為滿意，以後的事，在政府與法院，我不作主動了。上星期一見 蔣先生，他對此事表示極好。上次黃金案之送法院及此事之辦法，他的主張嚴正，只是他的左右每多異論。

我現在之未能走者，最要為此事。究竟法院傳不傳作證，如傳，我到一次也夠了，便可走了，如不傳，也須待參政會主席團有下文，方可以走，大約至遲八月廿日左右，便可完結。

此外還有甚多不了之事，帶著可走，有三五須在此辦者趕著去辦。其一為中央大學校長事，驅先派我催吳正之答應，今日已成定局。下週還可發表北大事（孟鄰出缺），我們大家推適之先生，驅先陳之 蔣先生。 蔣先生提我，我自然不會幹，你放心，只是又須寫信麻煩一場而已。

你關心我們到美國去一事，星期一在蔣先生那裏，他問我血壓高病情，我說近來有時很高，也有手術的一種辦法（即切斷中樞神經與內臟神經），只是中國不能辦。蔣先生立即說，有船的機會時（大約他記得我不能高空飛），他為設法弄船云云。我想，我回去後，我們仔細商量一下子。一去便須兩年，故有許多事待決。看來，我要決定走，一切是不成問題的。

你託陳德宏買的東西，都買了，託徽音之弟帶去。還有一大包葡萄乾。

〔中缺〕 ①

所中薪津，你便繼續領下去。目下改領本所之薪與生活補助費，公費仍在參政會領。 您老太太看見小胖的信，大家都喜歡！

所有到延安之一切，以前不能談，待我回去，詳細告你。以為笑樂。我當時未告你，實因有時間性，回去後可大說也。

孟真 八月一日

---

①原稿此處刪節兩行。

1118. 傅斯年致國民參政會主席團（油印件）（1945年8月8日）檔
號：I：671、I：659、I：674

敬啟者：關於^{斯年}所提澈查中國銀行、中央信託局一案，內牽涉中央銀行國庫局一節及陳賡雅參政員所提關於國庫局重大舞弊一事，^{斯年}曾在閉會前有三項聲明在案。旋接最高法院檢察署七月二十七日渝密第二六七號函，內開：

> 關於中央銀行國庫局詐售美金公債事件，聞台端知之綦詳，敬乞將此事實先以書面詳予見示……檢察長鄭烈。

（原件坿上）。

次日又來一私人信催問，當即復以非公事之信如下：

> 曉雲先生總檢察長勛鑒：七月廿八日惠示敬悉。參政會轉來之正式密函昨亦收到。辦理中央銀行國庫局舞弊案，現在聞有下列各機關：
>
> 一、政府偵查機關，去年已開始。
>
> 二、地方法院，已函詢中央銀行。
>
> 三、參政會，有主席團之決議案。
>
> ^{斯年}在參政會閉幕時之聲明三點，其最主要之一為將人證、物證呈送主席團轉致政府，不向大會宣佈，以防為犯人聞之利用，故^{斯年}自亦受一種拘束，在目下僅能將此項資料供給主席團。既承尊示，日內當詳細寫一說明書，連同附件送達主席團，請其斟酌，然口頭說明，自無不可。
>
> 大駕何日進城，乞先時示知地點與時間，當即趨訪。又，如法院正式傳訊，亦當前往。先此奉復。匆匆，敬頌
>
> 勛安
>
> ^弟傅斯年謹啟　卅四年七月卅一日

查上文所述^{斯年}之三項聲明，其第一項似可解釋為^{斯年}受一種約束，即只能送請　主席團轉達有關機關，故復函言不能直接函述此案情形及送交證據于法院。然以後鄭總檢察長函催不已，或將來訪，或逕出

傳票，皆未可知。既由法院正式發動，^{斯年}若不理不到，亦無以自解。此事之最好辦法，似可再請政府從速辦理，以免範圍擴充愈大，非^斯^年始料所及矣。茲將^{斯年}辦理此事之經過寫一說明書，隨函坿上，此件應否送交政府或法院，仍乞 裁奪，至荷。此上

主席團

傅斯年（印） 三十四年八月八日

附(一) 最高法院檢察署原函

(二) 說明書連同坿件

附一：最高法院檢察署原函（1945 年 7 月 27 日）

最高法院檢察署密函

發文渝密字第二六七號

中華民國卅四年七月廿七日發

逕啟者：關於中央銀行國庫局詐售美金公債事件，聞 台端知之綦詳，敬乞 將其事實先以書面詳予見示，以憑參攷。至紉公誼。此致

傅參政員^{斯年}

檢察長鄭烈

如有確據並希坿示，掛號郵寄重慶中山一路保節院街六十八號本署檢察官辦公處。

附二：說明書連同坿件

傅斯年在本屆參政會大會中提案及詢問有涉中央銀行國庫局舞弊事說明書*

第一段

---

*說明書有草稿（檔號：I：669）及清稿（檔號：II：660）兩種，合併整理。"本屆參政會大會"，指國民參政會第 4 屆第 1 次大會（召開時間：1945 年 7 月 7 日—22 日）。

去年秋天（月份已不記憶），政府某部分往歌樂山調查國庫局舞弊，全局人員震驚，有多人向外說："某也有分，我未分到"，故弄得全山引為笑談，而城中謠言頻起，此時^{斯年}聞之于歌樂山及城內朋友者凡三次，皆謂係成都未售之票，于停售後，呂咸局長親往取回朋分，約二百萬元美金，分贓不均，以致走漏消息云云。

^{斯年}在司法行政部報告後，曾詢及檢察官之自動檢舉，即舉此事為例，當時所知，不過爾爾；^{斯年}之澈查中央行案涉及者，亦僅爾爾也。

第二段

^{斯年}在作此口頭詢問後，參政員陳賡雅前來，以其提案相示，則原原本本，數目字與證件畢在，為之大驚，即簽名于其上。此案經過主席團種種，今不具述。

七月十五日，有一多年未見之老友見訪，談及此事，謂彼認識發動此案諸人之一，其發動之動機至為純潔，絕非分贓不均，可否見一見他們。我當即同意。十七日上午，在某處與彼數人中之二見面，證件具看到（最近更見到數次），並由其原原本本說明。彼等去時，將一切證件給我，蓋原有之人已在其一老師處（亦參政員）立下遺囑，近更頻受警告，深恐原物遺失。我當安慰他們云，諸君愛國熱誠，不避險難，至可佩。我雖前已同意不在大會提，但此事總當使其發生效力。

以下敘述這幾位青年之所說，其所說經^{斯年}他方證明，皆係實情。

呂咸平日在局中，一切用度取給于公，其所行為儼然孔公館之縮影。彼更使人隨便寫不合手續之賬，亦不以為諱，因習為故常，更恃靠山也。故局中青年愛國之士，久感不安，並因記賬等事，有與呂氏心腹衝突者。此輩好青年，既不滿此等行為，更恐將來事情出來，自己洗刷不清，故有七、八人常在商議。適有債券科主任熊國清之親筆信稿，為其中一青年所拾得（此人今已出洋），彼輩見之，大為駭異，遂星夜另託一人抄出最重要之賬兩紙，共推一人向政府某處密告，書凡數上（此一節在八月初彼等方告我），果然來查矣。一查之後，全局大驚，謠言四起，而彼等更感不安。此事政府雖調查，而久未辦。其中有人頗受恫嚇，然彼輩固未向外聲張也。彼輩原不存竊證據、抄賬目之心，蓋若有此心者，所得必更多；而其辦法為向政府密告，亦可謂識大體者。故挾嫌、分贓不均，在查後散布謠言者或有之，在彼輩無是也。然外間既有傳言，其中某一人之師聞之，以關切而問及，乃得知真相，此陳賡雅參政員提案之由，而某一青年之遺囑，亦交其師。

以下節錄該數青年密告呈文，真相畢見。

（一）卅一年同盟勝利美金公債，係財政部於卅二年交由中央銀行國庫局分發各地銀行發行，其總額為美金一億元，折合國幣為廿億元。

（二）卅二年十月十五日，財部函知國庫局將該項債票停售，所有估計未售出之債票該五千萬元，悉數由中央銀行業務局購進，而國庫局主管該項業務之少數人員，以近水樓台，因得利用職權，公然舞弊，市價因之狂漲，由廿元迅漲至二百餘元，最高價曾至三百元，如按目下市價，更駭人矣。

（三）犯罪之根據：

A、財部於三十二年十月十五日明令停售，即使業務局收購之美債五千萬元為合法，則國庫局於交足業務局該項票額後，自不應仍藉業務局名義，繼續向各分行處收購，應立即函囑各分行處將存數送國庫局，轉交財部，始不妨礙國家權利與法令。

B、該局債券科主任熊國清承該局局長呂咸指使，假借推銷公債為名，親筆草擬簽呈，慫恿中央銀行當局購買美債三百五十餘萬元，並期分潤餘利。（卅熊國清親筆簽呈。）

（四）舞弊之點

A、呂咸慫恿中央銀行主管所購債票面額三百五十餘萬元，於該項債票付出時，該局債票付出傳票之後，並未卅有該行主管之領據（例須有領據，始符手續），僅以債券科副主任徐俊卿收據一紙為卅件，非惟手續不合，且事實上該項債票，究為何人所得，尚屬疑問。

B、復查債券科活期存款帳第四五七號帳號，卅一年同盟勝利美金公債預售戶，於三十三年二月十五日所列收（付項）之國幣七〇，〇八五，二〇〇元一筆債款（即 A 項所列美債面額三百五十餘萬元之價款），其摘要欄內，亦未記載其來源，究為何人交來購買公債，亦屬疑問。（帳上記帳員曹瑞鳳有註明，可資參考。）

C、查 A 項所稱之美金公債，面額三百五十餘萬元，及 B 項所稱之該項債款國幣七〇，〇八五，二〇〇元，均於同日在業務局有價證券帳公記戶內及該局貼放科帳內，各自空轉一筆，實際業務局並未經手此項公債及債款之收付，則其債款之來源暨債票之去路，均屬可疑。見甲件第四筆（33 年 2 月 15 日）。

D、該局債券科活期存款帳第四五七號帳號，卅一年同盟勝利美金公債預售戶尚有（甲）一五三，〇一三，二〇〇元（摘要欄內記帳員呂智民有註），（乙）七，一〇〇，〇〇〇元，摘要欄內亦均未記載來源係何行售出之債票，且皆係卅二年十月十五日停售以後收帳，自與法令抵觸。（坿活期存款帳抄件一件）

E、就 D 項所述三筆債款核計，約合美債面額八百餘萬元，數額之鉅，至足驚人。所謂代業務局收購，是否從中作弊，似甚可疑。（參考所抄帳頁即知）

F、查該項美債八百餘萬元，既係代業務局收購，自應隨時掃數送繳該局，早清手續，（事實上業務局是否知有此數，不得而知。）國庫局又何必於保管科開列專戶保管，且為日已久，尚未處理，顯有所待。

G、復查熊國清曾數次由庫房（歌樂山）將債箱扛至家中，（小歌樂山藥專路中庫新邨七號）旋復送回庫房，均為同事宋春如等所共見，倘非偷換票款（大票黑市價較高），即係私自抽換中籤票圖利，（中籤票可換取匯票）不難想像而知。不然，該項公物，何能公然不諱，扛回私寓。應核查其債箱所存債票之面額、種類、號碼，是否與所稱各分行售繳數相符。此項工作雖艱巨，然不難水落石出也。

H、查停售後債票，既係代業務局收購，則應同一方式處理帳務。債券科活存帳分開"卅一年同盟勝利美金公債預售債款戶"及"卅一年同盟勝利美金公債預售戶"兩戶，是何用意？前者與業務局帳目相符，後在業務局帳則甚有出入，顯係作弊，查業務局帳即知。

I、彼輩作弊之物証，除熊國清親筆代呂咸所擬簽呈一紙，債票號碼單一紙外，尚抄有債券科活存帳兩頁（375、457），均可資稽攷。其他人證甚多，此案一到法院，必即出而作證。

以上各節，經斯年詳校，確信其為真，故可在參政會之外，負法律之責任，如前所聲明者。似此呂咸、熊國清之輩，如不盡法懲治，國法安在？至于此輩青年之姓名，今尚不便說，俟法院辦理時，斯年負責偕之出庭作證。

所附各賬，大致當已改燬。去年查時，曾加改動，今更集合十八人，澈夜改換。然改賬牽連者多，迴非易事。且有證人在，不難水落石出也。

第三段

然以上猶非全豹也，近確聞監察院、審計部、財政部等機關所調查有據者，為數更大，其中五花八門迴不可思議，以事不關斯年，故不述，深望政府嚴辦，以儆官邪焉。

傅斯年　三十四年八月六日

附件

一、熊國清親筆信稿之抄本附註

二、上項之照片

原物須于後來直送法庭。

三、成都交來之號碼單，即上述函中三百五十萬四千二百六十美元之號碼

四、457號帳

五、375 號帳

六、業務局帳一頁

附件一：照抄熊國清親筆所擬簽呈原文

　　敬簽呈者，查本局經理卅一年同盟勝利美金公債情形，迭經面陳

　　鈞座。現計除交足業務局債票伍仟萬元，尚有餘額三百伍拾萬零

四千二百六十美元，按每五元折合國幣百元計算，合共國幣七千零

零捌萬伍仟弍百元，理合檢同上項債票及清單乙份，謹先奉上，敬

祈　鑒核賜購，以示倡導。再查各偏遠地方應繳回上項債票約尚有

　　　　　　　　①美元，是項尾數，擬請　鈞座俯念行員歷年辛勤，兼

示節約購債建國，即以　　　　　　　　②美元分給總分行全體人員

認購，其餘零星尾數，則由本局辦理債券勤勞人員承銷，均以現款取

票，限三月底為止，藉便早日結束。是否可行，理合統請　鑒核示

遵。謹呈

總裁

副總裁

　　坿卅一年同盟勝利美金公債票　　③張，共計面額三百五十萬

　　零四千弍百美元，暨清單乙份

　　　　　　　　　　　　國庫局局長呂○謹呈　　元月1日

---

①原稿此處空五格。

②原稿此處空七格。

③原稿此處空四格。

附件三：成都交來之號碼單①

卅一年同盟勝利美金公債清單　　中華民國三十三年一月十日製

票類	起訖號碼	張數	票面金額	附帶息票期次
伍仟元票	101–140	40	200,000.00	均自第三期起
壹仟元票	8301–8600　8671–8700 8825–8830	336	336,000.00	
伍百元票	10001–11000　20001–2100 22001–23000　25001–25900 25940–25975　26001–27000 43001–44000	5936	2,768,000.00	
百元票	16078–16079	2	200.00	
貳拾元票	49396–49398	3	60.00	
合計		6317	3,504,260.00	

附件四：457 號帳 *

戶名：31 年同盟勝利美金公債預售戶　　　　　　　　　　　帳號：457

記帳年月日	傳票分號數	摘要	收項	付項	餘額
33.2.15	1	查該號轉賬傳票收項摘要欄內除戶名外空白無記載此注(曹印)		70,085,200.00①	70,085,200.00②
〃16	山債 1	成都分行代業局購美債	984,400.00		69,100,800.00

---

①編按：另一件有傅斯年批註："成都原不止此交來之號碼單"。

*本附件抄在中央銀行帳簿活頁紙上，共兩份（檔號：I：684），僅節出有效欄位合併整理。

②此處傅斯年批註："此即向上司送禮之數字，與簽呈所說數目合(每一美元，以二十元法幣計)。"

續表

記帳 年月日	傳票 分號數	摘要	收項	付項	餘額
〃 18	1	西安…… US $ 1,208,730. --	24,174,600.00		
〃 18	10	韶關…… US $ 929,190. --	18,583,800.00		26,342,400.00
〃 19	1	長沙常德耒陽…… US $ 379,910. --	7,598,200.00		18,744,200.00
〃 29	7	成都…… US $ 23,260. --	465,200.00		
〃 〃	18	永安…… US $ 92,150. --	1,843,000.00		16,436,000.00
〃 30	3	桂林等…… US $ 817,930. --	16,358,600.00		77,400.00①
6.3	債 6	查該號轉賬傳票欄內 除戶名外空白無記載 此注(呂智民印)		153,013,200.00② ①②兩批均須查 票子去路	153,090,600.00
〃 8	山 5	永安分行代業局購 美債	5,972,800.00		
〃 〃	〃	〃	4,735,400.00		
〃 〃	〃	韶關……	4,721,200.00		
〃 〃	〃	耒陽……	21,800.00		
〃 〃	〃	韶關……	234,400.00		
〃 〃	1/6	杭州……	5,819,200.00		
〃 〃	〃	〃	6,400.00		
〃 〃	〃	〃	100,000.00		

---

①此處鈐"曹瑞鳳印",並有傅斯年批註:"曹君至此移交,以下呂印。"

續表

記帳 年月日	傳票 分號數	摘要	收項	付項	餘額
〃 〃	〃	永安 ……	7,773,800.00		
〃 〃	〃	韶關 ……	15,764,000.00		107,941,600.00
			115,156,800.00	223,098,400.00	107,941,600.00
〃 9	山1	韶關代業局購買債	1,814,200.00		
〃 〃	〃 2	西安 ……	600,000.00		105,527,400.00
〃 〃	〃 2	成都 ……	15,117,600.00		
〃 〃	3	蘭州 ……	2,881,000.00		87,528,800.00
〃 〃			135,569,600.00	223,098,400.00	
〃 〃		結轉下期	587,528,800.00		
〃 〃		總計	223,098,400.00	223,098,400.00	
7.3		上期結轉		87,528,800.00	87,528,800.00
〃 5	山1	桂林代業局購美款	36,188,400.00		51,340,400.00
〃 19	2	延平 ……	2,319,200.00		
〃 〃	〃	永安 ……	13,970,200.00		
〃 〃	〃	〃	754,800.00		34,296,200.00
〃 20	10	〃	1,625,800.00		32,670,400.00
8.19	債12	補入款		7,100,000.00①	39,770,400.00
〃 〃	7	轉入未轉戶款	7,100,000.00②	①②業務局無賬，須查此款來源去路	32,674,000.00
〃 25	山1/3	成都代業局購美債	32,495,000.00		75,200.00
9.23	1	蘭州 ……	10,400.00		71,200.00
		以下未完僅抄至此			

附件五：375 號帳 *

戶名：31 年同盟勝利美金公債預售債票戶　　　　帳號：375

記帳 年月日	傳票 分號數	摘要	收項	付項	收或 付	餘額
				52,272,400.00	付	52,272,400.00
33.1.4	山 債21	貴陽分行代業局購 美債款 US $ 712,040. --	14,240,800.00		〃	38,031,600.00
7	1/61	雲陽…… US $ 575,770. --	11,515,400.00		〃	26,516,200.00
8	1/1	永安…… US $ 384,160. --	7,683,200.00		〃	18,833,000.00
13	2	蘭州…… US $ 572,550. --	11,451,000.00		〃	7,382,000.00
19		瀘縣…… US $ 32,800. --	656,000.00		〃	6,726,000.00
21	1	蘭州…… US $ 59,150. --	1,183,000.00		〃	5,543,000.00
24	4	鬱林…… US $ 54,000. --	1,080,000.00		〃	4,463,000.00
2.2	1	康定…… US $ 153,190. --	3,063,800.00		〃	1,399,200.00
11	5	韶關南雄…… US $ 13,330. --	266,000.00		〃	1,133,200.00
14	2	〃 US $ 33,450. --	669,000.00		〃	464,200.00
16	1	成都…… US $ 72,430. --	464,200.00		平	
	無		52,272,400.00	52,272,400.00		

* 本附件抄在中央銀行帳簿活頁紙上，共兩份（檔號：I：684、I：697），僅節出
　有效欄位合併整理。

附件六：業務局帳一頁 *

31 年同盟勝利美金公債債票及價款收付清單

年月	日	摘要	支出	存入	餘額
31，10	13	付公債價款	200,000,000.00		
〃	14	〃	200,000,000.00		
〃	15	〃	578,500,000.00		Bal. 978,500,000.00
33，2	15	〃 債票未交局由	70,085,200.00		
〃	〃	〃 內部空轉一筆		70,085,200.00	978,500,000.00
		以上為業局撥交庫局債款數目			
32，11	23	收公債債票		US ＄ 48,925,000.00	
33，2	15	〃 債票未交局由		3,504,260.00	
〃	〃	〃 內部空轉一筆	3,504,260.00		Bal. US ＄ 48,925,000.00 (@20. - ＝ ＄ 978,500,000.00)
		以上為業局收到庫局交來公債票數目（息票均為三期起）			
		以下缺			

1119. 傅斯年致蔣介石 （繕本）（1945 年 8 月 17 日） 檔號：I：44

主席鈞鑒：① 日昨朱部長騮先先生以 尊命見示，謂蔣夢麟先生之北

京大學校長出缺，即以^{斯年}承乏。騮先先生勉之再三，云意出 鈞

裁，強為其難。伏思^{斯年}以狷介之性，值不諱之時，每以越分之

言，上塵 清聞，未蒙顯斥，轉荷 禮遇之隆，衷心感激，為日久

＊本附件有二份，一件抄在中央銀行業務局往來帳活頁紙上（檔號：I：683），另一件
（檔號：I：696）表首有傅斯年批註："此件已失時代性，因已在業務局補賬。"僅節
出有效欄位合併整理。

①頁首自註："此信曾託道藩送去一份，越數日，道藩一問則未見，只說無結果。
故又寫此一份。以後兩次吃飯，皆因說他事未拿出此信，旋即解決矣。留以為
稿。"

矣。今復蒙 眷顧，感懷 知遇，沒齒難忘。惟^{斯年}賦質愚戇，自
知不能負荷世務，三十年來讀書述作之志，迄不可改。徒以國家艱
難，未敢自逸，故時作謬論。今日月重光，正幸得遂初志，若忽然
辦事，必累 鈞座知人之明。兼以^{斯年}患惡性血壓高，于茲五年，
危險逐年迫切，醫生屢加告戒，謂如再不聽，必生事故。有此情
形，故于勝利歡騰之後，亦思及覓地靜養之途，家族親友，咸以為
言。若忽任校務，必有不測，此又求 主席鑒諒者也。抑有進者，
北京大學之教授全體及一切關切之人，幾皆盼胡適之先生為校長，
為日有年矣。適之先生經師人師，士林所宗，在國內既負盛名，在
英美則聲譽之隆，尤為前所未有。今如以為北京大學校長，不特校
內仰感 俯順輿情之美，即全國教育界亦必以為 清時嘉話而歡
欣，在我盟邦，更感興奮，將以為政府選賢任能者如此，乃中國政
治走上新方向之證明，所謂一舉而數得者也。適之先生之見解，容
與政府未能盡同，然其愛國之勇氣，中和之性情，正直之觀感，並
世希遇。近年養病留美，其政府社會，詢咨如昔，有助於國家者多
矣。又如民國二十四年冬，土肥原來北平，勾結蕭振瀛等漢奸，製
造其所謂華北特殊化。彼時中央軍與黨部撤去久矣，適之先生奮臂
一呼，平津教育界立刻組織起來以抵抗之，卒使奸謀未遂，為國長
城，直到七七。蓋適之先生之擁護統一，反對封建，縱與政府議論
參差，然在緊要關頭，必有助于國家也。今後平津將仍為學校林
立、文化中心之區，而情形比前更複雜，有適之先生在彼，其有裨
于大局者多矣。越分陳辭，敬乞 鑒宥。蕭叩

鈞安！

傅斯年謹呈 八月十七日

1120. 傅斯年致嚴耕望 （1945 年 8 月 20 日）檔號：V：111

耕望先生左右：

撫五先生賜書及 惠書先後敬悉。^弟病多事多，未能早復，至歉

至歉。大著匆匆拜讀，甚佩甚佩。^{敝所}近年亦甚雕零，辱承　不棄，何幸如之？惟來書謂二十六年入武漢史學系，想非本年畢業，^{敝所}章程，初在大學畢業者，僅能任助理員，大學研究院畢業者，^① 可為助理研究員，以大著論，自當為助理研究員，然若畢業未滿兩年，亦只可為助理員，此為本院組織法所限，無可如何也。此時各學術機關幾皆七零八落，入所以後，容感失望。此時人思東歸，必更無書可讀，此^弟應言之在前者也。大著已寄李莊開會審查，當可通過。專叩

著安！

弟傅斯年謹上　八月廿日

1121. 傅斯年致俞大綵 （殘）（1945 年 8 月 23 日）　檔號：I：1299

〔上缺〕^②

我前幾天很忙。星期三幾個銀行家的參政員請客，我去了，原來請了三十多位住在重慶的參政員，他們所談，許多可恥的，我很氣悶。尤其是批評政府之徵黃金。（有一提案要交駐會委員會）我很生氣，回來趕夜寫了那一篇《黃禍》，在《大公報》，想你已經看到了。我固不怕權勢，也不怕群眾，我以為那篇文章一定遭許多人的罵，罵雖有之，而效力意想不到之大。有些“既得利益”（vested interest）階級的參政員，正在蘊釀在駐會委員會決議推翻政府的辦法。大約鬧這事的人，大約分三等：①商業銀行，②孔祥熙派，③買金子的。這篇文章不早不晚，恰恰登在最適合的日子。次日，駐會委員會開會，我又發言，博得大多數之贊同，我們勢力雄厚，原提案者孔庚、黃炎培撤回去了！這是星期五，如此鬧一上午。下午回家，則最高法院檢察官與書記官來我處取證人口供，這本是偵察庭，承他移尊就教，（以下一

---

① 此處自註：“亦須看成績。”
② 原稿經刪節，行數不明。下同。

擱十天再寫的）到我這來。前一日（九日）最高法院鄭檢察長已經來
過，與葉檢察官同來，將文件取去。是日（十）下午三時葉檢察官與
書記官來，四時，證人解吉昌來，又一金姓者來，我這一間小屋，便
成法庭了。關門閉戶，其熱無比，

〔中缺〕

第二天（十一）接到參政會通知，大家到祕書處慶祝。（前晚九時許，
許大砲與我電話問參政會慶祝否？邵先生謂，愈早愈好，故即發通知。）我
九時半到，已三十多人，愈到愈多，皆哈哈大笑。我現在方知，舊戲
中二人見面哈哈大笑之有由也。抱者、跳者、kiss 者，要想安靜一下，
談談如何遊行，幾乎辦不到。大家 kiss 胡木蘭，胡木蘭亦偶報之。我
未曾 kiss 邵先生的夫人，邵先生還見怪。其狂如此。坐了三輛大車，
（二 bus，一卡車，另一軍樂隊）沿途慢行，大聲呼口號、怪叫，遇美國
兵更大呼！直到國民政府，他們正在開會。我們要求主席出來見，他
們不知洋脾氣，請我們進大禮堂。主席出來時，大家歡呼，聲如暴
雷，跳地板者，舉雙手者。中國人沒有（或甚少）ovation，參政會的
這些姿態，都是洋脾氣，後來聽說有人不以為然。出門時，我遇熟人
打招呼者，皆報之以拳。段書詒後來說，他簡直吃不消。出門遇吳鼎
昌，他說"你不要太興奮"，（彼與我皆患血壓高也）我即將其一搖再
搖。又回到參政會，沿路叫。本是預備到美軍司令部及美、英、蘇之
大使館的。在國府，蔣先生說，尚未完成投降，尚有條件措商，所以
就此回去。在參政會仍很熱鬧，下午三時方歸。頓覺極倦，若有大
病，一直睡下去，第二天方好。

〔中缺〕

這兩信是梁思成與 Wilmar① Fairbank 坐飛機到宜賓，下不來又回來帶
回的，真可笑！他們二人之飛機，我原也要坐，三天即返；因今天開
會討論中蘇協定，遂不能去，否則也是空中一游耳。
我現在雖逗留在此，但我已決定出洋，儘早辦理也。此時在此逗留，
誠無奈耳。即須出門，今日上、下午皆有會，上午我提了治漢奸法，

———————

① 編按："Wilmar" 當作 "Wilma"。

下午則討論中蘇協定也。匆匆候好。

孟真　二十三日

〔中缺〕

我想，與其我們再搬一次家，即到南京再租房住下，何如省此一事。所以等北大問題解決之後，我即提出這件事，我們即由李莊直到上海坐船走。我的計畫如此。只怕此時船票更少（美國兵回國），應該特別想法子。有給彥堂一信，你可以取來一看。匆匆問好。

1122. 傅斯年致胡適 （電）（1945 年 9 月 5 日）*

轉胡適之先生：世界教育會議先生如不出席，殊失國家面目，來電所謂下流妄人，① 正在運動，務懇以國家為念，勉為此行。斯年。申微。

1123. 段錫朋、吳景超、周炳琳、羅庸、傅斯年、鄭天挺致胡適 （電）（1945 年 9 月 6 日）檔號：I：1661

魏大使譯轉胡適之先生：② □密。北大教授一致推舉先生繼孟鄰先生任校長，今日已發表，各地同學及友人無不欣悅。火德三炎，非先生德望無以濟事，幸早返國，極盼。錫朋、景超、炳琳、膺、斯年、天挺。（魚）。

1124. 傅斯年致胡適 （電稿）（1945 年 9 月 6 日）檔號：I：1661

魏大使乞譯轉胡適之先生：□密。北大復校，先生繼夢麟，同人歡

＊原載耿雲志主編，《胡適遺稿及秘藏書信》（合肥：黃山書社，1994），第 37 冊，頁 460—461。

① 編按：據胡適致朱家驊電（1945 年 9 月 3 日），“妄人”指李煜瀛（1881—1973），時任國立北平研究院院長。

② 頁首收發註記：“卅四年九月五日送外交部，請甘次長代發。”

騰，極盼先生早歸。此時關鍵甚大，斯年冒病勉強維持一時，恐不能過三個月。擬增設醫、農、工三院。林可勝主張以協和為北大醫科，乞在美進行。化工系可與侯德榜一商。此時恐非在美捐款及書籍、儀器不可；聘請教員，亦須在美著手，乞先生即日進行，並作歸計。函詳。斯年。（魚）。

1125. 傅斯年致梅貽琦 （抄件）（1945 年 9 月）檔號：II：554

月涵先生左右：毅生兄來，知　大駕改晚十日，後會不遠，企望之至。北大易長一事，實政府詢北大同人及教育界之公論，故以適之先生承乏，而畫蛇添足者，則以適之未必能速返，而此三、四乃至四、五月中，正多事之時也，^弟亦無可奈何矣。管閒事者必得惡報，此日是也。茲有三事匆匆奉陳：

一、聯大三校共事八年，和協友愛，打破中國學校有史以來之記錄，此等精神，不特在此最後一年必須保持，即將來分立之後，亦必須永久保持。清華、北大同在一城，合作之事正多，以後將逢事商量，猶之在一校之時，而北大近年空虛，重整旗鼓，更非由清華提攜不可也。此非^弟一人之意，北大同人多如此感，適之先生亦必然也。

二、^弟患血壓高，每到二百度，此次為母校努力三、五月，實冒生命之危險。昆明海拔二千公尺，實與此疾大不相宜。聯大事務端賴吾兄主持，一切偏勞，而責任則共負之。凡　兄所決定，所辦理者，^弟皆同意。^弟大約本月底往昆明一行，恐一個月即須返，^弟今後數月內，恐以在重慶之時為多，亦可在此為聯大奔走也。

三、毅生兄北平之行，為北大計，恐有不得已者。蓋北大舊存契約學生名冊，如何存放，僅毅生兄知之，而北大所接收地皮房產皆不若清華之固定。此外更有甚多 Subtle 事項，此時交通不便，兼以毅生之行必在兼士之後，（兼士為特派員，主持一切，如毅生先到，偽北大問題即到他手上，無法辦矣。）故毅生既去，自非匆匆可返。然若　兄能將總務事項安排一下，毅生儘早南返，（假定下月初去，十一月歸。）則聯大遷

平時之總務，仍由毅生辦理，或是兩全之道，兼顧之宜。敬以奉懇，諸希 允諾，至幸至幸。專此，敬頌

道安。

1126. 傅斯年致教育部 （抄件）（1945 年 9 月 14 日） 檔號：II：70

為呈報事。奉 鈞部人字第 46658 號訓令，內開令^{斯年}代理國立北京大學校長由，當於即日與前校長蔣夢麟接洽一切，先行在渝處理^職校各種重要事務。一俟教育復員會議開過，當即前往昆明。除連電催請胡校長早日返國外，理合呈報。謹呈

教育部

卅四年九月十四日

1127. 傅斯年致國民參政會祕書處 （暫繫年於 1945 年 9 月） 檔號：II：39

敬啟者：去年因重慶之生活補助費基本數及加成數遠在李莊之上，故曾改在參政會領取薪水及生活補助費。今春政府改訂辦法，將李莊部份與重慶同等辦理。^{斯年}因進款只有一份，不得不稍作計較，取其最相宜之計算，故曾通知^{敝所}出納人員，一俟政府改訂，即再改由李莊本所支薪。惟^{斯年}自今春三月即未返李莊，近接^{敝所}通知，已自五月份起改在研究所支薪及生活補助費，並代為存下。有此情形，應即將五、六、七、八四個月份之薪水及生活補助費退還參政會。此事由^{斯年}退回中央研究院，本亦無所不可，然兩者相差約數萬元，^{斯年}只此進款，不得不於合法範圍之內援用較優之待遇，所有此四個月份已領之薪水及生活補助費共計若干，^{敝處}無賬可查，乞 費神抄示，當即日奉上。至於辦公費一項，在本院未曾支領，應不退還。再，自九月份起，^{斯年}之一切待遇皆改在西南聯合大學支領，並聞。一切 費神，

至感至感。此上
参政會祕書處
王

1128. 傅斯年致俞大綵（1945年10月5日）檔號：I：1293

Dora Darling：你走的第三天，便是中秋，是日月色極佳，我在總處院子裏走去走來，直到十一時半。想到一家三口，分在三處，（你在船上，嘉寶在李莊，我在此。）深感悽然。"但願人長久，千里共嬋娟"，想了又想，當時便想寫一信給你，誰知一至于今天。

你走時，教育部為籌備"教育善後復員會議"，已在籌備會把我累死，上月廿日正式開會，全天在那裏，直到二十五日，發言至第二多，真正累死我。不得不幫騮先忙，結果我捱許多罵。開完之後，不曾休息，又是國共談判，陪吃兩次。而家中客人之多，真不成話。于是傷風了，于是頭痛，連睡三日。起來，又鬧"香港脚"，直到今天。這三天，教育部出來之 Crisis，又累我出去跑，弄得名譽極壞，蔣廷黻綜合之曰："太上教育部長、太上中央研究院總幹事、太上北大校長"，我說我只做"太上善後救濟總署署長"，他方無言。事實是，騮先好與我商量，而十之七八不聽，他要大整頓教育，我主張妥協，騮先罵我妥協壞事。然而外人不知也，以為他的一切事由我負責，一次教育會，弄得我成眾矢之的。重慶再不可久居矣。此中笑話多矣。北平師範大學、復旦大學，我皆主張不要動他，騮先不聽。而外人以為是我鬧。諸如此類。事實上，我是給他息事寧人，而人以為是我鬧。然而亦有極端可恨者，即李石曾是也。我的名譽反正不佳，只求問心無愧而已。此次教育會，如非最後蔣主席發言支持騮先的主張，騮先幾乎不得下台。

上月廿八始雨，仍澡熱①。直到本月一日乃驟寒，石璋如穿了棉袍。

---

①編按："澡熱"當作"燥熱"。

我便睡倒了。

這樣生活，這樣天時，真使我想李莊。

蔣先生催我到昆明去（大約是怕有學潮），一次傷風，便不曾親見昆明之 Coup d'état，下星期必去，去上三星期便返，稍辦辦事，即去北平。

最近在此，總算為教育部 averted a crisis。以後如何，不可知矣。

丁、石二人已上飛機，這一類事，又是我打雜，因此，張雲等亦向我要求弄飛機票。這等等事不一而足。

袁守和回來，送我一套 Parker 51，即一自來水筆，一鉛筆也，甚好，我轉送你，留在此地。其餘續寫，問好

孟真　五日

1129. 傅斯年致朱家驊（1945 年 10 月 11 日）檔號：II：40

部長鈞鑒：北平日本人所辦之東方文化研究所，依其性質應由中央研究院接收，其中所藏中國善本書籍，至關重要，即以日本庚款所購者也。蔡孑民先生在北平尚無紀念之結構，此館又未便一時遷至南京，擬即由中央研究院與北京大學共同接收之，改辦"蔡元培先生記念圖書館"，經費即在北大支付，由雙方共推管理委員會主持之。如荷　核准，乞由　鈞部電令北平沈特派員轉知北京大學鄭天挺總務長代表本院與北大接收其全部，並由^{斯年}詳擬辦法，函　部核定。是否有當，佇候

鈞裁

十月十一日

捕梁鴻志、陳柱、接收華北綜合同日發，未留草。

1130. 傅斯年致俞大綵（1945 年 10 月 14 日）檔號：I：1295

Dora Darling：月初的信，想已收到了。大綱是本月七日早晨才走的，因為人多，故遲也。他走時，我交他兩萬圓，主要是給我買一件皮

袍子面，以便做好那個皮筒子。但兩萬元決用不了，彼處兩萬，等于此地十萬之用。你如託他買東西，可以寫信去，我已告他了。他自己也不知住處，寄"南京雞鳴寺一號中央研究院高玉華探投"便可，此一事也。

南京公家房子，竟是很完整，只是私人住宅無法子辦。

游小姐這樣胡鬧，真豈有此理。幸那先生近有一信來，云已有辦法，如無辦法，當強制執行。此事須速辦，因張苑峰到北平有要事也，又須急去也，此二事也。

我已定了下星期三、四的飛機票，往昆明去。有便人來重慶時，須為我帶些衣服。羊毛 underwears 一套是好的，另有一衫一褲差些，但都要，以便洗換。毛襪子、皮大衣，一切 underwear（棉織的）都要。那一雙最新的黃鞋子（上次所買，未穿幾次，皮底者）、棉鞋，也要。還有一個黃色 dressing gown，也要。那個貂腿破皮袍子，（即岳父常穿者），要，其他皮衣不要。洋服不要，皮馬褂子要，（或已帶來）這都是為去北平而用也。襪帶子如尚有，也要，此三事也。

藥之要者：粒形之 Luminol（你知道樣式），全帶。粉形之 Luminol，即 Pheno-barbital（瓶上如此標識）一大瓶，能分四分之一，最好，否則帶其全瓶。其實用的很少，聊以備之而已。粒形者不願常用也。（上路用）治血壓之藥不必帶，因為此間有。再，用洋紙包五十包 Marburg's Powder（請醫務室配），如此而已。那個藥箱子不全要。（再，將來搬家時，那個藥箱子不可裝重東西，以免掉底。此箱是曾祖之物也。）此四事也。

兌北平之款（九萬），你就在李莊用了，作為九月份收入。十月份我到昆明便寄，（其實我尚未領到北大一文，而墊了些錢，到昆明清算。）以後託他們每月寄，其實不到幾個月，又結束了。因適之明年二、三月可返也。

我們東下的問題，也須作一打算。先住元任的房子，如何？（假如有。）研究所今冬搬不成（無工具、無住房），明春水淺，即須明夏矣。你未必等到那時候，萬一我無法返李莊，如何打算，趁我們有賣書的幾文錢。

有一件可感的事。李惟果自南京返，又病（小病）。前天來看我，帶了一大包錢，云他們賣東西，得此款。知我們無搬家費，要送給。未說數，大約是二、三十萬。我即說明，我們賣書目下有辦法（我並未用），他問明，便拿回去了。他此事之來源，因上次未為我們帶錢來，又知我們沒有錢也。有人與此大相反者，即□□□①近來之大架子。（他的太太還好）

蔣先生把李惟果派作我一個外甥，這笑話是這樣。國慶日的中午，在 主席家吃飯，座中只有梅月涵。有此對話：

蔣先生說："李惟果是你的外甥？"突然提到他。

我："李惟果是中正大學校長蕭遽②的外甥"。

蔣先生："那麼你與李惟果是甚麼親戚？"彷彿認定非是親戚不可之勢。

我："十年前，李惟果拜我的岳母，俞大維的老太太做乾媽。"

蔣先生："他病好了嗎？"

以下我便把惟果大稱讚一頓，說他如何好，真樣舅舅稱外甥似的。

同日下午，惟果來送錢。（未收者）我說了一遍，哈哈大笑。他說："你一定使我叫你 uncle，也可以。"

蔣先生何以忽然發此一問，想必有人說是親戚，然等我說出大維，他並未再問。

吳均一整年在此，整天出去，不知做些甚事。Jackie 書怎樣了？問好

　　　　　　　　　　　　　　孟真　十月十四日

老太婆連訪我兩次，皆為陳封雄飛機事。

想起你春間感③我大做衣服，又催我做那套洋服，真好！不然勝利之後，東西奔走，那樣破爛，也不好意思。現在，竟滿像樣子。只差一件皮袍子，也有著落了。

---

①原稿塗去三字，據殘餘筆畫，似指徐道鄰。
②編按：蕭遽（1897—1948），字叔玉。
③編按："感"當作"趕"。

毛公送的那套中山裝，有二十斤！實在沒法穿，（也不好穿）孟博拿去，未可穿，又還我一段藍呢子。我或者用他再做一身，到北京去。或者留給你。其實這樣材料，到下江，誰也不要了。（你看是做不做，復我一信。）

我的那件櫻色 Sweater（你打的）忽然找不到了，是不是你帶回去了？如是，乞仍託人帶來，因冬天甚有用。毛公送者，又重，又刺人皮，不能穿也，真上當。

1131. 傅斯年致胡適 （1945 年 10 月 17 日）*

適之先生：要寫的信，至今方才寫，都因為一切事常有變化，弄得不知從何說起。現在大致寫寫，託他們帶到倫敦去。

北大的事，是因孟鄰先生到行政院起來的。他這幾年與北大教授感情不算融洽，總是陶曾穀女士的貢獻，大家心中的心理是"北大沒有希望"。我為這事，曾和孟鄰先生談過好多次。他總是說，聯大局面之下，無辦法，一切待將來，而今日之局，其罪魁禍首是我（長沙臨時大學之發動）！我真苦口婆心勸他多次，只惹得陶之不高興而已。他答應宋到行政院，事前絕未和北大任何人商量過，到此地亦若干日與北大同人無信（過昆，飛機未停），我勸他趕快回去一看，也未能做到。於是昆明同人吵起來了。在他事之初發表時，我還與驫先商量，枚蓀代理一時，不意我在此接到昆明的信，——連著好幾封，一致主張先生繼任，包括毅生諸人在內，而枚蓀尤為強調。我去一說，又太直爽，然旋即說通。當時孟鄰先生雖發一小氣，事後甚好，于是決定請　先生擔任。不過枚蓀做的太過火，連累及我，我做得太直爽，連累及驫先。孟鄰先生最初態度甚好，近反若有所芥蒂，大約又是陶曾穀的把戲。也許因為行政院已經無趣了，故心理

*原載耿雲志主編，《胡適遺稿及秘藏書信》（合肥：黃山書社，1994），第37 冊，頁 463—467。

如此（陶却最高興）。這些事只有面談，也只有你回來，才可替我們解釋清楚。此事提出來之後，蔣主席有些猶疑，大約對先生另有借重意思（中央研究院，或同樣的）。孟鄰說，子文要先生担任中研院，但我看不過隨便一說。其形勢如下：

問：適之先生能否即歸？我們答：不能。 ⎫皆假想，非
問：此事可否待他回來解決？我們答：不能。⎭真有此答問。

我們這個矛盾的答案之下，于是乎有了"在胡校長未回國就職前，由傅斯年代理"之辦法，也真因為此時關鍵最大。我本來身體極壞，早已預備好，仗一打完，便往美國住醫院，乃忽然背道而馳，能支持下與否，全未可知，即送了命亦大有可能。大綵為此由李莊跑來，一連教訓三天，最後付之一歎而已。（最後諒解了，說我這樣犧牲法可佩！）

這個辦法，校中同人，高興得要命，校外關切者，高興得要命。一般社會，未嘗沒有人以為來勢來猛（宋江出馬，李逵打先鋒），因而疑慮。最苦的是我，孟鄰先生未盡諒解，又替騮先惹事，所以只有請　先生早些回來，然後可以一切照常。我這些天精神在極度的不安與緊張之下。

出席聯合國教育會議，又出了事。李石曾以未派他，大攻擊騮先，宋子文于是不使騮先去，騮先曾一度辭職（知者甚少），蔣先生又教他去。這一下子，騮先與子文共事更難，又，介公支持騮先，故騮先辭也辭不掉，只是活受罪而已。介公對李印象極惡，故李似乎做不出大事來，但今日教育界復員，極其困難，騮先性情倔強，能支持到何時，全不可定。北大事騮先是絕對支持的，然前途既如此，只有堅忍做去，無論前途如何，我們抖起精神去幹，總可以比得過（outlive）這些妄人。

說到這裏，岔上句閑話。子文去年還好，今年得志，故態復原，遂為眾矢之的。尤其是偽幣比率一事，簡直專與國民黨的支持者開玩笑。熬過了孔祥熙，又來一個這樣的。‖ 王文伯你又得罪了，一回來便批評。此公只是麻子作怪。

北大回復，大家也要復員。北平師範大學，騮先允其重復北平

師範學院，他們還爭"大學"，這我看實無關係。而北平大學也
鬧復原（李五①支持），簡直是與我們搗亂。騮先決不放鬆，介公
也不要他回復，但事還未了。

先說北大內部，各系教員，不充實，好則不太濫，明年暑假至
少須聘三十教授（文理法三院），解聘者（各系主任主張）不過數
人。各系如下：

哲學（湯）：此系中間分子為湯、陳康（治希臘哲學）及約定
之王君（維也納學派邏輯家），另有賀、鄭②。恐須增聘一位
治當代哲學的，如治 Russell、Whitehead 者。或更須增一位
治社會哲學的（或應在法學院）。

國文系：二羅皆愈來愈糟，孫子書、孫蜀丞、俞平伯在北平
苦苦守節（三人似可擇聘），語言學亦可有很好的人。此系
絕對有辦法，但主任無人。

史學系：從吾、毅生、子水、向達。非大充實不可。受頤必
須拉回，愈早愈好。此系，史語所可以有人補充，周一良、
王毓銓、胡先晉，乞　先生一斟酌，就地決定。

以上兩系，研究所儲有人才，外邊亦有人可拉，可以煥然一
新。（為全國冠）外國史人大不夠，乞　先生就地設法。

外國文學系：只剩袁家驊一人，　先生非多請人不可。

理學院各系：算學充實，可惜多在國外。物理很好，也可添人。
化學，曾昭掄極熱心，目下人太少。物質③空空如，但有辦法，
因北大當年早有此系，此係第二輩多是北大出身，易拉。（北大
出身，不可多拉，以免門戶，但國文、史學有學風關係，地質有特殊
情形，難避。）

生物系甚好。

---

①編按：李煜瀛（1881—1973），排行第五，人稱"李五"，曾任國立北平大
學校長。

②編按：指賀麟（1902—1992），字自昭；鄭昕（1905—1974），本名秉璧，
二人皆為西南聯合大學（北大）哲學心理學系教授。

③編按："物質"當作"地質"。

法學院最糟，政治系不成樣子，經濟空虛，法律則幾都是律師。請人有兩標準，①科目需要，②特殊人才，不以需要為限。 先生在美國，必須盡量網羅。

增設學院事，孟鄰先生當年有意于工學院，但今日工學院絕難請得好教員，花錢太多，人家比我們早二十年。此時來上一下，恐怕要出醜，請 先生斟酌一下。土木、機械等系，乃工學院之基本，請教員最難。

農學院似甚有意思，在華北之將來，其用無窮，我們不能老是坐而論道，我們總當與人民接近，總當負起改造社會的責任來，而且我們學校最大的毛病，是：學生一入學，便走大街，英文永遠學不好。我想大可把一年級搬到城外去受嚴格訓練，有個農學院，可以開這個端。農學院最費錢的事是地，這似乎有辦法。金大農學院院長章之汶，極有幹才，可以舍去一切來做我們的院長。農具、車輛，似可借重善後救濟總署。不過清華也要同時辦，正商量中，或者出于"分工合作"。

醫學院極有意思，也有學術上之價值，但太花錢了，怕辦了影響其他太大。鼯先堅決主張我們辦。北平日本人留下設備也很好。目下教育部派吳憲去視察。吳憲似不是辦這事的人，這事也在不上不下中。

又，林可勝主張，將協和併入，理由：①有協和，我們辦不好；②先生作校長，他們肯的。我看協和調子太高，又不肯多收學生，恐是累贅，也未必容易辦到。林或太樂觀。

一切均待 先生決定。或者我們先辦農、醫二院，工院暫緩，或者不辦醫學院，或者不辦工學院，或者理學院中先設應用化學、應用地質等系，或者農學院也緩辦，……一切聽 先生決定。我的看法，農第一，醫第二，工第三，以好辦與否為標準。 先生本是學農的，由 先生手中出來農學院，也是佳事。這一件事（增學院）須早決定，乞 先生看此信時，即來一電（到昆明）。

農學院的問題，目前只在清華，如果清華也堅持三十五年度辦，教育部為難。但我們這些年與清華合作，清華得到安定，我們得到卑視——孟鄰先生之情感，關于聯大者，並非無其理由——所以我想這

一點是不讓他的。此院如 先生決定辦，我便託章之汶籌備，他還出
洋一次，可以早歸。

醫學院的問題，一面舍不得——醫學確是學術上的大科目——一面
不敢接，目下一切未定，吳憲去視察一下子，再說。
頃晤孟麐先生，他不贊成有醫學院，理由是錢太多。

……

經費事，大是困難。這些年教育當局只管添新的，舊的不增費，結
果，那個鬼貴州大學的經費比武漢還多！所以一般皆是無辦法。北大
之無辦法，也非特別，我目下的要求，只是不少于中央、中山、四
川。其實如此仍是無辦法。這次造概算，造了十好幾萬萬，必使教育
部駭然，以為發狂，然而一合物價仍不及百萬！另包寄上此草稿，好
在這全不算數。此草案中有工學院，無醫學院，工學院或被刪，醫學
院如我們要，另案辦理之。

經費事，恐怕非 先生在美捐一下子不可，其捐之目標有三事：

一、書籍。

二、儀器 聞孟鄰先生計畫，美國戰時研究設備或可捐贈些，他一
回作罷。

三、現款 此事之困難， 先生致騮先信中已說了。能不能由捐款
人指定是捐給北大，而付 UCR①？這種手續上的問題有沒有
辦法？

我想，若是有五十至一百萬美金，便够。不能由各教授的性兒要
價，但，若不另有法，而希望宋子文，必一無結果。學校開辦，非
有點美金不可。中基會擬在美註冊，但中基會辦事太慢。若中基會
竟辦成，此事好辦了。因由他轉款，不會有支節的。

我于此道，至今只得到廷黻的協助，農學院如開辦，他可幫一大忙

---

①編按：美國援華聯合會（United China Relief，簡稱 UCR），1941 年 2 月 7 日
成立。

（UNRRA），①此外想不出任何頭緒。或者蔣先生（介公）可以幫一下，但現在尚非其時。使我最發愁者此事也。 先生當年曾有一妙計，以中基會助北大，今日更須有妙計。惜中基會已不成也。以上三件，綜括來說：

①決定大計 學院問題，學系問題，隨時賜電，學院之增否，更乞 先示。

②延聘教員 這非早下手、大下手不可，旅費（回國）大約可請，至少驌先在任中時，最好每人能帶二三千元之設備費（理科），然恐不易請。文科方面說，張其昀似早已下手，我們要努力。理科方面，乞與饒樹人商之。原來標準甚好，但亦須補充。法科方面，原來竟是一塌糊塗，恐非 先生自下手不可，枚蓀無請教員之能力，今日更甚于昔。端升則從不以北大事為意。

③募集書籍、儀器，及款項。

還有一件最重要的事，就是，以上三事，大致就緒，便趕緊回來。我這幾個月必然鬧得空氣很緊張。非 先生早回來，有出大岔子之可能，那才糟呢？ 先生回來後，我當留校二三月協助，然後赴美治病。

……

今天看見孟鄰先生，與他又解釋一番，他表面甚好，我又申 先生來電之說，不是客氣話，他說，在行政院很好，興致很佳，云云！這樣的事，非 先生回來，不算了結，這也是我極其不安之事也。為我們北大事，弄出這些糾紛，以至李五幾乎打倒驌先，以後此公的事，子文與驌先之不易合作（他們原是好朋友），恐怕還多著呢？

有一件好事，即北大並無太大之損失，而且添了些東西。如辦醫學院，聞設備甚佳。偽北大理學院設備聽說也不差。尤其好者，是偽

---

①編按：聯合國善後救濟總署（United Nations Relief and Rehabilitation Administration，簡稱 UNRRA），1943 年成立。

文學院添了好些書。李木齋的書，賣給偽北大（聽說，最要緊的未交出，應追究），而日本人之東方文化研究所也有好些書，驅先主張中央研究院接收，我想，後來再轉入北大。

寫到這裏，驅先來一電話，云經費（應變復員）總是請不到，須辭職。這事未必即實現，但至多幾個月內，恐不能免。此事，與北大當然是一個大打擊，但，我們必繼續努力。

談談政治罷。宋子文的新內閣，仍是老底，他不高興。他的幾件大政策不算壞，如中蘇協定，國共談判，新疆用協商政策，此亦不止他一人，政學系亦在焉。但中蘇協定後，新疆事變又擴大，國內輿論（潛伏的）甚激昂，而國共談判實無結果，表面好聽，皆不相干也。至于內政真是一團糟，尤其是財政，一面把偽幣作為二百值一，陷區中產全破，薪水階級要死，地方秩序不能更壞，南京二十里外即無辦法。子文毫無辦法，一有辦法即鹵莽滅裂。此次接收日本紗廠，弄得天下騷然。但一時不會倒，以無人繼任也。蔣先生近事比以前現實，是大進步，例如今日外交政策，比他到印度時，真好多了。但多年造成之政局，無人負責，政令陽奉陰違，久為故常矣。內部局勢如此嚴重，前途使人焦慮。政學系近甚得勢，裁了侍從室，而 C. C. 大受打擊，于是暗爭更尖銳化。政學系是官僚派，稍懂事理，而無 vision，C. C. 自然不會進步。所以此時熱心一件事業，真是愚公移山耳。然愚公移山，自有　先生提倡，我覺得人類的進步正是如此！天下事是傻子辦的。

國共問題不解決，經濟問題不解決，這樣勝利，一切皆是笑談。日本投降時，喜極欲狂，今又是悲天憫人矣。姑寫到此地。敬問旅安

學生 斯年　三十四年十月十七日

再王毓銓前曾與 Wittfogel 胡說，近與胡先晉來信，說已改觀點，胡則是用功之人。二位可請否？乞　先生斟著，如可請，乞將附信轉之，否則信不存可也。二人恐只能為講師，在他學校，可為副教授或教授。此點亦乞斟酌。

周一良甚好，乞　先生接洽一下，但他恐非教授不可（也值得）。

元任云有楊聯陞，又聞張其昀已拉他。我看北大或史語所皆可拉，乞與元任一商。

王重民甚好，但守和不肯放。

北大拉史語所人，我不抗議，如丁梧梓，北大如請他可默認，他處則必執原約以相乘！！！但他在史語所有甚大的未完工作。

Henry Luce 來，談為中國學校募捐，並云與 先生談過，我看，與其為總的捐（多數是教會），不如北大自捐之。

再，買藥餘款，乞以一百美元 \$ 100^{00} 交趙新那，是我們送他結婚之禮，至感至感。

1132. 傅斯年致俞大綵 （1945 年 10 月 17 日） 檔號：I：1294

Dora Darling：你的兩封信，我都收到；我的長信，你未收到者，想因船少，或者此時早已到了。目下船少，交通更不變了。我的身體，近來並無壞像徵，最奇者，左眼的毛病已有兩個月消失，即恢復今春之前之狀態。近數日又稍有幾個點，自當再格外小心也。即飛昆明，一切當小心。

搬家（研究所）一時無法辦：①無錢，②無交通工具，③南京無住房。明年上兩事可解決，下一事則無法。我十一月底返重慶，稍停赴北平。一切均詳前次長信，（當不至失掉？）不複說。你若作"代坐"，准可"呱呱叫"，我相信，可惜你是我的太太。我想在北平返後（北平住不久）回李莊休息，然彼時交通不知怎樣。您們呢？一直在李莊等嗎？在李莊一切皆好，只是太悶。到北平呢？Jackie 恐無法買票。所以我在昆明返後，通信商量一次，再作決定。看來是到北平一逛，或留李莊，重慶、南京無法住也。兌款九萬，已兌北平矣，你可留用。樂煥二萬已兌濟南。我一到昆明，即兌錢給你，決不使你"旱著"。米貸金昆明有名額限制，我去想法，但未必定，到後再告你。昆明米貸金問題甚嚴重，因政府要發米，而米只賣一萬多，（比李莊自好些）故此事不能由我定，到昆明再告你。我總記著，此時正是李莊好天氣，而我偏偏生活如此，可為長歎。說到這裏，忽然想起一件事：我們賣書的錢，既未多用，若存著，又不得了。目下物價已回漲，將來仍必漲，因法幣越發越多，二萬之大票，即上市矣。似可買為 American Dollars，以用時仍可隨時換也。[①]前者 A. ＄已降至六百，不買，太可惜，今仍可買，故擬明日託何淬廉掃數買之也。買後，必給你一信。以後用，可隨時換也。因此聯想到，惟果之盛意，至可感也。

今天把舊自來水筆寫壞，故只有一支了。守和送者，仍託曾小姐帶去。我到昆明，必留神身體，如真覺吃不消，仍可辭職，勿念。

問好，仁軌好

　　　　　　　　　　　　　　　　　　孟真　十、十七

1133. 傅斯年致俞大綵 （1945 年 10 月 30 日） 檔號：I：1292

Dora Darling：我是廿一日來此的，一直頭痛，到今天才好些。每日想寫信，却無法。一早起來，總是客人，又須出門吃飯（幾乎噸噸有人請），能一人在屋子裏時，總是頭痛。雖然每天好幾次要寫信，却到今天才寫，以後至少每週一信。

來此之前，有十多天沒有船，信都積壓起來，臨走時交給陳德宏，（不止一信，寫了又寫，而未發。）託曾或吳帶去，此時到了與否，亦未可知。以前有一封長信，想已到了。

你接到我的信，曾再向你說我的生活，你當稍釋我之未寫信。重慶的生活，實在不了，客多，事多，亂七八糟。

到昆明曾有一電，計到了。飛機上無何不舒服，但自到昆明，總是氣喘、心跳（不利害），以空氣稀薄之故也。每上樓，便氣喘，看來昆明是不能常住的。向梅月涵、周枚蓀說，你也要來。到此地又是吃飯、見客、開會。但客並不如重慶多。若非空氣稀薄，要比重慶好些。這幾天，開了四次教授會，又是茶會，明後天

---

①行首自註："此事，原與你商量過。今雖不如當日相應，也比存著好多也。"

又有。

十月卅日

1134. 傅斯年致俞大綵 （1945 年 10 月 30 日）檔號：I：1300

北大事，並不簡單，如我最初所想者。我以一腔熱心，殊未顧及 psy-chological factors，孟鄰先生頗不高興，我到此始知其詳。宋、朱又鬧，此事真不好辦。朱與適之不能在英見面，未知適之何時可來？已電催之矣。我到今日，只有埋頭苦幹，待適之之歸。幸教授們絕大多數愛護學校，對我感情亦佳（絕不似研究所中情景），不過希望甚大，未必能辦到太多耳。事實是，他們開會批評孟鄰，若適之之事不定，而無我在中間撐著，大事去矣。若適之先生能早回，而北大能于明年遷北平，總算辦了一件大事。

到此，住處全無 service，一切自辦，苦極，自己奮鬥一下，又承孟鄰太太好意，（居然也有此事，我算有本事。）稍可生活。"行"的問題，亦有了臨時辦法（周自新辦的），或尚有常久辦法（徐景徵辦的）。我在此不過再有兩星期（十一月十五左右）便走了。

美國東西真多，可惜無錢，又無法可運也。吃的、用的，乃至小說（已託子水為你買），花樣不可勝數。Corn-beef 比肉便宜，但不能帶。飯鍋尤好（飛機材料所製），又不能帶。

今天開始領了薪水，十二萬四千餘，外有公費一萬五，米（每月代金不等）。

現在辦法如下，乞你斟酌。

薪水中每月寄你八萬。（九月份者，即以兌款九萬相換（如樂煥交來，共為十一萬）。）

學校之一切一切，無從說起。（只有見面說）周枚蓀最為孟鄰夫婦所恨，他也做的過火，他又鬧他事，已與之約，如再鬧（政治上事），我便即刻走。金甫方歸，未捲入漩渦，他為各方所喜。文、理兩院均好，法科太不整齊。

此間美貨曾一度奇便宜，今又貴些，但仍便宜，只是運去不易。已為你們買了一大桶 Cheese，七磅，（六千元），更將買一大桶 butter。（須一萬數千）又有 Klim，要否？

現在寄你這八萬是十月份的。

米代金自九月份起全數寄你（尚未發）。

公費我留下自用。

這樣我每月有六萬不足之數，在此完全不夠，只有後來再想法子了。

你有的是八萬、（薪）及米代金（約三、四萬，以後當減少至二萬餘）。

以上各節你看可行否？

臨去重慶時，託何淬廉買了 400 美金，1400 一元，不幸得很，正在最貴之一日，但兩個月後，可以不吃虧。此款已交愷姊①了。

仁軌讀書如何？至念至念。問好

孟真 十月卅日

1135. 傅斯年致董作賓 （暫繫年於 1945 年 10 月 31 日）檔號：李 70-1-28

彥堂吾兄：大夫走，匆匆帶上此一字。他忽然帶他太太去，云是 兄允他，去做醫務室事，要路費。弟今夏雖有此說，然近則未談及，而汪緝齋代總幹事，絕不允夫妻同做事！于是求之巫寶山，②承他答應用他們的額子，他們薪額低，只肯定一百八十，因其副研究員有 230 的。旅費，③ 弟更無從說起，盼 兄決定。彼要住梁家，此事大不便。梁家在時，第一組時發牢騷，厨房鄰書庫，危險實大。乞 兄將梁家房併入一組，將小門用磚石杜死，（一組另有後門）即以梁家為一組宿舍或辦公房。大夫不可住于彼，可在財門口，必不得已，可住 兄對面弟之舊寓，此處已為一組辦公房，可仍回一組（梁家），厨房即用弟

---

① 編按：俞大綱（1905—1966），親友以愷妹、愷姊稱呼，時任中央大學外文系教授。

② 編按：巫寶三（1905—1999），字味蘇，時任職中央研究院社會科學研究所。

③ 行首董作賓附註："擬不發旅費。"

厨房隔壁處，便可。① 總之，梁房萬不可再住家庭，以防意外，以平
一組同人之氣也。餘續寫，敬叩

道安

弟 斯年上　卅一日

1136. 傅斯年致俞大綵 (殘)（1945 年 11 月 30 日）檔號：I：1291

Dora Darling：回來已經十多天，不能說的苦，與忙，所以至今才寫
信。在昆明曾寫兩信，一極長，一短，收到否？你的信我都收到
了。在昆明，心跳氣喘不止，第一週尤甚。事情並不太緊張，我以
為我的辦法甚好，北大同人，皆寄莫大之希望，有些困難，多解除
了。說來甚長，一萬字寫不完，大致是：

一、北大決于明年四月搬回，在任何情形下，不留昆明。

二、北大鬧事者中，枚蓀已與我有君子協定；只有錢端升，似乎
　　不知有何惡感。

三、同人若干困難，為之解決。

四、清華的氣燄實在吃不消，只有忍耐，明年春天各自奔前程。

五、聯大鬧事者中，與之談了多次，如昭掄等均允協助，不
　　鬧事。

不意，到此不滿一週，昆明風潮起來。此事並不發生于校內，而發
生于校外，但已引起全盤的罷課。目下是否已復課，不知道。

昨日見蔣主席，他很責備地方當局操切，不該用兵，白天放燄。他
有此好表示，事情好辦。

騮先本派我前天返昆明，我以梅去北平，我不能指揮聯大負責人
（幾皆是清華），改派吳政之前去。我或者免不了俟梅回來後前去，
然一週即返。

北平方面，弄得很糟。騮先去，因環境空氣，軟化了。我欲去糾
正之，他不讓我去，說是三星期內不去。此在昆明出事之前。昆

---

①行首董作賓附註："業已照辦。賓注。"

明既出事，又有所謂政治會議（此事見報），不知何時可去，真苦真苦！

所以下星期是在何處，天曉得！但信仍寄此。

皮袍子事，你如此操心，至感也。料子前天方到，皮不夠，孟博添上，用老太太的，已去做了。有一件怪事，前因料子未到（你的早到了），在你老太太處問，九姊立刻說，你老太爺給大維的一個狐皮袍，大維不能穿，要送我，我立辭，他拿出來，強我試之，簡直尺寸正合式，必欲送我！我大吃驚，只好暫時拿回，後來還他。他對昭掄說，我為寅恪辦了些事，故他如此。昭掄告我說。我以為必有下文，已而果然。寅恪家眷走的問題，要交給我。我

〔中缺〕①

Klim Milk 一罐　五鎊。

Butter 一罐　七鎊。

Cheese 一罐　七鎊。

牙刷、肥皂、糖（在此地被人截去一些）、牙膏，嘉寶的鉛筆等等，明後天開一詳單寄去。

為嘉寶弄到一大批好郵票，乞告他。

梁思成夫婦這次來，竟是頗疏遠的樣子！思永夫婦，到真可憐也。

今天寫到此，明天續寫，問好。

孟真　十一月卅日

再，昆明薪水，月寄八萬，米貼全數寄你，已囑他們照辦。薪水是我提前寄了一個月，米大約此時方發九月份的。

本所兌北平之款，余讓之來信，他們都收到了。

1137. 傅斯年致俞大綵 （1945 年 12 月 3 日）檔號：I：1297

Dora Darling：昨天的信當已收到。聯大風潮更大了，軍官團，到聯大

---

①原稿經刪節，行數不明。

內殺了幾個學生！！！所以我不能不去了。這真是去跳火坑，然而責任上不能不辦。結果，懲凶之後，梅與我或須革職，我便可回家了。若再有支節，便不知如何。我到昆明後，當每週一電報，乞放心。我在昆明帶來的東西，均託大李太太帶你，共一竹箱，其中只有藥是公家的。

美金四百，託余又蓀代存。

梁借房子，為何淬廉的，在沙坪埧（非南開），甚大甚好。

皮袍已做去了。

米代金每月由昆匯，大約九、十兩月已在路上了。

北大事，大約一個月便解決（即我免職），我雖無罪，只有陪梅月涵之榜耳。

黑皮大衣，福哇子給信給九姐，[①] 說五、六十萬（合法幣十餘萬一件），因往東北者，將北平皮貨抬高也。

我如到北平當去看 K T Lim，但十九不去了。

梨極好，可惜我這幾天忙得忘了吃，臨走剩了七個。明晨又上飛機（臨時定的，把人拉下）。此次帶了一個教育部秘書，到昆明有人代跑也。問好。

孟真

1138. 傅斯年致朱家驊、陳布雷（電）（1945 年 12 月 9 日）檔號：I：1326

萬急。重慶。分抄教育部朱部長、陳布雷先生：□密。到此數日，情形未更惡化，亦無改善。目下看法與辦法：①一面嚴防另出支節，一面與盧主席細商辦法。②盧主席既出頭主辦，一二日內當為大規模之勸告。③如教授能大體聯合一致作復課之勸導，便大有希望。盧與斯年正作此。④此事既由李宗黃、邱清泉等弄糟至此地步，又將關總司令拖入，而手榴彈案之內幕又為此間各界人士所詳知，包括美國外交

---

①編按：陳新午（1894—1981），家中姐妹排行第九。

記者在內，到處宣騰，只有政府先佔著地步，然後大多數之教授觀念可改。今關總司令既赴渝，李、邱二人可否暫時調開？果能如此，教授可發揮甚大之力量，復課有十九把握。縱不能立即復課，教授必對堅持罷課之生員，予以道義制裁，下一步無論如何，易于辦理。再，李宗黃至今仍堅持此次學潮由政府派盧漢前來而起，對盧漢及雲南多種人士猛烈攻擊。此公如不暫離昆明，不特學潮無法結束，即大局亦不得了。此意可否轉陳 主席？越分陳言，至感悚惶。⑤軍訓事項，此時似不便拿出。此事既因手榴彈案弄糟，以教授勸導復課為最好結束辦法。將來如再有事故，再考慮其他辦法。務使兩事不連在一起。⑥學校當局部中亦可公開申戒。⑦正寫詳細報告，設法寄達。傅斯年叩。 代日 。①

1139. 傅斯年致蔣介石 （電）（1945 年 12 月 10 日）檔號：I：1327

萬急。重慶教育部。朱部長轉呈主席鈞鑒：〇密。兩奉鈞諭，自當努力。截至前日情形，已託關總司令帶函布雷、驪先兩先生，並請轉陳。昨日在省府與教授聚談，今日勸導四校學生會代表，彼等已允接受 鈞座勸諭，早日復課，但時期及喪葬事，明晨由斯年再與彼等細談。謹聞。傅斯年叩。佳。②

1140. 傅斯年致朱家驊 （電）（1945 年 12 月 11 日）檔號：I：1328

重慶教育部。朱部長：政密。佳日在省府與學生代表談，甚好，均樂觀。不意，灰晨學生又提四項要求，意在另覓枝節。斯年忍無可忍，當與以最嚴厲之責斥，遂陷殭局。已託盧主席再作最後之努力，或有轉機。斯年辦事不善，來此盡力圖之，仍無效果。目覩學

---

① 頁末收發註記："十二、九日發。"
② 頁末收發註記："十二、十日發。"

校至此情形，痛心無似。除請撤職外，並請嚴重處分。傅斯年。真。①

1141. 傅斯年致朱家驊 （電）（1945 年 12 月 12 日）檔號：I：1329

萬急。重慶教育部。朱部長：政密。真電計達。今日學生會代表來道歉，然彼等仍未撤回要求。下午盧主席到校視察，並召集學生代表訓話，結果明日詢明再告。明日市商會有一地方人士會議，或可解決小問題。經昨日波折，未能樂觀，亦非全無希望。目下教授再度勸告復課，盧主席與地方人士亦作最大努力，如下星期一不上課，地方人士必有反感，教授或辭職，則學生失其立場矣。李宗黃如能即去，教授心意可平。彼實為主謀、主使，去彼則政府佔著地步，關僅受李之愚而已。目下決不可有嚴厲辦法，必俟教授與地方並感學生討厭，政府免李宗黃，佔著地步，然後方可考慮。再，聯大、雲大教授並無罷教事。傅斯年。真。②

1142. 傅斯年致蔣介石 （電）（1945 年 12 月 12 日）檔號：I：1330

重慶教育部。朱部長轉呈主席鈞鑒：政密。昆明學校至今未上課，負罪極深。目下辦法：（一）盧主席及地方人士正在勸導中；（二）教授雖對李宗黃極度憤慨，然聯大、雲大兩校教授會議均議決勸導學生復課。若星期一仍不復課，地方人士必大起反感，教授或不少辭職，如此，學生將盡失同情與立場。再不復課，自不妨考慮其他辦法。此數日內，乞許斯年再作最後之努力。待罪陳言，諸乞鈞察。傅斯年叩。文。③

---

① 頁末收發註記："十二、十一、午發。"
② 頁末收發註記："12、12。"
③ 頁末收發註記："12、12。"

1143. 傅斯年致朱家驊 (電)（1945 年 12 月 13 日）檔號：I：1331

萬急。重慶。朱部長：政密。鄭毅生來信，知偽大教員要求聘書並其他。李德鄰謂部中處置不當，並電主席。查李公此項辦法，至堪駭異。今主席往北平，似可電主席，陳其利害。如李主任對此輩偽校教員再讓步，以後各收復區教育政令皆不能實行，不特北平而已。迫切，乞復。傅斯年叩。元。①

1144. 傅斯年致朱家驊 (電)（1945 年 12 月 13 日）*

政密。前晚盧主席再度勸導，學生仍不肯定上課日期。昨日地方人士與之會商，亦無結果，甚起反感。看來彼等只是以四個棺材拖延日期，似有所待。兩大學當局已明白表示，十七日非一律上課不可。月涵到，與談，認為以後我輩當積極行使職權，如辦不到，自請解散。傅斯年叩。元。

1145. 傅斯年致蕭同茲 (電)（1945 年 12 月 15 日）檔號：I：1325

重慶中央社。蕭社長同茲兄：弟因學潮事，託貴社昆明分社發致重慶教育部朱部長電，內容皆極重要，且須隨時轉呈主席。頃朱部長電話謂多未收到，乞告重慶收報者，以後立刻送達，至感。弟傅斯年。十五。

1146. 傅斯年致朱家驊 (電)（1945 年 12 月 16 日）檔號：I：1333

萬急。重慶教育部。朱部長：〇密。刪電悉。當遵辦。連日各方均對

---

① 頁末收發註記："12、13。"

* 本函（檔號：I：1332）原稿無收電者，依內文判斷，應為朱家驊。

學生施壓力，盧主席嚴函限期復課，否則另有辦法。學生會往謁，不見。地方各公團已書面表示：學生會無誠意，無法幫忙。刪晨常務委員會訓話，本校全體學生代表七十餘人，梅、傅、馮、陳、潘、周繼續發言，均告學生必于十七日復課。枚蓀並謂，吾輩參與創設聯大之人，今日可幫同毀滅之。目下可謂已將萬鈞壓力加于罷課者，然明日各教授上課，學生必不能上課。校當局與教授必紛紛辭職，下一步之辦法，最好為聯大提前結束，北大、清華、南開三校提前恢復，各校組清理委員會，甄別學生，辭聘有作用之教員。此法在政府不居解散之名，而各地關心三校者，必表歡迎。政府不至受責，枝節可以減少，然亦必有詳細全盤計畫。乞俟弟到渝面陳後再決定。萬勿先下解散令，以後來電，乞分列月涵及弟，並酌加轉迪之。斯年。十六。①

---

① 頁末收發註記："12、16 譯發。"

1147. 傅斯年致俞大綵 （1946 年 1 月 5 日、7 日）檔號：I：1290

Dora Darling：[①] 在昆明僅匆匆寫一短信，到此，又忙得不成像，至今
天才寫長信。我知道你們盼望接我信久了，但若知我生活情形，也
許可稍恕我一二。

最怪的是，今年秋冬之忙，幾超過抗戰以來任何時。而第二次到昆
明，竟比在北平反土肥原特殊化時更甚更苦，居然身體未出事。第
一次到昆明，還算太平，乃覺心跳氣喘，第二次反而不大覺得，真
所謂“賤骨頭，愈鬧愈強”也。這也不是沒理由，我的性情，是適
于奮鬥的，閑著生病，忙了有勁。兼以八年以來，以亡國為憂，心
緒不佳，一旦勝利，且不管後事如何，勝利總是勝利了，許多人忘
了勝利，我則不然。有此心緒，故能支持至今。今年秋冬之感覺，
實比春天好。但這話不是不需小心的。

昆明學潮之起源，校內情形複襍，固為一因，但當局措施之荒
謬，尤為重要。十一月廿五晚上，學生有會，地方當局（關麟徵、
李宗黃、邱清泉）禁止，學生仍開，遂在校外大放熗炮，幸未傷人。
次日罷課。學校當局一面向地方當局抗議，一面勸令學生復課。乃
李宗黃（代理主席）所組織之“聯合行動委員會”，竟于十二月一日
派大隊人分五次打入聯大，兩次雲大。其中一次，有人在師範學院
放炸彈。死者四人，鋸去大腿者一人，還有一人可成殘廢，此外重
輕傷十餘人。此等慘案，有政治作用者，豈有不充分利用之理？四
個棺材，一條腿，真奇貨可居。全昆明市鬧得不亦樂乎。我就是在
此情況下到昆明的（四日）。我對于李宗黃等之憤慨，不減他人，
同時，也希望學校能復常軌。我的辦法，真正敢作敢為，彼時大家
洶洶，居然能做到不出新事件。到了十一、二日，我本有可以結束

---

①頁首自註：“徐不行，信退還，故另寄。”

之希望，忽知其不易（以有黨派鼓動），隨又轉變一種辦法，即加壓力于學生也。此時梅亦返校，我們二人談辭職，教授決議，如學生不復課，即總辭職。有此壓力，有的上課，而學生會亦漸漸下台。我走時，此局已定，有尾巴，我不贊成再讓步，由梅料理，故我先走。大致說廿日上課者，約十之一，廿四上課者，約十之二，廿六日，全上課，我于廿四日返渝。

總括說：

① 地方當局，荒謬絕倫，李宗黃該殺，邱青泉①該殺（第五軍長）；關麟徵代人受過。

② 學校內部，有好些不成話之事，非當年之北大、清華可比矣。

③ 此次慘案，居然告一段落，大不容易。我所辦的，除若干共黨及 C. C. 外，尚未有責備我者，而稱頌我者甚多。

④ 學校以後之善後，我實在辦不了啦。

我之辭職未准，但聯大一職必辭，決不再去昆明。梅月涵心中如何打算，我不能了了，他專聽潘光旦等人之話，尤不可解，我豈能再代他受過？

北大一職，可以不辭，靜待適之回國。本當早赴北平，偏偏這些事打岔，現在北平太冷了，只好等過了三九陽曆二月中旬再去，方妥。此時要開政治會議，欲回李莊，也回不成。我本辭政治協商會議，而辭不掉，（因共黨提了好幾名，我一辭，他們即要求，故政府方面不許辭也。）不然，此時回家休息，豈不太好！一切至今之困頓，皆因兩念所誤：①赴延安（然後有此協商會議），②為北大。公私交弊，言之可歎。嘉寶由你教，你如在修道院，念之黯然。我一輩子忙人的事，忙到如此地步也。

政治協商會議，國外的壓力甚大，或者可有若干結果，否則必然一事無成。我在其中，其苦萬狀。參政會同人頗有罵參加此會者。我這幾年，無一時如今日之苦與亂烘烘也。

現在託徐軺游兄帶去此信，另帶啤酒一小罐（林徽音送我，梁二反對

---

① 編按：邱清泉（1902—1949），字雨庵，時任第五軍軍長。

之），Grape fruit juice 一罐，老太太給龍嫂衣一件，報紙一大束。送
的人趕著去，其餘續寫，託黃彰健帶去。因目下郵信常掉了，有人
走，機會不可失。以下續寫，不知那一段先到你手。

孟真　一月五日

以上接徐軼游帶去之信。

北京大學可以說是兩頭著火。昆明情形已如上述，究竟如何自聯大
脫離太費事，正想中，而北平方面，又為陳雪屏等弄得很糟。陳雪
屏辦了補習班，大妥協。大批偽教職員進來，這是暑假後北大開辦
的大障礙，但我決心掃蕩之，決不為北大留此劣跡。實在說，這樣局
面之下，胡先生辦，遠不如我，我在這幾月給他打平天下，他好辦下
去。所以二月初我是非到北平去不可的。到了，又是一場惡戰。我相
信我是必定勝利的。我此時因政治協商會，無法回家，實在難過，但
我之為國為公，必為你所諒的。（你的信也如是說，我極感佩。）

政治協商會情形如此。政治上，三國外長會對中國有責言，于共有
利，但上月幾次戰爭，共皆慘敗（歸綏、包頭、臨城、棗莊、山海關，
共皆慘敗），所以共黨來開會。此會未必有成就，然亦不可免者。以
下兩週必又為此“無事忙”也。

寫到這裏，有一事託你。北大決請大紱為北大農學院院長，請你務
必即寫一信勸勸他。因為他尚不痛快，故須多人勸（愷謂他可做，但
愷不在此）。現在開會去，姑寫至此。今晚續寫付郵。

孟真　七日

1148. 傅斯年致俞大綵（1946 年 1 月 20 日）檔號：I：1296

Dora Darling：一封信作為幾次寫，第一封改作郵寄，第二封託人帶
去，皆未寫完。昆明的事，因李宗黃只離開而未免職，未必不再生
事，但是我決不再去了，有梅在那裏。政治協商會議，忙了一陣，至
今尚一無結果，真正在小組中協商之事，無一得結果。看來前途甚悲
觀。如不得結果而散，又是大鬧，此後恐無安靜的日子，打雖不至一
時又打起，和也和不成，總是僵局而已。此種勝利，真可悲也。會後

我須一時料理北大事，如請教員之類。北大農學院長，大綬已經答應了，這是我辦的唯一有效之事。北平方面，我總不免去看！一去恐即有糾紛，然也只能去。所以我目下的日程如下：月底以前在渝，下月初赴北平，兩星期回來。屆時政府必搬不走。但胡適之先生三月返，不知何處見他，大約在南京、上海吧？你在家真悶死了，是不是待我自北平返後來此一看？兵工署是四月搬，我們東西託他運，恐須前此運來，愷姊如此說也。如我返渝，再赴南京看胡，則一同去如何？小嘉上學，正在畢業之前，困難在此。否則問題很好解決。我決不留國內，決赴國外休息。旅費事，會後便須辦好，辦好再去北平也。目下謠傳外匯改率，故必于會後辦好，否則無法也。

先把此事籌好，出國儘可在夏天也。夏天船上也舒服。我的一套想法如此，你看何如？回我一信。糖蒜至今未吃，因一打開氣味出來，室中無法，但日內必打開。嘉子的 Pills 尚存多少？我處尚有很多，送了恆姊①二百，需要時帶去。樂淑送你一罐 Butter，我恐你在李莊住不長，故未帶去。究竟帶去否？（五鎊）我這一年，無端落在國共談判之邊上，故出了這些事！又因北大，自找些麻煩事！國共事，今後不再問。北大事，適之先生回來不久了，總算熬出來。還有研究所辦搬家事。其困難有二：①船支，②住宅，均在想法中，但究竟何時搬，真難定也。你老太太上月末（或本月初）與大維同去南京，愷姊回來說，甚好。大維返此，大快活，無人管也，每日有女人在座，便興高采烈，不管何種女人，大有毛子水之風！毛亦在此，昨晚同在一處，惜你不在也。

有兩事先說：

①牙刷不能放在太熱的水裏，一放便壞。

②眼鏡 Sun glass，如 Jackie 嫌太大，可折之使合。必要時熱水一燙，再折，可以弄好。潘先生當可辦也。

問好

孟真　Jackie 好　一月廿日

①編按：俞大縝（1904—1988），親友以恆妹、恆姊稱呼，時任中央大學外文系教授。

以後抽空即寫信，只有晚十二時以後矣（白天非出門即有客，有時人甚多）。

再，我在聯大領薪至十二月，以後，今尚未定也，定後再告。乞老蕭算一下，在所中領，可領多少？聯大因改待遇，米取銷。

陳寅恪之待遇仍由本所續發，乞即告老蕭。孟真又白。

1149. 朱家驊、傅斯年致張群 （電）（1946 年 2 月 7 日）*

成都。省政府張主席：中央研究院派往甘肅考古之夏鼐博士十二月底自廣元改水路押運公物來渝，路遇匪刼。該員自閬中來電，已報廣元、閬中縣府查緝，以後即無下落。乞　貴府電飭廣元、閬中、南部、蓬安、南充、武勝、合川各縣政府迅速查明該員下落，協助來渝，並電復本院，至感。弟朱○○、傅斯年。冬虞。①

附：朱家驊致廣元、閬中縣政府 （電）（1946 年 2 月 7 日）

廣元、閬中縣政府：② 本院派往甘肅考古之夏鼐君十二月底自廣元押運公物經水路來渝，路遇匪刼，經該員自閬中來電，云已報縣府，至今無下落，乞查明該員踪跡，電復，至感公誼。國立中央研究院院長朱家驊。冬虞。③

1150. 傅斯年致董作賓 （1946 年 2 月 19 日）檔號：李 16-19-1

彥堂先生並轉本所同人惠鑒：

　弟自三日來重慶，一直未回，心中極度不安。惟有一事聲明者，即

---

*取自南京第二歷史檔案館（檔號：393-0-0139-03-pp. 27-28）。
①頁末余又蓀附註："已發。存。35/2/11。又蓀。"
②頁首余又蓀附註："分發二電。"
③頁末余又蓀附註："已發。存。又蓀。35/2/11。"

^弟決不去做官，在任何情形下不為此也。亦不離研究所入北大，目下只是為人拉夫，而定明是短期也。適之先生下月可歸，所以我對北大的責任四月也就結束了。

我的身體，有絕對醫治休養之必要，承研究院給我此便利，甚感。然決無錢在美多留，幾個月就回來。而且我在研究所搬家無著落時，也決不走。研究院目下要統籌，故^弟只能建議：①買地，②蓋家庭宿舍，③接洽船支，均已開始，而情形複雜，目下尚無具體結果可告，然均在進行中也。南京的房子，我們決租不起，故非建不可，最困難在此。東南物價高漲，上海已比重慶貴，此又是大困難。目下同人須準備夏間搬家，船太少，人太多，私人東西決帶不多，只好留下一部分，後來再說。（推人看守，公物亦不能一時竟盡。）趙元任先生今年九月返所，陳寅恪先生亦將自英返，在本院養病。周一良兄亦將來所。方桂先生有赴美意，否則返所。以後本所非無前途，然今後經濟復員，社會安定，大非易事，同人是免不了準備吃苦的。

^弟最後聲明一語，決不舍研究所而做官，亦決不于研究所不搬前自己去休息，敬乞　鑒察。專叩

著安

^弟斯年謹上　三十五年二月十九日

1151. 傅斯年致俞大綵 （1946 年 3 月 5 日）檔號：I：1302、I：850-1

Dora Darling：這些天，一直生活無規則，晚上無人時，總是疲倦極了，所以少寫信。接你信，極感不安，立即回一電報，想已收到了。上次信是託巫寶三帶去的，想已收到了。我的行程，及你去李莊事，信上大致說了。①

我因借錢（為北大）手續未完，至今未能去，蓋無錢，即不能去也，

---

①行首自註："巫又帶去皮酒一小桶，李莊可吃、可用之物，皆用之，勿留。"

也許不久可成，如中央銀行未換人，當已成，一成再去。然參政會是本月二十開，我不能不到，因八年未曾不到過，所以本月內是走不開的。但是，下月必走，且在月初。四月（下月）末到南京、上海遇適之，以後我的北大事便沒有了。因一時去不了北平，又因適之延期，（劉瑞恆回國云，四月初方可動身。）故行程為此改定也。

你們來此，東西如何運？如須找民生或合眾，我可在此地接洽。輪船復航須在五月，行家如此說，因今年水位最淺也。以前可以走陸路，即在瀘縣換車，但行李可帶甚少。船非五月不能通。

我的書，可暫放著，或不能與公物同走，即須寄存山下，所以裝箱時須格外裝的好。

我知道你們在李莊悶死，因我在北大事，弄得這樣，可恨可恨！已電適之速返。他太舒服了。假如五月裏我在上海見到他，一切交代好，也許回李莊搬研究所，我很怕當時一切困難。

說我做官的話，是這樣的。謠言歸謠言，內容也有原因。中共向我說："我們擁護你做教育部長"，我說："我要言論自由，向來罵人的，今不為人所罵。且我如果要自盡，更有較好的法子"。C. C. 也有此一說！二者皆非好意，前者欲打破國民黨員做教育部長之例，後者欲趕去驅先！這是如何世界。

"國民政府委員"是這樣。蔣先生與布雷談，布雷說："北方人不易找到可做國府委員者，黨內外皆如此。"蔣先生說："找傅孟真最相宜。"布雷說："他罷不幹吧。"蔣先生說："大家勸他。"……因此我向布雷寫了一次信，請他千萬不要開這玩笑。我半月前寫的那篇《中國與東北共存亡》，（想已看見，為此，有人請我吃飯。）有個副帶目的，即，既發這樣言論，即不可再入政府了，落得少麻煩（人家來勸）。

經過如此，我並未向人說。報上所傳，皆揣摹，或亦有所聞而言之也。

你想，我罵人慣的，一做官即為人罵，這是保持言論自由。做個"一品大員"（國府委員），與那些下流同一起，實受拘束，這是行動自由。你放心，我不會沒出息做官去。我不是說做官沒出息，做官而不能辦事，乃沒出息。我如何能以做官"行其道"呢？

但是那些棲棲皇皇想趁此謀一國府委員者，謀一政務委員者多著呢，關託百出。我把我這道理說給王雲五，他大為不解，其一例也。王極想做國府委員，非①①無望，他還託我幫他。我說："己所不欲，勿施于人"。他做教育部長是沒有希望的。我看騮先要連續下去。②

林徽音的病，實在沒法了。他近月在此，似覺得我對他事不太熱心，實因他一家事又捲入營造學社，太複雜，無從為力。他走以前，似乎透露這意思，言下甚為愴然，我只有力辦其無而已。他覺得是他們一家得罪了我。他的處境甚棲慘，明知一切無望了，加上他的辦法，我看，不過一、二年而已。③

令兄大人之熱心，並不如你信中所說，"事出有因，查無實據"，即未到那個程度。

研究所搬家事，已詳函彥堂，可取看。梁三手術甚好，但胃口太劣，前途也不大光明。

嘉子的信，已登《大公晚報》，附上。問好。

孟真　二月④五日

附：傅斯年的十齡公子寫給他的一封家信（剪報）（1946 年 2 月 6 日）

仁軌是傅孟真氏的公子，今年纔十歲，這是他寫給他的爸爸的信，寫來娓娓動聽，且不乏幽默，是一篇很好的兒童小品。信裏提及傅氏即將出國事，按傅氏心廣體胖，患了嚴重血壓病症，因在中央研究院服務已歷十八年，故該院擬送其出國治病，或須動大手術，即將中樞神經與內臟神經切斷，其夫人或須陪同前往。

爸爸：又已很久沒有寫信了。前幾天我生了一個痄腮，頸子腫得

---

①原註："因為我和胡政之等皆不幹，適之也不會幹。"
②行首自註："宋子文的行政院長不會動。此人真糟，與孔同工異曲。"
③行首自註："你可寫信給他。昆明北門街七十一號金岳霖轉。"
④編按："二月"當作"三月"。

又粗又大，見了肉類的食物就想吐。不但如此，並且一點兒硬的東西都不能吃，一吃頸子就痛得要命。所以祇能吃流質的東西。媽說我頸子腫得太大了，簡直和您一樣胖。我笑著說："人家都是越病越瘦，而我反到越病越胖了！"

山下王天木先生送給我兩個水母（俗稱海蜇），是同濟大學新在淡水中發現的，但很少。時常愛游到水面上來玩。游水的姿勢就同跳舞一樣，所以媽教我學牠游水。

水母大約有〇（按：此處為一大如紐扣之圈）這樣大，最奇怪的就是牠從來不休息，我問媽媽道："為什麼牠不休息？"媽開著玩笑說："因為牠名字裏有一個'母'字（水母），你看一個母親不是一天到晚都忙來忙去從不休息嗎？你如果不信，我就是一個例子。"我說："媽夜裏要睡的，可是水母夜裏也不曾見牠睡過啊！"媽無話可說了！

方才媽對我說："大約六月裏我們可以到美國去，你高興嗎？"我說："我又高興又不高興，可是為什麼緣故，我却說不出來。"可是我覺得我們家庭經濟已經很困難了。我和媽可以不去，但爸爸的病是需要治好的，所以您一定得去，只要您的病好了，我和媽一切都肯捨棄。

我們生活很好。請勿念。

祝

快樂！

健康！

兒仁軌　二月六日晚

1152. 傅斯年致俞大綵 (1946 年 3 月 21 日) 檔號：I: 1301

Dora Darling：我的戒煙，同我的決心天天寫信，幾乎同樣無效。但烟自今日起，真正戒了。寫信呢，每天早晨客滿，下午睡覺，晚上客亦不少，尤其近來聚興村住著一大批熟人。他們吵完，倦極了。今天一天未去開會（廿日已開會），而不得暇。濟之明天去日本，方才回他屋去。今晚不算太忙，尚如此也。

近檢小便，無毛病。有一自美醫生名 Co Tui 者來，據說，是大名家，對我的血壓有所論。他答應我，夏天赴美後，他照料就醫事。出洋是①已由政府核准，錢數尚不知（只聞核准，未聞其詳），總想法一家走的，不過沿路大家省著用，便好了，不至于回不來的。

游于一週前到，託人送信及錢于陳德宏，臘味未帶來（云，下次託人送來），至今一週矣。人不見，亦不知住處，只好聽之，恐怕要壞了。此人行事無一不奇怪。她未得彥老允准，擅離研究所，已交那公去信將其免職矣。此人去年即該革職，忍耐至今。彥堂來信，云其無法對付。拉他到研究所來，真不幸事也。我的書，此時水路不通，只好待下月。兵工署運書是不可靠的，我的書可以留在李莊一時。請你一查，我們一家，公家可為我們帶多少行李（大約是每人百公斤）？我記不清，可一查，總辦事處有通知也。在此範圍內，②交公家運，與大家同。此範圍外者，如先運此，固無不可，但恐麻煩，私人剩餘之物，可一齊待船有空位處補入，如無，可暫留李莊山下。我的預計，研究所東西運不完的，因一次船只有數十噸，人可運完，東西運不完也。日內有詳信給彥堂，可索閱。

八、十一兩信均收到。東北糟不可言，仍因自己有此大好第五縱隊，非可專罵俄國人，俄國人也太可惡了。美、蘇決不會打，亦決不會和好，以後又是九一八至七七那一套，陰陽怪氣，一直鬧幾年下去，中國真吃不消也。現在京滬比四川貴得多了。如米，彼處三萬以上，肉，千二百元，恰是李莊之三倍。原以為到夏天可如此，不意來得這樣快。最好是研究院今年不搬，然而決無人願意，故只好大家去吃苦也。書箱運輸事，你千萬勿為之生氣。

你早來甚好，勿與研究所同去，免得麻煩。昆明米貼已去信問，今日寄上八萬元是二月的，③三月無處領（聯大已辭），只好在研究所領

---

①編按："出洋是"當作"出洋事"。
②行首自註："此範圍，先儘好書運也。"
③行首自註："二月份昆明只有十三萬。"

了。明天必續寫。問好。

孟真　廿一日晚

1153. 傅斯年致蔣介石（1946 年 3 月 27 日）檔號：I：42

主席鈞鑒：頃間侍　座，承以國府委員之任諄諄相勉，厚蒙　眷顧，感何有極！斯年負性疎簡，每以不諱之詞上塵　清聽，既恕其罪戾，復荷推誠之加，知遇之感，中心念念。惟斯年實一愚戇之書生，世務非其所能，如在政府，于政府一無裨益，若在社會，或偶可為一介之用。蓋平日言語但求其自信，行跡復流于自適。在政府或可為政府招致困難，在社會偶可有報于國家也。① 即如最近東北事，政府對蘇聯不得不委屈求全，在社會却不妨申明大義，斯年亦曾屢屢公開言之，此非一旦在政府時所應取。然亦良心性情所不能制止，故絕非政府材也。① 參政員之事，亦緣國家抗戰，義等于徵兵，故未敢不來。今戰事結束，當隨以結束。此後惟有整理舊業，亦偶憑心之所安，發抒所見于報紙，書生報國，如此而已。斯年久患血壓高，數瀕于危，原意戰事勝利，即赴美就醫，或須用大手術。一俟胡適之先生返國，擬即就道，往返至少三季，或須一年。今後如病不大壞，當在草野之間為國家努力，以答　知遇之隆，萬懇　鈞座諒其平生之志，從其所執，沒生之幸。另請力子、雪艇兩先生詳述一切。專此，敬叩
鈞安

○○○謹呈　三月廿七日②

1154. 傅斯年致董作賓（1946 年 3 月）檔號：李 16-19-2

彥堂兄：③ 研究所可能在六月搬，亦須延至八、九月，到時方定。南

---

①頁末自註："此句頗有語病，似謂政府中人皆無良心者，然已發矣。"
②頁末自註："此外又有一信給力子、雪艇，所言極透澈，無忌諱。匆匆未留稿。"
③頁首自註："各節不必公開宣布。"

京住處無有，正設法建築。

一、請即通知留職停薪者，一律停職。①

二、在外兼事者，（陳寅恪、李方桂二公）如願搭本所船，可先來李莊，但由蓉至李費用自出，由成都自赴南京自己想法亦可，即照規定付款。須照規定，只能在一處領。② 盼望至遲八月起，返所工作。③

三、張琨如返所，可適用同人待遇，但須先定明。④

四、兼職人員（思成）一同回京，薪給發至七月份。以後恢復本所在京時之辦法。（二、三、四皆同。）⑤

五、本地職員，願去南京否？他們如去，乞先聲明，送弟一看。李臨軒、老彭皆有用，無論如何，以後生活更苦，須先聲明。⑥

六、行李，每人行李，以規定為限。過此以往者，如求帶運，須照下例辦法
　①公物已完，有空餘噸位。（此機會甚小，因公物未必可運完也。）
　②自裝箱子，自出運費，運費先付，研究所決不墊付。
　③輕物須免帶，或算體積。

七、裝箱，切實辦理，每箱須有表，由裝箱者二人簽字負責。⑦

八、公物箱子中絕不得夾入私人書物，到南京時，由裝箱人以外者共同開箱。前自滇遷川之弊必須掃除。⑧

九、木器不得帶，惟公家之籐椅，（木棹拆散帶）如可帶帶之。因在京買不起也。

---

①行首董作賓附註："已辦。"
②行首自註："說明，遷京旅費，各機關不同，但只能一處支，審計部設專處審核重複與否。此辦法于個人無損也。去信時說明。"
③行首自註："請那先生寫得客氣些。"
④行首董作賓附註："○"。
⑤行首董作賓附註："○"。
⑥行首自註："以上各項乞那先生妥擬信稿寄去。"又董作賓附註："○"。
⑦行首董作賓附註："已辦。"
⑧行首自註："弟非多事，因公家物尚運不完也。"

十、研究所留下之物件，均不得自行送人，就其所在之屋送給
　　房東。①

　　房東如要求門窗復原，當照辦，亦可折價。

十一、所餘板子，先儘公家，公家用之餘，以市價抽簽賣給同人。

十二、私人額外行李，裝入可存可運之箱子中，網籃不能用，不可
　　太輕，（輕則佔地方）俟有空噸位再運，或須先留李莊一時。運
　　時先付運費。概不代墊。

　　存處可在山下覓，共同出貲託人保管。

十三、房錢支付全年，（十一月？）不照月扣，一切務與房東維持友
　　誼，因他們待我們甚好也。留下東西全送房東，全不出賣，無
　　用之書亦然。

十四、弟如在五月將北大事擺脫，即返李莊。

十五、趕快將同仁行李重量（照政府規定）、公物重量、與體積算
　　好，示弟，以便接洽何船。（估計必切實。）

1155. 傅斯年致湯用彤（抄件）（1946 年 4 月 5 日）檔號：II：65

錫予吾兄賜鑒：昨函計達。今日先一談北大大局。莾齋兄等來此，接
洽交通工具，打聽一般空氣，其結果是：水上工具無有，一般空氣以
復員為懼，去京滬者來信無不怨聲載道，勸人不搬。弟之看法，今年
局勢險惡，經濟及其他皆可有不了之演變。然國內國外皆不會打起來
的，以後總是"陰陽怪氣"拖上幾年。或覺今年北方大局不定者，明
年未必更好，此等全國局勢問題，無法可想，愈想愈不得結果，且雲
南又豈樂土，或可下逐客令也。（可詢枚蓀、莾齋兄等）所以弟之看法，
問題不在此，問題所在在無水上交通工具，② 這乃是一條死症。萬里
長征向更貴的地方走，必怨聲載道。

①行首董作賓附註："已發表。"
②行首自註："人少，如一二百人，可改用長江路，人多即無辦法。"

目下形勢，清華、南開實可羨慕他們有決定他們走不走的自由，北大則無之。假如^弟在清華，^弟將主張只在北平開一年級，其餘緩一年，以便觀望。（明年未必好，觀望即是很好的安心丸）但北大情形不如此。北平有幾千學生，假如北大不去，他們必要求掛起北大（至少分校）的牌子來。目下政府尚未民主，而威權已一落千丈，是會答應的。（去年李宗仁便要答應）偽校教員又必因北大續繼開班而留下，則那時無論用何名義開班（本年暑假），他們必會【擺】架子，而要求正式聘請，繼續任用。地方政府以及教育部是會答應的。（騮先到北平妥協了一下，歸來實有慙德，以後還不錯，而地方政權（李）甚不幫忙。騮先將離教部，來者對此事必更妥協無疑也。共產黨一面責備政府偏袒漢奸，一面責備政府甄審偽教員，故教育部讓步，"社會"上不會制裁。）

然則，我們如不于暑假在北平升旗，北平必出來"北大"，也許客氣些叫北京大學分班，或更客氣些叫北平臨時大學（無補習班三字），然必有"北"、"大"二字，必簡稱北大，從此據我們的房子，用我們的儀器，而以正統自居。即使明年我們能再去，亦將託庇於他。于是北大以偽教授為主體，尚堪問乎?① 此乃必然之演變，決非^弟想入非【非】之談也，蓋陳雪屏的組織，如不于六、七月間斷然結束，而延長之，必反客為主。學生必不容"補習班"三字之存在,② 其教員（絕大多數是偽教員）必要求為正式教授，所以北大之存亡繫于今夏之搬與不搬。清華、南開皆無此困難，可以自由選擇，我們無此自由的。

此事全不能由我們一面情願，必須就環境論之也。今日與金甫談此理，彼大以為然。

假如吾　兄以此見為不誤，則清華決定必搬時自無問題，清華決定緩搬一年（或三季）時，我們仍須搬，其法如下：

一、西南聯大繼續維持，但我們教員之大多數須北上，所以我們在聯大 More symbolic than real。

二、在西南聯大請清華多負責任，北平清華之一年級由清華自辦，其

---

①行首自註："即如衍聖公之南宗矣。"
②行首自註："本年畢業文憑已用臨時大學名義，不用補習班矣。"

所收北平高年級插班生（莃齋有報告），我們可代為臨時收容，他們回去後，仍歸清華。我們三校必繼續合作，即每事需要合作時自定之，而"聯合"之局不能遷至北平，因為每校要決定每校自己的運命。

總而言之，無論聯大決定夏間搬與不搬，我們的教授、助教團體必須大多數北遷，否則北平開不了場。雖然我們請的教授不在昆明者多，但仍以昆明教授為中心也，其必願留者均隨其便，希望大多數能北行，系主任尤非北行不可也。以上看法未知吾　兄以為何如？盼與同人想想。如以為然，^弟當致力于交通工具。單人不成問題，家眷大成問題，只好做到幾分算幾分。北大存亡在此一舉，北大之運命決于今夏，故^弟強調言之，仍當取決于眾同人也。耑頌

道安

弟〇〇　四月五日

此信俟莃齋或秉權、之明諸兄返後，乞交月涵先生一看。

日前在朱家（驪先）談三校合作處理北平補習班辦法大要，在場者：沈莃齋、霍炳權①、王之明、周枚蓀、楊金甫、湯培松②、何淬廉（南開）、周綸閣（司長）、劉英士、傅孟真。朱請客。

（均減去畢業人數）

舊生約四百人	一、農學之分班歸北大辦農學院。按，另起全新爐灶，非接辦也。
約七百人	二、工學之分班號稱清華、北大合作，然實由清華辦，其財產均歸清華。
	三、醫　另見。
約四百人	四、文　北大分二百五十，清華八十，南開七十。
	五、理　共約二百。無問題。
約七百人	六、法　北大三百，清、南各二百。
	皆用"分發"法，弟曾強調，補習班年考必認真，部長可派人監考。

---

①編按：霍秉權（1903—1988），字重衡，時任清華大學物理系教授。
②編按：湯佩松（1903—2001），時任西南聯合大學農業研究所研究教授。

醫學院辦法：

一、二，皆保持本 校不受其影響。
胡先生來信要請劉 瑞恆，俟徵其同意 即辦。

一、北京大學醫學院（下文簡稱醫學院）因經費 甚大，在兩年以內獨立預算。

二、醫學院在兩年以內暫行維持自治狀態，其教 授會獨立設置，院長人選由北大校長商請教 育部同意後聘任之。

三、醫學前期二年，由理、醫兩學院共同設置， 由北大直接管理，經費列入北大項下。

四、以上辦法，逐步改向一致，至長兩年結束。

1156. 傅斯年致董作賓（1946 年 4 月 7 日）檔號：李 16–19–3

彥堂兄：復員事，問題正多。

一、南京住家問題，本院正在大批蓋職員住宅，每人有處住，是不 成問題的，但恐須八月方可完也。每家大約二間一廚房，在北 極閣山之後，^弟舊寓之一帶也。^弟在此，于此事不無助力，仲 濟兄能辦事，一切順利進行，實在虧了他，極可感也。（中央機 關如此者絕少，中央大學羨慕之至，然非可就此添人也，勿為院外人 道之。）

二、京滬物價，三倍于李莊，如何是了，雖有調整，決不濟事。^弟 初料今年六月可漲至李莊三倍，不意提前四個月。後來乃竟漲 至六倍、七倍亦未可知，其故因交通不復、經濟破產之故。同 人前去，無異自投火炕。當年逃難，是向便宜處跑，猶不得 了，今年向貴處跑，如何是了！此間各機關人，多不願遷。李 莊同人，對此事感覺如何？如自願留一年，（一留便是明年，因 冬水涸也。）政府決可同意，濟之力持此說，^弟亦漸有同感，只 是^弟有赴美之行，不敢發此論，以免同人誤會耳。^弟對整個大 局看法，異常悲觀，以為經濟總崩潰、（勿向外人道之）政治總 解體，十九不免，留落在京滬，無法子，留落在李莊，亦無法 子。設若本所在成都，^弟即主張不搬也。^弟當年頗悔不于大鬧血壓時死了，勝利後曾大高興，今又有"不如無生"之感矣。出洋治病，亦矛盾之行為也。看來李莊同人興致頗佳，（結婚者紛紛）須投一付清涼散，準備著受以前未受十倍、百倍之苦也。

總之，中央大學暗中考慮緩搬，中央公務員，東南無家者，大多不想搬。留下亦無好法子，真進退維谷也。

復員補助費，不足為買燭、碗、牀几之用，同人如決定搬，而有餘貲，可寄璋如代買必須品，以後更不了也。

三、交通工具，江上交通工具，決不夠，本院列在前，然恐亦非九月不可。事實上船不足三分之一，如此鬧還都，真是笑話。

照政府規定是這樣子的，每人有一百公斤，（眷屬在外）其中廿五自帶，餘統運，人用輪船，行李（自帶者外）用木船，[1] 公物除極重要檔案外，用木船，木船十個至少翻一個。輪船須在重慶上，宜昌、漢口兩換。

照此辦法，簡直要比逃難還糟。

四、于是不得不想特別辦法了。弟想以圖書、標本、古物為理由接洽包船（包船之價甚貴），公司與航政司皆許可，（口頭許可）但船舶支配所未接洽，（其人宋子文之所用，不賣人之賬，文化事業不懂。）此不可早接洽，早則更吃虧，不若臨時應變。也許交通部換人後更好辦些，（俞大維兄繼任，已定，但中國事可隨時改變。）但此等船恐只是百噸內的，（如民文、民武之類）本研究所人是能搬走的，東西是搬不完的，如行兩次，全院三所的人是可搬走的，東西是搬不完的，[2] 但一次已難，兩次更不易，三次全無望也。然則其結果（最好的）必是留下些東西，（公物及私人不自帶之物）因木船恐無人肯也。所以在山下租張家祠，繼續一年，公私以比例分攤，或為不可免之事也。試一打聽，如何？

---

[1] 行首自註："國民政府、經濟部，均用輪拽木船。"
[2] 行首自註："一切仍皆是假定。"

此一特殊辦法，^弟必竭力進行，為做到幾許，未知全定。

^弟于搬家時返李莊一事，在^弟當然有此義務，惟有一問題須先決者，即我們在京、渝、李，必須皆有主持之人也。^弟目下計畫如下：

【一】、在京，與政府、船舶管理所接洽，^弟去辦，此事未可託總辦事處，因他們人手太少，（總處實無人可託）且^弟辦此等事比較擅長也，一笑。

【二】、在渝，又蓀兄，（此事亦不簡單）再由本所加派一人，專與公司接洽。

【三】、在李，上船各事。（在宜賓恐亦須有一人）如李莊同人能另推一位在京，^弟自當于船定後來李。（內人已走）^弟擬住處想在方桂辦公室（涼爽些）或西文書庫（彼時當已裝箱），① 並乞留志維在李莊，照料^弟事。若接洽船順利，可不致變更，（什一希望也沒有）^弟亦自願來李一行，^弟于李莊之人與地，皆甚戀戀也。

專此，敬叩

道安

^弟斯年上　四月七日

此信乞示寶三、君誼二兄。

此信乞　兄轉告同人，並留在那先生處大家取觀，萬勿貼出。

1157. 傅斯年致余遜 （抄件）（1946 年 4 月 10 日）檔號：京 4-1-4-2

讓之兄：昨函計達。接收木器事，已詳長函，一切誠如尊意，不值添些麻煩也。劉茂林盜物事，乞設法速了，此事^弟心中甚感不寧，蓋事

---

①行首自註："研究所的紗布為此留下點，或^弟寓中者。"

之責任在孫①之疏忽也。

員工事已詳湯先生函。

日本監獄物，刑具似可送歷史博物館（不可送法院），衣被送可靠之慈善機關，本所不貪此小利也。拓片全算本所賬好了。宋本《周易本義》，本所留下。日人搜集檔案，社會所要，但不取去，並不解決，似可送北大。

有致鄭先生一信，盼陳明湯先生一辦。專叩

教安

^弟斯年上　四月十日

1158. 傅斯年致董作賓（1946 年 4 月 20 日）檔號：李 16-19-4

遷移（復員）注意：②

一、時期，部定次序，本院第七（共七十左右單位），先本院者有中央大學等共約萬五千人，故假如五月開始，本院似可在六月走，③ 五月廿日必須裝齊，可以動身。以後或延一二月，然只有人等船，無船等人之理也。

二、行程，④ 目下擬定直達，即在李莊上船，南京下船，用包船辦法。雖主管機關與公司均已答應，但屆時誰辦事不可知，一有更動，即須重來，且復員人多，必有打岔搶船擠船者，故勿太樂觀。

三、船隻，假定船之大小如民文、民武、民聯，似乎一次本所可完，兩次李莊可完（東西不完）。（同濟除外）我辦的是兩次，然不敢保證，不妨各自去辦。^弟當盡力而不能保證也。人類所名額無定，亦不敢保其不額外帶東西，似可請他自辦。

---

①編按：孫德宣，時任史語所助理研究員。

②頁首自註："轉告同人。"

③行首自註："今已不適用矣。"

④行首自註："勿貼，可在那公處看。"

四、辦法及用費，一如政府規定，總處當隨時通知。

五、眷屬以直系親屬為限，在任所者為限。直系親屬外，受贍養並

在任所者可援例，（如梁家之外老太太）但須先開單由^弟查明。

近於文件，發見四五十天前寫而忘發之一信，① 該死該死。其中有
事過情遷者，但適用者尚多，一併寄上。

彥堂兄

^弟斯年　四月廿日

1159. 傅斯年致朱家驊、薩本棟（1946 年 6 月 23 日）檔號：京 4-1-1-2

中歷字第 16 號　　　　　　　　　中華民國三十五年六月廿三日

為呈報調查北平舊日人東方文化研究所各節，並擬具意見事。查日人
之東方文化研究所有房三百餘間（北平計算將走廊前簷算入可稱五百
間），中國舊書十六萬餘冊（有目）。此事前由行政院核准，由本院接
收並接辦業務，目下仍由沈特派員為甄審及整理圖書之用。^{斯年}到北
平後，深覺此事甚為複雜，如本院不接辦其業務，則依政府法令，即
應由敵偽產業處理局拍賣，如接辦其業務，在本院又是一大擔負。茲
權衡輕重，擬請　准設歷史語言研究所北平圖書史料整理處，以接辦
其業務，同時並將一大部分房舍借北京大學及沈先生所主持之華北文
教協會應用，但須確定本院產權。擬整理處之辦法，及北大、文教會
租約，一併上呈，敬乞　鑒核。

再，東方文化研究所圖書館外，尚有近代科學圖書館書七萬餘冊，沈
先生主張應併由本院接收。此外尚有搜集日人各方圖書四十餘萬冊，
似可由本院先繼續沈【先】生之工作，加以整理，然後由本院、北平
圖書館、北大、清華共分之，並擬辦法，陳請　鑒核。現在覬覦此項
書籍及房舍者，大有其人，如不早作合理穩固之決定，後患難測，應

---

①編按：即傅斯年致董作賓函（1946 年 2 月 19 日，檔號：李 16-19-1）。

合併陳明。謹呈

院長、總幹事

歷史語言研究所所長傅—— 六月廿三日

附一：中央研究院歷史語言研究所北平圖書史料整理處規則（稿）

草擬中央研究院歷史語言研究所北平圖書史料整理處規則

一、中央研究院歷史語言研究所暫設北平圖書史料整理處，其任務
如左：

甲、繼續本所明清史料整理之工作。

乙、將北平漢文圖書，援北平圖書館善本書庫辦法，公開閱覽。

丙、清理前日人所辦東方文化研究所之續四庫提要。

丁、保管房舍。

二、在上條工作完成或變更之時，本整理處即應廢止，並應不於上項
任務之外，增加任何工作，以免本所工作之分散。

三、明清史料整理之工作，恢復戰前之辦法，不得擴充。

四、為圖書之整理及閱覽，得設專任人員，包括書記在內七人至
九人。

五、本整理處設主任一人，由歷史語言研究所所長兼任之，副主任一
人，由專任或兼任研究員、副研究員任之。事務員二人、書記
三人。

附二：與北大借約（稿）

與北大借約草稿

一、此項房舍，其產權確定為本院歷史語言研究所所有。

二、所借房舍如圖上之界綫。

三、中央研究院因工作擴充欲收回自用時，應于前一年通知北大，通
知時期，應在每年暑假前或暑假中。

四、全部房舍之修理費由北大任之。

五、北大不得于本院未同意時建築或改修房舍。

六、在借用期中歷年修理費由北大任之。①

1160. 傅斯年致朱家驊 （抄件）（1946 年 6 月 25 日）*

騮先吾兄部長左右：林藜光君，去歲在法病故，其夫人李瑋女士困于巴黎，近因林君之遺著《諸法集要經校注》第一部已出版，擬以此書之一部分寄回國內售出，俾作生活費用。林君在世時，治佛教史甚有心得，其梵文造詣亦深，茲將該書隨函附上，（此事去年已談過， 兄謂可以），未審可否由 大部訂購一百部，分送各學術機關，至乞 考慮，至幸。專此，敬頌

道祺

弟斯年上　六月廿五日

1161. 傅斯年致史久莊 （抄件）（1946 年 7 月 1 日）檔號：II：123

中華民國卅五年七月一日②

久莊先生：惠示敬悉。查此次在院務會議前，院長、總幹事等對均一先生之決議，全就顏大夫一事而發，與李莊公物遷移一事毫無關係。李莊公物遷移一事，在此從未討論，院長、總幹事皆未問過我，我亦未說。故此次變局乃純由代領薪水一事而出，我在本院不過所長之一，公意所趨，我有何力量使其不然？如 先生及均一先生對院中此次措置認為不當，儘可向上級機關申訴，若專向我說（且所說皆在題外），實遠超過我的力量。匆匆，敬頌

旅安

傅斯年敬啟　七月一日

---

①頁末自註："與華北文教協會之借約大致相同。"

*取自 "朱家驊檔案"（檔號：朱–07–012–p.113）。

②頁首附註："抄存。"

此次中研院同人之觀點，乃以為"代領未就職人員之薪水，未交本人，研究院不能置而不論"，問題在此，不涉任何他事也。

1162. 傅斯年致盧作孚 （抄件）（1946 年 7 月 11 日） 檔號：II：76

作孚先生左右：頃談至快。所言之信，實已送到，未達　台鑒者，當係擱在岳麓路也。中央研究院在李莊者，有歷史語言研究所、社會研究所（所長陶孟和先生）及中央博物院。此三機關人口共二百人，公物（圖書、古物）約重二百噸，體積則合為六百噸（皆輕，故以三乘重量）。擬請　民生公司儘早撥船，以便復員。如能自李莊直達南京，至妙，以古物等中途恐有遺失也。如萬不得已，亦乞僅在重慶一換，緣宜昌無人照應也。如何，乞　惠示，至深感謝。專此奉懇，敬頌
日安

弟傅○○敬頌

再，船費可即預付，併聞。所談直達方便，乃云旅費，非船費（運費）不足也。

弟年又及。①

1163. 傅斯年致最高法院 （1946 年 7 月 17 日） 檔號：IV：525

為陳訴事。報載偽北京大學校長鮑鑑清判決無罪，至堪詫異。查鮑逆神通廣大，早經保釋，今復判決無罪。實留學術界莫大之隱患。該逆在偽職任內勾結日寇，在偽校遍佈日本顧問及特務，以實行奴化政策，何得無罪？北平情形特殊，漢奸勢力不小，此案仍待最高法院覆判，擬請　貴院依例提來首都覆判，以正是非，而申國紀。臨呈，迫切之至。謹致

---

①頁末收發註記："卅五、七、十一、下午八時送。"

最高法院

北京大學代理校長〇〇　三十五年七月十七日

附：最高法院通知書（1946 年 11 月 19 日）

最高法院通知書①　　　　　　　　　　京特字第 1055 號

中華民國卅五年十一月十九日發

　　為通知事。據訴鮑鑑清漢奸原判無罪，請求覆判，以正是非，而申國紀等情到院。查本院尚未收到該案卷宗。應俟聲請覆判權人聲請覆判到院，再行依法核辦。特此通知。

　　右通知

傅斯年

1164. 傅斯年致謝冠生（1946 年 7 月 17 日）　檔號：IV：526

冠生先生部長左右：關于北平漢奸懲治事件，有三事不獲已，上陳敬乞　台察。

一、報載偽北京大學校長鮑鑑清在河北高院判決無罪，至堪駭異。查鮑逆神通廣大，早經保釋，今復判決無罪，實留學術界莫大之隱患。該逆在偽職任內，勾結日寇，在偽校遍布日本顧問及特務，以實行奴化政策，何得無罪？北平情形特殊，漢奸勢力不小，此案仍待最高法院覆判，擬請　大部依據成例，提來首都覆判，以正是非，而申國紀，否則"無罪"之例一開，後患不堪設想矣。除呈最高法院外，謹此奉陳。

二、巨奸王蔭泰正在蘇高審判，該逆逢迎日寇意指，擠走其前任而代之，變本加厲，即以獻糧獻物資為約。在其任內，剝削華北民食，使人吃"混合麵"，更大搜五金，故宮銅缸，歷史博物館古炮，皆彼搜羅，獻出凡數百萬斥，②故王逆揖唐、王逆克敏之罪惡，尚不足以比

---

①頁首收發註記："35/11/30 收。"
②編按："斥"當作"斤"。

之。擬請 大部特予注意，盡法懲治，以伸華北人民之憤。

三、文化漢奸錢逆稻孫，在北平有特殊勢力，似可一併調京審訊。

以上各事，關係國法人紀，故敢負責上陳，敬乞 採納，至荷。專頌

政安

^弟○○○謹上　七月十七日

1165. 傅斯年致俞大綵（電）（1946 年 7 月 18 日）檔號：II：550

北平東皇城根東昌胡同一號。中央研究院傅孟真夫人：聞狗咬，甚
念，如係瘋狗，盼即飛京。斯年。①

1166. 胡適、薩本棟、李濟、梁思成、傅斯年致高孝貞
（電）（1946 年 7 月 18 日）檔號：IV：620

昆明文林街清華大學辦事處。梅校長轉聞一多夫人：驚聞一多兄遇
刺，無任痛悼，謹致弔唁。斯年已向政府當局請求嚴緝兇手，查明案
情，盡法懲治。胡適、薩本棟、李濟、梁思成、傅斯年。②

1167. 傅斯年致姚從吾、鄭天挺（1946 年 7 月 30 日）檔號：II：73

從吾、毅生兩兄左右：

上次^弟入城時，一夕聞　從吾兄言，約張苑峰兄到聯大教上古史，
何如。當時^弟云，苑峰來教書，自為勝任，惟上古史或其他與苑峰
適宜之課，在聯大目下情況中，能否約彼担任，似不無問題。而^弟
返後與樂煥偶道之，樂煥告苑峰以此事，並聞苑峰於此事甚熱心云
云。弟^弟極願苑峰多在^敝所幾年，彼此時離所自為所中重要之損失，

---

①頁末收發註記：“三五、七、十八，下午五時四十五分。”

②頁末收發註記：“三十五、七、十八，下午五時四十五分。”

但事有關係其前程或治學之方便者，亦應任其自由發展。故今向兩兄言明，北大如可聘他，^弟一切同意，惟兼任一說，事屬滑稽，幸勿再談。所中念其在所整理善本書卓著勞績，北大聘後，可以請假一年論。即如明年苑峰仍願返所，自所歡迎。至于其待遇、教課等事，均乞　直接商量，以免^弟有干預史學系之嫌。至于此事之提及者，亦緣　從吾兄言之在先也。專此，敬頌

著安

———————— 七月卅日

1168. 傅斯年致最高法院（1946 年 8 月 18 日）檔號：I：1316

為呈訴事。查偽北京大學校長鮑逆鑑清經河北高等法院枉法判為無罪，業經^{斯年}呈請　鈞院依法覆判，並由參政會決議，送請政府迅速嚴切注意，各在案。茲見河北高等法院判決該鮑逆之判決書，所舉事實無一合者，謹再呈訴。

一、該鮑逆鑑清係于民國三十四年三月十三日到偽職，該偽校係于同年十一月方行解散，共任職九個月，並非三個月，是實任校長，並非兼代，有偽華北教育總署檔案可憑，茲抄奉（原件存教育部北平特派員公署）。其任職亦係日本人因其善媚而保舉，並非因資歷最老而被推維持。當日偽北京大學中尚有資歷更老如錢逆稻蓀等。

二、該逆久任偽北京大學醫學院院長，奉承日本人無所不至，一傳其師湯逆爾和之衣缽，此為人所共知之事。彼在偽院長任內之偽醫學院，與彼在偽校長任內之偽北京大學，日人顧問，日人特務，遍布其中，試問彼曾有所矯正乎？即如三一年一月十八日《新民報》所載該逆文字曾例舉日人多數教授，其中多人並非為科學而來，乃為推行日本侵略政策而來，即如武永重視一人，便是日本關東軍之特務，有名片為證（按，囑託即特務）。原片附粘。

三、該逆在二十九年即率領學生赴日見習，係由日人興亞院所資遣，有同年五月二十一日《新民報》所載為證，是非通謀敵國而何？

四、該逆在三十一年一月十八日《新民報》所載《大東亞戰爭漫談我
們的決意》一文，全篇詞調，歌頌日本軍部及興亞院，歌頌"大東亞
聖戰"，詆我賢邦，反我抗戰之國策，充分證明其"通謀敵國圖謀反
抗本國"之事實。乃河北高等法院不調查事實，竟以"復未發見其在
任內期間有參加何項運動及宣傳等工作"一語了之，誠屬不可思議。
總之，河北高等法院之判決書，不實不盡。一則曰"自非不可置信"，
再則曰"此外復未發見"，前者乃不成邏輯之詞，後者乃故泯逆跡之
語，以此文字見之判決書，實使人大惑。漢奸案為刑事案，聞該逆取
保，並未出庭，便行判決，亦不知是何根據。該案仍待條例第二條所
定應屬於檢舉之列者，此為判決無罪之第一次，而其枉法又如上文所
舉，實為國家法紀憂之，故敢再行陳訴，敬乞鈞院詳加考察，加以覆
判，國家民族幸甚，法紀正義幸甚。謹呈
最高法院

　　　　　　　　具呈人　　○○○
　　　　　　　　職業　　國立中央……長、參政員
　　　　　　　　住址　　北平東昌胡同一號
　　　　　　　　　　　　南京雞鳴寺路一號
　　　　　　　　中華民國三十五年八月十八日

附件：①
一、關于鮑鑑清文件一冊，內含資料四項，共八頁。
二、抄偽教育總署檔案兩件，共一頁。
三、武永重視片子一紙。

1169. 傅斯年致楊振聲 （1946 年 8 月 23 日）檔號：II: 72

金甫吾兄：關於苑峰事，上次信未蒙　省察，敢冒昧再進一言。苑峰
　此時能轉變一下子環境，自有其好處，若云必待其在此不安然後為

---

① 編按：附件未見。

之，則^弟以為，此非法也。凡事與其事後從枉道，不若事前從正道，此當亦為　大雅明德所許也。苑峰實是北大近年畢業最可造就者之一，無論今日北大之需要如何，將來必有大用處，此等人才，宜儲而待用者也。

若云功課難安排，^弟意立厂決不誤會，陳夢家則可無須過置之念耳。

總之，材如苑峰不易得，向學如彼尤不易得。其可教書，自比若干教授為上，此為前題也。若曰北大今年無需，則以史學系之空虛，不久即需矣。故敢冒昧一言之也。

又，覺明昨言，彼下學期既教課，而與姚公未商定，後姚公即走。覺明意，此事如不早定，彼不能臨時為"無米之炊"，言下頗以為苦。^弟與姚某公私皆絕交，故以奉聞于　兄。專頌

日安

^弟斯年上　八月廿三日

毅生兄同此。

1170. 傅斯年致中央研究院總辦事處（1946 年 9 月 20 日）*

敬啟者：

本所北平北海蠶壇舊址所藏內閣大庫檔案（以下簡稱檔案），北平淪陷後，因蠶壇所址被偽北京臨時政府教育部撥歸偽機關，檔案橫被遷出。日本降服後，本所派員接收北海公園內舊址，擬將檔案移回，惟以事實困難，迄未辦妥。茲將淪陷期間，本所北海舊址及檔案被劫奪情形及勝利後辦理接收交涉經過，以及^{斯年}最近觀察情形所擬處理辦法，分三項陳明，即希垂察。

一、本所設立在北平時期原借用北海公園內靜心齋及蠶壇兩處辦公，

---

*取自南京第二歷史檔案館。

二十五秋，本所大部遷京，遂將靜心齋交還北海公園，僅保留蠶壇，所藏未經整理之檔案，任職員數人司整理、繕寫、編輯之事。逮抗戰軍興，北平淪陷，本所留平同人自行解散，留書記及工友各一人看守檔案。逮二十七年一月，偽臨時政府教育部派偽科長來接收，將本所書記及工友逐去，封閉蠶壇，留一工友看守。是年十一月，偽教部將蠶壇撥歸偽北京大學，設立內分泌研究所，遂將檔案遷往端門，置于門樓上及門洞內，由歷史博物館保管。其後偽北京大學因內分泌研究所須裝設瓦斯管及自來水管，蠶壇無此項設備，從新裝置需款過多，乃別覓實業部地質調查所為所址，而將蠶壇交還北海公園。其後偽華北政務委員會成立，又指定蠶壇為糧食倉庫，于是電燈電線悉被拆卸。逮王逆揖唐任華北政務委員會委員長時，又將前門箭樓之國貨陳列館移往蠶壇，始于廊上及西屋辦公室裝設電燈數盞，其陳列室十餘間俱付闕如。去歲日本歸還國貨陳列館，由北平市政府接收，所有各商店寄存陳列品仍置蠶壇內，以迄于今。

二、本所去歲派定接收人員後，即著手收復所址，先由本所北平辦事處函北平市政府及北海公園董事會，請將靜心齋及蠶壇交還本所，以便恢復工作。北海董事會得本所平處公函後，即由董事會集會，原則上接受本所所請，惟須請市政府核准。旋接北海董事會十一月六日復函，附錄北平市政府秘字第二十六號指令，謂："靜心齋房屋應俟收回後，借與中央研究院歷史語言研究所北平辦事處應用，蠶壇仍由國貨陳列館使用，未便照借。"云云。以後續向市政府交涉，本年復得北平市日偽占用公私房產地產清理委員會二月十五日公函，由主任委員熊斌具名，略謂："北平市政府轉來本所公函，請續借北海靜心齋及蠶壇房屋事，蠶壇以經國貨陳列館占用，未便遷移，靜心齋一處尚可續借。"云云。此向市政府及北海公園交涉所得之結果也。

本所北平辦事處自得北海公園復函後，知蠶壇一時不易收回，乃一面繼續交涉，一面進行收回靜心齋所址。按靜心齋在日寇時代曾設立偽華北編譯館，偽編譯館取消後，復退還北海公園。至去年二、三月間，後被日軍占據，存儲軍需物資。故自去歲十月起，即與十一戰區長官部交涉，請其令日軍迅速將軍需物資遷出，將地址歸還公園，移交本所，未獲結果。其後靜心齋所存軍需物資為軍政部接收，本所平辦事處復函教育部特派員辦事處，請轉函軍政部特派員將日軍軍需遷出。其後軍政部將該項物資移交後勤司令部第五補給區司令部保管，平辦事處復疊與該司令部磋商，請其從速遷移，直至本年六月初始全部遷出。不意北平市政府竟忘其兩次諾言，于後勤司令部物資尚未遷盡之前，即派人在靜心齋門首粘貼北平市政府招待處長條，逮後勤司令部物資將移盡之時，即派警察先駐其內，設立門崗，本所因是未能接收。此收回房屋交涉之情形也。

三、查靜心齋既經市政府指令北海公園借與本所，復由熊斌市長任主任委員之日偽占用公私房地產清理委員會復函允許，是其占用靜心齋為背棄諾言，本所據理力爭，市政府自應承認錯誤，履行條約。惟是後勤司令部未將物資移盡之前，^{斯年}曾自往靜心齋勘察，見其中電線電燈設備悉被拆卸無餘，門窗欄杆亦多損壞，厚玻璃之窗戶亦有被槍彈炸裂之孔。查靜心齋地址遼闊而房屋散漫，新裝電線費用不貲，益以修葺房屋需款亦巨，當此本院經費窘迫之時，實不易籌此巨款，轉不如蠶壇之房間大而集中，較切實用。且市政府之辦招待處，據其自稱，已與救濟總署訂約修理，頗以翻悔為難。因向北平市政府張副市長伯謹交換意見，以為市政府苟不以靜心齋相畀，當以蠶壇見還，張亦以為可行。^{斯年}因復派人往蠶壇視察，見其室內電線悉無遺存，國貨陳列館所裝設者係因陋就簡，敷設電線無多，室內裝設電燈者僅十之一，即令國貨陳列館遷移時肯將電線留下，不敷亦多，重新裝設，需款亦不甚少。又據國貨陳列館職員稱：蠶壇大殿及偏房屋頂年久失修，入夏頗有滲漏之處，亦須修葺。至于該館所存各商陳列品數量甚多，須先覓得房屋始能遷徙，即令能覓得適當房屋，修治完整而遷移整理至速亦須三月云云。是遷移之期亦且曠日持久，非三數月內所能蔵事也。

^{斯年}考察情形，以為靜心齋修理費過巨，固不經濟，即修復蠶壇，恐亦需款甚多，即市政府能以蠶壇見畀，而何時能遷移整理尚不

可知，是此事在最近數月內仍無辦理完竣之望。復查本所舊存內閣大庫檔案，疊經挑選精品裱褙、抄寫，陸續刊布，其裱好之件在抗戰前先後運京。北平淪陷、北平工作處結束時，復將其中較重要及抄好之件檢出，裝箱寄存輔仁大學，所剩餘之三法司及滿文檔案四千五百六十七捆，數量雖多，性質實不甚重要，可供采擷刊布者實甚稀少。本所圖書史料整理處無地容納此大量檔案，若別借用房屋，如蠶壇、靜心齋等地址，存儲接收之始即須耗去巨額修葺費用，以後須派員工清理看守，每月薪金工資以及經常費用為數亦巨，而所保存者乃為不必能供采擷之材料，此在本所開銷上殊不經濟。

斯年之意，以為不如將此批檔案移交其他學術機關保管，而與該機關訂約，本所得保留研究整理刊布之權，如此既省修葺房屋之特殊開銷，復無別派員工看守之經常費用，而本所仍得研究利用，于事較便。至于北平學術機關，則以故宮博物院、北平圖書館、北京大學文科研究所保管此項檔案為宜，如荷同意，請于三機關中選擇其一。

謹擬定處理辦法如右，是否有當，敬候鑒核施行。此上

總辦事處總幹事

傅斯年謹上　九月廿日

1171. 傅斯年致余又蓀、李孝定 （電）（1946 年 9 月 30 日）檔號：I：276

重慶國府路中央研究院。[①] 余又蓀、李孝定兄：租兩小輪事，弟完全同意。古物到渝後，請注意防火。又，東下船亦請接洽，如有困難，弟在此設法。盼電復。弟斯年。陷。

---

①頁首收發註記："△三十五年九月三十日發重慶中研院電。"

1172. 傅斯年致董作賓 （電）（1946 年 9 月 30 日）檔號：I：276

南溪李莊五號信箱。① 董彥堂兄：本所人員、古物期用重慶所租兩小輪分批速運渝。一切請兄就近處置。弟斯年。陷。

1173. 傅斯年致曾昭燏 （電）（1946 年 9 月 30 日）檔號：I：276

南溪李莊三號信箱。② 曾昭燏小姐：史語所古物遷山下，盼為照應。斯年。陷。

1174. 傅斯年致《中央日報》編輯 （1946 年 10 月 5 日）*

編輯先生：鄙函承　惠登三日大報，至感。惟其前編者又引原北平投稿一段，實與事實不符。原文云，"教育部平津特派員辦公處所接收日人小谷之古玩字畫等，一部分遺失，一部分被薛慎微吞沒隱匿"云云。案，小谷"呈獻"其圖書字畫，有全案及全部原始清冊在，弟在北平行營見之，卷中所有，未聞遺失。其圖書今存特派員辦公處，其字畫今存藝術專校。薛慎微係日人小谷之合作者，薛隱匿在淪陷期間與日人合作所得之物，自為薛之案件；小谷"呈獻"之內，更不能說明沈特派員預知。薛某乃日人小谷之合作者，沈兼士先生則教育部之特派員，一者不在一方面，不能因薛某在日人手中侵吞，即指沈君在官員立場隱匿。此事不先證明薛某侵吞為沈特派員所過問、所經手，然後構成沈之罪名。然清查團所公佈，並無是也。此節在北方既已一度混淆于報上，弟雅不願在京復使張冠李戴，以薛案為沈案，故再說之。

---

①頁首收發註記："X 三十五年九月三十日發李莊電。"
②頁首收發註記："X 三十五年九月三十日發李莊電。"
＊本函（檔號：I：658、IV：614），又載《中央日報》，1946 年 10 月 5 日，4 版，標題："關於平津古物案：傅斯年昨再函本報"。

此事原與^弟毫不相涉，所以在天津《大公報》投函者，一為清查團工作之有利無弊，二因沈未經證實有罪之先，不應被以流言空氣。茲附述之。專頌　著祺。

〔附一〕：《關於平津古物案：傅斯年氏致函本報》（1946 年 10 月 3 日）_*

　　編者按：本報上月三十日曾刊載北平通訊一篇，敘述清查團在平津工作情形。內中文物接收遺失案一段話："教育部平津特派員辦公處，所接收日人小谷之古玩字畫等，一部份遺失，一部分被薛慎微吞沒隱匿。清查團最初執行清查時，特派員沈兼士與天津辦事處主任王任遠互相諉辯，☒查出王君☒☒清白，而薛君則因罪繫獄。事後清查團再度接獲告密函，謂小谷在山西所獲三代時大銅鐘係國寶，寃☒難平，但因此案引出北平教育界最有力人物之反響。"頃傅斯年先生由平來京，讀此文後，轉來函一件，茲全文刊出，藉使讀者更能了解此事之真象。

編輯先生：

　　九月三十日大報第十版"清查團在平津"一文有影射攻擊鄙人之一段，原文如下：

　　"但因此案引出北平教育界最有力人物之反響，不但為特派員沈兼士洗刷，且竟謂薛寓抄獲之件，殊不能斷定確係小谷之物，竟欲推翻全案，近日平津各報登載某君與清查團文件，使人為之目迷。清查團因此，不但失歡於教育界，竟起鳴鼓之攻。"

按當時平津各報登載鄙人書面談話涉及此事者如下：

　　"薛慎微案是一要事，應待法院澈查嚴辦，假如目下所得證據

* 原載《中央日報》，1946 年 10 月 3 日，4 版。

不足充分證實其罪，即假如他的東西無法確實證明其為小谷所有，亦可由《懲治漢奸條例》以文化漢奸，勾結敵人，盜賣古物罪起訴，而置之于法。然薛某之犯罪，有何牽及沈兼士先生之處，則須先有證據。如先製造空氣，混做一團，誠為我所不取耳。"

兩相對照，便知貴報此一報道，與我所談者恰恰相反。我說"假如不能"，他說"殊不能"。我說"應待法院澈查嚴辦"，他說"意欲推翻全案"。該投稿者不應理路不通至此，當係存心顛倒。

又，清查團在平津以人民告密有不少好成績，在一次參政員同人聚餐會上，成舍我先生首向我言及，可以延長，我☑提☑☑參政會☑陳中央延長，其電稿☑☑我起草，有何"得罪教育界"由我"鳴鼓而攻"之說。如因我☑團員之某一人之一事不認為妥當，而指為對團本身，則團員大多數在結束時，即不採用某君之辦法。

小谷晴川為日本浪人，薛逆慎微是其合作販古董者。小谷晴川以其字畫書籍"呈獻"政府，由教育部特派員沈兼士氏據日人原冊接收。清查團所得證據，是薛助小谷販運古物，報上所發表清查團文件，無一語涉及沈預聞或預知薛處尚有小谷東西，故我首在天津大公報說明，在無證之先，不宜牽涉，於報上製造流言，此事之大略也。專頌著祺

傅斯年敬啟（十月一日）

〔附二〕：《傅斯年答蘇珽》（1946 年 9 月 26 日）*

《傅斯年答蘇珽》

指蘇君確曾招待記者，曾責備兩報不刊載薛案。一記者問此是否即沈兼士案。蘇君微笑點頭，當場記者可以證明。然蘇君既已否

---

*原載（天津）《大公報》，1946 年 9 月 26 日，3 版。

認，亦不必深論。加人罪名須重證據，切勿製造空氣，混作一團。

【本報北平電話】傅斯年氏昨日發表書面談話，原文如下：

各報所載蘇珽先生的談話，其中罵我一句"打手"。此等罵人話，並無補於事實，只是看說這話的人的趣味如何耳！蘇君責《大公》、《益世》兩報之語，今日有《益世報》記者劉時平先生來訪，同時另有數家記者，其中《新民》、《紀事》兩報記者與劉皆當時在場之人。當時確係招待記者，並非朋友談話，地點在清查團會議室，並非私家。蘇君責備兩報不發表薛慎微案時，有記者問："是否即是沈兼士案？"蘇微笑點頭，即令兩報記者站起來說明理由，此舉劉君等可以證明。然蘇君既已否認，亦不必深論矣。薛慎微案是一要事，應待法院澈查嚴辦。假如目下所得證據不足充分證實其罪（即假如他的東西無法確實證明其為日人小谷所有），亦可由《懲治漢奸條例》，以文化漢奸，勾結敵人，盜賣古物罪起訴，而置之於法。然薛某之犯罪，有何牽及沈兼士先生之處，則須先有證據。若先製造空氣，混作一團，斯誠為我所不取耳！

【本報北平電話】傅斯年談蘇珽委員公開談話後，連稱"可笑可笑！""問題既只在薛慎微，則甚簡單。既未涉及沈兼士先生，則本人亦無話說。"記者所知，蘇氏係對記者群公開批評本報及《益世報》，而本報十六日三版所刊薛慎微消息，長編大題，至今似尚未為蘇委員所發現。

〔附三〕：**教育部特派員辦公處"小谷晴亮捐獻案"說明**（抄件）
（1946年9月8日）

近日各報刊載清查團清查日人小谷晴亮財產一案，據教育部特派員辦公處發言人稱：

去年十一月間，有日人小谷晴亮倩天津青年團同志曹葆清先生向天津接收委員王任遠先生聲請，願將其私人所有地畝書籍字畫獻與教育部，充作振興華北文化事業基金，王接收委員當即呈報本處，本處先後以教字第三五二號呈，及第四六六號代電請示教育部如何處理，嗣教育部與平津敵偽產業處理局商洽，三月三十日復電訓令轉知處理局代電云：小谷地畝應交中央信託局，再按照手續由中央信託局租用；捐獻字畫部份，係屬文化物品，已函請貴部特派員辦公處接收，擬定處理辦法，送本局提請審議會核議，等語。本處乃以寅世字九四三號代電處理局，建議字畫部份，交由北平故宮博物院保管，此均有原卷可查，不難覆案。此項字畫，在小谷晴亮未請求捐獻前，即由該日人委託北平琉璃廠三十七號薛慎微保管；聲明捐獻後，由曹葆清將原始清冊三冊，交由王接收委員任遠接收，復由王接收委員將原冊送交本處備案保存。在目錄中，每一書籍，每一字畫記載下，均蓋有小谷圖章，原冊俱在，亦不難覆案。各報所載原冊遺失，並非事實。本處沈兼士先生且曾偕同本處委員鄧以蟄前往查看，並曾由清查委員會加封。嗣因在商家存放，恐有遺失，處理局既尚未核定由故宮保管，故宮亦不便即行接受，經教育部平津區教育復員輔導委員會決議，於本年四月三日將該項字畫書籍提回本處，要為封存，復將字畫暫交臨大第八分班保管，此關於書籍字畫接收保管之經過。查日人小谷晴亮所捐獻之書籍字畫原始清冊共計三本，計字畫目錄一冊，共計一百四十件；西文書籍目錄一冊，共計一千零七十三本；中文書籍目錄一冊，共計一百二十八種，其中並無古玩，本處所有往來公文中，亦從未見有古玩字樣，報載古玩百餘件之事，本處並不知悉，究竟清查團所稱之古玩遺失之事，本處並未接收，自亦無從答覆，各報所稱互相推諉一節，尤非事實云云。（見九月八日平津各報）

1175. 傅斯年致余又蓀 （電稿）（1946 年 10 月）檔號：I：288

重慶國府路中央研究院。余又蓀兄：（一）李莊運渝船隻甚小，如過重，恐有危險。請與公司接洽，萬勿使多搭乘客，致使過重。（二）史語所公物在重慶換船事，如人不夠，擬請陳德宏君飛渝幫忙。

是否必要，乞示知。如有需弟之處，亦可飛渝，但不能與評議會開會
時間衝突。

1176. 傅斯年致余又蓀 （電）（1946 年 10 月 5 日）檔號：I: 277

特急。重慶國府路中央研究院。余又蓀兄：聞登陸艇載米著水。本所
公物係圖書、標本、儀器、古物，萬不能著水。各物是否放在艙中，
或該艇有否避雨設備，務請查明。如有危險，恐須另作打算。又，登
陸艇領江如何，並乞示知。斯年。①

1177. 傅斯年致胡適 （電）（1946 年 10 月 10 日）檔號：京 6-7

特急。北平北京大學。胡校長：北大、南開兩校錄遺先修班榜至今
南方報上未登，可否查明速登，若僅在北方登報，此間人不知道。
又北大在南方錄取新生經過上海北上者，似當由本校派教授或高級
職員在滬照料，如託他校代理，頗有不便。斯年。②

1178. 傅斯年致胡適 （1946 年 10 月 12 日）*

適之先生：我生了一星期病，五日臥牀上，重傷風而復原如此之慢，
　　足證體力（resistance）之不行矣，恐尚須臥二三日，借此休息，不
　　亦妙哉。
　　到此後仍滿腦裝著北大的事，上信雖長，並未寫完，今一病下
　　來，所想皆人生哲學。（因有一書引誘，想 Hume, Kant, Nietsche 等，
　　可笑否?）一年之緊張隨以結束，上信未寫各事，已忘之矣。

---

① 頁末收發註記："三五、十、五、上午十一時。"
② 頁末收發註記："三五、十、十。"
* 原載耿雲志主編，《胡適遺稿及秘藏書信》（合肥：黃山書社，1994），第 37
　冊，頁 482—488。

惠示敬悉，因不能出門，電話與立武一談。他說，查明 ABMAC，①
二千七百萬如何還未滙，當即滙，又將信送去，ABMAC 有一新計
劃，似減軍醫方面之助，而先試以 Medical educ. Center，大約是南
京。彼等對北大醫學院，似未盡滿意，但有我們一份兒，我要求立
武不少於每月九百。

廷黻"奉命辭職"後，我"假傳聖旨"，說我們請他。他想去國外
教書，我說："你如在國內，當然先儘我們"，他答應。我看目下一
切談不到。信電當即轉去。

校尉營房子事，我當時就有此疑（惜當時接收之不早耳）。日前報載
平津有新來軍隊，我 intuitively 覺得要出事。在此兵慌馬亂中，恐
一時不易辦，但決不放棄。先生來時似可帶一公事，給教部，請
他轉呈行政院撥給我們，言明孫仿魯所說之經過，先備此案。一俟
軍事稍定（亦不過二三星期後），再與孫談。

房子若不稍多一點，要想改動，便無辦法。此房乃百年之計，同人
決不可取敗北主義，有以前之舊案，不患不得之（決不放棄一半），
只是又蒙一次損失耳。此次援軍入城佔用，到也不出意外，亦非即
失去之謂也。先生以為如何？

因此聯想到幾件事：

一、景山合作是否可行？（究竟值得否，亦值得考慮。）如不放棄，
乞 先生南來時帶藍圖來，與叔平交涉須在此辦，且須通過故
宮理事會也。

二、三貝子花園如何？

三、教員住處數處（關東店、吉安所、北池子、寶禪寺等）似當繼續
進行。

先修班榜，至今不見報，真奇怪，豈又有變故耶？儘管來者可能不
多，然關係學校信用，（第一次榜尾已說明）似不至又變也。

---

①編按：美國醫藥援華會（American Bureau for Medical Advancement in China，簡
稱 ABMAC），1937 年 Dr. Frank Co Tui, Dr. Farn B. Chu and Mr. Joseph Wei（魏
火曜）在紐約創立。

有一件事，我想提醒一句：我一到南京，記者紛紛來，多數問我北大復文首都高等法院為周作人事。我即照我意思答他們，一是法院來問，不是北大去信；二，北大只說事實；三，此事與周作人無利與不利之說，因北大並未託他下水後再照料北大產業。中央社所登，大致不差，想見北平報矣。過數日方知，　先生在北平第一次與記者談話，《大公報》與上海左派此間小報均登載，而 twisted，謂"我與周仍舊是朋友"，上海《文匯報》與小報又嚷成一片，此所謂盛名之下故意找岔也。我想　先生南來時，恐他們還有此一問。報載北大公事上說，校產有增無減，此與事實不盡合。專以戰前北大範圍論，雖建一灰樓，而放棄三院，① 雖加入李木齋書，而理學院儀器百分之七十不可用（華熾兄言），藝風堂【拓】片又損失也。

上海左派有心攻擊，遂以此節說之不已。我聽說，未見到，只見到《大剛報》（最近）。寫供　先生或稍一注意，因南來時必有記者問也。專頌

教安

斯年謹上　十月十二日

〔附〕：**胡適之和周作人的籐葛**（剪報）

迪吉

　稍微留心中國文壇史料的人，大概總不至于健忘于抗戰初期胡適之勸周作人南下的事。那時，周逆已悄步走向漢奸，胡曾以"藏暉先生昨夜作一夢"的八行詩寄他：

　　　藏暉先生昨夜作一夢，

　　　夢見苦雨庵中吃茶的老僧，

　　　忽然放下茶鍾出門去，

　　　飄飄一杖天南行。

-----

① 行首自註："三院是我們收復的。"

天南萬里豈不太辛苦？

只為知者識得重與輕。

夢醒我披衣開窗坐，

誰人知我此時一點相思情。

拿"重與輕"的比較，作諄諄的摯勸，丟開公義不談，即就個人友情，亦足稱關心已極。

現在周已鋃鐺入獄，經過二度審訊；胡也海外歸來，主持北大教務。胡到校之後，除掉發表過一次談話，提出保持蔡子民先生精神外，如何實施校政，尚未見諸具體。然而，據最近南京航訊，刊出周案除上次受審時，曾有蔣夢麟拿前北大校長資格，証明委任周作人在北大保管校產之証明書一件，替王龍律師添加了不少的辯護力量之外，現在，在再審訊之後，高等法院又接到胡適的証明公文，這，在胡真可說關心朋友到底，而王龍律師在辯護上，自然更加利上有利了。

胡的証明，據說是"北大圖書儀器及其他設備有增無減"。這種証明，是否確實，我們姑并不論；而保護也，破加也，究竟為了咱們中華民國的北京大學，還是為人家大日本帝國的北京大學？這中間就大有尺寸了。我們的蔣、胡兩先生，一唱一和，老友知堂自當感激涕零，深銘友道古風因此不墮；但一筆糊塗賬隨便亂畫，不知有啥個哲學觀念作為根據。

又據最近《大公晚報》黃裳作的《老虎橋邊看知堂》一文，寫到他到監獄裏去看周，并要周寫了一首為人題畫的舊詩：

墨梅畫出憑人看，

筆下神情費估量；

恰似烏台詩獄裏，

東坡風貌不尋常。

"筆下神情費估量"，作者認為是寫"自白書"時的寫照，而"風貌不尋常"却一些看不出來；誰想現在有了胡適之這一証明，倒被我找到"不尋常"的注脚了，你說他如果"尋常"的話，何知有這麼大的魅力，引動了我們的胡大校長到職之後，放下北大校務盡可不管，首先第一要務，急急忙忙的替他辦証明公文？"不尋常"真正"不尋常"啊！

果然九月十三日審周逆時，"因為証人同濟大學校長董洗凡在滬未到，僅由周之義務律師王龍轉請向教【界】調查被告地下工作之功績"，這還能說不是胡的証明所收得的效果嗎？大約四次審訊，對于我們這位好偉大的"地下文化功臣"不但不會判甚麼罪名，還該建紀功碑哩。到那時，我提議就把蔣、胡的証明公文，尤其是胡適之的力証，勒作碑銘，讓他以垂不朽吧！

1179. 傅斯年致余又蓀 （電）（1946 年 10 月 14 日）檔號：I：278

特急。重慶國府路中央研究院。① 余又蓀兄：已派潘實君赴滬看登陸艇，返後電告。斯年。

1180. 傅斯年致鄭華熾 （電）（1946 年 10 月 17 日）檔號：京 6-10

北京大學。鄭教務長華熾兄：先修班榜今日《大公報》始登出，弟覺似應多登數日，到校期可否延長若干日。再，工學院榜昨日中央社有，但未登廣告，似應在京、滬報登數日，本校似當多吸收南方學生。傅斯年。篠。②

1181. 傅斯年致余又蓀 （電）（1946 年 10 月 18 日）檔號：I：279

特急。重慶國府路 337 中央研究院。余祕書又蓀：

今日接洽結果：一、交部當電駐重慶項參事，力為設法放行。二、

---

①頁首收發註記："三五、十、十四。"
②頁末收發註記："三五、十、十八、上午。"

航政李司長①云，強華公司可訂約，盼查勘其貨艙情形及領港，切實接洽。如何即電示。三、其他公司，民生、招商，仍乞分別打聽。民生此間不悉重慶船支情形。招商無直達船。四、呈主席核准放行事，今日送上，恐須一週方可批下。斯年。代日。②

1182. 傅斯年致蔣介石（1946 年 10 月 18 日）檔號：I：43

主席鈞鑒：^{斯年}主持之中央研究院歷史語言研究所原在川西李莊，今夏^{斯年}服務北平，李莊同人感于地方不靖，已于上月將公物連同在一地之中央博物院古物運至重慶，存倉庫中。此項公物係圖書、古物、科學標本、儀器，其古物皆發掘所得，堪稱國寶者甚多。圖書一項亦為戰前若干年所收集，價值遠在中央圖書館今有者之上。全數重量約一百五十重量噸，折合四百體積噸。此批發掘古物為世界所注意，自抗戰軍興，^{斯年}留京遷運，至湘、至滇、至川，幸無損失。今若長存重慶倉庫，火警堪虞。若能早期運京，俾可及時陳列，亦可為國際觀光之助，蓋首都至今尚無博物館也。自十一月份，重慶運輸噸位可以一部分運公物，擬懇　鈞座分電重慶行轅及交通部，准予提前運京，俾^{斯年}辦理復員之責可以完就，而圖書古物得以安全，無任感激之至。專此，敬叩

鈞安

三十五年十月十八日

1183. 傅斯年致余又蓀（電）（1946 年 10 月 19 日）檔號：I：280

特急。重慶國府路 337 中央研究院。余又蓀兄：

一、簽呈主席昨日送去，恐須一週可復。二、行政院電行轅，今日發

---

①編按：李景潞（1904—），時任交通部航政司司長。
②頁末收發註記："三五、十、十八、上午。"

出。三、交通部電行轅及項參事，今日發出。四、蔣祕書長云，行政院之英國登陸艇可搭本所古物，已電重慶，乞接洽照辦，以減一部分負担，並可安全。五、宜昌不換船事，仍無把握，乞與行轅洽。六、如宜昌必換，招商最好，次為民生。函詳。斯年。皓日。①

1184. 傅斯年致蔣夢麟 (抄件)（1946 年 10 月 20 日）檔號：I：234

孟鄰先生賜鑒：敝所運公物事，承 行政院鼎力，感荷之至。重慶同事來此，知彼處有兩輪便于此事者，一為招商之江和，四百噸；一為強華公司之華源，六百噸。如由本所在十一月可運公物範圍內，租其一支，由重慶直下南京，不在中途宜昌換船，復員即可實現。查兩船之噸位，過十一月川江水更低，即有不能駛渝宜段之危險，如在重慶膠住，更為可惜。可否再由 行政院電重慶行轅，准敝院包租江和或華源，于十一月直駛南京，至感德便。專頌
政安

晚傅○○謹上 十月廿日

1185. 傅斯年致余又蓀 (電)（1946 年 10 月 21 日）檔號：I：281

特急。余祕書又蓀兄：行政院昨日發兩電，皆致其重慶辦事處吳祕書者，一言准許本院在十一月上半包專輪運公物直達南京，一言英國登陸艇搭運本所古物事。前事並電行轅，盼就近與吳祕書及交通部項參事接洽。斯年。代日（馬）。②

1186. 傅斯年致徐學禹 (電)（1946 年 10 月 21 日）檔號：I：1368

上海外灘國營招商局。徐局長學禹先生勛鑒：中央研究院復員專輪，

---

① 頁末收發註記："三五、十、十九、下午三時發出。"
② 頁末收發註記："三十五、十、廿一。"

承指派登陸艇或江和輪，與交部電訊材料配裝，直運來京，萬分感激。弟已電重慶敝院辦事處，並乞由尊處電知重慶貴分局，逕與渝國府路《337》號敝院余祕書又蓀洽辦是荷。一切面謝。弟傅斯年。酉。

1187. 傅斯年致俞大維 （抄件）（1946 年 10 月 28 日）檔號：雜 36-40-1

大維部長先生：①

敬啟者：本所近在北平買得影抄明建文刻本《皇明典禮》一部。（共九十一葉）據售書人云，原刻本於敵偽時期賣與華北交通公司圖書館，查此書原係明清內閣大庫收藏之本，關係史學至為重要。民國初年內閣大庫藏書散出，此書遂流落市肆。本所前於民國十八年時曾以重價收購內閣大庫散出之書籍、檔案八千餘麻袋，除選擇重要者印刷流通外，並設法謹慎保藏，抗戰以還依然完好無恙。今此《皇明典禮》一種如竟任其分散在外，不能共藏一處，實屬憾事。聞華北交通公司藏書已由 貴部接收，今擬將本所新購鈔本向 貴部更換原刻本。如此則 貴部在閱覽上既可收同樣實用之效，而本所得此原刻本與前購之內閣大庫書檔共同庋藏，尤富歷史上之意義。為此專函奉商，倘蒙 惠允，當即檢送影抄之本以便洽換。耑此，敬頌

勛綏。

弟傅○○謹上 十月○日②

1188. 傅斯年致吳鐵城 （抄件）（1946 年 10 月 30 日）檔號：II：69

鐵城先生左右：立法委員趙懋華女士，曾參加憲草工作十年以上，據

---

①頁首附註："擬致俞大維部長掉換《皇明典禮》書。"
②頁末附註："竹垚生。"又那廉君附註："已發出。廉君。35/10/28。"

趙女士自稱，前曾由　哲生先生請　主席特准于國大代表無黨無派名
額中由立法院加推八人，將彼名列入，經　主席照准，交由立法院祕
書長吳尚鷹先生以批准之手諭交張厲生先生照辦。但此次加選，並無
彼名云云。趙女士對國大代表，頗感興趣，^弟在渝時已與雷儆寰先生
談及。茲將趙女士原函奉上，敬乞　先生考慮是幸，專此，敬頌
勛祺

^弟傅〇〇敬啟　卅五、十、卅。

1189. 傅斯年致胡適 （電）（1946 年 10 月 30 日）檔號：II：60

特急。北平北京大學。胡校長：
　　頃金楚珍署長來訪，彼近在滬與月如、克非談北大醫學院事，甚感
　　關切。美國援華會辦法將改進三人，推荐盧致德或楊濟時任醫學院
　　長，函詳。^①

1190. 傅斯年致胡適 （1946 年 10 月 30 日）*

適之先生：
電報計達。今晨金楚珍來談，而先生已去，甚悵。彼新自滬歸，在滬
晤到月如、沈克非，諸人皆甚關心北大醫學院事。（他們的關心，當然
也有支配慾（他們是一 clique），然總是好事，北大是大開門戶的，而進步的
支配，亦不壞。）談及 ABMAC，云他們正在擬新計畫，大約以四五醫
學院為主體集中協助，只要北大醫學院上了軌道，必可為一重要之
medical centre（他們計畫中的），七、八、九月款恐係部中扰誤，決無
問題。北大增的 400% 補助事，他們開會時討論，無人贊成，有人反

<hr>

① 頁末收發註記："35、10、30、下午四時。"
* 原載耿雲志主編，《胡適遺稿及秘藏書信》（合肥：黃山書社，1994），第 37
　冊，頁 489—496。

對（我當力言其必要），今年無問題，明年（一月以後）當不易。我說怎麼辦，此間各校又怎麼辦？他說，在醫院收入項下補助 clinical men。我說，這樣辦不好。他說明年補助，數目可多，但集中在 professorships，scholarships，equipment 等等，數目必可多，薪津不能。我又問，今年剩餘者，明年可用否？他說，可先提作"教員福利費"（他吞吞吐吐說），以便保留明年再用。我看，今年保留。明年加些收入，我們合同的條文，必能履行，有 Scholarship（出洋）大有助也。明年暑假以後，如醫院辦好，收入多，而 ABMAC 補助其他，亦是好事，不難定一新計畫。又，或者自明年一月起與 Rockefeller F. 接洽此補助如何？

總之，此辦法影響我們原計劃，但補助加多，可以移換，即不愁也。

他又問院長問題，我說，先生似乎決定馬文昭先生，但亦未發表。他說，馬為人甚好，但此時創辦如此一個大醫學院，各方未必對付下去。他在上海時，他與劉、沈商量，想推荐楊濟時或盧致德。我說，楊濟時有個毛病，似乎難與人合作。在君病時，他盡心竭力，但決不使其外科主任看，而一日三電請協和大夫來。我當時知外科主任名 Green，① 查其診斷書，有 Green 名，以為看了，後來方知乃另一 Green 耳鼻喉科者也（天下有如此者）。其後外科 Green 一早自己來為在君抽去兩大瓶水與濃，在君立即好些，又過數日 Loucks② 方至。在君之病，可能由楊之成見偏見，不與外科主任合作而誤。③ 假如北大醫學院是一無所有，由楊一試尚是一法。今日局面一去，要 busted，楚珍頗以此說為然。（後來抗戰初，楊舍教從軍，赴前線，幹了幾年，可佩也。其人自是有 gut 而亦有強烈毛病之人。）

楚珍又說盧致德。盧之履歷我本知道，Bob Lim④ 提拔，在抗戰中，做

---

①編按："Green"當作"Greene"，即顧仁（Phillips Foster Greene，1892—1967），時任湘雅醫院外科主任。下同。

②編按：婁克思（Harold H. Loucks，1894—1982）。

③行首自註："北大醫學院有人提楊，我當時未理會。"

④編按：林可勝（Robert Kho-Seng Lim，1897—1969），時任聯勤總部軍醫署署長、中央研究院醫學研究所籌備處主任。

軍醫署長，當然是一個有近代化的人，亦較圓活，前年軍醫署改屬後勤總司令（時為俞樵峰），舊軍醫勢力復活，盧乃去。大維云，從此軍醫無法近代化矣。其人之 gut 不如沈克非，而圓通週到，學術地位比楊為差，① 然久任軍醫署長，也不算壞，也與 Bob 一樣，有女朋友，近娶朱小姐（不知其為朱三，抑朱三之妹耶），在 Bob 處做一主任。（以上是我的敘述）

我對楚珍說，我看盧的情形不錯。楚珍說，盧不太有肩膀（也不太差），人自是能幹的，有辦法的。于是他與我將二人（盧、楊）優劣各說一番，很同意。

我又說，我們找劉、找沈，幾個月，一場空，胡先生所以要在校內找人，假如請盧，盧來否？楚珍說，東北有醫務署長，原定楊，楊忽不去，曾問盧，盧說，行政事再不幹了，又問盧（與沈、劉談後）可去北大否？盧說，學校行政可以考慮。又去問 Bob，Bob 說，拉我的人，我自不能說好，但他如自願，不干涉。

以上與金所說之大略也。再說我的看法。馬文昭先生是最誠實、最可靠、能苦幹之人，但必受同事之氣，二者比較如下說：

　馬長處　①available；②誠樸篤實；③steady。

　　短處　①對外接洽不熟，于是校長對外，在創此等大規模醫學院時，事甚多；②同事有時欺服他，雖校長支持，必仍然時時有事。

　盧長處　①對外聯係多，創辦時易辦；②外來之人，反易辦事；③一般才幹，較長，且行政經驗甚富。

　　短處　①未必如馬之 steady；②外來人初來時必由校長支持。

先生請文昭兄，是一件值得稱讚的，我只慮其未必可久（受氣必下去），而創辦時尤多事。他辦事極其認真而方正（劉派中與朱恆璧合作者僅此一人，朱不肯放，或由于此。）他長重慶中央醫院，大官全不理，盧則圓通。（Lim 也圓通）

────────────

①行首自註：“盧是 physiologist，Bob 之學生。楊在協和班次高，戰前已為湘雅內科主任。”

我最後說，假如盧做院長，楊作內科主任，豈不太好？（亦是戲語）金最後問我，幾時回北京？我說，早已交代，不回去，故一切只是一個熱心者之閒談，但必即寫信去，而今日未與胡先生面談，甚可惜也。這話就是說，我說的全不算數的。

以文昭兄為院長，我也有此一念，然覺久後他與校長必交受其弊。故今日不殫與金細談，并寫此長信者也。然只供　先生參考而已。

北大醫學院，去上軌道甚遠，教授專任，未必即上軌道，若不專任，全談不到上軌道。中和醫院派（內外科）顯然要把持，而不賣氣力也。

專頌

教安

斯年上　十月卅日

1. 此事是金上門來說，彼深惜未晤　先生，非我找出來的，如晤面，省我一信了。

2. 已函緝齋，請其將意見函陳。

3. 蔡堡事自然作罷。

1191. 傅斯年致余又蓀、李濟（電）（1946 年 10 月 30 日）檔號：II：60

重慶。余又蓀兄轉濟之兄：金署長赴滬始歸渝中，謝院長來此開會，已電渝主治醫師矣。斯年。

1192. 傅斯年致王文俊（電）（1946 年 10 月 30 日）檔號：IV：374

九江善後救濟分署辦事處。王文俊先生：總署新換人，弟皆不識。此時交通未恢復，事不易謀，似暫留為佳。傅斯年。[1]

---

①頁末收發註記："35、10、30、晚九時。"

1193. 傅斯年致彭百川 （暫繫年於 1946 年 10 月） 檔號：IV：359

百川吾兄：茲有交通部職員嚴錫鼎君之子嚴寶崗，原為戰區學生，進修班分發中，至　貴校就學，該生還都向　貴校報報道，則謂其業已退學。查該生並未退學，目下公務員實甚清苦，子女在公立學校讀者，供給學費已感支絀，如改入私立，更非力所辦。儻承吾　兄幫忙而惠予收容之，則感荷不啻身受矣。

1194. 傅斯年致胡適 （電）（1946 年 11 月 3 日） 檔號：京 6–18

特急。北平北京大學。胡校長：果如所料，教育部已代辦各校明年概算，本校應加員額及醫院、農場等經費，苦無資料，盼速寄。斯年。江。

1195. 薩本棟、傅斯年致余又蓀、芮逸夫 （電）（1946 年 11 月 11 日） 檔號：I：287

特急。究。重慶。余又蓀、芮逸夫兩兄：齊電奉悉。即照所示，接洽招商局華字 202 號登陸艇，一切同意。民聯運物已安抵京，並聞。本棟、斯年。真。①

---

①頁末收發註記："11 月 11 日送發。"

一九四七年

1196. 傅斯年致胡適 （電）（1947 年 1 月 7 日）*

特急。北平北京大學。胡校長：① ○密。卅一晚遇司徒雷登，彼述水兵預審口供，當告以沈崇系出名門，地點、情景、天時，絕不類和姦。我固不能執言，但中國人方面證據必須盡量注意云云。此間連對沈女士頗有不利之傳說，我皆不信。昨報載沈南下，始極駭異。幸今日報更正其事，乃略放心。沈萬不可離平，否則只有一面證據，不可收拾。受害人證據與法律觀點必須澈底弄清，並不可延長時日。盼將詳情隨時電京。傅斯年。子虞。

1197. 傅斯年致胡適 （電）（1947 年 1 月 15 日）檔號：京 6-24

加急。北平北京大學。胡校長：兩房事已遵命訪陳、孫②二位。孫長官謂均無問題，並已囑其韓處長電北平移交。彼日內北返後，盼即與一洽，或即託伯謹兄迅辦移交。另函詳。斯年。子刪。③

1198. 傅斯年致胡適 （電）（1947 年 1 月 15 日）**

加急。北平北京大學。胡校長：啟密。雪屏兄辦事聰明，有分寸，近為某種分子④攻擊，乃係破壞北大之企圖。我與雪屏兄意見原不甚合，

---

*取自"朱家驊檔案"。
①頁首收發註記："36 年 1 月七日十三時"。
②編按：指陳誠（1898—1965），字辭修，時任國民政府參謀本部參謀總長；孫連仲（1893—1990），時任第十一戰區司令長官兼河北省政府主席。
③頁末收發註記："中華民國 36 年 1 月 15 日送發。"
**本函有電稿及譯電兩種（檔號：京 6-26），合併整理。
④編按："某種分子"電稿原作"延安分子"，後改。

但在此關鍵必請先生對雪屏全力支持。斯年。子刪。①

1199. 傅斯年致孫科 （1947 年 1 月 28 日）檔號：II：63

哲生先生賜鑒：^{斯年}因病臥中央醫院，讀報悉立法院最近將增加立法
委員名額。對此類事^{斯年}向無所干，惟此次擬作一次例外者，蓋近來
深感蒙古、新疆、西藏以及西南少數民族之問題日益複雜，近三月
中，需要制法有關此事者甚多，非有熟悉邊疆民族情形之專家為之策
畫，恐易生流弊，乃至不可補救也。此類人才，殊不易得。中央研究
院研究員芮逸夫先生，治民族學近二十年，其考察所至，北抵松花江
下游之赫哲族，南至川、康、滇、黔之苗族及倮倮，且曾參加中英滇
緬勘界，確為目下國內有數之人才，知其實際，非讀書不化者比。其
對于與民族相連之政治問題，尤為用心。如能延攬為立法委員，對于
現階段制法上有涉邊疆民族各問題，必有甚大之幫助，用敢冒昧推
薦，並將履歷及著作表隨函附奉，敬祈　考慮，至幸。^{斯年}一俟病癒
出院，當即趨謁，面陳其詳。蓋本屆參加國大，深感少數民族問題之
糾紛，在立法時不可不有所準備，此意乃願立法之完善，非私有所荐
引也。敬叩
政祺

^弟傅〇〇敬啟

1200. 傅斯年致胡適 （1947 年 2 月 4 日）*

適之先生：不大不小之病三個星期，發燒到 39.8，而蛋腫得可怕，過
　舊曆年即呻吟最甚時也。老天開這個玩笑，真惡作劇。昨晚出醫

---

①頁末收發註記："中華民國 36 年 1 月 15 日送發。"

*原載耿雲志主編《胡適遺稿及秘藏書信》，合肥：黃山書社，1994，第 37 冊，
　頁 497—499。

院，傳染期已過（入院原為避染他人），血壓較平常為低，（熱病後之現象）仍在頭暈。

病發作在一月十五日，是日中午蔣先生約去吃飯（前約一次，因他約未去），座中無他人。他問我意見，我說了好些，大致為：①政府非振作不可，何必待各黨各派來再"一新天下耳目"，許多事自己可做也。（他問我何事，我說了幾件。）②宋與國人全體為敵，此為政治主要僵局之一。③實施憲政必須積極，此時儘可無多慮云云。他似乎並不以為不然。

他問我，前談 先生組織黨之說，如何？我說，未再談過。他說，請 先生再考慮。我說，組黨不如辦報……。

他提出一件事：他似乎覺得小黨參加政府不易，希望在"社會賢達"方面先做工夫。（非原語，意思如此。）他請 先生擔任國府委員兼考試院長。我當力陳其不便，自大者言，政府之外應有幫助政府之人，必要時說說話，如皆在政府，轉失效用；即如翁詠霓等，如不入黨，不在政府，豈不更好？他說，並不請 先生入黨。我說，參加政府亦同……。自小者言，北大亦不易辦，校長實不易找人，北大關係北方學界前途甚大。他說，可以兼著。我說，不方便，且不合大學組織法。他說不要緊（此公法治觀念極微）。如此談了許久，我反覆陳說其不便，他未放鬆。我答應寫信通知 先生，詳述他這一番好意。

不過一回來（當天下午）便突然發燒，燒到 39 度以上，所以上次匆匆寫一信，只言有一事，而未能寫下。日前蔣先生派吳達詮到中央醫院看病，未言及此。昨天雪艇來，問下文，我發了一套議論。他說："我一聽說，便知此事錯託了人，不過，受人之託，不要從中打岔。"至於對宋等等見解，他到與我百分之百的同意。等我說到，王雲五出來捧宋之場，有何意思，他大不謂然，說我老是以壞心揣度朋友，一吵而散。

此事之經過如此。盼望 先生如何決定，給雪艇或我一信，最好不提我扰誤三星期（糊糊塗塗的），實緣此事不能代筆，中央醫院無法寫字，昨日下午匆匆出院，亦為雪艇一催此事也。

雪艇又盼望　先生能于二月來京一次，我說，這時的飛機，不是開玩笑的。

自由主義者各自決定其辦法與命運。不過，假如　先生問我意見，我可以說：

一、我們與中共必成勢不兩立之勢，自玄學至人生觀，自理想至現實，無一同者。他們得勢，中國必亡于蘇聯。

二、使中共不得勢，只有今政府不倒，而改進。

三、但，我們自己要有辦法，一入政府即全無辦法。與其入政府，不如組黨；與其組黨，不如辦報。

四、政府今日尚無真正開明、改變作風的象徵，一切恐為美國壓力，裝飾一下子。政府之主體在行政院，其他院長是清中季以後的學士，對宋尚無決心，其他實看不出光明來。

五、我們是要奮鬥的，惟其如此，應永久在野，蓋一入政府，無法奮鬥也。又假如司法院長是章行嚴（杜月笙之祕書），豈不糟極！

六、保持抵抗中共的力量，保持批評政府的地位，最多只是辦報，但辦報亦須三思，有實力而後可。今日鬥爭尖銳強烈化，如《獨立評論》之 free lancer，亦不了也。

我想　先生看法也是如此，這些話都是多餘的。北大各事續寫。內子如尚未動身，而路上不靜，稍緩不妨也。專頌

教安

學生斯年謹上　二月四日

1201. 傅斯年致蔣介石（1947 年 2 月 10 日）檔號：I：35

主席鈞鑒：一月一五日侍　座，返後即病莫能興，兩日後知為"炸腮"，遂入中央醫醫①院。倍蒙　鈞座關切，承吳達詮先生將　命垂問，

---

① 編按：衍一"醫"字。

感激之至。一病四星期，三日前已出醫院，仍在寓休息。知 注謹聞。
適之先生處，初病時去一信，病兩週後又去一信，昨得復書，知彼亦
小病，原信附呈。適之先生信，係對^{斯年}而說，容有一、二處質直無
所保留，而其意至為誠摯，重勞 眷念，不敢有所諱，故冒然奉呈。
（今日之事，在政府與國民黨自身之努力。）
前承 鈞座諄諄命以將對時局意見寫呈，一病遷延，至深惶悚。三數
日內可復原，當直陳 清聽。專此，敬叩
鈞安

二月十日

附：胡適致傅斯年（抄件）（1947 年 2 月 6 日）

孟真兄：我因為氣管發炎，發了幾天燒，在床上睡了五天半，大綵走
時我也沒送她。冬秀送了她回來，才得你的電報，報告你已出院了。
那天（四日）大綵搭上午九時的特快車走的，下午的特快車上就出了
劫車的案子！
你受托轉致我的密信，我曾細細想過，結論是：我因為很願意幫國家
的忙，很願意幫政府的忙，所以不願意加入政府。蔣先生的厚意，我
十分感謝，故此信所說，都是赤心的話。
我在野，——我們在野，——是國家的、政府的一個力量，對外國、
對國內，都可以幫政府的忙，支持他，替他說公平話，給他做面子。
若做了國府委員，或做了一院院長，或做了一部部長，雖然在一個短
時期也許有做面子的作用，結果是毀了我三十年養成的獨立地位，而
完全不能有所作為。結果是連我們說公平話的地位也取消了，——用
一句通行的話，"成了政府的尾巴"！你說是不是？我說："是國家的、
政府的一個力量"，這是事實，因為我們做的是國家的事，是受政府
的命令辦一件不大不小的 "眾人之事"。如果毛澤東執政，或是郭沫
若當國，我們當然都在被 "取銷" 的單子上。因為我們不願見毛澤東
或郭沫若當國，所以我們願意受政府的命令，辦我們認為應該辦的
事。這個時代，我們做我們的事就是為國家、為政府樹立一點力量。

我十月裡有一次到行政院去看翁詠霓，坐了一會，秦景陽也來了，我怕他們有事商量，站起了就要走。他們堅留我坐，說這是他們聊天的聚會，每天都是聊天，無一事可辦。我坐了整整一個鐘頭，聽他們聊天，聽他們發牢騷，我心裡想著，"這是中國兩個最有腦力的人才，幹嗎不到一個學校或研究室去！幹嗎要把他們困在一個完全自私自利的宋子文手下吃閒飯，聊閒天！"

我想你老兄大概也不願意在雞鳴寺一號的東邊大院子裡添一個讓你來陪我聊閒天、發牢騷的場合吧？

前些時，有外國記者 A. T. Steele（《紐約前鋒論壇報》）來長談，我們談的自然是馬帥的長文。他問我，馬帥所謂自由分子大概是些什麼人？我說國民黨內、國民政府內，就有不少自由主義分子，如孫科、如王世杰、如周詒春、如蔣廷黻、如翁文灝，皆在黨籍；如王雲五，則無黨籍。此外，國民參政會裡，立法院裡，都有不少自由主義的分子。我隨便說了一些人，Steele 似乎很驚訝。我覺得，小黨派的人才實在不多。此次國大可謂"群英大會"，讓我們有個"相攸"的機會，青年黨頗有幾個有頭腦的人，但他們的黨魁實在不像個樣子。民社黨則除了張君勱一人之外，檢直不能說有什麼抬得出的人才。

我的看法，是：蔣先生應該充分抬出黨內的最有希望的自由分子，給他們一個做事的機會。行政院長必須換人，雪艇、哲生都比子文高萬倍，都可以號召國內與國外的同情、支持。若用子文，則國內無以號召，美國借款也借不成。若有人至今仍相信美國借款非宋子文不可者，乃是坐在鼓兒裡做夢。

這是國民黨訓政最後一年的政府，國民黨豈可不冒一點險，抬出一個"全明星"（All-Star）的政府來給世人與國人看看嗎？國民黨要做廣告，這是最好的廣告機會。國民黨要為將來做競選工作，這是最好的競選機會。

故這一次政府改組，必須以國民黨的第一流人才為主力，配上三、五個小黨派與無黨派的人才，就像個樣子了。為國外的號召計，似以哲生組閣為最相宜，雪艇次之。我不是偏袒此二人，實以我九年的觀察為根據。

外國人對我國的觀察也有未可一概抹煞之處。例如老兄不喜歡馬帥，
但我曾聽一個美國朋友說，馬帥對中國人士向不下明白坦率的判語，
惟對于羅隆基，則曾坦白的說此人一無可取，且不可靠。此可見馬帥
不是瞎眼人也。

今天第一天起來，寫此長信奉復。因為信中頗捧雪艇，故不給他寫
信，還是直寄給老兄。我大約三月初旬南下。兩個會開完了就回來。
余又蓀兄的事，我還想請他來北大，望仔細考慮後見復。匆匆問
雙安

適之　卅六、二、六

1202. 傅斯年致蔣介石 （殘稿）（1947 年 2 月）檔號：I：1687

主席鈞鑒：前承　鈞座諄諄命以將對時局各種意見寫下。一病經月，
今始可執筆。緬懷　鈞座推誠之厚，重以時局艱危之深，雖一切非所
宜言，而為國為　公，心難緘默，故盡其所知，所以報　鈞座歷年知
遇之隆。雖詞涉質直，而皆出赤心，幸　鈞座鑒之。今所言者分“改
組政府”、“經濟”、“民生”三事，此皆淺者，日內再寫“軍風”、
“政風”、“黨風”，續以陳聞。

　　一、改組政府。

今日改組政府之局，聞已可逐步為之，自是　鈞座啟迪大效。惟所謂
改組者，徒以為裝點以應國際情勢乎？抑誠欲政治之進步乎？雖二者
皆有其用，然後者之重要實勝于前者十倍。蓋如裝點十分美滿，而真
不能辦事，三月之後，必然瓦解，國內失望，國際攻勢又至，更不可
收拾矣。然何以能使政治進步？其關鍵全在國民黨能自身拿出人才，
開明分子，廉公幹練分子，盡出一流之選。而一切尸位或作惡者退
之，使國人、外人看，國民黨固有人才，亦可振作也。然後小黨與所
謂“社會賢達”之自願者參入，方可發生作用。其實國民黨如久能自
強，焉有政協之局？既有去年政協之局矣，而政府猶能及時改革，又
焉有今日？此說非謂國民黨不開放政權也。如昔日自有把握，自行開
放，其勝于今日內外艱難然後開放者遠矣。及今振刷，已晚之又晚，

然若自率仍舊，對小黨牽于形勢而開放，對自己有所顧慮，而照常未能盡舉其第一流人才，小黨縱來，事情仍辦不好，二、三月後，又入絕境，故此次改組，無論在兩院，或國府，或政院，所有國民黨之人，無論為掛名、為藩羽，必先盡其第一流之選，如是則小黨之來也易，其去也難。若自身因襲今日瘋痺之局，其來之難如今日，不久或又鬧走，以一事不能辦也，大政之失效更無論矣。小黨之來，有其益處，意見差異，辨則易得其是，所謂"入則有法家拂士"也。若自身不盡拿出第一流人才來，或使人不盡其才，小黨並裝點之作用亦無之，固將整個為人所不滿也。

人才在今日為難，固由于多年不培植，然執政廿年，又廣拉掛名者，其人才總數實比黨外為多，無論為辦事，為應國際需求，皆然也。即以司法、考試兩院論，以邵力子先生之資歷，可矣，其在國內、國外號召力，即佩服其人者之眾，實遠在張君勱①之上。其和蘇容共之見解，不害其對國對黨之忠。其直言無論是與非，正所以造成不同意見之新政風也。又如顧孟餘先生，清風亮節，明白大事，國人之望。其自中央大學出走，當時教育部逼走之耳。其名譽比之章行嚴，（此君一經拜謁張宗昌，而為杜月笙祕書，有氣骨之讀書人無與往來者矣。）如全白與全黑也。至于部會首長之選，實不少上選之人。即今之行政院各首長，比起外國之內閣來亦不為弱，然而不發生作用者，一則在宋公之下，雖天才亦成廢才；二則在今日政風之下，但求無責，故不能辦事耳。

行政院長為百僚之首，不特行政院由其領導，即他院亦須瞻之。而宋公使人失望，有不可勝言者，謹述其略。

1203. 傅斯年致胡適 （1947 年 2 月 20 日）*

適之先生：日前在蔣先生處，座中有布雷，老調仍彈。我便解釋來信

---

① 編按：張君勱（1887—1969），時任中國民主社會黨主席。

* 原載耿雲志主編《胡適遺稿及秘藏書信》，合肥：黃山書社，1994，第 37 冊，頁 500。

之旨（來信轉去，一字未改）：一、于事無濟，于己有損，其損亦國家
之失也。二、要國民黨自己振作，拿出人來。又加一翻意思，我輩二
三十年教授，不復可以治事，云云。仍不以為了，說，"撐面子，要
如此"，到是真話真意（上三字，非下三字）。又說，盼　先生可早來，
云云。聽說協和十二日在上海開會，中基十四在京，我看先到上海，
再來京，會完即走，免得我們如上次，晚上白談天。其實　先生弄這
些鬼會，幹什麼？荒山書院要人耕也。（另見）此次照雪艇言，不加
按語。近作一怪文，附呈，另有兩篇，續呈。我目下主意是，責備政
府，不可忘共黨暴行，責共黨不可忘政府失政，所謂左右開弓，焉得
盡此兩極敗類而坑之哉？內子尚未到，聞船遲開。專頌
教安

斯年　二月廿

1204. 傅斯年致凌純聲（抄件）（暫繫年於 1947 年 2 月）檔號：II：44

純聲吾兄左右：中央研究院接收敦煌藝術研究所後，以該所關係西北
邊疆文化至鉅，須大加整頓，而中研院經費萬分支絀，故上年度曾請
教育部補助四千萬元，惟教部僅撥到一千萬元。查該所原有之設備甚
為簡陋，人才亦感缺乏，接收伊始，均待補充，本院卅六年度內仍無
法支付此款，故特專函奉託，擬請吾　兄轉陳朱部長，于本年度內繼
續由教育部邊疆教育專款內補助四千萬元，以利該所業務之進行，而
重邊疆文化，是所至禱。附上致朱部長一函，尚乞轉請朱部長一批，
至荷。專此，敬叩
道祺

1205. 傅斯年致俞大綱（抄件）（暫繫年於 1947 年 2 月）檔號：II：67

大綱吾弟：民國廿九年史語所由昆明遷李莊時，曾由大維兄託兵工署
辦事處王受慶兄協助本所遷運，王受慶兄當即派該處科長王文俊君辦
理此事，弟由此始識王君。王君對本所事務，異常盡心，本所遷運工

作得以順利完成，王君之力實不可泯也。復員之後，王君由大維兄介紹至浙贛路，在南昌任段長，惟彼以十七、八年前即已在南潯路任段長，今轉回鐵路機關，自希望在職務上較以前略優，但浙贛路範圍較小，一時無法可想，故彼擬另換一機關，另求發展，曾向兄談及此事。弟對王君過去協助本所，萬分感激，而彼在兵工署等地服務又均能誠實盡職，故特函託吾 弟，未審目下招商局或招商局之附屬機關尚有機會否？至乞 代為設法。如需要函託徐學禹局長，乞 示知，當即寫去。王君履歷附上，即請 一閱，至幸。專頌

日祺

1206. 傅斯年致陳伯莊 （抄件）（暫繫年於 1947 年 2 月） 檔號：II：66

伯莊先生左右：① 久違 雅教，曷勝系念，比維 興居佳勝，至禱至禱。茲有懇者：友人王文俊君，弟識之于七年前，時王君任兵工署昆明辦事處科長，敝所適于此時由昆明遷川，關于遷運各事，多賴王君盡心協助，得以順利完成。復員之後，王君就任善後救濟總署九江辦事處主任，旋該處結束，經俞部長大維介紹至浙贛路任段長，現改調南昌，任段長。王君原籍本係南昌，近中王君頗感服務桑梓，若干事務，轉不易辦。且十七、八年前即已在南潯路任段長，今復轉回鐵路機關，自希望在職務上能較以前略優，但浙贛路範圍較小，一時無法可想，故王君擬轉至其他鐵路機關，另求發展。而 貴局之進步不已，又為彼素所嚮往者也。頃王君以此事向弟談及，弟對王君過去幫忙敝所，至為感激，而聞彼在各機關服務均能誠實盡職，故敢為之推荐，至乞 設法予以裁成，弟相信王君必不負 先生提挈之盛意也。專此拜懇，敬頌

道祺

弟傅〇〇敬啟

---

① 頁首自註："南昌浙贛鐵路南昌總務轉。"

1207. 傅斯年致胡適（1947 年 3 月 28 日）*

適之先生：駕行時所談之信不見到，後見北平報上所在，① "專辦學十年"，為之安慰！忽接廿三日書，萬分驚愕，不料　先生竟如此想也。

一、參政會決不與國府委員同，五院院長為當然，知其是政府也，且為中央政治會議、國防最高委員會之續，尤知其是政府也。其法定名詞為 "最高決策機關"，決策非政府而何哉？信中所云，欺人之談也。此等欺人之談，我聞之多矣。

二、"政府決心改革政治之誠意"，我也疑之，蓋不能不疑也。現在改革政治之起碼誠意，是沒收孔宋家產，然蔣公在全會罵人時仍言孔宋不貪污也。孔宋是不能辦的，CC 是不能不靠的，軍人是不能上軌道的。借重　先生，全為大糞堆上插一朵花。假如　先生在京聽到蔣公教訓中委的一段話，（中委們罵雪艇是○○主使，其罵陳儀、孔宋，不可謂非公論，而蔣公罵了些醜話，如沒有太多大官請你們做等等。）當知此公表面之誠懇，與其內心之上海派決不相同。我八、九年經歷，知之深矣。此公只了解壓力，不懂認何其他。今之表面，美國之壓力也。我們若欲于政治有所貢獻，必須也用壓力，即把我們的意見 consolidated，articulated，而成一種壓力。一入政府，沒人再聽我們一句話！

　　先生是經驗主義者，偏無此八年經驗，故把我們政府看得太好，這不是玩的。

三、此事全在　先生一顆不動搖之心，我代辭，多少次了，是無用的，尤其是　先生那樣客氣之下。我們又不是一個政黨，誰也替誰保不了，只在自己而已。我要作官之說，嚷了一年多了，然我心中全無恐懼，因我自有決心也——即最後決裂，辭此教

---

*原載耿雲志主編《胡適遺稿及秘藏書信》，合肥：黃山書社，1994，第 37 冊，頁 501—505。
①編按："所在" 當作 "所載"。

官，亦所不惜——，所以全不著急。我知道　先生是決不要做的，但要更進一步，即無論如何也不做，尤其是那樣信，豈可動心。

四、此時　先生急來電託雪艇轉上，謂北大同人堅決反對，不能為孟鄰先生之續，故如發表，恕不奉命。如為此影響到北京大學，則以此等名節之事而影響北大，愛北大者——即愛北大之精神者——決不因此責備　先生。

五、試想　先生答應了，北大如何辦下去？兼著，像怎樣樣子？不兼，誰來？我決不來，孟鄰先生來，後果可想（我想，他也不來）。北大如此渴望　先生，　先生決不應使之再遭患難。

六、雪艇是主張　先生出山當行政院長的，至于府委，他也說"無聊，不該犧牲他"。布雷同情，　先生知道我的一切在黨的朋友幾乎皆謂　先生不當來，身在其中，知其奧妙也。即如四人之說，我聽到，胡政之不來（此人原非有上等品格之人），而章行嚴要為司法院長。（已數變，最後如此說，其為國府委員無疑也。）章吃大烟，又是杜月笙祕書，　先生與之同列，成何景像？

我在此更有何法，必須　先生再發一電極言不可耳。湯、饒①諸公，亦不應摸稜，"非所望于蕭父"也。專頌

教安

^{學生}斯年上　三月廿八日

先生自己之損失，即是國家之大損失，我看法如此。雲五一參加，聲名盡矣，彼今日悔不聽我去年之勸告也。

1208. 傅斯年致胡適 （電）（1947 年 3 月 29 日）*

急。北平北京大學。胡校長：

---

① 編按：指湯用彤（1893—1964），字錫予，時任北京大學文學院院長；饒毓泰（1891—1968），字樹人，時任北京大學理學院院長。

* 本函有電稿（檔號：I：1674）及電碼稿（檔號：I：1650）兩種，合併整理。

啟密。示悉，至深驚愕。此事如先生堅持不可，非任何人所得勉強，如自己太客氣，我在此何從為力？國府委員純在政府地位，五院院長為當然，可以知之，絕與參政會不同。北大應振興之事多矣！如兼職在三千里外，全蹈孟鄰先生覆轍，三十年之盛名，為社會國家計，不可廢于一旦，使親者痛心，學校瓦解。故再進忠言。如能直電京中，以學校同人反對為辭，堅稱不可，事自解矣。斯年。賺。①

1209. 傅斯年致胡適（1947 年 4 月 7 日）*

適之先生：連日小不豫（血壓高），稽復至歉。騮先兄于接　先生來信後即去說，適是日蔣先生請客，皆政府中人，即談改組事者也。騮先偏託達泉、鐵城等人，人皆曰：“是雪艇辦的，向雪艇問。”雪艇說，　先生已經答應了。于是騮先自向蔣先生說，蔣先生也說，　先生已經答應了。于是騮先竭力說了一遍北大可能因此引起之不安，及北大之重要，云云。介公說：“你打電報勸勸他們（指北大教授）。”騮先說：“電報自然可打，但無用，而且大學校長不能兼任他官。”介公說：“發表時，作一個聲明，說明國府委員不是官”！（這樣說法是使我永不相信在介公手中，中國能走上法治的。）但最後終于把兩個電報收起來。過兩天，介公約騮先去，又談此事。介公意似微動，他仍說：“他以前答應了”，騮先又反覆陳說。于是有兩電報，想早到。（我未見電文）此次騮先冒著他官運的危險，大賣氣力，確實難得。又找雪艇，雪艇云，他極為難，只能不問，不知有何難言之苦者。以上經過如此，是否作罷，不能說定。

困難在乎蔣公一口說定，先生已經答應了，所以一切文章都若別人從旁打插者然。

---

① 編按：電碼稿韻目代日“賺（6268）”當作“艷（6267）”，頁末收發註記：“中華民國 36 年 3 月 29 日送發。”

* 原載耿雲志第《胡適遺稿及秘藏書信》，合肥：黃山書社，1994，第 37 冊，頁506—509。

雪艇是主張 先生做行政院長，而不主張作掛名府委的人。驅先、
布雷、力子，乃至 CC 二流人物來原亦是自由主義者，如胡健中、
程滄波，皆與我的意見一樣，而王、朱、陳"奉命"相勸，至覺為
難而已。

此事鬧得甚熱鬧了，似乎介公心中只是我們打岔。大約兩三天發表
（全單），介公尚未歸，不知最後是何一牌。究竟他因何認為 先生
答應了，我全然不知。（兩次談，我皆不在，最後一信（王轉）我也不
知。）蔣先生早已認定，我這傳話人是打岔的！雪艇讓我去說，我
以為他早認定我是打岔的，必無用，且向例不求見，他找我，我自
然竭力說；不找我，我只有託驅先諸人。

前發電與信後，頗悔信中有些話說得太重，如"名節"等，（其實
前抄顧文亦是如此說，此二字看如何解釋耳。）我原不曾覺得太要緊，
因為 先生牙根咬定，他能捆綁上任嗎？所以在此與 先生說，也
只是"不放鬆"而已。看來早走了，豈不省此一事。專頌
教安

學生斯年上　四月七日

我看這事如此：假如蔣先生怕北大鬧事，而 先生因而不來，他可
"赦免"（用 先生語）；如不怕此，定有下文。

我有一句話："先生在政府，並不能發生政治作用，反失去社會
上的道德作用"，雪艇亦大以為然也。我上次電信發後之一日，即
接錫予兄信，大不以此事為然，則我前信中涉及他者冤枉他矣。

1210. 傅斯年致胡適 （電）（1947 年 4 月 28 日）檔號：雜 36-44-3

胡校長：

兩宋刊書，承沅老惠讓敝院，公私極感，日內函謝。款零數存讓之
處，整數今日由部電匯先生，湊齊乞轉交。影印事當遵沅老命進
行，函詳。斯年。卯（28）。[1]

---

[1]頁末自註："南京、徐州、鄂州、新鄉，回家。行李一件。"

〔附〕：**傅斯年致胡適**（1947 年 5 月 3 日）*

適之先生：惠示敬悉，一切感激之至。沅老盛情，至可感激，然若非
　　先生，亦未易也。此事近一週稍有一波折，陳之如下。款在讓之
　　處本有五千，其整數上月騮先已允撥，及上星期五，信到，（比電遲
　　數日）去撥，出納允矣，而駐部審計不可，直到昨日又由部中轉一
　　法，明晨電滙上。
　　因此又生一事，此款本非購書用者，我以其原用途實無法下手，故
　　有此想，而未嘗與人商之。　先生信到後，乃與同事言之，（真該
　　打，　先生必謂"獨裁"，實並非如此，面詳。）同事不說不可，而問
　　我："何以知其為北宋刊？"這到把我問倒了。此事動機，由于森玉
　　先生一言。先是我對森玉說，想求沅老惠讓《莊子》，森玉云，"他
　　的北宋本《史記》最好"，于是棄此間接洽《通鑑》之事而為此
　　請。然森玉亦未言其詳也。及同事有此問，我必證其說，適款在部
　　延擱，遂盡數日力大翻其書，並電詢苑峰，于是愈來愈糊塗，詳見
　　附致苑峰書。此事應先作者，反而後作，深悟我之熱心有餘而審慎
　　不足，行年五十而有大過，今生休矣。無論如何，我總當撐下來，
　　沅翁長者，且在病中，不容擾他。（此是交情而非買賣也）擬請　先
　　生約晉生兄一談，代說〔斯年〕之窘狀。先請許可苑峰一看，如全書大
　　體如曹元忠君跋，如趙斐雲文①中所影印之葉，（皆詳苑峰函）即與
　　嘉祐本《史記》聯繫者，自然最好，如大體不如此，而有如百衲
　　《史記》十行本，板心上記字數者，則恐印刷甚後，〔斯年〕無以喻同
　　人。如是，則似可以下列二法請晉生兄擇之，（一）但請轉讓《莊
　　子》一書，（二）仍奉上原數，以他種乙部易《史記》。然看來恐
　　不至于此，當為我之過慮，惟此係為公家辦事，已忽于前，故今不

---

* 原載耿雲志主編《胡適遺稿及秘藏書信》，合肥：黃山書社，1994，第 37 冊，
　頁 511—516。
① 編按：趙著《兩宋諸史監本存佚攷》，載《慶祝蔡元培先生六十五歲論文集》，
　北平：中研院史語所，1933，上冊，第 167—173 頁。

能不有此過慮也。此事一切煩　先生，真慚感萬分矣。晉生兄處之信，及致苑峰信並乞　轉致，叩頭叩頭，慚極慚極。

先生的那一件事，這次總算幸而免，驪先、雪艇皆甚出力，一切面詳也。前奉　手示，知　先生甚慍，我也微動氣，最好緩復，故至今也。

參政會似可來，理由如下，（一）風波已過，（二）參政會本無所謂，（三）介公量實在不大，此次已遷怒及北大，辦學之事，到不得已時，只有堅守立場，若不到此最後關頭，隨和些好，所以誦麻冕之章也，一笑。然而一來可能選為主席團，這些也不打緊，可以早回去。最好勸枚蓀、金甫也來，一同保駕。這些事以後再不問了。

其實　先生這些糾紛，只要不太客氣，難道說，政府能"捉拿隱逸"嗎？　先生誡我以客觀，（此待面辨）我則勸　先生凡事自動，無被動也，一笑。專頌

近安

學生 斯年　五月三日

書事，第一段由苑峰一看，如有問題，乃有第二段，……一切託先生矣。

晉生兄函今日下午寫續郵。

1211. 傅斯年致傅晉生（1947 年 5 月 3 日）檔號：Ⅳ：71

晉生先生宗兄左右：適之先生來示，具道厚承　沅丈及吾　兄惠納所請，公誼私情感何既。猶憶十年前弟在北平時，藏書家願以書假弟讀者，　沅丈一人而已，他人則性習不投，弟亦不請。去夏在燕京，本思多向　沅丈求教，而　沅丈在病中，僅獲一晤，怡悵何如也。深冀明年春夏間，弟返國赴北平，屆時　沅丈康履如恆，俾獲暢敍十年巴蜀飄泊之往事，更請教益也。此次之款，原係修建、出版等費，故在支領時出問題，幾經往返，今晨始獲准寄平。適值物價波動，五日之

間，實受影響，深感歉仄，事關法令，為之奈何。

影印《莊子》一事，謹當遵命。惟目下景況，時期難定，不得不預陳之。先是，本年敝所^{敝所}得一鉅款，（此項款即在其中）思印十年播遷中同人之積稿，尤以考古報告需大量珂羅版，故三個月中弟皆在辦此事，不意其困難不可勝言。以板論，滬上只有膠板，並無玻板，然以膠板製珂羅板甚不佳，（近日鄭振鐸君之《讀史圖譜》，印術至劣。）故申請外匯自購，最近始辦，而申請紙張尚未全准。影印《莊子》至少須如《續古逸叢書》或《百衲本廿四史》，最好當如日本珂羅板印書，方不負佳書。商務印書館此項工人近已星散，而石板須印千部方上算，今日紙難，購者又少，若印二百部，轉不如珂羅板。敝所本有印小叢書之計畫，今承此 命，又派人去上海，頃返，知料半、夾貢均缺貨，有少數，其貴無比。中央圖書館存紙甚多，而不肯分惠。紙、板、工、三者皆如此，故商務估計，當出貲一億以上！此則今年未易辦完者也。無論如何，今年當增請外匯買玻板底片三百面，為印《莊子》之初步准備。（《續古逸叢書》、《莊子》二百八十九葉，當差不遠。）至于何時買到紙張，以後工價如何，事難前定。然弟之願印一叢書，其志甚熾，有《莊子》加入，足為光寵，故必于可能情況下努力迅速為之。只是目下經濟如此紊亂，不知何時可穩，實難定何時可印成耳。此不敢不告者也。

北宋本《史記》，誠為乙部冠冕，經 沅丈及沈子培先生（沈文弟未見）、曹君直君之鑒定，更增輝采。弟見趙斐雲君一文，附有影葉《殷本紀》一葉，酷似景祐《漢書》，曹君所跋六刻工名，見景祐《漢書》者，弟查一遍，四名在，錢真無，有錢珍；屠武無，有屠式，蓋曹君筆誤而趙君從之也。至曹君所云補版毛諫一名，並不見《漢書》，乃見紹興二年越州《通鑑》（亦尊府所藏也），此與曹君政和改修之時代亦合。惟《藏園善本目》云，白口雙闌，上記字數，下記人名。上記字數一事，與趙文影葉不合，曹跋亦未及。上記字數之式以弟印象，似南宋中葉方有之，影印百衲《史記》有一集解本十行十九

字，偶有此記字數者，則甚後之板也。未識此本大體上是否如趙影之
葉，或印刷較遲，後來補板過多，有如百衲本中十行本之式者，此雖
妄想，仍擬先求吾　兄假同事張君政烺一觀，無任厚幸。如大體上為
趙印之葉，^弟之癡心滿矣。（補配十四卷不計，其補版如不太多，自亦不
計，故云大體上。）蓋^弟辦此事初未與同事商，及向部撥款，同事亦未
持異議，然欲^弟證其為《史記》最早印本，^弟為眾人辦事，不得不如
此，至祈　兄之諒之也。（假如補版過多（想不如此），則擬請僅讓《莊
子》一書，或仍為原數而以其他乙部易之。）一切均託　適之先生。此時
請無以^弟之囉索聞之　沅丈。

^弟動此念，由于去夏在燕，聞藏園校本置之北平館，如此義舉，千載
嘉話，近世所無。將來藏園所藏，自以入北平館為善策。彼時政府亦
須出適宜之價，^弟亦願從旁為力。今之為此，聊以開端。何時適宜，
當待遵命，^弟無不惟力是視也。專此，敬叩
著安

五月三日

1212. 傅斯年致史語所同仁（1947 年 5 月）檔號：補 16-8-2-31

李濟之先生之太翁，病在重慶，須接其前來，久病及沿路各事，在在
　需款，擬在哈佛補助費中助二百元（美金）。
陳寅恪先生已盲，隨時需人照理，擬補助一百元（美金）。
梁思永先生久病，擬續補助一百元（美金）。
　敬詢
諸先生意見。

傅斯年[1]

---

[1] 頁末史語所同仁簽名（由右至左）："芮逸夫、夏鼐、楊時逢、李光濤、董同
　龢、郭寶鈞、岑仲勉、陳槃、傅樂煥、勞榦、石璋如、王崇武"。

1213. 傅斯年致陳寅恪 （1947 年 5 月 4 日）檔號：京 28-1-1

寅恪兄：今託余讓之兄造 兄處讀此信，並請其代 兄復^弟。

一、兄之薪，仍以在本所支為便，蕭君寫信，蓋依習為之，^弟不前知也。目下政府規定，機關不能支兼任薪之加成數，學校則可支兼鐘點薪之加成數。如 兄在本所支全薪及補助費，（內包基本數及加成數）兄仍在清華支鐘點薪及加成數。若反過來，則不能支本所兼薪之加成數，以審計部不許核銷也。同此情形者，尚有湯錫予兄。 兄在戰前（自十八年起）本以專任研究員名義支兼任研究員待遇，此時此法行不通，只有在本所支專任研究員之全薪（底薪六百四十及加成數）而在清華支兼鐘點之薪及加成數。（基本數只能在支全薪處支。至于清華支若干，研究所無涉。）茲附上致梅月涵兄一信，如同意，乞轉之。並自一月份起由本所繼續支全薪，由綸徽兄算上。

二、研究所有在戰時哈佛補助之小款，今尚存若干，商之同人，以美金百元（美鈔，當時哈佛託人帶來者。）助兄養病，此款俟有便人帶上。乞于到後出一收據交綸徽兄，言明補助兄之工作費也。

三、前兄云找一助理或書記，為兄查書。茲在北平方面留一名額，兄可找人相助，照院例，須專任，不能兼作研究生，其人資歷高者，可為助理研究員，即同于講師，初畢業者為助教，若作助理研究員須提出相當之論文，若助教（大學畢業）或書記，兄寫一信來可也。

四、去年兄行時所借路費，已囑綸徽兄與總處會計主任商以何法報銷之矣。

專叩

著安

弟^{斯年} 五月四日

附：傅斯年致梅貽琦（1947 年 5 月 6 日）

月涵吾兄左右：有一事奉商：陳寅恪兄在貴校及敝院領薪水之經過，民國十八年以後約一年至兩年間由本所支薪，以後由貴校支薪，在敝所仍用專任研究員之名義，而適用兼任之待遇，此事當時雙方曾有換文，（此項換文 ^弟仍可尋出，但甚費事，故如不需要，即不必尋之。）歷年行之，至于抗戰，以後寅恪兄自前年起曾本所支正薪，目下雙方既已復員，理應恢復當年舊法，然有一困難，即因敝院在支付薪給上，乃屬機關而非學校，機關支領兼薪者，不能兼領生活費及加成數，但學校則有變通之辦法，學校所支之鐘點費，可並支加成數而能報銷，故目下寅恪兄如在貴校支全薪而在敝所支兼薪，勢難行通，因敝所為機關，不能支領生活費之加成數，然若反而行之，即在敝院支全薪而在貴校支兼課之兼薪，則貴校可支加成數，至于在貴校可支鐘點費若干，自當由貴校定之。目下人人由政府發一分薪水，由何機關支，事實上毫無分別，故擬請　兄惠允寅恪兄之薪由本年一月份起仍由敝院繼續支付，庶幾寅恪兄之收入，可以稍多，且寅恪兄決不因此而減少其在貴校之義務，亦不因此而增加其對本院之義務，無非求手續合法而行得通而已。務乞　惠允，無任感荷。再，湯錫予兄亦有同樣情形，^弟已並請適之先生同樣辦理矣。專此，敬叩

教安

　　　　　　　　　　　　　　　　　　　卅六年五月六日

　湯○○先生在敝所為兼任研究員，其薪水之發給，頗有困難。

1214. 傅斯年致朱家驊（1947 年 6 月 5 日）檔號：III：1291

騮先先生部長左右：

　查民國廿七年政府在武漢時，宜都楊守敬先生之後裔楊君，以時昭瀛教授之介紹來訪，為其高祖星吾①先生與其弟子熊會貞先生合作之《水經注疏》稿本，現存彼家；然謂熊君同鄉某氏向敵方②當局誣告，謂楊家將以此書賣之日本人，故地方警察，設崗于其門前，

---

①編按：楊守敬（1839—1915），字惺吾，晚號鄰蘇老人。
②編按："敵方"當作"地方"。

每有出入，無不檢查，雖買菜、洗衣，亦無自由，深以為苦，並切實表示，日人雖有買此稿之心，而楊家決不作此等事。^弟當告以事不關^弟官守，無能為力。然時先生屢來敝寓，並來謂即將往加拿大任領事，此事不可不速辦。^弟遂就商于我兄、及陳立夫先生、（時為教育部長）杭立武先生、（時為中英庚款幹事長）王雲五先生（時為商務總經理），作下列辦法：

一、以原稿由商務付印，而由管理中英———①資助其費用。

二、教育部給楊家獎勵金數千元。

三、印出後由教部分贈國內外圖書館。

此意承楊家欣然同意，經我　兄及立夫、雲五諸兄之贊同，各盡其力，並經楊家之同意，遂成定議。原稿即由吾　兄逕寄香港商———②收訖，未嘗在^弟處留一日，兩年之間，商務印書館與此書之刊印方法，頗有商榷，迄無定議。蓋商務主張排印或修訂，^弟則以為原稿並非定本，塗改甚多，應以景印為是。商務于此事甚發生興趣，展轉設計不決，兼以工潮時起，雖印出各種排印、景印不同之樣子，迄未正式付印。遷延至卅年冬，太平洋局面緊張，^弟深慮此書淪陷香港或上海，就商于　兄及立夫、雲五諸先生。時開參政會，即于主席團休息室中共仝商議，共同決定迅將原稿由滬帶港。不意甫到港之一星期，戰事即起，幸有人在港照料，未致損失，而商務亦不敢負轉邊界運至內地之責任。近此稿已由香港運來南京，前者既未能刊印成功，此時物力更不易辦。且原稿並未殺青，究應如何流傳，不無商榷之處。^弟年來多病，一籌莫展，今將出國治病，更須為此稿謀一安頓之處。茲將原稿共四十一冊，運往教育部，俟可由　大部交中央圖書館妥為保存，以便學者參稽；將來如何付印，亦請　大部決定。^弟從此了此一責任。叨天之福，未

---

①原稿省略"庚款會"三字。

②原稿省略"務印書館"四字。

曾淪没，亦萬幸也。專此，敬叩

卅六年六月五日

1215. 傅斯年致余遜（1947年6月）檔號：京4-1-8-1

讓之兄：關于那簡叔兄一事，那如走，此地不易辦，^弟初意或即請孫君繼續，但據兄兩次信中所說，恐以換人為宜，本來想到一位，又不果，現在想找研究所第三組助理研究員李孝定前往，李君係兄之同鄉，常德人，人極忠實，而有辦事才幹，前在中央大學畢業，後入北大文科研究所，但並未往昆明，即在研究所附學，彼所治為甲骨文，日前以此事與之商量，彼謂可以勉強。^弟意彼能去北平之新環境中住上一年，亦有好處，彼辦事認真，係于此次研究所復員中方識之，于圖書館亦並無經驗，然此亦不必有經驗也，只要其人懂事可耳。惟彼現在博物院中作祕書，亦係李濟之兄臨時拉走者，現在李先生請假，彼亦可以回來矣！故^弟又以此事煩之。此君將來學問尚有前程，望兄多所指導。惟彼恐須兩三星期後始能北上，或不及與湯先生一晤，惟此事可行與否，仍請湯先生決定，即日示一電報。

總而言之，在北平找人為上策，因情形熟悉，在此間調人為中策，仍舊為下策。下策之結果，恐不能開門，招致物議耳。孫君之事，本為責任甚重之事，假如^弟盡職的話，（應該）專為此事到北平辦三個月，然此決不可能也。此事仍以由湯先生在北平找到一位為上策，否則請即用此辦法，如何，請急示一電。

二、北平處之組織，湯先生走後，即煩兄代理，當由研究所另備公事。湯先生薪事在北大解決否？乞電示。兄兼此事之待遇，正與總辦事處商量。湯先生走後，所留之活門，似亦可暫時堵死，蓋^弟深慮大院子中有火災，故不能任人隨便進來。

三、暑假後添職員事，北平名額為十人，現有五人，陳先生借一人，尚有四人，此十四人者，為圖書館開門起見，似應少數用書記，真正能辦事之書記，高中程度，可靠，蓋目前清華、北大之學

風，恐無人作此等之小事，恐將高不成，低不就，所以^弟意一大
瓜子用事務人員為妥，因為每人都是全天作工的，原有四位孫、
賴、傅、竇，除竇為事務員，係全天辦公事，孫、賴、傅，應否
全天，由　兄斟酌。以後再添，則全添全天職員。今年北大、清
華、輔仁如有好學生，應提出論文，在南京本所內任用，不可再
佔北平名額，且各校前途皆未可知，大局黯淡，我們雖與北大為
近鄰，應該實行顧慮主義，免生糾紛，乃至房子為人佔了。回想
去年暑假時之夢境，十不存一矣。

前湯先生所談王玉哲君，如願到南京本所服務，可將論文寄來，在此
間審查，北平則集中為圖書史料整理，始之名副其實。關于王君事，
^弟已告夏作銘兄，至于此時到南京來作助理研究員，有無好處，亦未
可知耳。研究所本身也是應該大整頓的，然此等局面，一籌莫展也。

湯先生著重于工作之進行，^弟完全佩服，故于那不能去之後，又想到
這個法子，現在所有空額一齊補用書記或事務員之類，而不用大學畢
業之助理，似乎可以早些開門也。

書舖夥友辦法，甚好，但警察名額，恐本身不能太少，因夜間須防守
房子，能否將一個書記換作兩個夥友，請兄酌定。惟此輩對于書籍之
價值頗有所知，使之出入書庫，有無危險，請兄斟酌，或者大舖子有
切實擔保者，可以無患。凡書記之進書庫者，必須有確切之擔保，且
須體查其行為，^弟覺兄此意甚好，請試為之。大約一個書記分做兩個
夥【友】，可以辦得來的，夥友之佳者，將來任為書記，否則四個可
靠的書記亦甚難一舉而得焉。

陳〇〇[1]兄大概可以不辭職，前者彼有信致^弟如此說。

關于原存之三法司檔案，現存午門端門，必須設法解決，㈠送給北平
圖書館（連架子），㈡送給北京大學，如果均不要，只好自己想法子，
或者放在午門，或者搬回，以不損壞為原則，千萬千萬！

---

[1]編按：陳鈍，字驥塵，時任北平圖書史料整理處事務員。

1216. 傅斯年致胡適 （電稿）（1947 年 6 月） 檔號：IV：366

△主密。報載北大考慮接收平工學院，此事恐有多害而無一利。最難之處在如接收，須不承認其舊有教員，因與北大標準不合。然此事不易辦到，將橫生枝節。新教員亦不易請，務懇詳加考慮。廿六離京，廿九開船。○○。函詳。

1217. 傅斯年致胡適 （1947 年 6 月）*

適之先生：一月多以來，生病，事忙，心緒不佳，等等。未寫信，北望至念也。

十五號船擠下來，（非我改）現買到二十九號 General Gordon 票，必行矣。二十五晚車赴上海以後，我暫時通信處如下：

廿八以前可到之信，上海岳陽路中央研究院

到美後一個月內之臨時通信處，舊金山張總領事①轉

八月十五以後元任轉。

學校的情形，今後如何，至以為念。 先生也是有病的人，務請時時小心，不要等發作後再料理，或者夏天休息一兩月，尤其不要做夜工。文章再多幾本，也不過如此，"國寶"之性命要緊。

我自己的病，實在晚治了至少三年，今年三月以來，甚不佳，這都是枚蓀害我，而我或者又害 先生也（自然枚蓀仍是主凶）。這三個月教育部窮死，看那樣，催也無用，騮先近亦不大來擺龍門陣，因我一直勸他辭職（他也要辭，辭了三次，只最後又不決耳），而若干辦法，我勸他不必堅持（如師範學院改大學……），而他在亂世照平時做。

北平這次算倖免，然而隨時可生任何事。學校暑假後之情形如何，此時請人，恐更不易矣。如醫學院，南邊各校幾皆新布置好，北京此時請人更不易矣，院長是否仍舊耶？但若進一步，恐校內各部分

---

* 原載耿雲志主編《胡適遺稿及秘藏書信》，合肥：黃山書社，1994，第 37 冊，頁 518—521。

① 編按：張紫常。

若干人事之調整或不當免也。　先生以為如何？

《史記》到此後，連著費了三天工夫，大致看了一遍，又以三晚寫一文。此可謂為"南北宋蹦蹦本"，然原刊在北宋，且不在北宋之末，絕無可疑，其刊地、存地當在江南，決不會是北宋監本。無論如何，此書當為現存《史記》之冠矣，一切皆　先生玉成也。苑峰刻工姓名之說甚重要，正以其說可證其為北宋，因《史記》之補版刻工正為《通鑑》原板刻工同也。　先生信謂北宋避諱不嚴，誠然如此（我文初尚不敢印，及得　先生信，立即油印）。初看此書，大為惶惑。似乎此書到桓字方纔認真，而敬貞同在一卷不避，焉得謂當時避諱有嚴格之例乎？情不自已，寫成一文，油印另函上呈矣，想　先生已見到。我初做此事，絕不自信，如有誤謬，乞　多賜指點也。兩書皆好書，我還不認太貴（有人如此責備）。

又沅老尚藏有不全之《通典》，未知　先生便中可與之一談否。研究所已無錢，如有希望，則由夏作銘君（我出洋時他代行）與教育部商洽，其價似乎三千，何如？如我日內有暇，當再專函謝沅老也。

致枚蓀一信，乞　先生轉交。此事是紹亭告我，然彼也是憂慮，不是對枚蓀反宣傳。餘另，敬頌

道安

學生 斯年

院士事另函。

〔附〕：**傅斯年致周炳琳**（1947 年 6 月 19 日）*

枚蓀吾兄：① 弟廿九放洋矣。此時實不欲遠行，而身體三個月中不了，晚治了至少二年，皆　兄之賜也。前聞　兄向適之先生提出請劉志敷為教授。胡先生云，不妥。　兄云，責任你負。我覺得此事萬萬不可。

---

*原載耿雲志主編《胡適遺稿及秘藏書信》，合肥：黃山書社，1994，第 37 冊，頁 575—577。

①頁首附註："此件，抄。"

劉已判刑，即出來，仍在停止公權中，其罪是漢奸，不是政治犯。

兄辦法科，不可如此"尚法而無法"。劉之罪不止于偽參事，且是新民會人，此不可推為強迫無所逃難者也。關于一般者，前年在昆明，兩次開教授全體會議，同人主張一致。後來^弟在渝時，聞 兄於一會談及可以修正，^弟曾面問 兄。 兄云，不是那樣，無人主張接收偽教授，云云。此等事， 兄尚當憶及也。即以學問論，劉之學問何在，實不給人以 convincing argument。戰前，以 兄與 適之先生都酷好董康，此人（劉）提出中基會補助（研究教授）當時幾乎不通過，因說不上他的研究也。徇學校之請，大家不高興的通過，而此人又提出"買一部《四部叢刊》，置其家以便研究!!!"群以為怪，未成。此^弟猶憶及者也。這樣人，又參加了偽官，參加了新民會（尤其末一節），法學院更不應該做這樣一個榜樣。^弟前年至去年之經歷，覺得吾 兄之任性（只有自己的觀點，決不考慮他人的觀點），專制，與 兄之主張完全不合。現在北大的局面，尤其是 適之先生在那裏受苦， 兄比任何人負責都多， 兄當積極贊助 適之先生，不當出這些怪事。我們三十年的老朋友，臨別贈此一言，乞 兄萬萬考慮。

枚蓀兄，你萬萬不該如此的。我雖到國外，心實在北大之名譽、進步，兼以老友之故，故冒犯作此一言。專頌

教安

嫂夫人安

^弟斯年 六月十九日

1218. 傅斯年致胡適 (1947 年 6 月 20 日)*

適之先生：^①

---

*原載耿雲志主編《胡適遺稿及秘藏書信》，合肥：黃山書社，1994，第 37 冊，頁 524—528。
①頁首自註："Confidential"。

話說天下大亂，還要院舉院士，去年我就說，這事問題甚多，弄不好，可把中央研究院弄垮台。大家不聽，今天只有竭力辦得他公正、像樣、不太集中，以免為禍好了。

日前開會商量應該在提名中不忘了的名單（不必即是舉出，此會不能包辦也），盡力想南方人士而不可多得。茲將當日所寫之單送上一看，但請千萬祕密。

有涉人文組者：

（一）人文與社會科學平等數目，殊不公，因前者在中國比後者發達也。孟和原單標準甚低，減後如此。我看人文方面非二十人不可，分配如下：

中國文學四、史學六、考古及美術史四、語三、哲三。

我個人覺得以上單子，可如下分配：

中國文學：①吳、②胡、①　（以上關係文學風氣者）③楊樹達（經籍考定）、④張元濟（古本流傳，泛言，不能專就百衲本言，因此書校勘記並未刊行也）。

史學：①陳、②陳、③傅、② ④顧頡剛、⑤蔣廷黻（近代史尚無第二人）、⑥余嘉錫或柳詒徵。（柳不如余，但南方仍不可無一人。）

考古及美術史：①李濟、②董作賓、③郭沫若、④梁思成。

哲學：湯、馮、金。③

語言：趙、李、羅。④

此似乎為不可少之數，乞　先生考慮。下次開會時，此一總部名額不可少於二十。（如此則社會科目只有十四）

以上陳寅恪、李濟、趙元任、董作賓、傅斯年五人為本所職員，似本所不便提名，擬請北大提出何如？

---

①編按：指吳敬恆、胡適。
②編按：指陳垣、陳寅恪、傅斯年。
③編按：指湯用彤、馮友蘭、金岳霖。
④編按：指趙元任、李方桂、羅常培。

（二）其他部門，我們學校人數不多（清華多得多，亦自有其理由），
　　　然我們為求公道起見不可不注意，理學院饒、江、吳、楊、
　　　孫①似不可落選，並乞　先生屆時留意。

（三）北大要提出一個名單，不能專寫名字，須照格式填，著作原
　　　件附寄。

（四）提名不可太少，亦不必太多。北大可先由各學院自推，最後
　　　　先生審定寄所也。

　餘後陳，專頌

道安

　　　　　　　　　　　　　　　　斯年謹上　六月廿日

1219. 傅斯年致 Zellig Harris（打字件）（1947 年 9 月 22 日）

69 Clark St.

New Haven, Connecticut

September 22, 1923②

Professor Zellig Harris

Editor, Journal of American Oriental Society

University of Pennsylvania

Philadelphia, Penna.

Dear Sir:

　I read with much interest the article on The Cultural Opportunity in China
in your Journal, vol. 67, No. 2, by Professor L. C. Goodrich and
particularly endorse his view on the bright outlook of education and research
in China.

　There is however one point on which some clarification seems necessary.

---

①編按：指饒毓泰、江澤涵、吳大猷、楊鍾健、孫雲鑄。

②編按：據趙元任致 Zellig Harris 函（1947 年 9 月 18 日），"1923" 當作 "1947"。

The library attached to the so-called Institute for the Study of Humanities in China in Peiping, which was sponsored and controlled by the Japanese for nearly twenty years, was never intended to be a library of research for the learned public. The library building referred to by Professor Goodrich consisted purely of stacks for housing the books and was without any working space for using the books. The purpose of the Japanese administration was to compile a bibliography so as to extend the Ssŭ-k'u ch'an-shu t'i-yao (of the Ch'ien-lung era) to the present date. The books collected for the library were for the exclusive use of the collaborators for that project, consisting of a few Japanese and a few tens of Chinese workers. The organization of the institute deteriorated rapidly after the opening of hostilities in 1937, and after Pearl Harbor, the Japanese keeper Mr. Hashikawa received nothing from his government for the maintenance of the institute. It was kept going after a fashion by selling furniture and catalogues and by private subscription. Consequently, no upkeep or repair of the building was done for several years. Moreover, the Japanese built numerous dugouts in every garden and courtyard, large or small, for air raid shelter.

When Academia Sinica received the building and the books from the Ministry of Education in the summer of 1946, they were found to be in a state of indescribable confusion, with leaking roofs, broken windows, and debris everywhere. Before the library can be reconverted – – or rather converted–– to effective and orderly use by scholars, it will be necessary to do at least the following things: (1) Repairing of the buildings and the clearing of the courtyards of debris and (2) arranging of research desks and reading rooms. All this will of course need much labor and resources.

The work of conversion was started in the autumn of 1946 and is expected to be completed this autumn, when the library will be opened for the use of research workers. An additional difficulty about the use of the books lies in the fact that the Japanese had only a bound catalogue but neither a shelf catalogue nor any markings on the books to indicate their classification of location. Consequently it takes an enormous amount of time to find any specified book – – a problem which never arose for the original project. To correct this difficulty a force of about twenty men have been employed to compile a shelf catalogue and mark the books to make the finding of books a practical undertaking. Finally, the lack of a system of heating––which was no problem when the books were taken out by the cataloguers under the Japanese project–– has proved to be a very hard problem under present conditions. This caused considerable delay in the coldest part of last winter, when it was not possible for workers to stay in the building for extended hours.

In concluding this letter, I wish to say that it is far from the minds of those in Academia Sinica to wish to limit the usefulness of the library in any way. On the contrary, all efforts have been made to hasten the day when this valuable collection will be made available for the maximum use by the greatest number of serious students, irrespective of institution or nationality.

I should appreciate it, Sir, if you would be so kind as to publish this letter in your valuable space.

Very sincerely yours,

Fu Ssu-nien, Director
Institute of History and Philology
Academia Sinica

1220. 傅斯年致赵元任 (1947 年 11 月) 檔號: III: 1172

Y R Chao
Hotel Regis
Avenida Juarez 77
Mexico

Many thanks your letters feel fine pressure much lowered stop. My best regards to Chentungpo, Hanliwu, Lishuhua, Needham and all other friends. When they come New York wire me so I meet them there stop . Tell Hanliwu, Boston Hospital must be arranged with fixed date weeks before.

Fussunien

1221. 傅斯年致 Herrymon Maurer（殘稿）（暫繫年於 1947 年 12 月上旬）檔號：I：1048-2

In the War years when the Communist's business with the Chinese government was simply marking time, he was their Chief representative in Chungking. But as soon as there was some serious talk with the government he was always " assisted" by somebody whose importance was denied by Americans but did stand high above Chou En-lai in the Chinese Communist Party. For instance, his chief " assistant" in the 1945 talks and in the Political Consultation Conference early 1946 was Wang Zo-fei who could and did disregard and veto Chou En-lai's words & promises very often. In the Summer and Autumn of 1946, his another " assistant" was Li Wei-han, who was Mao Tse-tung's confidence man.

The Communists Chinese or Russian have different faces to deal with different people at different times. Chou En-lai served his party as it's one face suitable for that time. Litvinoff served the Soviet perfectly well in the League of Nations and as ambassador to US, and Chou En-lai's case is a perfect Chinese counterpart of Litvinoff. To think Litvinoff represented one faction of the Russian Com. Party was beyond common sense. In the same way, the fairy tale that Chou En-lai represents a less Bolshevik section of the Chinese Communist Party is most ridiculous.

Remarks

1. The transliteration of the present Chinese foreign minister's name is WANG SHIH-CHIEH. The last letter is H, not F. This mistake appears

twice in the article.

2. Page 43 <u>re</u> Chou-En-lai

ⓐ Chou En-lai during his student days in Nankai College in Tientsin, served as the tragic woman impersonator "Ching-i" (in Chinese) in the Dramatic Society of that College.

In his later dealings with foreigners (of course except the Russians with whom the Chinese Communists have more authoritative person to deal) and with the Chinese government he has always represented his party as the innocent the oppressed, the suffering underdogs.

He has been quite successful in making people believe in him, including Marshall. People who know him from his early days attribute this art of his to his student experience in the collegians dramatic society.

His secondary importance in the Chinese Communist Party is well known though many Americans refuse to believe.

I read your article carefully after I returned from N. Y. yesterday. As I am going to Boston to be checked up by doctors again tomorrow, I cannot do more than writing out a few remarks.

Your article is most interesting, containing several fact which I never heard before. The presentation of the facts is very convincing and I think its publication will be most timely.

As the Fortune is not procurable in book stalls I wonder if you could send me a copy after publication.

1222. **傅斯年致** Mary S. Rosenberg（打字件）（1948 年 1 月 2 日）檔
號：I：1063

> 69 Clark Street
>
> New Haven, Conn.
>
> Jan. 2, 1948

Dear Miss Rosenberg,

Many thanks for your letter of Dec. 31st. With regard to Cassier's edition of Kant I am willing to buy the following two conditions：－1）If you can give me a 10% discount and you pay the postage. This is for my Institute Library and a library discount is usually not less than 10%. 2）If the paper is good. The copies of this edition I saw in Germany were of good paper, but printing during the Inflationszeit 1919–1923 was usually made of newsprint paper, so I have to make this point clear.

The best and consequently the rarest edition of Kant is that by Preussische Akademie, and the cheap but good edition is in the Philosophisches Bibliothek（"Gruene Buecher"）. Cassier's lies somewhat between the two. If there is no question on these two points, please send it to me and I shall pay the bill by return of post.

Two or three weeks ago I wrote you a letter inquiring some items in your catalogue. I have not yet received your reply－－perhaps due to Christmas rush. I relate it again in the following as far as I can remember. 1）Schmidt：Philosophisches Woerterbuch. 2）589. Harnack：3）590 Harnack, 4）Philosophischer Handkatalog. If the above mentioned books are still available please send them to me.

Please inform me also if, 1）711 Kant in Briefwechsel is still available, and 2）88 Whether you have made Pauly's Real-Encyclopaedie complete.

As I may go to Washington in a week's time I hope to receive from you an early reply.

Yours truly,

1223. 傅斯年致蔣廷黻 （1948 年 1 月）檔號：III：430

Dr. T. F. Tsiang

Hotel Pierre

New York 21, N. Y.

I New York Saturday wire me.

What time you are in Hotel, or phone me New Haven 63211 Fu Ssu-nien.

1224. 傅斯年致朱家驊、李惟果、陳雪屏 （抄件）（1948 年 2 月 14 日）[*]

騮先尊兄並轉惟果、雪屏兩兄賜鑒：

陳受頤兄最近回國一行，秋後仍返，[弟]勸其先至南京。受頤學問及物望雪屏兄所熟知，不待言。彼在西美甚有力量，一言為重。[弟]頗覺以後多少解釋此邦誤會之處，可以借重（在社會上），彼到京後，乞 諸兄一為招待，一事也。如可與 蔣先生一晤，藉悉國內情形，更佳，二事也。彼回國川資，雖已措置，但在國內旅行，尚須用費，此為法幣部分，且為數不大，盼有以設法，此非彼之所請，乃[弟]意也，此三事也。總之，受頤觀點確實，議論信人，不易得之人才，尤此時所應借重者也。餘不盡，敬頌

政安

[弟]斯年謹啟　二月十四日

[弟]明日又去 Boston 住醫院一週，作最後檢查，出來即作歸計矣。

---

[*] 取自"朱家驊檔案"（檔號：朱–07–011–pp. 52–53）。

1225. 傅斯年致 Stechert-Hafner Inc. （打字件） （1948 年 2 月 14 日）檔號：I：313

69 Clark Street

New Haven 11, Conn.,

February 14, 1948.

Stechert-Hafner Inc.

Attention of Mr. Renz, Second-hand Books Dept.

Dear Sirs,

When I was at your place, February 2, I bought the lot of "Philosophy of Science" I had once ordered through Yale Co-op a number of weeks ago, and, as I had not received them, I thought it was out of print. I talked this point with Mr. Renz, who informed me that the periodicals published by Williams & Wilkins were very often out of print after year of issue. This was also what I guessed. So I took the lot and paid $ 17.50 for it.

To-day I received a note from Yale Co-op, saying,

"Regarding your inquiry concerning the availability of back issues of the periodical "Philosophy and Science" published by Williams and Wilkins, We wish to report that all volumes from one through fourteen are available at $ 6.00 per volume."

As I can not buy incomplete numbers for my institute when complete set is still available, I have to return this lot of "Philosophy of Science" to you. I mailed it to-day by insured parcel. Please accredit this sum to my account.

I am sorry for the return. I hope it wouldn't cause you too much inconvenience.

Please check this item on invoice of February & addressed to Institute of History and Philology of Academia Sinica, Nanking. The list of this lot is as follows：—

Vol. 1 nos. 1, 2, 3, Vol. 2 nos. 1, 3, 4. vol. 3 nos. 1, 2, 3. vol. 4

complete. Vol. 5 nos. 1, 3, Vol. 8 no. 1.

Total——16 numbers.

Yours truly,

Fu Ssu-nien

1226. 傅斯年致朱家驊、翁文灝、胡適、薩本棟、李濟（油印件）（1948 年 3 月 9 日）*

騮先、詠霓、適之、本棟、濟之諸先生，並轉各評議員先生：

自^{斯年}出國就醫以後，曾接到幾次關于院士選舉之文件，其候選人名單，雖^{斯年}仍不無意見，然大體上細心公正，至佩諸先生之勞苦，至此地步，大是不易。^{斯年}因病在國外就醫，雖在委員會內，未能盡力，既慚且感，深喜諸事賴諸先生之勞苦，得以順利進行也。

^{斯年}並未接到開會通知，前者夏作銘兄來信（去年）云暫定四月中（記不清楚）。最近方接到投票辦法一件，審議紀念蔡先生辦法一件，惟並無開會日期。前者發出之日期為一月十九日，後者為二月廿三日，其中之"開會日邇"，惟並未收到會期之電文。今日接何淬廉兄信，始知開會在月中，故趕寫此信並托胡適之先生代表投票，及有關選舉各事，如此信到期過，自作罷論。

一、茲將投票函附上。有關選舉事項，均注明胡適之先生代表，如胡先生不在，或已代表他人，即請由翁詠霓先生代表，恐有不到會者，更恐有已代表他人者，故如此。茲敬聲明，代表^{斯年}者，有將附上之投票拆閱並改投之權，因最後候選人名單可能更動也。

二、通信投票辦法，來函似非上次大會通過，此法是否妥當，似頗有問題，理由如下：

---

* 本函（檔號：IV：197）殘存第 2 頁 "額。所謂舉爾所知而已。……^{斯年}不貢獻意見，但須"，餘據歐陽哲生主編《傅斯年全集》（長沙：湖南教育出版社，2003），第 7 卷，頁 345–348 補。

（1）隔行投票，實難正確，故須先討論而後投票，未到會者，既未參加討論，投票甚難，^{斯年}之票即未投滿額。所謂舉爾所知而已。

（2）名單雖經公告，但學術界之批評何如？此項評議，應詳審考慮，然後製成最後之名單而通過之，然後投票，此又非通信投票者所可參與也。

（3）一月十九日之信（即寄來投票函者），其中有每組之中又細分名額之建議，然又云僅供參考。此事未經評議會通過，自只能參考。然假如下次會未通過此事，如何計票乎？

（4）此辦法似須先經上次會之通過，方有法律効力。

惟既接此通知，即遵命寄上投票函。

三、茲述對于候選人名單之意見。

（1）候選人中確有應刪除者，如劉文典君。劉君以前之《三餘札記》差是佳作，然其貢獻絕不能與余、胡、唐、張、楊並舉①。凡一學人，論其貢獻，其最後著作最為重要。劉君校《莊子》，甚自負，不意歷史語言研究所之助理研究員王叔岷君曾加檢視（王君亦治此學），發現其無窮錯誤。校勘之學如此，實不可為訓。劉君列入，青年學子當以為異。更有甚者，劉君在昆明，自稱"二雲居士"，謂是雲腿與雲土。彼曾為土司之賓，土司贈以大量烟土，歸來後既吸之又賣之，於是清華及聯大將其解聘，此為當時在昆明人人所知者。^{斯年}既寫于此信上，當然對此說負法律責任。今列入候選人名單，如經選出，豈非笑話。學問如彼，行為如此。故^{斯年}敢提議將其自名單中除去。

（2）聞上次開會，對於曾在偽校教書，或曾任偽職者不列入，（據夏君信）今此名單上顯尚有之（如醫學，或不止一人）。此事究應如何決定，^{斯年}不貢獻意見，但須一致，未可厚

---

①編按：指余嘉錫、胡適、唐蘭、張元濟、楊樹達。

此薄彼也。此事敢請細細考察。

(3) 關于醫學一項最有問題。其中有人僅寫若干小文，並無國際學人之認可；而在國內負醫學教育之責者，其事業甚有功于人民及學界亦為國際知名，今以未經論定之小文當選，而醫學界之領導者轉不列入，甚為不公。三組學問，在學術界及社會之功用不同，在目前中國發展之階段亦異，如人文各科，文、史、哲、語、考古等，第二項資格可以不適用，因目下此等學之階段不需此也。在應用科學則不宜如此觀，醫、農皆應用科學，第二項資格人士應加考慮。

更有一議敢冒昧陳之。本院評議員之學醫者，僅林可勝先生一人，其科目又不在臨床醫學，如以一人之機關選舉八人（此數為信中所說），實難免物議，茲敬提議本年只選三四人，而負醫學責任者至少應占一半。例如戚君等，然後委托院士將空額選足。

如此法難行，敢再提議，候選名單中列入

（一）戚壽南，辦理中大醫學院多年，其貢獻正與物理小組之葉企孫先生相似（葉在清華辦理物理系）。

（二）沈克非，主持衛生署之技術事項及上海醫學院外科多年，卓有成績。

約而言之，以一人選多人，不是辦法，偏于一個學校（協和）亦不是辦法，此言甚直，敬求考慮。凡此皆為此一大事及中央研究院之前途計也。

(4) 農學一項敬提議加入：

謝家聲君為候選人。此君負行政責任多年，久著成效。

前文所謂"小文"與"事業"之說，在此亦適用。

四、關于原則各項

(1) 寧不足額勿失于濫。

此為本院創舉，亦為中國創舉，一百之數，固可不足，即八十之額亦可不足，此點在法律上看，超過是不合法，不足非不合法也。如有可疑盡管缺之，或保留數額以待院士會議或下次會均無不可，濫則後來受人指摘。不足額無傷也。

（2）小組名額（即一組中之細分法）似應規定，然甚不易規定。醫學八人，從候選單論，似嫌太多，九人（單中）選八，實選不出；第三組之文史部門，似應比社會科學部門為多。

（3）較年少者，自應選舉，但如僅有一二文登外國雜誌，更到外國等于當學生，遂成院士，亦將使國際學界詫異也。

（4）選舉似不應集中于一方或一校（或一二校），此中似須斟酌，好在漏遺之才，明年仍有法選出也。

五、附說各項

（1）社會學一項，有潘光旦君。潘君自是聰明人，然其治譜牒學之結論，實不能成立。彼以科舉之名，証明蘇州人天資優越，然此說實不足以成之，蓋科舉之業亦有風氣，且可揣摹，主考與入選者每為一調，忽略此歷史事實，仍潘君之說，故潘君之工夫似未可與陳達君同列也。治學不可以報紙文字定其高下，此學在中國既不發達，如求其次，則孫本文君似應列入。此君之書，甚有理解，其工夫非作二三小文之比，故敢提議將其列入候選名單。

（2）每組名額之細分，似應以此一學在中國發展之階段而論，非抽象的論其範圍之大小，故第一組中之地質人數應多，以此學在中國發達較久也；第三組中，文史等科學人數亦應較多，以此學在中國有長久之傳統也。

（3）以上全信中所說有關候選人名單問題，均假定此項名單可因公告而修正通過，在此假設上作以上建議，此等建議即斯年對名單之批評。如此事已為定局，本次大會不能修正（斯年不知去年如何決定），自作罷論。

斯年遠在國外，對此服務多年之機關，自不能無所關心，又因久承評議會諸同事先生推愛，故直率陳之，深感惶恐，並乞見諒，無任厚幸！敬頌

著安！

傅斯年謹上　三月九日美國新港

Fu Ssû-nien

69 Clark Street

New Haven 11, Conn.

U. S. A.

何淬廉先生信附上。

1227. 傅斯年致 A. Sachs（打字件）　（1948 年 3 月 17 日）檔號：I: 1181

69 Clark Street

New Haven 11, Conn.

March 17, 1948

Mr. A. Sachs

Brown University

Providence 12, Rhode Island

Dear Sir,

I have the pleasure to acknowledge the receipt of your letter of March 15th. As I am staying in this country on furlough for a short period and my returning to China will be very soon I regret that I shall be unable to join the American Oriental Society. I thank you however for your kind invitation.

Yours sincerely,

Fu Ssu-nien

1228. 傅斯年致 C. Sidney Burwell（1948 年 3 月 19 日）檔號：I: 982

March 19

Dear Dean Burwell,

First of all I must apologise for not writing to you earlier. As a matter of fact, I didn't go to Washington or elsewhere. The story is simply this. I stayed eight days in Cambridge after having left hospital and was almost exhausted by uninterrupted lively talks with friends there. A few days after I came back, I received a cablegram from the Academia Sinica requesting me to send my report before the Annual Meetings of it in March 25 on a number of items assigned to me at last year's meeting. This made me "awaken from dogmatic slumber" (you see how deeply versed I am in Kantian terminology!) As I had done absolutely nothing for my institution and refused to own any errand from the ministry, since my coming to this country I could not neglect it this time. Unfortunately I left all notes in San Francisco so I could only write the report by materials from memory. I finished it in ten days time, and then some friends came right here from China! I can however assure you that I have felt no more symptoms in spite of this "busy" mouth. May I call all this a "pressure test"?

Although I had expected you might have send me a token bill, this extraordinarily low charge in your surprised me not a little. I have pondered my thought on the question "what shall I do?" for a number of days. At last I have come to the conclusion to comply with this token charge " chiefly because I do not know my own budget! which is, in fact, incalculable in Chinese circumstances. Of course I could never never pay you in money what I own to you, even if you charged much more, and I were a millionaire, (and other if's so on), because whatever I can contribute to my profession and my country in the future is due to the successful treatment, in which you have exercised the maximum effort and I the minimum effect.

I appreciate particularly what you said to me and you said in the letter on this matter. One way or the other I can not be free from "Embarrassment" But as I am adapting my self to the new view of life for hypertensives I am trying to dismiss this feeling of embarrassment from my mind, even it's being too small as a token appears so clear to my conscience. To my other benefit, I have learned from this subtopic how humane is a great leader of a great learned institution in this country in his considerations.

It was a great pleasure to me during my second stay in the hospital. I thank Mrs. Burwell once more for her kind visit. My wife will accompany me to Boston in my last visit, presumably in May, and pay call to Mrs. Burwell. How are the conditions of your old trouble with the legs? Have you done away with the crutches?

Everything goes on with me smoothly. There is no sign of recurring of my old symptoms. If one's arteriosclerosis can be judged by his mental activity or inactivity, I think my cerebral sclerosis can not be in an advanced stage as the retina would show, because my mind is just as full of youthful ideas now as in my student days in Berlin. The diet is going on; I like it very much.

I must conclude my letter now. My best wishes to you and Mrs. Burwell.

1229. 傅斯年致 Lawrence I. Verry (1948 年 3 月 23 日) 檔號: I: 1061

69 Clark Street

New Haven 11, Conn.

March 23, 1948

Dear Mr. Verry,

It was a great pleasure to see you and your department yesterday. I enjoyed a good deal in looking round and more so in chattering with you.

① I saw you have quite a number of Thorstein Veblen's works (please give me quotations). If any one of the following is there, please supply to me.

a) Theory of the Leisure Class

b) The Vested Interests

c) The Higher Learning in America

d）Imperial Germany   Instinct of Workmanship 1914

e）Theory of Business Enterprise   Engineers & Price System 1921

   （1904）

f）Absentee Ownership

If you have other one's please quote.

② Re Newton, Legge, Haklyute① Society Series and that lot for my institute please：——

a）ship them in boxes directly to my institute

   The address is

   Institute of History & Philology, Academia Sinica, Nanking, China

b）duly & sufficiently insured.

c）mail the invoice to me and I pay you directly.

d）mail the bill of lading（with list of contents）to me.

③Re my own purchase, please send bill to me.

④Re payment of "Annales de Mus e Guimet", and Haklyute Series please send me the receipts, so I can mail them to China. This is required for our governmental purchases.

                    Many thanks

                         Yours Sincerely,

                         Fu Ssû-nien

P. S. I shall write to my institute for these items I discussed with you in one or two days time. I expect to receive their reply in a very short time.

1230. 傅斯年致趙元任夫婦 （1948 年 4 月 16 日） 檔號：III：196

外第一號

元任兄、韵卿嫂：這一向真是念書念得忘了"宇宙"，結果連賬單都

---

①編按："Haklyute" 當作 "Hakluyt"，下同。

未付，被人來催，信更不必說了，弄得一切停頓，而心中胡思亂想，想到 space-time 以外！這封信還不是實踐上次十封 Epistles 之諾言，乃是一晚清理文件，先寫這個 Epistles 之外之一信。

上次我的"先一號"（並無先二號）信中不是說過 Morris 書嗎？因為我 兄稱之為 兄之 demigods 之一，而我于 兄之所敬者，無不覺得可敬，所以我就花五元買了一部。近來亂看書的結果，把他也看了一百頁左右（五分之二矣），我還在莫明其妙中。把我的莫名其妙寫下，這本書是不是還要看下去，乞 兄示知。

此君^弟向不知道。開頭一看，知是以行為派心理為方法去解釋語言（廣義）現象的。幸而^弟以前還看過幾本此派心理學之書，也用心想過，尤其是 Watson 的 thought as implicit language。所以先上來還看下去，可是越看越看不下去了，仿彿這個境界。

這個人的寫書，簡直像康德，不舉例而造名詞（後者遠過康德），看了百十頁，只有一個例，即 Pavlov 之玩狗，和一個附例，開車的。這本書雖然是從行為學派出發，而且一直造名詞下去，但細想他的名詞，很多──假如不是全體──可能用，或者原是 "Mentalistic" 的名詞。由前者，既不習慣，而且無親切之感，對治語言邏輯者，由後者則不然，把算學中一個例作比。誠然，一種的代數，可以轉移為另一種的代數，by transformation，這個轉移由於在基礎上的 axiomatik 不同。不過，凡作此轉移者，都有一個緣故，都因為"有所得"。現在把語學轉到行為學派上，有所得嗎？作者處處讓步，開頭不久，便公然說，語言的現象，不出于人類以外的動物！既然如此，這個轉移，仿佛像是在擴大基礎，而事實上削去了語言特有之問題。作者步步讓步，到了七、八十頁以後，一套的 "Mentalistic" 名詞全來了，更使人攪不清，再用物理的例，我們不能憑高興忽然又用一個 system！

Language 是 signs，而 signs 是行為，這在今天都不消說，應說的是
"如何是"。所以我以為作者太 ambitious，他之試把行為學心理說明
signs，只可到人與其他動物相同者為止，去作實驗發展這個觀念，
不該"一塌瓜子"寫下去，寫的全像一個 Metaphysical treatise，而
且用了些 jargon。（誠然，現成名詞，含義不清，然可作界說"以清
之"。）

由此推演，我的看法如下：

一、行為派心理目下尚未發展到一地步（這個話作者也說了），可以
　　包羅語言現象而為之基礎，然則目下不該是這樣通論，只應該
　　formulate problems & subject them to experimentation。

二、語言由 signs 出來，但語言之範圍與 sign 大不同，且內容複襍
　　變化得多。所以，假如把動物與人一齊講，只能用 generic
　　method 或用 morphological method，或用 historical method（即進
　　化史之方法，非通常所謂 h. m.）。這個，在前一步也是實驗問題，
　　在後一步要特別注重界說，我以為凡由動物心理（即行為）談
　　到人者，只有用此法始無流弊。（我所謂流弊者，即是我們從 a
　　man is an animal 不能說到 an animal is a man。然而行為派心理學，以
　　及甚多達爾文論，不自覺之中犯此毛病者多矣。政治思想之受達爾文
　　論影響者尤然，如 Bolshevism，其一例也。）

假如現在治語言學者，暫不管心理學之基礎爭論，進展可速。

以上之說，總括來，是作者只貢獻了一個 explanation，並不曾貢獻
了一套可以工作之問題，尤其是實驗問題。所以在目前階段，此書
似無用。

我要聲明，看了尚不到一半，看不下去，先這樣說，自然不能說是
批評，只是我自己隨看隨想的感想。（此書是上週所看，感想已忘了大
半。）也許我再看時，意思全變了，看完時，佩服之至，加入全神
堂，也未可知。不過目下格格不入，姑以不能對生人說的話，向
兄請教一事，即值得用力看下去否？

我承認，也許是我的成見使我把此書看不下去。我在歐洲時代（前
一半）本是一個 crude materialist of the type of physiologists，所以我對

Freud 大發生興趣，對 Watson 的 Behaviorism 大發生興趣。因為後來在德國之空氣，其中包括當時吵鬧相對論，使我這個 uncritical attitude 動搖。因為我後來覺得 Freud 是小說，Watson 也是一種哲學。implicit language 之說只解釋局部現象。總而言之，為邏輯不能不另有一個開端，而 truth 不代表 inquiring 那樣的 crude materialism 以及 Pragmatism，只等于說 "我永遠撒謊"，如無前提假定，自身矛盾。于是積之久而成一個多多少少之 Kantian，這是多多少少的因年歲而 "反動" 嗎？我以為以前是幼稚，是 uncritical，用康德派說法是 pre-critical。這次到美國來，未見行為學派有大進展。原來 Pavlov 之試驗，甚 crude，而 Watson 之說，只有一個是真的貢獻，即 implicit language，其他也是翻譯，如上文所謂 transformation。而且如 Watson 之說，生理學乃等心理學；行為問題，只是一層綜合現象而已，ultimate analysis 必到生理學。一切到了生理學，邏輯的大前提又來了問題。

說到這裏不能再說了，如再說下去，我的正信（Epistles）來了，今晚不必睡覺了，賬單也付不出去了。但是還有一點要說。我在德國時，心中覺得 logic 與語言亦可連到一齊講。回國船上，看 Jespersen 之 *Philosophy of Grammar* 發生絕大興趣，意思甚多，寫了好多筆記（不知尚存北平否），以後便未再想。曾一年看到 Carnap 之書，覺得 "這個做法"，即把語言與邏輯合來，正中下懷，也未去看。今則看第一書也。我覺，Logic 與語言應打成一片，但心理學尚不可能，因心理學自身問題多矣。所以我下部書想看一本新的 Logistic， 兄謂何書好？我對一切事發生 intellectual curiosity，不為貢獻，而為 "聞道"，正是東方哲學。

現在說說 "人事"。

方桂事日內必寫信去，我的看法是 "無效"。因方桂之脾氣，一作決定，即不可改，而況還有好些其他原因（尤其是那位李太太）。夏鼐來信云，南京與李莊不同，當時大家受苦，此時在南京親見貪官汙吏。他勸我在勸 兄與方桂回去時，要說個明白。此意正是 ^弟同意 兄留一年之主因也。

韵卿嫂！老六的病，我曾問過 Burwell，我說："I have a friend in Nanking, who suffers also hypertension. He is fat too. He says, he is anxious to know the up to date treatment …… Of course this is a very difficult proposition to you. But, ……"。

我就大致這樣問的。不看，先問意見，好醫生不幹，說以我平時如此說。他說："You are a specialist yourself, …… maybe he may consult Dr. Cheer……"，如此如此。因為我說我的大夫在中國是戚，如此如此。此實無邊際之問題，故已不成有邊際之談話。即以我論，檢查數十次，結論是"或然"。此間好醫生一如協和，不看（細查）不作任何意見也。

不過舍弟近亦患此病，我有一詳細的信給他，告知我之 treatment，並告他如老六來，可給他看。乞　嫂告老六取看。辦法實簡單①少吃、餓、瘦；②不吃鹽及其他有 soda 之物。如此而已。詳細便是 Calorie，Sodium contents 又極其複雜。

上次在 Boston 是如此。我覺，我在 Boston，以住 Iris 家為最好，因為方便，隨便，與 Lensay 辯論！但我第二次住那裏（你走後第一次），把他們夫婦趕到樓上冷宮，偏偏今年大冷，真不好意思。所以又一次住旅館了。前一次之未打電話，由于當天一早下大雪。我本是想看他們去的，怕他們先來看我。大雪又加上由上午九時到晚上二時一【直】未斷客，所以第二天才去。他們那裏四個人都很好，卞與 Iris 皆極可愛。① Lensay 的聰明可驚。尤其怪者是 Lensay 的聰明，不特遠超過他的年齡，而且有 crystalize 的趨勢。我想最好 crystallisation 不要太早，以懷疑為工具，可延遲 crys.（也許）。將來在 intellectual side 傳　兄之道統者，恐怕是他了。但他有一件與兄不同，即　兄之 intellect 有時很 playful，他却很 serious。上次辯論 Hardy 未完，下次去了再辯。

以下半頁未留底。

四月十六日

①行首自註："Iris 將來必大能幹，恐怕要超過母親！"

1231. 傅斯年致 W. Heffer & Sons Ltd. （打字件）（1948 年 4 月 21 日）檔號：I：1083

69 Clark Street

New Haven 11, Conn., U. S. A.

April 21, 1948

Messrs

Heffer & Sons

Cambridge, England

Gentlemen:

I have the pleasure to acknowledge the receipt of your Quotations No. 3833 (4, 4, 48, Dept. N/HG) and Card 6, 3, 48 (Dept. N/HG) and of the receipt of my remittance L29/12/4, No. 332.

I have not replied to your recent quotations earlier because I had expected to receive your reply to my letter of Feb. 6 and cablegram of Feb. 4th. I am afraid your reply might have been lost or misdelivered.

Let me state the whole case once more.

I. In my cablegram of Feb. 4, and letter of Feb. 6 I ordered the following from your previous quotations.

1/ Morse: International Relations of the Chinese Empire 3 vols.

2/ Cambridge Mediaeval History 8 vols. complete

3/ Gibbon: Bury's Edition, 7 vols.

4/ Marco Polo New Ed. by Pelliot and Moule, so far as published.

5/ Newton's Principia

6/ J. S. Mills Autobiography

7/ Russell Problems of China

8/ Mill: On Liberty etc.

For details of edition, price and so on please refer to my letter and your quotations. I should be very much obliged if you could inform me soon whether the above eight items are all available so I might not buy them again in the country.

II. With regard to your recent quotations I order the following:

1/ Needham: The Skeptical Biologist 8/6 quot. card 6, 3, 48

2/ Russell, Bertrand: Philosophical Essays 1910, 15/-quotation 3833

3/ Joad, C. S. M., Philosophical Aspects of Modern Science, 1943 (quot. same) 12/6

4/ With regard to Lenin and Wells, I have bought them in this country. I shall, however, order H. G. Wells Collected Short Stories if you can get a copy for me.

III. With regard to my second list (enclosed in my letter of Feb. 6) and the third list (enclosed in my letter of Feb. 19) I am revising them in the following list which is to replace the former ones for I have purchased some of them already.

1/ Bertrand Russell: A Critical Exposition of the Philosophy of Leibnitz. (Second Edition Only)

2/ Russell, Bertrand: Determinism in Physics

3/ Bertrand Russell: Analysis of Matter

4/ Cambridge Ancient History, vols. 8, 9, 10, 12 (Not 11)

5/ Cambridge Ancient History Plates, vol. 4

6/ Cambridge History of India, vols. 1, 2

7/ Science at the Cross Road. By different authors, Published by Kniga, London, 1931

8/ Moore, G. E. Principia Ethica

9/ Ethics (Home University Library) by G. E. Moore

10/ Philosophical Studies by G. E. Moore

11/ Samuel Butler, The Shrewsbury Edition of the Works of Samuel Butler, edited by H. F. Jones and A. T. Bartholomow in 20 vols.

12/ Benjamin, Logical Structure of Science, Kegan Paul, 1931

13/ Bohr, Atomic Theory and Description of Nature, Cambridge University Press

14/ Dingle, Through Science to Philosophy, Oxford Univ. Press

15/ Eddington, Fundamental Theory

IV. In addition to the above mentioned books I shall be glad if you could supply me the following:

1/ A. Wolf. History of Science, Technology and Philosophy in the 16th and 17th Centuries (Only this volume)

2/ Paton, H. J. Categorical Imperative 1946 (?)

3/ Eddington,   Fundamental Theory

4/ H. F. Jones,   Life of Samuel Butler

V. With regard to the way of shipping them to China please refer to my former letters. As I am preparing to return to China please 1) Send me the present account as soon as possible and 2) the account to the end of May at that time, so that I can pay you the balance from this country. Afterwards my Institute in Nanking will pay you directly from China.

Yours faithfully,

Fu Ssu-nien

1232. 傅斯年致 Barnes & Noble, Inc. (1948 年 4 月 27 日) 檔號: I: 1060

69 Clark Street

New Haven 11, Conn.

April 27, 1948

Dear Mr. Verry,

Please kindly take note of the following matters: ——

I. I have been waiting for your bills over a month. Up to now they have not yet reached me. They may have been overlooked in some other department of your store. The bills include the following items:

1. The lot of books selected for my institute on March 23 and <u>its shipping expenses</u>. The bill for the lot I bought for myself reached me long ago and I paid on April 1, by a check of the New Haven Bank marked 67. The bill for the other lot for my institute never reached me.

2. The bill for Newton's Work and its shipping expense to China.

3. The bill for Legge's Classics and its shipping expense to China.

4. The shipping expenses of the Annales de Musée Guimet to China.

II. In your statement of March there is the following item: —— "March 1, $ 482.06". I think this must be the Hakluyt Series of which the cost is $ 450.00 and already paid. The difference of $ 32.06 might be the shipping expense, but I have not received the bill for it. Please kindly send the bill to me.

III. Please inform me whether all the above mentioned items have already been sent to China and also please send me the bills and the bills of lading. I prefer to have them sent by shipping and duely insured as book post.

Thank you very much.

Yours sincerely,
Fu Ssu-nien

1233. 傅斯年致趙元任 (1948 年 4 月 28 日) 檔號: III: 195

外二號①

元任兄: 這封信不算信, 所以 "外之"。我說, 我寫信說我念的康德, 是請教的主義, 不意未寫之先, 你到先來一下, 就不算挑戰, 也是 dialectic 的主義。本想掛 "免辯牌", 但也不能自已的在 "免辯牌"

---

①編按: 本函外文曾經張谷銘教授校讀, 特此致謝。

上寫這些字，就是"外二號"如此如此。

"我從前憑康德□[ⓐ]（不識之字）誓，現在看看甚麼 quality，包括 reality，negation，limitation，那些十二個 Category……。"我想從這個地方看康德，康德真是世上最可笑的。當然呢！他當時是同那些同樣可笑的 Des.，Leib. 哲學 Scholastik 傳統打交代，那名詞，那說法，知道他用的是 Baumgarten 的書本，也可了解。這是恕他，不是承認他了不起。我覺得他很了不起，另有原故：——

我覺得他的表面的討論對像雖然是 Desc.，Leibn. 一派，和 Locke，Hume 又一派，要想在中間找一出路，但他心中所憬憧的是牛頓力學，要為牛頓力學找個認識論的根據，並以此說明 Desc. Leibnitz，Wolff 等等之白費。假如這個看法不錯，他的工作確有貢獻，到現在還有重大意義：——

①rat.[ⓑ] 與 emp.[ⓒ] 在某一範圍內說通，超出某一範圍大不通，總要找個協調的出路，而他找出的那個出路（criticism）[ⓓ] 在大體上是通的（今姑假定），就是說，我們的知識"有限"（in the literal sense of the term），而且由 Erfahrung 進來，再出去，他的哲學之存在與否，在大體，即此 Criticism 之立點，不在那些繁瑣之談（這全是 Scholastik 的傳統），那些 category，那些名詞（雖然 Ch. Morris 比他的名詞更多）。問題現在來了：假如支持之說之證明要根本修正，那一說還能成立嗎，這是第一問題。我想 Fermat's Last Theorem 至今未證明，不是等于牠的不對，或不存在。進一步，a wrong proof does not invalidate the theorem。再進一步，常常有許多東西發明了，而解釋得極其胡塗，不因其胡塗而廢此發明。例如 Calculus，在 Newton，Leibnitz 發明時，何曾有清楚的觀念，然不因此廢此發明。Calculus

---

ⓐ原註："像'立'字又不像，像'主'字又不講，幾成康德字。"
ⓑ原註："不是老鼠。"（編按：即 rationalism 縮寫。）
ⓒ原註："不是皇帝。"（編按：即 empiricism 縮寫。）
ⓓ原註："我想應該叫 Critiquism，或 Kritikism，或 Criticalism，以免與常字混。"

到十九世紀中葉才有說明的。如電（在 Faraday 手）、如原子（在 Bohr 手），都是先有一個正確 proposition，帶著胡塗說明，然後慢慢才有正確說明的。不過問題來了，這不是物理，或物的發明，而是哲學，假如說明胡塗，又何取義呢？這待下回②分解。

②康德要結束哲學，不意從也出了許多哲學，十九世紀的 overgrowth 似乎早把他變成 Philologie 了，兼以他的文章"高深"（即胡塗），更合 Philologie 的架子！於是居然有 Kantphilologie，這不要壽終正寢嗎，即是說只成 historical interest 嗎？然而不然。

我現在發明寫那樣小字，因為是寫航空信紙之習慣如此，現在"space-time" 不同，姑寫大些，免 兄受罪。

接上。新物理學似給哲學大似激，① 這刺激似與康德說有力。時間空間之主觀性，而又不是 Berkeley 式，乃是自經驗進來，連著裏頭的又出去，Satisfy the equation ......，最後又訴之於 test。這個 "objective idealism"（又係名詞的矛頓，聊以別于 Berkeley），似最近于康德說，在現成各體系中。事實上，現在不少哲學家仍是在 rat. 與 emp. 中找協調的出路。近見 "logical empiricism"，這不也是名詞矛盾嗎，也不是走這一個 "方向" 嗎。方向是如此，路綫呢？我看這要待物理學相當穩定之後，再去修正康德。Newton's mechanic 穩定後，有康德，新物理穩定後，當有新康德。目下正在 diversifying 的時代。我這一段不敢多說，只說我目下的 anschanuung，免得一說，即上 兄之當也。

我之發生興趣有兩端：① 我本是一個 Crude Materialist of its physiologists' type（在哲學上，在他處不然），所以我對 Sherrington, Pavlov, J. B. Watson 以及 James-Lange Theory of Emotions 以及 W. B. Cannon 的書，以及我直到現在要開刀割斷 Sympathetic nerves, 以及 Freud 等等。然而因為在德時看 naturphilosophie 之書，先以為即可安於 Poincare mad. 便可拉，後又覺應該多一點，又因看 Einstein（雖然他自己反對康德），Jeans, Eddington 等人之書，我以才

---

①編按："似激" 當作 "刺激"。

對康德發生了興味。

②生病重的那幾年，常想人生究竟，有時竟像 Mystic，但又不是，最後想到宇宙是個大演繹，必須假定（或建立）某某，然後某某、某某、某某→∞（不是八），方有著落，于是自己想出一套，向人說，人說這即是康德之 Categorical Imperative，拿來一看，有些近似。

我覺得康德的 Ethics，其重要性實在其知識論之上，然與人談之者少，何也。

我在此，不敢說內容的一句話，因為我不自信，又怕陷入兄之陣中，故只在最外緣說。我為以上原因對康德發生興趣。借此養病，溫習德文（阿彌陀佛，康德的文！）我並不是康德派，因為要是的話，須先弄 Kantphilologie，這是不可能的。仿佛像賈寶玉、林黛玉參禪。

"弱水三千，但取一瓢飲耳！"

"瓢之飄，水奈何？"（未治 Kantphilologie，故飄。）

"水自流，瓢自飄耳。"（水是康德，瓢是我。）

這全不是討論康德，全是說火車上看康德，所以"這信不算信"，仍列入"外二"。

你是由 99.9% 進（或退）為零，我是由 -100% 進入一個 small positive number，我們二人之一，必有一個"反動派"。

我對 Hegel 仍舊極端憎惡，也許一部分因為我憎惡馬克斯主義之故？

深夜了（實是早晨二時），先發這封信。明天去紐約，回來續寫（後天回來）。

恩土斯年上。民國三十七年四月

（遠東時[a]二十八日上午二時）

皮・厄斯：你的 enclosures 是啥算學？是不是從 Sponsor Calculus 出來的。有此一問者，以其最新也。

P. S. 2. 康德所憬憧的物理學，在那時候，與現在大不同。現在物理學的"infallibility"（假如此字可從 Pope 處借用），大不如從前，所以康德的若干話，覺得過于自信，但是，現在物理學的 Materialism

---

[a]原註："遠西是 Greenwich，故 Eastern Standard Time 為遠東。"

（如十九世紀中下段所見）也大不如從前；所以康德說法又使人發興。我對于 J. B. Watson 那一套，近來（也十多年了）覺得憎惡，覺得他是"玄學"。他的 Sense-Organs 各說，只是傳統 Psychophysics 的翻譯，而其所謂 thought as implicit language，雖對人引起很大興趣，但太簡單。Thought 不是一個單位，而 Watson 說，只可應用於 Thought 之一部，至于"記憶"、"夢"，Watson 便無可說了。所以現在從 Behaviorism 論人文中物事，太粗。還是 mentalists 一點，可以免掉忽略重要事實。

芝加哥有一個 Ency. of Unified Science，已出十一冊，又談什麼 logical Empiricism，似乎 Morris 即在其中焉。我買了看看，因為太 Condensed，看不太懂。只是覺著"你們的 unified-'new'在那裏?"Morris 書，上次看的倒了胃口，稍待再看。或者等兄"自西徂東"後，先給我一個 lecture，再看，因為省事多了。

1234. 傅斯年致 Barnes & Noble, Inc. （打字件）（1948 年 5 月 9 日）檔號：I: 1058

69 Clark Street

New Haven 11, Conn.

May 9, 1948

Scholarly Book Dept.

Barnes & Noble, Inc.

Dear Mr. Mladinich,

Many thanks for your letter of May 7th. Mr. Verry might have been over-burdened with business before he left for Europe. This might have been the cause of the confusion.

1. Annales de Musée Guimet

I told Mr. Verry to ship them to China not by registered post. As this complete set is still in your place I think it is the safest way to send it to my home in New Haven and I shall do the packing and shipping to China. Please kindly check the numbers if they agree with the catalogue and send to my place insured.

2. Hakluyt Society Publications, 2nd Series, complete.

I also told Mr. Verry to ship it to China. As you have already sent it by mail I hope there would be no loss. Enclosed is a cheque of $ 32.06 for the balance, which covers exactly the mailing expenses.

3. For Vaihinger's Philosophy of As-if and a recent bill（37975）please find a cheque of $ 26.00（8 plus 16）

4. For the rest I shall inform you by person when I come to your place next time, possibly around May 14th.

Yours sincerely,

Fu Ssu-nien

1235. 傅斯年致 W. Heffer & Sons Ltd. （打字件）（1948 年 5 月 9 日）檔號：I：1084

69 Clark Street

New Haven 11, Conn. , U. S. A.

May 9, 1948

Dept. E/S/EP

Messrs Heffer & Sons

Cambridge, England

Gentlemen:

Many thanks for your letter of April 27, 1948, Dept. E/S/EP. I accept the books in the two enclosed invoices. Please send them to China by registered post to the following address:

Institute of History and Philology

（Attention of Director Fu Ssu-nien）

Academia Sinica, Nanking, China

With regard to Cambridge Medieaval History, please try to obtain the remaining volumes at your earliest convenience. (vols. 1, 5, 6, 7)
With regard to the other books in my list enclosed in my letter of April 21st., I am glad to hear you will endeavor to obtain them.

As soon as I come back from Ithaca I shall send you another remittance. (Not more than a week)

Yours truly,

Fu Ssu-nien

1236. 傅斯年致 W. Heffer & Sons Ltd. (1948 年 5 月 19 日) 檔號: I: 1091

69 Clark Street

New Haven 11, Conn. U. S. A.

May 19, 1948

Messrs Heffer & Sons, Cambridge (Dep't. E/S/EP)

Gentlemen,

Enclosed please find the following two Cheques: –

①ne, of the Sum of $ 80$\frac{00}{}$ to be accredited to my own account.

②One, of the Sum of $ 200$\frac{00}{}$ for opening an account for the Central Museum of Nanking.

List of order for the Central Museum of Nanking will be forwarded to you in a few days.

I am very glad to hear that you are going to make my set of Cambridge Mediaeval History complete. I hope the remaining two volumes will be obtained very soon.

I shall write you again in a couple of days.

Yours Sincerely

Fu Ssû-nien

1237. 傅斯年致王德芳 （1948 年 5 月 25 日） 檔號：IV：625

德芳吾兄：① 惠示敬悉，一切至感。^弟身體實不算壞，只不知歸國後
　如何耳。茲有六人係高本漢教授之學生，來華就學，另函託　雪艇
　先生。彼等來華，理當歡迎，各節見致雪艇先生信，乞　兄轉陳，
　如能速辦，至感。因彼等搭便船，時間不可失也。如　部發訓令給
　駐瑞典時，並乞示^弟一短電或信，俾^弟轉知高教授，最感最感！餘
　事另陳，專頌
近安

^弟斯年上　五月廿五日

又，^弟之血壓高，只用減食法，返後當與　兄參考之。　兄經手術
　後，必減血壓（此一般現象，無論是何手術），然以後如何，不可盡
　知，減體重當有益也。又及。

1238. 傅斯年致王世杰 （1948 年 5 月 25 日） 檔號：IV：624

雪艇先生吾兄：② 茲先以一事奉擾，餘另陳。
　因瑞典漢學家高本漢先生 （Professor B. Karlgren） 到此，與之快談。
　高教授在語學、文史、考古貢獻極多，其語言學在中國影響甚大，
　中央研究院之通信研究員多年矣。自馬伯樂、伯希和諸君去世後，
　西方漢學中心，在瑞典之高君矣。彼以學生六人，今夏擬來華研
　究，而駐瑞典使館不能即簽照。^弟意，漢學必須中外交流，然後相
　得益彰。此中有一、二人或二、三人，本院可助其方便就學者也。
　此六人之來華，是用 Rockefeller Foundation Scholarships。在此情形

---

① 頁首自註："Copy of a letter to Mr. Wang, Secretary of the Foreign Office, asking
　him, to send instruction to Chinese Embassy in Stockholm as soon as possible"。

② 頁首自註："Copy of a letter to Minister of Foreign Affairs, Nanking （Dr. Wang
　Shih-Chieh）"。

之下，^弟意，應即簽其護照，俾可于八月到中國。此事因涉漢學研

究，亦與^弟所司有關，故敢冒請吾　兄電令駐瑞典使館即予簽發，

俾可按期成行，無任感荷之至。驪先兄處另函。餘事別陳，專頌

政安

^弟斯年謹上　五月廿五日

公超兄同此不另。

再，^弟七月在紐約上船回國，決不改期，併聞。

六人名字如下：

Olle Andersson（Swedish）	Hans Bielenstein（Swedish）
Sven Broman（Swedish）	Goran Malmqvist（Swedish）
Soren Egerod（Danish）	Henry Henne（Norweigian）

1239. 傅斯年致朱家驊（1948 年 5 月 25 日）檔號：IV：188

驪先吾兄賜鑒：① 茲先以一事奉陳，餘另白。

因瑞典漢學家高本漢先生（Professor B. Karlgren）到此，與之快談。高教授在語學、文史、考古貢獻極大，其語言學在中國尤多影響。自本院設立，即為本所通信研究員多年矣。自伯希和、馬伯樂諸君去世後，西方漢學之中心，自巴黎移至瑞典，即以高君為主。此吾兄所熟知也。彼有學生六人，今夏擬來華研究，而駐瑞典使館不能即簽護照。^弟意，漢學必須中外交流，然後彼此有益。此中有一、二人或二、三人，本院可助其方便就學者也。此六君之來華，是用 Rockefeller Foundation Scholarships。在此情形之下，^弟意，應即答應其護照簽字，俾可于八月到中國。此事因涉漢學研究，亦與

---

①頁首自註："Copy of a letter to Dr. Chu Chia-hua, Minister of Education, Nanking. He is acting President of the Academia Sinica concurrently."

^弟所司有關，故敢冒請吾　兄行文外部，電令駐瑞典使館即予簽發，俾可按期成行，無任感荷之至。雪艇兄處已另有信去矣。餘別陳，專叩

政安

^弟斯年謹上　五月廿五日

立武兄同此不另。

^弟七月在紐約上船，決不再改期，近中身體不壞，併聞。

六人名如下：

Olle Andersson（Swedish）　　Hans Bielenstein（Swedish）

Sven Broman（Swedish）　　Goran Malmqvist（Swedish）

Soren Egerod（Danish）　　Henry Henne（Norweigian）

此事辦後，乞　電示，以便轉知高教授，為感。

1240. 傅斯年致 W．Heffer & Sons Ltd．（打字件）（1948 年 6 月 1 日）檔號：I：1089

69 Clark Street

New Haven 11，Conn．U. S. A.

June 1，1948

W．Heffer & Sons

Dept．E/S/EP

Cambridge，England

Gentlemen：

In appreciation of your excellent service I have the pleasure to introduce to you a new customer, the Central Museum, Nanking, China. On May 19 I mailed to you a check for U. S. $200.00. This serves as a deposit. Enclosed please find a list of books and periodicals. Please send the books directly to the Central Museum in China. As for the periodicals, please give them quotations first. I shall pay you the balance before July. After that, it will be paid directly from China.

Please do not confuse this account with my own. Thank you for your attention.

Yours truly,

Fu Ssu-nien

Fu Ssu-nien[1]

附：List of Books and Periodicals Wanted by the Central Museum, Nanking, China

Periodicals Complete or fairly complete sets only

1. Antiquity...... London
2. Man............. Royal Anthropological Institute, London
3. Archaeological Survey of India

Books

1. Arne, T. J., Excavations at Shah Tepe, Iran.
2. Carter, H., Tomb of Tutankhamen, London 1923—33.
3. Cunningham, Alexander, The Ancient Geography of India. Revised and edited by S. N. Sastri. Calcutta, 1924.
4. Evens, Arthur, The Palace of Minos, London 1918—28.
5. Frankfort, Studies in the Early Pottery of the Near East, London, 1925—27.
6. Hedin, Sven, History of the Expedition in Asia. 4 vols. 1927—35.
7. Larson, The Music of the Mongols (Vol. VIII, part 1.)
8. Laufer, Sino-Iranica.
9. Mackay, E. Chanlu-daro. 1936—37. The American Oriental Society,

----

①頁末自註："已發。"

New Haven, 1945.

10. Sylwan, V., Woolen Textiles of the Lou-lan People (VII, 2)

11. White, Tombs of Old Lo-yang.

1241. 傅斯年致 W. Heffer & Sons Ltd. （1948 年 6 月 1 日）檔號:

I: 1092

69 Clark Street

New Haven 11, Conn. U. S. A.

June 1, 1948

Messrs W. Heffer & Sons, Ltd.

Cambridge, England

Dept E/S/EP

Gentlemen,

I think you have received my letter of May 19 with two cheques. My stay in this country has been extended to the first week of July. Please send me the balance at the end of June, so I can remit to you another sum directly from this country, if my credit exceeds my deposit. From July on I shall pay you directly from China.

I am extremely happy in learning from your letter of May 13 that you are going a long way in completing my sets of Cambridge Histories. As a matter of fact I came across the first volume of Cambridge Medieval History in New York some time ago and I bought it. If you have already obtained this volume for me before you receive this letter, please let me know immediately and I shall accept it, because I can return this volume to the New York bookseller, with whom I have done considerable business. If not, please cancel this item (Volume One of Cambridge Mediaeval History) but please endeavor to obtain the Fifth Volume of the same set, this being the only remaining volume now.

With regard to Volumes 8, 9, 10 of Cambridge Ancient History and Vol 4 of Cambridge Ancient History Plates, please try to obtain them for me as soon as possible.

Please order Cambridge History of India Volume 3 (Turks and Afgans) for me. I think it is not out of print.

Enclosed is my fourth list. Please kindly try to obtain for me at your earliest convenience.

All the books are to be sent to

"Director Fu Ssû-nien

Institute of History,

Academia Sinica,

Nanking, China. "

by registered post, as I informed you before.

I hope I could receive your statement before buy, not later than the first week of July.

Thank you once again for your prompt attention.

Yours Truly

Fu Ssû-nien

1242. 傅斯年致 Oxford University Press (1948 年 6 月 1 日) 檔號: I: 1067

69 Clark Street

New Haven 11, Conn.

June 1, 1948

Oxford University Press

Attention of Miss P. Wright

Enclosed please find the following cheques:

① $7. 35 for invoice 5/24/48c pp

② $13. 37 for invoice 5/13/48c 4/29

This bill was stated as $15. 42 without discount. I received a letter to correct it to ＄13.20, so I pay this sum plus the mailing charges on the original bill.

Many thanks

Yours Sincerely,

Fu Ssû-nien

1243. 傅斯年致中央博物院 （1948 年 6 月 3 日） 檔號：III：1347

中央博物院惠鑒：前承囑代買圖書，茲報告如下：

一、Annales de Muse Guimet。電到即定下，款到即付去，囑其裝箱運去。不意，此家雖是大書店（Barnes & Noble），却專作國內生意，向國外買書，在國內賣，其國外生意，甚不熟習。又各部分別辦事，遂如 departmental stores；兼以其分科老版赴歐採訪，遂將此事及本院所買若干批，一齊擱之，不知去向。幾經催詢，始于五月十八日來信云找到，（附原信，此信乞交史語所存。）遂即往紐約而與之交涉，親見其已經裝好，木箱鐵骨甚固。然至今已九日，尚未將 bill of lading 寄來，今日又去信催矣。想不日不到，[①] 即寄奉，並付其運費也。又，此書在原目中之說明艱奉，到時乞照之檢查。^弟曾將其大加責備，彼又云 "善于往國外寄書"，遂聽其自寄。蓋^弟後來之意，亦頗願其寄此代為裝運，彼既云善辦，^弟又因裝箱已太多，故聽之。至于保險等，已囑其如法辦矣。

二、後來兩單中各書，曾兩在紐約偏尋不得。亦曾買到幾本舊考古書及 Sir James Frazer 書，如貴院要，可算作貴院，否則算敝所（約不及十元）。

近感覺此間書店多不妥，又貴。其故由於此邦繁富之至，書籍一如其他商品，如前在英國、歐洲所見書店之情形，全不

---

①編按："不到" 當作 "可到"。

可見。所開單之襪誌及書，以在英國者為多，故為貴院寄二百元于 Heffer，開一訂購之戶，請其以後直接寄貴院。此家辦事週到迅速，遠非此間各家可比，為^弟搜書，成績最佳。且同一書，英國比此地平均價廉 20-40%。^弟恐扰擱貴院買書事，故代開此一戶，想他可能為貴院搜到若干。此間生意好，無人代為搜書，間有小家為此，其貴駭人。一好書出來，立即即賣，目錄出來，好者多已光了。故英國書斷不可在此買也。

然若貴院覺此家（Heffer & Sons）交易未必妥當，此款改為研究所者，亦無不可。茲將與其信件附上。

三、高本漢教授 Professor Bernhard Karlgren 過此，與之談及 Bulletin of the Museum of Far Eastern Antiquities，承其慨允贈送貴院一全套，以後續送（贈送，非交換）。彼又云，舊期雖已絕少，但當為貴院湊成一全套。高本漢先生七月三日返瑞。貴院似可先行通信給該機關，說明^弟與高接洽經過，請其即寄。此為意外之收獲，蓋如在市上，又將二百元以上或不止也。（並乞轉告夏作銘兄，本所出版者應送高氏；本所此書不全部分，開清即補，為感。）

四、最近當再往紐約一尋，但希望不大。貴所①單中之期刊曾見三種，皆太不全，此必經年求之者也。已分函 Stechert 代為搜尋。前者在歐有分號，後者其老板正在歐購書，或有希望，但不知^弟行前能得若干否？

五、^弟行前（七月廿六日）尚有何事見命，乞即示。行前餘款如何辦，應付何家，或存銀行開一戶，並乞指示。

六、茲將截止到現在書款抄奉：

收入　二千五百元。

支出

　　①Barnes & Noble　一千五百元。

---

②寄英國 Heffer　二百元，外匯水一元一角五分。

以上共支出一千七百〇一元一角五分。

下餘七百九十八元八角五分。

待付 Barnes & Noble 寄書費。

七、附件：

發票收據正本凡四紙，支票收據一紙。副本另寄，以免有一有失。

與 B. & N. 信一件。

與 Heffer 信、單及匯款收條各一件。

B. & N. 目錄一件。

餘另，敬頌　公祺

傅斯年　六月三日

1244. 傅斯年致 Barnes & Noble，Inc.（1948 年 6 月 3 日）檔號：I：310

69 Clark Street

New Haven 11 Conn.

June 3, 1948

Messrs Barnes & Noble Inc.

Scholarly Books Department

Gentlemen,

Many thanks for the parcels and the statement. Enclosed please find 3 cheques for payment of the following bills: ——

① A cheque for $ 157.50 for Legge's Chinese Classics Invoice 38732 May 17

② A cheque for $ 116.75 for payment of invoice 38778—9

③ A cheque for $ 25.21 for payment of invoice 38785

Items ① & ② are for the "Academia Sinica". Please kindly favor me receipts, three copies for each (for import license and government accounting). Item ③ is my own; no receipt is necessary.

Up to now you have not sent me the bill of lading for the set of "Annales de Musée Guimet" which I bought for the Central Museum of Nanking. Please do send me the bill of lading (original and duplicate) as soon as possible, for, if the cargo should arrive before the bill of lading, much confusion might arise.

Many thanks,

Yours Sincerely.

Fu Ssû-nien

1245. 傅斯年致 Knapp（打字件）（1948 年 6 月 5 日）檔號：I：1185

69 Clark Street

New Haven

June 5, 1948

Dear Mr. Knapp,

Many thanks for the trouble you have taken in preparing the list for me for the application of import license to China.

With regard to the cash account I have listed the following items from my check book. These items were cashed at the Co-op.

Bank of Canton

Nov. 25	$12.00
" "	28.00
" 26	20.00
Dec. 15	50.00
" 1	10.00
" 4	20.00

Jan. 2	74. 00
" 10	13. 50

New Haven Bank

Jan. 7	50. 00
" 13	46. 00
" 31	40. 00
	$363. 50

If the Co-op could issue a statement that I bought books in cash for this sum, I should be much obliged.

Of course this is intended exclusively for the purpose of obtaining import license and has nothing to do with the calculation of my bonus which must be based on your records.

I also bought a Remington portable typewriter on Nov. 25th. and paid $ 81. 37 by a check. Could you also issue a statement for it?

Thank you again for all the trouble I have caused you.

Yours sincerely,

1246. 傅斯年致任嗣達 （1948 年 7 月 3 日） 檔號：III：1339

嗣達先生惠鑒：① 旅行返來，接讀六月十九日惠書，知中央研究院款一萬五千元件一事，荷承 鼎力查明認可，並囑開單購買等節，曷勝感荷之至。此次能查明解決，皆 先生之大力也。已將原件轉寄中央研究院，並請其轉教育部辦公事給貴公司矣。至於應購之單，弟處無之，僅有趙元任先生經手一批儀器待付，已囑趙先生將發單寄達 貴處，由 貴處經手付款並啟運。趙先生現在 Garden City，為 Unesco 辦

---

①頁首自註："稿（底子）。"

一暑假 Seminar，已請其直接函達　先生。至於全單，當由敝院由南京直寄　貴處，並由教育部補一公事，知念併聞。^弟十五日左右離此西去，過紐約時當趨訪面謝也。專此，敬叩

日祺

^弟傅——— 三十七年七月三日

1247. 傅斯年致 William D. Carter （殘稿）（1948 年 7 月 3 日）檔號： I：1048-1

July 3, 1948

69 Clark Street

New Haven 11, Conn. U. S. A.

Mr. Wm D. Carter

Head, Office for the Exchange of Persons

UNESCO, Paris

Dear Sir,

Your letter of June 16 has just reached me from China.

In reply to your inquiry in the letter EXP/44382 with regard to Mr. Chiang Fu-tsung, I have the pleasure to inform you that：

① Mr. Chiang, is holding a very important position in the domain of Chinese libraries.

② He is an energetic person and is a specialist in some branch of Chinese bibliography.

③ His knowledge of Western library Science is not quite up to date.

With these considerations in mind I venture to suggest that a fellowship in librarianship for a period of foreign study given by UNESCO would facilitate considerably his future work in China.

〔下缺〕

1248. 傅斯年致那廉君 （1948 年 7 月 5 日） 檔號：III：1348

簡叔兄：

有兩封買書的信，中博交　兄後，乞代^弟收存，並于^弟到後交^弟。（^弟好忘，請　兄代記著。）

又，此家（Heffer & Sons，Cambridge，England）大約寄^弟二十包（或更多）之書，是^弟個人買的。乞代收並不打包，以便^弟查有無失落也。專叩　近安

^弟斯年　七、五①

1249. 傅斯年致岑仲勉 （抄件）（1948 年 7 月 5 日） 檔號：京 28-27-2

仲勉先生著席：惠示敬悉，一切當如　先生所示。^弟于先生治學之精勤，史籍碑版之深邃，十餘年中，佩服無間，今猶昔也。至于關涉語言學之不同見解，絕不影響^弟之服膺先生之治史，此不能不曲予諒宥也。聞駕將歸粵，恐未獲在京祖送，實不能無所惓惓耳。所示抄寫各費，均當遵命。大駕行前理應致送若干月薪水，已託作銘兄轉請薩先生核定。先生不忮不求，學問之外一無所涉心，足以凤興，^弟尤欽慕。今以一科上之不同，遂各行其所是，亦事之無可奈何，望先生不以此事為懷。以後敬乞時賜教言，不棄在遠，固終身之厚幸也。引領西望，先生自此遠矣。惻怛如何。專此，敬頌
道安

^弟傅○○謹啟　三十七年七月五日。美國新港。

---

①頁末那廉君附註："共式拾包，已于卅七年七月廿四日收到。"

1250. 傅斯年致杭立武（抄件）（1948 年 7 月 5 日）檔號：III：1346

立武吾兄：① 弟曾為研究所買了一部新版 *Encyclopaedia Britannica*，二百四十餘元，又加二冊 Supplement。不意^敝所在國內自購了。此書公家極有用，^弟以研究所已有，可不自有。未知 大部可買否？^弟已裝箱帶回矣，可打折扣，並不出運費。一切面談。敬叩

近安

弟^{斯年上} 七、五

1251. 傅斯年致 Barnes & Noble, Inc.（打字件）（1948 年 7 月 5 日）檔號：I：311

69 Clark Street

New Haven 11, Conn.

July 5, 1948

Barnes & Noble, Inc.

Attention of Scholarly Book Dept.

Gentlemen：

After I had returned from travelling I received your invoice 50280 dated June 14, 1948. Enclosed please find a cheque for $ 52.51. Please send me a receipt for this sum in three copies addressed to The Central Museum, Nanking, China.

I have asked you to send the bill of lading directly to me many times, but I have not received it. There is an item in this invoice marked "Air Mail Postage & Petties". I am afraid you have sent the bill of lading directly to The Central Museum. If this is the case please let me know on what boat the

---

①頁首自註："Private"。

books have been sent, so that I can tell the Museum to claim them. I hope this confusion would not cause any loss.

I am leaving New Haven about the 15th of this month. If there is any bill for me to pay please let me know as soon as possible. When I pass New York I shall go to your place to see if any new arrivals from Europe will interest me.

Yours truly,

Fu Ssu-nien

1252. 傅斯年致 Central Hanover Bank（打字件）（1948 年 7 月 5 日）檔號：I：1186

69 Clark Street

New Haven 11, Conn.

July 5, 1948

The Central Hanover Bank

New York

Gentlemen:

I am instructed by the Institute of History and Philology of Academia Sinica from Nanking to pay you the sum of $ 82. 65 to be accredited to the account of Swets & Zeitlinger Co. for *T'oung Pao* 1938—47 with supplements 36—39. Enclosed please find a cheque for the above sum.

Kindly favor me a receipt at your earliest convenience as I am leaving this country very soon.

Yours truly,

Fu Ssu-nien

1253. 傅斯年致 H. W. Wilson Co. （打字件）（1948 年 7 月 5 日） 檔
號：I：1187

69 Clark Street

New Haven 11, Conn.

July 5, 1948

The H. W. Wilson Co.

Attention of Periodical Dept.

950—972 University Avenue

New York

Gentlemen：

I have been instructed by the Institute of History and Philology of Academia Sinica from Nanking to pay you the sum of ＄99.65 for the back numbers of The American Anthropologist. Enclosed please find a cheque for the above sum and kindly acknowledge receipt to me at your earliest convenience.

Yours truly,

Fu Ssu-nien

1254. 傅斯年致 W. Heffer & Sons Ltd. （打字件）（1948 年 7 月 5 日） 檔號：I：1087

69 Clark Street

New Haven 11, Conn. U. S. A.

July 5, 1948

Heffer & Sons

Cambridge, England

Dept. E/S/EP

Gentlemen：

Many thanks for your letters of June 8th. and 21st. I have mailed these two letters with the invoices to The Central Museum in Nanking and asked them to correspond with you directly.

Before I leave this country I shall mail you another cheque for about $ 200 on behalf of The Central Museum.

I earnestly hope that you could complete my set of Cambridge Mediaeval and Ancient Histories as soon as possible.

Yours truly,
Fu Ssu-nien

1255. 傅斯年致中央博物院 （1948 年 7 月 6 日） 檔號：III：1308

中央博物院台鑒：惠示兩件，均敬悉。諸事奉陳如下：

一、Heffer & Sons 成績甚佳，已買到不少，當已收到若干。（貴院如外國郵件不多，應在南京郵局存記，以免洋文信件亂投，即敝院亦常有此事也。）已超過寄去二百元之數，弟行前（即自波城還後）當再寄去二百元。

兹將其原信奉上，有關之 invoice 數紙並奉。但信中有些是弟買書事，乞看後打下，交敝所那廉君先生收存。

其中所說各種襍志，乞由 貴院逐復。

二、過紐約，照貴院開單找，有的襍志太不全，一無所得。此間買書，與戰前英國大不同，無人肯費心代尋。（此事言之甚長，迥出弟意外，面告。）有 Siren 三冊中國石刻，索 87. 50，未買。弟行前過紐約當再搜尋一次。

三、Barnes & Noble 之運費已開來，已付，看來是把 bill of lading 直寄貴院，未分寄（兩單，正、副理應分寄），故弟對之又發脾氣。此家分部太多，直不會向國外寄。其做國外生意者，又貴，又買不到書！

四、囑買各儀器，已託楊西崑君去買，因大學均放假，善辦此等事者，皆不在也。其第一種未必可買到。其照像器如過百元，即不買，因不上算也。Slide Rubs 則可買到。買到者當帶去，但須 import license。已託楊君買到後，即寄貴處也。

五、下餘之款行前當存入一銀行，以供隨時開支。

^弟明天赴 Boston，再入醫院檢查。十日返此，十六、七離此，七月卅一日自金山搭船返國。併聞。專叩

大安

^弟傅斯年敬上　七月六日

又，Freer Gallery of Art 可贈貴院 Illustrated Catalogue，^弟未見其樣子。俟其寄^敝所者到後，照樣去要（^弟寫信）可耳。

1256. 傅斯年致中央博物院 （1948 年 7 月 13 日）檔號：I：348

中央博物院台鑒：

Mus e de Guimet 運費之正收據寄上，乞收。外有一信，乞　一併收下。又，Barnes & Noble 附來 bill of lading，其上云 "Three"，當是第三副本，此一、二本當已直寄尊處矣。書到後，乞將原信寄那簡叔兄，于^弟到後交還^弟（無忘），因其中尚有他事也。託買之儀器，紐約電話云，有買到者，須後日還紐約，方可奉告也。

餘款，到紐約清算，（付儀器後）奉告。行前當再寄 Heffer 款。

傅斯年敬啟　七、十三

1257. 傅斯年致李惟果、梁穎文 （1948 年 7 月 13 日）檔號：II：46

惟果、仲栗兩兄：^弟七月①十八、九到南京矣。茲有一事奉懇：^弟代研究所買書約二千五百元，自己約四千元。公家之書，係由哈佛社捐

---

①編按："七月"當作"八月"。（編按：傅斯年於 1948 年 8 月 17 日自美國歸抵上海。）

款；自己之書是考察費中，此正為"考察"之要務，其中論俄國及共黨之書甚多，可以公諸同好者也。此書共廿三箱，已啟運。聞書籍入境，也要 import license，此真自古未聞，^弟初不相信，前過華府，經手者言之鑿鑿，歎息者久之。

此時有人買書運回國，而不將錢置之國外，有此"下愚"，正應獎勵之不暇，何處來如許多之"辦法"哉？^弟因事前不知（領事館至今尚云無之），故手續不全（即單據不全），已託同事夏作銘兄代辦。如有困難，務乞 兩兄鼎力，先行發給 import license，手續不全處，^弟回國後補辦，補不了，再"沒收"也不晚也。

^弟不知向何人"呼籲"，故找兩兄，亦緣兩兄在行政院，當不使"下愚"至此者，受此不情之災也。一切面謝，敬叩

政安

^弟斯年上　七月十三日

1258. 傅斯年致 G. S. Doyle Co. （打字件）（1948 年 7 月 14 日）檔號：I：1160

69 Clark Street

New Haven 11, Conn.

July 14, 1948

Dear Mr. Doyle,

　This is to confirm what my friend, Mr. Yang informed you. In the afternoon of July 12th. Porto & Sons sent a man to my house and fetched both groups of my things.

Group I

　23 wooden cases of equal size containing books. The weight of each case is less than 200 lb. The approximate weight of each case is 160—170 lbs. The dimensions of each case are exactly the same as what I told you in my letter of July 5th.

Group II

One Refrigerator dimensions about 30 cu. ft.

One wooden box containing used blankets, pillows and sheets.

One wooden box containing used kitchen utensils and other used household articles.

These two wooden boxes make a total of about 16 cu. ft.

Insurance

$9000 for the first group including all risks and war

$250 for the refrigerator

$100 for the other two wooden boxes

Please issue Insurance Policy for both groups separately.

I have asked Mr. H. K. Yang to settle the accounts ＊＊＊＊＊＊＊＊ .[①]

Please send the bills of lading to him directly. His address:

Mr. H. K. Yang ＊＊＊＊＊＊＊＊＊＊.

Yours truly

Fu Ssu-nien

1259. 傅斯年致 Oxford University Press（1948 年 7 月 15 日）檔號: I: 327

69 Clark Street

New Haven 11, Conn.

July 15, 1948

Oxford University Press

Attention of Miss Wright

Dear Madame,

I am leaving for China right now. Please cancel my former orders and mail no more books to my New Haven address.

---

①原件此處重覆打字，無法識讀，下同。

I take this opportunity to express my sincere appreciation of your excellent service.

With thanks

>Yours Sincerely,
>
>Fu Ssû-nien

1260. 傅斯年致 W. Heffer & Sons Ltd. （打字件）（1948 年 7 月 16 日）檔號：I：1170、I：1176

>69 Clark Street
>
>New Haven 11, Conn. , U. S. A.
>
>July 16, 1948

Messrs. Heffer & Sons

Cambridge, England

Gentlemen：

Enclosed please find a cheque for U. S. $ 200. 00 to be accredited to the Central Museum, Nanking, China, as I promised to send you in my last letter.

Please send future correspondence to me to my address in China, as follows：

>Director Fu Ssu-nien
>
>Institute of History and Philology
>
>Academia Sinica
>
>Nanking, China

I remember the mark on your letters to me is E/S/EP. As I have already packed my files I am not quite sure about it. Please check it.

>Yours truly,
>
>Fu Ssu-nien

1261. **傅斯年致** G. S. Doyle Co. （打字件） （1948 年 7 月） 檔號：
I：1158

G. S. Doyle Co.

10 Bridge Street

New York 4, N. Y.

Dear Mr. Doyle,

Many thanks for your letter of June 30th. and the quotations to my friend Mr. H. K. Yang. I have two groups of shipments. In answer to your questions I state them separately.

The First Group

1. 23 cases of books of equal size packed in standard wooden boxes with iron bands.

2. I cannot tell you the gross weight of each box because I have no scale to measure it. My estimate is 200 1b. each or less. The total weight of the whole lot will be approximately two tons.

3. Each case has already been marked by stencil the following address: "Institute of History, Academia Sinica, Nanking, China" and each box has a number marked with ink. I have also put the label on each box "Handle with Care". In case any additional marks are necessary please do it for me.

4. Please consign the goods to the following address:
"THE ACADEMIA SINICA SHANGHAI OFFICE, YO YANG ROAD, SHANGHAI, CHINA".

5. The value of the shipment for United States Customs purposes will be $9000.00.

6. The dimensions of each case: 15 in. x 15 in. x 37 in. = 8375 cu. in. = 4.818 cu. ft. The total cubage will be 4.818 cu. ft. multiplied by 23.

7. This group is completely ready for shipment. You can fetch it any time.

The Second Group

This group consists of one Refrigerator and two other wooden boxes. The dimensions of each will be given to you later. They will be available for shipment around the twelfth of this month.

In case there will be a ship sailing before the 12th. please send your truck here to fetch the 23 boxes of books for this shipment. Please kindly notify me by telegram or phone call (6–3211 New Haven) what time your truck will come so I can be waiting for it.

In case there will be no ship sailing before the 12th. you can come to get both of the groups at the same time around the twelfth of this month. In any case please notify me before you come.

Insurance

I have also decided to take your Insurance Policy as quoted and described in your letter. The insured sum of the 23 cases of books is ＄9000.00. The insurance fee to be paid will be ＄193.50. As the insurance starts from New Haven please send the Insurance Policy Papers with the man who comes to fetch the cargo. The insured sum of the second group will be ＄400.00. I shall inform you in detail later.

Yours truly,

Fu Ssu-nien

1262. 傅斯年致那廉君 （1948 年 7 月） 檔號：IV：363

簡叔兄： ^弟寫信之懶， 兄所知也。在國外，既無兄代寫，又無兄催，一切可想。同人皆未通信（除作銘兄處因公事外），心中萬分不安。

有三事奉託：一、^弟因裝箱後，又來之書，共寄四十七包，^① 其中

---

①此處有直式計算法："24（十三日）＋21（十四日）＋2（次瑤代寄，同日）＝47"。

有若干包是公家者，到後乞放在一齊，最好先不打開；如打開，亦將原包一併留下，待^弟返後清算。二、英國圍橋 Heffer & Sons 寄^弟書若干包，皆^弟者，請一併收下存放。如已打開，原紙保存，待^弟返後檢查。三、內子今天寄去一包衣服，因一切已裝好，而人託帶兩外套！（趙太太託帶給竺校長！）只有將自己的衣服抽出郵寄，到後乞併存，取時恐甚麻煩也。　兄之自來水筆，已買了帶贈。表此地最貴而壞。一切面談。

1263. 傅斯年致余遜 （抄件）（1948 年 9 月 6 日） 檔號：京 4-1-12-1

讓之吾兄：

沈先生房子事如下：

一、此事自當收回，但關于沈太太自住部分，不可持之過急，而其他雜人則須速加收回。大約沈太太住一、二院子即足，其他自當告其遷讓。一切請如情如理接洽。如需院中去公事給華北文教會，示知即辦。

二、逐步收回後，即由北大文科研究所使用，只作北大文科研究所研究室之用，北大絕不能以此擴充其教員、學生之宿舍。（因宿舍有損）因此，逐漸收回時，必與原房相連，而仍走一門。俟大致收回後，再與北大定約，已與薩先生商妥。北大文科所之房本不足用，而目下本院在北平不能有所設置，故此法兩益也。將來局面好轉，中央研究院可能遷一、二所或其部分于北平，但目下則決無此事也。此事乞速接洽。（沈夫人住不多，連同陪伴之壻家，其實一院足矣。）這件事，始終是中央研究院（若干人）疑我祖北大、祖沈先生之事，然以前辦法，^弟以為在當時情形下最好，目下辦法（即上文所述），亦只好如此。

三、教育部及朱先生東西，當一時代存，日內去問。

以上兩院事也，以下他事。

一、我們的書，中文部分既已整理大致就緒，似應即時公開之，其公

開之法，即：（一）北大圖書館、北平圖書館（尚有其他否？）可
交換借書，所謂 Library Exchange。（二）研究人士（非學生與一般
人）有專題研究者，可以特別許可前來看書，[①] 此一節，外人批
評甚，[弟]在美曾與一個人辨（看附件），故須早辦，千萬千萬！如
有困難，乞示知。然不必待全部目成，其目錄未成部分，不借
可也。

二、所中保留之東院，不可再有人進來住。現在每屋住誰，乞示知。

三、所謂“水月樓台”（一時之綽號）將來擬作北平“院士”之共同
用處，如俱樂部，此應待開會後矣。

以上諸事，[弟]一時想及如此，仍待　湯先生斟酌後定之。餘續白。
敬頌
近安

[弟]斯年上　卅七年九月六日

[弟]需要書記一人，其工作：（一）抄材料，（二）寫信。其條件：
（一）誠實（絕對），（二）中等資格（上等者不幹），大學畢業生似
不相宜，然亦不可一概論也。乞留意，早示及。

1264. 傅斯年致趙萬里 （抄件）（1948 年 9 月 6 日）檔號：雜 36–69–25

斐雲先生：一別兩年，比想著作益富，起居康強，至禱至禱！憶[弟]去
美國前，曾以兩事上陳，未得復示，茲重申之：

一、大著墓志出版事　此事前前後後將十五年矣，人生百年，為壽
幾何？若待至三次世界大戰之後，[弟]已不能在人間見之矣。補印之
事，未知何如？[弟]意不管補上多少，先就已存者出版，[②] 其考釋之部
分，亦如此，如待一切如理想，則俟之清耳。如何務乞　示及，或即

---

①行首自註：“甚有限制之公開也。”
②行首自註：“將有可存補編，今日不必求全。”

以存印交研究所人，逕行出版，了此一心事，^弟實萬分感激也。

二、買慶雲堂兜賣之拓本（即柯燕舲物也）　在慶雲堂處先生取去數十件，即歸還研究所北平部分，便與他物同寄南京。

^弟初返國，一切不及細寫。草草不恭，敬頌

著安

^弟斯年上　卅七年九月六日

佇候　好音。

1265. 傅斯年致岑有常 （1948 年 9 月 13 日）*

○○先生左右：八月十九日　惠書奉悉。承　詢^弟在美醫治血壓高之法，此事說來，本甚簡單，但須有毅力，作到底。茲奉述如下，敬請一試。

治此病時，開始的頭三個月，以吃大米、糖、水菓為限，絕對不能吃油類及含有鈉（Sodium）的東西（如鹽、鹹）及其他含有蘇打成分的物品。三個月後，可逐漸增加少許青菜及瘦肉，但仍須淡食，不能加鹽及其他含有鈉的東西。實行此法後，血壓不久可以降低。開始用此法時，感覺飯食淡而無味，但數週後，便能成為習慣。^弟至今仍用此法，血壓迄未上升，^{舍弟}亦患血壓高，用此法後，情形亦極良好。

專此布復，敬頌

時祺

^弟傅○○敬啟　九月十三日

---

*本函（檔號：I：61）收信人據岑有常致傅斯年函（1948 年 8 月 19 日，檔號：I：60）訂。

1266. 傅斯年致盧逮曾（1948 年 9 月 15 日）*

吉忱先生：返國後聞　兄近來廣事宣傳為我最好之朋友，既向人言，又登報紙（如《大剛報》等），此不特一般同鄉如此言，即健中、道藩諸兄亦大略告^弟如此。又如日前在立法院，公逢人便向我介紹，不能不疑仍是前說之策略。查朋友有不同之意義，深淺親疏，形交道交，各自不同；彼此生活方式，立身之道，原自有異。前見獨立出版社，公一門仰食，後見以美元租房子，曾數次進忠言，雖微婉其詞，已盡一般朋友之義矣。今若說得彷彿像我之行動思想，　兄皆可以主宰代決者。然而彼此利義之辨，既已不同，以後^弟必陷于苦境。故請　兄以後萬勿再宣傳我為公之好友，感激之至。至于若有時公以為可以因以為利之處，儘可明說，在不害我之行己者，仍當相助也。明日之約，因有他事，恕不奉陪。專頌
儷祺

傅斯年敬啟　九月十五日

再，請勿誤會^弟之介意在你之刊出某一信，此事我全不知其詳，亦不求知之，故無任何贊否之意，故不介意也。我所感覺不可者，在聞　兄到處宣傳　兄為我之頭等好友耳。

1267. 傅斯年致朱家驊、薩本棟（抄件）　（1948 年 9 月 28 日）檔號：IV：487、III：1288

院長、總幹事賜鑒：查管理員之工作，雖不同於研究人員，但若就其在事務上所負責任之重要，亦有若干至少等于副研究員。本所有管理員自創辦服務至今，數年以來之考績，均以限于最高額

---

*本函有手稿本（檔號：IV：521）、繕本（檔號：IV：521）及抄件（檔號：I：87）三種，合併整理。

無法進級，想他所將來亦或有此種情形，故謹專函奉陳，未審可否將本院管理員之薪額，酌予提高。惟此事有關本院薪給章程，擬請　提出本次院務會議予以討論，至感。敬頌
道祺

傅斯年敬上　卅七年九月廿八日

1268. 傅斯年致蔣介石 （1948 年 9 月 29 日） 檔號：I：47

總統鈞鑒：^{斯年}返國以後，目覩現在若干軍事上之重要事項，敢冒昧陳之。

一、集中兵力，作流動戰，不困守一城。　自古言守者，必須守城之兵可以出城擊敵，然後可守。若坐守城中，俗謂"伏地捱打"耳。如此守城，數月之後，其兵之士氣不可復用矣。似宜集中兵力于若干戰區，作流動性之動作，若無益之據點，不宜苦守。舉例言之，兗州既失，濟南實不可守。今日長春實不宜守，似可于冬季之前，撤至瀋陽；縱有損失乃至全沒，亦不比至冬季全沒為壞。瀋陽之兵，則宜出擊于冀遼長廊中，目下即宜以瀋陽之兵攻擊錦州之匪。

二、分地訓練，台灣非練兵之地。　台灣一般物質生活為高，天氣為暖，在其地訓練之兵，至多可用于江南，決不能用于華北。即如美國練兵，亦于沙漠地帶訓練菲州登陸之兵，阿拉斯加訓練寒帶作戰之兵，不于地理不相宜之處為之也。故今日練兵似宜分作若干單位，除台灣一地外，可有下列各區：①兩廣區、②川黔區、③東南區、④湘贛區、⑤華北區、⑥西北區。皆就人力來源與糧食分區。華北一區，地面太少，今後在華北作戰，缺少北方士兵與馬隊，實為大患。然今已無可如何，只能在冀、察、綏作一極重之訓練區耳。

一地之兵即以其地之人為之軍官。蓋中國各地言語不通，飲食習慣大異，作戰之事，須上下有情感，而後可出死力，

今言語、生活先不同，何來情感？全國性之匯合辦法，即在美國亦尚非一致，何況中國？

所有各地練兵之人，須富于朝氣，專心練兵，兵亦必待練成熟而後可以上陣。

三、徐州為南京之門戶，其左有重兵所集，然人事之布置使人心不安。四、五月前最高級軍事人員更調時，斯年在美，閱報不無疑慮，而劉峙將軍之重任，尤使人寢食不安，此非斯年獨如此也，友人亦皆如此。回國後此間所識談及，無論何派，亦皆有此感。今日南京一般有識之士，最憂慮者為蘇、皖北部之局勢，而最憂慮之對象，即為劉峙將軍。劉將軍隨　鈞座多年，戰前亦有戰功，然抗戰以來，未有勝仗，舉措多失，推求其故，彼有兩個絕大毛病：

①好錢。　軍人如好賭、好酒、好色、以及好殺，自皆為毛病，然毛病之最大者無如好錢。一經好錢，聰明人亦愚蠢，有作為者亦無作為矣。蓋有錢之人，心思在錢，即無清明之氣、思考之力。劉將軍廣好錢財之事，人所共知。今日容許自己不再抓錢。然好錢之事須一般人為之，以往好錢之人，今日縱不好錢，其手下之人錢未太多，斷不能改，故仍為一腐敗團體，欲其辦事，難矣。

②天資不足。　劉將軍不特無近代觀念，即一般常識亦在一般高級將領之下。貌雖似奉命惟謹，然以如此知識，實辦不了事。加以其一向所用人之集團，如在河南、在保定、在重慶等地所表現者，小局面亦難辦好，如此大局面，實使京中人士不勝其殷憂也。

四、皖北戰區之重要性。　共匪目下正在攻錦州，以隔離瀋陽，削弱傅作義部，以準備大舉。其以後之動向，固須看局勢如何發展，然如敢于大冒險，則必以一部兵力攻擊徐州之北面及西面，更以主力循黃泛區、蚌埠而作戰。然則所有整個徐州、皖北、豫東一帶部隊之機動性必須提高，此可為殲敵之地，亦非不可招致意外之地。惟此區由劉峙將軍主持，更使人心不安耳。

五、平、津、察、綏一帶今後之形勢。　聞美國使館著急青島，此美國外交官之無識也。除非蘇聯決定立即掀起世界大戰，決不派共黨攻擊青島，中國共黨亦不能擅自主張。若就我們之立點看，彼攻青島則擴大事件，實在太好。以毛澤東之狡猾，亦決不為此也。今後共黨如欲擴張，自必向南之竄擾；如欲"吃棋子"，自為傅作義部。傅部之力量，能應付此否，不無問題。南方訓練之兵，調至北方，多不可用。故目下只有就冀、察、綏地方充實軍隊，且宜速為之。^{斯年}返國後頗聞若干人對于傅部有推測之辭。若以^{斯年}所見三十年北方將領中，最反覆者無多于馮玉祥，而最忠于上者無過于傅作義。傅氏小心謹慎，有思想而無大志，能實踐而不幻想，恰是歷史上平內亂將領之典型，如自皇甫嵩以至曾國藩。自彼守涿州出名，遂為閻百川將軍所忌，然彼迄未叛閻也。今日北方，只此一地，只此一將，此地又如此重要，此人又如此性格，似當力為培植也。

茲更泛言其四事，亦皆數年所主張也。

一、各地負軍事責任者，必須專心軍事。　抗戰中，因當時情況，若干高級將領養成一種甚為普遍之風氣，即于軍事之外，更發生甚多興趣，由經濟而政治，乃至文化教育，甚至"建設哲學體系"，于是宇宙一切之事無不用心，只有軍事無暇用心矣。前如湯恩伯，在中原之失敗，不能不歸罪于其濫用心力，忽略軍事；近如王耀武，彼原為抗戰後期最優秀軍人之一，近年亦因所務太多，而用心分散。此例不勝枚舉，其結果則原為良將，竟成廢物矣。一矯其弊，似宜責成各作戰及練兵各級軍官，專以軍事為業，政治上須與之合作之人，儘可選其可與合作者，以免磨擦之弊，然軍人不可分心，則斷斷然也。

二、官兵須為一體。 近年軍事之挫折，主要原因由于官與兵
生活懸殊，官富而兵如奴隸。傅作義部之能戰，以其在西
北荒遠之地，未經"城市化"也。今日改革軍事，無更要
于使"官兵生活一體化"者，此本為歷史之通例。欲改其
弊，下列各端未識可採用否？

1. 帶兵軍官即住營房之內，與士兵共其食住；其眷屬可住
   後方，而不可住在其作戰地域之大城市，專享富貴，以
   刺激兵之心理。

2. 軍官之享用，如家眷之汽車及高門大第，均應由國防部
   有效節制之。

3. 在發餉辦法未切實整理之前，溢出餉額可補助士兵生
   活，不能移轉大城市為商業之用。

4. 軍風紀之推行，即以軍官生活之儉奢為懲獎重要標準
   之一。

5. 士兵匯餉給家，及疾病各事，其主管軍官，有竭力助其
   方便之責任。

此不過舉例言之，約而論之，與其責以精神上之振作，毋
寧責以生活之人民化也。

三、軍費開支，須有監管之法，且各主要戰區須有視察巡迴團
以察其用費是否得當，均應以文人及有獨立立場者主持其
事。 目下軍費之大，國庫已不能應付。然若能得八成之
效，猶自可說，今全不如此。大約軍隊之浪費可略為四項：
一、中飽，如浮報等。二、移用，既無監察之人，一經領
到，即任其使用，于是東北軍區之用費擾亂平津經濟，徐
州軍區之用費擾亂上海經濟。三、浪費，全無作用之事，
用之不已，如各地大城四圍之修堡壘，各地物資之無效使
用。四、毀壞，所有交通工具、科學工具，以及兵器彈藥，
任其毀壞。一年之後，無可用者矣。

四、嚴防軍中匪諜。 今日軍中有匪諜，幾為不可諱之事實，
其普遍如何？其最上層至何處？皆問題也。此應一面嚴令

　　　各級官員"提高警覺性"，一面設有效之糾察。然此等糾察
　　　易生流弊，須以簡鍊者為之也。

　　專叩
　　鈞安

　　　　　　　　　　　　　　　　三十七年九月廿九日

1269. 傅斯年致葉公超 （抄件）（1948 年 10 月） 檔號：I：253

公超先生左右：頃奉十月二日　惠示，敬悉一一。承　囑提名歷
史、語言、人種學者若干人為河內遠東學院名譽會員一節，^弟覺
最省事之辦法為將敝院院士名單送去，以資參考。茲將本院現在
院士中人文組院士，就本院所印"院士題名錄"一一圈出，敬請
　考慮。如覺人名太少，請參考本院前選舉院士時所有人文組院
士候選人名單，已將全部抄奉。惟此件無印本也。專此布復，
敬頌
道祺

　　　　　　　　　　　　　　　弟傅○○敬啟

1270. 傅斯年致李田意 （1948 年 11 月 6 日） 檔號：IV：626

田意吾兄：我回國後，今天才給你寫這一封信。初回來時，一陣
亂，後來身體一陣好，一陣壞，心緒不佳，一切可以想像。事實
上，我現在並不特別悲觀，因為我從來不曾樂觀過。方回來的幾
天，還有時相當高興的，前天還高興了半點鐘。我對於自己的生
死存亡，自廣州事變後（1926 共黨之變）久已淡然，這次居然看到
日本垮台，我以為我的以後生命完全是白撿起來的，我所以對于
自己完全沒有憂慮，只是眼前這個四千年的民族，要不免于一度
為蘇聯征服——其慘比日本征服尤甚——心中不能釋然，而又毫無
用力之處，所以心緒奇劣耳。我到今天方寫這封信，原故皆在這

些情緒上。我很少寫信，Jackie 的信，至今還未曾寫過！一切如此，則我之懶寫信，當邀　兄之原諒也。

我的脾氣雖然個人的思念甚少，而很熱心公事及別人的事，或者血壓高病即與此相為因果。目前中國的局面，早已料到，本不必驚異，但身陷其境總是心煩。我回來時還很熱心，近則覺得實無處可以用力，這個感覺也不是現在才有的，二十年中常常覺得如此。所以，這個感覺也不能固定，也許下星期又熱心起來！若是早能"澈底覺悟"（心寒），也許沒有這個怪病了。

我回來後，第一個月中，似乎身體還和在美國一樣。近三個星期覺得差得多，但尚能支持，從未曾量過血壓。研究所的事瑣瑣碎碎，吃飯應酬極少，因我的食譜奇怪，也因大家窮也。立法院的事，不幸未曾擺脫，是我的同鄉替我報到的。等于幫票。一下船，便向記者聲明不就立法委員，而同鄉開會，非同鄉也來吵。以為若果我不去報到，等于幫 C. C. 等等一切說法。所以我只有受幫，年終辭職。但年終又是何一局面，不可知矣。這一件事，和淬廉先生就南大，皆有不可思議者，他似乎今天已經悔之莫及。（原故：教育部為法令，不得不免前任職——五院不能兼官——而張先生因此不高興，似不信賴之！）我尚好些，因為兩個星期，不過平均去上半天而已，"扯濫汙的委員"！只說了一次話，是同鄉來推舉說的。

大概國外朋友接到國內的信，都希望有些時局消息。目下消息真多，真的假的也很難辯，重要的，大約紐約報上也有不少了。我現在揀幾件說說。①東北之跨台，[①] 是注定的，但表演如此壞，却不應該。其故由于大將貪，小將也搶，弄得兵如奴隸一樣。這是不以東北為限的，而東北尤甚。②在東北軍隊既久，頗有共產黨之 infiltration，例如駐長春之第七軍長李弘，[②] 其人正生 typhoid，

---

①編按："跨台"當作"垮台"。
②編按：即李鴻（1903—1988），本名鳳藻，字健飛，時任新七軍軍長兼長春警備司令。妻馬真一。

其妻是共產黨，東北人，新結婚。於是繼雲南軍之變而"相機行事"了。也還有好的，例如守義縣之師長，戰犯。然而錦州表演太壞了。③東北的幾個主將：杜聿明敢戰而貪黷；陳誠則廉潔、勇敢而過份自信，認識不足；至于衛立煌，那就是預備送了。最後演變的大略是這樣的：蔣決定長春撤守，瀋陽出擊。然而軍官及士兵多有眷，官有財產，皆不要動。衛不肯動，蔣命其必動。長春嚷了十天動，未曾動，先兵變？瀋陽雖未變然而"出擊"如搬家一樣，是向錦州去，而錦州先出了事，故錦州之不能久守，也是主要原因之一。其實這一個策略原來不錯，我在船上也如此想。然而腐敗久了的，無論如何舉動，都是糟。今有歸咎于"一動不如一靜"者，其實"靜"也如何靜下去！除去軍隊——及一切——不該腐化以外，主要失敗之原因在于"長春撤守，瀋陽出擊"應該早實行半年，彼時實行，當不至如此全軍覆沒也。

II①　漢口指揮部之佈置聽說不錯（白崇禧），但兵力不太夠。情形不詳。

III　徐州總部（劉峙）兵力甚強，其中有幾股精兵，也多雜牌。（善戰，但心靈有無變化否？不可知。）劉極無用，京中人士皆為此擔憂。

IV　最好的是傅作義部，一切皆好（士氣、見解、戰略等等）。可是太少（只十來萬人），與徐州之四十萬是大不同的，裝備也差。目下裝備好的最先垮，倒是未裝備好的反而作戰成就好。將來東北共產黨以幾十萬兵壓傅，傅是吃不消的。

至于財政陣線，因金元【券】之失敗，完全垮台。此一慘淒的試驗，證明中國老百姓及中產階級之 law-abiding 程度尚不算太壞，然而政府所為太糟。這一事，本是冒險，然最初未曾注定完全失敗，只因一砲之後，全無下一步辦法，弄到商業停滯，米糧不見了。一跑②之後，應該繼以辦法，其主要者：燃料、穀類之控制，

---

①原稿缺序號"I"。
②編按："跑"當作"砲"。

紗布之調劑，一切未辦，反而限價（dictate prices），此為行政之誤。軍事失利，人心不定，自然是大打擊。然而最主要者，乃是孔令侃案。蔣經國要辦，而其"繼母"大發脾氣，蹦到這個真老虎不打，則以前之打虎，自然皆是徒然。孔、宋至今還是這樣作祟！這些消息，當然都不是好的。不續說了罷。

兄寫論文時中之用費，弟一回國，即向教育部籌之。其中變化好幾回，主要的原因是，留學生的問題鬧起來，教育部不能再辦此事。實在教育部也無款，我替他查出一個小款子，他說，早已有三、四倍的用項等著。① 教育部也窮死，又值此時候。又想中央研究院，更無法。又想那個五千元支票中分一千（詳下），又有問題。總而言之，時候太不對了。適到此時，何先生來，他說，他已為 兄籌到二千，今年無問題云云。此事便如此結束。我真對不起，也是時候不好，如在去年，似乎不成問題。

我回國之前，本來想定一回來即籌備近代史組（在研究所），目下看來，一切只好停頓著。所以這件事也不必談了，後來如可有機會再去想他去。

那個五千元支票是這樣一回事：在 1946 政府給我一萬元，出洋治病，而未果行，花了千餘元。內子以其父親遺彼者加入，共約一萬一千餘，即是，內子之款約二千餘，是他父親在 1937 年死時留下一萬元（國幣）給他，他姊為他換的，他一生所有即此。後來，因治病追加五千，此即內子在 1st. Federal 之戶頭也。我在 1st. Fed.，則研究所款之戶頭也。其中更有人者，則中央博物院購買之款也。今年五月，我接到朱公一電，政府追加我之費用五千，當即電覆不要，故不知其寄也。接次瑤兄信知五千支票，尚不知其詳，查而後知之。我當即層層聲明退還，所以久未以此事告 兄或次瑤。上月，教育部云雖退回，而教育部收不到，即入中央銀行濫賬中。適此時弟發現弟為研究所買書有千元左右重複，乃與中央研究院商

---

①段首自註："自此下皆 Confidential！"

量好，暫以一千之約數補此，以四千之約數留待中央研究院用，一切待^弟清算賬目後報告。所以現在還是取他出來。

我出洋治病，共用國家錢一萬五千元，多極矣。^弟向來不小心，能受窮，有錢時又買書（丁文江先生謂我無 sense of money），故超此之數，實難再受。偏偏退款時又遭遇困難（其詳只可後來面談），也想以此津貼兄千元，然彼時正在^弟全退中，若既轉中研院，則另有 priority。有此意時，不久，何先生告知，遂作罷。 兄明年若論文不完，而尚須半年左右時，當在此中設法也（無向任何人言及）。

為此手續，現在寫一封信洽 First Federal，又寫一封英文信給你，同時拿去，即先存在我們二人之共同 account 上。過些時（一月左右），再把我原有之數（似是二百多元）取出，另開一戶。此原戶變為五千整數，因兩款性質不同，分開為便。過些時，等我把書賬算好，提出所欠，再由中央研究院隨時通知支用。一切麻煩吾 兄，歉感之至。

又，因^弟不在，支票上無法簽名，有困難否？如有，乞示知。

我這次到美國，最幸運的事，是碰到 兄和楊聯陞、王毓銓諸位。

兄之好學篤實，尤為可佩，又在一處，所談最多。這是最可樂的。買書費神不少，原為今後一生之用，一輩子只有此嗜好，而又隨買隨失。此次運來^弟個人之書，即^弟所有財產之半數（其他一半也是書，舊有未失的）。在美國買書時即想，此時為此，是為什麼？運書時並且遲疑，何不暫存美國。思之又思，以為此一思想為"心不正"，遂一切照平常計劃，其實今日之事，何嘗出人意料之外哉？

國內之腐敗，令人一切寒心，而共黨又是滅亡中國的——真如^弟在 New-Haven 學生會所說 "Between Devil & Deep Sea"。此間一切人，不特兵也，Morale 都低，我很高（儘管悲觀，這是老習慣），因為我對于中國之命運是看透的*。我目下一切照常辦公，看書，編稿子，決不早跑，然也決不落在共產黨之手。既不早跑，則頗有落在敵手之可能？果有那一天，我自有辦法，決不受辱的。今天晚多了，寫上這些！以後當有多事續寫，不如此說了。

張伯苓先生照舊樂觀，胡先生異常鎮靜。

還有多事，以後續寫。

弟斯年　37/11/6

1271. 傅斯年致李田意 （打字件）（1948 年 11 月 6 日）檔號：I：986

> Institute of History
>
> Academia Sinica
>
> Nanking, China
>
> Nov. 6, 1948

Dear Tien-yi,

　　Many thanks for your letters. My traveling has prevented me from replying you earlier. With regard to the cheque for US $ 5000, please deposit it in The First Federal Savings Association, under our joint account. As I am not in a position to sign the cheque, I have enclosed a letter herewith to the First Federal authorizing you to sign on my behalf.

　　Thanks again.

> With best regards,
>
> Fu Ssu-nien

1272. 傅斯年致 The First Federal Savings Association （打字件）（1948 年 11 月 6 日）檔號：I：1057

> Institute of History
>
> Academia Sinica
>
> Nanking, China
>
> Nov. 6, 1948

The First Federal Savings Association

Church Street

New Haven, Conn. , U. S. A.

Dear Sirs:

A cheque for US $ 5000 reached my address in New Haven while I was already on my way back to China. As I am not in a position to sign it, I have authorized my friend, Mr. Tien-yi Li of the Yale Graduate School to sign it on my behalf and to deposit the same amount in your Association, to be credited to the joint account book under my name and his name.

Thank you for your attention.

Yours truly,

Fu Ssu-nien

1273. 傅斯年致中國銀行駐紐辦事處 （打字件） （1948 年 11 月 6 日） 檔號: I: 1182

Institute of History

Academia Sinica

Nanking, China

Nov. 6, 1948

Bank of China

New York Agency

Gentlemen:

Being absent from the United States, I have authorized my friend, Mr. Tien-yi Li of the Yale Graduate School to sign the receipt for the US $ 5000 cheque which you sent to me on behalf of the Ministry of Finance.

Yours truly,

Fu Ssu-nien

1274. 傅斯年致湯用彤 （電）（1948 年 11 月 27 日）*

北平沙灘東廠胡同一號。湯錫予兄：弟之緩行，正因籌款，日內必有
著再告。斯年。戌感。①

1275. 傅斯年致朱家驊 （1948 年 11 月 29 日）檔號：京 4-2-32

騮先吾兄部長左右：中央研究院在北平之北平圖書史料整理處，近以
該處距京甚遠，照料不易，已商得北京大學同意，交該校接管，除該
處原有之職員名額另請　大部由本院轉讓北京大學外，該處經常費用
本院發至十二月底止，自明年一月起即由北大担任。惟該處過去為籌
備圖書開放所支出之費用甚大，如卡片之購置，房舍之修繕，傢具之
添置等等，以致負債纍纍，均待清還，而本院目下經費困難已極，故
特專函奉商，敬請　大部惠予一次津助二萬元，交本院轉匯北平清償
所欠各款。至乞吾　兄惠予考慮見示，至感。專此，敬頌
政祺

　　　　　　　　　弟傅○○敬啟　卅七、十一、廿九。

1276. 傅斯年致沈剛伯、李宗侗、陳達夫、臺靜農 （電）（1948 年 12 月 18 日）檔號：IV：622

加急。台北台灣大學文學院。沈院長剛百並轉玄伯、達夫、靜農諸先
生：惠電敬悉，至感。弟奉總統命長台灣大學，際此國家艱難，當勉
為之。台大前身學術空氣本是歐洲大陸之正統，當盡力保存。以後如
因需要增聘教授，必以學術為標準。遷台學術機關如中央研究院等，
當以台大之學術進步為出發點而合作，決不為台大累。總之，時事艱

---

*本函有電稿及譯電兩種（檔號：京 4-2-31），據譯電整理。
①頁末收發註記："中華民國 37 年 11 月 27 日送發。"

難，必須開誠心、布公道，使主客新舊同心相安，然後可圖進步。一切函詳。乞先以此意轉告師生為荷。弟傅斯年。巧。①

1277. 傅斯年致杜聰明 （電）（1948 年 12 月 18 日）檔號：Ⅳ：622

加急。台北台灣大學醫學院。杜院長聰明先生惠鑒：弟奉命長台大，深虞隕越。先生學術物望，素所欽仰。弟到後，敬懇諸事協助，至感。弟傅斯年。巧。②

1278. 傅斯年致黃淑慎 （電）（1948 年 12 月 20 日）檔號：京 36-31

加急。上海。薩亞棟夫人：巧電悉。聞亞棟病況，至念。出國就醫事，弟當竭力。適之出洋係謠傳，函詳。斯年。亥哿。③

---

①頁末收發註記："中華民國 37 年 12 月 18 日送發。"
②頁末收發註記："中華民國 37 年 12 月 18 日送發。"
③頁末收發註記："中華民國 37 年 12 月 20 日送發。"

一九四九年

1279. 傅斯年由南京帶眷赴滬轉台灣旅費清單（1949 年 1 月）檔 號：補 8-11

國立臺灣大學校長傅斯年由南京帶眷赴滬轉台灣旅費清單

38 年 月	日	起訖地點	用途摘要	支出 金圓券數	台匯比率	折合台幣數	備註
1	14	由京至滬	頭等臥車票	G. y. 480-	1:115	T. W $55,200-	
"	"	" "	膳襍費（按台省規定限額，以台幣計算。）			16,000-	
	15	在 滬	" "（" "）			16,000-	
	16	" "	" "（" "）			16,000-	
	17	" "	" "（" "）			16,000-	
	18	" "	" "（" "）			16,000-	
	19	由滬飛台	" "（" "）			16,000-	
	"	" "	中國航空飛機票	G. y. 7,530-	1:100	753,000-	坿購票證 #A898511
			以下是眷屬旅費，傅俞大綵由京同乘火車赴滬，由滬乘船至台灣，照章僅報舟車費三分之二，不報膳襍費。				
1	14	由京至滬	頭等臥車票，G. y. 480-，以 2/3 計算。	G. y. 320-	1:115	36,800-	
	20	由滬至基隆	海黔輪特 A 船票一張，G. y. 2,855-，以三分之二計算。	1,903.32	1:100	190,332-	
			總計			T. W. $ 1,131,332-	

1280. 傅斯年致李宗仁（抄件）（1949 年 2 月）*

德鄰先生總統賜鑒：前奉覆電，感佩之至。我公以生民為念，倡導和平，凡在國人，同深感荷。然共產黨之行為，實不可以理喻。共產黨本為戰爭黨，以往尚如彼好戰，今日走上風，實無法與之獲得和平。今看共產黨態度，下列數事，至為顯明。一、分化敵人，澈底消滅中央政權，只與地方談和，以實行其宰割之策，絕不以人民為念。二、絕對走蘇聯路線，受蘇聯指揮，而以中國為美、蘇鬥爭中之先鋒隊。三、對多年掌兵符者，必盡量摧毀。介公固彼所不容，而我公及健生、宜生諸先生，彼亦一例看待。即我們讀書人，不受共產黨指揮者，彼亦一樣看待也。在此情形之下，中央倡導和平，忍辱負重，至矣盡矣！受其侮辱，亦無以復加矣。凡此情形可以見諒於國人矣！乃共產黨既如此，則和平運動，恐須適可而止矣。蓋如文伯、力子、介侯諸先生辦法，和平既不可得，所得乃下列之結果：一、江南各省，分崩析裂，給共產黨之推張勢力以方便，而人民並不能減少痛苦。二、合法政權，毫無代價而喪失之。三、中國之自由，由本身斷送之。四、外國之援助，絕不可望。中央之誠信，既已大白，則今日權衡輕重，恐須即為下一步之準備。力子、文伯之談和平，毫無辦法，只是投降而已。偏偏共產黨只受零星之降，不受具體之降，不知張、邵、甘諸公，尚作何解也。大江以南之局勢，如不投降，尚有團結之望（至少不是公開之紛爭）；如走張、邵路線，只有全部解體而已。只要合法之政權不斷氣，無論天涯海角，支持到一年以上，將來未必絕無希望也。司徒大使實一糊塗人，傅涇波尤不可靠。彼等皆不足代表美國。今日希望以美國之助，與共產黨取和，乃絕不可能之事也。冒昧陳言，諸乞亮鑒。適詠霓先生赴京，托其轉上此箋，言不盡意，乞

---

*本函有抄件（檔號：IV：387，首題："鈔傅 SN 給 Li 的信"）及影印本（梁升俊，《蔣李鬥爭內幕》（台北：新新聞文化，1992），頁 93—94）兩種，合併整理。

恕其直率也。①

1281. 傅斯年、余又蓀、姜立夫致中央研究院總辦事處（1949年2月9日）檔號：台3–4

〈38〉台字第二號

敬啟者：頃于本年二月六日接奉　錢代總幹事魚電內開："傅孟真、姜立夫先生：電敬悉。（一）撥在台員工薪台幣及標準，因行政院遷穗，須向穗洽催，尚未定案，請酌量發同人應急。（二）在桂員薪已照匯。（三）留京滬員工薪均照發。"等因；本院遷台兩所（數學所及歷史語言所）曾于二月七日舉行談話會，討論墊發薪俸應急事，當經決議本院來台同人二月份薪俸在行政院未批准轉台之前，擬按原支薪額，比照台大發薪標準，暫行墊發應急，俟行政院正式批准之後，再行調整。茲將談話會紀錄隨函坿上一份，並坿墊發二月份薪俸數目清單一份，敬請　查收備案為荷！此致

總辦事處

坿件如文

傅○○、余○○、姜○○敬啟　三十八年二月九日

附一：遷台兩所第一次談話會紀錄（1949年2月7日）

中央研究院遷台兩所（數學研究所、歷史語言研究所）第一次談話會紀錄

時　　間：三十八年二月七日上午十一時半

地　　點：台大醫學院寄宿舍

出席人：姜立夫、余又蓀、李濟、董作賓、芮逸夫

列席人：蕭綸徽

---

① 抄件頁末附註："卅八年二月四（？）日。錄自《蔣李鬥爭內幕》，葉六三一六四，梁升俊著。香港亞聯出版社出版，民國四十三年二月十九日出版。"

主　席：余又蓀　　　　　　　紀　錄：蕭綸徽

討論事項：

　　本院遷台人員按照台灣標準支薪事，尚未經行政院核准，且總處又無款匯來，現在已屆發二月份薪俸之時，應如何墊發，以應同人急需。

決議：

　　本院來台同人二月份薪俸在行政院未批准轉台之前，擬按原支薪額比照台大發薪標準墊發應急，俟行政院正式批准之後，再行調整，並將墊發薪俸數目列表送請總辦事處備案。

又蓀　二、八

附二：墊發二月份薪俸數目清單

管理員比組主任　30%

事務員比組員　20%

助理員比助理研究員　20%

書記比組員　20%

技士比組主任　30%

技佐比組員　20%

工友

三十八年二月九日墊發二月份薪俸

（1）數學所　　　　T. W.　$2,415,543-

（2）歷史所　　　　　　　　9,775,121-

　　共計　　　　　T. W.　$12,190,664-

〔表一〕 ①

中央研究院數學研究所員工三十八年二月份薪資預發數（暫按台大標準，卅八年二月八日發）						
職別	姓名	薪額	按台幣月支數	職務加給	合計實領款數	簽收
所長	姜立夫	680	331,020 元	198,612 元	529,632 元	
研究員	胡世楨	520	292.530	117,012	409,542	60%
副研究員	王憲鍾	440	273,240	81,972	355,212	40%
助理員	廖山濤	180	193,500	38,700	232,200	30%
″	陳杰	140	170,300	34,060	204,360	20%
″	楊忠道	160	181,920	36,384	218,304	20%
管理員	梁國和	400	263,610	79,083	342,693	20%
工友	徐之勇	45	73,600	米　貼 50,000	123,600	30%
合計	職員七人 工友一人		1,779,720 元	635,823 元	2,415,543 元	

〔表二〕

中央研究院歷史語言研究所員工三十八年二月份薪資預發數（暫按台大標準，卅八年二月 日發）						
職別	姓名	薪額	按台幣月支數	職務加給	合計實領款數	簽收
第三組主任	李濟	680	331,020 元	165,510	496,530	50%
研究員	董作賓	640	321,390	128,556	449,946	40%
	勞榦	560	302,130	120,852	422,982	40%
	陳槃	560	302,130	120,852	422,982	40%
編纂	芮逸夫	520	292,530	117,012	409,542	40%
	石璋如	560	302,130	120,852	422,982	40%
副研究員	董同龢	480	282,870	84,861	367,731	30%
	楊時逢	480	282,870	84,861	367,731	30%
	全漢昇	480	282,870	84,861	367,731	30%
	高去尋	480	282,870	84,861	367,731	30%
	李光濤	400	263,610	79,083	342,693	30%

①編按：表一及表二內之金額原以國字書寫，今改為阿拉伯數字。

中央研究院歷史語言研究所員工三十八年二月份薪資預發數（暫按台大標準，卅八年二月日發）							
職別	姓名	薪額	按台幣月支數	職務加給	合計實領款數	簽收	30%
助理研究員	周法高	340	252,830	75,849	328,679		30%
	王叔岷	320	248,830	49,766	298,596		20%
	嚴耕望	280	236,830	47,366	284,196		20%
助理員	黃彰健	220	213,020	42,604	255,624		20%
	楊希枚	200	205,090	41,018	246,108		20%
	張秉權	200	205,090	41,018	246,108		20%
	管希雄	120	158,750	31,750	190,500		20%
技士	潘愨	370	258,833	77,650	336,483		30%
技佐	胡占魁	240	220,930	44,186	265,116		20%
管理員	黃慶樂	180	193,500	38,700	232,200		20%
	蕭綸徽	480	282,870	84,861	367,731		30%
	那廉君	480	282,870	84,861	367,731		30%
	李光宇	400	263,610	79,083	342,693		30%
事務員	汪和宗	370	258,833	77,650	336,483		30%
	王寶先	280	236,830	47,366	284,196		20%
	王志維	280	236,830	47,366	284,196		20%
書記	劉淵臨	180	193,500	38,700	332,200		20%
	李緒先	120	158,750	31,750	190,500		20%
工友	金國良	45	73,600	米貼 50,000	123,600		
	段慶貴	45	73,600	50,000	123,600		
合計	職員廿九人，工友二人		7,501,416 元	2,273,705 元	9,775,121 元		

1282. 傅斯年致朱家驊 （電）（1949 年 6 月 13 日）*

急。廣州。朱副院長騮先兄：① 台灣大學經費向不由中央撥發，偶有
補助，為數甚少。茲值騮先兄榮膺副揆，立武兄連任部長，似應有所
表示，以懷在遠。半年來，台大力求進步，已成良好之大學，目前台
灣生活高漲，教授收入不足買一石米，實萬分艱苦，敬懇照六月份標
準，加發一個月全薪，以利同人。此次可由行政院決定，電台灣省政
府轉飭台灣銀行墊發，由中央担保便可。佇候鈞命。弟傅斯年叩。
巳元。

1283. 傅斯年致郭寶鈞 （繫年不詳）檔號：元 235-19

郭子衡兄：驚聞嫂夫人棄世，無任淒悼，諸希排除哀痛，努力自攝，
至盼。弟傅斯年敬叩。

＊取自"朱家驊檔案"（檔號：朱-07-012-p. 114）。
①頁首朱家驊批示："詢杭部長意見後再復。朱。十五。"杭立武覆示："發一個
　月薪津似難提出，擬俟查明一月薪確數再酌呈　院批發補助費。立武。六、十
　八。"及朱家驊再批示："中央財政困難已極，弟當設法商請閻公籌撥一款補助
　也。朱。廿二。行。"

1284. 傅斯年致陳誠 （稿）（暫繫年於 1950 年 3 月）檔號：I：46

昨日直言，重拂 虎威，不蒙 責譴，感何如之。意猶未盡，再說幾
句。吾 兄組閣之陣容，可謂"親者所痛而仇者所快者也"。最不了
者為副院長之職，張氏①之"人望"，所謂"政渣"、"炭渣"耳。彼
初入政治部而隨吾 兄，時人云是 C. C. 的"仙人跳"，事後果驗。
此事^弟在重慶已向伯羽言之，伯羽未嘗以為非也。彼年來行事，凡居
大位者皆奉迎之至，其在政院對 公恭順極矣。然其行事則險詐周
章。即如來台之後，如何奉承吾 公，^弟不知，然去秋在省府祕書長
室對逖生之言，^弟親聆之。事關逮捕台灣人士，其批評吾 兄至矣。
^弟當時云，我們一同當面向陳公言之，他說，"你可去說，我不能告
他也"。關于此君之險詐，且不能辦事，^弟屢向 公言之矣。且即以

　　兄昨所示"貪汙"一義論，張氏在狹義上貪汙云，^弟不知。惟記得
孫連仲開府北平之日，窮侈極欲，到處佔房子、佔物資（此伯羽所親
見），而張氏即于此時偏布其人，擴充其既得利益。 兄自信極強，
大約一人之善惡既經評定，以後無論事實如何，即不改移矣。 兄之
引此人或謂由其可以聽話，然當面"是！是！"，背後另一做法，此國
家所以有今禍。

此職原聞已定雪艇。雪艇辦事，^弟頗有不以為然處，然在今日實為最
可助 兄之人，因其心中有問題，向其問題用心，且不至在 兄處唯
唯諾諾。② 今日 兄兼兩重職，院長及國防部，故副院長一職非同等
閑；兼以 兄之性格，有時忽其所不當忽，故此職人選，有補充之

---

①編按：張厲生（1901—1971），字少武，1950 年 3 月 12 日就任行政院副院長。
②行首自註："即如吳國楨問題，如雪艇為副院長，當可由其解決一時，今張厲
　生。"

用，更有其重要性也。

據昨日所談， 兄之個人英雄主義，更為顯著。今日之事，個人不可不是英雄；然個人英雄主義，在今日鮮能濟事者矣。今日辦事，在乎能成一隊，能為複繁有功能之機器。

內閣陣容，必然中外失望。昨今所聞已有"陳將軍與 C. C. 之聯合內閣"、"C. C. 青年團之聯合內閣"，此亦未必盡然，然觀瞻固如此。事實上為 公一人之內閣矣。

兄又謂 兄到台之初，省府人如其舊。^弟有二意，一、假如當時人事稍有調整而得其宜，可能更做幾件事；二、當時之財廳與今日之財長為一人，可不論；如以祕書長比副院長，民、教、建三廳比內、教、經三部，則當時人選大體比今日為勝。

聞驪先兄云， 兄謂原想找雪艇，因立夫言，恐中常會通不過。驪兄云，蔣先生手訂有何通不過，此確論也。

"良辰美景已無多"，何以善其後，望 公之留此意也。

1285. 傅斯年致傅仁軌 （殘稿）（1950 年 10 月）檔號：I: 1075

Dear Jacky.

You are going to debate on Formosa. Here are materials for your discussion.

Names: Taiwan is the Chinese name taken from the name of a small aboriginal tribe inhabiting some south-western part of this island. Formosa is the Portuguese name, meaning "beautiful". When the Portuguese sighted this island, they were impressed by its beautiful forests, so this name was given.

Population: Slightly over 7 million this includes 100, 000 aboriginals who speak non-Chinese dialects of unknown origin and live a primitive agricultural life (the Formosan counterpart of Indians in America) and 1/2 million mainlanders who have come to this island after its return to China. The bulk of the population are descendents of immigrants during the last three centuries, all from Fukien and Kwangtung provinces. They are either Hakka-speaking 客家話 or Amoy speaking 閩南話. The ratio is about 1 to 5. They are not from the same places or speaking the same dialect as the oversea Chinese in U. S. This island is therefore over 95% Chinese.

History: Its very strange that the Chinese neglected this island in Ancient and medieval ages. The other big island off the China coast is Hainan 海南島, already a Chinese province in the 1st century B. C. The Chinese explored to most parts of Indonesia, Ceylon Arabic coasts as far as Somaliland, but never inhabited this island in large scale before the 16th century. This is a fact difficult to understand. Perhaps typhoons and rough seas during monsoon seasons (October to March) contributed to it. From the middle of the 18th, Chinese started large scale immigration, perhaps organized by pirates. It was occupied by the Dutch for a short interval (   )① . Then the Chinese immigrants under the leadership of Cheng Cheng-kung 鄭成功 or Koxinga 國姓爺 (his name in the Dutch legend) drove the Dutch out. Since then this island remained a Chinese province till 1895 when China came out of the Sino-Japanese War (1894—5) as the vanquished and ceded it to Japan in a treaty. But the people didn't like it. They declared the formation of a republic and fought against the overwhelming Japanese force for a few months. The Japanese occupation lasted 51 years. The Japanese rule was despotic and ruthless but established a few industries. After V-J Day it was returned to China.

During the last two years (1948—50) the Chinese government in this island has achieved a great deal improvements. It has stabilized the currency and reduced the land-rent, is real progress. It is the brightest spot of Southeastern Asia, with the exception of Japan and Thailand. Its land-rent reforms can serve as examples for other places in SE Asia to follow. Forster, the E. C. A. Head, paid high praises to the achievements in the last two

---

①原稿此處空四格。

years, after paying a short visit.

Economics: Rice, sugar and fruits form the main part of this islands pro-duction. (Look! This is my diet!)　　It has coal mine too. It's also salt-producing, camphor-producing, and lumber-producing. Electricity is chiefly produced by water power. The sugar factories form a big magnate, which has its small railroads for several thousand miles. It is not a well-developed industrial area, but its agricultural is of an advanced stage. Small factories are everywhere.

International complications: In the Cairo Declaration, Chiang-Kai-Shek, Roosevelt and Churchill agreed to return Taiwan to China. Great changes have taken place since that time. US and Russian were fighting side by side at that time. Now they are going to fight each other. China under the nationalists was a faithful ally to the Western powers. It is new and abode to international commitments under the communists and is a cat's paw of the Russians, because the Chinese Communists are not an entity in themselves but are the tools of Russia. This can be clearly seen by the Chinese Communists behavior in Korea, where they are fighting a ruthless war against the UN forces without a declaration of war.

The emancipation of Formosa from Japanese hands was largely due to the sea and air power of U. S. It was also partly due to the all sacrificing spirit of the Chinese who for a "war of resistance against the Japanese. You experienced all this when you were in Szechwan. The Russians contributed nothing.

The real matters of China at present are not Mao Tse-tung & Co, but Stalin and the Communist propaganda in U. S. during war time created the fiction that Chinese Armies are not Armies of the Stalinic type but merely agrarian reformers. This is sheer non-sence. The Chinese Communist party has been sponsored by the Comintern, drill by the Comintern and helped with war materials and arms and plans and guidance by Stalin who said he "dissolved" the Comintern. After Mao Tse-tung seized power, the wishful thinking. Americans have hoped for that Mao Tse-tung would become a Chinese Tito. Tell the Americans that they have their Chinese Tito right in Korea, who have followed the Kremlin line as closely as possible and slaughtered the Americans as many as possible. The Chinese people are always the friends of America, because to the Americans are their friends in time of international and national crises. It is only the Chinese Communists whose interests are Russian interests are fighting against the Americans. The Americans have helped them by all quarters who in turn help the Russian. American has lived in a dream world for the last few years, always hoping the Chinese and Russian Armies would behave better. Now they have their wish fulfilled --- in Korea.

The present time is totally different from the Cairo Declaration. At that time the return of Formosa to China meant its return to an faithful ally who respected treaties and obligations, and who was an independent power Now the "return of Formosa to China" means its cession to a puppet of Russia, and it will soon be a naval and air base against SE Asia.

You can see this is not a simple problem. This is not all. We have its strategic importance and the will of the people of Formosa.

1286. 傅斯年致朱家驊 (抄件) (1950 年 10 月 17 日)*

騮先吾兄左右：本月廿日下午七時，^弟召集臺大一年級新生在法學院訓話，故中心診所之約，未克趨陪，至歉！特函佈復，敬乞　諒鑒，至幸。專頌

道祺

^弟傅斯年（印）敬啟　十月十七日

---

*取自 "朱家驊檔案"（檔號：朱-07-012-p. 122）。

書信關係人名稱對照表

一、本表收錄範圍以見於書信中之字號、暱稱、謔稱、外文姓名等名稱為限。

二、款目標有"＊"符號者，表示該關係人具有收（發）信人的身份，請參考〈收（發）信方及書信編號索引〉。

三、參照款目，除同人不同姓、單名、特殊稱號、外國人士譯名外，一律不冠姓氏，例如：

一樵　見　顧毓琇＊

朱鬍子　見　朱希祖＊

劉燿　見　尹達

四、中文款目依筆畫，外文款目依字母序編排。

【一畫】

一樵　見　顧毓琇＊

乙藜　見　錢昌照＊

【二畫】

二雲居士　見　劉文典

卜五　見　徐世昌

又之　見　任繼愈

又陵　見　嚴復

【三畫】

士能　見　劉敦楨

士駿　見　魏烈丞＊

子元　見　朱森

子元　見　裘善元＊

子文　見　尹煥章

子安　見　陸崇仁

子君　見　嚴學宭

子良　見　薛篤弼

子杰　見　郭有守*

子星　見　何聯奎*

子英、子纓　見　張忠紱*

子書　見　孫楷第

子堅　見　黃鈺生*

子培　見　沈曾植

子植　見　劉節

子湘　見　王湘

子愚　見　王近信*

子餘　見　蔡元培*

子衡　見　郭寶鈞*

子競　見　周仁*

子馨　見　吳其昌

子公、子民、子師　見　蔡元培*

小渠　見　羅筱渠

【四畫】

不厂、不庵、不菴　見　單不广

中凡　見　陳鐘凡

中夫、中孚　見　張嘉謀*

之屏　見　王崇武*

仁輝　見　楊廷寶

今甫　見　楊振聲*

介忱、介塵　見　許心武

介清　見　高惜冰*

元胎　見　容肇祖*

元謨　見　徐謨

化予　見　吳學周*

公俠、公洽　見　陳儀

公起　見　徐可燦

公鐸　見　林損

公權　見　張嘉璈

天木　見　王振鐸

天翼　見　熊式輝

太玄　見　馬淮

少川　見　顧維鈞*

少武　見　張厲生*

少微　見　李滂*

心史　見　孟森*

心田　見　羅常培*

心杏老人　見　曾廣珊*

心恒　見　邵循正

戈林　見　Hermann Wilhelm Göring

文伯　見　王徵*

文伯　見　張治中

文濤　見　張清漣

方回　見　向達*

月如　見　劉瑞恆

月波　見　丁文淵*

月涵　見　梅貽琦*

木齋　見　李盛鐸

牛蘭　見　Hilaire Noulens

【五畫】

世清　見　胡汝麟*

丕可　見　莊長恭*

仙槎　見　何思源*

半谷　見　張厚載

半農　見　劉復*

【六畫】

仲三　見　徐祿

仲仁　見　張一麐*

仲孚、仲考　見　張嘉謀*

仲甫　見　陳獨秀

仲良　見　黃文弼*

仲和　見　章宗祥

仲容、仲頌　見　孫詒讓

仲栗　見　梁穎文*

仲揆　見　李四光*

仲舒　見　徐中舒*

仲鈞　見　龔自知

仲楫、仲濟　見　王家楫

任之　見　黃炎培

任公　見　梁啟超

任初　見　黃際遇*

任潮　見　李濟琛

企蓀　見　葉企孫*

兆銘　見　汪精衛*

先槎　見　何思源*

先濟　見　辛樹幟*

印林　見　許瀚

吉忱　見　盧逮曾*

向方　見　韓復榘

回波　見　王卓然*

在君　見　丁文江*

在宥　見　聞宥

守和　見　袁同禮*

守常　見　李大釗

安特生　見　Johan Gunnar Andersson

安濤　見　錢天鶴*

【七畫】

伯商　見　朱偰*

伯循　見　于右任*

伯嘉　見　李澤彰*

伯聰　見　魏道明*

克強　見　楊鍾健*

努生　見　羅隆基*

君武　見　狄膺

君直　見　曹元忠

君誼　見　沈怡

君適　見　周均時

君默　見　沈尹默

均一　見　吳定良*

均默　見　梁實秋*

孝孟　見　趙錄綽

希白　見　容庚*

希淵　見　袁復禮*

志舟　見　龍雲

志希　見　羅家倫*

戒微　見　游壽

抗父　見　樊炳清

李大斐　見　Dorothy Mary Moyle Needham*

李弘　見　李鴻

李約瑟　見　Joseph Terence Montgomery Needham*

李滋羅斯　見　Frederick William Leith-Ross

李維諾夫　見　Maxim Maximovich Litvinoff

李鶴　見　李敬齋*

杏佛　見　楊銓*

步日耶　見　Henri Edouard Prosper Breuil

步曾　見　胡先驌

步達生　見　Davidson Black*

沐波　見　傅汝霖

沛蒼　見　祁延霈

沅老、沅叔　見　傅增湘

肖堂　見　胡煥庸

良輔、良翰　見　趙邦彥

芃生　見　王大楨

貝克　見　Newton Diehl Baker, Jr.

貝格曼　見　Folke Bergman

辛階　見　勞崇光

辰伯　見　吳晗*

【八畫】

亞棟　見　薩本棟*

亞農　見　吳巍*

侍峰　見　徐金淶*

來卜尼茲　見　Gottfried Wilhelm Leibniz

佩青　見　傅銅

叔永　見　任鴻雋*

叔平　見　馬衡*

叔玉　見　蕭遽

叔存　見　鄧以蟄

叔言　見　羅振玉

叔海　見　江瀚

叔謨　見　徐謨

受慶　見　王賡*

味蘇　見　巫寶三

周炅　見　周達夫

周峻　見　蔡周峻*

孟博　見　傅斯巖*

孟祿　見　Paul Monroe

孟鄰、孟麐、孟麟　見　蔣夢麟*

孟實　見　朱光潛

季弗、季茀、季巿　見　許壽裳*

季明　見　馬鑑

季珊　見　簡樸賷

季剛　見　黃侃

季翁　見　戴季陶*

季梁　見　王璡*

季璠　見　楊肇燫

季豫　見　余嘉錫

宗岳　見　周鍾嶽

宗源　見　葉楚傖

定中　見　方策*

宜生　見　傅作義

宜樵　見　顧毓琇*

居里　見　Lauchlin Bernard Currie

岳軍　見　張群*

忠夫　見　張嘉謀*

明州　見　于明洲*

明訓　見　潘宗周

明義士　見　James Mellon Menzies

松齡　見　馬長壽

枚蓀　見　周炳琳*

波威爾　見　C. Sidney Burwell*

知堂　見　周作人*

秉璧　見　鄭昕

芝生　見　馮友蘭*

表方　見　張瀾*

金甫　見　楊振聲*

阿道夫　見　Gustaf VI Adolf of Sweden*

籽原　見　裘善元*

范銑　見　范銳*

若渠　見　滕固*

英士　見　陳其美

苑峰　見　張政烺*

弗齋　見　沈履

貞一　見　勞榦

貞午　見　張元奇

迪之　見　熊慶來

迪生　見　梅光迪*

重光　見　勞崇光

重衡　見　霍秉權

【十畫】

修中誠　見　Ernest Richard Hughes*

剛百　見　沈剛伯*

剛和泰　見　Alexander von Staël-Holstein

哲生　見　孫科*

哲先　見　臧啟芳

孫逸仙夫人　見　宋慶齡*

展堂　見　胡漢民*

時先　見　楊石先

晉侯　見　盧錫榮*

書詒、書貽　見　段錫朋*

書徵　見　鮑毓麟

朗西曼　見　Walter Runciman

桂翁　見　朱啟鈐

桂森　見　蕭一山

浩徐　見　彭學沛*

烈承　見　魏烈丞*

真如　見　張頤 *

真如　見　陳銘樞

純一　見　李景聃

迴波　見　王卓然 *

馬古烈　見　George Margoulies

馬伯樂　見　Henri Maspéro

高本漢　見　Klas Bernhard Johannes Karlgren *

高爾頓　見　Francis Galton

【十一畫】

偉存　見　劉佐宸

健生　見　白崇禧

健飛　見　李鴻

國璋　見　何日章

培松　見　湯佩松

婁克思　見　Harold H. Loucks

寅村　見　易培基

寄梅　見　周詒春

寄塵　見　陳鈍 *

崧年　見　張申府 *

庸之　見　孔祥熙

庸莘　見　李晉華 *

庚樓　見　張允亮

張伯倫　見　Arthur Neville Chamberlain

惜白　見　歐陽駒

授經　見　董康

探謙　見　關百益

啟生　見　李光宇

啟明　見　周作人 *

啟顏　見　童冠賢

敏修　見　李時燦

敘甫　見　何遂

晦之　見　劉體智*

梁 C. C. 見　梁慶椿

梧梓　見　丁聲樹

淬廉　見　何廉*

畢士博　見　Carl Whiting Bishop*

盛老七　見　盛昇頤

盛老四　見　盛恩頤

紹文　見　秦德純*

紹孟　見　余永梁*

紹曾　見　楊石先

組老、組安、組菴　見　譚延闓

莫里循、莫理遜　見　George Ernest Morrison

莫索爾尼　見　Benito Amilcare Andrea Mussolini

莫提耶（父）　見　Louis Laurent Gabriel de Mortillet

莫提耶（子）　見　Adrien de Mortillet

莫藍特　見　Geoffrey Mackay Morant

莘田　見　羅常培*

許文生　見　Paul Huston Stevenson

許禮曼　見　Heinrich Schliemann

通伯　見　陳源

逖生　見　浦薛鳳

逖先　見　朱希祖*

陳樞　見　陳翰笙*

陳盤　見　陳槃*

陶德曼　見　Oskar Paul Trautmann

雪亞　見　劉鎮華

雪舫　見　侯延塽

雪艇　見　王世杰*

【十二畫】

傅路德　見　Luther Carrington Goodrich

勞佛　見　Berthold Laufer

勞幹　見　勞榦

博父、博翁　見　李權

巽甫　見　丁燮林*

幄奇　見　余漢謀

復初　見　郭泰祺

復渠　見　韓復榘

惺吾　見　楊守敬

援厂、援菴　見　陳垣*

斐雲　見　趙萬里*

斯大林、斯太林　見　Joseph Vissarionovich Stalin

斯文赫定　見　Sven Anders Hedin*

斯坦因　見　Marc Aurel Stein

斯洛斯　見　Duncan Sloss

景崑　見　郭錦坤

森玉　見　徐鴻寶*

琢如　見　錢寶琮*

舜若　見　施汝為*

華章　見　周大文*

華萊士　見　Henry Agard Wallace

華爾訥　見　Langdon Warner

菊生　見　張元濟*

虛心　見　樊象離*

虛生　見　徐炳昶*

詠霓　見　翁文灝*

費正清　見　John King Fairbank

費慰梅　見　Wilma Cannon Fairbank

貴岩、貴巖　見　賀耀組

逖羽　見　樊際昌

逸之　見　姚子謙*

逸菴　見　蔣焰祖*

邍先　見　朱希祖*

鈞任　見　羅文榦*

階三　見　楊兆泰

隅卿　見　馬廉

雄生　見　王造時*

雄伯　見　王夢熊

雲揆　見　陶雲逵*

雲程　見　沈鵬飛*

【十三畫】

傳賢　見　戴季陶*

慎修　見　俞大純

敬之　見　何應欽

敬修　見　李時燦

敬軒　見　吳康

楚珍　見　金寶善*

楚蓀　見　許德珩*

溥泉　見　張繼*

滄伯、滄波　見　程中行

照林　見　尹達

煥章　見　馮玉祥

煥鼎　見　梁漱溟*

稚老、稚暉　見　吳敬恆*

節之　見　尚秉和

經扶　見　劉峙

聖章　見　李麟玉

葉理綏　見　Sergei Grigorievich Elisséeff*

葆賢　見　狄平子

虞鉉　見　龐薰琹

虞銘　見　吳金鼎*

蜀原　見　馬學良*

詹森　見　Nelson Trusler Johnson

達泉、達詮　見　吳鼎昌

雷興　見　Ferdinand Diederich Lessing

韵秋　見　施維蕃*

韵卿　見　楊步偉*

鼎丞　見　丁惟汾

鼎青　見　朱兆莘

【十四畫】

嘉森　見　張君勱*

嘉寶　見　傅仁軌*

夢麐　見　蔣夢麟*

實君　見　潘愨

槃厂　見　陳槃*

毓騏　見　孫越崎

漢章　見　石友三

漢卿　見　張學良

福林　見　胡厚宣*

福鼎　見　狄膺

福蘭閣　見　Otto Franke

端納　見　William Henry Donald

綸三　見　李錫恩

綸閣　見　周鴻經

維本　見　傅振倫

維根斯坦　見　Ludwig Josef Johann Wittgenstein

綬章　見　蔣廷黻*

綏經　見　董康

肇庚　見　容庚*

蓋理律　見　Galileo Galilei

蒓蓀　見　孟森*

裴克　見　Willys Ruggles Peck*

賓四　見　錢穆*

赫定　見　Sven Anders Hedin*

赫爾　見　Cordell Hull

銘恩　見　孫海波

閣臣　見　湯玉麟

鳳楷　見　王鳳喈

齊亞諾　見　Gian Galeazzo Ciano

【十五畫】

傲寰　見　雷震

劉燿　見　尹達

劍脩　見　陳劍脩*

嘯谷　見　葉風虎

寬夫、寬甫　見　徐韋曼*

履恭　見　陶孟和*

德日晉、德日進　見　Pierre Teilhard de Chardin

德鄰　見　李宗仁*

慧僧　見　褚輔成*

慰堂　見　蔣復璁

撫五　見　王星拱*

毅生　見　鄭天挺*

毅侯　見　王敬禮*

潛厂　見　金開藩

潤田　見　曹汝霖

潤生　見　陸宗輿

潤章　見　李書華*

緝齋　見　汪敬熙*

賡陽　見　李春昱*

適之　見　胡適*

鄰蘇老人　見　楊守敬

養初　見　劉仁靜

養庵　見　周肇祥

魯迅　見　周樹人

魯斯　見　Henry Robinson Luce

墨三　見　顧祝同

墨索里尼　見　Benito Amilcare Andrea Mussolini

【十六畫】

儒堂　見　王正廷

儒蓮　見　Stanislas Aignan Julien

曉梅　見　高去尋

曉通　見　費孝通

曉雲　見　鄭烈*

樹人　見　饒毓泰

樵峰　見　俞飛鵬

燕孫　見　周祖謨

燕臽　見　柯昌泗

穆提葉　見　de Mortillet

翰怡　見　劉承幹

雲樵　見　何鍵

鋼和泰　見　Alexander von Staël-Holstein*

錫予　見　湯用彤*

靜厂、靜安、靜菴　見　王國維

靜生　見　范源濂

靜修　見　黎光明*

【十七畫】

徽音　見　林徽因

戴之　見　呂公望

戴家呼圖克圖　見　戴季陶*

戴嘉　見　René Descartes

擘黃　見　唐鉞*

曙青　見　高魯*

濟之　見　李濟*

濟深　見　李濟琛

翼鵬　見　屈萬里

膺中　見　羅庸*

膺白　見　黃郛

駿一　見　吳定良*

駿人　見　顏惠慶

鴻眷　見　葉企孫*

鴻聲　見　郭秉文

【十八畫】

簡叔　見　那廉君*

藏暉　見　胡適*

鎮瀛　見　白滌洲

魏特夫　見　Karl August Wittfogel

【十九畫】

勷勤　見　古應芬

龐萊　見　Georges-Étienne Bonnet

羅真人　見　羅家倫*

羅素　見　Bertrand Arthur William Russell

羅傑士　見　Cyril Rogers

羅斯福、羅總統　見　Franklin Delano Roosevelt

【二十五畫】

觀化　見　劉咸

觀瀾　見　袁希濤

【二十六畫】

驥塵　見　陳鈍*

【外文名稱】

Andersson　見　Johan Gunnar Andersson

Andrews　見　Roy Chapman Andrews

Bergman　見　Folke Bergman

Bishop　見　Carl Whiting Bishop*

Bob Lim　見　林可勝

Buckle　見　Henry Thomas Buckle

Bullitt　見　William Christian Bullitt, Jr.

Burwell　見　C. Sidney Burwell*

C. T. 王　見　王正廷

Carnap　見　Rudolf Carnap

Carter　見　William Draper Carter*

Chang, Yuin　見　張雲

Cantor　見　Moritz Benedikt Cantor

Chao, Wan-li　見　趙萬里*

Chao, Y. R.、Chao, Yüan-jên　見　趙元任*

Cheer, S. N. 見　戚壽南*

Chen, Tung-po　見　陳源

Chiang, Fu-tsung　見　蔣復璁

Chiang, Kai-shek　見　蔣介石*

Chou, En-lai　見　周恩來

Chou, Yi Liang　見　周一良

Chu, Chia-Hua　見　朱家驊*

Huang, Ts'ui-po　見　黃淬伯*

Hughes　見　Ernest Richard Hughes*

Hull　見　Cordell Hull

Iris　見　趙如蘭

Jackie、Jacky　見　傅仁軌*

Johnson　見　Nelson Trusler Johnson

Katre　見　Sumitra Mangesh Katre

Konow　見　Sten Konow

Kwok, K. K.　見　郭錦坤

Laufer　見　Berthold Laufer

Leib.、Leibn.、Leibnitz　見　Gottfried Wilhelm Leibniz

Lensay、Lensey　見　趙來思

Lessing　見　Ferdinand Diederich Lessing

Li, Chi　見　李濟*

Li, K. C.　見　李國欽

Li, Shu-Hua　見　李書華*

Li, Tien-yi　見　李田意*

Li, Wei-han　見　李維漢

Liang, Ingwen　見　梁穎文*

Lim, Robert Kho-Seng　見　林可勝

Lin, Yutang　見　林語堂

Litvinoff　見　Maxim Maximovich Litvinoff

Liu, Fu　見　劉復*

Liu, J. Heng　見　劉瑞恆

Liu, Tsi-hsiao、Liu, Tsih-hsiao　見　劉次蕭*

Lo, Ch'ang-p'ei　見　羅常培*

Lo, Roosevelt K. L.　見　羅家倫*

Loucks　見　Harold H. Loucks

Luce　見　Henry Robinson Luce

Ma, Heng　見　馬衡*

T. F. 見　蔣廷黻*

Ting, Shan　見　丁山*

Ting, V. K. 見　丁文江*

Trautmann　見　Oskar Paul Trautmann

Tsai, Yuan-Pei　見　蔡元培*

Tsiang, T. F. 見　蔣廷黻*

Verry　見　Lawrence I. Verry*

Wang, Chen-tao　見　王振鐸

Wang, Ching-ju　見　王靜如*

Wang, Shih Chieh　見　王世杰*

Wang, Wei-Chêng　見　王維誠

Wang, Zo-fei　見　王若飛

Wittfogel　見　Karl August Wittfogel

Wittgenstein　見　Ludwig Josef Johann Wittgenstein

Wong, Yue Kei　見　黃汝琪*

Woo, T. L. 見　吳定良*

Woolley　見　Charles Leonard Woolley

Wu, Ginding、Wu, Ging-ding　見　吳金鼎*

Wu, T. L. 見　吳定良*

Yang, C. 見　楊銓*

Yang, H. K. 見　楊西崑

Yao, Chia-chi　見　姚家積

Yu, Daw-chyuan、Yü, Tao-chüan　見　于道泉*

Yu, Ta-kang　見　俞大綱*

Yuan, Fu-li　見　袁復禮*

Yuan, T. L. 見　袁同禮*

Yung, K.、Yung, Keng　見　容庚*

Yung, Y. 見　容媛

收（發）信方及書信編號索引

【十一畫】

圖書在版編目（CIP）數據

傅斯年遺札/王汎森，潘光哲，吳政上主編.—北京：社會
科學文獻出版社，2014.9（2015.8 重印）
（中國社會科學院近代史研究所·民國文獻叢刊）
ISBN 978 - 7 - 5097 - 5084 - 1

Ⅰ.①傅…　Ⅱ.①王…　②潘…　③吳…　Ⅲ.①傅斯年
（1896~1950）－書信集　Ⅳ.①K825.5

中國版本圖書館 CIP 數據核字（2013）第 224527 號

本書出版得到**中央研究院**歷史語言研究所授權

中國社會科學院近代史研究所·民國文獻叢刊
傅斯年遺札

主　　編／王汎森　潘光哲　吳政上

出　版　人／謝壽光
項目統籌／徐思彥
責任編輯／宋　超

出　　　版／社會科學文獻出版社·近代史編輯室（010）59367256
　　　　　　地址：北京市北三環中路甲 29 號院華龍大廈　郵編：100029
　　　　　　網址：www. ssap. com. cn
發　　　行／市場營銷中心（010）59367081　59367090
　　　　　　讀者服務中心（010）59367028
印　　　裝／北京盛通印刷股份有限公司

規　　　格／開本：787mm × 1092mm　1/16
　　　　　　印張：95.25　字數：1410 千字
版　　　次／2014 年 9 月第 1 版　2015 年 8 月第 2 次印刷
書　　　號／ISBN 978 - 7 - 5097 - 5084 - 1
著作權合同
登　記　號／圖字 01 - 2013 - 7196 號
定　　　價／498.00 圓（全三卷）